Die Rechtsprechung des Bundesverfassungsgerichts zur Rechtsweggarantie des Art. 19 Abs. 4 GG, den Verfahrensgarantien nach Art. 101 Abs. 1 Satz 2 GG, Art. 103 Abs. 1 GG und zum Prozeßrecht der Fachgerichte

Europäische Hochschulschriften

Publications Universitaires Européennes
European University Studies

Reihe II
Rechtswissenschaft

Série II Series II
Droit
Law

Bd./Vol. 3490

PETER LANG
Frankfurt am Main · Berlin · Bern · Bruxelles · New York · Oxford · Wien

Nicole Voßen

Die Rechtsprechung des Bundesverfassungsgerichts zur Rechtsweggarantie des Art. 19 Abs. 4 GG, den Verfahrensgarantien nach Art. 101 Abs. 1 Satz 2 GG, Art. 103 Abs. 1 GG und zum Prozeßrecht der Fachgerichte

PETER LANG
Europäischer Verlag der Wissenschaften

Die Deutsche Bibliothek - CIP-Einheitsaufnahme

Voßen, Nicole:

Die Rechtsprechung des Bundesverfassungsgerichts zur Rechtsweggarantie des Art. 19 Abs. 4 GG, den Verfahrensgarantien nach Art. 101 Abs. 1 Satz 2 GG, Art. 103 Abs. 1 GG und zum Prozeßrecht der Fachgerichte / Nicole Voßen. - Frankfurt am Main ; Berlin ; Bern ; Bruxelles ; New York ; Oxford ; Wien : Lang, 2002

(Europäische Hochschulschriften : Reihe 2, Rechtswissenschaft ; Bd. 3490
Zugl.: Trier, Univ., Diss., 2002
ISBN 3-631-39830-1

D 385
ISSN 0531-7312
ISBN3-631-39830-1

www.peterlang.de

Meinen Eltern

Vorwort

Die vorliegende Arbeit wurde im Sommersemester 2002 vom Fachbereich Rechtswissenschaft der Universität Trier als Dissertation angenommen.

Mein besonderer Dank gilt meinem Doktorvater Herrn Professor Dr. Peter Krause für seine engagierte und wohlwollende Betreuung, die sich nicht nur auf die vorliegende Arbeit beschränkte. Herrn Professor Dr. Walter F. Lindacher danke ich für die Übernahme und zügige Erstellung des Zweitgutachtens.

Insbesondere danke ich meinen Eltern Frau Doris Adnan und Herrn Dr. med. Abdul-Ridha Adnan, die mich stets gefördert und begleitet haben. Ohne ihre vielfältige Unterstützung wäre diese Arbeit nicht zustandegekommen. Ihnen ist dieses Buch gewidmet.

Trier, im April 2002

Nicole Voßen

Inhalt

Abkürzungsverzeichnis

aaO	am angegebenen Ort
abw.	abweichend
AcP	Archiv für die civilistische Praxis
a.F.	alte Fassung
Anm.	Anmerkung
AöR	Archiv des öffentlichen Rechts
Art.	Artikel
BayObLG	Bayerisches Oberstes Landesgericht
Bd.	Band
Beschl.	Beschluß
BGBl.	Bundesgesetzblatt
BGH	Bundesgerichtshof
BGHZ	Entscheidungen des BGH in Zivilsachen
BRAK-Mitt.	BRAK-Mitteilungen, herausgegeben von der Bundesrechtsanwaltskammer
BR-Drs.	Bundesrat Drucksache
BVerfG	Bundesverfassungsgericht
BVerfGE	Entscheidungen des Bundesverfassungsgerichts, amtliche Sammlung
BVerwG	Bundesverwaltungsgericht
BVerwGE	Entscheidungen des Bundesverwaltungsgerichts, amtliche Sammlung
bzgl.	bezüglich
bzw.	beziehungsweise
CR	Zeitschrift für Computerrecht
DB	Der Betrieb
ders.	derselbe
Diss.	Dissertation
DÖV	Die öffentliche Verwaltung
DRiZ	Deutsche Richterzeitung
DVBl.	Deutsches Verwaltungsblatt
E	Entscheidung
ebda.	ebenda
EU	Europäische Union
EuGH	Gerichtshof der Europäischen Gemeinschaften
EuGRZ	Europäische Grundrechte-Zeitschrift

f.	folgende
ff.	fortfolgende
Fn.	Fußnote
FS	Festschrift
G	Gesetz
gem.	gemäß
GVBl.	Gesetz- und Verordnungsblatt
h.M.	herrschende Meinung
Hs.	Halbsatz
i.V.m.	in Verbindung mit
JöR	Jahrbuch des öffentlichen Rechts
JR	Juristische Rundschau
JurBüro	Das Juristische Büro
JuS	Juristische Schulung
JZ	Juristenzeitung
LS	Leitsatz
MDR	Monatsschrift für Deutsches Recht
MRK	Menschenrechtskonvention
m.w.N.	mit weiteren Nachweisen
Nachw.	Nachweise
n.F.	neue Fassung
NJW	Neue Juristische Wochenschrift
NVwZ	Neue Zeitschrift für Verwaltungsrecht
o.	oben
Rd.	Randnummer
RPfl	Der Deutsche Rechtspfleger
Rspr.	Rechtsprechung
S.	Seite
s.	siehe
std.	ständig
u.	unten
Urt.	Urteil
Verf.	Verfasserin
VerwArch	Verwaltungsarchiv
vgl.	vergleiche
ZAP	Zeitschrift für die Anwaltspraxis

ZRP	Zeitschrift für Rechtspolitik
ZZP	Zeitschrift für Zivilprozeß

Im übrigen werden die üblichen Abkürzungen verwendet, bei Bundesgesetzen gemäß den Kopfleisten der gängigen Gesetzessammlungen „Schönfelder“ und „Sartorius“, bei Landesgesetzen entsprechend den Gesetzessammlungen für das Land mit vorangestellter Abkürzung („RhP“).

Einleitung

„Die Auslegung und Anwendung einfacher Gesetze ist Sache der sachnäheren Fachgerichte. Dagegen hat das Bundesverfassungsgericht die aus dem Verfassungsrecht sich ergebenden Maßstäbe oder Grenzen für die Auslegung eines einfachen Gesetzes verbindlich zu bestimmen.“ (BVerfGE 40, 88 [Erster Leitsatz])

Die vorliegende Arbeit befaßt sich mit der Auslegung und Anwendung des einfachen Prozeßrechts in der Fachgerichtsbarkeit und ihrer Kontrolle durch das Bundesverfassungsgericht, im Hinblick auf Verstöße gegen die Rechtsweggarantie des Art. 19 Absatz 4 GG, den Anspruch auf rechtliches Gehör gemäß Art. 103 Absatz 1 GG und das Recht auf den gesetzlichen Richter nach Art. 101 Absatz 1 Satz 2 GG. Eng verknüpft mit Fragen der materiellen Verfassungsinterpretation ist in dem Bereich der Verfahrenskontrolle zugleich die Problematik der Aufgabenabgrenzung zwischen Bundesverfassungsgericht und Fachgerichtsbarkeit. Das Bundesverfassungsgericht begrenzt seine Überprüfungsbefugnis selbst anhand der eingangs zitierten Formel - an sich eine Selbstverständlichkeit - und trägt damit jedenfalls allgemein der grundgesetzlichen Aufgabenverteilung zwischen Bundesverfassungs- und Fachgerichtsbarkeit Rechnung: Auslegung und Anwendung einfachen Rechts selbst vorzunehmen ist danach nicht Aufgabe des Bundesverfassungsgerichts. Vielmehr obliegt ihm lediglich die Kontrolle der Einhaltung verfassungsrechtlicher Grenzen bei der Rechtsanwendung und -auslegung durch die Fachgerichte. Die materielle Abgrenzung zwischen Verfassungsrecht und einfachem Recht und damit zugleich die funktionale Abgrenzung zwischen der Kontrollbefugnis des Bundesverfassungsgerichts und dem verbleibenden fachgerichtlichen Spielraum ist allerdings schwierig und bestimmende Problematik im Bereich der Verfahrens-Verfassungsbeschwerden seit Aufnahme der Tätigkeit des Bundesverfassungsgerichts. Maßgeblich ist hierbei: Welche verfassungsrechtlichen Erfordernisse ergeben sich aus den Verfahrensgarantien des Grundgesetzes und unterliegen insofern der Prüfungsbefugnis des Bundesverfassungsgerichts? Welche Fehler bei der Auslegung und Anwendung des Prozeßrechts durch die Fachgerichte sind dagegen verfassungsrechtlich nicht relevant und somit der bundesverfassungsgerichtlichen Prüfungsbefugnis entzogen? Und schließlich: Passt das Bundesverfassungsgericht auch im Einzelfall seine Prüfungsdichte den gefundenen verfassungsrechtlichen Vorgaben durchgängig an oder überprüft es vergleichbare Verfahrensfehler einmal akribisch genau, einmal nur überschlägig?

Die ständig bemühte schlagwortartige Umschreibung der Funktion des Bundesverfassungsgerichts, dieses sei keine *„Superrevisionsinstanz"*, ist bei der Beantwortung dieser Fragen wenig hilfreich und auch unzutreffend. Denn letztlich ist das Bundesverfassungsgericht stets eine Art Superrevisionsinstanz, wenn es die Rechtsprechungstätigkeit der Fachgerichte auf rechtliche Fehler überprüft. Die Kontrolle der fachgerichtlichen Rechtsprechung auf verfassungsrechtliche Fehler ist nichts anderes als eine Rechtskontrolle durch ein „Obergericht", das in den einfach-gesetzlichen Instanzenzügen lediglich nicht vorgesehen ist. Nur ist dem Bundesverfassungsgericht eine Grenze seiner Kontrollbefugnis dadurch gesetzt, daß es Fehler der Fachgerichte allein auf die Verletzung von Verfassungsrecht, nicht von sonstigem (einfachen) Recht überprüfen darf. Der insofern unglücklich gewählte Begriff der „Superrevisionsinstanz" weist somit nur auf einen eingeschränkten Prüfungsmaßstab des Bundesverfassungsgerichts und darauf hin, daß es nur im Einzelfall - auf die Erhebung des „außerordentlichen" Rechtsbehelfs der Verfassungsbeschwerde hin - zur Kontrolle fachgerichtlicher Entscheidungen berufen ist. Auch, und sogar primär, den Fachgerichten obliegt die Anwendung von Verfassungsrecht. Sie entscheiden grundsätzlich nicht nur letztinstanzlich, sondern auch letztverbindlich. Mit der Erhebung der Verfassungsbeschwerde gegen die Entscheidung eines Fachgerichts ist dagegen der Vorwurf verbunden, dieses habe mit der Verfassung unvereinbares Recht gesprochen. Allein durch die im Verfassungsrecht in Art. 93 Absatz 1 Nr. 4 a GG begründete Notwendigkeit bundesverfassungsgerichtlicher Rechtskontrolle ist das Bundesverfassungsgericht daher zwangsläufig „Superrevisionsinstanz".

Daraus ergeben sich zunächst zwei Grundsätze:

1. Das Bundesverfassungsgericht übt Rechtskontrolle über die Fachgerichte aus.
2. Die bundesverfassungsgerichtliche Rechtskontrolle ist beschränkt auf die Prüfung der Verletzung von Verfassungsrecht.

Dabei kann Verfassungsrecht in verschiedener Weise durch die von den Fachgerichten vorgenommene Auslegung und Anwendung einfachen Rechts verletzt werden, durch

Verstöße gegen materielles Verfassungsrecht und durch Verstöße gegen die verfassungsrechtlichen Verfahrensprinzipien, welche hier inmitten stehen:

Sofern eine *materiell* fehlerhafte Gerichtsentscheidung einen Einzelnen beschwert, muß sie als Eingriff in dessen subjektives Recht erscheinen, und sofern jenes materielle subjektive Recht wiederum auf ein Grundrecht der Verfassung zurückgeführt oder in dessen Schutz einbezogen wird, als Grundrechtsverstoß gelten. Die geltenden Regelungen lassen die Erhebung der Verfassungsbeschwerde gegen jede - unanfechtbare - Entscheidung mit dem Einwand eines Grundrechtsverstoßes grundsätzlich zu. Daher wird das Bundesverfassungsgericht scheinbar notwendig zu einem außerordentlichen Rechtsmittelgericht, selbst und insbesondere in (Bagatell-)Fällen, in denen das Prozeßrecht ohne Verfassungsverstoß die Anfechtung ausschließt. Es kann die Verfassungswidrigkeit einer materiell fehlerhaften Gerichtsentscheidung auch prinzipiell gar nicht verneinen. Die einzige rechtliche Möglichkeit ist die Nichtannahme der Verfassungsbeschwerde.

Anders ist es, sofern eine Gerichtsentscheidung unter *Verstoß gegen das Prozeßrecht* zustande gekommen ist. Der Verstoß kann nur dann gerügt werden, wenn er mit der *Verletzung eines Prozeßgrundrechts oder eines materiellen Grundrechts* übereinkommt. Soweit indes Fehler in der Auslegung und Anwendung des einfachen Prozeß- und Gerichtsverfassungsrechts etwa zu einer Beschränkung der Rechtsweggarantie, zu einer Verletzung des Anspruchs auf den gesetzlichen Richter oder zur Versagung des rechtlichen Gehörs führen, wird das Bundesverfassungsgericht allerdings doch in die Rolle eines weiteren Rechtsmittelgerichts gedrängt und muß insofern das rechte Maß finden. Insbesondere der Inhalt des Anspruchs auf rechtliches Gehör wird jedoch so weit ausgedehnt, daß zahllose Fehler der Rüge vor dem Bundesverfassungsgericht ausgesetzt werden. Auch damit wird das Bundesverfassungsgericht zum extraordinären Rechtsmittelgericht, das gerade in Bagatellfällen zu entscheiden hat. Entsprechendes gilt in letzter Zeit für die Anforderungen, die das Bundesverfassungsgericht an die Bestimmung des „gesetzlichen“ Richters durch gerichtsinterne Mitwirkungspläne der Spruchkörper stellt. Hierdurch wird der Bereich gerichtlicher Ermessensspielräume derart stark zurückgedrängt, daß flexible Reaktionen auf erhöhten Geschäftsanfall und andere kurzfristig eintretende Ereignisse bei der Besetzung der Richterbank kaum mehr möglich sind. Ein Fehler führt infolge der Ausdehnung des Art. 101 Absatz 1 Satz

2 GG häufig zugleich zu einem Verfassungsverstoß, sodaß auch hier das Bundesverfassungsgericht, würde es jede Verfassungsbeschwerde zur Entscheidung annehmen, mit der die Verletzung dieser verfassungsrechtlichen Garantie gerügt wird, zwangsläufig zur Superrevisionsinstanz wird.

Somit muß zwingend eine Grenzziehung erfolgen zwischen dem verfassungsrechtlichen und mithin überprüfbaren Gehalt einfach-gesetzlicher Normen und dem Anwendungsbereich der gesetzlichen Norm, die über die Sicherung des verfassungsrechtlichen Gebots hinausgeht und somit der Überprüfung durch das Bundesverfassungsgericht entzogen ist. Die üblicherweise vom Bundesverfassungsgericht verwendete Formel vom „*spezifischen*" Verfassungsrecht, bei dessen Verletzung nur ihm die Aufhebung der fachgerichtlichen Entscheidung erlaubt sei, hat insofern den richtigen Weg gewiesen, bleibt aber selbst inhaltsleer und bedarf der materiellen Ausfüllung nach Maßgabe des spezifischen Schutzbereichs des betroffenen (Prozeß-) Grundrechts. Näher liegt da schon die Zuordnung möglicher Fehler von Fachgerichten bei der Anwendung und Auslegung einfachen Rechts zu verschiedenen Falltypen von Verfassungsverletzungen, nämlich:

1. Das Fachgericht hat eine Vorschrift angewendet, die unvereinbar mit dem Grundgesetz ist, oder aber es hat eine (verfassungsgemäße) Vorschrift angewendet, obwohl sie für den konkreten Fall nicht einschlägig ist, oder es umgekehrt unterlassen, eine einschlägige Vorschrift anzuwenden (*Anwendungsfehler*).
2. Das Fachgericht hat eine Vorschrift ohne Rücksicht auf die Verfassung ausgelegt (*Auslegungsfehler*).
3. Das Fachgericht hat verschiedene verfassungsrechtliche Grundsätze nicht miteinander in Einklang gebracht (*Abwägungsfehler*).

Auch die Einordnung in verschiedene Fallgruppen erleichtert letztlich jedoch nur die Auffindung des Fehlers bei der Rechtsanwendung und -auslegung, erlaubt aber umgekehrt nicht einen Rückschluß auf die Reichweite des Schutzbereichs der betroffenen verfassungsrechtlichen Garantie. Zudem sind Anwendungsfehler vergleichsweise selten: Der Fall der Anwendung einer verfassungswidrigen Vorschrift ist kaum gegeben, denn zum einen obliegt dem Gesetzgeber bei der Ausgestaltung einfachen Prozeßrechts ein weiter Spielraum, sodaß die Verfassungswidrigkeit einer Norm letztlich nur dann bejaht werden kann, wenn diese eine unangemessene Beeinträchtigung des Rechtsschutzsuchenden beinhaltet. Dies ist jedoch der Ausnahmefall. Zum anderen ist das Gericht gem.

Art. 100 Abs. 1 GG verpflichtet, hält es ein für seine Entscheidung maßgebliches Gesetz für verfassungswidrig, die Entscheidung des Landes- bzw. Bundesverfassungsgerichts einzuholen. Auch sonstige Anwendungsfehler treten eher selten auf.

Insbesondere die somit maßgebliche Fallgruppe der Auslegungs- und der Abwägungsfehler birgt jedoch die Gefahr der Ausweitung bundesverfassungsgerichtlicher Kontrolle: Die *Auslegung* einfachen Rechts ist eine ureigene Aufgabe der Fachgerichtsbarkeit. Wenn das Bundesverfassungsgericht feststellt, daß ein Fachgericht eine Vorschrift des einfachen Rechts „ohne Rücksicht auf die Verfassung" ausgelegt hat, greift es somit tief in den fachgerichtlichen Auslegungsspielraum ein. Eine solche Feststellung bedeutet nichts anderes als der an das Fachgericht gerichtete Vorwurf eines grundlegenden Unverständnisses von der Verfassung. Denn die von dem Fachgericht vorgenommene Auslegung einer Vorschrift kann erst dann verfassungswidrig sein, wenn sie „unter keinem in Betracht kommenden Gesichtspunkt" als mit dem Grundgesetz vereinbar angesehen werden kann. Darüber hinaus fordert das Bundesverfassungsgericht oftmals auch die „verfassungskonforme" Auslegung einer Vorschrift in bestimmter Weise von dem Fachgericht und nimmt zugleich selbst eine ergänzende Auslegung des einfachen Rechts vor. Hiermit ist regelmäßig zugleich eine Korrektur des Gesetzgebers verbunden. Denn eine verfassungskonforme Auslegung ist nur dann erforderlich, wenn andere - im Zweifel dem Gesetzeswortlaut nähere - Auslegungen mit dem Grundgesetz unter keinen Umständen vereinbar sind. Ist die Kontrolle der fachgerichtlichen Auslegung demnach schon problematisch, liegt eine Überschreitung bundesverfassungsgerichtlicher Prüfungsdichte erst recht nahe bei der Fallgruppe der *Abwägungsfehler*. Der Abwägungsvorgang ist wiederum eine originäre fachgerichtliche Aufgabe. Die Feststellung eines Verfassungsverstoßes auf Grund fehlerhafter Abwägung müßte deswegen eigentlich der Kontrolle des Bundesverfassungsgerichts entzogen sein. Denn ob das Fachgericht dem einen grundrechtlich geschützten Interesse den Vorzug gibt zu Lasten eines anderen verfassungsrechtlich geschützten Gutes, ist hinsichtlich der Beurteilung der festgestellten Tatsachen eine Frage des konkreten Einzelfalles und auf der rechtlichen Ebene eine Frage der Auslegung der jeweils einschlägigen einfach-gesetzlichen Vorschrift. Die rechtliche Einbewertung bestimmter, zugrundegelegter Tatsachen jedoch obliegt dem Fachgericht und sollte regelmäßig mit der Entscheidung der letzten fachgerichtlichen Instanz abgeschlossen sein.

Gegenstand der Rechtskontrolle, die das Bundesverfassungsgericht über die Fachgerichte ausübt, dürfte somit genau genommen nur die Überprüfung von - vergleichsweise seltenen - *Anwendungsfehlern* sein: Hat das Fachgericht ein bestehendes verfassungsgemäßes Gesetz angewendet? Ist die angewendete verfassungsgemäße Vorschrift für den konkreten Sachverhalt auch einschlägig? Wird dies bejaht, so ist an sich jede weitere Prüfung entbehrlich, da die Auslegung der Norm und erst recht eine gegebenenfalls vorzunehmende Abwägung nicht dem Bereich der Rechtsanwendung im engeren Sinne zuzuordnen ist. Es handelt sich vielmehr um Rechtsauslegung, die von den Fachgerichten selbst vorzunehmen ist. Das Bundesverfassungsgericht müßte entsprechend beschränkt sein auf eine reine Rechtskontrolle im Sinne einer bloßen Rechtsanwendungskontrolle. Jedoch ist zuzugeben, daß eine Kontrolle dieser Art im Sinne eines effektiven Verfassungs- und Rechtsschutzes zumindest dann nicht ausreicht, wenn verfassungsrechtliche Grenzen bei der Auslegung einfachen Rechts evident überschritten werden. Das Bundesverfassungsgericht stößt hier aber an seine Grenzen: Insbesondere dann, wenn es selbst eine „verfassungskonforme" Auslegung einfachen Rechts vornimmt, überdehnt es seine Prüfungsbefugnis. Es übt insoweit nicht mehr nur Kontrolle aus, sondern nimmt eine eigene Bewertung vor. Dies mag in besonders krassen Einzelfällen von Verfassungsverletzungen nach herrschendem Verständnis angebracht sein, um „schlechthin untragbare Ergebnisse" zu vermeiden, darf aber jedenfalls nicht zur Regel werden, insbesondere nicht bei Bagatellsachen. Ansonsten wäre der dem Bundesverfassungsgericht oft gemachte Vorwurf, sich eben doch zur „Superrevisionsinstanz", und darüber hinaus zur „Supertatsacheninstanz", welche die fachgerichtliche Rechtsprechung in vollem Umfang überprüft, zu erheben, nur allzu begründet.

Problematisch ist dies insbesondere bei der - festgestellten - Verletzung eines Verfahrensgrundrechts in einem Prozeß, welcher der Durchsetzung einer so genannten Bagatelle dient, exemplarisch folgender Sachverhalt: Ein von dem Betroffenen in einem solchen Verfahren (fristgemäß) bei Gericht eingereichter Schriftsatz geht im Geschäftsgang des Gerichtes durch ein Versehen der Geschäftsstelle verloren. Er kann deshalb nicht dem in der Sache erkennenden und entscheidenden Spruchkörper oder Richter vorgelegt werden und wird infolgedessen nicht in der Sachentscheidung berücksichtigt. Dies ist grundsätzlich ein Verstoß gegen den Anspruch auf rechtliches Gehör nach Art. 103 Absatz 1 GG, denn hiervon ist prinzipiell die Verpflichtung des Gerichts zur Kenntnisnahme und zur Berücksichtigung sämtlicher Äußerungen der Verfahrensbeteiligten bis zum Zeitpunkt der gerichtlichen Entscheidung umfaßt, sofern diese auch materiell entscheidungserheblich sind. Der Verfahrensverstoß bleibt jedoch dann, wenn er durch ein Amtsgericht im Zivilprozeß verursacht worden ist, nach den Bestimmungen der Zivilprozeßordnung unbeachtlich, sofern nicht die Berufungssumme erreicht wird und deswegen das Rechtsmittel der Berufung unstatthaft ist. Unser Rechtssystem nimmt hin, daß selbst grobe Verfahrensfehler nicht einer Korrektur im fachgerichtlichen Instanzenzug zugänglich sind, wenn es sich in der Sache eher um eine „Bagatellstreitigkeit“ handelt. Diese bewußte Entscheidung des einfachen Gesetzgebers unterläuft quasi das Bundesverfassungsgericht, wenn es auf eine „Verfahrens-Verfassungsbeschwerde“ hin auch solche Verfahrensfehler als Verfassungsverletzungen qualifiziert, die in dem genannten Beispielsfall nicht im Rechtsmittelzug zusammen mit der sachlichen Entscheidung angegriffen werden könnten, da diese nicht einmal der Berufung fähig wäre. Es wird insofern zum „Oberamtsgericht“. Andererseits ist dies gerade die Besonderheit der Verfassungsbeschwerde als außerordentlichem Rechtsbehelf, daß sie unabhängig vom Bestehen eines Instanzenzuges eingelegt werden und zum Erfolg führen kann.

Insoweit stellt sich die Frage, ob nicht auf verfassungsgerichtlicher Ebene größere Zurückhaltung geboten sein sollte, gegebenenfalls auch zu Lasten des Rechtsuchenden im Einzelfall: Wieder angenommen, es geht ein entscheidungserheblicher Schriftsatz bei einem Amtsgericht verloren und die gerichtliche Sachentscheidung ist nicht berufungsfähig, so wird dies vom einfachen Gesetzgeber als nicht korrigierbar hingenommen, obgleich ein Verstoß gegen den Anspruch auf rechtliches Gehör vorliegt. Ist aber wiederum unsere Verfassung dazu geschaffen worden, Verfahrensfehler in solchen „Bagatellstreitigkeiten“ nachträglich wiedergutzumachen? Soll das Bundesverfassungsgericht, nach seiner eigenen Einschätzung „oberster Verfassungshüter“, zuständig sein für Fehler und Versehen, wie sie in der alltäglichen Gerichtspraxis immer wieder vorkommen werden? Oder muß die Verfassungsbeschwerde als außerordentlicher Rechtsbehelf nicht vielmehr für die Fälle aufgespart werden, in denen wirklich „grobes prozessuales Unrecht“ vorliegt? Andererseits: Der Bürger hat einen Anspruch auf effektiven Rechtsschutz und insbesondere auf den Schutz seiner Grundrechte, auch und gerade durch eine Gestaltung des Gerichtsverfahrens, die den verfassungsrechtlichen Anforderungen vollumfänglich entspricht, und nicht vernachlässigt wird infolge einer Vielzahl von Rechtsschutzbegehren, mit denen die notorisch überlasteten Fachgerichte im gerichtlichen Alltag befaßt sind. Dennoch stellt sich die Frage, ob „leichtere“ Fehler der

Fachgerichte nicht in gewissem Umfang auch vom Bundesverfassungsgericht hingenommen werden sollten, um letztlich Raum für die Klärung wirklich wichtiger verfassungsrechtlicher Fragen im Bereich der Verfahrenskontrolle zu lassen, womit diesen erst ein entsprechend hoher Stellenwert gegeben wird. Insoweit erscheint zweifelhaft, ob das Bundesverfassungsgericht mit einer expansiven Verfahrenskontrolle, in der auch bei „Bagatellen" Verfassungsverletzungen konstatiert werden, generell tatsächlich zu einem wirkungsvollen Rechtsschutz beiträgt. Dieses könnte noch mehr von der ihm durch §§ 93 a, 93 b BVerfGG eingeräumten Möglichkeit, die Annahme der Verfassungsbeschwerde abzulehnen, Gebrauch machen, natürlich unter der Prämisse, daß keine der die Annahme erzwingenden Alternativen nach § 93 a Absatz 2 BVerfGG vorliegt.

Die gesamte Thematik hat, obgleich über mehrere Jahrzehnte heftig diskutiert, gerade im Bereich der Verfahrenskontrolle nichts an Aktualität eingebüßt. So war der Komplex „Verfassungsrecht und einfaches Recht - Verfassungsgerichtsbarkeit und Fachgerichtsbarkeit" erster Beratungsgegenstand der Jahrestagung 2001 der Vereinigung der Deutschen Staatsrechtslehrer, die vom 3. Oktober bis 6. Oktober 2001 in Würzburg stattgefunden hat.

Nach wie vor stellt sich zum einen die Frage einer sinnvollen Begrenzung der Verfahrenskontrolle durch das Bundesverfassungsgericht. Zum anderen ist der inhaltliche Gehalt seiner Rechtsprechung nach wie vor - und erst recht in Zeiten eines äußerst (prozeßrechts-) reformfreudigen Gesetzgebers - bedeutsam für die Fachgerichte, die an der Iudikatur des Bundesverfassungsgerichts wegen der Bindungswirkung seiner Entscheidungen ihren Rechtsschutzstandard auszurichten haben. Relevant ist die Festlegung verfassungsrechtlicher Grenzen, aber auch die Einhaltung des von der Verfassung Geforderten, bei der Auslegung und Anwendung des Prozeßrechts für den fachgerichtlichen Alltag, in dem insbesondere das Gebot der Verfahrensbeschleunigung, aber auch praktische Probleme etwa auf Grund von unzureichender personeller Ausstattung nicht zu einer Verkürzung des Rechtsschutzes führen dürfen. Abzuwarten bleibt insbesondere die Aufnahme der grundlegenden Neustrukturierung des Zivilprozesses nach Maßgabe des *Zivilprozeßreformgesetzes vom 27. Juli 2001*, dessen Regelungen im wesentlichen am 1. Januar 2002 in Kraft treten[1], in der fachgerichtlichen Rechtsprechung. Auch das Bun-

[1] Sofern in der vorliegenden Arbeit von Vorschriften der Zivilprozeßordnung die Rede ist, werden diese noch in der bis 31. Dezember 2001 geltenden Fassung genannt. Die Neuregelungen gemäß dem Zivil-

desverfassungsgericht wird mit einigen der Neuregelungen wohl befaßt werden auf die eine oder andere Weise, entweder im Rahmen von Normenkontrollen und/oder Verfassungsbeschwerden, da etliche Einzelnormen, die auch in der vorliegenden Arbeit zum Teil eingearbeitet worden sind, verfassungsrechtliche Bedenken aufwerfen im Hinblick auf die gesetzliche Bestimmtheit des Richters, ebenso wie hinsichtlich des rechtlichen Gehörs. Flankiert wird die Zivilprozeßreform im übrigen durch eine große Anzahl weiterer Neuregelungen, etwa im Zustellungswesen und durch die Schaffung der tatsächlichen Voraussetzungen für den elektronischen Rechtsverkehr, was ebenfalls erheblich ist für den Anspruch des Einzelnen auf rechtliches Gehör, da hiermit in praxi Erleichterungen bei der Wahrnehmung des Äußerungsrechts, aber auch erhöhte Risiken, daß entsprechende Schriftstücke auf dem Übermittlungsweg verlorengehen, verbunden sind. Weiterhin hat die Bundesregierung im Frühjahr 2001 *„Eckpunkte einer Reform des Strafverfahrens“* vorgelegt, die auf eine tiefgreifende Änderung der Strafprozeßordnung abzielt.

Die Zukunft wird zeigen, ob die bislang vom Bundesverfassungsgericht zu den verfassungsrechtlichen Prozeßgarantien entwickelten Grundsätze tragfähig und von den Richtern der Fachgerichtsbarkeit so „verinnerlicht“ worden sind, daß sie auch bei Anwendung der neuen Regelungen die Aufrechterhaltung des bisher vom Bundesverfassungsgericht geforderten Rechtsschutzstandards ermöglichen. Falls nicht, stellt sich in der Tat die Frage, ob dies auf einen „nachlässigen“ Umgang der Fachgerichte mit der Verfassung zurückzuführen ist, oder ob nicht vielmehr das Bundesverfassungsgericht teilweise aus der Verfassung derart weitreichende Erfordernisse ableitet, daß diese im Einzelfall nicht praktikabel sind und es insbesondere nach grundlegenden Reformen des Gesetzesrechts den Fachgerichten nahezu unmöglich machen, die vom Bundesverfassungsgericht in einer Einzelfalliudikatur gewonnenen Rechtsschutzmaßstäbe auf bisher unbekanntem Terrain umzusetzen.

Die Fachgerichte selbst stehen insoweit in einem Spannungsfeld. Einerseits sind sie wegen ihrer Bindung an die Gesetze natürlich verpflichtet, die Gesetze anzuwenden. Der Gesetzgeber ist aber tendenziell, unabhängig von der konkreten Ausgestaltung der Prozeßordnungen im einzelnen, darum bemüht, die Gerichte zu entlasten. Damit sind zwangsläufig oft Regelungen verbunden, die den Rechtsschutz des Bürgers verkürzen bzw. ihm gewisse Mitwirkungspflichten im Hinblick auf eine zügige Durchführung der

---

prozeßreformgesetz vom 27. Juli 2001 (BGBl. I S. 1887) werden mit dem Zusatz *„n.F.“* gekennzeichnet.

Verfahren auferlegen. Quasi auf der anderen Seite steht das Bundesverfassungsgericht, das den Prozeßgarantien der Verfassung, die über dem einfachen Gesetzesrecht steht, in weitem Umfang Pflichten der Fachgerichte im Sinne einer äußerst rechtsschutzfreundlichen Verfahrensgestaltung entnimmt. Die Fachgerichte sind daher oft gezwungen, die von ihnen anzuwendenden einfach-gesetzlichen Regelungen „verfassungskonform" auszulegen und daneben, direkt aus der Verfassung abgeleitet, besondere Maßnahmen im Rahmen ihrer richterlichen „Fürsorgepflicht" durchzuführen, die zum einen oft mit der gesetzgeberischen Intention der Entlastung der Rechtspflege kollidieren und zum anderen bei der Anwendung neuer prozeßrechtlicher Institute für die Fachgerichte auch gar nicht vorhersehbar sind.

Dabei gerät oft in Vergessenheit, daß auch der rechtsschutzsuchende Bürger durchaus zu einem verantwortlichen Umgang mit den ihm zustehenden Prozeßgarantien anzuhalten ist. An ihn, und nach der Zivilprozeßreform umso mehr, soll nicht das Bundesverfassungsgericht mit einer Flut an Verfahrensbeschwerden überschwemmt werden, ist der Appell zu richten, sich seiner „prozessualen Verantwortung" verstärkt bewußt zu werden und diese nicht völlig in die Hand des Gerichts zu geben. Insbesondere im Zivilverfahren, der „klassischen" Form des Parteienstreits, ist es angezeigt, den Bürger in die Verfahrensgestaltung einzubinden und ihm insoweit auch Mitwirkungspflichten aufzuerlegen, die in bestimmten Bereichen, insbesondere im Rahmen des Art. 103 Absatz 1 GG bei der „Sich"-Verschaffung rechtlichen Gehörs, weit reichen und über eine allgemeine Verpflichtung zur Prozeßförderung hinausgehen können. Das Bundesverfassungsgericht neigte insoweit in der Vergangenheit (zu) sehr dazu, den Bürger an die Hand zu nehmen und ihn von jeder prozessualen Mitwirkungspflicht freizuhalten. Insoweit ist es nicht verwunderlich, daß die Gehörsrüge nach wie vor Spitzenreiter der zum Bundesverfassungsgericht erhobenen Beschwerden ist.

Unter Berücksichtigung dieser Gesichtspunkte wird die Rechtsprechung des Bundesverfassungsgerichts zu der Auslegung und Anwendung des Verfahrensrechts durch die Fachgerichte im Hinblick auf die drei „großen" Prozeßgrundrechte in der vorliegenden Arbeit nachgezeichnet. Grundlegende Entscheidungen und Problemstellungen, insbesondere jüngeren Datums, werden herausgegriffen und näher erörtert.

Die Arbeit ist gegliedert in zwei Kapitel:

Vorangestellt ist ein Grundlagenkapitel, in dem, vergleichbar einem „Allgemeinen Teil", sowohl hinsichtlich der Rechtsweggarantie, als auch im Hinblick auf die Garantien nach Art. 101 Absatz 1 Satz 2 GG und Art. 103 Absatz 1 GG gemeinsame, wiederkehrende Fragen behandelt werden. Dies gilt zum einen für die bereits angesprochene allgemeine Problematik der Abgrenzung zwischen Verfassungsrecht und einfachem Recht bzw. zwischen Bundesverfassungsgericht und Fachgerichtsbarkeit zum einen. Zum anderen empfiehlt sich eine gemeinsame Behandlung des persönlichen Schutzbereichs der Prozeßgarantien vorab, da dieser - zumindest weitgehend - identisch ist.

Im Zweiten Kapitel wird in einem Ersten Teil die Rechtsprechung des Bundesverfassungsgerichts zur Rechtsweggarantie des Art. 19 Absatz 4 GG sowie dem daraus abgeleiteten Anspruch auf effektiven Rechtsschutz und in einem Zweiten Teil die zu den Verfahrensgrundrechten im engeren Sinne, dem Recht auf den gesetzlichen Richter nach Art. 101 Absatz 1 Satz 2 GG und dem Anspruch auf rechtliches Gehör nach Art. 103 Absatz 1 GG, behandelt.

Allerdings hat das Bundesverfassungsgericht Fehler bei der Auslegung und Anwendung des einfachen Prozeßrechts nicht nur als Verletzungen dieser ausdrücklich normierten verfassungsrechtlichen Verfahrensgarantien gewertet, sondern weitere Verfahrensgewährleistungen aus dem Grundgesetz herangezogen, so vor allem das aus dem Rechtsstaatsprinzip und Art. 2 Absatz 1 GG hergeleitete Gebot eines fairen Verfahrens und das aus Art. 3 Absatz 1 GG hergeleitete Verbot objektiver gerichtlicher „Willkür", die in seiner Iudikatur im Einzelfall zum Teil ergänzend herangezogen werden, teilweise aber auch als Prüfungsmaßstab an die Stelle der Kontrolle nach dem - an sich betroffenen - spezifischen Schutzbereich des Prozeßgrundrechts treten. Des weiteren bezieht das Bundesverfassungsgericht die so genannte „verfahrensrechtliche Wirkung" der materiellen Grundrechte unter dem Gesichtspunkt effektiven Rechtsschutzes, insbesondere die der Eigentumsgarantie nach Art. 14 Absatz 1 Satz 1 GG, in die Prüfung von Verfahrensverstößen ein. Insoweit überschneiden sich teilweise die Schutzbereiche der Grundrechte und Verfahrensgarantien, die durch einen Verfahrensverstoß betroffen sein können. Andererseits können auch „echte" Konkurrenzsituationen entstehen, in denen eine Verfahrensgarantie die andere verdrängt. Typischerweise im Verfahrensbereich auftretende Konkurrenzprobleme werden daher ebenfalls in dem vorstehend angeführten Grundlagenkapitel, Einzelheiten bei dem jeweils besprochenen Prozeßgrundrecht erörtert.

Zur zweckgerichteten Suche ist der Arbeit ein Index angefügt, in welchem die Entscheidungen des Bundesverfassungsgerichts aus der amtlichen Sammlung im Bereich der Verfahrenskontrolle nach der Art des einfach-rechtlichen Fehlers im Sinne von Falltypen - Anwendungs- und Auslegungsfehler - und nach der jeweils betroffenen verfassungsrechtlichen Verfahrensgarantie aufgeführt sind, mit Angabe der Fundstellen in dieser Arbeit. Erfaßt wird die amtliche Entscheidungssammlung bis zum Jahre 2001 (Band 102).

Erstes Kapitel Grundlagen

A. Die Prozeßgrundrechte im Verfassungsgefüge, ihre Konkretisierung durch das Prozeßrecht und ihre Sicherung durch die Fachgerichte und das Bundesverfassungsgericht

I. Die Bedeutung der Prozeßgrundrechte im fachgerichtlichen Verfahren

Die Rechtsweggarantie des Art. 19 Absatz 4 GG[1], das Recht auf den gesetzlichen Richter nach Art. 101 Absatz 1 Satz 2 GG und der Anspruch auf rechtliches Gehör nach Art. 103 Absatz 1 GG bilden die drei „großen" Prozeßgrundrechte des Grundgesetzes[2], deren Verletzung mit der Verfassungsbeschwerde nach Art. 93 Absatz 1 Nr. 4a GG i.V.m. § 90 BVerfGG angreifbar ist.[3] Art. 19 Absatz 4 GG nimmt dabei eine Sonderstellung ein, da hierdurch überhaupt der Zugang zu einem Gericht - und in diesem Rahmen nach der Rechtsprechung des Bundesverfassungsgerichts auch „effektiver Rechtsschutz"[4] - gesichert ist, in dessen somit eröffneten Verfahren dann der durch Art. 101 Absatz 1 Satz 2 GG sowie Art. 103 Absatz 1 GG verbürgte Anspruch auf den gesetzlichen Richter und auf rechtliches Gehör zu gewährleisten ist. Dennoch ist auch Art. 19 Absatz 4 GG zutreffend als „Prozeßgrundrecht" zu bezeichnen, da sein Schutzgehalt über einen bloß formal

---

1 Sofern im folgenden von Art. 19 *Absatz 4* GG die Rede ist, ist hiermit ausschließlich *Absatz 4 Satz1* der Vorschrift gemeint.

2 Daneben ist *Art. 104 GG* zu nennen, der ebenfalls bestimmte Verfahrensvorgaben enthält, allerdings nur für den Bereich der Freiheitsentziehung. *Art. 102* und *103 Absatz 2, 3 GG* sind ebenfalls von jedem Gericht zu beachten, finden aber originär nur im Strafverfahren Anwendung und enthalten eher materielle Garantien. *Art. 101 Absatz 1 Satz 1 GG* wiederum ist ein Unterfall von Absatz 1 Satz 2. Adressat des *Art. 101 Absatz 2 GG* ist der Gesetzgeber. Im einzelnen ist bei den genannten Garantien unklar, ob es sich hierbei überhaupt um „Prozeßgrundrechte" handelt - dies gilt insbesondere für Art. 104 und 103 Absatz 2, 3 GG -, oder vielmehr um rein materielle Verfassungsgrundsätze.

3 Umstritten ist, ob Art. 101 Absatz 1 Satz 2 und 103 Absatz 1 GG als „Grundrechte" im eigentlichen Sinne, als „Prozeßgrundrechte" oder (nur) als „grundrechtsgleiche" Garantien anzusehen sind (bei Art. 19 Absatz 4 GG stellt sich dieses [rein] terminologische Problem nicht, da die Rechtsweggarantie den Grundrechtskatalog abschließt). Im Hinblick auf Art. 101 Absatz 1 Satz 2 GG vgl. etwa *Kunig* in: von Münch/Kunig, GG, Art. 101 Rd. 4 mit umfangreichen Nachweisen; *Wassermann* in: Alternativkommentar-GG, Art. 101 Rd. 10. Auch die Rechtsprechung des Bundesverfassungsgerichts ist insoweit widersprüchlich, s. die Nachweise bei *Kunig*, aaO; hinsichtlich Art. 103 Absatz 1 GG s. *Wassermann*, aaO Art. 103 Rd. 8 m.w.N.; allgemein vgl. *Lorenz*, NJW 1977, S. 866 m.w.N. Für die begriffliche Einordnung der Art. 101 Absatz 1 Satz 2, 103 Absatz 1 GG als „Prozeßgrundrechte" spricht der Umstand, daß sich hier regelmäßig Verfassungsrecht und einfaches Prozeßrecht berührt, s. etwa *Schmidt-Aßmann*, DÖV 1987, S. 1029 (1034 m.w.N.). Den „Eigenwert prozessualer Rechte" betont auch *Nolte* in: v. Mangoldt/Klein/Starck, Bonner Grundgesetz, Art. 103 Abs. 1 Rd. 6. - *Verf.* verwendet daher nachfolgend vorwiegend den Terminus „Prozeßgrundrecht".

4 BVerfGE 42, 128 (130); 44, 302 (305); 84, 59 (77) und ständig.

zu verstehenden Anspruch auf Rechtswegeröffnung bzw. Justizgewährung hinausreicht und der aus ihm abgeleitete Anspruch auf effektiven Rechtsschutz auch Maßstäbe für die von dem Fachgericht *innerhalb* des Verfahrens durchzuführende Kontrolle setzt.

Durch die drei Prozeßgrundrechte ist - im Verbund mit anderen verfassungsrechtlichen Verfahrensgarantien - zugleich ein in *jedem*[5] fachgerichtlichen Verfahren zwingend zu gewährleistender *allgemeiner Rechtsschutzstandard* garantiert. Nicht zuletzt auf Grund ihrer Festschreibung in der Verfassung besteht an der Bedeutung dieser formellen Grundrechte kein Zweifel. Darüber hinaus jedoch knüpft ihr Gehalt jeweils an die deutsche Verfassungstradition sowie an bei Schaffung des Grundgesetzes bereits vorhandene einfach-gesetzliche Regelungen an. Bei der Anwendung der einfach-gesetzlichen Prozeßordnungen und des sonstigen Verfahrensrechts sorgen die Prozeßgarantien auch für den Schutz und die Verwirklichung des materiellen Rechts, um das es in dem jeweiligen Verfahren letztlich geht, sodaß ihre Existenz auch hierdurch, nicht nur durch einen bloßen Selbstzweck (denn allein auf Grund von rechtsstaatlichen Gedanken muß ein Gerichtsverfahren bestimmten Anforderungen genügen), legitimiert ist.[6]

Das Bundesverfassungsgericht führt in einer Entscheidung aus dem Jahre 1982 zusammenfassend zur Bedeutung der Prozeßgrundrechte aus, diese bildeten im Zusammenwirken mit weiteren verfassungsrechtlichen Anforderungen[7] an das gerichtliche Verfahren *„die zentrale Verbürgung gerichtlichen Rechtsschutzes [...] im gerichtlichen Verfahren vor den Fachgerichten"*.[8]

1. Zusammenwirken der Prozeßgrundrechte und Begründung eines „allgemeinen Rechtsschutzstandards"

Art. 19 Absatz 4 Satz 1 GG lautet wörtlich folgendermaßen: „Wird jemand durch die öffentliche Gewalt in seinen Rechten verletzt, so steht ihm der Rechtsweg offen". Nach Art. 101 Absatz 1 Satz 2 GG darf „niemand seinem gesetzlichen Richter entzogen werden". Art. 103 Absatz 1 GG schließlich bestimmt: „Vor Gericht hat jedermann Anspruch auf rechtliches Gehör". Obgleich oder gerade weil jedem Prozeßgrundrecht ein *jeweils*

[5] Art. 19 Absatz 4 GG gewährt Rechtsschutz nur gegen Akte der öffentlichen Gewalt; sein Grundgedanke, die Möglichkeit des Zugangs zu Gericht, ist auf Grund anderer verfassungsrechtlicher Gewährleistungen aber auch bei privatrechtlichen Streitigkeiten gewährleistet. Vgl. hierzu den Zweiten Abschnitt des Zweiten Teils im Zweiten Kapitel dieser Arbeit (zu Art. 103 Absatz 1 GG), dort C.3.c)aa).
[6] BVerfGE 46, 325 (333); s. hierzu weiter u., unter 3.
[7] Darauf wird sogleich Bezug genommen.
[8] BVerfGE 60, 253 (296 f.). - Hervorhebung in Kursivschrift durch *Verf.*

eigenständiger Regelungsgehalt zukommt (Anspruch auf *Zugang* zu Gericht, Recht auf den *gesetzlichen Richter* und Anspruch auf *rechtliches Gehör im* eröffneten Verfahren), verknüpft das Bundesverfassungsgericht die genannten Prozeßgrundrechte miteinander und sieht (erst) in deren *Zusammenwirken* sowie im Zusammenwirken mit anderen, aus dem Grundgesetz hergeleiteten Verfahrensgarantien effektiven Rechtsschutz gewährleistet.

Unter Bezugnahme auf Art. 19 Absatz 4 GG führt es insoweit in der oben bereits angeführten Entscheidung wörtlich aus:

> „Diese Vorschrift stellt, im Zusammenwirken mit den Gewährleistungen der Unabhängigkeit der Gerichte (Art. 20 Abs. 2, 3; 92, 97 GG), des gesetzlichen Richters (Art. 101 Abs. 1 S. 2 GG) und des rechtlichen Gehörs vor Gericht (Art. 103 Abs. 1 GG) sowie weiteren, aus dem Rechtsstaatsprinzip folgenden Anforderungen an das gerichtliche Verfahren *[...]* die zentrale Verbürgung gerichtlichen Rechtsschutzes auch der Grundrechte im gerichtlichen Verfahren vor den Fachgerichten dar."[9]

Das bedeutet: Für den durch die öffentliche Gewalt in seinen Rechten verletzten Bürger steht „der Rechtsweg" nach Art. 19 Absatz 4 GG offen. Dies kann aber nur den Zugang zu einem Gericht, wie es die Verfassung in Art. 92 ff. GG vorsieht, bedeuten, welches vor allem mit gesetzlichen und unabhängigen[10] Richtern im Sinne der Art. 101 Absatz 1 Satz 2 in Verbindung mit Art. 97 GG besetzt ist.[11] Ansonsten wäre der durch Art. 19 Absatz 4 GG garantierte Rechtsschutz nicht *„effektiv"* in verfahrensrechtlicher Hinsicht.[12] Aus denselben Gründen muß auch das von dem Gericht durchzuführende Verfahren insgesamt verfassungsrechtlichen Vorgaben genügen. Hierzu gehört insbesondere das nach Art. 103 Absatz 1 GG zu gewährende rechtliche Gehör als fundamentales Prinzip jedes rechtsstaatlichen Verfahrens.[13] So dienen Art. 19 Absatz 4 GG und Art. 103 Absatz 1 GG beide dem gleichen Ziel, nämlich der Ermöglichung effektiven Rechtsschutzes.[14] Die Prozeßgrundrechte beschreiben somit zusammengenommen und im Ver-

---

[9] BVerfGE 60, 253 (296 f.).

[10] Vgl. nur BVerfGE 21, 191 (194).

[11] Vgl. BVerfGE 49, 252 (257): Die Rechtsweggarantie des Art. 19 Absatz 4 GG eröffnet dem Betroffenen den Weg zu einem staatlichen Gericht, das den Grundsätzen der Art. 92 und 97 GG genügen muß. - Das trifft grundsätzlich zu. Fraglich ist aber, ob der Einzelne einen individualrechtlich mit der Verfassungsbeschwerde bewehrten Anspruch auf Einhaltung der Art. 92 und 97 GG, etwa über Art. 101 Absatz 1 Satz 2 GG, hat, da jene Normen nicht nur, aber primär organisationsrechtlichen Gehalt haben; s. hierzu den Ersten Abschnitt des Zweiten Teils des Zweiten Kapitels dieser Arbeit (zu Art. 101 Absatz 1 Satz 2 GG), dort B.II.3.a).

[12] S. hierzu etwa BVerfGE 35, 263 (274); 46, 166 (178) und ständig. Zu dem vom Bundesverfassungsgericht aus Art. 19 Absatz 4 GG abgeleiteten Gebot *„effektiven* Rechtsschutzes" s. ausführlich das Zweite Kapitel, Erster Teil, B.III, dieser Arbeit.

[13] Vgl. etwa BVerfGE 41, 323 (326); 42, 128 (130 f.); 54, 94 (97): Hier ist ausdrücklich von den „sich ergänzenden" Verfahrensgarantien nach Art. 19 Absatz 4 und Art. 103 Absatz 1 GG die Rede.

[14] BVerfGE 101, 106 (129).

bund mit weiteren verfassungsrechtlichen Verfahrensgrundsätzen einen *allgemeinen Rechtsschutzstandard*[15], welcher nicht unterschritten werden darf (*Mindeststandard*)[16], und stehen insofern untereinander in einer Art *Komplementärverhältnis*.[17] Zugleich können diese aber auf den ersten Blick auch in ein Konkurrenzverhältnis untereinander geraten: Erst jüngst hat das Bundesverfassungsgericht insoweit eine Beschränkung des Akteneinsichtsrechts der Verfahrensbeteiligten gemäß § 100 Absatz 1 VwGO für vereinbar mit Art. 103 Absatz 1 GG angesehen, „wenn sich erst durch diese Beschränkung der von Art. 19 Abs. 4 GG gebotene effektive Rechtsschutz ermöglichen läßt."[18] Da jedoch auch Art. 103 Absatz 1 GG die Gewährung effektiven Rechtsschutzes zum Ziel hat, entsteht hier letztlich nicht ein Verhältnis „echter" Konkurrenz, sondern ein Konflikt zwischen zwei speziellen Schutzbereichen, die aber durch eine gemeinsame Zielsetzung miteinander verklammert werden.

2. Zusammenwirken der Prozeßgrundrechte mit weiteren verfassungsrechtlichen Verfahrensgarantien

Hinzu treten *ungeschriebene* Verfahrensgrundsätze, die aber ebenfalls der *Verfassung* entnommen werden, wie der vom Bundesverfassungsgericht aus *Art. 2 Absatz 1 GG in Verbindung mit dem Rechtsstaatsprinzip (Art. 20 Absatz 3 GG)* hergeleitete *Anspruch auf ein faires Verfahren*[19], das Gebot *prozessualer Waffengleichheit (Art. 3 Absatz 1 GG)*[20] sowie der Grundsatz des Vertrauensschutzes im Prozeß[21]. Von Bedeutung ist insoweit auch das aus Art. 3 Absatz 1 GG abgeleitete *Verbot „objektiver" Willkür*, das jedoch eher einen Kontrollmaßstab denn einen sachlichen Verfahrensgrundsatz umschreibt.[22] Die Prozeßgrundrechte und Verfahrensgarantien des Grundgesetzes sind somit im *Gesamtzusammenhang der Verfassung* zu sehen, die insoweit einen *lückenlosen*, effektiven Rechtsschutz des Bürgers in einem Gerichtsverfahren garantiert.[23] Dessen

---

[15] S. *Schmidt-Aßmann* in: Maunz/Dürig/Herzog, GG, Art. 19 Abs. IV Rd. 18.

[16] *Huber* in: v. Mangoldt/Klein/Starck, Bonner Grundgesetz, Art. 19 Abs. 4 Rd. 368.

[17] Zusammenfassend zur Gewährleistung lückenlosen und effektiven Rechtsschutzes durch Art. 19 Absatz 4 sowie Art. 103 Absatz 1 GG wie auch durch die materiellen Grundrechte: BVerfGE 53, 115 (127 f.). Einen Überblick über das Verhältnis der verfassungsrechtlichen Verfahrensgarantien und -grundsätze zueinander gibt *Schmidt-Aßmann* in: Maunz/Dürig/Herzog, GG, Art. 19 Abs. IV Rd. 15 ff.

[18] Beschl. des Ersten Senats vom 27. Oktober 1999 (= BVerfGE 101, 106 [2. LS und S. 129 ff.]).

[19] BVerfGE 26, 66 (71); 38, 105 (111); 46, 325 (334 f.); 49, 220 (225); 51, 150 (156); 57, 250 (274 f.); 64, 135 (145 ff.) und ständig, zuletzt E 101, 397 (405 ff.). S. hierzu weiter u., a).

[20] BVerfGE 35, 263 (276 f.); 38, 105 (111). Vgl. hierzu *Baumgärtel* in: FS für Franz Matscher (1993), S. 29 (30 ff.).

[21] S. hierzu *Schmidt-Aßmann* in: Maunz/Dürig/Herzog, GG, Art. 19 Abs. IV Rd. 20.

[22] Vgl. hierzu weiter unten, c).

[23] S. hierzu *Lorenz*, NJW 1977, S. 865 (868).

ungeachtet weist jedes Prozeßgrundrecht und jede verfassungsrechtliche Verfahrensgarantie einen *eigenständigen* Regelungsgehalt auf. Innerhalb des durch ihr Zusammenspiel begründeten allgemeinen Rechtsschutzstandards ist dieser daher auszuloten. So betrifft Art. 19 Absatz 4 GG etwa alle Fragen, die sich im Zusammenhang mit der Gewährung von Rechtsschutz *überhaupt* und *gerade durch ein Gericht („Zugang")* ergeben (Rechtsweg, Klagebefugnis, Präklusionen im Verwaltungsverfahren[24], Vorverfahren, Klagefristen und Wiedereinsetzung bei Versäumnis der Klagefrist, fachgerichtliche Prüfungsdichte)[25], während Art. 103 Absatz 1 GG auf die *Gestaltung des gerichtlichen Verfahrens* durch das Rechtsschutz gewährende Gericht selbst einwirkt. Diese Aufgabe obliegt dem Bundesverfassungsgericht bei der Prüfung der Verletzung eines konkreten Verfahrensgrundrechts oder -grundsatzes. Schwierig ist dies insbesondere im Hinblick auf das *Fairneßgebot* und das *Willkürverbot*, da der Inhalt dieser Verfahrensgrundsätze relativ *unbestimmt* ist und insbesondere letzteres eher funktionale Kriterien enthält. Zugleich ergeben sich hierdurch Probleme bei der *Abgrenzung* dieser Verfahrensprinzipien von dem speziellen Schutzbereich der Prozeßgrundrechte nach Art. 19 Absatz 4, 101 Absatz 1 Satz 2, 103 Absatz 1 GG. Die hiermit zusammenhängenden Fragen haben das Bundesverfassungsgericht immer wieder beschäftigt. Eine kurze Darstellung der Problematik vorab empfiehlt sich daher. Einzelfragen werden im Hauptteil dieser Arbeit behandelt.

a) Der Anspruch auf ein faires Verfahren

Nach ständiger Rechtsprechung des Bundesverfassungsgerichts gehört das aus Art. 2 Absatz 1 GG in Verbindung mit dem Rechtsstaatsprinzip abgeleitete Recht auf ein faires Verfahren als „Grundrecht"[26] zu den „wesentlichen Grundsätzen eines rechtsstaatlichen Verfahrens":[27] „Es erschöft sich nicht in der Selbstbeschränkung staatlicher Mittel gegenüber den beschränkten Möglichkeiten des Einzelnen, die sich in der Verpflichtung niederschlägt, daß staatliche Organe korrekt und fair zu verfahren haben".[28] Vielmehr gewährleistet es etwa im *Strafverfahren* „als ein unverzichtbares Element der Rechtsstaatlichkeit *[...]* dem Betroffenen, *prozessuale Rechte und Möglichkeiten mit der erfor-*

[24] Dagegen betreffen Präklusionen im *gerichtlichen* Verfahren Art. 103 Absatz 1 GG.
[25] Vgl. *Huber* in: v. Mangoldt/Klein/Starck, Bonner Grundgesetz, Art. 19 Abs. 4 Rd. 371.
[26] BVerfGE 41, 241 (246).
[27] Vgl. nur BVerfGE 26, 66 (71); 38, 105 (111 ff.); 89, 120 (129) und ständig. S. zuletzt E 101, 397 (405).
[28] BVerfGE 30, 1 (27); 38, 105 (111).

derlichen Sachkunde selbständig wahrzunehmen [...]".[29] Insgesamt gewährleistet das Fairneßgebot im Strafverfahren dem Angeklagten „einen Mindestbestand an aktiven verfahrensrechtlichen Befugnissen".[30] Ihm muß *„die Möglichkeit eingeräumt sein, zur Wahrung seiner Rechte auf den Gang und das Ergebnis des Verfahrens Einfluß zu nehmen*".[31] Demnach kann das Recht auf ein faires Verfahren durch verfahrensrechtliche Gestaltungen berührt werden, die der Ermittlung der Wahrheit und somit einem gerechten Urteil entgegenstehen; aus diesem Recht folgt zugleich ein *Anspruch auf materielle Beweisteilhabe*, der einen *Anspruch auf den Zugang zu den Quellen der Sachverhaltsfeststellung* einschließt.[32] Anwendung findet das Recht auf ein faires Verfahren jedoch in *jedem* Gerichtsverfahren, das rechtsstaatlichen Anforderungen genügen will.[33] Die von dem Fairneßgebot umfaßte Möglichkeit des Einzelnen, auf das Verfahren und die gerichtliche Entscheidung Einfluß nehmen zu können, ist aber in vergleichbarer Weise zugleich *Inhalt des Anspruchs auf rechtliches Gehör nach Art. 103 Absatz 1 GG*: Demnach darf das Fachgericht nach ständiger Rechtsprechung des Bundesverfassungsgerichts nur solche „Tatsachen und Beweisergebnisse verwerten, zu denen die Beteiligten Stellung nehmen konnten".[34] Allgemein müssen die Gehörberechtigten die Gelegenheit haben, sich zum entscheidungserheblichen Sachverhalt und zur Rechtslage zu äußern, um dadurch *effektiv* auf das *Verfahren* und den *Inhalt* der gerichlichen Entscheidung Einfluß nehmen zu können.[35] Es kann also hier zu Überschneidungen der Anwendungsbereiche verschiedener Verfahrensgarantien kommen.[36] Die Nähe zwischen dem Recht auf ein faires Verfahren und dem Anspruch auf rechtliches Gehör wird auch daran deutlich, daß das Bundesverfassungsgericht etwa im Verfahren vor dem Rechtspfleger, in dem der sachliche Anwendungsbereich des Art. 103 Absatz 1 GG nicht eröffnet ist („rechtliches" Gehör ist nur vor einem Gericht zu gewähren), dem Inhalt des Anspruchs auf rechtliches Gehör über die Anwendung des Fairneßgebots Geltung verschafft.[37] Der sachliche Gehalt des

---

[29] BVerfGE 38, 105 (111). - Hervorhebung in Kursivschrift durch *Verf.*
[30] BVerfGE 57, 250 (275); 64, 135 (145).
[31] BVerfGE 26, 66 (71); 46, 202 (210); 64, 135 (145). - Hervorhebung in Kursivschrift durch *Verf.*
[32] Vgl. BVerfG (Kammer), Beschl. v. 20.12.2000 - 2 BvR 591/00 (bzgl. Strafverfahren *„Landshut*"-Entführung).
[33] BVerfGE 101, 397 (405).
[34] Vgl. nur BVerfGE 6, 12 (14); 12, 110 (113); 57, 250 (274); 64, 135 (144).
[35] BVerfGE 36, 92 (98); 94, 166 (207) und ständig. S. zuletzt E 101, 106 (129).
[36] In BVerfGE 64, 135 (1. LS) etwa hat der Zweite Senat ausdrücklich entschieden, daß die Frage, ob und in welchem Umfang ein der deutschen Sprache nicht oder nicht hinreichend mächtiger Verfahrensbeteiligter einen Anspruch darauf hat, daß ihm das Gericht über einen Dolmetscher oder Übersetzer zur Überbrückung von Verständigungsschwierigkeiten verhilft, nicht vom Schutzbereich des Art. 103 Absatz 1 GG, sondern von dem Anspruch auf ein faires Verfahren umgriffen werde.
[37] BVerfGE 36, 321 (330). S. zuletzt E 101, 397 (2. LS und S. 405).

Fairneßgebots ist also insoweit deckungsgleich mit dem des rechtlichen Gehörs. Das Bundesverfassungsgericht hat hierzu ausgeführt: „Zu den wesentlichen Grundsätzen eines rechtsstaatlichen Verfahrens zählt das Recht auf ein faires Verfahren *[...]. Auch außerhalb des Anwendungsbereichs des Art. 103 Abs. 1 GG* darf der Einzelne deshalb nicht zum bloßen Objekt staatlicher Entscheidung werden; ihm muß die Möglichkeit gegeben werden, vor einer Entscheidung, die seine Rechte betrifft, zu Wort zu kommen, um Einfluß auf das Verfahren und dessen Ergebnis nehmen zu können *[...]*."[38] Entsprechendes gilt für das Verhältnis zwischen dem Fairneßgebot und der Rechtsweggarantie: Hier hat das Bundesverfassungsgericht betont, daß das Recht auf ein faires Verfahren als Prüfungsmaßstab ausscheide, wenn der Beschwerdeführer die Rüge der Verletzung effektiven Rechtsschutzes erhebt; Maßstab sei allein Art. 19 Absatz 4 GG als „speziellere Gewährleistung des Grundgesetzes".[39] Da der Inhalt des Fairneßgebots somit allgemeiner gehalten ist und nur außerhalb des spezifischen Schutzbereichs eines Prozeßgrundrechts zur Anwendung gelangen darf, ist in jedem Einzelfall eine sorgfältige Differenzierung zwischen den jeweiligen Anwendungsvoraussetzungen vorzunehmen.

b) Das Willkürverbot

Bereits in einer Entscheidung des Ersten Senats vom 1. Juli 1954[40] hat sich das Bundesverfassungsgericht grundlegend zur Verletzung des Art. 3 Absatz 1 GG durch gerichtliche Urteile geäußert. Ein Verstoß gegen das aus dem allgemeinen Gleichheitssatz abgeleitete Willkürverbot liegt demnach dann vor, wenn die Rechtsanwendung des Fachgerichts oder das eingeschlagene Verfahren Fehler enthalten, die *„bei verständiger Würdigung der das Grundgesetz beherrschenden Gedanken nicht mehr verständlich sind und sich daher der Schluß aufdrängt, daß sie auf sachfremden Erwägungen beruhen"*.[41] Im Rahmen der Prüfung von Verstößen gegen das *Recht auf den gesetzlichen Richter nach Art. 101 Absatz 1 Satz 2 GG* nimmt das Bundesverfassungsgericht in ständiger Rechtsprechung *ausschließlich eine Kontrolle anhand der Willkür-Formel* vor, sodaß eine Verletzung dieses Prozeßgrundrechts (nur) dann vorliegen soll, wenn sich das Gericht im Einzelfall etwa bei der Auslegung oder Anwendung einer Zuständigkeitsnorm „so weit von dem sie beherrschenden verfassungsrechtlichen Grundsatz des gesetzlichen Richters

---

[38] BVerfGE 101, 397 (405 [m.w.N. aus seiner ständigen Rechtsprechung]). - Hervorhebungen in Kursivschrift durch *Verf.*

[39] BVerfGE 83, 182 (194) mit Hinweis auf E 57, 250 (274 f.). Zum Fairneßgebot unter dem Gesichtspunkt effektiven Rechtsschutzes s. *Schenke*, JZ 1988, S. 325 ff.

[40] BVerfGE 4, 1; vgl. hierzu *Kirchberg*, NJW 1987, S. 1990.

[41] BVerfGE 4, 1 (7); s. auch E 54, 117 und ständig.

entfernt hat, daß sie nicht mehr zu rechtfertigen ist".[42] Im übrigen aber liege ein bloßer Verfahrensirrtum (*error in procedendo*) vor, durch den niemand seinem gesetzlichen Richter entzogen werde.[43] Im Rahmen des Art. 101 Absatz 1 Satz 2 GG findet insoweit eine eingeschränkte Prüfung der Verletzung des Rechts auf den gesetzlichen Richter statt, in deren Rahmen allerdings die spezifischen Voraussetzungen dieses Prozeßgrundrechts berücksichtigt werden. In anderen Fällen dagegen kann eine Willkürprüfung dazu führen, daß eine fachgerichtliche Entscheidung als Verfassungsverstoß gewertet wird, obgleich der Schutzbereich eines konkreten Prozeßgrundrechts nicht beeinträchtigt ist.

Von Vorteil ist die später insbesondere vom Zweiten Senat in ständiger Rechtsprechung angewandte Willkür-Formel insoweit, als sie (im absoluten Einzelfall) die Korrektur *„unerträglicher Fehlentscheidungen"* und die Beseitigung *„groben prozessualen Unrechts"* durch das Bundesverfassungsgericht auch in den Fällen ermöglicht, *in denen ein spezielles Prozeßgrundrecht nicht verletzt ist.*[44] Dies kann dadurch gerechtfertigt werden, daß es nach ständiger Rechtsprechung des Bundesverfassungsgerichts Aufgabe der Fachgerichte ist, nicht nur eine „gesetzmäßige", sondern auch eine in diesem Rahmen „gerechte" Entscheidung herbeizuführen.[45] Allerdings ist vor einer Ausdehnung der „Willkür-Kontrolle" durch das Bundesverfassungsgericht insoweit zu warnen, als dieses durch eine ständige Inanspruchnahme als „Notinstanz" wiederum in gefährliche Nähe zu einer „Superrevisionsinstanz" zu rücken droht.[46] Allgemein sollte die Verfassungsbeschwerde wegen Vorliegens objektiver Willkür daher nur in Ausnahmefällen zum Erfolg führen. Um hier die Grenzen, welche insbesondere der Schutzbereich der Prozeßgrundrechte dem Rechtsschutz des Einzelnen zieht, nicht aufzuweichen, wäre daher angezeigt, daß das Bundesverfassungsgericht im Rahmen der Urteils-Verfassungsbeschwerde zunächt akribisch genau die Entscheidung des Fachgerichts auf den Verstoß gegen ein spezifisches Prozeßgrundrecht überprüft, ehe es zu einer Prüfung anhand der Willkür-Formel übergeht. Es hat sich jedoch gezeigt, daß vor allem der Zweite Senat häufig den umgekehrten Weg gewählt und insbesondere eine *Prüfung der Verletzung des Anspruchs*

---

[42] S. etwa BVerfGE 29, 45 (49).

[43] BVerfGE 3, 359 (364 f. m.w.N.); 4, 412 (416 f.); 7, 327 (329); 13, 132 (144); 15, 245 (248); 20, 336 (346); 23, 288 (320); 29, 45 (48) und ständig. Vgl. hierzu ausführlich das Zweite Kapitel, Zweiter Teil, Erster Abschnitt, C.I.2. und II., dieser Arbeit.

[44] Vgl. hierzu *Krause*, JZ 1984, S. 828 (835 m.w.N.) und *Zuck*, JZ 1985, S. 921 ff. S. beispielhaft BVerfGE 54, 143 ff.

[45] S. nur BVerfGE 49, 252 (257 ff.); s. hierzu *Schneider*, NJW 1980, S. 2103 (2107).

[46] S. *Rennert*, NJW 1991, S. 12 (16): Fehlentscheidungen, die gegen kein spezielles Grundrecht verstoßen, müßten daher als „Preis der richterlichen Unabhängigkeit der Fachgerichte" hingenommen werden.

auf rechtliches Gehör nach Art. 103 Absatz 1 GG ausdrücklich nicht vorgenommen hat, obgleich dessen spezifischer Anwendungsbereich grundsätzlich eröffnet war, um sodann statt dessen die Begründetheit der Verfassungsbeschwerde wegen Vorliegens „objektiver Willkür" seitens des Fachgerichts zu bejahen, und zwar unter ausdrücklichem Hinweis, daß aus diesem Grunde eine Prüfung des Art. 103 Absatz 1 GG entbehrlich sei.[47]

Beispielhaft ist an dieser Stelle die bekannte erste *Zuschlag*-Entscheidung des Bundesverfassungsgerichts zu nennen:[48] Hier ging es um die Verletzung von Hinweispflichten im Zwangsversteigerungsverfahren, welche an sich den Schutzbereich des Art. 103 Absatz 1 GG betreffen. Dennoch hat das Bundesverfassungsgericht darin (bereits) einen Verstoß gegen das Willkürverbot gesehen. Dagegen hat *Geiger* in seinem Sondervotum eine Verletzung des Art. 103 Absatz 1 GG festgestellt.[49] Auch in der Literatur wird daher gegen die Willkür-Formel zu Recht eingewandt, daß der Eindruck entstehe, das Bundesverfassungsgericht wolle sich hierdurch der Schwierigkeit, Inhalt und Grenzen der Verfahrensgrundrechte nach Maßgabe des konkreten Einzelfalles exakt zu bestimmen, entziehen.[50] Abgesehen davon wird auch grundlegende methodische Kritik geübt, da der „klassische" Gleichheitsgrundsatz, der stets die Existenz eines Vergleichspaares voraussetzt, auf ein allgemeines Willkürverbot reduziert werde, bei dessen Überprüfung ein Vergleichspaar nicht mehr notwendig sei.[51] Es reiche demnach aus, daß „objektiv", d.h. losgelöst von einem vergleichbaren Sachverhalt, Willkür vorliege, sodaß das Verbot willkürlicher Differenzierung zum Mittel der Herstellung „allgemeiner Gerechtigkeit" werde.[52] Konsequenterweise müsse dann aber im originären Anwendungsbereich des Art. 3 Absatz 1 GG, der Rechtsanwendungsgleichheit, jede Urteils-Verfassungsbeschwerde erfolgreich sein, denn jede falsche Gesetzesanwendung sei eo ipso *objektiv* willkürlich.[53] Zwar beschränkt das Bundesverfassungsgericht insoweit seine Kontrolle nach Maßgabe der Willkür-Formel auf „grobe Verstöße" als Voraussetzung für die Annahme „sachfremder Erwägungen" des Fachgerichts.[54] Die entsprechende Ein-

---

[47] S. etwa BVerfGE 54, 117 ff.; 57, 39 ff.; 58, 163 ff.; 59, 98 ff.

[48] BVerfGE 42, 64 ff.

[49] Ausführlich hierzu: Zweites Kapitel, Zweiter Teil, Zweiter Abschnitt dieser Arbeit, dort C.II.3.a)bb) bis dd).

[50] *Rennert*, NJW 1991, S. 12 (15). *Stürner*, JZ 1986, S. 527 (532) spricht von „subsumtionsunwilliger Routine" des Bundesverfassungsgerichts.

[51] *Höfling*, JZ 1991, S. 955 (957).

[52] *Ders.*, aaO.

[53] *Rennert*, NJW 1991, S. 12.

[54] Vgl. hierzu *dens.*, aaO S. 13; *Steinwedel*, „Spezifisches Verfassungsrecht" und „einfaches Recht" (1. Aufl. 1976), S. 39 f.

bewertung obliegt jedoch wiederum dem Bundesverfassungsgericht und ist somit Teilelement einer allgemeinen „Billigkeitskontrolle". Dies führt in der Tat dazu, daß ein gewichtiger Teil des Prüfungsmaßstabs der Willkür-Kontrolle der Einschätzung der Richter am Bundesverfassungsgericht überlassen bleibt. In dem hier interessierenden Zusammenhang bleibt die Feststellung, daß die Qualifizierung eines Verfassungsverstoßes als „objektiv willkürlich" zu einer Konkurrenz zwischen Art. 3 Absatz 1 GG als „Auffanggrundrecht" und dem durch die fehlerhafte Rechtsanwendung verletzten spezifischen Prozeßgrundrecht, oftmals der Anspruch auf rechtliches Gehör nach Art. 103 Absatz 1 GG, führen kann, indem zwei grundverschiedene Kontrollmaßstäbe miteinander vermischt werden.[55] Im übrigen ist bereits vorab festzuhalten, daß das Bundesverfassungsgericht teilweise auch die Schutzbereiche der drei Prozeßgrundrechte miteinander vermischt. Dies gilt insbesondere in Bezug auf die Rechtsweggarantie und auf den Anspruch auf rechtliches Gehör.

c) Einwirkungen des Rechtsstaatsprinzips

Es hat sich also gezeigt, daß effektiver Rechtsschutz des Bürgers in jedem fachgerichtlichen Verfahren durch ein Zusammenwirken zwischen den Prozeßgrundrechten und anderen verfassungsrechtlichen Verfahrensgarantien wie dem Fairneßgebot zu gewährleisten ist. Insoweit ist ein allgemeiner Rechtsschutzstandard in jedem Verfahren einzuhalten. Eine (zusätzliche) Kontrolle nimmt das Bundesverfassungsgericht anhand der Willkür-Formel vor. Ein objektives Element ist allen Verfahrensgarantien gemeinsam: das Rechtsstaatsprinzip. Ein Rechtsstaat, in dem der Zugang zu Gericht nicht garantiert ist, ein rechtsstaatliches Verfahren, in dem jemand seinem gesetzlichen Richter entzogen oder ihm rechtliches Gehör nicht gewährt wird - oder aber, in dem eine willkürliche, unfaire, nicht unabhängige Justiz agiert - , wäre mit jenem Grundgedanken unserer Verfassung - heute eine Selbstverständlichkeit - nicht vereinbar. Jedem der hier inmitten stehenden Prozeßgrundrechte wie auch jeder anderen verfassungsrechtlichen Verfahrensgarantie liegt daher letztlich das Rechtsstaatsprinzip als objektiver Verfassungsgrundsatz zu Grunde[56], dessen Inhalt durch die einzelnen Verfahrensgrundrechte und -garantien näher spezifiziert und durch deren subjektiv-rechtliche Komponente ergänzt wird. Die Justizgrundrechte sichern somit als individuelle Anspruchsnormen das Rechtsstaatsprinzip, während dieses umgekehrt nur in Verbindung mit den Verfahrensgrundrechten subjekti-

[55] S. *Stürner*, JZ 1986, S. 527 (532).
[56] Im Hinblick auf Art. 19 Absatz 4 GG s. etwa BVerfGE 35, 382 (401); 81, 347 (356).

vierbar ist, d.h. ein „Anspruch“ des Einzelnen auf Einhaltung des Rechtsstaatsprinzips im gerichtlichen Verfahren ergibt sich nur durch Vermittlung der als subjektive Rechte ausgestalteten Prozeßgarantien des Grundgesetzes. Die *spezielle* Ausprägung dieses Prinzips läßt sich daher nur durch Prüfung des Kerngehalts des *konkreten* Verfahrensgrundrechts bzw. -grundsatzes ermitteln. Nur so läßt sich auch das einschlägige verfassungsrechtliche Verfahrensprinzip für den konkreten Einzelfall verorten.

Das Rechtsstaatsprinzip liegt jedoch nicht nur jedem Prozeßgrundrecht zu Grunde, sondern umgekehrt kann hier auch ein *„echtes“ Konkurrenzverhältnis* vorliegen. Denn das Rechtsstaatsprinzip enthält zugleich Verfahrensgrundsätze, die für den rechtsschutzsuchenden Bürger im konkreten Fall nicht unbedingt vorteilhaft sind: So stellt das *Gebot der Rechtssicherheit* eine besondere Ausprägung des Rechtsstaatsprinzips dar.[57] Demnach sind etwa grundsätzlich einfach-gesetzliche Fristbestimmungen zulässig, sofern sie nicht zu einer unzumutbaren Verkürzung effektiven Rechtsschutzes führen. Dies gilt insbesondere etwa für Klage- und Antragsfristen sowie für die Präklusionsvorschriften, die dem Gericht die Zurückweisung verspäteten Vorbringens ermöglichen, mit der Folge, daß der Betroffene mit entsprechendem Sachvortrag für das weitere Verfahren ausgeschlossen ist und dieses in der gerichtlichen Entscheidung nicht mehr berücksichtigt wird. Hierdurch ist aber zugleich, im ersten Fall (Klagefristen), der Schutzbereich der Rechtweggarantie oder, im zweiten Fall (Präklusion), des Anspruchs auf rechtliches Gehör berührt. Diese einander im konkreten Fall somit widersprechenden verfassungsrechtlichen Erfordernisse sind daher in Einklang zu bringen, ebenso wie etwa auch die gegenläufigen Interessen beider Parteien im zivilprozessualen Erkenntnisverfahren. Letzteres ist bereits ein Gebot des aus Art. 3 Absatz 1 GG abgeleiteten Grundsatzes der „prozessualen Waffengleichheit“, der es den Parteien ermöglicht, sich verfahrensrechtlich mit den gleichen Mitteln unmittelbar und mittelbar gegeneinander zur Wehr zu setzen. Das Bundesverfassungsgericht führt hierzu allgemein aus, daß die Verfassung ein „Sinngefüge“ darstelle, „bei dem einzelne Gewährleistungen so auszulegen sind, daß auch anderen Verfassungsnormen und -grundsätzen nicht Abbruch getan wird.“[58]

3. Verfahrensrechtliche Wirkung der materiellen Grundrechte

Das Bundesverfassungsgericht beschränkt allerdings den im gerichtlichen Verfahren zu gewährleistenden Rechtsschutz nicht auf die explizit in der Verfassung vorgesehenen

---

[57] BVerfGE 60, 253 (267 ff.).
[58] BVerfG, aaO S. 267.

Prozeßgrundrechte gemäß Art. 19 Absatz 4 GG, Art. 101 Absatz 1 Satz 2 GG und Art. 103 Absatz 1 GG sowie auf die aus anderen Verfassungsgrundsätzen abgeleiteten Verfahrensgarantien. In ständiger Rechtsprechung betont es vielmehr darüber hinaus effektiven Rechtsschutz als bereits „dem Grundrecht wesensmäßig zugehörig" und hebt damit die Funktion des Verfahrens zum Schutz und zur Durchsetzung der materiellen Grundrechte hervor.[59] Vor allem eine Garantie *auf* gerichtliche Kontrolle soll sich demnach nicht erst aus dem formellen Grundrecht des Art. 19 Absatz 4 GG, sondern bereits aus dem betroffenen materiellen Freiheitsgrundrecht selbst ergeben.[60] Hervorgehoben hat das Bundesverfassungsgericht dies stets für die Eigentumsgarantie des Art. 14 Absatz 1 Satz 1 GG[61], den Grundsatz aber ausgeweitet auf die anderen Grundrechte.[62] Im Hinblick auf Art. 14 GG führt das Bundesverfassungsgericht zur Begründung an, die Eigentumsgarantie im sozialen Rechtsstaat „will den konkreten Bestand des Eigentums in der Hand des Eigentümers sichern. Ihr kommt von Verfassungs wegen die Aufgabe zu, dem Träger des Grundrechts einen Freiheitsraum im vermögensrechtlichen Bereich zu erhalten und dem Einzelnen damit eine Entfaltung und eigenverantwortliche Lebensgestaltung zu ermöglichen. Diese Garantiefunktion beeinflußt nicht nur die Ausgestaltung des materiellen Vermögensrechts, sondern wirkt auch auf das zugehörige Verfahrensrecht ein. Demgemäß folgt bereits unmittelbar aus Art. 14 GG die Pflicht, bei Eingriffen in dieses Grundrecht einen effektiven Rechtsschutz zu gewähren."[63] Demnach *ergänzen* sich der Gehalt des Art. 19 Absatz 4 GG sowie derjenige anderer Prozeßgarantien und derjenige der materiellen Grundrechte bei der Gewährung effektiven Rechtsschutzes.[64]

Somit scheinen insbesondere Elemente des klassischen Justizgewährungsanspruchs aus Art. 19 Absatz 4 GG in die materiellen Freiheitsrechte verlagert[65], wie auch der Inhalt des formalen Gehörgrundrechts des Art. 103 Absatz 1 GG teilweise Eingang in die materiellen Grundrechtsgarantien findet. Verfahrensrecht wird damit als Annex des materiel-

---

[59] Seit seinem Beschl. zum *Hamburgischen Deichordnungsgesetz* aus dem Jahr 1968 (= BVerfGE 24, 367 [401 f.]) zu Art. 14 Absatz 1 GG. Vgl. hierzu *Bethge*, NJW 1982, S. 1 (5); *Dolde*, NVwZ 1982, S. 65.

[60] Vgl. hierzu *Lorenz*, AöR Bd. 105 (=1980), S. 623 (624 f.).

[61] Ebenfalls seit BVerfGE 24, 367 (401 f.); vgl. hierzu *Bethge*, aaO S. 5. S. auch E 35, 348 (361); 37, 132 (148); 45, 297 (333); 46, 325 (334); 49, 220 (225); 49, 252 (257).

[62] Zu Art. 2 Absatz 1 i.V.m. Art. 1 Absatz 1 GG (informationelle Selbstbestimmung): BVerfGE 101, 106 (121 f.); zu Art. 2 Absatz 2 GG: E 51, 324 (346 ff.); zu Art. 5 Absatz 3 GG: E 83, 130 (148); zu Art. 12 GG: E 39, 276 (294); 44, 105 (109 ff.); 45, 422 (430 ff.); zu Art. 16 Absatz 2 Satz 2 GG a.F.: E 56, 216 (236).

[63] BVerfGE 46, 325 (334) [=*Zuschlag II*].

[64] BVerfGE 49, 252 (257).

[65] *Bethge*, aaO.

len Grundrechtsgehalts begriffen.[66] Eindrucksvoll belegt wird dies durch die *zweite* und die *dritte Zuschlag*-Entscheidung des Bundesverfassungsgerichts[67]: Die *Zuschlag*-Entscheidungen betreffen sämlich den Bereich gerichtlicher Hinweispflichten nach § 139 ZPO im Vollstreckungsverfahren, sodaß an sich der Schutzbereich des Art. 103 Absatz 1 GG betroffen ist.[68] Jedoch erstreckt sich der Anwendungsbereich dieses Prozeßgrundrechts nur auf das Verfahren vor einem staatlichen Gericht im Sinne des Art. 92 GG, nicht dagegen auf Verfahren, die vom Rechtspfleger durchgeführt werden.[69] In diesem Fall greift aber das speziell aus dem Rechtsstaatsprinzip abgeleitete, auf die Verfahrensgestaltung zugeschnittene und als prozessuale Auffanggarantie fungierende Gebot verfahrensrechtlicher Fairneß, das in diesem Bereich rechtliches Gehör in demselben Umfang gewährt wie Art. 103 Absatz 1 GG.[70] Dennoch hat das Bundesverfassungsgericht in den *Zuschlag*-Entscheidungen nicht auf diese Verfahrensgarantie zurückgegriffen. Fand bei *Zuschlag I* noch eine Überprüfung anhand der Willkür-Formel statt[71], wurde bei vergleichbarem Sachverhalt in *Zuschlag II* die Verfassungsbeschwerde wegen Verletzung der Eigentumsgarantie nach Art. 14 Absatz 1 Satz 1 GG für begründet erklärt.[72] In *Zuschlag III* revidierte das Bundesverfassungsgericht dies dahin, daß es zwar ebenfalls die Eigentumsgarantie, jedoch nunmehr *„in Form" des Anspruchs auf effektiven Rechtsschutz* verletzt ansah; demgegenüber vertrat der Richter am Bundesverfassungsgericht *Böhmer* auch hier die Auffassung, daß bereits der materielle Gehalt der Eigentumsgarantie durch den Verfahrensfehler verletzt sei.[73]

Es trifft unzweifelhaft zu, daß dem Verfahren für die Durchsetzung der materiellen Grundrechte wesentliche Bedeutung zukommt, da sich erst hier entscheidet, ob der auf dem Papier bestehende Anspruch auch tatsächlich anerkannt wird. Wem ein Gesetz ein Recht gibt, dem muß auch ein Mittel an die Hand gegeben werden, mit dem er dieses durchsetzen kann. Ansonsten wäre es nutzlos für ihn. Schon das Preußische Allgemeine

---

[66] Vgl. hierzu einprägsam *Alexy*, Theorie der Grundrechte (3. Auflage 1996), 9. Kapitel, III. (S. 428 ff.).
[67] BVerfGE 46, 325 ff. und 49, 220 ff.
[68] So zutreffend *Geiger* in seinem *Sondervotum* zu *Zuschlag I* (= BVerfGE 42, 64 ff.).
[69] BVerfGE 101, 397 (404 f. m.w.N.).
[70] BVerfG, aaO S. 405.
[71] BVerfGE 42, 64 ff.
[72] BVerfGE 46, 325 ff.
[73] BVerfGE 49, 220 ff.; es wird lediglich im Rahmen einer Hilfserwägung darauf verwiesen, daß „zudem" aus dem Rechtsstaatsprinzip der Anspruch auf eine „faire Verfahrensführung" folge (aaO S. 225). Ähnlich schon E 46, 325 (334), wo der Anspruch auf eine faire Verfahrensführung allerdings direkt dem aus dem materiellen Grundrecht nach Art. 14 GG folgenden Anspruch auf effektiven Rechtsschutz unterstellt wird.

Landrecht bestimmte: „So weit als jemanden ein Recht zusteht, so weit ist er befugt, solches auszuüben."[74] Dies gilt auch und erst recht für die verfassungsrechtlich abgesicherten Grundrechte des Grundgesetzes. Zweifelhaft ist jedoch, ob ein effektiver Grundrechtsschutz im Verfahren eines Rückgriffs auf die materiellen Grundrechte bedarf. Hiergegen sprechen zunächst systematische Gesichtspunkte, da bei den materiellen Freiheitsgrundrechten deren *Abwehrcharakter* im Vordergrund steht. Es entspricht allgemein demnach herrschender Auffassung in der Staatsrechtslehre, daß die grundrechtliche Gewährleistung der Freiheit nicht die staatliche Schaffung der tatsächlichen Voraussetzungen für ihre Ausübung, noch sonstige Vorkehrungen zu ihrer *Verwirklichung* zum Gegenstand individueller Ansprüche macht.[75] Obgleich demnach grundsätzlich *keine originären Leistungsrechte* bestehen, erkennt die herrschende Meinung unter Einschluß des Bundesverfassungsgerichts *derivative* und in der Regel auf bloße, gleichmäßige Teilhabe gerichtete Ansprüche an, wenn eine Verwirklichung grundrechtlicher Freiheit nur durch staatliche Leistung möglich ist.[76] Überträgt man diese Grundsätze auf das Gerichtsverfahren, folgt daraus, daß die materiellen Grundrechte ihrem Träger prinzipiell keinen Anspruch auf eine bestimmte Verfahrensgestaltung oder überhaupt auf ein Gerichtsverfahren als Mittel zu ihrer Durchsetzung gewähren. Für das Gerichtsverfahren hat der Verfassungsgeber vielmehr besondere Mittel zur Durchsetzung der materiellen Grundrechte bereitgestellt, und zwar in Form der formellen Prozeßgrundrechte, die durch das einfache Prozeßrecht konkretisiert werden. Besonders deutlich wird dies bei der Rechtsschutzgarantie des Art. 19 Absatz 4 GG, bei der, anders als bei den klassischen Freiheitsgrundrechten als Abwehrrechten, der leistungsrechtlich ausgeprägte Rechtscharakter im Vordergrund steht.[77] Nur *über* das formale Grundrecht des Art. 19 Absatz 4 GG wird daher den materiellen Grundrechten, durch das Gebot ihrer Effektuierung *durch* gerichtlichen Rechtsschutz, *zugleich* ein *leistungsstaatlicher Gehalt* zugewiesen.[78] Daran zeigt sich also, daß umgekehrt den materiellen Grundrechten ein verfahrensrechtlicher Gehalt jedenfalls nicht „immanent" ist, da es ansonsten der Implementierung dieses Prozeßgrund-

---

[74] §.93. der Einleitung zum allgemeinen Gesetzbuche (Entwurf), gleichlautend mit § 95 AGB, 88 ALR, abgedruckt bei *Carl Gottlieb Svarez*, Gesammelte Schriften, Entwurf eines allgemeinen Gesetzbuches für die Preußischen Staaten, Band 1, Edition nach der Ausgabe von 1784 mit Hinweisen auf das ALR, AGB, die eingegangenen Monita und deren Bearbeitung, sowie mit einer Einführung und Anmerkungen von *Peter Krause*.

[75] Vgl. *Lorenz*, AöR Bd. 105 (=1980), S. 623 (641) mit umfangreichen Nachweisen.

[76] *Ders.*, aaO, S. 641 m.w.N.

[77] Vgl. *Schulze-Fielitz* in: Dreier, GG, Art. 19.IV Rd. 65 m.w.N.

[78] In der Literatur wird daher teilweise kritisch angemerkt, daß Art. 19 Absatz 4 GG insoweit der nahezu durchgängigen grundgesetzlichen Konzeption der Grundrechte als Freiheitsrechte widerspreche; s. hierzu *Lorenz*, AöR Bd. 105 (= 1980), S. 623 (640 f. m.w.N.).

rechts in die Verfassung nicht bedurft hätte.[79] Dies erkennt auch das Bundesverfassungsgericht im Grundsatz an, wenn es feststellt, daß sich aus den materiellen Grundrechten (nur) „unter Umständen“ Anforderungen an das gerichtliche Verfahren ergäben, was nur dann der Fall sei, „wenn es um besondere oder zusätzliche Maßgaben geht, die gerade im Interesse einer bestimmten verfassungsrechtlichen Freiheitsgarantie erforderlich sind“.[80]

In dem hier interessierenden Zusammenhang spricht daher, neben systematischen Erwägungen aus Sicht der Konzeption der materiellen Grundrechte selbst, ein weiterer Grund dagegen, den materiellen Grundrechten eine wie auch immer ausgestaltete verfahrensrechtliche Wirkung zuzuerkennen, nämlich die Existenz der Prozeßgrundrechte und, ergänzend, auch weiterer aus dem Grundgesetz abgeleiteter Garantien, die sämtlich speziell auf die rechtsstaatliche Gestaltung gerichtlicher Verfahren und dort zu gewährleistenden effektiven Rechtsschutz abzielen. Für die Sicherung auch der materiellen Grundrechte im gerichtlichen Verfahren sorgen demnach insbesondere bereits die Prozeßgrundrechte, die durch die Verfassung *auch* zu diesem Zweck, nicht nur als Fundamentalprinzipien eines jeden rechtsstaatlichen Verfahrens, bereitgestellt worden sind.[81] Denn das diese konkretisierende einfache Verfahrensrecht dient auch in der ständigen Rechtsprechung des Bundesverfassungsgerichts nicht nur der Herbeiführung gesetzmäßiger und unter diesem Blickpunkt „richtiger“, sondern darüber hinaus auch im Rahmen der Richtigkeit „gerechter“ Entscheidungen.[82] Verfahrensrecht ist daher auch auf die Herstellung materialer Gerechtigkeit gerichtet, sodaß auch die verfassungsrechtlichen Prozeßgarantien

---

[79] Das Bundesverfassungsgericht begründet seine Annahme, die aus den materiellen Grundrechten unmittelbar abgeleiteten Ansprüche auf gerichtlichen Rechtsschutz „ergänzten“ den durch Art. 19 Absatz 4 GG garantierten Individualrechtsschutz, bemerkenswerterweise nicht näher, s. E 49, 252 (257); vgl. hierzu *Huber* in: v.Mangoldt/Klein/Starck, Bonner Grundgesetz, Art. 19 Abs. 4 Rd. 373.

[80] BVerfGE 101, 106 (122 [m.w.N. aus seiner ständigen Rechtsprechung]). Im konkreten Fall hat das Bundesverfassungsgericht aaO als Prüfungsmaßstab daher nicht Art. 2 Absatz 1 in Verbindung mit Art. 1 Absatz 1 GG (Recht auf informationelle Selbstbestimmung), sondern ausschließlich Art. 19 Absatz 4 GG angewandt, da es sich bei der hier in Rede stehenden Verpflichtung der Behörden zur Aktenvorlage im gerichtlichen Verfahren nach § 99 Absatz 1 VwGO um „allgemein geltende Bestimmungen“ handele, „die bei jedem Klagebegehren und jedem Streitgegenstand von Bedeutung sein können. Es ist nicht ersichtlich, inwiefern das Recht auf informationelle Selbstbestimmung besondere Anforderungen an die Regelung der Aktenvorlage oder ihre Auslegung stellen könnte, die über den Gewährleistungsinhalt von Art. 19 Abs. 4 GG hinausgingen oder ihn modifizierten.“

[81] Demnach gewährleisten die Verfahrensgrundrechte nach Art. 101 Absatz 1 Satz 2 GG und Art. 103 Absatz 1 GG zusammen mit der Rechtsweg- bzw. Rechtsschutzgarantie des Art. 19 Absatz 4 GG den rechtsstaatlichen Gerichtsschutz gegenüber Rechtseingriffen durch den Staat in grundsätzlich alle materiellen Grundrechte. Besondere Bedeutung kommt insoweit nach Art. 93 Absatz 1 Nr. 4 a GG dem Bundesverfassungsgericht zu. Durch die Möglichkeit der Verfassungsbeschwerde wird das Gerichtssystem insoweit komplettiert (vgl. *Schmidt-Bleibtreu* in: Schmidt-Bleibtreu/Klein, GG, Art. 19 Rd. 1).

[82] BVerfGE 46, 325 (333 m.w.N.).

nicht nur einen Selbstzweck erfüllen.[83] Dies zeigt, wie bereits angeführt, besonders Art. 19 Absatz 4 GG, der bereits nach seinem Wortlaut die Möglichkeit einer Rechtsverletzung voraussetzt, mithin auch die eines Verstoßes gegen die materiellen Grundrechte, und Rechtsschutz in Form eines Gerichtsverfahrens insoweit zur Verfügung stellt. Innerhalb des demnach eröffneten Verfahrens besteht dann ein Anspruch auf den gesetzlichen Richter und ist rechtliches Gehör zu gewähren sowie gegebenenfalls weiteren verfassungsrechtlichen Verfahrensgrundsätzen Rechnung zu tragen. Daher ist ein Rückgriff auf eine „verfahrensspezifische Ausstrahlung" der materiellen Grundrechte aus verfassungssystematischen Gründen von vornherein nicht zulässig, wenn der spezifische Schutzbereich eines Prozeßgrundrechts betroffen ist.[84] Dessen Normierung wäre ansonsten überflüssig, sein Schutzbereich würde ausgehöhlt. Nur dann, wenn der spezifische Schutzbereich eines Prozeßgrundrechts nicht betroffen ist, kann somit überhaupt ein ergänzender Rückgriff auf den verfahrensrechtlichen Gehalt der materiellen Grundrechte in Rede stehen.[85]

Indes sind praktisch, angesichts des hohen Grads an Ausdifferenzierung des jeweiligen spezifischen Schutzbereichs der Prozeßgrundrechte in der bundesverfassungsgerichtlichen Iudikatur, wie auch anderer verfassungsrechtlicher Verfahrensgarantien, etwa des Fairneßgebots, die ergänzend hinzutreten, wenn der Anwendungsbereich eines Prozeßgrundrechts nicht eröffnet ist und insoweit eine Rechtsschutzlücke besteht, nur wenige Fälle vorstellbar, in denen ein verfassungsrechtlich relevanter Verfahrensfehler nicht bereits durch deren Anwendung zu erfassen wäre. Dies ist regelmäßig auch nicht dadurch zu rechtfertigen, daß die spezifische Ausgestaltung des materiellen Grundrechts nach einem spezifischen Mittel der Verfahrensabsicherung verlange. So wären etwa die oben erwähnten *Zuschlag*-Fälle ebenso bzw. besser über das Fairneßgebot in dem von Art. 103 Absatz 1 GG vermittelten Inhalt zu lösen gewesen, da dessen Anwendungsbereich, wie vom Bundesverfassungsgericht selbst erwähnt,[86] eröffnet war, zumal auch aus rein *materieller* Sicht etwa bei *Zuschlag II* höchst zweifelhaft ist, ob ein Rückgriff auf Art. 14 Absatz 1 GG überhaupt zulässig war, da es hier weniger darum ging, den konkreten Be-

[83] Den Primat des materiellen Rechts im Verfahren betont *Alexy*, Theorie der Grundrechte, S. 444 f.
[84] So auch *Huber* in: v. Mangoldt/Klein/Starck, Bonner Grundgesetz, Art. 19 Abs. 4 Rd. 375 m.w.N.
[85] Wurde früher effektiver Rechtsschutz allein aus Art. 19 Absatz 4 GG hergeleitet, der als „formelles Hauptgrundrecht" insoweit in einem „Komplementärverhältnis" zu dem betroffenen materiellen Grundrecht stand (vgl. *Bethge*, NJW 1982, S. 1 [5]), wird demgegenüber heute eine „kompensatorische" Verfahrensgarantie aus dem materiellen Grundrecht abgeleitet, s. *Starck*, JZ 1996, S. 1033.
[86] S. weiter o.

stand des Eigentums in der Hand des Eigentümers zu sichern, als diesen allgemein vor Vermögensverlusten zu schützen.[87] In Fällen, in denen der spezielle Anwendungsbereich eines Prozeßgrundrechts eröffnet ist, ist daher eine Prüfung ausschließlich anhand dieser spezifischen Garantie vorzunehmen. In anderen, vergleichbaren, Fällen, kann, wie aufgezeigt, ein Rückgriff auf das Fairneßgebot weiterhelfen. Geht es um den Zugang zu einem Gericht der ordentlichen Gerichtsbarkeit, sodaß der Anwendungsbereich des Art. 19 Absatz 4 GG nicht eröffnet ist, liegt, wie auch vom Bundesverfassungsgericht praktiziert, eine Anwendung des Art. 2 Absatz 1 GG in Verbindung mit dem Rechtsstaatsprinzip[88] bzw. besser noch nach Art. 103 Absatz 1 GG[89], nahe. Die Anerkennung einer verfahrensrechtlichen Wirkung der materiellen Grundrechte birgt daher die Gefahr, daß gleichsam „durch die Hintertür" der jeweils spezielle Schutzgehalt der verfassungsrechtlichen Verfahrensgarantien, die zusammen nur einen Mindeststandard[90] für ein rechtsstaatliches Verfahren als „Rahmen" für eine materiell richtige Entscheidung bereitstellt, über Gebühr ausgedehnt wird und nicht nur nach Effektuierung gerichtlichen Rechtsschutzes, sondern weitergehend nach seiner Optimierung verlangt, die von der Verfassung nicht vorgesehen ist. Es ist daher davon auszugehen, daß, indem die Verfassung die Prozeßgrundrechte zur Verfügung gestellt hat, sie insoweit eine grundsätzlich abschließende Regelung für den allgemein zu gewährleistenden Rechtsschutzstandard geschaffen hat. Im übrigen lehnt auch das Bundesverfassungsgericht es zumindest im Hinblick auf die Rechtsweggarantie des Art. 19 Absatz 4 GG grundsätzlich ab, „die allgemeinen gerichtlichen Verfahrensordnungen nach Maßgabe der jeweils in Rede stehenden subjektiven Rechte (einschließlich der Grundrechte) in ein aktionenrechtliches Verfahrensgeflecht aufzulösen".[91] Zumindest im Gerichtsverfahren als *einem* Mittel der Grundrechtsdurchsetzung ist daher für eine verfahrensrechtliche Wirkung der materiellen Grundrechte kein Raum. Die Forderung nach einer Effektuierung der Grundrechte im gerichtlichen Verfahren ist bereits durch die Bereitstellung der Prozeßgrundrechte erfüllt.

---

[87] S. BVerfGE 46, 325 ff.
[88] BVerfGE 50,1; 53, 115; 84, 366; 87, 48, 273.
[89] S. hierzu das Zweite Kapitel, Zweiter Teil, Zweiter Abschnitt dieser Arbeit (zu Art. 103 Absatz 1 GG), dort C.III.3.c)aa).
[90] S. hierzu sogleich.
[91] BVerfGE 60, 253 (296 f.); zuletzt einschränkend auch E 101, 106 (121 f.), s. hierzu weiter o.

II. Die Prozeßgrundrechte als „Mindestgarantien“ und ihre Sicherung durch den Gesetzgeber, die Fachgerichte und durch das Bundesverfassungsgericht

Die Prozeßgrundrechte nach Art. 19 Absatz 1, 101 Absatz 1 Satz 2 und 103 Absatz 1 GG sollen somit im Verbund mit anderen verfassungsrechtlichen Verfahrensgarantien und -grundsätzen, teilweise aber auch im Konterspiel mit anderen Verfahrensprinzipien der Verfassung, einen allgemeinen Rechtsschutzstandard in jedem fachgerichtlichen Verfahren gewährleisten. Jedes Prozeßgrundrecht weist insoweit einen eigenständigen Regelungsgehalt auf, der in der Rechtsprechung des Bundesverfassungsgerichts näher definiert wird. Gemeinsam ist jedoch jedem dieser Prozeßgrundrechte, daß es aus verfassungsrechtlicher Sicht lediglich eine „*Mindestgarantie*“ für seinen Anspruchsinhaber beinhaltet. Nach der ständigen Rechtsprechung des Bundesverfassungsgerichts gilt dies explizit sowohl für die Rechtsweggarantie nach Art. 19 Absatz 4 GG bzw. den daraus abgeleiteten Anspruch auf effektiven Rechtsschutz[92], als auch für den Anspruch auf rechtliches Gehör nach Art. 103 Absatz 1 GG[93]. Mittelbar ergibt sich dies aber auch aus der bundesverfassungsgerichtlichen Iudikatur im Hinblick auf das Recht auf den gesetzlichen Richter gemäß Art. 101 Absatz 1 Satz 2 GG, da dieser im voraus nur „so weit wie möglich“ für den konkreten Einzelfall zu bestimmen ist.[94] Im übrigen ist die „Entziehung“ des gesetzlichen Richters durch die Fachgerichte nach ständiger Rechtsprechung des Bundesverfassungsgerichts auch nur bei Vorliegen objektiver Willkür verfassungswidrig, ansonsten liegt ein verfassungsrechtlich unbeachtlicher Verfahrensirrtum vor.[95] In diesem Sinne kann bei allen diesen Gewährleistungen von einer „Mindestgarantie“ gesprochen werden. Des weiteren beansprucht auch das Recht auf ein faires Verfahren nur in Form einer verfassungsrechtlichen Mindestgarantie Gültigkeit.[96]

---

[92] Vgl. z.B. BVerfGE 22, 106 (110); 83, 182 (196).

[93] S. etwa BVerfGE 89, 28 (35).

[94] Gefordert ist insoweit vom Gesetzgeber eine (nur) „möglichst eindeutige Regelung“, durch die der (gesetzliche) Richter bestimmt wird: BVerfGE 63, 77 (79) und ständig. Dies gilt im wesentlichen auch für die Bestimmung des im Einzelfall mitwirkenden Richter durch die gerichtsinternen Geschäftsverteilungs- und Mitwirkungspläne. S. hierzu u., das Zweite Kapitel, Zweiter Teil, Erster Abschnitt dieser Arbeit, dort B.II.1. und 2.b). Die Konkretisierung des gesetzlichen Richters durch die Mitwirkungspläne einzelner Spruchkörper ist allerdings durch den Plenarbeschluß BVerfGE 95, 322 ff. derart weitgehend ausdifferenziert worden, sodaß auf dieser untersten Ebene der „gesetzlichen“ Bestimmung des Richters von einer Art „Mindestgarantie“ des Art. 101 Absatz 1 Satz 2 GG in der Tat nicht mehr gesprochen werden kann, s. aaO dieser Arbeit, dort B.II.2.c).

[95] BVerfGE 3, 359 (364 f. m.w.N.); 4, 412 (416 f.); 7, 327 (329); 13, 132 (144); 15, 245 (248); 20, 336 (346); 23, 288 (320); 29, 45 (48) und ständig. S. bereits o., I.2.b). Ausführlich hierzu im Zweiten Kapitel, Zweiter Teil, Erster Abschnitt, dieser Arbeit, dort C.I. und II.

[96] Vgl. zuletzt BVerfGE 101, 397 (405).

Demnach geben die Prozeßgrundrechte und andere verfassungsrechtliche Verfahrensgewährleistungen *allgemeine Richtlinien in Form eines Mindeststandards* vor, welcher für jeden Fall und in jedem fachgerichtlichen Verfahren einzuhalten ist, der im übrigen aber der *Konkretisierung durch das einfache Prozeßrecht* bedarf, welches über diesen einzuhaltenden Standard durchaus übersteigen, ihn aber jedenfalls nicht unzulässig beschränken darf. So ist etwa § 54 Absatz 1 Satz 2 SGG eine einfach-rechtliche Konkretisierung der Rechtsweggarantie des Art. 19 Absatz 4 GG: „Wenn Art. 19 Abs. 4 GG voraussetzt, daß jemand durch die öffentliche Gewalt in seinen Rechten verletzt ist, so entspricht dem das in § 54 Abs. 1 Satz 2 SGG normierte Erfordernis, daß der Kläger behauptet, durch den angefochtenen Verwaltungsakt beschwert zu sein."[97] Nach der Rechtsweggarantie des Art. 19 Absatz 4 GG ist unter bestimmten Voraussetzungen somit ein Recht auf Zugang zu Gericht, d.h. die Möglichkeit der Inanspruchnahme gerade eines *Gerichts* und insoweit auch *effektiver* Rechtsschutz, gewährleistet. Dagegen enthält dieses Prozeßgrundrecht keine detaillierte Vorgabe, auf welche Art und Weise und zu welchem Gericht der Zugang zu eröffnen und wie effektiver Rechtsschutz von ihm zu gewähren ist. Entsprechend besagt Art. 101 Absatz 1 Satz 2 GG nur, daß niemand seinem gesetzlichen Richter entzogen werden darf. Dagegen gibt die Verfassung explizit nicht vor, unter welchen Voraussetzungen ein Richter „gesetzlich" bestimmt ist und wann jemand seinem gesetzlichen Richter „entzogen" ist. Auch Art. 103 Absatz 1 GG bestimmt lediglich, daß ein Anspruch auf rechtliches Gehör besteht, nicht aber, auf welche Weise dieses im fachgerichtlichen Verfahren auszugestalten ist. Die Ausfüllung der mithin durch die Prozeßgrundrechte nur gewährten Mindestgarantien obliegt somit primär dem Gesetzgeber, der insoweit ein entsprechendes Gerichtsverfassungs- und Prozeßrecht zur Verfügung zu stellen hat. Sollte dieses wiederum ergänzungsbedürftig sein, ist die Ergänzung - sofern die betroffene Norm dennoch vereinbar ist mit der Verfassung - Aufgabe des Fachgerichts. Sowohl der Gesetzgeber bei der Rechtsetzung als auch die Fachgerichte bei der Anwendung und (ergänzenden) Auslegung der gesetzlichen Vorschrift haben jedoch wiederum die Wertungen des Grundgesetzes zu berücksichtigen, die den Prozeßgrundrechten zugrundeliegen. Dadurch ist zugleich ein gewichtiger Problemkreis vorgezeichnet, und zwar derjenige der Abgrenzung zwischen Verfassungsrecht und einfachem Prozeßrecht im Rahmen der Verfahrenskontrolle der Fachgerichte durch das Bundesverfassungsgericht: Dieses überprüft nämlich nur, ob das Fachgericht bei der Anwendung und

[97] BVerfGE 83, 182 (196).

Auslegung des einfachen Rechts Verfassungsrecht verletzt hat. Ein Verstoß liegt insoweit nur dann vor, wenn die verfassungsrechtlich zwingende „Mindestgarantie" eines Prozeßgrundrechts im fachgerichtlichen Verfahren nicht gewährt wurde. Es hat daher eine auf den konkreten Fall bezogene Einzelprüfung durch das Bundesverfassungsgericht zu erfolgen, ob dieser verfassungsrechtlich feste Kernbereich im Einzelfall verletzt ist oder ob lediglich ein verfassungsrechtlich unerheblicher Fehler bei der Anwendung und Auslegung einfachen Rechts vorliegt. Zunächst ergibt sich insoweit die Schwierigkeit einer *materiellen* Grenzziehung zwischen Verfassungsrecht und einfachem Recht. Eng verbunden hiermit ist das *funktionelle* Problem der Aufgabenzuweisung an den Gesetzgeber, an die Fachgerichte und an das Bundesverfassungsgericht, denen insgesamt die Sicherung der Prozeßgrundrechte obliegt, jedoch in jeweils unterschiedlicher Zuständigkeit und Aufgabenerfüllung. Am Ende der Kette steht gleichsam die Frage nach der Kontrolldichte des Bundesverfassungsgerichts gegenüber Gesetzgeber und Fachgerichten.

1. Die Konkretisierung der Prozeßgrundrechte durch den Gesetzgeber

Hauptadressat der Prozeßgrundrechte ist der Gesetzgeber. Er hat die durch sie jeweils gewährleistete *Mindestgarantie durch das einfache Recht zu konkretisieren.* Zunächst und primär ihm obliegt die Aufgabe, ein insoweit adäquates Gerichtsverfassungs- und Prozeßrecht zur Verfügung zu stellen, in Ausgestaltung und Ausfüllung der verfassungsrechtlichen Vorgaben.

In besonderer Weise *normgeprägt* ist dabei der Schutzbereich des *Art. 19 Absatz 4 GG*: Sein Gewährleistungsinhalt steht nicht schon von Verfassungs wegen fest und wird in großem Umfang durch das einfache Prozeßrecht bestimmt.[98] Die entsprechenden Normen sind in weitem Umfang *bestandsgeschützt*. Dies zeigt sich vor allem am Beispiel der durch die Prozeßordnungen bereitgestellten fachgerichtlichen *Instanzenzüge*, die laut Bundesverfassungsgericht gegenüber dem Gesetzgeber, der sie geschaffen hat, wiederum grundrechtlichen Schutz genießen[99], obwohl aus dem verfassungsrechtlichen Gebot des Art. 19 Absatz 4 GG - ebensowenig wie aus Art. 103 Absatz 1 GG - gerade *nicht* ein Anspruch *auf* einen Instanzenzug abgeleitet werden kann.[100] Ist er aber einmal vom Ge-

[98] Vgl. *Huber* in: v. Mangoldt/Klein/Starck, Bonner Grundgesetz, Art. 19 Abs. 4 Rd. 379 m.w.N.
[99] BVerfGE 44, 302 (306); 49, 252 (256 f.).
[100] BVerfGE 11, 232 (233); 28, 21 (36); 40, 272 (274); 49, 329 (340); 58, 208 (231 f.); 70, 35 (62); 78, 7 (18), 88 (99); 83, 24 (31) und ständig.

setzgeber durch einfaches Recht zur Verfügung gestellt, gehört er dem Schutzbereich des Art. 19 Absatz 4 GG an; mit einer unverhältnismäßigen Reduzierung des durch einfaches Recht „freiwillig“ von ihm eröffneten Rechtsschutzniveaus würde er daher den effektiven Schutzbereich dieses Grundrechts beschneiden.[101] Ebenfalls primär Aufgabe des Gesetzgebers - zunächst nicht der Fachgerichte - ist es, im Rahmen des Art. 19 Absatz 4 GG, der *vorbehaltlos* gewährt, jedoch durch *kollidierendes Verfassungsrecht* begrenzt wird, *praktische Konkordanz* unter Beachtung des Übermaßverbotes zwischen den widerstreitenden Verfassungsgrundsätzen herzustellen.[102] Im Hinblick auf den aus dem Rechtsstaatsprinzip abgeleiteten Grundsatz der Rechtssicherheit bedeutet dies etwa, daß bestimmte Klagefristen im Verwaltungsprozeß zulässig und sogar geboten sein können - zumal der Rechtsschutzsuchende selbst ein Interesse an „rechtzeitigem“ Rechtsschutz hat - , sie aber „angemessen“ sein müssen, damit nicht der aus Art. 19 Absatz 4 GG folgende effektive Rechtsschutz des Bürgers „in unsachgemäßer und unzumutbarer Weise verhindert oder erschwert“ oder faktisch ausgeschlossen wird.[103] Dies ist zugleich die aus der verfassungsrechtlichen Mindestgarantie der Rechtsweggarantie folgende Grenze des dem Gesetzgeber zustehenden Gestaltungsspielraums. Demnach hat der Gesetzgeber stets das Erfordernis *wirkungsvollen* Rechtsschutzes zu beachten.[104]

Auch das Recht auf den gesetzlichen Richter verlangt in erheblichem Maße zunächst die Bereitstellung von einfach-gesetzlichen Regelungen, welche die verfassungsrechtliche Gewährleistung konkretisieren. Dies ergibt sich bereits aus dem *Wortlaut des Art. 101 Absatz 1 Satz 2 GG („gesetzlicher“ Richter)*. Gefordert ist mithin eine *Bestimmung der Zuständigkeit des Richters durch ein „Gesetz“*. Notwendig ist daher zunächst ein *Bestand an rechtlichen Regeln*, die den jeweils zuständigen Richter festlegen.[105] Hauptadressat auch dieses Prozeßgrundrechts ist daher der Gesetzgeber, der - unter Berücksichtigung der weiteren Vorgaben nach Art. 92 ff. GG - zu bestimmen hat, welche Gerichte bestehen, welches von ihnen örtlich, sachlich und funktionell für die Entscheidung eines Rechtsstreits oder zur Wahrnehmung sonstiger richterlicher Aufgaben, und in

---

[101] Vgl. *Huber* in: v. Mangoldt/Klein/Starck, Bonner Grundgesetz, Art. 19 Abs. 4 Rd. 383.
[102] *Ders.*, aaO.
[103] BVerfGE 10, 264 (268); 44, 302 (305); 50, 217 (231); 60, 253 (268 f.); 77, 275 (284) und ständig.
[104] BVerfGE 41, 23 (26); 60, 253 (269); 77, 275 (284) und ständig. Vgl. hierzu jüngst den Beschl. des Ersten Senats vom 27. Oktober 1999 (= BVerfGE 101, 106): Das Bundesverfassungsgericht hat hier § 99 Absatz 1 Satz 2 in Verbindung mit Absatz 2 Satz 1 VwGO unter dem Gesichtspunkt der Verhältnismäßigkeit (aaO S. 124 ff.) für mit Art. 19 Absatz 4 GG unvereinbar erklärt, soweit er die Aktenvorlage auch in denjenigen Fällen ausschließt, in denen die Gewährung *effektiven* Rechtsschutzes auch von der Kenntnis der Verwaltungsvorgänge abhängt.
[105] BVerfGE 3, 307 (319 f.); 19, 52 (60); 95, 322 (328) und ständig.

welcher Zusammensetzung („Besetzung der Richterbank") zuständig ist.[106] Die entsprechenden Grundsätze legt er dabei selbst fest.[107] Der Gesetzgeber hat insoweit eine *„möglichst eindeutige Regelung"* zu treffen, um dem Gebot der gesetzlichen Vorabbestimmung des Richters gerecht zu werden.[108] Dies ist nicht bereits dann der Fall, wenn der Gesetzgeber im Rahmen seiner Prognoseentscheidung auf Grund praktischer Erfahrungen davon ausgehen darf, daß eine für sich genommen unbestimmte Regelung „sachgerecht" von den Fachgerichten gehandhabt werden wird, „willkürliche" Entscheidungen also ausgeschlossen sind.[109] Obwohl das Bundesverfassungsgericht, wie noch zu zeigen sein wird, die Beachtung des Rechts auf den gesetzlichen Richter durch die Gerichte selbst nur anhand der Willkür-Formel überprüft, stellt es also an den Gesetzgeber jedenfalls prinzipiell höhere Anforderungen. Dies beruht auf dem Sinn und Zweck dieser verfassungsrechtlichen Gewährleistung, durchweg den Eindruck bzw. den „bösen Schein" einer *Manipulation* hinsichtlich des Richters im konkreten Einzelfall *von vornherein* zu verhindern: „Es soll vermieden werden, daß durch eine auf den Einzelfall bezogene Auswahl der zur Entscheidung berufenen Richter das Ergebnis der Entscheidung beeinflußt werden kann, *[...]*."[110] Vor der Bestimmung des für den konkreten Einzelfall *gerichtsintern* zuständigen Richters ist daher der Gefahr einer Manipulation durch möglichst präzise, allgemeine gesetzliche Zuständigkeitsregelungen zu begegnen. Die verfassungsrechtliche Gewährleistung setzt daher bereits im *Vorfeld* der gerichtsinternen Bestimmung des gesetzlichen Richters an.[111] Jedoch ist es nicht zu beanstanden, wenn eine Norm *auslegungsbedürftig* ist.[112] Maßgeblich ist insoweit nur, daß die jeweiligen Fachgerichte ihre einmal gefundene - verfassungsmäßige - Auslegung konsequent praktizieren und damit Manipulationen im Einzelfall mit hinreichender Sicherheit ausgeschlossen sind.[113] Allerdings verlagert das Bundesverfassungsgericht im Anwendungsbereich des Art. 101 Absatz 1 Satz 2 GG die Aufgabe der Sicherung dieses Prozeßgrundrechts zunehmend von der Ebene des Gesetzgebers auf die der Gerichte. In einer insoweit grundlegenden Entscheidung des *Plenums des Bundesverfassungsgerichts vom 8. April*

---

[106] BVerfGE 19, 52 (60); 95, 322 (328) und ständig.
[107] S. hierzu *Classen* in: v. Mangoldt/Klein/Starck, Bonner Grundgesetz, Art. 101 Abs. 1 Rd. 19.
[108] BVerfGE 6, 45 (51); 9, 223 (226); 17, 294 (298 f.); 18, 65 (69); 18, 344 (350); 21, 139 (145); 40, 356 (361); 63, 77 (79) und ständig.
[109] BVerfGE 18, 65 (69); 95, 322 (330).
[110] BVerfGE 95, 322 (327). S. auch BVerfGE 17, 294 (299); 48, 246 (254); 82, 286 (296) und ständig.
[111] Vgl. zum Ganzen *Classen*, aaO Art. 101 Abs. 1 Rd. 19.
[112] BVerfGE 48, 246 (263); 95, 322 (330 ff.).
[113] BVerfGE 48, 246 (255, 263). Vgl. hierzu *Classen*, aaO Art. 101 Abs. 1 Rd. 21.

1997[114] unterwirft es unter Aufgabe seiner früheren Rechtsprechung auch die gerichtsinternen Mitwirkungspläne unmittelbar den Bindungen des Art. 101 Absatz 1 Satz 2 GG[115] und hebt insoweit die Verantwortung der Fachgerichte für die Einhaltung dieser grundrechtlichen Gewährleistung hervor. Das Bundesverfassungsgericht betont insoweit zwar, daß die „fundamentalen Zuständigkeitsregelungen" der Gesetzgeber selbst aufstellen müsse.[116] Maßgebliches Gewicht der Bestimmheit des gesetzlichen Richters im konkreten Einzelfall mißt es dabei jedoch den *gerichtsinternen Geschäftsverteilungs- und Mitwirkungsplänen* zu.[117] Dies entspricht im Grundsatz zwar bereits der bis zu dieser Entscheidung vom Bundesverfassungsgericht vertretenen Auffassung, wonach die Geschäftsverteilungs- und Mitwirkungspläne die gesetzlichen Zuständigkeitsregelungen ergänzen.[118] Demnach muß nicht nur die örtliche, sachliche und funktionale Zuständigkeit des *Gerichts* im voraus generell-abstrakt bestimmt sein (durch die einfach-gesetzlichen Zuständigkeitsregelungen), sondern dies gilt auch für die Zuständigkeit der *Spruchkörper* des Gerichts (nach dem Geschäftsverteilungsplan des Gerichts) und innerhalb der Spruchkörper für die *Mitwirkung des im konkreten Einzelfall zuständigen Richters* (gemäß dem Mitwirkungsplan des Spruchkörpers).[119] Bislang hatte das Bundesverfassungsgericht jedoch nur die Geschäftsverteilungspläne direkt in den Schutzbereich des Art. 101 Absatz 1 Satz 2 GG einbezogen, während dem Vorsitzenden Richter bei der Bestimmung der Mitwirkung der einzelnen Richter des Spruchkörpers ein größerer Spielraum zukam. Raum für eine Ermessensentscheidung ist hier jetzt nicht mehr. Die dritte Ebene, die (genaue) Bestimmung des im konkreten Einzelfall zur Mitwirkung berufenen Richters, tritt in den Vordergrund.

Auch *Art. 103 Absatz 1 GG* bedarf der Ausgestaltung durch den Gesetzgeber.[120] Der Anspruch auf rechtliches Gehör setzt grundsätzlich ebenfalls prozeßrechtliche Regelungen voraus, welche die Form seiner Ausübung regeln. Abgesehen davon ist es hier aber, im Gegensatz zu Art. 19 Absatz 4 und Art. 101 Absatz 1 Satz 2 GG, genügend, daß *überhaupt* Verfahrensregelungen existieren, die in irgendeiner Form ein gerichtliches Verfahren ermöglichen, in dem dann Gehör zu gewährleisten ist. Art. 103 Absatz 1 GG

---

114 BVerfGE 95, 322 ff.
115 BVerfG, aaO S. 334. - S. ausführlich hierzu das Zweite Kapitel, Zweiter Teil, Erster Abschnitt dieser Arbeit (zu Art. 101 Absatz 1 Satz 2 GG), dort B.II.2.c).
116 BVerfG, aaO S. 328.
117 BVerfG, aaO S. 329 ff.
118 BVerfGE 4, 412 (416); 82, 286 (298) und ständig.
119 Ebda.
120 BVerfGE 89, 28 (35).

setzt insoweit keine bestimmte Qualität des Verfahrensrechts voraus. Fehlt etwa für eine bestimmte Verfahrensart eine gesetzliche Regelung, welche die Anhörung vorsieht, ist insoweit relativ problemlos ein direkter Rückgriff auf die verfassungsrechtliche Garantie des Art. 103 Absatz 1 GG möglich.[121] Da des weiteren auch Art. 103 Absatz 1 GG als „Minimalgarantie" begriffen wird, ist es dem Gesetzgeber freigestellt, sachlich begründete Ausgestaltungen des Prozeßrechts, die das rechtliche Gehör *einschränken*, zu treffen, wenn und soweit nicht der „Kernbereich" der Gewährleistung betroffen ist.[122] Die Herstellung eines Ausgleichs mit gleichwertigen, kollidierenden Verfassungsgütern kann dies sogar gebieten. Insoweit ist das Prinzip der *Verhältnismäßigkeit* zu berücksichtigen: Art. 103 Absatz 1 GG schließt Einschränkungen, wie etwa durch innerinstanzliche Fristbestimmungen und Präklusionsnormen, nicht aus. Fristen dienen zwar allgemein grundsätzlich der Ausgestaltung des Verfahrens, jedoch können (zu) kurze Fristen durchaus die Substanz rechtlichen Gehörs betreffen. Sie dürfen daher den Anspruch auf rechtliches Gehör nicht in unzumutbarer Weise einschränken oder faktisch verhindern, da die effektive Durchsetzung dieses Individualrechts stets möglich sein muß. Entsprechendes gilt für die zivilprozessualen Präklusionsnormen, die das Äußerungsrecht erheblich beschneiden. Hier bewahrt das Bundesverfassungsgericht gegenüber dem Gesetzgeber größte Zurückhaltung, hebt aber dessen ungeachtet in ständiger Rechtsprechung den „Ausnahmecharakter" dieser Vorschriften hervor und stellt an die Fachgerichte umso strengere Anforderungen bei der Anwendung und Auslegung des Gesetzesrechts in diesem Bereich.[123] Der Gesetzgeber jedenfalls hat einen weiten Gestaltungsspielraum. Das Bundesverfassungsgericht hat jüngst noch einmal hervorgehoben, daß das rechtliche Gehör eingeschränkt werden könne, „wenn dies durch sachliche Gründe hinreichend gerechtfertigt ist".[124] Umgekehrt kann Art. 103 Absatz 1 GG im konkreten Fall kaum eine Pflicht des Gesetzgebers zum Tätigwerden entnommen werden, da das Gehörgrundrecht zwar in seiner grundsätzlichen Wirkungsweise, jedoch nur sehr begrenzt in seinen Einzelheiten verfassungsrechtlich festgelegt ist.[125] Versäumt es der Gesetzgeber daher etwa, die Form der Anhörung für eine bestimmte Verfahrensart festzuschreiben, gilt Art. 103

---

[121] S. weiter u.

[122] S. *Nolte* in: v. Mangoldt/Klein/Starck, Bonner Grundgesetz, Art. 103 Abs. 1 Rd. 8 m.w.N.

[123] Ausführlich hierzu u., Zweites Kapitel, Zweiter Teil, Zweiter Abschnitt (zu Art. 103 Absatz 1 GG), dort C.III.2.c).

[124] Beschl. des Ersten Senats vom 27. Oktober 1999 (=BVerfGE 101, 106 [129] mit Hinweis auf E 81, 123 [129 f.]).

[125] Vgl. *Nolte* in: v. Mangoldt/Klein/Starck, Bonner Grundgesetz, Art. 103 Abs. 1 Rd. 10 m.w.N.

Absatz 1 GG *unmittelbar*[126], da seine Mindestanforderungen stets zu beachten sind und ein Mindestmaß an Verfahrensbeteiligung mithin in jedem gerichtlichen Verfahren zu gewähren ist. Hier sind also die Fachgerichte gefordert, die der Gehörgarantie dann unmittelbare Geltung zu verschaffen haben.

Insgesamt kommt dem Gesetzgeber auf Grund der grundgesetzlichen Funktionstrennung ein *weiter Gestaltungsspielraum* zu. Dieser wird ihm auch vom Bundesverfassungsgericht in ständiger Rechtsprechung prinzipiell zuerkannt.[127] Verfassungswidrig ist eine einfach-gesetzliche prozessuale Regelung letztlich nur dann, wenn der Gesetzgeber die Prozeßgrundrechte „unangemessen" einschränkt, nicht dagegen bereits dann, wenn umgekehrt ihre hinreichende Sicherung und Beachtung nicht gegeben ist. Das Problem der Kontrolldichte im Hinblick auf die Überprüfung einer prozessualen Regelung durch das Bundesverfassungsgericht kann sich zwar dogmatisch grundsätzlich stellen, als fraglich ist, inwieweit dieses bei der Überprüfung von Parlamentsgesetzen auf den Gestaltungsspielraum des Gesetzgebers einwirken darf, dessen Entscheidung es korrigiert, wenn es eine Norm für verfassungswidrig erklärt. Betroffen ist insoweit das klassische Gewaltenteilungsprinzip. Hiervon war die kritische Auseinandersetzung mit der Verfassungsgerichtsbarkeit auch lange Zeit beherrscht.[128] Indes steht eine unangemessene Einschränkung eines Prozeßgrundrechts durch einfach-rechtliche Gesetze nur in seltenen Fällen tatsächlich zur Diskussion.[129] Das Bundesverfassungsgericht übt hier größtenteils eine starke Selbstbeschränkung. Insbesondere führt es aus, es sei nicht seine Aufgabe, zu prüfen, ob der unmittelbar demokratisch legitimierte Gesetzgeber die jeweils „gerechteste und zweckmäßigste" Regelung getroffen habe.[130] Über Art, Maß und Zeitpunkt der Erfüllung der Staatsaufgaben habe dieser grundsätzlich selbst zu befinden.[131] Jedoch ist auch der Gesetzgeber nach Art. 20 Absatz 3 und Art. 1 Absatz 3 GG an die Verfassung, insbesondere an die Grundrechte, gebunden. Der Umfang seines Gestaltungsspielraums und dementsprechend die Kontrolldichte des Bundesverfassungsgerichts bei der Über-

---

[126] BVerfGE 89, 28 (35); 92, 158 (183 ff.); 99, 145 (162 f.) und ständig. S. hierzu *Ditzen*, NJW 1999, 2794 (2795).

[127] BVerfGE 71, 66 (77); 73, 301 (315); 77, 84 (104); 81, 156 (205); 91, 346 (363); 94, 166 (200); 95, 267 (317); 98, 169 (204); 99, 341 (352 f.); 99, 367 (396) und ständig. S. hierzu *Voßkuhle* in: v. Mangoldt/Klein/Starck, Bonner Grundgesetz, Art. 93 Rd. 43 m.w.N.

[128] Vgl. nur *Starck*, JZ 1996, S. 1033.

[129] So etwa bei den durch die sog. *Vereinfachungsnovelle* (= Gesetz zur Vereinfachung und Beschleunigung gerichtlicher Verfahren vom 3. Dezember 1976 [= BGBl. I S. 3281]) geänderten bzw. neu in die ZPO eingefügten Präklusionsnormen.

[130] BVerfGE 3, 162 (182); 9, 201 (206); 36, 174 (189); 54, 11 (26); 90, 145 (173); 95, 267 (310) und ständig.

[131] BVerfGE 37, 1 (20).

prüfung von Parlamentsgesetzen richtet sich insoweit nach dem konkret in Rede stehenden Sachbereich, dem jeweiligen Prüfungsgegenstand und der Bedeutung der betroffenen Rechtsgüter.[132] Der von dem Bundesverfassungsgericht jeweils angewandte Kontrollmaßstab reicht insoweit von einer bloßen Evidenzkontrolle über eine Vertretbarkeitskontrolle bis hin zu einer intensivierten Inhaltskontrolle.[133] Im Bereich des Verfahrensrechts hat das Bundesverfassungsgericht jedoch, soweit ersichtlich, nur selten eine gesetzliche Regelung als verfassungswidrig angesehen. Dies gilt insbesondere im Hinblick auf die zivilprozessualen Präklusionsregelungen, die, wie bereits angeführt, trotz ihrer „einschneidenden Folgen für die säumige Partei" zwar „strengen Ausnahmecharakter" haben[134], gleichwohl vom Bundesverfassungsgericht aber durchweg für verfassungsgemäß gehalten werden[135], obgleich sie im Einzelfall verfassungsrechtlich durchaus fragwürdig sind.[136] Gleiches gilt für den Bereich der einfach-rechtlichen Regelungen zur Bestimmung des „gesetzlichen" Richters nach Art. 101 Absatz 1 Satz 2 GG. Auch hier hat sich das Bundesverfassungsgericht einer Korrektur des Gesetzgebers bezüglich sehr ambivalenter Normen enthalten, dafür aber den Fachgerichten weitgehende Sorgfaltspflichten bei der Anwendung unklarer Bestimmungen auferlegt sowie darüber hinaus die präzise Bestimmung des im Einzelfall zuständigen Richters nach Maßgabe sehr ausdifferenzierter gerichtsinterner Regelwerke verlangt.[137] Im übrigen hält es sich bei der Normprüfung mit einer *(Teil-) Nichtigkeitserklärung* oftmals zurück und spricht statt dessen, hält es eine Norm einmal für verfassungswidrig, nur eine *Unvereinbarkeitserklärung* aus.[138]

Da gleichwohl bei allein am Gesetzeswortlaut orientierter Anwendung durch die Fachgerichte bei verschiedenen einfach-gesetzlichen prozessualen Regelungen der durch die Prozeßgrundrechte verbürgte Mindeststandard oft nicht gesichert wäre, kann also hier im

---

132 BVerfGE 57, 139 (159).
133 BVerfGE 50, 290 (332 f.).
134 BVerfGE 62, 249 (254 m.w.N.) und ständig.
135 S. etwa BVerfGE 54, 117 (124) zu § 296 Absatz 1 ZPO; BVerfGE 55, 72 (85) zu § 528 Absatz 3 ZPO; BVerfGE 60, 1 (6) zu § 528 Absatz 1 Satz 1 ZPO.
136 S. im einzelnen hierzu das Zweite Kapitel, Zweiter Teil, Zweiter Abschnitt dieser Arbeit, dort C.III.2.c).
137 S.u., das Zweite Kapitel, Zweiter Teil, Erster Abschnitt (zu Art. 101 Absatz 1 Satz 2 GG), dort B.II.1., 2.
138 Vgl. etwa jüngst BVerfGE 101, 106 bzgl. § 99 Absatz 1 Satz 2 i.V.m. Absatz 2 Satz 1 VwGO (s. bereits weiter o. im Text) und E 101, 397 bzgl. §§ 62, 55 FGG (Unvereinbarkeit der Regelungen mit Art. 19 Absatz 4 GG, „soweit sie den in ihren Rechten Betroffenen jede Möglichkeit verwehren, Entscheidungen des Rechtspflegers der Prüfung durch den Richter zu unterziehen" [2. LS]). Die Vorschriften wurden jeweils für unvereinbar mit Art. 19 Absatz 4 GG, jedoch - unter Schonung des Gesetzgebers - nicht für (partiell) nichtig erklärt.

Einzelfall eine ergänzende *„verfassungskonforme" Auslegung* der betroffenen einfachgesetzlichen Regelung geboten sein. Die Möglichkeit einer verfassungskonformen Auslegung endet erst dort, wo sie mit dem Wortlaut und dem klar erkennbaren Willen des Gesetzgebers in Widerspruch treten würde[139] oder das Gesetz im übrigen bei einer solchen Auslegung nicht mehr sinnvoll bliebe.[140] Das Bundesverfassungsgericht hat häufig, wie insbesondere hinsichtlich Art. 103 Absatz 1 GG noch zu zeigen sein wird, von den Fachgerichten eine verfassungskonforme Auslegung der jeweiligen Norm verlangt bzw. ihnen besondere Sorgfaltspflichten bei der Normanwendung auferlegt und die Aufgabe der Sicherung der Prozeßgrundrechte somit vom Gesetzgeber *auf die Fachgerichte verlagert.*[141] Auch sind die Fachgerichte etwa dazu verpflichtet, Art. 103 Absatz 1 GG *unmittelbar* anzuwenden, wenn der Gesetzgeber es versehentlich versäumt hat, die Anhörung zu regeln, also eine Rechtsschutzlücke im einfachen Gesetzesrecht besteht.[142] Gleiches gilt in jüngerer Zeit für den Bereich des gesetzlichen Richters. Hier hat das Bundesverfassungsgericht zwischenzeitlich strengere Anforderungen für die gerichtsinternen Mitwirkungspläne aufgestellt, als für den Gesetzgeber, an den sich der in Art. 101 Absatz 1 Satz 2 GG enthaltene Auftrag der „gesetzlichen" Bestimmung eigentlich richtet.[143]

2. Die Sicherung der Prozeßgrundrechte durch die Fachgerichte

Primär haben die Fachgerichte das durch den Gesetzgeber bereitgestellte einfache Gerichtsverfassungs- und Prozeßrecht - dessen Verfassungsgemäßheit unterstellt - , welches das jeweilige Prozeßgrundrecht ausfüllt und ausgestaltet, richtig *anzuwenden.* Sie haben den konkret festgestellten Sachverhalt auf das richtige Gesetz anzuwenden, und umgekehrt die Anwendung einer nicht einschlägigen gesetzlichen Regelung zu unterlassen. Insoweit handelt es sich um den originären Bereich richterlicher Rechtsanwendung, die Subsumtion. Unterläuft dem Gericht hierbei ein Fehler, ist dies verfassungsrechtlich irrelevant, soweit der durch die Prozeßgrundrechte und andere Verfahrensgarantien gewährleistete Mindeststandard nicht berührt ist. Entsprechend gilt dies aber auch für die *Auslegung* der einschlägigen gesetzlichen Norm: Soweit die richterliche Auslegung nicht die verfassungsrechtliche Mindestgarantie eines Prozeßgrundrechts verletzt, sind auch insoweit Fehler unerheblich. Die materiell-rechtliche Abgrenzung zwischen Verfassungsrecht

[139] Vgl. jüngst BVerfGE 101, 312 (329) mit Hinweis auf E 18, 97 (111); 98, 17 (45) und ständig.
[140] BVerfGE 2, 266 (282); 95, 64 (93); 101, 312 (329) und ständig.
[141] Zu Art. 103 Absatz 1 GG s.u., Zweites Kapitel, Zweiter Teil, Zweiter Abschnitt, C.III.2.b) und c).
[142] S. hierzu u., Zweites Kapitel, Zweiter Teil, Zweiter Abschnitt, A.II.2.b)cc).
[143] S. hierzu früh etwa BVerfGE 25, 336 (349); ausführlich das Zweite Kapitel, Zweiter Teil, Erster Abschnitt dieser Arbeit (zu Art. 101 Absatz 1 Satz 2 GG), dort B.II.1. und 2.

und einfachem Recht ist jedoch im Einzelfall äußerst schwierig. Dies gilt insbesondere für die Prozeßgrundrechte, deren verfassungsrechtlicher Inhalt, wie weiter oben angeführt, nicht im Einzelnen, sondern nur in den grundlegenden Wirkungen feststeht. Konsequenzen hat dies insbesondere für die fachgerichtliche Verfahrenskontrolle durch das Bundesverfassungsgericht, welches nur die Verletzung von Verfassungsrecht überprüft, nicht aber gleich einer „Superrevisionsinstanz" jeden Verfahrensfehler zu korrigieren hat. Die *materiell-rechtliche Frage* der Abgrenzung zwischen dem Umfang des verfassungsrechtlichen Inhalts der Prozeßgrundrechte einerseits und dem Bereich des diese ausgestaltenden einfachen Rechts, dessen Regelungen oftmals über das verfassungsrechtlich Erforderliche hinausgehen, ist daher eingebettet in die Problematik der *funktionalen* Abgrenzung zwischen Verfassungsgerichtsbarkeit und Fachgerichtsbarkeit. Nicht zu vergessen ist in diesem Zusammenhang schließlich, daß den Fachgerichten primär zugleich die Aufgabe der Sicherung der Grundrechte und der Wahrung der Verfassung nach Art. 92 GG anvertraut ist! An diese sind sie selbstverständlich auch gebunden nach Art. 20 Absatz 3 und Art. 1 Absatz 3 GG. Eine Bindung erfordert jedoch zugleich entsprechende Kompetenzen zur Ausübung der Rechtsprechung, sodaß also auch die Anwendung und Auslegung des Gesetzesrechts „im Lichte der Verfassung" zu allererst und grundsätzlich auch zuletzt den Fachgerichten in Ausübung ihrer richterlichen Unabhängigkeit nach Art. 97 GG zukommt. Dies ist darüber hinaus notwendig, denn das Bundesverfassungsgericht ist lediglich letzte extraordinäre Kontrollinstanz. Die Sicherung der Grundrechte obliegt somit prinzipiell letztverbindlich den Fachgerichten. Zu kurz gegriffen ist daher die Behauptung, den Fachgerichten obliege (nur) die Anwendung und Auslegung einfachen Gesetzesrechts.[144]

3. Verfahrenskontrolle durch das Bundesverfassungsgericht

Somit steht fest, daß das Bundesverfassungsgericht bei der Überprüfung *jeder* fachgerichtlichen Entscheidung, gleichgültig, ob auf ihre Vereinbarkeit mit den materiellen Grundrechten oder mit den Prozeßgrundrechten, stets seine insoweit *eingeschränkte, auf der grundgesetzlichen, funktionalen Aufgabenteilung beruhende Prüfungskompetenz* zu beachten hat. Dies ergibt sich mittelbar auch aus Art. 93 Absatz 4 a GG: Demnach wird der Rechtsschutzsuchende im Verfassungsbeschwerdeverfahren - auch im Rahmen der Urteilsverfassungsbeschwerde - nur mit der Rüge der Verletzung von Grundrechten

[144] Vgl. hierzu auch *Robbers*, NJW 1998, S. 935 (938).

(auch Art. 19 Absatz 4 GG) oder den weiteren dort aufgeführten verfassungsrechtlichen Garantien (u.a. Art. 101 GG und Art. 103 GG) gehört, nicht dagegen mit der Rüge der Verletzung einfachen (Prozeß-)Rechts. Das Bundesverfassungsgericht hat daher im Rahmen jeder Urteilsverfassungsbeschwerde entsprechend eine materiell-rechtliche Abgrenzung von Verfassungsrecht und einfachem Recht vorzunehmen. Es darf die Verfassungsbeschwerde nur wegen Verletzung von Verfassungsrecht für begründet erklären, nicht aber wegen eines nur einfach-rechtlich wirkenden Verfahrensfehlers des Fachgerichts.

a) Die Urteilsverfassungsbeschwerde als außerordentlicher Rechtsbehelf

Zunächst ist festzuhalten, daß dem durch eine gerichtliche Entscheidung betroffenen Bürger in Form der Verfassungsbeschwerde überhaupt ein Mittel zur Verfügung steht, auch eine den fachgerichtlichen Instanzenzug beendende Entscheidung überprüfen zu lassen, und zwar nicht nur auf ihr Ergebnis, sondern auch auf möglicher Verfassungsverstöße im Verfahren, das zu dem Ergebnis geführt hat.[145] Dies ist keine Selbstverständlichkeit. Die letztinstanzliche Entscheidung eines Gerichts ist normalerweise und auch in unserem Rechtssystem prinzipiell zugleich letztverbindlich. Auch der Grundrechtsschutz durch das Verfassungsbeschwerdeverfahren erfolgt innerhalb des Gesamtsystems der Rechtsprechung. Die Verfassungsbeschwerde dient dem *individuellen Rechtsschutz.* Dem Betroffenen wird aber Rechtsschutz *über die Instanzen der Gerichtsverfassung und der Prozeßordnungen hinaus* gewährt. Die Fachgerichtsbarkeit ist insoweit „öffentliche Gewalt" im Sinne des Art. 93 Absatz 1 Nr. 4 a GG, § 90 Absatz 1 BVerfGG.[146] Somit ist die Verfassungsbeschwerde, auch mit Blick auf die Subsidiaritätsklausel des Art. 94 Absatz 2 Satz 2 GG i.V.m. § 90 Absatz 2 BVerfGG („...erst nach Erschöpfung des Rechtsweges"), nach einhelliger Auffassung nicht Teil des Rechtswegs und damit „echter Rechtsbehelf", sondern ein *„außerordentlicher Rechtsbehelf"*.[147] Diese zusätzliche und besondere Verfassungsmäßigkeitskontrolle ist international eher die Ausnahme.[148] Ihre Rechtfertigung liegt in der strikten Bindung des Gesetzgebers an die verfassungsmäßige

---

145 Vgl. jüngst *Badura*, Staat, Kirche, Verwaltung 2001, S. 3 ff.

146 Anders als bei Art. 19 Absatz 4 GG: Dort umfaßt derselbe Begriff nach Auffassung des Bundesverfassungsgerichts und der h.L. gerade *nicht* Rechtsprechungsakte. Diesen Gesichtspunkt hebt *Dörr*, Die Verfassungsbeschwerde in der Prozeßpraxis, S. 52, Rd. 101 hervor. S. hierzu das Zweite Kapitel, Erster Teil, B.II.2., dieser Arbeit.

147 *Starck*, JZ 1996, S. 1033 mit Hinweis auf die ständige Rechtsprechung des Bundesverfassungsgerichts; *Stürner*, JZ 1986, S. 526 m.w.N.

148 S. die Nachweise bei *Schwab/Gottwald* in: Habscheid (Hrsg.), Effektiver Rechtsschutz und verfassungsmäßige Ordnung (1983), S. 7 ff.; 80 ff.; *Stürner*, aaO.

Ordnung und der vollziehenden Gewalt sowie der Rechtsprechung an die Verfassung (Art. 20 Absatz 3 GG) und an die in ihr verbürgten Grundrechte (Art. 1 Absatz 3 GG), welche einer Kontrolle bedarf. Demnach hat die Fachgerichtsbarkeit nicht nur das einfache Recht anzuwenden, sondern auch das Verfassungsrecht als unmittelbar geltendes Recht zu beachten. Mit der Bindung der drei Gewalten an die Verfassung war auch die Möglichkeit einer entsprechenden Fehlerkorrektur geboten, die durch Schaffung der Verfassungsbeschwerde erfolgte.[149] Hervorzuheben ist, daß die Entscheidungen des *Bundesverfassungsgerichts* ihrerseits *keiner* weiteren Kontrolle zugänglich sind. Insbesondere kann die Entscheidung eines Senats des Bundesverfassungsgerichts nicht mit der Verfassungsbeschwerde zum anderen Senat gerügt werden.[150] Aber auch vom befaßten Senat kann eine erneute Verfassungsbeschwerde wegen *desselben* Beschwerdegegenstands nicht überprüft werden. Allerdings ist der Senat nicht gehindert, einen *vergleichbaren* Fall später anders zu entscheiden.[151]

Mit der Verfassungsbeschwerde kann sich der Betroffene zunächst *unmittelbar gegen eine einfach-gesetzliche Regelung* wenden, die er als Verstoß gegen seine Grundrechte rügt. Jedoch fehlt es insoweit regelmäßig an dem Erfordernis der „unmittelbaren Beschwer" nach § 90 Absatz 1 BVerfGG, da es ihm zumeist zumutbar sein wird, den konkreten Vollzugsakt abzuwarten.[152] Dies gilt auch für den Bereich der Kontrolle einfachen Prozeßrechts: In den Vordergrund rückt insoweit die Kontrolle der *Rechtsanwendung*, die der Beschwerdeführer im Rahmen der *Urteilsverfassungsbeschwerde*[153] begehrt, wenn er sich gegen den konkreten gerichtlichen Akt wendet, auch etwa mit der Begründung, das Gericht habe ein verfassungswidriges Gesetz angewendet. Insoweit liegt eine Kombination des Beschwerdegegenstands vor, d.h. es wird gleichzeitig die Verfassungswidrigkeit der Norm und die ihrer Anwendung gerügt („*verdeckte Rechtssatzbe-*

---

[149] Die Verfassungsbeschwerde wurde im Jahr 1951 durch Bundesgesetz geschaffen (Art. 93 Absatz 2 GG i.V.m. §§ 90 ff. BVerfGG) und in 1969 konstitutionalisiert (Art. 93 Absatz 1 Nr. 4 a GG gem. 19. ÄndG GG); vgl. hierzu *Starck*, JZ 1996, S. 1033.

[150] BVerfGE 7, 7 (18); 19, 88 (90); 72, 84 (88).

[151] *Dörr*, aaO m.w.N.

[152] S. *Stürner*, JZ 1986, S. 526 (527).

[153] Die Bezeichnungen der einzelnen Gegenstände der Verfassungsbeschwerde sind bis heute umstritten, eine Festlegung ist hier aber entbehrlich. Maßgeblich sind die beiden Haupttypen der Verfassungsbeschwerde in dem hier interessierenden Zusammenhang, nämlich die gegen eine Norm oder gegen ein Urteil (s. hierzu *Steinwedel*, „Spezifisches Verfassungsrecht" und „einfaches Recht", S. 22). Der Begriff der „*Urteilsverfassungsbeschwerde*" soll hier und im folgenden der Einfachheit halber nicht nur ein gerichtliches Urteil i.e.S. umfassen, sondern jede gerichtliche Maßnahme, also auch einfache Beschlüsse und Verfahrenshandlungen. Spezifische Voraussetzungen im Vergleich mit anderen Verfassungsbeschwerdeformen ergeben sich aus der Verfassung jedoch nicht.

schwerde").[154] Zugleich kann hiermit die unterlassene Richtervorlage nach Art. 100 Absatz 1 GG sanktioniert werden.[155] Jedoch ist die gleichzeitige Nichtigkeits- oder nur Unvereinbarkeitserklärung von Gesetzen im Verfassungsbeschwerdeverfahren allgemein - im Gegensatz zur Normenkontrolle - nur selten anzutreffen.[156] Statt dessen begegnet man hier Appell- und Signalentscheidungen, mit denen der Gesetzgeber zwar zum Handeln aufgefordert, die Verfassungsbeschwerde aber zurückgewiesen wird.[157] Damit fehlt es hier an einer Bindungswirkung nach § 31 Absatz 2 Satz 2 GG gegenüber dem parlamentarischen Gesetzgeber, sodaß dessen Funktion allenfalls mittelbar berührt wird. Wie zu zeigen sein wird, machen jedoch den weitaus größten Teil der Verfassungsbeschwerden im Rahmen der Verfahrenskontrolle die „reinen" Urteilsverfassungsbeschwerden aus, d.h. diejenigen, sich gegen gerichtliche Entscheidungen wenden, die auf Grund verfassungsmäßiger Gesetze getroffen worden sind.[158]

Im Verfassungsbeschwerdeverfahren steht somit kaum einmal die Frage der klassischen Gewaltenteilung im Mittelpunkt. Im Vordergrund steht vielmehr allgemein die Verfassungsbeschwerde gegen den konkreten richterlichen Akt und in diesem Rahmen die Frage der funktionalen Abgrenzung zwischen Bundesverfassungsgericht und Fachgerichtsbarkeit *innerhalb* der Gerichtsbarkeit, da das Bundesverfassungsgericht trotz seiner Stellung als Verfassungsorgan unzweifelhaft Teil der Rechtsprechung ist (Art. 92 GG, § 1 BVerfGG).

b) Aufgabenteilung zwischen Bundesverfassungsgericht und Fachgerichten

Auszugehen ist insoweit von dem aus Art. 92 GG folgenden Grundsatz gerichtlicher Arbeitsteilung. Ihm liegt der Gedanke der Machtaufteilung zu Grunde, der auch innerhalb der Rechtsprechung gilt: Niemand soll für alles zuständig sein.[159] Primär obliegt den Revisionsgerichten der Fachgerichtsbarkeit der Abschluß des Rechtsweges. Nach Art. 95 Absatz 1 GG werden demnach oberste Bundesgerichtshöfe für die einzelnen Fachbereiche gebildet, deren Funktion als Revisionsgerichte nicht nur dem Individualrechtsschutz,

---

[154] Vgl. zu diesem Terminus *Schumann*, Verfassungs- und Menschenrechtsbeschwerde gegen richterliche Entscheidungen (1963), S. 119.

[155] S. *Berkemann*, DVBl. 1996, S. 1028.

[156] S. allerdings zuletzt BVerfGE 101, 106 ff. und 397 ff.; s. hierzu weiter o.

[157] S. *Schneider*, NJW 1980, S. 2103 (2111).

[158] In den seltenen Fällen, in denen im Rahmen einer Urteilsverfassungsbeschwerde das der gerichtlichen Entscheidung zugrundeliegende Gesetz für nichtig erkannt wird, wird nicht der Akt der Gesetzesanwendung selbst überprüft, sondern das Gesetz, mit dessen Nichtigkeit auch das angegriffene Urteil wegfällt; s. *Starck*, JZ 1996, S. 1033.

[159] *Berkemann*, DVBl. 1996, S. 1028.

sondern auch dazu dient, die Einheitlichkeit der Rechtsprechung zu sichern.[160] Bei Divergenzen zwischen ihnen ist hierfür der Gemeinsame Senat gemäß Art. 95 Absatz 3 GG zuständig.[161] Materiell-rechtlich haben die Revisionsgerichte wegen Art. 20 Absatz 3 GG und Art. 1 Absatz 3 GG insbesondere die Verfassung und die Grundrechte bei der Anwendung und Auslegung der einfach-gesetzlichen Regelungen zu beachten.

Primär sind also die Revisionsgerichte der Fachgerichtsbarkeit dazu berufen, die Grundrechte zu sichern, nicht das Bundesverfassungsgericht. Für dieses Ergebnis, an dem im Grundsatz kein Zweifel besteht, wird im übrigen auch angeführt, daß die Richter der obersten Gerichtshöfe über ein großes Spezialwissen des jeweiligen Fachbereichs verfügten, während das Bundesverfassungsgericht auf die reine verfassungsrechtliche Materie spezialisiert sei.[162] Außerdem wird hervorgehoben, dafür, daß auch bei der Berücksichtigung der Grundrechte im Rahmen der Auslegung des einfachen Rechts maßgeblich die obersten Fachgerichte entscheiden sollten, spreche auch die Fülle an fachgerichtlichen Verfahren einerseits und die chronische Überlastung des Bundesverfassungsgerichts andererseits.[163] Dies sind allerdings eher praktische Gesichtspunkte, die nichts an dem verfassungsrechtlichen Befund ändern, daß zwar primär die Fachgerichte zur Sicherung der Grundrechte berechtigt und verpflichtet sind, die Möglichkeit ihrer Kontrolle durch das Bundesverfassungsgericht als „*oberstem Hüter der Verfassung*"[164] im Rahmen des Verfassungsbeschwerdeverfahrens aber ebenfalls verfassungsrechtlich durch Art. 93 Absatz 1 Nr. 4 a GG vorgegeben ist. Zur Prüfung der dort genannten Grundrechte und Prozeßgrundrechte ist es somit berufen. Auch im Rahmen der Verfahrenskontrolle stellt sich somit unter materiell-rechtlichen Gesichtspunkten die Frage nach der Abgrenzung zwischen Verfassungsrecht und einfachem Prozeßrecht, die eng verknüpft ist mit der Problematik der Abgrenzung der Kompetenzen auf Grund der grundgesetzlich vorgebenen Funktionstrennung zwischen Verfassungsgerichtsbarkeit und Fachgerichtsbarkeit.

---

160 Zugleich dient dies wiederum dem Individualrechtsschutz, da dem Bürger insoweit ein Mittel an die Hand gegeben wird, seine Prozeßchancen einschätzen zu können.

161 I.V.m. dem Gesetz zur Einheitlichkeit der Rechtsprechung der obersten Gerichtshöfe des Bundes.

162 Vgl. etwa *Starck*, JZ 1996, S. 1033 (1034); *Wahl*, NVwZ 1984, S. 403 (408).

163 S. *Wahl*, aaO.

164 Diese Selbsteinschätzung des Bundesverfassungsgerichts, geäußert in seinem Statusbericht aus dem Jahre 1952 (JöR NF 6 [1957], S. 108 ff.), ist zwar nicht unwidersprochen geblieben, hat sich aber durchsetzen können; vgl. *Berkemann*, DVBl. 1996, S. 1028; *Schneider*, NJW 1980, S. 2103. Die Verfassung selbst schweigt über den Status des Bundesverfassungsgerichts. Weder in Art. 93 noch in Art. 94 GG ist davon die Rede. Lediglich das Bundesverfassungsgerichtsgesetz, das aber selbst kein Verfassungsrecht enthält, hat einige grundlegende Aussagen getroffen; s. hierzu *Maunz* in: Maunz/Dürig/Herzog, GG, Art. 94 Rd.1. Der Status ist insoweit aber praktisch irrelevant, da jedenfalls Art. 93 GG die *Aufgaben* des Bundesverfassungsgerichts absteckt.

Diese Fragen haben das Bundesverfassungsgericht und die Literatur sowohl im Bereich der materiellen Grundrechte als auch im Verfahrensbereich über Jahrzehnte beschäftigt und scheinen bis heute nicht befriedigend gelöst zu sein. Eine Einbewertung der mannigfaltigen hierzu entwickelten Lösungsansätze kann hier nicht erfolgen. Jedoch sind die wesentlichen unterschiedlichen Abgrenzungskriterien, die vom Bundesverfassungsgericht selbst verwandt bzw. von der Literatur vorgeschlagen werden, zu nennen, da sich die soeben angeführten Abgrenzungsfragen bei der Prüfung einer *jeden* fachgerichtlichen Entscheidung durch das Bundesverfassungsgericht stellen und mithin von wesentlicher Bedeutung auch für den gesamten Bereich der Verfahrenskontrolle sind. Allgemein ist, unter besonderer Berücksichtigung der Prozeßgrundrechte, insoweit zu unterscheiden zwischen materiell-rechtlichen und funktionalen bzw. institutionellen Lösungsansätzen.

c) Die Kontrolldichte des Bundesverfassungsgerichts im Rahmen der Kontrolle des fachgerichtlichen Verfahrens

aa) Die Formel vom „spezifischen Verfassungsrecht"

Das Bundesverfassungsgericht selbst lehnt es im Einklang mit der grundgesetzlichen Funktionsteilung zwischen Verfassungsgerichtsbarkeit und Fachgerichtsbarkeit stets ab, als „*Superrevisionsinstanz*" zu fungieren. Bereits in einer im ersten Band der amtlichen Entscheidungssammlung abgedruckten Entscheidung stellt es fest, daß es ein Urteil nicht allgemein, sondern nur darauf zu überprüfen habe, ob es den Beschwerdeführer „unmittelbar" in seinen verfassungsmäßigen Grundrechten verletze.[165] Im gleichen Band taucht auch schon der Abgrenzungsterminus „spezifisches Verfassungsrecht" auf.[166] Bemerkenswert an dieser Entscheidung ist zudem, daß das Bundesverfassungsgericht hier zunächst klarstellt, daß seine Hauptaufgabe auch bei einer Verfassungsbeschwerde, die sich gegen einen Verwaltungs- oder Gerichtsakt wendet, die Überprüfung des diesem zugrundeliegenden Gesetzes sei.[167] Hier steht also noch nicht die funktionale Abgrenzung zu den Fachgerichten, sondern zunächst die zum demokratisch legitimierten Gesetzgeber im Vordergrund. In einer Entscheidung aus dem zweiten Band erscheint dann der Begriff vom „typischen Verfassungsrecht".[168]

---

[165] BVerfGE 1, 7 (f.).
[166] BVerfGE 1, 418 (420).
[167] Ebda.
[168] BVerfGE 2, 336 (339).

Die diesen und einer Vielzahl weiterer Entscheidungen zugrundeliegende Auffassung schlägt sich spätestens seit einem Beschluß des Ersten Senats vom 10. Juni 1964 explizit nieder in der bekannten Formel vom *„spezifischen Verfassungsrecht“*[169], auch *„Heck'sche Formel“*[170] genannt, in der die bis dahin gefundenen Erkenntnisse zusammengefaßt wurden.[171] Diese Formel wird, in teilweise modifizierter Form, vom Bundesverfassungsgericht bis heute verwandt, und zwar sowohl bei der Überprüfung materieller Gerichtsentscheidungen, als auch bei der Verfahrenskontrolle, zur materiell-rechtlichen Abgrenzung zwischen Verfassungsrecht und dem einfachen Recht, zu dessen Prüfung das Bundesverfassungsgericht auch im Rahmen der Verfahrenskontrolle nicht befugt ist.[172]

Das Bundesverfassungsgericht führt insoweit in seiner Grundsatzentscheidung wörtlich aus:

> „Die Gerichte haben bei der Auslegung und Anwendung von einfachem Recht, insbesondere von Generalklauseln, den grundgesetzlichen Wertmaßstäben Rechnung zu tragen. Verfehlt ein Gericht diese Maßstäbe, so verletzt es als Träger öffentlicher Gewalt die außer acht gelassenen Grundrechtsnormen; sein Urteil muß auf eine Verfassungsbeschwerde hin vom Bundesverfassungsgericht aufgehoben werden (BVerfGE 7, 198 [207]; 12, 113 [124]; 13, 318 [325]).
>
> Andererseits würde es dem Sinn der Verfassungsbeschwerde und der besonderen Aufgabe des Bundesverfassungsgerichts nicht gerecht werden, wollte dieses ähnlich wie eine Revisionsinstanz die unbeschränkte rechtliche Nachprüfung von gerichtlichen Entscheidungen um deswillen in Anspruch nehmen, weil eine unrichtige Entscheidung möglicherweise Grundrechte des unterlegenen Teils berührt. *Die Gestaltung des Verfahrens, die Feststellung und Würdigung des Tatbestandes, die Auslegung des einfachen Rechts und seine Anwendung auf den einzelnen Fall sind allein Sache der dafür allgemein zuständigen Gerichte und der Nachprüfung durch das Bundesverfassungsgericht entzogen; nur bei einer Verletzung von spezifischem Verfassungsrecht durch die Gerichte kann das Bundesverfassungsgericht auf Verfassungsbeschwerde hin eingreifen* (vgl. BVerfGE 1, 418 [420]). *Spezifisches Verfassungsrecht ist aber nicht schon dann verletzt, wenn eine Entscheidung, am einfachen Recht gemessen, objektiv fehlerhaft ist; der Fehler muß gerade in der Nichtbeachtung von Grundrechten liegen.*
>
> Freilich sind die Grenzen der Eingriffsmöglichkeiten des Bundesverfassungsgerichts nicht immer allgemein klar abzustecken; dem richterlichen Ermessen muß ein gewisser Spielraum bleiben, der die Berücksichtigung der besonderen Lage des Einzelfalls ermöglicht. Allgemein wird sich sagen lassen, daß die normalen Subsumtionsvorgänge innerhalb des einfachen Rechts so lange der Nachprüfung des Bundesverfassungsgerichts entzogen sind, als nicht Auslegungsfehler sichtbar werden, die auf einer *grundsätzlich unrichtigen Anschauung von der Bedeutung eines Grundrechts*, insbesondere vom Umfang seines Schutzbereichs beruhen und auch in ihrer materiel-

[169] BVerfGE 18, 85 (92 f.).
[170] Nach dem Richter am Bundesverfassungsgericht *Dr. Karl Heck*, der an ihrer Entwicklung wesentlichen Anteil hatte.
[171] Vgl. hierzu *Herzog* in: FS für Günter Dürig (1990), S. 431 (433).
[172] S. etwa BVerfGE 87, 48 (63).

len Bedeutung für den konkreten Rechtsfall von einigem Gewicht sind. Eine Grundrechtswidrigkeit liegt noch nicht vor, wenn die Anwendung einfachen Rechts durch den hierzu zuständigen Richter zu einem Ergebnis geführt hat, über dessen „Richtigkeit" (in dem allgemeinen Sinne von „Sachgemäßheit" oder „Billigkeit") sich streiten läßt, insbesondere wenn bei einer dem Richter durch gesetzliche Generalklauseln aufgetragenen Abwägung widerstreitender Interessen die von ihm vorgenommene Wertung fragwürdig sein mag, weil sei den Interessen der einen oder der anderen Seite zu viel oder zu wenig Gewicht beigelegt hat." [173]

Das Bundesverfassungsgericht übt hiermit auf den ersten Blick große Zurückhaltung gegenüber den Fachgerichten und stellt in Übereinstimmung mit der grundgesetzlichen Aufgabenverteilung klar, daß seine eigene Aufgabe allein die Kontrolle der Einhaltung der Verfassung ist, nicht aber die Überprüfung einfachen Rechts im Sinne einer allgemeinen Richtigkeitskontrolle, wenngleich hierdurch oft grundrechtsrelevanter Bereich betroffen ist. Des weiteren führt demnach aber auch *nicht jeder Verfassungsverstoß* zu einer Aufhebung der gerichtlichen Entscheidung. Dies soll vielmehr nur dann der Fall sein, wenn „spezifisches" Verfassungsrecht verletzt ist, d.h. wenn ein *Auslegungsfehler* auf einer „grundsätzlich unrichtigen" Anschauung von der Bedeutung eines Grundrechts beruht und darüber hinaus hinsichtlich der materiellen Entscheidung im konkreten Fall „von einigem Gewicht" ist. Einfache *Anwendungsfehler* („Subsumtionsvorgänge") sollen demgegenüber offensichtlich der Kontrolle durch das Bundesverfassungsgericht von vornherein entzogen sein.

Andererseits sichert sich das Bundesverfassungsgericht bereits mit dieser Formel Zugriffsmöglichkeiten für den Einzelfall, wenn es äußert, seine Eingriffsmöglichkeiten seien „nicht immer allgemein klar abzustecken". Mit „scheinbarer Sicherheit" also nur werden die Fachgerichte grundsätzlich aus der bundesverfassungsgerichtlichen Kontrollsphäre herausgehalten.[174] Daß das Bundesverfassungsgericht die Grenzen seiner selbstauferlegten Beschränkung tatsächlich keineswegs immer eingehalten bzw. umgekehrt seine an die Fachgerichte gestellten Anforderungen kontinuierlich erhöht hat, zeigt sich jedoch, wie im Zweiten Kapitel, dem Hauptteil der vorliegenden Arbeit, dargelegt wird, im Bereich der Verfahrenskontrolle und dort insbesondere bei der Überprüfung von Verstößen gegen den Anspruch auf rechtliches Gehör nach Art. 103 Absatz 1 GG ganz deutlich. In den letzten Jahren hat sich die Anzahl an Rügen der Verletzung rechtlichen Gehörs, mehr noch die Anzahl der angenommenen und im Ergebnis erfolgreichen Verfassungsbeschwerden, allerdings vermindert. Jedoch ist in jüngerer Zeit ist eine starke Tendenz zu

---

[173] BVerfGE 18, 85 (92 f.). - Hervorhebungen in Kursivschrift durch *Verf.*
[174] *Herzog* in: FS für Günter Dürig (1990), S. 431 (434).

einer intensivierten Kontrolle im Rahmen des Rechts auf den gesetzlichen Richter nach Art. 101 Absatz 1 Satz 2 GG festzustellen. Die also später zu Lasten der Fachgerichte eingeleitete Wende deutete sich jedenfalls bereits in einer Entscheidung des Bundesverfassungsgerichts im dritten Band der Sammlung an, derzufolge die Gesetzesauslegung durch die Fachgerichte in vollem Umfang, mithin nicht nur in den Grenzen der späteren Formel vom „spezifischen Verfassungsrecht", auf ihre inhaltliche Vereinbarkeit mit dem Grundgesetz überprüft werden müsse.[175] Kurze Zeit später stellt das Bundesverfassungsgericht erstmals Erwägungen im Sinne der Willkür-Formel an - was auf eine teilweise Zurücknahme der Kontrolldichte aus funktionellen Gründen hindeutet - , die aber erst lange nach der Formel vom „spezifischen Verfassungsrecht" - vorübergehend - wieder aufgegriffen werden.[176] Insgesamt kann also auch von einer Kontinuität der Kontrollmaßstäbe keine Rede sein.

bb) Fallgruppen typischer Verstöße gegen „spezifisches Verfassungsrecht"

Aber selbst bei konsequenter Anwendung der Formel vom „spezifischen Verfassungsrecht" läßt sich hiermit nicht die Frage beantworten, *wann* „spezifisches" Verfassungsrecht im Einzelfall betroffen ist. Darüber trifft die Formel keine weitere inhaltliche Aussage. Insbesondere bleibt offen, wann der Auslegungsfehler eines Fachgerichts „auf einer grundsätzlich unrichtigen Anschauung von der Bedeutung eines Grundrechts beruht" und wann dieser so erheblich ist, daß er (materiell) „von einigem Gewicht" für den konkreten Einzelfall ist. Die Formel ist daher selbst ausfüllungsbedürftig.

Das Bundesverfassungsgericht hat dementsprechend in der Folgezeit Versuche unternommen, diese zu präzisieren. So hat es in seiner *Mephisto*-Entscheidung[177] drei *Fallgruppen* der Verletzung „spezifischen Verfassungsrechts", und zwar in Form des *„Anwendungs- oder Abwägungsdefizits"*, gebildet: Dieses soll erstens der Fall sein, wenn das *Gericht bereits nicht erkannt hat, daß überhaupt der Schutzbereich eines Grundrechts betroffen* ist. Diese Fallgruppe ist jedoch wegen der hohen Grundrechtsrelevanz in jedem Rechtsgebiet mittlerweile fast irrelevant.[178] Zweitens kann das Gericht das Vorliegen eines Schutzbereichs zwar erkannt, jedoch *die Abwägung „auf Grund einer unrichtigen Anschauung von der Bedeutung des Grundrechts, insbesondere vom Umfang sei-*

[175] BVerfGE 3, 213 (219 f.).
[176] BVerfGE 4, 1 (6 f.).
[177] BVerfGE 30, 173 ff. mit Sondervoten von *Rupp-v.Brünneck* und *Stein*. Vgl. hierzu *Schwabe*, AöR Bd. 100 (=1975), S. 442 (462).
[178] S. bereits *Waldner*, ZZP Bd. 98 (=1985), S. 200 (204).

nes Schutzbereichs." vorgenommen haben. Hiermit wird lediglich die entsprechende Passage der Formel vom „spezifischen Verfassungsrecht" wiederholt, die ihrerseits auslegungsbedürftig ist. Schließlich kann das *Abwägungsergebnis* selbst grundrechtsverletzend sein, was aber als strikt einzelfallbezogene Entscheidung noch weniger einer abstrakten Generalisierung zugänglich ist. Insgesamt kann die Fallgruppenbildung dazu verhelfen, einen Fehler bei der Rechtsanwendung leichter aufzufinden. Überzeugende Abgrenzungskriterien für den Einzelfall sind ihr jedoch im Hinblick auf die Abgrenzung zwischen „spezifischem Verfassungsrecht" und einfachem Recht nicht zu entnehmen.

cc) Modifizierungen der Formel vom „spezifischen Verfassungsrecht"

(1) Die Intensitäts-Formel im Bereich der materiellen Grundrechte

Wie weiter oben angeführt, hat das Bundesverfassungsgericht bereits nach dem Wortlaut seiner Formel vom „spezifischen Verfassungsrecht" einen gewissen Ermessenspielraum bzw. eine Zugriffsmöglichkeit im konkreten Einzelfall für sich beansprucht. Dieser wurde im Laufe der Jahre derart erweitert, der Schutzbereich der Grundrechte so ausgedehnt, daß jeder Fehler bei der Anwendung und Auslegung des Gesetzesrechts als Verfassungsverletzung erscheinen mußte. Mittels der sogleich darzustellen Intensitäts-Formel, die nach der verschieden starken Intensität gerichtlicher Grundrechtseingriffe unterscheidet, ist die Formel vom spezifischen Verfassungsrecht daher nicht im ganzen präzisiert, sondern tatsächlich nur auf der Stufe des verfassungsgerichtlichen Zugriffs selbst intensiviert worden. Daraus hat sich seit dem Jahre 1973 eine Iudikatur entwickelt, die als *„intensivierte Nachprüfung"* der Anwendung *einfachen* Rechts bezeichnet wird.[179]

Am Beginn dieser Entwicklung, die sich sowohl im Hinblick auf die materiellen Grundrechte als auch hinsichtlich der, nachstehend dargestellten, Prozeßgrundrechte vollzogen hat, steht im Bereich der *materiellen Freiheitsgrundrechte* die bekannte *Lebach*-Entscheidung, die sich zwar auf besagte Formel im Grundsatz stützt, in der das Bundesverfassungsgericht aber immerhin für sich beansprucht, „eigene Feststellungen" vorzunehmen.[180] Gerade die Vornahme solcher Feststellungen war es dann, die letztlich zur Aufhebung der fachgerichtlichen Entscheidung führte.[181] In der Entscheidung zum

179 *Herzog* in: FS für Günter Dürig (1990), S. 431 (439).
180 BVerfGE 35, 202 (219).
181 Zwar schienen eher „generelle" Tatsachen angesprochen zu sein, aber die einzelnen Feststellungen betrafen nicht nur solche „typischen" Kriterien, sondern bezogen sich auch auf Einzeltatsachen, vgl. hierzu *Steinwedel*, „Spezifisches Verfassungsrecht" und „einfaches Recht", S. 36 f.

Deutschland-Magazin wurde sodann die Formel vom „spezifischen Verfassungsrecht" durch die so genannte *„Intensitäts-Formel"*[182] ergänzt: Danach soll der Grad verfassungsgerichtlicher Kontrolle von Zivilurteilen primär von der *Intensität der jeweiligen Grundrechtsbeeinträchtigung* abhängen, wobei *„[...] in Fällen höchster Eingriffsintensität* (vgl. etwa *[...]* Lebach *[...])*" das Bundesverfassungsgericht sich als befugt ansieht, *„[...] die von den Zivilgerichten vorgenommene Wertung durch seine eigene zu ersetzen"*.[183] Damit war die Güterabwägungsklausel der Intensitätstheorie zugleich auf jeden Grundrechtseingriff übertragen (Gleitklausel) und somit generalisiert.[184] Nahezu zeitgleich wurde in der *Echternach*-Entscheidung mit ähnlichen Erwägungen nicht nur die Kontrolle der fachgerichtlichen Wertung insgesamt, sondern auch die Kontrolle *„einzelner Auslegungsfehler"* vom Bundesverfassungsgericht beansprucht.[185] Unmittelbar hiernach entschloss sich das Bundesverfassungsgericht dann dazu, nunmehr keinen Teil fachgerichtlicher Rechtsanwendung mehr von seiner Kontrolle auszunehmen; vielmehr habe es *„[...] auch im einzelnen zu prüfen, ob jene Entscheidung bei der Feststellung und Würdigung des Tatbestandes sowie der Auslegung und Anwendung einfachen Rechts [...]"* das jeweilige Grundrecht verletzt habe.[186]

Die Intensitäts-Formel präzisiert als spezielle Ausformung des Verhältnismäßigkeitsprinzips das „spezifische" Verfassungsrecht nur insoweit, als sie die Feststellung seiner Verletzung von der Intensität abhängig macht, mit der in den Schutzbereich des Grundrechts eingegriffen wurde. Sie ist aber selbst inhaltlich unpräzise, da ihre Kriterien wiederum subjektiv bleiben.[187] Letztlich stellt sie jedoch darüber hinausgehend eine *Durchbrechung* der Formel vom „spezifischen Verfassungsrecht" dar, da das Bundesverfassungsgericht durch sie seinen Kontrollanspruch auf alle Stufen der Anwendung einfachen Gesetzesrechts erhebt und selbst an die Begründung der fachgerichtlichen Entscheidung besondere Anforderungen stellt, wenn verfassungsrechtliche Grundsätze zur Diskussion stehen.[188] Stellt das Bundesverfassungsgericht sogar selbst Tatsachenermittlungen an und würdigt es selbst den Sachverhalt, etabliert es sich - über die damalige Besorgnis *Heck*'s hinaus - nicht nur als „Superrevisionsinstanz", sondern als „Supertatsachengericht".[189]

---

[182] Auch *„Je-desto-Formel"* genannt.
[183] BVerfGE 42, 143 (148 f.). - Hervorhebungen in Kursivschrift durch *Verf.*
[184] *Berkemann*, DVBl. 1996, S. 1028 (1039).
[185] BVerfGE 42, 163 (168 f.). Vgl. hierzu *Herzog* in: FS für Günter Dürig (1990), S. 431 (439).
[186] BVerfGE 43, 130 (136). - Hervorhebungen in Kursivschrift durch *Verf.*
[187] *Rennert*, NJW 1991, S. 12 (13).
[188] *Herzog* in: FS für Günter Dürig (1990), S. 431 (440).
[189] *Rennert*, NJW 1991, S. 12 (13) mit Hinweis auf BVerfGE 82, 43 (50 ff.); vgl. *Starck*, JZ 1996, S. 1033 (1037) mit Hinweis auf die ständige Rechtsprechung des Bundesverfassungsgerichts zum

Die Intensitäts-Formel stellt daher nur auf den ersten Blick eine Konkretisierung bzw. Modifizierung der Formel vom „spezifischen Verfassungsrecht" dar, indem sie eine „intensive" Grundrechtsbeeinträchtigung für die Annahme einer relevanten Verfassungsverletzung voraussetzt. Tatsächlich wird dadurch aber die Kontrolldichte innerhalb dieser Eingriffsstufe intensiviert und dem Bundesverfassungsgericht eine umfassende Prüfungsbefugnis zugebilligt. Eine Systematisierung der Kontrolle auf dieser Intensitätsstufe ist damit nicht verbunden. Der Begriff der „höchsten Eingriffsintensität" bleibt inhaltsleer. Auch die Heranziehung weiterer von dem Bundesverfassungsgericht nach dem Verhältnismäßigkeitsgrundsatz aufgestellter Kontrollmaßstäbe hilft nicht weiter. So unterscheidet das Bundesverfassungsgericht etwa zwischen strikter Inhaltskontrolle, gemäßigter Vertretbarkeitskontrolle und beschränkter Evidenzkontrolle.[190] Diese ursprünglich nur für die Kontrolle des Gesetzgebers aufgestellten Kriterien gelten heute für die Kontrolle aller öffentlicher Maßnahmen, besagen aber ebenfalls nicht, wann welcher Maßstab heranzuziehen ist.[191] Um systematischen Ansprüchen zu genügen, hätte der jeweiligen Intensitätsstufe ein Kontrollprogramm zugeordnet werden müssen.[192]

Da das Bundesverfassungsgericht dies vermieden hat, konnte es sich mit der Anwendung der Intensitäts-Formel im Einzelfall eine weitere Zugriffsmöglichkeit eröffnen und damit die Regel der Formel vom „spezifischen Verfassungsrecht", daß nämlich die Auslegung und Anwendung einfachen Rechts den Fachgerichten obliege, zur Ausnahme machen, da infolge der *Expandierung der materiellen Grundrechte* nur noch wenig grundrechtsfreier Raum im einfachen Recht besteht und somit kaum Platz für „nicht intensive" Eingriffe bleibt: Denn mit der für diesen Bereich bahnbrechenden *Elfes*-Entscheidung[193] aus dem Jahre 1957 war verfassungsprozessual entschieden, daß auch eine Mißachtung rein objektiven Verfassungsrechts zumindest über Art. 2 Absatz 1 GG rügefähig ist. Art. 2 Absatz 1 GG fungiert seitdem als „Auffanggrundrecht", das lückenlosen Rechtsschutz gewährleistet. Teil des objektiven Verfassungsrechts ist nach Art. 20 Absatz 3 GG auch der Grundsatz der Gesetzmäßigkeit gerichtlicher Entscheidungen, dessen Mißachtung nun-

---

Konflikt zwischen Meinungsäußerung und Ehrenschutz, in dem es regelmäßig eine unbegrenzte Tatsachenkontrolle ausübe; vgl. hierzu auch *Seifarth*, Der Einfluß des Verfassungsrechts auf zivilrechtliche Ehrschutzklagen, NJW 1999, S. 1287 ff.

190 Im *Mitbestimmungs*-Urteil (BVerfGE 50, 290 [333]); s. hierzu *Schneider*, NJW 1980, S. 2103 (2105).

191 *Schneider*, aaO; *Stürner*, JZ 1986, S. 526 (529).

192 *Berkemann*, DVBl. 1996, S. 1028 (1039) unter Hinweis auf das insoweit zutreffende *Apotheken*-Urteil.

193 BVerfGE 6, 32.

mehr ein rügefähiger Grundrechtsverstoß ist.[194] Im Ergebnis bedeutet *Elfes* daher, daß jeder rechtswidrige Eingriff zugleich grundrechtswidrig ist.[195] Die Gesetzmäßigkeit ist damit Voraussetzung der Verfassungsmäßigkeit jeglichen Grundrechtseingriffs.[196] In dem ein Jahr nach *Elfes* entschiedenen *Lüth*-Urteil vom 15. Januar 1958 überkreuzte sich das allgemeine Problem der Rechtsanwendungskontrolle mit der Frage der Anwendung von Generalklauseln und der so genannten *„Drittwirkung"* der materiellen Grundrechte im Privatrecht.[197] In der Drittwirkungsfrage entschied sich das Bundesverfassungsgericht zugunsten der von *Dürig* begründeten Lehre von der *mittelbaren Wirkung der Grundrechte im Privatrecht*[198] : Demnach wirken die Grundrechte nicht unmittelbar in das Privatrecht hinein, sondern erzeugen nur eine *„Ausstrahlungswirkung"* im Sinne einer Art *„Wechselwirkung"*, der zufolge *„[...] die allgemeinen Gesetze zwar dem Wortlaut nach dem Grundrecht Schranken setzen, [...] ihrerseits aber in ihrer das Grundrecht begrenzenden Wirkung selbst wieder eingeschränkt werden müssen."*[199] Nur die angeführte „Ausstrahlungswirkung" soll also der Kontrolle des Bundesverfassungsgerichts unterliegen, und nur darauf hin, ob das Fachgericht diese „grundsätzlich verkannt" habe. Scheinbar wahrt das Bundesverfassungsgericht somit die Zuständigkeitssphäre der Fachgerichte.[200] Materiell jedoch wurde die klassische Abwehrfunktion der materiellen Grundrechte dahin ergänzt, daß diese von nun auch Teil der „objektiven Werteordnung" der Verfassung sind.[201] Zugleich wurde somit der materielle Garantiegehalt der Grundrechte in den Regelungsgehalt des einfachen Rechts integriert.[202] Kerninhalt der Drittwirkungslehre ist

---

194 *Berkemann*, aaO S. 1029; *Heun*, Funktionell-rechtliche Schranken der Verfassungsgerichtsbarkeit, S. 32; *Stürner*, JZ 1986, S. 526 (527).

195 *Ders.* aaO.

196 *Heun*, Funktionell-rechtliche Schranken der Verfassungsgerichtsbarkeit, S. 32.

197 BVerfGE 7, 198 (208 f.); s. aus jüngerer Zeit hierzu *Krause*, JZ 1984, S. 656 ff.

198 V.a. *Dürig* in: FS für Nawiasky (1956), S. 157 ff.; ; s. auch *dens.*, DÖV 1958, S. 194 ff.

199 BVerfG, aaO, entgegen der von *Nipperdey* begründeten Lehre von der *„absoluten" (unmittelbaren)* Drittwirkung, s. in: Eunecerus/Nipperdey, Allgemeiner Teil des Bürgerlichen Rechts, Erster Halbband (15. Auflage 1959), S. 94 ff.; *ders.*, Grundrechte und Privatrecht (1961), S. 15 ff.; vgl. hierzu *Stern*, Staatsrecht Bd. III/1 (1988), § 76.II.1, S. 1538 ff. (1547). Nach Ansicht von *Starck*, JuS 1981, S. 237 (243) stehen sich die Theorien allerdings nicht so fern, wie es zunächst den Anschein hat, da *Nipperdey* Differenzierungsmöglichkeiten anbietet in dem Sinn, daß eine unmittelbare Drittwirkung nach dem konkreten Grundrechtsgehalt herausgearbeitet werden muß, sich also nicht immer entfaltet.

200 Deren *Abwägungsergebnis* (nur) es insoweit überprüft. Jedoch postuliert das Bundesverfassungsgericht (aaO), daß die Fachgerichte die Abwägung erst nach Ermittlung „aller Umstände des Falles" vorzunehmen haben: Mit dieser Klausel behält es sich hier schon vor, in die - später erfolgte - Kontrolle der Sachverhaltsfeststellung und -bewertung einzusteigen, s. hierzu *Starck*, JZ 1996, S. 1033 (1035).

201 Eine Fortsetzung des *Lüth*-Urteils findet sich insoweit im *Schmid-Spiegel*-Beschluß (BVerfGE 12, 113 [124]): Auch hier wird als weitere Funktion der Grundrechte ihre Teilhabe an einer „objektiven Werteordnung" angeführt.

202 *Berkemann*, DVBl. 1996, S. 1028 (1029).

also, daß Privatrecht und Verfassung nicht beziehungslos nebeneinander stehen, sondern vielmehr die Grundrechte als Teil einer „objektiven Werteordnung" für alle Bereiche des Rechts Geltung beanspruchen[203] und somit Richtlinien für Gesetzgebung, Verwaltung und Rechtsprechung aufstellen.[204] Der durch diese beiden wegweisenden Entscheidungen bewirkten Ausdehnung des Grundrechtsgehalts (durch *Elfes* Konzeption des Art. 2 Absatz 1 GG als „Auffanggrundrecht", sodaß nunmehr jeder Gesetzesverstoß durch die Rechtsprechung als Teil der öffentlichen Gewalt zugleich als Verstoß gegen objektives Verfassungsrecht gerügt werden kann; durch *Lüth* „Ausstrahlungswirkung" der Grundrechte im Privatrecht) korrespondiert eine materiale und verfassungsprozessuale Rückbindung jeder fachgerichtlichen Rechtsanwendung. Die im Grundgesetz vorgesehene Arbeitsteilung zwischen Bundesverfassungsgericht und Fachgerichtsbarkeit wurde insoweit zu Gunsten einer erweiterten Kontrolle durch das Bundesverfassungsgericht relativiert. Vor diesem funktionalen Gesichtspunkt und vor dem praktischen Hintergrund der in Folge erhobenen Flut an Verfassungsbeschwerden, mit denen das Bundesverfassungsgericht überschwemmt wurde, ist die Formel vom „spezifischen Verfassungsrecht" zu verstehen, mit der das Bundesverfassungsgericht der von ihm hervorgerufenen materiellen Grundrechtsexpansion einen, inhaltlich als materiell-rechtlichen Ansatz konzipierten, aber institutionell-funktional wirkenden Kontrollfilter entgegensetzte, indem nur ein Verstoß gegen „spezifisches" Verfassungsrecht der Kontrollbefugnis des Bundesverfassungsgerichts unterliegen soll, nicht also jeder Verfassungsverstoß.[205] Dieser Ansatz wurde jedoch wiederum korrigiert durch eine diese Formel vermeintlich präzisierende, tatsächlich sie ausdehnende Intensitäts-Rechtsprechung.

(2) Kontrollmaßstäbe bei der Prüfung der Verletzung der Prozeßgrundrechte

Die zu den materiellen Grundrechten entwickelten Grundsätze sind zwar nicht ohne weiteres auf die Prozeßgrundrechte übertragbar. Die Einzelheiten bedürfen hier der Modifizierung. Die Grundelemente der vom Bundesverfassungsgerichten angewandten Prinzipien, etwa nach Maßgabe der Intensitäts-Formel, werden von ihm jedoch auch bei der Verfahrenskontrolle angewandt. Die Formel vom „spezifischen Verfassungsrecht" mit ihrer zutreffenden Grundaussage, jedoch inhaltlichen Unzulänglichkeiten, gilt in der Rechtsprechung des Bundesverfassungsgerichts ohnehin gleichermaßen für die materielle

---

203 *Starck*, JuS 1981, S. 237 (243).

204 Ausführlich *Jarass*, AöR Bd. 110 (=1985), S. 363 (365 f.); *Schwabe*, AöR Bd. 100 (=1975), S. 442 (448 ff.).

205 S. *Berkemann*, DVBl. 1996, S. 1028 (1029).

Urteilskontrolle wie auch für die Überprüfung des fachgerichtlichen Verfahrens im Hinblick auf die Prozeßgrundrechte.

Im einzelnen gilt für den Bereich der Verfahrenskontrolle folgendes:

Eine Beschränkung seiner Kontrolldichte versucht das Bundesverfassungsgericht, insbesondere der Zweite Senat, besonders hier zum Teil auch über die Prüfung auf das Vorliegen *„objektiver gerichtlicher Willkür“* herbeizuführen, die allerdings dann, wenn der spezielle Schutzbereich eines Prozeßgrundrechts verletzt ist, im Einzelfall zu dem unbefriedigenden Ergebnis führen kann, daß funktionale Kriterien an die Stelle der spezifischen Voraussetzungen des einschlägigen Prozeßgrundrechts treten und beispielsweise - wenn die Grenze zur Willkür im Einzelfall nicht überschritten ist - die Verfassungsbeschwerde nicht begründet wäre, obwohl eine Prüfung des speziellen Grundrechts eine Verfassungsverletzung ergäbe. Insoweit wäre eine Willkürprüfung unzulänglich. Zum anderen kann eine Prüfung anhand der Willkür-Formel umgekehrt eine Ausweitung verfassungsgerichtlicher Kontrolle dann bewirken, wenn im konkreten Fall gerade *nicht* der spezifische Schutzbereich eines Prozeßgrundrechts tangiert ist: Dann führt die Anwendung der Willkür-Formel zu einer allgemeinen Billigkeitskontrolle, durch die sich das Bundesverfassungsgericht wiederum in gefährliche Nähe zu einer „Superrevisionsinstanz“ begibt.[206]

Streitig ist weiterhin, ob die oben dargestellte Intensitäts-Formel und die weiteren Kontrollmaßstäbe, die das Bundesverfassungsgericht aus dem Verhältnismäßigkeitsprinzip ableitet, wie etwa die Unterscheidung nach einer Inhalts-, Vertretbarkeits- und bloßen Evidenzkontrolle, ebenfalls im Bereich der Verfahrenskontrolle anwendbar sind.[207] Das Bundesverfassungsgericht wendet jedenfalls seine *Intensitäts-Formel im Einzelfall auch bei Prüfung der Verletzung der Prozeßgrundrechte* an, so etwa im Rahmen seiner Rechtsprechung zu den *Präklusionsvorschriften*: Wie weiter oben bereits angeführt[208], hebt das Bundesverfassungsgericht zunächst in ständiger Rechtsprechung deren „strengen Ausnahmecharakter“ hervor, weil sie sich zwangsläufig nachteilig auf das Bemühen um

---

206 Vgl. hierzu oben unter I.2.b).

207 Zur Frage der Übertragbarkeit der für den Bereich der materiellen Freiheitsgrundrechte entwickelten Grundsätze auf die Verfahrensgrundrechte s. *Ossenbühl* in: FS für H.P.Ipsen (1977), S. 129 (131); *Höfling*, JZ 1991, S. 955 (962).

208 S.o., II.1.

eine materiell richtige Entscheidung auswirkten[209] und zwangsläufig nachteilige Folgen für die säumige Partei nach sich zögen.[210]

Das Bundesverfassungsgericht führt in diesem Zusammenhang wörtlich aus:

> „Das legt es nahe, die Auslegung und Anwendung dieser das rechtliche Gehör beschränkenden Vorschriften durch die Fachgerichte einer strengeren verfassungsgerichtlichen Kontrolle zu unterziehen, als dies üblicherweise bei der Anwendung einfachen Rechts geschieht. Dies ist schon wegen der *Intensität des Eingriffs* geboten. Dem entspricht es, daß die verfassungsrechtliche Überprüfung nach der bisherigen Rechtsprechung *über eine bloße Willkürkontrolle hinausgehen muß.*“[211]

Zwar gelte die herkömmliche Abgrenzung grundsätzlich auch für die Überprüfung der Anwendung und Auslegung von Präklusionsvorschriften; denn auch diese seien „zunächst“ einfach-rechtlicher Natur. Weiter heißt es:

> „Unterschiede hinsichtlich der Prüfungsintensität können sich nur daraus ergeben, daß die angewandten einfach-rechtlichen Normen unterschiedliche Grundrechtsrelevanz haben. *Je weiter diese in den Schutzbereich von Grundrechten eingreifen oder - auf der anderen Seite - den Schutzbereich von Grundrechten sichern, desto intensiver ist die verfassungsgerichtliche Kontrolle der Normanwendung.* Präklusionsvorschriften schränken die Möglichkeit zur Wahrnehmung des Anspruchs auf rechtliches Gehör im Prozeß ein und bewegen sich damit *regelmäßig im grundrechtsrelevanten Bereich.* Daraus folgt zwangsläufig, daß bei ihrer Anwendung die *Schwelle der Grundrechtsverletzung eher erreicht werden kann,* als die üblicherweise bei der Anwendung einfachen Rechts der Fall ist.“[212]

Jedoch bewegt sich das einfache Prozeßrecht regelmäßig im sogenannten „grundrechtsrelevanten Bereich“. Dies gilt nicht nur für die in ihrer materiellen Folge zugegeben besonders einschneidenden Präklusionsnormen, sondern für nahezu jede einfach-gesetzliche prozessuale Regelung. Dies beruht auf dem relativ unbestimmten verfassungsrechtlichen Gehalt des Art. 19 Absatz 4 GG, Art. 101 Absatz 1 Satz 2 GG und Art. 103 Absatz 1 GG. Die Prozeßgrundrechte bedürfen *zwingend* der Konkretisierung durch das Prozeßrecht und sind insoweit in besonderer Weise *normgeprägt.*[213] Bei konsequenter Anwendung der Intensitäts-Formel mit der soeben angeführten Begründung des Bundesverfassungsgerichts müßte *jeder* Verfahrensverstoß daher zugleich eine Verfassungsverletzung beinhalten. In der Literatur wird insoweit zutreffend darauf hingewiesen, daß die Normprägung der Justizgrundrechte, d.h. ihre nahezu ausschließliche Rechtserzeugtheit, die Trennlinie zwischen Verfassungsrecht und einfachem Recht zwangsläufig ver-

---

209 BVerfGE 55, 72 (94).

210 BVerfGE 59, 330 (334); 60, 1 (6); 62, 249 (254); 63, 177 (180); 67, 39 (41); 69, 145 (149) und ständig.

211 BVerfGE 75, 302 (312). - Hervorhebungen in Kursivschrift durch *Verf.*

212 BVerfG, aaO S. 314. - Hervorhebungen in Kursivschrift durch *Verf.*

213 S.o. unter II.1.

schwimmen lasse.[214] Dies ist indes nicht nur Ausdruck berechtigter Sorge, sondern hat auch in einer sich teilweise äußerst expansiv verstehenden bundesverfassungsgerichtlichen Iudikatur seinen Niederschlag gefunden. Die Parallelität in der extensiven Interpretation der materiellen Grundrechte einerseits und der Prozeßgrundrechte andererseits ist unübersehbar. Liegt bei den materiellen Grundrechten das Einfallstor in jeden Bereich einfach-gesetzlichen Rechts und sogar in das Privatrecht, das nicht von unmittelbarer staatlicher Machtentfaltung geprägt ist, letztlich in der Einwirkung der Grundrechte auch als Ausdruck einer „objektiven Werteordnung", wobei Art. 2 Absatz 1 GG immer als zumindest relevantes Auffanggrundrecht fungiert, ist die Ausdehnung des Schutzbereichs der Prozeßgrundrechte im Ergebnis bereits deswegen möglich, da sie nur in einem Gerichtsverfahren Anwendung finden. Dieses aber ist durch die Prozeßordnungen formalisiert und entsprechend von vornherein offen für Gesetzesverletzungen durch die staatlichen Gerichte. Zum anderen sind die Prozeßgarantien, die Rechtsweggarantie ebenso wie das Recht auf den gesetzlichen Richter und der Anspruch auf rechtliches Gehör, offen formuliert. Die Verfassung setzt aus sich heraus keine materielle Grenze. Eine weite Interpretation des verfassungsrechtlichen Inhalts der Prozeßgrundrechte kann daher dazu führen, daß jeder Verfahrensverstoß zugleich als Verfassungsverletzung gewertet wird, da nahezu jede prozeßrechtliche Regelung einen Bezug zu einem der Prozeßgrundrechte aufweist. Eine präzise Abgrenzung ist daher umso notwendiger, kann aber aus eben diesen Gründen nicht mittels der Intensitäts-Formel gelingen, da der Maßstab der „Grundrechtsrelevanz", der sie letztlich trägt, hier zu einem Zirkelschluß führt. Aus den weiter oben angeführten Gründen führt die Formel vom „spezifischen Verfassungsrecht" ebenfalls nicht im konkreten Fall weiter, da auch die dieser Formel zugrundeliegenden Kriterien selbst inhaltlich unbestimmt sind. Auch die Anwendung der Willkür-Formel kann zwar im Einzelfall zur Beseitigung „groben prozessualen Unrechts" geeignet sein, kann jedoch wegen ihrer inhaltlichen Unzulänglichkeit ebenfalls nicht als allgemeingültiger Kontrollmaßstab in Betracht kommen.[215]

dd) Weitere Abgrenzungsmodelle

(1) Die Schumann'sche Formel

---

[214] S. *Höfling*, JZ 1991, S. 955 (962 m.w.N.).
[215] S.o. unter I.2.b).

Auch in der Literatur sind verschiedene Lösungsansätze zur *materiellen* Abgrenzung zwischen Verfassungsrecht und einfachem Recht einerseits, wie auch, aus *funktionaler* Sicht, zur Abgrenzung zwischen bundesverfassungsgerichtlicher und fachgerichtlicher Sphäre entwickelt worden. Zu nennen ist hier insbesondere die von *Ekkehard Schumann*[216] etwa zeitgleich zur Formel vom „spezifischen Verfassungsrecht" entwickelte und nach ihm benannte Formel, die im wesentlichen als „*Quasi-Normenkontrolle*" ausgestaltet ist: Demnach ist die Verfassungsbeschwerde erfolgreich, wenn die in der angefochtenen fachgerichtlichen Entscheidung vertretene Rechtsauffassung, *als Gesetz gedacht*, gegen die Verfassung verstößt.[217] Ausgangspunkt ist insoweit die *Bildung von Fallgruppen*, welche die verschiedenen Elemente des fachgerichtlichen Entscheidungsprozesses wiederspiegeln. Diese Stufen werden in einem zweiten Schritt *unterschiedlicher Prüfungsintensität* des Bundesverfassungsgerichts zugeordnet. Ausgangspunkt ist hierbei folgende Überlegung: Bei der konkreten wie der abstrakten Normenkontrolle nach Art. 100 Absatz 1 GG bzw. Art. 93 Absatz 1 Nr. 2 GG gibt es das funktionell-institutionelle Problem der „Kognitionsgrenzen" des Bundesverfassungsgerichts nicht: Ist eine Rechtsnorm mit dem Grundgesetz nicht vereinbar, dann kann sie ohne weiteres für nichtig erklärt werden. Je näher nun die fachgerichtliche Tätigkeit an eine Art Normsetzung heranrückt, desto intensiver ist die Kontrolle durch das Bundesverfassungsgericht, je sachverhaltsbezogener sie ist, desto zurückhaltender muß das Bundesverfassungsgericht seine Kontrolle ausüben. Am weitesten geht daher nach diesem Ansatz die Kontrolle des Bundesverfassungsgerichts bei der Prüfung, ob der Richter die *Grenzen richterlicher Rechtsfortbildung* überschritten hat.[218] Denn hier schafft der Richter letztlich eine neue, wenn auch einzelfallbezogene Rechtsnorm, unter die er den konkreten Sachverhalt subsumiert. Da der Richter sich hier quasi gesetzgeberisch betätigt („Richterrecht"), kann die Überprüfung der so geschaffenen Rechtsnorm dem Bundesverfassungsgsgericht nicht verwehrt sein.[219] Im Rahmen einer strengen Inhaltskontrolle ist das von dem Richter geschaffene Recht insoweit wie ein Parlamentsgesetz zu prüfen. Nach *Schumann* ist der richterliche Entscheidungssatz dann verfassungswidrig, wenn er nicht zulässiger Inhalt

---

216 *Schumann*, Verfassungs- und Menschenrechtsbeschwerde gegen richterliche Entscheidungen (1963), S. 206 ff.
217 *Ders.*, aaO S. 207, 334.
218 Vgl. hierzu *Waldner*, ZZP Bd. 98 (=1985), S. 200 (208).
219 S. dazu *Steinwedel*, „Spezifisches Verfassungsrecht" und „einfaches Recht", S. 25.

eines entsprechenden Gesetzes sein könnte.[220] Nach dieser *Normprüfung* folgt in einem zweiten Schritt[221] die *Anwendungsprüfung*, in der die Art und Weise, wie der Richter zu seiner Rechtsgrundlage gelangt ist, auf ihre Verfassungsmäßigkeit überprüft wird. Der Richter muß sein Ergebnis insoweit auf Grund „rechtsgeleiteter Vernunft“ gefunden haben und objektive, kritischer Prüfung standhaltende Gründe gefunden haben. Hiermit soll ein Mindestmaß an richterlicher, rechtsstaatlichen Grundsätzen genügender Korrektheit erreicht und grobe Denkfehler ausgeschaltet werden.[222] Dies sind letztlich die Kriterien, die das Bundesverfassungsgericht seiner Willkür-Formel zu Grunde legt, sodaß im Rahmen der Anwendungsprüfung nur eine eingeschränkte Kontrolle auf Willkür stattfindet, während die vorangegangene Normprüfung strikter Inhaltskontrolle unterliegt. Einen etwas größeren Spielraum als bei der Prüfung der Einhaltung der Grenzen richterlicher Rechtsfortbildung hat das Fachgericht dagegen bei der *Auslegung* einer einfachgesetzlichen Regelung, deren Verfassungsmäßigkeit vom Bundesverfassungsgericht im Rahmen der so genannten „*Interpretations-Verfassungsbeschwerde*“ geprüft wird. Bedeutsam ist dies insbesondere bei der Anwendung von Generalklauseln oder unbestimmten Rechtsbegriffen und insgesamt bei der Interpretation jeder Norm, die im konkreten Fall die Grenzen eines Grundrechts absteckt.[223] Insbesondere im Rahmen der Verfahrenskontrolle gilt der Interpretationstätigkeit des Richters großes Augenmerk, da hier nahezu jede Norm zumindest „Grundrechtsbezug“ aufweist.[224] Noch geringer ist die Kontrolldichte bei der „*Abwägungs-Verfassungsbeschwerde*“, mit der nicht die Norminterpretation selbst beanstandet wird, sondern die von dem Richter vorgenommene Abwägung. Ihm wird insoweit der Vorwurf gemacht, er habe die widerstreitenden verfassungsrechtlichen Rechtsgüter falsch gewichtet. Hier kann aber auch eine Norm nicht mehr als eine Vorgabe bieten, welche Grundrechte gegeneinander abzuwägen und wo die Grenze ihres jeweiligen Schutzbereichs anzusiedeln ist. Darin soll zugleich die Grenze des verfassungsrechtlichen Zugriffs liegen.[225] Am geringsten soll die Kontrolldichte schließlich dort sein, wo es um die *Feststellung und Würdigung des Sachverhalts* geht („*Sachverhalts-Verfassungsbeschwerde*“). Hierbei handelt es sich um eine originäre Auf-

---

220 *Schumann*, aaO S. 334. Vgl. hierzu *Rennert*, NJW 1991, S. 12 (13), der insoweit aus Art. 1 Absatz 3 GG folgende Aufforderung an den Richter ableitet: „Urteile so, daß die Entscheidungssätze, die du aufstellst, allgemeine Gesetze sein könnten!“.

221 *Berkemann*, DVBl. 1996, S. 1028 (1032 f.) greift den Begriff des „Zwei-Takt-Verfahrens“ auf, mit dem auch das Bundesverfassungsgericht seine Richterkontrolle in eine Normprüfung und in eine Anwendungsprüfung zerlegt.

222 S. hierzu *dens.*, aaO S. 1033.

223 S. *Waldner*, ZZP Bd. 98 (=1985), S. 200 (208).

224 Zur „*Normprägung*“ der Prozeßgrundrechte s.o., unter 1.

gabe der Fachgerichtsbarkeit. Diesem Rechtsfindungsvorgang fehlen grundrechtsspezifische Elemente.[226] Daher liegt hier eine Überprüfung anhand der Willkür-Formel nahe.[227]

Insbesondere gegenüber der Formel vom „spezifischen Verfassungsrecht" bringt die *Schumann*'sche Formel einen methodischen Gewinn, indem sie ein bekanntes Schema, die der Normenkontrolle, auf die richterliche Entscheidung anwendet und somit die Kontrolle des Bundesverfassungsgerichts ihrerseits einem Testverfahren zuordnet. Somit schwebt die Verfahrenskontrolle nicht mehr im „luftleeren Raum", sondern erhält Konturen durch ein Kontrollprogramm. Eine weitere Ausdifferenzierung ergibt sich durch die Zuordnung von Kontrollmaßstäben zu einzelnen Stufen richterlicher Entscheidungsfindung, wobei die Kontrolldichte des Bundesverfassungsgerichts grundsätzlich von Inhalt und Methodik der Entscheidung abhängt.[228] Dieses Raster bringt dem Beschwerdeführer zugleich mehr Klarheit darüber, wann seine Verfassungsbeschwerde Erfolg verspricht, sodaß zugleich dem Interesse der Rechtssicherheit gedient ist.[229] Der Ausgangspunkt der Formel, wonach die Kontrolle des rechtsetzenden Gesetzgebers und des rechtsanwendenden Richters nach etwa gleichen Maßstäben erfolgt, wird in der Literatur nicht einheitlich positiv gewertet.[230] So wird angeführt, daß die Auslegung eines Gesetzes als solche deswegen offenbar falsch oder willkürlich sein könne, weil sie den gesetzgeberischen Willen vollständig verfehle, sodaß in diesem Falle nur ein Verstoß gegen die Bindung des Richters an das Gesetz nach Art. 20 Absatz 3 GG vorliege, dagegen könne ein entsprechendes Gesetz durchaus verfassungsgemäß sein.[231] Jedoch besteht weitgehend Einigkeit über den Kern der Formel im Sinne einer Negativabgrenzung: Was der Gesetzgeber bei der Normsetzung *nicht* darf, ist auch der richterlichen Rechtsfindung im Rahmen der Rechtsfortbildung verwehrt.[232] Aus Sicht der Fachgerichte gilt insoweit, daß ihnen die letztverbindliche Auslegung und Anwendung des einfachen Rechts zukommt, soweit die Entscheidungsfindung und das Entscheidungsergebnis, als allgemeine Norm gedacht, nicht gegen die Verfassung verstößt. Für das Bundesverfassungsgericht schließlich bringt die Formel den Vorteil, daß es seine Erfahrung auf dem Gebiet der Normenkontrolle nutzen kann. Zugleich wird Billigkeits- und Einzelfalljudikatur vermieden.[233]

---

225 Vgl. hierzu *Waldner*, aaO S. 208.
226 *Ders.*, aaO.
227 S. *Starck*, JZ 1996, S. 1033 (1040).
228 Vgl. hierzu *Berkemann*, DVBl. 1996, S. 1028 (1033).
229 *Waldner*, ZZP Bd. 98 (=1985), 200 (208).
230 Dafür etwa *Stürner*, JZ 1986, S. 526 (539 m.w.N.); s. die Nachweise bei *Berkemann*, aaO S. 1033.
231 *Robbers*, NJW 1998, S. 935 (936).
232 *Berkemann*, aaO.
233 *Starck*, aaO S. 1040.

Darüber hinaus erfährt die Bindungswirkung seiner Entscheidung nach § 31 Absatz 1 BVerfGG im Bereich der Urteilsverfassungsbeschwerden eine zusätzliche Legitimation, da sie als „Quasi-Normenkontrolle" über den konkreten Einzelfall hinaus Geltung beanspruchen kann.[234] Außerdem wird der Rahmencharakter der Verfassung betont, d.h. umgekehrt werden Optimierungsbemühungen der Grundrechtsinterpretation nicht unterstützt, da bei beispielhafter Anwendung nicht jeder Fehler bei der Rechtsanwendung, sondern nur diese als allgemeine Norm gedacht zum Erfolg der Verfassungsbeschwerde führt.[235]

Genau in diesem Punkt ist die Formel aber zugleich anfällig: Ebensowenig wie die Formel vom „spezifischen Verfassungsrecht" kann sie bereits im Vorfeld einer „Grundrechtsexpansion" begegnen. Das Bundesverfassungsgericht hat aber über nunmehr fünf Jahrzehnte sowohl im Bereich der materiellen Freiheitsgrundrechte als auch im Hinblick auf die Prozeßgrundrechte eine teilweise sehr extensive Interpretation der verfassungsrechtlichen Schutzbereiche vorgenommen, sodaß entsprechend die „reine", nicht direkt an die Verfassung angebundene Anwendung und Auslegung des einfachen Rechts kontinuierlich zurückgedrängt wurde. Daher ist auch die *Schumann*'sche Formel, die im übrigen auch vom Bundesverfassungsgericht teilweise angewendet wird[236], genauso wie die Formel vom „spezifischen Verfassungsrecht" nicht geeignet, die Forderung nach einer kontrollkritischen Umsetzung der Grundrechte und somit, aus funktionaler Sicht, die Begrenzung der verfassungsgerichtlichen Kontrolldichte, zu erfüllen. Denn *Schumann* differenziert zwar die Kontrollintensität nach den verschiedenen Stufen richterlicher Rechtsanwendung, die ihnen jeweils zugeordneten Kontrollmaßstäbe genügen jedoch heute nicht mehr der ausdifferenzierten Grundrechtsdogmatik.[237] Dies gilt insbesondere für die Kontrolle der richterlichen *Anwendungsprüfung*, für deren Kontrolle er bei der Frage, ob die Art und Weise der Entscheidungsfindung von Grundgedanken des Grundgesetzes geleitet war, letztlich nur eine Willkür-Formel anbietet, gegen die nicht nur methodische Bedenken sprechen[238], sondern deren Inhalt letztlich nur darauf ausgerichtet ist - besser: sein darf - , „krasse" Verfahrensfehler oder „grobes prozessuales Unrecht"

---

[234] *Ders.*, aaO. Darin liegt aber zugleich eine erhebliche Schwäche dieses Ansatzes, da die Verfassungsbeschwerde nach Art. 93 Absatz 1 Nr. 4 a GG gerade auch zur Kontrolle von Einzelakten der staatlichen Gewalt bereitsteht, s. *Robbers*, aaO.

[235] *Ders.*, aaO.

[236] BVerfGE 74, 228 (233 f.); 89, 28 (36).

[237] Dies erkennt auch *Schumann* selbst an, wenn er in ZZP Bd. 96 (=1983), S. 179 ff. Erweiterungen seines Testverfahrens vorschlägt.

[238] S. hierzu o., I.2.b).

zu beseitigen. Bei beispielhafter Anwendung hätte der heute erreichte Rechtsschutzstandard nicht durchgesetzt werden können.[239] Festzuhalten bleibt indes, daß *Schumann* als einer der ersten es unternommen hat, die Formel des Bundesverfassungsgerichts vom „spezifischen Verfassungsrecht" zu systematisieren, und insoweit ein umfassendes Kontrollprogramm vorgelegt hat, das bis heute in der Diskussion um Aufgaben und Grenzen des Bundesverfassungsgerichts im Bereich der Urteilsverfassungsbeschwerde nachwirkt.

(2) Materiale, funktionale und institutionelle Ansätze

Die *Schumann'*sche Formel setzte den Grundstein für eine Vielzahl von Abgrenzungsmodellen, die zur Kontrolldichte des Bundesverfassungsgerichts im Rahmen der Urteilskontrolle entwickelt wurden. Die lebhafte, bis heute anhaltende Diskussion über das Thema „Bundesverfassungsgericht und Fachgerichte" entstand insoweit parallel zu der großzügigen bis extensiven Grundrechtsinterpretation durch das Bundesverfassungsgericht in jedem Rechtsbereich, auch in dem der Verfahrenskontrolle, dort in der Vergangenheit insbesondere im Hinblick auf den Anspruch auf rechtliches Gehör. Da dem keine ausreichenden Kontrollfilter korrespondierten, führte die materiell-verfassungsrechtliche Grundrechtsexpansion zu einer Überlastung des Bundesverfassungsgerichts einerseits und zu einer Zurückdrängung der letztverbindlichen Rechtsanwendung durch die Fachgerichte andererseits. Insbesondere die obersten Bundesgerichte fühlten sich insofern in ihrem spezifischen Sachverstand und in ihrer von der Verfassung zugewiesenen Stellung übergangen.[240] Die Literatur versuchte hier weiterzuhelfen und legte eine Fülle an methodischen Konzepten vor, aus denen sich hauptsächlich drei Gruppen von Lösungsansätzen herauskristallisieren lassen, nämlich ein *materialer*, ein *funktionaler* und ein *institutioneller* Ansatz, teilweise auch in Kombination.[241] Nur diese Grundkonzepte werden im folgenden vorgestellt.

(a) Materiale Ansätze

---

[239] So sogar *Waldner*, ZZP Bd. 98 (=1985), 200 (208 ff.), der im übrigen einer ausufernden Verfahrenskontrolle durch das Bundesverfassungsgericht strikt entgegentritt. *Ders.* lehnt aaO S. 210 aus denselben Gründen erst recht Lösungsansätze ab, die den Prüfungsumfang des Bundesverfassungsgerichts etwa durch völlige Aufgabe der Abwägungskontrolle, durch Ablehnung des Güterabwägungsprinzips überhaupt oder durch die Forderung, das Bundesverfassungsgericht müsse sich auf Aufgaben „von grundsätzlicher verfassungsrechtlicher Bedeutung" (dieses Kriterium ist genauso ungriffig wie der Begriff des „spezifischen" Verfassungsrechts) beschränken, einschränken wollen.

[240] S. *Wahl*, NVwZ 1984, S. 403 (408).

[241] Vgl. zu dieser Einordnung *Berkemann*, DVBl. 1996, S. 1028 (1040) und *Wahl*, aaO S. 408.

Die materiell-rechtlichen Lösungsmodelle gehen wie die Formel vom „spezifischen Verfassungsrecht" von folgender Grundfrage aus: Wie kann zwischen prüfungsrelevantem Verfassungsrecht und einfachem Gesetzesrecht unterschieden werden? Eine Abgrenzung hat insoweit vom einfachen Recht ausgehend zu erfolgen, das allgemein nur von einer „Ausstrahlungswirkung" der Grundrechte als einer „objektiven Werteordnung" erfaßt werden kann.[242] Dieser Lösungsweg folgt im einzelnen der vom Bundesverfassungsgericht überschlägig vorgenommenen Strukturierung seiner Kontrolldichte nach der Bedeutung des in Rede stehenden Grundrechts und der Intensität seiner Beeinträchtigung. Während jedoch das Bundesverfassungsgericht seinen Kontrollmaßstab für jeden Einzelfall neu bestimmt hat, wird demgegenüber eine *Generalisierung* versucht[243], und zwar durch *Bildung von Fallgruppen.*

Die überwiegende Auffassung in der Literatur geht den vom Bundesverfassungsgericht mit seiner Formel vom „spezifischen Verfassungsrecht" sowie mit seiner Intensitäts-Formel und von *Schumann* vorgezeichneten Weg weiter.[244] Ein Ansatz *kombiniert* die in allen drei Formeln enthaltenen Kriterien miteinander in der Weise, daß grundsätzlich eine „Quasi-Normenkontrolle" wie bei *Schumann* durchgeführt wird, d.h. die richterliche Entscheidungsfindung unterliegt in ihren verschiedenen Stufen wie die Rechtsetzungstätigkeit des Gesetzgebers einer strikten Inhaltskontrolle, einer Vertretbarkeitskontrolle oder einer bloßen Evidenzkontrolle (Willkür-Formel).[245] Welcher Kontrollmaßstab auf welcher Stufe gilt, richtet sich dann nach der Intensitäts-Rechtsprechung des Bundesverfassungsgericht, d.h. ist abhängig davon, welcher konkrete Schutzbereich betroffen ist und wie weit der Richter in diesen eingegriffen hat. Demnach wird jedes einzelne Grundrecht auf seine Wirkung in das einfache Recht hinein untersucht. Für den Bereich der *Verfahrenskontrolle* ist hieraus der Schluß gezogen worden, daß bloße *„verfahrensspezifische Ausstrahlungen"* der *materiellen* Grundrechte, die insoweit auf *effektiven Rechtsschutz* ausgerichtet sind[246], nur einer Vertretbarkeitskontrolle unterlägen, die sich auf die Kor-

---

242 *Wahl*, aaO.

243 So v.a. *Stürner*, JZ 1986, S. 526 (531).

244 So explizit *Gerhardt*, ZZP Bd. 95 (=1982), S. 467 (479, 493); *Höfling*, JZ 1991, S. 955; *Krauß*, Der Umfang der Prüfung von Zivilurteilen durch das Bundesverfassungsgericht (1987), S. 272; *Starck*, JZ 1996, S. 1033 (1039 f.); *Stürner*, JZ 1986, S. 526 (531); jeweils m.w.N.

245 Gemäß BVerfGE 50, 290 (333) (=*Mitbestimmungs*-Urteil). Das Bundesverfassungsgericht hatte hier über das Prognoseermessen des Gesetzgebers zu entscheiden, jedoch keine abstrakt-generelle Unterscheidung vorgenommen, wann welcher Kontrollmaßstab anzuwenden ist. Dies holte die Literatur im Hinblick auf die Prüfung von richterlichen Entscheidungen nun nach.

246 S. hierzu o., I.3.

rektur grundsätzlicher Fehler beschränke.[247] Die *Prozeßgrundrechte*, die vom Bundesverfassungsgericht teilweise, insbesondere im Hinblick auf Art. 103 Absatz 1 GG, einer strikten Inhaltskontrolle unterzogen werden, sollen *allgemein* nur einer Evidenzprüfung bzw. einer Kontrolle nach Maßgabe der Willkür-Formel zugänglich sein, sodaß, wie bei Art. 101 Absatz 1 Satz 2 GG, generell ein bloßer Verfahrensirrtum (error in procedendo), erreicht er die Willkürschwelle nicht, als verfassungsrechtlich unbedenklich anzusehen wäre.[248] Dies widerspricht allerdings dem vorgegebenen Stufenverhältnis, da ein Verstoß gegen ein verfassungsrechtlich explizit vorgegebenes Prozeßgrundrecht an sich schwerer wiegen müßte als die bloße verfahrensrechtliche „Ausstrahlung" materieller Grundrechte. Gerechtfertigt wird diese Gewichtung vorwiegend mit Zweckmäßigkeitserwägungen, daß nämlich mit einer Erhöhung der Zugriffsschwelle insbesondere bei Art. 103 Absatz 1 GG einer Vielzahl von Verfassungsbeschwerden der Boden entzogen werde.[249] Eine Argumentation, die sich auf die Arbeitsbelastung des Bundesverfassungsgerichts zurückzieht, kann allerdings keine Grundlage für ein methodisches Konzept sein, wenn ein dem Bürger verfassungsrechtlich zwingend zu gewährender Rechtsschutz in Rede steht. Soweit dagegen zutreffend angeführt wird, die Verfassung dürfe auf Grund ihres Rahmencharakters nicht nach Optimierung des fachgerichtlichen Verfahrens verlangen[250], ergibt sich dies für die Prozeßgrundrechte bereits aus ihrem verfassungsrechtlichen Gehalt in Form einer bloßen „*Mindestgarantie*".[251] Ist aber eine Gewährleistung des Grundgesetzes materiell-rechtlich bereits auf Minimalanforderungen heruntergeschraubt, müssen diese zumindest im Sinne effektiven Rechtsschutzes einer strikten Inhaltskontrolle unterliegen. Die Forderung nach einer prinzipiellen Anwendung der methodisch indes zweifelhaften Willkür-Formel im Bereich der Verfahrenskontrolle ist daher tatsächlich wohl eher als Appell an das Bundesverfassungsgericht zu verstehen, eine „*gemäßigtere Grundrechtsinterpretation*"[252] auch im Hinblick auf die Prozeßgrundrechte zu üben, also am spezifischen Schutzbereich der verfassungsrechtlichen Gewährleistung, nicht erst auf der eigentlichen Kontrollebene, anzusetzen.

---

247 *Stürner*, JZ 1986, S. 526 (532).
248 *Starck*, JZ 1996, S. 1033 (1039 f.); *Stürner*, aaO S. 531.
249 *Stürner*, aaO.
250 *Starck*, aaO S. 1040.
251 S. weiter o., 1.
252 So wörtlich *Starck*, JuS 1981, S. 237 (246).

Ein weiterer materieller Ansatz grenzt danach ab, ob *direkt* oder nur *indirekt* gegen ein Grundrecht verstoßen wird.[253] Er geht zurück auf ein Sondervotum von *Rupp-v.Brünneck*[254] und untersucht die *Schutzrichtung der einfach-rechtlichen Norm* unter dem Aspekt der materiellen Grundrechte. Demnach wird unterschieden zwischen Fällen, in denen die Rechtsanwendung notwendig eine Abwägung zwischen einem Grundrecht und anderen Rechtsgütern verlangt, und solchen, in denen eine sich zunächst nur im einfachen Recht bewegende Rechtsanwendung nur im Ergebnis Auswirkungen auf den Grundrechtsbereich hat. Dieser Ansatz konkretisiert also den Begriff „spezifisches" Verfassungsrecht der Formel des Bundesverfassungsgerichts. Verfassungsrecht ist in *„spezifischer"* Weise demnach dann verletzt, wenn das Fachgericht *„unmittelbar"* gegen ein Grundrecht verstoßen hat. Da hierfür, neben der Eingriffsqualität, wiederum die Bedeutung des Grundrechts, in dessen Schutzbereich eingegriffen wurde, maßgeblich sein soll, stellt sich jedoch wiederum die Problematik extensiver Grundrechtsinterpretation genauso wie bei Anwendung der Formel vom „spezifischen Verfassungsrecht": Je mehr bereits der Schutzbereich eines Grundrechts ausgedehnt wird, desto eher kann die fehlerhafte Anwendung einfachen Rechts zugleich gegen „spezifisches" Verfassungsrecht verstoßen oder als „unmittelbare" Grundrechtsverletzung zu qualifizieren sein. Es existiert fast kein grundrechtsfreier Raum mehr im einfachen Recht. Zudem ist im Bereich der Verfahrenskontrolle zu beachten, daß bei verfassungsrechtlich relevanten Verfahrensfehlern *immer* ein unmittelbarer Grundrechtseingriff naheliegt, da er auf gerichtliche, also staatliche Tätigkeit zurückzuführen ist. Ausschließlich das Gericht als Teil der öffentlichen Gewalt ist Adressat der Prozeßgrundrechte. Für den Zivilprozeß etwa bedeutet die These vom direkten Grundrechtsverstoß, daß hier eine höhere Kontrolldichte im Hinblick auf die Prozeßgrundrechte als für die der materiellen Grundrechte geboten ist, da der Richter auch im Parteienprozeß den Parteien als Träger der öffentlichen Gewalt gegenübertritt.[255] Wenn der Richter demnach die Prozeßgrundrechte mißachtet, begeht er stets einen Verfassungsverstoß. Werden dagegen die materiellen Grundrechte der Parteien nicht ausreichend beachtet, beispielsweise durch „falsche" Abgrenzung der rechtlichen Sphären der Parteien, schlägt sich dies in der Regel erst im Ergebnis der Entscheidung nieder, sodaß nach dieser Lösung nur ein mittelbarer Verfassungsverstoß vorläge. Tendenziell ergibt sich daher nach der These vom „direkten" oder „unmittelbaren" Verfas-

[253] Vgl. etwa *Papier* in: Starck (Hrsg.), Bundesverfassungsgericht und Grundgesetz, Bd. I (1976), S. 432 (450 ff.).
[254] Zu BVerfGE 42, 143 (154) [=*Deutschland-Magazin*].
[255] *Waldner*, ZZP Bd. 98 (=1985), S. 200 (211 m.w.N.).

sungsverstoß für das Verfahren eine intensivere Kontrolle als für die materielle Entscheidung. Zu weiteren Komplikationen führt hier die Rechtsprechung des Bundesverfassungsgerichts, wonach dann, wenn der spezifische Schutzbereich eines Prozeßgrundrechts *nicht* betroffen ist, *ergänzend* auf die verfahrensrechtliche Dimension der materiellen Grundrechte zurückgegriffen wird, sodaß jede Stufe richterlicher Rechtsanwendung von den materiellen Grundrechten determiniert ist.[256] Im Ergebnis müßte somit, infolge der hohen Grundrechtspräsenz im Verfahren, nahezu jeder Verfahrensfehler zugleich als Verfassungsverstoß gelten, soweit nur der Schutzbereich des jeweils betroffenen Grundrechts entsprechend ausgedehnt wird. Dies kann jedoch von der Verfassung nicht gewollt sein. Die Tätigkeit des Gesetzgebers wäre überflüssig, würde die Verfassung derart detaillierte Vorgaben für die Ausgestaltung des gerichtlichen Verfahrens vorgeben, daß ein Verstoß gegen das Prozeßrecht zugleich eine Verfassungsverletzung beinhaltet. Des einfachen Gesetzesrechts bedürfte es dann nicht mehr. Seine Funktion, die Konkretisierung der von der Verfassung vorgegebenen Prozeßgarantien und ein Ausgleich der verschiedenen Schutzgüter und schutzwürdigen Interessen, würde die Verfassung selbst übernehmen.

Die Lösung kann daher nur in einer materiellen Beschränkung liegen, die bereits im Vorfeld der eigentlichen Kontrollausübung durch das Bundesverfassungsgericht im einzelnen Fall stattzufinden hat, nämlich bei der Auslegung des konkret betroffenen Prozeßgrundrechts. Dessen spezifischer Schutzbereich ist anhand seiner verfassungsrechtlichen „Mindestgarantie" für den konkreten Sachverhalt abzustecken. Die Mindestgarantie darf insoweit nicht überdehnt werden, da eine extensive Interpretation dem Rahmencharakter der Verfassung nicht entspräche und das einfache Recht zurückdrängt würde. Zugleich würde hierdurch die Funktionsverteilung innerhalb der Rechtsprechung empfindlich gestört, da den Fachgerichten kaum mehr Raum zu letztverbindlicher Rechtsanwendung verbliebe. Das Bundesverfassungsgericht wäre insoweit „Superrevisionsinstanz". Andererseits muß jede Verletzung der verfassungsrechtlichen Mindestgarantie eines Prozeßgrundrechts zur Begründetheit der Verfassungsbeschwerde führen können und zunächst einer strikten Inhaltskontrolle unterliegen. Wäre beispielsweise im Rahmen der Kontrolle nach Maßgabe der Willkür-Formel, *außerhalb* des spezifischen Schutzbereichs eines Prozeßgrundrechts, eine „unmittelbare" Grundrechtsverletzung nach dem oben angeführten Konzept erforderlich, könnte ein evident vorliegender, „grober" Fehler nicht mehr

[256] S.o., I.3.

erfolgreich gerügt werden, sofern eine grundrechtliche Abwägung nicht erforderlich war und er nicht bewußt zum Nachteil der Partei begangen wurde. Das Vorliegen objektiver Willkür wäre somit verfassungsrechtlich irrelevant. Jedoch dürften Fälle bewußter Willkür, in denen also ein Richter absichtlich eine Partei gegenüber dem Gegner benachteiligt, kaum vorkommen.[257] Somit würde selbst die Nichteinhaltung der ohnehin hoch angesiedelten Willkürgrenze in den Fällen wirklich „groben" Unrechts zum Mißerfolg der Verfassungsbeschwerde führen, sodaß umgekehrt effektiver Rechtsschutz nicht mehr gewährleistet wäre.[258] Dies gilt jedoch ebenfalls nur im Ausnahmefall, da mit den explizit vorgesehenen Prozeßgarantien generell ein hinreichender Rechtsschutz zur Verfügung steht. Insoweit, ist der spezifische Schutzbereich eines Prozeßgrundrechts betroffen, muß es daher bei einer strikten Inhaltskontrolle hinsichtlich der Einhaltung des gewährleisteten Mindeststandards - der wiederum nicht im Wege der Verfassungsinterpretation zu „überdehnen" ist - bleiben, bei dessen Verletzung die Verfassungsbeschwerde begründet ist. Fraglich ist nur, ob dies auch für sogenannte „Pannen" Geltung beanspruchen kann, für fachgerichtliche Fehler, die in jeder gerichtlichen Praxis vorkommen können, wie beispielsweise die nicht rechtzeitige Weiterleitung eines von einem Verfahrensbeteiligten fristgemäß eingereichten Schriftsatzes infolge eines Versehens der Posteinlaufstelle mit der Folge, daß dieser nicht bei der gerichtlichen Entscheidung berücksichtigt wird. Im Rahmen einer strikten Inhaltskontrolle wäre auch ein solcher „Irrtum" des Gerichts als Verstoß gegen den Anspruch auf rechtliches Gehör nach Art. 103 Absatz 1 GG zu werten. Eine Reduzierung des Kontrollmaßstabes scheidet insoweit aus. Dies würde zu Wertungswidersprüchen führen, daß auch ein „versehentlicher" Verfassungsverstoß als solcher zu qualifizieren ist. Die Verletzung von Verfassungsrecht ist nicht davon abhängig, ob sie auf bewußtem oder sogar vorsätzlichem Handeln des Richters, oder aber auf einem Irrtum seinerseits beruht. Das Bundesverfassungsgericht wird hier aber zum „Pannenhelfer", wenn eine Heilung im Instanzenzug nicht möglich ist, was insbesondere dann, wenn es in dem Prozeß zugleich um „Bagatellen" geht, sicherlich nicht zur Klärung allgemeiner verfassungsrechtlicher Fragen beiträgt und auch auf Dauer die exponierte Bedeutung des Bundesverfassungsgerichts als Hüter der Verfassung schmälern dürfte.[259]

---

[257] Vgl. zu diesem Aspekt *dens.*, aaO S. 214 f.

[258] Jedoch sollte allgemein eine Willkürprüfung außerhalb des spezifischen Schutzbereichs eines Prozeßgrundrechts nur zur Beseitigung wirklich „groben prozessualen Unrechts" angewandt werden, sodaß im Regelfall eine Willkürprüfung bei beispielhafter Anwendung ohnehin nicht zum Erfolg der Verfassungsbeschwerde führen dürfte, s. hierzu bereits o., I.2.b).

[259] Vgl. *Krauß*, Der Umfang der Prüfung von Zivilurteilen durch das Bundesverfassungsgericht (1987), S. 269; *Schumann*, NJW 1985, S. 1134 (1135 ff.).

Da hier im Regelfall auch nicht ein „schwerer Nachteil“ nach § 93 a Absatz 2 b) BVerfGG für den Beschwerdeführer vorliegen dürfte, sollte die Verfassungsbeschwerde nicht angenommen werden, und die Annahme insoweit auch nicht zur Durchsetzung seiner Rechte „angezeigt“ ist, sollte von der Möglichkeit der Nichtannahme verstärkt Gebrauch gemacht werden. Hier könnten die sogleich zu erörternden *funktionalen* Lösungsansätze zumindest ergänzend herangezogen werden.

(b) Funktionale Ansätze

Wie sich gezeigt hat, ist also eine abstrakte materiell-rechtliche Grenzziehung zwischen Verfassungsrecht und einfachem Recht äußerst schwierig und kann zum einen infolge einer extensiven Auslegung des Schutzbereichs der Prozeßgarantien, zum anderen angesichts der objektiv-rechtlichen Dimension der Grundrechte in Form ihrer „Ausstrahlung“ in das einfache Recht, auch im Prozeß infolge der ihnen vom Bundesverfassungsgericht zuerkannten verfahrensrechtlichen Wirkung[260], praktisch unmöglich werden.[261] Eine weite Grundrechtsinterpretation hat zwangsläufig entsprechend weite Zugriffsmöglichkeiten des Bundesverfassungsgerichts zur Folge. Dies gilt auch für eine extensive Auslegung der verfassungsrechtlichen „Mindestgarantie“ der Prozeßgrundrechte. Dem kann auch nicht ein Kontrollfilter in Form einer materiellen Einschränkung der Kontrolldichte entgegengesetzt werden, da eine nachträgliche Begrenzung der verfassungsgerichtlichen Prüfungsbefugnis, ist ein Verfassungsverstoß materiell-rechtlich bereits festgestellt, eine Verkürzung effektiven Rechtsschutzes des Beschwerdeführers bewirken und der Funktion der Verfassungsbeschwerde als Sicherungsinstrument des Grundrechtsschutzes widersprechen würde. In funktionaler Sicht geht dies alles zu Lasten der Fachgerichte und ihrer durch das Grundgesetz determinierten Stellung. Hier setzen daher funktionale Ansätze an, die sich auf die verfassungsrechtliche Stellung des Bundesverfassungsgerichts im Gefüge der Staatsfunktionen sowie die durch das Grundgesetz ihm zugewiesenen Aufgaben konzentrieren und daraus auch die für die materiell-rechtliche Kontrolle maßgeblichen Kompetenzen ableiten.[262]

Genau genommen handelt es sich aber dabei um eine *Ganzheitsbetrachtung*: In *materieller* Hinsicht ergibt sich die Notwendigkeit einer *Relativierung* des Geltungsanspruchs verfassungsgerichtlicher Entscheidung aus dem Verfassungsrecht selbst, sofern dessen

---

[260] S. weiter o., I.3.
[261] S. *Heun*, Funktionell-rechtliche Schranken der Verfassungsgerichtsbarkeit (1. Auflage 1992), S. 34.
[262] Vgl. *Schneider*, NJW 1980, S. 2103 (2104 m.w.N.).

Auslegung durch den Gesetzgeber oder durch die Fachgerichte den Spielraum möglichen Textverständnisses nicht überschreitet. Dies ist der Umkehrschluß aus dem als selbstverständlich vorausgesetzten *Verbot verfassungswidriger Auslegung*. Soweit diese Grenze eingehalten wird, obliegt die Grundrechtsauslegung letztverbindlich den Fachgerichten. Eine „verfassungskonforme" Auslegung im Sinne ergänzender Auslegung einer Norm ist nur dann geboten, wenn keine andere, dem Gesetzeswortlaut nahekommende Interpretation mit dem Grundgesetz vereinbar wäre. Generell hat das Bundesverfassungsgericht insoweit letztverbindlich, aber nicht letztinstanzlich zu entscheiden.[263] Selbstverständlich ist indes, daß Fehler bei der Anwendung einfachen Gesetzesrechts verfassungsrechtlich irrelevant sind, soweit nicht ausnahmsweise - was genau anhand der durch die Prozeßgrundrechte gewährten Mindestgarantie zu überprüfen ist - *zugleich* Verfassungsrecht verletzt ist. Eine prinzipielle Gleichsetzung des Verfahrensfehlers mit einem Verfassungsverstoß scheidet demnach aus. Darüber hinaus führen von der Verfassung vorgegebene *institutionelle* Gegebenheiten zu einer *Reduzierung der Reichweite* verfassungsgerichtlicher Entscheidung, die immer nur punktuell und einzelfallbezogen nach Maßgabe bestimmter Antragsarten und konkreter Sachvorträge ergeht, sodaß die Entscheidung zwar allgemeingültigen, aber nicht „allumfassenden" Charakter hat.[264] Schließlich bewirken *funktionale* Bedingungen eine *Reservierung der Formen* verfassungsgerichtlicher Entscheidung, sodaß Handlungsspielräume der Fachgerichtsbarkeit anzuerkennen sind, die auf spezifischem Fachwissen basieren, insbesondere im Hinblick auf die obersten Bundesgerichtshöfe und deren Gemeinsamen Senat.[265]

Generell wird aus der Stellung des Bundesverfassungsgerichts insoweit die Forderung nach einer Selbstbeschränkung (*judicial self-restraint*) abgeleitet, die in ihrer Allgemeinheit zwangsläufig eine institutionelle Verkürzung enthält: Das Bundesverfassungsgericht soll die ihm zustehenden Kompetenzen nicht bzw. nur in eingeschränktem Maße ausüben. Dies führt aber zugleich nicht nur zu einer Reduzierung effektiven Rechtsschutzes, sondern auch dazu, daß das Bundesverfassungsgericht selbst, dessen Aufgabe ausschließlich in der Sicherung der Verfassung besteht, an eben diese nicht mehr gebunden sein soll. Auch der an das Bundesverfassungsgericht gerichtete Appell, den der Fachgerichtsbarkeit zustehenden Handlungsspielräumen bei der Auslegung Rechnung zu tragen, bedarf im Bereich der Verfahrenskontrolle nicht der funktionalen Rechtfertigung, da er

---

263 *Ders.*, aaO.
264 *Ders.*, aaO.
265 Vgl. *Wahl*, NVwZ 1984, S. 403 (408).

sich bereits aus dem Schutzbereich der betroffenen Prozeßgarantie selbst, nämlich aus der durch sie nur gewährleisteten Mindestgarantie, ergibt.[266] Insoweit kann die Forderung nach einer Selbstbeschränkung des Bundesverfassungsgerichts nur eine Zurücknahme extensiver Grundrechtsinterpretation, da, wo sie nicht geboten ist, bedeuten. Dies ist aber eine *materiell-rechtliche* Frage des Einzelfalls, die sich in jeder Verfassungsbeschwerde und für jedes Grundrecht neu stellt. Funktionale Erwägungen könnten allerdings dann einfließen, wenn die eine „Pannenjudikatur" des Bundesverfassungsgerichts zur Debatte steht, d.h. wenn alltägliche Verfahrensfehler korrigiert werden müßten und zugleich das materielle Urteil nur eine „Bagatelle" zum Gegenstand hat.[267] Dies kann dadurch legitimiert werden, daß unser Rechtssystem dies insbesondere bei im Instanzenzug nicht weiter anfechtbaren Entscheidungen hinnimmt, d.h. auch eine Korrektur durch die oberen Gerichte und die obersten Bundesgerichtshöfe ausscheidet. Wenn aber hierdurch zugleich der durch ein Prozeßgrundrecht, insbesondere durch Art. 103 Absatz 1 GG, gewährleistete Mindeststandard verletzt sein sollte, ist das Bundesverfassungsgericht auch hier zur Korrektur berufen, da die Sicherung der Grundrechte im Verfassungsbeschwerdeverfahren ihm gerade für den Einzelfall zugewiesen ist. Aus rein funktionalen Erwägungen kann daher auch bei Bagatellen die Feststellung eines Verfassungsverstoßes nicht abgelehnt werden, denn auch hier hat der Bürger, ist seine Verfassungsbeschwerde einmal angenommen, grundsätzlich einen Anspruch auf effektiven Rechtsschutz. Von Bedeutung ist hierbei jedoch die dem Bundesverfassungsgericht eröffnete Möglichkeit der Nichtannahme der Verfassungsbeschwerde nach § 93 a BVerfGG. Das Bundesverfassungsgericht sollte im Falle bloßer „Pannen" bei „Bagatellen" hiervon großzügigen Gebrauch machen, da es sich dabei regelmäßig weder um Fragen von „grundsätzlicher verfassungsrechtlicher Bedeutung" handelt noch dem Beschwerdeführer durch die Versagung der Entscheidung zur Sache ein „schwerer Nachteil" nach Absatz 2 der Vorschrift entsteht. Durch die gesetzliche Möglichkeit der Nichtannahme der Verfassungsbeschwerde sind funktionale Erwägungen zugleich legitimiert. Zu einer Reduzierung des Schutzbereichs einer Prozeßgarantie können sie jedoch für sich genommen nicht führen. Dies wäre unverträglich mit dem durch die Verfassung gewährleisteten Grundrechtsschutz.

ee) *Ergebnis*

---

[266] Anders *Robbers*, aaO m.w.N.
[267] S. bereits soeben unter *(a)*.

Die (*Heck'*sche) Formel vom „spezifischen Verfassungsrecht" und die *Schumann'*sche Formel haben mit der beiden Formeln zu Grunde liegenden Grundaussage den richtigen Weg gewiesen: Das Bundesverfassungsgericht darf nicht zur Superrevisionsinstanz werden, den Fachgerichten obliegt primär die nicht nur letztinstanzliche, sondern auch letztverbindliche Auslegung und Anwendung einfachen Rechts unter Berücksichtigung der Verfassung. Das Bundesverfassungsgericht hat insoweit für jeden Einzelfall eine scharfe Abgrenzung zwischen Verfassungsrecht und einfachem Recht vorzunehmen. Zusammen mit der Intensität des Grundrechtseingriffs und dem Gewicht des betroffenen Rechtsguts stehen insoweit genügend Kriterien zur Verfügung, die eine Abgrenzung im Einzelfall ermöglichen. Dagegen können funktionale Kriterien nur als Warnung davor dienen, den materiellen Verfassungsbereich so weit zu überdehnen, daß eben nach „objektiver" Betrachtung kein Verfassungsrecht verletzt ist, sondern nur ein Fehler bei der Anwendung und Auslegung einfachen Rechts, der nicht zum Erfolg einer Urteilsverfassungsbeschwerde führen kann. Funktionale Erwägungen zeigen nur das Umfeld auf, in dessen Mitte das Problem der Kontrolldichte angesiedelt ist. Die Kompetenz des Bundesverfassungsgerichts ist aber insoweit klar: Es hat nur Verfassungsverstöße zu korrigieren. Geht es darüber hinaus, verletzt es zwangsläufig die Kompetenzen der Fachgerichte. Wann ein Verfassungsverstoß vorliegt, kann jedoch nur durch materiell-rechtliche Kriterien bestimmt werden.[268]

Wie jede Formel können allerdings auch die materiell ansetzende *Heck'*sche und *Schumann'*sche Formel sowie die Intensitäts-Formel nur allgemeine Abgrenzungskriterien zur Verfügung stellen. Insoweit können sie als „Leerformeln" bezeichnet werden, da sie einer allgemeinen Systematisierung für jeden Einzelfall nicht zugänglich sind. Eine trennscharfe Abgrenzung kann nur für jeden Einzelfall neu vorgenommen werden. Insbesondere in dem Bereich der Verfahrenskontrolle bleibt daher nur die detaillierte Abgrenzung der verfassungsrechtlich jeweils von den Prozeßgrundrechten gewährleisteten *„Mindestgarantie"*[269] *in ihrem spezifischen Schutzbereich* von dem Bereich der den Fachgerichten allein obliegenden Auslegung und Anwendung einfachen Rechts, der mit der letztinstanzlichen Entscheidung definitiv abgeschlossen ist. Hier ist zwar eine strenge Inhaltskontrolle erforderlich, da einem „Mindeststandard" eine weitgehende Beschränkung bereits immanent ist zum einen und die Prozeßgrundrechte direkt an die Rechtspre-

---

[268] S. *Heun*, aaO S. 33.
[269] S. ganz o. unter II.

chung als Teil der öffentlichen Gewalt adressiert sind zum anderen, sodaß für nur „mittelbare" Grundrechtseingriffe kein Raum bleibt.[270] Jedoch darf die Kontrolle nur anhand der speziellen materiellen Voraussetzungen des betroffenen Prozeßgrundrechts vorgenommen werden. Ergibt die Prüfung, daß die von ihm (nur) gewährleistete Mindestgarantie (noch) gewahrt ist, darf die fachgerichtliche Entscheidung nicht als Verfassungsverletzung gewertet werden, sondern ist als Verfahrensfehler bei der Anwendung einfachen Prozeßrechts hinzunehmen. Nur so ist die insoweit zutreffende tragende Grundkonzeption der Formel vom „spezifischen Verfassungsrecht" hinreichend berücksichtigt und wird das Bundesverfassungsgericht nicht doch zur „Superrevisionsinstanz". Prüfungsmaßstab im Rahmen der Verfahrenskontrolle muß daher der materielle Grundrechtsgehalt des betroffenen Prozeßgrundrechts selbst sein. Das Bundesverfassungsgericht ist gehalten, seine Interpretation vom Umfang des spezifischen Schutzbereichs in Form der „Mindestgarantie" bei jedem Prozeßgrundrecht selbst konsequent einzuhalten. Ist die Mindestgarantie verletzt, liegt zugleich ein Verfassungsverstoß vor. Die Verfassung ist dann zugleich in materiell „spezifischer" Weise verletzt, da die Mindestgarantie nur den absolut notwendigen Kerngehalt des jeweiligen Prozeßgrundrechts beschreibt. Entspricht umgekehrt ein Fachgericht den unabdingbaren Mindestanforderungen, kann es keinesfalls „spezifisches" Verfassungsrecht verletzen.[271]

Nahezu jede prozessuale Norm weist aber in irgendeiner Form „Grundrechtsbezug" auf. Dies resultiert aus der „Normprägung" der Prozeßgrundrechte, die zwingend der Bereitstellung prozessualer Regelungen bedürfen, die ihr bewußt allgemein gehaltenes verfassungsrechtliches Gebot jeweils konkretisieren. Somit findet die richterliche Tätigkeit der Anwendung und Auslegung der einfach-gesetzlichen Regelungen fast immer im „grundrechtsrelevanten" Bereich statt. Übersetzt man jedoch den allgemein gehaltenen Begriff des „spezifischen" Verfassungsrechts im Rahmen der Verfahrenskontrolle mit dem Begriff der „Mindestgarantie", erhält man ein griffiges Abgrenzungskriterium zum einfachen Recht: Durch Art. 103 Absatz 1 GG etwa ist dem Verfahrensbeteiligten das Recht garantiert, sich in einem gerichtlichen Verfahren zum Sachverhalt und zur Rechtslage äußern zu können. Dagegen ist ihm keine Garantie auf eine bestimmte Form der

---

270 S. *Höfling*, aaO und *Robbers*, NJW 1998, S. 935 (940 m.w.N.), der insoweit darauf hinweist, daß die Justizgrundrechte (im Gegensatz zu den übrigen Grundrechten und grundrechtsgleichen Garantien) in erster Linie vor Unrecht durch die Gerichtsbarkeit selbst schützen mit der Folge, daß die Kontrolle nicht den entscheidenden Gerichten selbst zukommen könne, da sie dann Richter in eigener Sache seien. Die Prüfung des Bundesverfassungsgerichts müsse deshalb dann intensiver ausfallen, wenn kein anderes Gericht die Entscheidung überprüfen könne.

271 *Dolde*, NVwZ 1982, S. 65 (66); *Rüping*, NVwZ 1985, S. 304 (305).

Äußerung zu entnehmen. Daher ist es verfassungsrechtlich unerheblich, ob der Richter den Betroffenen beispielsweise mündlich oder (nur) schriftlich anhört. Maßgeblich ist, daß er ihm *überhaupt* die Möglichkeit zur Äußerung gibt. Ein Verstoß gegen eine einfach-gesetzliche Regelung, die eine bestimmte Form der Anhörung voraussetzt, ist somit prinzipiell nicht verfassungswidrig, sofern der Mindestgarantie des Anspruchs auf rechtliches Gehör genügt ist. Unbeachtlich ist, daß die (fehlerhafte) Anwendung und Auslegung einer solchen Vorschrift - etwa die Anordnung des schriftlichen Verfahrens, obwohl in der Prozeßordnung für die einschlägige Verfahrensart das mündliche Verfahren bestimmt ist - im „grundrechtsrelevanten“ Bereich stattfindet, also einen Bezug zum Schutzbereich einer Verfassungsgarantie aufweist. Insoweit liegt ein verfassungsrechtlich irrelevanter Verfahrensfehler vor. Der Vorteil des materiell-rechtlichen Abgrenzungskriteriums der „Mindestgarantie“ liegt darin, daß man am spezifischen Schutzbereich des Prozeßgrundrechts ansetzt. Dies eröffnet die Möglichkeit einer konkreten Grenzziehung zum einfachen Verfahrensrecht im Einzelfall, am Maßstab des betroffenen Verfassungsgebots selbst, im Gegensatz zu allgemein gehaltenen Formeln wie der vom „spezifischen Verfassungsrecht“.

Umgekehrt ist so gewährleistet, daß, sofern die Verletzung der Mindestgarantie eines Prozeßgrundrechts vorliegt, dies auch vom Bundesverfassungsgericht festgestellt wird und die Verfassungsbeschwerde begründet ist. Funktionale Kriterien, die allein auf die Funktionsbegrenzung der Verfassungsgerichtsbarkeit abstellen, führen demgegenüber zu einer Verkürzung des effektiven Rechtsschutzes im Verfassungsbeschwerdeverfahren und bewirken zudem eine erhebliche Rechtsunsicherheit. Der Betroffene kann die Chancen, mit seiner Rüge von dem Bundesverfassungsgericht gehört zu werden, überhaupt nicht einschätzen. Auch die Willkür-Formel enthält zwar materiell-rechtliche Elemente („sachfremde Erwägungen“), ist aber offenbar dann von funktionalen Kriterien geleitet, wenn eine gerichtliche Entscheidung nur auf das Vorliegen von Willkür überprüft wird, obwohl der spezifische Schutzbereich eines Prozeßgrundrechts tangiert ist. Denn die Willkürschwelle ist erst erreicht, wenn dem Richter der insoweit doch subjektive Vorwurf gemacht werden muß, er habe sich von „sachfremden Erwägungen“ leiten lassen, die den verfassungsrechtlichen Fundamentalprinzipien zuwiderlaufen, auch wenn ihm dies regelmäßig nicht „bewußt“ ist. Dagegen kommt es bei der Einbewertung, der Richter habe die Mindestgarantie eines Prozeßgrundrechts verletzt, allein auf einen *objektiv* vorliegenden Verfassungsverstoß an. Insofern ist die Prüfung eines Verfassungsverstoßes auf einer niedrigeren Ebene angesetzt, da subjektive Elemente nicht hinzukommen müssen. Seine Feststellung ist überdies nur dann gerechtfertigt, wenn der verfassungsrechtliche Mindestgehalt des Prozeßgrundrechts nicht beachtet wurde.

Allerdings hält auch die Mindestgarantie ein Einfallstor für die Überdehnung der Kontrolldichte durch das Bundesverfassungsgericht bereit, da sie im Wege der *Grundrechtsinterpretation* so weit ausgedehnt werden kann, daß sie letztlich doch nach Optimierung des fachgerichtlichen Verfahrens verlangt. Folge einer daraus resultierenden „*Verwischung*" zwischen Verfassungsrecht und einfachem Recht wäre die vielbeschworene „*Versteinerungsgefahr*" insbesondere im Zivilprozeßrecht.[272] Ebensowenig darf eine Ausweitung des verfassungsrechtlich zwingend zu gewährleistenden Rechtsschutzstandards im Verfahren über die Hintertür der „verfahrensrechtlichen Ausstrahlungswirkung" der materiellen Grundrechte erfolgen. Es ist prinzipiell davon auszugehen, daß der Verfassungsgeber lückenlosen Rechtsschutz im Gerichtsverfahren gewährleistet hat durch die Bereitstellung der Prozeßgrundrechte.[273] In jedem Fall darf das Bundesverfassungsgericht nur prüfen, ob ein Grundrechtsverstoß vorliegt, nicht dagegen, ob gegen „grundrechtsrelevantes" einfaches Verfahrensrecht verstoßen wurde.[274] Nicht nur die Fachgerichte wären an eine solchermaßen „zementierte" Grundrechtsauslegung gebunden[275], sondern auch der Gesetzgeber, dem infolge der Bindungswirkung der verfassungsgerichtlichen Grundrechtsinterpretation nach § 31 Absatz 1 BVerfGG ebenfalls jede gegenteilige oder auch nur modifizierende Regelung verwehrt wäre.[276] Dem kann nur durch eine (materiell begründete) „Selbstbeschränkung" des Bundesverfassungsgerichts bereits auf der Ebene der Interpretation des Schutzbereichs der Prozeßgrundrechte im Sinne einer Rückbesinnung auf deren verfassungsfesten Kerngehalt begegnet werden.

Diese Problematik durchzieht die gesamte bundesverfassungsgerichtliche Judikatur zu den Verfahrensgrundrechten und kehrt daher auch an vielen Stellen des Hauptteils

---

[272] *Dolde*, aaO S. 70; *Höfling*, JZ 1991, S. 955 (962); *Schumann*, ZZP Bd. 96 (= 1983), S. 179 (186).
[273] S.o., I.3.
[274] Vgl. die lebhafte Kritik bezüglich BVerfGE 53, 30 mit Sondervotum *Simon* und *Heußner* (*Mülheim-Kärlich*) aus dem Jahr 1979 und BVerfG, JZ 1981, S. 339 (*Asylrecht*) aus dem Jahr 1981 bei *Dolde*, aaO S. 70 und *Höfling*, aaO S. 962. Die vom Bundesverfassungsgericht entschiedenen Sachverhalte bezogen sich zwar auf das Verwaltungsverfahren, die Grundsätze zur Abgrenzung zwischen Verfassungsrecht und einfachem Verfahrensrecht jedenfalls sind aber auf die gerichtliche Verfahrensgestaltung übertragbar. Im übrigen gilt die Notwendigkeit der Differenzierung zwischen Verfassungsrecht und einfach-gesetzlichem Verfahrensrecht genauso bei der Interpretation der explizit im Grundgesetz verankerten Prozeßgrundrechte.
[275] *Gerhardt*, ZZP Bd. 95 (=1982), S. 467 (478); *Waldner*, ZZP Bd. 98 (=1985), S. 200 (214); *Wahl*, NVwZ 1984, S. 403 (409)
[276] *Schumann*, aaO.

(Zweites Kapitel) dieser Arbeit wieder. Hierzu ist vorab festzuhalten, daß die Problematik auch weiterhin bestehen bleiben wird, auch in Zeiten der *Europäischen Integration.* Zwar wird zutreffend hervorgehoben, daß insoweit ein noch engeres „Kooperationsverhältnis" zwischen Bundesverfassungsgericht und EuGH bzw. EuGHMR als nach der *Solange II*-Entscheidung des Bundesverfassungsgerichts[277] wahrscheinlich sein wird.[278] Es ist daher davon auszugehen, daß das Bundesverfassungsgericht noch stärker als bisher Aufgaben an den EuGH abgeben wird. Dies ändert indes nichts daran, daß es wie bisher bei der Anwendung und Auslegung innerstaatlichen Gesetzesrechts und insbesondere bei der Prüfung gerichtlicher Verfahrensgestaltung weiterhin Kontrolle über die deutsche Fachgerichtsbarkeit ausüben wird, wenngleich der Bereich nationalen Rechts zurückgedrängt werden wird. Mag auch hier eine Art „Kooperationsverhältnis" zwischen Verfassungs- und Fachgerichtsbarkeit in der Tat wünschenswert sein, so darf dies nicht dazu führen, daß dem Bundesverfassungsgericht die Kontrollkompetenz bei der Überprüfung des fachgerichtlichen Verfahren genommen wird. Auch hier dürfen funktionale Kriterien jedenfalls für sich genommen keine Rolle spielen. Das Bundesverfassungsgericht bleibt Hüter der Verfassung.[279] Eine Partnerschaft zwischen ihm und den Fachgerichten ist nur dadurch zu realisieren, daß es sich auf die durch die verfassungsrechtlichen Prozeßgrundrechte gewährleisteten Mindestgarantien rückbesinnt und fachgerichtliche Entscheidungen nicht auf verfassungsrechtlich unerhebliche Verfahrensfehler hin aufhebt. Insoweit führt eine Rücknahme der Kontrolldichte sicherlich auch zu größerer Akzeptanz bundesverfassungsgerichtlicher Entscheidungen bei den Fachgerichten.

---

[277] BVerfGE 73, 339 ff.

[278] *Robbers*, NJW 1998, S. 935 (938 ff.). - Vgl. insgesamt zum Komplex „Europäisches und Nationales Verfassungsrecht" zuletzt den Bericht von *Brechmann* über die Jahrestagung 2000 der Vereinigung der Deutschen Staatsrechtslehrer vom 4. Oktober bis 6. Oktober 2000 in Leipzig, in: BayVBl. 2001, S. 554 (556 ff.); zur Europäisierung des verwaltungsgerichtlichen Rechtsschutzes jüngst *Huber*, BayVBl. 2001, S. 577 (578 ff.); generell zur Europäisierung des Rechtsschutzes nach Maßgabe des Vertrags von Nizza vom 26.02.2001 *Lipp*, NJW 2001, S. 2657 ff.; s. auch *Wegener*, DVBl. 2001, S. 1258 ff. zur Neuordnung der EU-Gerichtsbarkeit durch den Vertrag von Nizza.

[279] Ein „Kooperationsverhältnis" darf nicht für sich genommen zu einer eingeschränkten Kontrolle von Verfahrensrügen führen. Eine Verfassungsbeschwerde darf nicht, obwohl Verfassungsrecht in spezifischer Form verletzt ist, deshalb für unbegründet erklärt werden, da das Bundesverfassungsgericht ohne weitere materielle Begründung, nur aus funktionalen Aspekten, der Fachgerichtsbarkeit „den Vortritt" läßt. Ansonsten liefe der im Verfassungsbeschwerdeverfahren zu gewährleistende Individualrechtsschutz leer. Es wäre insoweit schon geholfen, würde es das Bundesverfassungsgericht in jedem Einzelfall bei der Prüfung des durch die Prozeßgrundrechte gewährleisteten Mindeststandards belassen.

B. Der personelle Schutzbereich der Prozeßgrundrechte

Aus Sicht des rechtsschutzsuchenden Bürgers ist die vorstehend dargestellte Problematik der Abgrenzung zwischen Verfassungsrecht und einfachem Recht im Rahmen der Aufgabenteilung zwischen Bundesverfassungsgericht und Fachgerichtsbarkeit bereits vor Erhebung der Verfassungsbeschwerde relevant, da er danach, wenn auch nur grob, abschätzen kann, ob seine zulässige Verfassungsbeschwerde Erfolg verspricht. Zumindest muß er im Grundsatz davon ausgehen, daß ein bloßer Verfahrensirrtum zum Mißerfolg seiner Beschwerde führen wird. Des weiteren hat er zunächst zu überlegen, ob er überhaupt *Träger* des Prozeßgrundrechts ist, dessen Verletzung er rügt. Auch im Hinblick auf die Anspruchsinhaberschaft der Prozeßgrundrechte empfiehlt sich eine Darstellung vorab, da der personelle Schutzbereich der Prozeßgrundrechte *weitgehend* - mit wenigen aus dem jeweiligen sachlichen Gehalt herrührenden Unterschieden - *identisch* ist:

I. Übereinstimmende Merkmale bei Art. 19 Absatz 4 GG, Art. 101 Absatz 1 Satz 2 GG und Art. 103 Absatz 1 GG

1. Natürliche Personen

Nach dem Wortlaut des Art. 19 Absatz 4 GG steht *„jemand"*, der durch die öffentliche Gewalt in seinen Rechten verletzt ist, der Rechtsweg offen. Gemäß Art. 101 Absatz 1 Satz 2 GG darf *„niemand"* seinem gesetzlichen Richter entzogen werden. Nach Art. 103 Absatz 1 GG hat *„jedermann"* vor Gericht Anspruch auf rechtliches Gehör. Die Prozeßgrundrechte sind somit bereits nach ihrem Wortlaut als Grundrechte, die einen individuellen Anspruch vermitteln, ausgestaltet. Geschützt ist demnach bei allen drei Garantien das *Individuum*, welches Träger von Grundrechten oder anderen subjektiven Rechten sein *kann*, unabhängig davon, ob diese sich in dem Verfahrensergebnis, der materiellrechtlichen Entscheidung, tatsächlich niederschlagen. Insoweit kommt den Prozeßgrundrechten auch ein funktionaler Eigenwert im Sinne einer rechtsstaatlichen Verfahrensgestaltung zu, die stets, unabhängig von einer materiell „richtigen" Entscheidung, gesichert sein muß. Anspruchsberechtigt ist daher zunächst unzweifelhaft *jede natürliche Per-*

son[280], mithin auch *ausländische* Personen[281], da Art. 19 Absatz 4 GG ebenso wie Art. 101 Absatz 1 Satz 2 GG und Art. 103 Absatz 1 GG nicht als sogenanntes „Deutschen“-Grundrecht ausgestaltet - und kenntlich gemacht - ist, wie dies bei einigen materiellen Grundrechten der Fall ist. Außerdem fordert schon das Rechtsstaatsprinzip, daß jeder, der durch einen Akt deutscher öffentlicher Gewalt betroffen ist, diesen auch vor einem deutschen Gericht überprüfen lassen darf, genauso wie für jeden, der vor einem deutschen Gericht steht, auch die Verfahrensgarantien gelten. Dies ist im übrigen bereits ein Erfordernis des *völkerrechtlich* geschuldeten Ausmaßes oder Mindestmaßes an gerichtlichem Rechtsschutz.[282] Demnach gilt der durch Art. 19 Absatz 4 GG sowie durch die Verfahrensgarantien des Art. 101 Absatz 1 Satz 2 GG und des Art. 103 Absatz 1 GG verbürgte Rechtsschutz in vollem Umfang auch für Ausländer.[283] Da die Prozeßgrundrechte bestimmend sind für das Verfahrensrecht, stellt das Bundesverfassungsgericht insoweit maßgeblich auf das Kriterium der *(potentiellen) Verfahrensbeteiligung* ab.[284] Da die Möglichkeit der Verfahrensbeteiligung auch ausländischer Personen vor einem deutschen Gericht außer Frage steht, ergibt sich die Anwendbarkeit des personellen Schutzbereichs für ausländischer Personen *unmittelbar* aus dem Prozeßgrundrecht selbst, nicht etwa erst aus dem allgemeinen Gleichheitsgrundsatz des Art. 3 Absatz 1 GG.[285] Zu berücksichtigen ist jedoch, daß der Rechtsschutz ausländischer Personen auf Grund anderer verfassungsrechtlicher Bestimmungen und für bestimmte Fallgruppen beschränkt ist, so zum Beispiel der Rechtsschutz des Asylsuchenden vor allem durch Art. 16 a Absatz 4 GG.

2. Juristische Personen des Privatrechts

Auch an der persönlichen Anspruchsberechtigung juristischer Personen des Privatrechts hinsichtlich aller drei Prozeßgrundrechte besteht kein Zweifel. Dies ergibt sich ebenfalls bereits aus dem Wortlaut „jemand“ (Art. 19 Absatz 4 GG), „niemand“ (Art. 101 Absatz 1 Satz 2 GG) und „jedermann“ (Art. 103 Absatz 1 GG). Eine personelle Beschränkung etwa auf deutsche oder natürliche Personen ist hierdurch nicht impliziert. Die Weite des persönlichen Schutzbereichs der Prozeßgrundrechte ist vielmehr, wie bereits angeführt,

---

280 Für Art. 19 Absatz 4 GG s. BVerfGE 35, 382; für Art. 101 Absatz 1 Satz 2 GG und Art. 103 Absatz 1 GG s. BVerfGE 3, 359 (363); 12, 6 (8) und ständig.

281 Ausdrücklich für Art. 19 Absatz 4 GG klargestellt in BVerfGE 35, 382 (2. LS und S. 401). Vgl. hierzu *Zuleeg*, Grundrechte für Ausländer, DVBl. 1974, S. 341 ff.

282 BVerfGE 60, 253 (3. LS und S. 303 f.).

283 BVerfG, aaO; s. auch E 35, 382 (LS und S. 401); 78, 88 (99).

284 S. hierzu die Nachweise weiter u., unter 3.

285 Vgl. etwa BVerfGE 40, 95 (98 f.) zu Art. 103 Absatz 1 GG.

auch durch rechtsstaatliche Erfordernisse begründet: Alle Personen, die *Beteiligte eines Gerichtsverfahrens* sind, müssen sich in gleicher Weise auf die verfassungsrechtlichen Verfahrensgarantien berufen können.[286] Dies hat das Bundesverfassungsgericht früh auch für *inländische* juristische Personen explizit festgestellt.[287] Dies ist heute weitgehend anerkannt, denn in der *prozessualen* Stellung besteht zwischen natürlichen und juristischen Personen kein Unterschied.[288] Die Gewährleistung aller Prozeßgrundrechte für inländische juristische Personen ist darüber hinaus auch aus Art. 19 Absatz 3 GG ableitbar, da diese Vorschrift nach Auffassung des Bundesverfassungsgerichts auch für die Prozeßgrundrechte, nicht nur für die „echten" (materiellen) Grundrechte gilt.[289]

Aber auch *ausländische* juristische Personen fallen, ungeachtet des eindeutigen Wortlauts des Art. 19 Absatz 3 GG, der nur inländische juristische Personen erfaßt, nach ständiger Rechtsprechung des Bundesverfassungsgerichts in den Schutzbereich der drei Prozeßgrundrechte.[290] Das Bundesverfassungsgericht hält insoweit dem Wortlaut des Art. 19 Absatz 3 GG das allgemeine Prinzip der *Rechtsstaatlichkeit* entgegen und führt etwa im Hinblick auf Art. 103 Absatz 1 GG aus: „Wenn aus dieser Vorschrift[291] überhaupt zu folgern sein sollte, daß ausländische juristische Personen nicht Träger von Grundrechten sein können, so könnte das jedenfalls nur für die in Abschnitt I des Grundgesetzes gewährten Rechte gelten. *[...]* Wollte man aus dem Kreis der möglichen Verfahrensbeteiligten eine bestimmte Gruppe *[...]* herausnehmen und ihr die in Art. 103 Absatz 1 GG gegebene Sicherung versagen, die allen anderen - also auch dem prozessualen Gegner *[...]* - zukommt, so würde darin ein Einbruch in eines der zentralen Prinzipien des Grundgesetzes, den Grundsatz der Rechtsstaatlichkeit, liegen."[292] Eine differenzierende Behandlung der materiellen Grundrechte einerseits, die ausländischen juristischen

---

286 Dieses Prinzip ist besonders ausgeprägt im Parteienprozeß durch den aus Art. 3 Absatz 1 GG abgeleiteten Grundsatz der *prozessualen Waffengleichheit*, der es den Parteien ermöglicht, sich verfahrensrechtlich mit den gleichen Mitteln unmittelbar und mittelbar gegeneinander zur Wehr zu setzen.

287 BVerfGE 3, 359 (363).

288 S. *Waldner*, Der Anspruch auf rechtliches Gehör (1989), S. 111 m.w.N.;.

289 BVerfGE 3, 359 (363).

290 BVerfGE 12, 6 (8) für Art. 103 Absatz 1 GG; ebenso die h.M. in der Literatur, s. zu Art. 19 Absatz 4 GG: die Nachweise bei *Huber* in: v. Mangoldt/Klein/Starck, Bonner Grundgesetz, Art. 19 Abs. 4 Rd. 394 (selbst allerdings hinsichtlich der Rechtsweggarantie offenbar beschränkend auf juristische Personen mit Sitz in anderen Mitgliedsstaaten der EU); vgl. in diesem Sinne auch *dens.*, BayVBl. 2001, S. 577 (580 f.).

291 Art. 19 Absatz 3 GG (Anm. von *Verf.*).

292 BVerfGE 12, 6 (8). Die gegenteilige Auffassung wäre zudem mit dem *Gebot der prozessualen Waffengleichheit* nach Art. 3 Absatz 1 GG im Parteienstreit nicht vereinbar. S. allgemein im Hinblick auf Art. 103 Absatz 1 GG: BVerfG, aaO S. 6 („Der in Art. 103 Absatz 1 GG verbürgte Anspruch *[...]* steht *[...]* jedem *[...]* zu, *[...]*, gleichgültig, ob er eine natürliche oder eine juristische, eine inländische oder eine ausländischer Person ist.").

Personen wegen Art. 19 Absatz 3 GG in der Tat nicht zustehen[293], und der Prozeßgrundrechte andererseits, sieht das Bundesverfassungsgericht insoweit darin gerechtfertigt, daß letztere „keine Individualgrundrechte wie Art. 1-17 GG *[gewährleisten]*, sondern objektive Verfahrensgrundsätze *[enthalten]*, die für jedes gerichtliche Verfahren gelten und daher auch jedem zugute kommen müssen, der nach Verfahrensnormen parteifähig ist oder von dem Verfahren unmittelbar betroffen ist."[294] Im Ergebnis ist dem zuzustimmen, denn in der für die Prozeßgrundrechte maßgeblichen Stellung im Prozeß ergeben sich keine Unterschiede zwischen ausländischen und inländischen (juristischen) Personen. Eine Gleichbehandlung ist daher geboten. Die Argumentationslinie ist allerdings fragwürdig, da auch den materiellen Grundrechten etwa ein objektiv-rechtlicher Gehalt zukommt. Letztlich bedarf es eines Rückgriffs auf die Grundrechtssystematik überhaupt nicht, da die Gleichbehandlung ausländischer und inländischer juristischer Personen mit dem entstehungsgeschichtlich belegbaren Sinn des Art. 19 Absatz 3 GG zusammenfällt, wonach durch die Einschränkung auf inländische juristische Personen lediglich der Handlungsspielraum der Bundesrepublik Deutschland im Rahmen völkerrechtlicher Verträge gewahrt sein sollte; demnach sollte die Inländerbehandlung ausländischer juristischer Personen nicht festgeschrieben werden, sondern gegen die entsprechende Behandlung deutscher juristischer Personen im Ausland ausgehandelt werden können. Hierfür reichte es aber aus, daß diese von den Grundrechten ausgenommen wurden, die ihr Verhalten im Geschäfts- und Wirtschaftsleben absichern, dagegen war der Ausschluß auch von den Prozeßgarantien, die vor Gericht, also in einem staatlichen Verfahren, gelten, nicht notwendig.[295]

3. Das Kriterium der formellen Verfahrensbeteiligung

Aus dem bisher Gesagten ergibt sich, daß der personelle Schutzbereich der Prozeßgrundrechte sehr weit ist. Dies entspricht dem Wortlaut des Art. 19 Absatz 4 GG, des Art. 101 Absatz 1 Satz 2 GG und des Art. 103 Absatz 1 GG. Durch die entsprechenden Formulierungen („jemand", „niemand" und „jedermann") dürfen sich allerdings auch am Prozeß in keiner Weise Beteiligte aufgefordert fühlen, die Gerichte zu ersuchen, ihnen Zugang zu gewähren, ihnen einen gesetzlichen Richter zu garantieren und sie anzuhören. Eine personell unbeschränkte Gewährleistung kann jedoch von diesen grundrechtlichen Garantien

293 BVerfGE 21, 207; 23, 229 (236).
294 BVerfGE 21, 362 (373).
295 S. *Meessen*, JZ 1970, S. 602 (605); *Pieroth/Schlink*, Grundrechte, 7. Aufl. (1991), § 5.I.5 Rd. 178 m.w.N.

nicht bezweckt sein, da sie bereits auf Grund ihrer Natur als *Prozeß*grundrechte von vornherein nur einem bestimmten Personenkreis offenstehen können, nämlich solchen Personen, die in irgendeiner Form am Verfahren beteiligt sind.[296] Das Bundesverfassungsgericht stellt insoweit maßgeblich auf das Kriterium der *formellen Verfahrensbeteiligung* ab, die es aus der allgemeinen Zweckbestimmung der Verfahrensgrundrechte herleitet: „Diese verfassungsmäßigen Rechte sollen ein ordnungsgemäßes Verfahren gewährleisten. Auf sie muß sich daher berufen können, wer *nach den einschlägigen Prozeßnormen parteifähig* ist."[297] Zur Bestimmung der verfassungsrechtlichen Reichweite des persönlichen Schutzbereichs der Prozeßgrundrechte ist somit der Rückgriff auf das *einfache Prozeßrecht* notwendig, in dem das insoweit ausschlaggebende Merkmal der *Parteifähigkeit* geregelt ist. Die abstrakte Bejahung der Parteifähigkeit nach einfachem Recht ist daher eine Vorstufe der verfassungsrechtlichen Prüfung, in der dann konkret festzustellen ist, ob das Prozeßgrundrecht dem Betroffenen auf Grund seiner Stellung im Verfahren auch tatsächlich zusteht. Im Vorfeld ist damit nur die *potentielle* Fähigkeit zur Verfahrensbeteiligung, also die Parteifähigkeit des Betroffenen, zu prüfen. Bedenklich ist dies insoweit, als die Definition der Parteifähigkeit in den einzelnen Prozeßordnungen teilweise differiert. Nach § 50 Absatz 1 ZPO etwa ist parteifähig, wer rechtsfähig ist; nach Absatz 2 der Vorschrift gilt eine Ausnahme für den nichtrechtsfähigen Verein, als er jedenfalls verklagt werden kann, nach h.M. aber nicht parteifähig ist als Kläger.[298] Dagegen gilt im Verwaltungsprozeß § 61 VwGO, wonach fähig, am Verfahren beteiligt zu sein,[299] (rechtsfähige) natürliche und juristische Personen (Nr. 1) sind, sowie Vereinigungen, soweit ihnen ein Recht zustehen kann (Nr. 2), also abweichend von § 50 Absatz 2 ZPO auch der nichtrechtsfähige Verein als Kläger.[300] Hat sich etwa ein Verwaltungsgericht zu Unrecht für unzuständig erklärt und verweist es die Sache nach § 173 VwGO i.V.m. § 17 a Absatz 2 GVG an das Zivilgericht, welches nach §§ 17 a Absatz 2 Satz 3, 17 b GVG an den Verweisungsbeschluß hinsichtlich des Rechtswegs gebunden wäre, so müßte, sofern ein Rechtsmittel (§ 17 a Absatz 4 Satz 3 GVG) nicht eingelegt oder es zurückgewiesen wird, der klagende nichtrechtsfähige Verein als nicht parteifähig angesehen und rein theoretisch, d.h. unabhängig von der Möglichkeit der Parteiänderung gemäß dem einfachen Prozeßrecht, seine Klage als unzulässig abgewiesen werden. Damit wäre

---

296 Auch dem Anspruch auf rechtliches Gehör wird eine „petitionsrechtliche" Funktion nicht zuerkannt, s. etwa *Schmidt-Aßmann* in: Maunz/Dürig/Herzog, GG, Art. 103 Abs. I Rd. 13, 33.

297 BVerfGE 3, 359 (1. LS und S. 363). - Hervorhebungen in Kursivschrift durch *Verf.*

298 So etwa OLG München, NJW 1969, S. 617; abw. LG Aachen, NJW 1977, S. 255.

299 Die Beteiligungsfähigkeit entspricht insoweit der Parteifähigkeit.

300 Vgl. *Krause*, DÖV 1970, S. 695 (699).

ihm auf Grund einfach-rechtlicher Bestimmungen zugleich die ihm zustehende verfassungsrechtliche Garantie des Zugangs zu Gericht und in diesem Rahmen zu gewährleistenden effektiven Rechtsschutzes von vornherein abgeschnitten, ohne daß insoweit ein Verfassungsverstoß gerügt werden könnte.[301] Da dies unbillig wäre, kann es für das Gericht notwendig werden, die Grenze der eigenen Verfahrensordnung zu überschreiten und Verfahrensvorschriften des anderen, in der Sache an sich zuständigen, aber wegen der Verweisung nunmehr ausgeschlossenen Rechtsweges zu übernehmen.[302] Andererseits ist eine Abgrenzung des durch die Prozeßgrundrechte berechtigten Personenkreises notwendig, da sich dies aus der Natur und Zweckbestimmung der Prozeßgrundrechte ergibt, welche Geltung nur für das und in dem gerichtlichen Verfahren beanspruchen. Auch in ihrem persönlichen Schutzbereich bedürfen die Prozeßgrundrechte somit der Konkretisierung durch das einfache Recht, sodaß gewisse Einschränkungen der Parteifähigkeit, welche in den verschiedenen Prozeßordnungen, bedingt durch ihre Eigenart, unterschiedlich ausgestaltet sein mag, hinzunehmen sind. Unnötige Abweichungen sollte der Gesetzgeber aber, wegen der prinzipiellen Gültigkeit unrichtiger Verweisungsbeschlüsse, vermeiden.

Ist die Parteifähigkeit nach einfachem Recht *abstrakt* bejaht worden, ist also nunmehr zu prüfen, ob das Prozeßgrundrecht dem Betroffenen auch *individuell* verfassungsrechtlich zusteht. Dies ergibt sich wiederum aus seiner prozessualen Stellung im konkreten Fall, für die ebenfalls das *einfache Gesetzesrecht* maßgebend ist. Aus dem Kreis der potentiellen Verfahrensbeteiligten darf keine bestimmte Personengruppe herausgenommen werden auf Grund von Merkmalen, die *nicht* auf der prozessualen Stellung der Betroffenen im Prozeß beruhen. Jedoch muß der - parteifähige - Betroffene in einer bestimmten Form am konkreten Verfahren beteiligt sein. Von Bedeutung sind vor allem die Beteiligungsvorschriften der Prozeßordnungen. Förmlich beteiligt sind insoweit unzweifelhaft die *Parteien* im kontradiktorischen Verfahren[303], also Kläger und Beklagter, Antragsteller und Antragsgegner, sowie im Strafverfahren der Beschuldigte und der Privatkläger. In anderen Verfahren ist derjenige formell beteiligt, an den sich die gerichtliche Entscheidung förmlich richtet.

---

301 Eine Verletzung des Art. 19 Absatz 4 GG liegt nur dann vor, wenn ein Gericht *überhaupt keinen*, an sich zulässigen, Rechtsweg für gegeben sieht, dagegen nicht schon dann, wenn es nur irrig einen Rechtsweg im Einzelfall für unzulässig, einen anderen für gegeben hält, BVerfGE 57, 9 (21); s. auch E 27, 297 (310); 42, 64 (81 f.).

302 *Krause*, aaO S. 699.

303 BVerfGE 3, 359.

Für den Schutzbereich des Art. 19 Absatz 4 GG ist insoweit regelmäßig ohnehin nur die Person des Klägers bzw. des Antragstellers relevant, der sich aktiv gegen Verletzungen seiner Rechte zur Wehr setzt. Auf ihre Rechte aus Art. 101 Absatz 1 Satz 2 GG und Art. 101 Absatz 1 GG könnten sich allerdings auch solche Personen berufen wollen, die nicht als Partei, sondern in anderer Weise am Verfahren beteiligt sind. Das Bundesverfassungsgericht hat durch Beschluß des Zweiten Senats vom 3. Oktober 1961 in diesem Sinne die Bestimmung der nach Art. 101 Absatz 1 Satz 2 GG und Art. 103 Absatz 1 GG Berechtigten auf solche Personen ausgedehnt, die zwar nicht als „Partei" im engen formellen Sinne, aber *„in parteiähnlicher Stellung"* am Verfahren beteiligt sind.[304] Demnach wird dem *Popularkläger* das Recht auf den gesetzlichen Richter und die Gehörberechtigung zugebilligt.[305] Dies wird damit begründet, daß ihm ebenfalls diejenigen Rechte zustünden, die sich aus der Stellung einer förmlichen Beteiligung am Verfahren ergäben, wie etwa das Recht auf Akteneinsicht, auf Vertretung durch Bevollmächtigte, auf mündliche Verhandlung, auf Benachrichtigung von Beweisterminen, auf Anwesenheit bei denselben und auf Zustellung der gerichtlichen Entscheidung[306], und ist konsequent angesichts der Maßgeblichkeit der prozessualen Stellung des Beteiligten, die sich nach einfachem Recht bestimmt: Daß der Popularkläger keine Verletzung eigener Rechte geltend macht wie ein Kläger, ist seines Anspruchs auf den gesetzlichen Richter und seiner Gehörberechtigung nicht abträglich, da ihm jedenfalls einfach-gesetzlich die Stellung eines förmlich Beteiligten eingeräumt wird. Diese ist rein prozessual zu beurteilen und unabhängig von dem materiellen, dem Prozeß zu Grunde liegenden Rechtsverhältnis. Etwa anderes gilt aber für die Rechtsweggarantie nach Art. 19 Absatz 4 GG, da hier bereits von Verfassungs wegen, nach dem Wortlaut dieser Gewährleistung, die Geltendmachung der Verletzung *eigener* Rechte („...wird jemand ... in *seinen* Rechten verletzt, ...") *vorausgesetzt* wird. Der Popularkläger kann sich daher nicht auf sein Grundrecht aus Art. 19 Absatz 4 GG berufen.[307] Er ist aber in dem einmal eröffneten Verfahren gehörberechtigt und hat dort auch einen Anspruch auf den gesetzlichen Richter.

Anders hat das Bundesverfassungsgericht auch im Hinblick auf Art. 101 Absatz 1 Satz 2 und 103 Absatz 1 GG für den *Zeugen* in dieser Funktion entschieden, da diesem insoweit

---

304 BVerfGE 13, 132 (LS und Seite 140 ff.).
305 Ebda; die Entscheidung betraf ein Popularklageverfahren vor dem Bayerischen Verfassungsgerichtshof nach Art. 98 Satz 4 BayVerf, § 54 Absatz 1 BayVerfGHG.
306 BVerfG, aaO S. 141 mit Hinweis auf §§ 14, 15, 16, 18 und 20 BayVerfGHG.
307 BVerfG, aaO S. 151.

eine *rein passive* Rolle im Verfahren zukomme.[308] Er sei nicht „Partei“ im Sinne einer formalen Verfahrensbeteiligung[309], obgleich er grundsätzlich der Aussage- und Wahrheitspflicht mit den sie sichernden Zwangsmitteln und Strafandrohungen bis hin zur Freiheitsentziehung unterliege[310] und auch an dem Gegenstand seiner Aussage mit selbständigen, rechtlich geschützten Interessen beteiligt sei, wie das in den Zeugnis-, Auskunfts- und Eidesverweigerungsrechten sowie anderen dem Zeugenschutz dienenden Vorschriften, insbesondere über Belehrungspflichten ihm gegenüber und über seine Verweigerungsrechte hinsichtlich einzelner Fragen, zum Ausdruck komme. Dennoch beschränke sich seine Aufgabe darauf, über von ihm wahrgenommene Tatsachen Auskunft zu geben. Er verfolge kein selbständiges Ziel in dem gegen einen anderen gerichteten Verfahren. Rechte zur Verfahrensgestaltung stünden ihm nicht zu.[311] Diese Erwägungen des Bundesverfassungsgerichts können sich allerdings nur auf die Person des Zeugen in dieser Funktion beziehen. Anderes muß für ihn, im übrigen auch für den sachverständigen Zeugen, dann gelten, wenn Maßnahmen des Gerichts *gegen ihn selbst* gerichtet sind, wie dies etwa bei der Verweigerung seines Verweigerungsrechts, bei Ordnungsgeldern und Ordnungsmaßnahmen der Fall ist, da derartige Maßnahmen den Zeugen nicht mehr in seiner Funktion als Beweismittel betreffen, sondern darüber hinaus in eigene Rechte des Zeugen eingreifen.[312]

Als *Zwischenergebnis* läßt sich daher festhalten, daß im Grundsatz alle diejenigen Personen im Hinblick auf die Prozeßgrundrechte anspruchsberechtigt sind, die formell, also als Partei oder zumindest in parteiähnlicher Stellung, am Verfahren beteiligt sind. Ausschlaggebend hierfür sind vor allem die Beteiligungsvorschriften der Prozeßordnungen. Grundvoraussetzung ist insoweit die Parteifähigkeit der formell Beteiligten, die in einem ersten Schritt, im Vorfeld der Prüfung der Grundrechtsträgerschaft, festzustellen ist und sich (ebenfalls) nach dem einfachen Prozeßrecht bestimmt. Unterschiede, wie nachstehend dargestellt, ergeben sich allerdings im einzelnen aus der Natur des jeweils betroffenen Prozeßgrundrechts.

II. Unterschiede in der Ausdehnung der persönlichen Anspruchsberechtigung

---

[308] BVerfGE 38, 105 (114); in dem dieser Entscheidung zu Grunde liegenden Sachverhalt hatte das Bundesverfassungsgericht konkret darüber zu befinden, ob ein Zeuge einen Anspruch auf einen Rechtsbeistand hat. Dies wurde im Hinblick auf eine Verletzung des *Fairneßgebots*, dessen Anwendungsbereich grundsätzlich eröffnet war, überprüft, ein Verstoß gegen Art. 103 Absatz 1 GG dagegen *von vornherein* verneint, da *allgemein* das Gehörgrundrecht nur das rechtliche Gehör als solches garantiert, nicht dagegen gerade durch Vermittlung eines Rechtsanwalts (BVerfG, aaO S. 118; s. auch E 9, 124 [132]; 31, 298 [301], 306 [308] und ständig). Die in dieser Entscheidung enthaltenen Ausführungen zur prozessualen Stellung des Zeugen sind jedoch allgemeiner Natur und daher auch im Hinblick auf Art. 101 Absatz 1 Satz 2 GG und Art. 103 Absatz 1 GG beachtlich.

[309] BVerfGE 38, 105 (114).

[310] BVerfG, aaO S. 113.

[311] BVerfG, aaO S. 112.

[312] S. *Schmidt-Aßmann* in: Maunz/Dürig/Herzog, GG, Art. 103 Abs. I Rd. 35.

1. Art. 19 Absatz 4 GG und juristische Personen des öffentlichen Rechts

Weiter oben wurde bereits angeführt, daß sich unzweifelhaft auch juristische Personen des Privatrechts auf die Prozeßgrundrechte berufen können, da sich aus ihrer prozessualen Stellung keine Unterschiede zu der natürlicher Personen ergeben. Differenzierend wird dies allerdings beurteilt für juristische Personen des *öffentlichen* Rechts.[313] Für sie gelten vorbehaltlos die Verfahrensgarantien des Art. 101 Absatz 1 Satz 2 GG und des Art. 103 Absatz 1 GG.[314] Demnach hat auch „der Staat" bzw. ein staatliches Organ oder eine Körperschaft oder eine andere juristische Person des öffentlichen Rechts in ihrer Rolle als Beteiligte eines gerichtlichen Verfahrens das Recht auf den gesetzlichen Richter und einen Anspruch auf rechtliches Gehör. Zwar fehlt es juristischen Personen des öffentlichen Rechts oftmals an der Fähigkeit, im Sinne des Art. 19 Absatz 3 GG Träger *materieller* Grundrechte zu sein.[315] Demgegenüber bestimmt sich der personale Geltungsbereich der Justizgrundrechte nach Art. 101 Absatz 1 Satz 2 GG und Art. 103 Absatz 1 GG nach anderen Kriterien, nämlich ausschließlich nach der prozessualen Stellung der Beteiligten im Verfahren, also nach rein formellen Voraussetzungen, die auch der Staat in seiner Eigenschaft als formeller Verfahrensbeteiligter erfüllt. Das Bundesverfassungsgericht führt insoweit an, jene Verfassungsbestimmungen gehörten formell nicht zu den Grundrechten im Sinne von Art. 19 Absatz 4 GG; sie gewährleisteten auch nach ihrem Inhalt keine Individualrechte wie die materiellen Grundrechte der Art. 1 bis Art. 17 GG, sondern enthielten objektive Verfassungsgrundsätze[316], die für jedes Verfahren zu gelten hätten und daher auch jedem zu Gute kommen müßten, der nach den Verfahrensnormen parteifähig sei oder von dem Verfahren unmittelbar betroffen werde.[317] Demnach können sich auch juristische Personen des öffentlichen Rechts auf die Verfahrensgarantien des Art. 101 Absatz 1 Satz 2 GG und des Art. 103 Absatz 1 GG berufen.[318] Dies

313 Ausführlich hierzu *Dreier* in: ders. (Hrsg.), GG, Art. 19 Abs. III Rd. 25 und 38 ff.

314 BVerfGE 13, 132 (140) für die ehemalige Deutsche Bundesbahn; s. auch E 61, 82 (104 m.w.N.).

315 BVerfGE 61, 82 (100 ff. m.w.N.).

316 Dies ist aber zu kurz gegriffen. Zwar enthalten die Verfahrensgarantien objektives Verfassungsrecht, darüber hinaus geben die Prozeßgrundrechte aber auch einen Individualanspruch. Umgekehrt enthalten auch die materiellen Grundrechte objektives Verfassungsrecht.

317 BVerfG, aaO S. 104. - Zur (materiellen) „Betroffenheit" in unmittelbarer Weise von dem Verfahren s. weiter u., 2.

318 Nach der vorgenannten Argumentation ergibt sich die personelle Anspruchsberechtigung des Staats mithin unmittelbar aus dem Sinn und Zweck der Verfahrensgarantien, die auch objektives Verfassungsrecht darstellen. Eines Rückgriffs auf Art. 19 Absatz 3 GG bedarf es daher im Bereich des Art. 101 Absatz 1 Satz 2 GG und des Art. 103 Absatz 1 GG nicht. Das Ergebnis, die Anspruchsberechtigung auch des Staats, erfährt Zustimmung, dagegen ist in der Literatur umstritten, ob sich diese aus den genannten Verfahrensgarantien selbst oder aus Art. 19 Absatz 3 GG ableitet, vgl. hierzu *Classen* in: v. Mangoldt/Klein/Starck, Bonner Grundgesetz, Art. 101 Abs. 1 Rd. 7 f. m.w.N.

gilt insbesondere für den Staat als *Fiskus*.[319] Im Hinblick auf Art. 101 Absatz 1 Satz 2 GG führt das Bundesverfassungsgericht etwa aus: „Jeder, der in einem gerichtlichen Verfahren Partei ist, kann sich mit den in der Prozeßordnung vorgesehenen Mitteln wehren, wenn er meint, seinem gesetzlichen Richter entzogen zu sein. Das gilt auch für den Staat, wenn er Partei in einem Gerichtsverfahren ist."[320]

Anderes gilt jedoch im Hinblick auf die *Rechtsweggarantie* nach Art. 19 Absatz 4 GG, auf die sich juristische Personen des öffentlichen Rechts nach Auffassung des Bundesverfassungsgerichts grundsätzlich nicht berufen können: Zwar kann, wie bereits angeführt, auch eine *juristische Person* grundsätzlich Träger von Rechten oder Grundrechten (Art. 19 Absatz 3 GG) sein. Ob ihr im Einzelfall das geltend gemachte Recht zustehen kann, ist durch sorgfältige Auslegung der Norm, auf die sie ihr Recht gründet, zu ermitteln. Ausgehend von diesem Grundsatz sind demnach juristische Personen des öffentlichen Rechts vom Schutzbereich des Art. 19 Absatz 4 GG grundsätzlich ausgenommen, *soweit* diese sich auf die Verletzung materieller Grundrechte bei der *Wahrnehmung ihrer öffentlichen Aufgabe* berufen. Solchenfalls fehlt es ihnen schon am Vermögen, gemäß Art. 19 Absatz 3 GG Inhaber von Grundrechten sein zu können, da sie hierbei - im Gegensatz zu Privatpersonen - nicht auf Grund der Wahrnehmung unabgeleiteter, ursprünglicher Freiheiten, das eigene Leben, die Existenz, nach eigenen Entwürfen zu gestalten und über sich selbst zu bestimmen, tätig werden, sondern auf Grund von Kompetenzen, die vom positiven Recht zugeordnet, inhaltlich bemessen und begrenzt sind.[321] Die Regelung dieser Beziehungen und die Entscheidung daraus entspringender Konflikte sind nicht Gegenstand der Grundrechte, weil der unmittelbare Bezug zum Menschen fehlt.[322] Juristische Personen des öffentlichen Rechts geraten insoweit grundsätzlich nicht in eine „grundrechtstypische Gefährdungslage".[323] Da Art. 19 Absatz 4 GG aber, im Gegensatz

---

319 BVerfGE 6, 45 (1. LS und S. 49 f.).

320 BVerfG, aaO S. 49. Daher gewährt das Bundesverfassungsgericht dem Staat als Fiskus auch die Berechtigung zur Erhebung der *Verfassungsbeschwerde* (aaO S. 50). Das Gegenargument, die Verfassungsbeschwerde sei „der spezifische Rechtsbehelf des Bürgers gegen den Staat" (BVerfG, aaO S. 49 mit Hinweis auf E 4, 27 [30]), greift hier nicht durch. Der Staat ist in formeller Hinsicht insoweit Prozeßbeteiligter mit den gleichen Rechten und Pflichten wie jeder andere, sodaß er sich nicht nur mit allen von der Prozeßordnung bereitgestellten Mitteln in gleicher Weise wehren kann, sondern auch mit dem außerordentlichen Rechtsbehelf der Verfassungsbeschwerde, der jedem Bürger in gleicher Verfahrensposition zur Verfügung steht. Im übrigen ist im kontradiktorischen Verfahren auch in sonstiger Weise kein „Übergewicht" staatlicher Hoheitsmacht auszubalancieren, wenn der Staat in seiner Funktion als Fiskus am Verfahren beteiligt ist, da es insoweit von vornherein an dem sonst typischen Merkmal eines Subordinationsverhältnisses zwischen Staat und Bürger fehlt.

321 BVerfGE 61, 82 (100 ff. m.w.N.) und ständig.

322 BVerfG, aaO.

323 BVerfG, aaO S. 102 hinsichtlich der Eigentumsgarantie nach Art. 14 Absatz 1 Satz 1 GG; vgl. aber BVerfG, aaO S. 102 ff. zu Ausnahmen: Diese gelten insbesondere für solche juristische Personen des

zu Art. 101 Absatz 1 Satz 2 GG und zu Art. 103 Absatz 1 GG, „*grundrechtsakzessorisch*" ist, indem er der formellen Absicherung vor allem der materiellen Grundrechte - sowie sonstiger subjektiver Rechte, die aber letztlich immer auf ein Grundrecht zurückgeführt werden können und für deren prozessuale Geltendmachung jedenfalls Art. 2 Absatz 1 GG als Auffanggarantie zur Verfügung steht - dient, und bereits nach seinem Wortlaut das Vorliegen eines materiellen Rechts *voraussetzt* („ ...wird jemand ... in seinen Rechten verletzt, ..."), sind somit von seinem Anwendungsbereich juristische Personen des öffentlichen Rechts grundsätzlich nicht erfaßt.[324] Sie sind vielmehr ausschließlich Grundrechtsadressaten. Allerdings muß sich der Staat in seiner Funktion als *Fiskus* konsequenterweise auch auf die Rechtsweggarantie berufen können, da er dann keine öffentlichen Aufgaben wahrnimmt und er infolge dessen genauso in eine „grundrechtstypische" Gefährdungslage geraten kann wie der Bürger.[325] Ausnahmen gelten also, allgemein formuliert, immer dann, wenn die juristische Person des öffentlichen Rechts selbst Grundrechtsträger ist.[326]

2. Das Kriterium der „unmittelbaren" Betroffenheit vom Verfahren und Art. 103 Absatz 1 GG

Die bisherigen Ausführungen zur Reichweite des personellen Schutzbereichs der Prozeßgrundrechte beruhen sämtlich auf dem Grundsatz, daß für die persönliche Anspruchsberechtigung die (potentielle) formelle Stellung des Beteiligten im Verfahren den Ausschlag gibt. Maßgebend ist also zunächst die Parteifähigkeit des Betroffenen, alsdann seine Beteiligung als Partei oder in „parteiähnlicher" Stellung im Verfahren. Hierbei handelt es sich indes um rein formelle Merkmale, da umgekehrt der sie bestimmende Parteibegriff des herkömmlichen Prozeßrechts ausschließlich auf die formale Stellung des Beteiligten

---

öffentlichen Rechts und ihre Teilgliederungen, die wie *Universitäten* oder *Rundfunkanstalten* auf Grund der ihnen übertragenen öffentlich-rechtlichen Aufgabe von vornherein einem grundrechtlich geschützten Lebensbereich zuzuordnen sind oder ihm wie *Kirchen* unmittelbar zugehören, s. *Schmidt-Bleibtreu* in: Schmidt-Bleibtreu/Klein, GG, Art. 19 Rd. 13.b. mit umfangreichen Nachweisen aus der bundesverfassungsgerichtlichen Rechtsprechung.

324 Vgl. allgemein *Bethge*, Grundrechtsträgerschaft juristischer Personen, AöR Bd. 104 (=1979), S. 54 ff., 265 ff.; *Bleckmann/Helm*, Die Grundrechtsfähigkeit juristischer Personen, DVBl. 1992, S. 9; *Ossenbühl*, Zur Geltung der Grundrechte für juristische Personen, in: FS für Stern (1997), S. 887 ff.; *Rupp-von Brünneck*, Zur Grundrechtsfähigkeit juristischer Personen, in.: FS für Arndt (1969), S. 349 ff.; *Scholler/Broß*, Grundrechtsschutz für juristische Personen des öffentlichen Rechts, DÖV 1978, S. 238 ff.; *Zimmermann*, Der grundrechtliche Schutzanspruch juristischer Personen des öffentlichen Rechts (1993).

325 Vgl. zur Funktion der öffentlich-rechtlichen Körperschaft als bloße *Sachwalterin* ihrer Mitglieder und zur staatlichen *Fiskalverwaltung*: *Schmidt-Bleibtreu*, aaO Rd. 13.a. m.w.N.

326 S. *Huber* in: v. Mangoldt/Klein/Starck, Bonner Grundgesetz, Art. 19 Abs. 4 Rd. 395 und Art. 19 Abs. 3 Rd. 271 ff.

im Verfahren gerichtet ist. Es kommt nicht darauf an, wer nach dem materiellen Recht berechtigt ist, sondern allein darauf, ob jemand, formell gesehen, vor Gericht eigene Rechte geltend machen oder um fremder Rechte willen belangt werden kann. Zum Ausdruck kommt dies im einfachen Recht etwa in der Abgrenzung zwischen der Prozeßführungsbefugnis als Zulässigkeitsvoraussetzung eines Klageantrags einerseits und der materiell-rechtlichen Prüfung seiner Aktiv- respektive Passivlegitimation zum anderen, die also erst im Rahmen der Begründetheit festzustellen ist.

Darüber hinaus hat der Zweite Senat des Bundesverfassungsgericht jedoch mit Beschluß vom 8. November 1960 *die Gehörberechtigung aus Art. 103 Absatz 1 GG* explizit auch solchen Personen zuerkannt, die von dem gerichtlichen Verfahren *„unmittelbar betroffen“* werden[327], ohne allerdings seine bisherige Rechtsprechung aufzugeben, sodaß sich seitdem die Gehörberechtigung im Rahmen des Art. 103 Absatz 1 GG entweder, wie bisher, aus formellen Kriterien *oder* aber auf Grund „unmittelbarer Betroffenheit“ ableiten läßt.[328] Das Kriterium der „unmittelbaren Betroffenheit“ geht erheblich weiter als das rein formelle Kriterium der Verfahrensbeteiligung, und zwar in einer anderen Richtung: Es enthält bereits seinem Wortlaut nach nicht (nur) formale Positionen, sondern (auch) *materielle* Rechte. Denn „betroffen“ von einem Verfahren kann auch sein, wer an dem Prozeß nicht formell beteiligt war, wenn ihn das Verfahrens*ergebnis*, die gerichtliche Entscheidung, sachlich betrifft. Eine Einschränkung erfährt das Merkmal der (materiellen) „Betroffenheit“ in der Rechtsprechung des Bundesverfassungsgerichts allerdings durch die Notwendigkeit ihrer „Unmittelbarkeit“, d.h. es wird eine „spezifische Nähebeziehung“ zwischen der betroffenen Rechtsposition und den Wirkungen der gerichtlichen Entscheidung verlangt, sodaß rein faktische „Ausstrahlungen“ des Verfahrensergebnisses, etwa ein „rechtlicher Reflex“, insoweit nicht genügen.[329] Entsprechende Erwägungen fehlen allerdings in dem weiter oben angeführten Beschluß des Zweiten Senats.[330]

---

[327] BVerfGE 12, 6 (1. LS und S. 8) und seither ständig; offensichtlich aber bereits vorausgesetzt in E 7, 95 (98); 8, 253 (255 f.).

[328] S. etwa BVerfGE 38, 105 (112) und ständig.

[329] Vgl. *Schmidt-Aßmann* in: Maunz/Dürig/Herzog, GG, Art. 103 Abs. I Rd. 41. - Einzelne Stimmen in der Literatur vertreten allerdings einen noch weitergehenden materiell-rechtlichen Ansatz und wollen den Gehöranspruch nicht nur unmittelbar, sondern auch mittelbar vom Verfahrensergebnis Betroffenen zubilligen, s. etwa *Schlosser*, JZ 1967, S. 431 (432 f.); kritisch hierzu *Rosenberg/Schwab*, Zivilprozeßrecht, § 85.II.

[330] BVerfGE 12, 6 ff.

Vier Jahre später nahm der gleiche Senat einen Sachverhalt, in dem ein Oberlandesgericht den *Beschuldigten im Klageerzwingungsverfahren* vor Erhebung der öffentlichen Klage nicht nach §§ 172 ff. StPO angehört hatte, zum Anlaß für eine Konkretisierung des Merkmals der „unmittelbaren Betroffenheit".[331] Die von dem Fachgericht gewählte Vorgehensweise stimmte an sich überein mit den entsprechenden Beteiligungsvorschriften der Strafprozeßordnung, wonach der Beschuldigte am Klageerzwingungsverfahren nicht förmlich beteiligt und seine Anhörung jedenfalls nicht zwingend erforderlich ist. Das Bundesverfassungsgericht leitete insoweit sein Anhörungsrecht aus Art. 103 Absatz 1 GG *unmittelbar* ab[332], da hier die dem Antrag des Verletzten auf Klageerhebung stattgebende gerichtliche Entscheidung im Hinblick auf den Beschuldigten „*[...] seine Rechtsstellung [...] zu seinem Nachteil (verändert) und [...] für ihn ungünstige unmittelbare Rechtswirkungen (auslöst)*".[333] Darin liegt zugleich eine weitere Einschränkung, neben dem Kriterium der „unmittelbaren" Betroffenheit vom Verfahren, als daß die, materiell zu bestimmende, „rechtliche" Stellung des Betroffenen tangiert sein muß, sodaß die Beeinträchtigung lediglich ideeller, wirtschaftlicher oder sonstiger Interessen ausscheidet.[334]

Als weitere Beispiele „unmittelbarer" materieller Betroffenheit sind aus der verfassungsgerichtlichen Iudikatur folgende zu nennen:

Im *Ehelichkeitsanfechtungsverfahren (a.F.)* ist dem Vater als nicht als Prozeßpartei Beteiligtem, aber „unmittelbar" vom Verfahren Betroffenen rechtliches Gehör insoweit zu gewähren, als ihm jedenfalls durch Übersendung der Klageschrift und Ladung zur mündlichen Verhandlung Gelegenheit zur förmlichen Beteiligung gegeben werden muß.[335]

---

331 BVerfGE 17, 356 ff. (= Beschl. des Zweiten Senats vom 22. April 1964).

332 Die einschlägige Vorschrift des § 173 Absatz 2 StPO räumt den Gerichten insoweit Ermessen ein, ob sie den Antrag des Verletzten dem Beschuldigten mitteilen. Das Bundesverfassungsgericht hat diese Vorschrift unter Berücksichtigung des Art. 103 Absatz 1 GG als Anhörungspflicht ausgelegt (aaO S. 363).

333 BVerfG, aaO S. 362; das Bundesverfassungsgericht sieht hier die rechtlichen Nachteile für den Beschuldigten nicht allein in der Anhängigkeit des Verfahrens als solcher begründet, sondern daneben wegen der hieraus resultierenden Möglichkeit des Verletzten, sich der Klage als Nebenkläger anschließen zu können, sowie den damit verbundenen weitreichenden Einflußmöglichkeiten, da der Nebenkläger die Rechte des Privatklägers hat und sich insbesondere, unabhängig von der Staatsanwaltschaft, der Rechtsmittel bedienen kann (aaO S. 363). Dagegen wurde in E 38, 105 (118) eine materielle Betroffenheit des *Zeugen im Strafverfahren* verneint, da sich hier, obgleich sich der Zeuge in einer dem Beschuldigten vergleichbaren materiellen Lage als „potentieller Beschuldigter" befinden kann, die Verfahrensentscheidung lediglich mittelbar auf ihn dahin auswirken könne, daß auch gegen ihn ein Ermittlungsverfahren wegen einer Straftat eingeleitet werde. - Hervorhebungen in Kursivschrift und Hinzufügung des in runden Klammern gesetzten Textes durch *Verf.*

334 S. *Schmidt-Aßmann* in: Maunz/Dürig/Herzog, GG, Art. 103 Abs. I Rd. 40.

335 BVerfGE 21, 132 (LS und S. 137 ff.).

Weiterhin steht bei einer *Volljährigenadoption* den Kindern sowohl des Annehmenden als auch des Anzunehmenden als materiell-rechtlich Betroffenen (§ 1769 BGB) die Gewährung rechtlichen Gehörs zu.[336]

Des weiteren wurde im Rahmen einer vielbeachteten Entscheidung unmittelbar aus Art. 103 Absatz 1 GG die Gehörberechtigung auch dem nicht am Prozeß beteiligten *Mitgesellschafter* im Prozeß auf die Gestaltungsklage auf Auflösung einer GmbH zugestanden.[337] Bedenken werden hierzu insoweit geäußert, als daß die Gehörberechtigung des Mitgesellschafters konsequenterweise auch eine gerichtliche *Aufklärungspflicht* zur Folge hat, da erst die Information des Mitgesellschafters über die Anhängigkeit des Verfahrens, von der er, da er nicht formell am Verfahren beteiligt ist, an sich keine Kenntnis hat, ihm die Möglichkeit der Nebenintervention eröffnet. Problematisch ist dies vor dem Hintergrund der zivilprozessualen Parteimaxime und des richterlichen Neutralitätsgebots. Es stellt sich generell die Frage, wie ein am Verfahren nicht formell Beteiligter, aber vom Verfahrensergebnis unmittelbar Betroffener, die ihm insoweit vom Bundesverfassungsgericht zuerkannte Gehörberechtigung durchsetzen kann, da in den Verfahrensordnungen, insbesondere in der Zivilprozeßordnung, zumeist ausdrückliche Regelungen fehlen, wie sie beispielsweise in Frankreich oder Belgien in Form des Rechtsmittels des „Dritteinspruchs" existieren, mit dem der Betroffene die gerichtliche Entscheidung anfechten kann, gerichtet darauf, daß diese ihm gegenüber keine Wirksamkeit entfaltet.[338]

Im übrigen gilt die Ausweitung über das Kriterium der materiellen Betroffenheit nur für den persönlichen Anwendungsbereich des Art. 103 Absatz 1 GG, *nicht* dagegen für die Anspruchsberechtigung aus Art. 19 Absatz 4 GG und Art. 101 Absatz 1 Satz 2 GG. Denn für den personellen Schutzbereich des Art. 19 Absatz 4 GG ist dieses - weitgehende - materielle Kriterium in der Regel ohnehin irrelevant, da sich auf diese verfassungsrechtliche Garantie regelmäßig nur ein unzweifelhaft formell Beteiligter, nämlich der rechtsschutzsuchende Kläger oder Antragsteller, beruft.[339] Dagegen stellt die Begren-

---

[336] BVerfGE 89, 381 ff.; das Fehlen der Gewährung rechtlichen Gehörs führe zur Beseitigung der Unabänderbarkeit des Adoptionsbeschlusses, das rechtliche Gehör müsse nachgeholt werden (BVerfG, aaO 3.LS).

[337] BVerfGE 60, 7 ff. Überwiegend zustimmend die zivilprozessuale Literatur, z.B. *Thomas-Putzo*, ZPO, Einl.I Rd. 11.

[338] S. *Schwab/Gottwald*, Verfassung und Zivilprozeß (1984), S. 52 m.w.N.

[339] S. aber u. im Zweiten Kapitel, Erster Teil (zu Art. 19 Absatz 4 GG), dort C.III.3., zu einem Beschl. des Bundesverfassungsgerichts (Kammer) v. 19.07.2000 - 1 BvR 1053/93 - (= NVwZ 2000, S. 1283), der die Frage der *Beiladung (§§ 65, 66 VwGO)* im Normenkontrollverfahren nach § 47 VwGO und insoweit den Zugang zu Gericht betraf (zur Abgrenzung zwischen Art. 19 Absatz 4 GG und Art. 103 Absatz 1 GG s. ebenfalls aaO in dieser Arbeit). In den einfach-gesetzlichen Regelungen der Beiladung wird insofern auf das „rechtliche Interesse" des Beizuladenden im Hinblick auf sein Recht zur

zung des persönlichen Anwendungsbereichs des Art. 101 Absatz 1 Satz 2 GG auf formell am Verfahren Beteiligte eine zwingende Konsequenz der sachlichen Grenzen des Schutzbereichs dar, da das Recht auf den gesetzlichen Richter kein Recht auf Beteiligung an einem Prozeß oder ein Recht auf einen Prozeß gibt, sondern vielmehr einen Prozeß als möglich voraussetzt.[340]

3. *Ergebnis*

Es läßt sich somit festhalten, daß der personelle Anwendungsbereich der Prozeßgrundrechte primär von der formellen Verfahrensbeteiligung der Betroffenen als Partei oder in „parteiähnlicher" Stellung im Sinne der Prozeßgesetze abhängt. Im Vorfeld der Prüfung der verfassungsrechtlichen Anspruchsinhaberschaft ist damit zwingend die Parteifähigkeit der Betroffenen zu prüfen und zu bejahen, die sich ebenfalls nach den Prozeßordnungen bestimmt. Sowohl alle natürlichen als auch juristische Personen sind potentiell anspruchsberechtigt im Hinblick auf die durch Art. 19 Absatz 4 GG, Art. 101 Absatz 1 Satz 2 GG und Art. 103 Absatz 1 GG garantierten Verfahrensrechte, da sie in einem Prozeß allgemein eine formelle Stellung als Beteiligte haben können. Eine Ausnahme gilt für die juristische Personen des öffentlichen Rechts insoweit, als diese sich jedenfalls bei Wahrnehmung ihrer öffentlich-rechtlichen Aufgaben nicht auf die Rechtsweggarantie des Art. 19 Absatz 4 GG berufen können, da diese grundrechtsakzessorisch ausgestaltet ist und die Möglichkeit der Verletzung materieller Grundrechte oder aber anderer subjektiver Rechte, die letztlich immer auf ein Grundrecht zurückgeführt werden können, voraussetzt, die gemäß Art. 19 Absatz 3 GG juristischen Personen des öffentlichen Rechts grundsätzlich nicht zustehen. Im übrigen bleibt es bei dem Grundsatz, daß „jeder" Anspruchsinhaber der Prozeßgrundrechte sein kann, der in formeller Weise am gerichtlichen Verfahren beteiligt ist. Im Hinblick auf die Gewährung rechtlichen Gehörs hat das Bun-

---

Verfahrensbeteiligung abgestellt. Dies deutet auf seine Verfahrensbeteiligung kraft „materieller Betroffenheit" hin. Ist er aber einmal beigeladen, hat er nach § 66 VwGO prozessuale Rechte, die ihm (weitgehend vor allem im Rahmen der notwendigen Beiladung) zumindest eine „parteiähnliche" Stellung verschaffen, was im Gesetzesrecht manifestiert ist in § 63 Nr. 3 VwGO, wonach der Beigeladene Verfahrensbeteiligter ist, sodaß es insoweit beim Kriterium der formellen Verfahrensbeteiligung verbleibt.

[340] Vgl. *Classen* in: v. Mangoldt/Klein/Starck, Bonner Grundgesetz, Art. 101 Abs. 1 Rd. 9.

desverfassungsgericht den personellen Schutzbereich ausgedehnt. Demnach können, neben den formal am Verfahren Beteiligten, auch solche Personen den Anspruch nach Art. 103 Absatz 1 GG geltend machen, die „unmittelbar“, also materiell, vom Verfahrensergebnis betroffen sind.

Zweites Kapitel Inhalt, Voraussetzungen und Rechtsfolge des Art. 19 Absatz 4 GG, des Art. 101 Absatz 1 Satz 2 GG und des Art. 103 Absatz 1 GG in der Rechtsprechung des Bundesverfassungsgerichts

Erster Teil Die Rechtsprechung des Bundesverfassungsgerichts zur Rechtsweggarantie des Art. 19 Absatz 4 GG

A. Grundlagen und Inhalt des Art. 19 Absatz 4 GG

I. Entstehung und Bedeutung der Rechtsweggarantie

Die in Art. 19 Absatz 4 GG niedergelegte Rechtsweggarantie wird als *„das justitielle Hauptgrundrecht des Grundgesetzes“*[1], als *„fundamental“*, *„von überragender Bedeutung“*[2] und als *„Krönung des Rechtsstaats“* begriffen[3] sowie als folgerichtiger Abschluß einer hundertjährigen Entwicklung.[4] Die Bestimmung knüpft einerseits an die Tradition deutscher Verfassungsgeschichte an[5], geht andererseits jedoch darüber hinaus. Die Manifestierung der Rechtsweggarantie *im Grundgesetz 1949* sicherte auf bundesverfassungsrechtlicher Ebene ab, was damals in Form von verwaltungsrechtlichen Generalklauseln bereits in allen deutschen Ländern eingeführt und teilweise auch in den Landesverfassungen verankert war. Zugleich wurden gegebenenfalls verbliebene Lücken im Bereich des Rechtsschutzes gegen die Exekutive geschlossen.[6] Art. 19 Absatz 4 GG geht insbesondere über die entsprechende Garantie der Weimarer Reichsverfassung weit hinaus,[7] die

---

[1] Vgl. etwa *Herzog* in: Maunz/Dürig/Herzog, GG, Art. 19 Vorbemerkung Rd. 5, der deswegen darauf hinweist, daß es besser gewesen wäre, die in Art. 19 Absatz 4 GG enthaltene Rechtsweggarantie in einem eigenen Verfassungsartikel niederzuschreiben.

[2] *Dürig* in: Schmitt Glaeser/Häberle, Günter Dürig, Gesammelte Schriften 1952-1983 (1984), S. 197.

[3] Vgl. die weiteren Nachweise bei *Huber* in: v. Mangoldt/Klein/Starck, Bonner GG, Art.19 Abs. 4 Rd. 349.

[4] S. *Bettermann*, AöR Bd. 96 (=1971), S. 528. Die Wurzeln der Rechtsweggarantie finden sich aber bereits im Heiligen Römischen Reich Deutscher Nation, s. die Nachweise bei *Huber*, aaO Rd. 350.

[5] Vgl. schon § 182 der Paulskirchenverfassung vom 28. März 1849.

[6] *Bettermann*, aaO S. 528 (529).

[7] S. *dens.*, aaO S. 529 f.

in Art. 107 nur einen Gesetzgebungsauftrag zur Schaffung von Verwaltungsgerichten formulierte. Hiermit waren jedoch nach Maßgabe der damaligen Gesetze nur „gerichtsähnlich“ gestaltete Behörden gemeint, deren Mitglieder sachlich, aber nicht persönlich unabhängig waren; außerdem bezog sich der Auftrag gegenständlich nur auf die Überprüfung im Rahmen der nachträglichen Anfechtung von Verwaltungsakten.[8]

Die Garantie des Art. 19 Absatz 4 GG ist dagegen umfassend. Der alte Streit um die Einführung eines spezifisch gerichtlichen Schutzes gegen das Verwaltungshandeln wurde zu Gunsten einer Strukturentscheidung für den Individualrechtsschutz entschieden[9], eine institutionelle Garantie der Verwaltungsgerichtsbarkeit ist hiermit allerdings nicht verbunden; maßgeblich ist, daß überhaupt der Zugang zu einem staatlichen Gericht, der „Rechtsweg“ eröffnet ist, in dem Exekutiventscheidungen überprüft werden können.[10] Der Grundgesetzgeber ließ sich dabei von der Erwägung leiten, daß die im Grundgesetz verankerten materiellen Grundrechte eines eigenständigen formellen Schutzes bedürfen;[11] sie sollten nicht durch unzureichende gerichtliche Kontrollmöglichkeiten ihre praktische Effektivität verlieren.[12] Im Blickfeld standen, wie insgesamt bei Schaffung des Grundgesetzes, die Erfahrungen aus der Zeit des Nationalsozialismus, die auch den Hintergrund für die ständige Rechtsprechung des Bundesverfassungsgerichts gebildet haben, wonach Art. 19 Absatz 4 GG die Aufgabe zugewiesen ist, *„der Selbstherrlichkeit der Exekutive entgegenzuwirken“*.[13] Diese Begründung ist nur allzu verständlich vor dem Hintergrund der bei Schaffung des Grundgesetzes greifbar nahen NS-Vergangenheit, greift jedoch zu kurz, da die Rechtsweggarantie bereits vor dieser Zeit in anderer Form in der Weimarer Verfassung und im einfachen Gesetzesrecht jedenfalls vorgesehen war. Es ist davon auszugehen, daß sich die Nationalsozialisten auch durch einen individuellen, verfassungsrechtlich abgesicherten Anspruch, wie ihn Art. 19 Absatz 4 GG nunmehr enthält, nicht davon hätten abhalten lassen, etwa die Verwaltungsgerichtsbarkeit als Institution - wie im Jahre 1933 geschehen - zu beschränken bzw. sie später (1939) weitgehend abzuschaffen[14] oder etwa die Kontrollmöglichkeit durch andere Gerichte zu begrenzen.

---

[8] S. die Nachweise bei *Schulze-Fielitz* in: Dreier, GG, Art. 19 Abs. IV Rd. 2.

[9] Bereits in der Weimarer Zeit wurde heftig über die verwaltungsgerichtliche Generalklausel als alter rechtsstaatlicher Forderung diskutiert, s. *Huber* in: v. Mangoldt/Klein/Starck, Bonner GG, Art. 19 Abs. 4 Rd. 348 m.w.N.; vgl. ausführlich auch *Schulze-Fielitz*, aaO Rd. 2 ff. m.w.N.

[10] S. weiter u., II.1.a).

[11] Zur Zweckbestimmung des Art. 19 Absatz 4 GG, dem Schutz der materiellen Grundrechte, s. weiter u.

[12] Vgl. *Schmidt-Bleibtreu* in: Schmidt-Bleibtreu/Klein, GG, Art. 19 Rd. 2.

[13] BVerfGE 10, 264 (267); 16, 289 (292); 35, 263 (274); 51, 268 (284).

[14] Vgl. hierzu *Schulze-Fielitz*, aaO Art. 19 Abs. IV Rd. 2 m.w.N.

Dies ist nicht darauf zurückzuführen, daß die damaligen Gesetze nur unzureichend gewesen wären, sondern in der Eigenart der Diktatur begründet, die sich um Gesetz und Recht nicht schert, sondern ihre eigenen Gesetze aufstellt. Dessen ungeachtet ist die individuell-rechtliche Absicherung der Rechtsweggarantie nur zu begrüßen.[15] Nur so hat der Bürger die Möglichkeit, den ihm zustehenden Rechtsschutzanspruch auch wirksam durchzusetzen. Nur durch die verfassungsrechtliche Verankerung des subjektiven Rechts steht auch das Bundesverfassungsgericht als Kontrollgericht zur Verfügung.

Durch die Möglichkeit gerichtlichen Schutzes des Bürgers gegen Maßnahmen der Exekutive und vor allem durch ihre verfassungsrechtliche Absicherung in Form eines Individualrechts ist Art. 19 Absatz 4 GG eine der wesentlichen Brücken zwischen individueller und staatlich-institutioneller Sphäre geworden, indem er Schutz *vor*, zugleich aber auch Akzeptanz *für* staatliche Entscheidungen gewährt.[16] Die bloß formale Möglichkeit des Bürgers, die Gerichte anzurufen, würde dem allerdings nicht genügend Rechnung tragen und wäre mit dem Sinn und Zweck des Art. 19 Absatz 4 GG, den Schutz des Bürgers vor Verletzungen seiner (materiellen) Rechte zu garantieren, nicht vereinbar. Die Rechtsweggarantie des Art. 19 Absatz 4 GG ist insoweit bewußt umfassend angelegt worden und trägt dem Grundsatz Rechnung, daß Rechte erst dann effektiv sind, wenn sie im Konfliktfall auch durchgesetzt werden können.[17] Art. 19 Absatz 4 GG „garantiert deshalb nicht nur das formelle Recht und die theoretische Möglichkeit, die Gerichte anzurufen, sondern auch *die Effektivität des Rechtsschutzes*; der Bürger hat einen substantiellen Anspruch auf eine *tatsächlich wirksame gerichtliche Kontrolle*“[18].

II. Systematik und Inhalt des Art. 19 Absatz 4 GG

1. Innerer Aufbau und Schutzzweck des Art. 19 Absatz 4 GG

a) Art. 19 Absatz 4 Satz 1, 2 und 3 GG

Innerhalb des Art. 19 Absatz 4 GG liegt das Schwergewicht eindeutig auf der Bestimmung des *ersten Satzes*. Hierauf beziehen sich daher im folgenden, wie bereits angeführt, auch alle Aussagen, wenn von „Art. 19 Absatz 4“ die Rede ist. *Satz 2* ist lediglich eine

---

[15] S. hierzu weiter u., II.1.b).
[16] *Schmidt-Aßmann* in: Maunz/Dürig/Herzog, GG, Art. 19 Abs. IV Rd. 1.
[17] Vgl. *Huber* in: v. Mangoldt/Klein/Starck, Bonner Grundgesetz, Art. 19 Abs. 4 Rd. 349 m.w.N.
[18] BVerfGE 35, 263 (274); 46, 166 (178) und ständig. - Hervorhebungen in Kursivschrift durch *Verf.* - Im einzelnen zum Effektivitätsgebot weiter u., unter C.

Ergänzung zu dem Merkmal „der Rechtsweg" insofern, als hierdurch die (subsidiäre) Zuständigkeit der ordentlichen Gerichte begründet wird. Art. 19 Absatz 4 GG läßt insoweit offen, ob die Entscheidungen über Verwaltungsstreitigkeiten einer eigenständigen Verwaltungsgerichtsbarkeit oder der ordentlichen Gerichtsbarkeit zugewiesen werden.[19] Maßgeblich ist, *daß* gerichtlicher Schutz gegen Verwaltungshandeln gewährleistet ist. *Satz 3*, der erst 1968 im Rahmen der Notstandsgesetzgebung in das Grundgesetz eingefügt wurde, enthält nur einen klarstellenden Verweis auf den ebenfalls neu eingefügten *Art. 10 Absatz 2 Satz 2 GG*, der eine *Durchbrechung der Rechtsweggarantie* ermöglicht, da statt des Rechtsweges zum Gericht die Nachprüfung von Beschränkungen des Post- und Fernmeldegeheimnisses (zum Schutz der freiheitlich-demokratischen Grundordnung) durch parlamentarische Organe zugelassen wird.[20] Im übrigen enthält Art. 19 Absatz 4 GG *keinen Gesetzesvorbehalt*, d.h. die Rechtsweggarantie wird *schrankenlos* gewährt und ist *durch einfaches Gesetz* allenfalls beschränkbar, aber *jedenfalls nicht ausschließbar*, sodaß nach allgemeinen Grundsätzen ein Ausschluß im Einzelfall allenfalls kraft kollidierenden Verfassungsrechts in Frage kommt.

b) Die innere Struktur der Rechtsweggarantie des Art. 19 Absatz 4 GG und der Rechtsschutzanspruch des Einzelnen

Die Rechtsweggarantie des Art. 19 Absatz 4 GG enthält drei Komponenten: Ein *subjektives* Recht (Individualrechtsschutz) sowie eine *objektive* Wertentscheidung und eine *institutionelle* Garantie. Als *objektive Wertentscheidung* prägt Art. 19 Absatz 4 GG das Bild der *Gewaltenteilung* nach Art. 20 Absatz 3 GG, indem die gerichtliche Kontrolle von behördlichen Entscheidungen garantiert wird. Denn gerade und auch die Nachprüfung von Entscheidungen der *Exekutive* muß im Rechtsstaat des Grundgesetzes gewährleistet sein.[21] Hiermit hängt die ebenfalls von Art. 19 Absatz 4 GG umfaßte *institutionelle Garantie* eng zusammen, wonach eine *Gerichtsbarkeit*, der „*Rechtsweg*", gewährleistet ist.[22] Der Art. 19 Absatz 4 GG immanente subjektive Anspruch ginge ins Leere, stünden keine Gerichte zu seiner Durchsetzung zur Verfügung. Insoweit ist die Bereit-

[19] *Schulze-Fielitz* in: Dreier, GG, Art. 19 Abs. IV Rd. 3 und 72.
[20] Vgl. *Schmidt-Aßmann* in: Maunz/Dürig/Herzog, GG, Art. 19 Abs. IV Rd. 6; ausführlich *Schulze-Fielitz*, aaO Rd. 8.
[21] Vgl. hierzu *Schmidt-Aßmann*, aaO Rd. 10 ff.
[22] Vgl. *dens.*, aaO Rd. 14.

stellung eines adäquaten Gerichtsverfassungs- und Prozeßrechts notwendig, sodaß sich diese Bestandteile der Rechtsweggarantie daher primär an den Gesetzgeber richten.[23]

Maßgebliche Bedeutung kommt jedoch dem subjektiven Element des Art. 19 Absatz 4 GG zu, dem *individuellen Recht des Einzelnen auf (effektiven)*[24] *Rechtsschutz*, dessen Verletzung mit der Verfassungsbeschwerde gerügt werden kann.[25] Denn Zweckbestimmung der Rechtsschutzgarantie und Grund für ihre Aufnahme in das Grundgesetz war vor allem der Schutz des Einzelnen und die Wahrung bzw. Durchsetzung seiner individuellen materiellen Rechte, während eine Art institutionelle Garantie bereits in Art. 107 WRV enthalten war.[26] Art. 19 Absatz 4 GG ist daher als (Prozeß-)Grundrecht ausgestaltet. Im Vordergrund steht somit seine *subjektive Funktion*, und zwar primär darauf gerichtet, den *Abwehrcharakter der materiellen Grundrechte* gegen den Staat formell abzusichern und diesen zur Durchsetzung zu verhelfen.[27] Der Rechtsweggarantie des Art. 19 Absatz 4 GG kommt somit vor allem im Hinblick auf die materiellen Grundrechte zentrale Bedeutung zu: Systematisch schließt sie einerseits den Katalog der materiellen Grundrechte ab und schützt zugleich deren Durchsetzung im Bereich der öffentlichen Gewalt, indem gegen Exekutivakte der Weg des Bürgers gesichert ist, seine Grundrechte vor unabhängigen Richtern einzuklagen. Infolge dessen kommt vor allem der von Art. 19 Absatz 4 GG geforderten *Rechtsschutzeffektivität*[28] *kein funktionaler Eigenwert* zu. Vielmehr steht jene in untrennbarem Zusammenhang zu den materiellen Grundrechten, zu deren Schutz sie entwickelt wurde. Allgemein erfüllt das Gerichtsverfahren keinen reinen Selbstzweck, sondern es sichert primär die Durchsetzung des materiellen Rechts.[29] Der nach dem formellen Grundrecht des Art. 19 Absatz 4 GG zu gewährende Rechtsschutz kann insoweit als *„grundrechtsakzessorisch“* bezeichnet werden, d.h. er richtet sich nach dem sachlichen Umfang des materiellen Grundrechts, dessen Absicherung er im konkreten Fall dient. Das Bundesverfassungsgericht führt hierzu aus: „Gewiß

---

[23] S. *Huber* in: v. Mangoldt/Klein/Starck, Bonner Grundgesetz, Art. 19 Abs. 4 Rd. 383 ff., 387 ff., 392. - Zur besonderen *„Normprägung“* des Art. 19 Absatz 4 GG s. bereits o., das Erste Kapitel, A.II.1.

[24] Zum Effektivitätsgebot s. ausführlich weiter u., unter C.

[25] Vgl. hierzu *Schmidt-Aßmann* in: Maunz/Dürig/Herzog, GG, Art. 19 Abs. IV Rd. 7 ff. m.w.N. S. auch BVerfGE 24, 33 (50): *„[...]* daß die Rechtsweggarantie des Art. 19 Abs. 4 GG speziell dem Schutz der Rechte des Einzelnen zu dienen bestimmt ist.“

[26] S. weiter o. unter I.

[27] *Schmidt-Bleibtreu* in: Schmidt-Bleibtreu/Klein, GG, Art. 19 Rd. 1 m.w.N. S. hierzu bereits das Erste Kapitel, A.I.3., dieser Arbeit.

[28] Weiter u., unter C.

[29] S. BVerfGE 46, 325 (333); s. auch die Nachweise bei *Krause*, DÖV 1970, S. 695 (696). Vgl. bereits das Erste Kapitel dieser Arbeit, dort A.I.3.

bestimmt sich das Maß dessen, was *wirkungsvoller*[30] Rechtsschutz ist, entscheidend auch nach dem sachlichen Gehalt des als verletzt behaupteten Rechts; denn es ist dieses Recht, dessen Schutz durch Art. 19 Abs. 4 Satz 1 GG wirkungsvoll gewährleistet werden soll und mithin im Rahmen auch des Art. 19 Abs. 4 GG Beachtung erfordert."[31] Andererseits erschöpft sich die Rechtsweggarantie des Art. 19 Absatz 4 GG nicht in dem Schutz der Grundrechte, da bereits nach ihrem Wortlaut der Zugang zu Gericht immer dann eröffnet ist, wenn der Bürger *„in seinen Rechten"* verletzt ist, sodaß schlechthin *jede Rechtsverletzung* von Seiten der öffentlichen Gewalt - mithin auch die Verletzung solcher Rechte, die durch einfaches Bundes- oder Landesrecht geschaffen sind - durch Art. 19 Absatz 4 GG erfaßt ist.[32] Insoweit ist der Begriff der „Grundrechtsakzessorietät" zu kurz gefaßt, da durch Art. 19 Absatz 4 GG umfassender Rechtsschutz gegen jeden Exekutivakt gewährt wird, der Rechte des Einzelnen, seien es Grundrechte, seien es ihm einfach-gesetzlich gewährte Rechte, möglicherweise verletzt, auch wenn zuzugeben ist, daß angesichts der „Grundrechtsexpansion" heute nahezu jedes durch das einfache Recht vermittelte Individualrecht zumindest „grundrechtsrelevanten" Bezug aufweist, sodaß jedenfalls Art. 2 Absatz 1 GG als „Auffanggrundrecht" stets im Raume steht.[33]

Der Rechtsweggarantie des Art. 19 Absatz 4 GG immanent ist allerdings ihre *Beschränkung auf den Rechtsschutz gegen Akte der öffentlichen Gewalt*[34], sodaß vor allem der Rechtsweg bei privatrechtlichen Streitigkeiten zwischen Bürgern hiervon nicht erfaßt ist. Eine vergleichbare verfassungsrechtliche Norm für den Zivilrechtsweg fehlt. Auch die Regelung des Art. 19 Absatz 4 Satz 2 GG, welche die subsidiäre Zuständigkeit der Zivilgerichte begründet, hilft nicht weiter, da sie die Tatbestandsmerkmale des Satzes 1 der Vorschrift voraussetzt. Art. 19 Absatz 4 GG gibt also keine „allumfassende" Rechtsweggarantie für alle auch vom Grundgesetz vorausgesetzten Rechtswege, sondern wirkt umfassend letztlich nur im Verwaltungsrechtsweg, der im Regelfall (nach geltendem Gesetzesrecht) der zulässige Rechtsweg ist, wenn jemand behauptet, durch die öffentliche Gewalt in seinen Rechten verletzt zu sein. Da gleichwohl auch hier schon das *Rechtsstaatsprinzip*, welches letztlich allen verfassungsrechtlichen Verfahrensgarantien zu Grunde liegt, nach Rechtsschutz verlangt, muß eine rechtliche Grundlage *außerhalb* des Anwendungsbereichs des Art. 19 Absatz 4 GG aus anderen Verfassungsbestimmungen

---

[30] Hervorhebung in Kursivschrift im zitierten Text.
[31] BVerfGE 60, 253 (297).
[32] *Herzog* in: Maunz/Dürig/Herzog, GG, Art. 19 Vorbemerkung Rd. 5; ausführlich hierzu u., unter C.
[33] Spätestens seit BVerfGE 6, 32 (=*Elfes*).S. hierzu das Erste Kapitel, A.II.3.c)cc)*(1)*, dieser Arbeit.
[34] S. weiter u., B.II.

hergeleitet werden. Dabei rekurriert das Bundesverfassungsgericht unter anderem auf Art. 2 Absatz 1 GG in Verbindung mit dem Rechtsstaatsprinzip[35] sowie auf die materiellen Grundrechte[36], aber auch auf den Anspruch auf rechtliches Gehör nach Art. 103 Absatz 1 GG[37], und leitet daraus eine verfassungsrechtliche Rechtsweggarantie auch im privatrechtlichen Bereich ab. Die Eröffnung des Rechtswegs bei behaupteten Rechtsverletzungen durch Maßnahmen der Exekutive dagegen ist unmittelbar durch Art. 19 Absatz 4 GG garantiert.

2. Art. 19 Absatz 4 GG und andere verfassungsrechtliche Verfahrensprinzipien

Es ist bereits angeführt worden, daß Art. 19 Absatz 4 GG mit anderen verfassungsrechtlichen Verfahrensgarantien, insbesondere mit Art. 101 Absatz 1 Satz 2 GG und Art. 103 Absatz 1 GG, und weiteren Verfahrensgrundsätzen zusammenwirkt.[38] Diese bilden insgesamt einen *„allgemeinen Rechtsschutzstandard“*, der in jedem gerichtlichen Verfahren gilt und insoweit *lückenlosen, effektiven Rechtsschutz* gewährleistet.[39] Andererseits ist aber auch denjenigen Verfahrensgarantien Rechnung zu tragen, die dem prozessualen Gegner zustehen, sowie objektiv wirkenden verfassungsrechtlichen Verfahrensgrundsätzen, die dem Rechtsschutzinteresse des Einzelnen ebenfalls zuwiderlaufen können. Diese hat primär der Gesetzgeber in den Verfahrensordnungen, aber auch das Fachgericht im Rahmen der ihm zustehenden Spielräume bei der Verfahrensgestaltung in angemessener Weise in Ausgleich zu bringen.[40] Von besonderer Relevanz ist hinsichtlich des Individualanspruchs des Einzelnen aus Art. 19 Absatz 4 GG insofern das *Rechtsstaatsprinzip*, welches zwar als objektiver Verfassungsgrundsatz einerseits der Rechtsweggarantie zu Grunde liegt, andererseits diese aber durch bestimmte Ausprägungen zu beschränken vermag: So darf Art. 19 Absatz 4 GG auch durch einfach-gesetzliche Ausgestaltungen des gerichtlichen Rechtsschutzes beschränkt werden, wenn diese im Hinblick auf die Wahrung anderer Verfassungsgrundsätze gerechtfertigt sind, etwa aus Gründen der *Rechtssicherheit*, welche eine besondere Ausprägung des Rechtsstaatsprinzips dar-

---

[35] S. etwa BVerfGE 50, 1. Es handelt sich insoweit um eine *„Hilfskonstruktion“*, da eine explizite verfassungsrechtliche Rechtsweggarantie für das Privatrecht eben fehlt, s. *Lorenz*, AöR Bd. 105 (=1980), S. 623 (631). Vgl. auch BVerfGE 53, 115; 84, 366; 87, 48, 273.

[36] BVerfGE 46, 325 (334); 49, 220 (225); vgl. hierzu *Krause*, JZ 1984, S. 828 (835, Fn. 484).

[37] In der Tat spricht einiges dafür, sich hier auf Art. 103 Absatz 1 GG rückzubesinnen und dem Anspruch auf rechtliches Gehör eine Zugangsgarantie für privatrechtliche Streitigkeiten zu entnehmen, s. ausführlich hierzu u., im Zweiten Teil dieses Kapitel, Zweiter Abschnitt (zu Art. 103 Absatz 1 GG), dort C.III.3.c)aa).

[38] S.o., Erstes Kapitel, A.I.1. und 2.

[39] AaO.

[40] S.o., Erstes Kapitel, A.II.1. und 2.

stellt.[41] Dabei darf keine der verfassungsrechtlichen Gewährleistungen, welche sich unter Umständen in einem unauflösbaren Spannungsverhältnis gegenüberstehen - weder der aus der Rechtsweggarantie folgende subjektive Anspruch des Einzelnen noch das objektive Prinzip der Rechtssicherheit - ausgehöhlt werden. Vielmehr ist Art. 19 Absatz 4 GG so auszulegen, daß sowohl er als auch die anderen in die Abwägung einbezogenen Verfassungsnormen insgesamt, allerdings nur in der durch ihren jeweiligen Schutzbereich vorgegebenen Mindestgarantie[42], zu bestmöglicher Wirksamkeit gelangen.[43]

3. Art. 19 Absatz 4 GG und das einfache Prozeßrecht

Nach der Rechtsweggarantie des Art. 19 Absatz 4 GG ist unter bestimmten Voraussetzungen somit ein Recht auf Zugang zu Gericht, d.h. die Möglichkeit der Inanspruchnahme gerade eines *Gerichts*, und insoweit auch *effektiver* Rechtsschutz, gewährleistet. Folgerichtig enthält Art. 19 Absatz 4 GG auch einen Individualanspruch, dessen Verletzung mit der Verfassungsbeschwerde gerügt werden kann. Wie bereits dargelegt wurde, resultiert daraus jedoch nur eine *„Mindestgarantie"*, d.h. ein Mindestmaß an einzuhaltendem effektivem Rechtsschutz.[44] Im übrigen bedarf sie der Konkretisierung durch das einfache Prozeßrecht. Es wurde bereits darauf hingewiesen, daß dies primär Aufgabe des Gesetzgebers ist und Art. 19 Absatz 4 GG insoweit in besonderer Weise *„normgeprägt"* ist.[45] Jedoch haben die Fachgerichte bei der Anwendung und Auslegung der ihnen vom Gesetzgeber zur Verfügung gestellten Regelungen wiederum die von Art. 19 Absatz 4 GG gewährleistete Mindestgarantie zu beachten.

Bei der Bestimmung der Reichweite des Art. 19 Absatz 4 GG ist somit nicht nur die Einbettung dieser verfassungsrechtlichen Garantie in den bereits angesprochenen Gesamtzusammenhang der Verfassung zu berücksichtigen, sondern auch und gerade ihre enge Verbindung mit dem einfachen Prozeßrecht, die das Bundesverfassungsgericht bei seiner Kontrolle gerichtlicher Entscheidungen zu entknoten hat, unter Herausarbeitung des verfassungsrechtlichen Mindestschutzgehalts der Rechtsweggarantie. Innerhalb dieses komplexen Gesamtzusammenhangs stellten sich also die bekannten, bis heute nicht all-

---

[41] BVerfGE 60, 253 (267 ff.) im Hinblick auf die verfassungsrechtliche Zulässigkeit prozessualer Fristen (und in diesem Zusammenhang ausführlich zur Zurechnung des Anwaltsverschuldens nach § 85 Absatz 2 ZPO, welches über § 173 VwGO auch im Verwaltungsprozeß Anwendbarkeit findet).

[42] Vgl. hierzu bereits das Erste Kapitel, A.II., dieser Arbeit sowie nachstehend.

[43] BVerfGE 60, 253 (267); s. auch *Schmidt-Aßmann* in: Maunz/Dürig/Herzog, GG, Art. 19 Abs. IV Rd. 5 m.w.N.

[44] Zu Art. 19 Absatz 4 GG: BVerfGE 22, 106 (110); 83, 182 (196). S. hierzu o., Erstes Kapitel, A.II.

[45] S. das Erste Kapitel, A.II.1., dieser Arbeit.

gemeingültig in zufriedenstellender Weise gelösten Abgrenzungsschwierigkeiten zwischen Verfassungsrecht und einfachem Prozeßrecht.[46] Es galt also für das Bundesverfassungsgericht mit Aufnahme seiner Tätigkeit, bei der Überprüfung von fachgerichtlichen Entscheidungen auf Verfassungsbeschwerde hin den verfassungsfesten Kerngehalt des Art. 19 Absatz 4 GG in Form seiner „Mindestgarantie" auszuloten. Nur wenn diese verletzt ist, liegt zugleich ein Verfassungsverstoß vor. Im übrigen bleibt nur der Fehler eines Fachgerichts bei der Anwendung und Auslegung einfachen Prozeßrechts, der nicht durch das Bundesverfassungsgericht zu korrigieren ist, da es sich - aus funktionaler Sicht - ansonsten dem bekannten Vorwurf aussetzen würde, sich zur „Superrevisionsinstanz" zu bestellen.

4. Nur sporadische Kontrolle durch das Bundesverfassungsgericht

Insgesamt fällt dabei auf, daß das Bundesverfassungsgericht im Bereich der Verfassungsbeschwerden, welche den Verstoß gegen eine verfassungsrechtliche Verfahrensgarantie rügen, in verhältnismäßig geringem Maße mit der Rechtsweggarantie des Art. 19 Absatz 4 GG, insbesondere im Vergleich mit Rügen der Verletzung rechtlichen Gehörs, befaßt wurde. Auch nur wenige Verletzungen jenes Verfahrensgrundrechts hat das Bundesverfassungsgericht, ebenfalls im Gegensatz zu der Feststellung von Verletzungen des rechtlichen Gehörs, im Ergebnis bejaht. Im folgenden wird näher beleuchtet, wann das Bundesverfassungsgericht im einzelnen Fehler bei der Anwendung und Auslegung einfachen Rechts zugleich als Verletzung der durch Art. 19 Absatz 4 GG gewährleisteten Mindestgarantie qualifiziert, und welche Verstöße der Fachgerichte bei der Rechtsanwendung und -auslegung es demgegenüber als im Hinblick auf die Rechtsweggarantie verfassungsrechtlich unbedenklich ansieht. Dies bedeutet materiell nichts anderes als die Auslegung des Tatbestandsmerkmals des Art. 19 Absatz 4 GG, wonach „der Rechtsweg ... offen steht". Zunächst müssen hierfür jedoch die Anwendungsvoraussetzungen der Rechtsweggarantie erfüllt sein, nämlich daß jemand „durch die öffentliche Gewalt in seinen Rechten verletzt" wird.

---

[46] Erstes Kapitel, A.II.3 dieser Arbeit.

B. Die Anwendbarkeitsvoraussetzungen des Art. 19 Absatz 4 GG

I. Zum Begriff der Rechtsverletzung

1. Rechte

a) Subjektive Rechte

Nach seinem Wortlaut ist gemäß Art. 19 Absatz 4 GG der Rechtsweg für denjenigen eröffnet, der „in seinen Rechten verletzt wird". Der Begriff „*Rechte*" ist insofern weitgefaßt, als nicht nur die Verletzung von Grundrechten, sondern auch die *sonstiger verfassungsmäßiger*[47] wie auch solcher Rechte, die durch *einfaches Gesetz* begründet werden, der Rechtsweggarantie unterfällt.[48] Das Bundesverfassungsgericht betont allerdings stets die Bedeutung der Gewährleistung wirksamen Rechtsschutzes, „wenn es um die Abwehr von Grundrechtsverletzungen oder um die Durchsetzung verfassungsrechtlicher Gewährleistungen zugunsten des privaten Einzelnen gegenüber der öffentlichen Gewalt geht".[49] Darüber darf indes nicht vergessen werden, daß auch bei der Behauptung der Verletzung von durch einfaches Gesetzesrecht begründeten Rechten der Zugang zu Gericht eröffnet ist, wenngleich sich letztlich nahezu jedes einfach-gesetzliche Recht auf ein Grundrecht zurückführen läßt. Die Geltendmachung bloß *ideeller, wirtschaftlicher oder sonstiger Interessen* unterfällt dagegen *nicht* dem Schutzbereich des Art. 19 Absatz 4 GG, da es sich hierbei nicht um „Rechte" bzw. um „Rechtspositionen" handelt.[50]

Weiterhin können *nur eigene*, mithin *subjektive Rechte* des Rechtsschutzsuchenden von der Rechtsweggarantie umfaßt sein, denn Art. 19 Absatz 4 GG verlangt, daß der Rechtsschutzsuchende in „*seinen*" Rechten verletzt wird.[51] Auch muß das verletzte subjektive Recht ein *öffentliches* sein, da die Rechtsweggarantie des Art. 19 Absatz 4 GG *nur gegen*[52] *Exekutivakte* gilt.[53] Allgemein setzt ein Verstoß gegen Art. 19 Absatz 4 GG somit eine *im Interesse des Einzelnen* gewährte Rechtsposition voraus, deren Verletzung gel-

---

[47] BVerfGE 83, 182 (195), eine der Leitentscheidungen zu Art. 19 Absatz 4 GG.
[48] Zusammenfassend BVerfG, aaO S. 194 f.
[49] BVerfGE 60, 253 (266 [m.w.N. aus seiner Rechtsprechung]).
[50] BVerfGE 31, 33 (39); 83, 182 (194); 96, 100 (114 f.) und ständig.
[51] Vgl. nur BVerfGE 46, 166 (177) und ständig.
[52] Problematisch daher der „*In-sich-Prozeß*" der Verwaltungsbehörde(-n), s. hierzu jüngst *Roth*, Verwaltungsrechtliche Organstreitigkeiten - das subjektive Recht im innerorganisatorischen Verwaltungsrechtskreis und seine verwaltungsgerichtliche Geltendmachung (Habil.-Schr. 2001).
[53] Vgl. *Wahl*, Die doppelte Abhängigkeit des subjektiven öffentlichen Rechts, DBVl. 1996, S. 641 ff.

tend gemacht wird.[54] Insofern kommt es darauf an, daß der betreffende Rechtssatz *nicht nur öffentlichen Interessen* (oder Individualinteressen anderer Personen als des rechtsschutzsuchenden Klägers), *sondern - zumindest auch - Individualinteressen* (des Rechtsschutzsuchenden) *zu dienen bestimmt ist.*[55] Ansonsten - wenn der Rechtssatz nicht zweckgerichtet ist auf den Schutz von Individualinteressen - liegt im Hinblick auf den Einzelnen ein bloßer *Rechtsreflex* vor, nicht dagegen eine geschützte Rechtsposition, das heißt der Einzelne wird nur aus Gründen des Interesses der Allgemeinheit begünstigt.[56] Das Recht wirkt sich nur *mittelbar* auf ihn aus.[57] Die konkrete Bestimmung der subjektiven öffentlichen Rechte im Einzelfall erfolgt nach herrschender Auffassung mit Hilfe der so genannten *Schutznormtheorie*, welche herkömmlicherweise an die Perspektive des Gesetzgebers anknüpft.[58]

Problematisch ist daher die Klagebefugnis von *Dritten*, d.h. solchen Personen, gegen die das Verwaltungshandeln nicht direkt gerichtet ist. Denn auch ein Dritter kann beispielsweise durch den unmittelbar an einen anderen gerichteten Verwaltungsakt, obgleich er nicht dessen Adressat ist, unmittelbar betroffen sein. Dies gilt insbesondere im Nachbar-, Bau-, Immissions- und Umweltrecht sowie in allen Rechtsgebieten, in denen es zwangsläufig zu Interessenkollisionen kommen kann. Das Bundesverfassungsgericht betont insofern allerdings zu Recht, daß ein solcher Dritter so wie jeder andere Rechtsschutzsuchende geltend machen können muß, durch den Verwaltungsakt *in eigenen Rechten verletzt* zu sein.[59] Nur dann ist er *subjektiv beschwert* und insoweit klagebefugt. Andererseits liegt eine subjektive Beschwer nur dann *nicht* vor, wenn die geltend gemachten Rechte unter Zugrundelegung des Klagevorbringens offensichtlich und eindeutig nach keiner Weise bestehen oder dem Kläger zustehen können, eine Verletzung subjektiver Rechte des Klägers also nicht in Betracht kommt.[60] Dem einfachen Gesetzgeber ist um-

---

[54] Vgl. nur BVerfGE 27, 297 (305) und ständig.

[55] BVerfGE 27, 297 (307).

[56] BVerfG, aaO, und BVerfGE 31, 33 (39 f.); zusammenfassend BVerfGE 83, 182 (194 f. [m.w.N. aus seiner Rechtsprechung]).

[57] BVerfG, aaO S. 40.

[58] Vgl. statt aller *Huber* in: v. Mangoldt/Klein/Starck, Bonner Grundgesetz, Art. 19 Abs. 4 Rd. 400 ff. m.w.N.; zur Konkretisierung grundrechtlicher Schutzpflichten durch einfach-gesetzliche Regelungen, die insoweit als zur Vermittlung subjektiver öffentlicher Rechte geeignet angesehen werden s. BVerfGE 77, 381 (405) [= *Gorleben*].

[59] BVerfGE 83, 182 (196).

[60] Ebda.; hier zu *§ 54 Absatz 1, Absatz 2 Satz 1 SGG* als einfach-rechtlicher Konkretisierung der allgemeinen Rechtsschutzgarantie des Art. 19 Absatz 4 GG. In der genannten Vorschrift sind die besonderen Zulässigkeitsvoraussetzungen einer Klage in Angelegenheiten der gesetzlichen Rentenversicherung geregelt: Demnach ist die Klage zulässig, wenn der Kläger behauptet, durch den Verwaltungsakt oder durch die Ablehnung oder Unterlassung eines Verwaltungsakts beschwert zu sein. Beschwert ist der Kläger, wenn der Verwaltungsakt oder dessen Ablehnung oder Unterlassung *rechtswidrig ist.*

gekehrt nicht verwehrt, aus sachlichen Gründen an den Erlaß eines Verwaltungsakts *ohne Rücksicht auf dessen Rechtmäßigkeit Tatbestandswirkung*[61] *und Rechtsfolgen für Dritte* zu knüpfen.[62] Will sich der Dritte mithin gegen einen an einen anderen adressierten Verwaltungsakt erfolgreich zur Wehr setzen, muß er unmittelbar in eigenen Rechten verletzt sein bzw. darf eine solche Verletzung nicht ausgeschlossen sein. Eine nur mittelbare Beeinträchtigung ist zur Begründung seiner Klagebefugnis dagegen nicht geeignet, mögen ihn die Folgen des Verwaltungsakts auch realiter fühlbar treffen.[63] Eindeutig zu beurteilen ist der Fall der *Popularklage*, da der Popularkläger ausschließlich *fremde* Rechte geltend macht, die ihn in überhaupt *keiner* Weise rechtlich tangieren, sodaß auch kein Fall der Drittbetroffenheit vorliegt: Das Bundesverfassungsgericht hat herausgestellt, daß der Popularkläger, der keine eigenen Rechte verfolgt, in Art. 19 Absatz 4 GG von vornherein nicht verletzt sein kann.[64] Somit kann eine Verletzung der einfachgesetzlichen Vorschrift, welche den Rechtsweg im Popularverfahren im Fall der Verletzung fremder Rechte ausnahmsweise eröffnet, durch das über die Popularklage entscheidende Gericht von vornherein nicht gegen die verfassungsrechtliche Rechtsweggarantie verstoßen.[65]

b) Der Anspruch auf fehlerfreien Ermessensgebrauch als subjektives Recht

Dem Einzelnen hat das Bundesverfassungsgericht bereits durch Beschluß des Zweiten Senats vom 17. Dezember 1969 ein subjektives Recht vor allem in Form eines *Anspruchs auf fehlerfreien Ermessensgebrauch* der Behörde bei ihrer Entscheidung zugebilligt, sofern das diesem Anspruch *zugrundeliegende Recht subjektiver Art* ist.[66] Insofern können auch *ungeschriebene Rechtssätze* nach Auffassung des Bundesverfassungsgerichts individualschützend sein.[67] Es führt insoweit aus, der ungeschriebene Rechtssatz, es liege (in

---

Obgleich diese Gesetzesfassung von dem Wortlaut des § 42 VwGO abweicht, wird die Klagebefugnis nach beiden Regelungen im wesentlichen gleich behandelt, da beide denselben Zweck verfolgen, Popularklagen und solche Klagen, mit denen der Kläger außerrechtliche Interessen verfolgt, auszuschließen (BVerfG, aaO S. 196).

[61] S. hierzu weiter u.

[62] BVerfGE 83, 182 (198).

[63] BVerfG, aaO S. 182 ff. zum Schutzumfang des sogenannten *Pensionistenprivilegs* nach § 55 c Absatz 1 Satz 2 des früheren Soldatenversorgungsgesetzes (SVG), das so bestimmt ist, daß es nicht das Recht des ausgleichspflichtigen geschiedenen Ehegatten (als „Dritten") einschließt, einen dem ausgleichsberechtigten früheren Ehegatten erteilten Rentenbescheid im Klageweg anzufechten.

[64] BVerfGE 13, 132 (151) für das Popularklageverfahren vor dem Bayerischen Verfassungsgerichtshof; zustimmend *Bettermann*, AöR Bd. 96 (=1971), S. 528 (542 f.). S. bereits das Erste Kapitel, B.I.3., zum persönlichen Anwendungsbereich der Prozeßgrundrechte.

[65] Vgl. hierzu *Bettermann*, aaO.

[66] BVerfGE 27, 297 (307); der Beschluß erging mit fünf gegen zwei Stimmen.

[67] BVerfG, aaO.

dem speziellen hier vorliegenden Fall des Wiedergutmachungsverfahrens für NS-Opfer) im behördlichen *Ermessen, einen unanfechtbaren (!) fehlerhaften Bescheid zu Gunsten des Betroffenen abzuändern*[68], habe evidentermaßen einen Bezug zum allgemeinen Wohl *und* zum Individualinteresse, indem er der Korrektur des im regulären Verfahren ergangenen Erstbescheides diene. Eine solche Entscheidung vom Belieben der Behörde abhängig zu machen, verfehle das verfassungsrechtlich geprägte Verhältnis des Einzelnen zum Staat.[69] Weiter stellt das Bundesverfassungsgericht fest, das individuelle Recht auf fehlerfreien Ermessensgebrauch und damit die *Rechtspflicht* des Gerichts zur Nachprüfung, ob dieses Recht gewahrt sei, ergebe sich schon aus der Befugnis der Behörde zur Ermessensentscheidung; beide seien nicht davon abhängig, ob ein Rechtsanspruch auf eine Entscheidung *in bestimmtem Sinne* durch Anfechtung der Ermessensentscheidung geltend gemacht werden könne.[70] Demnach ist also zu unterscheiden zwischen dem *Anspruch auf rechtmäßige (Ermessens-)Entscheidung* und dem *Anspruch auf eine Entscheidung bestimmten Inhalts*, welche *nicht* aus der Rechtsweggarantie ableitbar ist. Dies ergibt sich zum einen aus der aus Art. 19 Absatz 4 GG abgeleiteten bloßen Mindestgarantie[71], zum anderen aus dem Schutzzweck des Art. 19 Absatz 4 GG, welcher nur der *formellen* Absicherung (bestehender) materieller subjektiver Rechte dient.[72] Dagegen werden durch die Rechtsweggarantie materielle Rechte nicht begründet, sondern vielmehr von ihr vorausgesetzt[73], sodaß der Schutzbereich des Art. 19 Absatz 4 GG *nicht die inhaltliche „Richtigkeit"* der behördlichen wie auch der nachprüfenden gerichtlichen Entscheidung erfaßt, sondern nur garantiert, daß *überhaupt* eine rechtmäßige Entscheidung ergeht. Demnach hat das Bundesverfassungsgericht in der oben angeführten Entscheidung festgestellt, die Zulassung der Anfechtung des an sich *unanfechtbaren* Bescheides bedeute nicht, daß ihm die *formelle Rechtskraft* vorenthalten sowie gesetzliche Antrags- und Anfechtungsfristen überspielt würden; denn das Gericht habe nicht das behördliche Ausgangsverfahren neu aufzurollen, sondern lediglich die *Ausübung der*

---

68 Die Rechtsprechung hatte für einige Rechtsgebiete den ungeschriebenen Rechtssatz entwickelt, daß - abgesehen von Spezialregelungen - die Verwaltungsbehörde grundsätzlich die Möglichkeit hat, Verwaltungsakte nach deren Unanfechtbarkeit zu Gunsten des Betroffenen zu ergänzen, vgl. BVerfG, aaO S. 306 mit Nachweisen aus der Rechtsprechung des Bundesgerichtshofs und des Bundesverwaltungsgerichts speziell für das Wiedergutmachungsrecht sowie für andere Rechtsgebiete (Beamtenrecht, Kriegsgefangenenentschädigungsrecht, Lastenausgleichsrecht).
69 BVerfG, aaO.
70 BVerfG, aaO S. 307 f.
71 S. weiter o., A.II.3., und das Erste Kapitel, A.II.
72 S. weiter o., A.II.1.b).
73 S. sogleich unter c).

Befugnis der Behörde zu überprüfen.[74] Das Gericht selbst habe doch in die Rechtssicherheit zu Gunsten der Gerechtigkeit eingebrochen, indem es der Behörde die Befugnis zuerkannt habe, in das Verfahren wieder einzutreten und den Erstbescheid zu ändern oder aufzuheben; das prozessuale Recht des Betroffenen, kraft dessen er eine gerichtliche Überprüfung der behördlichen Ermessensausübung erreichen könne, trage *nicht zusätzlich* zu einer Minderung der Rechtsbeständigkeit bei.[75] Letztlich wird hiermit also die Inkonsequenz richterlicher Rechtsfortbildung gerügt, die einen behördlichen Entscheidungsspielraum zunächst eröffnet, seine Ausübung aber nicht der gerichtlichen Kontrolle zugänglich macht. Dies widerspricht in der Tat der Grundidee des Art. 19 Absatz 4 GG, wonach *jedes* Handeln (oder Unterlassen) der Exekutive durch ein Gericht überprüfbar sein muß.

In den Fällen, in denen *einfach-gesetzlich positiv geregelt* ist, daß auf die *Wiederaufnahme* eines abgeschlossenen behördlichen Verfahrens unter bestimmten Voraussetzungen ein *Rechtsanspruch* in Form eines subjektiven Rechts des Einzelnen, mithin kein Ermessensspielraum, besteht, hatte sich weder das Problem der formellen Rechtskraft - da die Wiederaufnahme des bereits abgeschlossenen Verfahrens gesetzlich ausdrücklich vorgesehen ist - noch die Frage gestellt, ob ein Ermessensanspruch einem Rechtsanspruch allgemein oder unter bestimmten Voraussetzungen gleichzusetzen ist. Hier liegt in der Ablehnung, überhaupt eine Entscheidung über die Wiederaufnahme zu treffen - gleichgültig welchen Inhalts, da die Rechtsweggarantie nicht einen Anspruch auf eine bestimmte Entscheidung begründet - , zugleich ein Verstoß gegen Art. 19 Absatz 4 GG.[76]

In einer neueren Entscheidung hat das Bundesverfassungsgericht allgemein zu Normen, in denen der Behörde *Ermessen* bei ihrer Entscheidung eingeräumt ist, festgestellt, nur derjenige, dessen *rechtlich geschützte Interessen* die Behörde bei ihrer Ermessensausübung auch zu berücksichtigen habe, könne nach Art. 19 Absatz 4 GG die gerichtliche Nachprüfung der Ermessensausübung verlangen.[77] Schütze die Norm demgegenüber

---

74 BVerfG, aaO S. 309.

75 BVerfG, aaO S. 309 f. Zustimmend *Bettermann*, AöR Bd. 96 (=1971), S. 528 (542).

76 BVerfGE 15, 275 (281 f.); näher zu dieser Entscheidung weiter u.

77 BVerfGE 96, 100 (115) [= Beschluß des Zweiten Senats vom 18. Juni 1997]; das Bundesverfassungsgericht hat in dem konkreten Fall festgestellt, daß allgemein bei Ermessensentscheidungen im Bereich des *Strafvollzugs* der Verurteilte einen Anspruch darauf habe, daß die Behörden ihr Ermessen pflichtgemäß ausübten (aaO S. 115 [m.w.N. aus seiner Rechtsprechung]). Diesen Anspruch leitet das Bundesverfassungsgericht aus dem Anspruch des zu einer Freiheitsstrafe Verurteilten auf Resozialisierung gemäß Art. 2 Absatz 1 in Verbindung mit Art. 1 Absatz 1 GG ab (aaO). Der Anspruch auf pflichtgemäße Ermessensausübung umfaßt auch die gegenüber dem Strafvollzug eigenständige straf-

keine rechtlichen Interessen des Betroffenen, sei die Ermessensentscheidung für ihn *nicht justitiabel*.[78] Dies hätte der Klarstellung an sich nicht bedurft, da dies selbstverständliche Folge der Anwendungsvoraussetzung des Art. 19 Absatz 4 GG in Form der Verletzung *eigener subjektiver* Rechte ist.

c) Keine Begründung von subjektiven Rechten durch Art. 19 Absatz 4 GG

Allgemein begründet oder gewährt Art. 19 Absatz 4 GG nach der ständigen Rechtsprechung des Bundesverfassungsgerichts nicht selbst subjektive Rechte, sondern *setzt die zu schützenden Rechte vielmehr voraus*.[79] Dies ergibt sich schon daraus, daß die Rechtsweggarantie als „Justizgewährungsanspruch" nur der *formellen* Absicherung materieller Rechte dient, mithin *akzessorisch* ist[80], wobei das Bundesverfassungsgericht allerdings stets darauf hinweist, daß die Ausgestaltung des Rechtsweges und die Intensität der gerichtlichen Kontrolle der *Durchsetzung* des materiellen Rechts *wirkungsvoll* dienen, für diesen Zweck also geeignet und angemessen sein müssen.[81] Die Vorschrift des Art. 19 Absatz 4 GG gewährleistet mithin nicht selbst den sachlichen Bestand oder Inhalt einer Rechtsstellung; diese richtet sich vielmehr nach der Rechtsordnung im übrigen, wird also - abgesehen von den Fällen der Grundrechte[82] und sonstiger verfassungsmäßiger Rechte - durch den einfachen Gesetzgeber bestimmt.[83]

In einer Entscheidung aus dem Jahre 1963 hat das Bundesverfassungsgericht jedoch eine *Vermutung* für das Vorliegen eines subjektiv-öffentlichen Rechtes im Sinne des Art. 19 Absatz 4 GG aufgestellt, in dem konkreten Fall im Hinblick auf die Interpretation des §

---

vollstreckungsrechtliche Frage, ob der Verurteilte zur Verbüßung seiner Strafe in seine Heimat überstellt werden soll (BVerfG, aaO S. 115 ff. [117 f.]).

78 BVerfG, aaO m.w.N., jedoch mit der bedeutsamen Einschränkung, im „Grenzbereich" verdiene die „grundrechtsfreundliche Interpretation" den Vorzug, s. hierzu weiter u.

79 Vgl. nur BVerfGE 15, 275 (281); 27, 297 (305); 78, 214 (226); 83, 182 (194 f.); 84, 34 (49).

80 S. weiter o., unter A.II.1.b). Vgl. auch BVerfGE 27, 297 (305): *„[...]* denn zum Schutz derartiger Rechtspositionen ist der Rechtsweg verfassungsrechtlich garantiert".

81 BVerfGE 60, 253 (269); 84, 34 (49) und ständig. Demnach gewährleistet Art. 19 Absatz 4 GG auch die *Effektivität* des Rechtsschutzes, sodaß nicht nur der *Zugang* zu den Gerichten in dem engen formellen Sinne des Justizgewährungsanspruchs eröffnet ist, sondern darüber hinaus auch ein Anspruch des Bürgers auf *tatsächlich wirksame* rechtliche Kontrolle besteht, s. hierzu weiter u., unter C.

82 S. aber sogleich (nachstehende Fn.).

83 BVerfGE 61, 82 (110); 78, 214 (226). S. BVerfGE 83, 182 (194 f.): Obgleich dem hier betroffenen subjektiven Recht - der Versorgungsanspruch des Berufssoldaten, welcher auf Grund des Pensionistenprivilegs grundsätzlich auch nach Durchführung des Versorgungsausgleichs fortbesteht - ein *Grundrecht* (Art. 14 Absatz 1 GG) zugrundelag, hat das Bundesverfassungsgericht herausgestellt, daß Gegenstand und Umfang dieses Rechts sich *nach den (einfachen) Gesetzen* richten, die den Inhalt des Eigentums bestimmen, und des weiteren hierzu ausgeführt: „Dabei kommt es nicht darauf an, ob die Gewährleistung des Pensionistenprivilegs verfassungsrechtlich geboten war. Jedenfalls ist es in seinem gesetzlich normierten, konkret vorhandenen Bestand geschützt" (BVerfG, aaO S. 195 m.w.N.).

66 OWG, alte Fassung.[84] In Absatz 1 dieser Vorschrift war bestimmt, daß ein Bußgeldbescheid abgeändert oder aufgehoben werden *kann*, wenn nach Eintritt der Rechtskraft Tatsachen beigebracht werden, die geeignet sind, eine für den Betroffenen günstigere Entscheidung zu rechtfertigen. Das Bundesverfassungsgericht hat diese Norm zu der für das Strafverfahren geltenden Wiederaufnahmeregelung des § 359 Nr. 5 StPO in Bezug gesetzt, wonach die Wiederaufnahme eines durch rechtskräftiges Urteil abgeschlossenen Strafverfahrens *zulässig ist*, wenn neue Tatsachen oder Beweismittel beigebracht sind, die eine Freisprechung oder eine geringere Bestrafung des Angeklagten zu begründen geeignet sind: Bei der nahen Beziehung des Rechts der Ordnungswidrigkeiten zum allgemeinen Strafverfahrensrecht habe auch nach § 66 OWG a.F. das Gericht oder die Behörde keinen Ermessenspielraum, der Betroffene also einen *Rechtsanspruch* auf Abänderung oder Aufhebung, falls die im Gesetz vorgesehenen Voraussetzungen vorliegen.[85] Nach Auffassung des Bundesverfassungsgerichts ergibt sich diese Interpretation der Vorschrift auch unmittelbar aus Art. 19 Absatz 4 GG: Zwar treffe zu, daß Art. 19 Absatz 4 GG nicht selbst Rechte gewähre, sondern die zu schützenden Rechte voraussetze. „Aber aus der - von Art. 19 Abs. 4 GG entscheidend mitgeprägten - Gesamtsicht des Grundgesetzes vom Verhältnis des einzelnen zum Staat folgt, daß im Zweifel diejenige Interpretation eines Gesetzes den Vorzug verdient, die dem Bürger einen Rechtsanspruch einräumt".[86]

Hiergegen ist insbesondere vorgebracht worden, daß sich die Frage des Vorliegens eines subjektiv-öffentlichen Rechtes nicht mit einer globalen, aus der „Gesamtsicht" der Verfassung abgeleiteten Vermutung beantworten lasse.[87] Vielmehr lasse sich die Antwort nur durch sorgfältige Auslegung der einschlägigen den Einzelnen begünstigenden Norm gewinnen. Art 19 Absatz 4 GG helfe dabei nicht weiter, da er reine Rechtsschutznorm sei, also dem Prozeß- oder Gerichtsverfassungsrecht angehöre, nicht dem materiellen Recht.[88] Dem ist zuzustimmen, da Art. 19 Absatz 4 GG, wie soeben angeführt, rein akzessorischer Natur ist und über Bestand, Inhalt und Umfang der Rechte, gegen deren Verletzung mit seiner Hilfe vorgegangen werden kann, nichts aussagt. Dies ist vielmehr allein auf Grund des *materiellen Rechts* zu bestimmen, welches dem geltend gemachten

---

[84] BVerfGE 15, 275.

[85] BVerfG, aaO S. 281. Für den Spielraum der Behörde bedeutet dies bekanntermaßen eine sog. „Ermessensreduzierung auf Null".

[86] BVerfG, aaO S. 281 f. (mit Hinweis auf *Bachof*, Anm. zum Urteil des Bundesverwaltungsgerichts vom 18. August 1960 - 1 C 42.59 [= BVerwGE 11, 95]).

[87] *Bettermann*, AöR Bd. 96 (=1971), S. 528 (543).

[88] *Ders.*, aaO.

Recht zugrundeliegt, und im übrigen, sofern nicht ein Grundrecht betroffen ist, sondern „nur" *einfaches Recht* in Frage steht, welches das Recht des Einzelnen begründen soll, grundsätzlich Sache des zuständigen Fachgerichts. Es muß daher bei dem von dem Bundesverfassungsgericht selbst aufgestellten und in ständiger Rechtsprechung vertretenen Grundsatz bleiben, daß Art. 19 Absatz 4 GG nicht Rechte begründet, sondern voraussetzt, soll nicht einer „grundrechtsexpansiven" Interpretation dieses Prozeßgrundrechts Tor und Tür geöffnet werden. Insofern ist kein Raum für - wenigstens teilweise - aus der Rechtsweggarantie abgeleitete Vermutungen für das Vorliegen eines materiellen subjektiven Rechts. Später hat das Bundesverfassungsgericht auch einige Male in diesem Sinne entschieden: „Die Rechtsposition kann sich aus einem anderen Grundrecht oder einer grundrechtsgleichen Gewährleistung ergeben, aber auch durch Gesetz begründet sein, wobei *der Gesetzgeber bestimmt, unter welchen Voraussetzungen dem Bürger ein Recht zusteht und welchen Inhalt es hat*".[89] Jedoch hat es auch hier festgestellt, daß *„im Grenzbereich"* die *„grundrechtsfreundliche Interpretation"* den Vorzug verdiene.[90]

2. Die Verletzung von subjektiven Rechten

Nach dem Wortlaut des Art. 19 Absatz 4 GG ist des weiteren erforderlich, daß der Rechtsschutzsuchende in seinen Rechten „verletzt wird". Dies ist aber insofern mißverständlich, als die *tatsächliche Verletzung* eines Rechtes durch behördliches Handeln erst im Rahmen der Prüfung der *Begründetheit* des zum Gericht eingereichten Antrags zu klären ist. Denn zur Nachprüfung dieser Frage wird der Rechtsweg überhaupt eröffnet; wäre die Bejahung einer Rechtsverletzung bereits Voraussetzung für die Eröffnung des Rechtsweges als solchem und mithin erforderlich für die Zulässigkeit des Antrags, so wäre die Nachprüfung seiner Begründetheit entbehrlich, was mit den geltenden Regelungen des Prozeßrechts nicht vereinbar wäre. Nach der ständigen Rechtsprechung des Bundesverfassungsgerichts reicht es daher aus, wenn der Betroffene die Verletzung eines subjektiven Rechts *„behauptet"*[91] bzw. *„geltend macht"*[92], und zwar in *plausibler* bzw. *schlüssiger* Weise.[93]

---

[89] BVerfGE 96, 100 (114 f.); s. auch E 78, 214 (226); 83, 182 (195). - Diese und die nachfolgenden Hervorhebungen in Kursivschrift wurden von *Verf.* vorgenommen.
[90] Zuletzt in BVerfGE 96, 100 (115 [m.w.N. aus seiner Rechtsprechung]).
[91] BVerfGE 13, 132 (151); 15, 132 (151); 27, 297 (305); 46, 166 (177); 54, 94 (96 f.); 60, 253 (266); 61, 82 (110 f.); 83, 182 (194).
[92] BVerfGE 27, 297 (305); 46, 166 (178); 83, 182 (194); 84, 34 (49).
[93] BVerfGE 31, 364 (368).

Des weiteren ist grundsätzlich davon auszugehen, daß die behauptete Rechtsverletzung *gegenwärtig* sein muß, wobei jedoch im Sinne eines effektiven Rechtsschutzes auch die - noch andauernden - *Nachwirkungen* rechtsverletzender Akte von Art. 19 Absatz 4 GG erfaßt sein sollen.[94] Eine explizite Entscheidung des Bundesverfassungsgerichts hierzu steht, soweit ersichtlich, aus. Großzügig hat das Bundesverfassungsgericht bislang zu Gunsten des Rechtsschutzsuchenden *Vorwirkungen* einer Rechtsverletzung, nicht zu verwechseln mit dem Bereich des vorläufigen Rechtsschutzes[95], dem Anwendungsbereich des Art. 19 Absatz 4 GG zugeordnet, durch *Gleichsetzung* der *Grundrechtsgefährdung* mit dem *Grundrechtseingriff*.[96]

II. Zum Begriff der „öffentlichen Gewalt"

1. Gerichtliche Überprüfbarkeit von Exekutivakten

a) Überprüfbarkeit jeder deutschen Exekutiventscheidung

Schließlich muß dem Rechtsschutzsuchenden die von ihm behauptete Verletzung eines ihm zustehenden subjektiv-öffentlichen Rechtes „durch die öffentliche Gewalt" zugefügt worden sein. Maßnahmen der „öffentlichen Gewalt" sind vor allem *behördliche Maßnahmen* bzw. allgemein Exekutiventscheidungen, also Entscheidungen der Regierung und Verwaltung. Dies folgt schon aus der allgemeinen Zweckbestimmung des Art. 19 Absatz 4 GG, die „Selbstherrlichkeit" der *vollziehenden* Gewalt im Verhältnis zum Bürger zu beseitigen.[97] Demnach ist *jeder* Akt der Exekutive, der in Rechte des Bürgers eingreift, vollständig der gerichtlichen Prüfung unterstellt[98], gleichgültig somit, ob er Akt eines Bundes- oder Landesorgans, eines Trägers mittelbarer Staatsverwaltung oder eines Beliehenen ist, allerdings nur dann, wenn es sich um eine Maßnahme *deutscher*, an das Grundgesetz gebundender (Art. 20 Absatz 3 GG, Art. 1 Absatz 3 GG), öffentlicher Gewalt handelt.[99] Die Wirkung der Exekutivmaßnahme darf sich dabei auch *im Ausland entfalten*, muß aber jedenfalls den Einzelnen *unmittelbar* treffen.[100]

---

[94] S. *Huber* in: v. Mangoldt/Klein/Starck, Bonner Grundgesetz, Art. 19 Abs. 4 Rd. 428 m.w.N.
[95] S. hierzu weiter u., unter C.II.2.c).
[96] BVerfGE 48, 89 (141); 51, 324 (346 f.); 53, 30 (58); 66, 39 (58). Kritisch: *Huber*, aaO m.w.N.
[97] BVerfGE 10, 264 (267); 16, 289 (292); 35, 263 (274); 51, 268 (284). S. schon o., A.I.
[98] BVerfGE 10, 264 (267); 25, 352 (365); 35, 263 (274); 46, 166 (177 f.); 51, 268 (284) und ständig. Zum *Umfang* der gerichtlichen Nachprüfung von Exekutivakten s. weiter u.
[99] BVerfGE 1, 10 ff.; 6, 15 (18); 6, 290 (295); 22, 91 (92); 22, 293 (295); 58, 1 (27); 59, 63 ff.
[100] BVerfGE 57, 9 (23 ff.) hinsichtlich des *Auslieferungsgesuchs* einer deutschen Behörde, da es sich hierbei um eine völkerrechtliche Willenserklärung handelt, welche als solche weder unmittelbar noch mittelbar für den Betroffenen einen der Bundesrepublik Deutschland zurechenbaren Eingriff in seine

Zur deutschen Staatsgewalt in diesem Sinne gehören allgemein etwa die Zustimmungsgesetze nach Art. 23 Absatz 1 und 24 Absatz 1 GG, der Vollzug des Unionsrechts durch deutsche Stellen und das Abstimmungsverhalten der deutschen Vertreter im Rat der EU.[101] Den unionsrechtlichen Anforderungen trägt das Bundesverfassungsgericht jedoch durch eine Verminderung seiner Kontrolldichte Rechnung.[102] Dagegen sind insbesondere Akte der EU selbst, wie auch solche anderer ausländischer Staaten nicht von dem Begriff der „öffentlichen Gewalt" in Art. 19 Absatz 4 GG umfaßt[103], mit den daraus entstehenden Rechtsschutzlücken, wenn sich der ausländische Akt im Inland auswirkt. Das Bundesverfassungsgericht hat daher zwischenzeitlich, wenn auch ohne direkte Auswirkung auf den Schutzbereich des Art. 19 Absatz 4 GG, in seinem *Maastricht*-Urteil hervorgehoben, daß auch EU-Akte „die Gewährleistungen des Grundgesetzes" berührten „und die Aufgaben des Bundesverfassungsgerichts, die den Grundrechtsschutz in Deutschland und insoweit nicht nur gegenüber deutschen Staatsorganen zum Gegenstand haben."[104] Auswirkungen auf die Fachgerichte hat dies im Hinblick auf die von ihnen vorzunehmende Inzidentprüfung im Sinne der Art. 23 Absatz 1 und 79 Absatz 3 GG bei der *Anwendung* eines EU-Akts insoweit, als daß ihnen zwar keine Verwerfungskompetenz zusteht[105], sie aber gegebenenfalls, nachdem sie ohne Erfolg dem EuGH Gelegenheit gegeben haben, den Akt für nichtig zu erklären, zur Vorlage nach Art. 100 Absatz 1 GG analog zum Bundesverfassungsgericht verpflichtet sind.[106] Es verbleibt daher im unmittelbaren Anwendungsbereich des Art. 19 Absatz 4 GG bei dem Erfordernis der Verletzung durch einen Akt der *deutschen* Exekutive.

Der Rechtsweg gegen deutsche Exekutivakte in dem vorstehend definierten Sinne ist insbesondere eröffnet für die Nachprüfung von *Verwaltungsakten*[107] im Sinne der allge-

---

Freiheit bewirkt, denn das Ergebnis der Prüfung des Auslieferungsersuchens und gegebenenfalls die Inhaftierung des Betroffenen stellt selbständiges hoheitliches Verhalten des fremden Staates, an den das Auslieferungsgesuch gerichtet worden ist, im Bereich seiner Hoheitsgewalt dar. Vgl. insbesondere zu europarechtlichen Aspekten *von Danwitz*, Die Garantie effektiven Rechtsschutzes im Recht der Europäischen Gemeinschaft, NJW 1993, S. 1108 ff.; *Zuck/Lenz*, Verfassungsrechtlicher Rechtsschutz in Europa, NJW 1997, S. 1193 ff.; s. ausführlich *Huber* in: v. Mangoldt/Klein/Starck, Bonner Grundgesetz, Art. 19 Abs. 4 Rd. 431 ff. m.w.N.

101 S. *Huber*, aaO Rd. 430 m.w.N.

102 BVerfGE 80, 74 (80).

103 BVerfGE 22, 293 (295 ff.); 37, 271 (283 ff.); 58, 1 (26 ff.) [=*Eurocontrol I*].

104 BVerfGE 89, 155 (175) im Gegensatz zu E 58, 1 (27).

105 Vgl. hierzu *Nickel*, JZ 2001, S. 625 (627 f.).

106 BVerfGE 89, 155 (174 ff.); BVerfG, EuGRZ 1989, S. 339 (340); s. hierzu *Huber*, aaO Rd. 435 m.w.N. und *Lipp*, NJW 2001, S. 2657 (2658).

107 Vgl. etwa BVerfGE 83, 182 (195 ff.). Hierzu gehört auch der *Bußgeldbescheid* nach dem mittlerweile geänderten *Wirtschaftsstrafgesetz* vom 26. Juli 1949 (vgl. BVerfGE 8, 197 [207]) sowie der Bußgeldbescheid nach § 48 OWiG a.F. (BVerfGE 15, 275 [281]). Vgl. weiter BVerfGE 54, 94 hinsichtlich der Anfechtung eines *Verweises* als wehrrechtliche *Disziplinarmaßnahme*.

meinen und besonderen Verwaltungsverfahrensgesetze wie auch der Verwaltungsgerichtsordnungen ebenso wie für die Prüfung von *Justizverwaltungsakten* im Sinne der §§ 23 ff. EGGVG[108], bei denen es sich ebenfalls um Exekutivmaßnahmen handelt. Dabei ist auch im Zusammenhang mit Verwaltungs- und Justizverwaltungsakten insbesondere zu berücksichtigen, daß diese *unmittelbar* auf die Rechte der Betroffenen einwirken müssen, da eine bloß mittelbare Rechtsverletzung nicht ausreicht, um einen Anspruch auf Rechtsschutz nach Art. 19 Absatz 4 GG zu begründen.[109] Im übrigen ist allgemein gegen *jedes Verhalten* der öffentlichen Gewalt, wodurch der Betroffene in seinen Rechten verletzt zu sein behauptet, der Rechtsweg eröffnet[110], nicht nur etwa gegen Verwaltungsakte im engeren Sinne. Dies gilt sowohl dann, wenn jemand behauptet, durch die öffentliche Gewalt mittels einer *belastenden Maßnahme* in seinen Rechten verletzt zu sein („*Anfechtungssachen*"), als auch bei der *Unterlassung oder Ablehnung einer beantragten Amtshandlung* („*Vornahmesachen*").[111] In diesem Rahmen liegt eine Verletzung subjektiver Rechte immer dann vor, wenn die Exekutive beim *Vollzug der Gesetze* gegen auf den konkreten Fall anwendbare, dem Einzelnen zustehende Schutznormen verstößt (*gesetzesakzessorisches Handeln*).[112] Umfaßt ist jedoch ebenfalls *nichtgesetzesakzessorisches* Handeln, wenn dieses einen Eingriff in grundrechtlich geschützte Rechtsgüter bewirkt und eine verfassungsrechtlich unmittelbare Ermächtigung hierfür nicht vorliegt.[113] Folgerichtig müssen aber auch *faktische Grundrechtsbeeinträchtigungen* umfaßt sein, sofern sie der Exekutive zurechenbar sind und den Betroffenen *unmittelbar* in seinen *Rechten* treffen.[114] Zur Diskussion steht insoweit der demgegenüber vom Bundesverfassungsgericht ständig angewandte *„klassische" Eingriffsbegriff*, wonach nur *finale*, d.h.

---

[108] BVerfGE 21, 191 (195), hier in Bezug auf die Nachprüfbarkeit der Verhängung einer *Hausstrafe* gegenüber einem Gefangenen durch den Leiter einer Justizvollzugsanstalt; s. auch BVerfGE 37, 150: vorläufiger Rechtsschutz gegen die Hausstrafverfügung möglich gemäß § 29 Absatz 2 EGGVG in Verbindung mit § 307 StPO. Vgl. weiter BVerfGE 22, 299 (310) und 28, 10 (14 f.): Kostenrechnung des Kostenbeamten - der *Kostenansatz* - ist ein Justizverwaltungsakt und somit ein Akt der öffentlichen Gewalt, gegen den gemäß Art. 19 Absatz 4 GG der Rechtsweg offensteht.

[109] BVerfGE 57, 9 (23 ff.).

[110] BVerfGE 46, 166 (178 f.). Vgl. des weiteren etwa BVerfGE 50, 16 im Zusammenhang mit der *mißbilligenden Belehrung*, welche einem *Rechtsanwalt* von dem Vorsitzenden der Rechtsanwaltskammer an Stelle einer förmlichen Rüge erteilt worden war: Das Bundesverfassungsgericht hat es dahinstehen lassen, ob es sich bei der bloßen Mißbilligung wegen standeswidrigen Verhaltens um einen *Verwaltungsakt* handelt, da jedenfalls die Generalklausel des § 223 BRAO, welche *lückenlosen Rechtsschutz* gewährleiste, so auszulegen sei, daß auch Mißbilligungen unterhalb der Schwelle der Rüge vor dem Ehrengerichtshof (Anwaltsgerichtshof) anfechtbar seien; denn der Rechtsweg muß gegenüber *allen* solchen hoheitlichen Maßnahmen offenstehen, die geeignet sind, Grundrechte des Betroffenen einzuschränken (aaO S. 31 f.).

[111] BVerfGE 46, 166 (178).

[112] Vgl. *Huber* in: v. Mangoldt/Klein/Starck, Bonner Grundgesetz, Art. 19 Abs. 4 Rd. 423.

[113] BVerfG, NJW 1989, S. 3269 ff.

[114] So die mittlerweile h.M. in der Literatur, vgl. die Nachweise bei *Huber*, aaO Rd. 424.

unmittelbare und zielgerichtete, Zugriffe des Staates auf grundrechtliche Schutzgüter diesem zurechenbar seien.[115] Allerdings relativiert das Bundesverfassungsgericht die von ihm eingenommene strikte Position selbst, indem es eine „Gesamtschau" nach Maßgabe von Kriterien wie der „Schwere der Beeinträchtigung" und deren „Unmittelbarkeit" bei der Prüfung der Zurechenbarkeit von Schutzgutsbeeinträchtigungen vornimmt.[116] Hierbei handelt es sich genau genommen nur um Fragen der „Intensität" der Rechtsgutbeeinträchtigung, da, wie mehrfach angeführt, ein nicht grundrechtsrelevanter Bereich im einfachen Recht nahezu nicht mehr existiert[117], und somit um Aspekte der materiellen Prüfung der Rechtsverletzung, sodaß die formale Qualifizierung einer Maßnahme als Exekutiventscheidung im Regelfall außer Frage steht. Festzuhalten bleibt, daß aus formaler Sicht grundsätzlich jede Form der Vornahme oder Unterlassung von Tätigkeiten der Exekutive dem Anwendungsbereich des Art. 19 Absatz 4 GG unterfällt.

b) Überprüfbarkeit von Gnadenentscheidungen

Als Sonderproblem stellte sich für das Bundesverfassungsgericht in der Vergangenheit die Frage der *Justitiabilität von Gnadenentscheidungen*: Im Jahre 1969 hatte der Zweite Senat mit Stimmengleichheit in der die Entscheidung tragenden Auffassung festgestellt, daß Art. 19 Absatz 4 GG für *ablehnende*[118] wie auch für *positive*[119] Gnadenentscheidungen *nicht* gelten solle. Begründet wurde dies im Ergebnis damit, daß der Grundgesetzgeber in Art. 60 Absatz 2 GG, der dem Art. 49 Absatz 1 WRV nachgebildet sei, welcher seinerseits an den Rechtszustand im Kaiserreich angeknüpft habe, das Institut des Begnadigungsrechts in seinem *historisch* überkommenen Sinne übernommen habe.[120] Das Begnadigungsrecht bestehe demnach in der Befugnis, im Einzelfall eine rechtskräftig erkannte Strafe ganz oder teilweise zu erlassen, sie umzuwandeln oder ihre Vollstrekkung auszusetzen. Es eröffne die Möglichkeit, eine im Rechtsweg zustande gekommene und im Rechtsweg nicht mehr zu ändernde Entscheidung auf einem „anderen", „besonderen" Weg zu korrigieren.[121] Insofern finde *keine „Verrechtlichung der Gnade"* statt, d.h. (auch) nach dem Grundgesetz sei die Ausübung des Begnadigungsrechts nicht

[115] BVerfGE 46, 120 (137); 47, 1 (21); s. aber BVerfG, NJW 1989, S. 3269 ff.
[116] BVerfGE 5, 143 (145); 19, 49 (98 ff.); 32, 173 ff.
[117] Zur Intensitäts-Formel des Bundesverfassungsgerichts s.o., Erstes Kapitel, A.II.3.c)cc)*(1)*.
[118] BVerfGE 25, 352 (358).
[119] BVerfG, aaO S. 362.
[120] BVerfG, aaO S. 358 (ff.).
[121] BVerfG, aaO S. 358.

an bestimmte normative Voraussetzungen geknüpft.[122] Das Bundesverfassungsgericht weist schließlich darauf hin, daß das Begnadigungsrecht (als Korrelat der durch rechtskräftiges Urteil ausgesprochenen Strafe) in jedem Fall einen *Eingriff der Exekutive in die rechtsprechende Gewalt* bedeute, wie er sonst dem *Grundsatz der Gewaltenteilung* fremd sei[123] und führt hierzu im einzelnen aus: „Das Grundgesetz hat jedoch dadurch, daß es das Begnadigungsrecht in dem geschichtlich überkommenen Sinn übernommen und auf ein Organ der Exekutive übertragen hat, die Gewaltenteilung modifiziert und im Bereich der Einzelbegnadigung dem Träger des Gnadenrechts eine *Gestaltungsmacht besonderer Art*[124] verliehen. Das Gnadeninstitut kann daher nicht den Sicherungen, den Gewaltenverschränkungen und -balancierungen unterliegen, die gewährleisten sollen, daß Übergriffe der Exekutive durch Anrufung der Gerichte abgewehrt werden können. Aus dem System und dem Gesamtgefüge des Grundgesetzes ergibt sich, daß Art. 19 Absatz 4 GG für Gnadenentscheidungen nicht gilt. *[...]* ist demgemäß davon auszugehen, daß ebenso wie *positive Gnadenakte* auch *ablehnende Gnadenentscheidungen* einer *gerichtlichen* Nachprüfung *nicht* unterliegen. Da sich der Ausschluß der Anfechtbarkeit derartiger Gnadenentscheidungen aus dem Grundgesetz selbst ergibt, bedarf es keiner Erörterung der Frage, ob ein solcher Akt der öffentlichen Gewalt den Einzelnen überhaupt in seinen Rechten verletzen kann."[125]

Nach Auffassung der vier *dissentierenden Richter* eröffnet Art. 19 Absatz 4 GG den Rechtsweg zumindest gegen *willkürliche* Gnadenentscheidungen.[126] Jene stützen ihre Argumentation vor allem auf folgende Gesichtspunkte: Die frühere Vorstellung, daß eine mit einem besonderen Charisma begabte Persönlichkeit nach ihrem Gutdünken einen justizfreien Gnadenakt setzen kann, sei *mit der rechtsstaatlichen gewaltenteilenden Verfassung der Bundesrepublik, in der alle Staatsgewalt vom Volke ausgeht, unvereinbar.*[127] Die Inhaber des Gnadenrechts dürften dieses *nur im Rahmen der verfassungsmäßigen Ordnung* und der durch diese, insbesondere durch *Art. 1 Absatz 3 und 20 Absatz 3 GG*, gezogenen Grenzen ausüben. Jede positive und jede negative Gnadenentscheidung müsse von Motiven getragen sein, die sich an der *Gerechtigkeitsidee* orientier-

---

[122] BVerfG, aaO S. 360 f. (etwaige gesetzliche Regelungen in den Landesverfassungen oder „Gnadenordnungen" stellten lediglich verwaltungsinterne Weisungen dar, enthielten aber keine materiellen Regelungen [aaO S. 361]).

[123] BVerfG, aaO S. 361.

[124] Diese und folgende Hervorhebungen in Kursivschrift stammen von *Verf.*

[125] BVerfG, aaO S. 361 f.

[126] BVerfG, aaO S. 363.

[127] Ebda.

ten, wie sie vom Grundgesetz im einzelnen konkretisiert worden sei. Eine willkürliche oder leichtfertige Kassation gerichtlicher Urteile im Gnadenweg sei hiernach mit der verfassungsmäßigen Ordnung (Art. 20 Absatz 2, 92 GG) unvereinbar.[128] Dagegen lassen auch die vier dissentierenden Richter *keine über eine Willkürprüfung hinausgehende Nachprüfung* von Gnadenentscheidungen zu: „Die komplexe Motivation der Gnadenentscheidung ist einer *normativen Erfassung entzogen*[129]. Die nach dem Grundgesetz und den Landesverfassungen zur Ausübung des Gnadenrechts berufenen Amtsträger können ihre Entscheidung *grundsätzlich nach freiem Ermessen* treffen. Nach diesem Ermessen kann ein Gnadenerweis aus *jedem* von der *Wertordnung des Grundgesetzes nicht mißbilligten* Grunde abgelehnt werden. Eine solche Entscheidung verletzt nicht Rechte des Petenten. Nur wenn das Begnadigungsrecht durch willkürliche Handhabung mißbraucht wird, wird der Verurteilte in seinem durch Art. 1 und 3 GG begründeten Recht auf eine rechtsstaatskonforme, d.h. nichtdiskriminierende, gerechte und sachbezogene Gnadenentscheidung verletzt. Ebensowenig dürfen Gnadenerweise unter Auflagen gewährt werden, die gegen Art. 1 Absatz 1 GG verstoßen oder den Wesensgehalt eines Grundrechts antasten. *Gnadengesuche müssen von den zuständigen Stellen entgegengenommen, geprüft und beschieden werden. Gnade ist also zwar nicht völlig verrechtlicht, die Gewährung oder Versagung eines Gnadenerweises aber rechtlich begrenzt.*“[130]

In einer weiteren Entscheidung, die rund zwei Jahre später in Ergänzung zu der oben angeführten Entscheidung und diesmal im Ergebnis einstimmig erging, hat der gleiche Senat allerdings festgestellt, daß der *Widerruf* eines Gnadenerweises der gerichtlichen Kontrolle nach Art. 19 Absatz 4 GG unterliegt.[131] Das Bundesverfassungsgericht beurteilt den Widerruf eines Gnadenerweises anders als dessen (erstmalige) Ablehnung, hauptsächlich aus folgenden Gründen: „Durch den Gnadenerweis wird die Wirkung des Urteils umgestaltet. *[...] Infolge der Umgestaltung der Rechtsstellung des Verurteilten durch den Eingriff in den Bereich der Rechtspflege ist nunmehr nicht mehr das Urteil, sondern die Entscheidung der Exekutive bestimmend*[132]. Wie vorher die Vollstreckungsbehörde durch das rechtskräftige Urteil, so ist nunmehr die Exekutive durch ihre Gnadenentscheidung *gebunden*. Der dem Verurteilten gewährte Freiheitsraum unterliegt

[128] BVerfG, aaO S. 364.
[129] Diese und folgende Hervorhebungen in Kursivschrift stammen von *Verf.*
[130] BVerfG, aaO S. 365.
[131] BVerfGE 30, 108 (LS).
[132] Diese und folgende Hervorhebungen in Kursivschrift stammen von *Verf.*

nicht mehr der freien Verfügung der Exekutive. Er kann dem Begünstigten nur noch unter den im Gnadenakt selbst gesetzten Voraussetzungen genommen werden."[133]

Inhaltlich ist insbesondere die erste der beiden genannten Entscheidungen des Zweiten Senats auf Ablehnung in der Literatur gestoßen. Zum einen wird geltend gemacht, bei *Art. 60 Absatz 2 GG*, wonach der Bundespräsident im Einzelfall für den Bund das Begnadigungsrecht ausübt, handele es sich um eine *reine Kompetenzvorschrift*, aus der Rückschlüsse weder auf Voraussetzungen noch auf Umfang des Begnadigungsrechts gezogen werden könnten.[134] Zum anderen wird der Schluß von der *Ermessensfreiheit* der Gnadeninstanz auf ihre *Gerichtsfreiheit* kritisiert.[135] Tatsächlich setzt sich das Bundesverfassungsgericht insofern in Widerspruch zu seiner sonstigen Rechtsprechung zur fachgerichtlichen Kontrolldichte im Hinblick auf Art. 19 Absatz 4 GG, wonach der hierdurch garantierte Anspruch auf *effektiven Rechtsschutz* die *volle* Überprüfung *jeder* Entscheidung der Exekutive in tatsächlicher und rechtlicher Hinsicht garantiert.[136] Der Umfang der gerichtlichen Prüfungsbefugnis hängt insofern von der Reichweite der behördlichen Entscheidungsbefugnis ab, sodaß das Gericht etwa eine Ermessensentscheidung auch nur soweit, d.h. nur auf die fehlerfreie Ermessensausübung und die Beachtung der Ermessensgrenzen hin überprüfen darf.[137] In einem Rechtsstaat gibt es aber kein unbegrenztes Ermessen, sodaß jede Gnadenentscheidung zumindest, so die Forderung der vier dissentierenden Richter, auf Willkür überprüft werden muß.[138] Jedenfalls weisen die beiden Entscheidungen des Zweiten Senats - gleichgültig, welchem Ergebnis man in der Sache den Vorzug gibt - insoweit Widersprüche auf: Entweder ist die Gnadenentscheidung nicht verrechtlicht und nicht justitiabel; dann muß dies für jede Art der Gnadenentscheidung gelten, mithin auch für ihren Widerruf als actus contrarius. Oder aber sie ist ein Rechtsakt und damit gerichtlich (voll) überprüfbar wie jeder andere Exekutivakt.[139]

---

133 BVerfG, aaO S. 110 f. Diese Entscheidung ist zwar im Ergebnis einstimmig ergangen. Vier Richter bejahten aber die Justitiabilität des Widerrufs der Gnadenentscheidung aus den in BVerfGE 25, 352 (363 ff.) dargelegten Erwägungen (s. BVerfGE 30, 108 [112]), sodaß ihrer Auffassung nach also jedenfalls eine Willkür-Kontrolle des Widerrufs stattzufinden hat.

134 *Bettermann*, AöR Bd. 96 (=1971), S. 528 (538).

135 *Ders.*, aaO.

136 S. BVerfGE 15, 275 (LS und S. 282); 18, 203 (212); 51, 268 (284); 60, 253 (1.LS und S. 292 ff.[297]) und ständig. S. hierzu weiter u., unter C.II.2.b).

137 S. BVerfGE 60, 253 (290); 61, 82 (2.a LS und S. 111).

138 S. aber *Bettermann*, aaO S. 539 f., dem eine reine Prüfung auf Willkür zu eng ist.

139 S. *dens.*, aaO S. 537 f. - Vgl. zum Begnadigungsrecht im einzelnen die umfangreichen Nachweise bei *Schmidt-Bleibtreu* in: Schmidt-Bleibtreu/Klein, GG, Art. 19 Rd. 24.h. sowie allgemein *Bachof*, Über Fragwürdigkeiten der Gnadenpraxis, JZ 1983, S. 469 ff.; *Baltes*, Der Rechtsweg bei Gnadenentscheidungen, DVBl. 1972, S. 562 ff.; *Kauther*, Gnade vor Recht - Zur Justitiabilität von Gnadenentscheidungen - , VerwArch 1978, S. 193 ff.; *Knemeyer*, Auf dem Weg zur Justitiabilität von

2. Keine gerichtliche Überprüfbarkeit von Rechtsprechungsakten

Das Bundesverfassungsgericht vertritt in ständiger Rechtsprechung die Auffassung, zur „öffentlichen Gewalt“ im Sinne des Art. 19 Absatz 4 GG gehörten nicht „Akte der Rechtsprechung“[140] bzw. „richterliche“ oder „gerichtliche Entscheidungen“[141], nach der Formel, die Rechtsweggarantie gewähre Schutz nur und gerade *durch* den Richter, *nicht gegen* den Richter.[142] Hierbei hat es allerdings zunächst nicht differenziert nach der *Art* der richterlichen Tätigkeit, sodaß gegen die Formel in ihrer Allgemeinheit zu Recht eingewandt wurde, der Ausschluß *jeder* richterlichen Entscheidung von der durch die Rechtsweggarantie des Art. 19 Absatz 4 GG garantierten Überprüfung vor einem Gericht sei zu pauschal.[143] So dürfe die Überprüfung *richterlicher* Entscheidungen von Art. 19 Absatz 4 GG nur dann ausgeschlossen werden, wenn sie von dem Richter in seiner Eigenschaft als solcher, d.h. vor allem *in richterlicher Unabhängigkeit*, gefällt werden; das Bundesverfassungsgericht hätte insofern deutlicher herausstellen sollen, daß es von dem Ausschluß nur eigentliche Rechtsprechungsakte erfaßt sieht, die also „im Rechtsweg“ ergehen.[144] Dies ist zutreffend, da das Bundesverfassungsgericht auch sonst *Justizverwaltungsakte* als von dem Begriff der „öffentlichen Gewalt“ nach Art. 19 Absatz 4 GG umfaßt sieht[145], sodaß entsprechende Akte und Maßnahmen von Richtern, die keine Rechtsprechungsakte im eigentlichen Sinne, sondern etwa solche auf dem Gebiet der Gerichtsorganisation darstellen, ebenfalls als Justizverwaltungsakte dem Anwendungsbereich des Prozeßgrundrechts unterfallen. Daß Richter nicht nur in ihrer Funktion als unabhängige Organe der Rechtspflege tätig werden, ergibt sich bereits aus § 4 DRiG. Daher gilt: Ausgeschlossen von der Rechtsweggarantie des Art. 19 Absatz 4 GG sind nur solche Entscheidungen, die von Richtern *und* gerade auf Grund ihrer *spezifischen Funktion* als solche in richterlicher persönlicher und sachlicher Unabhängigkeit erlassen werden. Dies gilt nicht nur für die eigentliche materielle Rechtsprechungstätigkeit, sondern auch für in diesem Sinne definierbare Maßnahmen *richterlicher Gewalt* im Rahmen der Freiwilligen Gerichtsbarkeit und der Zwangsversteigerung.[146] Dagegen ist etwa eine Ent-

---

Gnadenakten, DÖV 1970, S. 121 ff.; *Ölshausen*, Zur landesverfassungsrechtlichen Eröffnung des Rechtsweges gegen Gnadenentscheidungen der Länder und des Bundes, JZ 1974, S. 440 ff.

140 BVerfGE 15, 275 (280); 25, 352 (365).

141 BVerfGE 11, 263 (265).

142 BVerfGE 15, 275 (280 f. m.w.N.); 22, 106 (110). Ausführlich *Vosskuhle*, Rechtsschutz gegen Richter (1993), S. 370 ff.; s. auch *Pitschas*, ZRP 1998, S. 96 (99).

143 Vgl. *Bettermann*, AöR Bd. 96 (=1971), S. 528 (536 f.).

144 *Ders.*, aaO S. 537.

145 S. BVerfGE 21, 191 (195); 22, 299 (310); 28, 10 (14 f.); 37, 150 ff.; s. weiter o. unter 1.a).

146 S. *Huber* in: v. Mangoldt/Klein/Starck, Bonner Grundgesetz, Art. 19 Abs. 4 Rd. 444 m.w.N.

scheidung des *Rechtspflegers*, wenngleich in *sachlicher* Unabhängigkeit getroffen, in jedem Fall gerichtlich nachprüfbar.[147] Dies hat auch das Bundesverfassungsgericht später klargestellt[148] und zuletzt mit Beschluß des Ersten Senats vom 18. Januar 2000 die *§§ 62 und 55 FGG für mit Art. 19 Absatz 4 GG unvereinbar* erklärt, *soweit sie den in ihren Rechten Betroffenen jede Möglichkeit verwehrten, Entscheidungen des Rechtspflegers der Prüfung durch den Richter zu unterziehen.*[149]

Dagegen ist der Ausschluß jedenfalls der eigentlichen Akte richterlicher Rechtsprechung aus dem Schutzbereich des Art. 19 Absatz 4 GG durch das Bundesverfassungsgericht nur konsequent: Denn wo bereits *im* Rechtsweg durch einen Richter oder durch ein Gericht in dieser Funktion entschieden wurde, kann derselbe nicht mehr *eröffnet* werden.[150] Art. 19 Absatz 4 GG garantiert aber nur den *Zugang zum* (Erst-)Gericht. In der Eröffnung des Rechtsweges erschöpft sich die Rechtsweggarantie insoweit. Ein *Instanzenzug* bzw. die weitere Überprüfung der einen „Akt der öffentlichen Gewalt" in dem weiter oben beschriebenen Sinne überprüfenden gerichtlichen Entscheidung wird daher nach der ständigen Rechtsprechung des Bundesverfassungsgerichts durch Art. 19 Absatz 4 GG nicht gewährleistet.[151] Im neueren Schrifttum erfährt dagegen auch diese Grundaussage Kritik: Zum einen wird im wesentlichen vorgebracht, weder der Wortlaut des Art. 19 Absatz 4 GG rechtfertige den Ausschluß richterlicher Rechtsprechungstätigkeit aus dem Anwendungsbereich des Art. 19 Absatz 4 GG noch die Systematik der Verfassung, die in Art. 1 Absatz 3 GG und Art. 20 Absatz 3 GG auch die dritte Gewalt bindet.[152] Der herrschenden Auffassung (des Bundesverfassungsgerichts) liege insoweit die Annahme zu Grunde, richterliches Handeln sei stets „Garant" individueller Rechte und keine „Bedrohung" für sie, was jedoch dadurch widerlegt werde, daß die Verfahrensgrundrech-

---

[147] *Bettermann*, aaO S. 537.

[148] Vgl. BVerfGE 49, 220 (228) [=*Zuschlag III*] zum Zuschlagsbeschluß des Rechtspflegers; E 49, 252 (257) zur Zwangsversteigerung; E 77, 275 (286 f.) zur Entscheidungsbekanntmachung durch den Rechtspfleger; s. zuletzt E 101, 397 (407).

[149] BVerfGE 101, 397 (2. LS und S. 407 ff.); sehr ausführlich zu dieser Entscheidung *Dümig*, RPfl 2001, S. 469 ff.

[150] *Bettermann*, aaO S. 537.

[151] S. schon BVerfGE 4, 74 (94 f.), 387 (411); 6, 7 (12), allerdings mit der pauschalen, eher dürftigen Begründung, es bestehe „kein Verfassungsgrundsatz, daß in gerichtlichen Verfahren schlechthin ein Instanzenzug erforderlich sei". Vgl. weiter BVerfGE 11, 232 (233); 28, 21 (36) und E 78, 88 (99); 83, 24 (31). - Auch aus dem *allgemeinen Rechtsstaatsprinzip* läßt sich ein Anspruch auf eine zweite gerichtliche Instanz nicht ableiten (BVerfGE 83, 24 [31 m.w.N.]), ebensowenig wie aus dem *Anspruch auf rechtliches Gehör nach Art. 103 Absatz 1 GG* (s. weiter u. in diesem Kapitel, Zweiter Teil, Zweiter Abschnitt [zu Art. 103 Absatz 1 GG], dort C.III.3.c]bb]). In E 40, 272 (275) allerdings hebt das Bundesverfassungsgericht hervor, daß der aus Art. 19 Absatz 4 GG hergeleitete Anspruch auf effektiven Rechtsschutz *in allen Instanzen* gelte, vgl. hierzu weiter u.

[152] *Huber* in: v. Mangoldt/Klein/Starck, Bonner Grundgesetz, Art. 19 Abs. 4 Rd. 447.

te des Art. 101 Absatz 1 Satz 2 GG und des Art. 103 Absatz 1 GG nur durch Richter verletzt werden könnten, ebenso wie solche Vorschriften, die unter Richtervorbehalt stünden (Art. 104 Absatz 2, Art. 13 Absatz 2, 3, 4 und 5 GG).[153] Daher wird eine Auslegung des Art. 19 Absatz 4 GG gefordert, aus der sich ein Anspruch auf ein zweistufiges Verfahren ergeben soll, in dem eine „effektive Kontrolle der richterlichen Ausgangsentscheidung stattfinden kann".[154] Dem ist allerdings zunächst der Schutzzweck des Art. 19 Absatz 4 GG, „der Selbstherrlichkeit der Exekutive entgegenzuwirken"[155], sowie sein Wortlaut entgegenzuhalten, wonach, wie soeben bereits angeführt, nur der *Zugang* zu einem deutschen Gericht eröffnet ist. Der Begriff *„Rechtsweg"* impliziert nicht ein zwei- oder mehrstufiges gerichtliches Verfahren. Dem trägt das Bundesverfassungsgericht Rechnung, wenn es der Rechtsweggarantie den Anspruch auf einen Instanzenzug nicht entnimmt. Dies entspricht aber darüber hinaus der grundsätzlichen Anschauung von den Prozeßgrundrechten als *„Mindestgarantien"*.[156] So ist auch Art. 19 Absatz 4 GG bewußt offen gehalten; der Vorschrift ist nur zu entnehmen, daß der Bürger einen Anspruch auf Gewährung von Rechtsschutz gerade *durch* ein Gericht hat, dagegen obliegt die weitere Ausgestaltung des Verfahrens der Konkretisierung durch das einfache Gerichtsverfassungs- und Prozeßrecht. Richtig ist, daß sich daraus von Verfassungs wegen ein *Bestandsschutz* einfach-gesetzlicher Normen ergeben kann, dahin, daß ein einmal erreichtes Rechtsschutzniveau nachträglich nicht ohne weiteres reduziert werden darf, sodaß durch Abschaffung der einmal bereitgestellten Instanzenzüge das Grundrecht auf effektiven Rechtsschutz unzulässig beschnitten werden kann.[157] Der Bestandsschutz obliegt jedoch primär dem Gesetzgeber, der bei der Ausgestaltung des einfachen Rechts die Wertungen des Grundgesetzes zu beachten hat. Darüber hinaus ist jedoch, in systemgerechter Weise, auf Grund dieser Überlegungen ein Anspruch auf einen Instanzenzug aus Art. 19 Absatz 4 GG nicht herzuleiten.[158] Im übrigen obliegt dem einfachen Gesetzgeber die Konkretisierung des gegenüber richterlichen Entscheidungen zu gewährenden Rechtsschutzes im Instanzenzug. Für die Anfechtung der gerichtlichen Entscheidung, sowohl im Hinblick auf materiell-rechtliche Fehler als auch hinsichtlich Verfahrensfehlern, stellen die Prozeßordnungen auch genügend Rechtsmittel und Rechtsbehelfe zur Verfügung, obgleich dies

---

[153] *Ders.*, aaO m.w.N.
[154] *Ders.*, aaO Rd. 448.
[155] S. BVerfGE 10, 264 (267); 16, 289 (292); 35, 263 (274); 51, 268 (284). S. weiter o., A.I.
[156] S. weiter o., unter A.II.3.
[157] BVerfGE 44, 302 (306); 49, 252 (256 f.). S. hierzu das Erste Kapitel, A.II.1., dieser Arbeit.
[158] S. hierzu weiter u., unter C.I.2.

verfassungsrechtlich nach der durch Art. 19 Absatz 4 GG gewährleisteten Mindestgarantie nicht einmal geboten ist.

3. Keine gerichtliche Überprüfbarkeit von Gesetzgebungsakten

Auch gegen Akte des Gesetzgebers ist nach Auffassung des Bundesverfassungsgerichts der Rechtsweg gemäß Art. 19 Absatz 4 GG nicht eröffnet.[159] Das Bundesverfassungsgericht beruft sich insoweit zunächst auf die *Tradition* deutschen Rechts und Verfassungsrechts: Bis zum Inkrafttreten des Grundgesetzes habe es als selbstverständlich gegolten, daß sich der Bürger grundsätzlich nicht mit einer Klage unmittelbar gegen ein Gesetz an die Gerichte habe wenden können.[160] Hätte das *Grundgesetz* mit dieser Tradition brechen und durch Art. 19 Absatz 4 GG eine Klage des Bürgers unmittelbar gegen vom Parlament beschlossene Gesetze *wegen Verletzung seiner Rechte* einführen wollen, so hätte dies *eindeutig* zum Ausdruck gebracht werden müssen.[161] Nach *Art. 20 Absatz 3* und *Art. 97 Absatz 1 GG* sei das Gesetz die *Grundlage* der richterlichen Entscheidung. Solle es ausnahmsweise ihr *Gegenstand* sein, so müsse dies aus der Bestimmung, die eine solche Klage gewähren solle, eindeutig hervorgehen.[162] Art. 19 Absatz 4 GG enthalte eine eindeutige Regelung insofern nicht.[163] Die verfassungsgerichtliche Überprüfung von Gesetzen auf ihre Verfassungsmäßigkeit sei im Grundgesetz vor allem in *Art. 93 Absatz 1 Nr. 2* und *Art. 100 Absatz 1 GG* näher geregelt. Diese Regelungen müßten als *abschließend* angesehen werden.[164] Schließlich weist das Bundesverfassungsgericht darauf hin, das Fachgericht müsse bei der Überprüfung der Gültigkeit eines Gesetzes auch in der

---

[159] BVerfGE 24, 33 (3. LS und S. 49 ff.; = *AKU*-Fall), 367 (401; *Hamburger Deichordnungsgesetz*); 25, 352 (365) und ständig; vgl. auch E 10, 89 (104 f.; *Erftverband*) und E 31, 364 (367 f.); 75, 108 (165). Kritisch zu BVerfGE 24, 33: *Bettermann*, AöR Bd. 96 (=1971), S. 528 (529 ff. m.w.N.) und aaO S. 534 ff. zu den weiteren soeben angeführten Entscheidungen. Vgl. weiter *Maurer*, Rechtsschutz gegen Rechtsnormen, in: FS für Kern (1968), S. 275 ff.

[160] BVerfGE 24, 33 (49).

[161] In diese Richtung auch *Huber* in: v. Mangoldt/Klein/Starck, Bonner Grundgesetz, Art. 19 Abs. 4 Rd. 440. Kritisch zum Traditionsargument: *Bettermann*, aaO S. 529 f., da umgekehrt Art. 19 Absatz 4 GG zu den fortschrittlichsten Regelungen des Grundgesetzes gehöre. Tatsächlich wollte der Parlamentarische Rat ursprünglich die Rechtsschutzgarantie umfassend angelegt und namentlich auf die Gesetzgebung erstreckt wissen, s. die Nachweise bei *Huber*, aaO Rd. 348.

[162] Ablehnend *Bettermann*, aaO S. 530, denn zu den Gesetzen, die den Richter binden, gehöre auch die Verfassung, welche einen höheren Rang als das einfache Gesetz habe.

[163] BVerfG, aaO S. 50.

[164] Ebda. Kritisch *Bettermann*, aaO S. 530: Zwar sei Art. 100 Absatz 1 GG in den hierdurch geregelten Fällen abschließend, in denen dem Bundesverfassungsgericht die „Verwerfung" vorbehalten, sie anderen Gerichten dagegen verwehrt sei; dagegen werde Art. 19 Absatz 4 GG nicht durch die Regelung des Art. 93 Absatz 1 Nr. 2 GG verdrängt, denn diese Vorschrift legitimiere bestimmte *Verfassungsorgane* zur Anrufung des Bundesverfassungsgerichts zwecks Klärung von Zweifeln und Meinungsverschiedenheiten über die Verfassungs- und Bundesrechtsmäßigkeit von Normen, während Art. 19 Absatz 4 GG von dem Rechtsschutz *des Bürgers gegenüber der öffentlichen Gewalt* handele.

Lage sein, dieses *für nichtig zu erklären.* Wegen der Eigenheit eines solchen Verfahrens könnte sich die gerichtliche Entscheidung *nicht* auf eine solche mit Rechtskraft *inter partes beschränken* und sich mit der Feststellung begnügen, das sonst gültig bleibende Gesetz verletze den Kläger in seinen Rechten und dürfe ihm gegenüber nicht angewandt werden.[165] Hierin aber sieht das Bundesverfassungsgericht einen Widerspruch gegen die Zweckbestimmung des Art. 19 Absatz 4 GG, welcher vor allem dem gerichtlichen *Individualschutz* dient.[166]

Als schwierig erweist sich die Rechtsprechung des Bundesverfassungsgerichts in den Fällen, in denen eine klare Grenzziehung zwischen Handeln des Gesetzgebers einerseits und der Exekutive andererseits Probleme bereitet, vor allem bei dem Erlaß von so genannten *„Einzelfallgesetzen“*.[167] Im übrigen ist davon auszugehen, daß die Rechtsprechung des Bundesverfassungsgerichts im praktischen Ergebnis keine Rechtsschutzlücke hinterläßt, da nur die direkte bzw. prinzipale Normenkontrolle von Art. 19 Absatz 4 GG nicht erfaßt wird. Dies betrifft demnach nur den Rechtsweg gegen eine Norm als solche, nicht dagegen ihre Anwendung durch die Gerichte. Der indirekte Rechtsschutz des Normunterworfenen durch inzidente Überprüfung der vom Gericht anzuwendenden Norm reicht aber in der Regel aus, sein Rechtsschutzbedürfnis zu befriedigen, und genügt damit den Anforderungen der Rechtsweggarantie.[168] Im übrigen ist Individualrechtsschutz gegen die Anwendung verfassungswidriger Normen durch die Gerichte auch über die Vorlagepflicht der Fachgerichte nach Art. 100 Absatz 1 GG gesichert, bei deren Verletzung ein Verstoß gegen das Recht des Betroffenen auf den gesetzlichen Richter nach Art. 101 Absatz 1 Satz 2 GG vorliegen kann.[169]

---

165 BVerfG, aaO S. 50 f. Im Kern der Argumentation des Bundesverfassungsgerichts mit den subjektiven Grenzen der Rechtskraft zustimmend: *Bettermann*, aaO S. 531 f.

166 BVerfG, aaO.

167 Vgl. hierzu etwa *Kunig*, Einzelfallentscheidungen durch Gesetz, Jura 1993, S. 308 ff.; s. *Huber* in: v. Mangoldt/Klein/Starck, Bonner Grundgesetz, Art. 19 Absatz 4 Rd. 440 m.w.N., der darauf hinweist, daß, indem das Bundesverfassungsgericht sich stets geweigert hat, aus Art. 19 Absatz 4 GG den Anspruch auf eine bestimmte Handlungsform abzuleiten (E 10, 89 [103 f]), konsequenterweise die Rechtsform staatlichen Handelns auch bei der Anwendbarkeit der Rechtsschutzgarantie keine Rolle spielen könne, und insgesamt die Anwendbarkeit des Art. 19 Absatz 4 GG auch auf Akte der Gesetzgebung bejaht.

168 Vgl. *Bettermann*, aaO S. 533 f., s. aber *dens.*, aaO S. 534 ff. zu *Hamburger Deichordnungsgesetz* (= BVerfGE 24, 367 ff.) und *Erftverband* (= BVerfGE 10, 89 ff.) sowie *Frenz*, Der Rechtsschutz gegen unmittelbar beeinträchtigende Normen, BayVBl. 1993, S. 483 ff.

169 S. BVerfGE 23, 288 (316); 61, 1 (14); 75, 1 (11); 96, 68 (77). S. hierzu weiter u. in diesem Kapitel, Zweiter Teil, Erster Abschnitt, dort B.II.1.d) und C.II.3.

C. Die Rechtsfolge des Art. 19 Absatz 4 GG - Die Eröffnung des „Rechtsweges“ und der Anspruch auf effektiven Rechtsschutz

I. Zum Begriff des „Rechtsweges“

Liegen die persönlichen und sachlichen Anwendbarkeitsvoraussetzungen des Art. 19 Absatz 4 GG vor, d.h. kann jemand in hinreichend substantiierter Weise geltend machen, er sei durch eine Maßnahme der Exekutive in seinen subjektiven öffentlichen Rechten verletzt worden, „so steht ihm der Rechtsweg offen.“ Daraus ergibt sich ein Individualanspruch des Einzelnen, das Recht auf Zugang zu einer Gerichtsbarkeit, die entsprechend dem Auftrag der institutionellen Garantie des Art. 19 Absatz 4 GG durch den Gesetzgeber zur Verfügung gestellt worden ist.[170] Die Rechtsfolge der Rechtsweggarantie ist daher auf die *Überprüfung* des angefochtenen Exekutivakts gerade *durch ein Gericht* gerichtet. Maßgeblich ist daher vorab eine Bestimmung des nach dem Wortlaut des Art. 19 Absatz 4 GG garantierten „Rechtsweges“, in dem die Prüfung durch das Fachgericht stattfindet. Die Rechtsweggarantie wäre allerdings zu kurz gefaßt, würde sie sich auf die rein formale Eröffnung des „Zugangs“ zu einem Gericht beschränken, da hiermit noch keine Aussage darüber getroffen worden ist, ob überhaupt und in welchem Umfang das befaßte Gericht die angefochtene Maßnahme, liegen die übrigen Antragsvoraussetzungen im Einzelfall vor, sachlich zu überprüfen hat. Art. 19 Absatz 4 GG will jedoch „Rechtsschutz“ gewähren, dem nicht durch die bloße Rechtswegeröffnung Rechnung getragen wäre. Vielmehr ist hiermit ein Anspruch des Einzelnen auf sachliche Prüfung in bestimmten Umfang durch ein Gericht mit einem dem korrespondierenden richterlichen Prüfungsauftrag verbunden, die im Rahmen des zunächst zu definierenden „Rechtsweges“ stattfindet.

[170] S. hierzu weiter o., A.II.1.b).

1. Staatliche Gerichte

a) Die Fachgerichtsbarkeit

Adressat der Rechtsweggarantie des Art. 19 Absatz 4 GG sind prinzipiell nur *staatliche deutsche*[171] *Gerichte*, die den Anforderungen der Art. 92 und 97 GG genügen.[172] Insoweit stellte das Bundesverfassungsgericht wiederholt heraus, daß zwar der Begriff der rechtsprechenden Gewalt maßgeblich materiell, also durch die konkrete sachliche Tätigkeit, bestimmt werde; es handele sich aber auch dann um rechtsprechende Gewalt, wenn der Gesetzgeber ein Gremium gerichtsförmig ausgestaltet habe, vor allem es mit letztverbindlicher, der Rechtskraft fähiger Entscheidungsbefugnis ausgestattet habe.[173] Unter den Begriff der Rechtsprechung nach Art. 92 ff. GG fallen unzweifelhaft die hier interessierenden *Fachgerichtsbarkeiten.* Dagegen ist *nicht* Rechtsschutz *gerade durch die Verwaltungsgerichtsbarkeit* garantiert[174], wenngleich nach geltendem Gesetzesrecht Rechtsschutz gegen Exekutivakte maßgeblich von den Verwaltungsgerichten, nicht von der ordentlichen Gerichtsbarkeit, gewährt wird. Umstritten ist die Geltung des Art. 19 Absatz 4 GG hinsichtlich der dem Individualrechtsschutz dienenden Verfahren der *Verfassungsgerichtsbarkeit* der Länder und des Bundes selbst.[175] Das Bundesverfassungsgericht jedenfalls sieht sich vor allem im Hinblick auf seine Qualifizierung der Verfassungsbeschwerde als „außerordentlichen Rechtsbehelf" und vor dem Hintergrund seines Aufgabenkreises nicht in das „reguläre" Rechtsschutzsystem eingebunden.[176]

b) Die Schiedsgerichtsbarkeit

Die *Schiedsgerichtsbarkeit* ist kein staatliches Gericht im Sinne des Art. 19 Absatz 4 GG. Die aktuell im Rahmen der Bestrebungen nach einem *„schlanken Staat"*, auch nach einer *„verschlankten Rechtsprechung"*[177], diskutierten Modelle außergerichtlicher Streitbeilegung, müssen daher, soweit es um Art. 19 Absatz 4 GG unterfallende Streitigkeiten geht, auf ein außergerichtliches Vorverfahren beschränkt bleiben und können das im gerichtlichen Verfahren entscheidende Fachgericht auch etwa hinsichtlich ihrer Beweiser-

---

171 Zur Sonderstellung des EuGH s. nachstehend unter c).
172 BVerfGE 4, 74 (94 f.); 11, 232 (233) und ständig.
173 Zuletzt BVerfG - 2 BvF 1/00 - , NJW 2001, S. 1048 in Bezug auf das *Hessische Wahlprüfungsgericht*; vgl. hierzu *Puttler*, DÖV 2001, S. 849 (850).
174 S.o., A.I., II.1.a).
175 Vgl. *Huber* in: v. Mangoldt/Klein/Starck, Bonner Grundgesetz, Art. 19 Abs. 4 Rd. 452 m.w.N.
176 S. bereits o., Erstes Kapitel, A.II.3.a), kritisch hierzu *Huber*, aaO.
177 S. aus der aktuellen Literatur etwa *Bullinger*, Staat, Kirche, Verwaltung 2001, S. 565 ff.

gebnisse nicht binden.[178] Zwar verstößt die Einrichtung sogenannter *Streitschlichtungsstellen* im Verwaltungsverfahren als solche nicht gegen Art. 19 Absatz 4 GG. Auf jeden Fall muß aber Art. 19 Absatz 4 GG Rechnung getragen werden, wonach Rechtsschutz gegen nichtrichterliche Entscheidungen gerade „durch" ein Gericht gewährleistet ist. Da eine außergerichtliche Stelle dies zwangsläufig nicht erfüllen kann, ist daher zwingend ein Gerichtsverfahren für den Fall erfolgloser Streitschlichtung nachzuschalten.[179] Das formelle „Hauptgrundrecht" nach Art. 19 Absatz 4 GG setzt insoweit den an einem „ökonomisierten Rechtsstaat" als Leitbild orientierten Effizienzbemühungen, durch die maßgeblich die Wirtschaftlichkeit und das Kostenbewußtsein nicht nur in der Verwaltung, sondern auch im gerichtlichen Verfahren, gefördert werden soll, den durch das Grundrecht garantierten Mindeststandard für den Rechtsschutz entgegen.[180] Demnach kann ein verfassungsgemäß ausgestaltetes außergerichtliches Streitschlichtungsverfahren das gerichtliche Verfahren *ergänzen*, dieses jedoch *nicht ersetzen.*[181]

c) Der EuGH

Dagegen erfüllt *der EuGH* die Anforderungen, die an ein staatliches „deutsches" Gericht zu stellen sind, in solchen Verfahren, die auch dem Individualrechtsschutz gegenüber der öffentlichen Gewalt im Sinne des Art. 19 Absatz 4 GG dienen.[182] Er ist insofern Fachgericht, obwohl er die Voraussetzungen, die das Grundgesetz nach Art. 92 ff. GG an ein staatliches Gericht stellt, naturgemäß nicht erfüllt. Jedoch hat das Bundesverfassungsgericht in seiner *Solange II*-Entscheidung festgestellt, daß ein Individualrechtsschutz durch unabhängige Gerichte gemäß Art. 92 und 97 GG nur „in aller Regel geboten" sei.[183] Dies wird zutreffend im Hinblick auf die auch von dem Bundesverfassungsgericht im Zusammenhang mit der EU geforderte *Supranationalisierung der Rechtsprechungsaufgabe*[184] einbewertet, sodaß im Rahmen der Europäischen Integration, in welche die Verfassung hinüberzuführen dem Bundesverfassungsgericht als schwierige Aufgabe obliegt[185], zwar der Wesensgehalt eines jeden Grundrechts, auch das des Art. 19 Absatz 4 GG, unangetastet zu bleiben hat, die Rechtsschutzgarantie aber weniger durch die institutionelle Trennung zwischen zweiter und dritter Gewalt signifikant werde, als vielmehr durch die

---

178 *Huber*, aaO Rd. 454.
179 *Pitschas*, ZRP 1998, S. 96 (98).
180 Vgl. hierzu *dens.*, aaO S. 96.
181 *Ders.*, aaO S. 98.
182 BVerfGE 73, 339 (366)[=*Solange II*]; 75, 223 (233 f.).
183 BVerfGE 73, 339 (376).
184 S. bereits BVerfGE 58, 1 (28)[=*Eurocontrol I*].
185 Vgl. *Robbers*, NJW 1998, S. 935 (938).

Möglichkeit, jede hinreichend dargelegte Rechtsverletzung durch eine sachlich unabhängige Stelle überprüfen zu lassen.[186] Daraus wird geschlußfolgert, daß jedenfalls vor diesem Hintergrund eine einfach-gesetzlich angeordnete Übertragung der Rechtsschutzaufgabe auf „qualifizierte Stellen außerhalb der Gerichtsbarkeit" vor Art. 19 Absatz 4 GG zumindest dann Bestand haben könne, wenn sie sich auf Gründe stützen lasse, die der ausschließlichen Disposition des Gesetzgebers entzogen sind.[187] Demnach wird Rechtsschutz durch institutionell unabhängige Gerichte nicht (mehr) als zum Wesensgehalt der durch Art. 19 Absatz 4 GG gewährleisteten Mindestgarantie begriffen.[188] Dem ist generell entgegenzuhalten, daß der Mindestgehalt des Art. 19 Absatz 4 GG zwar nur den Zugang zu „irgendeinem" Gericht der staatlichen (deutschen) Gerichtsbarkeit vermittelt. Jedoch ist jedem staatlichen Gericht von Verfassungs wegen die Erfüllung der gerichtsorganisatorischen Anforderungen, die Art. 92 ff. GG stellen, und im Besonderen die persönliche und sachliche Unabhängigkeit ihrer Richter immanent. Dieses Verfassungsgut darf nicht Zweckmäßigkeitserwägungen geopfert werden. Im übrigen wäre damit zugleich das Recht auf den gesetzlichen Richter und der Anspruch auf rechtliches Gehör nach Art. 101 Absatz 1 Satz 2 und Art. 103 Absatz 1 GG beeinträchtigt, deren Beachtung in jedem gerichtlichen Verfahren garantiert ist. Der Begriff des „gesetzlichen Richters" setzt von vornherein ein den Erfordernissen der Art. 92 und 97 GG genügendes Gericht voraus.[189] Aber auch „rechtliches" Gehör kann nur von einem ebenfalls diese Voraussetzungen erfüllenden Gericht gewährt werden, sodaß eine Übertragung der Rechtsschutzaufgabe auf nichtgerichtliche Stellen ausscheiden muß. Das Bundesverfassungsgericht betont insoweit allgemein das „Zusammenwirken" des Art. 19 Absatz 4 GG „mit der Unabhängigkeit der Gerichte (Art. 20 Abs. 2, 3, 92, 97 GG)" und den Verfahrensgarantien nach Art. 101 Absatz 1 Satz 2 und Art. 103 Absatz 1 GG als die „zentrale Verbürgung" gerichtlichen Rechtsschutzes in jedem fachgerichtlichen Verfahren.[190] Eine Ausnahme ist daher im Zuge der weiter zunehmenden Europäisierung des Rechts nur für den EuGH zu machen. Eine Übertragung von Rechtsprechungsaufgaben auf nationale nichtstaatliche Stellen muß dagegen ausscheiden.

---

[186] *Huber* in: v. Mangoldt/Klein/Starck, Bonner Grundgesetz, Art. 19 Abs. 4 Rd. 450 m.w.N.
[187] *Ders.*, aaO.
[188] *Ders.*, aaO.
[189] Wie weit die organisationsrechtlichen Bestimmungen nach Art. 92 ff. GG im einzelnen in Art. 101 Absatz 1 Satz 2 GG hineinwirken, und ob ihre Einhaltung individualrechtlich geltend gemacht werden kann, ist eine andere Frage; s. hierzu den Ersten Abschnitt des Zweiten Teils in diesem Kapitel (zu Art. 101 Absatz 1 Satz 2 GG), dort B.II.3.a).
[190] BVerfGE 60, 253 (296 f.); s. hierzu das Erste Kapitel, A.I.1., dieser Arbeit.

2. Art. 19 Absatz 4 GG und der Instanzenzug

a) Kein verfassungsrechtlicher Anspruch auf einen Instanzenzug

Art. 19 Absatz 4 GG stellt somit gerichtlichen Schutz durch ein staatliches Gericht - das nicht zwingend ein Verwaltungsgericht sein muß - zur Verfügung. Damit ist aber nichts über die nähere Ausgestaltung des Rechtsschutzes durch das Gerichtsverfahren gesagt. Bereits der Wortlaut („...so steht ihm der Rechtsweg *offen*") deutet darauf hin, daß von der Rechtsweggarantie nur der *Zugang* zu *einem* Gericht oder die *Eröffnung* eines gerichtlichen Verfahrens umfaßt ist. Dem entspricht allgemein das Bundesverfassungsgericht in ständiger Rechtsprechung, der zufolge das Grundgesetz, Art. 19 Absatz 4 GG ebenso wie der Anspruch auf rechtliches Gehör nach Art. 103 Absatz 1 GG, *keine Mehrstufigkeit der gerichtlichen Verfahren* garantiert.[191] Demnach ist *unmittelbar* aus der Verfassung ein Anspruch *auf* Rechtsmittel nicht ableitbar, insbesondere fordert Art. 19 Absatz 4 GG *keinen Instanzenzug.*[192] Aus diesem Grunde muß auch die *einfachrechliche Verfahrensordnung einen Instanzenzug nicht vorsehen.*[193] Dies entspricht der allgemeinen Sicht des Bundesverfassungsgerichts vom einfachen Prozeßrecht, dem die nähere Ausgestaltung der von der Verfassungsgarantie des Art. 19 Absatz 4 GG nur umfaßten „Minimalgewährleistung" dient, sodaß die jeweilige Verfahrensordnung den Rechtsschutz grundsätzlich beschränken darf, sofern dies nicht unzumutbar ist für den Rechtsschutzsuchenden.[194] Auch auf dem Gebiet *vorläufigen Rechtsschutzes* besteht *kein Anspruch auf Rechtsmittel.*[195] Allgemein kann der Rechtsschutzsuchende die *Ablehnung von Rechtsmitteln nicht* auf die Verletzung der Rechtsweggarantie stützen, da hierdurch nicht der Zugang zu Gericht betroffen ist, sondern vielmehr der Zugang zu einer weiteren Instanz im Rahmen eines bereits eröffneten gerichtlichen Verfahrens in Frage steht.[196] Insgesamt ist die Gewährung mehrerer Instanzen somit kein verfassungsrechtliches Gebot. Art. 19 Absatz 4 GG verlangt nur die Bereitstellung zumindest einer Instanz.

---

[191] Vgl. nur BVerfGE 4, 74; 28, 21 (36); 35, 263 (271); 65, 76 (90); 78, 88 (99); 83, 24 (31).

[192] BVerfGE 87, 48 (61); 92, 365 (410); 96, 27 (39) und ständig.

[193] BVerfGE 65, 76 (90); 78, 88 (99).

[194] S. BVerfGE 78, 88 (99).

[195] BVerfGE 35, 263 (271 ff. [275], hier allerdings in Bezug auf die rechtsschutzsuchende Behörde); 58, 208 (231 f.).

[196] Weiterführender Hinweis auf die Rechtsprechung des Bundesverfassungsgerichts: S. etwa E 49, 148 zur Annahme der Revision nach § 554 b Absatz 1 ZPO sowie E 50, 115, 287; 54, 277; 55, 205 und E 59, 98 zu § 349 Absatz 2 StPO.

b) Anspruch auf Rechtsschutz im Instanzenzug?

Andererseits ist nach Auffassung des Bundesverfassungsgerichts in dem Fall, *daß* in der einschlägigen *Prozeßordnung* für die jeweilige Verfahrensart ein Instanzenzug *vorgesehen* ist, d.h. der Gesetzgeber im Rahmen seiner Gestaltungsfreiheit tätig geworden ist und mehrer Instanzen zur Verfügung gestellt hat, durch Art. 19 Absatz 4 GG in diesem Rahmen „die Effektivität des Rechtsschutzes im Sinne eines *Anspruchs auf eine wirksame gerichtliche Kontrolle in allen bestehenden Instanzen*[197]" gewährleistet.[198] Zurückzuführen ist diese Rechtsprechung letztlich auf den *Bestandsschutz*, der den einfachgesetzlichen Regelungen anhaftet, durch die ein bestimmtes Rechtsschutzniveau einmal geschaffen worden ist.[199] So dürfe das Rechtsmittelgericht ein von der jeweiligen Rechtsordnung eröffnetes Rechtsmittel daher nicht ineffektiv machen und für den Beschwerdeführer „leerlaufen" lassen.[200] Hiervon müsse sich das Rechtsmittelgericht bei der Antwort auf die Frage leiten lassen, ob im jeweiligen Einzelfall für ein nach der Prozeßordnung statthaftes Rechtsmittel ein *Rechtsschutzinteresse* bestehe, so das Bundesverfassungsgericht.[201]

Dem Gesetzgeber obliegt bei der Ausgestaltung des Prozeßrechts ein weiter Gestaltungsspielraum.[202] Gesetzliche Einschränkungen von Rechtsmitteln sind grundsätzlich legitim. Es besteht kein verfassungsrechtlicher Anspruch auf ein zwei- oder mehrstufiges Gerichtsverfahren, zumal überhaupt fraglich ist, ob eine Multiplikation gerichtlicher Entscheidungen zur Gewähr materialer Richtigkeit, welcher die Verfahrensgestaltung letztlich dient, hierzu immer beiträgt.[203] Jedenfalls aber verbietet es umgekehrt Art. 19 Absatz 4 GG nicht, daß das Gesetz der Exekutive ermöglicht, eine dem Einzelnen günstige Entscheidung eines weisungsfreien Organs zu gerichtlicher Überprüfung zu stellen, ebenso wie eine den Einzelnen belastende gerichtliche Entscheidung in einer nächsten Instanz überprüft werden kann. Hat der Gesetzgeber entsprechende Regelungen zur Verfügung gestellt, sind die Grundsätze des Bestandsschutzes anwendbar, die es dem Gesetzgeber nach Maßgabe weiterer Voraussetzungen verbieten können, das einmal von ihm geschaffene mehrstufige Gerichtssystem in einer bestimmten Verfahrensordnung und -art nach-

---

[197] Hervorhebungen in Kursivschrift durch *Verf.*
[198] BVerfGE 40, 272 (274 f.); 54, 94 (96 f.); 78, 88 (99); zuletzt E 96, 27 (1. LS, S. 39 f.).
[199] S. das Erste Kapitel, A.II.1., dieser Arbeit.
[200] BVerfGE 78, 88 (99); 96, 27 (39).
[201] BVerfGE 96, 27 (39).
[202] S. das Erste Kapitel, A.II.1., dieser Arbeit.
[203] S. hierzu *Pitschas*, ZRP 1998, S. 96 (99) mit der Forderung nach nur einer Tatsacheninstanz im Verwaltungsprozeß.

träglich gänzlich wieder abzuschaffen. Adressat dieses Gebots ist aber primär der Gesetzgeber. Hingegen erstreckt sich insoweit der Schutzbereich nicht auf die Fachgerichte bei der *Anwendung* der von dem einfachen Prozeßrecht bereitgestellten Regelungen, die lediglich nach Art. 19 Absatz 4 GG dazu verpflichtet sind, überhaupt Rechtsschutz zu gewähren. Die oben angeführten Grundsätze des Bundesverfassungsgerichts führen darüber hinaus jedoch dazu, daß effektiver Rechtsschutz nicht nur in Bezug auf den *ersten* Zugang zu Gericht zu gewährleisten ist, sondern das Bundesverfassungsgericht will jenen auch *innerhalb* des gerichtlichen Instanzenzuges durch Art. 19 Absatz 4 GG verwirklicht wissen. Dem ist entgegenzutreten, da dies nicht mehr von der „Mindestgarantie" des Art. 19 Absatz 4 GG umfaßt ist, welche sich nur auf den - erstmaligen - *Zugang* zu Gericht („..., so steht ihm der Rechtsweg offen") und mithin, im mehrstufigen Verfahren, auf die Eröffnung nur der ersten Instanz bezieht. Dies bedeutet zugleich, daß nach diesem Zeitpunkt Art. 19 Absatz 4 GG nicht mehr anwendbar ist, vielmehr effektiver Rechtsschutz durch die verfassungsrechtlichen Garantien zu gewährleisten ist, die innerhalb des einmal eröffneten Verfahrens Geltung beanspruchen, wie insbesondere der Anspruch auf rechtliches Gehör nach Art. 103 Absatz 1 GG. Eine Aufweichung des ohnehin zuweilen komplizierten Verhältnisses zwischen der Rechtsweggarantie und den verfassungsrechtlichen Verfahrensgarantien sollte daher ebenfalls vermieden werden.[204] Das bedeutet konkret: Daß ein Rechtsmittelgericht kein Rechtsmittel leerlaufen lassen kann, ist eine Selbstverständlichkeit. Jedoch kann ein verfassungsrechtlicher Verstoß gegen den effektiven Rechtsschutz *innerhalb* der Instanzen nicht auf eine Verletzung des Art. 19 Absatz 4 GG gestützt werden, da diese Vorschrift, wie soeben angeführt, nur dafür sorgt, daß *überhaupt* Rechtsschutz durch *irgendein* Gericht zur Verfügung steht. Der Schutzbereich des Art. 19 Absatz 4 GG ist daher im übrigen nicht betroffen. Ob das Rechtsmittelgericht dagegen durch die Versagung effektiven Rechtsschutzes dem Appellanten das schuldige Gehör versagt, ist eine andere Frage, die im Rahmen des Schutzbereichs des Art. 103 Absatz 1 GG zu klären ist. Es sollte daher dabei bleiben: Die Rechtsweggarantie des Art. 19 Absatz 4 GG vermittelt effektiven Rechtsschutz nur in Form einer Garantie des Zugangs zu Gericht, d.h. für die *erste* gerichtliche Instanz. Nur soweit reicht sein Schutzbereich.[205] Ist das gerichtliche Verfahren einmal *eröffnet*, greifen zum Schutz des Rechts-

[204] Allgemein o., Erstes Kapitel, A.I.1.

[205] In diese Richtung auch BVerfGE 60, 253 (292), wenn dort die Rede davon ist, daß die Verwaltungsgerichtsordnung (nur) im *ersten* Rechtszug die für die Entscheidung über das Rechtsschutzbegehren erforderliche Feststellung und Würdigung des Sachverhalts in tatsächlicher und rechtlicher Hinsicht gebiete, weiter heißt es aaO, daß die gerichtliche Überprüfung durch (nur) zumindest *eine* richterliche Instanz gewährleistet sein müsse.

schutzbegehrenden ausschließlich die verfassungsrechtlichen Verfahrensgarantien im engeren Sinne, hier insbesondere Art. 103 Absatz 1 GG, die *im Rahmen* des gerichtlichen Verfahrens im Zusammenspiel effektiven Rechtsschutz gewährleisten im Sinne eines allgemeinen Rechtsschutzstandards.[206] Innerhalb dieses Zusammenwirkens jedoch gilt es, die einzelnen Gewährleistungen nach Maßgabe ihres spezifischen Schutzbereichs auseinanderzuhalten.[207]

II. Der Anspruch des Einzelnen auf effektiven Rechtsschutz

1. Grundlage und Rechtfertigung

Die Rechtsweggarantie des Art. 19 Absatz 4 GG dient vor allem dem Individualrechtsschutz.[208] Nach vorstehenden Darlegungen ergibt sich daraus, daß der Einzelne zunächst einen Anspruch auf die Gewährung von *Rechtsschutz durch ein staatliches Gericht* hat. Dieser wäre jedoch tatsächlich wirkungs- und damit nutzlos für den Einzelnen, entfaltete die Rechtsweggarantie bloß eine formale Wirkung durch die Eröffnung des Rechtsweges als solchem. Der Begriff der Garantie des Rechts*weges* ist daher zu kurz gefaßt. Art. 19 Absatz 4 GG verbürgt vielmehr *umfassenden Individualrechtsschutz*. Das Bundesverfassungsgericht erkennt deswegen in ständiger Rechtsprechung dem Rechtsschutzsuchenden einen Anspruch auf *effektiven Rechtsschutz* zu.[209] Seine stets verwendete Formel zum Gebot effektiven Rechtsschutzes lautet: „Art. 19 Absatz 4 GG garantiert *nicht nur das formelle Recht und die theoretische Möglichkeit*, die Gerichte anzurufen, sondern auch die Effektivität des Rechtsschutzes; der Bürger hat einen *substantiellen Anspruch auf eine möglichst wirksame gerichtliche Kontrolle* (*in allen ihm von der Prozeßord-*

---

206 Vgl. auch den Wortlaut BVerfGE 53, 115 (127): „Das Gebot lückenlosen und wirksamen Rechtsschutzes, das die rechtsstaatliche Ordnung des Grundgesetzes in besonderem Maße prägt, hat in den Gewährleistungen des Art. 19 Abs. 4 und des Art. 103 Abs. 1, aber auch in den materiellen Grundrechten, konkrete Ausprägungen gefunden." S. weiter E 54, 94 (97) zu der Funktion gegenseitiger Ergänzung von Art. 19 Absatz 4 und Art. 103 Absatz 1 GG.

207 So explizit auch BVerfGE 81, 123 (129), wenn dort zunächst die gemeinsame Zweckbestimmung des Art. 19 Absatz 4 und des Art. 103 Absatz 1 GG hervorgehoben wird („...daß sowohl die Rechtsweggarantie als auch die Gewährleistung des rechtlichen Gehörs jeweils dem gleichen Ziel, nämlich der Gewährleistung eines wirkungsvollen Rechtsschutzes dienen..."), aber des weiteren getrennt wird zwischen dem *Zugang* zu Gericht und der Rechtsschutzgarantie *im* Verfahren: „Das Gebot der Effektivität gilt danach nicht nur für die Eröffnung des Zugangs zu Gericht, sondern auch für das Recht, im Verfahren gehört zu werden." S. zuletzt E 101, 106 (129).

208 S. allgemein weiter o., A.II.1.b).

209 S. nur BVerfGE 25, 352 (365); 35, 263 (274), 382 (401); 37, 150 (153); 40, 272 (LS und S. 275); 46, 166 (178).

nung zur Verfügung gestellten Instanzen)."[210] Maßgeblich ist also: Der Bürger hat nicht nur einen Anspruch auf die Eröffnung des Rechtsweges bzw. auf einen solchen *überhaupt*, sondern darüber hinaus im Sinne der Wahrung oder Durchsetzung seiner subjektiven öffentlichen Rechte einen Anspruch auf *tatsächlich wirksame* gerichtliche Kontrolle.[211] Nur so ist das *Ziel* der Gewährleistung des Art. 19 Absatz 4 GG bzw. sein Schutzzweck gewahrt, dem Bürger *wirkungsvollen* Rechtsschutz zu vermitteln[212]. Dies erfordert bereits das *Rechtsstaatsprinzip*, welches der Rechtsweggarantie zu Grunde liegt.[213] Die Gewährleistung schließt insoweit „einen *möglichst lückenlosen gerichtlichen Schutz* gegen Verletzungen der Individualrechtssphäre durch Eingriffe der öffentlichen Gewalt ein"[214], den das Bundesverfassungsgericht als „von besonderer Bedeutung" erachtet, „wenn es um die Abwehr von Grundrechtsverletzungen oder um die Durchsetzung verfassungsrechtlicher Gewährleistungen zugunsten des Einzelnen gegenüber der öffentlichen Gewalt geht."[215]

Daran wird zugleich der enge Zusammenhang zwischen dem Gehalt des formalen Prozeßgrundrechts nach Art. 19 Absatz 4 GG und den materiellen Rechten, insbesondere den Grundrechten, deren Beachtung und Durchsetzung es dient, deutlich. Andererseits ist die Rechtsschutzgarantie nach Art. 19 Absatz 4 GG formal abgekoppelt von dem materiellen Gehalt des (Grund-)Rechts, dessen Sicherung sie bezweckt. In Art. 19 Absatz 4 GG hat sich die Garantie effektiven Rechtsschutzes insoweit *„normativ verselbständigt"*, zugleich wird der materielle Gehalt des dieser zugrundeliegenden - d.h. von ihr

---

210 BVerfGE 35, 263 (274); 40, 272 (LS und S. 275). - Hervorhebungen in Kursivschrift durch *Verf.* - Da sich hieraus ein Anspruch *auf* einen Instanzenzug nicht ergibt, so das Bundesverfassungsgericht in ständiger Rechtsprechung (s. soeben unter 1.), hat es *den von Verf. im Text in Klammern () gesetzten Zusatz* auch nicht stets in seiner Formel vom effektiven Rechtsschutz verwendet (ja: vgl. etwa E 35, 263 [274]; 40, 272 [LS und S. 275]; nein: vgl. zum Beispiel aus jüngerer Zeit E 81, 123 [129]). Allerdings ergibt sich nach der hier vertretenen Auffassung aus Art. 19 Absatz 4 GG unmittelbar auch dann, wenn der Gesetzgeber mehrere Instanzen zur Verfügung gestellt hat, kein Anspruch auf effektive gerichtliche Kontrolle *in* den Instanzen. Diese findet vielmehr nach Maßgabe des Art. 103 Absatz 1 GG statt, dessen Schutzzweck gleichfalls auf effektiven Rechtsschutz gerichtet ist, s. soeben.

211 S. BVerfGE 51, 268 (284 m.w.N.); 84, 34 (49) und ständig; zuletzt E 101, 106 (122 f.), 397 (407).

212 BVerfGE 41, 23 (26); 60, 253 (269) und ständig. Vgl. allgemein aus der Literatur zur Effektivität des Rechtsschutzes: *Finkelnburg*, Das Gebot der Effektivität des Rechtsschutzes in der Rechtsprechung des Bundesverfassungsgerichts, Festgabe zum 25jährigen Bestehen des Bundesverwaltungsgerichts (1978), S. 169 ff.; *Habscheid*, Effektiver Rechtsschutz und verfassungsmäßige Ordnung (1983); *Häberle*, Effizienz und Verfassung, AöR Bd. 98 (=1973), S. 625 ff.; *Lorenz*, Der grundrechtliche Anspruch auf effektiven Rechtsschutz, AöR Bd. 105 (=1980), S. 624 ff.; *Schenke*, Die Bedeutung der verfassungsrechtlichen Rechtsschutzgarantie des Art. 19 Abs. 4 GG, JZ 1988, S. 317 ff.

213 Vgl. hierzu *Schmidt-Jortzig*, Effektiver Rechtsschutz als Kernstück des Rechtsstaatsprinzips nach dem Grundgesetz, NJW 1994, S. 2569 ff.

214 Vgl. bereits BVerfGE 8, 274 (326) und ständig; zuletzt E 101, 106 (122 f.), 397 (407). - Hervorhebungen in Kursivschrift durch *Verf.*

215 BVerfGE 60, 253 (266) und ständig; zuletzt E 101, 106 (123).

vorausgesetzten, nicht begründeten - Rechts durch sie erst *„effektuiert“* im Bereich des Zugangs zu einem Gericht.[216] Daraus ergibt sich: Art. 19 Absatz 4 GG kommt ein eigener Geltungsanspruch zu. Das aus der Vorschrift abgeleitete Recht auf effektiven Rechtsschutz verlangt für sich genommen bereits nach dessen Realisierung. Letztlich ist sein Schutzzweck aber auf die Verwirklichung anderer, materieller, Rechte gerichtet, sodaß sein Schutzbereich auch durch diese bestimmt ist.[217] Auf einem anderen Blatt dagegen steht es, daß das Bundesverfassungsgericht den Anspruch auf effektiven Rechtsschutz zum Teil zugleich *unmittelbar* aus den materiellen Grundrechten herleitet, deren Schutz Art. 19 Absatz 4 GG *auch* dient. Dies steht jedenfalls in keinem direkten Zusammenhang mit der Bestimmung der Reichweite des Anspruchs auf effektiven Rechtsschutz aus Art. 19 Absatz 4 GG und muß allein aus systematischen Gründen hier außen vor bleiben, da Art. 19 Absatz 4 GG wie jedes Grundrecht einen eigenständigen, zu definierenden Schutzbereich aufweist. Dieser mag durch die materiellen Rechte, deren Schutz er dient, in seinem Umfang beeinflußt werden. Einzelne Schutzbereiche dürfen aber nicht bereits im Vorfeld ihrer isoliert voneinander vorzunehmenden Bestimmung miteinander vermischt werden.[218]

Den wesentlichen Inhalt des Anspruchs auf effektiven Rechtsschutz nach Art. 19 Absatz 4 GG fasst der Erste Senat in seiner Entscheidung vom 18. Januar 2000 wie folgt zusammen:

> „Das Grundrecht des Art. 19 Abs.4 GG gewährleistet einen möglichst lückenlosen Rechtsschutz gegen die Verletzung der Rechtssphäre des Einzelnen durch Eingriffe der öffentlichen Gewalt *[...]*. Der Bürger hat einen Anspruch auf eine tatsächlich wirksame gerichtliche Kontrolle“.[219]

---

[216] S. *Lorenz*, AöR Bd. 105 (=1980), S. 623 (630).

[217] Vgl. BVerfGE 60, 253 (297): „Gewiß bestimmt sich das Maß dessen, was *wirkungsvoller* Rechtsschutz ist, entscheidend auch nach dem sachlichen Gehalt des als verletzt behaupteten Rechts; denn es ist dieses Recht, dessen Schutz durch Art. 19 Abs. 4 Satz 1 GG wirkungsvoll gewährleistet werden soll und mithin im Rahmen auch des Art. 19 Abs. 4 GG Beachtung erfordert“ (- Hervorhebung in Kursivschrift im zitierten Text -). S. auch E 84, 34 (49): *„[...]* die Ausgestaltung des Rechtsweges und die Intensität der gerichtlichen Kontrolle müssen der Durchsetzung des materiellen Rechts wirkungsvoll dienen, für diesen Zweck also geeignet und angemessen sein.“

[218] S. ausführlich hierzu das Erste Kapitel, A.I.3., dieser Arbeit. Das Bundesverfassungsgericht betont allerdings die „ergänzende“ Funktion der verfahrensrechtlichen Wirkung der materiellen Grundrechte im Hinblick auf Art. 19 Absatz 4 GG (BVerfGE 49, 252 [257] mit Anm. *Weber*, JuS 1979, S. 287 ff.), denen insoweit die Forderung nach effektivem Rechtsschutz gemein sei. *Lorenz*, AöR Bd. 105 (=1980), S. 623 (631) spricht insoweit zutreffend von einer „recht diffusen Verbindung“ beider Anliegen.

[219] BVerfGE 101, 397 (407).

Die Effektivitätsformel ist allerdings wegen ihrer Weite kaum einer Systematisierung zugänglich.[220] Insbesondere die Feststellung, wann eine gerichtliche Kontrolle „tatsächlich wirksam" ist und an welchen Maßstäben ein „möglichst lückenloser" Rechtsschutz sich messen lassen muß, dürfte kaum abstrakt, sondern nur im Einzelfall, allenfalls für typisierte Fallgruppen, gelingen. Eine Ausdifferenzierung ist umso notwendiger, vor allem aus Sicht der Fachgerichte, die, indem ihnen das Bundesverfassungsgericht die *Kompetenz* zur umfassenden Überprüfung von Exekutivakten zuerkennt, auch dahin *verpflichtet* werden. Da das Bundesverfassungsgericht für sich die Prüfung in Anspruch nimmt, ob das Fachgericht dieser Pflicht auch in concreto nachgekommen ist, stellt sich hier in besonderem Maße die Problematik der Kontrolldichte bundesverfassungsgerichtlicher Prüfung, die immer dann verstärkt auftritt, wenn der zu kontrollierenden fachgerichtlichen Tätigkeit für den Einzelfall weitgehend inhaltsleere materielle Maßstäbe vorgegeben sind.[221] Vor allem darf auch die Effektivitätformel nicht nach mehr verlangen, als durch die *„Mindestgarantie"* des Art. 19 Absatz 4 GG gewährleistet ist, mit anderen Worten: dem Einzelnen ist ein „Mindestmaß an effektivem Rechtsschutz" zuzubilligen. Die darüber hinaus gehenden Anforderungen des einfachen Prozeßrechts sind dagegen nicht relevant im Hinblick auf Verfassungsverstöße und entsprechend ist ihre Anwendung durch die Fachgerichte auch bundesverfassungsgerichtlicher Kontrolle entzogen. Im übrigen gewinnt die Effektivitätsformel mehrfache Verfassungsrelevanz auch dadurch, daß es hier um die Überprüfung von Entscheidungen der Exekutive durch die Fachgerichte geht. Ist diese zu weitgehend, kann dadurch zugleich, insbesondere bei behördlichen Ermessensentscheidungen, der Grundsatz der *Gewaltenteilung* betroffen sein. Die Effektivitätsformel bedurfte also der Konkretisierung, der sich einerseits die Fachgerichte, andererseits das Bundesverfassungsgericht selbst angenommen haben.

2. Der Umfang effektiven Rechtsschutzes im Verfahren der Fachgerichte

a) Auswirkungen auf die Verfahrensgestaltung

aa) Angemessene Art und Wirkung gerichtlicher Entscheidung

Zunächst folgt aus dem Anspruch auf effektiven Rechtsschutz in der bundesverfassungsgerichtlichen Rechtsprechung die Gewährleistung einer *dem Rechtsschutzbegehren an-*

---

220 *Lorenz*, aaO S. 636 f. m.w.N. und andere bezeichnen sie als *„Leerformel"*, da sie mit beliebigen Gehalten gefüllt werden könne.

221 Vgl. hierzu allgemein die theoretischen Grundlagen gem. dem Ersten Kapitel, A.II.3.

gemessenen Entscheidungsart und Entscheidungswirkung.[222] Insbesondere der Grundrechtsschutz kann demnach eine *bestimmte Gestaltung des Gerichtsverfahrens* verlangen, wenn er anders nicht gewährleistet wäre.[223] Dies muß die *normative* Ausgestaltung der gerichtlichen Verfahrensordnung, sprich das einfache Prozeßrecht, gewährleisten, um Art. 19 Absatz 4 GG einerseits wie auch etwaigen materiellen Grundrechtsverbürgungen, die als subjektive Rechte durch die Rechtsweggarantie abgesichert werden, Genüge zu tun.[224] Verbunden hiermit ist also zunächst die Tätigkeit des Gesetzgebers. Auch die Gestaltung des fachgerichtlichen *Verfahrens* ist demnach geprägt von der Gewährung wirkungsvollen Rechtsschutzes, nicht nur die *materielle Prüfungsdichte* der richterlichen Entscheidung bei der Überprüfung des Exekutivakts. Allerdings kann die Forderung nach einer angemessenen Verfahrensgestaltung unter dem Gesichtspunkt des Art. 19 Absatz 4 GG nur so weit gehen, als der Schutzbereich dieser Gewährleistung reicht. Somit ist nur die *Wahl* einer bestimmten *Entscheidungsart* bei *Eröffnung* des Verfahrens betroffen, *nicht* aber die *weitere* Ausgestaltung des Verfahrens *in* dieser Entscheidungsart. Hierfür sind aus verfassungsrechtlicher Sicht die *Verfahrens*garantien im engeren Sinne bedeutsam, mithin vor allem der Anspruch auf rechtliches Gehör, der Anspruch auf den gesetzlichen Richter und ergänzend das verfahrensrechtliche Fairneßgebot.[225]

Das Bundesverfassungsgericht sieht Arten und Wirkungsmöglichkeiten richterlicher Entscheidungen im Hinblick auf einen effektiven Rechtsschutz generell durch die Verfahrensordnungen gewährleistet und *verpflichtet umgekehrt nicht die Fachgerichte zu einer darüber hinausgehenden Verfahrensgestaltung.* Das Gericht hält weder unter dem Gesichtspunkt der durchzusetzenden materiellen Grundrechte noch wegen Art. 19 Absatz 4 GG, welcher der Durchsetzung dieser Rechte dient, für den einzelnen Fall die Möglichkeit einer Entscheidungsart für erforderlich, die gesetzlich nicht vorgesehen ist. Insbesondere ein *„grundrechtsspezifisches Sonderverfahrensrecht"* wird abgelehnt, denn: „Sofern die normative Ausgestaltung einer gerichtlichen Verfahrensordnung die umfassende Nachprüfung des Verfahrensgegenstandes in tatsächlicher und rechtlicher Hinsicht und eine dem Rechtsschutzbegehren angemessene Entscheidungsart und Entscheidungswirkung gewährleistet, ist damit dem aus Art. 19 Abs. 4 Satz 1 GG wie aus etwaigen materiellen Grundrechtsverbürgungen folgenden Schutzanspruch grundsätzlich ge-

---

222 BVerfGE 60, 253 (1. LS und S. 297).
223 BVerfGE 35, 382 (406).
224 BVerfGE 60, 253 (1. LS und S. 297).
225 Vgl. aber BVerfGE 35, 382 (406).

nügt. Ganz abgesehen von den Unzuträglichkeiten, zu denen ein grundrechtsspezifisches Sonderverfahrensrecht in all jenen Verfahrenslagen führen müßte, in denen die Grundrechte verschiedener Grundrechtsträger entscheidungserheblich miteinander konkurrieren, würde damit die Klarheit, Berechenbarkeit und Durchschaubarkeit der Instrumente des gerichtlichen Rechtsschutzes, wie sie über die Typisierung in allgemeinen Prozeßordnungen in einem langen geschichtlichen Verlauf erzielt wurde, erheblich gemindert; dies würde letztlich dem Grundrechtsschutz eher zuwiderlaufen. Es dient gerade auch der Effektuierung der materialen Grundrechte und ihres Schutzes, wenn die Rechtsordnung einheitliche, allgemeine Grundtypen des gerichtlichen Verfahrens mit zureichenden Prüfungsbefugnissen, Entscheidungsarten und Entscheidungswirkungen zur Verfügung stellt, um gerichtlichen Rechtsschutz zu ermöglichen."[226] Weiter heißt es, daß „aus materiellen Grundrechten konkrete normative Folgerungen für die Ausgestaltung des gerichtlichen Verfahrensrechts über die Gewährleistungen des Art. 19 Abs. 4 Satz 1 GG und die Verfahrensgrundrechte hinaus nur unter besonderen Umständen und nur dann gezogen werden könnten, wenn sich unzweideutig ergäbe, daß rechtsstaatlich unverzichtbare Erfordernisse hinreichenden Rechtsschutzes nicht mehr gewahrt wären."[227] Ebendies ist aber abzulehnen: Effektiver Rechtsschutz ist durch Art. 19 Absatz 4 GG in Verbindung mit den anderen Prozeßgrundrechten hinreichend gewährleistet. Außerhalb des Anwendungsbereichs des Art. 19 Absatz 4 GG kann ein Anspruch auf Rechtsschutz etwa aus Art. 103 Absatz 1 GG hergeleitet werden.[228] Eines Rückgriffs auf das künstli-

---

[226] BVerfGE 60, 253 (S. 297 f.); in dem dieser Entscheidung zu Grunde liegenden Fall ging es insoweit um das Verfahren der Anerkennung als Asylberechtigter vor dem Bundesamt für die Anerkennung ausländischer Flüchtlinge und um das sich anschließende verwaltungsgerichtliche Verfahren: In der Vorlage zum Bundesverfassungsgericht (konkrete Normenkontrolle, hier [§§ 60, 173 VwGO i.V.m.] § 85 Absatz 2 ZPO) war geltend gemacht worden, jenem Verfahren komme deshalb eine besondere Bedeutung für die Verwirklichung des Asylrechts - und damit auch eine besondere Bedeutung im Vergleich zu den übrigen Verwaltungs- und Verwaltungsgerichtsverfahren - zu, weil der einzelne Asylsuchende nur über ein derartiges Verfahren überhaupt in den Genuß des Asylrechts gelangen könne (aaO S. 294 f.). In dem konkreten Fall hatte der Asylsuchende die Klagefrist versäumt, was auf ein Verschulden seines Prozeßbevollmächtigten zurückzuführen war. Das Verwaltungsgericht hat die Sache dem Bundesverfassungsgericht vorgelegt mit dem Antrag auf Feststellung, ob § 60 VwGO i.V.m. § 85 Absatz 2 ZPO, wonach das Verschulden des Prozeßbevollmächtigten dem Betroffenen zuzurechnen ist, auch im Asylverfahren, in dem es rechtlich um eine Statusentscheidung und darüber hinaus tatsächlich im Regelfall um existentielle Belange des Betroffenen geht, verfassungsgemäß und über § 173 VwGO anwendbar ist, mit der Folge, daß dem Asylbewerber die Wiedereinsetzung zu versagen ist. Das Bundesverfassungsgericht hat dies bejaht. Es hat auch hier nicht ersehen, daß die Rechtsweg- und sonstigen Verfahrensvorschriften der Verwaltungsgerichtsordnung unzulänglich wären, um den Verwaltungsgerichten hinreichende Prüfungsbefugnisse und Entscheidungsmacht im Sinne des Art. 19 Absatz 4 GG zu verleihen, damit dem Asylbewerber Rechtsschutz für sein behauptetes Recht aus Art. 16 Absatz 2 Satz 2 GG zuteil werden kann (BVerfG, aaO S. 298).

[227] BVerfG, aaO S. 298 m.w.N.

[228] S.u., Zweiter Teil, Zweiter Abschnitt (zu Art. 103 Absatz 1 GG), dort C.III.3.c)aa).

che Gebilde einer „verfahrensrechtlichen“ Wirkung der materiellen Grundrechte bedarf es nicht.[229]

bb) Vorwirkung effektiven Rechtsschutzes im behördlichen Verfahren?

Eng verbunden mit Frage des Erfordernisses einer rechtsschutzangemessenen Verfahrensgestaltung durch das Fachgericht selbst ist die einer „Ausstrahlungswirkung“ des Effektivitätsgebots auf das dem gerichtlichen Verfahren vorgelagerte Verwaltungsverfahren. Denn diese hätte möglicherweise wiederum Auswirkungen auf die gerichtliche Verfahrensgestaltung und Entscheidungsart selbst. Zwar muß effektiver Rechtsschutz auf Grund von Art. 19 Absatz 4 GG nur und gerade im *gerichtlichen* Verfahren gewährleistet sein. Daher erstreckt sich die Forderung nach umfassendem Rechtsschutz insoweit *grundsätzlich nicht* auf das *vorgelagerte behördliche Verfahren*, denn der Rechtsweg im Sinne des Art. 19 Absatz 4 GG ist nur der Rechtsweg zu einem Gericht; die Gewährleistung effektiven Rechtsschutzes umfaßt daher nur Rechtsschutz durch einen Richter. Deswegen verstößt auch ein gesetzlich normierter *Ausschluß des Widerspruchsverfahrens* bei Überprüfung der Rechtmäßigkeit eines erteilten oder versagten Verwaltungsakts nach Auffassung des Bundesverfassungsgerichts nicht gegen Art. 19 Absatz 4 GG, obwohl dies im Vergleich zu anderen Verwaltungsverfahren, für die § 68 Absatz 1 Satz 1 VwGO eingreift, eine Minderung der dem gerichtlichen Verfahren vorgeschalteten Kontrolle bedeutet.[230] In deren Rahmen wird die Rechtmäßigkeit des Verwaltungshandelns durch die Verwaltung selbst überprüft. Dagegen ist der von einem *Gericht* zu gewährende Rechtsschutz hierdurch *nicht betroffen*. Das Bundesverfassungsgericht erläutert hierzu: „Zentraler Gegenstand des verwaltungsgerichtlichen Verfahrens ist insoweit stets der Verwaltungsakt, der am Abschluß des vorangegangenen Verwaltungsverfahrens steht oder begehrt wird, grundsätzlich unabhängig davon, in welcher Weise das Verwaltungsverfahren selbst durchgeführt worden ist, insbesondere unabhängig davon, ob es ein- oder mehrstufig ausgestaltet ist (vgl. § 79 VwGO).“[231] Aus denselben Gründen ist es dem Gesetzgeber nach Auffassung des Bundesverfassungsgericht generell nicht verwehrt, *Verwaltungsakten Tatbestandswirkung* beizulegen.[232] Er darf auf diese Weise den Rechtsschutz jedoch nicht beliebig einschränken. Ebensowenig dürfen die Gerichte eine

---

[229] S. das Erste Kapitel dieser Arbeit, A.I.3.
[230] BVerfGE 60, 253 (291); hier in Bezug auf das Fehlen eines Widerspruchsverfahrens im Asylverfahren.
[231] BVerfGE 60, 253 (291).
[232] BVerfGE 61, 82 (110 f.); 83, 182 (198).

entsprechende Aushöhlung der Rechtsschutzgarantie im Wege der *Auslegung* des materiellen Rechts herbeiführen.[233]

Jedoch hat das Bundesverfassungsgericht allgemein festgestellt, daß sich aus Art. 19 Absatz 4 GG *Vorwirkungen* auf die Ausgestaltung des dem gerichtlichen Verfahren vorgelagerten Verwaltungsverfahren insofern ergeben, als dieses *nicht so angelegt werden darf, den gerichtlichen Rechtsschutz zu vereiteln oder unzumutbar zu erschweren.*[234] Dem ist zuzustimmen, wenn anderenfalls die Effektivität des *gerichtlichen* Rechtsschutzes verhindert oder eingeschränkt wäre, mithin nur für den Fall, daß sich das Verwaltungsverfahren *unmittelbar* auf den von Art. 19 Absatz 4 GG garantierten Rechtsschutz durch ein Gericht auswirken würde. Dies ist dann gegeben, wenn eine anschließende Klage etwa deswegen unzulässig oder von vornherein unbegründet wäre. Für den potentiellen Antragsteller wäre dies weiterhin allerdings nur dann „unzumutbar", wenn ihn insofern unzumutbare Mitwirkungspflichten im Verwaltungsverfahren träfen. In diesem Zusammenhang hat sich das Bundesverfassungsgericht mit der Zulässigkeit der *Präklusion* im verwaltungsrechtlichen Verfahren befaßt. Es sieht beispielsweise den in § 3 Absatz 1 Atomanlagen-Verordnung a.F. (ergangen auf Grund der früher in § 7 Absatz 3 Satz 3 AtomG enthaltenen Verordnungsermächtigung) geregelten Einwendungsausschluß, wonach durch Ablauf der in § 2 Absatz 2 Nr. 2 der Verordnung bezeichneten Frist von einem Monat alle Einwendungen ausgeschlossen waren, die nicht auf privatrechtlichen Titeln beruhen, als vereinbar mit Art. 19 Absatz 4 GG an und führt grundlegend zu den Erfordernissen der Rechtsweggarantie insofern aus: „Daraus ergeben sich in erster Linie Anforderungen an das Verhalten der Verwaltungsbehörde im Verwaltungsverfahren selbst - etwa nicht den Bürger über seine gerichtlichen Rechtsschutzmöglichkeiten irrezuleiten *oder spätere Nachprüfungsmöglichkeiten des Gerichts auszuschalten.* In bezug auf ein *Verhalten des Bürgers selbst* im Verwaltungsverfahren, das eine Einschränkung oder den Verlust grundrechtsschützender materieller Abwehransprüche zur Folge hat, dürfen solche Ausschlußnormen auch insoweit *keine unzumutbaren Erschwerungen* für den Zugang zu den Gerichten bewirken, als es darum geht, dem Bürger den Rechtsweg für ein Begehren zu eröffnen, mit dem er *im konkreten Fall festgestellt* wissen will, daß seine Rechte nach Maßgabe der *Ausschlußnorm nicht eingeschränkt worden oder erloschen* sind."[235] Im übrigen weist das Bundesverfassungsgericht darauf hin, daß *nicht* das

---

[233] BVerfGE 83, 182 (198).
[234] BVerfGE 22, 49 (81 f.); 61, 82 (110).
[235] BVerfGE 61, 82 (110). - Hervorhebungen in Kursivschrift durch *Verf.*

gerichtliche Verfahren betroffen sei, wenn als *Rechtsfolge eines Verhaltens im Verwaltungsverfahren* normativ angeordnet wird, daß eine bestimmte Rechtsstellung im Verwaltungsverfahren selbst entfällt oder daß bestimmte subjektive materielle Abwehransprüche hierdurch eingeschränkt werden oder gänzlich entfallen; hieraus entspringende *Folgen* etwa für die Klagebefugnis seien nicht dem gerichtlichen Verfahrensrecht zuzuordnen; sie hätten ihren Ursprung in materiellrechtlichen oder das Verwaltungsverfahren regelnden Sachnormen.[236]

Dem ist beizupflichten, die Ausgestaltung des behördlichen Verfahrens ist für das gerichtliche Verfahren grundsätzlich, d.h. soweit der Zugang hierzu nicht unzumutbar erschwert wird, unmaßgeblich, da es dieses jedenfalls nicht unmittelbar beeinflußt und von der Rechtsweggarantie des Art. 19 Absatz 4 GG nicht erfaßt ist. Dessen ungeachtet ist auch aus sonstigen Gründen nicht zu beanstanden, daß der Gesetzgeber zum Teil weitreichende Folgen an einen im Verwaltungsverfahren geltenden Einwendungsausschluß knüpft und der Betroffene unter Umständen seine Klagebefugnis verliert. Ähnlich wie dieser *auch in gerichtlichen Verfahren* - und zwar nicht nur im Zivilprozeß - eine gewisse, je nach Verfahrensordnung und Verfahrensart verschieden weit reichende *prozessuale Verantwortung für sein eigenes Verhalten trägt*, ist ihm auch im behördlichen Verfahren die Auferlegung von Mitwirkungspflichten zumutbar, zumal nach sämtlichen einfachgesetzlichen Regelungen, welche einen Einwendungsausschluß im Verwaltungsverfahren vorsehen, auch der Behörde eine entsprechende Belehrungspflicht vorgeschrieben[237] und insofern dem Schutzbedürfnis des Einwendungsberechtigten genügend Rechnung getragen ist. Dasselbe gilt aber auch im Schutzbereich des Art. 19 Absatz 4 GG: Im fachgerichtlichen Verfahren obliegt dem rechtsschutzsuchenden Bürger eine „Prozeßverantwortung". Er hat „sich" Rechtsschutz zu verschaffen, indem er sich an ein Gericht wendet. Dies folgt bereits aus dem Leistungsgehalt der Rechtsschutzgarantie, die dem Einzelnen nicht nur das Mittel an die Hand gibt, seine individuellen Rechte gegen den Widerstand der Behörde durchzusetzen, sondern dies auch mit der Obliegenheit verknüpft, selbst für die Geltendmachung der aus der Rechtsschutzgarantie folgenden Ansprüche sorgen zu müssen. Dem Anspruch auf Individualrechtsschutz korrespondiert daher eine Prozeßverantwortung, die sich etwa darin niederschlägt, daß der Rechtsuchende im Verwaltungsverfahren bereits Einwendungen in der Sache geltend macht, die dann

---

236 BVerfGE 61, 82 (111 f.).

237 So auch § 2 Absatz 2 Nr. 2 der früheren AtAnlV.

durch die Behörde bereits geprüft werden können, was zugleich zu einer Entlastung der Gerichte führen kann, oder darin, daß unter Umständen Klagefristen eingehalten werden müssen oder der Antrag zum Gericht bestimmten Erfordernissen genügt.[238]

b) Vollständige Nachprüfung der behördlichen Entscheidung in tatsächlicher und rechtlicher Hinsicht

aa) Überprüfung der tatsächlichen Feststellungen

In materieller Hinsicht gesteht das Bundesverfassungsgericht den Fachgerichten eine weite, umfassende Kontrollbefugnis zu - und verpflichtet sie entsprechend - bei der Prüfung, ob der rechtsschutzsuchende Bürger durch einen Akt der öffentlichen Gewalt in seinen Rechten verletzt ist. Es hebt in ständiger Rechtsprechung hervor, daß der durch Art. 19 Absatz 4 GG gewährleistete Rechtsweg insofern die *vollständige Nachprüfung jedes* Aktes der Exekutive (meist eines Verwaltungsakts), der in Rechte des Bürgers eingreift, *in rechtlicher und tatsächlicher Hinsicht* durch ein Gericht ermöglichen muß.[239] Mithin ist das Gericht nicht auf eine reine Rechtskontrolle beschränkt[240], sodaß *keine Bindung* des Gerichts an die von der Behörde getroffenen *tatsächlichen Feststellungen* gegeben ist.[241] Demnach ist insbesondere auch dann, wenn das *einfache Gesetz* die gerichtliche Prüfung im Sinne einer *Rechtmäßigkeitskontrolle* verlangt - so bei der Anfechtung eines Verwaltungsaktes im Sinne der Verwaltungsgerichtsordnung oder bei der Überprüfung eines Justizverwaltungsaktes gemäß §§ 23 ff. (§ 28) EGGVG - , eine Aus-

---

238 S. *Huber* in: v. Mangoldt/Klein/Starck, Bonner Grundgesetz, Art. 19 Abs. 4 Rd. 382. Dies betrifft jedoch genauso und insbesondere den Anspruch aus Art. 103 Absatz 1 GG auf „rechtliches Gehör", das sich der Betroffene aktiv zu verschaffen hat, will er „gehört werden"; s. hierzu den Zweiten Abschnitt des Zweiten Teils des vorliegenden Kapitels (zu Art. 103 Absatz 1 GG), dort etwa B.II.1.e).

239 BVerfGE 15, 275 (LS und S. 282); 18, 203 (212); 51, 268 (284); 60, 253 (1. LS und S. 292, 297).

240 Ausdrücklich insoweit BVerfGE 21, 191 (194 f. m.w.N.).

241 BVerfGE 15, 275 (LS und S. 282; im Rahmen des Verfahrens über die Verfassungsbeschwerde war hier § 66 Absatz 3 *OWiG* vom 25. März 1952 [BGBl. I S. 177], wonach für den Fall, daß die oberste Verwaltungsbehörde oder die von ihr bestimmte Behörde gemäß § 66 Absatz 2 über die Aufhebung oder Abänderung des Bußgeldbescheides entschieden hat, die Nachprüfung der von der Verwaltungsbehörde getroffenen Feststellungen durch ein Gericht ausgeschlossen war, für nichtig erklärt worden [BVerfG, aaO S. 282]; das OWiG aus dem Jahre 1968 trägt dem „hinreichend Rechnung" dadurch, daß der Betroffene gegen den Bußgeldbescheid Einspruch zum Strafgericht einlegen kann, welches an die tatsächlichen Feststellungen und die rechtliche Würdigung der Verwaltungsbehörde nicht gebunden ist, BVerfGE 27, 34 [43]; s. hierzu *Bettermann*, AöR Bd. 96 [=1971], S. 528 [550]). - Vgl. weiter BVerfGE 21, 191 (195 f.): bei der Überprüfung eines *Justizverwaltungsaktes* nach *§§ 23 ff. EGGVG* - ebenso wie bei der eines *Verwaltungsaktes* im Sinne der *VwGO* im Rahmen der Anfechtung - habe das Gericht die „Rechtmäßigkeit" desselben nachzuprüfen, wobei es nicht auf die Nachprüfung der Rechtsanwendung beschränkt sei; dies gelte insbesondere auch dann, wenn ein *Oberlandesgericht* gemäß § 28 EGGVG über die Rechtmäßigkeit eines Justizverwaltungsaktes entscheide, da dieses hierbei *nicht die Stellung eines Revisionsgerichtes* habe, welches den (richterlich!) festgestellten Sachverhalt nicht nachzuprüfen habe, sondern wie jede verwaltungsgerichtliche *Tatsacheninstanz* verpflichtet sei, den Sachverhalt selbst festzustellen (BVerfG, aaO S. 195).

legung der betreffenden Vorschriften insofern vorzunehmen, als die verwaltungsgerichtlichen Tatsacheninstanzen nicht auf die rechtliche Kontrolle beschränkt sein dürfen, sondern zur Nachprüfung auch der tatsächlichen behördlichen Feststellungen verpflichtet sind.[242] Dem ist zuzustimmen, da sich dies schon aus dem *Untersuchungsgrundsatz* ergibt, der nicht nur im behördlichen Verfahren, sondern - mit Ausnahme des Revisionsverfahrens - auch im Verwaltungsgerichtsverfahren gilt (§§ 86, 128 VwGO). Auch für den Fall, daß die entsprechende Vorschrift, etwa § 28 Absatz 3 EGGVG oder § 114 VwGO, der Behörde bei ihrer Entscheidung *Ermessen* einräumt, mit der Konsequenz, daß jene auch von dem Gericht nur auf die Rechtmäßigkeit der Ermessensausübung, d.h. auf die Einhaltung der gesetzlichen Ermessensgrenzen und auf die Gebrauchmachung von dem Ermessen in einer dem Zweck der Ermächtigung entsprechenden Weise, hin überprüft werden darf[243], ergibt sich keine Ausnahme von der vorgenannten Regel, denn eine derartige Vorschrift bezieht sich auf die rechtliche Seite der Entscheidung, nicht aber auf die *Feststellung des Sachverhalts*, für die der Behörde ein *Ermessen nicht zusteht.*[244] Auch dies ergibt sich schon aus dem Untersuchungsgrundsatz. Aus der fehlenden Bindung des Gerichts an die behördlichen Feststellungen folgt daher insbesondere seine Verpflichtung, gegebenenfalls, insbesondere wenn die behördlichen Tatsachenfeststellungen bestritten sind, *Beweis zu erheben.*[245]

Das Bundesverfassungsgericht führt insoweit in einer Entscheidung des Ersten Senats vom 27. Oktober 1999 mit Nachweisen aus seiner ständigen Rechtsprechung zusammenfassend aus:

> „Zur Effektivität des Rechtsschutzes gegenüber der öffentlichen Gewalt gehört es, daß das Gericht das Rechtsschutzbegehren in tatsächlicher und rechtlicher Hinsicht prüfen kann und genügend Entscheidungsbefugnisse besitzt, um drohende Rechtsverletzungen abzuwenden oder erfolgte Rechtsverletzungen zu beheben *[...]*. Das schließt grundsätzlich eine Bindung des Gerichts an die im Verwaltungsverfahren getroffenen Feststellungen und Wertungen aus *[...]*. Das Gericht muß die tatsächlichen Grundlagen selbst ermitteln und seine rechtliche Auffassung unabhängig von der Verwaltung, deren Entscheidung angegriffen ist, gewinnen und begründen."[246]

Allerdings ist das Fachgericht faktisch oft auf seine Kenntnis über die internen Verwaltungsvorgängen angewiesen, um eine Entscheidung treffen zu können, welche eine hinreichende Gewähr für ihre materiale Richtigkeit bietet. Dies hängt dann von der *Offenle-*

---

[242] BVerfGE 21, 191 (195) zu § 28 Absatz 3 EGGVG, vgl. die vorstehende Fußnote.
[243] Die Kontrollbefugnis des Gerichts darf über die Entscheidungsbefugnis der Behörde nicht hinausgehen, s. hierzu weiter u.
[244] BVerfGE 21, 191 (195 f.).
[245] BVerfG, aaO S. 195.
[246] BVerfGE 101, 106 (123).

gung der Vorgänge, die zu der behördlichen Entscheidung geführt haben, *durch die Verwaltungsbehörde* ab. Demnach sieht das Bundesverfassungsgericht auch die Kenntnis des Fachgerichts von den Verwaltungsvorgängen als von dem Grundrecht aus Art. 19 Absatz 4 GG umschlossen an, denn „andernfalls wäre ihm die Gewährung eines umfassenden Rechtsschutzes unmöglich. Es müßte überall dort, wo keine anderen Erkenntnisquellen zur Verfügung stehen, von den Darlegungen der Behörden ausgehen und könnte allenfalls prüfen, ob die Entscheidungen auf der Grundlage der als zutreffend zu unterstellenden Behauptungen rechtmäßig sind."[247] Demnach stellt etwa *§ 99 Absatz 1 Satz 1 VwGO* eine den Anforderungen des Art. 19 Absatz 4 GG an die umfassende gerichtliche Nachprüfbarkeit des Verwaltungshandelns Rechnung tragende Regelung dar, indem er *alle Behörden zur Vorlage von Urkunden oder Akten und zu Auskünften verpflichtet.*[248] Das Bundesverfassungsgericht stellt hierzu fest, daß die Vorschrift somit dem öffentlichen Interesse an der Wahrheitsfindung diene, der *umfassenden Aufklärung des Sachverhalts durch das Gericht* sowie der Kenntnis der Beteiligten von den maßgeblichen Vorgängen, und insofern eine Konkretisierung der Rechtsschutzgarantie des Art. 19 Absatz 4 GG bilde.[249]

Dagegen bestimmt *§ 99 Absatz 1 Satz 2 VwGO* in der noch gültigen Fassung, daß die Vorlage von Urkunden oder Akten und die Erteilung der Auskunft von der zuständigen obersten Aufsichtsbehörde *verweigert werden könne*, wenn das Bekanntwerden ihres Inhalts dem Wohl des Bundes oder eines Landes nachteilig wäre oder die Vorgänge nach einem Gesetz oder ihrem Wesen nach *geheimgehalten werden müßten*. Nach *Absatz 2 Satz 1* der Vorschrift entscheidet das Gericht auf Antrag insoweit durch Beschluß, ob glaubhaft gemacht ist, daß die gesetzlichen Voraussetzungen für die Verweigerung der entsprechenden Informationen vorliegen. Der Erste Senat hat durch Beschluß vom 27. Oktober 1999 diese Regelungen *für mit Art. 19 Absatz 4 GG unvereinbar erklärt*, soweit sie die Aktenvorlage auch in denjenigen Fällen ausschlössen, *„in denen die Gewährung effektiven Rechtsschutzes von der Kenntnis der Verwaltungsvorgänge abhängt"*[250], und den Gesetzgeber verpflichtet, bis zum 31. Dezember 2001 einen verfassungsmäßigen Zustand herzustellen.[251] Es wird festgestellt, daß hierdurch Art. 19 Absatz 4 GG in *un-*

[247] BVerfG, aaO.
[248] BVerfG, aaO S. 124.
[249] Ebda.
[250] Hervorhebungen in Kursivschrift durch *Verf.*
[251] BVerfG, aaO (LS und S. 124 ff.).

verhältnismäßiger Weise eingeschränkt werde.[252] § 99 Absatz 1 Satz 2 GG *behindere die effektive gerichtliche Kontrolle der Rechtmäßigkeit* der im Hauptsacheverfahren angegriffenen behördlichen Entscheidung.[253] Dies wird für den Fall des *Auskunftbegehrens* des Rechtsschutzsuchenden im wesentlichen damit begründet, daß, beruft sich die Behörde demgegenüber auf *Geheimhaltungsgründe* und wird strittig, ob die Voraussetzungen dafür vorliegen, die „tatsächlichen Grundlagen der Auskunftsablehnung entscheidende Bedeutung für deren rechtliche Beurteilung“ gewännen. Ihre Rechtmäßigkeit hänge davon ab, „ob die Behörde die tatsächlichen Grundlagen zusammengetragen und richtig eingeschätzt, zutreffende Bewertungen und Prognosen im Rahmen der Tatbestandsmerkmale der Norm vorgenommen und die Interessen des Betroffenen an der Auskunftserteilung einerseits und diejenigen der Behörde an der Geheimhaltung andererseits angemessen abgewogen hat.“[254] Da andere Beweismittel als die von der Behörde dokumentierten Verwaltungsvorgänge insoweit kaum jemals in Betracht kämen und insbesondere eine Vernehmung der Auskunftspersonen die Lücke nicht schließen könne, weil es gerade ihre Namen und Angaben über den Rechtsschutzsuchenden seien, die geheimgehalten werden sollten, sich dieses Rechtsschutzdefizit auch nicht im Rahmen der Beweiswürdigung ausgleichen lasse[255] und es darüber hinaus auch nicht durch die Vorkehrungen des § 99 Absatz 1 Satz 2 und Absatz 2 Satz 1 VwGO kompensiert werde[256], hielten die Regelungen einer Überprüfung am Verhältnismäßigkeitsgrundsatz nicht stand.[257] Den Zweck der Regelungen beanstandet das Bundesverfassungsgericht aus verfassungsrechtlicher Sicht dagegen nicht, da die Geheimhaltung von Vorgängen, deren Bekanntwerden dem Wohl des Bundes oder eines Landes Nachteile bereiten würde, ein legitimes Anliegen des Gemeinwohls sei.[258] Gleiches gilt für die Geeignetheit zur Erreichung dieses Zwecks, die das Bundesverfassungsgericht im Rahmen der Verhältnismäßigkeitsprüfung ebenfalls bejaht.[259] Dagegen wird die Erforderlichkeit der Regelung zur Zweckerreichung verneint, das Bundesverfassungsgericht führt insoweit ergänzend aus, die Belange der Geheimhaltung könnten besser, ohne den Rechtsschutz so stark wie derzeit zu verkürzen, dadurch gewahrt werden, daß *dem Gericht die Akten zur Prüfung vorgelegt würden, dieses aber selbst zur Geheimhaltung verpflichtet* sei (*„in camera“*-

[252] BVerfG, aaO S. 124 f.
[253] BVerfG, aaO S. 125.
[254] Ebda.
[255] Wird aaO S. 126 näher begründet.
[256] Wird aaO S. 126 f. näher begründet.
[257] BVerfG, aaO S. 127.
[258] BVerfG, aaO S. 127 f.

Verfahren), sodaß einerseits eine umfassende Kontrolle durch das Gericht stattfinde, andererseits aber der Rechtsschutzsuchende selber nicht erführe, welche Gründe die Auskunftverweigerung trügen.[260] Die Bundesregierung hat dementsprechend einen Gesetzentwurf vorgelegt, der für die von der Entscheidung des Bundesverfassungsgerichts betroffenen Fälle ein *in camera-Verfahren* vorsieht.[261] An dieser Entscheidung des Bundesverfassungsgericht wird deutlich, in welch weitem Umfang es die Fachgerichte zur umfassenden tatsächlichen Prüfung der von der Behörde getroffenen Feststellungen verpflichtet. Die gerichtliche Prüfung des Sachverhalts ist insoweit identisch mit der behördlichen Sachverhaltsfeststellung. Ein Spielraum der Behörde bei der Feststellung der entscheidungserheblichen Tatsachen existiert nicht.

bb) Unterscheidung der tatsächlichen und rechtlichen Entscheidungselemente

Umso notwendiger ist zu unterscheiden zwischen der fachgerichtlichen Kontrolle der *tatsächlichen* und der *rechtlichen* Seite einer behördlichen Entscheidung: Während die tatsächlichen Feststellungen nach dem soeben Gesagten grundsätzlich voll überprüfbar sind, ist in rechtlicher Hinsicht zu differenzieren nach der einfach-gesetzlichen Ausgestaltung der anwendbaren Regelungen, die maßgeblich sind für das Bestehen bzw. für die Reichweite eines der Behörde zustehenden Spielraums einerseits und des dem korrespondierenden, insoweit akzessorischen Umfangs fachgerichtlicher Prüfung andererseits. Im Einzelfall ist daher eine strikte Trennung vorzunehmen, da sonst das Fachgericht unbefugt in die der Behörde zustehenden Kompetenzen übergreifen könnte. Diese Schwierigkeit belegt eine ältere Entscheidung des Bundesverfassungsgerichts, wonach wegen Art. 19 Absatz 4 GG das Gericht, das über die Erinnerung (eines Verurteilten) gegen die *Kostenfestsetzung* (im Strafverfahren) entscheidet (§§ 4 und 5 GKG), die Berechtigung der Auslagenforderung fremder, am (Ermittlungs-)Verfahren beteiligter Behörden *umfassend und ohne Bindung an die Auffassung des Kostenbeamten und der beteiligten Behörde* nachzuprüfen habe.[262] Gegen diese Entscheidung, welche mit sechs gegen zwei Stimmen ergangen war, ist insbesondere eingewandt worden, daß zum einen das Bundesverfassungsgericht hier nicht erörtere, daß bzw. weshalb die Erinnerung gegen den Kostenansatz bereits aus einfach-rechtlicher Sicht eine volle Ermessenskontrolle eröffne, zum an-

---

259 BVerfG, aaO S. 128.

260 Ebda.

261 Entwurf des Gesetzes zur Bereinigung des Rechtsmittelrechts im Verwaltungsprozeß (BR-Drs. 405/01), auszugsweise mit Begründung abgedruckt in: BayVBl. 2001, Heft 19, S. II. - Zum *in camera-Verfahren* s. *Beutling*, DVBl. 2001, S. 1252 ff.

262 BVerfGE 28, 10 (LS und im einzelnen S. 14 ff. m.w.N.).

deren aber jedenfalls Art. 19 Absatz 4 GG einen derart weitgespannten Rechtsbehelf nicht verlange oder gewähre.[263] Im einzelnen war hier insbesondere problematisch, daß die tatsächliche und rechtliche Seite miteinander verschwimmen: Die Feststellung der dem Kostenansatz zugrundeliegenden Tatsachen (etwa die Ermittlungstätigkeit der Behörde) ist der tatsächlichen Seite zuzuordnen und unterliegt somit der vollen richterlichen Kontrolle. Ist dagegen dem Kostenbeamten bzw. den beteiligten Behörden bereits bei der Ansetzung der Kosten ein Ermessen eingeräumt, etwa dahin, daß ein Beurteilungsspielraum hinsichtlich der Angemessenheit und Erstattungsfähigkeit sowie -bedürftigkeit der Auslagen sowie ein Schätzungsermessen bei ungewisser Höhe besteht, so darf sich das Fachgericht darüber nicht hinwegsetzen bzw. in seiner Prüfung nicht darüberhinausgehen. Die Antwort darauf bleibt das Bundesverfassungsgericht schuldig. Es hätte sich daher eingehender mit der Auslegung des einfachen Gesetzes, hier des Gerichtskostengesetzes, befassen müssen, um zunächst den einfach-rechtlich an das Gericht gestellten Überprüfungsmaßstab zu sondieren, ehe es eine volle Prüfungsbefugnis bzw. -pflicht aus der Verfassung herleitet. Nur so wird es der Funktion des einfachen Rechts als Konkretisierung von Verfassungsrecht einerseits und der grundsätzlich letztverbindlichen Befugnis der Fachgerichtsbarkeit zur Auslegung und Anwendung einfachen Rechts, und zwar auch dann, wenn Verfassungsrecht betroffen ist, andererseits - ebenso wie auch den der Behörde zustehenden Kompetenzen - gerecht.

cc) Überprüfung der Rechtsauffassung der Behörde

(1) Behördliche Gestaltungs-, Ermessens- und Beurteilungsspielräume und gerichtliche Kontrolle

Hinsichtlich der Nachprüfung auch der *rechtlichen* Seite der behördlichen Entscheidung betont das Bundesverfassungsgericht, daß der Anspruch auf effektiven Rechtsschutz auch in den Fällen, in denen der Behörde ein *Gestaltungs-*, *Ermessens-* oder *Beurteilungsspielraum* eingeräumt war, eine *hinreichende richterliche Prüfungsbefugnis* erfordere.[264] Korrespondierend zum Umfang seiner Prüfungsbefugnis müsse der Richter weiterhin über *eine zureichende Entscheidungsmacht* verfügen, um einer erfolgten oder drohenden Rechtsverletzung wirksam abzuhelfen.[265] Hierzu bleibt festzuhalten, daß sowohl die Prüfungs- als auch die entsprechende Entscheidungsbefugnis des Richters strikt

---

263 *Bettermann*, AöR Bd. 96 (=1971), S. 528 (551).
264 BVerfGE 61, 82 (2.a. LS und S. 111).
265 Ebda.

abhängig ist von dem Spielraum, welcher der Behörde zugestanden hat. Die richterliche Entscheidung darf nicht hierüber hinausgehen. Ermessensgrenzen sind nicht nur von der Verwaltungsbehörde bei ihrer Entscheidung einzuhalten, sondern allein schon im Interesse der Rechtssicherheit sowie aus Gründen der Gewaltenteilung auch von dem Gericht, das jene Entscheidung nachprüft. Das Gericht darf nicht eine eigene Ermessensentscheidung anstelle der Behörde treffen. Dem trägt der einfache Gesetzgeber etwa mit § 113 Absatz 1 Satz 3, letzter Hs. und § 114 VwGO Rechnung, indem er die Reichweite richterlicher Entscheidungsbefugnis insoweit ausdrücklich begrenzt. An anderer Stelle hat das Bundesverfassungsgericht dies auch explizit festgestellt: „Die verwaltungsgerichtliche Prüfung dient *[...]* der *Kontrolle* des Verwaltungshandelns in dem durch § 113 VwGO beschriebenen Umfang. Sie mag häufig in Verfahren *[...] faktisch* besondere Bedeutung haben. Die Ausrichtung des verwaltungsgerichtlichen Verfahrens als Kontrollverfahren entspricht nachgerade dem Grundsatz der Gewaltenteilung des Art. 20 Abs. 2 GG."[266]

(2) Notwendigkeit vollzugsfähiger Rechtsmaßstäbe für die gerichtliche Kontrolle

Für den Inhalt und die Reichweite fachgerichtlicher Kontrolle ist nach alledem maßgeblich, welcher Spielraum der Behörde normativ eröffnet ist oder welche Grenzen ihr für ihre Entscheidung gesetzt sind. Als problematisch erweist sich dieser Grundsatz vor allem bei gesetzlichen *Genehmigungsvorbehalten*, wenn diese der Behörde nicht nur - wie typischerweise - ein weitgehendes *Ermessen* für die Erteilung der Genehmigung eröffnen, sondern insbesondere nicht hinreichend konkret bezeichnen, nach welchen *Kriterien* jenes auszuüben ist. So hat das Bundesverfassungsgericht im Rahmen einer konkreten Normenkontrolle den seinerzeit im Kleingartenrecht[267] angeordneten Vorbehalt behördlicher Genehmigung für die Kündigung von Kleingartenpachtverträgen für verfassungswidrig dewegen erklärt, da in dem Gesetz zwar bestimmt war, daß eine Versagung der Genehmigung auf Grund von *„öffentlichen Belangen"* erfolgen kann, jedoch der Behörde „nicht hinreichend deutlich" vorgegeben wurde, *welche* öffentlichen Belange die Versagung rechtfertigen könnten.[268] Das Bundesverfassungsgericht hat hierzu konkret ausgeführt, in dem hier maßgeblichen Sachbereich seien *teilweise widersprechende öffentliche Interessen* im Spiel, sodaß eine Normierung geboten sei, die den Behörden und Ge-

---

[266] BVerfGE 60, 253 (290). - Hervorhebungen in Kursivschrift durch *Verf.*
[267] S. Nachweise in BVerfGE 52, 1 f.
[268] BVerfG, aaO S. 41.

richten einen Nachvollzug der gesetzgeberischen Entscheidung ermögliche.[269] In Bezug auf Art. 19 Absatz 4 GG stellt das Bundesverfassungsgericht insofern fest, daß eine gerichtliche Kontrolle nur möglich sei, wenn *den Gerichten vollzugsfähige Rechtsmaßstäbe* an die Hand gegeben würden, nach denen sie entscheiden sollen.[270]

(3) Überprüfung der Auslegung „unbestimmter Rechtsbegriffe"

Besondere Schwierigkeiten für die Bestimmung der Reichweite fachgerichtlicher Kontrolle entstehen bei der Überprüfung behördlicher Entscheidungen, die auf Grund von Regelungen ergangen sind, welche der Behörde einen *Beurteilungsspielraum* eröffnen, etwa bei der Auslegung sogenannter *„unbestimmter Rechtsbegriffe"*. Gleichwohl hat der Rechtsschutzsuchende aber auch solchenfalls einen Anspruch auf effektiven Rechtsschutz und auf umfassende gerichtliche Kontrolle. Exemplarisch hierfür ist die Rechtsprechung des Bundesverfassungsgerichts zur gerichtlichen Kontrolle von *Prüfungsentscheidungen*: Der Erste Senat hebt insofern in einer Entscheidung aus dem Jahre 1991 zunächst die Bedeutung des *materiellen* Grundrechts der Berufsfreiheit nach Art. 12 GG, welches Geltung auch für das Prüfungsverfahren beansprucht[271], neben der Garantie des Art. 19 Absatz 4 GG für die Gewährung einer tatsächlich wirksamen gerichtlichen Kontrolle hervor.[272] Weiter heißt es: „Beruht die angefochtene Verwaltungsentscheidung auf der Anwendung unbestimmter Rechtsbegriffe, so ist deren Konkretisierung grundsätzlich Sache der Gerichte, die die Rechtsanwendung der Verwaltungsbehörden uneingeschränkt nachzuprüfen haben; die Regeln über die eingeschränkte Kontrolle des Verwaltungsermessens gelten nicht für die Auslegung und Anwendung unbestimmter Rechtsbegriffe."[273]

Dem ist grundsätzlich zuzustimmen, denn unbestimmte Rechtsbegriffe finden sich auf der *Tatbestandsseite*, nicht auf der Rechtsfolgenseite einer (materiellen) Norm. Ein Ermessensspielraum kann sich jedoch nur auf die rechtliche Seite einer behördlichen Entscheidung beziehen, sodaß die gerichtliche Kontrolle entsprechend eingeschränkt ist. Dagegen sind tatsächliche Feststellungen, mithin solche, die den gesetzlichen Tatbestand überhaupt erst begründen, stets und in vollem Umfang gerichtlich überprüfbar.[274] Schwierig-

[269] BVerfG, aaO S. 41 f.
[270] BVerfG, aaO S. 41.
[271] BVerfGE 84, 34 (45 m.w.N.).
[272] BVerfG, aaO (45 f. m.w.N. und S. 49). S.o., Erstes Kapitel, A.I.3. zur „verfahrensrechtlichen Wirkung" der materiellen Grundrechte.
[273] BVerfG, aaO S. 49 f. m.w.N.
[274] S. hierzu schon weiter o.

keiten ergeben sich insoweit allerdings bei der Nachprüfung des Tatbestandes, wenn unbestimmte Rechtsbegriffe „wegen hoher Komplexität oder besonderer Dynamik der geregelten Materie so vage und ihre Konkretisierung im Nachvollzug der Verwaltungsentscheidung so schwierig" ist, „daß die gerichtliche Kontrolle an die Funktionsgrenzen der Rechtsprechung stößt. Der rechtsanwendenden Behörde mag in solchen Fällen ohne Verletzung rechtsstaatlicher Grundsätze ein *begrenzter Entscheidungsfreiraum*[275] zuzubilligen sein."[276] Für den speziellen Bereich des *Prüfungsrechts* gilt das aber jedenfalls nicht uneingeschränkt. Das Bundesverfassungsgericht hat zu dem Bereich von *Berufszugangsprüfungen*, zu denen beispielsweise Staatsprüfungen gehören, „die den Zugang zu akademischen Berufen beschränken[277]", *besondere Grundsätze* aufgestellt; demnach steht den *Prüfern* ein *Bewertungsspielraum* nur zu, so weit es um *prüfungsspezifische Wertungen* geht:[278] Ein Bewertungsspielraum der Prüfer ergibt sich hauptsächlich daraus, daß diese „in ihrem wertenden Urteil von Einschätzungen und Erfahrungen ausgehen, die sie im Laufe ihrer Examenspraxis bei vergleichbaren Prüfungen entwickelt haben und allgemein anwenden"[279], sodaß „Prüfungsnoten nicht isoliert gesehen werden dürfen, sondern in einem Bezugssystem zu finden sind, das durch die persönlichen Erfahrungen und Vorstellungen der Prüfer beeinflußt wird"[280]. Jedoch: „Die Grenzen des prüfungsrechtlichen Bewertungsspielraums ergeben sich aus seiner verfassungsrechtlichen Legitimation. Sie bestimmen zugleich den Umfang der verwaltungsgerichtlichen Kontrolle, die durch Art. 19 Abs. 4 GG geboten ist. Nur prüfungsspezifische Wertungen - vielfach mit fachlichen Urteilen untrennbar verknüpft - bleiben der Letztentscheidungskompetenz der Prüfungsbehörden überlassen. Aber auch die Beantwortung solcher Wertungsfragen ist nicht jeder Kontrolle entzogen. Die den Gerichten verbleibende Kontrolle muß bei berufsbezogenen Prüfungen für einen wirkungsvollen Schutz der Berufsfreiheit zweckgerichtet, geeignet und angemessen sein."[281]

---

[275] Diese und folgende Hervorhebungen in Kursivschrift stammen von *Verf.*

[276] BVerfG, aaO S. 50 mit Nachweisen aus seiner ständigen Rechtsprechung und w.N.

[277] Solche Prüfungen „eröffnen" aber zugleich den Zugang zu akademischen Berufen und erfordern daher nicht nur die Gewährleistung der Chancengleichheit aller Berufsbewerber im Prüfungsverfahren (Art. 3 Absatz 1 GG; s. BVerfG, aaO S. 50) einerseits, sondern auch die entsprechende Qualifikation der Prüfungskandidaten, welche sich im Prüfungsergebnis manifestiert.

[278] BVerfG, aaO 2. LS und ausführlich S. 50 ff.; hier in Bezug auf die Zweite Juristische Staatsprüfung (Niedersachsen).

[279] BVerfG, aaO S. 51.

[280] BVerfG, aaO S. 52.

[281] BVerfG, aaO S. 53 m.w.N.

Im Ergebnis dürfen „zutreffende Antworten und brauchbare Lösungen im Prinzip nicht als falsch bewertet werden und zum Nichtbestehen der Prüfung führen dürfen. *[...]* Eine vertretbare und mit gewichtigen Argumenten folgerichtig begründete Lösung darf nicht als falsch gewertet werden".[282] Letztlich gesteht das Bundesverfassungsgericht den Verwaltungsgerichten also eine „*Vertretbarkeitskontrolle*" in fachlicher Hinsicht zu.[283] Das Bundesverfassungsgericht versucht so den Brückenschlag zwischen der Eigenart des Prüfungsrechts, das geprägt ist von fachlichem Spezialwissen, dessen Überprüfung, abgesehen von juristischen Prüfungen[284], nicht Aufgabe eines Gerichts sein kann, zum einen, und von subjektiven Erfahrungen der Prüfer, die generell einen gewissen Bewertungsspielraum erfordern, zum zweiten, sowie dem Gebot effektiven Rechtsschutzes andererseits, das auch im Prüfungsrecht nach einer tatsächlich wirksamen gerichtlichen Kontrolle verlangt.[285] Allerdings: Daß eine Prüfungsentscheidung nicht aufrechterhalten werden darf, wenn sie zutreffende Anworten als falsch und brauchbare Lösungen als unzureichend bewertet hat, ist selbstverständlich. Schwierig ist es jedoch, die Feststellung zu treffen, *ob* eine Antwort zutrifft, und vor allem, *ob* eine Lösung brauchbar ist. Vor allem ist zweifelhaft, ob dem Gericht oder einem gerichtlich bestellten Sachverständigen die Kompetenz für diese Einbewertung zusteht. Das Bundesverfassungsgericht hat dafür aus Art. 12[286] und 19 Absatz 4 GG Lösungen gesucht, die dennoch bestehenden Schwierigkeiten sind jedoch letztlich wohl nicht generell, sondern nur für jeden Einzelfall, unter Zuhilfenahme der entwickelten Kriterien, aber gegebenenfalls unterschiedlicher Gewichtung, lösbar.

---

[282] BVerfG, aaO 3. LS und S. 55; s. BVerfGE 84, 59 ff. zum multiple choice-Verfahren bei den medizinischen Staatsprüfungen.

[283] Ob in anderen als in solchen Prüfungen, deren Bestehen unmittelbar über den Berufszugang entscheidet, eine bloße Kontrolle nach Maßgabe der Willkür-Formel ausreicht, läßt das Bundesverfassungsgericht in BVerfGE 84, 34 (54) offen.

[284] Es wäre jedoch gleichsam willkürlich, wollte man die Überprüfung von Juristischen Staatsprüfungen im Hinblick auf effektiven Rechtsschutz anderen Kriterien im Hinblick auf die gerichtliche Kontrolldichte unterstellen als die anderer Berufszugangsprüfungen. Abgesehen davon spielen auch hier persönliche Erfahrungen eines jeden Prüfers eine Rolle, die das Gericht nicht ersetzen kann und darf.

[285] Allgemein zum Prüfungsrecht s. das Standardwerk von *Niehues*, Schul- und Prüfungsrecht, in der aktuellen Auflage; s. auch *Stüer*, Die gerichtliche Kontrolle von Prüfungsentscheidungen, DÖV 1974, S. 257 ff.; vgl. zuletzt *Zimmerling/Brehm*, Prüfungsrecht (2. Auflage 2001).

[286] Zur Problematik der „verfahrensrechtlichen Wirkung" materieller Grundrechte s. das Erste Kapitel, A.I.3., dieser Arbeit.

c) Die Effektivität vorläufigen Rechtsschutzes

aa) Die Gewährleistung des Art. 19 Absatz 4 GG durch vorläufigen Rechtsschutz und die besondere Bedeutung des Suspensiveffekts

Besondere Bedeutung kommt dem Gebot effektiven Rechtsschutzes nach der ständigen Rechtsprechung des Bundesverfassungsgerichts im Bereich des *vorläufigen* bzw. *einstweiligen* Rechtsschutzes zu, da dieser dazu dient, *irreparable Entscheidungen soweit als möglich auszuschließen.*[287] Aufgabe des *vorläufigen*, wie des einstweiligen, Rechtsschutzes ist demnach, den Zeitraum bis zur endgültigen Entscheidung im ordentlichen Verfahren durch eine schnelle Zwischenregelung zu überbrücken.[288] Zwar läßt sich *verfassungsrechtlich* die Notwendigkeit auch vorläufigen Rechtsschutzes in seiner einfachrechtlichen Ausgestaltung nicht dem *Wortlaut* des Art. 19 Absatz 4 GG entnehmen.[289] Das Bundesverfassungsgericht leitet dies aber aus den soeben genannten Gründen aus dem von Art. 19 Absatz 4 GG umfaßten Anspruch auf tatsächlich wirksamen, „effektiven" Rechtsschutz her. Das Bundesverfassungsgericht hat damit „der Tatsache Rechnung getragen, daß der vorläufige Rechtsschutz auf den Gebieten, die in die Gerichtsbarkeit der Verwaltungsgerichtszweige fallen, ganz besonders vonnöten ist, weil der Einzelne sich hier der öffentlichen Gewalt gegenübersieht, die ohne solchen Rechtsschutz imstande wäre, kraft der ihr eingeräumten hoheitlichen Befugnisse vor der Hauptsachenentscheidung einseitig nicht mehr abänderbare Zustände zu schaffen."[290]

Hieraus ergibt sich nach Auffassung des Bundesverfassungsgerichts insbesondere die verfassungsrechtliche Bedeutung des *Suspensiveffekts* verwaltungsprozessualer Rechtsbehelfe.[291] Demgemäß ist die nach *§ 80 Absatz 1 VwGO* für den *Regelfall* vorgeschriebene aufschiebende Wirkung von Widerspruch und verwaltungsgerichtlicher Klage eine *„adäquate Ausprägung" der verfassungsrechtlichen Rechtsschutzgarantie*[292] und *„ein fundamentaler Grundsatz des öffentlich-rechtlichen Prozesses"*[293].

Das Bundesverfassungsgericht führt hierzu wörtlich aus:

> „Ohne die aufschiebende Wirkung der Klage würde der Verwaltungsgerichtsschutz im Hinblick auf die notwendige Dauer des Verfahrens häufig hinfällig, weil bei so-

---

[287] BVerfGE 35, 263 (274); 46, 166 (178); 51, 268 (284).
[288] BVerfGE 46, 166 (178).
[289] Ebda.
[290] Ebda.
[291] BVerfGE 35, 263 (274), 382 (401 f.); 46, 166 (178); 51, 268 (284).
[292] BVerfGE 35, 382 (402).
[293] BVerfGE 35, 263 (272).

> fortiger Vollziehung des Verwaltungsakts regelmäßig vollendete Tatsachen geschaffen würden. Der Zweck der verwaltungsgerichtlichen Verfahren, eine Nachprüfung des Verwaltungsakts durch unabhängige Gerichte sicherzustellen, wäre damit weitgehend illusorisch und der Betroffene im Ergebnis eines wirksamen Rechtsschutzes beraubt. Demgegenüber kann nicht die Erwägung durchgreifen, der Bürger müsse die Anordnung der sofortigen Vollziehung hinnehmen, da sie ja nur im öffentlichen oder überwiegenden privaten Interesse zulässig sei, und er könne, wenn der Verwaltungsakt rechtskräftig aufgehoben werde, schadlos gestellt werden. Abgesehen von der Zweifelhaftigkeit solcher Ersatzforderungen, widerspricht diese Auffassung dem Gehalt der Rechtsschutzgarantie des Art. 19 Abs. 4 GG."[294]
>
> Andererseits „gewährleistet Art. 19 Absatz 4 GG die aufschiebende Wirkung von Rechtsbehelfen im Verwaltungsprozeß nicht schlechthin. Überwiegende öffentliche Belange können es rechtfertigen, den Rechtsschutzanspruch des Einzelnen einstweilen zurückzustellen, um unaufschiebbare Maßnahmen im Interesse des allgemeinen Wohls rechzeitig in die Wege zu leiten. Dies muß jedoch die Ausnahme bleiben."[295]

Einstweiliger Rechtsschutz ist gemäß Art. 19 Absatz 4 GG dann geboten, wenn die nachträgliche Korrektur der Entscheidung *in der Hauptsache* nicht mehr möglich ist.[296] Sowohl das Institut des vorläufigen Rechtsschutzes im engeren Sinn (Verbleib der Aufhebbarkeit oder Abänderbarkeit einer Entscheidung, Anfechtungsklage in der Hauptsache) als auch des einstweiligen Rechtsschutzes (Sicherung oder Regelung eines einstweiligen Zustands zur Offenhaltung der Entscheidungsfähigkeit in der Hauptsache, Verpflichtungs- oder allgemeine Leistungsklage in der Hauptsache) dient mithin als flankierendes Instrumentarium der effektiven Anspruchsdurchsetzung in der Hauptsache. Im einzelnen sind hiermit vielfältige Schwierigkeiten verbunden.[297] Erinnert sei an dieser Stelle nur an das bekannte Problemfeld der rechtlich unzulässigen, faktischen *Vorwegnahme* bzw. der *Erledigung* der Hauptsache im Verfahren des vorläufigen Rechtsschutzes sowie an die faktische *Verlängerung der Verfahrensdauer* durch die gerichtliche Doppelbelastung[298], obgleich vorläufiger Rechtsschutz gerade darauf ausgerichtet ist, die Effizienz des Rechtsschutzes auch zu wahren durch Überbrückung des üblichen Zeitraums bis zur Entscheidung in der Hauptsache. Zur grundsätzlich unzulässigen Vorwegnahme der Hauptsache - dies widerspräche anderenfalls dem Charakter des vorläufigen Verfahrens, in dem etwa die Glaubhaftmachung von Tatsachen genügt, also kein Voll-

---

[294] BVerfG, aaO S. 274 f.

[295] BVerfGE 51, 268 (284 f. [m.w.N. aus der ständigen bundesverfassungsgerichtlichen Rechtsprechung]).

[296] BVerfGE 79, 74 ff.

[297] Aus der umfangreichen Literatur s. etwa *Brühl*, Vorläufiger Rechtsschutz im Verwaltungsstreitverfahren, JuS 1995, S. 627, 818, 916; *Finkelnburg/Jank*, Vorläufiger Rechtsschutz im Verwaltungsstreitverfahren, 3. Auflage (1986); *Schoch*, Grundfragen des verwaltungsgerichtlichen vorläufigen Rechtsschutzes, VerwArch Bd. 82 (=1991), S. 145 ff.

[298] S. *Schmidt-Aßmann* in: Maunz/Dürig/Herzog, GG, Art. 19 Abs. IV Rd. 273.

beweis notwendig ist, und in dem die Anhörung des Gegners vor der gerichtlichen Entscheidung in besonderen Fällen unterbleiben darf - hat das Bundesverfassungsgericht aber festgestellt, daß, wenn dem Antragsteller bei Versagung einstweiligen Rechtsschutzes eine erhebliche Verletzung in seinen Grundrechten droht, die durch eine der Klage stattgebende Entscheidung in der Hauptsache nicht mehr beseitigt werden kann, einstweiliger Rechtsschutz zu gewähren sei, *erforderlichenfalls unter eingehender tatsächlicher und rechtlicher Prüfung des im Hauptsacheverfahren geltend gemachten Anspruchs*, es sei denn, daß ausnahmsweise überwiegende, besonders gewichtige Gründe entgegenstünden.[299] Damit wird aber der Ausnahmefall vorläufiger bzw. einstweiliger Rechtsschutz quasi zur Regel erhoben. Verwiesen sei auf das weitere Folgeproblem, das sich insbesondere bei der Gewährung vorläufigen Rechtsschutzes gegenüber *Dritten*, auch nach Einfügung des § 80 a VwGO, im Hinblick auf den durch behördliche Maßnahmen Begünstigten ergibt. Exemplarisch hierfür steht nach wie vor die Materie des Baunachbarrechts.[300] Diese und weitere gewichtige Folgeprobleme, die aus der Gewährung vorläufigen Rechtsschutzes als Ausfluß des Gebotes effektiven Rechtsschutzes resultieren, sind primär als Fragestellungen des einfachen Rechts einzuordnen. Die oben angeführten Grundzüge der Rechtsprechung des Bundesverfassungsgerichts zeigen aber, das dieses von den Fachgerichten eine weitgehende Prüfung der angegriffenen behördlichen Entscheidung verlangt, und zwar unabhängig von ihrer Entscheidung im Hauptsacheverfahren. Damit wird den Fachgerichten eine weitergehende Prüfungspflicht von Verfassungs wegen auferlegt, als die Mindestgarantie des Art. 19 Absatz 4 GG verlangen kann. Dies gilt insbesondere in den Einzelfällen, in denen von den Fachgerichten verlangt wird, faktisch die Hauptsache vorwegzunehmen. Ihnen verbleibt insofern kein Spielraum bei der Anwendung und Auslegung der einfach-gesetzlichen Regelungen. Eine summarische Prüfung wird quasi unzulässig. Insbesondere die §§ 80, 80 a und 123 VwGO, die der Konkretisierung des Art. 19 Absatz 4 GG dienen, werden insoweit durch die Verfassung überlagert.

---

[299] BVerfGE 79, 69 ff.

[300] Vgl. *Schmaltz*, Probleme des vorläufigen Rechtsschutzes im Baunachbarrecht, DVBl. 1992, S. 230 ff.

bb) Vorläufiger Rechtsschutz im einfachen Recht und verfassungsrechtliche Erfordernisse

(1) §§ 80, 80 a und 123 VwGO

Maßgeblich für den vorläufigen Rechtsschutz im *verwaltungsgerichtlichen Verfahren* sind im einzelnen die Regelungen der §§ 80, 80 a und 123 VwGO. Ihre Auslegung und Anwendung richtet sich nach den vorstehend dargelegten Grundsätzen:

Unter *§ 80 VwGO* fallen die Verfahren, bei denen die Aufhebung eines Verwaltungsakts begehrt wird. In *Absatz 1* der Vorschrift ist, wie oben bereits ausgeführt wurde, geregelt, daß Widerspruch und Klage *grundsätzlich aufschiebende Wirkung* haben. Dagegen normiert *Absatz 2* eine Reihe von Fällen, in denen der *Suspensiveffekt entfällt*, unter anderem gemäß Nr. 4 dann, wenn die Behörde im öffentlichen Interesse oder im überwiegenden Interesse eines Beteiligten die sofortige Vollziehung angeordnet hat. Von besonderer Bedeutung ist insoweit der Antrag an das Gericht der Hauptsache auf Wiederherstellung der aufschiebenden Wirkung nach *§ 80 Absatz 5 VwGO*[301]: Die Anordnung der sofortigen Vollziehung eines Verwaltungsakts nach § 80 Absatz 2 Nr. 4 VwGO ist selbst - so wie der ihr zu Grunde liegende Verwaltungsakt - eine hoheitliche Maßnahme, die in den Rechtskreis des Bürgers eingreift, und muß daher, soweit sie diesen belastet, nach Art. 19 Absatz 4 GG der gerichtlichen Überprüfung unterliegen. Das Verfahren nach § 80 Absatz 5 ist demgemäß *„eine adäquate Ausprägung des grundgesetzlich garantierten Rechtsschutzes"*.[302] Bei der Entscheidung über den Antrag auf Wiederherstellung des Suspensiveffekts „hat das Gericht die Interessen des Antragstellers und des Antragsgegners gegeneinander abzuwägen. Bereits überschaubare Erfolgsaussichten des Hauptsacheverfahrens sind in die Überlegungen mit einzubeziehen. Außer den Interessen von Antragsteller und Antragsgegner sind auch alle sonst betroffenen öffentlichen oder privaten Interessen zu berücksichtigen, auch diejenigen sonstiger Beteiligter."[303] In seiner früheren Rechtsprechung hat das Bundesverfassungsgericht anklingen lassen, das Prinzip der Rechtsschutzeffektivität verlange *grundsätzlich*, daß die Einlegung von Rechtsbehelfen, insbesondere die Erhebung einer Klage, aufschiebende Wirkung entfalte; die Zu-

[301] BVerfGE 35, 263 (275).
[302] Ebda.
[303] BVerfGE 51, 268 (280).

rückstellung des Suspensiveffekts müsse demgemäß die Ausnahme bleiben.[304] Vorsichtiger äußert sich das Bundesverfassungsgericht aber später wieder dahingehend, die aufschiebende Wirkung der Rechtsbehelfe gegen Verwaltungsakte unter dem Gesichtspunkt des Art. 19 Absatz 4 GG sei nicht schlechthin und ausnahmslos verfassungsrechtlich garantiert, daher erscheine es auch nicht von Verfassungs wegen geboten, jeden Verwaltungsakt, unabhängig von den besonderen Umständen, dem auf dem Suspensiveffekt aufbauenden Rechtsschutzsystem des § 80 VwGO zu unterstellen. Entscheidend sei vielmehr, ob dem Bürger ein verfassungsrechtlich ausreichender effektiver Rechtsschutz gewährt werde, auch auf andere Weise als durch automatisch eintretende oder gerichtlich wiederhergestellte aufschiebende Wirkung seines Rechtsbehelfs.[305] Noch weniger ist Art. 19 Absatz 4 GG *ein bestimmtes „Modell"* vorläufigen Rechtsschutzes zu entnehmen.[306]

Nach *§ 80 a VwGO* richtet sich der vorläufige Rechtsschutz bei so genannten Verwaltungsakten mit *„Doppelwirkung"*, d.h. solchen Verwaltungsakten, die den Adressaten begünstigen und einen Dritten belasten (Absatz 1) oder umgekehrt den Empfänger belasten und einen anderen begünstigen (Absatz 2).[307] Vor Einführung des § 80 a in die Verwaltungsgerichtsordnung war heftig umstritten gewesen, ob vorläufiger Rechtsschutz im Zusammenhang mit solchen Verwaltungsakten nach § 80 oder nach § 123 VwGO zu gewähren ist.[308] Der Gesetzgeber hat im Sinne der bis Einführung der Regelung geltenden herrschenden Meinung entschieden und auch solche Verwaltungsakte, die unmittelbare Außenwirkung auf Dritte haben, im Ergebnis der Regelung des § 80 VwGO und damit vor allem grundsätzlich dem Suspensiveffekt des von einem der Beteiligten eingelegten Rechtsbehelfs unterstellt.

§ 123 VwGO schließlich erfaßt alle Fälle, die nicht durch §§ 80, 80 a VwGO geregelt sind; demgemäß ist in § 123 Absatz 5 VwGO bestimmt, daß die in Absatz 1 bis 4 dieser Vorschrift getroffenen Regelungen nicht für die Vollziehung eines angefochtenen Verwaltungsakts oder die Beseitigung der aufschiebenden Wirkung eines Rechtsbehelfs gel-

---

304 BVerfGE 35, 382 (402), s. soeben; kritisch hierzu *Schenke*, JZ 1988, S. 317 (324 f.). Vgl. auch E 35, 263 (272); anders jedenfalls tendenziell BVerfGE 11, 232 (233), wonach Art. 19 Absatz 4 GG die aufschiebende Wirkung der Rechtsbehelfe im Verwaltungsprozeß „nicht schlechthin" gewährleiste.

305 BVerfGE 51, 268 (285).

306 Dies ergibt sich aus BVerfGE 51, 268 (285 f.); s. auch *Schenke*, JZ 1988, S. 317 (325).

307 Der Begriff *„Doppelwirkung"* ist insoweit nicht glücklich gewählt. Doppelwirkung weist genau genommen nur der Verwaltungsakt auf, der allein seinen *Adressaten* zugleich begünstigt wie belastet. Ein Verwaltungsakt mit unmittelbarer Wirkung gegenüber Dritten dagegen zeitigt *„Dritt-"* oder *„Mehrfachwirkung"*.

308 Vgl. die Nachweise in BVerfGE 51, 268 (281 ff. [s. S. 285 f. zu den damals zu bedenkenden Vor- und Nachteilen des Rechtsschutzverfahrens nach § 80 oder aber nach § 123 VwGO für den „Dritten"]); s. auch BVerfGE 35, 263 ff. (nach altem Recht).

ten. Das Bundesverfassungsgericht hat im Sinne des Gebotes effektiven Rechtsschutzes gemäß Art. 19 Absatz 4 GG und der daraus folgenden Zielrichtung des vorläufigen Rechtsschutzes, irreparable Zustände soweit wie möglich zu vermeiden, grundlegend festgestellt, daß dem Rechtsschutz des Einzelnen in „Vornahmesachen" die gleiche Bedeutung zukommt, wie er ihn in „Anfechtungssachen" genießt: „Die Gefahr der Schaffung vollendeter Tatsachen, die sich nachträglich nicht oder nur teilweise rückgängig machen lassen, besteht aber nicht nur, wenn die vollziehende Gewalt durch belastende Maßnahmen in die Rechtssphäre der Bürger eingreift, sondern auch, wenn sie Leistungsbegehren nicht entspricht, indem sie sie entweder zurückweist oder einfach untätig bleibt. Aus diesem Grunde verlangt Art. 19 Abs. 4 GG *[...]* auch bei Vornahmesachen jedenfalls dann vorläufigen Rechtsschutz, wenn ohne ihn schwere und unzumutbare, anders nicht abwendbare Nachteile entstünden, zu deren nachträglicher Beseitigung die Entscheidung in der Hauptsache nicht mehr in der Lage wäre."[309]

Das Bundesverfassungsgericht hat speziell zu § 123 VwGO unter dem Gesichtspunkt des grundgesetzlichen Rechtsschutzes entsprechende Kriterien wie zu § 80 Absatz 5 VwGO entwickelt:

> „Nach § 123 Abs. 1 VwGO kann das Gericht der Hauptsache eine einstweilige Anordnung in bezug auf den Streitgegenstand treffen. Voraussetzung des Erlasses ist, daß der Antragsteller darlegt und glaubhaft macht, es bestehe ein Recht oder rechtlich geschütztes Interesse (Anordnungsanspruch), das durch das Verhalten der öffentlichen Gewalt gefährdet sei (Anordnungsgrund). Die Entscheidung, ob die einstweilige Anordnung erlassen werden soll, liegt auch hier *[...]* im Ermessen des Gerichts. Es hat die Erfolgsaussichten der Klage in der Hauptsache zu berücksichtigen. Nach überwiegender Ansicht muß das Gericht aufgrund einer Abwägung der beteiligten öffentlichen und privaten Interessen über den Erlaß der Anordnung entscheiden, wobei diese Interessenabwägung nach den gleichen Grundsätzen zu erfolgen hat, welche die Gerichte bei der Aussetzung des sofortigen Vollzugs nach § 80 Abs. 5 VwGO zu leiten haben *[...]*."[310]

(2) Vorläufiger Rechtsschutz in den Sonderverwaltungsgerichtsbarkeiten

Das Bundesverfassungsgericht hat des weiteren festgestellt, daß seine zum vorläufigen Rechtsschutz entwickelten Grundsätze nicht nur in der allgemeinen Verwaltungsgerichtsbarkeit, sondern ebenso in den Sonderverwaltungsgerichtsbarkeiten gelten, so auch für die *Sozialgerichtsbarkeit.*[311] Zwar sieht es insbesondere bei den *Vornahmesachen,* für die die Sozialgerichte zuständig sind, vor allem wegen des subsidiär eingreifenden

---

[309] BVerfGE 46, 166 (178 f.); s. auch den 1. LS dieser Entscheidung.
[310] BVerfGE 51, 268 (280 f.).
[311] BVerfGE 46, 166 (179).

Bundessozialhilfegesetzes das Bedürfnis nach dem Erlaß einstweiliger Anordnungen als oftmals nicht oder nicht in dem Maße gegeben, wie bei der allgemeinen Verwaltungsgerichtsbarkeit; jedoch gebe es „auch hier von den Spezialregelungen des Sozialgerichtsgesetzes nicht erfaßte Fälle, bei denen sich nur durch vorläufigen Rechtsschutz schwere und unzumutbare, anders nicht abwendbare Nachteile vermeiden lassen.“[312] Es fordert demnach insbesondere eine *verfassungskonforme Auslegung von § 198 Absatz 2 SGG*, der „nach Wortlaut, systematischer Stellung und Entstehungsgeschichte“ eine Auslegung zulasse, „die es den Sozialgerichten gestattet, über die ausdrücklich im Sozialgerichtsgesetz geregelten Fallarten hinaus *[...]* in entsprechender Anwendung von § 123 VwGO einstweilige Anordnungen zu erlassen“.[313]

(3) (§ 29 Absatz 2 EGGVG i.V.m.) § 307 StPO

Auf den Bereich des *Strafverfahrens* und des *Strafvollzuges* überträgt das Bundesverfassungsgericht ebenfalls seine für den vorläufigen Rechtsschutz im verwaltungsgerichtlichen Verfahren und insbesondere für den *Sofortvollzug* angestellten Erwägungen: Auch insoweit folgt demnach aus der grundgesetzlichen Garantie auf effektiven Rechtsschutz gemäß Art. 19 Absatz 4 GG „zugleich das Verfassungsgebot, soweit als möglich zu verhindern, daß durch die sofortige Vollziehung einer hoheitlichen Maßnahme, von dem Gewicht etwa einer Arreststrafe, Tatsachen geschaffen werden, die auch dann, wenn sie sich bei richterliche Prüfung als rechtswidrig erweist, nicht mehr rückgängig gemacht werden können“.[314] Zwar erkennt das Bundesverfassungsgericht es als vereinbar mit Art. 19 Absatz 4 GG an, daß der Gesetzgeber in diesem Bereich und im Gegensatz zu der für die Anfechtung im Verwaltungsprozeß geltenden Regelung des § 80 VwGO *die sofortige Vollziehung als Regel, die Aussetzung des Vollzuges als Ausnahme* vorgesehen hat (vgl. *§ 307 StPO* und *§ 29 Absatz 2 EGGVG i.V.m. § 307 StPO*), weil er grundsätzlich den sofortigen Vollzug der angeordneten Maßnahmen aus Gründen des überwiegenden öffentlichen Interesses für geboten hält.[315] Dennoch betont das Bundesverfassungsgericht auch in diesem Gebiet die Bedeutung des Suspensiveffekts und die einer sorgfälti-

---

[312] Ebda.

[313] BVerfG, aaO 2. LS und S. 181 ff. - Die Verbesserung des einstweiligen Rechtsschutzes (und, primär, die Entlastung der Sozialgerichte) bezweckt das im wesentlichen am 2. Januar 2002 in Kraft tretende *6. Gesetz zur Änderung des SGG* vom 17. August 2001 (= BGBl. I S. 2144).

[314] BVerfGE 37, 150 (153); hier in Bezug auf eine gegenüber einem Strafgefangenen durch den Anstaltsleiter ausgesprochene *Hausstrafenverfügung* (hier 11 Tage verschärfter Arrest), gegen die gemäß §§ 23 ff. EGGVG Antrag auf gerichtliche Entscheidung gestellt werden kann. Die Möglichkeit des vorläufigen Rechtsschutzes ergibt sich aus § 29 Absatz 2 EGGVG i.V.m. § 307 StPO.

[315] BVerfGE 37, 150 (153); s. auch den 2. LS dieser Entscheidung.

gen, einzelfallbezogenen Prüfung des Gerichts, ob dieser im konkreten Fall auf Grund überwiegenden öffentlichen Interesses entfallen muß; demnach „muß gewährleistet sein, daß der Betroffene umgehend eine gerichtliche Entscheidung darüber herbeiführen kann, ob im konkreten Einzelfall das öffentliche Interesse an der sofortigen Vollziehung oder aber das Interesse des Einzelnen an der Aussetzung der Vollstreckung bis zur Nachprüfung der Rechtmäßigkeit der Maßnahme überwiegt. Bei dieser Abwägung fällt der Rechtsschutzanspruch des Bürgers um so stärker ins Gewicht, je schwerer die ihm auferlegte Belastung ist und je mehr die Maßnahme der Exekutive Unabänderliches bewirkt".[316]

(4) Vorläufiger Rechtsschutz bei Ausweisungsverfügungen

Vor allem in Bezug auf *Ausweisungsverfügungen*, deren sofortige Vollziehung in der ausländerbehördlichen Praxis regelmäßig im „öffentlichen Interesse" nach § 80 Absatz 2 Nr. 4 VwGO angeordnet wird, verweist das Bundesverfassungsgericht darauf, daß die *aufschiebende Wirkung* von Widerspruch und Klage nach wie vor den *Regelfall* bildet (§ 80 Absatz 1 VwGO), und warnt vor einer Verkehrung dieses Regel-Ausnahme-Verhältnisses in sein Gegenteil in jenem Sachbereich: „Eine Verwaltungspraxis, die dieses Regel-Ausnahme-Verhältnis umkehrte, indem z.B. Verwaltungsakte der vorliegenden Art generell für sofort vollziehbar erklärt werden, und eine Rechtsprechung, die eine solche Praxis billigt, wären mit der Verfassung nicht vereinbar. Für die sofortige Vollziehung eines Verwaltungsakts ist daher ein besonderes öffentliches Interesse erforderlich, das über jenes Interesse hinausgeht, das den Verwaltungsakt selbst rechtfertigt.[317] Zwar läßt sich nicht allgemein, sondern nur im Einzelfall bestimmen, wann der Rechtsschutzanspruch des Einzelnen ausnahmsweise hinter die öffentlichen Belange zurücktreten muß und wann es der Exekutive durch Art. 19 Abs. 4 GG verwehrt ist, der gerichtlichen Prüfung ihrer Maßnahmen vorzugreifen. Aus dem Zweck der Rechtsschutzgarantie und dem Verfassungsgrundsatz der Verhältnismäßigkeit ergibt sich aber wenigstens soviel: Der Rechtsschutzanspruch des Bürgers ist um so stärker und darf um so weniger zurückstehen, je schwerwiegender die ihm auferlegte Belastung ist und je mehr die Maßnahmen der Verwaltung Unabänderliches bewirken."[318] Das Bundesverfassungsgericht betont insoweit, daß die Verwaltungs*gerichte* ihrer Prüfungspflicht in dem dargelegten

[316] BVerfG, aaO S. 153 m.w.N.
[317] BVerfGE 35, 382 (402); s. auch den 2. LS dieser Entscheidung.
[318] BVerfG, aaO S. 402.

Umfang genügen müssen[319] und insbesondere die schwerwiegenden und irreparablen Nachteile, die sich aus dem sofortigen Vollzug der Ausweisungsverfügung ergeben, in ihrer ganzen Tragweite zu würdigen haben.[320]

Ungeachtet der existenziellen Betroffenheit des Ausländers durch den sofortigen Vollzug einer Ausweisungsverfügung fällt nach Auffassung des Bundesverfassungsgerichts im Hinblick auf Art. 19 Absatz 4 GG in diesem speziellen Sachbereich erschwerend ins Gewicht - sodaß der sorgfältigen Überprüfung der Anordnung des Sofortvollzugs durch das Gericht umso größere Bedeutung zukommt - , daß er hierdurch in seiner *Rechtsverteidigung beeinträchtigt*, er insbesondere daran gehindert wird, *im Hauptsacheverfahren seine prozessualen Rechte in der mündlichen Verhandlung vor dem Verwaltungsgericht persönlich wahrzunehmen.*[321] Hierdurch wird andererseits deutlich, in welch engem Verhältnis die Rechtsweggarantie, also der *Zugang* zu einem Gericht, und die *in* dem so eröffneten Gerichtsverfahren geltenden Verfahrensgrundrechte im eigentlichen Sinne, insbesondere das Recht auf rechtliches Gehör nach Art. 103 Absatz 1 GG, zueinander stehen, indem sie *zusammengenommen* einen allgemeinen Rechtsschutzstandard gewährleisten.[322] Zwar gewährt grundsätzlich weder Art. 19 Absatz 4 GG[323] noch eine der verfassungsrechtlichen Verfahrensgarantien, auch nicht der Anspruch auf rechtliches Gehör, einen Anspruch auf mündliche Verhandlung oder, für den Fall, daß eine solche angeordnet ist, auf persönliche Anwesenheit im Termin. Für den vorliegenden Sonderbereich führt das Bundesverfassungsgericht jedoch zutreffend aus: „Der Grundrechtsschutz kann jedoch eine bestimmte Gestaltung des Gerichtsverfahrens verlangen, wenn er anders nicht gewährleistet wäre.[324] Für Ausländer wird es in der Regel nicht leicht sein, sich vom Ausland her rechtliches Gehör zu verschaffen, weil die schriftliche Korrespondenz mit dem Gericht oder einem deutschen Anwalt häufig schon aus sprachlichen Gründen Schwierigkeiten bereitet und zumal bei zeitraubenden Beförderungswegen nur ein unzulänglicher Ersatz für die mündliche Unterrichtung ist. Wenigstens ebenso schwer wiegt aber, daß abgeschobene Ausländer ihr Fragerecht gegenüber Zeugen nicht ausüben können (vgl. § 97 VwGO) und vor allem dem Gericht für eine Vernehmung nicht zur Verfügung stehen (vgl. § 96 Abs. 1 VwGO). *[...]* Dem kann nicht entgegengehalten werden,

---

319 Ebda. (in dem konkreten Fall hat das Fachgericht seiner Prüfungspflicht nicht genügt).
320 BVerfG, aaO S. 404.
321 BVerfG, aaO S. 406; s. auch den 4. LS dieser Entscheidung.
322 S.o. das Erste Kapitel, A.I.1.
323 BVerfGE 11, 232 (234).
324 BVerfGE 35, 382 (406 [mit Hinweis auf E 17, 108 (117 f.)]).

daß die sofortige Vollziehung von Ausweisungsverfügungen regelmäßig mit solchen Nachteilen verbunden wäre und deshalb durch die hier entwickelten Grundsätze allzu sehr erschwert würde. Zunächst könnte eine solche Eigenart der Ausweisungsverfügung nicht zu einer Verminderung des Grundrechtsschutzes führen; vielmehr muß der Bedeutung der Grundrechte als Grundlage jeder menschlichen Gemeinschaft (vgl. Art. 1 Abs. 2 GG) auch in der Ausweisungspraxis voll Rechnung getragen werden. *[...]* Überdies ist das Ausmaß der möglichen Nachteile in den einzelnen Fällen durchaus verschieden *[...]*."[325]

Schließlich sieht das Bundesverfassungsgericht in dem besonderen Fall der Anordnung der sofortigen Vollziehung einer Ausweisungsverfügung aus der Garantie des Art. 19 Absatz 4 GG auch die besondere Verpflichtung von Widerspruchsbehörden und Verwaltungsgerichten gegeben, das *Hauptsacheverfahren* mit möglichster *Beschleunigung* zu betreiben; anderenfalls könne auch eine zunächst gerechtfertigte Anordnung der sofortigen Vollziehung verfassungswidrig werden.[326]

d) Die Effektivität vorbeugenden Rechtsschutzes

Praktische Bedeutung kommt unter dem Gesichtspunkt der Rechtsschutzeffektivität auch dem *vorbeugenden Rechtsschutz* in Form der vorbeugenden Unterlassungsklage oder der vorbeugenden Feststellungsklage - soweit einfach-gesetzlich insbesondere nicht § 43 Absatz 2 S. 1 VwGO entgegensteht - zu. Ähnlich wie bei der Gewährung vorläufigen Rechtsschutzes soll die Schaffung *irreparabler* Zustände verhindert werden, hier allerdings im zeitlichen *Vorfeld* des Verhaltens einer Behörde. Vorbeugender Rechtsschutz als Konsequenz der verfassungsrechtlichen Forderung nach Effektivität des Rechtsschutzes sollte allerdings vorsichtig gehandhabt werden, da die einfach-gesetzlichen Prozeßordnungen, insbesondere die Verwaltungsgerichtsordnung, auf dem Prinzip *repressiven* Rechtsschutzes gegründet sind, sodaß gerichtlicher Rechtsschutz grundsätzlich erst *nach* Erlaß der behördlichen Maßnahme zu gewähren ist.[327] Als behördliche Maßnahmen stehen hier vor allem *Realakte*, *Planungsentscheidungen* und sonstige behördliche Entscheidungen, die nicht Verwaltungsakte sind, inmitten.[328] Hinsichtlich der Zulässigkeitsvoraussetzungen vorbeugenden Rechtsschutzes gegen Verwaltungsakte sei an dieser Stelle insbesondere verwiesen auf das Problemfeld, daß die *besonderen Zulässigkeits-*

---

[325] BVerfGE 35, 382 (406 f.).
[326] BVerfG, aaO S. 405 f.; s. auch den 5. LS dieser Entscheidung.
[327] Vgl. *Schenke*, JZ 1988, S. 317 (325).
[328] S. *Schmidt-Aßmann* in: Maunz/Dürig/Herzog, GG, Art. 19 Abs. IV Rd.278.

voraussetzungen der Anfechtungsklage nicht umgangen werden dürfen.[329] Das Bundesverfassungsgericht war des weiteren in der Vergangenheit insbesondere mit der - in der Literatur kontrovers diskutierten - Frage der Zulässigkeit vorbeugenden Rechtsschutzes *gegen Normen*[330] befaßt, und zwar in Verbindung mit Zustimmungsgesetzen zu völkerrechtlichen Verträgen im Hinblick auf deren Bindungswirkung.[331] Es setzt die verfassungsrechtliche Notwendigkeit vorbeugenden Rechtsschutzes im Sinne eines *„möglichst lückenlosen Rechtsschutzes"*[332] aber auch sonst voraus. Demnach gehöre es zur Effektivität des Rechtsschutzes, daß das Gericht das Rechtsschutzbegehren in tatsächlicher und rechtlicher Hinsicht prüfen kann und genügend Entscheidungsbefugnisse besitzt, *„um drohende Rechtsverletzungen abzuwenden [...].“*[333]

III. Beschränkungen des Rechtsweges und der Anspruch auf effektiven Rechtsschutz

Ist dem Anspruch auf effektiven Rechtsschutz aus Art. 19 Absatz 4 GG nach vorstehender Darstellung in der Rechtsprechung des Bundesverfassungsgerichts auch ein weiter Umfang zuerkannt worden, so hindert dies den Gesetzgeber jedoch grundsätzlich nicht daran, den *Rechtsweg*, also den *Zugang* zu einem Gericht, zu *beschränken*. Zwar steht Art. 19 Absatz 4 GG nicht unter einem Gesetzesvorbehalt, sodaß der Rechtsweg durch einfaches Gesetz nicht ausschließbar ist.[334] Dagegen sind Beschränkungen grundsätzlich zulässig und auch notwendig insbesondere dann, wenn sie dem Schutz anderer verfassungsrechtlicher Rechtsgüter dienen. Im übrigen kommt dem Gesetzgeber ein weiter Gestaltungsspielraum zu. Jedoch hat sowohl der Gesetzgeber im Rahmen des ihm zustehenden Gestaltungsspielraums, als auch die Fachgerichtsbarkeit bei der Auslegung und Anwendung solcher Bestimmungen, die den Rechtsweg zulässig einschränken, wiederum dem *Effektivitätsgebot* Rechnung zu tragen.[335] Nach ständiger Rechtsprechung des Bundesverfassungsgerichts darf insoweit „der *Zugang zu einem Gericht nicht in unzumutba-*

---

[329] S. nur *Schenke*, aaO S. 325.
[330] Ebda.
[331] S. beispielsweise BVerfGE 24, 33 ff.
[332] BVerfGE 101, 106 (122).
[333] BVerfG, aaO S. 123. - Hervorhebungen in Kursivschrift durch *Verf.*
[334] S.o., unter A.II.1.a).
[335] Im Hinblick auf den Gesetzgeber ergibt sich dies daraus, daß Art. 19 Absatz 4 GG auch objektives Verfassungsrecht im Sinne einer *objektiven Wertentscheidung* enthält, die der Gesetzgeber zu beachten hat (s.o., A.II.1.b]). Die Fachgerichte sind demgegenüber dem Rechtsschutzsuchenden auf Grund des ihm zustehenden Individualanspruchs auf effektiven Rechtsschutz unmittelbar verpflichtet.

rer, aus Sachgründen nicht mehr zu rechtfertigender Weise erschwert werden"[336], und: „Darüber hinaus muß dem Bürger ein substantieller Anspruch auf eine tatsächlich wirksame gerichtliche Kontrolle zustehen. Der gerichtlichen Durchsetzung eines materiellen Anspruchs dürfen daher *nicht unangemessen hohe verfahrensrechtliche Hindernisse* in den Weg gelegt werden."[337] Dies gilt es sowohl für den Gesetzgeber als auch für die Fachgerichte zu beachten. Hierbei handelt es sich allerdings wiederum um ausfüllungsbedürftige, nur den Weg weisende „Leerformeln". Es ist daher zu untersuchen, mit welchem Inhalt das Bundesverfassungsgericht diese im Hinblick auf das einfache Prozeßrecht gefüllt hat, insbesondere wann es effektiven Rechtsschutz noch als gewahrt oder aber ihn „unzumutbar" eingeschränkt sieht in der Anwendung der einfach-gesetzlichen Regelungen durch die Fachgerichte.

1. Beschränkungen der Rechtsweggarantie im einfachen Verfahrensrecht

a) Ausgleich verschiedener Interessen

Die gerichtlichen Verfahrensordnungen sehen in vielfältiger Weise Regelungen vor, die geeignet sind, den Zugang zu Gericht zu erschweren. Hierzu gehören in besonderer Weise Gebühr- und Fristbestimmungen.[338] Aus seiner ständig verwendeten Formel, daß der Zugang zu Gericht „nicht in unzumutbarer, aus sachlichen Gründen nicht mehr zu rechtfertigender Weise" erschwert werden darf[339], ergibt sich, daß das Bundesverfassungsgericht jedenfalls grundsätzlich von der Zulässigkeit - und darüber hinaus von der Notwendigkeit - solcher Vorschriften des einfachen Prozeßrechts ausgeht, die den Zugang zu Gericht einschränken bzw. erschweren. Mithin steht in der bundesverfassungsgerichtlichen Praxis insofern nicht so sehr die Kontrolle des Gesetzgebers[340], als vielmehr die der Auslegung und Anwendung dieser Regelungen in Konkretisierung des Anspruchs des Einzelnen auf effektiven Rechtsschutz durch die Fachgerichte im Vordergrund.

Des weiteren ist folgendes zu berücksichtigen: Die Verfahrensordnungen müssen nicht nur der Rechtsweggarantie des Art. 19 Absatz 4 GG gerecht werden, sondern *vielerlei verfassungsrechtlichen Grundsätzen*, die sich einerseits in der Regel ergänzen, indem sie

---

336 BVerfGE 35, 263 (274); 40, 272 (274 f.); 53, 115 (127); 77, 275 (284); 81, 123 (129) und ständig. - Hervorhebungen in Kursivschrift durch *Verf.*

337 BVerfGE 53, 115 (127 f. m.w.N.). - Hervorhebungen in Kursivschrift durch *Verf.*

338 Im einzelnen hierzu weiter u.

339 S. soeben.

340 Vgl. allerdings zuletzt BVerfGE 101, 106 ff. (Unvereinbarkeit des § 99 Absatz 1 Satz 2 i.V.m. Absatz 2 Satz 1 VwGO mit Art. 19 Absatz 4 GG); E 101, 397 ff. (Unvereinbarkeit der §§ 62 und 55 FGG mit Art. 19 Absatz 4 GG).

einen allgemeinen Rechtsschutzstandard aufstellen, andererseits im einzelnen aber auch in *Konkurrenz* zueinanderstehen können.[341] Deren *Ausgleich* so weit wie möglich herzustellen ist mithin *eine Aufgabe des einfachen Prozeßrechts.* Hieraus folgt zugleich, daß Art. 19 Absatz 4 GG den Zugang zu Gericht *nur nach Maßgabe des geltenden Verfahrensrechts*[342] - dessen Verfassungsgemäßheit insoweit vorausgesetzt - eröffnet, da sonst das im einfachen Verfahrensrecht austarierte Verhältnis der einzelnen verfassungsrechtlichen Prinzipien zueinander Gefahr liefe, sein Gleichgewicht zu verlieren. Dies bedeutet im Umkehrschluß für die Fachgerichte, daß sie dann kein „Zuviel" an effektivem Rechtsschutz dem Einzelnen gewähren dürfen, sofern sich dies zu Lasten gleichwertiger Verfassungsgüter auswirken würde. Auch das Bundesverfassungsgericht vertritt aus den soeben genannten Gründen in ständiger Rechtsprechung den Grundsatz, daß *die nähere Ausgestaltung des Rechtsweges der jeweiligen Verfahrensordnung überlassen* ist[343], vorausgesetzt eben, diese *erschwert den Rechtsweg nicht in einer unzumutbaren, aus Sachgründen nicht mehr zu rechtfertigenden Weise.*[344] Die Anrufung der Gerichte darf demnach von der Erfüllung bestimmter *formaler Voraussetzungen* abhängig gemacht werden.[345] In besonderer Weise gilt dies für einfach-gesetzlich vorgesehene *Fristen, Formerfordernisse, Gebühren* sowie andere *Mitwirkungspflichten*, die der Rechtsschutzbegehrende im Einzelfall zu erfüllen hat, um Zugang zu einem Gericht zu erlangen.[346] Das Bundesverfassungsgericht betont insofern, daß die meisten der herkömmlichen Grundsätze des Prozeßrechts, die rechtlich oder tatsächlich eine Erschwerung des Zugangs zu den Gerichten bewirken, Rechtssicherheit und einen geordneten Gang der Rechtspflege (Stichwort: „Funktionstüchtigkeit der Rechtspflege") verbürgen sollen und damit *in weiterem Sinne ebenfalls dem Rechtsschutz des Bürgers dienen.*[347]

---

341 S. BVerfGE 60, 253 (267): „Denn die Verfassung ist ein Sinngefüge, bei dem einzelne Gewährleistungen, und mithin auch Art. 19 Abs. 4 Satz 1 GG, so auszulegen sind, daß auch anderen Verfassungsnormen und -grundsätzen nicht Abbruch getan wird." S. schon o. das Erste Kapitel, A.I.1.

342 BVerfGE 10, 264 (267); 27, 297 (310) und ständig.

343 Vgl. nur BVerfGE 27, 297 (310); 54, 94 (97); 78, 88 (99).

344 S. weiter o.

345 Vgl. nur BVerfGE 27, 297 (310 [m.w.N. aus seiner ständigen Rechtsprechung]).

346 Insofern obliegt ihm die „*prozessuale Verantwortung*", an der Durchsetzung seiner Rechte mitzuwirken, s. hierzu weiter o., unter II.2.a)bb).

347 BVerfGE 10, 264 (267); hier die Zulässigkeit eines Gerichtskostenvorschusses, bei dessen Nichtzahlung der Antrag zum Gericht als zurückgenommen gilt, bejahend.

b) Einwirkungen des Rechtsstaatsprinzips

aa) Rechtssicherheit

Beschränkungen der Rechtsweggarantie im einfachen Prozeßrecht können namentlich auf Grund des *Rechtsstaatsprinzips* nach Art. 20 Absatz 3 GG sogar verfassungsrechtlich geboten sein. Dies gilt vor allem für Fristbestimmungen, etwa Antrags- und Klagefristen, die den Zugang zu Gericht zeitlich einschränken. Die Rechtsweggarantie des Art. 19 Absatz 4 GG ist insofern aus zwei verschiedenen Blickwinkeln zu betrachten: Einerseits ist das Rechtsstaatsprinzip *Quelle* der Rechtsweggarantie.[348] Die Garantie des Zugangs zu staatlichen, mit unabhängigen Richtern besetzten Gerichten und die Gewährleistung einer tatsächlich wirksamen Kontrolle jeder Art von Exekutiventscheidungen ist demnach unerläßlich in einem von rechtsstaatlichen Gedanken geleiteten System. Andererseits ist das Rechtsstaatsprinzip nicht nur Fundament der Rechtsweggarantie, sondern auch Grundlage solcher ebenso *verfassungsrechtlich geschützter Interessen*, welche dem Interesse des Einzelnen auf effektiven Rechtsschutz im besonderen Fall *zuwiderlaufen* können. Art. 19 Absatz 4 GG ist insofern (nur) ein Element innerhalb des *rechtsstaatlichen Gesamtgefüges*.[349] Hierzu zählt insbesondere die *Rechtssicherheit*: Diese ist nach der ständigen Rechtsprechung des Bundesverfassungsgerichts „ein wesentliches Element der Rechtsstaatlichkeit und damit eines Konstitutionsprinzips des Grundgesetzes".[350] Das Bundesverfassungsgericht bezieht sich insoweit grundlegend auf die *Freiheit* des Menschen: „Denn Freiheit meint vor allem die Möglichkeit, das eigene Leben nach eigenen Entwürfen zu gestalten. Eine wesentliche Bedingung hierfür ist, daß die Umstände und Faktoren, die die Gestaltungsmöglichkeiten solcher Entwürfe und ihren Vollzug nachhaltig beeinflussen können, insbesondere die staatlichen Einwirkungen hierauf, *möglichst zuverlässig eingeschätzt werden können.*"[351]

(1) Rechtssicherheit durch Fristbestimmungen

Im *einfachen Recht* ist der Grundsatz der Rechtssicherheit vor allem durch *Fristbestimmungen* realisiert, denn nach Auffassung des Bundesverfassungsgerichts beinhaltet der Grundsatz der Rechtssicherheit auch, daß diese *binnen angemessener Frist* bewerkstel-

---

348 S. weiter o., unter A.II.2.

349 Vgl. hierzu *Schmidt-Aßmann*, Art. 19 IV GG als Teil des Rechtsstaatsprinzips, NVwZ 1983, S. 1 ff. mit umfangreichen Nachweisen.

350 BVerfGE 60, 253 (267 m.w.N.).

351 BVerfGE 60, 253 (268). - Hervorhebungen in Kursivschrift durch *Verf.*

ligt wird.[352] Dies hebt das Gericht hervor für verfahrensrechtliche wie auch materiell-rechtliche Fristen, für Klagefristen, Fristen für einzelne Prozeßhandlungen bis hin zu Rechtsbehelfsfristen.[353] Dabei ist für den (typisierten) Regelfall jedenfalls davon auszugehen, daß der Gesetzgeber „angemessene" Fristen vorsieht.[354] Diese Fristen einzuhalten obliegt dem *Rechtsschutzsuchenden*, dem im Fall der verschuldeten Fristversäumnis regelmäßig die *Wiedereinsetzung* und damit die Durchführung des gerichtlichen Verfahrens versagt ist.

(2) „Verspätung" des Rechtsschutzbegehrens trotz Fehlens einer Fristbestimmung

Sogar dann, wenn einfach-gesetzlich *keine Frist* bestimmt ist, kann ein Rechtsschutzbegehren ausnahmsweise „verspätet" und somit unzulässig sein. Denn nach Auffassung des Bundesverfassungsgerichts kann die Befugnis zur Anrufung der Gerichte nach Art. 19 Absatz 4 GG im Einzelfall der *Verwirkung* unterliegen.[355] Das Bundesverfassungsgericht hebt insofern allerdings hervor, *nicht der Zeitablauf als solcher* führe schon zur Verwirkung, sondern hinzukommen müsse vielmehr, daß *„der Berechtigte unter Verhältnissen untätig bleibt, unter denen vernünftigerweise etwas zur Wahrung des Rechts unternommen zu werden pflegt"*.[356] Zur Begründung der Verwirkbarkeit führt das Bundesverfassungsgericht zum einen den *Vertrauensschutz* im Hinblick auf den prozessualen *Gegner* an.[357] Zum anderen stellt es auf das *öffentliche Interesse an der Erhaltung des Rechtsfriedens* ab, das es rechtfertigen kann, die Anrufung eines Gerichts „nach langer Zeit"[358]

---

[352] BVerfG, aaO S. 269.

[353] Ebda.; im konkreten Fall hat das Bundesverfassungsgericht die Zurechnung anwaltlichen Verschuldens bei Versäumnis der Klagefrist im Asylverfahren gemäß § 173 VwGO i.V.m. § 85 Absatz 2 ZPO für zulässig gehalten. - Fristen für Rechtsmittel im engen Sinn unterfallen dagegen, da nicht den (Erst-) Zugang zu einem Gericht betreffend, nicht dem Schutzbereich des Art. 19 Absatz 4 GG.

[354] S. aber den bereits angesprochenen Gesetzentwurf der Bundesregierung *zur Bereinigung des Rechtsmittelrechts im Verwaltungsprozeß* (BR-Drs. 405/01). Hier ist unter anderem eine Verlängerung der Frist für die Begründung des Antrags auf Zulassung der Berufung auf zwei Monate ab Zustellung des Urteils vorgesehen. Dies wird damit begründet, daß die Regelungen des *6. VwGOÄndG* vom 1. November 1996 (= BGBl. I S. 1626) zwar zu einer erheblichen Entlastung der Oberverwaltungsgerichte, aber ebenso zu einer Reihe von Problemen geführt hätten. Insbesondere habe sich gezeigt, daß die Frist von einem Monat für die Einlegung und Begründung des Antrags auf Zulassung der Berufung bzw. die Frist von zwei Wochen bei dem Antrag auf Zulassung der Beschwerde vielfach nicht ausreicht, um den Rechtsbehelf so zu begründen, daß die Begründung den Anforderungen des Oberverwaltungsgerichts genügt. Die Folge sei eine bedenklich hohe Anzahl unzulässiger Anträge auf Zulassung der Berufung bzw. auf Zulassung der Beschwerde.

[355] BVerfGE 32, 305 (LS und S. 308 ff.); s. auch schon E 4, 31 (37).

[356] BVerfG, aaO S. 308 f. - Hervorhebungen in Kursivschrift durch *Verf.*

[357] BVerfG, aaO S. 309.

[358] Im vorliegenden Fall war über ein Jahr seit der Möglichkeit der Kenntnisnahme des Betroffenen von den für den gerichtlichen Antrag maßgeblichen Umstände vergangen; auch sach- oder rechtskundigen Rat hatte er sich während dieser Zeitspanne nicht verschafft. Für die Beurteilung, nach welchem Zeitraum im einzelnen Fall ein an sich unbefristeter Antrag der Verwirkung unterliegen soll, hebt

als unzulässig anzusehen.[359] Den allgemeinen Anforderungen entsprechend, die das Bundesverfassungsgericht stets im Hinblick auf Art. 19 Absatz 4 GG stellt, ist auch die Bejahung einer Verwirkung des Rechtsschutzes nur dann möglich, wenn der Rechtweg hierdurch „nicht in unzumutbarer, aus Sachgründen nicht mehr zu rechtfertigender Weise erschwert" wird.[360] Diesen Grundsatz sieht das Gericht in diesem Zusammenhang jedenfalls dann nicht verletzt, „wenn der Zeitraum, auf den dabei abgestellt wird, nicht zu kurz bemessen ist und wenn dabei vorausgesetzt wird, daß die rechtzeitige Anrufung des Gerichts dem Betroffenen möglich, zumutbar und von ihm zu erwarten war".[361]

Umgekehrt fordert der Grundsatz der Rechtssicherheit als rechtsstaatliches Prinzip aber auch, daß *das Gericht selbst* seiner Verpflichtung nachkommt, seine Entscheidung innerhalb angemessener Frist zu treffen.[362] Das Bundesverfassungsgericht sieht insofern in der *offenkundigen Verschleppung eines Verfahrens* einen Verstoß gegen das rechtsstaatliche Gebot der Gewährung effektiven Rechtsschutzes.[363] Im übrigen ist darauf hinzuweisen, daß neben der aus der Gewährleistung des Art. 19 Absatz 4 GG bzw. aus dem grundgesetzlichen Rechtsstaatsprinzip abgeleiteten verfassungsrechtlichen Forderung nach einer gerichtlichen Entscheidung innerhalb angemessener Zeit auch eine gesetzliche Regelung existiert, die das *Beschleunigungsgebot* ausdrücklich postuliert: *Art. 6 MRK*. Diese Vorschrift hat allerdings im innerstaatlichen Recht nach Art. 25 GG nur den Rang eines einfachen Bundesgesetzes und kann somit jedenfalls nicht unmittelbar Gegenstand einer Verfassungsbeschwerde sein.[364] Eine andere Frage ist im übrigen, ob es den Fachgerichten heute überhaupt noch möglich und „zumutbar" ist, im Rahmen ihrer personellen und finanziellen Ausstattung dem Beschleunigungsgebot Rechnung zu tragen, und zwar ohne daß dies zu Lasten des Anspruchs des Bürgers auf eine material richtige Entscheidung geht.

---

das Bundesverfassungsgericht ausdrücklich die Prüfungskompetenz der Fachgerichte als primär vor seiner eigenen hervor (aaO S. 310).

359 BVerfG, aaO S. 309 m.w.N.

360 BVerfG, aaO S. 309 m.w.N. aus seiner ständigen Rechtsprechung.

361 BVerfG, aaO S. 309 f.

362 BVerfGE 55, 349 (369).

363 BVerfGE 46, 17 (3. LS und S. 28 f.); hier in Bezug auf ein *Disziplinarverfahren*, welches „seiner Natur nach mit der gebotenen Beschleunigung durchzuführen" sei; vgl. für den speziellen Fall allerdings die *abweichende Meinung* des Richters *Hirsch* (BVerfG, aaO S. 31 ff.).

364 Vgl. allgemein zu Art. 19 Absatz 4 GG und dem Beschleunigungsgebot: *Kirchhof*, Verfassungsrechtliche Maßstäbe für die Verfahrensdauer und für die Rechtsmittel, DStZ 1989, S. 55 ff.; *Kloepfer*, Verfahrensdauer und Verfassungsrecht, JZ 1979, S. 209 ff. (211 ff.); *Kutscheidt*, Verfahrensbeschleunigung und richterliche Kontrolldichte, NWVBl. 1995, S. 121 ff.; *Schmidt*, Die Bewältigung von verwaltungsgerichtlichen Massenverfahren, DVBl. 1982, S. 148 ff.; *Schmitt Glaeser*, Massenverfahren vor den Verwaltungsgerichten, DRiZ 1980, S. 289 ff.; *Sendler*, Guter Rechtsschutz und Verfahrensbeschleunigung, DVBl. 1982, S. 812 ff.

bb) Rechtskraft

Eine wichtige Ausprägung des Grundsatzes der Rechtssicherheit ist wiederum das Institut der *Rechtskraft*, durch das die Rechtssicherheit in besonderer Weise in Gerichtsverfahren verwirklicht wird. Wegen ihr darf die Rechtsordnung es sogar in Kauf nehmen, daß selbst sachlich „unrichtige" Gerichtsentscheidungen, mithin solche, bei denen wiederum „das rechtsstaatliche Grundgebot" der Verwirklichung materialer Gerechtigkeit nicht berücksichtigt wurde, für den Einzelfall endgültig verbindlich sind.[365] Hieran zeigt sich besonders deutlich, welche Vielfalt an teilweise gegenläufigen Interessen durch einen einzigen verfassungsrechtlichen Grundsatz geschützt werden können. Umso schwieriger ist für den Gesetzgeber der Ausgleich dieser Interessen und ihre Einbettung in die einzelnen Vorschriften der Verfahrensordnungen. Das Bundesverfassungsgericht eröffnet dem Gesetzgeber *einfachen Rechts* daher in diesem speziellen Fall einen besonders weiten Gestaltungsspielraum. Ihm kommt insbesondere der Vorrang zu, zwischen Erfordernissen der Rechtssicherheit und möglichen Einbußen an Chancen, materiale Gerechtigkeit im Einzelfall herzustellen, abzuwägen[366], da eben zwischen diesem Gebot und dem Anliegen der Rechtssicherheit ein „im Einzelfall nicht immer auflösbares Spannungsverhältnis" besteht.[367] Andererseits hebt das Bundesverfassungsgericht hervor, daß zwischen dem Gebot materialer Gerechtigkeit und dem Anliegen der Rechtssicherheit nicht ein „generell unüberbrückbarer Gegensatz" liegt, denn: „Rechtssicherheit über gehörige Verfahren herbeizuführen ist selbst eine Forderung materialer Gerechtigkeit".[368] Somit bleibt festzuhalten: *Im einzelnen Fall* kann sich das Institut der Rechtskraft zu Lasten der materiellen Gerechtigkeit hinsichtlich des konkret Betroffenen auswirken, *generell* dagegen ist die Rechtskraft unverzichtbares Instrument der materiellen Gerechtigkeit, da ansonsten die Rechtssicherheit und Rechtsklarheit nicht gewährleistet wäre, welche wiederum *dem Einzelnen* dadurch zugutekommt, daß er die Auswirkung seines Verfahrens zuverlässig einschätzen kann. Im übrigen obliegt es ihm, dann, wenn die einschlägige Verfahrensordnung für die konkrete Verfahrensart Rechtsmittel vorsieht, diese in Anspruch zu nehmen. Insofern sind auch Rechtsmittelfristen regelmäßig zulässig. Allerdings scheidet eine direkte Auswirkung auf den Anspruch des Einzelnen auf effektiven Rechtsschutz nach Art. 19 Absatz 4 GG aus, da dem Einzelnen kein Anspruch auf einen Instan-

---

[365] S. hierzu die Leitentscheidung BVerfGE 60, 253 (268).
[366] Ebda.
[367] BVerfG, aaO S. 269.
[368] Ebda.

zenzug zusteht und darüber hinaus auch dann, wenn ein mehrstufiges Verfahren im einfachen Prozeßrecht vorgesehen ist, nach der hier vertretenen Auffassung der Zugang zu einer zweiten oder weiteren Instanz ebenfalls nicht dem Schutzbereich des Art. 19 Absatz 4 GG unterfällt.[369]

2. Falltypen zulässiger Rechtswegbeschränkungen im einfachen Verfahrensrecht und ihre Anwendung und Auslegung durch die Fachgerichte

a) Gebührenregelungen

aa) Gerichtsgebühren

Vorschriften, welche den Zugang zu Gericht von der Zahlung einer *Gerichtsgebühr* abhängig machen, erschweren denselben *unmittelbar*. Hierzu gehört beispielsweise die Vorschrift des § 65 Absatz 1 Satz 1 GKG, wonach die Klage im Zivilverfahren, auf welches Art. 19 Absatz 4 GG zwar nicht anwendbar ist, in dem aber ebenfalls ein Anspruch auf Justizgewährung von Verfassungs wegen besteht[370], „im allgemeinen" erst nach Zahlung des Gerichtskostenvorschusses zugestellt werden soll. Eine Einschränkung dieses Erfordernisses ergibt sich aber bereits aus der Ausgestaltung dieser Regelung als „Soll-Vorschrift" sowie daraus, daß dies „im allgemeinen" gilt, mithin Raum bleibt für richterliches Ermessen, im Einzelfall - so im Fall der „Unzumutbarkeit" der Zahlung für den Kläger - hiervon abzusehen. Dagegen ist der Privat- oder Nebenkläger in Strafsachen unter den in § 67 GKG bezeichneten Voraussetzungen zur Zahlung des Gerichtskostenvorschusses unbedingt verpflichtet. Jedoch ist in § 6 GKG die Möglichkeit der Beschwerde gegen die gerichtliche Anordnung eines Kostenvorschusses oder einer Vorauszahlung vorgesehen. Im übrigen ist zu berücksichtigen, daß Zahlungen dieser Art nach der allgemeinen Vorschrift des § 3 GKG nur in dem im Gerichtskostengesetz sowie in den Prozeßordnungen vorgesehenen Umfang erhoben werden dürfen.[371] Ihre Implementierung in das einfache Recht ist aber jedenfalls grundsätzlich verfassungsgemäß.[372]

---

[369] S. hierzu weiter o., I.2.b).

[370] S.u., Zweiter Teil, Zweiter Abschnitt (zu Art. 103 Absatz 1 GG), dort C.III.3.c)aa).

[371] In einer frühen Entscheidung aus dem Jahre 1960 allerdings hat das Bundesverfassungsgericht sogar eine Regelung des damaligen bayerischen Kostengesetzes als zulässig angesehen, wonach im verwaltungsgerichtlichen Verfahren von dem Antragsteller ein Vorschuß für die Gerichtskosten erhoben werden kann mit der Folge, daß bei Nichtzahlung des Vorschusses der Antrag *als zurückgenommen gilt* (E 10, 264 ff.).

[372] S. insbesondere die Neuregelungen des bereits angesprochenen *6. SGG-ÄndG* vom 17. August 2001 (= BGBl. I S. 2144) mit Änderungen auch im GKG.

bb) Verwaltungsgebühren

Der Zugang zu Gericht kann aber auch - und dies ist nach derzeit geltendem Recht relevant vor allem auch für den Verwaltungsprozeß - *mittelbar* dadurch beschränkt werden, daß beispielsweise für das behördliche Vorverfahren, dessen Durchführung Voraussetzung ist für ein anschließendes gerichtliches Verfahren, eine *Widerspruchsgebühr* vorgesehen ist. So war in einem Landesgebührengesetz eine *Unterliegensgebühr* festgesetzt, welche im Fall der Abweisung des Widerspruchs gegen eine gebührenpflichtige Sachentscheidung zu zahlen war. Gleiches sollte gelten, wenn der abgewiesene Widerspruch ausschließlich gegen die Kostenentscheidung gerichtet war; in diesem Fall sollte die Unterliegensgebühr ein Viertel der Gebühr für die Sachentscheidung betragen.[373] Das Bundesverfassungsgericht hat diese Regelung für nicht vereinbar mit Art. 3 Absatz 1 GG erachtet[374], in diesem Zusammenhang aber auch Ausführungen zu Art. 19 Absatz 4 GG und dem Gebot effektiven Rechtsschutzes für angebracht gehalten: Abgelehnt wird insbesondere der mit der vorgenannten Regelung, daß eine Unterliegensgebühr auch im Fall der Anfechtung des Kostenbescheids zu erheben ist, verfolgte Zweck, dem Kostenschuldner keinen Anreiz zu geben, die Kostenentscheidung als solche leichtfertig anzufechten. Nach Ansicht des Bundesverfassungsgerichts ist es zwar „dem Gesetzgeber von Verfassungs wegen nicht verwehrt, mit einer Gebührenregelung neben der Kostendeckung auch das Ziel anzustreben, einer leichtfertigen oder gar mißbräuchlichen Einlegung von Rechtsbehelfen entgegenzuwirken, etwa durch Mindestgebühren oder das Risiko von Unterliegens- oder Mißbrauchsgebühren den Bürger anzuhalten, sorgsam zu prüfen, ob er einen Anlaß sieht, von einem Rechtsbehelf Gebrauch zu machen."[375] Jedoch darf eine solche Regelung nach Auffassung des Bundesverfassungsgerichts unter Berufung auf seinen oben genannten Grundsatz, wonach der Zugang zu Gericht wegen Art. 19 Absatz 4 GG und dem hierdurch verbürgten effektiven Rechtsschutz nicht in unsachgemäßer und unzumutbarer Weise erschwert werden darf, „nicht so gestaltet sein, daß sie in ihrer *tatsächlichen*[376] Auswirkung tendenziell dazu führt, diesen Rechtsschutz vornehmlich nach Maßgabe wirtschaftlicher Leistungsfähigkeit zu eröffnen."[377] In diesem Sinne anerkennt das Bundesverfassungsgericht generell aber faktisch doch eine Art Vorwirkung des Art.

---

373 Vgl. § 15 Absatz 3 und 4 des Gebührengesetzes für das Land Nordrhein-Westfalen vom 23. November 1971 (GV NW S. 354).

374 BVerfGE 50, 217.

375 BVerfG, aaO S. 230 f.

376 Hervorhebung in Kursivschrift im zitierten Text.

377 BVerfG, aaO S. 231.

19 Absatz 4 GG im dem gerichtlichen Verfahren vorgelagerten behördlichen Verfahren.[378] Im vorliegenden Fall allerdings führte die Nichtzahlung einer gesetzlich bestimmten Verwaltungs- oder auch Mißbrauchsgebühr *nicht zur Unzulässigkeit* der gegen den Widerspruchsbescheid gerichteten *Anfechtungsklage*. Der durch Art. 19 Absatz 4 GG allein gewährleistete effektive Rechtsschutz durch ein *Gericht* und damit der spezielle Schutzbereich dieser verfassungsrechtlichen Garantie ist somit auch mittelbar nicht tangiert. Dies läßt auch das Bundesverfassungsgericht erkennen, wenn es von einer bloß „tendenziellen" Erschwerung des Zugangs zu Gericht oder des weiteren davon spricht, daß Art. 19 Absatz 4 GG in dem hier maßgeblichen Zusammenhang (nur) als „Grundentscheidung" heranzuziehen ist.[379] Insgesamt jedenfalls wird die angeführte Entscheidung allein auf Art. 3 Absatz 1 GG gestützt und die Vereinbarkeit der Regelung mit Art. 19 Absatz 4 GG ausdrücklich offen gelassen.[380] Hierbei hätte es das Bundesverfassungsgericht besser belassen, statt seine Begründung auch auf Art. 19 Absatz 4 GG als Hilfskonstruktion zu stützen, denn die hierdurch garantierte Effektivität des Rechtsschutzes gilt nicht für das behördliche Verfahren, sondern allein im gerichtlichen Verfahren. Sein Schutzbereich darf nicht durch zeitliche Vorverlagerung aufgeweicht werden. Bereits bei der Bewertung einer im Verwaltungsverfahren geltenden Regelung, welche sich unmittelbar auf den Zugang zu Gericht auswirkt wie beispielsweise ein gesetzlich bestimmter Einwendungsausschluß, als „unzumutbare Erschwerung" ist deswegen Vorsicht angebracht, erst recht aber bei solchen Vorschriften, die weder unmittelbar noch mittelbar kausal auf die Eröffnung des Gerichtsverfahrens Einfluß nehmen. Denn eine „Vorwirkung" auf das dem gerichtlichen Verfahren vorgelagerte Verwaltungsverfahren zeitigt Art. 19 Absatz 4 GG nicht.[381]

b) Regelungen über Prozeßkostenhilfe

Nach der ständigen bundesverfassungsgerichtlichen Rechtsprechung ist allgemein „unbemittelten" Bürgern derselbe Rechtsschutzstandard zu gewähren wie solchen Rechtsschutzbegehrenden, „die sich eine Klage leisten können".[382] Demnach gehört zur Effektivität des Rechtsschutzes im Sinne von Art. 19 Absatz 4 GG auch, „daß dem Unbemittelten, der sich durch die öffentliche Gewalt in seinen Rechten verletzt fühlt, die

---

[378] S. weiter o., unter II.2.a)bb).
[379] BVerfG, aaO S. 231.
[380] BVerfG, aaO S. 232.
[381] S. weiter o., II.2.a)bb).
[382] BVerfGE 78, 88 ff.

Anrufung der Gerichte nicht unbillig erschwert wird".[383] Einfach-gesetzlich wird das Gebot der „Angleichung zwischen Unbemittelten und Bemittelten" konkretisiert durch die Bestimmungen über die Gewährung von Prozeßkostenhilfe, die auch im Verwaltungsprozeß Anwendung finden (§ 166 VwGO in Verbindung mit § 114 ZPO). Eingeschränkt wird die Möglichkeit der Prozeßkostenhilfe allerdings dadurch, daß die beabsichtigte Rechtsverfolgung oder Rechtsverteidigung *„hinreichende Aussicht auf Erfolg bietet"* und *„nicht mutwillig erscheint"* (vgl. Wortlaut § 114 ZPO).[384] Insoweit kann, wenn diese Voraussetzungen nicht vorliegen, der Zugang zu Gericht faktisch erschwert oder unmöglich gemacht werden. Dieses Erfordernis ist aber legitim, da es der Allgemeinheit nicht zumutbar wäre, auch nur zum Teil Prozeßkosten in einer Sache zu tragen, die entweder von vornherein aussichtslos ist oder aber, wenn der Betroffene den Gang zu einem Gericht leicht hätte vermeiden können. Andererseits hat der mittellose Bürger auf Grund seines Rechts auf effektiven Rechtsschutz einen *Anspruch* auf Prozeßkostenhilfe, wenn die soeben genannten *Voraussetzungen* vorliegen. Zu deren *Überprüfung* ist das Gericht daher verpflichtet. Unterläßt es die Prüfung etwa der Erfolgsaussichten einer Klage, liegt darin zugleich ein Verstoß gegen Art. 19 Absatz 4 GG.[385]

c) Fristbestimmungen

aa) Anwendung gesetzlicher Fristbestimmungen durch die Fachgerichte

Fristen erschweren regelmäßig in besonderer Weise den Zugang zu Gericht. Die Versäumnis der Frist von einem Monat nach Zustellung des Widerspruchsbescheids zur Erhebung der Anfechtungsklage oder der Verpflichtungsklage in Form der Versagungsgegenklage hat beispielsweise deren Unzulässigkeit zur Folge (vgl. § 74 VwGO). Gleichwohl sind gesetzliche[386] Fristbestimmungen zulässig, sofern sie den Rechtsweg nicht unzumutbar erschweren, und können im Interesse der Rechtssicherheit als spezieller Ausprägung des Rechtsstaatsprinzips auch geboten sein.[387] Da eine Fristversäumnis für den Rechtsschutzsuchenden scharfe Folgen - regelmäßig die Unzulässigkeit des eingelegten Rechtsbehelfs - bewirkt, sind an die Anwendung und Auslegung einfach-gesetzlicher

---

[383] BVerfG, aaO S. 99 m.w.N.

[384] Daran ändert sich auch nichts durch das *Zivilprozeßreformgesetz* vom 27. Juli 2001 (= BGBl. I S. 1887).

[385] BVerfG, aaO (LS und S. 99 f.).

[386] *Richterlich* bestimmte Fristen sind im Rahmen des Art. 19 Absatz 4 GG - im Gegensatz zu Art. 103 Absatz 1 GG - irrelevant, da durch die Rechtsweggarantie der Zugang überhaupt zu einem Gericht erst eröffnet wird.

[387] S. weiter o. (1.b]aa]).

Fristbestimmungen durch die Fachgerichte - „unbeschadet ihrer grundsätzlichen Kompetenz zur Auslegung und Anwendung des einfachen Verfahrensrechts“[388] - nach Auffassung des Bundesverfassungsgerichts durchweg strenge verfassungsrechtliche Vorgaben geknüpft. Das Bundesverfassungsgericht führt allgemein aus: „Art. 19 Absatz 4 GG verbietet zwar keineswegs die Errichtung jeder Schranke vor dem Zugang zum Gericht. Die dem Gesetzgeber obliegende normative Ausgestaltung des Rechtsweges muß aber das Ziel dieser Gewährleistung - den wirkungsvollen Rechtsschutz - verfolgen; sie muß im Hinblick darauf geeignet und angemessen sowie für den Rechtsuchenden zumutbar sein. *Das muß auch der Richter bei der Auslegung dieser Normen beachten; er darf den Beteiligten den Zugang zu den in den Verfahrensordnungen eingeräumten Instanzen nicht in unzumutbarer, aus Sachgründen nicht mehr zu rechtfertigender Weise erschweren.*“[389] Demnach sind in dem Bereich der Anwendung und Auslegung von Fristbestimmungen die Fachgerichte in besonderer Weise zur Berücksichtigung des Anspruchs auf effektiven Rechtsschutz verpflichtet.

So ist insbesondere der Wortlaut der jeweils einschlägigen Vorschrift hinsichtlich *Beginn und Ende der jeweiligen Frist* strikt zu beachten; insofern ist kein Raum für einschränkende Auslegungen.[390] Der Fristlauf *beginnt* in den meisten Fällen mit der *Bekanntgabe* der Entscheidung, gegen die Rechtsschutz begehrt wird. Problematisch ist dies zumeist dann, wenn hierfür die *öffentliche* Bekanntgabe vorgeschrieben ist und vom einfachen Gesetzgeber als ausreichend erachtet wird, da diese in der Regel im Gegensatz zur Bekanntgabe durch wirksame Einzelzustellung an den Betroffenen weniger die Gewähr

---

388 Vgl. in diesem Zusammenhang etwa BVerfGE 54, 94 (97 m.w.N.).

389 BVerfGE 77, 275 (284 [mit umfangreichen Nachweisen aus seiner ständigen Rechtsprechung]). - Hervorhebungen in Kursivschrift durch *Verf.*

390 S. BVerfGE 54, 94 (97 ff.) bzgl. des Beginns der Frist der weiteren Beschwerde gegen eine Disziplinarmaßnahme im Wehrbeschwerderecht: gemäß § 16 WBO beginnt die zweiwöchige Beschwerdefrist mit Bekanntgabe des Beschwerdebescheids; in dem zugrundeliegenden Sachverhalt war die Beschwerde am Tag der Bekanntgabe des Beschwerdebescheids eingelegt, von dem zuständigen Truppendienstgericht jedoch als „verfrüht“ zurückgewiesen worden, da eine Beschwerde erst nach Ablauf einer Nacht eingelegt werden könne. Das Gericht hatte sich insofern auf die allgemeine Bestimmung des § 6 WBO berufen, wonach die Beschwerde frühestens nach Ablauf einer Nacht eingelegt werden darf, nachdem der beschwerdeführende Soldat von dem Beschwerdeanlaß Kenntnis erhalten hat. Nach Auffassung des Bundesverfassungsgerichts (aaO S. 97 f.) ist diese Vorschrift aber aus den oben genannten Gründen nur auf die erste, nicht auf die weitere Beschwerde anwendbar. (Das Bundesverfassungsgericht hat aaO diesen Verfassungsverstoß neben Art. 19 Absatz 4 GG auch auf *Art. 103 Absatz 1 GG* gestützt. Die Rechtsweggarantie des Art. 19 Absatz 4 GG ist hier in der Tat einschlägig, da erst die weitere Beschwerde den Weg zu einem Gericht eröffnet. Hingegen wird die erstmalige Beschwerde zum Befehlshaber des Wehrbereichskommandos erhoben. Dagegen ist Art. 103 Absatz 1 GG nicht betroffen, denn hierdurch wird rechtliches Gehör *im* gerichtlichen Verfahren gewährt; umgekehrt eröffnet Art. 19 Absatz 4 GG [nur] den Weg *zum* Gericht).

dafür bietet, daß dieser von der Entscheidung Kenntnis erhält.[391] Das Bundesverfassungsgericht hat deswegen festgestellt, daß zumindest in dem Fall, daß eine öffentliche Bekanntmachung eine nur *einwöchige* Rechtsbehelfsfrist in Lauf setzen soll, der Anspruch auf Gewährung effektiven Rechtsschutzes es gebiete, daß darin zumindest *der Entscheidungsausspruch selbst mitgeteilt* wird.[392] Der bloße Hinweis, daß eine Entscheidung ergangen sei, reicht demnach nicht aus, da der Adressat allein auf Grund einer solchen Veröffentlichung nicht zu beurteilen vermag, ob und in welchem Ausmaß er betroffen ist.[393]

bb) Die Wiedereinsetzung in den vorigen Stand

Die einschneidenden Folgen einer Fristversäumnis werden dadurch abgemildert, daß in sämtlichen Verfahrensordnungen die Möglichkeit der Wiedereinsetzung in den vorigen Stand vorgesehen ist (vgl. beispielsweise §§ 44, 45 StPO, § 60 VwGO, §§ 233 ff. ZPO). Wiedereinsetzung ist demnach regelmäßig zu gewähren, wenn den Säumigen *kein Verschulden* an der Fristversäumnis trifft. Das Bundesverfassungsgericht hat in einer Vielzahl von Entscheidungen *Fallgruppen* herausgestellt, in denen die Betroffenen unverschuldet Fristen versäumt haben und ihnen deswegen zwingend auf Antrag Wiedereinsetzung zu gewähren ist. An dieser Stelle seien nur folgende Umstände genannt, die kausal sein können für eine Fristversäumnis, dem Säumigen aber nicht zugerechnet werden dürfen: *Verzögerungen im normalen Postlauf*[394]; *Verzögerungen bei der Entgegennahme der Sendung durch das Gericht.*[395] Dagegen wird etwa *anwaltliches Verschulden* bei der Fristversäumnis dem Betroffenen ebenso wie im Zivilprozeß gemäß § 85 Absatz 2 ZPO auch im Verwaltungsprozeß über § 173 VwGO zugerechnet, sodaß dies nicht zur Wiedereinsetzung berechtigt.[396] Dies gilt nicht nur für die Frage der Wiedereinsetzung

---

[391] Allgemeine Bedenken gegen die Bekanntgabe durch öffentliche Bekanntgabe statt (auch) direkter Einzelzustellung an den Betroffenen unter dem Gesichtspunkt des Art. 19 Absatz 4 GG äußert das Bundesverfassungsgericht in BVerfGE 77, 275 (286).

[392] BVerfGE 77, 275 (2. LS und S. 287).

[393] BVerfG, aaO S. 287. Es bleibt darauf hinzuweisen, daß dies nur dann gilt, wenn an die öffentliche Bekanntgabe zugleich eine derart kurze Frist gekoppelt ist. Ansonsten ist es dem Betroffenen zumutbar, sich anderweitig von dem Entscheidungsausspruch Kenntnis zu verschaffen.

[394] S. nur BVerfGE 40, 42; 41, 23; 43, 75, 151; 46, 404; 50, 397; 53, 25; 62, 216.

[395] S. nur BVerfGE 41, 323; 42, 128; 44, 302; 52, 203. - S. eingehend zu diesen und weiteren Fallgruppen den Zweiten Teil, Zweiter Abschnitt, dieses Kapitels dieser Arbeit, dort C.III.2.b)cc)*(2)*. Das Bundesverfassungsgericht wurde in der Vergangenheit von Rügen im Rahmen von Verfassungsbeschwerden, welche die fehlerhafte Anwendung von Wiedereinsetzungsvorschriften betrafen, geradezu überschwemmt, s. auch insofern aaO dieser Arbeit sowie das Bundesverfassungsgericht selbst in BVerfGE 47, 182.

[396] S. BVerfGE 60, 253 (267 ff.).

bei Versäumnis der Klagefrist für die verwaltungsgerichtliche Anfechtungs-[397] oder Verpflichtungsklage, sondern in Bezug auf alle gesetzlichen Fristen im Rahmen des verwaltungsgerichtlichen Verfahrens, bei deren Versäumung eine Wiedereinsetzung nach Maßgabe von § 60 VwGO möglich ist, insbesondere bei Versäumung von Rechtsmittel- und Rechtsbehelfsfristen, einschließlich der Wiedereinsetzungsfristen selbst[398], wobei die Rechtsmittelfristen allerdings nicht dem Schutzbereich des Art. 19 Absatz 4 GG zuzurechnen sind, da sie nicht den (Erst-) Zugang zu einem Gericht betreffen.

In der Regel hat das Bundesverfassungsgericht den verfassungsrechtlichen Verstoß der Fachgerichte, die jenen zu Unrecht die Wiedereinsetzung versagt haben, auf eine *Verletzung des Anspruchs auf rechtliches Gehör gemäß Art. 103 Absatz 1 GG* gestützt. Teilweise hat es auch dieses Verfahrensgrundrecht und *zugleich die Rechtsweggarantie des Art. 19 Absatz 4 GG* verletzt gesehen.[399] Dies gilt insbesondere für die *summarischen Verfahren* wie das Strafbefehls- oder das Bußgeldverfahren, in denen bei Versäumnis der Einspruchsfrist der erste Zugang zu Gericht in Frage steht, da hier der Einspruch überhaupt erst die Möglichkeit eröffnet, einem Gericht den Fall vorzutragen.[400] Da die meisten von dem Bundesverfassungsgericht zu entscheidenden Fälle im Zusammenhang mit der Wiedereinsetzung jedenfalls die Versäumnis von Fristen *innerhalb* eines gerichtlichen Verfahrens betreffen und somit für die verfassungsrechtliche Berurteilung der Versagung der Wiedereinsetzung durch das Fachgericht Art. 103 Absatz 1 GG maßgeblich ist, sei hier auf die ausführliche Darstellung im vorliegenden Kapitel, Zweiter Teil, Zweiter Abschnitt, dieser Arbeit verwiesen.[401] Dort sind die einzelnen Fallgruppen zum Fehlen des Verschuldens des Betroffenen bei der Fristversäumnis aufgeführt.[402] Dort wird auch das Verhältnis zwischen Art. 19 Absatz 4 und Art. 103 Absatz 1 GG noch einmal aufgegriffen, welches an sich einfach zu beurteilen sein sollte: Bezieht sich die Frage der Wiedereinsetzung auf eine Frist, welche beim *Zugang* zu Gericht zu wahren ist, also insbesondere bei Klagen im ersten Rechtszug, so ist die Rechtsweggarantie des Art. 19 Absatz 4

---

[397] Vgl. hierzu jüngst *Assmann*, Die Wiedereinsetzung in den vorigen Stand bei Versäumung der Anfechtungsfrist, in: Modernisierungs-Magazin 2001 (Juni-Spezial), S. 64 ff.

[398] BVerfGE 60, 253 (267).

[399] Vgl. aus der umfangreichen Rechtsprechung des Bundesverfassungsgerichts E 40, 46, 182; 41, 23, 323, 332, 341, 356; 42, 120, 128, 258; 43, 75; 44, 302; 45, 360; 46, 404; 50, 1, 397; 51, 146, 352; 52, 203; 53, 25, 148; 54, 80; 57, 117; 62, 216; 63, 332; 69, 381; 78, 123; 79, 372; 86, 280; 88, 118; 93, 99.

[400] S. BVerfGE 38, 35 (38 f.); 40, 182 (184); 41, 23 (26 ff. m.w.N.); 42, 120 (123 f.); 43, 75 (78); 44, 302 (305 ff.); 54, 80 (83 f.).

[401] Dort C.III.2.b)cc).

[402] AaO dieser Arbeit unter *(2)*.

GG einschlägig. Werden dagegen Fristen im Rahmen eines *laufenden* Gerichtsverfahrens versäumt, ist die Zulässigkeit und Begründetheit des Antrags auf Wiedereinsetzung unter dem Gesichtspunkt des rechtlichen Gehörs zu beurteilen. Da beide genannten verfassungsrechtlichen Prinzipien insofern den gleichen Umfang an effektivem Rechtsschutz im Sinne eines stets zu beachtenden allgemeinen Rechtsschutzstandards gewährleisten, bleibt es für das Ergebnis allerdings letztlich ohne Auswirkung, ob der verfassungsrechtliche Verstoß des Fachgerichts durch nicht gewährte Wiedereinsetzung auf eine Verletzung von Art. 103 Absatz 1 oder von Art. 19 Absatz 4 GG gestützt wird. Insbesondere die an das Fehlen des Verschuldens beim Säumigen zu stellenden Anforderungen sind die gleichen. Allein aus systematischen Gründen ist eine exakte Grenzziehung aber notwendig, da beide Verfassungsgarantien einen jeweils eigenständigen Anwendungsbereich betreffen.

3. Kein Ausschluß des Rechtsweges

Nach alledem darf die Anrufung der Gerichte durch eine Vielzahl bestimmter Regelungen des einfachen Prozeßrechts von der Erfüllung bestimmter Zugangsvoraussetzungen abhängig gemacht werden, sofern diese für den Rechtsschutzsuchenden zumutbar sind. Jedoch darf der Rechtsweg nach der Rechtsprechung des Bundesverfassungsgerichts jedenfalls *nicht gänzlich ausgeschlossen* werden.[403] Ist daher für den besonderen Fall *im einfachen Recht keine Klage- oder Antragsmöglichkeit* gegen die behauptete Verletzung eines subjektiven Rechts vorgesehen, so *eröffnet gleichwohl Art. 19 Absatz 4 GG, und zwar unmittelbar, den Rechtsweg.*[404] Es besteht insoweit eine Ausnahme von der Regel, daß Art. 19 Absatz 4 GG den Rechtsweg „nur im Rahmen der jeweils geltenden Prozeßordnung"[405] gewährleistet. Gleiches gilt für die Auslegung gesetzlicher Vorschriften durch die Fachgerichte, die mehrere Interpretationsmöglichkeiten zulassen. Insoweit ist die „rechtsschutzfreundlichere" zu wählen, damit der Betroffene nicht vom Rechtsweg gänzlich ausgeschlossen bleibt.

Zuletzt hat eine Kammer des Ersten Senats am Bundesverfassungsgericht in einem obiter dictum[406] die ständige Rechtsprechung des Bundesverwaltungsgerichts kritisiert, wonach

---

403 BVerfGE 22, 49 (81 f.); 27, 297 (310).

404 BVerfGE 27, 297 (308); hier ging es um eine Ermessensentscheidung im Wiedergutmachungsrecht, auf deren Nachprüfung trotz Unanfechtbarkeit ein Anspruch bestehen soll, s. schon o., B.I.1.b).

405 So die ständig vom Bundesverfassungsgericht verwendete Formel, vgl. nur E 10, 264 (267 f.); 27, 297 (310). S. bereits weiter o., III.1.a).

406 BVerfG (Kammer), Beschl. v. 19.07.2000 - 1 BvR 1053/93 - (= NVwZ 2000, S. 1283) zu BVerwG, Beschl. v. 07.05.1993 - 4 NB 14.93 - (= NVwZ-RR 1994, S. 235).

im verwaltungsgerichtlichen Normenkontrollverfahren nach § 47 VwGO auf Grund dessen Ausgestaltung als objektives Prüfungsverfahren eine *Beiladung gemäß §§ 65, 66 VwGO ausgeschlossen* sei.[407] Das Normenkontrollgericht kann jedoch im Verfahren denjenigen Personen *Gelegenheit zur Stellungnahme* geben, die mutmaßlich durch die Feststellung der Nichtigkeit oder Unwirksamkeit etwa eines Bebauungsplans einen konkreten Rechtsnachteil erleiden könnten. Der angehörte Grundstückeigentümer kann aber solchenfalls kein eigenes Rechtsmittel einlegen. Nach Auffassung der Kammer ist durch ein solches Urteil das Recht der Grundstückseigentümer aus Art. 14 Absatz 1 Satz 1 GG berührt[408], sodaß der generelle Ausschluß der Beiladung im Normenkontrollverfahren verfassungsrechtlich bedenklich sei; auch wenn eine Beiladung aller betroffenen Grundstückseigentümer für das Gericht die Verfahrensführung erschweren könne, unterlägen jedoch Einschränkungen des Rechtsschutzes den Anforderungen des Verhältnismäßigkeitsprinzips. Sie müßten daher mit den Prinzipien einer rechtsstaatlichen Verfahrensordnung vereinbar sein und dürften den Rechtsschutz nicht in unzumutbarer, durch Sachgründe nicht mehr zu rechtfertigender Weise erschweren.[409] Eine generelle Beiladung betroffener Dritter (hier Planbegünstigter) im Normenkontrollverfahren sei demnach grundsätzlich geboten.[410] Der von der Bundesregierung vorgelegte *Entwurf eines Gesetzes zur Bereinigung des Rechtsmittelrechts im Verwaltungsprozeß*[411] sieht demnach vor, daß die Vorschriften, welche die einfache Beiladung regeln, im Verfahren nach § 47 VwGO für anwendbar erklärt werden. Eine entsprechende Anwendung der Vorschriften über die notwendige Beiladung wird dagegen für weder geboten noch sachgerecht gehalten, da die normverwerfende Entscheidung nach § 47 Absatz 5 Satz 2 VwGO keine gestaltende, sondern nur feststellende Wirkung habe; allerdings könne sich das Ermessen des Gerichts im Hinblick auf die grundrechtlich geschützten Rechtspositionen einer Person so verdichten, daß eine Beiladung zwingend werde.[412] Unabhängig vom Ergebnis ist wiederum zu konstatieren, daß das Bundesverfassungsgericht hier den Umweg über das materielle Grundrecht genommen hat, was nicht notwendig war, da der Anwendungsbe-

[407] Dies war lange Zeit ganz herrschende Meinung auch im Schrifttum, s. die Nachweise bei *Hildebrandt/Hecker*, NVwZ 2001, S. 1007.

[408] In der Sache ging es hier jedoch an sich wiederum um den ersten Zugang zu Gericht (als formell Verfahrensbeteiligter in „parteiähnlicher Stellung" [Beigeladener]) und in diesem Rahmen zu gewährleistenden effektiven Rechtsschutz nach Art. 19 Absatz 4 GG; vgl. zur „verfahrensrechtlichen Wirkung" der materiellen Grundrechte, hier Art. 14 Absatz 1 Satz 1 GG, o. das Erste Kapitel, A.I.3. - Zum konkreten Fall s. *Hildebrandt/Hecker*, aaO S. 1008.

[409] BVerfG (Kammer), aaO.

[410] Zustimmend *Hildebrandt/Hecker*, aaO S. 1009.

[411] = BR-Drs. 405/01.

[412] Ebda.

reich des Art. 19 Absatz 4 GG im Rahmen der Beiladung eröffnet ist. Es steht hier der *Zugang* zu Gericht nach Art. 19 Absatz 4 GG in Rede. Problematisieren könnte man allenfalls das Verhältnis der Rechtsweggarantie zu dem Anspruch auf rechtliches Gehör nach Art. 103 Absatz 1 GG. Jedoch ist für die Frage der Entschließung des Gerichts zur Beiladung allein Art. 19 Absatz 4 GG maßgeblich: Es ist demnach zu unterscheiden zwischen den (prozessualen) Rechten, die der Beigeladene *im* Verfahren hat, zum einen, und der Hinzuziehung des Beizuladenden zum Verfahren, die ihm die Ausübung prozessualer Rechte überhaupt ermöglicht. Die dem Beigeladenen zustehenden prozessualen Rechte sind im einfachen Recht in § 66 VwGO geregelt, wonach er selbständig Angriffs- und Verteidigungsmittel geltend machen und wirksam alle Vefahrenshandlungen vornehmen kann. Hinzu kommt im Fall der notwendigen Beiladung das Recht, abweichende Sachanträge zu stellen. Dies ist Folge seiner Stellung als formell Verfahrensbeteiligter nach § 63 Nr. 3 VwGO und betrifft in der Tat Fragen des rechtlichen Gehörs. Dies setzt aber eine wirksame Beiladung, d.h. die Beiziehung zum Verfahren voraus. Dies ist vergleichbar mit der Einbeziehung des Klägers in das Verfahren durch seine Klageerhebung. Der Akt der Beiladung als solcher betrifft daher den Zugang zu Gericht und unterfällt somit dem Anwendungsbereich des Art. 19 Absatz 4 GG.

4. Über die „Mindestgarantie" des Art. 19 Absatz 4 GG hinausgehende Gewährleistungen des einfachen Prozeßrechts

Im übrigen darf das *einfache Prozeßrecht* selbstverständlich über die Gewährleistung des Art. 19 Absatz 4 GG *hinausgehen.*[413] Diese gibt naturgemäß nur den *unteren* Rahmen vor, der aber *zu Gunsten* des Rechtsschutzsuchenden, also nach oben, überschritten werden darf. Das Bundesverfassungsgericht führt insofern im Hinblick auf Art. 19 Absatz 4 GG aus: „Sinn dieser Vorschrift ist es, dem Bürger ein *Mindestmaß* von gerichtlichem Rechtsschutz zu garantieren, nicht aber *[...]*, die gerichtliche Rechtskontrolle von Verfassungs wegen auf den Fall, daß ein Bürger durch die öffentliche Gewalt in seinen Rechten verletzt wird, zu beschränken. Die Verfassungsbestimmung *verbietet einen Ausschluß und eine Einschränkung der gerichtlichen Kontrolle, nicht dagegen eine Erweiterung.*"[414] Das Bundesverfassungsgericht hat in diesem Zusammenhang *die Befugnis von Verwaltungsbehörden, eine richterliche Nachprüfung von Entscheidungen weisungsfreier Verwaltungsausschüsse herbeizuführen*, für verfassungsrechtlich zulässig er-

[413] BVerfGE 22, 106 (110).
[414] Ebda. - Hervorhebungen in Kursivschrift durch *Verf.*

achtet: Einen Verstoß gegen Art. 19 Absatz 4 GG verneint es aus den soeben angeführten Gründen und deswegen, da diese Gewährleistung nur *Schutz durch, nicht gegen den Richter* garantiert.[415] Das Bundesverfassungsgericht zieht hieraus den Schluß, daß es dem Gesetzgeber nicht verwehrt sein kann, auch solche Verwaltungsakte, die den Bürger nicht in seinen Rechten verletzen, auf Initiative der Verwaltung selbst einer gerichtlichen Nachprüfung zu unterwerfen. Auch wenn derartige „In-sich-Prozesse" unerwünscht sein mögen - so das Bundesverfassungsgericht - und „den Aufgaben der Gerichtsbarkeit nicht angemessen" seien, weil die Konflikte, die in ihnen ausgetragen werden, bei entsprechender gesetzlicher Regelung ohne Inanspruchnahme der Justiz innerhalb der Exekutive gelöst werden könnten, so lasse sich aus Art. 19 Absatz 4 GG ein Verbot jedoch nicht herleiten.[416] Im übrigen hat das Fachgericht jedoch stets dann, wenn es ein „Mehr" an effektivem Rechtsschutz gewährt, als durch die Mindestgarantie des Art. 19 Absatz 4 GG oder, darüber hinaus, auch durch das einfache Prozeßrecht gefordert, dem in der Verfahrensordnung zum Ausdruck kommenden Gleichgewicht verschiedener verfassungsrechtlicher Verfahrensgrundsätze Rechnung zu tragen.

D. Die Rüge eines Verstoßes gegen Art. 19 Absatz 4 GG vor dem Bundesverfassungsgericht

Der Bürger, der sich durch eine Exekutiventscheidung in einem subjektiv-öffentlichen Recht verletzt sieht und dem nach seiner Auffassung fachgerichtlicher Rechtsschutz verweigert wurde, kann sich hiergegen nach Art. 93 Absatz 1 Nr. 4 a GG mit der *Verfassungsbeschwerde* zur Wehr setzen[417], für welche die allgemeinen Zulässigkeits-[418] und

[415] BVerfG, aaO S. 110 m.w.N.

[416] BVerfG, aaO S. 110 f.; auch einen Verstoß gegen den Grundsatz der *Gewaltenteilung* verneint das Bundesverfassungsgericht anschließend.

[417] Vgl. hierzu allgemein das Erste Kapitel, A.II.3.a).

[418] BVerfGE 21, 191 (194). - Zum Erfordernis der *Rechtswegerschöpfung* nach *§ 90 Absatz 2 Satz 1 BVerfGG* vor dem Hintergrund der *Subsidiarität der Verfassungsbeschwerde* speziell in Bezug auf Art. 19 Absatz 4 GG vgl. BVerfGE 77, 275 (282) sowie E 46, 17 (1. LS und S. 25 f.; hier auch zur Zulässigkeit der Verfassungsbeschwerde gegen so genannte selbständige *Zwischenentscheidungen*; s. zuletzt hierzu E 101, 106 [120 f.]). Zur Zulässigkeit der Verfassungsbeschwerde speziell in Bezug auf Art. 19 Absatz 4 GG gegen richterliche Anordnungen, die bereits *vollzogen* wurden und sich deshalb *„erledigt"* haben, vgl. BVerfGE 96, 27 (2. LS und S. 29 ff. unter Abweichung von E 49,

Begründetheitsvoraussetzungen vorliegen müssen. Hervorzuheben ist die *Substantiierungspflicht* des Beschwerdeführers nach *§ 92 BVerfGG*. Insofern genügt aber allgemein wie auch im Zusammenhang mit einer Verletzung des Art. 19 Absatz 4 GG die Behauptung der Verletzung dieser Garantie durch ein entsprechend dargelegtes Verhalten des Fachgerichts. Dagegen ist die ausdrückliche Nennung des Art. 19 Absatz 4 GG als verletzte Verfassungsgarantie nicht erforderlich.

---

329): Bei tiefgreifenden Grundrechtseingriffen komme eine „prozessuale Überholung" nicht (mehr) in Betracht, sodaß richterliche Anordnungen, die sich typischerweise kurzfristig erledigen (hier: Durchsuchungsanordnung), nicht nur im fachgerichtlichen Instanzenzug, sondern auch mit der Verfassungsbeschwerde angreifbar seien.

Zweiter Teil Die Rechtsprechung des Bundesverfassungsgerichts zu den Verfahrensgrundrechten nach Art. 101 Absatz 1 Satz 2 GG und Art. 103 Absatz 1 GG

Erster Abschnitt Die Rechtsprechung des Bundesverfassungsgerichts zum Recht auf den gesetzlichen Richter (Art. 101 Absatz 1 Satz 2 GG)

A. Grundlagen und Inhalt des Art. 101 Absatz 1 Satz 2 GG

I. Entstehung und Bedeutung des Rechts auf den gesetzlichen Richter

Art. 101 Absatz 1 Satz 2 GG und Art. 103 Absatz 1 GG enthalten grundrechtliche Garantien, die, anders als andere Gewährleistungen der Verfassung wie etwa Art. 104 GG oder Art. 103 Absatz 2 oder 3 GG, in *jedem* gerichtlichen Verfahren, nicht nur in einer bestimmten Verfahrensordnung oder auf einem bestimmten Gebiet anwendbar sind. Es handelt sich insofern um die beiden Verfahrensgrundrechte „im engeren Sinne", die dann anwendbar sind, wenn der Rechtsweg nach Art. 19 Absatz 4 GG oder sonstwie „eröffnet" ist. Durch sie wird der bereits durch den Zugang zu einem Gericht zu gewährleistende effektive Rechtsschutz, der für die Prüfungsdichte der richterlichen Entscheidung bestimmte Maßstäbe setzt, auf den Kern des Verfahrens als solchem ausgeweitet. Ihre Anforderungen wirken somit unmittelbar auf die Gestaltung des bereits in Gang gesetzten Gerichtsverfahrens ein. Eine Entscheidung ist demnach nur etwas wert, wenn sie von dem vom Gesetz vorgesehenen Richter, nicht von irgendeiner Gerichtsperson, gefällt wird. Ebenso ist es eine Selbstverständlichkeit, daß der Rechtsuchende vom Gericht angehört wird. Auch Art. 101 Absatz 1 Satz 2 GG enthält - ebenso wie Art. 103 Absatz 1 GG, der im Anschluß behandelt wird - eine fundamentale Verfahrensgewährleistung, die auf hergebrachten Grundsätzen der Rechtspflege basiert, welche bereits lange vor der grundgesetzlichen Kodifizierung des Rechts auf den gesetzlichen Richter geübt worden sind.

Mit Art. 101 Absatz 1 Satz 2 GG wortgleiche Regelungen finden sich bereits in der *Paulskirchenverfassung* aus dem Jahre 1849 (Art. 175 Absatz 2 Satz 1) und in den meisten *deutschen Landesverfassungen* des 19. Jahrhunderts[1] sowie in der *Weimarer Reichsverfassung* (Art. 105 Satz 2[2]), welche insofern den Gedanken der Aufklärung des Liberalismus des 19. Jahrhunderts aufgreift.[3] In der NS-Zeit wurde das Recht auf den gesetzlichen Richter von der Justiz außer Kraft gesetzt.[4] Ausnahmegerichte waren die Regel, von einer unabhängigen Justiz konnte mitnichten die Rede sein. Dies gilt besonders für den von dem NS-Regime geschaffenen „Volksgerichtshof". Zwar ist davon auszugehen, daß auch die unsäglichen Ausnahmegerichte ihrerseits auf einer gesetzlichen Regelung beruhten. Jedoch ist dem gesetzlich bestimmten Richter die sachliche und persönliche Unabhängigkeit immanent, die ihm in jener Zeit nicht garantiert war. Zusammengefaßt läßt sich jedenfalls unschwer sagen, daß das Vertrauen in eine unparteiische, unabhängige Justiz nach der Befreiung von der Diktatur erst wiederhergestellt werden mußte. Auf Grund dieser Erfahrungen wurde das Recht auf den gesetzlichen Richter zunächst im *Entwurf von Herrenchiemsee* (Art. 131) an die erste Stelle des IX. Abschnitts des Grundgesetzes gesetzt.[5] Das *Bundesverfassungsgericht* betont in seiner Rechtsprechung stets die Zielrichtung des Art. 101 Absatz 1 Satz 2 GG ebenso wie der Gewährleistung der Unabhängigkeit der Gerichte, das *Vertrauen* der rechtsschutzbegehrenden Bürger wie auch der Öffentlichkeit zu schützen[6] und eine *unparteiliche und sachliche Rechtsprechung* zu gewährleisten.[7] Dem ist hinzuzufügen, daß es zu Beginn der Rechtsprechungstätigkeit des Bundesverfassungsgerichts an sich noch nicht so sehr darum gehen konnte, das Vertrauen in die Gesetzlichkeit und Unabhängigkeit der Richter zu „schützen", als vielmehr darum, dieses nach den Erfahrungen mit der NS-Zeit (wieder) zum Leben zu erwecken.[8]

---

[1] S. BVerfGE 4, 412 (416). Auch in der Preußischen Verfassung (1850) war in Art. 89 zumindest eine entsprechende Organisationsnorm vorgesehen: „Die Organisation der Gerichte wird durch das Gesetz bestimmt."

[2] Eingeschränkt allerdings durch Satz 3 dieser Bestimmung, wonach die gesetzlichen Bestimmungen über Kriegs- und Standgerichte hiervon unberührt bleiben.

[3] Vgl. *Wassermann* in: Alternativkommentar-GG, Art. 101 Rd. 1 m.w.N. S. allgemein zur Entwicklung des Rechts auf den gesetzlichen Richter im deutschen Verfassungsrecht und damit einhergehend zur Verfeinerung dieser Garantie durch das einfache Gerichtsverfassungs- und -verfahrensrecht BVerfGE 4, 412 (416).

[4] Vgl. die Nachweise bei *Wassermann*, aaO Rdn. 2 und 5.

[5] Vgl. *Wassermann*, aaO Rd. 6.

[6] BVerfGE 4, 412 (416).

[7] BVerfGE 71, 206 (218).

[8] Diesen Aspekt damals jüngster Vergangenheit deutscher Justiz läßt das Bundesverfassungsgericht in einer seiner ersten Entscheidungen zu Art. 101 Absatz 1 Satz 2 GG (Bd. 4 S. 412 [416]) leider außer acht, obwohl es aaO die Entstehungsgeschichte und den historischen Hintergrund dieser Vorschrift umreißt. Dieser Abriß endet jedoch aaO mit Art. 105 der Weimarer Reichsverfassung.

II. Systematik und Inhalt des Art. 101 Absatz 1 Satz 2 GG

1. Der innere Aufbau des Art. 101 Absatz 1 Satz 2 GG

Art. 101 Absatz 1 Satz 2 GG lautet: *„Niemand darf seinem gesetzlichen Richter entzogen werden."*[9] Im systematischen Zusammenhang mit *Absatz 1 Satz 1*, in dem die *Unzulässigkeit von Ausnahmegerichten* konstituiert ist, sowie mit *Absatz 2*, wonach *Gerichte für besondere Sachgebiete nur durch Gesetz errichtet* werden dürfen, deutet dies zunächst auf eine in diesem grundgesetzlichen Artikel enthaltene *institutionelle Garantie* hin: Die Gewährleistung der Institution des Richters im Rahmen der Zuständigkeitsordnung der deutschen Gerichtsbarkeit.[10] Absatz 1 Satz 1 und Absatz 2 sind im inneren Aufbau des Art. 101 GG insoweit *Unterfälle* zu Absatz 1 Satz 2.[11] Speziell das Verbot von Ausnahmegerichten, wonach Gerichte unzulässig sind, die nur zu dem Zweck zusammengestellt werden, über bestimmte Einzelfälle oder bestimmte Personen zu entscheiden[12], soll zugleich einer Umgehung des Gebots der Gesetzlichkeit des Richters entgegenwirken, dient insofern also als Sicherungsinstrument.[13]

In einer institutionellen Garantie erschöpft sich aber die Bedeutung des Art. 101 Absatz 1 Satz 2 GG nicht. Vielmehr gibt diese Verfassungsnorm dem rechtsschutzsuchenden Bürger zugleich einen *individuellen Anspruch*, das Recht auf Entscheidungsfindung und -fällung durch den ihm zustehenden gesetzlichen, nicht einen beliebigen Richter, das geltend zu machen im Einzelfall seine Sache wäre.[14] Seine Verletzung ist daher auch mit der Verfassungsbeschwerde angreifbar (Art. 93 Absatz 1 Nr. 4 a GG, § 90 BVerfGG). Wie bei der Rechtsweggarantie des Art. 19 Absatz 4 GG[15] und auch bei dem Anspruch auf rechtliches Gehör nach Art. 103 Absatz 1 GG[16] ist somit im Rahmen des Art. 101 Absatz 1 Satz 2 GG dieses subjektive Element der wichtigste Bestandteil dieser Verfassungsgarantie. Denn hierdurch werden dem Bürger nachfolgend näher darzustellende, individuelle Rechte vermittelt, die maßgeblich sind für die Auslegung und Anwendung des einfachen Prozeßrechts im Lichte der Verfassung durch die Fachgerichte und die er gerichtlich über die Instanzen hinaus bis zum Bundesverfassungsgericht geltend machen

---

[9] S. auch die gleichlautende (einfach-gesetzliche) Vorschrift § 16 Satz 2 GVG (Satz 1 der Vorschrift entspricht im wesentlichen Art. 101 Absatz 1 Satz 1 GG).
[10] Vgl. *Kunig* in: von Münch/Kunig, GG, Art. 101 Rd. 1 m.w.N.
[11] BVerfGE 10, 200 (213); 22, 42 (48); 27, 355 (364).
[12] BVerfGE 8, 174 (182).
[13] BVerfGE 4, 412 (416); s. hierzu *Schmidt-Bleibtreu* in: Schmidt-Bleibtreu/Klein, GG, Art. 101 Rd. 2.
[14] BVerfGE 26, 281 (291); 40, 356 (360). S. auch *Kunig*, aaO; *Wassermann*, aaO Rd. 10.
[15] Vgl. hierzu bereits o. im Ersten Teil dieses Kapitels, dort A.II.1.b).
[16] S.u. den Zweiten Abschnitt, dort A.I.

kann. Schließlich enthält der Grundsatz des gesetzlichen Richters aus Art. 101 Absatz 1 Satz 2 GG aber auch, ebenfalls wie Art. 19 Absatz 4 GG und auch Art. 103 Absatz 1 GG, *objektives Verfassungsrecht*: Er enthält insofern besondere Vorgaben an den Gesetzgeber und dient nach Auffassung des Bundesverfassungsgerichts *„der Sicherung der Rechtsstaatlichkeit im gerichtlichen Verfahren schlechthin"*.[17] Seine Quelle ist daher, ebenfalls wie der anderen Prozeßgrundrechte, das Rechtsstaatsprinzip, welches das gesamte gerichtliche Verfahren umklammert. Art. 101 Absatz 1 Satz 2 GG ist dabei in engem Zusammenhang mit der *Bindung der Rechtsprechung an Gesetz und Recht* (Art. 20 Absatz 3 GG) und der *Garantie der richterlichen Unabhängigkeit* nach Art. 97 Absatz 1 GG zu sehen: Diese bilden zusammen die verfassungsrechtlichen Grundprinzipien für die Ausübung der Rechtsprechung nach rechtsstaatlichem, grundgesetzlichem Verständnis.[18]

In dem *Gesamtzusammenhang verfassungsrechtlicher Verfahrensgarantien* bildet das Recht des Einzelnen auf den gesetzlichen Richter *ein* Element im Rahmen eines *allgemeinen Rechtsschutzstandards*, der in jedem gerichtlichen Verfahren zu beachten ist. Insofern handelt es sich um ein Zusammenspiel der *Rechtsweggarantie* des Art. 19 Absatz 4 GG sowie der *grundgesetzlichen Verfahrensgarantien im engeren Sinne* nach Art. 101 Absatz 1 Satz 2 und 103 Absatz 1 GG, welche zusammen „die drei großen Prozeßgrundrechte" darstellen, und weiterer aus der Verfassung abgeleiteter Verfahrensgrundsätze und subjektiver Verfahrensgarantien wie dem *Gebot verfahrensrechtlicher Fairneß*.[19] Auch hieran wird die Bedeutung des Anspruchs auf den gesetzlichen Richter als subjektives Recht wiederum deutlich.

2. Der Schutzzweck des Art. 101 Absatz 1 Satz 2 GG und seine Umsetzung

a) Sicherung unabhängiger Gerichte vor Eingriffen durch die drei Gewalten

Die Gewährleistung nicht irgendeines, sondern des gesetzlichen Richters, soll nach Auffasusng des Bundesverfassungsgerichts ebenso wie die Garantie *unabhängiger* Gerichte *Eingriffe Unbefugter in die Rechtspflege verhindern* und das Vertrauen der Rechtsuchenden und der Öffentlichkeit in die *Unparteilichkeit und Sachlichkeit* der Gerichte schützen.[20]

---

[17] BVerfGE 40, 356 (1. LS und S. 360 f.); s. auch E 4, 412 (416); 27, 355 (362); 82, 159 (194). - Hervorhebungen in Kursivschrift durch *Verf.*

[18] S. auch *Kunig*, aaO Rd. 1.

[19] S. hierzu schon das Erste Kapitel, A.I.2.a).

[20] BVerfGE 4, 412 (416).

Das Bundesverfassungsgericht führt hierzu grundlegend aus: „Art. 101 Abs. 1 Satz 2 GG soll der Gefahr vorbeugen, daß die Justiz durch eine Manipulierung der rechtsprechenden Organe sachfremden Einflüssen ausgesetzt wird, insbesondere daß im Einzelfall durch die Auswahl der zur Entscheidung berufenen Richter ad hoc das Ergebnis der Entscheidung beeinflußt wird, gleichgültig, von welcher Seite die Manipulierung ausgeht. Der Rechtsuchende hat einen Anspruch darauf, daß der Rechtsstreit, an dem er beteiligt ist, von *seinem*[21] gesetzlichen Richter entschieden wird."[22] Sein „geschütztes Vertrauen" nähme Schaden, müßte er befürchten, sich einem Richter gegenüberzusehen, der mit Blick auf seinen Fall und seine Person bestellt worden ist.[23] Die Gewähr hierfür können nach - sehr weitgehender - Auffassung des Bundesverfassungsgerichts nur *gesetzliche* Gerichte bieten, die in *jeder* Hinsicht den Anforderungen des *Grundgesetzes* entsprechen[24], sodaß insbesondere auch die richterliche Unparteilichkeit und Unabhängigkeit nach Art. 97 GG von Art. 101 Absatz 1 Satz 2 GG umfaßt sei.[25]

Bedeutsam sind des weiteren *die allgemeinen Normen des einfachen Rechts*, vor allem die im *Gerichtsverfassungsgesetz* und in den einzelnen *Verfahrensordnungen* enthaltenen *Organisationsbestimmungen und Zuständigkeitsregelungen*[26], aber auch die Vorschriften über den *Ausschluß* von Richtern[27], die der *Konkretisierung* des Verfassungsgrundsatzes aus Art. 101 Absatz 1 Satz 2 GG dienen und entsprechend seines Zwecks verhindern sollen, daß durch die Auswahl des Richters für die einzelne Sache das Ergebnis der Entscheidung beeinflußt wird.[28] Was das Erfordernis der „Gesetzlichkeit" des Richters in diesem Sinne im einzelnen bedeutet und welche Auswirkung die Anforderungen des verfassungsrechtlichen Gebots nach Art. 101 Absatz 1 Satz 2 GG auf die Auslegung und Anwendung der angeführten einfach-gesetzlichen Vorschrift haben, ist Gegenstand der weiteren Untersuchung.

---

[21] Hervorhebung in Kursivschrift *im zitierten Text*.
[22] BVerfGE 17, 294 (299). S. weiter E 48, 246 (254); 82, 286 (296); 95, 322 (327).
[23] BVerfGE 95, 322 (327) und ständig.
[24] BVerfGE 10, 200 (213). Verneint hat das Bundesverfassungsgericht dies aaO in Bezug auf die durch vorkonstitutionelles Recht überkommenen *Gemeindefriedensgerichte* in *Baden-Württemberg*, welche zwar als *Sondergerichte* der *Länder grundsätzlich zulässig* waren und insbesondere nicht gegen Art. 92 GG verstießen (aaO S. 212 ff.), in concreto aber wegen ihrer strikten personellen Bindung an die Gemeindesverwaltung mit dem Grundsatz der *Gewaltenteilung* nicht vereinbar waren (aaO S. 216 ff.). S. zu den baden-württembergischen Friedensgerichten auch BVerfGE 11, 61 ff., 136 ff., 263 ff.; s. auch E 10, 200 ff.: durch Gemeindefriedensgerichte (Sondergerichte) nach *Landes*recht darf die Jurisdiktion *bundes*rechtlich vorgesehener Gerichte nicht ausgeschlossen werden (Verstoß gegen Art. 101 Absatz 1 Satz 2 GG).
[25] BVerfGE 29, 139 und ständig. S. hierzu u., B.II.3.a).
[26] Vgl. BVerfGE 4, 412 (416). S. hierzu weiter u., B.II.1.a).
[27] S. hierzu im einzelnen weiter u., B.II.3.b).
[28] BVerfGE 21, 139 (145).

Wichtiger Hintergrund hierfür ist jedoch, zunächst überhaupt zu erkennen, aus welcher Richtung Gefahr für das Gebot des gesetzlichen Richters drohen kann. Denn dies ist maßgeblich für die Bewertung, inwieweit ein Verstoß gegen einfaches Recht zugleich diese Verfassungsgarantie betreffen kann. *Potentielle Angriffe gegen die Gesetzlichkeit des Richters* sind von drei Seiten möglich: *durch den Gesetzgeber*, der mit dem von ihm geschaffenen Verfahrensrecht der Forderung des Art. 101 Absatz 1 Satz 2 im Verbund mit Art. 92, 97 GG womöglich nicht gerecht wird, *durch die Exekutive*, die nicht unbefugt in die gesetzlich vorgeschriebene Organisation und Zuständigkeit der Gerichte eingreifen darf, und schließlich Eingriffe durch die Richterschaft selbst. Das Bundesverfassungsgericht sah insofern bislang die *primäre* Zielrichtung der Garantie des gesetzlichen Richters darin, Eingriffe durch die *Exekutive* abzuwehren.[29] Dies beruht auf der deutschen Tradition des Rechts auf den gesetzlichen Richter, wonach vor allem seine Verankerung in den deutschen Landesverfassungen des 19. Jahrhunderts vor jeder Art von „*Kabinettsjustiz*" schützen sollte.[30] Das Gebot des gesetzlichen Richters verbietet demnach der Verwaltung insbesondere, dort eine für den Bürger verbindliche Entscheidung zu treffen, wo die Zuständigkeit eines Richters gesetzlich begründet ist.[31] Insgesamt dient Art. 101 Absatz 1 Satz 2 GG demnach eigentlich vor allem dem Zweck, *von außen* kommende Eingriffe in die Justiz abzuwehren. Somit bindet Art. 101 Absatz 1 Satz 2 GG auch den *Gesetzgeber*.[32] Dieser hat das von ihm geschaffene einfache Gerichtsverfassungs- und Verfahrensrecht so auszugestalten, daß es mit dem Gebot des gesetzlichen Richters in Einklang steht.

Bereits früh ist das Bundesverfassungsgericht aber davon ausgegangen, daß die Garantie des gesetzlichen Richters nicht nur durch Angriffe von außen - durch Exekutive und Gesetzgeber - gefährdet ist, sondern daß unter Umständen auch die Abwehr bestimmter *gerichtsinterner* Maßnahmen geboten sein kann. Das Bundesverfassungsgericht folgt insofern dem allgemeinen Verständnis der Verfassung, wonach keine der drei Gewalten

---

[29] BVerfGE 4, 412 (416); 10, 200 (213).

[30] Vgl. BVerfGE 4, 412 (416); s. auch *Kunig*, aaO Rd. 2.

[31] S. BVerfGE 20, 365 (369); in dem konkreten Fall hat das Bundesverfassungsgericht zu § 42 m Absatz 3 StGB a.F. festgestellt, daß es nicht gegen Art. 101 Absatz 1 Satz 2 GG verstößt, wenn die Verwaltungsbehörde nach Ablauf oder Abkürzung der vom Strafrichter festgesetzten Sperrfrist die Eignung des Bewerbers zum Führen eines Kraftfahrzeugs in vollem Umfang erneut prüft (LS), da die vom Strafrichter und von der Verwaltung zu treffenden Entscheidungen nicht identisch sind: Nach der gesetzlichen Regelung ist die Zuständigkeit zur *Entziehung* der Fahrerlaubnis zwar insoweit aufgeteilt, aber die *Erteilung* der Fahrerlaubnis liegt ausschließlich und uneingeschränkt in den Händen der Verwaltung, und zwar auch dann, wenn es um die *Neuerteilung* nach vorausgegangener Entziehung geht (BVerfG, aaO S. 369).

[32] BVerfGE 6, 45 (50 ff.); 9, 223 (226); 10, 200 (213).

unkontrolliert sein darf, und nimmt Abschied von der überkommenen Vorstellung, daß Richter per se über eine Verletzung des Rechts auf den gesetzlichen Richter „erhaben" seien. Dieses Bild aufrechtzuerhalten war nach der Rolle, welche auch die Justiz in der Zeit des Nationalsozialismus zu Teilen sehr bereitwillig (mit-)gespielt hat, schlechthin unmöglich geworden. Mithin geht das Bundesverfassungsgericht grundsätzlich davon aus, daß auch durch Maßnahmen oder Entscheidungen eines Gerichts oder des einzelnen Richters selbst - etwa durch *„willkürliche" Bejahung oder Verneinung seiner Zuständigkeit* zu Lasten einer Prozeßpartei oder durch *formelle Justizverweigerung* (beispielsweise durch *Nichterledigung einer Sache*) - Art. 101 Absatz 1 Satz 2 GG verletzt werden kann.[33] In letzter Zeit hatte das Bundesverfassungsgericht nachgerade nur noch über solche Sachverhalte zu entscheiden, in denen das Recht auf den gesetzlichen Richter durch diese selbst verletzt wurde. Dies ist letztlich allerdings darauf zurückzuführen, daß das Bundesverfassungsgericht nicht nur die *Einhaltung* der gesetzlichen Vorschriften, welche der Bestimmung des gesetzlichen Richters dienen, von den Gerichten einfordert - was allein wegen der Bindung der Gerichte an Gesetz und Recht nach Art. 20 Absatz 3 GG eine Selbstverständlichkeit ist - , sondern ihnen darüber hinaus sehr weitgehende Mitwirkungspflichten bereits in ebendieser Vorstufe der (insofern „quasi-gesetzlichen") Bestimmung des „gesetzlichen" Richters auferlegt.[34]

In der Grundsatzentscheidung des *Plenums* vom 8. April 1997 führt das Bundesverfassungsgericht mit Hinweisen auf seine ständige Rechtsprechung noch einmal zusammenfassend zum Schutzzweck des Rechts auf den gesetzlichen Richter aus:

> „Mit der Garantie des gesetzlichen Richters will Art. 101 Abs. 1 Satz 2 GG der Gefahr vorbeugen, daß die Justiz durch eine Manipulation der rechtsprechenden Organe sachfremden Einflüssen ausgesetzt wird. Es soll vermieden werden, daß durch eine auf den Einzelfall bezogene Auswahl der zur Entscheidung berufenen Richter das Ergebnis der Entscheidung beeinflußt werden kann, gleichgültig von welcher Seite eine solche Manipulation ausgeht *[...]*. Damit soll die Unabhängigkeit der Rechtsprechung gewahrt und das Vertrauen der Rechtsuchenden und der Öffentlichkeit in die Unparteilichkeit und Sachlichkeit der Gerichte gesichert werden *[...]*. Dieses Vertrauen nähme Schaden, müßte der rechtsuchende Bürger befürchten, sich einem Richter gegenüberzusehen, der mit Blick auf seinen Fall und seine Person bestellt worden ist."[35]

[33] BVerfGE 3, 359 (2. LS und S. 363 ff. m.w.N.).
[34] Ausführlich hierzu weiter u., B.II.2.c).
[35] BVerfGE 95, 322 (327).

b) Verfassungsrechtliche Anforderungen an Exekutive, Gesetzgeber und Gerichte

Zusammengefaßt läßt sich sagen, daß Art. 101 Absatz 1 Satz 2 GG primär die Bestellung „genehmer" Gerichte und Gerichtspersonen ad hoc durch die Exekutive verhindern soll und daher eng mit der Gewährleistung der richterlichen Unabhängigkeit (Art. 97 GG) - von der Exekutive - sowie der Unparteilichkeit des Richters zusammenhängt. Anknüpfungspunkt ist laut Bundesverfassungsgericht insoweit das „Vertrauen" des Rechtsuchenden in die Unabhängigkeit der Justiz.[36] Der Begriff ist allerdings unscharf, da auf den Eindruck beschränkt. Tatsächlich geht es um den *„Verdacht" der „Manipulation" der Richterauswahl* - wie auch das Bundesverfassungsgericht den Begriff der „Manipulation" verwendet[37] - , welcher die einzige Möglichkeit der sachwidrigen Beeinflussung richterlicher Entscheidungen darstellt, da dem einzelnen Richter - ihm, nicht dem „Gericht", ist nach Art. 92 GG die rechtsprechende Gewalt zugewiesen - die sachliche Unabhängigkeit bereits durch Art. 97 GG garantiert ist.[38] Hier setzt Art. 101 Absatz 1 Satz 2 GG an, indem er bereits nach seinem Wortlaut die Bestimmung des *zuständigen Richters* einem *Gesetzesvorbehalt* unterwirft.[39] Damit Art. 101 Absatz 1 Satz 2 GG sein Ziel erreichen kann, muß das *einfache Gesetzesrecht* die Zuständigkeit durch ein adäquates Gerichtsverfassungs- und Prozeßrecht hinreichend bestimmen.

Daraus ergeben sich - positiv definiert - folgende grundlegende verfassungsrechtliche Anforderungen an die drei Gewalten, vor deren Eingriffen Art. 101 Absatz 1 Satz 2 GG Schutz bietet:

- Art. 101 Absatz 1 Satz 2 GG ist zunächst Maßstab bundesverfassungsgerichtlicher *Normenkontrolle*. In deren Rahmen ist zu unterscheiden, ob ein Gesetz die Zuständigkeitsbestimmung in die Hand der Gerichte oder der Exekutive legen durfte. Des weiteren kann aber auch der Fall auftreten, daß die *Exekutive eigenmächtig*, ohne gesetzliche Grundlage, richterliche Aufgaben an sich gerissen hat.
- Eine zweite Frage ist es, ob die *Gerichte* durch mangelnden Gesetzesgehorsam, also entgegen ihrer materiellen Bindung nach Art. 20 Absatz 3 GG, oder durch fehlerhafte Anwendung oder Auslegung der Gerichtsverfassungs- und Prozeßgesetze den Anspruch auf den gesetzlichen Richter beeinträchtigen. Das Bundesverfassungsgericht hat

[36] Ebda.
[37] Ebda.
[38] S. *Classen* in: v. Mangoldt/Klein/Starck, Bonner Grundgesetz, Art. 101 Abs. 1 Rd. 1.
[39] *Ders.*, aaO.

insoweit zu prüfen, ob es sich um einen Verfassungsverstoß oder nur um einen verfassungsrechtlich unerheblichen Fehler bei der Anwendung einfachen Rechts handelt.

- Ein Drittes ist es schließlich, daß das Bundesverfassungsgericht sich nicht mit der Bestimmung der *gerichtlichen Zuständigkeiten* durch Gesetz begnügt, sondern darüber hinaus verlangt, daß die Zuständigkeit und die Besetzung der *Spruchkörper in jedem einzelnen Fall* maximal durch vom Gericht selbst - jährlich oder wenigstens vorweg - aufgestellte Normsurrogate (*Geschäftsverteilungs- und Mitwirkungspläne*) bestimmt wird.[40]

Die zuletzt genannte Auffassung, wonach das Recht auf den gesetzlichen Richter das Recht auf einen *bestimmten Richter* enthalten soll, wird von kaum einem anderen Staat der Welt, der eine dem deutschen Recht vergleichbare Garantie kennt, geteilt.[41] Die Forderung, daß das Gericht in seiner *konkreten Zusammensetzung* dem Verdacht der Manipulation entzogen und dies durch entsprechende gerichtsinterne Regelungen wie Mitwirkungspläne, Schöffenlisten etc. sicherzustellen sei, ergibt sich aber auch nicht aus dem Wortlaut des Art. 101 Absatz 1 Satz 2 GG, denn dort ist nur von dem „gesetzlichen" Richter die Rede, sodaß gemäß üblichem Sprachgebrauch entsprechende gesetzliche Regelungen erforderlich, nicht aber interne Regelwerke von Gerichten umfaßt sind. Auch ein Rekurs auf die Erfahrungen, die in der NS-Zeit mit der Justiz gemacht worden sind und die allgemein zur Begründung der Verankerung des Art. 101 Absatz 1 Satz 2 GG in die Verfassung herangezogen werden[42], führt insoweit nicht weiter und kann eine derartige Überdehnung des Schutzbereichs des Art. 101 Absatz 1 Satz 2 GG nicht für sich genommen legitimieren. Daraus kann nur und muß die Bekräftigung der Unabhängigkeit der Justiz von der Exekutive folgen, die ihren Ausdruck in der Verfassung vor allem in Art. 97 GG und über diese Vorschrift mittelbar auch Eingang in grundlegende Aussagen des Art. 101 Absatz 1 Satz 2 GG findet, daß nämlich ein gesetzlicher Richter von vornherein nur ein unparteilicher, unabhängiger Richter sein kann. Auch eine strikte Beachtung des Verbots von Ausnahmegerichten nach Art. 101 Absatz 1 Satz 1 GG ist vor dem Hintergrund der NS-Vergangenheit unabdingbar. Jedoch steht zu befüchten, daß die damaligen Richter im Wortsinne tatsächlich „gesetzlich" bestimmt waren, nämlich durch die Regelungen des Gerichtsverfassungsrechts und der Zivilprozeßordnung sowie der anderen Prozeßordnungen. Insgesamt waren es damals vor allem von außen kommende Ein-

[40] S. hierzu weiter u., B.II.2.
[41] Vgl. *Classen*, aaO Rd. 15.
[42] S. weiter o. unter I.

griffe in die Justiz, die, etwa durch Bildung von Ausnahmegerichten, aber auch durch die Indoktrination des Rechts in „normalen" Verfahren, dafür gesorgt haben, daß Unrecht gesprochen wurde. Ein Zusammenhang zwischen der unsäglichen Rolle der Justiz in der NS-Zeit und der Forderung nach einer gerichtsinternen Bestimmung des im Einzelfall zuständigen Richters kann daher nicht über den Begriff der „Gesetzlichkeit" des Richters gezogen werden. Im Gegenteil, selbst wenn man davon ausginge, daß Manipulationsgefahr verstärkt aus der gerichtlichen Sphäre droht, wäre es dann eher konsequent, die Tätigkeit des demokratisch legitimierten Gesetzgebers hervorzuheben und ihm aufzugeben, derart differenzierende Regelungen zu schaffen, daß die Bestimmung des konkreten Richters auch im Einzelfall bereits gesetzlich unmittelbar determiniert ist. Daß dies praktisch nicht möglich ist und den Gerichten insoweit allein wegen ihrer Arbeitsüberlastung, personeller Unterbesetzung, Krankheit eines Richters im Einzelfall etc. Spielräume zwingend verbleiben müssen, steht jedoch auf einem anderen Blatt. Wenn das Bundesverfassungsgericht im Einzelfall sogar fordert, daß selbst der einen Termin anberaumende Richter über den Verdacht jeglicher Manipulation erhaben und nach den von ihm aufgestellten weitgehenden Bestimmheitserfordernissen gesetzlich bestimmt sein soll[43], bleibt für die gerichtsinterne Arbeitsverteilung überhaupt kein Spielraum mehr übrig. Gerade in diesem Punkt, der *gerichtsinternen* Wirkung des Art. 101 Absatz 1 Satz 2 GG, aber hat das Bundesverfassungsgericht jüngst durch eine Entscheidung des *Plenums* vom 8. April 1997 seine ohnehin weitgehenden Forderungen noch weiter ausgedehnt und die Notwendigkeit klarer Regelungen bis zur letzten Ebene betont[44], was zu der fragwürdigen Konsequenz führt, daß hier teilweise strengere Regelungen gelten, als für die Zuständigkeitsbestimmung des Gerichts durch den Gesetzgeber.[45] Im übrigen ist hierdurch die eigentliche Zweckbestimmung des Art. 101 Absatz 1 Satz 2 GG, wonach primär Schutz gegenüber Eingriffen durch die Exekutive, also von außen einwirkenden Eingriffen, gewährleistet ist, völlig in den Hintergrund gerückt. Praktisch maßgeblich ist also nunmehr die gerichtsinterne Wirkung dieses Prozeßgrundrechts.

Festzuhalten bleibt somit, daß der in Art. 101 Absatz 1 Satz 2 GG bestimmte Gesetzesvorbehalt im Hinblick auf die Bestimmung der Richter durch Gesetz nach Auffassung des Bundesverfassungsgerichts *drei Ebenen* umfaßt: Die allgemeine Bestimmung der *zuständigen Gerichte* durch das Gerichtsverfassungs- und Prozeßrecht, die Bestimmung des *zuständigen Spruchkörpers* durch die gerichtsinternen Geschäftsverteilungspläne, und schließlich sogar die (genaue) Bestimmung des im

---

[43] BVerfGE 4, 412 (417).
[44] BVerfGE 95, 322 (327 ff.). S. hierzu u., B.II.2.c).
[45] S. *Classen*, aaO Rd. 2.

Einzelfall konkret *zuständigen Richters* durch die Mitwirkungspläne der einzelnen Spruchkörper.

c) Bislang nur sporadische Kontrolle durch das Bundesverfassungsgericht

Vor diesem Hintergrund nahm sich das Bundesverfassungsgericht mit Aufnahme seiner Tätigkeit der Herausarbeitung der Grundsätze des Rechts auf den rechtlichen Richter in der Rechtsanwendung und -auslegung durch die Fachgerichte an. Nachdem grundlegende Erfordernisse geklärt waren, mußte das Bundesverfassungsgericht dann nur verhältnismäßig selten - insbesondere im Vergleich mit dem Anspruch auf rechtliches Gehör nach Art. 103 Absatz 1 GG - Verletzungen des Art. 101 Absatz 1 Satz 2 GG feststellen. Nach einer intensiven Auseinandersetzung mit der Umsetzung der Vorgaben des Art. 101 Absatz 1 Satz 2 GG im einfachen Recht in den ersten 30 Jahren bundesverfassungsgerichtlicher Rechtsprechung findet sich etwa in den Bänden 48 (1979) bis 62 (1983) sowie 64 (1984) bis 75 (1988) der amtlichen Entscheidungssammlung nicht eine Entscheidung, in der diese Garantie eine Rolle spielt. In dieser Zeit dominierte auf dem Gebiet des Verfahrensrechts im engeren Sinne, also bezüglich der *im* Verfahren anwendbaren Prozeßgrundrechte der Art. 101 Absatz 1 Satz 2 und 103 Absatz 1 GG, - infolge der zivilprozessualen *Vereinfachungsnovelle* des Jahres 1976 - eindeutig die Rechtsprechung zum rechtlichen Gehör.[46] Auch hiernach ergaben sich zunächst keine neuen Erkenntnisse zum Schutzbereich des Art. 101 Absatz 1 Satz 2 GG. Nach einer Entscheidung in Band 76 (1988) der amtlichen Sammlung, welche die gerichtliche Vorlagepflicht betraf, über die das Bundesverfassungsgericht zuvor bereits mehrfach entschieden hatte, enthalten Band 77 (1988) bis 86 (1993) wiederum keine Entscheidungen zum Recht auf den gesetzlichen Richter. Erst jüngst wieder, wie soeben angeführt, befaßte sich das Bundesverfassungsgericht mit der Interpretation des Art. 101 Absatz 1 Satz 2 GG, im Hinblick auf das Erfordernis der Bestimmtheit von Mitwirkungsplänen als Elemente der fachgerichtlichen Geschäftsverteilung. Insoweit fand eine weitere Ausdifferenzierung statt.[47] Die weitere Entwicklung bleibt insoweit abzuwarten. Es ist aber davon auszugehen, daß die Heranziehung des zur Mitwirkung im Einzelfall berufenen Richters künftig einer intensivierten Kontrolle unterzogen werden wird. Im übrigen stand in neuerer Zeit verstärkt die Geltung des Rechts auf den gesetzlichen Richter im Rahmen von Verfahren vor dem

---

[46] S. die tabellarische Übersicht im Anhang.

[47] Seit der Entscheidung des *Plenums* (BVerfGE 95, 322 ff.). Im Anschluß an die Plenarentscheidung hat der anrufende Erste Senat am 28. Oktober 1997 (BVerfGE 97, 1 ff.) entschieden.

Bundesverfassungsgericht selbst inmitten, im Zusammenhang mit der Selbstablehnung wegen Befangenheit von Richtern des Bundesverfassungsgerichts.[48]

B. Die Anwendbarkeitsvoraussetzungen des Art. 101 Absatz 1 Satz 2 GG

I. Zum Begriff des Richters

1. Gerichtliches Verfahren

Der sachliche Anwendungsbereich des Art. 101 Absatz 1 Satz 2 GG umfaßt die Garantie des gesetzlichen Richters im gerichtlichen Verfahren. Gerichtliches Verfahren bedeutet *jedes Verfahren der deutschen staatlichen Gerichtsbarkeit.* Dies ist bereits ein Erfordernis des Art. 97 GG, auf den Art. 101 Absatz 1 Satz 2 GG in seinem Inhalt Bezug nimmt. Hierzu gehört auch beispielsweise die *Freiwillige Gerichtsbarkeit*[49] ebenso wie die Gerichtsbarkeit der *Berufsgerichte*[50] oder der *Truppendienstgerichte* bei der Bundeswehr.[51] Des weiteren ist der *EuGH* nach der Rechtsprechung des Bundesverfassungsgerichts gesetzlicher Richter im Sinne des Art. 101 Absatz 1 Satz 2 GG, zumindest in den Verfahren, die dem Individualrechtsschutz auch gegenüber der deutschen öffentlichen Gewalt dienen und in denen sich das Bundesverfassungsgericht seiner Kontrollbefugnisse begeben hat.[52] Ihm ist insoweit die verbindliche Auslegung des Gemeinschaftsrechts vorbehalten.[53] Gesetzlicher Richter ist insoweit jedes supranationale Gericht, wenn und soweit ihm *Hoheitsrechte* im Bereich der *Rechtsprechung übertragen* worden sind, wobei umgekehrt auch deutsche Richter entsprechend gebunden werden können.[54] Auch auf Verfahren vor dem *Bundesverfassungsgericht* selbst ist das Recht auf den gesetzlichen Richter anwendbar und zwar überall dort, wo dieses Recht spricht, unabhängig

---

[48] Vgl. hierzu *Höfling/Roth*, Ungesetzliche Verfassungsrichter?, DÖV 1997, S. 67 ff.
[49] BVerfGE 21, 139.
[50] BVerfGE 22, 42 (früherer Gerichtshof für die Heilberufe); 26, 186 (früherer Ehrengerichtshof für Rechtsanwälte); 27, 355 (Berufsgerichte für Ärzte).
[51] BVerfGE 40, 268.
[52] BVerfGE 73, 339 (376) [=*Solange II*]; s. auch E 75, 223 (234); 82, 159 (195).
[53] BVerfGE 73, 339; 75, 223.
[54] Vgl. *Classen* in: v. Mangoldt/Klein/Starck, Bonner Grundgesetz, Art. 101 Abs. 1 Rd. 13 m.w.N.

von der jeweiligen Eigenart des Verfahrens[55], etwa in dem auf Individualschutz ausgerichteten Verfassungsbeschwerdeverfahren[56], aber auch im Verfahren der abstrakten Normenkontrolle.[57] Dagegen soll nach jüngster Rechtsprechung des Bundesverfassungsgericht im Verfahren einer *Landesverfassungsgerichtsbarkeit* Art. 101 Absatz 1 Satz 2 GG dann nicht anwendbar sein, wenn dort ein Streit entschieden wird, der ausschließlich der Kompetenz des Landes-, nicht des Bundesverfassungsgerichts, zugewiesen ist.[58] Dies ist jedoch systemwidrig, da der IX. Abschnitt des Grundgesetz für den Bereich der Rechtsprechung des Bundes und der Länder gilt. Dies ist bereits dem Wortlaut des Art. 92 GG zu entnehmen. Erklärbar ist die neuere Rechtsprechung des Bundesverfassungsgerichts nur vor dem Hintergrund seiner Entlastungsbemühungen, die sich seit einiger Zeit zu Lasten der Landesverfassungsgerichte auswirken. Zweckmäßigkeitserwägungen können aber nicht zur Begründung des Ausschlusses einer Verfassungsgarantie dienen. Dies wäre mit rechtsstaatlichen Grundsätzen unvereinbar. Diese Iudikatur ist daher abzulehnen.[59]

2. Richterliche Tätigkeit

Art. 101 Absatz 1 Satz 2 GG ist immer dann anwendbar, wenn ein staatlicher Richter, gleichgültig, ob Berufs- oder Laienrichter, Aufgaben in *spezifischer richterlicher Verantwortung* wahrzunehmen hat. Der *Begriff des Richters* in diesem Sinne erfährt in der Rechtsprechung des Bundesverfassungsgerichts eine *weite Auslegung*. Umfaßt ist demnach „nicht nur *das Gericht als organisatorische Einheit* oder *das erkennende Gericht*

---

[55] Vgl. allgemein zur Geltung des Art. 101 Absatz 1 Satz 2 GG vor dem Bundesverfassungsgericht auch BVerfGE 42, 88; 46, 34 sowie aus jüngster Zeit E 98, 134 und 99, 51, zuletzt E 101, 46; 102, 122 und 192 bzgl. der Selbstablehnung eines Richters am Bundesverfassungsgericht. Letztlich ist dies hier allerdings nicht von Bedeutung, denn Gegenstand der vorliegenden Untersuchung ist allein die Geltung der verfassungsrechtlichen Garantien und deren Anwendung und Auslegung im *fachgerichtlichen* Verfahren.

[56] BVerfGE 40, 356 (361). Hiergegen kann nicht eingewandt werden, auf Grund der Eigenart der Verfassungsbeschwerde als „außerordentlicher Rechtsbehelf" sei diese Garantie hier nicht anwendbar. Denn das Recht auf den gesetzlichen Richter gilt nicht nur im gerichtlichen Instanzenzug bzw. im Verfahren der Hauptsache. Vielmehr beansprucht Art. 101 Absatz 1 Satz 2 GG überall dort Geltung, wo ein Richter in dieser seiner Funktion tätig wird, s. hierzu nachfolgend.

[57] BVerfGE 82, 286 (296 f.). Früher hatte das Bundesverfassungsgericht dagegen diese Verfahrensform vom Anwendungsbereich des Art. 101 Absatz 1 Satz 2 GG ausgenommen, da hier keine subjektiven Rechte verfolgt würden (E 2, 74 [91]). Dies überzeugt jedoch nicht, da die Geltendmachung eigener Rechte, anders als bei Art. 19 Absatz 4 GG, von Art. 101 Absatz 1 Satz 2 GG nicht vorausgesetzt wird; vgl. hierzu *Classen* in: v. Mangoldt/Klein/Starck, Bonner Grundgesetz, Art. 101 Abs. 1 Rd. 10 m.w.N.

[58] BVerfGE 96, 231 (242 ff.).

[59] S. auch *Classen*, aaO Rd. 12.

als Spruchkörper, vor dem verhandelt und von dem die einzelne Sache entschieden wird, sondern *auch der zur Entscheidung im Einzelfall berufene Richter*".[60]

Im einzelnen gilt Art. 101 Absatz 1 Satz 2 GG etwa auch für den *Untersuchungsrichter* im strafprozessualen Ermittlungsverfahren.[61] Denn dieser wird, auch wenn er nur mit der „Voruntersuchung" befaßt ist, welche nicht unbedingt zur Eröffnung des Hauptverfahrens führt, nicht etwa als Organ der Staatsanwaltschaft tätig[62] oder sonstwie als weisungsgebundenes Organ der Justizverwaltung, sondern in seiner *Funktion als Richter*, d.h. als *unabhängiges Organ der Rechtspflege*.[63] Dies zeigt sich beispielsweise daran, daß er nicht nur mit der Ermittlung des Sachverhalts befaßt ist, sondern auch und gerade auf Grund des grundgesetzlichen Vorbehalts (Art. 104 Absatz 2, Art. 13 Absatz 2) und gemäß den einschlägigen strafprozessualen Vorschriften zuständig ist für den Erlaß eines Haftbefehls sowie für die Anordnung von Durchsuchungsmaßnahmen und Beschlagnahmen.[64] Er unterliegt daher auch den Vorschriften über Ausschluß und Ablehnung von Gerichtspersonen und muß, soweit er richterliche Funktion ausübt, den Anforderungen des IX. Abschnitts des Grundgesetzes genügen.[65] Dementsprechend muß die Gesetzlichkeit des Richters nicht nur bei dem über die Sache *erkennenden Richter* gewährleistet sein, sondern sogar bei dem Richter, der beispielsweise nur einen *Termin anberaumt*.[66] Das folgt für das Bundesverfassungsgericht daraus, daß die Zuständigkeit und personelle Besetzung der Gerichte durch Gesetz und Geschäftsverteilungsplan nicht nur für die Entscheidung selbst, sondern auch für diese *vorbereitende richterliche Handlungen* geregelt sind.[67] Allerdings ergreift der einer Terminbestimmung anhaftende Mangel die gerichtliche Sachentscheidung nur dann, wenn diese darauf „*beruht*", d.h. wenn zwischen Verfahrensmangel und gerichtlicher Entscheidung ein *ursächlicher Zusammenhang* besteht, also in dem konkreten Fall „nicht auszuschließen" ist, daß das Gericht bei verfassungsmä-

---

60 BVerfGE 17, 294 (1. LS und S. 298 f.); 18, 65 (69), 344 (349); 31, 47 (54), 181 (184); 40, 356 (361) und ständig. Dementsprechend bedarf auch die Mitwirkung des konkret hinzugezogenen Richters in einem Spruchkörper der gesetzlichen Bestimmheit, s. bereits o., A.II.2.b), und ausführlich weiter u., II.2.c).

61 BVerfGE 25, 336 (2. LS und S. 345 ff.).

62 BVerfG, aaO S. 345.

63 BVerfG, aaO S. 347.

64 Ebda.

65 BVerfG, aaO S. 345 f. Der Gesetzgeber ist nicht daran gehindert, dem Richter auch solche Aufgaben, die *nicht Rechtsprechung im materiellen Sinne* sind, zuzuweisen (BVerfG, aaO S. 346 [m.w.N. aus seiner Rechtsprechung]). Dann muß aber das von dem Richter geführte Verfahren auch denjenigen verfassungsrechtlichen Grundsätzen entsprechen, die in *jedem* gerichtlichen und von rechtsstaatlichen Prinzipien geleiteten Verfahren gelten. Hierzu gehört auch das Recht auf den gesetzlichen Richter (ebda.) ebenso wie beispielsweise der Anspruch auf rechtliches Gehör.

66 BVerfGE 4, 412 (1. LS und S. 417). S. hierzu weiter o.

67 BVerfG, aaO S. 417.

ßiger Terminsanberaumung anders besetzt gewesen wäre.[68] Auch für *Schöffen* gilt Art. 101 Absatz 1 Satz 2 GG.[69]

II. Zum Begriff des „gesetzlichen" Richters

Wie weiter oben bereits angeführt wurde[70], durchzieht das Erfordernis der Gesetzlichkeit des Richters grundsätzlich drei verschiedene Ebenen, die von der gesetzgeberischen bis zur Bestimmung des im Einzelfall mitwirkenden Richters reichen. Der Richter wird insoweit gesetzlich bestimmt durch das einfache Gesetzesrecht, welches die allgemeine Zuständigkeit des Gerichts vorgibt, sowie durch die gerichtsinternen Geschäftsverteilungs- und Mitwirkungspläne, die insoweit die Funktion eines Normsurrogats erfüllen. „Gesetzlich" zu bestimmen ist also: das *Gericht*, der *Spruchkörper*, der *Richter*. Gefordert ist jeweils die Bestimmung des Richters *vorab - statt ad hoc -* .

1. Bestimmung des Richters durch gesetzliche Regelungen

Die Garantie des *gesetzlichen* Richters fordert dessen *gesetzliche Bestimmtheit vorab*. Verlangt ist daher zunächst die *Bereitstellung* entsprechender, das Prozeßgrundrecht konkretisierender Normen durch den Gesetzgeber.[71] Art. 101 Absatz 1 Satz 2 GG enthält insoweit einen *Auftrag an den Gesetzgeber*, den das Bundesverfassungsgericht wie folgt umschreibt: „...Aus diesem Zweck des Art. 101 Abs. 1 Satz 2 GG folgt, daß im einzelnen bestimmt werden muß, wer im Sinne dieser Vorschrift ‚gesetzlicher' Richter ist. Art. 101 Abs. 1 Satz 2 GG enthält also nicht nur das Verbot, von Regelungen, die der Bestimmung des gesetzlichen Richters dienen, abzuweichen. Die Forderung nach dem ‚gesetzlichen' Richter setzt vielmehr einen Bestand von Rechtssätzen voraus, die für jeden Streitfall den Richter bezeichnen, der für die Entscheidung zuständig ist *[...]*. Art. 101 Abs. 1 Satz 2 GG verpflichtet demnach auch dazu, Regelungen zu treffen, aus denen sich der gesetzliche Richter ergibt."[72]

Demnach muß der parlamentarische Gesetzgeber bestimmen, *welche Gerichte* bestehen, welches von ihnen *örtlich*[73], *sachlich und funktional zuständig* ist und in welcher *Zu-*

---

[68] BVerfG, aaO 3. LS und S. 417.

[69] Impliziert durch BVerfGE 31, 181 (183), wonach beispielsweise der Jugendschöffe *auf rechtswirksame Weise gewählt* sein muß, um „gesetzlich" zu sein. S. auch BVerfGE 48, 246 (253 ff.) in Bezug auf ehrenamtliche Richter am Bundessozialgericht.

[70] A.II.2.b).

[71] BVerfGE 2, 307 (319 f.); 19, 52 (60); 95, 322 (328).

[72] BVerfGE 95, 322 (327 f.) und ständig.

[73] BVerfGE 27, 18 (34 ff.).

sammensetzung es tätig wird.[74] Im Hinblick auf den Inhalt, welchen die einfachen Gesetze, aber auch die gerichtsinternen Pläne, aufweisen müssen, wendet das Bundesverfassungsgericht in ständiger Rechtsprechung allgemein folgende Formel an: „Aus dem Zweck des Art. 101 Abs. 1 Satz 2 GG folgt, daß die Regelungen, die der Bestimmung des gesetzlichen Richters dienen, *von vornherein so eindeutig wie möglich bestimmen müssen*, welcher Spruchkörper und welche Richter zur Entscheidung des Einzelfalls berufen sind."[75] Bedeutsam ist die Einschränkung, die das Bundesverfassungsgericht von vornherein in Bezug auf das Erfordernis der Bestimmtheit des Richters durch gesetzliche Regelungen insoweit vornimmt, als jene nur *„so eindeutig wie möglich"* vorliegen muß. Das Bundesverfassungsgericht trägt insoweit der Vielzahl der Rechtswege und der Gerichte, der Verschiedenartigkeit ihrer Organisation und Größe sowie dem fachgerichtlichen Alltag Rechnung, der geprägt ist durch verschieden große Geschäftslast oder durch Wechsel der Geschäftslast sowie durch Überlastung infolge mangelnder personeller oder finanzieller Ausstattung.[76] Diese Kriterien machen es nach Auffassung des Bundesverfassungsgerichts praktisch *unmöglich, sämtliche Regelungen über den gesetzlichen Richter im Gesetz zu fixieren.*[77] Dem Gesetzgeber obliegt es somit nur, die *fundamentalen* Zuständigkeitsregelungen, d.h. die hierfür maßgeblichen *Grundsätze* vorzugeben.[78] Insbesondere die Frage, welcher Spruchkörper mit welchen Richtern innerhalb eines Gerichts zuständig ist, entzieht sich auch naturgemäß einer Festlegung durch den Gesetzgeber. Dieser kann und muß nur die Zuständigkeit der einzelnen Gerichte und die *abstrakte* Struktur der Zusammensetzung der Spruchkörper sowie deren Aufgaben und Zahl bestimmen.[79]

Allerdings ist hervorzuheben, daß der parlamentarische Gesetzgeber selbst im Rahmen der von ihm bereitgestellten fundamentalen Regelungen nach wie vor zu einer „möglichst eindeutigen" Regelung verpflichtet bleibt.[80] Demnach ist es zwar nicht zu beanstanden, wenn eine entsprechende Norm wie jede andere der richterlichen *Auslegung* fähig und bedürftig ist.[81] Dagegen erfüllt eine Norm nicht die Erfordernisse des Art. 101 Absatz 1

[74] BVerfGE 19, 52 (60); 95, 322 (328).
[75] BVerfGE 6, 45 (51); 9, 223 (226); 17, 294 (2. LS und S. 298 f.); 18, 65 (69); 18, 344 (350); 19, 52 (LS und S. 60 ff.); 21, 139 (145); 40, 356 (361); 63, 77 (79) und ständig. - Hervorhebungen in Kursivschrift durch *Verf.*
[76] BVerfGE 17, 294 (299).
[77] Ebda.
[78] BVerfGE 19, 52 (60).
[79] Vgl. *Classen* in: v. Mangoldt/Klein/Starck, Bonner Grundgesetz, Art. 101 Abs. 1 Rd. 17.
[80] S. soeben.
[81] BVerfGE 48, 246 (263).

Satz 2 GG, wenn sie für sich genommen unbestimmt ist und der Gesetzgeber nur auf Grund praktischer Erfahrung erwartet, sie werde durch die Gerichte sachgerecht gehandhabt.[82] Das Bundesverfassungsgericht hat allgemein hierzu festgestellt, der Verfassungsgrundsatz des Art. 101 Absatz 1 Satz 2 GG, der gesetzliche Richter müsse sich im Einzelfall möglichst eindeutig aus einer allgemeinen Norm ergeben, verbiete nicht, daß der Inhalt dieser Norm erst durch Auslegung ermittelt werde, „sofern das nicht zu einer Unsicherheit bei der Bestimmung des gesetzlichen Richters führt."[83] Hierzu läßt es allerdings genügen, daß die entsprechende Norm etwa durch alle Senate eines obersten Bundesgerichts ständig einheitlich ausgelegt wird.[84] Dies ist jedoch fragwürdig, da die bloße *Erwartung* des Gesetzgebers, diese werde einheitlich und darüber hinaus in einer bestimmten Weise von den Fachgerichten ausgelegt, nicht verbindlich ist, ebensowenig wie die Gerichte an eine einmal gefundene Auslegung immer gebunden wären, und dem Erfordernis der Bestimmheit, der Rechtsklarheit, daher nicht genügt. In einem solchen Fall wird dem Betroffenen nicht der gesetzlich bestimmte, sondern der „judikativ verfügte" Richter gewährt.[85]

Im Hinblick auf die hinreichende Bestimmtheit des gesetzlichen Richters durch das einfache Recht sind vor allem die nachstehend - nicht abschließend - angeführten Fallgruppen relevant.

a) Zuständigkeitsbestimmungen

aa) Gerichtsstandswahl

Das Zivilprozeßrecht sieht insbesondere für die örtliche Zuständigkeit in §§ 12 ff. ZPO grundsätzlich mehrere Gerichtsstände vor, zwischen denen der Kläger jedenfalls grundsätzlich, nach § 35 ZPO, wählen darf. Konkretisiert und eingeschränkt hat der Gesetzgeber diese Bestimmungen jedoch dadurch, daß er sie von verschiedenen sachlichen Voraussetzungen abhängig macht. Probleme wirft dies aber insbesondere dann auf, wenn dem Kläger *verschiedene Gerichtsstände gleichzeitig offenstehen* („*fliegender Gerichtsstand*"). Im Einzelfall kann insoweit durchaus die reale Gefahr bestehen, daß ein Kläger sich systematisch, in Kenntnis der bislang ersichtlichen Grundlinie der praktizierten Rechtsprechung der jeweils in Frage kommenden Gerichte, ein für ihn als „günstig" er-

[82] BVerfGE 18, 65 (69); 95, 322 (328).
[83] BVerfGE 48, 246 (262 f.).
[84] BVerfG, aaO S. 263.
[85] BVerfG, aaO S. 264 (= *abw. Meinung Hirsch*).

scheinendes Gericht heraussucht. Ein Teil des Schrifttums hält die entsprechenden Regelungen daher für verfassungswidrig.[86] Entsprechendes gilt bei der Entscheidung über den *Rechtsweg* im Sinne des § 17 a GVG[87], soweit Absatz 2 Satz 2 der Norm dem Kläger oder Antragsteller die Wahl der Verweisung an eines von mehreren zuständigen Gerichten erlaubt. Das Bundesverfassungsgericht hat die entsprechenden Vorschriften bislang nicht beanstandet.

Problematisch sind auch die Fälle der *Zuständigkeitsvereinbarung der Parteien (Prorogation)*. Diese ist für den Zivilprozeß[88] in § 38 ZPO geregelt und seit der so genannten *Prorogationsnovelle* aus dem Jahre 1974[89] nur unter den dort geregelten Einschränkungen zulässig, während zuvor der Grundsatz der freien Vereinbarkeit der sachlichen und örtlichen Zuständigkeit galt. Dies wird begrüßt aus Sicht des Art. 101 Absatz 1 Satz 2 GG, da nunmehr keiner mehr gegen seinen Willen seinem gesetzlichen Richter entzogen werde, unter Hinweis insbesondere auf die Mißbrauchsgefahr im Bereich der Allgemeinen Geschäftsbedingungen.[90] Kritik wird daran jedoch wegen der durch die Neufassung des § 38 ZPO bewirkten erheblichen Einschränkung der Parteiherrschaft geübt für die Fälle, in denen beide Partner ein erhebliches Bedürfnis nach der Möglichkeit einer freien Zuständigkeitswahl hätten.[91] Auch zu dem Bereich der Prorogation hat sich das Bundesverfassungsgericht jedoch bislang, soweit ersichtlich, nicht explizit geäußert. Entsprechendes gilt für die Vorschriften, welche eine *rügelose Einlassung* vor einem von Gesetzes wegen unzuständigen Gericht ermöglichen mit der Folge, daß diese nach entsprechender Belehrung die Begründung der Zuständigkeit bewirkt. Hierzu hat das Bundesverfassungsgericht ebenfalls, soweit ersichtlich, bislang nicht Stellung genommen. Verfassungsrechtliche Fragen werfen derartige Regelungen jedoch auf, da hier die Zu-

---

[86] S. etwa *Classen* in: v. Mangoldt/Klein/Starck, Bonner Grundgesetz, Art. 101 Abs. 1 Rd. 37 mit Beispielen (Persönlichkeitsverletzungen durch Presse, Rundfunk, Internet; § 24 Absatz 1 Satz 1 UWG a.F.).

[87] Die Vorschrift ist anstelle der bedeutungslos gewordenen Kompetenzkonfliktgerichte eingefügt worden durch Art. 2 Nr. 1 G vom 17. Dezember 1990 (*4. VwGOÄndG*) [= BGBl. I S. 28] und in Kraft seit 1. Januar 1991.

[88] Im Verwaltungsprozeß sind nach h.M. Gerichtsstandsvereinbarungen unzulässig: Die Regelung der sachlichen und örtlichen Zuständigkeit nach §§ 45 bis 53 VwGO lasse keinen Raum für Vereinbarungen, da der Kläger nicht einmal das Wahlrecht zwischen mehreren zuständigen Gerichten habe und zudem nach § 40 Absatz 2 ZPO gerade in Fällen, bei denen eine ähnliche Lage wie im Verwaltungsprozeß bestehe, eine Vereinbarung ausgeschlossen sei; das Gleiche gelte allgemein nach § 59 SGG (*Hartmann* in: Baumbach/Lauterbach/Albers/Hartmann, ZPO, Übers. § 38, Rd. 11 m.w.N.).

[89] G vom 21. März 1974 (= BGBl. I S. 753).

[90] *Hartmann*, aaO Rd. 1 m.w.N.

[91] *Ders.*, aaO m.w.N.

ständigkeit des Gerichts jedenfalls nicht unmittelbar gesetzlich bestimmt ist, sondern in die Hand der Parteien gelegt wird.

bb) Zuständigkeitskonkurrenzen

Im Hinblick auf zwischen Gerichten bestehende Zuständigkeitskonkurrenzen hat sich das Bundesverfassungsgericht dagegen explizit geäußert. So hält es für die zwischen zwei *höchsten* Gerichten bestehende Zuständigkeitskonkurrenz es hinsichtlich der gesetzlichen Bestimmtheit für ausreichend, wenn der Gesetzgeber wie in *§ 7 EGZPO* die Entscheidung hierüber einem dieser Gerichte nach bestimmten Richtlinien übertragen und ihm damit zugleich die Feststellung des gesetzlichen Richters für das weitere Verfahren überlassen hat.[92] Insofern beruft sich das Bundesverfassunggericht wiederum darauf, daß sich der gesetzliche Richter nur „möglichst eindeutig" aus einer allgemeinen Norm ergeben, aber aus den bereits aufgeführten Gründen nicht endgültig festgelegt sein müsse.[93] Im speziellen führt das Bundesverfassungsgericht an, daß durch eine solche Regelung eine Divergenz in der höchstrichterlichen Rechtsprechung zur Frage der Zuständigkeit und damit zugleich eine empfindliche Rechtsunsicherheit, Zuständigkeitsmanipulationen und Kompetenzkonflikte verhütet werden sollen, was auch vom Rechtsstaatsprinzip gewünscht sei.[94] Jedoch ist eine unter Umständen sachwidrige Kompetenzanmaßung des einen Gerichts durch eine solche Regelung immerhin möglich, sodaß sie verfassungsrechtlich als im Hinblick auf Art. 101 Absatz 1 Satz 2 GG zumindest ambivalent anzusehen ist.

cc) Verweisungsbestimmungen

Auch zu in den Verfahrensordnungen enthaltenen Verweisungsnormen als spezieller Untergruppe der der Bestimmung des gesetzlichen Richters dienenden allgemeinen Zuständigkeitsnormen[95] hat sich das Bundesverfassungsgericht geäußert. So hat es keine verfassungsrechtlichen Bedenken im Hinblick auf *§ 36 Nr. 6 ZPO a.F.*[96], wonach das zuständige Gericht *durch das im Rechtszug zunächst höhere Gericht u.a. dann bestimmt wird,* wenn verschiedene Gerichte, von denen eines für den Rechtsstreit zuständig ist, sich rechtskräftig für unzuständig erklärt haben. Das Bundesverfassungsgericht verlangt

---

[92] BVerfGE 6, 45 (2. LS und S. 50 ff.).
[93] BVerfG, aaO S. 50 f.
[94] BVerfG, aaO S. 52.
[95] S. insoweit BVerfGE 29, 45 (49).
[96] Entspricht dem jetzigen *§ 36 Absatz 1 Nr. 6 ZPO.*

aber von dem verweisenden übergeordneten Gericht, daß es nur das „wirklich zuständige Gericht" zu bestimmen habe. Dies gibt aber jedenfalls der Wortlaut dieser Norm - anders als etwa § 17 a GVG, wonach die Verweisung nur an das „zuständige Gericht des zulässigen Rechtswegs" erfolgen darf, und nur dann, wenn aus Sicht des verweisenden Gerichts der „beschrittene Rechtsweg unzulässig" ist - nicht her, da dieser die Bestimmung durch das übergeordnete Gericht darauf sachlich explizit nicht beschränkt. Zudem ist die Vorschrift speziell auf Zuständigkeitskonflikte zwischen Gerichten zugeschnitten, sodaß im konkreten Einzelfall oftmals eben nicht eindeutig erkennbar ist, welches das „wirklich" zuständige Gericht ist, da ansonsten eine Kontroverse darüber nicht entstanden wäre. Letztlich entscheidet über die Zuständigkeit jedenfalls nicht das nach den allgemeinen Zuständigkeitsregeln bestimmte, mithin „gesetzliche" Gericht, sondern ein anderes - unabhängiges, aber nicht bezüglich des aus Art. 101 Absatz 1 Satz 2 GG Berechtigten „gesetzliches" - Gericht. Da im übrigen der Verweisungsbeschluß nach § 37 Absatz 2 ZPO nicht anfechtbar ist, sodaß sich der aus Art. 101 Absatz 1 Satz 2 GG persönlich Berechtigte auch nicht gegen die Bestimmung des ihm aufgezwungenen Gerichts wehren kann, könnten zumindest Einwände erhoben werden gegen die Verfassungsmäßigkeit einer derartigen Regelung. Dies ist generell der Fall, denn das einfache Prozeßrecht nimmt allgemein die Entscheidung des Ausgangsgerichts über seine sachliche und örtliche Zuständigkeit als verbindlich hin, auch wenn es sich tatsächlich um das unzuständige Gericht handelt. So ist der Verweisungsbeschluß eines Gerichts, auch dann, wenn es sich zu Unrecht für sachlich unzuständig hält, prinzipiell nach § 17 a Absatz 2 Satz 3 GVG für das Gericht, an das der Rechtsstreit verwiesen worden ist, hinsichtlich des Rechtsweges bindend; dieses darf nicht weiterverweisen.[97]

Weiterhin kann im Zivilprozeß die Berufung nicht darauf gestützt werden, daß das Gericht des ersten Rechtszuges seine Zuständigkeit zu Unrecht bejaht hat (§§ 10, 512 a ZPO).[98] Eine bedeutsame Änderung ergibt sich insoweit nach der *ZPO-Novelle* gemäß dem *Gesetz zur Reform des Zivilprozesses (ZPO-RG)* vom 27. Juli 2001, dessen Regelungen im wesentlichen am 1. Januar 2002 in Kraft treten werden[99], für das *Revisionsrecht*. In der bisherigen Fassung des § 551 Nr. 4 ZPO war ein absoluter Revisionsgrund

[97] S. BVerfGE 27, 297 (310); 42, 64 (81 f.); 57, 9 (21). Vgl. hierzu bereits das Erste Kapitel dieser Arbeit, dort B.I.3. - Ein Verweisungsbeschluß wird nur dann nicht als verbindlich hingenommen, wenn ihm jede rechtliche Grundlage fehlt, sodaß er „objektiv willkürlich" erscheint oder wenn er auf einer Verletzung rechtlichen Gehörs beruht (s. BGHZ 102, 338 [341]; BayObLGZ 1993, S. 317 [319]; vgl. zuletzt BayObLG, Beschl. v. 11.04.2001 - 4 Z AR 29/01 - , RIW 2001, S. 699 m.w.N.).

[98] Dies gilt auch nach neuem Recht gem. *ZPO-RG* (§ 513 ZPO n.F.), s. hierzu sogleich.

[99] = BGBl. I S. 1887.

dann gegeben, wenn das Gericht seine Zuständigkeit oder Unzuständigkeit mit Unrecht angenommen hatte. Diese Bestimmung ist in der entsprechenden Regelung des § 547 ZPO n.F. gestrichen. Es gilt nur noch die Regelung des § 545 Absatz 2 ZPO, in der es heißt, die Revision könne *nicht* darauf gestützt werden, daß das Gericht des ersten Rechtszuges seine Zuständigkeit zu Unrecht angenommen oder verneint hat. Entsprechend ist auch die bisherige Bestimmung des § 565 Absatz 3 Nr. 2 ZPO[100] gestrichen worden, wonach das Revisionsgericht selbst in der Sache zu entscheiden hatte - eine Zurückverweisung also ausschied - , wenn die Aufhebung des Urteils wegen Unzuständigkeit des Gerichts oder wegen Unzulässigkeit des Rechtswegs erfolgte.

Verfassungsrechtliche Fragen im Hinblick auf Art. 101 Absatz 1 Satz 2 GG werfen auch prozeßrechtliche Bestimmungen auf, in denen die *Zurückverweisung durch ein Rechtsmittelgericht* geregelt ist. Bedenklich ist bereits das Bestehen eines gesetzlich nicht determinierten Spielraums des Rechtsmittelgerichts bei der Frage, *ob* es die Sache zurückverweist, wie dies etwa vorgesehen ist in §§ 539, 540 und 565 Absatz 4 ZPO.[101] Von Bedeutung ist hier insbesondere die Möglichkeit der Zurückverweisung wegen Verfahrensmängeln nach § 539 ZPO.[102] Äußerst problematisch ist jedoch die Frage, *an welches Gericht* die Rechtsmittelinstanz die Sache zurückverweisen soll. Bereits grundsätzlich lassen sich im Hinblick auf Art. 101 Absatz 1 Satz 2 GG in etwa gleichgewichtige Gründe ausmachen, die *generell* für eine Zurückverweisung entweder an denselben Spruchkörper des Ausgangsgerichts oder aber genau im Gegenteil an einen anderen Spruchkörper sprechen. Für ersteres kann angeführt werden, daß die Manipulationsgefahr bei dem Gericht, das den Ausgangsfall kennt, geringer sei. Umgekehrt kann hiergegen aber sprechen, daß bei dem Ausgangsgericht gerade deswegen, *weil* es den Sachverhalt kennt, Grund zur Besorgnis der Befangenheit gegeben sein könnte. Verfassungsrechtlich fragwürdig sind jedoch die hier relevanten gesetzlichen Vorschriften deswegen, da sie keine präzisen Kriterien vorgeben, nach denen zu bestimmen ist, an welches Gericht bzw. an welchen Spruchkörper die Sache zurückzuverweisen ist. Dies gilt etwa für §§ 538 f. ZPO, wenn nicht das Ausgangsgericht - genauer der Ausgangsspruchkörper - entscheiden soll, bzw. hinsichtlich § 565 Absatz 1 Satz 2 ZPO[103] und § 354 Absatz 2 StPO

---

100 Dem entspricht § 563 ZPO n.F.

101 Vgl. hierzu *Classen* in: v. Mangoldt/Klein/Starck, Bonner Grundgesetz, Art. 101 Abs. 1 Rd. 49 m.w.N.

102 S. hierzu in anderem Zusammenhang *Mühlberger*, Verstöße gegen die Beweislast - Möglichkeit der Zurückverweisung nach § 539 ZPO, MDR 2001, S. 735 ff.

103 Nach neuem Recht gem. *ZPO-RG* § 563 ZPO (im wesentlichen gleichlautend); s. hierzu weiter u.

(Verweisung an ein Gericht des Landes) sowie bezüglich § 354 Absatz 3 StPO (Verweisung an ein anderes Gericht).[104] Für den Fall der Zurückverweisung einer bei der *Revisionsinstanz* anhängigen Sache an die vorherige Instanz, hat das Bundesverfassungsgericht entschieden, daß dies zulässig sei, insbesondere gehöre generell die Entscheidung darüber, an *welches* Gericht die Sache zurückverwiesen wird, zur Rechtsfindung, weil sie ein Mittel sei, die Rechtsauffassung des Revisionsgerichts durchzusetzen.[105] Insofern sei die Entscheidung des Revisionsgerichts, die Sache *entweder an den iudex a quo oder an einen iudex tertius* zurückzuverweisen, eine „Wahlentscheidung" und „Ermessensache", mithin nur dann eine Verletzung des Rechts auf den gesetzlichen Richter, wenn darin im Einzelfall eine willkürliche Anmaßung von Kompetenzen liegt.[106] Nach Auffassung des Bundesverfassungsgerichts läßt auch das Prinzip der *Rechtssicherheit* mit Rücksicht auf die Verwirklichung materieller Gerechtigkeit eine *„bewegliche Zuständigkeitsregelung"* zu, soweit sie unter justizgemäßen Gesichtspunkten generalisiere und sachfremden Einflüssen auf das Verfahren vorbeuge.[107] Bedenken hiergegen insoweit, als daß dem Revisionsgericht hierdurch gestattet werde, die gesetzliche und geschäftsplanmäßige Zuständigkeit im Einzelfall zu durchbrechen, und die durch Art. 101 Absatz 1 Satz 2 GG dem Gesetzgeber zugewiesene Aufgabe der Zuständigkeitsverteilung auf die rechtsprechende Gewalt übertragen werde[108], räumt das Bundesverfassungsgericht aus und erachtet *die konstitutive Bestimmung eines für das weitere Verfahren zuständigen Spruchkörpers durch das übergeordnete Gericht als grundsätzlich zulässig*:[109] Zwar erfordere demnach die Rechtssicherheit, daß die gerichtliche Zuständigkeit normativ so weit wie möglich vorbestimmt werde, da ein „unkontrollierter" Spielraum die Gefahr in sich berge, daß außergerichtliche Instanzen durch Bestimmung der gerichtlichen Zuständigkeit auf den Einzelfall einwirkten, was durch Art. 101 Absatz 1 Satz 2 GG gerade verhindert werden solle.[110] „Dieser Gesichtspunkt ist aber nicht mehr maßgebend, wenn es sich um den Fortgang eines Verfahrens nach der Entscheidung des Revisionsgerichts handelt", so das Bundesverfassungsgericht.[111] Weiter heißt es: „Was Art. 101 Abs. 1 Satz 2 GG allen

---

104 S. *Classen*, aaO Rd. 50.

105 BVerfGE 20, 336 (2. LS und S. 342 ff.), die Verfassungsgemäßheit von *§ 354 Absatz 2 StPO a.F.* bejahend.

106 BVerfG, aaO S. 342 f. und 346 f. - Zur Kontrolle der Fachgerichte im Rahmen des Art. 101 Absatz 1 Satz 2 GG (nur) auf das Vorliegen von *Willkür* s. weiter u., unter C.

107 BVerfGE 9, 223 (226 f.); 20, 336 (344); 22, 254 (259).

108 Vgl. BVerfGE 20, 336 (343 f. [mit Nachweisen aus der Literatur]).

109 BVerfG, aaO S. 344.

110 Ebda. und ständig.

111 BVerfG, aaO S. 344 f.

nichtgerichtlichen Instanzen, der Legislative wie der Exekutive einschließlich der Justizverwaltung verbietet, nämlich auf die Entscheidung eines bestimmten Gerichtsverfahrens Einfluß zu nehmen, ist dem Revisionsgericht gerade aufgetragen. Das Revisionsgericht ist der Tatsacheninstanz übergeordnet und gemäß dieser seiner Stellung in der Gerichtshierarchie dazu berufen, die Entscheidungen der unteren Gerichte auf Rechtsfehler zu überprüfen und dem Tatrichter bindende Rechtsanweisungen zu geben mit dem Ziel, die nach menschlichem Ermessen gerechteste Endentscheidung herbeizuführen. *Zur Erreichung dieses Zieles kann es bei Aufhebung eines Urteils und Zurückverweisung aus den mannigfachsten Gründen geboten sein*, mit der Sache im weiteren Verlauf nicht mehr das Gericht, dessen Entscheidung aufgehoben worden ist, sondern ein anderes Gericht gleicher Ordnung zu befassen."[112] Das Bundesverfassungsgericht hat insoweit auch die entsprechende Norm des § 95 Absatz 2 BVerfGG unbeanstandet gelassen.[113]

Gegen das Ergebnis dieser Rechtsprechung bestehen aus den oben angeführten Gründen größte Bedenken. Die Rechtsmittelgerichte haben demnach einen weiten Spielraum, an welches Gericht sie die Sache zurückverweisen, ohne daß sie insoweit an bestimmte sachliche Kriterien gebunden wären. Die hierdurch bewirkte *Gefahr* der (bewußten) Manipulation - und allein auf diese kommt es an - liegt daher auf der Hand. Aber auch die These des Bundesverfassungsgerichts, daß allein das Rechtsmittelgericht beurteilen könne, welches Gericht die größte Gewähr biete, in seinem Sinne zu entscheiden, ist mit Art. 97 GG nicht vereinbar.[114] Ein besser geeignetes Mittel wäre also ein rein sachliches Kriterium wie die Verweisung an das beispielsweise geographisch am nächsten gelegene Gericht allemal. Im übrigen setzt der Ansatz des Bundesverfassungsgerichts voraus, daß sich das Rechtsmittelgericht, welches demnach dafür Sorge zu tragen hat, daß das mit der Sache im weiteren zu befassende Gericht in seinem Sinne entscheidet, mit der gesamten Rechtsprechung der insoweit in Frage kommenden Gerichte befaßt. Auch dies, aber erst recht die Abhängigkeit der Auswahl des Gerichts nach diesem Überblick, verstößt gegen Art. 97 GG. Schließlich ist die Argumentation des Bundesverfassungsgerichts, es sprächen die „mannigfachsten Gründe" dafür, das Gericht, dessen Entscheidung aufgehoben worden ist, nicht mehr mit der Sache zu befassen, mehr als dürftig und kaum als Begründung dafür geeignet, einem übergeordneten Gericht in verfassungsrechtlich bedenklicher Weise völlige Freiheit bei der Bestimmung des - nunmehr, nach der Entschei-

---

[112] BVerfG, aaO S. 345. - Hervorhebungen in Kursivschrift durch *Verf.*
[113] BVerfGE 4, 412 (424).
[114] S. auch *Classen*, aaO Rd. 50.

dung über das „Ob“ der Zurückverweisung - „wirklich“ zuständigen Gerichts einzuräumen.

b) Begründung einer gerichtlichen Zuständigkeit durch die Exekutive?

Die „Gesetzlichkeit“ des Richters erfordert allgemein zunächst die Bereitstellung gesetzlicher Regelungen. Grundsätzlich ist der Gesetzgeber allerdings nicht daran gehindert, *die Exekutive zu ermächtigen*, Verordnungen etwa über die *Errichtung und Aufhebung von Gerichten* sowie die *Bestimmung der Gerichtsbezirke* zu erlassen.[115] Dies ergibt sich bereits aus Art. 80 GG, der auch im Bereich des Art. 101 Absatz 1 Satz 2 GG nicht ausgeschlossen ist. Insoweit wird die Rechtsetzungsbefugnis des Gesetzgebers an die Exekutive delegiert. Bei Rechtsverordnungen handelt es sich jedoch um Rechts*normen* im (nur) materiellen Sinn, die (zwar) außerhalb des formellen Gesetzgebungsverfahrens ergehen, jedoch dem Gebot ihrer Bestimmheit in Inhalt, Zweck und Ausmaß gemäß Art. 80 Absatz 1 Satz 2 GG unterliegen. Die Exekutive erhält insoweit keine „Blanko-Ermächtigung“ durch den Gesetzgeber, sondern ist nur dessen „verlängerter Arm“ und - da insoweit das Gewaltenteilungsprinzip durchbrochen wird - an die Vorgaben der, hinreichend zu konkretisierenden, Ermächtigung durch den Gesetzgeber gebunden.

Etwas völlig anderes sind daher *einzelfallbezogene* Befugnisse der Exekutive. Diese werden auch im Bereich der gerichtlichen Zuständigkeit *im Strafverfahren* in gewissem Umfang der Exekutive zugewiesen und sind daher im Hinblick auf Art. 101 Absatz 1 Satz 2 GG von Bedeutung: Einen Sonderfall im Rahmen der Bestimmungen über die gerichtliche Zuständigkeit stellt insoweit die einfach-gesetzliche Regelung des *§ 25 GVG* dar, wonach der Richter beim Amtsgericht als Strafrichter bei Vergehen entscheidet, wenn sie erstens im Wege der Privatklage verfolgt werden oder zweitens *„eine höhere Strafe als Freiheitsstrafe von zwei Jahren nicht zu erwarten ist.“* Anderenfalls entscheidet das Schöffengericht beim Amtsgericht (§§ 24, 28 GVG) oder aber ein höherrangiges Gericht. Es handelt sich bei § 25 Nr. 2 GVG um eine so genannte *„bewegliche Zuständigkeitsregelung“*, die im konkreten Fall von dem „zu erwartenden“ Strafrahmen abhängt. Nach der *alten Fassung* dieser Regelung (Nr. 2 c) war insofern vorausgesetzt, daß *die Staatsanwaltschaft Anklage zum Einzelrichter erhebt* und keine höhere Strafe als Gefängnis von einem Jahr zu erwarten sei. Durch Art. 3 des *Gesetzes zur Entlastung der Rechtspflege* vom 11. Januar 1993[116] ist die Voraussetzung, daß *„die Staatsanwalt-*

---

115 BVerfGE 24, 155 (166); 95, 322 (328).
116 = BGBl. I S. 50.

schaft Anklage zum Einzelrichter erhebt", *dem Wortlaut nach gestrichen* und die Strafgewalt des Strafrichters von einem auf zwei Jahre erhöht worden. Hintergrund dessen war gewesen, daß nach der früheren Rechtslage die Zuständigkeit des Strafrichters davon abhing, ob *die Staatsanwaltschaft die Sache als solche „von minderer Bedeutung"* ansah. Dies ergab sich nicht aus dem Wortlaut der alten Fassung, wurde aber vom Bundesverfassungsgericht im Wege der „verfassungskonformen Auslegung" diesem hinzugefügt.[117] Denn nach der früher herrschenden Rechtsprechung und Literatur, die dem Wortlaut der Vorschrift entsprach, stand der Staatsanwaltschaft insoweit *ein echtes Wahlrecht* hinsichtlich der Anklage beim Strafrichter oder aber beim Schöffengericht zu.[118] Das Bundesverfassungsgericht hat demgegenüber entschieden, daß der in der alten Fassung enthaltene Wortlaut hinsichtlich der Voraussetzung der Anklageerhebung der Staatsanwaltschaft zum Strafrichter nur dann mit Art. 101 Absatz 1 Satz 2 GG vereinbar sei, wenn die Vorschrift *verfassungskonform* dahin *ausgelegt* werde, daß sie sich nur auf Strafsachen von *„minderer Bedeutung*" beziehe.[119] Das Bundesverfassungsgericht erachtete demgemäß die Annahme einer freien Ermessens- bzw. Wahlentscheidung der Staatsanwaltschaft, ob es Anklage beim Strafrichter oder beim Strafgericht erhebt, als Verstoß gegen die Gesetzlichkeit des Richters.[120] Der Gesetzgeber ist darüber noch hinausgegangen und hat den Wortlaut der Voraussetzung der Anklageerhebung gänzlich gestrichen, statt insoweit nur ein Tatbestandsmerkmal, wonach etwa eine „Sache von minderer Bedeutung" vorausgesetzt wäre, hinzuzufügen. Das ist zu begrüßen: Der *Staatsanwaltschaft als Teil der Exekutive darf nicht* die Bestimmung der gerichtlichen Zuständigkeit völlig überlassen sein; ein echtes Wahlrecht wäre, da nicht gesetzesgebunden, nicht nachprüfbar und verstieße damit in eklatanter Weise gegen das Gebot des „gesetzlichen" Richters, dem als primärer Schutzzweck der Schutz vor Eingriffen durch die Exekutive beigemessen wird.[121] Demnach kommt es nunmehr auch nicht mehr darauf an, ob die Staatsanwaltschaft der Sache nach freiem Ermessen „mindere" oder „höhere" Bedeutung beimißt. Mochte dies im Regelfall auch von dem weitgehend objektiven Kriterium der Straferwartung abhängig gemacht worden sein, handelte es sich praktisch dennoch um eine freie Ermessensentscheidung. Maßgeblich ist allein, ob dem Vergehen eine Straferwartung von nicht mehr als zwei Jahren Freiheitsstrafe beizumessen sein wird. Ist dies

---

117 BVerfGE 22, 254 (LS und S. 261).

118 Vgl. die Nachweise bei BVerfG, aaO S. 259.

119 BVerfG, aaO (LS und S. 261).

120 BVerfG, aaO S. 258 ff.

121 S. o., A.I. und II.2.a). Vgl. hierzu auch BVerfGE 9, 223 (230) und *Engelhardt*, Staatsanwaltschaft und gesetzlicher Richter, DRiZ 1982, S. 418 ff.

der Fall, so *sind* alle Vergehen mit einer derartigen Straferwartung beim Strafrichter und nicht beim Schöffengericht anzuklagen.[122] Dennoch beruht auch nach der neuen Fassung die Zuständigkeit des Strafrichters in Abgrenzung zu der des Schöffengerichts nach wie vor auf einer von der Staatsanwaltschaft zu erstellenden *Prognose* („zu erwartende" Strafhöhe). Hierfür stehen zwar objektive Beurteilungskriterien zur Verfügung, dennoch ist jede Prognoseentscheidung zwangsläufig mit einer subjektiven Einschätzung verbunden. Die Feststellung des Bundesverfassungsgerichts, daß es bei den weiten Strafrahmen im modernen Strafrecht vielfach noch einer die Zuständigkeit der Strafgerichte regelnden Aufgliederung bedürfe, die nicht durch abstrakte Zuständigkeitsnormen getroffen, sondern nur im konkreten Einzelfall nach im Gesetz (nur) vorgezeichneten Kriterien vorgenommen werden könne[123], kann darüber nicht hinweghelfen, da sie keinen Rückschluß auf die Aussagekraft der vom Gesetzgeber gewählten Kriterien zuläßt. Entscheidend ist, daß die Entscheidung über die sachliche Zuständigkeit des Strafrichters von der Staatsanwaltschaft als Teil der Exekutive getroffen wird, was systemwidrig ist und dem Recht auf den gesetzlichen Richter für sich genommen widerspricht.

Eine noch stärkere Ausprägung findet diese dem Art. 101 Absatz 1 Satz 2 GG entgegenstehende Bestimmung der sachlichen Zuständigkeit der Strafgerichte in den Vorschriften der *§§ 24 Absatz 1 Nr. 3, 74 a Absatz 2 und 120 Absatz 1 Satz 1, letzter Hs. GVG*, in denen nach wie vor jeweils die Anklageerhebung der Staatsanwaltschaft zu einem höher- oder niederrangigen Gericht von deren subjektiver Einschätzung der Sache als *„von besonderer Bedeutung"* abhängt. Solange dies geltendes Recht ist, bleibt nur, die Zuständigkeitsbestimmung durch die Staatsanwaltschaft angemessen gegen Fehlentscheidungen abzusichern. Dies erfolgt etwa dadurch, daß die Zuständigkeitsbestimmung im Rahmen des Eröffnungsbeschlusses nach § 209 Absatz 1 StPO der vollen gerichtlichen Kontrolle zugänglich ist.[124] Dies hebt auch das Bundesverfassungsgericht hervor.[125] Festzuhalten bleibt jedenfalls, daß diese Bestimmungen der Gerichtsverfassung nach wie vor verfassungsrechtlich außerordentlich problematisch sind.

Ähnliches gilt im übrigen für die Bestimmung der *örtlichen* Zuständigkeit der Strafgerichte: Die gesetzlichen Regelungen der §§ 7 ff. StPO knüpfen einerseits an den *Tatort*, andererseits an den *Wohnort* und schließlich an den *Ort des Ergreifens* an; ein weiterer

---

[122] Vgl. *Kleinknecht/Meyer-Goßner*, StPO (43. Auflage 1997), § 25 GVG Rd. 3 m.w.N.
[123] BVerfGE 22, 254 (259 m.w.N.).
[124] Vgl. *Classen* in: v. Mangoldt/Klein/Starck, Bonner Grundgesetz, Art. 101 Abs. 1 Rd. 39 m.w.N.
[125] BVerfGE 22, 254 (261); s. auch bereits E 9, 223 (229).

Gerichtsstand kann nach § 13 StPO etwa durch den Zusammenhang mehrerer Straftaten begründet werden („*Gerichtsstand des Zusammenhanges*"). Erweitert wird dieser Katalog noch durch § 42 JGG für die Jugendgerichtsverfassung. Den Gerichtsstandsregelungen des Strafverfahrens ist insoweit gemeinsam, daß sie nach ihrem Wortlaut keine Priorität vorgeben, d.h. die verschiedenen Gerichtsstände stehen grundsätzlich gleichberechtigt nebeneinander. Eine Prioritätsreihenfolge kann allenfalls kraft systematischer Auslegung ihrer Reihenfolge im Gesetz entnommen werden. Erst dann, wenn ein Gericht die Untersuchung eröffnet hat, gebührt ihm der Vorzug (§ 12 Absatz 1 StPO). Im übrigen obliegt jedoch die alleinige Entscheidung, vor welchem Gericht Anklage zu erheben ist und welches Gericht das Strafverfahren durchführt, wiederum der *Staatsanwaltschaft.*[126] Sofern - und dies ist regelmäßig der Fall - das Gericht des Tatorts nach § 7 StPO, das des Wohnorts nach § 8 StPO und das des Ergreifungsorts gemäß § 9 StPO *nebeneinander zuständig* sind, und die Staatsanwaltschaft ein bestimmtes von ihnen als zuständiges Gericht wählt, kann dieses nicht seine örtliche Zuständigkeit ablehnen und an eines der anderen Gerichte verweisen, da es eben selbst *auch* örtlich zuständig ist. In einem solchen Fall hilft dann auch die dem Angeklagten, allerdings nur bis zum Beginn seiner Vernehmung zur Sache in der Hauptverhandlung, nach § 16 StPO eröffnete Rügemöglichkeit (Einwand der Unzuständigkeit) nicht weiter.

Auch im Rahmen der örtlichen Zuständigkeit für *richterliche Ermittlungen* nach *§ 162 StPO* obliegt es der Staatsanwaltschaft, einen Antrag auf die Vornahme einer richterlichen Untersuchungshandlung bei dem zuständigen Gericht zu stellen. Insoweit ist die gerichtliche Zuständigkeit allerdings gesetzlich dadurch konkretisiert, daß der Antrag bei dem Amtsgericht zu stellen ist, „in dessen Bezirk diese Handlung vorzunehmen ist" (Absatz 1 Satz 1). *Spielraum für die Staatsanwaltschaft* enthält aber auch diese Vorschrift insofern, als daß gemäß Absatz 1 Satz 3 eine *abweichende örtliche Zuständigkeit* des Amtsgerichts dann eintreten kann, wenn die Staatsanwaltschaft den Untersuchungserfolg durch eine Verzögerung für gefährdet „erachtet". Bereits nach dem Wortlaut ist somit Freiraum für eine subjektive Einschätzung der Staatsanwaltschaft, wenngleich auf objektiven Kriterien (Gefährdung des Untersuchungserfolgs durch Verzögerung) beruhend, vorhanden.

Somit ist festzuhalten, daß das geltende Gesetzesrecht der Staatsanwaltschaft die Entscheidung über die sachliche und örtliche Zuständigkeit der Strafgerichte überantwortet

---

[126] Vgl. hierzu *Classen*, aaO Rd. 41 m.w.N.

und ihr dabei im Einzelfall einen erheblichen Ermessensspielraum eröffnet. Da dies im Widerspruch steht zu der grundlegenden Wertentscheidung des Art. 101 Absatz 1 Satz 2 GG, wonach der zuständige Richter „gesetzlich" - also vor allem nicht durch die Exekutive - bestimmt sein muß, und dem Schutzzweck dieses Prozeßgrundrechts zuwiderläuft, das gerade dem Schutz vor (potentiellen) Eingriffen durch die Exekutive zu dienen bestimmt ist, muß zumindest eine *volle gerichtliche Kontrolle*, nicht etwa nur eine Willkür- oder Vertretbarkeitskontrolle, der Ermessensentscheidung der Staatsanwaltschaft garantiert sein. Dies hat nicht nur im Rahmen der allgemeinen örtlichen Zuständigkeit für die gerichtliche Kontrolle nach § 16 Satz 1 StPO, sondern auch für den nach § 162 StPO angerufenen Untersuchungsrichter[127] zu gelten, dem insoweit volle Prüfungskompetenz zukommt. In Frage kommt insoweit eine analoge Anwendung der Grundsätze, die das Bundesverfassungsgericht im Hinblick auf die Bestimmung der sachlichen Zuständigkeit der Strafgerichte in bestimmten Fällen aufgestellt hat.[128] Diese sollten erweitert werden dahin, daß *jede* Zuständigkeitsbestimmung durch die Staatsanwaltschaft im Einzelfall gerichtlich voll überprüfbar ist, und zwar im Umfang nicht beschränkt auf eine Gesetzmäßigkeitskontrolle, sondern ausgedehnt auf eine Ermessenskontrolle. Im übrigen ist der Gesetzgeber zur Schaffung einer entsprechenden, mit Art. 101 Absatz 1 Satz 2 GG vereinbaren, Regelung aufgefordert.

c) Bestimmung der Besetzung der Richterbank

aa) Mindestanzahl der mitwirkenden Richter und Überbesetzung der Richterbank

Auch im Hinblick auf die Anzahl der in einem Spruchkörper mitwirkenden Richter verlangt das Bundesverfassungsgericht dem Gesetzgeber nur deren Bestimmung anhand von Mindestregelungen ab: Nur die *fundamentalen* Zuständigkeitsregelungen müßten vom Gesetzgeber gegeben werden[129]; (nur) insoweit enthalte Art. 101 Absatz 1 Satz 2 GG einen Auftrag an den Gesetzgeber und zugleich einen Vorbehalt des förmlichen Gesetzes.[130] Notwendig, aber auch ausreichend sei demgemäß - hinsichtlich der *Anzahl* der in einem Spruchkörper mitwirkenden Richter - *die Festlegung des Quorums (Mindestzahl der mitwirkenden Mitglieder) durch den Gesetzgeber, nicht aber die der Zahl der Richter, die an den Entscheidungen des Spruchkörpers mitzuwirken haben.*[131] Das Bundes-

---

[127] S. *dens.*, aaO Rd. 43.
[128] BVerfGE 9, 223 (229); 22, 254 (259 [261]). S. hierzu weiter o.
[129] BVerfGE 19, 52 (60) und ständig.
[130] BVerfG, aaO S. 60 m.w.N.
[131] BVerfG, aaO S. 61.

verfassungsgericht hat deswegen die Zulässigkeit der Regelung des § 52 Absatz 3 AO a.F. bestätigt, die bestimmt hatte, daß der Bundesfinanzhof über Rechtsbeschwerden durch Senate in der Besetzung „von *wenigstens* fünf Mitgliedern einschließlich des Vorsitzenden" und im Beschlußverfahren in einer Zusammensetzung von „wenigstens drei Mitgliedern" entscheidet. Die Vorschrift überließ demnach die Bestimmung, wie viele Richter auf die einzelnen Senate verteilt werden, dem Gerichtspräsidium bei der Aufstellung des Geschäftsverteilungsplans. Mithin kalkuliere, so das Bundesverfassungsgericht, bereits der Gesetzgeber im voraus eine gegebenenfalls im Interesse des reibungslosen Geschäftsablaufs und insbesondere im Hinblick auf die in der Finanzgerichtsbarkeit besonders schwer voraussehbare Geschäftsentwicklung unvermeidliche *Überbesetzung* ein.[132] Diese wird eben überhaupt nicht notwendig, wenn von vornherein nur eine Mindestanzahl von Richtern festgelegt wird. Sachgerecht kann dies insbesondere bei einem obersten Gericht sein, in dem die Senate jeweils für bestimmte Sachgebiete zuständig sind. Es kann hier im Interesse einer einheitlichen Rechtsprechung liegen, bestimmte Sachgebiete nicht zu trennen und sie einem Senat zuzuteilen. Insoweit bildet sich die Bildung von Senaten mit unterschiedlicher Mitgliederzahl an.[133]

Eine *Überbesetzung im eigentlichen Sinne*, d.h. wenn der Spruchkörper mit mehr Richtern besetzt ist, als in der einschlägigen einfach-gesetzlichen Vorschrift vorgesehen, ist allgemein in *§ 21 e Absatz 1 Satz 4 GVG* vorausgesetzt[134], aber bereits deshalb im Hinblick auf Art. 101 Absatz 1 Satz 2 GG fragwürdig, da hier die Gefahr einer Manipulation der Richterauswahl auf der Hand liegt: Es steht eine größere Anzahl an Richtern zur Verfügung, als der Spruchkörper zu seiner Entscheidung benötigt. Es besteht daher grundsätzlich die Gefahr, daß „nach Belieben" für den konkreten Fall der eine oder andere Richter, die sämlich demselben Spruchkörper angehören, hinzugezogen wird. Es bedarf insoweit gerichtsinterner Kontrollfilter, die einer Manipulationsgefahr vorbeugen, die in Form einer *Vermeidbarkeitsprüfung* erfolgt, d.h. gerichtsintern darf von vornherein eine Überbesetzung des Spruchkörpers nur dann vorgesehen werden, wenn diese für eine funktionstüchtige Rechtspflege nach bestimmten Kriterien „notwendig" ist.[135] Umso bedenklicher ist aber die gesetzliche Bestimmung nur einer Mindestmitgliederzahl, weil insofern sogar die soeben angesprochene Vermeidbarkeitsprüfung entfällt, die sonst bei je-

[132] Vgl. BVerfG, aaO S. 60.
[133] BVerfG, aaO S. 61.
[134] BVerfGE 17, 294 (300).
[135] BVerfG, aaO S. 300 f.; s. hierzu u., C.II.2.b).

der Überbesetzung notwendig ist, in dem vorliegenden Fall der Bestimmung nur einer Mindestanzahl aber ausscheidet, weil eine Überbesetzung begrifflich überhaupt nicht möglich ist. Auch das Bundesverfassungsgericht hat insoweit anklingen lassen, daß eine andere gesetzliche Regelung glücklicher wäre, etwa des Inhalts, daß eine bestimmte Mitgliederzahl für die Senate vorgeschrieben und für den Fall der Verhinderung eines oder mehrerer Gerichtsmitglieder die Beschlußfähigkeit eines Senats an ein Quorum gebunden wäre.[136]

bb) Weitere „bewegliche" Regelungen bei der Besetzung der Richterbank - insbesondere: die erweiterte Übertragung auf den Einzelrichter nach der Zivilprozeßnovelle 2001

Insgesamt findet sich im einfachen Prozeßrecht eine Vielzahl von Regelungen, die der Bestimmung des Richters dienen, jedoch nicht endgültig festlegen, in welcher Besetzung der einzelne Spruchkörper tätig wird. In solchen Fällen ist stets die verfassungsrechtliche Garantie des Art. 101 Absatz 1 Satz 2 GG betroffen und stellt sich die Frage, ob die einfach-gesetzliche Regelung den gesetzlichen Richter hinreichend genau bestimmt.

Dies ist etwa der Fall, wenn unter bestimmten Voraussetzungen *ohne mündliche Verhandlung* entschieden werden kann, mit der Folge einer anderen Besetzung der Richterbank als mit mündlicher Verhandlung (§§ 84, 101 Absatz 2, 130 a VwGO, §§ 12 Absatz 1 Satz 2, 33 Satz 2, 40 Satz 1 SGG), aber auch dann, wenn das Gericht um einen Richter *erweitert werden kann*, wie das *Schöffengericht* nach § 29 Absatz 2 GVG.[137] Nach der zuletzt genannten Vorschrift kann bei Eröffnung des Hauptverfahrens auf Antrag der Staatsanwaltschaft die Zuziehung eines zweiten Richters beim Amtsgericht beschlossen werden, wenn dessen Mitwirkung nach dem Umfang der Sache notwendig erscheint. Verfassungsrechtlich fragwürdig im Hinblick auf Art. 101 Absatz 1 Satz 2 GG ist dies zum einen deswegen, da zwar die Entscheidung darüber ausdrücklich dem Gericht zugewiesen ist - nicht der Staatsanwaltschaft als Teil der Exekutive, die insoweit nur antragsbefugt ist - , die für die Entscheidung maßgeblichen Kriterien („Umfang der Sache", „notwendig erscheint") aber zumindest unpräzise sind. Vor allem aber ist, ähnlich wie bei § 120 Absatz 2 GVG, eine gerichtliche Kontrolle nach dem Wortlaut der Norm nur dann möglich, wenn ein entsprechender Antrag von der Staatsanwaltschaft gestellt wird, nicht

[136] BVerfGE 19, 52 (60 f.).

[137] S. soeben unter aa) zu der vergleichbaren Problematik, wenn gesetzlich nur die *Mindestanzahl* der dem Spruchkörper angehörenden Richter vorgegeben ist.

aber, wenn er unterlassen wird.[138] § 29 Absatz 2 GVG müßte daher - bei gleichbleibender Formulierung - konsequent in *verfassungskonformer* Auslegung dahin ergänzt werden, daß das Schöffengericht *in jedem Fall von Amts wegen* zu prüfen hat, ob die Voraussetzungen für eine Erweiterung des Schöffengerichts vorliegen, und bejahendenfalls einen entsprechenden Beschluß auch ohne Antrag der Staatsanwaltschaft erlassen muß. Dies widerspricht zwar auf den ersten Blick dem Wortlaut des § 29 Absatz 2 GVG, kann aber dadurch legitimiert werden, daß die Formulierung „auf Antrag der Staatsanwaltschaft" lediglich ergänzt wird durch den Zusatz „auf nach pflichtgemäßem Ermessen zu stellenden Antrag der Staatsanwaltschaft". Unterläßt es die Staatsanwaltschaft somit, den Antrag auf Erweiterung des Schöffengerichts zu stellen, obwohl die entsprechenden Voraussetzungen vorliegen, handelt es sich um einen Fall des Ermessensnichtgebrauchs, der durch die gerichtliche Entscheidung korrigiert wird.

Von besonderer praktischer Bedeutung ist des weiteren die verschiedentlich den Kammern eingeräumte Möglichkeit, die ihr zugewiesene Sache dem *Einzelrichter* zur Vorbereitung oder sogar zur Entscheidung zu übertragen, etwa gemäß §§ 348, 524 ZPO in der noch geltenden Fassung[139] und nach § 6 VwGO, § 6 FGO. Im *Zivilprozeß* war der Einzelrichter ursprünglich nicht vorgesehen. Eingeführt wurde er in die Zivilprozeßordnung mit § 348 a durch die Novelle des Jahres 1924, jedoch zunächst nur in Form des *vorbereitenden* Einzelrichters, wonach zur Vorbereitung der Entscheidung des Prozeßgerichts jede Sache zunächst vor dem Einzelrichter zu verhandeln war, der auch den Termin dazu bestimmte. Nachdem diese Regelung in der Praxis versagt hatte[140], wurde dann durch die Novelle des Jahres 1974[141] der *entscheidende* Einzelrichter nach § 348 ZPO bzw. § 524 ZPO eingeführt, dem die Zivilkammer unter bestimmten Voraussetzungen einen Rechtsstreit zur Entscheidung übertragen *konnte*.[142] Die Ermessensübertragung durch die Kammer wurde dann durch die Novelle von 1993[143] noch verstärkt, da „*in der Regel*" der Rechtsstreit dem Einzelrichter zur Entscheidung übertragen werden „*soll*". Nach (derzeit noch) geltendem Recht ist die Entscheidung durch den Einzelrichter zwar auch im ersten Rechtszug vor den Landgerichten dadurch sachlich eingeschränkt, daß der

---

138 S. *Classen* in: v. Mangoldt/Klein/Starck, Bonner Grundgesetz, Art. 101 Abs. 1
139 S. zur Neufassung sogleich.
140 Vgl. hierzu *Schneider*, ZAP 2001, Fach 13, S. 1063 (1075 m.w.N.).
141 G vom 20. Dezember 1974 (= BGBl. I S. 3651); weitere Änderungen durch die *Vereinfachungsnovelle* vom 3. Dezember 1976 (= BGBl. I S. 3281).
142 Vgl. hierzu etwa *Kramer*, Die Einzelrichternovelle und Art. 101 Abs. 1 S. 2 GG, in: JZ 1977, S. 11 ff.
143 G vom 11. Januar 1993 (= BGBl. I S. 50).

Rechtsstreit *„keine besonderen tatsächlichen oder rechtlichen Schwierigkeiten"* aufweist *und* ihm *„keine grundsätzliche Bedeutung"* zukommt. Hierbei handelt es sich jedoch ihrerseits um unbestimmte Rechtsbegriffe, die der Auslegung bedürfen, welche durchaus zwischen den Gerichten differieren kann.[144] Eine hinreichende gesetzliche Bestimmung der Zuständigkeit der Kammer oder aber, alternativ, des Einzelrichters, liegt daher im Hinblick auf Art. 101 Absatz 1 Satz 2 GG nicht vor, zumal regelmäßig die Übertragung der Sache im Ermessen der Kammer liegt. Dennoch hat das Bundesverfassungsgericht diese und andere Regelungen, die die Übertragung von Entscheidungskompetenzen des zuständigen Gerichts auf ein anderes Gericht bzw. auf einen anderen Spruchkörper oder den Einzelrichter ermöglichen, sofern sie überhaupt Erwähnung finden, nicht einmal problematisiert.[145] Geboten wären aber zumindest vom Gesetzgeber vorgegebene sachbezogene Kriterien, von denen das Ermessen der Kammer abhängen soll, wie etwa die Beschränkung der Entscheidung durch den Einzelrichter auf bestimmte Sachgebiete oder auf eine (weitere) Streitwertobergrenze innerhalb der streitwertabhängigen, erstinstanziellen Zuständigkeit des Landgerichts.

In diese Richtung präzise - da auf bestimmte Sachgebiete bezogene - Regelungen hat der Gesetzgeber zwar vereinzelt in *§ 348 Absatz 1 Satz 2 ZPO n.F.* nach dem *ZPO-RG* vom 27. Juli 2001, das im wesentlichen am 1. Januar 2002 in Kraft tritt[146], vorgesehen, jedoch unter der Prämisse, daß nunmehr gemäß Absatz 1 der Vorschrift die Zivilkammer

---

[144] Vgl. hierzu die Nachweise bei *Classen*, aaO Rd. 45.

[145] Vgl. etwa BVerfGE 45, 142 (162); 52, 187 (201); 75, 223 (234); 95, 322 (330 f.); insbesondere an der zuletzt genannten Entscheidung wird deutlich, daß der Gesetzgeber geschont und die „gesetzliche" Bestimmung des konkreten Richters den Gerichten aufgebürdet wird; so geht das Bundesverfassungsgericht aaO mit keinem Wort auf die Frage der Verfassungsgemäßheit einer Regelung ein, laut der die Entscheidung des Rechtsstreits vom Kollegialgericht auf den Einzelrichter übertragen werden kann und Einzelrichter der jeweilige Berichterstatter sein soll, verlangt aber, daß im gerichtsinternen Mitwirkungsplan geregelt werden muß, *welche* der dem Richterkollegium angehörenden Richter für die anhängig werdenden Sachen jeweils Berichterstatter sein würden. Entsprechendes gelte, wenn im *überbesetzten* Spruchkörper eines Gerichts die Zusammensetzung der für die einzelne Sache zuständigen Sitz- oder Spruchgruppe an die Person des Berichterstatters anknüpfe. An diesem Beispiel wird die beim Bundesverfassungsgericht generell zu beobachtende Tendenz zur Überbürdung der Gerichte mit der dem Gesetzgeber zugewiesenen Aufgabe der gesetzlichen Bestimmung des Richters deutlich.

[146] BGBl. I S. 1887. - Die Novelle ist während des gesamten Gesetzgebungsverfahrens, aber auch nach ihrer Verabschiedung insgesamt überaus heftig kritisiert worden, und zwar sowohl von Seiten der Richterschaft, als auch von der Anwaltschaft und seitens der Wissenschaft; vgl. hierzu aus der Fülle an Literatur etwa zuletzt den offenen Brief des Präsidenten der Bundesrechtsanwaltskammer *Dombek* an den Vorsitzenden des Rechtsausschusses des Deutschen Bundestages *Scholz* vom 7. Mai 2001 (abgedruckt in BRAK-Mitt. 3/2001, S. 122 ff.). Kritisch zu den Entwürfen bereits *Bischof*, ZRP 1999, S. 353 ff.; *Hahne*, ZRP 1999, S. 356 ff. (358); *Busse*, NJW 2000, S. 785 ff.; *Hansens*, ZRP 2000, S. 226 ff.; *Ayad*, ZRP 2000, S. 229 ff.; *Freuding*, NJW 2000, S. 792 ff.; s. auch *Scheuch*, ZRP 2001, S. 220 ff. zur Historie der Zivilprozeßordnung im Zusammenhang mit der Novelle. Vgl. zur Rechtfertigung von Inhalt und Begründung des Entwurfs die Stellungnahme der Bundesjustizministerin *Däubler-Gmelin*, ZRP 2000, S. 33 ff.

durch eines ihrer Mitglieder als Einzelrichter *entscheidet*, wenn nicht bestimmte - bei einem Richter auf Probe von der Dauer seiner bisherigen richterlichen Tätigkeit, im übrigen vom jeweiligen Sachgebiet abhängige - Voraussetzungen vorliegen, die eine Entscheidung durch die Kammer notwendig machen. Der Kammer ist daher grundsätzlich nicht nur kein Ermessen mehr bei der Entscheidung über eine Übertragung eingeräumt, sondern der Übertragung bedarf es überhaupt nicht mehr. Die Zuständigkeit des Einzelrichters ist nunmehr *originär* begründet. Nur in besagten *Ausnahmefällen*, die in § 348 Absatz 1 Satz 2 ZPO n.F. angeführt sind, kommt es *nicht* zur Begründung der originären Einzelrichterzuständigkeit.[147] Damit wird *das bisherige Regel-Ausnahme-Verhältnis ins Gegenteil verkehrt*, die Parteien haben grundsätzlich keinen Anspruch mehr auf eine Entscheidung durch die Kammer, sodaß Rügen der Verletzung des gesetzlichen Richters vorprogammiert scheinen. Abgesehen davon stoßen auch die in der Vorschrift bestimmten Ausnahmeregelungen von der Zuständigkeit des originären Einzelrichters bereits jetzt auf heftige Kritik.[148] So wird die Aufzählung der Ausnahmen im Hinblick auf spezielle Sachgebiete, für die der Einzelrichter *nicht* zuständig sein soll, als *willkürlich* empfunden.[149] Als unsinnig wird insbesondere die Einschränkung angesehen, wonach die Zuständigkeit des Einzelrichters in den in § 348 Absatz 1 Satz 2 Nr. 2 a-k ZPO n.F. aufgelisteten Streitigkeiten nur dann entfällt, wenn die *Kammer kraft Geschäftsverteilungsplans* zuständig ist.[150] Soweit insoweit der Schwierigkeitsgrad einer Sachmaterie davon abhängen solle, ob das Präsidium sie im Geschäftsverteilungsplan einer Spezialkammer zugewiesen habe oder nicht, sei eine solche Differenzierung aus verfassungsrechtlicher Sicht *willkürlich*, da sie bei verständiger Würdigung der das Grundgesetz beherrschenden Gedanken nicht mehr verständlich sei, sodaß sich der Schluß aufdränge, sie beruhe auf sachfremden Erwägungen, die hier ausweislich der amtlichen Begründung in der Tat vorlägen, da durch die in sich widersprüchliche Regelung des § 348 Absatz 2 ZPO n.F. Druck auf die Präsidien der Gerichte ausgeübt werden solle, geschäftsplanmäßig Spezialkammern einzurichten.[151] Im übrigen sind auch in § 348 Absatz 3 ZPO n.F. sowie in

---

[147] S. ausführlich hierzu *Schneider*, ZAP 2001, Fach 13, S. 1063 (1076 ff.).
[148] Vgl. *dens.*, aaO.
[149] S. *dens.*, aaO S. 1076, der es für widersinnig hält, daß die Zuständigkeit des Einzelrichters etwa in Streitigkeiten aus den Bereichen des *Urheber- und Verlagsrechts* entfällt (§ 348 Absatz 1 Satz 2 Nr. 2 j ZPO n.F.), nicht aber für die zumindest ebenso schwierigen wettbewerbsrechtlichen Streitigkeiten. Andere schwierige Rechtsgebiete seien gar nicht erwähnt, beispielsweise die Enteignungsentschädigung, die Amtshaftung oder die Produzentenhaftung. Insoweit bleibe dem Einzelrichter nichts anderes übrig, als von sich aus bei der Kammer die Übernahme der Sache anzuregen (§ 348 Absatz 3 Satz 1 Nr. 1 ZPO n.F.).
[150] S. *dens.*, aaO.
[151] S. *dens.*, aaO.

§ 348 a Absatz 1 ZPO n.F., wonach nunmehr der *„obligatorische"* Einzelrichter bestimmt wird, jeweils wiederum die *unbestimmten Rechtsbegriffe* der besonderen Schwierigkeiten und der grundsätzlichen Bedeutung der Sache anzutreffen, bei deren Vorliegen die Kammer über die Sache entscheiden muß, sodaß auch die weiter oben dargestellte Problematik weiterhin bestehen bleibt. Nach § 348 Absatz 3 ZPO n.F. etwa *muß* der Einzelrichter den Rechtsstreit der Kammer *zur Entscheidung einer Übernahme vorlegen*, wenn die Sache *besondere Schwierigkeiten tatsächlicher oder rechtlicher Art* aufweist (Nr. 1), die Rechtssache *grundsätzliche Bedeutung* hat (Nr. 2) oder - dies ist neu - *die Parteien dies übereinstimmend beantragen* (Nr. 3). Die Kammer *übernimmt* den Rechtsstreit, wenn die Voraussetzungen nach Nr. 1 und Nr. 2 vorliegen, und entscheidet darüber durch endgültigen Beschluß, d.h. die übernommene Sache kann nicht mehr auf den Einzelrichter zurückübertragen werden. Auch die Berufung kann nicht auf einen Fehler bei der Vorlage oder der Übernahme durch die Kammer gestützt werden (§ 348 Absatz 3 Satz 2-4, Absatz 4 ZPO n.F.). Soweit der übereinstimmende Antrag der Parteien nach Nr. 3 nicht zur Übernahme durch die Kammer zwingt, handelt es sich um ein Redaktionsversehen des Gesetzgebers, mit der Folge, daß auch hier die Kammer zu übernehmen hat.[152] Was die offenen Wertungsbegriffe der Nrn. 1 und 2 angeht, die nach vorstehenden Ausführungen bereits nach altem Recht höchst fragwürdig waren, umschreibt der Gesetzgeber sie in seiner Begründung so, daß es sich um Schwierigkeiten handeln muß, die *deutlich über das übliche, durchschnittliche Maß hinausgehen* (*„besondere Schwierigkeiten tatsächlicher oder rechtlicher Art"*), oder daß die zu treffende Entscheidung eine *über den jeweiligen Einzelfall hinausgehende Bedeutung* haben müsse (*„grundsätzliche Bedeutung der Rechtssache"*).[153] Das sind jedoch ihrerseits inhaltsleere Worthülsen. Da weder die Vorlage oder die Verletzung der Vorlagepflicht durch den Einzelrichter noch die Entscheidung über die Übernahme der Sache durch die Kammer anfechtbar ist, haben hier Einzelrichter und Kammer tatsächlich freie Hand. Insoweit wird zutreffend darauf hingewiesen, die Neuregelungen könnten im Einzelfall zu einem „heillosen Zuständigkeits-Hick-Hack" führen.[154]

Ähnlich problematisch sind die Neuregelungen über die Zuständigkeit des Einzelrichters im zivilprozessualen *Berufungsverfahren* nach *§§ 526, 527 ZPO n.F.* Nach § 526 ZPO n.F. kann der Einzelrichter im Berufungsverfahren nunmehr erweitert zuständig werden.

---

[152] S. *dens.*, aaO S. 1077 mit Hinweis auf die Gesetzesmaterialien.
[153] S. die Nachweise bei *dems.*, aaO.
[154] S. *dens.*, aaO.

Die Vorschrift faßt im wesentlichen die §§ 348, 349 ZPO a.F. zusammen und entspricht mithin der Regelung für den obligatorischen Einzelrichter erster Instanz nach § 348 a ZPO n.F.[155] Bleibt das Berufungsgericht zuständig, besteht nunmehr nach *§ 527 Absatz 1 Satz 1 ZPO n.F.* die Möglichkeit, die Sache einem seiner Mitglieder zur Vorbereitung der Entscheidung zuzuweisen („*vorbereitender Einzelrichter*"). Er hat die Sache so weit zu fördern, daß sie in einer mündlichen Verhandlung vor dem Berufungsgericht erledigt werden kann. Das Schwergewicht liegt insoweit auf einer *beweisrechtlichen* Regelung, die durch die *Vereinfachungsnovelle von 1976 abgeschafft* worden war (!).[156] Nach der - wieder eingeführten - Neuregelung gemäß § 527 Absatz 2 Satz 2 ZPO n.F. kann der Einzelrichter „zu diesem Zweck [- *Förderung der Sache* -] Beweise erheben, soweit dies zur Vereinfachung der Verhandlung vor dem Berufungsgericht wünschenswert und von vornherein anzunehmen ist, daß das Berufungsgericht das Beweisergebnis auch ohne unmittelbaren Eindruck von dem Verlauf der Beweisaufnahme sachgemäß zu würdigen vermag." Diese Regelung war 1976 zu Recht gestrichen worden, da ein Verstoß gegen den *Grundsatz der Unmittelbarkeit der Beweisaufnahme* auf der Hand liegt, wenn die Kammer anhand der Vernehmungsprotokolle entscheiden kann, ohne einen Zeugen gesehen und gehört zu haben.[157] Zahlreiche Rügen wegen Verletzung des § 286 ZPO werden die Folge sein. Auch im *neuen zivilprozessualen Beschwerderecht* wird die Stellung des Einzelrichters hervorgehoben. Er entscheidet grundsätzlich anstelle des Kollegiums, wenn die vorangegangene Entscheidung von einem Einzelrichter oder Rechtspfleger erlassen worden ist (*§ 568 Satz 1 ZPO n.F.*). Er kann das Verfahren dem Beschwerdegericht übertragen, wenn die Sache wiederum „besonders schwierig" oder von „grundsätzlicher Bedeutung" ist (§ 568 Satz 2 ZPO n.F.). Die Beschwerde wegen fehlerhafter oder unterlassener Übertragungsentscheidung ist ausgeschlossen (§ 568 Satz 3 ZPO n.F.). Anders als im Erkenntnisverfahren (§ 348 Absatz 1 Satz 2 Nr. 1 ZPO n.F.) wird sogar ein *Richter auf Probe* originärer Einzelrichter, der zu Beginn seiner Dienstzeit mit der Auslegung der maßgeblichen „unbestimmten Rechtsbegriffe" im konkreten Fall nicht selten überfordert sein wird.[158] Auch die an die Stelle der weiteren Beschwerde tretende, neu eingeführte *Rechtsbeschwerde* kraft Zulassung nach § 574 Absatz 1 Nr. 2 ZPO n.F. taugt nicht zur wirksamen Korrektur entsprechender Fehlentscheidungen, da es keine Nichtzulassungsbeschwerde gibt.

---

[155] Im einzelnen s. *dens.*, aaO S. 1083.
[156] = BGBl. I S. 3281.
[157] S. *Schneider*, aaO m.w.N.
[158] Vgl. *dens.*, aaO S. 1090.

An der verfassungsrechtlichen Fragwürdigkeit, da Unbestimmtheit, dieser Regelungen ändert auch der bereits unter Berücksichtigung des derzeit noch geltenden Rechts vorgebrachte Hinweis darauf, die Gesichtspunkte der besonderen Schwierigkeit und der grundsätzlichen Bedeutung der Sache hätten im *Rechtsmittelrecht* eine hinreichende Konkretisierung erfahren[159], nichts, im Gegenteil wird dadurch verdeutlicht, daß *auch* im sogleich zu erörternden Rechtsmittelrecht die einschlägigen gesetzlichen Regelungen die von Art. 101 Absatz 1 Satz 2 GG oder aber dem Rechtsstaatsprinzip geforderte Präzision vermissen lassen. Im Zivilprozeß wird dies durch die neuen Regelungen noch problematischer.

So mußte das Bundesverfassungsgericht etwa im Hinblick auf *§ 554 b Absatz 1 ZPO* in der bisher geltenden Fassung indirekt den Gesetzgeber korrigieren, indem es den Fachgerichten eine Pflicht zur „verfassungskonformen" Auslegung der Norm auferlegt hat: Nach Absatz 1 dieser Vorschrift, welche die Ablehnung der Annahme der Revision regelt und durch Gesetz vom 8. Juli 1975 in die Zivilprozeßordnung eingefügt wurde[160], kann das Revisionsgericht in vermögensrechtlichen Streitigkeiten, bei denen der Wert der Beschwer sechzigtausend Deutsche Mark[161] übersteigt, die Revisionsannahme ablehnen, wenn „die Rechtssache keine grundsätzliche Bedeutung hat". Im übrigen besteht (derzeit noch) die Möglichkeit der *Wertrevision* bei einem Streitwert von mehr als sechzigtausend Deutsche Mark bei vermögensrechtlichen Streitigkeiten nach § 546 ZPO. Das Bundesverfassungsgericht hat insoweit entschieden, daß die Vorschrift des bisherigen § 554 b Absatz 1 ZPO „im Lichte der Verfassung" dahin auszulegen sei, daß die Annahme einer Revision „ohne grundsätzliche Bedeutung" nur dann abgelehnt werden dürfe, wenn „das Rechtsmittel im Endergebnis keine Aussicht auf Erfolg hat".[162] Anlaß hierfür war gewesen, daß der Bundesgerichtshof in mehreren Stellungnahmen auch seine Arbeitsbelastung als ein im Rahmen der Auslegung dieser Vorschrift berücksichtigungsfähiges Kriterium ansah.[163] Die vorstehend angeführte Auslegung der grundsätzlichen Bedeutung im Sinne des bisherigen § 554 b Absatz 1 ZPO entnimmt das Bundesverfassungsgericht dem Rechtsstaatsprinzip und dem Gleichheitssatz.[164] Aber auch das von ihm vorgebene Kriterium der Erfolgsaussicht ist wiederum unbestimmt und obliegt letztlich allein

---

[159] *Classen*, aaO Rd. 45.
[160] Gesetz zur Änderung des Rechts der Revision in Zivilsachen (= BGBl. I S. 1863).
[161] Absatz 1 wurde geändert durch das Rechtspflege-Vereinfachungsgesetz vom 17. Dezember 1990 (= BGBl. I S. 2847); zuvor war ein Beschwerdewert von DM 40.000,- maßgeblich.
[162] BVerfGE 49, 148 (LS und S. 155 ff.); s. auch E 54, 277 ff.
[163] Vgl. den Hinweis in BVerfGE 49, 148 (163).
[164] BVerfG, aaO S. 155 f.

der Einbewertung des Gerichts von Fall zu Fall. Im übrigen bleibt abzuwarten, ob diese Interpretation für die ab 1. Januar 2002 geltende Fassung des § 543 ZPO gemäß *ZPO-RG* Geltung beanspruchen kann, wonach die Revision überhaupt nur noch in Form der Zulassungsrevision zulässig sein wird - die revisionsrechtliche Regelung im übrigen ist auf das Berufungsverfahren übertragen worden - und nur dann zuzulassen ist, wenn die Rechtssache entweder „grundsätzliche Bedeutung" hat oder „die Fortbildung des Rechts oder die Sicherung einer einheitlichen Rechtsprechung eine Entscheidung des Revisionsgerichts erfordert", wobei letzteres Kriterium ebenso offen ist wie das der grundsätzlichen Bedeutung. Hiergegen könnte nämlich sprechen, daß demgegenüber das Kriterium der Erfolgsaussicht in die Neuregelung über die Zurückweisung der Berufung (§ 522 Absatz 2 ZPO n.F.)[165] ausdrücklich aufgenommen wurde.

Im übrigen hat das Bundesverfassungsgericht bislang offen gelassen, ob die Beachtung der Regeln über die *Zulässigkeit von Rechtsmitteln überhaupt zum Anwendungsbereich des Art. 101 Absatz 1 Satz 2 GG* gehört.[166] Da sich im Rechtsmittelbereich aber entscheidet, welcher Richter die Sache letztverbindlich entscheidet, dürfte dies zu bejahen sein.[167] Im übrigen aber ist der vorstehend genannten Entscheidung des Bundesverfassungsgerichts kein allgemeingültiger, d.h. auch für die erste Instanz bei Zweifeln über die Zuständigkeit zwischen Kammer oder aber Einzelrichter beachtlicher, Auslegungsmaßstab zu entnehmen, da die „Grundsätzlichkeit" der Rechtssache insoweit nur für den spezifischen Rechtsmittelbereich einbewertet wurde, als daß für die Entscheidung über die Revisionsannahme letztlich die Erfolgsaussicht des Rechtsmittels entscheidet. Hierbei handelt es sich jedoch nicht um ein auf das erstinstanzielle Verfahren anwendbares Kriterium. Entsprechendes gilt für die Fälle, in denen für die *Prüfung der Zulässigkeit und der Begründetheit eines Rechtsmittels eine unterschiedliche Zusammensetzung des Spruchkörpers* vorgesehen ist. Das Bundesverfassungsgericht hält dies für zulässig[168], insbesondere unter dem Gesichtspunkt der *Verfahrensbeschleunigung.*[169] Dies ist als rechtspolitisches Argument jedoch nicht geeignet zur Rechtfertigung eines Eingriffs in das Prozeßgrundrecht des Art. 101 Absatz 1 Satz 2 GG.[170] Die *Möglichkeit des Mißbrauchs,* um auf die Besetzung der Richterbank Einfluß zu nehmen, ist jedenfalls in einem solchen

---

[165] S. hierzu weiter u.
[166] S. auch BVerfGE 67, 90 (95).
[167] Vgl. *Classen*, aaO Rd. 47.
[168] BVerfGE 48, 246 (253 ff.) mit *abw. Meinung Hirsch* (aaO S. 264 ff.); 91, 93 (117 f.) bzgl. §§ 160 a Absatz 4 Satz 2, 169 Satz 3 SGG.
[169] BVerfGE 48, 246 (257 ff.).
[170] BVerfG, aaO S. 264 f. (= *abw. Meinung Hirsch*).

Fall nicht sicher auszuschließen, da auch die Grenzen zwischen den Sachentscheidungsvoraussetzungen und den Bereichen, die zur Sachprüfung gehören, häufig nicht exakt zu ziehen sind. Dies gilt insbesondere dann, wenn das Rechtsmittel der Zulassung wegen „grundsätzlicher Bedeutung der Rechtssache" bedarf, da dies sachlich-rechtliche Wertungen erfordert.[171]

Festzuhalten bleibt somit, daß eine Vielzahl die Besetzung der Richterbank betreffender gesetzlicher Regelungen im Hinblick auf Art. 101 Absatz 1 Satz 2 GG unbestimmt sind und nicht dem Gebot der Rechtsklarheit genügen, sie dennoch vom Bundesverfassungsgericht für verfassungsgemäß erachtet bzw. nicht einmal für problematisch befunden worden sind. Sie lassen dem Richter im Einzelfall erhebliche Auslegungsspielräume, sodaß dieser letztlich nicht durch ein Gesetz, wie von Art. 101 Absatz 1 Satz 2 GG gefordert, sondern durch gerichtliche Verfügung bestimmt wird. Die Berechenbarkeit der Rechtsanwendung wird durch die ZPO-Novelle von 2001 noch mehr beeinträchtigt werden. Eine Fülle *neuer, undefinierbarer Wertungsbegriffe* ist insoweit vom Gesetzgeber vorgesehen worden. Die Zuständigkeit der Gerichte und Statthaftigkeit von Rechtsmitteln wird, wie bereits angeführt, in noch größerem Umfang als bisher abhängig sein von „besonderen Schwierigkeiten" oder „grundsätzlicher Bedeutung" der Rechtssache (vgl. z.B. §§ 348 Absatz 3 Nr. 2, 511 Absatz 4 Nr. 1, 566 Absatz 4 Nr. 1 ZPO n.F.), von der „Fortbildung des Rechts" oder der „Sicherung einer einheitlichen Rechtsprechung" (z.B. §§ 511 Absatz 4 Nr. 2, 522 Absatz 2 Nr. 2, 574 Absatz 2 Nr. 2 ZPO n.F.).[172] Für Mißbrauch offen ist insbesondere die neue Regelung des § 522 Absatz 2 ZPO, wonach das Berufungsgericht *zwingend* und *ohne mündliche Verhandlung* (dem Berufungsführer ist vor der Zurückweisung lediglich Gelegenheit zur Stellungnahme zu geben) *die Berufung zurückzuweisen hat,* wenn es davon überzeugt ist, daß diese keine Aussicht auf Erfolg hat[173], die Rechtssache keine grundsätzliche Bedeutung hat und die Fortbildung des Rechts oder die Sicherung einer einheitlichen Rechtsprechung eine Entscheidung des Berufungsgerichts nicht erfordert. Eine Absicherung gegen Fehlentscheidungen fehlt, eine Anfechtung des Beschlusses ist nach § 522 Absatz 3 ZPO n.F. ausgeschlossen. Es ist daher nicht auszuschließen, daß bald wieder die Zustände herrschen, denen das Bundesverfassungsgericht mit seiner Entscheidung zu § 554 b Absatz 1 ZPO eigentlich ein Ende

---

[171] BVerfG, aaO S. 265 (= *abw. Meinung Hirsch*).
[172] Vgl. allgemein *Schneider*, ZAP 2001, Fach 13, S. 1063 (1064).
[173] Entsprechend BVerfGE 49, 148 ff.; s. hierzu weiter o.

gesetzt hatte, daß nämlich ein Gericht unter Berufung auf unbestimmte Rechtsbegriffe, tatsächlich aber offensichtlich wegen seiner Arbeitsbelastung ein Rechtsmittel ablehnt.[174]

d) Richtervorlagen

Schließlich rechnet das Bundesverfassungsgericht zutreffend auch den Bereich der Vorlageverfahren, wenn also nicht die Endentscheidung des Richters, sondern eine bestimmte, von einem anderen Richter als dem Ausgangsrichter zu entscheidende Teilfrage, inmitten steht, dem Schutzbereich des Art. 101 Absatz 1 Satz 2 GG zu.[175] Systematisch gehören die Vorlageverfahren an sich zum Bereich der Bestimmung der gerichtlichen Zuständigkeit. Die Regelungen über Richtervorlagen unterscheiden sich jedoch insofern von den allgemeinen Zuständigkeitsbestimmungen, als daß ein zuständiges Gericht bereits mit der Sache befaßt worden war, bevor sich eine bestimmte Rechtsfrage im Rahmen der Sachprüfung stellte, und auch im Ergebnis den Rechtsstreit entscheidet. In dem vor dem im ganzen zuständigen Gericht eröffneten Verfahren wird somit die Frage der gerichtlichen Zuständigkeit nur unter einem bestimmten rechtlichen Teilaspekt und nur für einen Verfahrensabschnitt neu aufgeworfen. Die Entscheidung über die Rechtsfrage durch das Gericht, dem diese vorgelegt wird, ist jedoch letztlich maßgeblich für das Entscheidungsergebnis, da die Vorlage regelmäßig eine entscheidungserhebliche Frage betrifft. Die im geltenden Recht vorgesehenen Vorlageverfahren lassen sich grob untergliedern in *Divergenzvorlagen*, d.h. wenn wie etwa im Rahmen des Art. 100 Absatz 3 GG oder des § 2 Absatz 1 RsprEinhG ein Spruchkörper von der Rechtsprechung eines anderen bestimmten Spruchkörpers oder Gerichts abweichen will, und *Vorlagen in sonstigen Fällen*, wie etwa dann, wenn nach Art. 100 Absatz 1 GG das vorlegende Gericht ein Gesetz für verfassungswidrig hält, soweit ihm für den Fall der Ungültigkeit der Norm keine entsprechende Verwerfungskompetenz zusteht. Diese besitzt es allerdings für untergesetzliches und vorkonstitutionelles Recht. Nicht genau bestimmt bzw. zumindest auslegungsbedürftig sind insoweit solche Regelungen, welche die Vorlagepflicht von „*Zweifeln in einem Rechtsstreit*" abhängig machen, wie beispielsweise Art. 100 Absatz 2 GG. Nach dem Wortlaut bleibt insoweit offen, ob auch das vorlegende Gericht selbst entsprechende Zweifel hinsichtlich der zu entscheidenden Rechtsfrage haben muß.[176]

---

174 Vgl. zu diesem Aspekt *Schneider*, aaO S. 1085.

175 BVerfGE 3, 359 (363); 9, 213 (215 f.); 13, 132 (143 ff.); 17, 99 (104); 18, 441 (447); 19, 38 (42); 22, 254 (266); 23, 288 (319); 29, 166 (172 f.), 198 (207); 31, 145 (169 ff.[171 f.]); 42, 237 (241); 46, 342 (360); 64, 1 (12 ff.); 67, 90 (95); 73, 339 (366 ff.); 75, 1 (11),223 (234), 245; 76, 93 (96); 82, 159 (195); 84, 382 (387); 87, 282 (284 ff.); 96, 68 (77 f.).

176 Vgl. BVerfGE 23, 288 (316); 64, 1 (14); 75, 1 (11); 96, 68 (77). - S. ausführlich weiter u., C.II.3.

Verfassungsrechtlich fragwürdig im Hinblick auf Art. 101 Absatz 1 Satz 2 GG sind insbesondere wiederum solche gesetzliche Vorschriften, die dem Richter einen *Ermessensspielraum* dabei zubilligen, ob er eine Sache vorlegt oder nicht.[177] Dies gilt etwa für die Vorschrift des § 132 Absatz 4 GVG, wonach der erkennende Senat des Bundesgerichtshofs eine „Frage von grundsätzlicher Bedeutung" dem Großen Senat zur Entscheidung vorlegen „kann", wenn das „nach seiner Auffassung zur Fortbildung des Rechts und zur Sicherung einer einheitlichen Rechtsprechung erforderlich ist". Das Bundesverfassungsgericht hat hierzu, soweit ersichtlich, noch nicht entschieden. Jedoch sind bereits die in der Vorschrift bestimmten Voraussetzungen unpräzise. Dies gilt insbesondere für die „grundsätzliche Bedeutung" der Rechtsfrage[178] und noch mehr für die Frage der „Erforderlichkeit" nach den im Gesetz genannten Gründen, die der erkennende Senat wiederum allein entscheidet („nach seiner Auffassung"). Äußerst bedenklich ist jedoch die Rechtsfolge der Vorschrift, wonach die Vorlage auch bei Erfüllung der gesetzlichen Voraussetzungen im Ermessen des Gerichts steht. Auch insoweit wird der Richter wieder nicht gesetzlich, sondern, entgegen Art. 101 Absatz 1 Satz 2 GG, durch gerichtliche Verfügung bestimmt.

e) ***Ergebnis***

Nach alledem ist festzuhalten, daß das Bundesverfassungsgericht gegenüber dem Gesetzgeber, dem nach dem Wortlaut des Art. 101 Absatz 1 Satz 2 GG an sich ausschließlich die Bestimmung bzw. die „möglichst eindeutige" Bestimmtheit des „gesetzlichen" Richters obliegt, große Zurückhaltung bewahrt. Zunächst hat das Bundesverfassungsgericht im Hinblick auf ihren *Inhalt* verschiedene gesetzliche Regelungen unbeanstandet gelassen, die - etwa hinsichtlich der Zuständigkeitsbestimmung durch übergeordnete Gerichte, der Übertragung der Sache auf den Einzelrichter, der Zurückverweisung einer Sache durch die Rechtsmittelgerichte oder der Voraussetzungen einer Vorlagepflicht - durchaus verfassungsrechtliche Bedenken aufwerfen. Höchst fragwürdig sind auch die vom Bundesverfassungsgericht für verfassungsgemäß befundenen Regelungen für den Strafprozeß, die der Staatsanwaltschaft als Teil der Exekutive verschiedentlich die Entscheidungskompetenz zur Bestimmung des zuständigen Gerichts übertragen und somit bereits dem Schutzzweck des Art. 101 Absatz 1 Satz 2 GG diametral entgegenstehen,

---

177 Dies ist in der Literatur umstritten, vgl. hierzu die Nachweise bei *Classen* in: v. Mangoldt/Klein/Starck, Bonner Grundgesetz, Art. 101 Abs. 1 Rd. 51.

178 S. hierzu bereits weiter o., c)bb).

wonach primär Eingriffe in das Recht auf den gesetzlichen Richter durch die Exekutive zu vermeiden sind. Soweit etwa die Kontrolle der Entschließung der Staatsanwaltschaft den Gerichten obliegt oder andere Regelungen die Zuständigkeitsbestimmung des erkennenden und entscheidenden Gerichts oder Spruchkörpers wie auch die Besetzung der Richterbank diesem selbst oder einem anderen Gericht oder Spruchkörper überlassen, ist die Einhaltung des verfassungsrechtlichen Gebots des gesetzlichen Richters damit in weitem Umfang den Fachgerichten übertragen, welche die entsprechenden gesetzlichen Regelungen, die sich zumindest an der Grenze zur Verfassungswidrigkeit bewegen, verfassungsgemäß oder im Einzelfall über ihren Wortlaut hinaus, ergänzend, „verfassungskonform" auszulegen haben. Der Richter ist dann nicht mehr gesetzlich, sondern durch einen (anderen) Richter bestimmt. Die verfassungsrechtlichen Probleme solcher Verfahrensregelungen werden im Zivilprozeß ab 1. Januar 2002 nach Maßgabe der ZPO-Novelle gemäß dem *ZPO-RG* vom 27. Juli 2001 vermutlich noch erheblich verstärkt werden und infolge einer Vielzahl unklarer Rechtsbegriffe zur Verunsicherung bei der Rechtsanwendung führen.

2. „Quasi-Gesetzliche" Bestimmung des Richters durch die Geschäftsverteilungs- und Mitwirkungspläne der Gerichte

a) Funktion gerichtsinterner Regelwerke im Hinblick auf Art. 101 Absatz 1 Satz 2 GG

Eine weitere gewichtige Last auferlegt das Bundesverfassungsgericht der Fachgerichtsbarkeit allerdings allgemein bereits im unmittelbaren Nachfeld der „gesetzlichen" Bestimmung des Richters - d.h. zur weiteren Zuständigkeitsbestimmung - , welche demnach nicht nur dem Gesetzgeber, sondern auch, „ergänzend"[179], den Fachgerichten obliegt. Da der Gesetzgeber nur die fundamentalen Grundsätze zur gesetzlichen Bestimmung des Richters bereitzustellen hat, liegt seine weitere „gesetzliche" Bestimmung in der Hand der Fachgerichte, die seine Bestimmheit durch abstrakt gehaltene gerichtsinterne „Rechtsätze" zu konkretisieren haben. Da diese selbstredend nicht den Rang eines formellen Gesetzes haben, jedoch ebenfalls der Erfüllung des in Art. 101 Absatz 1 Satz 2 GG enthaltenen, an den Gesetzgeber gerichteten Auftrags dienen, können sie als von „quasi-gesetzlicher" Natur angesehen werden bzw. erfüllen sie die Funktion eines „Normsurrogats". Dies führt zu dem paradoxen Ergebnis, daß der Gesetzgeber aus sei-

[179] BVerfGE 95, 322 (328) und ständig.

ner Verantwortung für eine präzise Bestimmung des Richters entlassen wird, diese statt dessen den Gerichten selbst obliegt, in deren Wirkungskreis Art. 101 Absatz 1 Satz 2 GG vor Manipulationen bei der Richterauswahl im konkreten Fall schützen soll. Darüber hinaus zeigen die weiter oben angeführten Normbeispiele, daß dem Gesetzgeber im Einzelfall durchaus eine präzise Bestimmung des Richters möglich wäre. Dies gilt insbesondere dann, wenn er dem Richter weite Ermessensspielräume eröffnet oder seine Zuständigkeit von auslegungsbedürftigen Voraussetzungen, wie etwa der „grundsätzlichen Bedeutung" einer Sache, abhängig macht. Würde er diese präziser fassen, wäre der Richter dagegen nur das „ausführende Organ" der gesetzlichen Regelung und zumindest insoweit gesetzlich bestimmt. Dennoch hat das Bundesverfassungsgericht solche Regelungen für vereinbar mit der Verfassung erklärt. Insoweit steht zu vermuten, daß es die „gesetzliche" Bestimmung des Richters entgegen dem Wortlaut des Art. 101 Absatz 1 Satz 2 GG ohnehin für nicht mehr ausschlaggebend und insofern eine „möglichst genaue" gesetzliche Bestimmung - entgegen seiner allgemeinen Ausführungen - tatsächlich für entbehrlich erachtet, stehen hierfür doch die gerichtsinternen Regelwerke zur Verfügung.

Mit der Begründung, dem Gesetzgeber sei eine über die Bestimmung der allgemeinen Zuständigkeit des Gerichts und vorgegebene innergerichtliche Grundstrukturen hinausgehende, nähere Konkretisierung aus praktischen Gründen nicht möglich, hält das Bundesverfassungsgericht also die gesetzlichen Regelungen für *ergänzungsbedürftig*; die nähere (genaue) Bestimmung des Richters soll demnach durch *gerichtsinterne Regelwerke* erfolgen, und zwar durch die Geschäftsordnungen der Gerichte[180] bzw. durch die Regelungen über die Geschäftsverteilung im *Geschäftsverteilungsplan* auf Grund des Gerichtsverfassungsgesetzes (§ 21 e)[181], sowie - nach der jüngsten bundesverfassungsgerichtlichen Iudikatur - auf Grund einer weitgehenden Ausdifferenzierung durch die *Mitwirkungspläne* der einzelnen Spruchkörper.[182] Wegen der Bindung der Gerichte an die Gesetze nach Art. 20 Absatz 3 GG ist die Aufstellung von Geschäftsverteilungsplänen nach dem Gerichtsverfassungsgesetz geboten. Eine weitergehende Ausdifferenzierung, als vom Gesetz gefordert, insbesondere im Hinblick auf die Mitwirkungspläne, entnimmt das Bundesverfassungsgericht dagegen unmittelbar der verfassungsrechtlichen Garantie des Art. 101 Absatz 1 Satz 2 GG. Es „übersetzt" insoweit den Begriff des „gesetzlichen"

---

[180] BVerfGE 19, 52 (60).
[181] BVerfGE 17, 294 (299).
[182] Grundlegend BVerfGE 95, 322 ff.

Richters mit den Worten „das heißt in Rechtssätzen"[183], die demnach auch gerichtsinterne Regelungswerke sein können. Es interpretiert damit den Wortlaut des „gesetzlichen" Richters entgegen seinem Wortsinn und entgegen der Genesis dieses Prozeßgrundrechts, dessen Schutzzweck primär auf den Schutz vor Eingriffen durch die Exekutive gerichtet ist, sowie, vor dem Hintergrund vergleichbarer Regelungen anderer Rechtsordnungen, in einzigartiger Weise. Dem hat es nur das dürftige Argument entgegenzusetzen, aus praktischen - nachstehend zitierten - Gründen sei dem Gesetzgeber eine genaue Bestimmung des gesetzlichen Richters nicht möglich, mithin eine Ergänzung durch gerichtsinterne „Rechtssätze" notwendig. Soweit daher die oben angeführten Normbeispiele gezeigt haben, daß dem Gesetzgeber eine genauere Bestimmung des Richters im Einzelfall durchaus möglich wäre, findet insofern eine nicht nur systemwidrige, sondern auch unnötige Verlagerung der Sicherung des Rechts auf den gesetzlichen Richter auf die Fachgerichte statt.

Das Bundesverfassungsgericht führt zur Aufgabenverteilung zwischen Gesetzgeber und Fachgerichten in seiner jüngsten Plenarentscheidung vom 8. April 1997 mit weiteren Nachweisen aus seiner Rechtsprechung aus:

> „Angesichts der Vielfalt der Gerichtsbarkeiten, der Verschiedenartigkeit der Organisation und Größe der Gerichte, der unterschiedlich großen Zahl der bei ihnen tätigen Richter, des verschiedenen Umfangs der Geschäftslast der Gerichte und des Wechsels der Geschäftslast innerhalb eines Gerichts ist es nicht möglich, diese Regelungen sämtlich im Gesetz niederzulegen. Art. 101 Abs. 1 Satz 2 GG verlangt deshalb mit der Garantie des ‚gesetzlichen' Richters *nicht stets ein formelles, im parlamentarischen Verfahren beschlossenes Gesetz*. Zwar muß *der Gesetzgeber die fundamentalen Zuständigkeitsregeln* selbst aufstellen *[...]*, also durch die Prozeßgesetze bestimmen, welche Gerichte mit welchen Spruchkörpern für welche Verfahren sachlich, örtlich und instanziell zuständig sind. Dem Gesetzgeber oder der hierzu von ihm ermächtigten Exekutive obliegt es außerdem, durch organisationsrechtliche Normen die einzelnen Gerichte zu errichten und ihren Gerichtsbezirk festzulegen. *Ergänzend zu solchen Bestimmungen müssen aber Geschäftsverteilungspläne der Gerichte hinzutreten*. Darin sind insbesondere die Zuständigkeiten der jeweiligen Spruchkörper festzulegen sowie diesen die erforderlichen Richter zuzuweisen. Für einen überbesetzten Spruchkörper muß schließlich *in einem Mitwirkungsplan geregelt werden, welche Richter bei der Entscheidung welcher Verfahren mitwirken*. Erst durch diese Regelungen wird der gesetzliche Richter *genau bestimmt*. Das Gericht unterliegt deshalb bei diesen Festlegungen ebenfalls den Bindungen aus Art. 101 Abs. 1 Satz 2 GG."[184]

b) Die Geschäftsverteilungspläne der Gerichte

---

[183] BVerfG, aaO S. 329.

[184] BVerfG, aaO S. 328. - Hervorhebungen in Kursivschrift durch *Verf.* - S. einführend hierzu bereits o., A.II.2.b).

Um die Bestimmtheit des Richters im vorhinein so weit wie möglich zu realisieren, ist der *Geschäftsverteilungsplan in richterlicher Unabhängigkeit jährlich für jedes folgende Jahr aufzustellen.*[185] Dies entspricht den Vorgaben der einfach-gesetzlichen Regelung des § 21 e Absatz 1 Satz 2 GVG und ist nach der Rechtsprechung des Bundesverfassungsgerichts zugleich verfassungsrechtlich geboten. Die Planaufstellung erfolgt durch das Präsidium der Gerichte (§ 21 e Absatz 1 GVG). Dabei gilt allgemein auch für den Geschäftsverteilungsplan - nicht nur in Bezug auf die gesetzliche Regelung - , daß dieser die zur Entscheidung der anhängig werdenden Verfahren im Einzelfall berufenen Spruchkörper und Richter nur *so eindeutig und genau wie möglich* bestimmen muß.[186] Diese Einschränkung ist geboten, da die Zahl der Spruchkörper und der Richter, der Umfang der Geschäftslast und die Leistungsfähigkeit der Richter nicht auf das Jahr gesehen gleich bleiben; außerdem muß dem Fall des Ausscheidens, der Krankheit, der Verhinderung, des Urlaubs und des Wechsels eines oder mehrerer Richter Rechnung getragen werden. Eine hierdurch bedingte Beweglichkeit der Regelungen des Geschäftsverteilungsplans erkennt auch das Bundesverfassungsgericht an.[187] Bereits der Gesetzgeber hat diese Umstände dadurch berücksichtigt, daß nach § 21 e Absatz 3 Satz 1 GVG der Geschäftsverteilungsplan *im Laufe des Geschäftsjahres* sogar *geändert* werden kann, allerdings nur dann, wenn dies wegen Überlastung oder ungenügender Auslastung eines Richters oder Spruchkörpers oder infolge Wechsels oder dauernder Verhinderung einzelner Richter nötig wird.[188] Im übrigen sollen die soeben angeführten Umstände auch eine *begrenzte Überbesetzung* der Kammern und Senate rechtfertigen.[189] Art. 101 Absatz 1 Satz 2 GG ist allerdings nach Auffassung des Bundesverfassungsgerichts nur dann gewahrt, wenn die genannten Gesichtspunkte *„unvermeidlich“* dazu führen, daß Gesetz und Geschäftsverteilungsplan *nicht genau bestimmen*, wer im konkreten Fall der gesetzliche Richter ist.[190] „Unnötige“ Unbestimmtheit ist im übrigen unzulässig.[191]

Art. 101 Absatz 1 Satz 2 GG enthält in der bundesverfassungsgerichtlichen Judikatur nach alledem nicht nur das an die Fachgerichte gerichtete *Verbot*, von Regelungen, die der Bestimmung des gesetzlichen Richters dienen, abzuweichen - die Gesetzesbindung

---

185 BVerfGE 17, 294 (299) und 18, 344 (349).
186 Vgl. nur BVerfGE 17, 294 (299); 18, 65 (69) und ständig.
187 BVerfGE 17, 294 (300); 18, 344 (349).
188 Darüber hinaus kann im Einzelfall sogar die *Auflösung eines Spruchkörpers mitten im Geschäftsjahr* zulässig sein, wenn hierfür „zwingende Gründe“ vorliegen (BVerfGE 1, 439 f.).
189 BVerfGE 18, 344 (349); s. bereits soeben, 1.c)aa), und näher hierzu weiter u., C.II.2.b), die Einzelbeispiele.
190 BVerfGE 17, 294 (300).
191 Ebda.

der Richter ist allerdings selbstverständlich und ergibt sich bereits aus Art. 20 Absatz 3 GG - , sondern positiv auch das *Gebot*, diesen so eindeutig wie möglich zu bestimmen, d.h. es wird neben den gesetzlichen Regelungen ein *Bestand auch von gerichtsinternen Rechtssätzen vorausgesetzt*, die für jeden Streitfall den Richter bezeichnen, der für die Entscheidung zuständig ist.[192] Auch die Geschäftsverteilungsregeln - ebenso wie die speziellen Mitwirkungsregeln - müssen als Grundlagen zur Bestimmung des „gesetzlichen" Richters daher die *wesentlichen Merkmale* aufzeigen, die *gesetzliche Vorschriften* auszeichnen.[193] Sie bedürfen, formell gesehen, der *Schriftform* und müssen inhaltlich die Angaben enthalten, aus denen sich *im voraus abstrakt-generell die Zuständigkeit der Spruchkörper* ergibt.[194]

c) Die Mitwirkungspläne der Spruchkörper

Vor allem aber muß nach ständiger Rechtsprechung des Bundesverfassungsgerichts selbst die *Mitwirkung der einzelnen Richter eines Spruchkörpers* vorab so weit wie möglich bestimmt sein.[195] Hierfür hat es aber lange Zeit stets genügen lassen, daß sich die Zuständigkeit des im Einzelfall mitwirkenden Richters aus den prozeßrechtlichen Regelungen und dem Geschäftsverteilungsplan des Gerichts ableiten ließ.[196] Im übrigen verblieb dem Vorsitzenden Richter bei der Heranziehung einzelner Mitglieder des Spruchkörpers, im Einklang mit der gesetzlichen Regelung des § 21 g Absatz 1 GVG, wonach der Vorsitzende die Geschäfte auf die Richter verteilt, ein weiter Ermessensspielraum.[197]

aa) Erweiterte Anforderungen an die Auswahl der im Einzelfall zur Mitwirkung berufenen Richter

An die Mitwirkung der einzelnen Richter innerhalb eines Spruchkörpers hat das Bundesverfassungsgericht jedoch jüngst erhöhte Anforderungen gestellt. Maßgeblich für die *Ausdifferenzierung* der an die Mitwirkung des im Einzelfall berufenen Richters zu stellenden Anforderungen ist der bereits mehrfach genannte, da außerordentlich bedeutsame, grundlegende Beschluß des *Plenums* des Bundesverfassungsgerichts vom 8. April

---

192 Vgl. BVerfGE 95, 322 (327 f. [m.w.N. aus seiner ständigen Rechtsprechung]).
193 BVerfG, aaO S. 328. - Vgl. *Gloria*, Verfassungsrechtliche Anforderungen an die gerichtlichen Geschäftsverteilungspläne, DÖV 1988, S. 849; *Müller*, Gesetzlicher Richter und Geschäftsplan, JZ 1976, S. 587 ff.; *Weitl*, Geschäftsverteilungsplan und gesetzlicher Richter, DRiZ 1977, S. 112 ff.
194 BVerfGE 95, 322 (328 f.) und ständig.
195 Vgl. nur BVerfGE 18, 344 (349 ff. [351 f.]); 69, 112 (120 f.) und ständig.
196 BVerfGE 18, 344 (349 ff.); 69, 112 (120 f.).
197 BVerfG, aaO.

1997[198] in dem Verfahren über eine Vorlage des Ersten Senats, dessen Entscheidungsformel dahingehend lautet, daß es nach Art. 101 Absatz 1 Satz 2 GG grundsätzlich geboten sei, für mit Berufsrichtern *überbesetzte Spruchkörper* eines Gerichts *im voraus* nach abstrakten Merkmalen zu bestimmen, *welche Richter an den jeweiligen Verfahren mitzuwirken* haben.[199] Damit hat das Bundesverfassungsgericht den Schutzbereich des Art. 101 Absatz 1 Satz 2 GG erweitert und, unter ausdrücklicher Aufgabe seiner bisherigen Rechtsprechung[200], insoweit festgelegt, daß im Fall des überbesetzten Spruchkörpers der Vorsitzende vor Beginn des Geschäftsjahres in einem *konkreten Mitwirkungsplan* nach abstrakt-generellen Merkmalen festzulegen habe, *welche Mitglieder* des Spruchkörpers *bei den einzelnen richterlichen Geschäften* mitwirken.[201] Zuvor reichte es demgegenüber aus, daß das zuständige *Gericht* durch Gesetz, also aus der generellen Zuständigkeitsordnung der Prozeßgesetze, im voraus bestimmt war, und in diesem Rahmen die einzelnen Richter den Spruchkörpern anhand des den verfassungsrechtlichen Vorgaben des Art. 101 Absatz 1 Satz 2 GG genügenden *Geschäftsverteilungsplans* des Gerichts, also insoweit nur abstrakt-generell und im voraus bestimmt, zugeordnet waren; der Vorsitzende Richter des Spruchkörpers hatte nur die Geschäfte auf die einzelnen Mitglieder zu verteilen und sie insoweit *zur Mitwirkung zu berufen*, er konnte sie jedoch *bei Bedarf nach Ermessen* für die einzelnen richterlichen Geschäfte heranziehen.[202] Welche Richter innerhalb eines überbesetzten Spruchkörpers an den einzelnen Verfahren mitwirkten, brauchte nach Art. 101 Absatz 1 Satz 2 GG daher nicht im voraus festgelegt zu werden. Anhand dieser Verfassungsvorschrift wurde nur geprüft, ob der Vorsitzende das ihm eingeräumte Ermessen willkürfrei ausgeübt hatte.[203] Dieser Spielraum besteht seit der Plenarentscheidung nicht mehr.

Das Bundesverfassungsgericht hebt im einzelnen hervor, daß, da auch die im Einzelfall zur Mitwirkung berufenen Richter von Art. 101 Absatz 1 Satz 2 GG erfaßt seien, sich die abstrakt-generelle Vorausbestimmung „bis auf die letzte Regelungsstufe erstrecken“ müsse, auf der es um die Person des konkreten Richter geht.[204] Auch hier, auf der Ebene der für das jeweilige Gericht handelnden Richter, gelte es Vorkehrungen schon gegen die bloße Möglichkeit und den Verdacht einer Manipulation der rechtsprechenden Gewalt zu

---

[198] BVerfGE 95, 322 ff. und im Anschluß E 97, 1 ff.
[199] BVerfGE 95, 322.
[200] BVerfG, aaO S. 325 f. m.w.N.
[201] BVerfG, aaO S. 327 ff.
[202] BVerfGE 18, 344 (349 ff. [351 f.]); 69, 112 (120 f.).
[203] BVerfGE 69, 112 (120 f.).
[204] BVerfGE 95, 322 (329).

treffen.[205] Auch insoweit müsse deshalb die richterliche Zuständigkeit „gesetzlich", d.h. in Rechtssätzen, bestimmt werden. Es gehöre zum Begriff des gesetzlichen Richters, daß nicht für bestimmte Einzelfälle bestimmte Richter ausgesucht würden, sondern daß die einzelne Sache „blindlings" aufgrund allgemeiner, vorab festgelegter Merkmale an den entscheidenden Richter gelange. Der rechtsstaatliche Grundsatz vom gesetzlichen Richter untersage mithin die Auswahl des zur Mitwirkung berufenen Richters von Fall zu Fall im Gegensatz zu einer normativen, abstrakt-generellen Vorherbestimmung.[206] Das Bundesverfassungsgericht betont weiterhin, daß auch im Rahmen des konkreten Mitwirkungsplans „unterschiedliche Regelungskonzepte und unbestimmte Rechtsbegriffe" zulässig seien.[207] Jedoch stellt das Bundesverfassungsgericht im weiteren im Hinblick auf die *hinreichende Bestimmtheit* der Vorausbestimmung der konkreten Mitwirkung heraus, daß die Geschäftsverteilungs- und Mitwirkungspläne eines Gerichts „keinen vermeidbaren Spielraum" bei der Heranziehung der einzelnen Richter zur Entscheidung einer Sache und damit „keine unnötige Unbestimmtheit" hinsichtlich des gesetzlichen Richters lassen dürften.[208] Das Gebot des gesetzlichen Richters werde daher nicht erst durch eine willkürliche Heranziehung im Einzelfall verletzt. Unzulässig sei vielmehr schon das Fehlen einer abstrakt-generellen und hinreichend klaren Regelung, aus der sich der im Einzelfall zur Entscheidung berufene Richter möglichst genau ablesen lasse. Ein solcher Mangel könne nicht dadurch geheilt werden, daß im Einzelfall sachgerechte Erwägungen für die Heranziehung des einen und den Ausschluß des anderen Richters maßgebend gewesen seien. Der Verfassungsverstoß liege nicht erst in der normativ nicht genügend vorherbestimmten Einzelfallentscheidung, sondern schon in der unzulänglichen Regelung von Geschäftsverteilung und Richtermitwirkung, die eine derartige Einzelfallentscheidung unnötigerweise erforderlich gemacht habe.[209]

Dies alles war aber im wesentlichen auch bis zu der Plenarentscheidung Stand der ständigen bundesverfassungsgerichtlichen Rechtsprechung. Aus seinen Erwägungen zieht das Bundesverfassungsgericht aber nunmehr den Schluß - und hierin liegt die Bedeutung der Entscheidung als Kurskorrektur - , daß *besondere objektive Merkmale* der Vorausbestimmung des im Einzelfall zur Mitwirkung berufenen Richters vorliegen müssen[210], ob-

205 BVerfG, aaO mit Hinweis auf E 4, 412 (416); 82, 286 (298).
206 BVerfGE 95, 322 (329).
207 Ebda.
208 Ebda.
209 BVerfG, aaO S. 329 f.
210 BVerfG, aaO S. 331.

gleich das Bundesverfassungsgericht, wie soeben angeführt, auch in diesem Beschluß anerkennt, daß die Garantie des gesetzlichen Richters durch „unterschiedliche Regelungskonzepte und unbestimmte Rechtsbegriffe" realisiert werden kann, deren Grenze ein „vermeidbarer" Spielraum des Gerichts bei der Richterauswahl bildet.[211] Das Bundesverfassungsgericht hält es unter diesem Gesichtspunkt für *unzureichend*, wenn für den Fall der Überbesetzung, entsprechend bisheriger fachgerichtlicher Praxis, *im Mitwirkungsplan zunächst nur geregelt wird, welche Richter an welchen Sitzungstagen mitzuwirken haben*, und erst die Terminierung der einzelnen Sache zu deren Zuordnung zur konkreten Sitzgruppe führt.[212] Vielmehr müsse die Zuständigkeit der im Spruchkörper bestehenden Sitzgruppen *abstrakt-generell im voraus nach (anderen) objektiven Merkmalen* bestimmt worden sein. Dies könne etwa in der Weise geschehen, daß in dem für den gerichtlichen Spruchkörper geltenden Mitwirkungsplan für die Zusammensetzung der für die einzelne Sache zuständigen Sitz- oder Spruchgruppe *an die vorwegbestimmte Person des Berichtserstatters angeknüpft* werde, oder eine generelle Vorabbestimmung beispielsweise *nach Aktenzeichen, Eingangsdatum, Rechtsgebiet oder Herkunftsgerichtsbezirk der anhängigen Sache* vorgenommen werde.[213] Eine freie Ermessensentscheidung des Vorsitzenden Richters bei der Heranziehung der dem Spruchkörper nach Maßgabe des Geschäftsverteilungsplans zugeordneten Richter im einzelnen Fall ist nunmehr ausgeschlossen.

bb) Konsequenzen für die fachgerichtliche Praxis und *Stellungnahme*

Unabhängig von der speziellen Frage der *Überbesetzung*[214] hat dieser Beschluß weitreichende Auswirkungen auf den Schutzbereich des Art. 101 Absatz 1 Satz 2 GG und auf die tägliche fachgerichtliche Praxis. Zwar stand schon vorher fest, daß nicht nur das Gericht als organisatorische Einheit und das erkennende Gericht als Spruchkörper, vor dem verhandelt und von dem die Einzelsache entschieden wird, sondern darüber hinaus *auch der Richter, der im Einzelfall zur Entscheidung berufen* ist, „gesetzlich" zu bestimmen ist.[215] Jedoch war, wie soeben dargelegt, insofern eine entsprechende Bestimmung im Geschäftsverteilungsplan und eine willkürfreie[216] Ermessensentscheidung des Vorsitzenden bei der Auswahl des für den konkreten Einzelfall zur Mitwirkung berufenen Richters

---

211 BVerfG, aaO S. 329.
212 BVerfG, aaO S. 331.
213 Ebda. sowie im Anschluß BVerfGE 97, 1 (10).
214 S. hierzu bereits weiter o., 1.c)aa), und im einzelnen u., C.II.2.b).
215 S. etwa bereits BVerfGE 9, 223 (227) und E 18, 65 (69); 82, 286 (296) sowie ständig.
216 S. hierzu u., C.

genügend. Nunmehr darf demgegenüber der Einsatz eines Richters *nicht „auf Grund" eines Regelwerks* (Geschäftsverteilungsplan und Berufung zur Mitwirkung) erfolgen, sondern er muß *„durch das Regelwerk selbst"* (konkreter Mitwirkungsplan) bestimmt werden.[217] Dies wird jedoch, bei konsequenter Umsetzung durch die Fachgerichte, zur Folge haben, daß kein Raum mehr bleibt für flexible Reaktionen im Einzelfall, so dann, wenn sich *kurzfristig* erhöhter Geschäftsanfall bei den betroffenen Spruchkörpern einstellt. Dies gilt auch für andere konkrete Tatsachen, die bei Aufstellung des Mitwirkungsplans nicht vorhersehbar sind wie länger andauernde Überlastung, (ohnehin nur noch selten vorkommende) ungenügende Auslastung, Wechsel oder kurzfristige Verhinderung (etwa wegen urlaubs- oder krankheitsbedingter Abwesenheit) einzelner Richter. Dem in solchen Fällen durch seine neue Iudikatur bewirkten Mangel an Flexibilität will das Bundesverfassungsgericht - unter ausdrücklichem Hinweis auf die Verfassungsgemäßheit dieser Regelungen - durch die nach §§ 21 e Absatz 3 Satz 1, 21 g Absatz 2, 2. Hs. GVG eröffnete Möglichkeit, den Mitwirkungsplan aus derartigen Gründen *innerhalb des Geschäftsjahres zu ändern*, begegnen.[218] Die Einbewertung der in den gesetzlichen Regelungen vorgesehenen unbestimmten Rechtsbegriffe wie „Überlastung", „ungenügende Auslastung" oder „dauernde Verhinderung" nach § 21 g Absatz 2, 2. Hs. GVG überläßt es dabei ausdrücklich dem Vorsitzenden im Rahmen seines Auslegungsspielraums.[219] Eine formelle Änderung des Mitwirkungsplans, die schriftlich zu erfolgen hat, ist jedoch mit ungleich mehr Aufwand verbunden, ebenso wie bereits die Aufstellung des Mitwirkungsplans zu Beginn des Geschäftsjahres nach den vom Bundesverfassungsgericht geforderten starren Kriterien wie etwa Aktenzeichen, Eingangsdatum oder Rechtsgebiet, gegenüber der bisher zulässigen Zuteilung der Mitglieder des Spruchkörpers zur Mitwirkung an den einzelnen im voraus bestimmten Sitzungstagen, und der Heranziehung einzelner Richter im überbesetzten Spruchkörper nach Ermessen des Vorsitzenden. Zwangsläufig wird sich dies wiederum, zumal angesichts der notorischen Unterbesetzung vieler Gerichte, auf die *Dauer* der Verfahren auswirken und insgesamt zu Lasten der *Effektivität der Rechtsprechung* gehen.[220] Fehl geht daher die Schlußfolgerung des Bundesverfassungsgerichts, die bisherige Praxis der Fachgerichte - die in der Vergangenheit stets die Billigung des Bundesverfassungsgerichts gefunden hatte - , habe dem Vorsitzenden bei der Heranziehung des einzelnen Richters einen Entscheidungs-

---

[217] S. *Classen* in: v. Mangoldt/Klein/Starck, Bonner Grundgesetz, Art. 101 Abs. 1 Rd. 15.
[218] BVerfGE 95, 322 (331 ff.).
[219] BVerfG, aaO S. 332 f.
[220] Vgl. hierzu *Classen*, aaO Rd. 16 und Rd. 56 m.w.N.

spielraum belassen, „dessen es zur effektiven Bewältigung der Rechtsprechungsaufgabe angesichts der anderen zur Verfügung stehenden Mitwirkungssysteme nicht bedarf".[221] Im Gegenteil verlangt das Bundesverfassungsgericht nunmehr ein *Höchstmaß* an Vorhersehbarkeit auf der letzten Ebene der Bestimmung des „gesetzlichen" Richters, das weit über die Forderung des Art. 101 Absatz 1 Satz 2 GG nach einer „möglichst eindeutigen" Regelung hinausgeht und zum anderen kaum mehr Raum für aus sachlichen Gründen notwendige Ermessensentscheidungen des Gerichts in unvorhersehbaren Situationen läßt. Eines solchen Spielraumes bedarf es aber im Einzelfall „zur effektiven Bewältigung der Rechtsprechungsaufgabe", sollen nicht permanente Verfahrensverschleppungen die Folge sein. Auch im *Ermessen* des Gerichts stehende *Richtervorlagen*[222] etwa dürften konsequenterweise nicht mehr möglich sein[223], zumindest müßte ihr Anwendungsbereich im Sinne eines gebundenen Ermessens erheblich eingeschränkt werden, da ein *strukturelles Ungleichgewicht* entstünde, würde nur die Ermessensentscheidung des Vorsitzenden im Falle der Überbesetzung eines Spruchkörpers an strikte Vorgaben gebunden, jedoch andere, ebenso wichtige Entscheidungen wie bisher dem gerichtlichem Ermessen überlassen.

Unabhängig von den zu erwartenden, zu Lasten der regelmäßig ohnehin überlasteten Fachgerichte gehenden, praktischen Auswirkungen dieser neuen Iudikatur ist festzuhalten, daß das Bundesverfassungsgericht hier wiederum mittelbar den Gesetzgeber korrigiert. Denn es abverlangt den Fachgerichten eine bestimmte Auslegung des § 21 g GVG, wonach die Geschäftsverteilung innerhalb der Spruchkörper geregelt ist, die dem Wortlaut der einfach-gesetzlichen Norm nicht zu entnehmen ist. In Absatz 1 ist lediglich bestimmt, daß der Vorsitzende innerhalb des mit mehreren Richtern besetzten Spruchkörpers die Geschäfte auf die Mitglieder verteilt. Da in der Vorschrift keine Kriterien genannt sind, anhand derer die Verteilung zu erfolgen hat, ist dem Vorsitzenden somit ein weiter Ermessensspielraum eröffnet. Zwar schränkt Absatz 2 1. Hs. der Vorschrift das Ermessen des Vorsitzenden insofern ein, als daß dieser *vor* Beginn des Geschäftsjahres für dessen Dauer zu bestimmen hat, *nach welchen Grundsätzen* die Mitglieder an den Verfahren mitwirken, während eine *Änderung* innerhalb des Geschäftsjahres zwar grundsätzlich möglich, der Vorsitzende dabei aber an die in Absatz 2, 2. Hs. vorgegebenen Gründe gebunden ist. Weitere Kriterien für die Ermessensausübung des Vorsitzenden im

---

221 BVerfGE 95, 322 (331).
222 Vgl. hierzu weiter o., 1.d), und weiter u., C.II.3.
223 S. *Classen*, aaO Rd. 16.

Rahmen der Vorabbestimmung der mitwirkenden Richter sind jedoch gesetzlich nicht vorgegeben, insbesondere nicht die starren Kriterien, die das Bundesverfassungsgericht nunmehr als von Verfassungs wegen vorgibt. Die Folge ist ein eklatanter *Wertungswiderspruch*, da den Fachgerichten nunmehr auf der letzten, gerichtsinternen Ebene der Vorherbestimmung des „gesetzlichen" Richters ein Höchstmaß an Vorhersehbarkeit abverlangt wird, während der Gesetzgeber selbst, Adressat des in Art. 101 Absatz 1 Satz 2 GG enthaltenen Gesetzesvorbehaltes, nur die „*fundamentalen Zuständigkeitsregelungen*" aufstellen muß, die selbst dann, wenn sie im Lichte des Art. 101 Absatz 1 Satz 2 GG im Einzelfall zumindest fragwürdig sind, vom Bundesverfassungsgericht in der Regel als verfassungsrechtlich unbedenklich angesehen werden.[224] Dennoch nennt das *Plenum* für die Verlagerung der Aufgabe der Sicherung des Rechts auf den gesetzlichen Richter vom Gesetzgeber auf die Fachgerichte einen neuen dogmatischen Ansatz letztlich nicht, sondern zieht sich auf die allgemeine Überlegung zurück, daß „sich die Vorstellungen von den Anforderungen an den gesetzlichen Richter im Laufe der Zeit allmählich verfeinert" hätten „und im Zuge dieser Entwicklung die Forderung nach einer möglichst präzisen Vorherbestimmung auch der im Einzelfall an der gerichtlichen Entscheidung mitwirkenden Richter zunehmend stärkeres Gewicht gewonnen" habe.[225] Ohne Angabe eines Grundes, *inwiefern* sich die Vorstellungen vom Recht auf den gesetzlichen Richter gewandelt hätten, heißt es sodann: „Aber auch eine in Jahrzehnten gewachsene Rechtstradition hindert eine gewandelten Anschauungen Rechnung tragende Weiterentwicklung des Rechts nicht. Der Geschäftsverteilungsplan, der die Verfahren und die zu ihrer Erledigung erforderlichen Richter den einzelnen Spruchkörpern zuweist, und der Mitwirkungsplan, der im überbesetzten Spruchkörper die Heranziehung der einzelnen Richter zu den Verfahren regelt, bestimmen erst in ihrem Zusammenspiel den gesetzlichen Richter. Es ist folgerichtig, auch den Mitwirkungsplan als eine dieser Teilregelungen den Bindungen des Art. 101 Abs. 1 Satz 2 GG zu unterwerfen."[226] Das Bundesverfassungsgericht erkennt damit selbst an, daß die „Verfeinerung" der an den gesetzlichen Richter zu stellenden Anforderungen und die stärkere Gewichtung im Hinblick auf eine „möglichst präzise Vorherbestimmung" auch des im Einzelfall mitwirkenden Richters letztlich auf seine eigene Interpretation des Art. 101 Absatz 1 Satz 2 GG, nicht aber auf eine gewandelte Rechtslage, zurückzuführen ist. Art. 101 Absatz 1 Satz 2 GG kann aber aus syste-

---

[224] S. hierzu die Normbeispiele weiter o. unter 1.
[225] BVerfGE 95, 322 (333).
[226] BVerfG, aaO S. 333 f.

matischen Gründen nicht nach einer Präzision gerichtsinterner Regelwerke verlangen, die über die Anforderungen, die an den Gesetzgeber gestellt werden, weit hinausgehen. Konsequenterweise müßte dann der gesamte Schutzbereich des Art. 101 Absatz 1 Satz 2 GG ausgedehnt und verschiedene gesetzliche Regelungen, welche die Zuständigkeit der Gerichte und die Besetzung der Richterbank richterlichem Ermessen überlassen, für verfassungswidrig erklärt werden. Zustimmung verdient daher im Ergebnis die frühere Rechtsprechung des Bundesverfassungsgerichts, derzufolge es genügte, „wenn im Einzelfall der gesetzliche Richter sich so eindeutig wie möglich aus einer allgemeinen Regelung ergibt und er unter Ausschluß von sachfremden Einflüssen bestimmt wird."[227] Sachliche Grenzen können und müssen dem richterlichen Ermessen im Einzelfall durch gesetzliche Vorgaben durchaus gesetzt werden, wonach der Vorsitzende etwa bei der Heranziehung des zur Mitwirkung berufenen einzelnen Richters objektive Kriterien wie den „Sachzusammenhang" oder den rechtlichen „Schwerpunkt" der zu entscheidenden Sache zu berücksichtigen hat.[228] Durch solche sachbezogenen Kriterien wird zugleich dem Gesichtspunkt der Effektivität der Rechtsprechung Rechnung getragen. Die Bereitstellung entsprechender Vorgaben obliegt jedoch primär dem Gesetzgeber. Ein darüber hinaus verbleibender Ermessensspielraum des Vorsitzenden bei der Richterauswahl im übrigen ist dagegen aus den oben angeführten Gründen verfassungsrechtlich unbedenklich, sofern die Ausübung des Ermessens von sachgerechten Kriterien geleitet ist.

3. Weitere Anforderungen an den „gesetzlichen" Richter

a) Ordnungsgemäße Anstellung und Bestellung der Richter

Nach der Rechtsprechung des Bundesverfassungsgerichts ist für die *Gesetzlichkeit* des Richters neben seiner Zuständigkeit nach den gesetzlichen Zuständigkeitsregelungen und dem Geschäftsverteilungsplan sowie den Mitwirkungsplänen als Teilregelungen des Geschäftsverteilungsplanes des weiteren der *formelle* Akt seiner *Anstellung* sowie seiner ordnungsgemäßen *Bestellung* im Einzelfall von Bedeutung: Demnach müßten wegen *Art. 97 Absatz 2 und Art. 92 GG Berufsrichter grundsätzlich hauptamtlich und planmäßig endgültig angestellt* sein; Richter, bei denen diese *Garantien der persönlichen Unabhängigkeit* fehlen (*„Hilfsrichter"*), dürften nur aus zwingenden Gründen herangezogen werden und müßten möglichst gleichmäßig auf Gerichte, Kammern und Senate verteilt

[227] BVerfGE 18, 344 (352).
[228] Vgl. BVerfGE 95, 322 (330).

werden.[229] Entscheidungen, bei denen ohne zwingende Gründe Richter mitgewirkt haben, die nicht hauptamtlich und planmäßig endgültig angestellt sind, verletzen daher nach Auffassung des Bundesverfassungsgerichts das Recht auf den gesetzlichen Richter nach Art. 101 Absatz 1 Satz 2 GG.[230] Es beruft sich insoweit darauf, daß der „gesetzliche" Richter „sämtlichen Anforderungen des Grundgesetzes", mithin auch Art. 97 und 92 GG, genügen müsse.[231] Die Grundsätze der ordnungsgemäßen Anstellung und Bestellung gelten sinngemäß auch für die *Schöffen.* Diese müssen nach den Regelungen des Gerichtsverfassungsgesetzes *auf rechtswirksame Weise berufen bzw. gewählt* werden.[232] Entspricht ihre Wahl nicht den zwingenden gesetzlichen Vorschriften und ist somit ungültig, so kommt ein *bloßer unbeachtlicher Verfahrensirrtum (error in procedendo)*[233] *nicht* in Frage.[234] Wirkt insgesamt an einer gerichtlichen Entscheidung eine Person mit, die nach vorstehenden Grundsätzen nicht gesetzlicher Richter, also hier nicht wirksam berufen ist, so kann es nach Auffassung des Bundesverfassungsgerichts nicht darauf ankommen, ob das Gericht willkürlich oder nur irrtümlich seine Besetzung für fehlerfrei gehalten hat, sodaß ein verfassungsrechtlich irrelevanter Verfahrensirrtum begrifflich ausgeschlossen sei.[235]

Die hohen Anforderungen, die das Bundesverfassungsgericht auch in diesem Punkt an die Gesetzlichkeit des Richters stellt, erfährt dagegen in Teilen des Schrifttums Kritik.[236] Zutreffend wird hervorgehoben, daß das Bundesverfassungsgericht den Inhalt des Art. 101 Absatz 1 Satz 2 GG insofern erweitert, indem es unter der „Gesetzlichkeit" des Richters nicht nur dessen „gesetzliche Zuständigkeit", sondern darüber hinaus - unter Berufung auf Art. 92 und Art. 97 GG - dessen allgemeine „Gesetzmäßigkeit" verstehe; damit habe das Bundesverfassungsgericht dem Satz vom gesetzlichen Richter eine Wirkung verschafft, die weit über seine frühere Bedeutung hinausgehe und auch die Vorstellungen übertreffen dürfte, die sich der Verfassungsgeber davon gemacht habe.[237] Das als *Prozeßgrundrecht* ausgestaltete Recht auf den gesetzlichen Richter nach Art. 101 Absatz

---

229 BVerfGE 14, 156 (1. LS und S. 162 ff.). Zu *Ausbildungszwecken* sind Hilfsrichter aber generell zuzulassen (BVerfGE 14, 156 [162 ff.]; 15, 245 [248 f.]).
230 BVerfGE 14, 156 (2. LS).
231 BVerfGE 10, 200 (213); 29, 139 und ständig.
232 BVerfGE 31, 181 (183).
233 Vgl. hierzu ausführlich weiter u., C.I.2 (allgemein) und im einzelnen C.II.
234 BVerfGE 31, 181 (184).
235 Ebda.; s. auch E 4, 412 (416).
236 Vgl. etwa *Bettermann*, AöR Bd. 94 (=1969), S. 263 ff.; *Wassermann* in: Alternativkommentar GG, Art. 101 Rd. 9 m.w.N.
237 S. *Wassermann*, aaO.

1 Satz 2 GG einerseits und die *Organisationsnormen* der Art. 92 und 97 GG weisen jedoch einen jeweils *unterschiedlichen Schutzgehalt* auf. Daher wird zu Recht eingewandt, durch die Verknüpfung des Rechts auf den gesetzlichen Richter mit sonstigen verfassungsrechtlichen Anforderungen des IX. Abschnitts des Grundgesetzes würden die verschiedenen verfassungsrechtlichen Garantien im Bereich der Justiz nivelliert.[238] Allerdings ist zuzugeben, daß der Wortlaut des Art. 101 Absatz 1 Satz 2 GG im Hinblick auf das Erfordernis der „Gesetzlichkeit“ des Richters nicht explizit auf dessen „Zuständigkeit“ beschränkt ist.[239] Auch ist festzustellen, daß die Art. 92 und 97 GG zwar primär organisationsrechtlichen Gehalt haben[240], im Kern aber *auch* den Interessen des Individuums dienen.[241] Mit anderen Worten: Was nützt dem Betroffenen ein zuständiger Richter, wenn dieser nicht in richterlicher Unparteilichkeit und Unabhängigkeit entscheidet? Art. 101 Absatz 1 Satz 2 GG soll aber gerade der Gefahr vorbeugen, daß die Justiz durch eine Manipulierung der rechtsprechenden Organe sachfremden Einflüssen ausgesetzt werde; geschützt ist damit auch die *Unparteilichkeit und Sachlichkeit der Gerichte*.[242] Jedenfalls diese *grundlegenden Wertungen des Art. 97 GG* müssen somit Eingang finden in den Schutzbereich des Art. 101 Absatz 1 Satz 2 GG und sind somit mittelbar, da als solche nicht individualrechtlich bewehrt, über Art. 93 Absatz 1 Nr. 4 a in Verbindung mit Art. 101 Absatz 1 Satz 2 GG auch mit der Verfassungsbeschwerde angreifbar.

Zu weitgehend im Hinblick auf den Wortlaut des Art. 101 Absatz 1 Satz 2 GG ist indes die oben angeführte Schlußfolgerung des Bundesverfassungsgerichts, die Berufsrichter müssten im Sinne des Art. 92 in Verbindung mit Art. 97 Absatz 2 GG *grundsätzlich hauptamtlich und planmäßig fest angestellt* sein.[243] Richter müssen unzweifelhaft *sachlich unabhängig* sein. Sie sind insoweit gemäß Art. 97 Absatz 1 GG nur dem Gesetz unterworfen. Der Sicherung der sachlichen Unabhängigkeit dient Art. 97 Absatz 2 GG, indem er den hauptamtlich und planmäßig angestellten Richtern die persönliche Unabhängigkeit garantiert[244], ohne daß jedoch daraus der Umkehrschluß gezogen werden könnte, nur eine solche Gerichtsperson sei „Richter“. Zunächst ist einmal festzuhalten, daß das Grundgesetz überhaupt keine Aussage darüber trifft, wann eine Gerichtsperson

---

238 S. *Bettermann*, aaO; *Wassermann*, aaO.
239 S. *Classen* in: v. Mangoldt/Klein/Starck, Bonner Grundgesetz, Art. 101 Abs. 1 Rd. 27.
240 So auch etwa BVerfGE 14, 156 (165).
241 S. *dens.*, aaO m.w.N.
242 BVerfGE 4, 412 (416); 17, 294 (299); 48, 246 (254); 82, 286 (296); 95, 322 (327) und ständig.
243 S. die Angaben weiter o.
244 S. BVerfGE 14, 156 (162).

als „Richter" zu bezeichnen ist.[245] Eine Gleichsetzung mit dem dienstrechtlichen Begriff des Richters ist aus verfassungsrechtlicher Sicht daher unzulässig, der Rückschluß aus einem einfachen Gesetz (§ 5 Absatz 1 DRiG) nicht möglich. Bei Art. 97 Absatz 2 GG handelt es sich daher nur um ein flankierendes Instrumentarium im Hinblick auf die sachliche Unabhängigkeit, bei dem der organisationsrechtliche Charakter im Vordergrund steht. Hätte der Verfassungsgeber gewollt, daß Verletzungen dieser Norm mit der Verfassungsbeschwerde angreifbar sind, hätte er sie entsprechend als Individualrecht ausgestalten bzw. in den Katalog des Art. 93 Absatz 1 Nr. 4 a GG aufnehmen müssen. Da er dies unterlassen hat, bedeutet die Rechtsprechung des Bundesverfassungsgerichts letztlich eine systemwidrige überobligatorische Ausdehnung des spezifischen Schutzbereichs des Art. 101 Absatz 1 Satz 2 GG. Nur der Kerngehalt des Art. 97 Absatz 1 GG sollte demnach Eingang in den Anwendungsbereich des Rechts auf den „gesetzlichen" Richter finden. Hiervon ist im Hinblick auf den Schutzzweck des Art. 101 Absatz 1 Satz 2 GG sicherlich die sachliche Unabhängigkeit des Richters bei dem konkret zu entscheidenden Fall erfaßt, ebenso wie seine Unparteilichkeit. Ob diese gewahrt wurde, ist für jeden einzelnen Fall gesondert zu prüfen. Darüber hinausgehende, organisationsrechtliche Erfordernisse sind durch Art. 101 Absatz 1 Satz 2 GG dagegen nicht gedeckt.

b) Bereitstellung gesetzlicher Regelungen zum Ausschluß und zur Ablehnung von Richtern

Einen Sonderfall der fehlenden Gesetzlichkeit eines Richters bildet der Fall seines gesetzlichen Ausschlusses oder seiner rechtswirksamen Ablehnung. Ein solcher Richter darf nicht an der in richterlicher Unabhängigkeit zu fällenden Entscheidung mitwirken. Das Bundesverfassungsgericht fordert *vom Gesetzgeber zwingend die Bereitstellung entsprechender Vorschriften*: „Nach Art. 101 Absatz 1 Satz 2 GG muß im System der normativen Vorausbestimmung des gesetzlichen Richters Vorsorge dafür getroffen werden, daß im Einzelfall ein Richter, der nicht die Gewähr der Unparteilichkeit bietet, von der Ausübung seines Amtes ausgeschlossen ist oder abgelehnt werden kann."[246] Das Bundesverfassungsgericht begründet dies hauptsächlich wiederum damit, daß Art. 101 Absatz 1 Satz 2 GG *nicht als rein formale Bestimmung* verstanden werden dürfe, deren Vorgaben stets schon dann erfüllt seien, wenn die *Richterzuständigkeit allgemein und eindeutig ge-*

[245] Zutreffend zuletzt *Dümig*, RPfl 2001, S. 469 (472 m.w.N.).
[246] BVerfGE 21, 139 (2. LS und S. 145 ff.).

regelt sei.[247] Vielmehr ergibt sich nach Auffassung des Bundesverfassungsgerichts aus dem Zusammenhang des Art. 101 Absatz 1 Satz 2 GG mit den Garantien der richterlichen *Weisungsfreiheit* nach Art. 97 Absatz 1 GG und der in Art. 97 Absatz 2 GG institutionell gesicherten *persönlichen Unabhängigkeit* des Richters, daß der Rechtsuchende nicht vor einem Richter steht, der - etwa wegen naher Verwandtschaft, Freundschaft oder auch Verfeindung mit einer Partei - *die gebotene Neutralität und Distanz* vermissen läßt.[248] Dabei sei der Gesetzgeber zwar in Einzelheiten, etwa bezüglich des Katalogs der Ausschließungs- und Ablehnungsgründe, nicht gebunden. Der soeben genannte Grundsatz dürfe aber nicht derart außer acht gelassen werden, daß das Ziel, die Unparteilichkeit und Neutralität des Richters zu sichern, gefährdet werde. Demnach müsse bereits im System der normativen Vorausbestimmung des gesetzlichen Richters Vorsorge dafür getroffen werden, daß im Einzelfall ein Richter, der nicht die Gewähr der Unparteilichkeit bietet, *von der Ausübung seines Amtes ausgeschlossen ist oder abgelehnt werden kann.*[249] Im Grundsatz ist dem aus den weiter oben bereits angeführten Gründen zuzustimmen.[250] Der Schutzzweck des Art. 101 Absatz 1 Satz 2 GG erfaßt demnach auch die sachliche Unabhängigkeit und Unparteilichkeit des Richters. Auf dessen Sicherung erstreckt sich daher grundsätzlich auch der in Art. 101 Absatz 1 Satz 2 GG enthaltene Auftrag an den Gesetzgeber zur Bestimmung des Richters, der diese Voraussetzungen erfüllt. Allerdings geht nach der hier vertretenen Auffassung auch in diesem Zusammenhang der Hinweis auf die institutionelle Sicherung des Art. 97 Absatz 2 GG fehl, wobei diese organisationsrechtliche Norm hier aber ohnehin nicht von Bedeutung ist.

Im *Zivilprozeß* werden die Erfordernisse des Art. 101 Absatz 1 Satz 2 GG im Hinblick auf die Möglichkeit der *Ablehnung von Amtsrichtern wegen Befangenheit* nach Maßgabe des *ZPO-RG*[251] ab 1. Januar 2002 quasi ausgehöhlt: Nach §§ 45, 46 ZPO (a.F.) entschied über das Ablehnungsgesuch bislang das Landgericht als Kontrollgericht und das Oberlandesgericht als Beschwerdegericht. In Familiensachen entschied nur das Oberlandesgericht. Damit wurde verhindert, daß Richter am Amtsgericht das Verhalten ihrer Kollegen zu bewerten hatten. Die Möglichkeit der Beeinflussung der Entscheidung wegen beruflicher oder persönlicher Kontakte wurde von vornherein abgeschnitten. Eine §

---

247 BVerfG, aaO S. 145.
248 BVerfG, aaO S. 146; 30, 149 (153); 40, 268 (271) und ständig.
249 BVerfGE 21, 139 (146); 30, 149 (153).
250 S. weiter o. unter a).
251 G vom 27. Juli 2001 (= BGBl. I S. 1887).

49 ArbGG entsprechende Regelung, welche die so genannte *„Inzestkontrolle“*[252] ermöglicht, ist aber nunmehr nach *§ 45 Absatz 2 Satz 2 ZPO n.F.* auch für den Zivilprozeß eröffnet. Über die Ablehnung eines Richters am Amtsgericht entscheidet demnach nicht mehr das Landgericht, sondern ein *(anderer) Richter des Amtsgerichts*. Ein Kollege wird somit über die Befangenheit eines Kollegen, zu dem er unter Umständen ein Verhältnis persönlicher Nähe aufgebaut hat, zu entscheiden haben. Daß die insoweit bestehende psychologische Hemmschwelle eine neutrale Entscheidung praktisch unmöglich macht, dürfte außer Frage stehen. Dies gilt insbesondere auch dann, wenn der entscheidende Richter sich „bewußt“ um Neutralität bemüht, da bereits dann seine Entscheidung durch subjektive Momente beeinflußt ist.[253] Ein weiteres Problem wird sich nach neuem Recht dann stellen, wenn der abgelehnte Richter am Amtsgericht *selbst* über das Ablehnungsgesuch entscheidet und es wegen (angeblichen) Rechtsmißbrauchs als unzulässig zurückweist.[254] Vermutlich werden sich daher insgesamt die Erfolgsaussichten von Ablehnungsverfahren gegen Richter am Amtsgericht erheblich vermindern, ein Phänomen, das bereits im Arbeitsgerichtsprozeß, in dem nach § 49 ArbGG von vornherein die Kontrollentscheidung nicht der höheren Instanz, sondern der Kammer des Arbeitsgerichts obliegt und die Beschwerde ausgeschlossen ist, aufgetreten ist.[255] Der Hintergrund der Neuregelungen ist darin zu sehen, daß rechtsmißbräuchliche Ablehnungsverfahren, deren große Zahl in der Vergangenheit die Arbeit der Justiz behindert hat, verhindert werden sollen. Die Novelle macht jedoch zugleich den Weg dafür frei, zulässige und begründete Ablehnungsgesuche ebenfalls um ihre Erfolgsaussichten zu bringen. Daß dies mit den Erfordernissen des Art. 101 Absatz 1 Satz 2 GG und dem Auftrag, den diese Vorschrift und das Bundesverfassungsgericht an den Gesetzgeber stellen, nicht zu vereinbaren ist, liegt auf der Hand. Auch hier gilt wieder: Effizienzbemühungen dürfen nicht auf Kosten eines effektiven Rechtsschutzes und einer effektiven Rechtspflege gehen.

---

[252] Vgl. *Schneider*, ZAP 2001, Fach 13, S. 1063 (1070 m.w.N.).
[253] Pointiert *ders.*, aaO.
[254] Vgl. hierzu eingehend *dens.*, aaO.
[255] Vgl. die Nachweise bei *dems.*, aaO. - Die Beschwerdemöglichkeit gegen zurückweisende Ablehnungsentscheidungen ist zwischenzeitlich nicht nur im Arbeitsgerichtsverfahren, sondern auch in der Finanzgerichtsbarkeit abgeschafft worden.

C. Die Rechtsfolge des Art. 101 Absatz 1 Satz 2 GG - Keine „Entziehung" des gesetzlichen Richters

I. Kontrolle der Fachgerichte durch das Bundesverfassungsgericht anhand der „Willkür-Formel"

1. Verbot der Entziehung des gesetzlichen Richters durch die Gerichte

Art. 101 Absatz 1 Satz 2 GG entfaltet Schutz sowohl auf der Tatbestandsebene als auch auf der Rechtsfolgenseite. Zunächst ist *Anwendbarkeitsvoraussetzung* des Art. 101 Absatz 1 Satz 2 GG, daß der Richter „*gesetzlich*" bestimmt ist in dem vorstehend näher ausgeführten Sinne. Hier können, neben dem Gesetzgeber, wenn er unzulässig richterliche Kompetenzen der Exekutive überläßt oder den gesetzlichen Richter nicht hinreichend bestimmt, oder der Exekutive selbst, soweit diese entweder ihn unbefugt selbst bestimmt oder sich zum gesetzlichen Richter aufschwingt und richterliche Kompetenzen an sich reißt, auch die Fachgerichte bereits dieses Prozeßgrundrecht verletzen, wenn sie nämlich *Geschäftsverteilungs- und Mitwirkungspläne* aufstellen, die nicht den verfassungsrechtlichen Anforderungen entsprechen. Eine, nach Art. 101 Absatz 1 Satz 2 GG verbotene, „Entziehung" des gesetzlichen Richters im Wortsinne setzt jedoch voraus, daß der Richter an sich bereits gesetzlich bestimmt ist. Das bedeutet, auf der *Rechtsfolgenseite* dieser verfassungsrechtlichen Gewährleistung, daß *die zur gesetzlichen Bestimmung des Richters geschaffenen Regelungen*, d.h. die prozeßrechtlichen Gesetze und, nach der Rechtsprechung des Bundesverfassungsgerichts, die diese ergänzenden gerichtsinternen Regelwerke, also die Geschäftsverteilungs- und Mitwirkungspläne, *von den Fachgerichten eingehalten werden*. Wird daher etwa eine Zuständigkeitsbestimmung fehlerhaft angewendet oder ausgelegt, *kann* dies zugleich einen Verstoß gegen das verfassungsrechtliche Recht auf den gesetzlichen Richter darstellen. Aber auch durch *sonstige* Fehler der Fachgerichte bei der Anwendung und Auslegung einfachen Rechts *kann* der Garantiegehalt des Art. 101 Absatz 1 Satz 2 GG verletzt werden, etwa durch Überschreitung des dem Richter im Einzelfall eingeräumten Ermessens oder im Bereich der Befangenheitsvorschriften. Der Begriff der „Entziehung" des gesetzlichen Richters im verfassungsrechtlichen Sinne wäre insoweit im Verfahrensbereich gleichzusetzen mit einem Verfahrensfehler bei der Anwendung und Auslegung einfachen Rechts. Dies ist jedoch originäre Aufgabe der Fachgerichtsbarkeit, das Bundesverfassungsgericht ist nicht gleich einer

„*Superrevisionsinstanz*" zur Kontrolle eines jeden fachgerichtlichen Verfahrensfehlers berufen, solange hierdurch nicht zugleich „spezifisches Verfassungsrecht" verletzt ist.[256] In dem *spezifischen Schutzbereich* des Rechts auf den gesetzlichen Richter nach Art. 101 Absatz 1 Satz 2 GG *beschränkt sich das Bundesverfassungsgericht* insoweit - im Gegensatz zur bundesverfassungsgerichtlichen Prüfung von Verstößen gegen die Rechtsweggarantie des Art. 19 Absatz 4 GG oder des Anspruchs auf rechtliches Gehör nach Art. 103 Absatz 1 GG - durchweg auf eine Kontrolle der Einhaltung dieses Prozeßgrundrechts durch die Fachgerichte nach Maßgabe seiner *Willkür-Formel*.[257]

2. Schutz nur vor willkürlicher Entziehung durch die Gerichte

a) Die Willkür-Formel des Bundesverfassungsgerichts

Nur eine „willkürliche" Entziehung des gesetzlichen Richters durch die Gerichte selbst stellt demnach in der Rechtsprechung des Bundesverfassungsgerichts zugleich eine Verletzung des verfassungsrechtlichen Gehalts des Art. 101 Absatz 1 Satz 2 GG dar.[258] Weiterhin geht das Bundesverfassungsgericht davon aus, daß eine willkürliche Anmaßung von Kompetenzen seitens einer Rechtsinstanz *außerordentlich selten* sein dürfte.[259] Dies ist von seiner Ausgangsposition - daß das verfassungsrechtliche Recht auf den gesetzlichen Richter überhaupt seitens der Rechtsprechung nur durch willkürliches Vorgehen verletzbar sei - nur folgerichtig, denn objektive, richterliche *Willkür* im Sinne des Art. 3 Absatz 1 GG liegt allgemein nur dann vor, wenn die Rechtsanwendung oder das eingeschlagene Verfahren Fehler enthalten, die *„bei verständiger Würdigung der das Grundgesetz beherrschenden Gedanken nicht mehr verständlich sind und sich daher der Schluß aufdrängt, daß sie auf sachfremden Erwägungen beruhen"*.[260] Im Hinblick auf das Recht auf den gesetzlichen Richter hebt das Bundesverfassungsgericht daher hervor, daß *keineswegs jede irrtümliche Überschreitung* der den Rechtsinstanzen gezogenen Grenzen bereits für die Annahme von Willkür ausreichen könne; ob die Maßnahme oder

---

256 S. ausführlich hierzu das Erste Kapitel dieser Arbeit, dort A.II.3.

257 Vgl. die Nachweise in den nachstehenden Fußnoten. - Allgemein zur Willkür-Formel s.o., Erstes Kapitel, A.I.2.b).

258 Seit BVerfGE 3, 359 (2. LS und S. 364). S. weiter E 4, 412 (416 f.); 7, 327 (329); 13, 132 (144); 15, 245 (248); 20, 336 (346); 23, 288 (320); 29, 45 (48) und ständig, zuletzt E 87, 282 (284 f.); 95, 322 (333); 96, 68 (77).

259 BVerfGE 3, 359 (364).

260 BVerfGE 4, 1 (7) - Hervorhebungen in Kursivschrift durch *Verf.* - ; s. hierzu *Kirchberg*, NJW 1987, S. 1990. Die vorbezeichnete Entscheidung ist Grundlage der später vor allem vom Zweiten Senat praktizierten Willkür-Formel, mit der im Bereich der Urteilsverfassungsbeschwerden aber vor allem die „Flut" an Verfassungsbeschwerden betreffend das rechtliche Gehör eingedämmt werden sollte.

Entscheidung eines Gerichts demnach auf Willkür beruhe, lasse sich nur im Einzelfall feststellen; hiervon könne nur die Rede sein, wenn das Gericht sich bei der Auslegung oder Anwendung einer Zuständigkeitsnorm so weit von dem sie beherrschenden verfassungsrechtlichen Grundsatz des gesetzlichen Richters entfernt habe, daß sie nicht mehr zu rechtfertigen sei.[261] Im übrigen aber liege ein *bloßer, verfassungsrechtlich nicht relevanter Verfahrensirrtum* (*error in procedendo*) vor, durch den niemand seinem gesetzlichen Richter entzogen werde.[262] Ein Gericht verletzt demnach Art. 101 Absatz 1 Satz 2 GG „nicht schon bei jeder irrtümlichen Überschreitung der ihm vom Gesetz gezogenen Grenzen. Die Grenze zur Verfassungswidrigkeit ist erst überschritten, wenn die fehlerhafte Auslegung und Anwendung einfachen Rechts *schlechthin unvertretbar ist,* die Handhabung dieses Rechts deshalb außerhalb der Gesetzlichkeit steht".[263] (Unbeachtlicher) „Verfahrensirrtum" und (willkürliche) „Entziehung des gesetzlichen Richters" sind mithin voneinander abzugrenzen.[264] Insofern nimmt das Bundesverfassungsgericht beispielsweise einen unbeachtlichen error in procedendo in dem Fall an, daß ein *Revisionsgericht* trotz der Beschränkung seines Prüfungsumfangs auf *Rechts*fehler der Vorinstanz im Einzelfall Befugnisse ausübt, die an sich der *Tatsacheninstanz* zukommen, sofern die Kompetenzüberschreitung nicht willkürlich ist.[265] Da die *Abgrenzung von Tatsachenfeststellungen von der rechtlichen Würdigung* nicht immer eindeutig möglich ist, ist das Bundesverfassungsgericht allgemein der Auffassung, daß hier zugleich das Vorliegen von Willkür nur „in den seltensten Fällen feststellbar" sein werde.[266] Des weiteren hat das Bundesverfassungsgericht hervorgehoben, daß Willkür etwa nicht deswegen vorliegen könne, *wenn verschiedene - verfassungsgemäße - Rechtsauffassungen* in der Rechtsprechung vertreten werden und das jeweilige Gericht einer Ansicht folgt.[267] Allein dies ist allerdings eine Selbstverständlichkeit und hätte nicht der Hervorhebung bedurft, da eine mit der Verfassung vereinbare Rechtsauffassung per se *nie* zugleich Verfassungsrecht verletzen kann. Erst recht nicht kann das Verbot „gerichtlicher

---

[261] BVerfGE 29, 45 (49).
[262] BVerfGE 3, 359 (364 f. m.w.N.); 4, 412 (416 f.); 7, 327 (329); 13, 132 (144); 15, 245 (248); 20, 336 (346); 23, 288 (320); 29, 45 (48) und ständig.
[263] BVerfGE 87, 282 (284 f. m.w.N.); 96, 68 (77) und ständig. - Hervorhebungen in Kursivschrift durch *Verf.*
[264] BVerfGE 4, 412 (417).
[265] BVerfGE 3, 359 (363 ff.).
[266] Vgl. BVerfG, aaO S. 364.
[267] BVerfGE 15, 303 (306); hier in Bezug auf Rechtsmittelmöglichkeiten und Besetzung des Rechtsmittelgerichts im Rahmen einer Wiederaufnahme im Strafverfahren. - Weitere Einzelbeispiele sind weiter u., unter II., aufgeführt.

Willkür“ verletzt sein, welches bereits seinem möglichen Wortsinn nach einen erhöhten Grad richterlicher Fehlleistung voraussetzt.

b) ***Stellungnahme***

Eine selbstauferlegte Beschränkung des Bundesverfassungsgerichts bei der Nachprüfung gerichtlicher oder richterlicher Entscheidungen und Maßnahmen ist im Grundsatz zu begrüßen, da das Bundesverfassungsgericht hiermit zugleich bekräftigt, daß nicht jeder fachgerichtliche Fehler bei der Anwendung oder Auslegung einfachen Rechts eine Verfassungsverletzung in sich birgt. Das Bundesverfassungsgericht versucht damit, dem allgemeinen Prinzip im Verhältnis zwischen Verfassungs- und Fachgerichtsbarkeit, daß nämlich das Bundesverfassungsgericht *keine „Superrevisionsinstanz“* und nur zur Prüfung der Verletzung *„spezifischen Verfassungsrechts“* berufen ist, gerecht zu werden.[268] Dies gilt umso mehr vor dem Hintergrund seiner Plenarentscheidung vom 8. April 1997, die eine weite Ausdehnung des Rechts auf den gesetzlichen Richter bis auf die unterste gerichtsinterne Ebene mit weitreichenden Konsequenzen mit sich gebracht hat und in der das Bundesverfassungsgericht sogar davon spricht, aus den Geschäftsverteilungs- und Mitwirkungsplänen der Gerichte ergebe sich die „genaue“ Bestimmung des Richters[269], während es bislang, vor allem im Hinblick auf den Gesetzgeber, eine nur „so eindeutig wie mögliche“ Bestimmung des Richters verlangt hat.[270] Dies bedeutet aber im Ergebnis nichts anderes, als daß den Gerichten erheblich weitreichendere Pflichten bei der Bestimmung der Richter auferlegt werden als dem Gesetzgeber, an den sich das Gebot des „gesetzlichen“ Richters und der in Art. 101 Absatz 1 Satz 2 GG enthaltene Auftrag dem Wortlaut des Prozeßgrundrechts nach nur richtet. Damit ist zugleich eine Überdehnung des verfassungsrechtlichen Gebots zu Lasten der Fachgerichte verbunden, die der Kompensation bedarf.

Allerdings weist hier die Willkür-Formel aus verschiedenen Gründen den falschen Weg. Zunächst ergeben sich *allgemeine methodische* Probleme: Zwar ist das Verbot gerichtlicher Willkür weitaus *enger* gefaßt als die in den verfassungsrechtlichen Verfahrensga-

---

[268] S. speziell zu diesem Hintergrund der Willkür-Formel BVerfGE 4, 1 (6 f. [m.w.N. aus seiner ständigen Rechtsprechung]). - Vgl. ausführlich zu dem Komplex „Verfassungsrecht und einfaches Recht - Bundesverfassungsgericht und Fachgerichtsbarkeit“ im Hinblick auf die bundesverfassungsgerichtliche Verfahrenskontrolle das Erste Kapitel, A.II.3., dieser Arbeit.

[269] BVerfGE 95, 322 (328).

[270] BVerfGE 6, 45 (51); 9, 223 (226); 17, 294 (2. LS und S. 298 f.); 18, 65 (69); 18, 344 (350); 19, 52 (LS und S. 60 ff.); 21, 139 (145); 40, 356 (361); 63, 77 (79) und ständig; s. hierzu weiter o. unter B.II.2.c).

rantien enthaltenen Gewährleistungen insofern, als daß ein verfassungsrechtlicher Fehler nur dann vorliegt, wenn der zu Grunde liegende Verfahrensfehler „auf sachfremden Erwägungen" beruht oder die Rechtsanwendung „schlechthin unvertretbar" ist. Verbunden ist hiermit der subjektive Vorwurf an den Richter, er habe die Verfassung in grundlegender Weise verkannt, was der absolute Ausnahmefall sein dürfte. Abgesehen davon sind die genannten Kriterien nicht griffig. Im übrigen aber - und dies ist der Hauptkritikpunkt - sind sie völlig losgelöst von dem materiellen Gehalt des jeweils betroffenen Schutzbereichs. Während nämlich Art. 101 Absatz 1 Satz 2 GG, ebenso wie auch etwa Art. 103 Absatz 1 GG, einen ganz *speziellen Schutzbereich* aufweist, soll das Willkür-Verbot einen *allgemeinen Tatbestand* umfassen. Hiermit kann *jeder* Verfahrensverstoß erfaßt werden, sofern er als „willkürlich" qualifiziert werden kann, gleichgültig, welcher spezielle verfassungsrechtliche Grundsatz an sich betroffen ist, sei es, daß durch den Verfahrensverstoß der gesetzliche Richter entzogen, sei es, daß in „willkürlicher" Weise der Rechtsweg versperrt oder rechtliches Gehör versagt wird. In der Anwendung der Willkür-Formel im Bereich der Prozeßgrundrechte ist daher die Gefahr begründet, daß deren spezifische Schutzbereiche auf Dauer ausgehöhlt werden.[271] Dies gilt umso mehr, als der Schutzgehalt des Art. 101 Absatz 1 Satz 2 GG insgesamt einen verhältnismäßig - insbesondere im Vergleich zu dem Anspruch auf rechtliches Gehör nach Art. 103 Absatz 1 GG - überschaubaren Anwendungsbereich betrifft. Die einfach-gesetzlichen Zuständigkeitsregelungen und andere Vorschriften, die das Recht auf den gesetzlichen Richter konkretisieren, sind zumindest relativ genau - ungeachtet ihrer Schwächen im Einzelfall[272] - und lassen eher wenig Raum für verschiedene Auslegungen. Jedenfalls besteht hier ein solcher Auslegungsspielraum nicht in dem Maße, wie er die einfach-gesetzlichen Konkretisierungen des Art. 103 Absatz 1 GG bestimmt.[273] Im ganzen, nimmt man die Gesamtzahl der Verfassungsbeschwerden, über die nach Maßgabe der amtlichen Entscheidungssammlung vom Bundesverfassungsgericht entschieden wurde, in den Blick, scheint die Fachgerichtsbarkeit weniger Schwierigkeiten bei der Berücksichtigung des Rechts auf den gesetzlichen Richter, so wie es vom Bundesverfassungsgericht interpretiert wird, zu haben als bei der Einhaltung des Anspruchs auf rechtliches Gehör[274], dessen Schutzbereich in der Rechtsprechung des Bundesverfassungsgerichts eine überaus extensive Auslegung erfahren hat. Somit dürfte es gerade im Rahmen des Art. 101 Ab-

---

[271] Vgl. hierzu ausführlich das Erste Kapitel, A.I.2.b), dieser Arbeit.
[272] S. hierzu die Normbeispiele weiter o. unter B.II.1.
[273] S. ausführlich hierzu den Zweiten Abschnitt dieses Teils (zu Art. 103 Absatz 1 GG).
[274] Vgl. auch die tabellarische Übersicht im Anhang.

satz 1 Satz 2 GG keine Schwierigkeiten bereiten, seinen überschaubaren Anwendungsbereich einer stringenten Inhaltskontrolle zu unterziehen. In jedem Fall ist daher ein materiell-rechtlicher Ansatz vorzugswürdig, der am spezifischen Schutzbereich des betroffenen Prozeßgrundrechts selbst ansetzt.

Da gleichwohl auch im Bereich des gesetzlichen Richters nicht jeder Verfahrensfehler mit einem Verfassungsverstoß gleichzusetzen ist, könnte eine materiell-rechtliche Abgrenzung dahin erfolgen, daß zu prüfen ist, ob sich der Verstoß gegen eine Art. 101 Absatz 1 Satz 2 GG konkretisierende einfach-gesetzliche Vorschrift zugleich im *Entscheidungsergebnis* niedergeschlagen haben *könnte*, ob also die *Möglichkeit* besteht, daß der Verfahrensverstoß den *Inhalt* der Entscheidung beeinflußt hat. Diese Prüfung nimmt das Bundesverfassungsgericht etwa bei Verletzungen des Anspruchs auf rechtliches Gehör vor: Nur wenn das sachliche Entscheidungsergebnis überhaupt betroffen sein konnte, die Entscheidung also auf der Gehörverletzung „beruht", kann zugleich ein verfassungsrechtlich relevanter Verstoß gegen den Anspruch auf rechtliches Gehör vorliegen.[275] Bei genauer Betrachtung scheidet aber dieser Ansatz im Rahmen des Art. 101 Absatz 1 Satz 2 GG aus, da hier *stets* wegen der *richterlichen Unabhängigkeit* die konkrete Entscheidung, wäre sie vom zuständigen Richter gefällt worden, *anders* ausfallen *kann* als sie von dem unzuständigen Richter getroffen worden ist.[276] Eine Ausnahme kann daher allenfalls dort gelten, wo das Bundesverfassungsgericht selbst bzw. derselbe Senat das zuständige Gericht gewesen wäre.[277] Konsequenterweise müssten demnach alle von einem unzuständigen Richter getroffenen Entscheidungen zugleich als Verfassungsverstoß angesehen werden. Vor diesem Hintergrund aber kann die Beschränkung des Bundesverfassungsgerichts auf eine Willkür-Kontrolle nur so verstanden werden, daß hiermit *funktionalen* Erwägungen Rechnung getragen werden soll, da es auch nach eigenem Bekunden - zu Recht - nicht „*Superrevisionsinstanz*" ist und nicht auf jeden Verstoß gegen Art. 101 Absatz 1 Satz 2 GG die fachgerichtliche Entscheidung aufheben will. Diesen *prozeßrechtlichen Ansatz* mit dem Ziel einer angemessenen Aufgabenverteilung zwischen Bundesverfassungsgerichts- und Fachgerichtsbarkeit deutet das Bundesverfassungsgericht auch vereinzelt im Hinblick auf Art. 101 Absatz 1 Satz 2 GG an.[278] Im übrigen leitet es

---

275 S.u. den Zweiten Abschnitt dieses Teils, dort C.IV.3.

276 BVerfGE 4, 412 (418); s. hierzu *Classen* in: v. Mangoldt/Klein/Starck, Bonner Grundgesetz, Art. 101 Abs. 1 Rd. 29.

277 BVerfGE 64, 1 (21 f.); 96, 68 (86) zur Vorlagepflicht nach Art. 100 Absatz 2 GG.

278 S. allgemein BVerfGE 4, 1 (6 f.) m.w.N.; speziell im Hinblick auf Art. 101 Absatz 1 Satz 2 GG: E 15, 245 (247); 82, 159 (194 f.); 87, 282 (285).

jedoch das Willkür-Element *unmittelbar* aus dem spezifischen Schutzbereich des Art. 101 Absatz 1 Satz 2 GG ab. Dies ist indes dogmatisch verfehlt. Zum einen gibt der Wortlaut des Prozeßgrundrechts keinen Anlaß, das Recht auf den „gesetzlichen“ Richter zu beschränken auf den „willkürfreien“ Richter.[279] Zum anderen fehlt aber auch sonst im Rahmen des spezifischen Schutzbereichs des Art. 101 Absatz 1 Satz 2 GG jede Grundlage dafür, er schütze allein vor willkürlicher richterlicher Tätigkeit. Insofern nennt auch das Bundesverfassungsgericht keinen dogmatischen Ansatz.[280] Insbesondere aus dem *Schutzzweck* des Art. 101 Absatz 1 Satz 2 GG läßt sich ein Schutz (nur) vor gerichtlicher Willkür nicht ableiten. Demnach soll die Garantie des gesetzlichen Richters, nach ständiger Rechtsprechung des Bundesverfassungsgerichts selbst, „der Gefahr vorbeugen, daß die Justiz *durch eine Manipulation* der rechtsprechenden Organe *sachfremden Einflüssen ausgesetzt wird.* Es soll vermieden werden, daß durch eine *auf den Einzelfall bezogene Auswahl der zur Entscheidung berufenen Richter das Ergebnis der Entscheidung beeinflusst werden kann, [...].*“[281] Die angesprochene *Manipulationsgefahr* bezieht sich daher sachlich ausschließlich auf die *Richterauswahl.* Es soll insbesondere kein unzuständiger, sondern nur der in jeder Hinsicht gesetzlich bestimmte Richter entscheiden. Die Auswahl eines unzuständigen oder sonstwie nicht gesetzlichen Richters kann aber im Einzelfall durchaus auf von sachlichen Gedanken getragenen Erwägungen beruhen, etwa im Hinblick auf die spezielle Sachkenntnis des konkret herangezogenen Richters. Insoweit können beispielsweise Gesichtspunkte der „Effektivität der Rechtsprechung“ eine Rolle spielen, aber auch Effizienzbemühungen, vor allem vor dem Hintergrund der permanenten Überbelastung vieler Fachgerichte, die darum bemüht sein müssen, die ihnen zur Verfügung stehenden personellen und finanziellen Ressourcen effizient zu nutzen. Daß (wirtschaftliche) Effizienz nicht auf Kosten eines effektiven Rechtsschutzes, zu dem auch der gesetzliche Richter gehört, gehen darf, steht auf einem anderen Blatt.[282] Daß ein auf Grund solcher Erwägungen im Einzelfall herangezogener, jedoch unzuständiger Richter nicht den Anforderungen genügt, die Art. 101 Absatz 1 Satz 2 GG an dessen gesetzliche Bestimmtheit stellt, ist ebenfalls selbstverständlich. Daß aber ein unzuständiger Richter im Einzelfall dennoch herangezogen wird, da er etwa besondere Sachkenntnis

---

279 Kritisch zu der Willkür-Formel im Hinblick auf Art. 101 Absatz 1 Satz 2 GG: *Classen*, aaO Rd. 33 ff. (34) mit umfangreichen Nachweisen.

280 Ebensowenig wie etwa die *Revisionsgerichte*, die ihrerseits ebenfalls häufig Entscheidungen der Vorinstanz im Hinblick auf Verletzungen des Rechts auf den gesetzlichen Richter nur anhand des Willkür-Maßstabes, und oft - entsprechend einer Vielzahl einfach-gesetzlicher Regelungen - nur auf Rüge hin kontrollieren; vgl. insoweit die Nachweise bei *Classen*, aaO Rd. 32.

281 BVerfGE 95, 322 (327) und ständig. S. hierzu bereits o., A.I., II.2.a),b).

von der Fallmaterie besitzt, ist zwar möglicherweise ein Verstoß gegen Art. 101 Absatz 1 Satz 2 GG - wenn es sich nämlich um eine *bewußte Manipulation* handelt[283] - , kann aber nicht ohne weiteres als auf „sachfremden Erwägungen" beruhend angesehen werden, die „bei verständiger Würdigung der das Grundgesetz beherrschenden Gedanken nicht mehr verständlich sind", so wie es die Willkür-Formel verlangt.[284] Diese erfaßt eine bestimmte *Qualität* richterlicher Fehlleistung. Nicht jeder Verstoß gegen Art. 101 Absatz 1 Satz 2 GG kann aber als willkürliche Fehlleistung eines Richters und auf sachfremden Erwägungen beruhend angesehen werden. Art. 101 Absatz 1 Satz 2 GG schützt vielmehr vor einer *Manipulationsgefahr*, die grundsätzlich *immer* dann besteht, wenn ein unzuständiger Richter entscheidet, da nicht auszuschließen ist, daß der zuständige Richter anders entschieden hätte, denn beide Richter entscheiden in sachlicher Unabhängigkeit. Allerdings schließt der Wortsinn der „Manipulation" von vornherein ein „bewußtes" Handeln ein, nicht aber „Versehen". Der Schutzzweck der Manipulation geht daher in eine ganz andere Richtung als der Schutzzweck des Verbots gerichtlicher Willkür, mit deren Bejahung stets der Vorwurf an das Fachgericht verbunden ist, es habe in grundsätzlicher Weise die Verfassung nicht verstanden. Aus dogmatischer Sicht überzeugt daher die Herleitung des Verbots gerichtlicher Willkür aus dem spezifischen Gehalt des Rechts auf den gesetzlichen Richter, so wie vom Bundesverfassungsgericht angenommen, nicht.

Aber auch funktionale Erwägungen tragen den Ansatz der Willkür-Formel in diesem Zusammenhang nicht. Sicherlich ist das Bundesverfassungsgericht keine Superrevisionsinstanz. Steht aber eine Verletzung der Verfassung fest, ist es gerade seine Aufgabe, die entsprechende fachgerichtliche Entscheidung zu korrigieren. Ansonsten wäre die Verfassungsbeschwerde überflüssig. Soweit jedoch pragmatisch die Überlastung des Bundesverfassungsgerichts mit Verfassungsbeschwerden in den Blick genommen wird, wäre es mit rechtsstaatlichen Prinzipien schlechthin unvereinbar, würde ein Verfassungsverstoß nur aus derartigen Zweckmäßigkeitsüberlegungen heraus unbeachtlich bleiben können. Indes scheidet ein aus anderen Gründen herangezogener gemäßigter Kontrollmaßstab, etwa die Beschränkung auf eine *reine Vertretbarkeitskontrolle* bzw. eine *Reduzierung des Willkürmaßstabes*, wie verschiedentlich vorgeschlagen wird[285], ebenfalls aus. Zum einen ist unklar, nach welchen Kriterien in diesem spezifischen Zusammenhang festge-

---

282 Vgl. *Pitschas*, ZRP 1998, S. 96 ff.
283 S. hierzu weiter u.
284 S. BVerfGE 4, 1 (7) und weiter o.
285 Vgl. etwa im Hinblick auf Art. 101 Absatz 1 Satz 2 GG *Classen*, aaO Rd. 34 und 35.

stellt werden soll, wann „Bedeutung und Tragweite von Art. 101 Absatz 1 Satz 2 GG grundlegend verkannt" worden seien, und wann demgegenüber dessen Schutzbereich etwa nur „annähernd" bzw. „noch in vertretbarer Weise verfehlt" worden sei. Dies kann nur von Fall zu Fall beurteilt werden, ist dagegen einer allgemeingültigen Definition nicht zugänglich. Zum anderen ist allgemein im Bereich der *Justizgrundrechte* eine *volle Inhaltskontrolle* geboten, da jene das Gerichtsverfahren betreffen und insofern vor Unrecht durch die Gerichtsbarkeit selbst schützen sollen. Daher ist hier eine intensivere Kontrolle gerechtfertigt, als bei solchen Grundrechtsverletzungen, die durch ein anderes Gericht noch überprüft werden können.[286] Hier sind zunächst auch solche Verfahrensirrtümer einzubeziehen, die das Bundesverfassungsgericht als verfassungsrechtlich unbeachtlich außen vor läßt. Im Ergebnis verdient daher eine Reduzierung bundesverfassungsgerichtlicher Kontrolle auf Grund funktionaler Überlegungen im Rahmen des Rechts auf den gesetzlichen Richter keine Zustimmung.

Verfassungsrechtlich wirksame Beschränkungen können sich nur aus dem *materiellen* Gehalt des Art. 101 Absatz 1 Satz 2 GG selbst ergeben. Geht man vom Gesetzeszweck aus, sollten daher nur *bewußte Manipulationen* dem Schutzbereich des Prozeßgrundrechts unterfallen. Denn wie oben bereits angesprochen wurde, erfordert schon der mögliche Wortsinn der „Manipulation" ein bewußtes Handeln. Bloße Versehen bzw. Verfahrensirrtümer sind hiervon nicht erfaßt. Insoweit ist es zutreffend, wenn das Bundesverfassungsgericht einen bloßen „error in procedendo" nicht als Verfassungsverstoß ansieht. Nur ist die dogmatische Grundlage nicht in der Willkür-Formel zu suchen, sondern im Sinn und Zweck des Art. 101 Absatz 1 Satz 2 GG selbst. Eine (bewußte) Manipulation ist etwas anderes als Willkür, mögen sich im Einzelfall auch Überschneidungen ergeben. Es wäre auch sinnwidrig und von Art. 101 Absatz 1 Satz 2 GG nicht gedeckt, wenn das Bundesverfassungsgericht die Bindungskraft fachgerichtlicher Entscheidungen stets beseitigen wollte, wenn es die Entscheidung als fehlerhaft ansieht. Diese Wertung des Art. 101 Absatz 1 Satz 2 GG kommt auch im Prozeßrecht zum Ausdruck, wenn es in der Eingangsinstanz die Zuständigkeitsentscheidung eines Gerichts für bindend erklärt. Insoweit geht es ihm offenbar darum, den Streit um die Kompetenz abzuschließen, um den Weg für die Sachentscheidung freizumachen. Es nimmt dafür die Fehlerhaftigkeit der Zuständigkeitsentscheidung in Kauf. Nicht jeder Fehler, der den Schutzbereich des Art. 101 Absatz 1 Satz 2 GG berührt, ist daher eine Verfassungsverletzung. Unzureichend ei-

---

[286] Vgl. hierzu *Robbers*, NJW 1998, S. 935 (940).

nerseits und nicht den Kern der Sache treffend andererseits ist aber aus den oben genannten Gründen eine Willkür-Kontrolle. Dies zeigt auch etwa folgendes Beispiel bundesverfassungsgerichtlicher Iudikatur[287]: In dem zugrundeliegenden Fall war in dem Verweisungsbeschluß eines Amtsgerichts versehentlich ein unzuständiges Amtsgericht bezeichnet worden. Dies beruhte lediglich auf einer Fehlbezeichnung in Verkennung der geographischen Lage des zuständigen Gerichts. Es handelte sich demnach nicht um einen Subsumtionsirrtum oder um eine fehlerhafte rechtliche Wertung des verweisenden Gerichts. Vielmehr sollte der Rechtsstreit sowohl nach der Vorstellung des Richters als auch nach derjenigen der Parteien an das zuständige Gericht verwiesen werden. Das übergeordnete Landgericht hat dementsprechend das unzuständige Amtsgericht als zuständiges Gericht bestimmt. Das Bundesverfassungsgericht hat hierzu festgestellt, dieses habe trotz Kenntnis der Sachlage „starr am Buchstaben festgehalten" und das Vorliegen von Willkür aus diesem Grunde bejaht.[288] So mag es sein, daß die Bindung der Verweisung nach dem Zivilprozeßrecht nicht eintritt, wenn ihr kein Fehler der Rechtsauffassung oder Subsumtion, sondern ein geographischer Irrtum zu Grunde liegt, doch steht das Bundesverfassungsgericht schon mit dieser Aussage mitten in der Interpretation des Zivilprozeßrechts, hier des § 36 Absatz 1 Nr. 6 ZPO. Völlig unklar aber bleibt, warum das übergeordnete Gericht, das sich - im Einklang mit der Grundentscheidung des Gesetzgebers, daß Verweisungsbeschlüsse grundsätzlich bindend seien (etwa nach § 17 a Absatz 2 Satz 3 GVG) - auch bei einem bloß geographischen Fehler gehindert sieht, die Zuständigkeit des Gerichts, an das verwiesen ist, zu verneinen, willkürlich gehandelt haben soll. Jedenfalls völlig sachfremde Erwägungen und ein „grundlegendes Unverständnis" von der Verfassung scheiden hier aus. Schließlich ist nicht zu erkennen, daß es - in offenbar fester Überzeugung, so handeln zu müssen - das Gebot des gesetzlichen Richters verletzt hat. Insoweit liegt eine bewußte Manipulation nicht vor. Es bleibt daher nur eine exakte Auslotung des verfassungsfesten Kerngehalts des Art. 101 Absatz 1 Satz 2 GG, der nach seinem Sinn und Zweck nur *bewußte Manipulationen* umfassen kann. Andere Fehler des Gerichts bei der Anwendung und Auslegung des einfachen Rechts sind, wie das angeführte Beispiel veranschaulicht, verfassungsrechtlich irrelevant.

Ein zweiter Punkt ist das Merkmal der „Gesetzlichkeit" des Richters. Auch hier hilft nur eine Rückbesinnung auf den Schutzzweck des Art. 101 Absatz 1 Satz 2 GG. Das Bun-

---

[287] BVerfGE 29, 45 ff.
[288] BVerfG, aaO S. 48 ff. (50 f.).

desverfassungsgericht trüge auch zu seiner eigenen Entlastung bei, würde es den sachlichen Anwendungsbereich des Prozeßgrundrechts, wie von der Norm vorgegeben, auf die Bestimmung des „gesetzlichen" Richters durch den Gesetzgeber beschränken und nicht dessen verfassungsrechtlich determinierte Aufgabe einer „möglichst eindeutigen" Bestimmung auf die Fachgerichte bzw. dort auf die Ebene der Mitwirkung des einzelnen Richters verlagern und insoweit im Ergebnis dessen „genaue", nicht nur seine „möglichst genaue" Bestimmung verlangen. Angesichts der Entscheidung des *Plenums* vom 8. April 1997[289] mit ihrem mehr als fragwürdigen Ergebnis[290] ist hingegen damit zu rechnen, daß nunmehr vermehrt Rügen wegen Verletzungen des Rechts auf den gesetzlichen Richter auf Grund von Verfahrensfehlern auf der untersten gerichtsinternen Ebene, bei der Heranziehung des einzelnen Richters zur Mitwirkung bei der fachgerichtlichen Entscheidung, sowie allgemein wegen fachgerichtlichen Ermessensfehlern bei der Bestimmung des („gesetzlichen") Richters, an das Bundesverfassungsgericht herangetragen werden. Zumindest dürfen sich die Verfahrensbeteiligten hierzu jetzt verstärkt aufgefordert fühlen. Würde der Akzent wieder stärker auf eine Kontrolle des Gesetzgebers gesetzt, wie dies Art. 101 Absatz 1 Satz 2 GG vorgibt, wären zugleich die Fachgerichte entlastet. Einer Kontrollbegrenzung anhand künstlicher Maßstäbe wie der Willkür-Formel bedürfte es dann nicht. Eine Rückbesinnung auf den verfassungsfesten Kerngehalt des Rechts auf den gesetzlichen Richter ist daher insgesamt geboten. Dies gilt umso mehr, als das Bundesverfassungsgericht in Folge der ZPO-Novelle, die am 1. Januar 2002[291] in Kraft treten wird, vermutlich mit einer Vielzahl an Rügen auch Art. 101 Absatz 1 Satz 2 GG betreffend befaßt werden wird.

II. Einzelfälle zur „Entziehung" des gesetzlichen Richters durch die Fachgerichte in der Rechtsprechung des Bundesverfassungsgerichts

Nach den vorstehend dargelegten Grundsätzen läßt das Bundesverfassungsgericht in ständiger Rechtsprechung also bloße „Verfahrensirrtümer" außen vor. Verfassungswidrig ist demnach nur eine *„willkürliche"* Entziehung des gesetzlichen Richters durch das Fachgericht. Nach der hier vertretenen Auffassung, ausgehend vom Schutzzweck des Prozeßgrundrechts, können allerdings nur *bewußte Manipulationen* dem verfassungsfe-

289 BVerfGE 95, 322 ff.
290 S.o., B.II.2.c).
291 *ZPO-RG* vom 27. Juli 2001 (= BGBl. I S. 1887).

sten und vom Bundesverfassungsgericht überprüfbaren Kerngehalt des Art. 101 Absatz 1 Satz 2 GG zugeordnet werden. Jedenfalls ein bloßer *error in procedendo* stellt *nie* eine Verletzung des Rechts auf den gesetzlichen Richter dar. In concreto hatte das Bundesverfassungsgericht im Rahmen der von ihm entschiedenen Fallgruppen demnach zu unterscheiden zwischen einem Verfassungsverstoß und einem verfassungsrechtlich unbeachtlichen Verfahrensirrtum. Die Fallgruppen werden nachstehend erörtert. Sie sind ähnlich systematisiert wie die bereits angeführten Normbeispiele.[292]

1. Anwendung und Auslegung von Zuständigkeits- und Verweisungsnormen

Weiter oben wurde bereits angeführt, daß zunächst die Zuständigkeits- und Verweisungsbestimmungen - letztere sind eine Untergruppe der allgemeinen Zuständigkeitsregelungen - von primärer Bedeutung sind für die gesetzliche Bestimmung des Richters.[293] Sie sind unmittelbar dem Gerichtsverfassungsrecht und den Prozeßgesetzen zu entnehmen und bestimmen die *erste Stufe* des gesetzlichen Richters, nämlich die Zuständigkeit des Gerichts, auf die erst diejenige des Spruchkörpers und schließlich die des einzelnen Richters sich gründet.

a) Zuständigkeitskonkurrenz und Verweisungsentscheidungen

Im Rahmen der *Zuständigkeitskonkurrenz* von Gerichten hat das Bundesverfassungsgerichts nichts dagegen einzuwenden, wenn die Entscheidung, welches Gericht für die Entscheidung der Sache zuständig ist, einem dieser Gerichte übertragen wird.[294] Dies ist heute eine Selbstverständlichkeit, obgleich die dies erlaubenden einfach-gesetzlichen Regelungen nicht frei von verfassungsrechtlichen Bedenken sind, da das dann zuständige Gericht entgegen Art. 101 Absatz 1 Satz 2 GG jedenfalls nicht unmittelbar gesetzlich determiniert ist.[295] Die Entscheidung des Gerichts darf allerdings nach der vom Bundesverfassungsgericht angewandten Willkür-Formel jedenfalls nicht auf „sachfremden Erwägungen" beruhen und damit eine willkürliche Kompetenzanmaßung darstellen, durch die der Einzelne seinem gesetzlichen Richter entzogen wird.[296]

Das Bundesverfassungsgericht war insbesondere auch mit der Auslegung von *Verweisungsnormen* durch die Fachgerichte befaßt und stellte hierzu zunächst grundlegend fest,

292 S.o., B.II.1.
293 S.o., B.II.1.a)aa), bb) und cc).
294 S. bereits BVerfGE 6, 45 (2. LS und S. 50 ff.) bzgl. § 7 EGZPO.
295 S. hierzu o., B.II.1.a)bb).
296 BVerfG, aaO (2. LS und S. 53).

daß die in den Verfahrensordnungen enthaltenen Verweisungsnormen *wie alle Zuständigkeitsnormen* der Bestimmung des gesetzlichen Richters dienen.[297] Insbesondere auch bei der Verweisung einer Sache *durch ein höheres an ein untergeordnetes Gericht* habe das verweisende übergeordnete Gericht deshalb *nicht die freie Wahl*, sondern es dürfe nur das *wirklich zuständige Gericht* bestimmen.[298] Allerdings bleibe eine irrtümliche Fehlbestimmung als bloßer *error in procedendo* unbeachtlich, solange nicht der betroffene Bürger dadurch aufgrund *willkürlicher Kompetenzanmaßung* im einzelnen Fall seinem gesetzlichen Richter entzogen werde.[299] Im konkreten Fall ging es insoweit um die Bestimmung des zuständigen untergeordneten Gerichts durch das übergeordnete Gericht nach § 36 Nr. 6 ZPO a.F.[300] Nach dieser Vorschrift wird das zuständige Gericht durch das im Rechtszug zunächst höhere Gericht bestimmt, wenn verschiedene Gerichte, von denen eines für den Rechtsstreit zuständig ist, sich rechtskräftig für unzuständig erklärt haben. Insoweit hatte das Ausgangsgericht versehentlich an ein anderes bestimmtes Gericht gleicher Ordnung verwiesen, aber in Verkennung dessen geographischer Lage. Die Entscheidung des übergeordneten Gerichts, welches den Verweisungsbeschluß im Ergebnis bestätigte, hielt das Bundesverfassungsgericht für willkürlich.[301]

b) Zurückverweisungen im Rechtsmittelbereich

Des weiteren hat das Bundesverfassungsgericht über den speziellen Fall der *Zurückverweisung durch ein Revisionsgericht* entschieden. Es ist bereits dargelegt worden, daß diejenigen *gesetzlichen* Bestimmungen, welche die Zurückverweisung entweder an das Ausgangsgericht *oder* aber an ein anderes Gericht bzw. an einen anderen Spruchkörper in das *Ermessen* des Revisionsgerichts stellen, im Hinblick auf Art. 101 Absatz 1 Satz 2 GG durchaus fragwürdig sind, da die Zuständigkeitsbestimmung insoweit nicht durch den Gesetzgeber verbindlich vorgegeben wird.[302] Jedenfalls hat das Bundesverfassungsgericht mit einer im einzelnen dürftigen Begründung die Vereinbarkeit der fragwürdigen Bestimmung des § 354 Absatz 2 StPO a.F. mit Art. 101 Absatz 1 Satz 2 GG bejaht und die Entscheidung des Revisionsgerichts, entweder an den iudex a quo oder an einen iudex tertius zurückzuverweisen als „Wahlentscheidung" und „Ermessenssache" des Revi-

---

[297] BVerfGE 29, 45 (49).
[298] Ebda.
[299] BVerfGE 29, 45 (48 f.).
[300] § 36 Absatz 1 Nr. 6 ZPO n.F.
[301] Ebda. - Vgl. hierzu die Kritik weiter o., unter I.2.b).
[302] S.o., unter B.II.1.a)cc).

sionsgerichts bezeichnet.[303] Auch die Berücksichtigung der die Ermessensentscheidung rechtfertigenden „*mannigfaltigen Gründe*", die nach Auffassung des Bundesverfassungsgericht für eine Zurückverweisung entweder an den Ausgangsspruchkörper oder an einen anderen Spruchkörper streiten[304], überläßt es den Revisionsgerichten.[305] Eine Verletzung des Rechts auf den gesetzlichen Richter erachtet es wiederum nur dann als gegeben, wenn darin eine im Einzelfall wiederum „willkürliche" Anmaßung von Kompetenzen liegt.[306] Jedenfalls sieht es die Zurückverweisung an einen iudex tertius deswegen, weil das Revisionsgericht auf Grund des bisherigen Prozeßverlaufs befürchtet, dem Vordergericht werde es schwer fallen, sich die rechtliche Beurteilung, die zur Aufhebung des tatrichterlichen Urteils geführt hat, voll zu eigen zu machen, *nicht* als auf „sachfremden Erwägungen" beruhend und damit „willkürlich" an.[307] Die Willkür-These und die hiermit einhergehende Selbstbeschränkung des Bundesverfassungsgerichts gibt gerade in diesem Fall Anlaß zu methodischer Kritik. Hier kam es entweder darauf an, ob das Revisionsgericht im konkreten Fall die „mannigfaltigen Gründe", die für oder gegen eine Zurückverweisung an den iudex a quo oder aber an einen iudex tertius sprachen, angemessen gewürdigt hatte, oder nur darauf, ob seine Entscheidung den Verdacht der Manipulation weckte. Das Bundesverfassungsgericht hat dagegen beide Lösungsansätze angesprochen, schließlich aber ohne nähere Erörterung die Prüfung der Berücksichtigung der „mannigfaltigen Gründe" bei der Ermessensentscheidung des Gerichts dahinstehen lassen und sich pauschal auf seine Willkür-Formel zurückgezogen.

Insgesamt ist festzuhalten, daß das Bundesverfassungsgericht, unter Anwendung der Willkür-Formel, im Rahmen der Zuständigkeits- und Verweisungsbestimmungen kaum einmal eine Verfassungsbeschwerde für begründet erklärt hat.[308] Nach der Entscheidung des *Plenums* vom 8. April 1997[309] ist allerdings anzunehmen, daß das Bundesverfassungsgericht ein mehr oder weniger freies gerichtliches Ermessen wie in dem soeben angeführten Fall allgemein nicht mehr hinnehmen wird.

---

303 BVerfGE 20, 336 (2. LS und S. 342 ff. [346 f.]). - Ausführlich zu dieser Entscheidung o., B.II.1.a)cc).
304 BVerfG, aaO S. 345.
305 Ebda.
306 BVerfG, aaO S. 342 f. und S. 346 f.
307 BVerfG, aaO S. 346 f. - S. BVerfGE 7, 327 zur Zurückverweisung durch ein *Beschwerdegericht*.
308 Zu nennen ist von den soeben angeführten Entscheidungen nur BVerfGE 29, 45 (49).
309 BVerfGE 95, 322 ff. - S. ausführlich hierzu o., B.II.2.c).

2. Gerichtliche Entscheidungen im Rahmen der Besetzung der Richterbank

a) Keine Mitwirkung nicht ordnungsgemäß bestellter, ausgeschlossener oder abgelehnter Richter

aa) Ordnungsgemäße Anstellung und Bestellung

Im Hinblick auf die *Person* des im konkreten Fall berufenen Richters hat das Bundesverfassungsgericht verschiedentlich festgestellt, daß Art. 101 Absatz 1 Satz 2 GG zunächst nur dann Genüge getan ist, wenn dieser nach bestimmten formellen Erfordernissen *angestellt* und für den konkreten Fall ordnungsgemäß *bestellt* ist: Das Bundesverfassungsgericht hält hierfür in Bezug auf die Berufsrichter prinzipiell deren *hauptamtlich und planmäßig endgültige Anstellung* im Sinne des Art. 97 Absatz 2 GG für erforderlich.[310] Entsprechendes gilt für die *Schöffen*, welche nach den Regelungen des Gerichtsverfassungsgesetzes *rechtswirksam berufen bzw. gewählt sein müßten.*[311] Die ordnungsgemäße Anstellung und Bestellung wird vom Bundesverfassungsgericht insoweit als elementare Grundvoraussetzung für die *Gesetzlichkeit* des (unabhängigen) Richters gewertet, sodaß - insofern folgerichtig - ein verfassungsrechtlich bedeutungsloser *error in procedendo nicht* in Betracht komme.[312] Im Ergebnis bedeutet dies, daß ohne Rücksicht darauf, ob das Gericht seine Besetzung nur *irrtümlich* für fehlerfrei gehalten hat, die Verfassungsbeschwerde eröffnet ist. Dies ist aber mit dem Sinn und Zweck des Art. 101 Absatz 1 Satz 2 GG, *bewußte* Manipulationen bei der Richterauswahl auszuschließen, nicht zu vereinbaren, ebensowenig wie im übrigen mit dem vom Bundesverfassungsgericht dem Recht auf den gesetzlichen Richter beigemessenen Schutzzweck, *willkürliche* gerichtliche Entscheidungen zu verhindern. Denn ein *Irrtum* kann schon begrifflich weder als willkürlich noch als manipulatorisch gewertet werden. Wenn das Bundesverfassungsgericht den error in procedendo aus seinem Kontrollbereich heraushalten will, muß es dies auch konsequent tun, d.h. auch dann, wenn bereits die Gesetzlichkeit des Richters in Frage steht. Es besteht insoweit kein Unterschied darin, ob das Fachgericht eine Zuständigkeitsnorm fehlerhaft anwendet oder auslegt oder aber eine sonstige Bestimmung, die der gesetzlichen Definierung des Richters dient. Eine Ausnahme kann und muß allenfalls dann gemacht werden, wenn ein „*Nicht-Richter*" entscheidet, da es dann tatsächlich an

---

[310] BVerfGE 14, 156 (1.LS und S. 162 ff.); 15, 245 (248 f.) und ständig. S. hierzu die Kritik weiter o., B.II.3.a).

[311] BVerfGE 31, 181 (183).

[312] BVerfGE 4, 412 (416); 31, 181 (184).

einer elementaren Voraussetzung des Art. 101 Absatz 1 Satz 2 GG fehlt, nicht aber schon dann, wenn ein Berufsrichter, etwa ein „Hilfsrichter“ oder eine auf der Schöffenliste aufgeführte Person mitwirkt und es lediglich an der endgültigen Anstellung des Berufsrichters im Sinne des Art. 97 Absatz 2 GG oder der formal korrekten Berufung des Schöffen im Einzelfall fehlt, wenn die übrigen Rechtmäßigkeitsvoraussetzungen vorliegen. Im übrigen wurde prinzipiell bereits darauf hingewiesen, daß die vollumfängliche Einbeziehung der Organisationsnorm des Art. 97 Absatz 2 GG in den Anwendungsbereich des Art. 101 Absatz 1 Satz 2 GG letztlich eine Überdehnung dieser individualrechtlichen Garantie darstellt. Auf diese Darlegungen wird daher verwiesen.[313]

bb) Ausgeschlossene Richter

Das Bundesverfassungsgericht hat entschieden, daß der *Gesetzgeber zwingend* Vorschriften bereitstellen muß, die gewährleisten, daß im Einzelfall ein Richter, der nicht die Gewähr der Unparteilichkeit bietet, von der Ausübung seines Amtes *ausgeschlossen* ist oder *abgelehnt* werden kann.[314] Ein *ausgeschlossener* Richter darf zunächst *keine richterliche Funktion* wahrnehmen. Auch für einen unbeachtlichen *error in procedendo* ist nach ständiger Rechtsprechung des Bundesverfassungsgerichts insoweit *kein* Raum, da der ausgeschlossene Richter, ebenso wie der nicht ordnungsgemäß angestellte bzw. bestellte Richter, schon begrifflich nicht „gesetzlicher“ Richter sein könne.[315] Das Bundesverfassungsgericht nimmt also insoweit wiederum eine umfassende Kontrolle des Ausschlußgrundes und der Entscheidung darüber für sich in Anspruch, die keine Beschränkung im Sinne der Willkür-These erlaubt. Auch hierzu ist daher anzumerken, daß es nicht einleuchtet, weshalb ein error in procedendo bei der einen Bestimmung des gesetzlichen Richters (Zuständigkeit) möglich sein soll, bei der anderen (Ausschluß) dagegen ausscheidet. Soweit das Bundesverfassungsgericht für diese Differenzierung maßgeblich auf die Bedeutung des Art. 92 und des Art. 97 GG abstellt, sind hier wiederum prinzipielle Bedenken angebracht.[316]

Im einzelnen ist nach Auffassung des Bundesverfassungsgerichts Art. 101 Absatz 1 Satz 2 GG auf Grund seiner Schutzrichtung im Zusammenhang mit Art. 97 GG insoweit nicht nur dann verletzt, wenn ein *ausgeschlossener Richter* als Richter an der Entscheidungs-

[313] S.o., B.II.3.a).
[314] BVerfGE 21, 139 (146); 30, 149 (153); s. auch E 40, 268 (271). - Ausführlich hierzu o., B.II.3.b).
[315] S. nur BVerfGE 4, 412 (417) und E 30, 165 (167).
[316] S.o., B.II.3.a).

findung und -fällung *unmittelbar „mitwirkt"*, sondern auch dann, wenn er, ohne sich nach außen formelle richterliche Funktionen anzumaßen, den Gang des *Verfahrens*, von dem er ausgeschlossen ist, *tatsächlich beeinflußt*.[317] So hat das Bundesverfassungsgericht in einem Fall entschieden, in dem der Vorsitzende der mit der inmitten stehenden Sache befaßten Strafkammer, welcher sich für befangen erklärt hatte und dessen Selbstablehnung durch Kammerbeschluß für begründet erklärt worden war, trotz seines Ausschlusses in dieser Sache sich nach wie vor für berechtigt und verpflichtet hielt, auf die schnelle Erledigung der Sache hinzuwirken, die ihm wegen der starken Geschäftslast der Kammer und personeller Unterbesetzung gefährdet schien, und deswegen selbst durch ein als „gerichtliche Verfügung" bezeichnetes und in seiner Funktion als Kammervorsitzender unterzeichnetes Schreiben die zeitliche Bestimmung des Hauptverhandlungstermins vorgab - wenn auch geäußert in Form einer Bitte, gerichtet an den nächstälteren Richter der Kammer, welcher nunmehr in der Sache zum Vorsitz berufen war - , welchem dieser Folge leistete.[318] Der unter diesen Umständen zustandegekommene Termin fand Ende Dezember statt. Das Bundesverfassungsgericht hat insoweit und unter Berücksichtigung weiterer konkreter Umstände den Rückschluß gezogen, daß die Möglichkeit nicht ausgeschlossen gewesen wäre, daß die Hauptverhandlung erst im neuen Geschäftsjahr und in anderer Besetzung durchgeführt worden wäre, wenn der ausgeschlossene Vorsitzende nicht auf eine schnelle Terminsanberaumung noch im alten Geschäftsjahr hingewirkt hätte, und einen Verstoß gegen Art. 101 Absatz 1 Satz 2 GG festgestellt[319], gestützt darauf, daß der ausgeschlossene Richter hier *„kraft seiner Autorität"* als Vorsitzender des mit der Sache befaßten Spruchkörpers die Terminsanberaumung eines anderen Richters maßgeblich *(tatsächlich) beeinflußt* habe.[320] Einen Eingriff in die Rechtspflege, der Art. 101 Absatz 1 Satz 2 GG verletzt, könne demnach eine Person, die nicht gesetzlicher Richter sei - mithin auch ein in dem konkreten Fall ausgeschlossener Richter - , demgemäß nicht nur dadurch vornehmen, daß sie sich formell richterliche Funktion anmaße, sondern auch dadurch, daß sie durch ihre Autorität richterliche Handlungen (mittelbar) in ihrem konkreten Inhalt maßgeblich, in tatsächlicher Weise, beeinflusse. Nur wenn Art. 101 Absatz 1 Satz 2 GG auch hiergegen Schutz biete, könne diese Vorschrift ihre rechtsstaatliche Schutzfunktion erfüllen.[321] Unabhängig von den prinzi-

[317] Vgl. BVerfGE 4, 412 ff.
[318] BVerfG, aaO S. 416 ff.
[319] BVerfG, aaO S. 423 f.
[320] BVerfG, aaO 2. LS und S. 416 ff.
[321] BVerfG, aaO S. 417.

piellen Bedenken, die gegen das Ergebnis der Entscheidung sprechen - wie soll etwa generell der Nachweis der „tatsächlichen Einflußnahme" eines Richters „kraft seiner Autorität" auf einen anderen (unabhängigen) Richter gelingen? - , ist zu dem konkreten Fall anzumerken, daß das Bundesverfassungsgericht hier offensichtlich an der Unabhängigkeit des stellvertretenden Vorsitzenden Richters, der nunmehr den Vorsitz in der konkreten Sache innehatte, zweifelt. Es hält daher offenbar sogar die von ihm selbst postulierte Forderung, der gesetzliche Richter im Sinne des Art. 101 Absatz 1 Satz 2 GG müsse auch den Anforderungen des Art. 92 GG und des Art. 97, insbesondere auch Absatz 2, GG in vollem Umfang genügen, und damit die Organisationsnormen der Verfassung selbst nicht für ausreichend, die Unabhängigkeit des einzelnen Richters zu schützen. Die richterliche Unabhängigkeit ist aber eine schwache, die bereits durch die „Bitte" eines ausgeschlossenen Vorsitzenden, eine schnelle Terminsanberaumung zu verfügen, ins Wanken geraten soll. Abgesehen davon liegt es im Interesse einer funktionstüchtigen Rechtspflege und darüber hinaus auch im Interesse des Betroffenen, wie bereits der Beschleunigungsgrundsatz des Art. 6 EMRK zeigt, daß ein gerichtliches Verfahren nicht nur zu einem material richtigen Ergebnis, sondern auch zügig durchgeführt wird. Mit der angeführten Entscheidung jedenfalls ist das Bundesverfassungsgericht offensichtlich über das Ziel, die Gesetzlichkeit des Richters zu wahren, weit hinausgegangen.

Umgekehrt hat das Bundesverfassungsgericht allerdings in Bezug auf die Anwendung des *§ 23 Absatz 2 StPO*, wonach ein Richter, der bei einer durch einen Antrag auf *Wiederaufnahme des Verfahrens angefochtenen Entscheidung mitgewirkt* hat, von der Mitwirkung bei Entscheidungen *im Wiederaufnahmeverfahren* kraft Gesetzes *ausgeschlossen* ist, vorausgesetzt, daß der Richter bei der ursprünglichen Entscheidung *in seiner richterlichen Funktion* an der Urteilsfindung, d.h. den tatsächlichen Feststellungen und den rechtlichen Folgerungen, *unmittelbar beteiligt* gewesen sein muß, daß er also das Urteil mit zu verantworten hat.[322] Zu den in diesem Sinne an der Urteilsfindung unmittelbar beteiligten Richtern gehören nach Ansicht das Bundesverfassungsgerichts jedoch *nicht* der *Ergänzungsrichter* und der nur am *Eröffnungsbeschluß* beteiligte Richter, sodaß im Falle ihrer Mitwirkung eine Verletzung des Art. 101 Absatz 1 Satz 2 GG ausscheidet.[323] Anders hat derselbe Zweite Senat des Bundesverfassungsgerichts aber kurze Zeit nach dieser Entscheidung in Bezug auf den Richter entschieden, der an der Ent-

---

322 BVerfGE 30, 149 (155 f.).

323 BVerfG, aaO S. 156, vgl. aber die *abweichende Meinung* der Verfassungsrichter *Leibholz, Geiger* und *Rinck* aaO S. 157 ff.

scheidung über die *Revision* gegen das Urteil beteiligt war: Der Revisionsrichter im Wiederaufnahmeverfahren soll „bei der gebotenen strengen Auslegung der Norm des § 23 Abs. 2 StPO“ ausgeschlossen sein.[324]

Ist die Zulässigkeit der Mitwirkung eines Richters bei der Entscheidungsfindung in einem anhängigen Verfahren *zweifelhaft* geworden und steht damit seine „Gesetzlichkeit“ in Frage, so handelt es sich hierbei generell um eine *entscheidungserhebliche Inzidentfrage*, die vom erkennenden Gericht entschieden werden kann und muß. Seine richtige Besetzung muß es dann *vor Eintritt in die Beratung und vor Entscheidung zur Sache beschlußmäßig feststellen* ohne Mitwirkung des Richters, dessen Berechtigung zur Mitwirkung zweifelhaft erscheint.[325]

cc) Abgelehnte Richter

Der Ablehnungsantrag eröffnet dem Rechtsuchenden die Möglichkeit, selbst gegen einen Richter vorzugehen, den er für befangen hält. Für das Vorliegen von Befangenheit und die Begründetheit eines entsprechenden Antrags reicht im Interesse der Zielsetzung der entsprechenden Vorschriften, die Sicherung der Distanz und Neutralität der Richter, der *„böse Schein“*, die *„Besorgnis der Befangenheit“* aus. Dies setzt voraus, daß ein Grund vorliegt, der *geeignet* ist, *Zweifel* an der Unparteilichkeit des Richters zu rechtfertigen. Dabei kommt es *nicht* darauf an, ob der Richter *tatsächlich* „parteilich“ oder „befangen“ ist oder ob er sich selbst für befangen oder unbefangen hält. Entscheidend ist allein, ob ein am Verfahren Beteiligter *bei vernünftiger Würdigung aller Umstände Anlaß hat, an der Unvoreingenommenheit des Richters zu zweifeln.*[326]

Der Schutz des Rechtsuchenden durch Art. 101 Absatz 1 Satz 2 GG reicht so weit, daß die Gerichte sogar grundsätzlich dazu verpflichtet sind, *über unzulässige Ablehnungsgesuche ausdrücklich zu befinden.*[327] Eine Nichtbescheidung erfüllt aber jedenfalls dann nicht das Merkmal gerichtlicher Willkür, wenn das Gericht ein Ablehnungsgesuch unberücksichtigt läßt, wenn sich aus der (unter Umständen wiederholten) Ablehnung des ganzen Gerichts oder einzelner Mitglieder ergibt, daß das Ablehnungsrecht von dem Betrof-

---

[324] BVerfGE 30, 165 (168), s. aber die *abweichende Meinung* der Verfassungsrichter *Geller, Rupp* und *Wand* aaO S. 169 f., der zufolge der Revisionsrichter genausowenig im Wiederaufnahmeverfahren ausgeschlossen sein soll wie der Ergänzungsrichter oder der am Eröffnungsbeschluß beteiligte Richter. S. aber *nunmehr einstimmig* BVerfGE 31, 295 und 63, 77 (79 f.).

[325] BVerfGE 46, 34 (1. LS) in Bezug auf ein Verfahren vor dem Bundesverfassungsgericht selbst.

[326] BVerfGE 73, 330 (335); 88, 17 (22 f.); 92, 138 (139); 99, 51 (56 [hier in Bezug auf *§ 19 Absatz 1 BVerfGG*]).

[327] BVerfGE 11, 1 (5).

fenen *mißbraucht* wird.[328] Im übrigen gilt bei der Ablehnung eines Richters wegen Befangenheit regelmäßig strikt das *Antragserfordernis.* Der Rechtsuchende muß es daher hinnehmen, daß, wenn er diese Rüge nicht erhebt, *keine Prüfung* der Frage, ob ein Richter Anlaß zur Besorgnis der Befangenheit gegeben hat, *von Amts wegen* erfolgt. Dies hält das Bundesverfassungsgericht sogar für unstatthaft.[329] Anderes gilt aber im Fall der *Selbstablehnung* eines Richters: Dieser muß sich nicht einmal selbst für befangen halten; es reicht aus, daß er *Umstände anzeigt*, die Anlaß geben, eine Entscheidung über die Besorgnis seiner Befangenheit zu treffen.[330] Insgesamt verpflichtet also jedes Ablehnungsgesuch das Gericht dazu, die Besorgnis der Befangenheit zu prüfen, es sei denn, es sei rechtsmißbräuchlich. Das Bundesverfassungsgericht prüft indes selbst nicht, ob das Gericht das Ablehnungsgesuch *zu Unrecht* verworfen hat. Insoweit reicht aus, daß das Gericht darüber überhaupt entschieden hat.

Statthaftes *Rechtsmittel* gegen die *Ablehnung des Ablehnungsantrags* ist regelmäßig die (sofortige) Beschwerde. Auch in *§ 28 Absatz 2 StPO* ist insoweit die *sofortige Beschwerde* vorgesehen, wobei die ablehnende Entscheidung über das Ablehnungsgesuch, wenn jene einen erkennenden Richter betrifft, nach Satz 2 dieser Vorschrift nur zusammen mit dem Urteil angefochten werden kann. Das Bundesverfassungsgericht sieht in einer Auslegung dieser Bestimmung des Inhalts, daß das Rechtsmittel nach § 28 Absatz 2 StPO seiner Natur nach auch dann eine Beschwerde bleibe, wenn es gemäß Satz 2 in Form einer revisionsrechtlichen Verfahrensrüge eingelegt wird, keine von sachfremden Erwägungen getragene, willkürliche Auslegung dieser Vorschrift.[331] In diesem Zusammenhang darf auch eine Revision mit der Begründung abgelehnt werden, daß diese grundsätzlich nicht darauf gestützt werden könne, das Ausgangsgericht habe ein Ablehnungsgesuch gegen einen erkennenden Richter zu Unrecht verworfen.[332]

b) Überbesetzung von Spruchkörpern

Bei einem Gericht vorliegenden besondere Umstände wie die *Geschäftslast* und die *möglichst gleichmäßige Beschäftigung* aller Richter bei diesem Gericht können es zum Zweck einer geordneten Rechtspflege gebieten, *einzelne Richter mehreren Kammern*

---

[328] BVerfG, aaO S. 5 f.
[329] BVerfGE 46, 34 ff. (2. LS); hier in Bezug auf einen Richter am Bundesverfassungsgericht.
[330] BVerfGE 98, 134 (137) in Bezug auf die *Selbstablehnung eines Richters am Bundesverfassungsgericht* nach § 19 Absatz 3 BVerfGG. S. hierzu auch zuletzt E 101, 46 ff.; 102, 122 ff., 192 ff.
[331] BVerfGE 45, 363 (2.a. LS] und S. 373 ff.); vgl. hierzu die Anm. von *Schmidt-Leichner*, NJW 1977, S. 1804.
[332] BVerfG, aaO (2.c. LS] und S. 373 ff.).

oder Senaten als ordentliche Mitglieder zuzuweisen (§ 21 e Absatz 1 Satz 4 GVG).[333] Die *Überbesetzung* des Spruchkörpers eines Kollegialgerichts wird daher vom einfachen Recht grundsätzlich hingenommen und auch vom Bundesverfassungsgericht jedenfalls grundsätzlich nicht beanstandet.[334] In seiner Plenarentscheidung vom 8. April 1997 hat das Bundesverfassungsgericht jedoch gefordert, daß die einzelnen Mitglieder eines überbesetzten Spruchkörpers bereits vorab, vor Beginn des Geschäftsjahres, *nach bestimmten objektiven, abstrakten Kriterien* in einem für jeden Spruchkörper aufzustellenden *Mitwirkungsplan* bestimmt werden müssen, während zuvor die Heranziehung des einzelnen Richters im Rahmen der Verteilung der Geschäfte *innerhalb* des Spruchkörpers in das Ermessen des Vorsitzenden der Kammer gestellt war.[335] Die weitreichenden Konsequenzen dieser Entscheidung sind bereits erörtert worden.[336] Allerdings bezieht sich der Entscheidungsinhalt nur auf die Vorabbestimmung des im einzelnen Fall zur Mitwirkung berufenen Richters.

Die grundlegenden Fragen der Zulässigkeit eines überbesetzten Spruchkörpers für sich genommen waren bereits vorher geklärt:

Das Bundesverfassungsgericht hält also eine Überbesetzung *grundsätzlich* für *verfassungsrechtlich zulässig*.[337] Eine *Grenze* hat es bislang stets durch Kriterium der *Vermeidbarkeit* gesetzt: Insofern hält es die für eine geordnete Rechtspflege *nicht notwendige Überbesetzung* - wenn also nach dem zu Grunde liegenden Geschäftsverteilungsplan Richter zu ordentlichen Mitgliedern in verschiedenen Spruchkörpern in größerem Umfang bestellt werden, als dies nötig gewesen wäre für eine ordnungsgemäße Besetzung - für unzulässig.[338] Eine solche *vermeidbare* Überbesetzung führt nach Ansicht des Bundesverfassungsgerichts dazu, daß jene Richter *in Wahrheit überhaupt nicht auf die Spruchkörper verteilt, sondern „allzuständig"* seien, da dann nach dem Geschäftsverteilungsplan für kein anhängig werdendes Verfahren von vornherein feststehe, *welche* Richter zur Entscheidung in erster Linie berufen sein sollten.[339] Die Verfassungswidrigkeit einer solchen Regelung bestehe daher schon darin, daß sie *„in sich die Möglichkeit*

---

[333] Vgl. hierzu BVerfGE 17, 294 (300). Das Bundesverfassungsgericht entschied hier noch über den mittlerweile aufgehobenen § 63 Absatz 1 Satz 2 GVG. - Vgl. hierzu *Müller*, Die Überbesetzung der Spruchkörper, DRiZ 1974, S. 41 ff.

[334] BVerfG, aaO S. 300 f.

[335] BVerfGE 95, 322 ff.

[336] S.o., B.II.2.c).

[337] BVerfGE 17, 294 (300 f.); 18, 344 (349 f.); 22, 282 (286); 69, 112 (120 f.); s. auch E 95, 322 ff; 97, 1 ff. - S. hierzu bereits o., B.II.1.c)aa).

[338] BVerfGE 17, 294 (300 f.).

[339] BVerfG, aaO S. 301.

zu willkürlichen Manipulationen bietet, ohne daß es im Einzelfall darauf ankäme, ob Willkür vorliegt."[340] Bei den Kriterien, die insoweit eine Überbesetzung unvermeidbar machen können, etwa betreffend die Geschäftslast oder den Ausfall von Richtern, aber auch insgesamt bei den Merkmalen, nach denen die Geschäftsverteilung bestimmt wird, handelt es sich zumeist um *auslegungsbedürftige Rechtsbegriffe*. Diese enthalten etwa die Regelungen des § 21 e Absatz 3 Satz 1 und des § 21 g Absatz 2 Hs. 2 GVG, wo unter anderem von „Überlastung oder ungenügender Auslastung" eines Richters oder Spruchkörpers sowie von „dauernder Verhinderung" die Rede ist. Wie bereits weiter oben dargestellt wurde, werden die zu Grunde liegenden gesetzlichen Regelungen, die den besonderen unvorhersehbaren Umständen, welche im Geschäftsjahr anfallen können, Rechnung tragen, in Bezug auf das Erfordernis der gesetzlichen Bestimmtheit des Richters vom Bundesverfassungsgericht jedoch nicht beanstandet.[341] Auch *Zweifel* bei der Auslegung durch die Gerichte und ihre Spruchkörper sind unschädlich: Sie eröffnen nach Auffassung des Bundesverfassungsgerichts nicht den Weg zu einer Besetzung der Richterbank „von Fall zu Fall", sondern zu einem *rechtlich geregelten Verfahren, das der Klärung der Zweifel dient*, indem jeder Spruchkörper bei auftretenden Bedenken die Ordnungsgemäßheit seiner Besetzung zu prüfen und darüber zu entscheiden hat.[342] In diesem Zusammenhang hebt das Bundesverfassungsgericht wiederholt hervor, daß es (auch) diese Entscheidung des Fachgerichts grundsätzlich nicht zu korrigieren hat: „Die in diesem Verfahren getroffene Entscheidung muß als Auslegung und Anwendung verfahrensrechtlicher Normen vom Bundesverfassungsgericht im allgemeinen hingenommen werden, sofern sie nicht willkürlich ist."[343] Das Bundesverfassungsgericht hebt generell hervor, daß der Grundsatz, wonach sich der gesetzliche Richter „möglichst eindeutig aus einer allgemeinen Norm ergeben" muß, nicht verbietet, den Inhalt dieser Norm erst durch Auslegung zu ermitteln.[344]

Bislang hatte das Bundesverfassungsgericht also die verfassungsrechtliche Lösung darin gesehen, daß es schon der Überbesetzung *als solcher* nach Art. 101 Absatz 1 Satz 2 GG

---

340 Ebda. - Hervorhebungen in Kursivschrift durch *Verf.*

341 Vgl. nur BVerfGE 95, 322 (331 f.). - S. hierzu o., B.II.1.c)aa) und 2.c).

342 BVerfG, aaO S. 330.

343 BVerfG, aaO S. 330 m.w.N. aus seiner ständigen Rechtsprechung.

344 Vgl. BVerfGE 48, 246 (253 ff. [262 f.]), hier in Bezug auf die Heranziehung ehrenamtlicher Richter am Bundessozialgericht nur für die Prüfung der Begründetheit von Nichtzulassungsbeschwerden, nicht für die Prüfung der Zulässigkeit (s. aber die *abweichende Meinung* des Richters am Bundesverfassungsgericht *Hirsch*, der insoweit einen Verstoß gegen Art. 101 Absatz 1 Satz 2 GG annimmt [aaO S. 264 ff.]).

verfassungsrechtliche Grenzen gesetzt hat.[345] Konsequenterweise dürfte künftig jedoch einer auch über „vermeidbare" bzw. vorhersehbare Fälle hinausgehenden Überbesetzung nichts im Wege stehen - sofern sich diese noch im Rahmen des Gerichtsverfassungsrechts hält - , da mit dem auf Grund der angeführten Plenarentscheidung[346] nunmehr auszudifferenzierenden Mitwirkungsplan ein Mittel zur Verfügung steht, mit dem jede Manipulationsgefahr bei der Richterauswahl im konkreten Fall bereits im Vorfeld abgeschnitten wird. Das Bundesverfassungsgericht ist aber offenbar gegenteiliger Meinung, wenn es feststellt, seine frühere Rechtsprechung sei „an der damals geltenden einfachrechtlichen Rechtslage ausgerichtet" gewesen und habe „der eigenständigen Bedeutung der Verfassungsgewährleistung des Art. 101 Abs. 1 Satz 2 GG *nicht hinreichend* Rechnung" getragen.[347]

Eine *verfassungswidrige* Überbesetzung des Spruchkörpers liegt des weiteren nach Auffassung des Bundesverfassungsgerichts *von vornherein* - also ohne daß es der Prüfung ihrer Vermeidbarkeit im konkreten Fall bedürfte - dann vor, wenn die Zahl der auf Grund des Geschäftsverteilungsplanes berufenen ordentlichen Mitglieder es gestattet, daß diese in *zwei personell voneinander verschiedenen Sitzgruppen* hätten Recht sprechen können[348] oder wenn der Vorsitzende *drei Spruchkörper mit je verschiedenen Beisitzern* bilden kann.[349] Eine solche Überbesetzung könne aus zwingenden Gründen der Rechtspflege niemals gefordert sein und verstoße deshalb ausnahmslos gegen Art. 101 Absatz 1 Satz 2 GG.[350] Sie biete in vermeidbarer Weise die Möglichkeit zum willkürlichen Manipulieren und sei deshalb schon - ebenso wie eine vermeidbare Überbesetzung geringeren Umfangs - verfassungswidrig, ohne daß es im Einzelfall darauf ankomme, ob Willkür vorliegt.[351] So hat das Bundesverfassungsgericht bereits in früherer Zeit entschieden, daß solchenfalls der vom Vorsitzenden im Einzelfall zur Entscheidung herangezogene Richter auch nicht dadurch zum gesetzlichen Richter werde, daß er aus sachgerechten Gründen zur Mitwirkung im Einzelfall bestimmt worden ist, denn das zu Mißbilligende liegt bzw. lag nach Ansicht des Bundesverfassungsgerichts hier nicht in der Ermessensentscheidung des Vorsitzenden im Einzelfall, sondern in der unzulänglichen Regelung der Geschäfts-

---

345 S. auch BVerfGE 18, 344 (349 f.); 22, 282 (286).
346 BVerfGE 95, 322 ff.
347 BVerfG, aaO S. 334. - Hervorhebung in Kursivschrift durch *Verf.*
348 BVerfGE 18, 65 (70), 344 (350); 19, 145 (147); 22, 282 (285) und ständig.
349 BVerfGE 18, 344 (350).
350 BVerfGE 19, 145 (147). Da dies ausnahmslos gilt, „beruht" die gerichtliche Entscheidung stets auf einem derartigen prozessualen Fehler (BVerfG, aaO).
351 BVerfGE 18, 344 (349 f.).

verteilung und Richtermitwirkung, die eine derartige Ermessensentscheidung unnötigerweise erforderlich gemacht habe.[352] Allein dem „bösen Anschein" von Manipulationen durch den Vorsitzenden Richter eines überbesetzten Spruchkörpers hat das Bundesverfassungsgericht jedoch auf Grund seines Plenarbeschlusses vom 8. April 1997 dadurch den Boden entzogen, daß demnach der Vorsitzende die Mitglieder des überbesetzen Spruchkörpers *im einzelnen Fall nicht mehr nach Ermessen* heranziehen darf, sondern er hat diese vielmehr nach einem *vorher festgelegten, konkreten Mitwirkungsplan* beizuziehen, welcher nunmehr vom Bundesverfassungsgericht als eine *Teilregelung* zur Bestimmung des gesetzlichen Richters ebenfalls den *Bindungen des Art. 101 Absatz 1 Satz 2 GG unterworfen* worden ist.[353]

Im übrigen hält das Bundesverfassungsgericht eine auf Grund des Geschäftsverteilungsplanes vorgenommene *Überbesetzung von ein oder (allenfalls[354]) zwei Mitgliedern* über die gesetzlich vorgeschriebene Richterzahl hinaus regelmäßig für *verfassungsrechtlich unbedenklich,* sofern das den Geschäftsverteilungsplan aufstellende Gerichtspräsidium die Überbesetzung für *unvermeidbar* hält, um eine geordnete Rechtsprechung zu gewährleisten, und dies nicht auf *willkürlichen* Erwägungen beruht.[355] Hinzukommen muß seit neuerem die Vorabbestimmung der im Einzelfall zu berufenden Richter nach bestimmten abstrakten Kriterien in einem Mitwirkungsplan. Jedenfalls an der Zulässigkeit einer Überbesetzung als solcher in dem verfassungsrechtlich zulässigen Rahmen hat aber auch der Plenarbeschluß vom 8. April 1997[356] nicht gerüttelt.

3. Richtervorlagen - auch im Bereich des Völkerrechts und an den EuGH

Nach ständiger Rechtsprechung des Bundesverfassungsgerichts kann jemand seinem gesetzlichen Richter auch dadurch entzogen werden, daß ein Gericht *willkürlich* seine

---

352 BVerfGE 18, 65 (69).

353 BVerfGE 95, 322 (334). - S.o., B.II.2.c).

354 So BVerfGE 18, 344 (350).

355 BVerfGE 18, 344 (349 f.); 22, 282 (286). Das Bundesverfassungsgericht hat insoweit explizit darauf hingewiesen, daß es die Entscheidung des Präsidiums nur darauf zu überprüfen habe, ob dieses den Begriff der Unvermeidbarkeit der Überbesetzung für eine geordnete Rechtspflege verkannt und dadurch die Möglichkeit des Manipulierens eröffnet oder ob es eindeutig sachfremd entschieden und dadurch selbst manipuliert habe (E 18, 344 [350]). Das Bundesverfassungsgericht trug damit seiner selbstauferlegten Beschränkung auf eine Willkür-Kontrolle Rechnung. Seit BVerfGE 95, 322 liegt das Schwergewicht der Prüfung hingegen auf der Kontrolle der Vorabbestimmung des *im einzelnen* mitwirkenden Richters anhand des Mitwirkungsplans.

356 BVerfGE 95, 322.

Verpflichtung zur Vorlage an ein anderes Gericht außer acht läßt.[357] Dabei ist aber bereits die gesetzliche Normierung einer Vorlagepflicht hinsichtlich Art. 101 Absatz 1 Satz 2 GG nicht ganz unproblematisch, wird dadurch doch dem zuständigen Gericht vorgeschrieben, die Entscheidung eines anderen Spruchkörpers einzuholen und seine Entscheidung danach auszurichten.[358] So war etwa in der Einleitung § 51. zum *Allgemeinen Gesetzbuch* und der im wesentlichen unverändert gebliebenen Bestimmung des § 47. des *Preußischen Allgemeinen Landrechts* bestimmt: „Findet der Richter den Sinn des Gesetzes zweifelhaft, so muß er vor Abfassung der Urthels die Erklärung der Gesetzcommißion einholen."[359] Obwohl die Gesetzkommission zweifellos ein Gericht war und ihre Unabhängigkeit feststand, sah man darin einen Eingriff in die Entscheidungskompetenz der „einfachen" Gerichte und übertrug nach breiter öffentlicher Diskussion vier Jahre später die Rechtsfindung auch in diesen Fällen auf sie zurück. Daß einem Gericht, das den Sinn des Gesetzes nach Anwendung aller herkömmlichen Auslegungsmethoden nicht zweifelhaft gefunden hätte, damals der Verstoß gegen das Prinzip des gesetzlichen Richters gemacht worden wäre, ist kaum vorzustellen. Inzwischen aber sind gesetzliche Vorlagepflichten so üblich geworden, daß auch das Bundesverfassungsgericht in ihnen kein Problem sieht, die Unterlassung der Vorlage aber als Verletzung von Art. 101 Absatz 1 Satz 2 GG erachtet, wenn sie - nach Maßgabe der Willkür-These - auf einer schlechterdings unvertretbaren Auslegung und Anwendung des einfachen Rechts beruht.

Im einzelnen übt das Bundesverfassungsgericht eine Willkür-Kontrolle auch dann aus, wenn das Gericht, dem vorzulegen ist, nur über eine *bestimmte Rechtsfrage* zu entscheiden hat (*Rechtsentscheid*).[360] Auch den Verstoß des *Senats eines oberen Bundesgerichts* gegen seine Verpflichtung zur *Vorlage an den Großen Senat* im Rahmen des Divergenzvorlageverfahrens wertet das Bundesverfassungsgericht, sofern es sich um eine willkürliche Kompetenzüberschreitung handelt, als Verletzung des Gebots des gesetzlichen Richters.[361] Dagegen liegt ein Verstoß gegen Art. 101 Absatz 1 Satz 2 GG in diesem

---

357 BVerfGE 3, 359 (363); 9, 213 (215 f.); 13, 132 (143); 17, 99 (104); 18, 441 (447); 19, 38 (43); 22, 254 (266); 23, 288 (319); 29, 166 (172 f.), 198 (207); 31, 145 (169 ff. [171 f.]); 42, 237 (241); 67, 90 (95); 76, 93 (96).

358 S. bereits o., B.II.1.d).

359 Abgedruckt in: *Carl Gottlieb Svarez*, Gesammelte Schriften, Entwurf eines allgemeinen Gesetzbuches für die Preußischen Staaten, Band 1, Edition nach der Ausgabe von 1784 mit Hinweisen auf das ALR, AGB, die eingegangenen Monita und deren Bearbeitung, sowie mit einer Einführung und Anmerkungen von *Peter Krause* (1996), dort S. 19.

360 BVerfGE 3, 359 (363); 9, 213 (215 f.); 13, 132 (143); 18, 441 (447); 87, 282 (284 f. [mit einer genauen Reflektierung der im Rahmen des Art. 101 Absatz 1 Satz 2 GG auf das Vorliegen von Willkür beschränkten bundesverfassungsgerichtlichen Kontrolldichte]).

361 BVerfGE 19, 38 (43).

Zusammenhang nicht vor, wenn der erkennende Senat des *Bundesfinanzhofs* den Großen Senat *nur dann* anruft, wenn die Rechtsauffassung des anderen Senats, von der er abweichen will, in einer so genannten „*S-Entscheidung*" enthalten ist, wenn diese also von grundsätzlicher Bedeutung ist.[362] Es handelt sich hierbei um ein Spezificum des Verfahrens beim Bundesfinanzhof, wobei die Einstufung, ob der Entscheidung eine solche grundsätzliche Bedeutung zukommt, dem erkennenden Senat selbst obliegt; nur dann, wenn die Einstufung aus sachfremden, nicht mehr verständlichen Erwägungen im Sinne des Willkür-Verbots getroffen wurde, ist Art. 101 Absatz 1 Satz 2 GG verletzt.[363]

Speziell im Rahmen des *Art. 100 Absatz 2 GG* dagegen beansprucht das Bundesverfassungsgericht eine *erweiterte Kontrolle*.[364] Nach dieser Vorschrift hat das Gericht die Entscheidung des Bundesverfassungsgerichts einzuholen, wenn „*in einem Rechtsstreit zweifelhaft ist*", ob eine Regel des Völkerrechtes Bestandteil des Bundesrechtes ist und ob sie unmittelbar Rechte und Pflichten für den Einzelnen erzeugt (Art. 25 GG). So sei die Vorlage nach Art. 100 Absatz 2 GG bereits dann geboten, wenn das erkennende Gericht bei der Prüfung der Frage, ob und mit welcher Tragweite eine allgemeine Regel des Völkerrechts gilt, *allgemein* auf *ernstzunehmende Zweifel* stößt, mag das *Gericht selbst* auch *keine Zweifel* haben.[365] „*Ernstzunehmende Zweifel*" sieht das Bundesverfassungsgericht in dem speziellen Fall des Art. 100 Absatz 2 GG dann gegeben, wenn das Gericht von der Meinung eines Verfassungsorgans oder von den Entscheidungen hoher deutscher, ausländischer oder internationaler Gerichte oder von den Lehren anerkannter Autoren der Völkerrechtswissenschaft abweichen würde.[366] Liegen solche Zweifel vor, ist nach Auffassung des Bundesverfassungsgerichts *prinzipiell kein Raum für eine (bloße) Willkür-Kontrolle*: „Liegen jedoch hinsichtlich des Bestehens oder der Tragweite einer allgemeinen Regel des Völkerrechts objektiv ernstzunehmende Zweifel vor, so verstößt das Fachgericht bei Nichtvorlage *in der Regel* gegen das Recht auf den gesetzlichen Richter. Art. 100 Abs. 2 GG soll im Interesse sowohl der staatenübergreifenden Einheitlichkeit und Verläßlichkeit der allgemeinen Regeln des Völkerrechts als auch der innerstaatlichen Rechtssicherheit eine divergierende Handhabung dieser Rechtssätze in Deutschland verhindern und der Gefahr ihrer Verletzung durch deutsche Gerichte vor-

---

362 BVerfG, aaO (LS und S. 42 ff.).
363 BVerfG, aaO S. 43 ff.
364 BVerGE 64, 1 (21); 96, 68 (77 f.). - S. hierzu jüngst *Klein*, Die Völkerrechtsverantwortung des Bundesverfassungsgerichts: Bemerkungen zu Art. 100 Abs. 2 GG, in: Völkerrecht und deutsches Recht 2001, S. 293 ff.
365 BVerfGE 23, 288 (316); 64, 1 (14); 75, 1 (11); 96, 68 (77).
366 BVerfGE 23, 288 (319); 96, 68 (77).

beugen. *Deshalb hat das Fachgericht hier nicht - wie bei der ihm anvertrauten Anwendung und Auslegung des Gesetzesrechts - einen Vertretbarkeitsspielraum bei der Würdigung ernstzunehmender Zweifel. Für lediglich rechtsirrtümliche Verstöße gegen die Vorlagepflicht, die nicht Art. 101 Abs. 1 Satz 2 GG verletzen, bleibt hiernach nur ein geringer Raum [...].*"[367] Das vom Bundesverfassungsgericht hiermit verfolgte Ziel, sowohl staatsübergreifend als auch innerstaatlich eine einheitliche Rechtsprechung zum Völkerrecht zu gewährleisten, ist legitim und auch von der Verfassung gedeckt. Dies zeigt auch Art. 100 Absatz 2 GG. Es hätte ansonsten der Implementierung einer entsprechenden Vorlagepflicht, die generell in unserem Rechtssystem die Ausnahme ist, in das Grundgesetz nicht bedurft. Nicht schlüssig ist aber - unabhängig vom Ergebnis - die Begründung, das Fachgericht habe hier auf Grund der speziellen völkerrechtlichen Materie keinen Vertretbarkeitsspielraum, der ihm (sonst) „bei der ihm anvertrauten Anwendung und Auslegung des Gesetzesrechts" zukomme. Denn auch die Anwendung und Auslegung völkerrechtlicher Bestimmungen ist den Fachgerichten anvertraut. Zwar gehen die allgemeinen Regeln des Völkerrechts nach Art. 25 Satz 2 GG den Gesetzen vor und erzeugen Rechte und Pflichten unmittelbar für die Bewohner des Bundesgebietes. Sie sind aber nach Art. 25 Satz 1 GG jedenfalls *Bestandteil des Bundesrechts* und unterliegen somit auch der Anwendung und Auslegung durch die rechtsprechende Gewalt nach Art. 92 GG in Verbindung mit Art. 20 Absatz 3 GG. Auch dies wird im übrigen durch Art. 100 Absatz 2 GG belegt. Denn ein Gericht kann die Bedingungen für eine Vorlagepflicht nur dann überhaupt erkennen, wenn es sich über das betreffende Rechtsgebiet kundig gemacht hat. Insofern kommt in der oben zitierten Passage ein grundlegendes Verständnis von der Fachgerichtsbarkeit zum Ausdruck, das dieser nicht gerecht wird. Ihr ist nicht nur die Anwendung und Auslegung des *Gesetzesrechts* anvertraut, sondern die des gesamten „Rechts". Hierzu gehört im übrigen auch das *Verfassungsrecht*. Auch in dieser Hinsicht ist die Formulierung, Aufgabe der Fachgerichtsbarkeit sei die Anwendung und Auslegung einfachen (Gesetzes-)Rechts, zu kurz gegriffen.[368] Ob die Auslegung des Wortlauts des Art. 100 Absatz 2 GG („ist in einem Rechtsstreit zweifelhaft..."), wie sie das Bundesverfassungsgericht vornimmt, im übrigen noch von Art. 101 Absatz 1 Satz 2 GG gedeckt ist, insbesondere dann, wenn das Fachgericht *selbst keine Zweifel* hat, ist zumindest fragwürdig. Das Bundesverfassungsgericht befindet sich jedenfalls hier mitten

---

[367] BVerfGE 96, 68 (77 f.) - Hervorhebungen in Kursivschrift durch *Verf.* - ; s. auch E 64, 1 (21). Abweichend E 23, 288 (320).
[368] Prägnant *Robbers*, NJW 1998, S. 935 (938).

in der Interpretationstätigkeit. Es ist daher fraglich, ob Art. 101 Absatz 1 Satz 2 GG wirklich verletzt ist, da dem Fachgericht auch im Bereich der Vorlagepflichten ein letzter Entscheidungsraum bei der Bewertung, ob die Voraussetzungen der Vorlagepflicht vorliegen, zuzuerkennen ist. Ansonsten wäre Rechtsprechung bloß gebundene Staatstätigkeit. Nach der hier vertretenen Auffassung, wonach dem Schutzbereich des Rechts auf den gesetzlichen Richter nur *bewußte Manipulationen* unterfallen, ist dies nicht der Fall. Gleiches gilt aber auch für *Willkür-These*, da das Fachgericht, welches die Vorlage unterlassen hatte, vorliegend sicherlich nicht von „sachfremden" bzw. „schlechthin unvertretbaren" Erwägungen geleitet war. So ist auch das Bundesverfassungsgericht im vorliegenden Fall nicht umhin gekommen, von seiner Willkür-Formel abzuweichen. Eine Beschneidung des den Richtern des Fachgerichts in der ihnen zuerkannten Unabhängigkeit zustehenden Entscheidungsraums ist hier allemal die Folge. Es hätte daher noch deutlicher machen sollen, daß es hier eine Einzelfallentscheidung infolge der Bedeutsamkeit der zugrundeliegenden völkerrechtlichen Materie bzw. wegen des internationalen Bezugs getroffen hat, obgleich auch diese prinzipiell in vollem Umfang der Anwendung und Auslegung durch die Fachgerichte unterliegt.

Allerdings ist eine allgemeine Tendenz des Bundesverfassungsgerichts, Vorlagepflichten sehr eng auszulegen und es in diesem Bereich nicht mehr bei einer Kontrolle nach Maßgabe der Willkür-Formel zu belassen, unübersehbar. Entsprechend hat kürzlich die *2. Kammer* des *Ersten Senats* in einem Verfassungsbeschwerdeverfahren die Pflicht der Fachgerichte betont, unter bestimmten Voraussetzungen *Rechtsfragen dem EuGH vorzulegen.*[369] Zur Begründung hat es im wesentlichen ausgeführt, daß das Bundesverfassungsgericht bereits mehrfach festgestellt habe, daß *der EuGH gesetzlicher Richter im Sinne des Art. 101 Absatz 1 Satz 2 GG* sei[370] und es einen *Entzug* desselben darstelle, wenn ein *nationales Gericht*[371] *seiner Pflicht zur Anrufung des EuGH nicht nachkommt.*[372] Unter diesen Voraussetzungen hat es hier eine Verletzung des Rechts auf den

[369] Beschl. v. 09.01.2001 - 1 BvR 1036/99 -, abgedruckt in VersR 2001, S. 1179 f.

[370] Vgl. etwa BVerfGE 73, 339 ff.; 75, 223 ff. - S. hierzu o., B.I.1.

[371] Vorlageverpflichtet ist dagegen etwa *nicht* ein Amtsgericht als *Registergericht*, da es im Hinblick auf das Handelsregister eine *Tätigkeit als Behörde ohne Rechtsprechungscharakter* wahrnimmt, vgl. zuletzt EuGH (5. Kammer), Beschl. v. 10.07.2001 - Rs. C-86/00 -, abgedruckt in DB 2001, S. 1824 f. (hier: offensichtlich unzulässige Vorlage von Fragen an den EuGH bezüglich eines Antrags auf Eintragung der Sitzverlegung ins Ausland).

[372] Nach Art. 234 Absatz 3 EG ist ein letztinstanzliches nationales Gericht nicht befugt, Zweifelsfragen in der Auslegung des Gemeinschaftsrechts, von deren Beantwortung die Entscheidung abhängt, selbst zu entscheiden. Die verbindliche Auslegung des Gemeinschaftsrechts ist vielmehr dem EuGH vorbehalten, der insoweit gesetzlicher Richter im Sinne des Art. 101 Absatz 1 Satz 2 GG ist (BVerfGE 73, 339 ff.; 75, 223 ff.). Zu einer eigenen Entscheidung ist das nationale Gericht nur be-

gesetzlichen Richter durch das Bundesverwaltungsgericht bejaht und zwar aus zwei Gründen: Zum einen habe das Bundesverwaltungsgericht als Ausgangsgericht eine *Richtlinienkollision* allein nach *nationalen Maßstäben* entschieden; es habe sich nicht erkennbar mit der vorhandenen Rechtsprechung des EuGH zur Problematik von Richtlinienkollisionen auseinandergesetzt. Aus welcher Norm des europäischen Rechts das Bundesverwaltungsgericht seine Berechtigung herleitet, selbst über die Normenkollision nach Grundsätzen zu entscheiden, die es dem deutschen Recht entnimmt (Grundsätze der Priorität und Spezialität) belege es nicht. Ein Gericht, das sich hinsichtlich des europäischen Rechts *nicht ausreichend kundig macht, verkenne regelmäßig die Bedingungen für die Vorlagepflicht*. Dabei umfasse der Begriff des europäischen Rechts nicht nur materielle Rechtsnormen, sondern auch die Methodenwahl, denn die Wahl der Methode entscheide auch darüber, welche Rechtsnorm sich im Kollisionsfall durchsetzt und damit materiell gilt. Ferner habe es seine Vorlagepflicht dadurch grundsätzlich verkannt, daß es *nicht in Betracht gezogen* habe, ob ein Grundsatz - hier der Grundsatz der Gleichbehandlung der Geschlechter - *zu den vom EuGH anerkannten ungeschriebenen gemeinschaftsrechtlichen Grundrechten gehöre*. Die Grundrechtsverbürgungen, die vom EuGH aus den mitgliedstaatlichen Verfassungen und der MRK entwickelt worden sind und allgemeine Rechtsgrundsätze Geltung als primäres Gemeinschaftsrecht entfalten, bildeten aber die Grundlage dafür, daß das *Bundesverfassungsgericht* von einem *wirksamen Schutz der Grundrechte gegen die Hoheitsgewalt der Gemeinschaft durch den EuGH* ausgeht und sich seiner *Kontrollbefugnis begeben hat* (*Solange II*).[373] Die Frage, ob der vom EuGH entwickelte Grundsatz der Gleichbehandlung der Geschlechter dem im Grundgesetz verankerten Diskriminierungsverbot wegen des Geschlechts entsprechen und Geltung als primäres Gemeinschaftsrecht entfalten kann, wäre zur Überprüfung des sekundären Gemeinschaftsrechts ebenfalls in Betracht zu ziehen gewesen. Auch diese Überlegung hätte eine *Vorlage unabweisbar* gemacht. Anderenfalls liefe der *Grundrechtsschutz ins Leere*, wenn das *Bundesverfassungsgericht mangels Zuständigkeit* keine materielle Prüfung anhand der Grundrechte vornehmen kann und der *EuGH mangels Vorabent-*

---

fugt, wenn die betreffende gemeinschaftsrechtliche Bestimmung bereits Gegenstand einer Auslegung durch den EuGH war oder die richtige Anwendung des Gemeinschaftsrechts derart offenkundig ist, daß für einen vernünftigen Zweifel keinerlei Raum bleibt (vgl. EuGH, Urt. v. 06.10.1982 - Rs. 283/81 - , Slg. 1982, S. 3415, 3431 f.; BVerfG, Beschl. v. 09.11.1987 - 2 BvR 808/82 - , NJW 1988, S. 1456). Im übrigen *verpflichtet § 234 Absatz 3 EG daher das nationale Gericht, den EuGH zur Klärung einer entscheidungserheblichen und zweifelhaften Frage des Gemeinschaftsrechts anzurufen*; *Lipp*, NJW 2001, S. 2657 (2658) weist darauf hin, daß andererseits aber auch im nationalen Recht Unterschiede in der Auslegung toleriert würden.

373 = BVerfGE 73, 339 (376); s.o., B.I.1.

scheidungsersuchen nicht die Möglichkeit erhält, sekundäres Gemeinschaftsrecht anhand der für die Gemeinschaft entwickelten Grundrechtsverbürgungen zu prüfen.[374]

Indes bleibt abzuwarten, ob diese Iudikatur sich allgemein auf den Vorlagenbereich erstrecken wird, oder ob die intensivierte Kontrolle ein Spezificum im Hinblick auf Vorlagen im Bereich des Völkerrechts wegen des internationalen Bezugs und des Europarechts im Lichte der Befugnisse des EuGH bleiben wird. Im Bereich unterlassener Vorlagen an den EuGH begründet das Bundesverfassungsgericht letztlich seinen strengen Kontrollmaßstab damit, daß es sich selbst der Grundrechtssicherung insoweit begeben hat, als es Kompetenzen an den EuGH abgegeben hat. Im Zuge der Europäischen Integration obliegt dem Bundesverfassungsgericht die Aufgabe der Überleitung unserer Verfassung in die Gemeinschaft, deren Standard auch in der Integration zu wahren ist. Hiermit wird vermutlich künftig eine (weitere) Verlagerung der Aufgabe der Grundrechtsverwirklichung vom Bundesverfassungsgericht auf den EuGH, wie auch auf den EuGHMR, verbunden sein, wenn auch derzeit noch von einem „Kooperationsverhältnis" die Rede ist.[375] Bereits *Solange II* hat aber deutlich gemacht, daß eine Kontrollbefugnis des Bundesverfassungsgerichts nur, aber dann nach wie vor, besteht, wenn der von den Europäischen Gemeinschaften und insbesondere vom EuGH gewährleistete Grundrechtsschutz unter den erforderlichen Grundrechtsstandard absinkt. Erforderlich im Sinne dieser Rechtsprechung ist ein generell gewährleisteter Grundrechtsschutz, der dem vom Grundgesetz als unabdingbar gebotenen Grundrechtsschutz im Wesentlichen gleichzuachten ist, zumal den Wesensgehalt der Grundrechte generell verbürgt.[376] Hierfür ist aber erforderlich, daß der EuGH überhaupt mit der Sache im Einzelfall befaßt wird. Vor diesem Hintergrund ist die bundesverfassungsgerichtliche Rechtsprechung im Bereich der Vorlagepflichten zu sehen. Denn unterlassene Vorlagen nationaler Gerichte an den EuGH, obwohl deren Voraussetzungen erfüllt sind, können nicht nur das Prozeßgrundrecht des Art. 101 Absatz 1 Satz 2 GG verletzen, sondern darüber hinaus auch eine Lükke in der Sicherung der materiellen Grundrechte entstehen lassen, wenn der EuGH mit der Rechtsfrage nicht befaßt wird, das Bundesverfassungsgericht hingegen nicht zuständig ist.

---

374 BVerfG (Kammer), Beschl. v. 09.01.2001 (aaO). - Vgl. zu dieser Problematik bereits den ersten Teil dieses Kapitels (zu Art. 19 Absatz 4 GG), dort C.I.1.c).

375 Vgl. hierzu *Nickel*, JZ 2001, S. 625 (626 ff.); *Robbers*, NJW 1998, S. 935 (938 f.); s. auch *Lipp*, NJW 2001, S. 2657 ff.

376 BVerfGE 73, 339 (387).

D. Die Rüge eines Verstoßes gegen Art. 101 Absatz 1 Satz 2 GG vor dem Bundesverfassungsgericht

So wie die Verletzung eines jeden materiellen Grundrechts kann auch die Verletzung des Rechts auf den gesetzlichen Richter nach Art. 101 Absatz 1 Satz 2 GG, ebenso wie die der anderen Prozeßgrundrechte, vor dem Bundesverfassungsgericht im Rahmen einer *Verfassungsbeschwerde* geltend gemacht werden (Art. 93 Absatz 1 Nr. 4 a GG in Verbindung mit § 13 Nr. 8 a BVerfGG). Es gelten insofern die allgemeinen Zulässigkeits- und Begründetheitsvoraussetzungen.

Bei Rügen der Verletzung des Rechts auf den gesetzlichen Richter ergeben sich vor allem folgende Besonderheiten für die Zulässigkeitsprüfung im Verfassungsbeschwerdeverfahren:

- *Beschwerdebefugt* nach § 90 Absatz 1 BVerfGG ist nur die *Prozeßpartei*. Nur diese kann in ihrem Recht auf den gesetzlichen Richter verletzt sein, *nicht* dagegen der betroffene *Richter*, denn diesem ist durch Art. 101 Absatz 1 Satz 2 GG nicht das *subjektive Recht* auf Entscheidung eines nach der Geschäftsverteilung zu seiner Zuständigkeit gehörenden bestimmten Prozesses verfassungsrechtlich garantiert.[377] Er ist allein dazu *verpflichtet*, dem Recht auf den gesetzlichen Richter Wirksamkeit zu verschaffen.[378] Der Richter ist insofern nur *Adressat* dieser verfassungsrechtlichen Gewährleistung, nicht aber selbst berechtigt. Eine von ihm erhobene Verfassungsbeschwerde ist somit unzulässig, denn diese ist (außerordentlicher) Rechtsbehelf zur Verteidigung *eigener subjektiver Rechte*.
- Des weiteren ist auch bei der Rüge einer Verletzung des Rechts auf den gesetzlichen Richter dem Erfordernis der *Rechtswegerschöpfung* nach § 90 Absatz 2 Satz 1 BVerfGG Genüge zu tun. Eine Verfassungsbeschwerde ist aus diesem Grunde unzulässig, wenn ein entsprechender Verfahrensmangel *im Instanzenzug* nur deshalb nicht nachgeprüft werden konnte, weil er nicht oder nicht in ordentlicher Form *gerügt* war.[379] Insofern treffen den Beschwerdeführer also *Mitwirkungspflichten* hinsichtlich

---

377 BVerfGE 15, 298 (301).
378 Ebda.
379 BVerfGE 16, 124 (2. LS und S. 126 f.).

der Heilung eines Verstoßes gegen Art. 101 Absatz 1 Satz 2 GG bereits im Instanzenzug. Maßgeblich hierfür sind die einfach-gesetzlichen Regelungen des Prozeßrechts[380], die insoweit mittelbar auch im Verfassungsbeschwerdeverfahren nachwirken. Ebenso wie insbesondere im Rahmen des Art. 103 Absatz 1 GG[381] gilt auch hier der Grundsatz, daß der Beschwerdeführer *über das Gebot der Rechtwegerschöpfung hinaus alle* ihm nach Lage der Sache zur Verfügung stehenden *prozessualen Möglichkeiten* zu ergreifen hat, um eine Korrektur der geltend gemachten Verfassungsverletzung zu erwirken.[382]

---

380 S. z.B. § 222 b Absatz 1 Satz 1 StPO.

381 S. eingehend u., Zweiter Abschnitt dieses Kapitels, dort D.I.2.

382 BVerfGE 63, 77 (78 f. m.w.N.).

Zweiter Abschnitt Die Rechtsprechung des Bundesverfassungsgerichts zum Anspruch auf rechtliches Gehör (Art. 103 Absatz 1 GG)

A. Grundlagen und Inhalt des Art. 103 Absatz 1 GG

I. Entstehung und Bedeutung des Anspruchs auf rechtliches Gehör

Der dritte Pfeiler der rechtsstaatlichen Justiz im Sinne der Verfassung ist schließlich neben der Rechtsweggarantie sowie dem aus ihr abgeleiteten Recht auf effektiven Rechtsschutz und dem Recht auf den gesetzlichen Richter der Anspruch auf rechtliches Gehör, der im Grundgesetz in Art. 103 Absatz 1 verankert ist. Die Gehörgarantie wird ebenfalls als eines der fundamentalen Prinzipien jeder rechtsstaatlichen Verfahrensgestaltung begriffen.[1] Das Bundesverfassungsgericht bezeichnet es sogar als *„prozessuales Urrecht des Menschen"*.[2] Lange vor ihrer Festschreibung als Verfassungsgarantie war diese Maxime essentieller Bestandteil der Rechtstradition und der Verfahrensordnungen.[3] Seine Positivierung im Verfassungsrecht durch das Grundgesetz im Jahre 1949 verdankt das rechtliche Gehör - wie auch die übrigen Grundsätze nach Art. 103 (nulla poena sine lege, ne bis in idem) - ausweislich der Begründung des Entwurfs von Herrenchiemsee dem Bestreben, Mißbräuchen, wie sie in der Zeit des Nationalsozialismus unter einer totalitär beherrschten Justiz nicht nur vorgekommen, sondern darüber hinaus üblich waren, für alle Zukunft den Boden zu entziehen und das Vertrauen des Volkes in eine unparteiische Rechtspflege wiederherzustellen.[4] Dies dürfte allerdings insofern zu kurz gegriffen sein, als davon auszugehen ist, daß auch während der NS-Zeit etwa in einem regulären Zivilprozeß die Parteien zu Wort kommen durften, ebenso wie dort auch der entscheidende Richter gesetzlich, durch das Prozeßrecht, bestimmt gewesen sein dürfte.[5] Die Aus-

---

[1] Der Anspruch auf rechtliches Gehör findet seine Ausprägung als *„klassisches Verfahrensgrundrecht"* nicht nur in der deutschen Verfassung, sondern auch in Art. 6 Absatz 1 der Europäischen Menschenrechtskonvention sowie in den - geschriebenen und ungeschriebenen - Verfassungen fast aller Rechtsstaaten, vgl. *Schwab/Gottwald*, Verfassung und Zivilprozeß (1984), S. 49 f.; *Waldner*, Aktuelle Probleme des rechtlichen Gehörs im Zivilprozeß (1983), S. 41 ff.

[2] BVerfGE 55, 1 (6). - Zum ideengeschichtlichen Hintergrund des Anspruchs auf rechtliches Gehör vgl. *Zierlein*, DVBl. 1989, S. 1169 f. m.w.N.

[3] Vgl. *Rüping*, Der Grundsatz des rechtlichen Gehörs und seine Bedeutung im Strafverfahren (1976), S. 13 ff. m.w.N.; s. das Rechtssprichwort *„Eines Mannes Rede ist eine halbe Rede, man soll die Part verhören beede"* im *Sachsenspiegel* und den Grundsatz *„Audiatur et altera pars"* des römischen und kanonischen Prozeßrechts, hierzu *Rüping*, aaO, S. 29 f.

[4] S. die Begründung und Art. 135 Absatz 1 HChE; s. BVerfGE 9, 89 (95).

[5] S. bereits o. den Ersten Abschnitt dieses Kapitels, dort A.I. - Kritisch zur amtlichen Begründung aus anderer Sicht zum Beispiel *Zierlein*, DVBl. 1989, S. 1169 (1172), wonach die verfassungsrechtliche

wüchse der Diktatur in der Justiz zeigten sich, nicht nur, aber vor allem in politisch-ideologisch motivierten Strafverfahren und in den Verfahren vor den von den Nationalsozialisten eingerichteten Sondergerichten. Ex ante betrachtet ist jedoch die amtliche Begründung für die Verankerung des Anspruchs auf rechtliches Gehör in der Verfassung vor dem Hintergrund der damals noch so aktuellen nationalsozialistischen Vergangenheit nicht nur verständlich, sondern auch notwendig gewesen. Die Rechtsstaatlichkeit eines jeden staatlichen Verfahrens und die Individualrechte des Menschen auch und gerade in einem staatlichen Gerichtsverfahren zu schützen und durchzusetzen war zu Recht der beherrschende Gedanke des Verfassungsgebers. Somit darf ein Mensch vor Gericht nicht bloßes Objekt der staatlichen Gewalt, ihr ausgeliefert sein darf, sondern *„er soll vor einer Entscheidung, die seine Rechte betrifft, zu Wort kommen, um Einfluß auf das Verfahren und sein Ergebnis nehmen zu können.“*[6] Dies ist zugleich Ziel und Kerngehalt des Art. 103 Absatz 1 GG in der ständigen Rechtsprechung des Bundesverfassungsgerichts.[7]

Daran wird eine Wurzel des Anspruchs auf rechtliches Gehör deutlich, die *subjektiver* Natur ist: Die *Menschenwürde*, welche bereits fordert, daß „über das Recht einer Person nicht kurzerhand von Obrigkeits wegen verfügt“ wird.[8] Die zweite Grundlage für die Gehörgarantie findet sich im Prinzip der *Rechtsstaatlichkeit* als *objektiver* Komponente[9],

---

Verankerung des rechtlichen Gehörs nicht nur auf die Erfahrungen in der NS-Zeit zurückzuführen sei, sondern auch und sogar originär dem Bedürfnis nach Sicherung der *materiell-rechtlich* gewährleisteten Grundrechte in der alltäglichen Gerichtspraxis entspringe. Die praktische Grundrechtsbeachtung setze Anerkennung und prozessuale Sicherung gleichermaßen voraus. Diese Erkenntnis steht in Einklang mit dem heutigen Verständnis der Grundrechte (*„Grundrechtssicherung durch Verfahren“*). Sie mußte jedoch nach Einführung des Grundgesetzes bzw. nach der besonderen Ausprägung der - gleichwohl lange vorher schon in der deutschen Rechtstradition existierenden - Grundrechte in dieser Form gewonnen werden und sich, vor allem dank der sich *„grundrechtsexpansiv“* verstehenden Rechtsprechung des Bundesverfassungsgerichts, durchsetzen.

[6] Ständige Rspr. des Bundesverfassungsgerichts seit (grundlegend) BVerfGE 1, 418 (429); vgl. bereits früh auch E 7, 53 (57), 275 (279); 9, 89 (95); s. zuletzt E 89, 28 (35) und E 101, 106 (129). - Hervorhebungen in Kursivschrift durch *Verf.*

[7] Vgl. die vorstehende Fußnote.

[8] BVerfGE 9, 89 (95) und 55, 1 (6); hierzu *Mauder*, aaO, S. 3 ff. Die generelle Hervorhebung des *individual*-rechtlichen Elements des Art. 103 Absatz 1 GG für alle Prozeßordnungen durch das Bundesverfassungsgericht war in der Vergangenheit allerdings vereinzelt auf Kritik gestoßen. So wurde angeführt, insbesondere der Zivilprozeß diene ausschließlich der Wahrung der objektiven Rechtsordnung, nicht auch der Durchsetzung individueller Rechte, so insbesondere *Pawlowski*, ZZP Bd. 80 (=1967), S. 358 ff. Zu Recht gilt diese Auffassung, die sich an der traditionellen formalen Lehre der Prozeßzwecke orientiert und deshalb auch die Verfahrensgarantien nicht als subjektive Rechte begreift, als lange überholt.

[9] Als doppelter Geltungsgrund des Anspruchs auf rechtliches Gehör sind die Verfassungsprinzipien aus Art. 1 Absatz 1 und Art. 20 Absatz 3 GG allgemein anerkannt. Dementsprechend und insofern im Einklang mit der Rechtsprechung des Bundesverfassungsgerichts zur *„Doppelfunktion“* der Grundrechte wird auch von der Literatur dem Recht auf rechtliches Gehör sowohl eine objektive als auch eine subjektive Komponente zuerkannt. Auch die Gleichrangigkeit beider Elemente wird ganz überwiegend bejaht. Zum ganzen und zu der sekundären Frage, ob das Rechtsstaatsprinzip als solches hier nur objektive Wirkung entfaltet (so die h.M.) oder ob bereits insofern zwischen objektiv-institutionellen

denn ein sachlich (möglichst) „richtiges", rechtsstaatlichen Gedanken entsprechendes Urteil, das einen konkreten Sachverhalt rechtlich abschließt, kann in aller Regel ohne Anhörung der Beteiligten nicht gefällt werden.[10] Das Bundesverfassungsgericht führt in ständiger Rechtsprechung zur Rechtsstaatlichkeit und zur Menschenwürde als den Wurzeln des Anspruchs auf rechtliches Gehör aus: „Nach deutschem Verfassungsrecht gehört es zu den elementaren Anforderungen des Rechtsstaats, die insbesondere im Gebot der Gewährung rechtlichen Gehörs vor Gericht (Art. 103 Abs. 1 GG) Ausprägung gefunden haben, daß niemand zum bloßen Gegenstand eines ihn betreffenden staatlichen Verfahrens gemacht werden darf; auch die Menschenwürde des Einzelnen (Art. 1 Abs. 1 GG) wäre durch ein solches staatliches Handeln verletzt."[11] Andererseits - positiv ausgedrückt - wird dem Einzelnen bereits durch die ihm eröffnete Möglichkeit, überhaupt *vor einem Gericht* seinen materiellen Anspruch durchzusetzen oder sein Recht zu verteidigen, bereits rechtliches Gehör gewährt. Insofern dient das Gehörgrundrecht der *Ermöglichung effektiven Rechtsschutzes.*[12] Dem gerichtlichen Verfahren ist insoweit die Gewährung von rechtlichem Gehör immanent: *„Das Gericht ist gleich Gehör"*. Art. 103 Absatz 1 GG wirkt insoweit, ebenso wie die Prozeßgrundrechte nach Art. 19 Absatz 4 GG und nach Art. 101 Absatz 1 Satz 2 GG auf zweifache Weise: Einmal als subjektiver Anspruch des Einzelnen auf Gewährung rechtlichen Gehörs, zum anderen als objektiv-rechtliches Verfahrensprinzip, das insbesondere vom einfachen Gesetzgeber bei der Ausgestaltung des Prozeßrechts zu beachten ist.[13] Das Bundesverfassungsgericht hat in einer frühen vereinzelten Entscheidung die objektiv-rechtliche Komponente des Art. 103 Absatz 1 hervorgehoben, wonach der Geltungsgrund des Prozeßgrundrechts in der „richtigen Aufgabenerfüllung der Gerichte liege" und (nur) „darüber hinaus" in den Forderungen der Menschenwürde.[14] Hiernach aber stand stets die Betonung des subjektiven Anspruchs, den Art. 103 Absatz 1 GG vermittelt, im Vordergrund, wie die noch anzuführenden Einzelentscheidungen belegen werden.

Allgemein läßt demgegenüber die jüngere bundesverfassungsgerichtliche Iudikatur wieder eine pragmatischere Tendenz erkennen, wenn betont wird, Art. 103 Absatz 1 GG

---

und subjektiv-personalen Elementen zu unterscheiden sei, s. *Schmidt-Aßmann* in: Maunz/Dürig/Herzog, GG, Art. 103 Abs. 1 Rd. 2 f. m.w.N.; *Kopp*, AöR Bd. 106 (=1981), S. 604 (606 ff.); s. auch *Zierlein*, DVBl. 1989, S. 1169 (1170) zur Bedeutung des Art. 103 Absatz 1 GG als „objektiv-rechtliches Verfahrensprinzip" in der Rechtsprechung des Bundesverfassungsgerichts.

[10] BVerfGE 9, 89 (95).

[11] BVerfGE 63, 332 (337 [m.w.N. aus seiner Rechtsprechung]).

[12] BVerfGE 81, 123 (129); 101, 106 (129).

[13] Zuletzt bekräftigt in BVerfGE 86, 133 (144 f. m.w.N.); 89, 28 (35).

[14] BVerfGE 9, 89 (95).

solle der Findung einer „vernünftigen Beurteilungsgrundlage“ für die gerichtliche Entscheidung dienen.[15] Dies impliziert auf den ersten Blick, rechtliches Gehör sei nicht zwingend zu gewährleisten, wenn der Sachverhalt feststeht oder in Verfahren mit Untersuchungsgrundsatz der Feststellung durch das Gericht unterfällt. Gleichwohl ist auch dann nicht auszuschließen, daß der Sachvortrag des Betroffenen zu einer Änderung des festgestellten Sachverhalts führt. Im übrigen aber ist die Bestimmung des Art. 103 Absatz 1 GG eindeutig. Rechtliches Gehör *ist* zu gewähren, unabhängig davon, ob dies im Einzelfall sachlich notwendig ist. Der subjektive Geltungsgrund dieser Garantie, die Würde der Person, wird auch durch eine pragmatischere Sicht des Schutzzwecks des Art. 103 Absatz 1 GG nicht in Frage gestellt. Auch damit ist allerdings noch nicht der Umfang bestimmt, in dem das Gericht im weiteren Verfahren rechtliches Gehör zu gewähren hat. Dieser wird primär durch das die verfassungsrechtliche Garantie konkretisierende einfache Prozeßrecht bestimmt. Nur wenn dieses dem verfassungsrechtlichen Gehalt des Art. 103 Absatz 1 GG nicht adäquat ist, also rechtliches Gehör überhaupt nicht oder nicht zureichend gewährt, kann Art. 103 Absatz 1 GG in direkter Anwendung zum Zuge kommen. Außerdem ist Art. 103 Absatz 1 GG gemäß nachstehender Erörterung im Zusammenhang mit anderen verfassungsrechtlichen Gewährleistungen und Prinzipien zu sehen, die ebenfalls im Gerichtsverfahren zu berücksichtigen sind und insoweit Art. 103 Absatz 1 GG einerseits ergänzen, andererseits aber auch zu beschränken vermögen.

II. Systematik und Inhalt des Art. 103 Absatz 1 GG

1. Art. 103 Absatz 1 GG und andere verfassungsrechtliche Verfahrensprinzipien

Der Anspruch auf rechtliches Gehör ist nicht isoliert zu sehen. Wie an anderer Stelle bereits dargelegt wurde, bilden die Prozeßgrundrechte zusammengenommen und in Verbindung mit anderen verfassungsrechtlichen Verfahrensgarantien, wie dem Fairneßgebot, einen *allgemeinen Rechtsschutzstandard*, der in jedem gerichtlichen Verfahren zu beachten ist.[16] Zusammengefaßt bedeutet dies: In einem Gerichtsverfahren ist *effektiver Rechtsschutz* (Art. 19 Absatz 4 GG bzw. auf Grund des Rechtsstaatsprinzips) durch einen unabhängigen, gesetzlich bestimmten Richter (Art. 101 Absatz 1 Satz 2 GG) garantiert, der den Beteiligten rechtliches Gehör zu gewähren, sie bei der Verfahrensgestaltung fair zu behandeln und weitere verfassungsrechtliche Verfahrensprinzipien zu beachten

[15] BVerfGE 101, 106 (129).
[16] S. das Erste Kapitel dieser Arbeit, dort A.I.1. und 2.

hat. Auch der Anspruch auf rechtliches Gehör dient somit der Ermöglichung effektiven Rechtsschutzes.[17] Auf hierdurch zum Teil entstehende *Konkurrenzsituationen* andererseits wurde bereits hingewiesen.[18] So kann die Abgrenzung der Anwendungsbereiche des *Fairneßgebots*[19] und des Anspruchs aus Art. 103 Absatz 1 GG im Einzelfall schwierig sein. Denn der Schutzgehalt des Rechts auf ein faires Verfahren, das ebenfalls zu den wesentlichen Grundsätzen eines rechtsstaatlichen Verfahrens zählt,[20] beinhaltet ebenfalls, neben anderen Verfahrensgrundsätzen, ein Recht auf Gehör, und zwar in derselben Weise wie Art. 103 Absatz 1 GG, so daß der Einzelne nicht zum bloßen Objekt staatlicher Entscheidung werden darf und ihm insbesondere die Möglichkeit gegeben werden muß, vor einer Entscheidung, die seine Rechte betrifft, zu Wort zu kommen.[21] Das Fairneßgebot gewährleistet *insoweit* Gehör in *demselben Umfang* wie Art. 103 Absatz 1 GG, jedoch *außerhalb* des Anwendungsbereichs dieses Prozeßgrundrechts. Andererseits ist das Fairneßgebot weiter, da es noch andere Verfahrensgrundsätze umfaßt. Hier, ebenso wie im Hinblick auf das aus Art. 3 Absatz 1 GG abgeleitete *Verbot gerichtlicher (prozessualer) Willkür*[22], ist daher darauf zu achten, daß diese nicht im Einzelfall als Auffangtatbestände genutzt werden, mit der Folge, daß der Garantiegehalt eines spezifischen Prozeßgrundrechts, welches an sich betroffen wäre, aufgeweicht werden würde. Voraussetzung hierfür ist daher zunächst eine exakte Grenzziehung des Schutzgehalts des Anspruchs auf rechtliches Gehör. Nur wenn dieser tatsächlich nicht betroffen ist, kann überhaupt ein Auffangtatbestand wie der des Fairneßgebots in Betracht kommen. Überschneidungen liegen auch zwischen dem aus Art. 19 Absatz 4 GG abgeleiten Anspruch auf effektiven Rechtsschutz und dem Gehöranspruch nahe, denn auch dieser dient letztlich der *Ermöglichung effektiven Rechtsschutzes* und damit *demselben Ziel* wie Art. 19 Absatz 4 GG.[23] Dies beruht letztlich darauf, daß „rechtliches Gehör" ursprünglich „gerichtliches Gehör" bedeutete und schon von daher mit der Gewährung von Rechtsschutz im früheren Sinne von Gerichtsschutz identisch ist. So hieß es in der alten Gesetzessprache häufig, daß dem Betroffenen Gehör zu gewähren ist, wenn die Eröffnung von Rechtsschutz gemeint war. Insofern ist der Anspruch auf Gehör bereits in dem Anspruch auf Rechtsschutz inkludiert. Art. 103 Absatz 1 GG ruft daher eine Selbstverständlichkeit

---

[17] S. zuletzt BVerfGE 101, 106 (129).
[18] S.o., Erstes Kapitel, A.I.1. und 2.
[19] Vgl. hierzu das Erste Kapitel dieser Arbeit, dort A.I.2.a).
[20] BVerfGE 38, 105 (111); zuletzt E 101, 397 (405) und ständig.
[21] BVerfGE 9, 89 (95); 65, 171 (174 f.); 101, 397 (405).
[22] S. das Erste Kapitel dieser Arbeit, dort A.I.2.b).
[23] Ausdrücklich BVerfGE 81, 123 (129); zuletzt hervorgehoben in E 101, 106 (129).

der Rechtspflege in Erinnerung und hebt sie hervor. Die verfassungsrechtliche Gewährleistung stellt zudem klar, daß Rechtsschutz auch in den Verfahren zu gewährleisten ist, in denen Art. 19 Absatz 4 GG nicht gilt. Auch hier bedarf es somit einer exakten Abgrenzung im Einzelfall, damit die eigenständigen Schutzbereiche dieser Garantien nicht zerfließen und somit zu Rechtsunsicherheit bei ihrer Anwendung führen. Sonderregelungen gegenüber dem allgemeinen Gehörgrundrecht stellt weiterhin etwa Art. 104 GG für den Bereich der Freiheitsentziehung bereit.[24]

Zum anderen können aber auch *„echte" Konkurrenzsituationen* entstehen, in denen im Einzelfall ein verfassungsrechtliches Verfahrensprinzip Vorrang gegenüber einem anderen beansprucht. Konkurrenzlagen können insoweit etwa dann entstehen, wenn sich die Prozeßgrundrechte der Parteien im Parteienstreit gegenüberstehen, aber auch, falls ein *objektiv-rechtliche Verfahrensprinzip* im konkreten Fall Geltung beansprucht. Dies ergibt sich bereits aus dem *inneren Aufbau* des Art. 103 Absatz 1 GG als zwar *schrankenlos* gewährleistetem Grundrecht. Eine Beschränkung ist daher aber nach den *allgemeinen Kollisionsregeln* zulässig.[25] So dürfen andere rechtsstaatliche Prinzipien wie *Gesetzesbindung, Gewaltenteilung* und das Institut der *Rechtssicherheit* als besondere Ausprägung des *Rechtsstaatsprinzips* nicht einseitig zugunsten der verfassungsrechtlichen Verfahrensgarantien vernachlässigt werden.[26] Auch die Garantie aus Art. 103 Absatz 1 GG darf daher nicht als absolute Größe gelten, wozu die Bindungswirkung nach Art. 1 Absatz 3 GG verleiten könnte, sondern es kommt ihr nach allgemeinem grundrechtsdogmatischen Verständnis (nur) eine Basis- und Leitfunktion zu. Es muß ihre *auch im Verfahrensrecht*, welches die teilweise gegenläufigen Interessen und Verfahrensgrundsätze zum Ausgleich bringt, maßgebliche Einbettung in den *Verfassungszusammenhang* beachtet werden.[27] Diese hier nur angeschnittenen Aspekte verdeutlichen die Probleme, die sich

---

[24] Vgl. aber hierzu BVerfGE 9, 89 (100): Das Bundesverfassungsgericht hebt aaO hervor, daß Art. 104 GG nicht als lex specialis für Freiheitsbeschränkungen die Anwendbarkeit des Art. 103 Absatz 1 GG ausschlösse. Beide Bestimmungen regelten Verschiedenes (Art. 103 Absatz 1 GG als *allgemeines* Verfahrensprinzip, Art. 104 GG als Garantie für das Verfahren bei Freiheitsbeschränkungen). Jedoch könne eine Modifizierung des Art. 103 Absatz 1 GG in diesem Bereich zulässig sein, etwa dahin, daß nicht, wie sonst, eine Anhörung *vor* der Entscheidung notwendig sei, sondern diese nachgeholt werden könne; zum *Vorherigkeitsgrundsatz* s.u., C.I.2.

[25] Vgl. etwa *Schmidt-Aßmann* in: Maunz/Dürig/Herzog, GG, Art. 103 Abs. I Rd. 15.

[26] *Lorenz*, NJW 1977, S. 868. - Deutlich wird der Einfluß anderer Verfahrensgrundsätze im Wirkungsbereich des rechtlichen Gehörs vor allem an der Zulässigkeit von einfach-gesetzlichen *Präklusionsnormen*, welche im Interesse einer *gerichtlichen Entscheidung „in angemessener Zeit"* angewendet werden. Diese Zielsetzung entspringt letztlich dem Institut der Rechtssicherheit als Ausformung des Rechtsstaatsprinzips. S. hierzu im einzelnen u., C.III.2.a) und c). Vgl. hierzu im Hinblick auf Art. 19 Absatz 4 GG, wo sich dasselbe Problem stellt, bereits das Zweite Kapitel, Erster Teil, dort C.III.1.a) und b), in dieser Arbeit; s. allgemein auch im Ersten Kapitel, A.I.2.c).

[27] *Lorenz*, aaO.

bei der Abgrenzung der verfahrensrechtlichen Verfassungsgarantien untereinander einerseits sowie der zwischen Verfassungsrecht und Verfahrensrecht andererseits stellen. Die Lösung dieses Spannungsverhältnisses entscheidet aber weitgehend über Inhalt und Reichweite des Anspruchs auf rechtliches Gehör.[28]

2. Der verfassungsrechtliche Kerngehalt des Art. 103 Absatz 1 GG und das einfache Prozeßrecht

a) Der Anspruch auf rechtliches Gehör als „Mindestgarantie"

Es wurde bereits darauf verwiesen, daß der verfassungsfeste Kerngehalt der Prozeßgrundrechte jeweils nur eine „Mindestgarantie" aufweist.[29] Dies gilt sowohl für Art. 19 Absatz 4 GG, wonach ein „Mindestmaß" an effektivem Rechtsschutz zu gewährleisten ist, als auch für Art. 101 Absatz 1 Satz 2 GG insoweit, als daß der gesetzliche Richter nur „so eindeutig wie möglich" gesetzlich zu bestimmen ist. Des weiteren spricht für letzteres auch, daß das Bundesverfassungsgericht im Rahmen des Rechts auf den gesetzlichen Richter über die Fachgerichte weitgehend nur eine Kontrolle anhand der Willkür-Formel ausübt.[30] Auch das Gebot des fairen Verfahrens enthält nur rechtsstaatliche „Mindestanforderungen".[31] Entsprechend enthält auch Art. 103 Absatz 1 GG lediglich eine verfassungsrechtliche „Mindestgarantie", obgleich der Wortlaut der Norm an sich eindeutig ist. Das verfassungsrechtliche Gebot des Art. 103 Absatz 1 GG spricht eine klare Sprache: *„Vor Gericht hat jedermann Anspruch auf rechtliches Gehör."* Damit ist aber noch nicht beantwortet, in welchem Umfang sich dieses Gebot im *einfachen Verfahrensrecht* niederschlägt, dessen Anwendung primär den Fachgerichten obliegt[32] und bei dessen Auslegung, wie vorstehend angeführt, etwaige widerstreitende Grundrechte Dritter sowie andere allgemeingültige Verfahrensprinzipien als *Schranken* beachtet werden müssen.[33] Es bedarf insoweit zunächst einer Abgrenzung des spezifischen Schutzbereichs des Art. 103 Absatz 1 GG von demjenigen anderer verfassungsrechtlicher Verfahrensgarantien. Ebenso muß insgesamt eine angemessene Berücksichtigung aller Verfah-

---

[28] Vgl. *Rüping*, NVwZ 1985, S. 304 (305 f.).
[29] S. bereits das Erste Kapitel dieser Arbeit, dort A.II.
[30] S. hierzu o., im vorstehenden Abschnitt (zu Art. 101 Absatz 1 Satz 2 GG), C.
[31] Vgl. etwa BVerfGE 101, 397 (405).
[32] Sodaß sich die Kontrolle des Bundesverfassungsgerichts insofern in der Überprüfung der Verletzung „spezifischen Verfassungsrechts" erschöpft, s.o., das Erste Kapitel, A.II.3.c)aa).
[33] Art. 103 Absatz 1 GG enthält keinen ausdrücklichen Gesetzesvorbehalt. Damit unterfällt die Regelung den allgemeinen Lehren über die Beschränkungen dem Wortlaut nach schrankenlos gewährleisteter Grundrechte (so die h.M.); ausführlich zum Schrankenproblem: *Schmidt-Aßmann* in: Maunz/Dürig/Herzog, GG, Art. 103 Abs. 1 Rd. 14 ff. m.w.N.

rensprinzipien möglich sein, andererseits dem Gesetzgeber aber auch ein Handlungsspielraum bei der Ausgestaltung des einfachen Prozeßrechts verbleiben, da er die verschiedenen Interessen „unter einen Hut" bringen muß. Insoweit ist es sinnvoll, auch den verfassungsrechtlichen Inhalt des Art. 103 Absatz 1 GG nicht ausufern zu lassen, sondern ihn von vornherein auf eine „Mindestgarantie" zu beschränken, die dann aber in jedem Falle einzuhalten ist.

Entsprechend äußerte sich das Bundesverfassungsgericht erstmals in einem Beschluß des Ersten Senats vom 18. Juni 1957[34] grundlegend zur Geltung des rechtlichen Gehörs im einfachen Verfahrensrecht.[35] Demnach soll Art. 103 Absatz 1 GG lediglich eine *Minimalgarantie* enthalten. Im ersten Leitsatz der Entscheidung heißt es: *„Art. 103 Absatz 1 GG will für alle gerichtlichen Verfahren ein Minimum von rechtlichem Gehör gewährleisten..."*.[36] Dieses sei insbesondere nur dann gewährleistet, wenn *„die an einem gerichtlichen Verfahren Beteiligten Gelegenheit haben, sich zu dem für die Beurteilung des Gerichts in Betracht kommenden Sachverhalt vor einer Entscheidung zu äußern"*.[37] Das Bundesverfassungsgericht nahm insofern Bezug auf *das Äußerungsrecht* als Kernstück des Anspruchs auf rechtliches Gehör[38] und konkretisierte dieses in der Folgezeit in einer Formel, die es bis heute in ständiger Rechtsprechung verwendet: „Art. 103 Absatz 1 GG gewährleistet den Beteiligten eines gerichtlichen Verfahrens das Recht, vor Gericht *Anträge zu stellen und Ausführungen zu machen*".[39]

Der Auffassung des Bundesverfassungsgerichts, wonach Art. 103 Absatz 1 GG lediglich eine Minimalgarantie umfaßt, liegt zunächst die Erwägung zu Grunde, daß die Konkretisierung dieses - wie auch jeden anderen - Prozeßgrundrechts durch das einfache Verfahrensrecht erfolgt. Zum einen kommt dem *Gesetzgeber* insoweit ein *weiter Gestaltungsspielraum* zu.[40] Diesem Grundsatz trägt das Prinzip der Minimalgarantie Rechnung. Er muß daher Art. 103 Absatz 1 GG nicht in stärkerem Umfang beachten, als er andere

---

[34] BVerfGE 7, 53 (57).
[35] Die zuvor ergangenen bundesverfassungsgerichtlichen Entscheidungen zum rechtlichen Gehör hatten dagegen Einzelprobleme zum Inhalt.
[36] BVerfGE 7, 53 (1. LS und S. 57). - Diese und folgende Hervorhebungen in Kursivschrift im zitierten Text stammen von *Verf.*
[37] BVerfG, aaO S. 57 mit Verweis auf E 1, 429; 6, 12; s. weiter etwa E 22, 267 (273).
[38] Von der Minimalgarantie des Art. 103 Absatz 1 GG ist des weiteren das Recht des Betroffenen auf *Information* durch das Gericht im Vorfeld des Äußerungsrechts und auf *Berücksichtigung* seiner Äußerungen in seinem Nachfeld umfaßt; so hebt das Bundesverfassungsgericht auch in der soeben genannten Entscheidung hervor, daß zu einem Minimum *„insbesondere"* (aber nicht nur) das Recht gehöre, sich zu äußern (E 7, 53 [57]). S. hierzu allgemein weiter u., C.I.3.
[39] Vgl. bereits BVerfGE 6, 19 (20); s. weiter etwa E 28, 378 (384).
[40] Vgl. hierzu bereits das Erste Kapitel dieser Arbeit, dort A.II.1.

Prozeßgrundrechte und Verfahrensprinzipien bei der Ausgestaltung des diese konkretisierenden Prozeßrechts zu berücksichtigen hat. Insofern muß ein angemessener Ausgleich auch umsetzbar sein. Die Fachgerichte müssen dann das Prozeßrecht nur „richtig" anwenden, solange der Gesetzgeber ihnen dies in adäquater Form, also der verfassungsrechtlichen Minimalgarantie des Art. 103 Absatz 1 GG genügend, zur Verfügung stellt. Soweit dies nicht geschehen ist, haben die Fachgerichte zwar ebenfalls dem verfassungsrechtlichen Grundsatz des rechtlichen Gehörs Rechnung zu tragen, sodaß auch dann rechtliches Gehör zu gewähren ist, wenn der Gesetzgeber versehentlich eine Anhörung nicht vorgesehen hat. Dann gilt Art. 103 Absatz 1 GG unmittelbar.[41] Insofern kann aber auch von ihnen nicht mehr als die Beachtung der Minimalgarantie verlangt werden, da sie bei ihrer Verfahrensgestaltung ebenfalls eine Vielzahl verschiedener Interessen und unterschiedliche verfassungsrechtliche Güter zu berücksichtigen haben. Insoweit obliegt ihnen die grundsätzlich nicht nur letztinstanzliche, sondern auch letztverbindliche Anwendung und Auslegung einfachen Rechts, in deren Rahmen sie den unterschiedlichen Grundrechten und Verfahrensprinzipien genügen müssen. Dies ist originäre Aufgabe der Richter der Fachgerichtsbarkeit, denen nach Art. 92 GG nicht nur die Anwendung der Gesetze, sondern über Art. 20 Absatz 3 und Art. 1 Absatz 3 GG auch die Sicherung der Verfassung in richterlicher Unabhängigkeit (Art. 97 GG) anvertraut ist. Mit dem Postulat der Minimalgarantie trägt das Bundesverfassungsgericht daher zugleich der funktionalen Aufgabenverteilung innerhalb der Rechtsprechung Rechnung, wenn es speziell im Hinblick auf Art. 103 Absatz 1 GG ausführt: „...ob die Gerichte bei ihren Entscheidungen die allgemeinen Gesetze richtig anwenden oder auslegen, hat das Bundesverfassungsgericht grundsätzlich nicht nachzuprüfen."[42] Aus diesen Gründen verdient der Ansatz des Bundesverfassungsgerichts die volle Zustimmung.

Das Bundesverfassungsgericht hebt weiter in der angeführten Grundsatzentscheidung zum rechtlichen Gehör hervor, daß die Minimalgarantie des Art. 103 Absatz 1 GG für *alle gerichtlichen Verfahren* gelten soll, in concreto auch für solche mit *Untersuchungsgrundsatz*: „Den Parteien soll nicht zugemutet werden, sich darauf zu verlassen, daß das

---

[41] S. weiter u., II.2.b)cc). - Anders aber, wenn eine Anhörung *bewußt* nicht vorgesehen wurde und dies von Verfassungs wegen, etwa wegen des Vorrangs anderer Schutzgüter in der konkreten Verfahrensart, erlaubt ist.

[42] BVerfGE 7, 53 (56). Das Bundesverfassungsgericht trägt also, indem es Art. 103 Absatz 1 GG lediglich eine Minimalgarantie zuerkennt, seiner auf die Nachprüfung der Verletzung „spezifischen Verfassungsrechts" beschränkten Kontrollbefugnis Rechnung, welche auf der allgemeinen Erkenntnis beruht, daß die Verfassung nur Rahmencharakter aufweist und der Ausfüllung durch das einfache Recht bedarf.

Gericht schon aufgrund der Offizialmaxime zu einer richtigen Entscheidung gelangen werde."[43] Es wird die Bedeutung der Privatinitiative auch im Amtsverfahren betont mit der tragenden Begründung, die gegenteilige Auffassung führe dazu, „daß der Beklagte letztlich nur noch Objekt des Verfahrens ist, obwohl das Gesetz selbst ihn in die formelle Rechtsstellung einer selbständigen Prozeßpartei zwingt."[44] Hier treten wiederum die Wurzeln des Art. 103 Absatz 1 GG, die Menschenwürde und die Rechtsstaatlichkeit, zutage, denn würde das Äußerungsrecht allein als Instrument der Sachaufklärung fungieren, wäre seine Beachtung hier entbehrlich, da diese bereits nach der Untersuchungsmaxime erfolgt.[45] Andererseits wird die Verflechtung von verfassungsrechtlichen Verfahrensprinzipien und einfach-rechtlichem Prozeßrecht deutlich: Die Maxime des rechtlichen Gehörs berührt hier die vom einfachen Recht für manche Verfahrensordnungen oder spezielle Verfahrensarten vorgesehene Untersuchungsmaxime, ohne daß die eine von der anderen verdrängt würde.

Zu dem vom Bundesverfassungsgericht in dieser Entscheidung verwendeten *Terminus der „Minimalgarantie"* ist schließlich folgendes festzuhalten: Er ist in Teilen der Literatur auf Kritik gestoßen, da er der fundamentalen Bedeutung, die dem rechtlichen Gehör als Verfassungsprinzip zukommt, nicht gerecht werde, dieses mithin in qualitativer Hinsicht nicht genügend gewürdigt werde.[46] Weiterhin wird vorgebracht, der Begriff der Minimalgarantie führe auch zu einer Unterschätzung des quantitativen Umfangs des verfassungsrechtlichen Gehalts des Art. 103 Absatz 1 GG, sei doch bereits der hiermit bezeichnete Kernbestand - dies ist zutreffend, wie noch darzustellen ist - keineswegs klein.[47] Hiergegen ist jedoch einzuwenden, daß die Bedeutung dieses Prozeßgrundrechts durch diese Terminologie nicht geschmälert, sondern vielmehr deutlich wird, daß aus *verfassungsrechtlicher* Sicht nur ein Minimum an rechtlichem Gehör gewährleistet ist, während eine darüber hinausgehende Erfüllung des Gehöranspruchs durch das einfache Gesetzesrecht und die Fachgerichte selbstverständlich unbenommen bleibt, sofern nicht andere, ebenso wichtige verfassungsrechtliche Gewährleistungen unter einer erweiterten Auslegung des Art. 103 Absatz 1 GG leiden. Der Begriff der Minimalgarantie erfüllt daher seinen Zweck, nämlich die Abgrenzung des verfassungsrechtlichen Gehöranspruchs

---

[43] BVerfGE 7, 53 (1. LS und S. 57), hier hinsichtlich der Bewilligung des früher sogenannten „Armenrechts" für einen Beklagten im Ehelichkeitsverfahrens nach § 640 ZPO a.F.
[44] BVerfG, aaO S. 58; hierauf Bezug nehmend BVerfGE 7, 275 (281).
[45] Ausdrücklich BVerfGE 7, 275 (278). S. auch *Rüping*, NVwZ 1985, S. 304 (307).
[46] So *Schmidt-Aßmann* in: Maunz/Dürig/Herzog, GG, Art. 103 Abs. 1 Rd. 21 und 69, der deshalb den Begriff der *„Basisgarantie"* verwendet.
[47] S. *dens.*, aaO Rd. 21; vgl. auch *Leipold*, ZZP Bd. 93 (=1980), S. 237 (243).

und zugleich bundesverfassungsgerichtlicher Kontrolldichte vom einfachen Gesetzesrecht und der fachgerichtlichen Sphäre, und ist vom Ansatz her umso wichtiger, als das Bundesverfassungsgericht, wie nachstehend aufgezeigt werden wird, gerade bei der Überprüfung von Verletzungen des rechtlichen Gehörs oftmals seinen Kontrollraum verlassen und die von ihm selbst postulierte „Minimalgarantie" im Einzelfall überdehnt hat. Vorzugwürdig ist im Ergebnis allerdings der später auch vom Bundesverfassungsgericht verwendete[48] Begriff der „*Mindestgarantie*" bzw. der „*Mindestanforderungen*", die durch Art. 103 Absatz 1 GG verfassungsrechtlich vorgegeben sind, da hierdurch deutlich wird, daß der durch die Minimalgarantie vorgebene „*Mindeststandard*" an rechtlichem Gehör und insgesamt an effektivem Rechtsschutz jedenfalls *immer* einzuhalten ist, während der Begriff der Minimalgarantie zumindest vom Wortlaut her Ausnahmen zuzulassen scheint. Ist aber der Anwendungsbereich des Art. 103 Absatz 1 GG einmal eröffnet, ist für eine gänzliche Versagung rechtlichen Gehörs kein Raum.

b) Das verfassungsrechtliche Gehörgrundrecht und das einfache Prozeßrecht

aa) Anforderungen des Art. 103 Absatz 1 GG an den Gesetzgeber und bundesverfassungsgerichtliche Kontrolle

Angesichts des breiten Umfangs verschiedener Schutzgüter und Interessen, die der Gesetzgeber im Rahmen des Prozeßrechts zu beachten hat, im speziellen[49], aber bereits auf Grund des Prinzips der Gewaltenteilung im allgemeinen, obliegt ihm bei der Ausgestaltung des Verfahrensrechts ein *weiter Gestaltungsspielraum.*[50] Er hat das die Prozeßgrundrechte, mithin auch Art. 103 Absatz 1 GG, *konkretisierende* einfache Verfahrensrecht zur Verfügung zu stellen. Dabei besteht allerdings im Bereich des Gehörrechts ein weiterer Spielraum bei der Entscheidung, *ob* entsprechende Regelungen bereitgestellt werden, als etwa im Rahmen des Rechts auf den „gesetzlichen" (i.e. gesetzlich bestimmten) Richter gemäß Art. 101 Absatz 1 Satz 2 GG, dessen Wortlaut bereits die Bereitstellung bestimmter, den Richter definierender Regelungen durch den Gesetzgeber erfordert, ebenso wie auch im Vergleich mit Art. 19 Absatz 4 GG, dessen Schutzgehalt in besonderer Weise der Konkretisierung durch einfach-gesetzliche Normen bedarf, da durch sie überhaupt eine Gerichtsbarkeit geschaffen werden muß, an die der Rechtsuchende sich wenden kann. Für Art. 103 Absatz 1 GG reicht es demgegenüber prinzipiell aus, daß

---

[48] S. BVerfGE 89, 28 (35); 92, 158 (183 ff.); 99, 145 (162 f.).
[49] S. weiter o. unter 1.
[50] Vgl. hierzu bereits das Erste Kapitel dieser Arbeit, A.II.1.

überhaupt ein Prozeßrecht existiert, das ein in formalisierter Weise durchzuführendes Gerichtsverfahren ermöglicht, *in dessen Rahmen* dann rechtliches Gehör zu gewähren ist. Sofern keine Regelungen für die einschlägige Verfahrensart in der konkret anwendbaren Prozeßordnung existieren, ist daher in problemloser Weise ein *unmittelbarer* Rückgriff auf die verfassungsrechtliche Gewährleistung des Art. 103 Absatz 1 GG möglich, sofern die Anhörung im konkreten Fall nicht vom Gesetzgeber *bewußt* auf Grund sachgemäßer Erwägungen unterlassen wurde.[51] Umgekehrt ist es diesem natürlich nicht verwehrt, über den verfassungsrechtlichen Gehalt der Mindestgarantie rechtlichen Gehörs *hinauszugehen*, soweit dem nicht andere Rechtsgüter und rechtliche Interessen, die im Einzelfall Vorrang haben, entgegenstehen. Er darf im Rahmen seines Gestaltungsspielraums indes auch Regelungen vorsehen, die das Recht auf rechtliches Gehör *beschränken*, ist allerdings selbst insoweit beschränkt, als daß von ihm geschaffenes oder weiter ausdifferenziertes Prozeßrecht nicht die durch Art. 103 Absatz 1 GG gewährleistete *Mindestgarantie* aushöhlen darf. Der Gesetzgeber darf den Berechtigten demnach (nur) nicht *jede* Gelegenheit, angehört zu werden, nehmen.[52] Das Bundesverfassungsgericht hebt insoweit in ständiger Rechtsprechung hervor, daß „die nähere Ausgestaltung des rechtlichen Gehörs *[...]* den einzelnen Verfahrensordnungen überlassen bleiben" müsse; Art. 103 Absatz 1 GG gewähre deshalb „keinen Schutz dagegen, daß das Gericht das Vorbringen der Beteiligten aus Gründen des formellen oder materiellen Rechts ganz oder teilweise unberücksichtigt läßt."[53] Aus Gründen der *Rechtskraft*, der *Rechtssicherheit* und auch des individuellen Rechts der Beteiligten auf ein beschleunigtes Verfahren sei der Gesetzgeber daher insgesamt nicht daran gehindert, durch verfahrensbeschleunigende Vorschriften, insbesondere durch *Fristbestimmungen* und *Präklusionsnormen*, Vorkehrungen dagegen zu treffen, daß Verfahren unangemessen verzögert würden.[54]

Jedoch haben inbesondere im Zivilprozeß die durch die *Vereinfachungsnovelle* des Jahres 1976 zu Lasten des Gehörberechtigten modifizierten bzw. teilweise neu eingeführten *Präklusionsregelungen* das Gehörgrundrecht sehr stark eingeschränkt. Problematisch sind diese Regelungen im Hinblick auf Art. 103 Absatz 1 GG jedoch nicht nur wegen ihrer Rechtsfolge, wonach verspätet vorgebrachter Sachvortrag nicht in der gerichtlichen Entscheidung berücksichtigt werden muß oder darf, sondern auch deswegen, da bereits

---

51 S. hierzu nachfolgend unter cc).
52 BVerfGE 89, 28 (35).
53 BVerfGE 9, 89 (95 f.); 21, 191 (194); 22, 267 (273); 36, 92 (97); 51, 188 (191); 55, 72 (93 ff.); 60, 1 (5); 83, 182 (200) und ständig.
54 BVerfGE 60, 253 (267 ff. [269 f.]); 88, 118 (124).

die Normvoraussetzungen teilweise ***unbestimmte Rechtsbegriffe*** enthalten, die in verstärktem Maße auslegungsbedürftig sind. Dies gilt etwa für die Definition der „Verspätung" oder die Formulierung der „nicht hinreichend entschuldigten" oder „auf grober Nachlässigkeit beruhenden" Verspätung der Partei sowie für das im Einzelfall dem Richter eingeräumten Ermessen hinsichtlich der Entscheidung über die Zurückweisung („...wenn nach der freien Überzeugung des Gerichts ihre Zulassung die Erledigung des Rechtsstreits nicht verzögern würde..."), vor allem nach §§ 296, 528 ZPO, deren Voraussetzungen insoweit nicht einfach-gesetzlich determiniert sind. Einige der Regelungen sind daher verfassungsrechtlich zumindest fragwürdig.[55] Insoweit hat das Bundesverfassungsgericht zwar stets den *„strengen Ausnahmecharakter"* dieser Vorschriften wegen ihrer „einschneidenden Folgen für die säumige Partei" betont,[56] diese aber im Ergebnis durchweg unbeanstandet gelassen.[57] Das Bundesverfassungsgericht bewahrt allgemein, wie auch im Hinblick auf solche Regelungen des Prozeßrechts, die das Recht auf den gesetzlichen Richter nach Art. 101 Absatz 1 Satz 2 GG betreffen und hinsichtlich dessen „gesetzlicher Bestimmtheit" häufig ebenfalls nicht genügend sind und die notwendige Klarheit vermissen lassen[58], wiederum gegenüber dem Gesetzgeber große Zurückhaltung. Hier wie dort wirkt sich das im Ergebnis zu Lasten der Fachgerichte aus, denen das Bundesverfassungsgericht etwa im Hinblick auf die Gehörgarantie in weitem Umfang eine bestimmte „verfassungskonforme" Auslegung einzelner Präklusionsregelungen abverlangt und an die es materiell besondere Anforderungen bei der Rechtsanwendung stellt.[59] Dies ist manifestiert in einer Vielzahl an Entscheidungen, ergangen in einem rund zehnjährigen Zeitraum von etwa 1978 bis 1988, die als *„Präklusionsrechtsprechung"* des Bundesverfassungsgerichts bezeichnet werden kann und in der amtlichen Entscheidungssammlung den Hauptteil an Verfahrensrügen dieser Zeit ausmacht. Nähere Ausführungen bleiben daher einem Sonderkapitel zur Präklusionsrechtsprechung vorbehalten.[60]

---

[55] S. ausführlich hierzu u., C.III.2.c).
[56] Vgl. bereits BVerfGE 36, 92 (1. LS und S. 98); s. weiter E 62, 249 (254 m.w.N.) und ständig.
[57] S. etwa explizit BVerfGE 54, 117 (124) zu *§ 296 Absatz 1 ZPO*; E 55, 72 (85) zu *§ 528 Absatz 3 ZPO*; E 60, 1 (6) zu *§ 528 Absatz 1 Satz 1 ZPO*. S. hierzu u., C.III.2.c)bb) *(1)* und *(2)*.
[58] Vgl. hierzu den vorstehenden Abschnitts dieses Kapitels (zu Art. 101 Absatz 1 Satz 2 GG), dort B.II.1.
[59] S.u., C.III.2.c)bb) *(3)*, *(4)* und *(5)*.
[60] Unten, C.III.2.c).

bb) Typisierte Fallgruppen „gehörspezifischer" Regelungen des einfachen Rechts

Die Sicht von Art. 103 Absatz 1 GG als Minimal- oder Mindestgarantie entspricht mithin dem zutreffenden generellen Verständnis vom Grundgesetz, demzufolge dessen Vorschriften nur grobe Vorgaben liefern, die der Modifizierung, Präzisierung und Konkretisierung durch das einfache Recht bedürfen. Die *Verfassung* weist mithin lediglich *Rahmencharakter* auf und darf nicht nach Optimierung verlangen.[61] Sie verlöre ihre herausragende Stellung als ständige Verbürgung und Bewahrung fundamentaler Rechte, würde sie immer wieder dem „Zeitgeist" angepaßt und jede einfachrechtliche Konkretisierung der verfassungsrechtlichen Grundsätze in ihr festgeschrieben werden.[62] Die *Konkretisierung* der durch sie vorgegebenen Grundsätze ist also im Sinne vorstehender Ausführungen Sache des *einfachen Gesetzgebers*, mehr aber noch, angesichts des weiten Gestaltungsspielraums des Gesetzgebers und seiner weitgehenden Schonung durch das Bundesverfassungsgericht, des das Recht anwendenden, es auslegenden und es fortbildenden *Richters*. Mithin darf auch die verfassungsrechtliche Garantie des Art. 103 Absatz 1 GG *kein Maximum an Anhörungsrechten* verlangen. Dem trägt das Bundesverfassungsgericht Rechnung, wenn es aus verfassungsrechtlicher Sicht nur die Beachtung des Mindeststandards an rechtlichem Gehör im Sinne einer Minimalgarantie durch die Fachgerichte für erforderlich hält. Zwar müssen selbstverständlich auch solche Vorschriften des einfachen Prozeßrechts von den Fachgerichten beachtet werden, die mit ihren Anforderungen über diese Minimalgarantie hinausgehen. Dies ergibt sich schon aus der Bindung der Gerichte an die Gesetze. Deren Mißachtung darf aber, sofern nur der geforderte Mindeststandard rechtlichen Gehörs gewährt wurde, nicht als Verstoß gegen Art. 103

---

61 Dies ist einhellige Ansicht in der Literatur; für alle: *Starck*, JZ 1996, S. 1033 (1035).

62 Vgl. *Brenner*, AöR Bd. 120 (=1995), S. 248 ff. mit umfangreichen Nachweisen, der „richtungweisendes" Verfassungsrecht und „reichhaltiges, ubiquitäres, meist auch alternativ mögliches" einfaches Recht gegenüberstellt (S. 253), und insoweit nachhaltig darauf hinweist, daß die Verfassung ihrer Funktion der Stabilisierung des Staatsgefüges und des Gemeinwesens nur dann gerecht werden könne, wenn sie unvollständig und offen sei und bleibe. Nur so verliere sie nicht ihre Kraft zur Zukunftsgestaltung. Die Verfassung dürfe daher nicht zum lückenlosen *„Staatsgesetzbuch"* umfunktioniert werden. So halte die Verfassung auch gewissermaßen bewußt Distanz zum einfachen Recht durch seine inhaltliche Offenheit und zukunftsgerichtete Weite, im Gegensatz zum konkrete Handlungs- und Abwägungsanweisungen enthaltenden einfachen Gesetzrecht (S. 252 f.). Übertragen speziell auf das Recht auf rechtliches Gehör bestätigt dies letztlich die Auffassung des Bundesverfassungsgerichts, das dieses Verfahrensgrundrecht, ebenso wie etwa auch die Rechtsschutzgarantie des Art. 19 Absatz 4 GG, als „Minimalgarantie" und insoweit als „Rahmen" begreift, welcher im einzelnen der Ausfüllung durch die Spezialregelungen des einfachen Rechts bedarf. Vor allem *Forsthoff*, Zur Problematik der Verfassungsauslegung (1961), S. 38 hat aber frühzeitig auch die Nachteile des Rahmencharakters der Verfassung aufgezeigt mit der Warnung, die Verfassung werde gerade hierdurch zum *„Repositorium der gängigen Werte"* und habe sich *„für alles, in Wahrheit aber für nichts entschieden"*; vgl. auch *Stürner* in: FS für Fritz Baur (1981), S. 648.

Absatz 1 GG gewertet werden und ist damit zugleich bundesverfassungsgerichtlicher Nachprüfung entzogen.[63]

Durch den verfassungsrechtlich vorgegebenen Mindeststandard an rechtlichem Gehör ist zugleich *ein Bereich enger Verknüpfung zwischen Verfassungsrecht und einfachem Verfahrensrecht* bestimmt. Denn die Vorgaben des zu wahrenden Mindeststandards an rechtlichem Gehör gelten, nach vorstehenden Ausführungen, zum einen *für den einfachen Gesetzgeber*, sodaß Art. 103 Absatz 1 GG solchen Vorschriften der einfachen Verfahrensordnungen entgegensteht, die das rechtliche Gehör ausschließen oder enger ziehen wollen, als der unantastbare Kernbereich verlangt. Zum anderen gelten sie *für den Richter*. So können bestimmte Formen der Rechtsanwendung und -fortbildung durch den Kerngehalt des Art. 103 Absatz 1 GG unmittelbar geboten oder verboten sein. Demgegenüber besteht ansonsten, d.h. außerhalb der von Art. 103 Absatz 1 GG umfaßten Mindestgarantie, ein großer Bereich des Gestaltungsspielraums für den Gesetzgeber wie auch für die richterliche Rechtsfortbildung und die Auslegung des einfachen Verfahrensrechts im Hinblick auf die Gehörgarantie, innerhalb dessen mehrere Lösungen verfassungsrechtlich zulässig sein können.[64] Man könnte aus dieser an sich klaren Aufteilung den Rückschluß ziehen, daß eine Abgrenzung zwischen dem verfassungsrechtlichen und dem einfachrechtlichen Gehalt des rechtlichen Gehörs anhand des Mindeststandards als Maßstab leicht vorzunehmen sei. Tatsächlich ist dies aber schwierig, da das geltende einfache Verfahrensrecht die Grundelemente des Art. 103 Absatz 1 GG in unterschiedlicher Intensität verwirklicht.

Es lassen sich *drei Hauptnormengruppen der Konkretisierung rechtlichen Gehörs im einfachen Prozeßrecht* ausmachen[65]: Die erste Gruppe der gehörspezifischen Vorschriften der Prozeßordnungen *wiederholt* bloß den Kerngehalt des Art. 103 Absatz 1 GG, geht aber nicht über ihn hinaus. Diese Normen sind an sich nicht notwendig, da im Fall ihres Wegtretens Art. 103 Absatz 1 GG unmittelbar eingreifen würde.[66] Die zweite und

[63] Bereits an dieser Stelle sei aber darauf hingewiesen, daß sich das Bundesverfassungsgericht in solchen Fällen, in denen der Schutzbereich des Art. 103 Absatz 1 GG zwar grundsätzlich betroffen, sein Mindeststandard aber eingehalten ist, vielfach mit einer Kontrolle nach Maßgabe (nur) seiner Willkür-Formel oder aber des *Fairneßgebots* als Auffangtatbestand behilft.

[64] Vgl. BVerfGE 35, 47 m.w.N.; 42, 148 f. m.w.N.; 48, 166 ff. (197 m.w.N.); s. insbesondere auch E 22, 322 (324 f.). - Vgl. aus der Literatur beispielsweise *Stürner* in: FS für Fritz Baur (1981), S. 648 m.w.N.

[65] Entsprechend der Differenzierung bei *Schmidt-Aßmann* in: Maunz/Dürig/Herzog, GG, Art. 103 Abs. I Rd. 22.

[66] Zur unmittelbaren Geltung des Art. 103 Absatz 1 GG s. weiter u. unter cc).

größte Gruppe *erweitert* dagegen den Kerngehalt des Art. 103 Absatz 1 GG.[67] Eine dritte Gruppe schließlich *schränkt* den Kerngehalt des Art. 103 Absatz 1 GG aufgrund des Vorliegens anderer verfassungsrechtlicher Schutzgüter *ein*[68], wobei ein Ausgleich vorzusehen ist, der wiederum über den Kerngehalt des Art. 103 Absatz 1 GG hinausgehen kann. Diese drei Hauptgruppen „gehörspezifischer" Normen sind innerhalb der einzelnen Verfahrensordnungen regelmäßig miteinander verzahnt[69], sodaß insofern von der *Eigenständigkeit des einfachen Verfahrensrechts* auszugehen ist.[70] Hinzu kommt, daß die jeweils geltende Verfahrensordnung wiederum Spezifica aufweist, die sie von anderen Prozeßordnungen unterscheidet. Außerdem ist innerhalb der einzelnen Verfahrensordnung wiederum zwischen verschiedenen Verfahren zu differenzieren. Es kann also schwerlich gesagt werden, das einfache Verfahrensrecht stelle lediglich eine Konkretisierung verfassungsrechtlicher Vorgaben, insbesondere der Grundrechtsgarantien, dar.[71] *Verfahrensrecht ist insoweit das Mittel zur Durchsetzung eines effektiven Grundrechtsschutzes*, jedoch handelt es sich bei dem Verhältnis zwischen Verfassungsrecht und einfachem (Verfahrens-)Recht um *zwei verschiedene, eigenständige Bereiche, allerdings wechselseitiger Beziehung.*[72] Anerkanntermaßen ist das Verfahrensrecht zwar zielgerichtet, nämlich auf die Durchsetzung des materiellen Rechts und damit auch und vor allem der dem zugrundeliegenden Grundrechte.[73] Es findet aber in der Sicherung des Verfahrens als Mittel zur Erreichung dieses Ziels selbst einen unmittelbaren Zweck und gewinnt so *auch* einen *funktionalen Eigenwert*, indem es besondere Institute bereithält, die ein geregeltes Verfahren unter Beachtung besonderer Formen und Garantien ermöglichen und damit der Rechtsverwirklichung dienen.[74] Besonders problematisch ist weiterhin die Konstellation, daß das einschlägige Verfahrensrecht *überhaupt keine Regelung* zur An-

---

[67] S. im einzelnen weiter u., C.II.3.a), insbesondere im Zusammenhang mit den in einzelnen Prozeßordnungen vorgesehenen umfangreichen einfach-gesetzlichen richterlichen Hinweis- und Erörterungspflichten (s. etwa § 139 ZPO).

[68] S.u. im Zusammenhang mit Fristbestimmungen und Präklusionsnormen, C.III.2.

[69] *Schmidt-Aßmann* in: Maunz/Dürig/Herzog, GG, Art. 103 Abs. I Rd. 22, etwa spricht von einer *„Gemengelage"*, das Bundesverfassungsgericht in E 60, 305 (310) von einem *„Wirkungszusammenhang"*.

[70] Vgl. *Schmidt-Aßmann*, aaO Rd. 22 m.w.N.

[71] S. auch *Stürner* in: FS für Fritz Baur (1981), S. 648 m.w.N., der zu Recht Kritik übt an der oft zitierten Formel, Verfahrensrecht sei lediglich *„angewandtes Verfassungsrecht"*.

[72] *Stürner*, aaO S. 648.

[73] Demgegenüber hatte die früher herrschende formale Auffassung den Prozeß als vom materiellen Recht völlig losgelöst angesehen und zum Selbstzweck erhoben. Diese Ansicht ist jedoch im Hinblick auf die heute geltende Grundrechtsdogmatik völlig überholt. Andererseits darf der Prozeß aus den genannten Gründen nicht nur als „Instrument" des materiellen Rechts behandelt werden. Der richtige Weg liegt hier wie so oft in der Mitte. S. ausführlich hierzu u., C.II.3.a)aa)*(2)* im Zusammenhang mit richterlichen Hinweispflichten.

[74] Zum ganzen *Lorenz*, AöR Bd. 105 (=1980), S. 644 ff.

hörung trifft. Dann kommt entweder ein Gehöranspruch unmittelbar aus Art. 103 Absatz 1 GG in Betracht[75], sofern der Gesetzgeber die Regelung der Anhörung schlicht vergessen hat. Anders ist jedoch zu entscheiden, wenn der Gesetzgeber eine Anhörung bewußt nicht vorgesehen hat.

Vor diesem Hintergrund sind Schwierigkeiten bei der Abgrenzung zwischen dem verfassungsrechtlichen Kerngehalt des Art. 103 Absatz 1 GG und einfach-rechtlichen „gehörspezifischen" Vorschriften des Verfahrensrechts vorgezeichnet[76], so wie auch allgemein eine abstrakte Grenzziehung zwischen Verfassungsrecht und einfachem Recht nicht gelingen kann. Eine Abgrenzung ist nur *konkret* möglich: im Rahmen des jeweils einschlägigen Prozeßgrundrechts, in Bezug auf die jeweils anwendbare Verfahrensordnung, sowie im Hinblick auf das konkrete prozeßrechtliche Institut. Bei Art. 103 Absatz 1 GG stellt sich dieses Problem - im Vergleich mit den anderen Prozeßgrundrechten - in ausgesprochen weiter Bandbreite, da ungeachtet seiner qualitativen Beschränkung auf eine Mindestgarantie sein Anwendungsbereich in quantitativer Hinsicht weitumfassend ist. Das Gehörgrundrecht taucht immer wieder im einfachen Prozeßrecht auf und nimmt Einfluß auf jede Verfahrensordnung, auf jede Verfahrensart und auf eine Vielzahl prozeßrechtlicher Einzelinstitute. Genannt seien an dieser Stelle nur die Präklusionsvorschriften und die Wiedereinsetzung in den vorigen Stand, die Gewährung rechtlichen Gehörs bei einstweiligen Verfügungen und allen vorläufigen Maßnahmen, die besonders eilbedürftig sind und oft eben keine Zeit lassen, Gehör zu gewähren. Weiter tangiert jeder verlorengegangene oder zu spät vor einer gerichtlichen Entscheidung eingereichte Schriftsatz das rechtliche Gehör, wenn er nicht mehr in der Entscheidung des Gerichts berücksichtigt werden kann. Mit gerichtlichen Hinweisen ist zugleich das Gehörgrundrecht verbunden, da dieses auch verfahrensnotwendige Informationen erfordert. Von Bedeutung sind daher auch die Zustellungsvorschriften und andere Regelungen über gerichtliche Mitteilungen. Verschiedene besondere Institute setzen das Gehörrecht um, wie etwa das Recht auf Akteneinsicht. Die lange Reihe gehörspezifischer Normen läßt sich beliebig fortführen. In jedem Einzelfall bedarf es mithin einer genauen Abgrenzung zwischen dem von der Mindestgarantie geforderten Gehalt des Art. 103 Absatz 1 GG und dem Bereich einfachen Gesetzesrechts, dessen Anwendung und Auslegung die Gehörgarantie nicht in verfassungsrechtlich relevanter Form berührt.

---

[75] Vgl. hierzu nachstehend.
[76] S. auch *Schmidt-Aßmann*, DÖV 1987, S. 1029 (1030).

cc) Die unmittelbare Geltung des Art. 103 Absatz 1 GG im gerichtlichen Verfahren

Obgleich also das Gehörgrundrecht durch eine Vielzahl einfach-gesetzlicher Vorschriften umgesetzt und konkretisiert wird, kann es vorkommen, daß für eine bestimmte Verfahrensart entweder überhaupt keine Anhörung vorgesehen ist oder aber eine einfach-gesetzliche Vorschrift zwar existiert, aus der sich ein Anhörungsrecht ergibt, welche aber hinter der zu gewährleistenden Mindestgarantie des Art. 103 Absatz 1 GG zurückbleibt und insoweit auslegungsbedürftig ist. Das Gehörgrundrecht wird aber nur dann unzulässig beschränkt, wenn der Gesetzgeber etwa „vergessen" hat, eine Anhörung vorzusehen, nicht aber dann, wenn er dies bewußt und gerechtfertigt durch sachliche Gründe unterlassen oder sie, wie etwa im Falle von Fristbestimmungen oder Präklusionsregelungen, zulässig eingeschränkt hat. Daher verlangt nur in erstem Fall der verfassungsrechtlich gewährleistete Mindeststandard an rechtlichem Gehör nach einer Anhörung.

Das Bundesverfassungsgericht hat insofern kurze Zeit nach der oben aufgezeigten Bestimmung des Art. 103 Absatz 1 GG als bloßer Minimalgarantie seine dem zugrundeliegenden Erwägungen über das Verhältnis der verfassungsrechtlichen Garantie rechtlichen Gehörs zum einfachen Recht weiter ausdifferenziert: In einem Beschluß vom 8. Januar 1959 hat der Erste Senat eine *unmittelbare Wirkung* des verfassungsrechtlichen Anspruchs auf rechtliches Gehör im einfachen Verfahrensrecht unter den soeben angeführten Umständen bejaht und insgesamt das dogmatische Fundament für die Geltung des Art. 103 Absatz 1 GG im einfachen Verfahrensrecht gelegt[77]; damit hat das Bundesverfassungsgericht zugleich den Umfang seiner Kontrollbefugnis bei der Prüfung von Gehörverletzungen durch die Fachgerichte bestimmt.[78]

> Das Bundesverfassungsgericht nahm hierzu im konkreten Fall die Frage zum Anlaß, ob im Haftverfahren eine Anhörung des Beschuldigten *vor* der Entscheidung des Beschwerdegerichts, das einen vom unteren Gericht abgelehnten Haftbefehl erlassen will, erfolgen muß. Nach § 308 Absatz 1 StPO ist dies grundsätzlich erforderlich; in Absatz 1 Satz 1 heißt es wörtlich: „Das Beschwerdegericht darf die angefochtene Entscheidung nicht zum Nachteil des Gegners des Beschwerdeführers ändern, ohne daß diesem die Beschwerde zur Gegenerklärung mitgeteilt worden *ist*". Fraglich war aber, ob auch die verfassungsrechtliche Vorschrift des Art. 103 Absatz 1 GG hierzu zwingt, also ob ihr zwingend die Gewährung rechtlichen Gehörs *vor* der Entscheidung zu entnehmen ist, mit anderen Worten: es war zu klären, ob die unrichtige bzw. fehlende Anwendung der einfach-rechtlichen Regelung des § 308 Absatz 1 StPO hier *zugleich* einen Verfassungsverstoß in Form der Verletzung des Art. 103 Absatz 1 GG darstellte. Es stellte sich also letztendlich die prinzipielle Frage nach dem *Ver-*

[77] Vgl. BVerfGE 9, 89 (94): „Die *[...]* aufgeworfene Frage *[...]* erfordert einige grundsätzliche Erwägungen über die Bedeutung des rechtlichen Gehörs im allgemeinen...".
[78] BVerfG, aaO S. 89 ff.

hältnis zwischen Verfassungsrecht und einfachem Recht im Hinblick auf Art. 103 Absatz 1 GG.

Wegen der speziellen Ausgestaltung des § 308 Absatz 1 StPO, dessen Wortlaut bereits eine vorherige Anhörung impliziert, kam es in diesem Fall, ungeachtet der allgemeinen Ausführungen des Bundesverfassungsgerichts zur unmittelbaren Wirkung des Art. 103 Absatz 1 GG, auf diese nicht an. Denn Raum für einen direkten Rückgriff auf die verfassungsrechtliche Gewährleistung ist naturgemäß nur dort, wo eine entsprechende Bestimmung über die Anhörung im einfachen Recht fehlt oder per se den speziellen verfassungsrechtlichen Anforderungen nicht genügt, sodaß eine ergänzende Auslegung der Norm etwa in Betracht käme. Mit § 308 Absatz 1 StPO stand hier aber eine entsprechende Regelung zur Verfügung, da der Wortlaut der Vorschrift nicht nur bestimmt, *daß* eine Anhörung vorzunehmen ist, sondern auch im Ansatz postuliert, daß diese *vor* der Entscheidung durchzuführen ist. In Frage stand also hier umgekehrt, ob Art. 103 Absatz 1 GG eine *restriktive* Auslegung dieser Vorschrift dahin, daß die vorherige Anhörung im gerichtlichen Ermessen liege und auch nachträglich noch wirksam durchführt werden könne, *erlaubt*.[79] Im Ergebnis hat das Bundesverfassungsgericht die Zulässigkeit einer nur nachträglichen Gewährung von rechtlichem Gehör bejaht, hier auf Grund der *Besonderheiten* des Verfahrens des Haftbefehls und der Haftbeschwerde, da der hiermit verknüpfte Überraschungseffekt im Hinblick auf den Beschuldigten Beschränkungen der in Art. 103 Absatz 1 GG gewährleisteten Mindestgarantie rechtfertige.[80] Wegen der prinzipiellen Erwägungen des Bundesverfassungsgericht zur unmittelbaren Wirkung des Art. 103 Absatz 1 GG im einfachen Verfahrensrecht und zum Verhältnis zwischen den verfassungsrechtlichen Anforderungen dieser Garantie und dem Prozeßrecht stellt die Entscheidung jedoch darüber hinaus eine Grundsatzentscheidung dar, die daher auch zur Darstellung der allgemeinen Problematik des direkten Rückgriffs auf Art. 103 Absatz 1 GG bei der Rechtsanwendung geeignet ist.

Zunächst wird wiederum eingehend die Bedeutung des rechtlichen Gehörs im Hinblick auf die Menschenwürde und auf das Rechtsstaatsprinzip hervorgehoben.[81] Sodann stellt das Bundesverfassungsgericht sehr ausführlich grundsätzliche Erwägungen zum Verhältnis zwischen Art. 103 Absatz 1 GG und dem einfachen Verfahrensrecht an. Zwar geht es hierbei grundsätzlich „*von dem vorverfassungsrechtlichen Gesamtbild des Prozeßrechts*“[82] aus, „da die bei Inkrafttreten des Grundgesetzes geltenden Verfahrensordnungen *im allgemeinen* rechtsstaatlichen Forderungen hinsichtlich der Gewährung rechtlichen Gehörs genügten.“[83] Wie aber bereits angeführt, war die Aufnahme des Rechts auf rechtliches Gehör als Grundrechtsartikel in das Grundgesetz und damit seine *verfassungsrechtliche* Absicherung notwendig; der Verfassungsgeber hatte dies weitgehend damit begründet, daß durch die *einfachen* Verfahrensordnungen das rechtliche Gehör jedenfalls ab dem Jahre 1933 bis zum Zusammenbruch der NS-Diktatur nicht hatte ge-

[79] BVerfG, aaO S. 104 ff.
[80] BVerfG, aaO S. 101 ff.
[81] BVerfG, aaO S. 95; dazu schon oben die Einführung.
[82] Diese und folgende Textstellen wurden in Kursivschrift von *Verf.* hervorgehoben.
[83] BVerfGE 9, 89 (96).

währleistet werden können.[84] Jedoch zieht das Bundesverfassungsgericht hieraus nicht den Schluß, daß die Aufnahme des Grundsatzes des rechtlichen Gehörs in das Grundgesetz lediglich der bereits durch den einfachen Gesetzgeber geschaffenen verfahrensrechtlichen Ausformung dieses Grundsatzes Verfassungsrang verleihe.[85] Es geht vielmehr darüber hinaus und bejaht eine *unmittelbare Geltung des Art. 103 Absatz 1 GG im einfachen Verfahrensrecht* dahingehend, daß diese verfassungsrechtlich verbürgte Garantie sowohl bei der *Auslegung* des geltenden Verfahrensrechts heranzuziehen sei als auch *unmittelbar Anhörungsrechte* bewirke; dies wird allgemein damit begründet, daß das rechtliche Gehör zwar allgemein und im Gesamtbild des überkommenen einfachen Prozeßrechts, jedoch in den einzelnen Prozeßordnungen *nur weitgehend, aber nicht immer ausreichend gewährleistet* sei.[86] Einzelbeispiele hierzu werden jedoch nicht genannt.[87] Allerdings betont das Bundesverfassungsgericht, daß die unmittelbare Wirkung des Art. 103 Absatz 1 GG prinzipiell *nicht dazu führen dürfe, daß „sorgfältig überlegte Abwägungen zwischen den verschiedenen, in den einzelnen Verfahrensarten zu berücksichtigenden Interessen und darauf beruhende Einschränkungen des rechtlichen Gehörs schlechthin" beseitigt würden.*[88]

Nach dieser Rechtsprechung ergibt sich eine unmittelbare Wirkung des Art. 103 Absatz 1 GG beispielsweise immer dann, wenn ein stattgebender Beschwerdebeschluß in die Rechtsstellung des Beschwerdegegners eingreift. Diesem ist solchenfalls *regelmäßig vor* der gerichtlichen Entscheidung rechtliches Gehör zu gewähren und zwar unter *direktem* Rückgriff auf Art. 103 Absatz 1 GG, sofern entsprechende *Regelungen im einfachen Recht* für die einschlägige Verfahrensart *fehlen.*[89] Gleiches gilt für den Verfahrensgegner dessen, der einen Antrag auf Wiedereinsetzung gestellt hat; auch hier ist vor dem Wiedereinsetzungsbeschluß dem Gegner rechtliches Gehör zu gewähren und zwar unmittelbar auf Grund von Art. 103 Absatz 1 GG, sofern eine entsprechende Regelung im einfachen Recht fehlt.[90] Anderenfalls würde der Minimalgarantie des Art. 103 Absatz 1 GG nicht Rechnung getragen, wonach ein Ver-

---

[84] S. weiter o., A.I.

[85] So früher etwa der Bayerische Verfassungsgerichtshof, s. Hinweis in BVerfGE 9, 89 (96).

[86] BVerfGE 9, 89 (96) und ständig. S. zuvor bereits E 6, 12; 7, 95 (98); 8, 253.

[87] BVerfGE 9, 89 (96); vgl. aber die nachfolgenden Beispiele.

[88] BVerfG, aaO S. 95.

[89] Vgl. bereits BVerfGE 7, 95 (98 f.); 19, 49 (51) und ständig. Vgl. weiter E 30, 406 (408): hier wurde ein Äußerungsrecht des Beschwerdegegners unmittelbar aus Art. 103 Absatz 1 GG hergeleitet, da dessen Anhörung vor einem stattgebenden Beschwerdebeschluß, der (zu seinen Ungunsten) in seine Rechtsstellung eingreift, in der hier einschlägigen Norm, § 78 Absatz 1 ArbGG in Verbindung mit den Vorschriften der Zivilprozeßordnung, jedenfalls nicht ausdrücklich vorgeschrieben ist. Vgl. auch BVerfGE 7, 95 (98 f. und LS: „Der Grundsatz des rechtlichen Gehörs *[...]* ist auch im Zivilprozeß trotz Fehlens einer ausdrücklichen Vorschrift zu beachten, wenn im Beschwerdeverfahren eine Entscheidung zu ungunsten des Beschwerdegegners abgeändert werden soll.").

[90] Vgl. BVerfGE 8, 253 (255) und E 53, 109 (113 f.): unmittelbar aus Art. 103 Absatz 1 GG herzuleitendes Anhörungsrecht des Gegners vor der Entscheidung über einen Wiedereinsetzungsantrag, da in der im Streitfall einschlägigen Zivilprozeßordnung nicht vorgeschrieben.

fahrensbeteiligter[91] - hierzu gehört nicht nur der Antragsteller, sondern auch der Antragsgegner, der von einer stattgebenden Beschwerde- oder Wiedereinsetzungsentscheidung betroffen ist - insbesondere die Gelegenheit haben muß, sich zu dem für die Beurteilung des Gerichts in Betracht kommenden Sachverhalt vor einer Entscheidung, welche in seine Rechtsstellung eingreift, zu äußern. Würde Gehör erst nachträglich gewährt, könnte der Betroffene mit seinem Vorbringen keinen Einfluß nehmen auf die gerichtliche Entscheidung. Soweit, wie regelmäßig, die einschlägigen gesetzlichen Bestimmungen daher nicht ausdrücklich bestimmen, daß Gehör vor der Entscheidung zu gewähren sei, ergibt sich dies aus Art. 103 Absatz 1 GG unmittelbar. Im speziellen ist dies zugleich der Inhalt des von der Mindestgarantie des Art. 103 Absatz 1 GG umfaßten *Vorherigkeitsgrundsatzes*.[92]

Demnach, unter Abstrahierung der für die Einzelfälle vom Bundesverfassungsgericht angestellten Überlegungen, kann also *unmittelbar* nach Art. 103 Absatz 1 GG eine Anhörung erforderlich sein, die im einfachen Gesetzesrecht *überhaupt nicht* vorgesehen ist. Ist eine Anhörung vorgeschrieben, beschreibt der Gesetzgeber aber nicht, *in welcher Form* sie zu erfolgen hat, kann die verfassungsrechtliche Mindestgarantie darüber hinaus ausdrücklich erfordern, daß rechtliches Gehör in bestimmter Weise, nämlich *vor* der gerichtlichen Entscheidung, zu gewähren sei. Dies betrifft den Bereich der Anwendung und Auslegung entsprechend offen gehaltener Normen. Hier ist aber der Gesamtzusammenhang zu beachten. So können im einzelnen Fall andere verfassungsrechtliche Forderungen eine Einschränkung des Gehörs, welches grundsätzlich vor einer gerichtlichen Entscheidung zu gewähren ist, rechtfertigen. Dies gilt etwa für die besondere Verfahrensart des einstweiligen Verfahrens, in dem effektiver Rechtsschutz (Art. 19 Absatz 4 GG) des *Gegners* häufig zu spät käme, würde *vor* der Entscheidung eine Anhörung durchgeführt, wie es Art. 103 Absatz 1 GG an sich verlangt. Entsprechendes gilt im strafprozessualen Bereich beispielsweise für den Erlaß eines Haftbefehls oder die insoweit bestätigende Entscheidung des Beschwerdegerichts, die wegen des mit ihr vom Gesetzgeber intendierten „Überraschungseffekts" hinsichtlich des Beschuldigten unter Umständen sogar die restriktive Auslegung einer Vorschrift, welche eine Anhörung des Beschuldigten dem Wortlaut nach erfordert (§ 308 Absatz 1 StPO), gebieten kann. Ob eine *vorherige* Anhörung von Art. 103 Absatz 1 GG unmittelbar gefordert ist, bedarf daher einer eingehenden Prüfung der unter Umständen entgegenstehenden Interessen im Einzelfall durch das Fachgericht.[93]

---

91 Zur persönlichen Anspruchsberechtigung aus den Prozeßgrundrechten unter Berücksichtigung der Besonderheiten des Art. 103 Absatz 1 GG (Grundrechtsträger sind nicht nur die formell am Verfahren Beteiligten, sondern auch solche Personen, die [materiell] vom Verfahrensergebnis „betroffen" sein können) s.o., das Erste Kapitel dieser Arbeit, B.II.2.

92 S. hierzu u., C.I.2.

93 S. im einzelnen u., aaO.

Als *Zwischenergebnis* läßt sich daher festhalten:

- Einerseits können *die Spezifica der Verfahrensordnungen und Verfahrensarten* eine *Beschränkung des Art. 103 Absatz 1 GG* rechtfertigen. Dies gilt besonders dann, wenn Grundrechte Dritter oder andere schutzwürdige Interessen im Kollisionsfall Vorrang beanspruchen.[94] Hieran wird deutlich, daß sich das verfassungsrechtliche Gebot des rechtlichen Gehörs nicht isoliert, sondern nur im Zusammenhang mit dem einfachen Verfahrensrecht betrachten läßt. Die verfassungsrechtliche Garantie und das einfache Recht bilden insofern ein *Regelungsgefüge*.[95] Aus verfassungsrechtlicher Sicht darf daher im Rahmen dieses Gesamtgefüges nur ein Mindeststandard - eben eine „Minimalgarantie" - an rechtlichem Gehör gefordert werden. Anderenfalls würde das Gesamtgefüge gestört, für das einfache Recht bliebe wenig Raum. Dies kann von einer verfassungsrechtlichen Verfahrensgarantie, die nur grundlegende Maßstäbe setzen soll, nicht bezweckt sein. Im Regelfall tragen die Normen der allgemeinen Verfahrensgesetze der durch Art. 103 Absatz 1 GG gewährten Minimalgarantie auch ausreichend Rechnung.

- Genügen sie andererseits nicht dem erforderlichen Mindeststandard, sei es, daß eine Verfahrensnorm das rechtliche Gehör seinem Wortlaut nach in nicht zu rechtfertigender Weise beschränkt, sei es, daß die einschlägige Verfahrensordnung für den konkreten Fall überhaupt keine Norm zur Verfügung stellt, in der eine Anhörung vorgesehen ist, so ist *das einfache Recht korrektur- bzw. ergänzungsbedürftig*. Das Fachgericht ist dann verpflichtet, die Norm „im Lichte des Art. 103 Absatz 1 GG" auszulegen[96] bzw. ein Anhörungsrecht unmittelbar aus dieser Bestimmung herzuleiten. Dies kann im Einzelfall bedeuten, daß in einer bestimmten Verfahrensart, für welche die einfach-gesetzliche Norm überhaupt keine Anhörung vorsieht, rechtliches Gehör auf Grund direkten Rückgriffs auf Art. 103 Absatz 1 GG zu gewähren ist. Dies gilt etwa für das Beschwerdeverfahren nach §§ 567 ff. ZPO, da dort eine Anhörung des Beschwerdegegners nicht bestimmt ist. Andererseits heißt dies für Normen, die eine Anhörung vorsehen, deren nähere Ausgestaltung, insbesondere den Zeitpunkt der Gehörgewährung, aber dem Gericht überlassen, daß diese in bestimmter Weise vom Gericht auszulegen sind, regelmäßig dahin, daß Gehör *vor* der gerichtlichen Entscheidung zu gewähren ist, es sei denn, dies ist wegen besonderer Erfordernisse der konkreten Verfahrensart nicht geboten. Dann kann umgekehrt eine *restriktive* Auslegung einer Vorschrift, die nach ihrem Wortlaut dem Vorherigkeitsgrundsatz entspricht (z.B. § 308 Absatz 1 StPO), geboten sein, sodaß eine nachträgliche Anhörung genügt.

- Insoweit spiegelt sich die allgemeine Problematik des Verhältnisses zwischen Verfassungsrecht und einfachem Verfahrensrecht wieder, welche in besonderer Weise im Hinblick auf Art. 103 Absatz 1 GG trotz seiner Beschränkung auf eine Minimalgarantie und seiner somit prinzipiell verkürzten Reichweite in Abgrenzung zum einfachen Prozeßrecht besteht. Dies beruht darauf, daß eine Vielzahl prozeßrechtlicher Einzelinstitute in den Verfahrensordnungen existiert, welche einerseits Art. 103 Absatz 1 GG konkretisieren, die verfassungsrechtliche Garantie aber häufig auch zu Gunsten anderer Rechtsgüter und geschützter Interessen, beispielsweise im

---

[94] Das Bundesverfassungsgericht spricht von der *„Legitimität von Gegeninteressen"* (E 9, 89 [95]). Das bedeutet nichts anderes als die zulässige Beschränkung eines schrankenlos gewährleisteten Grundrechts nach den allgemeinen Kollisionsregeln, vgl. *Schmidt-Aßmann* in: Maunz/Dürig/Herzog, GG, Art. 103 Abs. I Rd. 15.

[95] Insgesamt zum *Regelungsgefüge* der verfassungsrechtlichen Verfahrensgarantien und des einfachen Rechts s. *Schmidt-Aßmann*, DÖV 1987, S. 1029 (1034 f.).

[96] Zum Problem der *„verfassungskonformen Auslegung"* einer Norm des einfachen Rechts im Hinblick auf Art. 103 Absatz 1 GG vgl. im einzelnen vor allem im Zusammenhang mit der Auslegung der zivilprozessualen Präklusionsnormen u., C.III.2.c)bb)*(4)*.

Verfahren vorläufigen Rechtsschutzes und im Bereich des Strafverfahrens, einschränken. Bereits die Feststellung, daß eine einfach-rechtliche Prozeßnorm nicht den Anforderungen der Minimalgarantie nach Art. 103 Absatz 1 GG entspricht, bedarf daher der schwierigen Abgrenzung dieses verfassungsrechtlichen Kerngehalts von Äußerungsrechten, deren Umfang über den geforderten Mindeststandard hinausgeht und dessen Anwendung durch die Fachgerichte daher auch nicht der bundesverfassungsgerichtlichen Kontrolle unterliegt.

3. Die Prüfungskompetenz des Bundesverfassungsgerichts bei Rügen der Verletzung rechtlichen Gehörs durch die Fachgerichte

Infolge der im Rahmen des Art. 103 Absatz 1 GG besonders schwierigen materiellen Abgrenzung zwischen dem verfassungsrechtlichen (Mindest-)Gehalt dieser Garantie einerseits und dem einfachen Verfahrensrecht, das jene konkretisiert, andererseits, stellt sich auch das prinzipielle Problem bundesverfassungsgerichtlicher Kontrolldichte im Verhältnis zur letztverbindlichen Rechtsanwendung durch die Fachgerichte hier in verstärkter Form. Die allgemein vom Bundesverfassungsgericht verwendete Formel vom „spezifischen Verfassungsrecht", die im wesentlichen besagt, daß dieses *nur die Verletzung „spezifischen" Verfassungsrechts, nicht aber gleich einer „Superrevisionsinstanz" Verstöße gegen einfaches Recht zu überprüfen hat,*[97] gibt letztlich auch keinen näheren Aufschluß darüber, wie eine entsprechende Abgrenzung abstrakt zu erfolgen hat. Der Gehalt der Formel kann im Hinblick auf die Überprüfung von Gehörverletzungen letztlich, in materieller Sicht, gleichgesetzt werden mit einer Grenze bundesverfassungsgerichtlicher Kontrolle, die genau da verläuft, wo die „Mindestgarantie" des Art. 103 Absatz 1 GG endet. Für die Überprüfung von Verletzungen des Art. 103 Absatz 1 GG bedeutet dies konkret: Das Bundesverfassungsgericht darf die Verfahrensgestaltung durch die Fachgerichte nur darauf hin kontrollieren, ob diese aus verfassungsrechtlicher Sicht gegen den zu gewährenden Mindeststandard an rechtlichem Gehör im Sinne der *Minimalgarantie* verstößt, nicht aber, ob gegen - wenngleich grundrechts*relevantes* - einfaches Verfahrensrecht verstoßen wird.

Insoweit könnte eine Abgrenzung jedenfalls zwischen Verfassungsrecht und einfachem *Prozeß*recht, zugleich unter Berücksichtigung der eingeschränkten Kontrolldichte des Bundesverfassungsgerichts, etwa nach folgender Regel vorgenommen werden: „Das

---

[97] BVerfGE 18, 85 (92 f.). Ausführlich zur Formel vom „spezifischen Verfassungsrecht" (auch *Heck*'sche Formel genannt) und zu der Vielzahl an Abgrenzungstheorien im Bereich „Verfassungsrecht und einfaches Recht - Bundesverfassungsgericht und Fachgerichtsbarkeit", wobei eine allgemeingültige Lösung bis heute nicht gelungen und wohl auch überhaupt nicht zu realisieren ist, s. das Erste Kapitel dieser Arbeit, dort A.II.3.c)(aa]).

Bundesverfassungsgericht hat das fachgerichtliche Verfahren nur darauf zu überprüfen, ob der durch die verfassungsrechtlichen Verfahrensgarantien verbürgte *Mindeststandard* eingehalten worden ist", (nicht dagegen Fehler bei der Anwendung und Auslegung des einfachen Rechts zu korrigieren, welche den einzuhaltenden, verfassungsrechtlichen Mindeststandard nicht verletzen).

4. Intensive Kontrolle von Verletzungen rechtlichen Gehörs in der Rechtsprechung des Bundesverfassungsgerichts

Allein schon auf Grund des essentiellen Charakters des Anspruchs auf rechtliches Gehör als *„klassischem Verfahrensgrundrecht schlechthin"*[98] verwundert es nicht, daß sich das Bundesverfassungsgericht mit Aufnahme seiner Tätigkeit im Jahre 1951 seiner Überprüfung und Ausdifferenzierung in hohem Maße angenommen hat. (Nur) auf den ersten Blick erstaunt, angesichts der eindeutigen Formulierung dieser Maxime im Grundgesetz und der entsprechend klaren Vorgabe an die Gerichte, rechtliches Gehör zu gewähren, die Vielzahl von Verfassungsbeschwerden, die eine Verletzung dieses Anspruchs rügen. Diese stehen unter allen Verfahrensrügen an der Spitze[99] und machen insgesamt etwa 97 Prozent aller Verfassungsbeschwerden aus[100], wobei allerdings darauf hinzuweisen ist, daß bundesverfassungsgerichtliche Entscheidungen über verfassungsrechtlich relevante Verfahrensfehler der Fachgerichte in den letzten Jahren insgesamt stark abgenommen haben. Dies fällt besonders auf im Hinblick auf Art. 103 Absatz 1 GG angesichts der hohen Rechtsprechungstätigkeit des Bundesverfassungsgerichts hierzu in der Vergangenheit.[101] Die weitere Entwicklung bleibt abzuwarten. Im Hinblick auf die bisher zum rechtlichen Gehör ergangenen Entscheidungen des Bundesverfassungsgerichts ist jedenfalls zu konstatieren, daß die insoweit angenommenen Verfassungsbeschwerden überwiegend auch

[98] S. bereits weiter o. unter A.I.; vgl. aus der Literatur hierzu *Benda/Weber*, ZZP Bd. 96 (=1983), S. 300; *Braun*, NJW 1981, S. 425; *Leipold*, ZZP Bd. 93 (=1980), S. 237 (243); *Schwab/Gottwald*, Verfassung und Zivilprozeß (1984), S. 50; *Ule*, DVBl. 1959, S. 537.

[99] S.u. die tabellarische Übersicht im Anhang. - Die hohe Anzahl an Rügen der Verletzung des Art. 103 Absatz 1 GG war sogar zur Begründung der Fünften Novelle des Bundesverfassungsgerichtsgesetzes (BVerfGG) vom 12. Dezember 1985 (= BGBl. I S. 2226) herangezogen worden.

[100] S. *Vosskuhle* in: v. Mangoldt/Klein/Starck, Bonner Grundgesetz, Art. 93 Rd. 166; s. auch bereits die Tabellen bei *Schumann*, NJW 1985, S. 1134 ff.

[101] S.u. die tabellarische Übersicht im Anhang. Verstärkt hatte sich das Bundesverfassungsgericht des rechtlichen Gehörs in dem Zeitraum von etwa dem Jahre 1978 an bis etwa 1988 angenommen. Der Zenit der verfassungsgerichtlichen Rechtsprechung zum rechtlichen Gehör war etwa im Jahre 1985 erreicht, was hauptsächlich auf die expansive Präklusionsrechtsprechung zum Zivilprozeß zurückzuführen ist. Insgesamt wurde die Wahrung des Grundsatzes des rechtlichen Gehörs in der Vergangenheit immer wieder als *„Dauerauftrag"* für das Bundesverfassungsgericht bezeichnet, vgl. etwa *Wimmer*, DVBl. 1985, S. 773; in Form einer Fragestellung findet sich der Begriff in der Replik von *Schumann*, NJW 1985, S. 1134.

im Ergebnis erfolgreich waren.[102] Die hohe Erfolgsquote ihrer Stattgabe, ist einmal die Hürde ihrer Annahme durch die Kammer nach § 93 a BVerfGG genommen worden, findet sich bei keiner anderen Grundrechts- bzw. Prozeßgrundrechtsrüge. Jedoch macht das Bundesverfassungsgericht von der Möglichkeit der Nichtannahme der Verfassungsbeschwerde zur Entscheidung in diesem Bereich regen Gebrauch. Dies zeigt sich daran, daß im Ergebnis von den *eingelegten* Gehörsrügen doch nur 1,2 bis 1,5 Prozent erfolgreich sind[103], wobei von den *angenommenen* Verfassungsbeschwerden die Rügen wegen Verletzung rechtlichen Gehörs wiederum und nach wie vor überwiegend erfolgreich sind.

Es wurde und wird mit verschiedenen Ansätzen versucht, dieses Phänomen zu erklären. So wird zum einen der Ausgangspunkt bei der *Prozeßpraxis der Fachgerichte* gefunden, der es trotz der klaren Aussage der Verfassung, daß rechtliches Gehör vor Gericht zu gewähren ist, zum Teil erhebliche Schwierigkeiten bereitet, eben diese bei der Anwendung des einfachen Verfahrensrechts zu verwirklichen. Dies wiederum könnte zurückzuführen sein auf gesetzgeberische Fehlleistungen, wie beispielsweise ein zu kompliziertes Verfahrensrecht, dessen Vorgaben an den Richter nicht klar genug sind, oder auf eine nur unzureichende organisatorische bzw. personelle Ausstattung der Gerichte. Auch (bislang) weitgehend fehlende Heilungsmöglichkeiten einer Verletzung des Art. 103 Absatz 1 GG innerhalb des Instanzenzugs werden angeführt. Weiterhin wird unzureichendes Bewußtsein der Gerichte für die Wichtigkeit dieses Grundrechts bemängelt, sodaß etwa entscheidungserheblicher Sachvortrag möglicherweise *bewußt* übergangen wird oder aber auf einem „*Versehen*“ beruht und deshalb durch eine „*Pannenhilfe*“ des Bundesverfassungsgerichts korrigiert werden muß.[104] Die Fälle „bewußten“ Übergehens von Sachvortrag sind jedoch äußerst selten. Zumindest ist davon auszugehen, daß ein Gericht, übergeht es wissentlich und willentlich Sachvortrag einer Partei, ihn offensichtlich für nicht entscheidungserheblich erachtet. Damit bewegt es sich aber grundsätzlich im Rahmen des Zulässigen, sofern etwa im Hinblick auf eine bestimmte Rechtsfolge bestimmtes Vorbringen nicht relevant ist. Daß ein Schriftsatz verlorengeht oder etwa von der Geschäftsstelle nicht rechtzeitig weitergeleitet wird, ist jedenfalls nicht dem entscheidenden Richter persönlich anzulasten. Insgesamt kann angesichts einer anzutreffenden motivier-

---

102 S.u. die tabellarische Übersicht im Anhang.

103 *Vosskuhle*, aaO.

104 Dieser Begriff wird von dem Bundesverfassungsgericht selbst (etwa in E 42, 243 [248 f.]) und in Anlehnung daran auch von der Literatur verwendet, vgl. etwa *Schumann*, NJW 1985, S. 1134 (1135 f.); *Wimmer*, DVBl. 1985, S. 773 (774); *Zierlein*, DVBl. 1989, S. 1169 (1171); vgl. hierzu auch *Kerwer*, JuS 1997, S. 592 (593). - Fallgruppen und Fälle, in denen das Bundesverfassungsgericht „Pannenhilfe“ zu leisten hatte, werden weiter unten im einzelnen besprochen.

ten Richterschaft nicht ein Pauschalurteil getroffen werden, die Fachgerichtsbarkeit verschließe sich der Bedeutung des von ihm zu gewährenden rechtlichen Gehörs.

Ein anderer Erklärungsversuch setzt umgekehrt bei einer zu intensiven *Kontrolldichte des Bundesverfassungsgerichts* an. Diesem wird allgemein bei der Urteils- bzw. Verfahrenskontrolle vorgeworfen, sich selbst im Hinblick auf die Fachgerichte zur „*Superrevisionsinstanz*" zu erheben, obgleich ihm diese Rolle nicht zukommt, da es bloße Fehler der Fachgerichte bei der Anwendung und Auslegung einfachen Rechts unbeachtet lassen muß und diese nur auf die Verletzung von „spezifischem" Verfassungsrecht, besser gesagt auf die Verletzung der durch Art. 103 Absatz 1 GG nur gewährleisteten „Mindestgarantie" überprüfen darf. In der Überdehnung der Minimalgarantie läge ein Verstoß gegen die allgemein, so auch im Hinblick auf Art. 103 Absatz 1 GG, geltende Kompetenzabgrenzung zwischen Verfassungsgerichtsbarkeit und Fachgerichtsbarkeit.[105] Damit trüge das Bundesverfassungsgericht zu seiner Überlastung mit Rügen der Verletzung des Art. 103 Absatz 1 GG selbst bei.

Unabhängig von diesen an verschiedenen Punkten ansetzenden Erklärungsversuchen ist jedoch festzuhalten, daß die ausufernde Rechtsprechung des Bundesverfassungsgerichts zum rechtlichen Gehör in den vergangenen Jahrzehnten gar nicht so überraschend ist, wendet man sich nur dem einfachen Prozeßrecht zu, das in so erheblichem Umfang dieses Prozeßgrundrecht einerseits konkretisiert, es andererseits aber auch teilweise enorm beschränkt. Man denke insoweit nur an die erhebliche Verschärfung zivilprozessualer Präklusionsnormen durch die *Vereinfachungsnovelle* aus dem Jahre 1976, die es in weitem Umfang gestatten, verspätet vorgebrachten Sachvortrag unberücksichtigt zu lassen. Zu nennen ist auch der Umfang gerichtlicher Hinweispflichten, der bereits im einfachen Recht umstritten ist, erst recht aber im Hinblick auf die verfassungsrechtliche Gehörgarantie Fragen nach ihrer Reichweite aufwirft. Das immer komplexer gewordene Prozeß-

---

[105] Aus der Fülle der Literatur zum Problemkreis „*Bundesverfassungsgericht und Fachgerichte*" und den hiermit einhergehenden Abgrenzungsschwierigkeiten zwischen „*spezifischem Verfassungsrecht*" und „*einfachem Recht*" allgemein: *Berkemann*, DVBl. 1996, S. 1028; *Heun*, Funktionell-rechtliche Schranken der Verfassungsgerichtsbarkeit (1992); *Schlaich*, Das Bundesverfassungsgericht (1991), S. 132; *Schneider*, NJW 1980, S. 2103; *Stern*, Staatsrecht Bd. 2 (1980), § 44.II.3 f.; *Papier*, „Spezifisches Verfassungsrecht" und „einfaches Recht" als Argumentationsformel des Bundesverfassungsgerichts (1976) Bd. I; *ders.* i: Starck (Hrsg.), Bundesverfassungsgericht und Grundgesetz Bd. I (1976), S. 432; *Rennert*, NJW 1991, S. 12; *Steinwedel*, „Spezifisches Verfassungsrecht" und „einfaches Recht" (1978); *Ossenbühl*, Verfassungsgerichtsbarkeit und Fachgerichtsbarkeit, i.: FS für Hans Peter Ipsen (1977), S. 129; *Schuppert*, AöR Bd. 103 (=1981), S. 43; *Schumann*, ZZP Bd. 96 (=1983), S. 179; *Waldner*, ZZP Bd. 98, S. 200; *Schenke*, Verfassungsgerichtsbarkeit und Fachgerichtsbarkeit (1987); *Roth*, AöR Bd. 121 (=1996), S. 544. - Vgl. hierzu ausführlich das Erste Kapitel dieser Arbeit, dort A.II.3.

recht, das auch anderen Verfassungsgrundsätzen Rechnung tragen muß, führt daher allein schon zu erheblichen Schwierigkeiten bei der Rechtsanwendung im Einzelfall. Insofern verwundert es eben nicht, daß das Bundesverfassungsgericht in diesem Bereich oft angerufen wurde. Daß es bei der Prüfung von Verletzungen des rechtlichen Gehörs andererseits häufig seinen Kontrollraum verlassen hat und Kompetenzen der Interpretation einfachen Rechts, die ihm nicht zustehen, beansprucht hat, steht auf einem anderen Blatt und wird im einzelnen nachstehend erörtert.

Die hiermit einhergehenden rechtspolitischen und verfassungsprozeßrechtlichen Fragen allgemeiner Art sowie eine Vielzahl an noch nicht gelösten grundrechtsspezifischen Problemen hinsichtlich der Verankerung des verfassungsrechtlichen Gebots der Gewährleistung rechtlichen Gehörs im einfachen Verfahrensrecht und seiner fachgerichtlichen Anwendungssphäre zeigen jedenfalls den großen Rahmen auf, in dem sich seit Jahrzehnten eine nach wie vor lebhafte, teilweise erbittert geführte Diskussion bewegt.[106] Die allgemeinen Argumente sowohl des Bundesverfassungsgerichts zu Gunsten einer erweiterten Kontrolle im Einzelfall wie auch die Ansichten der Literatur zu diesem Dauerproblem wiederholen sich mittlerweile größtenteils. Insoweit ist vom prinzipiellen Ansatz her alles gesagt. Speziell im Hinblick auf das rechtliche Gehör kann insoweit eine Lösung nur anhand des sich aus einfachem Recht ergebenden Detailproblems gefunden werden, an dem die Mindestgarantie des Art. 103 Absatz 1 GG für jeden Einzelfall oder, soweit möglich, für typische Fallgruppen festzumachen ist. Anhand der folgenden Darstellung der vom Bundesverfassungsgericht entschiedenen Einzelfälle zum rechtlichen Gehör wird insoweit am Einzefall belegt, ob „der (oberste) Hüter (nur) der Verfassung“ in diesem Bereich seine Abgrenzung vom fachgerichtlichen Verantwortungsbereich so ernst genommen hat, wie seine Formel vom „spezifischen“ Verfassungsrecht im allgemeinen und von dem verfassungsfesten Gehalt des Art. 103 Absatz 1 GG als Minimal- oder Mindestgarantie verspricht.

---

[106] Aus der Vielzahl an Veröffentlichungen allein zum rechtlichen Gehör: *Mauder*, Der Anspruch auf rechtliches Gehör, seine Stellung im System der Grundrechte und seine Auswirkung auf die Abgrenzung zwischen Verfassungsgerichtsbarkeit und Fachgerichtsbarkeit, Diss. 1986; *Rüping*, NVwZ 1985, S. 304 ff.; *Schmidt-Aßmann*, DÖV 1987, S. 1029 ff.; *Schumann*, NJW 1985, S. 1134 ff., 1139 ff.; *Waldner*, Aktuelle Probleme des rechtlichen Gehörs im Zivilprozeß (1983); *ders.*, Der Anspruch auf rechtliches Gehör (1989); *Zierlein*, DVBl. 1989, S. 1169 ff.; *Zuck*, JZ 1985, S. 921 ff.

B. Die Anwendbarkeitsvoraussetzungen des Art. 103 Absatz 1 GG - Zum Geltungsbereich „vor Gericht"

I. Staatliche Gerichte der deutschen Gerichtsbarkeit

Art. 103 Absatz 1 GG gewährt nach seinem Wortlaut Gehör *„vor Gericht"*. Gehör ist daher im gerichtlichen Verfahren zu gewährleisten. „Rechtliches" Gehör „vor Gericht", wie von Art. 103 Absatz 1 GG vorgesehen, ist daher „gerichtliches Gehör". Aus der Systematik des IX. Abschnitts des Grundgesetzes - unter dem auch Art. 103 Absatz 1 GG aufzufinden ist - , in dem die Aufgaben der Rechtsprechung ausschließlich den Richtern anvertraut und zur Ausübung durch staatliche Gerichte nach Art. 92 GG zugewiesen sind, ist dieser Grundsatz jedoch einzugrenzen einmal auf *deutsche*, zum anderen auf, aus organisatorischer Sicht, *staatliche Gerichte* im Sinne der Art. 92 ff. GG.[107] Hierzu zählen das Bundesverfassungsgericht selbst und die Landesverfassungsgerichte[108] sowie sämtliche Fachgerichte, also auch die (obersten) Bundesgerichte nach Art. 95 und 96 GG. Auch beispielsweise Truppendienstgerichte der Bundeswehr[109] und Disziplinargerichte[110] sind in diesem Sinne staatliche Gerichte. Darüber hinaus erkennt das Bundesverfassungsgericht in ständiger Rechtsprechung ein Gericht dann als staatlich an, wenn es *„auf staatlichem Gesetz und in der personellen Zusammensetzung wesentlich auf staatlicher Mitwirkung beruht"*.[111] Diesen Anforderungen sollen beispielsweise die früheren Ehrengerichtshöfe (jetzt Gerichtshöfe) für Rechtsanwälte[112] wie auch ärztliche Berufsgerichte[113] entsprechen. Insgesamt wird die Verpflichtung auch der berufsständischen Kammern zur Gewährung rechtlichen Gehörs hervorgehoben.[114] Mangels richterlicher

---

[107] Die Art. 92 ff. GG sind allerdings nach heutigem Verständnis nicht nur als Organisationsnormen anzusehen, sondern weisen darüberhinaus einen materiellen Gehalt, durch ihre verfassungsrechtliche Aufgabenzuweisung an die Gerichte, auf. Insbesondere in Art. 97 GG, in dem die Unabhängigkeit der Richter garantiert ist, ist insofern auch ein materieller Eigenwert verkörpert.

[108] Vgl. BVerfGE 13, 132 (140 f.): Jedenfalls grundsätzlich sei sowohl das Recht auf den gesetzlichen Richter nach Art. 101 Absatz 1 Satz 2 GG als auch der Anspruch auf rechtliches Gehör vor den Landesverfassungsgerichten verbindlich (im konkreten Fall ist allerdings offen gelassen worden, ob Art. 103 Absatz 1 GG für alle Verfahrensarten vor den Landesverfassungsgerichten eingreift).

[109] BVerfGE 32, 195 (197); 54, 94 (97) [generell zur Bedeutung der verfassungsrechtlichen Rechtsschutzgarantien nach Art. 19 Absatz 4, 103 Absatz 1 GG im Wehrbeschwerderecht].

[110] BVerfGE 46, 17 (26).

[111] BVerfGE 26, 186. - Hervorhebung in Kursivschrift durch *Verf.*

[112] BVerfGE 26, 186. Kritisch hierzu, jedoch unter dem Gesichtspunkt des Art. 19 Absatz 4 GG *Bettermann*, AöR Bd. 96 (=1971), S. 528 (549), dem zufolge Gerichte dann *nicht* als staatlich gelten sollen, wenn sie von einer *Körperschaft des öffentlichen Rechts* (als Teil der Exekutive) getragen seien.

[113] BVerfGE 4, 74 (92 ff.) noch für die ärztlichen Berufsgerichte im Sinne der Reichsärzteordnung; vgl. weiter BVerfGE 22, 49; 27, 355.

[114] Grundlegend BVerfGE 18, 257.

Unabhängigkeit im Sinne des Art. 97 GG ist demgegenüber der *Rechtspfleger kein „Gericht"* im Sinne des IX. Abschnitts des Grundgesetzes, mithin auch nicht nach Art. 103 Absatz 1 GG. Da gleichwohl auch im Verfahren vor dem Rechtspfleger rechtliches Gehör zu gewährleisten ist, leitet das Bundesverfassungsgericht hier den Gehöranspruch aus dem Gebot des *fairen Verfahrens* ab.[115]

Darüber hinaus ist anerkannt, daß rechtliches Gehör *auch vor nichtstaatlichen Stellen, deren Aufgabenkreis dem eines Gerichts entspricht*[116], gewährt werden muß. Dies folgt aus ihrer Gerichtsqualität, sodaß eine Verletzung des rechtlichen Gehörs zugleich ihren Entscheidungen die Qualität nehmen würde. Noch weitergehend entspricht es inzwischen allgemeiner Auffassung, daß *in jedem rechtlichen Verfahren* rechtliches Gehör gewährt werden muß, also vor allem auch in *behördlichen* Verfahren.[117] Kontrovers wird jedoch die Frage behandelt, ob dieser Anspruch aus Art. 103 Absatz 1 GG hergeleitet werden kann oder ob er als anderorts in der Verfassung verankert angesehen werden muß.[118] Die Frage ist jedoch in letzterem Sinne zu beantworten: Vom Wortlaut des Art. 103 Absatz 1 GG, von seiner systematischen Stellung im IX. Abschnitt des Grundgesetzes und von seiner durch die Entstehungsgeschichte belegbaren Zielsetzung her, wonach rechtliches Gehör gleichbedeutend ist mit gerichtlichem Rechtsschutz, ist der Anwendungsbereich dieser Garantie eindeutig auf *gerichtliche* Verfahren beschränkt.[119]

II. Einzelne Verfahrensarten

Da der Anspruch auf rechtliches Gehör also nach der ständigen Rechtsprechung des Bundesverfassungsgerichts in *jedem* gerichtlichen Verfahren innerhalb der deutschen Gerichtsbarkeit gilt[120], erstreckt sich der Geltungsbereich des Art. 103 Absatz 1 GG per se auf jede Prozeßordnung und auf jede Verfahrensart. Das Bundesverfassungsgericht

---

115 Vgl. zuletzt BVerfGE 101, 397 (404 f.).

116 Beispielsweise kirchliche Gerichte, Schiedsgerichte nach §§ 1025 ff. ZPO, private Schlichtungsstellen, vgl. hierzu *Schmidt-Aßmann* in: Maunz/Dürig/Herzog, GG, Art. 103 Abs. I Rd. 50 m.w.N.

117 *Schmidt-Aßmann*, aaO Rd. 62 ff. m.w.N. etwa bejaht zwar ebenfalls den Anspruch auf rechtliches Gehör auch im Verwaltungsverfahren, allerdings nicht hergeleitet aus Art. 103 Absatz 1 GG, sondern aus dem Rechtsstaatsprinzip. Zu Problemen der Gehörgewährung in der Verwaltungspraxis vgl. *Wimmer*, DVBl. 1985, S. 773 (775 ff.). Allgemein zum rechtlichen Gehör als essentialium jedes rechtlichen Verfahrens mit weiteren Beispielen *Rüping*, NVwZ 1985, S. 304 (308 f.).

118 Für eine Herleitung aus Art. 103 Absatz 1 GG: *Rüping* in: BK, Art. 103 Rd. 37 f.; *Wassermann* in: Alternativkommentar-GG, Art. 103 Rd. 23; wohl auch *Kopp*, AöR Bd. 106 (=1981), S. 604 (606); dagegen: *Schmidt-Aßmann* in: Maunz/Dürig/Herzog, GG, Art. 103 Abs. I Rd. 49 f., der gleichwohl ein Anhörungsrecht in *jedem* rechtlichen Verfahren bejaht, allerdings aufgrund des Gebots der *„natürlichen Gerechtigkeit"* und damit als Ausfluß des *Rechtsstaatsprinzips*, nicht aber aufgrund der Gewährleistung des Art. 103 Absatz 1 GG.

119 So auch BVerfGE 27, 88 (103); 36, 321 (330); 101, 397 (404 f.).

120 Seit BVerfGE 7, 53 (1. LS); s. weiter o.

hat dies herausgestellt für einzelne Verfahrensordnungen und Verfahrensarten, wie etwa für das Verfahren im Rahmen der *freiwilligen Gerichtsbarkeit*[121], für das *Vollstrekkungsverfahren*[122] sowie für das Verfahren des *vorläufigen Rechtsschutzes.*[123] Auch vor der *Kostenfestsetzung*[124] sowie vor *Kostenentscheidungen nach Erledigung der Hauptsache* ist allen Beteiligten rechtliches Gehör zu gewähren, ebenso wie vor Entscheidungen über die Bewilligung von *Prozeßkostenhilfe.*[125] Auf strafprozessualem Gebiet hat das Bundesverfassungsgericht die Beachtung des Grundsatzes des rechtlichen Gehörs hervorgehoben für das *Privatklageverfahren*[126] sowie für die Anhörung des Beschuldigten vor der Entscheidung über die *Klageerzwingung.*[127]

III. Richterliche Rechtsprechungstätigkeit in allen Instanzen

Art. 103 Absatz 1 GG umfaßt also die Gewährleistung rechtlichen Gehörs vor jedem deutschen staatlichen Gericht und hier *die gesamte richterliche Rechtsprechungstätig-*

---

[121] Grundlegend BVerfGE 19, 49. Vgl. auch BVerfGE 65, 317; 73, 322. Zur Geltung des Art. 103 Absatz 1 GG im Rahmen des *Höfeverfahrensrechts*: BVerfGE 63, 80 (86 f.). Die Freiwillige Gerichtsbarkeit ist nach Ansicht des Bundesverfassungsgerichts nicht originär Teil der Rechtsprechung im Sinn der Art. 92 ff. GG, vgl. BVerfGE 21, 139 (144). Der Gesetzgeber hat hier von seinem Recht Gebrauch gemacht, die materiellen Aufgaben der Rechtsprechung auszuweiten. Vgl. ausführlich hierzu *Dümig*, RPfl 2001, S. 469 (470 ff.).

[122] Beispiele: Für den zivilprozessualen Bereich: BVerfGE 6, 12 (14 f.) hinsichtlich der Geltung des Art. 103 Absatz 1 GG auch im Beschwerdeverfahren nach § 74 a Absatz 5 Satz 3 ZVG. Für den strafprozessualen Bereich: BVerfGE 17, 139 (143 ff.); 18, 419 (422 f.) hinsichtlich des dem Sicherungsverwahrten zu gewährenden Gehörs vor Erlaß einer ihm nachteiligen Entscheidung über die Fortdauer der Freiheitsentziehung im Verfahren nach § 42 f Absatz 3 a.F. (§ 67 e n.F.) StGB. Vgl. auch BVerfGE 19, 198 (201) für den ähnlichen Fall des Verfahrens nach § 26 a.F. (§ 57 Absatz 1 n.F.) StGB, in dem der Richter über die bedingte Entlassung eines Strafgefangenen zu entscheiden hat.

[123] Hier genügt nach Auffassung des Bundesverfassungsgerichts aber oft eine *nachträgliche* Anhörung; dazu und zum *Vorherigkeitsgrundsatz* u., C.I.2.

[124] Vgl. zum Beispiel BVerfGE 19, 148 hinsichtlich der Kostenfestsetzung nach §§ 103 ff. ZPO.

[125] S. BVerfGE 20, 280 (282) zum früher sogenannten *„Armenrecht"*; im Rahmen der §§ 114 ff. ZPO gilt Art. 103 Absatz 1 GG zu Gunsten der antragstellenden Partei unmittelbar, da der Gesetzgeber dessen Anhörung nicht geregelt hat; eine solche Regelung findet sich nur in Bezug auf den Antragsgegner (§ 118 Absatz 1 Satz 1 ZPO, neugefaßt durch G vom 13. Juni 1980 [= BGBl. I S. 677]), der anzuhören ist, da im Prozeßkostenhilfeverfahren bereits eine zwar vorläufige, aber eingehende Prüfung der Erfolgsaussichten der Klage vorgenommen wird, s. *Rosenberg/Schwab*, Zivilprozeßrecht, § 85.III.5. Vgl. zum Armenrecht auch BVerfGE 35, 348 (355 ff.) hinsichtlich der besonderen Probleme bei der Gewährung von Prozeßkostenhilfe an eine juristische Person gemäß § 114 Absatz 4 ZPO a.F.; hier wurde der Verstoß allerdings auf das Eigentumsgrundrecht nach Art. 14 Absatz 1 Satz 1 GG gestützt, nicht auf Art. 103 Absatz 1 GG, vgl. hierzu *Schmidt-Aßmann* in: Maunz/Dürig/Herzog, GG, Art. 103 Abs. I Rd. 113.

[126] BVerfGE 12, 110; 14, 8; 18, 147.

[127] BVerfGE 17, 356; 19, 32; 42, 172; das Bundesverfassungsgericht rekurriert insoweit auf die verfahrensrechtliche Selbständigkeit des Klageerzwingungsverfahrens; aus diesem Grunde könne der Beschuldigte nicht darauf verwiesen werden, seine Einwendungen und Beweisanträge im nachfolgenden Hauptverfahren geltend zu machen.

keit.[128] So darf innerhalb eines Gerichts im Hinblick auf eine zureichende Gewährung rechtlichen Gehörs nicht unterschieden werden zwischen der Stellung als *Berufs-* oder *Laienrichter*, als *Einzelrichter* oder Richter in einem *Kollegialgericht*[129]. Umgekehrt muß jedes Gericht rechtliches Gehör auch dann gewähren, wenn ihm vom Gesetzgeber Aufgaben richterlicher Rechtsprechungstätigkeit zugewiesen sind, die in Art. 92 ff. GG nicht vorgesehen sind und *aus dem spezifischen richterlichen Aufgabenbereich herausfallen,*[130] so etwa im Bereich vorläufiger Anordnungen oder im Rahmen der Tätigkeit des Untersuchungsrichters. Insgesamt kann demnach die Begriffsbestimmung des „Gerichts" im Rahmen der Gehörgarantie *über die anderer verfassungsrechtlicher Gewährleistungen* - vgl. besonders Art. 19 Absatz 4, 101 Absatz 1 Satz 2 GG, aber auch die Aufgabenzuweisung an die Gerichte nach Art. 92 ff. GG - , *hinausgehen.* Dies ist darauf zurückzuführen, daß nach allgemeiner Auffassung der einfache Gesetzgeber den originären Bereich richterlicher Rechtsprechungstätigkeit, wie er durch die Art. 92 ff. GG verfassungsrechtlich vorgegeben ist, unangetastet lassen muß,[131] er jedoch nicht gehindert ist, diesen auszuweiten,[132] d.h. er kann den Gerichten weitere Aufgaben als die von der Verfassung vorgesehenen zuweisen.[133] Im Rahmen solchermaßen den Gerichten konkret zur Ausübung übertragener Angelegenheiten haben nach Auffassung des Bundesverfassungsgerichts im Hinblick auf Rechtsstaatsprinzip und Gleichheitsgrundsatz die gleichen Verfahrensgrundrechte und -grundsätze zu gelten, so auch die Garantie des Art.

---

128 Grundlegend BVerfGE 9, 89 (97). Art. 103 Absatz 1 GG erfaßt daher *nicht* die Tätigkeit der Gerichts*verwaltung*, da diese aus Gründen der Gewaltenteilung und des Gebots richterlicher Unabhängigkeit separat ist von dem Bereich richterlicher Rechtsprechungstätigkeit. Probleme könnte hier allenfalls die Zuordnung von *Justizverwaltungsakten* nach § 23 EGGVG bereiten, da diese zwar hauptsächlich administrativen Gehalt aufweisen, aber doch weitgehend in Bereichen erlassen werden, die typisch richterlicher Aufgabenwahrnehmung entsprechen, vgl. *Schmidt-Aßmann* in: Maunz/Dürig/Herzog, GG, Art. 103 Abs. I Rd. 59 m.w.N. Keinesfalls erfaßt von Art. 103 Absatz 1 GG ist die Tätigkeit der *Staatsanwaltschaft*, bei der es sich um eine administrative Stelle ohne Befugnis zu rechtsprechender Tätigkeit handelt, vgl. *dens.*, aaO Rd. 56 m.w.N.

129 In der Literatur wird darüber diskutiert, ob die *interne Vorbereitung* von Entscheidungen, wie sie in der Praxis von *Kollegialgerichten*, insbesondere bei Landgerichten, üblich ist, noch den Maßgaben des Art. 103 Absatz 1 GG genügt. So wird insbesondere kritisiert, daß die Akten in Zivilsachen in der Regel zwar dem Vorsitzenden und dem Berichterstatter, nicht aber dem zweiten Beisitzer bekannt sind. Dieser verläßt sich weitgehend auf den mündlichen Sachvortrag des Berichterstatters in der Beratung und auf dessen „Gegenkontrolle" durch den aktenkundigen Vorsitzenden. Ausführlich hierzu: *Wimmer*, DVBl. 1985, S. 773 (779 f.).

130 BVerfGE 9, 89 (97 ff.).

131 Insofern sind die Art. 92 ff. GG nicht nur Organisationsnormen, sondern weisen auch einen materiell-rechtlichen Gehalt auf, indem sie den Gerichten bestimmte Aufgaben zuweisen. Das Grundgesetz geht also von einem *materiellen Begriff der Rechtsprechung* aus. Vgl. hierzu *Benda/Weber*, ZZP Bd. 96 (=1983), S. 286 m.w.N.

132 BVerfGE 21, 139 (144).

133 Von der Rechtsprechung im materiellen Sinn ist somit die *Rechtsprechung im funktionellen Sinn* zu unterscheiden, die über den verfassungsrechtlich vorgegebenen materiellen Begriff hinausgeht. Vgl. *Benda/Weber*, aaO.

103 Absatz 1 GG, wie in den originären, von der Verfassung vorgesehenen Bereichen richterlicher Rechtsprechungstätigkeit.[134]

Da Art. 103 Absatz 1 GG somit den gesamten Bereich richterlicher Rechtsprechungstätigkeit umfaßt, kommt es auch auf *die funktionelle Zuständigkeit* der Gerichte nicht an. So gilt Art. 103 Absatz 1 GG sowohl in der Eingangsinstanz als auch in allen Rechtsmittelinstanzen[135], *sofern der Gesetzgeber ein zwei- oder mehrstufiges Verfahren vorgesehen hat.* Auch in sämtlichen Vorlageverfahren sowie in den Verfahren vor den Großen Senaten der obersten Gerichtshöfe (Art. 95 Absatz 1 GG) und vor deren Gemeinsamen Senat (Art. 95 Absatz 3 Satz 1 GG in Verbindung mit dem Gesetz zur Wahrung der Einheitlichkeit der Rechtsprechung der obersten Gerichtshöfe des Bundes) ist rechtliches Gehör zu gewähren. Hiervon zu unterscheiden ist die Frage, ob Art. 103 Absatz 1 GG auch das Recht *auf* Zugang zu Gericht gewährt und darüber hinaus einen Anspruch auf einen Instanzenzug gibt, was im Ergebnis beides zu verneinen ist. Dies gehört jedoch nicht zu den Anwendbarkeitsvoraussetzungen des Anspruchs auf rechtliches Gehör, sondern zum Inhalt dieses Anspruchs, betrifft also die Rechtsfolgenseite.[136]

C. Die Rechtsfolge des Art. 103 Absatz 1 GG - Die Gewährung „rechtlichen Gehörs“

I. Grundsatz

1. Rechtliches Gehör „gerade vor“ Gericht

Liegen die oben dargestellten Voraussetzungen der Anwendbarkeit des Art. 103 Absatz 1 GG vor, ist also ein Verfahren vor einem staatlichen Gericht im Sinne der Art. 92 ff. GG anhängig, ist „rechtliches Gehör“ zu gewähren. Aus der Formulierung der Gehörgewährung *„vor Gericht“*, welche auf den ersten Blick nur den Gerichtsbegriff in formaler Hinsicht umschreibt und somit eine tatbestandliche Voraussetzung des Anwendungsbe-

---

[134] BVerfGE 22, 49 (78); 25, 336 (346). - S. ausführlich zum Problemkreis rechtliches Gehör „vor Gericht“ *Dümig*, RPfl 2001, S. 469 (470 ff.).
[135] BVerfGE 44, 302 (306); 53, 25 (28).
[136] S. daher weiter u., C.III.3.c).

reichs rechtlichen Gehörs darstellt, entnimmt das Bundesverfassungsgericht zunächst auf der Rechtsfolgenseite des Art. 103 Absatz 1 GG die Garantie rechtlichen Gehörs *„gerade vor Gericht"*: Demnach steht vor allem den Gerichten *als Mittel eigener richterlicher Sachaufklärung* auch und gerade die persönliche Anhörung des Betroffenen zur Verfügung.[137] Die Gewährung von rechtlichem Gehör ist daher grundsätzlich *nicht delegierbar* seitens des Gerichts. Somit kann das rechtliche Gehör im Regelfall eines nicht (in besonderem Maße) eilbedürftigen Gerichtsverfahrens nicht etwa durch die Behörde vermittelt werden, deren Maßnahme im Gerichtsverfahren überprüft werden soll. Eine Aussage vor der Polizei beispielsweise entspricht selbst in Eilverfahren nur dann den Anforderungen des Art. 103 Absatz 1 GG, wenn der Betroffene weiß, daß seine Äußerung für das Gericht bestimmt ist.[138] Generell kann *ein Dritter* - etwa die Polizeibehörde, aber auch der Rechtsbeistand des Betroffenen - Gehör für den Berechtigten nur dann *vermitteln*, wenn er entweder das *Vertrauen* des Berechtigten genießt oder aber einer *besonderen rechtsstaatlichen Objektivitätspflicht* unterworfen ist und außerdem *der Berechtigte Kenntnis hat* von der stellvertretenden Entgegennahme von Informationen und der Abgabe von Erklärungen in seinem Namen.[139]

2. Der Vorherigkeitsgrundsatz

Des weiteren hat sich das Bundesverfassungsgericht bereits früh[140] grundlegend zu dem für die Gewährung rechtlichen Gehörs maßgeblichen *Zeitpunkt* geäußert: „Da das rechtliche Gehör dem Betroffenen Gelegenheit geben soll, auf eine bevorstehende gerichtliche Entscheidung Einfluß zu nehmen, ist in der Regel nur eine *vorherige Anhörung* sinnvoll."[141] Das soll jedenfalls für gerichtliche Entscheidungen gelten, denen *Endgültigkeit* und *Unabänderlichkeit* zukommt, also vor allem Endurteile und andere abschließende Urteile, die der materiellen Rechtskraft fähig sind. Nur so wird der Zweckbestimmung des Art. 103 Absatz 1 GG, der *Möglichkeit der Einflußnahme* des Prozeßbeteiligten, dessen Rechte durch die Entscheidung betroffen werden, *auf das Verfahren und sein Ergebnis*[142], ausreichend Rechnung getragen. Die Gewährung rechtlichen Gehörs *vor* einer Entscheidung ist daher eine Selbstverständlichkeit. Wird der Betroffene vor der Ent-

---

137 BVerfGE 83, 24 (34).

138 BVerfG, aaO S. 36.

139 Ebda.; zur Vermittlung rechtlichen Gehörs durch Dritte bei der Entgegennahme gerichtlicher Informationen an den Berechtigten s. weiter u., II.2.d).

140 BVerfGE 9, 89 (= Beschluß des Ersten Senats vom 8. Januar 1959).

141 BVerfG, aaO S. 96. - Hervorhebungen in Kursivschrift durch *Verf.*

142 BVerfGE 7, 53 (57), 275 (279); 9, 89 (95) und ständig.

scheidung nicht angehört, ist dies gleichbedeutend mit einer Nichtgewährung von Gehör, da eine nachträgliche Gehörgewährung nicht mehr die bereits getroffene Entscheidung inhaltlich beeinflussen kann. Der Schutzzweck des Art. 103 Absatz 1 GG liefe insoweit ins Leere.

Etwas anderes kann aber dann gelten, wenn es sich nicht um die abschließende rechtliche Beurteilung eines Sachverhalts handelt, „sondern um *vorläufige Maßnahmen* zur Regelung eines einstweiligen Zustandes oder zur einstweiligen Sicherung privater oder öffentlicher Rechte.“[143] Das Bundesverfassungsgericht nennt hier vor allem vorläufige Maßnahmen aus dem Bereich der Zivilprozeßordnung (Arrest, einstweilige Verfügung, aber auch Wohnungsdurchsuchungen[144]) sowie der Verwaltungsgerichtsordnung (einstweilige Anordnungen[145]) und der Strafprozeßordnung (vor allem Haftbefehl[146], Beschlagnahme[147] und Durchsuchung[148]).[149] Bei solchen Maßnahmen kann nach Ansicht des Bundesverfassungsgerichts der Ausschluß einer vorherigen Anhörung sogar *verfassungsrechtlich geboten* sein, damit der Betroffene nicht gewarnt werde und hierdurch *schwerwiegende andere Interessen* vereitelt würden; jedoch sei *die grundsätzliche Geltung des Art. 103 Absatz 1 GG auch und gerade bei vorläufigen Maßnahmen*, die an sich aus dem Gebiet der spezifischen richterlichen Aufgaben herausfallen, zu bejahen, denn gerade die Einschaltung eines Richters solle die Beachtung der Garantien eines rechtsstaatlichen Verfahrens sicherstellen.[150] Eine *Ausnahme* von dem Grundsatz vorheriger Anhörung könne daher *nur unter engen Voraussetzungen zulässig* sein, d.h. wenn dies unabweisbar sei, *um nicht den Zweck der Maßnahme*, die Sicherung gefährdeter In-

---

[143] BVerfGE 9, 89 (97).

[144] BVerfGE 57, 346 (358 ff.) - Im zivilprozessualen Bereich vorläufiger Anordnungen, insbesondere im *Zwangsvollstreckungsrecht*, wird überwiegend die Ansicht vertreten, daß eine *vorherige Anhörung* vor allem etwa *des Vollstreckungsschuldners unterbleiben* könne; allerdings besteht Streit über die Frage, unter welchen Voraussetzungen dies der Fall sei, vgl. hierzu BVerfG, aaO S. 359 m.w.N. Gemäß BVerfGE 75, 318 ist jedoch *vor* Betreten der Wohnung durch einen *Sachverständigen* jedenfalls dem Vollstreckungsschuldner rechtliches Gehör zu gewähren (Verfassungsbeschwerde hier begründet wegen *Art. 13 GG*, nicht wegen Art. 103 Absatz 1 GG).

[145] BVerfGE 65, 227 zur Geltung des Art. 103 Absatz 1 GG im Rahmen des Verfahrens nach § 80 Absatz 5 VwGO.

[146] BVerfGE 9, 89 (97).

[147] BVerfGE 18, 399 (404).

[148] BVerfGE 49, 329 (342).

[149] Als vorläufige Maßnahme, bei der ausnahmsweise eine vorherige Anhörung unterbleiben darf/muß, kommt auch eine einstweilige Anordnung im Verfahren vor dem Bundesverfassungsgericht selbst gemäß § 32 BVerfGG in Betracht; in Fällen „besonderer Dringlichkeit“ kann hier davon abgesehen werden, den Beteiligten Gelegenheit zur Stellungnahme zu geben, § 32 Absatz 2 Satz 2 BVerfGG.

[150] BVerfGE 9, 89 (97 ff.).

teressen[151], *zu gefährden.*[152] Nur eine strenge Prüfung anhand des *Verhältnismäßigkeitsprinzips* kann also nach Ansicht des Bundesverfassungsgerichts eine Durchbrechung des Vorherigkeitsgrundsatzes rechtfertigen; der Ausnahmecharakter des Absehens von einer vorherigen Anhörung auch im Rahmen vorläufiger Maßnahmen wird betont.[153] Ob es das Fachgericht mit diesem Regel-Ausnahme-Verhältnis im Einzelfall tatsächlich so genau nimmt, wie von Art. 103 Absatz 1 GG gefordert, ist eine andere Frage.[154]

Stets muß das Gehör nach ständiger Rechtsprechung des Bundesverfassungsgerichts auch in den Ausnahmefällen, in denen eine Durchbrechung des Vorherigkeitsgrundsatzes gestattet bzw. geboten ist, jedenfalls *nachträglich* entweder von einem höheren oder demselben Gericht gewährt werden.[155] Ist von der Prozeßordnung keine weitere Instanz vorgesehen, muß das Fachgericht demnach auf Antrag in eine *erneute Prüfung der eige-*

---

[151] BVerfGE 57, 346 und ständig. S. auch E 58, 208: Hier hat das Bundesverfassungsgericht es als Verstoß gegen das rechtliche Gehör gewertet, daß ein Unterzubringender *entgegen der damals einschlägigen landesgesetzlichen Regelung vor seiner Unterbringung nicht mündlich angehört* worden war, obwohl keiner der gesetzlich als Ausnahme von dem Anhörungserfordernis bestimmten Gründe Gefahr im Verzug, Unmöglichkeit der Verständigung mit dem Betroffenen wegen seines Gesundheitszustands oder Besorgnis gesundheitlicher Nachteile für diesen gegeben war. Allerdings war hier nicht Art. 103 Absatz 1 GG einschlägig, sondern die speziellere Regelung des *Art. 104 Absatz 1 GG* in Verbindung mit dem landesgesetzlichen Unterbringungsgesetz (zum Konkurrenzverhältnis Art. 103 Absatz 1 und Art. 104 Absatz 1 GG vgl. BVerfG, aaO S. 221); s. weiter BVerfGE 61, 123 und E 63, 340 sowie E 65, 317 zu § 64 a FGG a.F. (aufgehoben durch Art. 5 des Betreuungsgesetzes vom 12. September 1990 [= BGBl. I S. 2002]).

[152] In dem BVerfGE 9, 89 zugrundeliegenden Sachverhalt hielt ein Oberlandesgericht als strafprozessuale Beschwerdeinstanz im Gegensatz zur Vorinstanz *Verdunkelungsgefahr* für gegeben und ordnete daher auf Beschwerde der Staatsanwaltschaft die *Wiederverhaftung* des betroffenen Beschwerdegegners an, ohne ihn vorher hierzu anzuhören; das Bundesverfassungsgericht konnte hier keinen Ermessensfehler oder etwa das Vorliegen gerichtlicher Willkür feststellen, da eine vorherige Anhörung im konkreten Fall *die Gefahr der Vereitelung des Maßnahmezwecks* begründet hätte. Demgegenüber gilt *der Vorherigkeitsgrundsatz aber strikt* in den Fällen, in denen eine *Vereitelung des Maßnahmezwecks nicht zu befürchten* ist, da nur dies eine Durchbrechung dieser Regel erlaubt, so grundlegend BVerfGE 49, 329 (342); 51, 97 (111); 75, 318 (328). S. auch BVerfGE 65, 227: hier hebt das Bundesverfassungsgericht hervor, daß auch im vorläufigen Rechtsschutz (hier im Verfahren nach § 80 Absatz 5 VwGO) *grundsätzlich eine vorherige Anhörung „geboten"* sei. Nur wenn *der Schutz gewichtiger Interessen die Überraschung eines Beteiligten „unabweisbar" erfordere*, sei es *„ausnahmsweise"* zulässig, ihn erst nach der Entscheidung anzuhören (aaO S. 233).

[153] So hebt das BVerfG insbesondere im Rahmen vorläufiger Maßnahmen nach den *Unterbringungs*gesetzen im Hinblick auf Art. 2 Absatz 2, 104 Absatz 1 GG die regelmäßig vorliegende Notwendigkeit einer vorherigen mündlichen Anhörung des Geisteskranken hervor. Eine nachträgliche Anhörung sei nur dann zulässig, wenn entweder der Gesundheitszustand des Geisteskranken einer Anhörung entgegenstehe oder Gefahr im Verzug vorliege (BVerfGE 58, 208 [215]). Den Ausnahmecharakter einer nachträglichen Anhörung betont es insbesondere in Fällen, in denen die Unterbringung ausschließlich zu dem Zweck erfolgt, den Geisteskranken vor sich selbst zu schützen, da hier in der Regel schutzwürdige Interessen Dritter keine allzu große Rolle spielen, vgl. auch BVerfGE 61, 123; 63, 340.

[154] Pointiert *Ditzen*, „Il y a des Juges à Berlin" - Das Grundgesetz im Richteralltag, NJW 1999, S. 2794 f.

[155] S. BVerfGE 65, 227 (233) und ständig. Zum Erfordernis nachträglicher Anhörung infolge einer *Zwangsunterbringung* s. weiter: BVerfGE 66, 191.

nen Entscheidung einsteigen[156], da ansonsten die nachträgliche Anhörung nicht effektiv, da ohne reelle Einflußmöglichkeit auf die (getroffene) Entscheidung wäre. Die *Möglichkeit einer Gegenvorstellung* muß daher *stets* gegeben sein, auch wenn eine solche nach dem einfachen Verfahrensrecht nicht erforderlich ist.[157] Nur dann ist die Durchbrechung des Vorherigkeitsgrundsatzes überhaupt kompensierbar.

Zusammengefaßt gilt daher für den *Zeitpunkt* der Gewährung rechtlichen Gehörs:

- Grundsätzlich ist rechtliches Gehör *vor* der gerichtlichen Entscheidung zu gewähren.
- Eine Ausnahme vom Vorherigkeitsgrundsatz ist nur unter ganz engen Voraussetzungen möglich und nur dann, wenn sie durch Gelegenheit zur *nachträglichen, wirksamen* Anhörung *kompensiert* wird, mit der der Betroffene noch Einfluß auf die Entscheidung nehmen kann, auch wenn dies im einfachen Prozeßrecht nicht vorgesehen ist, da die durch Art. 103 Absatz 1 GG verbürgte Mindestgarantie stets gewährleistet sein muß.

3. Die drei Verwirklichungsstufen des Anspruchs auf rechtliches Gehör: Informationspflicht - Äußerungsrecht - Berücksichtigungspflicht

Kernstück des Anspruchs auf rechtliches Gehör ist unzweifelhaft das *Äußerungsrecht*, da es *„die Ausübungsbefugnis"* des Betroffenen in Bezug auf diese Verfahrensgarantie betrifft: Ihm wird hierdurch erst die Möglichkeit eröffnet, sich vor Gericht vor Fällung einer Entscheidung zu den entscheidungserheblichen Tatsachen äußern zu dürfen. Dies ergibt sich auch aus dem Wortlaut des Art. 103 Absatz 1 GG, denn „rechtliches Gehör" bedeutet zunächst einmal nichts anderes als die Entgegennahme von Äußerungen durch ein Gericht. Der von der passiven Seite aus definierten *Pflicht* der Gerichte zur Gewährung von Gehör ist insofern eine aktive Seite immanent: Das *Recht* zur Abgabe von Äußerungen, die „gehört" werden.

Schutzbedürftig ist der Äußerungsberechtigte aber schon im *Vorfeld* seines Äußerungsrechts: Entsprechend besteht hier eine *Informationspflicht*[158] der Gerichte, denn die Äu-

---

[156] BVerfGE 9, 89 (106 f.).

[157] In dem BVerfGE 9, 89 zugrundeliegenden Fall hatte ein Oberlandesgericht als letzte Instanz seine Bereitschaft signalisiert, Gegenvorstellungen entgegenzunehmen. Da das Gericht somit den Erfordernissen des Art. 103 Absatz 1 GG gerecht geworden ist, indem es dem Anhörungsberechtigten die Möglichkeit der nachträglichen Anhörung gegeben hatte und so die Durchbrechung des Vorherigkeitsgrundsatzes kompensiert war, wurde die Verfassungsbeschwerde als unbegründet zurückgewiesen. - S. auch BVerfGE 63, 332 (338) zu dem Erfordernis der nachträglichen Gewährung rechtlichen Gehörs bei der Prüfung eines ausländischen Strafurteils, da der Kernbestand rechtlichen Gehörs über Art. 25 GG innerstaatliches Recht bildet.

[158] Die gerichtliche Information*spflicht* entspricht dem Orientierungs*recht* der Prozeßbeteiligten: von diesem Ansatzpunkt geht beispielsweise *Waldner*, Der Anspruch auf rechtliches Gehör (1989), S. 13 ff. aus. Inhaltlich decken sich die Begriffe weitgehend.

ßerung zu einer bestimmten entscheidungserheblichen Tatsache ist dem Äußerungsberechtigten überhaupt nur möglich, wenn er von ihr Kenntnis hat.[159] Insoweit ist die Informationspflicht der Gerichte elementarer, unverzichtbarer Bestandteil des Gehörrechts, d.h. eine Ausdehnung der in Art. 103 Absatz 1 GG beinhalteten Mindestgarantie ist hiermit nicht verbunden. Die Informationspflicht dient nur der effektiven Durchsetzung des Gehörrechts, das für den Betroffenen nutzlos wäre, hätte er überhaupt keine Kenntnis von dem Sachverhalt, zu dem er sich äußern darf.

In einem Beschluß vom 14. Juni 1960 konstituierte der Zweite Senat des Bundesverfassungsgerichts weiterhin auch die dem Äußerungsrecht korrespondierende *Berücksichtigungspflicht* der Gerichte im *Nachfeld* des Äußerungsrechts: „Der Anspruch auf rechtliches Gehör bedeutet, daß das entscheidende Gericht durch die mit dem Verfahren befaßten Richter die Ausführungen der Prozeßbeteiligten *zur Kenntnis nehmen und in Erwägung ziehen* muß."[160] Die Verpflichtung des Fachgerichts zur Berücksichtigung der entscheidungserheblichen Äußerungen der Gehörberechtigten ist ebenfalls nur konsequent und stellt - ebensowenig wie die den Gerichten im Vorfeld obliegende Informationspflicht - keine Ausdehnung des Schutzbereichs des Anspruchs auf rechtliches Gehör dar, denn das wahrgenommene Äußerungsrecht könnte sich faktisch nicht auf die richterliche Entscheidungsfindung auswirken, wäre also wertlos für den Äußerungsberechtigten, wenn das Gericht nicht unmittelbar aus Art. 103 Absatz 1 GG zur Beachtung jedenfalls des entscheidungserheblichen Sachvortrags verpflichtet wäre. Das rechtliche Gehör bedarf, wie jedes Grundrecht, der *Sicherung* seiner Durchsetzbarkeit. Die Berücksichtigungspflicht des Gerichts ist somit das gleichrangige Gegenstück zum Äußerungsrecht in seinem Nachfeld. Aus den gleichen Gründen effektiven Grundrechtsschutzes muß die Beachtung der Berücksichtigungspflicht durch das Gericht *nachprüfbar* sein; dies geschieht anhand der *Entscheidungsgründe*, welchen insofern eine *Indizfunktion* hinsichtlich der Gewährleistung rechtlichen Gehörs zukommt: Das Bundesverfassungsgericht leitet insoweit in ständiger Rechtsprechung aus dem Schutzbereich des Art. 103 Absatz 1 GG eine generelle *Begründungspflicht* richterlicher Entscheidungen ab.[161]

> Der Umfang des rechtlichen Gehörs erfährt mithin eine gewisse Systematisierung im Sinne einer Zuordnung zum einfachen Prozeßrecht durch *drei Verwirklichungsstu-*

---

159 BVerfGE 10, 274 (282).

160 BVerfGE 11, 218 (220); bereits vorausgesetzt in E 5, 22 (24). S. auch E 14, 320 (323); 18, 380 (383); 22, 267 (273); 25, 137 (140); 27, 248 (251) und ständig. - Hervorhebungen in Kursivschrift durch *Verf.*

161 Ausdrücklich seit BVerfGE 18, 380 (384); vgl. vorher bereits E 11, 218 (220). Ausführlich zur Berücksichtigungs- und Begründungspflicht s. weiter u., unter IV.

fen[162], welche den verfassungsrechtlichen Grundgehalt des Art. 103 Absatz 1 GG bilden, dessen Umfang im einzelnen im Rahmen der prozeßrechtlichen Institute des einfachen Rechts jeweils herausgearbeitet werden muß.[163] Diese Systematik im Rahmen der von Art. 103 Absatz 1 GG geforderten Minimalgarantie ist bis heute grundlegendes Strukturelement der bundesverfassungsgerichtlichen Iudikatur zum rechtlichen Gehör und seiner Verwirklichung im einfachen Recht. Nachstehend wird aufgezeigt, in welchem *Umfang* das Bundesverfassungsgericht diese verfassungsfesten Kernelemente des rechtlichen Gehörs von den Fachgerichten im Prozeß jeweils umgesetzt sehen will.

Unter ständiger Bezugnahme auf seine grundlegenden Erwägungen zum rechtlichen Gehör lotete das Bundesverfassungsgericht in der Folgezeit die Einzelheiten des einfachen Verfahrensrechts unter dem Gesichtspunkt des Art. 103 Absatz 1 GG aus. Aus verfassungsrechtlicher Sicht konnten sich hierbei, nachdem die Grundlagen zum rechtlichen Gehör gesetzt waren (unmittelbare Anwendung des Art. 103 Absatz 1 GG; Vorherigkeitsgrundsatz; drei Verwirklichungsstufen), keine wirklichen dogmatischen „Neuentdeckungen" zum rechtlichen Gehör ergeben. Jedoch war die „bloße" Herausarbeitung der einzelnen prozeßrechtlichen Institute des einfachen Rechts im Lichte des rechtlichen Gehörs anhand der gefundenen grundlegenden Kriterien umso wichtiger, denn Verfassungsrecht lebt von seiner Umsetzung ins einfache Recht. Es bringt dem potentiellen Anspruchsinhaber keinen Nutzen, wenn die Anforderungen, die an das rechtliche Gehör zu stellen sind, als verfassungsrechtliche „Größe" feststehen, ihre Anwendung im einfachen Verfahrensrecht aber noch unklar ist. Nur wenn einfach-rechtliche Probleme, denen für die gerichtliche Praxis maßgebliche Bedeutung zukommt, nach einer Lösung verlangen, drängen sich (weitere) verfassungsrechtliche Fragen auf.

II. Die Informationspflicht der Gerichte

Das Bundesverfassungsgericht hat also den Anspruch auf rechtliches Gehör in ein dreistufiges System strukturiert. Grundvoraussetzung der Wahrnehmung des Äußerungsrechts als Kernstück des Anspruchs aus Art. 103 Absatz 1 GG ist zunächst *die Kenntnis der Gehörberechtigten vom Verfahrensstoff*. Dem trägt die entsprechende gerichtliche Informationspflicht oder - (nur) anders ausgedrückt - das Orientierungsrecht der Beteiligten[164] als erste Verwirklichungsstufe rechtlichen Gehörs Rechnung. Da einer gerichtli-

[162] Ausführlich hierzu *Schmidt-Aßmann* in: Maunz/Dürig/Herzog, GG, Art. 103 Abs. I Rd.69 ff.; s. auch *Kopp*, AöR Bd. 106 (=1981), S. 604 (624 ff.); *Wassermann* in: Alternativkommentar-GG, Art. 103 Rd. 24 ff.

[163] S. auch *Schmidt-Aßmann* in: Maunz/Dürig/Herzog, GG, Art. 103 Abs. I Rd. 68.

[164] S.o. und *Waldner*, Aktuelle Probleme des rechtlichen Gehörs im Zivilprozeß (1983), S. 49 ff.; *ders.*, Der Anspruch auf rechtliches Gehör (1989), S. 13 ff.

chen Entscheidung grundsätzlich *nur solche Tatsachen und Beweisergebnisse zugrundegelegt werden dürfen, zu denen die Beteiligten Stellung nehmen konnten,*[165] ist die Informationspflicht des Gerichts entsprechend umfangreich.

1. Informationen über den Verfahrensstoff

a) Mitteilung des Verfahrensstands

Stets muß sichergestellt sein, daß die Gehörberechtigten hinlänglich von der Anhängigkeit oder *Einleitung des Verfahrens*[166] sowie von *jeder rechtsmittelfähigen Entscheidung* des Gerichts[167] - also über Beginn und Ende des Verfahrens - Kenntnis erlangt haben.[168] Dies ist für den Betroffenen regelmäßig von besonderer Bedeutung, da er, sofern er nicht einmal weiß, *daß* ein ihn betreffendes Verfahren anhängig - oder aber es durch eine Sachentscheidung zunächst abgeschlossen - ist, auch keinen Anlaß hat, sich aktiv um Informationen über den Verfahrensstoff zu bemühen, die für eine Entscheidung in seiner Sache relevant sein könnten.

b) Mitteilung des Verfahrensinhalts

Zu informieren sind die Gehörberechtigten aber nicht nur über Beginn und Ende des Verfahrens, sondern auch über den *Hauptinhalt* und den *derzeitigem Stand des Verfahrens*, d.h. auch Kenntnis über sonstige gerichtliche Entscheidungen und prozeßleitende Verfügungen innerhalb des laufenden Verfahrens sowie über Verfahrenshandlungen anderer Beteiligter und Dritter muß den Berechtigten vermittelt werden, ebenso wie die Ergebnisse von *Beweisaufnahmen.*[169] Aber auch über Verlauf und Inhalt der Beweisaufnahme ist detailliert zu informieren. So sind *Sachverständigengutachten offenzulegen.*[170]

---

165 BVerfGE 6, 12 (14); 10, 177 (182); 18, 399 (404); 89, 381 (392) und ständig; zuletzt E 101, 106 (129).

166 Im einfachen Verfahrensrecht ist dies etwa vorgeschrieben in §§ 253, 271 ZPO; § 201 StPO; § 85 VwGO.

167 Vgl. beispielsweise §§ 310 ff., 329 ZPO; § 35 StPO; § 116 VwGO.

168 So auch die Literatur, vgl. etwa *Schmidt-Aßmann* in: Maunz/Dürig/Herzog, GG, Art. 103 Abs. I Rd. 70 ff.; *Waldner*, Aktuelle Probleme des rechtlichen Gehörs im Zivilprozeß (1983), S. 49 ff.

169 BVerfGE 6, 12 (14); 7, 340 (341); 89, 381 (392) und ständig; zuletzt E 101, 106 (129).

170 BVerfGE 7, 340 (341); 9, 303 (304); 15, 214 (218); 16, 283 (285); 62, 392 (396) und ständig. In E 91, 176 rügt das Bundesverfassungsgericht die jedenfalls nur *unvollständige Offenlegung eines Sachverständigengutachtens*. Zur Nachprüfung eines solchen Gutachtens könne auch die Kenntnis der einzelnen tatsächlichen Umstände, die der Sachverständige selbst erhoben und seinem Gutachten zugrundegelegt habe, unentbehrlich sein (aaO S. 182). Mitzuteilen sind demnach nicht nur die Erfahrungssätze, auf die der Sachverständige sein Gutachten gestützt hat, sondern auch die hierfür maßgeblichen *konkreten Befundtatsachen* (aaO S. 184 f.). Vorliegend bejaht es einen Grundrechtsverstoß, nachdem es abgewogen hat zwischen den Geheimhaltungsinteressen Dritter, deren Daten für die Erstellung des Gutachtens herangezogen wurden, und dem Interesse der Verfahrensbeteiligten (und auch des Gerichts selbst im Interesse einer Entscheidung, die auf die Gewißheit des Ge-

Auch *Zeugenaussagen* sind mitzuteilen.[171] Weiter dürfen auch *gerichtskundige* und *offenkundige Tatsachen* nur dann vom Gericht verwertet werden, wenn sie zuvor in den Prozeß eingeführt worden sind.[172] Zurückzuführen ist die Informationspflicht hinsichtlich des gesamten Prozeßstoffs darauf, daß dieser in der Form, in der er sich zum Zeitpunkt der Anhängigkeit eines Verfahrens präsentiert, nicht festgeschrieben bleibt. Vielmehr entwickelt er sich im Verlauf der einzelnen Verfahrensstadien weiter. Seine Essenz kristallisiert sich erst durch das Gespräch zwischen den Verfahrensbeteiligten und dem Richter langsam heraus. Dies gilt insbesondere für den Parteienstreit im Zivilprozeß. Somit müssen die Gehörberechtigten über alles informiert werden, worauf sich der Streitstand im Verfahrensverlauf und damit auch das abschließende richterliche Urteil aufbaut, denn nur so sind sie in der Lage sind, auf dieses (rechtzeitig!) Einfluß nehmen zu können, wie es die Garantie des rechtlichen Gehörs erfordert.

Das Bundesverfassungsgericht äußert sich hierzu in ständiger Rechtsprechung folgendermaßen:

> *„Das Recht auf Äußerung ist eng verknüpft mit einem Recht auf Information. Eine Art. 103 Absatz 1 GG genügende Gewährung rechtlichen Gehörs setzt voraus, daß die Verfahrensbeteiligten zu erkennen vermögen, auf welchen Tatsachenvortrag es für die Entscheidung ankommen kann. Sie müssen sich bei Anwendung der gebotenen Sorgfalt über den gesamten Verfahrensstoff informieren können.“*[173]

c) Mitteilung von Äußerungen des Verfahrensgegners

Das Bundesverfassungsgericht betont insbesondere die gerichtliche Mitteilungspflicht hinsichtlich *gegnerischer* Äußerungen, Anträge und Stellungnahmen.[174] Die Gerichte dürfen keine für das Verfahren wesentliche bzw. entscheidungserhebliche Äußerung eines der Verfahrensbeteiligten verwerten[175], ohne daß der Gegner hierzu *angehört* wor-

---

richts von der Richtigkeit des Sachverständigengutachtens gestützt ist!) an der Kenntnis dieser Tatsachen. Der Erfolg der Verfassungsbeschwerde wurde hier allerdings nicht mit einer Verletzung des Art. 103 Absatz 1 GG, sondern des verfahrensrechtlichen *Fairneßgebots* nach Art. 2 Absatz 1 GG in Verbindung mit dem Rechtsstaatsprinzip begründet; das Bundesverfassungsgericht sieht insofern die Pflicht des Gerichts, die tatsächlichen Grundlagen eines Gutachtens hinreichend zu überprüfen und daran auch die Parteien mitwirken zu lassen, im rechtsstaatlichen Fairneßgebot verankert (aaO S. 183).

171 BVerfGE 8, 184 (185 f.), 208 (209) [jeweils Einstellung eines Privatklageverfahrens ohne vorherige Information der Privatklägerin über eine zuvor durchgeführte Zeugenvernehmung]; E 25, 40 (43); 32, 195 (197 f.) und ständig. Auch sonstige Beweisaufnahmen müssen mitgeteilt werden, vgl. zum Beispiel BVerfGE 19, 142 (144).

172 BVerfGE 10, 177 (183); 12, 110 (113). Im einzelnen hierzu noch weiter u., unter III.1.b).

173 Zuletzt in BVerfGE 84, 188 (190); 86, 133 (144); 89, 28 (35). - Hervorhebungen in Kursivschrift durch *Verf.*

174 Vgl. z.B. BVerfGE 19, 148 (149); 50, 280 (284) und ständig.

175 Zum *Verwertungsverbot* als Folge unterlassener Information s. weiter u., unter 4.a).

den ist, insbesondere dann, wenn eine ihm *nachteilige* Entscheidung ergeht.[176] Dieser wiederum kann sein Äußerungsrecht nur dann wahrnehmen, wenn er hiervon Kenntnis erlangt hat.[177] Dies gilt im übrigen nicht nur für alle in einem Schriftsatz des Gegners enthaltene Äußerungen, sondern auch für solche, die sich in einer *Anlage* hierzu befinden.[178] Das Bundesverfassungsgericht hat des weiteren für den Zivilprozeß festgestellt, daß der beklagten Partei auch hinsichtlich einer *Replik* der Klägerseite rechtliches Gehör zu gewähren ist, also auch dann, wenn sich der neue Klägervortrag nicht auf das eigene Klagevorbringen, sondern auf das Verteidigungsvorbringen des Beklagten bezieht.[179] Allerdings hält das Bundesverfassungsgericht grundsätzlich Ausnahmen von dem Grundsatz, daß der Betroffene über jede gegnerische Äußerung zu informieren ist, für möglich, wenn diese nur *Rechtsausführungen* enthält.[180] Diese Auffassung ist insofern haltbar, da die nachfolgende gerichtliche Entscheidung *nicht* auf der unterlassenen Information *beruhen* kann, sodaß deswegen der Verstoß gegen das rechtliche Gehör jedenfalls folgenlos bleibt.[181] Denn das angerufene Gericht hat alle Rechtsfragen *von Amts wegen* zu entscheiden. Jedoch ist die Frage des Beruhens der Entscheidung auf einem Verfahrensfehler von dessen Vorliegen zu trennen. Eine Informationspflicht besteht in Bezug auf jede *entscheidungserhebliche* Äußerung des Gegners. Entscheidungserheblich sind aber unzweifelhaft auch und gerade Rechtsfragen, sodaß der Betroffene auch über Rechtsausführungen des Gegners zu unterrichten ist. Hieran ändert auch die Verpflichtung des Gerichts, über Rechtsfragen zu entscheiden, mithin den originären Bereich richterlicher Rechtsprechungstätigkeit wahrzunehmen, nichts, denn oft sind Rechtsfragen nicht von Tatsachenäußerungen zu unterscheiden, zu denen zwingend rechtliches Gehör zu gewähren ist. Die Pflicht zur Information des Beteiligten auch über Rechtsausführungen ergibt sich daher nach der hier vertretenen Auffassung bereits aus Art. 103 Absatz 1 GG, sodaß es mithin im Falle eines Verstoßes hiergegen auch nicht des Rückgriffs auf das *Fairneßgebot* bedarf.[182] Im übrigen darf auch der Begriff der „wesentlichen" oder „entscheidungserheblichen" Äußerung des Gegners, welche mitzuteilen ist, nicht eng

176 BVerfGE 17, 194 (196); 19, 32 (36) und ständig. S. auch BVerfGE 55, 95 (98 m.w.N.), hierzu Anmerkung von *Berkemann* in EuGRZ 1981, S. 143 ff.

177 Grundlegend zur Informationspflicht im zivilprozessualen Bereich: BVerfGE 7, 95 (98); im strafprozessualen Bereich: BVerfGE 4, 190 (191 f.).

178 BVerfGE 19, 148 (149); 50, 280 (284).

179 BVerfGE 55, 95 (99).

180 Vgl. BVerfGE 19, 32 (36); offen gelassen in E 55, 95 (98).

181 Ausführlich zur Frage des Beruhens einer gerichtlichen Entscheidung auf der Verletzung des Art. 103 Absatz 1 GG s.u., IV.3.

182 So aber *Berkemann*, EuGRZ 1981, S. 143 (145) [= Anm. zu BVerfGE 55, 95 ff.].

ausgelegt werden, da im Prozeßverlauf oft ursprünglich bedeutungsloser Sachvortrag Relevanz für die Entscheidung erlangen kann.

Weiterhin muß der Gehörberechtigte nicht nur über *jede Einlegung eines Rechtsmittels durch den Gegner* informiert und gehört werden, sondern auch über dessen *Begründung.*[183] So muß etwa im Beschwerdeverfahren nach § 308 Absatz 1 StPO (bzw. nach §§ 311 Absatz 3 Satz 2, 311a StPO) dem Gegner des Beschwerdeführers die Beschwerde zur Gegenerklärung mitgeteilt werden, ehe die angefochtene gerichtliche Entscheidung zum Nachteil des Beschwerdegegners abgeändert wird.[184] Er muß hierbei auch über die - möglicherweise zeitlich nachfolgende - Beschwerdebegründung informiert werden.[185] Gleiches gilt im zivilprozessualen Beschwerdeverfahren.[186] Auch vor *Wiedereinsetzungsbeschlüssen* sowie vor einer *Wiederaufnahme* des Verfahrens muß der Gegner gehört werden, denn die gewährte Wiedereinsetzung oder die Wiederaufnahme beraubt ihn der Rechtskraft seines Titels und greift damit nachteilig in seine Rechtsstellung ein.[187] Ist eine Anhörung einfach-gesetzlich nicht vorgesehen, ergibt sich das Äußerungsrecht und die dem korrespondierende Mitteilungspflicht über Äußerungen des Gegners *unmittelbar* aus Art. 103 Absatz 1 GG.[188] Gleiches gilt vor der Entscheidung über die *Verweisung* an ein anderes Gericht, da die Verweisung eine erhebliche Änderung der prozessualen Stellung der Parteien herbeiführt, die sich nunmehr einem anderen Gericht

---

[183] BVerfGE 17, 188 (193).

[184] Es bedurfte einiger bundesverfassungsgerichtlicher Entscheidungen, um der Regelung des § 308 Absatz 1 StPO als einfach-gesetzlicher Konkretisierung des Art. 103 Absatz 1 GG in der strafprozessualen Praxis Wirksamkeit zu verschaffen, vgl. BVerfGE 4, 190 (191); 7, 109 (111); 9, 123 (124), 261 (265 f.); 17, 188 (190) / 197 (198), 262 (264); s. hierzu bereits o., A.II.2.b)cc).

[185] BVerfGE 17, 188 (190, 193) und ständig.

[186] BVerfGE 7, 95 (98); hier wurde die *unmittelbare* Geltung des Art. 103 Absatz 1 GG bejaht, da in der Zivilprozeßordnung die Anhörung und damit auch das Recht auf Information des Beschwerdegegners - abgesehen von einzelnen Vorschriften wie §§ 91 a Absatz 2 Satz 2, 99 Absatz 2 ZPO - nicht (allgemein) vorgeschrieben ist (anders als etwa § 308 Absatz 1 StPO); s. hierzu bereits o., A.II.2.b)cc). Vgl. weiter etwa BVerfGE 17, 265 (268); 34, 157 (159 m.w.N.) hinsichtlich der Mitteilung der sofortigen Beschwerde an den Beschwerdegegner nach § 91 a Absatz 2 Satz 2 ZPO; BVerfGE 34, 344 (346) in Bezug auf die Anhörung des Gegners im Rahmen der Beschwerde gegen eine Kostenentscheidung nach § 99 Absatz 2 ZPO, wobei in concreto der Informationspflicht genügt wurde.

[187] Grundlegend BVerfGE 7, 95 (98).

[188] Die Anhörungspflicht hinsichtlich des Gegners vor der Wiedereinsetzung gilt damit nach ständiger Rechtsprechung des Bundesverfassungsgerichts auch im Zivilverfahren und zwar *unmittelbar* gemäß Art. 103 Absatz 1 GG, da dessen Anhörung in der einfach-rechtlichen Vorschrift des § 238 ZPO nicht vorgesehen ist; vgl. BVerfGE 8, 253 (255 f.). S. auch BVerfGE 53, 109 (114); 61, 14 (17); 62, 320 (322); 67, 154 (155 f.); vgl. hierzu *Kerwer*, JuS 1997, S. 592 (594). - Anderes soll dagegen für die *Zulässigkeit des Wiederaufnahmeantrags der Staatsanwaltschaft im Strafverfahren* gelten: das Bundesverfassungsgericht führt hierzu aus, bereits die Strafprozeßordnung (§ 367) sehe für den Angeklagten bei dieser Entscheidung kein rechtliches Gehör vor, aber auch aus verfassungsrechtlicher Sicht sei dies in diesem *vorbereitenden* Stadium des Wiederaufnahmeverfahrens nicht erforderlich, E 15, 303 (307).

gegenübersehen und sich hiergegen in der Regel nachträglich nicht wehren können.[189] Der Betroffene muß ebenfalls vor *Kostenbeschlüssen* Kenntnis von gegnerischen Äußerungen erlangen, um sich zu diesen äußern zu können,[190] ebenso vor deren Abänderung zu seinem Nachteil.[191]

d) Mitteilung von dienstlichen Äußerungen

Auch entscheidungserhebliche Äußerungen *anderer Verfahrensbeteiligter oder Dritter*[192] sind mitzuteilen. Umfaßt hiervon sind *dienstliche Stellungnahmen* von *Behörden.*[193] In diesem Zusammenhang sind aber immer wieder auch dienstliche Stellungnahmen *verfahrensbeteiligter oder auch nicht beteiligter Richter* relevant geworden. In einem vom Bundesverfassungsgericht entschiedenen Fall beispielsweise war vor der *Entscheidung über die Ablehnung eines Richters* dessen Stellungnahme dem Antragsteller des Ablehnungsgesuchs nicht mitgeteilt worden.[194] In einem anderen Fall hatte ein Richter sich für seine eigene Ablehnung wegen Befangenheit ausgesprochen.[195] Das Bundesverfassungsgericht hat hervorgehoben, daß eine solche Anzeige den Verfahrensbeteiligten mitgeteilt werden müsse, damit diese Gelegenheit zur Stellungnahme erhalten, da es verfassungsrechtlich gewährleistet sei, daß die Verfahrensbeteiligten nicht vor einem Richter stehen, dem es an der gebotenen Neutralität fehlt.[196] Die Frage, ob Befangenheitsgründe gegen die Mitwirkung des Richters sprechen, berühre deshalb die prozessuale Rechtsstellung der Verfahrensbeteiligten. Schon aus diesem Grunde könne auch bei einer Selbstanzeige des Richters nicht von einem rein innerdienstlichen Vorgang gesprochen werden.[197] Dies ist aber streitig: Insbesondere der Bundesgerichtshof sieht hierdurch persönliche Interessen des Richters bedroht.[198] Insgesamt betont das Bundesverfassungsgericht demgegenüber immer wieder, daß auch dienstliche Äußerungen nicht zu-

[189] Im Zivilprozeß ergibt sich die Anhörung der beklagten Partei zu einem Verweisungsantrag des Klägers wiederum aus Art. 103 Absatz 1 GG unmittelbar, da § 281 ZPO hierzu schweigt, vgl. BVerfGE 61, 37 (40 f. m.w.N.). Vgl. BVerfG, aaO, S. 40 in diesem Zusammenhang zu Art. 101 Absatz 1 Satz 2 GG.

[190] Vgl. beispielsweise BVerfGE 67, 96 (99 f.) hinsichtlich der Kostenentscheidung eines Finanzgerichts nach §§ 138 Absatz 2 Satz 3, 137 FGO.

[191] BVerfGE 73, 322 (329) hinsichtlich der Abänderung einer Kostenentscheidung im Verfahren der Freiwilligen Gerichtsbarkeit.

[192] S. hierzu die Nachweise in den nachstehenden Fußnoten.

[193] BVerfGE 18, 49 (51); 19, 198 (201 f.).

[194] BVerfGE 24, 56 (2. LS und S. 62).

[195] BVerfGE 89, 28 ff.

[196] BVerfG, aaO S. 36 m.w.N.

[197] Ebda.

[198] Vgl. die Nachweise bei BVerfG, aaO S. 37.

rückgehalten werden dürften.[199] Generell müßten *sämtliche Tatsachen und Beweismittel ohne Rücksicht auf ihre Quelle* mitgeteilt werden.[200]

Für das *Strafverfahren* hat das Bundesverfassungsgericht weiterhin festgestellt, daß die Offenbarung *geheimzuhaltender Tatsachen* durch eine *Behörde* nur gegenüber dem Strafgericht, nicht aber gegenüber dem Angeklagten, gegen Art. 103 Absatz 1 GG verstoße.[201] Dies gelte im *Verwaltungsprozeß* allerdings nur eingeschränkt.[202] Das Bundesverfassungsgericht führt hierzu näher aus, Geheimhaltungsinteressen der Exekutive wirkten im Strafverfahren *in dubio pro reo*; ein *„in camera-Verfahren"* - also die Beschränkung der Kenntnisnahme auf das Gericht - würde unter diesen Umständen den Rechtsschutz des Angeklagten verschlechtern.[203] Geheimhaltungsbedürftige Tatsachen dürften gegen ihn verwendet werden, ohne daß er Gelegenheit dazu erhielte, sich dazu zu äußern. Demgegenüber führe im verwaltungsgerichtlichen Verfahren gerade ein Absehen von einem *in camera*-Verfahren zu einer Minderung des Individualrechtsschutzes, die erheblich schwerer wiege als eine Verletzung rechtlichen Gehörs. Nicht nur dem Rechtsschutzsuchenden, sondern auch dem Gericht fehle jede Möglichkeit der Kenntnisnahme. Da der Grundsatz „in dubio pro reo" hier nicht gelte, wirkte sich die Geheimhaltung entscheidungserheblicher Tatsachen regelmäßig nachteilig für den Rechtsschutzsuchenden aus. *Das ungeschmälerte rechtliche Gehör würde insoweit die Effektivität des Rechtsschutzes im Ergebnis herabsetzen, statt sie zu stützen.*[204] Eine *Beschränkung* des den Verfahrensbeteiligten zustehenden *Akteneinsichtsrechts nach § 100 Absatz 1 VwGO*, das der Informationspflicht des Gerichts korrespondiert und diese zugleich einfach-gesetzlich ausgestaltet, sei daher mit Art. 103 Absatz 1 GG vereinbar, wenn sich erst durch diese Beschränkung der von Art. 19 Absatz 4 GG gebotene effektive Rechtsschutz ermöglichen lasse.[205] Dadurch wird zugleich der enge Zusammenhang, hier ein Verhältnis „echter" Konkurrenz, belegt, in dem die Verfahrensgarantien des Art. 19 Absatz 4 GG und des Art. 103 Absatz 1 GG zueinander stehen[206], führt doch hier der Anspruch auf effektiven Rechtsschutz in Form der durch Art. 19 Absatz 4 GG gewährleisteten Min-

---

199 S. schon BVerfGE 10, 274 (282).
200 BVerfGE 17, 86 (95).
201 S. bereits BVerfGE 57, 250 (287 f.); vgl. zuletzt E 101, 106 (129).
202 BVerfGE 101, 106 (129 f.).
203 BVerfG, aaO S. 130.
204 Ebda. mit näheren Ausführungen im Hinblick auf *§ 99 Absatz 1 Satz 2 i.V.m. Absatz 2 Satz 1 VwGO*. - S. im einzelnen hierzu den Ersten Teil des vorliegenden Kapitels (zu Art. 19 Absatz 4 GG), dort C.II.2.b)aa).
205 S. bereits den 2. LS dieser Entscheidung.
206 S. hierzu o., A.II.1.

destgarantie zugleich zu einer zulässigen Beschneidung der Art. 103 Absatz 1 GG immanenten Mindestgarantie.[207] Ein Kollisionsfall im eigentlichen Sinne liegt jedoch *nicht* vor, da Art. 103 Absatz 1 GG aus Gründen effektiven Rechtsschutzes zurücktritt, dessen Ermöglichung er selbst auch dient.[208]

e) Mitwirkungspflichten des Gehörberechtigten

Die Unterrichtung über den Verfahrensstoff in dem vorstehend erörterten Umfang ist im übrigen nicht stets allein Aufgabe des Gerichts, sondern kann auch an *Mitwirkungspflichten* der Beteiligten geknüpft sein. Denn allgemein gilt: Art. 103 Absatz 1 GG eröffnet den Betroffenen lediglich *die Chance*, ihren Anspruch auf rechtliches Gehör wahrzunehmen, sodaß ihnen *die Entscheidung obliegt, dieses Prozeßgrundrecht auszuüben oder darauf zu verzichten.* Es ist daher legitim, ihnen in jeder Verwirklichungsstufe auch Mitwirkungspflichten aufzuerlegen. Im Hinblick auf Art. 103 Absatz 1 GG besteht somit tendenziell eine umfangreichere *„prozessuale Individualverantwortung"* als bei anderen Prozeßgarantien. Bei Art. 19 Absatz 4 GG bestehen Mitwirkungspflichten nur insofern, als der Rechtsuchende gegebenenfalls bestehende Antrags- und Klagefristen einzuhalten und der Inhalt seines Antrags bestimmten Anforderungen zu genügen hat. Auf die Gesetzlichkeit des Richters nach Art. 101 Absatz 1 Satz 2 GG als solche hat der Betroffene dagegen keinen Einfluß. Bei der Verletzung seines Rechts auf den gesetzlichen Richter kann ihn aber eine Rügeobliegenheit treffen. Dagegen gehen Mitwirkungspflichten des Gehörberechtigten allein deswegen bereits weiter, auch als etwa bei Art. 19 Absatz 4 GG, da der Anwendungsbereich des Art. 103 Absatz 1 GG einen breiten Raum annimmt und in jeder Verfahrensstufe zu beachten ist. Insbesondere aber setzt Art. 103 Absatz 1 GG bereits von seinem Wortlaut her prinzipiell ein aktives Verhalten des Berechtigten voraus. Er darf sich äußern, muß aber dafür sorgen, daß der Richter ihn „hört". Er hat ein Recht auf Information. Hat er aber etwa Kenntnis davon, daß das Gericht über relevante Tatsachenkenntnis verfügt, kann er zur Mitwirkung dahin verpflichtet sein, sich Kenntnis über den genauen Inhalt des Verfahrensstoffs zu machen, etwa durch Stellung eines Antrags auf Akteneinsicht und Einsichtnahme.[209] Entsprechend hat er auch dafür Sorge tragen, daß entscheidungserheblicher Sachvortrag seinerseits zu seinen Gunsten berücksichtigt werden kann. Er hat ihn daher selbst (fristgemäß) dem Gericht vorzutra-

---

207 Vgl. BVerfG, aaO S. 129.
208 Ebda.
209 S. nochmals sogleich.

gen und kann etwa im Zivilprozeß infolge des dort herrschenden Beibringungsgrundsatzes nicht darauf vertrauen, daß das Gericht die entscheidungserheblichen Tatsachen selbst ermittelt.

Die Reichweite der Obliegenheit des Berechtigten, *„sich“* das Gehör *„zu verschaffen“*, hängt im einzelnen von den Spezifica der jeweils betroffenen *einfach-rechtlichen Prozeßinstitute* ab. Hierzu vorab folgende Beispiele: Die Prozeßordnungen sehen für alle Verwirklichungsstufen des rechtlichen Gehörs verschiedene Mitwirkungspflichten und auch Sanktionen im Falle der Nichtbeachtung vor, etwa die Möglichkeit der *Präklusion*, des *Verzichts* und der *Verwirkung*, des *Versäumnisurteils* im Zivilprozeß und der Hauptverhandlung *in Abwesenheit* im Strafprozeß oder des Verhandelns in Abwesenheit im Verwaltungsprozeß. Umgekehrt besteht auch eine *Rügepflicht* bei *Verstößen* gegen Art. 103 Absatz 1 GG, d.h. der Gehörberechtigte muß den Verstoß rügen, will er nicht Gefahr laufen, daß sein Gehöranspruch nicht mehr nachholbar ist. Nach ständiger Rechtsprechung des Bundesverfassungsgerichts kann sich auf Art. 103 Absatz 1 GG somit nur berufen, wer *in zumutbarer Weise die prozessualen Möglichkeiten ausgeschöpft* hat, um sich das rechtliche Gehör zu verschaffen.[210] So korrespondiert auch der gerichtlichen *Informationspflicht* etwa eine Mitwirkungspflicht des Berechtigten dahin, daß er sich im Einzelfall selbst die für ihn notwendigen Informationen, beispielsweise durch die Stellung eines *Antrags auf Akteneinsicht*, verschafft.[211] Dies kann allerdings nur dann gelten, wenn der Berechtigte überhaupt weiß, *daß* das Gericht über Informationen verfügt, die für die Sachentscheidung relevant und ihm selbst grundsätzlich zugänglich sind. Im übrigen besteht daher *keine Erkundigungspflicht* des Berechtigten; vielmehr darf er darauf vertrauen, daß ihm das Gericht jedenfalls Kenntnis über den *Eingang* entscheidungserheblicher Informationen verschafft.[212] Erfüllt das Gericht in diesem Sinne seine Informationspflicht, obliegt es dem Berechtigten im Rahmen seiner prozessualen Verantwortung selbst, zu entscheiden, wie er weiter verfährt[213], und sich dazu zu entschließen, noch detailliertere Kenntnis über den Verfahrensstoff zu erlangen. Es ist ihm daher durchaus zumutbar, „sich“ nähere Tatsachenkenntnis zu verschaffen, etwa durch die Einsichtnahme in beigezogene Akten.

---

210 BVerfGE 42, 364 (371 f.).

211 Vgl. etwa BVerfGE 28, 10 (14 m.w.N.); s. hierzu noch weiter u., unter 2.c).

212 BVerfGE 15, 214 (218) und ständig. S. hierzu weiter u., unter 3.a)aa)*(1)*.

213 S. ausführlich hierzu im Zusammenhang mit der Beschränkung gerichtlicher Hinweispflichten weiter u., 3.a).

Insgesamt gilt: Wer berechtigterweise hohe Erwartungen an die Einhaltung eines Rechtsschutzstandards durch die Gerichte stellt, muß auch sein Verhalten diesen Erwartungen anpassen.

2. Die Form der Informationsübermittlung

Die zur Kenntnisnahme erforderlichen Informationsvorgänge sind *im einfachen Recht* primär geregelt durch die Vorschriften über Ladungen, Terminsmitteilungen und über die Bekanntgabe gerichtlicher Entscheidungen sowie den entsprechenden Zustellungsvorschriften. Es handelt sich wiederum um einfach-rechtliche Konkretisierungen des *verfassungsrechtlichen* Anspruchs auf rechtliches Gehör. Auch hierbei hatte sich das Bundesverfassungsgericht mit der Frage zu befassen, inwieweit der Verstoß gegen eine einfachgesetzliche Vorschrift über die Informationsübermittlung durch das Fachgericht *zugleich* eine Verfassungsverletzung begründen kann.

a) Ladung zur mündlichen Verhandlung und Aufruf der Sache

(Nur) *soweit* ein mündliches Verfahren durchgeführt wird, begründet der Anspruch auf rechtliches Gehör das Recht der Beteiligten auf *Äußerung in der mündlichen Verhandlung.*[214] Deshalb teilt ihnen das Gericht den Verhandlungstermin *durch die Ladung* zu diesem Termin mit.[215] Die Ladung dient damit der Information der Betroffenen darüber, wann und wo sie ihr Äußerungsrecht wahrnehmen können. Das Bundesverfassungsgericht sieht aber insbesondere für den Zivilprozeß neben dem Erfordernis der Ladung gemäß § 214 ZPO *auch den Aufruf der Sache* nach § 220 Absatz 1 ZPO von dem verfassungsrechtlichen Gebot des Art. 103 Absatz 1 GG umfaßt[216], und begründet dieses weitere Erfordernis damit, daß die Ladung allein zur Gewährung rechtlichen Gehörs nicht genüge, da im Alltagsbetrieb der Gerichte die in der Ladung angegebene Terminstunde in der Regel nicht eingehalten werden könne. Mit dem Aufruf der Sache gebe das Gericht dem Betroffenen gleichsam das „Startzeichen“ zur Wahrnehmung seines Anspruchs auf rechtliches Gehör. Der *ordnungsgemäße* Aufruf der Sache sei deshalb von Art. 103 Absatz 1 GG gefordert, wobei die Anforderungen an die *Art und Weise* des Aufrufens einer

---

[214] BVerfGE 42, 364 (370). - Art. 103 Absatz 1 GG begründet jedoch *keinen Anspruch auf* eine mündliche Verhandlung, s. hierzu u., III.3.b)aa). Ein Recht auf Äußerung in mündlicher Form besteht mithin nur, wenn eine mündliche Verhandlung auch *tatsächlich* durchgeführt wird.
[215] BVerfG, aaO S. 370.
[216] Ebda.

Sache von den Umständen abhingen.[217] In dem Fall etwa, daß die Anwälte der Parteien an den Richtertisch treten und weitere Beteiligte nicht geladen sind, genüge insoweit bereits die Aufforderung an die Anwälte, „mit ihren Ausführungen zu beginnen", dem Erfordernis eines ordnungsgemäßen Aufrufens der Sache; sei demgegenüber, insbesondere bei Sammelterminen, der Verhandlungsraum so eng, daß sich alle Geladenen nicht gleichzeitig in ihm aufhalten können, bedürfe es in jedem Fall eines gesonderten Aufrufs *außerhalb* des Gerichtssaales, unter Umständen etwa verbunden mit einem ausdrücklichen, zusätzlichen Hinweis des verantwortlichen Richters an den ausführenden Wachtmeister, daß der Aufruf für den aufmerksam Wartenden deutlich hörbar und verständlich sein müsse.[218]

Das Bundesverfassungsgericht weist jedoch darauf hin, daß die geladenen und vor dem Sitzungssaal erschienenen Prozeßbeteiligten ihrerseits zur *Mitwirkung* dahingehend verpflichtet seien, daß sie in geeigneter, zumutbarer Weise dafür Sorge zu tragen hätten, daß sie von dem Aufruf der Sache erfahren, indem sie dem für sie vernehmbaren Aufruf ihre Aufmerksamkeit schenken, sich vor dem Sitzungsraum oder in einem ihnen zugewiesenen Warteraum aufhalten und vor vorübergehender Abwesenheit etwa den Wachtmeister hiervon in Kenntnis setzen bzw. sich nach ihrer Rückkehr bei diesem vergewissern, daß ein Aufruf ihrer Sache zwischenzeitlich nicht erfolgt ist.[219] Das Bundesverfassungsgericht rekurriert hinsichtlich der *Abgrenzung des einer Partei im Rahmen ihrer Mitwirkungspflicht Zumutbaren* an Aufmerksamkeit und Bemühung, den Beginn der Verhandlung ihrer Sache zu erfahren, auf den Grundsatz, den es zur Wiedereinsetzung in den vorigen Stand entwickelt hat, da es in beiden Fällen um den Zugang zu Gericht gehe: Die an den Betroffenen zu stellenden Anforderungen - dort an Vorkehrungen gegen eine drohende Fristversäumnis, hier an Vorkehrungen gegen die Versäumung des Beginns der mündlichen Verhandlung - dürften *nicht überspannt werden.*[220]

Das Bundesverfassungsgericht geht mithin bei der Einbewertung des Aufrufs der Sache als im konkreten Fall ordnungsgemäß von dem Sinn und Zweck des § 220 ZPO aus, nämlich die geladene und erschienene Partei *effektiv* in die Lage zu versetzen, zu hören,

---

[217] BVerfG, aaO S. 370 ff. mit ausführlicher Erörterung der Anforderungen an die Art und Weise des Aufrufens im Einzelfall. Zustimmend *Waldner*, Aktuelle Probleme des rechtlichen Gehörs im Zivilprozeß (1983), S. 155 f. m.w.N.

[218] BVerfG, aaO S. 370 f.

[219] BVerfG, aaO S. 371 f.

[220] BVerfG, aaO S. 372 [m.w.N. aus seiner ständigen Rechtsprechung]. S. hierzu weiter u., III.2.b)cc).

daß „jetzt" in die mündliche Verhandlung ihrer Sache eingetreten werde.[221] Als Konsequenz hieraus ergibt sich, daß das Fachgericht die pünktlich vor dem Sitzungssaal erschienene Partei bei nicht oder nicht ordnungsgemäß erfolgtem Aufruf der Sache nicht als säumig im Sinne des § 220 Absatz 2 ZPO behandeln darf, wenn die Partei nur auf Grund dessen, d.h. ohne eigenes Verschulden, nicht verhandelt.[222] Hierbei handelt es sich allerdings um eine sehr weitgehende Forderung an die Fachgerichte. Das Bundesverfassungsgericht befindet sich insoweit mitten in der Interpretation des Zivilprozeßrechts. Unabhängig davon dürfte es auch im Rahmen des Zumutbaren liegen, daß die erschienene Partei sich permanent vor dem Sitzungszimmer aufhält, in dem ihre Sache verhandelt werden wird, sofern sich Verzögerungen der zuvor verhandelten Sache ihrerseits noch im Rahmen des Zumutbaren handeln. So weit darf die Mitwirkungspflicht der Partei, resultierend aus der ihr obliegenden prozessualen Verantwortung[223], indes reichen, wird doch immerhin ihre Sache verhandelt, an der sie ein ureigenes Interesse hat. Im übrigen aber handelt es sich hierbei um eine Frage der Auslegung einfachen Rechts. Das Bundesverfassungsgericht hat insoweit den Umfang der Mindestgarantie der aus Art. 103 Absatz 1 GG abgeleiteten Informationspflicht nach der hier vertretenen Auffassung seinerseits „überspannt".

b) Zustellungsprobleme und gerichtliche Informationspflicht

aa) Keine allgemeine Verpflichtung der Gerichte zu förmlicher Zustellung

Im Hinblick auf die im einfachen Recht geregelte Zustellung von Informationen, also deren schriftliche Übermittlung durch das Gericht, welche besondere Relevanz *im schriftlichen Verfahren* aufweist (bei der Zustellung äußerungserheblicher Schriftsätze), aber auch *im mündlichen Verfahren* von großer Bedeutung ist (bei der Zustellung etwa der Ladung), äußert sich das Bundesverfassungsgericht unter dem Gesichtspunkt des Art. 103 Absatz 1 GG in ständiger Rechtsprechung folgendermaßen: „Der Zweck der Zustellung besteht darin, den Zeitpunkt der Übergabe *nachweisen zu können,* an den sich *wichtige prozessuale Wirkungen* knüpfen. Dem Adressaten gegenüber soll sie *gewährleisten,* daß er *Kenntnis* von dem zuzustellenden Schriftstück nehmen und seine *Rechtsverteidigung oder Rechtsverfolgung darauf einrichten kann.* Insoweit dienen die Vor-

---

[221] BVerfG, aaO S. 369.
[222] Ebda.
[223] S. hierzu schon weiter o., 1.e).

schriften über die Zustellung der Verwirklichung des rechtlichen Gehörs."[224] *Von Verfassungs wegen* wird aber *keine bestimmte Form* des Informationswegs als notwendig erachtet, insbesondere besteht *generell nicht die Notwendigkeit einer förmlichen Zustellung*, denn maßgeblich ist vor dem Hintergrund des Art. 103 Absatz 1 GG allein, *daß* der Betroffene *überhaupt* in Kenntnis gesetzt wird über für sein Äußerungsrecht relevante, entscheidungserhebliche Tatsachen. Dagegen muß es dem *einfachen Recht* überlassen sein, *wie* die entsprechenden Informationen übermittelt werden können. Deswegen haben die Gerichte grundsätzlich die Möglichkeit, diese *im schriftlichen Verfahren* den Verfahrensbeteiligten *auch formlos* zu übermitteln.

Der formlosen Übermittlung von Schriftstücken ist jedoch die Gefahr des Verlustes immanent, wobei andererseits vor dem Hintergrund der gerichtlichen Informationspflicht vor allem die Annahme einer allgemeinen Zugangsfiktion unzumutbar wäre für die Beteiligten, denen insoweit der Verlust der Informationen zugerechnet würde, obgleich diese hier aus dem Verantwortungsbereich des Gerichts stammen. Das Bundesverfassungsgericht hat in ständiger Rechtsprechung wiederum einer überkommenen Gerichtspraxis den Boden entzogen und wiederholt konstatiert, daß die Beteiligten *weder das Risiko des Verlustes im Übermittlungsweg noch irgendeine Beweislast für den Nichtzugang* trügen.[225] Im Fall der formlosen Übersendung besteht somit *keine Vermutung für den Zugang*. Die *Zulässigkeit* der verschiedenen Formen der Ersatzzustellung (vor allem §§ 181 ff. ZPO)[226] ändert daran nichts und bleibt unberührt.[227] Auf Grund dieser Grundsätze blieb dem Bundesverfassungsgericht jedoch nichts anderes übrig, als die Gerichte eben doch *quasi zu förmlicher Zustellung*, zumindest aber *zur Beifügung einer rückgabepflichtigen Empfangsbescheinigung, jedenfalls im schriftlichen Verfahren, zu verpflichten*, da ohne mündliche Verhandlung nur so sichergestellt sei, daß der Zustellungsadressat von dem Schriftstück Kenntnis erlangt habe.[228] Davon macht die gerichtliche Praxis

---

224 BVerfGE 67, 208 (211). - Hervorhebungen in Kursivschrift durch *Verf.*

225 BVerfGE 36, 85 (88 f.); 42, 243 (246) und ständig. Dagegen sei es dem Zustellungsadressaten zurechenbar, wenn an seinen *gesetzlichen Vertreter* zugestellt wird und dieser das Schriftstück absichtlich zurückbehält; hieraus könnten zwar Schadensersatzansprüche entstehen, die aber ausschließlich das *Innenverhältnis*, nicht das tatsächliche Vorliegen der erfolgten Zustellung beträfen, so das Bundesverfassungsgericht zutreffend (da hier der Verlust der Information nicht aus der gerichtlichen Verantwortungssphäre herrührt) in E 67, 208 (212 f.).

226 S. hierzu sogleich, bb).

227 BVerfGE 36, 85 (88 f.); 42, 243 (246).

228 Grundlegend BVerfGE 36, 85 (88), indem *die Überwachungspflicht der Gerichte in Bezug auf die Kenntnisnahme des Adressaten von der Zustellung* konstituiert wird. Wie die Gerichte dem entsprechen, stellt das Bundesverfassungsgericht zwar in deren Ermessen. Jedenfalls laufen die Erwägungen praktisch auf eine Verpflichtung zur förmlichen Zustellung oder zur Beifügung einer rückgabepflichtigen Empfangsbestätigung hinaus, da insbesondere *ein Abwarten des Gerichts*, ob der Zustel-

auch durchweg Gebrauch. Ungeachtet dessen, daß dieses Erfordernis bei konsequenter Berücksichtigung auch für das mündliche Verfahren gelten muß - wie soll sich ein Beteiligter im Termin äußern können, wenn die Ladung zu diesem Termin auf dem Postweg verloren gegangen ist? - , hat das Bundesverfassungsgericht somit jedenfalls sein Postulat, von Verfassungs wegen sei eine bestimmte Form der Informationsübermittlung nicht erforderlich, in sein Gegenteil verkehrt.

bb) Die Zulässigkeit von Ersatzzustellungen und öffentlichen Zustellungen

Als in besonderem Maße problematisch gelten besondere Zustellungsarten wie die Ersatzzustellung[229], aber auch die öffentliche Zustellung[230], da beide eine *Fiktion der Bekanntgabe* enthalten, weil der *tatsächliche Informationserfolg* durch sie *nicht sichergestellt* wird. Diese Sonderformen der Zustellung beruhen auf einer Interessenabwägung zwischen der *Gehörberechtigung einerseits* und dem *Gebot der Verfahrensbeschleunigung andererseits.*[231] Letzteres ist ebenfalls verfassungsrechtlich geschützt und befindet sich daher in einem Spannungsfeld zum Anspruch auf rechtliches Gehör, den es legitimerweise einzuschränken vermag.[232] Diese beschränkende Wirkung erfolgt bei den oben bezeichneten Zustellungssonderformen. Nicht selten aber stellt sich das Beschleunigungsgebot zugleich gerade als eine Forderung des Anspruchs auf rechtliches Gehör dar, wenn nämlich die Äußerung im Verfahren zu spät erfolgte, um noch faktische Wirkung eines an sich für den Beteiligten positiven Verfahrensergebnisses herbeizuführen.

Im einzelnen ist etwa eine *Ersatzzustellung in die Wohnung oder das Haus des Zustellungsadressaten oder durch Niederlegung bei der Post* dann gestattet, wenn eine Wohnung des Zustellungsadressaten vorhanden ist, dieser aber dort nicht angetroffen wird, mit der möglichen Folge, daß der Adressat keine oder, falls mit der Informationszustel-

---

lungsadressat auf den zuzustellenden Schriftsatz etwas erwidert, als alternative Lösung in der Praxis nicht durchführbar ist: Eine Erwiderung unterliegt, wie das Äußerungsrecht generell, der freien Entscheidung des Zustellungsadressaten. Wie lange aber müßte das Gericht abwarten, ob dieser sich dafür oder dagegen entscheidet, von seinem Äußerungsrecht Gebrauch zu machen? Auch andere Überwachungsmöglichkeiten, wie beispielsweise telefonische Nachfrage, sind unter dem Gesichtspunkt einer effektiven Rechtspflege nicht realisierbar. - Zur besonderen Kontrollpflicht der Gerichte in Bezug auf die Einhaltung rechtlichen Gehörs im schriftlichen Verfahren vgl. auch weiter u., III.3.b)aa), insbesondere unter Berücksichtigung der neuen Regelungen des *ZPO-RG* vom 27. Juli 2001 (= BGBl. I S. 1887).

229 Geregelt etwa in §§ 181 ff. ZPO; § 37 StPO; § 56 Absatz 2 VwGO i.V.m. §§ 3 Absatz 3, 11 VwZG.

230 Vgl. beispielsweise §§ 203 ff., 829 Absatz 2 Satz 2 ZPO; § 40 StPO; § 15 VwZG.

231 Ausführlich hierzu: *Kloepfer*, JZ 1979, S. 209 ff.; *Schmitt Glaeser*, DRiZ 1980, S. 289 ff.; *Finger*, NJW 1985, S. 2684 ff.; *Schmidt-Aßmann* in: Maunz/Dürig/Herzog, GG, Art. 103 Abs. I Rd. 44 ff.

232 Zum Spannungsfeld zwischen rechtlichem Gehör und Beschleunigungsgebot s.u., III.2.b) und c), insbesondere im Zusammenhang mit der Anwendung und Auslegung von Fristbestimmungen sowie der zivilprozessualen Präklusionsvorschriften.

lung zugleich eine Äußerungsfrist zu laufen beginnt, verspätete Kenntnis von dem Schriftstück erlangt, etwa weil ihm selbiges von dem Zustellungsempfänger absichtlich oder versehentlich nicht ausgehändigt wird oder weil er das Schriftstück nicht rechtzeitig, beispielsweise wegen urlaubsbedingter Abwesenheit, von der Post abholt oder weil der Benachrichtigungszettel verloren geht. Auch in solchen Fällen, in denen es *ohne Verschulden des Zustellungsadressaten* zu keiner tatsächlichen Benachrichtigung gekommen ist und infolgedessen eine Äußerungsfrist versäumt wurde, hält das Bundesverfassungsgericht die Ersatzzustellung für *zulässig*[233], nicht zuletzt im Hinblick auf eine *funktionstüchtige, effektive Rechtspflege*, die gleichermaßen verfassungsrechtlich geschützt ist und einem ordnungsgemäßen Verfahrensablauf dient, jedoch nur unter der Voraussetzung, daß die Verfahrensordnung *Wiedereinsetzungs- bzw. Wiederaufnahmemöglichkeiten* vorsieht.[234] Im Rahmen der Verschuldensfrage hinsichtlich der Fristversäumnis sei dann zu klären, warum es nicht zur tatsächlichen Zustellung gekommen ist, wobei die „*Sorgfaltspflichten des Zustellungsadressaten nicht überspannt werden dürfen*".[235] Im übrigen sehen manche Verfahrensordnungen zum Beispiel ein *Verbot der Ersatzzustellung an bestimmte Personen wegen möglicher Interessenkollisionen* vor[236], sodaß dieselbe solchenfalls von vornherein unzulässig ist und es auf ein Verschulden des Betroffenen überhaupt nicht ankommt.

Besondere faktische Probleme wirft die *öffentlichen Zustellung* auf. Denn kaum jemand liest an die Gerichtstafel angeheftete oder in öffentlichen Blättern bekanntgegebene Ladungen oder Terminfestsetzungen. Die Zulässigkeit dieser in den Verfahrensordnungen traditionell vorgesehenen Zustellungsart läßt sich verfassungsrechtlich nur dadurch rechtfertigen, daß sie nur dann angewendet werden darf, wenn der Aufenthaltsort des Adressaten unbekannt ist und dieser sich freiwillig aus seinem alten Lebenskreis entfernt hat, ohne Vorkehrungen hinsichtlich möglicher Zustellungen zu treffen, und damit die ihm insoweit obliegende Mitwirkung an der Kenntnisnahme ihm auf dem Postweg

---

233 BVerfGE 25, 158 zur Verfassungsmäßigkeit der Ersatzzustellung der Strafverfügung im Einspruchsverfahren (§ 182 ZPO); s. auch E 42, 243 (246).

234 Ausführlich hierzu u., III.2.b)cc)*(2)* (Wiedereinsetzung wegen unverschuldeter Versäumnis von Äußerungsfristen).

235 Ständige Rechtsprechung des BVerfG, vgl. E 25, 158 m.w.N.; 26, 315; hierzu ausführlich u., aaO. - Hervorhebungen in Kursivschrift durch *Verf.*

236 Vgl. zum Beispiel § 185 ZPO; hierzu BVerfGE 67, 208, worin eine Ausdehnung der Vorschriften über Interessenkollisionen über den Wortlaut, wonach diese nur für den Fall der Ersatzzustellung gelten sollen, hinaus auf sonstige Zustellungsarten (hier: Zustellung an dolosen GmbH-Geschäftsführer) jedoch abgelehnt wird (BVerfG, aaO S. 212 f.).

übermittelter Informationen unterläßt.[237] Nur bei Vorliegen dieser engen Voraussetzungen ist eine öffentliche Zustellung zulässig.[238] Auch hier müssen Wiedereinsetzungs- bzw. Wiederaufnahmemöglichkeiten bestehen. Weiterhin ist zu beachten, daß das gerichtliche Ermessen dahingehend reduziert sein kann, daß bei mehreren Zustellungsformen, die in concreto ohne weiteres möglich sind, die Wahl der öffentlichen Zustellung nicht ohne Verstoß gegen Art. 103 Absatz 1 GG erfolgen kann.[239] Grundsätzlich ist die Form der öffentlichen Zustellung deswegen eher dann möglich, wenn sie auf vorinformierte Beteiligte trifft, welche mit der Zustellung von gerichtlichen Schriftstücken rechnen mußten.

cc) Neue Regelungen nach der Zustellungsreform 2001

Abschließend ist darauf hinzuweisen, daß sich durch das *Zustellungsreformgesetz (ZustRG) vom 25. Juni 2001*,[240] dessen Regelungen am 1. Juli 2002 in Kraft treten, im Zivilprozeßrecht erhebliche Änderungen Zustellungen gerichtlicher Schriftstücke betreffend ergeben, die wegen der Verweisung in *§ 37 Absatz 1 Satz 1 StPO n.F.*[241] auch für den Strafrichter und den Verteidiger von Bedeutung sind.

Von den zahlreichen Änderungen sind in dem vorliegenden Zusammenhang vor allem folgende zu nennen:

- Von erheblicher Bedeutung ist vor allem der *Wegfall der Unheilbarkeit eines Zustellungsmangels bei Beginn einer Notfrist* nach § 187 Satz 2 ZPO a.F.; vielmehr gilt nach *§ 189 ZPO n.F.* auch eine mangelhafte Zustellung zwecks Notfristsbeginns durch einen tatsächlichen Zugang als geheilt. Dies gilt über § 37 Absatz 1 StPO n.F. auch im Strafprozeß für die gesetzlichen Fristen, sodaß noch sorgfältiger als bisher zu prüfen ist, ob eine (Not-)Frist überhaupt objektiv abgelaufen war, bevor eine Wiedereinsetzung auch nur zu erwägen ist.[242]

---

[237] *Waldner*, Der Anspruch auf rechtliches Gehör (1989), S. 15; *Schwab/Gottwald*, Verfassung und Zivilprozeß (1984), S. 48.

[238] BVerfG, NJW 1988, S. 2361. Grundlegend BVerfGE 1, 332 (347).

[239] BVerfG, NJW 1988, S. 2361. Grundsätzlich soll jedoch die Wahl einer von verschiedenen Möglichkeiten der Ersatzzustellung in gerichtlichem Ermessen liegen, vgl. BVerfGE 37, 100 (103) zu §§ 181, 182, 183 ZPO.

[240] = BGBl. I S. 1206. Zu der grundlegenden neuen Möglichkeit des *elektronischen Rechtsverkehrs* s. weiter u. im Zusammenhang mit der *Wiedereinsetzung*, C.III.2.b)cc)*(2)*.

[241] S. Art. 2 Absatz 12 des *ZustRG*.

[242] S. *Hartmann*, NJW 2001, S. 2577 (2581). - Zur Rechtsprechung des Bundesverfassungsgerichts zur *Wiedereinsetzung* s.u., aaO.

- Des weiteren unterliegen auch *Zeugen, Sachverständige* und andere Prozeßbeteiligte jetzt dem neuen Zustellungsrecht, soweit es sich nicht ausdrücklich auf die Parteien und Prozeßbevollmächtigten beschränkt.

- Die Voraussetzungen der *öffentlichen Zustellung* nach §§ 185-188 ZPO n.F. sind im wesentlichen dieselben wie bisher. Die Durchführung ist dagegen erleichert werden, insbesondere zur Ermöglichung einer zügigeren und billigeren Handhabung. So ist die Veröffentlichung im Bundesanzeiger auch bei einer Ladung nur noch auf (zulässige) zusätzliche Gerichtsanordnung möglich. Dagegen bleiben die bisherigen Risiken weiter bestehen.[243] Die *Ersatzzustellung* ist unter leicht vereinfachten und modernisierten Bedingungen möglich. Eine Niederlegung auf der Polizeidienststelle ist entfallen. Das *Empfangsbekenntnis* ist mit Zustimmung der Beteiligten jetzt auch *elektronisch* möglich, ebenso wie die Zustellung gerichtlicher Entscheidungen und anderer Informationen selbst *(§ 174 Absatz 3 ZPO n.F.)*.

- Teilweise gelten neue Regelungen auch bei Zustellungen im *EU-Ausland* und im *sonstigen Ausland*.[244]

c) Akteneinsicht

Als weiteres Institut der zur Kenntnisnahme im gerichtlichen Verfahren erforderlichen Informationsübermittlung steht die Akteneinsicht zur Verfügung, auf die nach Auffassung des Bundesverfassungsgerichts seitens der Gehör- bzw. Informationsberechtigten grundsätzlich ein Anspruch besteht.[245]

In seinem *Umfang* ist das Recht auf Akteneinsicht allerdings beschränkt auf die eigentlichen *Prozeßakten* sowie auf die vom Gericht *beigezogenen (behördlichen) Akten*, welche regelmäßig alles enthalten, was für die gerichtliche Entscheidung wesentlich ist.[246] Dagegen erstreckt sich der Anspruch auf Akteneinsicht nicht auf solche Akten, die - wenngleich gegebenenfalls entscheidungsrelevant - vom Gericht nicht beigezogen wur-

---

[243] S. hierzu *Hartmann*, aaO.

[244] Vgl. hierzu *dens.*, aaO.

[245] BVerfGE 18, 399 (405); 20, 347 (349); 62, 338 (343); 63, 45 (59 ff.); s. zuletzt E 101, 106 ff.

[246] So erstreckt sich die Akteneinsicht (die im Strafverfahren allein *dem Verteidiger* gemäß § 147 StPO zur Ausübung für den Beschuldigten zu gewähren ist, s. hierzu sogleich) auf den *bei den Strafakten befindlichen Strafregisterauszug*: § 42 BZRG steht dem nicht entgegen, s. BVerfGE 62, 338; hier hat der Zweite Senat den Verfassungsverstoß allerdings auf das Willkürverbot nach Art. 3 Absatz 1 GG gestützt, sodaß darüber hinaus die Prüfung einer Verletzung rechtlichen Gehörs aus Sicht des Bundesverfassungsgerichts entbehrlich gewesen ist (BVerfG, aaO S. 342 ff.). - Vgl. zum allgemeinen Problem der „Willkür"-Kontrolle im Rahmen des spezifischen Schutzbereichs eines Prozeßgrundrechts das Erste Kapitel dieser Arbeit, dort A.I.2.b).

den.[247] Auch „interne" gerichtliche Akten wie beispielsweise Entscheidungsentwürfe oder Notizen bleiben für das Einsichtnahmerecht außer Betracht.[248] Die gerichtliche *Kontrolle der Aktenvollständigkeit* ergibt sich insoweit (lediglich) nach Maßgabe der richterlichen Wahrheitsermittlungspflicht.[249] Wurde der Aktenbestand insofern vom Gericht ordnungsgemäß überprüft, beschränkt sich das Einsichtnahmerecht auf die dem Gericht tatsächlich vorliegenden Akten, dagegen besteht *kein Anspruch auf Erweiterung des Aktenbestands*.[250]

Nach einfachem Recht ist dem Betroffenen Akteneinsicht regelmäßig erst auf seinen *Antrag* zu gewähren. Dies ist auch verfassungsrechtlich zulässig, da dem Gehörberechtigten regelmäßig Mitwirkungspflichten in zumutbarem Umfang im Rahmen seiner prozessualen Eigenverantwortung obliegen.[251] Das Antragserfordernis bedeutet in diesem Sinne grundsätzlich keine „Überspannung" der unter dem Gesichtspunkt der Wahrung rechtlichen Gehörs an den Einsichtsberechtigten zu stellenden Anforderungen: Für den Betroffenen ist es zumutbar, hinsichtlich der *Ausübung* des ihm zustehenden Rechts initiativ zu werden, denn das Recht auf Akteneinsicht als Informationsmittel ist von vornherein in besonderer Weise auf die *Mitwirkung* des Berechtigten ausgerichtet, da sich die relevanten Akten regelmäßig beim Gericht befinden und die Zustellung von Prozeßakten an den Berechtigten ausscheidet.[252] In dem Fall aber, daß der Gehörberechtigte *keine Kenntnis* davon hat, daß dem Gericht von Dritten neues Tatsachenmaterial übermittelt und Akteninhalt geworden ist, genügt die bloße *Möglichkeit* der Akteneinsicht nicht. Unter diesen

---

247 S. BVerfGE 62, 338 (343). *Insofern* ist das Recht auf Einsichtnahme *unmittelbar bei der zuständigen Behörde* geltend zu machen, vgl. z.B. BVerfGE 63, 45, wonach der Staatsanwalt außerhalb der Ermittlungen gegen den Beschuldigten entstandene Spurenakten der Ermittlungsbehörden nur dann dem Gericht vorlegen müsse, wenn ihr Inhalt für die dem Beschuldigten vorgeworfene Tat oder ihre Rechtsfolgen bedeutsam sein könne. Nur dann bestehe auch das Recht auf Akteneinsicht nach § 147 StPO (BVerfG, aaO 1. LS). Seien die Voraussetzungen der Vorlagepflicht an das Gericht nicht erfüllt, so müsse Einsicht bei der Staatsanwaltschaft beantragt werden (BVerfG, aaO 3. LS).

248 Vgl. auch § 299 Absatz 3 ZPO; hierzu *Waldner*, Aktuelle Probleme des rechtlichen Gehörs im Zivilprozeß (1983), S. 57 f.

249 BVerfGE 63, 45 (2. LS).

250 BVerfG, aaO S. 59 f.; das Bundesverfassungsgericht führt aaO aus: „Art. 103 Abs. 1 GG will verhindern, daß das Gericht *ihm bekannte, dem Beschuldigten aber verschlossene Sachverhalte* zu dessen Nachteil verwertet. Sein Schutzbereich ist hingegen nicht mehr berührt, wenn die wesensverschieden andere Frage zu beantworten ist, ob das Gericht sich und den Prozeßbeteiligten Kenntnis von Sachverhalten, die es selbst nicht kennt, weil sie ihm nicht unterbreitet wurden, *erst zu verschaffen* habe; denn es ist nicht Sinn und Zweck grundgesetzlicher Gewährleistung rechtlichen Gehörs vor Gericht, dem Beschuldigten Zugang zu dem Gericht nicht bekannten Tatsachen zu erzwingen. Auch wenn man unterstellt, daß der Anspruch des Beschuldigten auf rechtliches Gehör ihm - unter welchen Voraussetzungen und in welchen Grenzen auch immer - ein Recht auf Kenntnis von Akteninhalten einräumt, ist dieses Recht daher jedenfalls beschränkt auf die dem Gericht *tatsächlich vorliegenden Akten*."

251 S. bereits weiter o. unter 1.e).

252 Vgl. BVerfGE 28, 10.

Umständen hat zumindest ein *Hinweis* hinsichtlich des Vorliegens neuen Tatsachenmaterials an den Betroffenen zu erfolgen, sodaß dieser überhaupt erkennen kann, daß ein Antrag auf Akteneinsicht sinnvoll für ihn ist, besser aber, das Gericht setzt ihn von dem inhaltlichen Gehalt der neuen Tatsachen unmittelbar in Kenntnis, damit er hierzu Stellung nehmen kann.[253]

Eine *Beschränkung* erfährt das Einsichtnahmerecht, das richtigerweise - allein schon von rechtsstaatlichen Gedanken geleitet - als dem Beschuldigten, nicht dagegen seinem Interessenvertreter zustehend anzusehen ist[254], im Strafverfahren in der Vorschrift des *§ 147 StPO*, welche *die Ausübung* dieses nach wie vor dem Beschuldigten zustehenden Rechts dem Verteidiger zuweist und den Beschuldigten grundsätzlich hiervon ausschließt.[255] Dies läßt sich verfassungsrechtlich nur im Hinblick auf kollidierende verfassungsrechtliche Schutzgüter und Interessen[256], wie beispielsweise private oder öffentliche Geheimnisse oder das Interesse am Erhalt des Aktenbestands, die insbesondere im Strafprozeß oft relevant werden können, rechtfertigen. Die *Verweigerung der Akteneinsicht* ist dem Beschuldigten bzw. seinem Verteidiger *mitzuteilen*, sodaß ihm die Möglichkeit gegeben ist, entweder kurzfristig eine Stellungnahme ohne Berücksichtigung der Aktenlage abzugeben oder die den Antrag auf Akteneinsicht ablehnende Entscheidung mit der Beschwerde an das übergeordnete Gericht anzufechten.[257]

d) Informationsvermittlung durch Dritte

Richtigerweise muß das Fachgericht dem Gehörberechtigten aber auch allgemein die zur Wahrnehmung des Äußerungsrechts notwendigen Informationen *nicht notwendig* unmittelbar mitteilen im Sinne einer *persönlichen Informationsvermittlung*, denn nach ständiger Rechtsprechung des Bundesverfassungsgerichts reicht es im Sinne der von Art. 103

---

253 BVerfGE 7, 275 (279 ff.).

254 Dies ergibt sich schon daraus, daß die Akteneinsicht allgemein unstreitig lediglich ein *Instrument* zur Verwirklichung des Gehöranspruchs des Berechtigten darstellt. Dessen Interessenvertreter ist lediglich dazu befugt, dieses an seiner Stelle *auszuüben*. Dies ist speziell für § 147 StPO aber strittig, da diese Vorschrift zumindest auch dem Verteidiger ein eigenes Recht zubilligt, um ihm eine ordentliche Verteidigung zu ermöglichen, vgl. *Schmidt-Aßmann* in: Maunz/Dürig/Herzog, GG, Art. 103 Abs. I Rd. 74 m.w.N.

255 Unter besonderen Umständen kann es geboten sein, dem Beschuldigten Akteneinsicht *im Beisein seines Verteidigers* zu gestatten; einen eigenen Anspruch auf Akteneinsicht hat er aber jedenfalls nicht (vgl. *Kleinknecht/Meyer-Goßner*, StPO, § 147 Rd. 3 m.w.N.).

256 Vgl. hierzu die einschlägigen Kommentare insbesondere zu § 299 ZPO, § 100 VwGO, § 34 FGG.

257 BVerfGE 18, 399 (406).

Absatz 1 GG vermittelten Mindestgarantie aus, daß dieser von dem Sachverhalt und dem Verfahren, in dem dieser verwertet werden soll, *überhaupt Kenntnis erhält.*[258]

Dem wird vor allem dadurch Genüge getan, daß die für den Gehörberechtigten relevanten Informationen *dem Verfahrensbevollmächtigten* zukommen. Das Bundesverfassungsgericht führt hierzu aus: „Es ist allerdings nicht stets erforderlich, daß das Gericht diese Kenntnis dem Beteiligten persönlich vermittelt. Sofern er nach dem einschlägigen Verfahrensrecht in zulässiger Weise durch einen Verfahrensbevollmächtigten vertreten wird, genügt es regelmäßig, wenn das Gericht den Bevollmächtigten hinreichend informiert. Das Risiko, daß dieser die Äußerungsmöglichkeit nicht in der sachlich gebotenen Weise für seine Partei nutzt, darf der Gesetzgeber - jedenfalls grundsätzlich - der Partei auferlegen; es fällt, da diese ihren Verfahrensbevollmächtigten frei wählen darf, in ihren Verantwortungsbereich."[259] Allerdings nimmt das Bundesverfassungsgericht hier die bedeutsame Einschränkung vor, daß nach Art. 103 Absatz 1 GG weder die gesetzliche Regelung noch deren Anwendung im Einzelfall dazu führen dürfe, daß *ohne hinreichende sachliche Gründe eine Form der Anhörung* gewählt werde, die für den Betroffenen ein *erhöhtes Risiko* mit sich bringt, von den mitzuteilenden Umständen keine Kenntnis zu erhalten.[260]

> Dieser Entscheidung lag folgender (von *Verf.* gekürzter) Sachverhalt[261] zugrunde:
>
> Der Beschwerdeführer war Versicherungsnehmer. Er und seine Kfz-Haftpflichtversicherung waren auf Schadensersatz wegen eines Verkehrsunfalls verklagt worden. In dem Prozeß hatten sich Rechtsanwälte, die von dem beklagten Haftpflichtversicherer beauftragt worden waren, als Prozeßbevollmächtigte für *beide* Beklagten bestellt. Für den Beschwerdeführer hatte sich *zusätzlich* ein von diesem selbst beauftragter Rechtsanwalt bestellt. Nach Maßgabe dieser Bestellungen traten die Anwälte auch jeweils im Rechtsstreit auf.
> Der Beschwerdeführer hatte im amtsgerichtlichen Verfahren einen Kostenfestsetzungsbeschluß nach § 103 ZPO beantragt, der Kläger hiergegen Erinnerung eingelegt - mit der Begründung, es sei ihm nicht zumutbar, über den gemäß § 10 Absatz 5 AKB[262] vom Kfz-Haftpflichtversicherer beauftragten Rechtsanwalt hinaus einen zusätzlich von einer mitversicherten Person beauftragten Anwalt zu bezahlen - , welcher nicht abgeholfen wurde. Das Landgericht hingegen hob den Kostenfestsetzungsbeschluß auf und wies den zugrundeliegenden Festsetzungsantrag des Beschwerdeführers zurück.
> In den Akten des Ausgangsverfahrens befinden sich unter anderem richterliche Verfügungen, nach denen ein Erinnerungsschriftsatz des Klägers und ein Beschluß, mit

---

[258] BVerfGE 31, 297 (301); 81, 123 (126) und ständig.
[259] BVerfGE 81, 123 (126 [mit Hinweis auf E 67, 208 (212)]).
[260] BVerfGE 81, 123 (LS und S. 130).
[261] BVerfG, aaO S. 123-125.
[262] = Allgemeine Bedingungen für die Kraftfahrtversicherung (BAnz. 1970 Nr. 243, S. 3).

dem der Erinnerung des Klägers nicht abgeholfen worden war, jeweils „an Beklagtenvertreter" übersandt werden sollten.[263]
Im Verfassungsbeschwerdeverfahren hat sich ergeben, daß aufgrund dieser Verfügungen die genannten Schriftstücke lediglich an die vom Haftpflichtversicherer beauftragten Anwälte übersandt worden sind, nicht dagegen an den vom Beschwerdeführer beauftragten Verfahrensbevollmächtigten oder an den Beschwerdeführer selbst.
Die vom Haftpflichtversicherer beauftragten Anwälte haben den Beschwerdeführer nicht von den übersandten Schriftstücken unterrichtet und sind auch sonst im Erinnerungs- und Beschwerdeverfahren nicht tätig geworden.

Das Bundesverfassungsgericht sieht, im Anschluß an die These, daß jedenfalls grundsätzlich die Kenntnisvermittlung an einen vom Gehörberechtigten ausgewählten Verfahrensbevollmächtigten genüge, deren Voraussetzungen im vorliegenden Einzelfall aus folgenden Gründen nicht gegeben:

... Der Beschwerdeführer habe mit der Bestellung eines eigenen Anwalts zum Ausdruck gebracht, daß er seine Interessen durch die vom Versicherer bestellten Anwälte nicht hinreichend gewahrt gesehen habe.
Die herrschende Rechtsauffassung sehe jedoch den Haftpflichtversicherer - letztlich aufgrund Gesetzes - als befugt an, nicht nur seinen Versicherungsnehmer, sondern auch die mitversicherten Personen bei der Schadensregulierung nach Maßgabe von § 10 Absatz 5 AKB zu vertreten und im Haftpflichtprozeß für ihn Prozeßvollmacht zu erteilen.[264] ...
Die Prozeßvollmacht des Rechtsanwalts erstrecke sich gemäß **§ 81 ZPO**[265] nach allgemeiner Ansicht auch auf das Kostenfestsetzungsverfahren, ... sodaß die ... Zustellungen nach **§ 176 ZPO** an den ... bestellten Prozeßbevollmächtigten erfolgen müßten. Seien **mehrere Prozeßbevollmächtigte** bestellt, so **genüge die Zustellung an einen von ihnen.**[266]
Allerdings sei die Annahme einer solchen Vertretungsbefugnis hier nicht zwingend. In der fachgerichtlichen Rechtsprechung und im Schrifttum werde zum Teil die Ansicht vertreten, daß in Fällen, in denen das Kostenfestsetzungsverfahren nur noch von der Partei persönlich oder durch einen anderen Bevollmächtigten betrieben werde, die Prozeßvollmacht des für das Hauptsachverfahren bestellten Prozeßbevollmächtigten nicht mehr fortdauere.[267]

... Weder das Amts- noch das Landgericht hätten während des Verfahrens zum Ausdruck gebracht, ob sie im Kostenfestsetzungsverfahren nur den für den Beschwerdeführer tätig gewordenen Rechtsanwalt oder auch die vom Haftpflichtversicherer beauftragten Anwälte als Bevollmächtigte des Beschwerdeführers hätten ansehen wollen. Der in den richterlichen Verfügungen verwendete Begriff des Beklagtenvertreters sage darüber nichts aus. Es sei nicht einmal ersichtlich, ob das Landgericht vor seiner Entscheidung überhaupt gewußt habe, daß die Mitteilung von dem Beschwerdeverfahren nur den vom Haftpflichtversicherer beauftragten Anwälten zugegangen sei und es danach auf diese Frage angekommen wäre.[268]

---

[263] Diese und folgende Hervorhebungen sind von *Verf.* vorgenommen worden.
[264] BVerfG, aaO S. 127 m.w.N.
[265] Diese und folgende **Hervorhebungen** stammen von *Verf.*
[266] BVerfG, aaO S. 128 m.w.N.
[267] Ebda. m.w.N. (als Beispiel aus der Rechtsprechung wird einzig ein Urteil des OLG Königsberg aus dem Jahre 1931 aufgeführt).
[268] BVerfG, aaO S. 128 f.

Es könne dahingestellt bleiben, ob der verfassungsrechtlichen Beurteilung in einem solchen Fall diejenige einfachrechtliche Auffassung zugrundegelegt werden müsse, bei welcher die angegriffene Entscheidung am ehesten Bestand habe. Selbst wenn davon auszugehen gewesen sei, daß die vom Haftpflichtversicherer beauftragten Anwälte grundsätzlich auch im Kostenfestsetzungsverfahren zur Vertretung [auch] des Beschwerdeführers befugt gewesen wären, so sei nach den besonderen Umständen des vorliegenden Falles allein durch deren Unterrichtung das rechtliche Gehör nicht ausreichend gewährt worden.[269]

... Sowohl die Rechtsweggarantie als auch die Gewährleistung des rechtlichen Gehörs dienten jeweils dem gleichen Ziel, der Gewährleistung eines wirkungsvollen Rechtsschutzes. Das Gebot der Effektivität gelte demnach nicht nur für die Eröffnung des Zugangs zum Gericht, sondern auch für das Recht, im Verfahren gehört zu werden.[270]
Der Gesetzgeber könne allerdings das rechtliche Gehör ausgestalten und dabei die Äußerungsmöglichkeiten einschränken, wenn dies durch sachliche Gründe hinreichend gerechtfertigt werde. Auch die Zustellung und Mitteilung von Schriftstücken im Zivilprozeß könne der Gesetzgeber im Interesse der Verfahrensvereinfachung einschränken. Es sei dabei grundsätzlich weder gehindert, die Zustellung an Bevollmächtigte vorzuschreiben, noch bei mehreren Bevollmächtigten die Zustellung an einen von ihnen ausreichen zu lassen.[271]
Weder die gesetzliche Regelung noch deren Anwendung im Einzelfall dürften jedoch dazu führen, daß ohne hinreichende sachliche Gründe eine Form der Anhörung gewählt werde, die für den Betroffenen ein erhöhtes Risiko mit sich bringe, von den mitzuteilenden Umständen keine Kenntnis zu erhalten.[272]

Nach diesen Grundsätzen habe im vorliegenden Fall die Unterrichtung der vom Versicherer bestellten Prozeßbevollmächtigten zur effektiven Gewährung des rechtlichen Gehörs nicht ausgereicht. ... Ein wirtschaftliches Interesse am Ausgang des Kostenfestsetzungsverfahrens habe nur der vom Beschwerdeführer beauftragte Anwalt im Hinblick auf seinen eigenen Vergütungsanspruch und dessen Durchsetzbarkeit gehabt.
Danach habe ein erhebliches Risiko bestanden, daß die von dem Versicherer beauftragten Anwälte die Mitteilungen des Gerichts von dem Kostenfestsetzungsverfahren, das ausschließlich die Kosten des von dem Beschwerdeführer beauftragten Anwalt betroffen habe und auch von diesem betrieben worden sei, nur als Information aufgefaßt und nicht erkannt hätten, daß sie von dem Gericht in diesem Verfahren als Verfahrensbevollmächtigte des Beschwerdeführers herangezogen und als solche hätten tätig werden sollen.[273]

Zu dieser Entscheidung ist folgende Anmerkung veranlaßt:

---

[269] BVerfG, aaO S. 129.
[270] BVerfG, aaO S. 129 (mit Nachweisen aus seiner ständigen Rechtsprechung).
[271] BVerfG, aaO S. 129 f. (mit Hinweis auf BVerfGE 67, 208 [211]).
[272] BVerfG, aaO S. 130.
[273] BVerfG, aaO S. 130 f.

Der Grundthese des Bundesverfassungsgerichts ist unbedingt zuzustimmen. Eine persönliche Kenntnisvermittlung ist dann nicht erforderlich, wenn der Gehörberechtigte anwaltlich vertreten ist, denn die dem Rechtsanwalt erteilte Prozeßvollmacht umfaßt selbstverständlich auch die Entgegennahme jeder Art von Äußerungen anderer Verfahrensbeteiligter, seien es gegnerische Schriftsätze, gerichtliche Mitteilungen oder eben auch die hier in Rede stehenden gerichtlichen Verfügungen. Nach der einschlägigen einfach-gesetzlichen Regelung des § 176 ZPO *müssen* Zustellungen, die in einem anhängigen Rechtsstreit bewirkt werden sollen, um Wirksamkeit zu entfalten, sogar an den für den Rechtszug bestellten Prozeßbevollmächtigten erfolgen.[274] Er ist also insoweit automatisch Zustellungsbevollmächtigter. Nach der im entschiedenen Fall maßgeblichen Vorschrift des § 81 ZPO erstreckt sich die Prozeßvollmacht sachlich auch auf das Kostenfestsetzungsverfahren und damit auch auf in demselben zugänglich zu machende Informationen. Auch verweist das Bundesverfassungsgericht auf seine ständige Rechtsprechung, der zufolge bei der Beauftragung mehrerer Prozeßbevollmächtigter die Zustellung nur an einen von ihnen erfolgen muß. Umso unverständlicher daher, daß es dies im vorliegenden Fall nicht für ausreichend hält, obwohl der Beschwerdeführer eben - und nach § 10 Absatz 5 AKB in zulässiger Weise - von mehreren Prozeßbevollmächtigten vertreten worden und die Zustellung der in Rede stehenden gerichtlichen Verfügungen auch an einen von ihnen erfolgt war. Tragend ist insoweit das Argument des Bundesverfassungsgerichts, in dem vorliegenden Einzelfall sei das Risiko des Gehörberechtigten, über die für ihn maßgeblichen Information keine Kenntnis zu erlangen, dadurch erhöht bzw. erheblich geworden, daß der Prozeßbevollmächtigte, an den tatsächlich zugestellt worden war, kein eigenes wirtschaftliches Interesse an dem Kostenfestsetzungsverfahren, das von der gerichtlichen Mitteilung betroffen war, gehabt habe. Ob der Zustellungsbefugte ein wirtschaftliches oder anderes eigenes Interesse an dem Verfahren, das die zugestellte Mitteilung betrifft, hat, ist jedoch nicht maßgeblich. Denn bei sowohl bei den im einfachen Verfahrensrecht geregelten Vertretungs- als auch Zustellungsvorschriften handelt es sich primär um rein formale - wenn auch grundrechtsbeeinflußte und -erhebliche - Normen, die einem geordneten Verfahrensablauf dienen, sodaß der Inhalt der vom Gericht zu übermittelnden In-

[274] Abweichend das einfache Gesetzesrecht der Zivilprozeßordnung für die Zustellung des Beweisbeschlusses hinsichtlich der Vernehmung einer Partei. In § 450 Absatz 1 Satz 2 ZPO hieß es bislang: „Die Partei ist, wenn sie bei der Verkündung des Beschlusses nicht persönlich anwesend ist, zu der Vernehmung unter Mitteilung des Beweisbeschlusses *persönlich durch Zustellung* von Amts wegen zu laden." Die von *Verf.* in Kursivschrift hervorgehobenen Wörter sind durch das *ZPO-RG* vom 27. Juli 2001 (= BGBl. I S. 1887) gestrichen worden. Statt dessen ist folgender Satz angefügt worden:

formationen grundsätzlich keine Bedeutung hat. Ohne Relevanz ist daher auch, ob der Zustellungsbefugte ein Interesse an dem inhaltlichen Gehalt der Information hat, es sei denn, es liegt ein einfach-gesetzlich geregelter Fall einer Interessenkollision vor.[275] Maßgeblich ist allein, daß er aufgrund seiner formalen Stellung als (Mit-) Prozeßbevollmächtigter des Gehörberechtigten zur Entgegennahme der Sendung berechtigt und eine Zustellung nur an ihn deswegen auch ausreichend war. Das Gericht durfte damit rechnen, daß er die Mitteilung an den gehörberechtigten Versicherungsnehmer weiterleiten würde. Die unterlassene Weiterleitung war daher auf mangelnde Sorgfalt des zustellungsberechtigten Anwalts zurückzuführen. *Soweit* davon auszugehen ist, daß dieser für das gesamte Verfahren prozeßbevollmächtigt auch für den Beschwerdeführer gewesen war, wäre er dazu verpflichtet gewesen, sich zu vergewissern, daß der Beschwerdeführer Kenntnis von der gerichtlichen Mitteilung erlangen würde. Ein anwaltliches Verschulden ist gemäß § 85 Absatz 2 ZPO den von ihm Vertretenen zuzurechnen - wobei ihm möglicherweise ein Regreßanspruch aus Anwaltshaftung im Innenverhältnis zusteht - , begründet jedoch grundsätzlich nicht erhöhte Sorgfaltspflichten seitens des Gerichts. Diese grundlegende Wertung des Gesetzgebers ist auch hier einzubeziehen.[276] Daher ist wiederum zu konstatieren, daß das Bundesverfassungsgericht sich mit dieser Entscheidung unnötigerweise, da Verfassungsrecht hier nur tangiert, nicht aber verletzt war, im Bereich der Auslegung einfachen Gesetzesrechts bewegt.

Anders als in der soeben besprochenen Entscheidung hatte das Bundesverfassungsgericht zuvor[277] einen vergleichbaren Fall entschieden, in dem es sich mit der Zustellungsvorschrift des § 185 ZPO, die der Vermeidung von Interessenkollisionen dient, zu befassen hatte. Nach dieser Norm hat die Zustellung an eine der in §§ 181, 183, 184 Absatz 1 ZPO bezeichneten Personen zu unterbleiben, wenn die Person an dem Rechtsstreit als Gegner der Partei, an welche die Zustellung erfolgen soll, beteiligt ist. Im zugrundeliegenden Fall war die Zustellung an den Mitgeschäftsführer einer GmbH als deren gesetzlichen Vertreter von dieser als Verstoß gegen Art. 103 Absatz 1 GG gerügt worden. Der Geschäftsführer hatte die Mitteilung nicht weitergeleitet. Hier hat das Bundesverfassungsgericht einen Verstoß gegen Art. 103 Absatz 1 GG richtigerweise abgelehnt, zumal

---

„Die Ladung ist der Partei selbst mitzuteilen, auch wenn sie einen Prozeßbevollmächtigten bestellt hat; der Zustellung bedarf die Ladung nicht".

275 Hierzu weiter unten.

276 Ausführlich zur prozessualen Verantwortung des Gehörberechtigten und der Zurechnung anwaltlichen Verschuldens weiter u. im Zusammenhang mit gerichtlichen Hinweispflichten.

277 BVerfGE 67, 208.

eben - auch aus einfach-gesetzlicher Sicht - an eine andere als die von der verbotenen Ersatzzustellung nach § 185 ZPO erfaßten Personen zugestellt worden war. Das Bundesverfassungsgericht führt hierzu aus: „Indessen gebietet Art. 103 Absatz 1 GG nicht, den *streng formalen Charakter des § 185 ZPO* zu durchbrechen *[...]*. Da sie *[die GmbH]* ihre Geschäftsführer *eigenverantwortlich* bestellt, liegt es in ihrem Risikobereich, wenn ihr gesetzlicher Vertreter ihrem Interesse zuwiderhandelt. Die Gerichte haben demnach die Bedeutung des Art. 103 Absatz 1 GG nicht verkannt, wenn sie davon ausgehen, daß ein doloses Verhalten des Geschäftsführers Schadensersatzansprüche der Beschwerdeführerin auslösen könne, die Wirksamkeit der Zustellung im übrigen aber unberührt bleibe."[278]

Schließlich betont das Bundesverfassungsgericht, daß das rechtliche Gehör *im Regelfall* allerdings *nicht durch denjenigen vermittelt werden könne, dessen Handeln im gerichtlichen Verfahren überprüft* werde.[279] Dies hat das Bundesverfassungsgericht zuletzt festgestellt für den *Nachlaßpfleger* als Beteiligtem des Genehmigungsverfahrens für ein Grundstücksgeschäft vor dem Nachlaßgericht nach § 1915 Absatz 1, §§ 1821, 1822 BGB.[280] Demnach muß das Nachlaßgericht grundsätzlich die Erben über das Genehmigungsverfahren und den diesem Verfahren zugrundeliegenden Sachverhalt in Kenntnis setzen, sodaß die Benachrichtigung des ebenfalls am Verfahren beteiligten Nachlaßpflegers insoweit nicht ausreicht.[281]

> Nach der hier vertretenen Auffassung ist somit festzuhalten:
>
> Wie die Zustellungsvorschriften weisen auch die Vertretungsvorschriften der Zivilprozeßordnung formalen Charakter auf. Wie der gesetzliche Vertreter einer GmbH wird auch der Prozeßbevollmächtigte eigenverantwortlich bestellt. Hier wie da ist der Gehörberechtigte daher im Innenverhältnis auf Schadensersatzansprüche gegen den Geschäftsführer bzw. auf die Anwaltshaftung verwiesen. Dagegen ist in beiden Fällen eine Umwälzung der Verantwortlichkeit, welche in diesen Fällen gesetzlich der Verantwortungssphäre des Gehörberechtigten zugewiesen ist, auf das Gericht abzulehnen. Dies ergibt sich bereits aus der Wertung der hier einschlägigen Vorschriften des einfachen Gesetzes. Noch weniger kann daher ein Verfassungsverstoß vorliegen. Insoweit ist zu erinnern: Selbst wenn das Fachgericht einen Fehler bei der Anwendung oder Auslegung des Prozeßrechts gemacht haben sollte, ist dieser nicht per se mit einem Verfassungsverstoß gleichzusetzen, soweit nicht zugleich die Mindestgarantie eines Prozeßgrundrechts verletzt.

---

[278] BVerfG, aaO S. 212. - Hervorhebungen in Kursivschrift und in eckige Klammern gesetzten Text durch *Verf.*
[279] BVerfGE 83, 24 (36).
[280] BVerfGE 101, 397 (406).
[281] Ebda.

3. Beschränkungen der Informationspflicht

a) Keine umfassende Hinweispflicht der Gerichte aus Art. 103 Absatz 1 GG

aa) Problemstellung: Art. 103 Absatz 1 GG und die Idee einer allgemeinen gerichtlichen Hinweispflicht

(1) Zur Herleitung einer umfassenden Hinweispflicht aus der Verfassung

Nach ständiger verfassungsgerichtlicher Rechtsprechung besteht für die Gehörberechtigten *keine Erkundigungspflicht* hinsichtlich der für sie relevanten Informationen.[282] Diese sollen vielmehr darauf vertrauen können, daß das Gericht ihnen jedenfalls dann vom Eingang etwaiger Stellungnahmen Kenntnis gibt, wenn es beabsichtigt, diese bei der Entscheidung zu verwerten.[283] Das soll selbst dann gelten, wenn die Gehörberechtigten von der Anforderung einer Stellungnahme seitens des Gerichts Kenntnis hatten.[284] Aus verfassungsrechtlicher Sicht ist dies jedoch in der Allgemeinheit abzulehnen. Auf Grund der ihm obliegenden prozessualen Verantwortung kann dem Berechtigten im Einzelfall durchaus zugemutet werden, sich selbst nach dem Eingang von Schriftstücken zu erkundigen, etwa wenn für deren Eingang ein bestimmtes Datum vom Gericht vermerkt und dies dem Berechtigten zuvor mitgeteilt worden war. Richtig ist dagegen, daß sich das Gericht nicht darauf verlassen darf, daß die Berechtigten „vom Hörensagen" Kenntnis über bevorstehende Äußerungen erhalten.[285] Es ist selbst Adressat der Informationspflicht und muß daher grundsätzlich, soweit hierzu verpflichtet, dem Berechtigten die notwendigen Informationen selbst vermitteln. Ein Dritter kann daher Gehör nur dann vermitteln, wenn er das Vertrauen des Berechtigten genießt oder einer besonderen rechtsstaatlichen Objektivitätspflicht unterworfen ist, wobei der Berechtigte außerdem von der stellvertretenden Entgegennahme von Informationen und der Abgabe von Erklärungen in seinem Namen wissen muß.[286] Da die Berechtigten mithin, außerhalb der ihnen im Einzelfall obliegenden *Mitwirkungspflichten*[287], jedenfalls *keine allgemeine Nachfor-*

---

[282] BVerfGE 15, 214 (218); 17, 194 (197); 18, 147 (150); 32, 195 (197).
[283] Vgl. nur BVerfGE 15, 214 (218).
[284] BVerfGE 15, 214 (218).
[285] BVerfGE 32, 195 (198).
[286] BVerfGE 83, 24 (2. LS und S. 36). Zum Kreis der zur Informationsvermittlung berechtigten Dritten gehört natürlich insbesondere der Prozeßbevollmächtigte des Gehörberechtigten (s. hierzu weiter o. unter 2.d]) und sein gesetzlicher Vertreter.
[287] S. hierzu weiter o., unter 1.e).

schungspflicht trifft, ihre Information gleichwohl gesichert sein muß, obliegt die *Informationspflicht über den Verfahrensstoff im übrigen den Gerichten.*

Im Rahmen des *einfachen Prozeßrechts* werden daraus zum Teil weitgehende Hinweispflichten *insbesondere für den Zivilprozeß* im Rahmen des § 139 ZPO abgeleitet.[288] So sollen die Gerichte beispielsweise dazu verpflichtet sein, den Verfahrensbeteiligten *Hinweise auf die Stellung für sie günstiger Sachanträge* zu geben.[289] Dies kann einerseits sinnvoll sein etwa im Zivilverfahren vor dem Amtsgericht, da hier (und nach wie vor) kein Anwaltszwang herrscht und die Parteien daher eher schutzbedürftig erscheinen. Die Erteilung von Hinweisen an die anwaltlich nicht vertretenen Parteien durch das Gericht kann insoweit als Korrektiv hinsichtlich der Nachteile, die den Parteien durch die besondere Gestaltung des Parteienprozesses erwachsen, dienen. Andererseits ist dies für den zivilprozessualen Bereich aber auch äußerst problematisch deswegen, da hier der *Beibringungsgrundsatz* und die *Dispositionsmaxime* entgegenstehen können. Des weiteren ist allgemein im *Parteienprozeß* stets die *richterliche Neutralitätspflicht* zu beachten, welche ebenfalls leicht verletzt werden könnte durch Ratschläge im Sinne einer für die Partei, welche gerade besonders schutzbedürftig erscheint, günstige Prozeßführung.

Ob darüber hinaus *unmittelbar aus Art. 103 Absatz 1 GG* eine weitergehende, *verfassungsrechtlich begründete, allgemeine gerichtliche Hinweispflicht*[290], die sich *durch den gesamten Prozeß* ziehen soll, hergeleitet werden kann, ist äußerst fragwürdig, nicht nur, weil die bereits angeführten zivilprozessualen Verfahrensgrundsätze sowie die richterliche Neutralität berührt werden, sondern speziell im Hinblick auf die Gehörgarantie auch deswegen, da hierdurch lediglich ein *Mindeststandard an rechtlichem Gehör* im Sinne einer Minimalgarantie gewährleistet wird.[291] Eine allgemeine gerichtliche Hinweispflicht dürfte bereits auf den ersten Blick über die von Art. 103 Absatz 1 GG erfaßte gerichtliche Informationspflicht, die sich gegenständlich nur auf die *Weitergabe* des *Verfahrensstoffes* durch das Gericht bezieht, in diesem Sinne daher *nicht* auch *Hinweise* zur *Verfah-*

---

288 Sehr weitgehend § 139 ZPO n.F. nach dem *ZPO-RG* vom 27. Juli 2001 (= BGBl. I S. 1887); s. hierzu weiter u., III.3.b)aa)*(3)*.

289 S. beispielsweise *Thomas/Putzo*, ZPO, § 139 Rn. 8 ff. mit Beispielen.

290 Teilweise wird auch der Begriff *„Aufklärungspflicht"* verwendet, der aber beispielsweise und insbesondere auf das Zivilprozeßrecht nicht paßt, da hier der Beibringungsgrundsatz herrscht, der Sachverhalt mithin nicht von Amts wegen ermittelt wird. Übergreifend spricht man also besser von einer gerichtlichen *„Hinweispflicht"*.

291 S.o., A.II.2. - Im Sinne eines „Kerns" gerichtlicher Hinweispflichten dafür zum Beispiel *Schmidt-Aßmann* in: Maunz/Dürig/Herzog, GG, Art. 103 Abs. I Rd. 76 m.w.N.; mit Einschränkungen *Waldner*, Aktuelle Probleme des rechtlichen Gehörs im Zivilprozeß (1983), S. 117 ff. und *Karwacki*, Der Anspruch der Parteien auf einen fairen Zivilprozeß (1984), S. 75.

rensgestaltung umfaßt, hinausgehen. Dies bedarf indes einer eingehenderen Untersuchung. Insbesondere ist zu überprüfen, ob gegebenenfalls, wenn nicht Art. 103 Absatz 1 GG Maßstab ist, auf andere verfassungsrechtliche Verfahrensgarantien zurückgegriffen werden kann, welche die These von einer allgemeinen Hinweispflicht stützen könnten.

Maßgeblich *aus verfassungsrechtlicher Sicht* ist *generell* zunächst, ob nach Maßgabe der Verfahrensgrundrechte des Grundgesetzes überhaupt ein Bedürfnis des rechtsschutzsuchenden Bürgers nach weitergehenden Hinweisen des Gerichts besteht.

Diese Frage läßt sich nur unter *Einbeziehung des modernen, verfassungsbezogenen Verständnisses der Prozeßzwecke* und - damit einhergehend - *der Stellung von Richter und Bürger im Prozeß* beantworten. Erst in einem *zweiten Schritt* ist dann zu klären, ob eine allgemeine Hinweispflicht noch der Minimalgarantie des *Art. 103 Absatz 1 GG* unterfällt, d.h. von *dieser* verfassungsrechtlichen Garantie umfaßt ist, oder aber etwa aus *anderen* verfassungsrechtlichen Verfahrensgarantien oder -prinzipien abgeleitet werden kann, und insofern bei der Anwendung und Auslegung des einfachen Rechts zu berücksichtigen wäre.

Im folgenden wird daher zunächst das moderne Verständnis von den Prozeßzwecken und seine Auswirkung auf die Stellung des Richters und der Gehörberechtigten im Prozeß umrissen, ehe die Rechtsprechung des Bundesverfassungsgerichts speziell zur Reichweite richterlicher Hinweispflichten mit Blick auf Art. 103 Absatz 1 GG dargestellt und kommentiert wird.

(2) Das moderne Verständnis von den Prozeßzwecken und die Stellung des Richters und der Gehörberechtigten im Prozeß

Nach der *früher* herrschenden *formalen* Lehre der Prozeßzwecke diente der Prozeß lediglich der Herbeiführung der Rechtskraft der Entscheidung.[292] Der Funktion des Prozesses wurde damit ein bloßer Selbstzweck zuerkannt, er sollte möglichst frei von jeder materiellen Einflußnahme sein, besonders von der Wertung, ob das zu fällende Urteil materiell „richtig" und darüber hinaus „gerecht" oder aber „falsch" bzw. „unbillig" ist. Diese Auffassung ist jedoch mit heutigem Verfassungsverständnis nicht vereinbar, das der Wirkung der Grundrechte in einem rechtsstaatlichen Anforderungen genügenden Verfahren einen hohen Stellenwert einräumt und insbesondere nicht nur nach einem formell, sondern auch materiell „richtigem" Urteil strebt. Daher wird *heute* ganz überwiegend und zutreffend eine *materielle Auffassung* vertreten, die aber in sich wiederum sehr gespalten ist, was unter anderem auf die Unterschiede der einzelnen Verfahrensordnungen und die wiederum von ihnen umfaßten einzelnen Verfahrensarten zurückzuführen

[292] Diese Auffassung wurde insbesondere von *Goldschmidt*, Der Prozeß als Rechtslage (1925), vertreten, vgl. aber auch die „moderne" Auffassung *Luhmann*'s, Legitimation durch Verfahren (3. Aufl. 1978), jeweils zitiert in *Karwacki*, aaO S. 60 f. m.w.N.

ist.[293] Als Gemeinsamkeit der materiellen Varianten läßt sich aber festhalten, daß der Prozeß nicht losgelöst vom Inhalt der Entscheidung gesehen werden kann. Er dient vielmehr der *Durchsetzung des materiellen Rechts,* nicht nur, aber auch *der Grundrechte*[294], mögen dabei auch weitere Ziele verfolgt werden wie beispielsweise die Sicherung des Rechtsfriedens oder die Konfliktlösung.[295] *Nur innerhalb dieses Rahmens* kommt ihm ein *funktionaler Eigenwert* zu.

Das Bundesverfassungsgericht hat hierzu folgende Formel entwickelt:

> *„Das Verfahrensrecht dient der Herbeiführung gesetzmäßiger und unter diesem Blickpunkt richtiger, aber darüber hinaus auch im Rahmen dieser Richtigkeit gerechter Entscheidungen.“*[296]

Einhergehend mit dem geänderten Verständnis der Prozeßzwecke ist auch *die Rolle des Richters und die der anderen Verfahrensbeteiligten im Prozeß* neu definiert worden. Ihre Einflußsphären wurden neu gegeneinander abgegrenzt. Nach altem, streng formalem Prozeßverständnis war das Gericht auf die Rolle des Zuhörers verwiesen, der *die Äußerungen der Parteien entgegenzunehmen, sie „anzuhören“*, und ansonsten nur über den äußeren, von der Prozeßordnung vorgegebenen Verfahrensverlauf zu wachen hatte. Der materielle Ausgang des Prozesses dagegen lastete einseitig auf den Schultern der Parteien.[297] Ansatzpunkt des *neuen* Rollenverständnisses muß daher die Sicht von der *Rechtsposition der Parteien* sein.[298] Um die Verwirklichung ihrer subjektiven Rechte geht es im Prozeß. Ihnen ist der Anspruch auf rechtliches Gehör bei der Durchsetzung ihrer materiellen Rechte verfassungsmäßig garantiert. Dieses Verständnis fordert richterliche Aktivität erst heraus.[299] Dem korrespondierend hat also *der Richter nach neuerem Verständnis nicht mehr eine nur passive Rolle* inne, sondern es werden ihm, jedenfalls *aus einfach-rechtlicher Sicht*, zum Teil sehr *weitreichende Hinweis- und Fragerechte* sowie vor allem entsprechende *Pflichten* im Sinne einer *aktiven, initiativen Verfahrensleitung* zuerkannt bzw. auferlegt, um letztlich der (effektiven und schnellen) Durchsetzung des materiellen Rechts Wirksamkeit zu verleihen. Den Parteien sollen die ihnen zustehenden

---

293 Vgl. insbesondere die Diskussion im Bereich des Zivilprozeßrechts, *Karwacki*, aaO S. 62 f., und allgemein *Lorenz*, NJW 1977, S. 866 f., jeweils m.w.N.

294 BVerfGE 49, 252 (257) und ständig.

295 Zu den verschiedenen sich überschneidenden Zielen, *Karwacki*, aaO S. 60 ff.; *Lorenz*, NJW 1977, S. 866 f.

296 Vgl. nur BVerfGE 42, 64 (73) [= *Zuschlag I*; s. hierzu weiter u.]. - Hervorhebungen in Kursivschrift durch *Verf.*

297 Vgl. *Karwacki*, aaO S. 69 ff.

298 *Peters*, Richterliche Hinweispflichten und Beweisinitiativen im Zivilprozeß (1983), § 23 S. 75.

299 *Ders.*, aaO m.w.N.

rechtlichen Möglichkeiten bei der Verfahrensführung überhaupt erst bewußt gemacht werden. Sie sollen zur Ausübung ihrer Möglichkeiten angeregt werden. Hinweis- und Fragepflichten sind größtenteils in den einfachen Verfahrensordnungen verwirklicht, so vor allem in § 139 ZPO - sowie in § 278 Absatz 3 ZPO als lex specialis hierzu - , § 86 VwGO, § 265 StPO. Eine erhebliche Rolle spielt hier auch der - auch im Interesse der Parteien selbst bestehende - *Beschleunigungsgedanke*, denn durch eine straffe Prozeßleitung, in deren Rahmen die Parteien aufgefordert werden, sich möglichst frühzeitig und erschöpfend über alle entscheidungserheblichen Tatsachen zu erklären, verbunden mit weitreichenden Hinweisen auf eine effiziente Verfahrensführung, wird der Fortgang des Prozesses zugleich gefördert. Der Richter muß insoweit nicht den nächsten Verfahrensschritt der Partei abwarten. Belegt wird dies insbesondere im zivilprozessualen Bereich durch die im wesentlichen am 1. Januar 2002 in Kraft tretende *Neufassung des § 139 ZPO* nach Maßgabe des *Zivilprozeßreformgesetzes (ZPO-RG) vom 27. Juli 2001.*[300] Denn nach § 139 Absatz 4 Satz 1 ZPO n.F. sind nunmehr „Hinweise nach dieser Vorschrift ... so früh wie möglich zu erteilen und aktenkundig zu machen". Abgesichert wird diese Vorgabe im folgenden dadurch, daß ihre Erteilung nur durch den Inhalt der Akten bewiesen werden kann und gegen den Inhalt der Akten nur der Nachweis der Fälschung zulässig ist.

Dies betrifft jedoch nach wie vor zunächst nur den Bereich des einfachen Gesetzesrechts. Im Prozeßrecht vorgesehene, umfassende richterliche Hinweispflichten bleiben selbstverständlich *ohne Wirkung* auf die *verfassungsrechtlich* geforderte Reichweite gerichtlicher Informations- und Hinweispflichten. Vielmehr ist umgekehrt zu fragen: Verlangt das Verständnis von den Prozeßgrundrechten und einer rechtsstaatlichen Verfahrensgestaltung, die auch auf eine materiell richtige Sachentscheidung und insoweit auf die Verwirklichung der materiellen Grundrechte durch Verfahren abzielt, nach einer umfassenden Hinweispflicht *aus verfassungsrechtlicher Sicht*? Nur wenn dies bejaht werden kann, ist es überhaupt *möglich*, daß beispielsweise ein Verstoß gegen § 139 ZPO *zugleich* Verfassungsrecht verletzt. Dies postuliert auch der Gesetzgeber. In *§ 156 ZPO n.F.* nach Maßgabe des *ZPO-RG* etwa, in dem die Pflicht der Gerichte zur Wiedereröffnung der Verhandlung nunmehr unter bestimmten Voraussetzungen festgeschrieben ist, d.h. insoweit besteht kein Ermessen mehr, heißt es insoweit wörtlich unter Absatz 2 Nr. 1: „(Das Gericht hat die Wiedereröffnung insbesondere anzuordnen, wenn ....) das Gericht einen

---

[300] = BGBl. I S. 1887.

entscheidungserheblichen und rügbaren Verfahrensfehler (§ 295), insbesondere eine Verletzung der Hinweis- und Aufklärungspflicht (§ 139) *oder* eine Verletzung des Anspruchs auf rechtliches Gehör feststellt".[301] Dieser Ausgangspunkt muß immer im Blick behalten werden: Nicht das einfache Gesetzesrecht nimmt Einfluß auf die Verfassungsinterpretation, sondern die Auslegung der Verfassung ist maßgeblich dafür, ob hier Hinweispflichten in Form einfach-gesetzlicher Ausgestaltungen des rechtlichen Gehörs überhaupt noch dem verfassungsfesten Schutzbereich des Art. 103 Absatz 1 GG unterfallen oder ob sie vielmehr weit über das hinausgehen, was von der Verfassung verlangt wird. Nach dem Wortlaut der neuen Fassung des § 156 Absatz 2 Nr. 1 ZPO („oder") scheint jedenfalls der Gesetzgeber davon auszugehen, daß im Zivilprozeß Verstöße gegen die gerichtliche Hinweispflicht *nicht zugleich* eine Verletzung rechtlichen Gehörs darstellen.

bb) Die *Zuschlag*-Entscheidungen des Bundesverfassungsgerichts

In dem Sinne wegweisend dafür, daß die neue Sicht der Prozeßbeteiligten und davon ausgehend der Zweck des Gerichtsverfahrens seinen Ausgangspunkt in der *Verfassungsinterpretation* findet, sind die vier *Zuschlag*-Entscheidungen des Bundesverfassungsgerichts.[302] Hiermit hat das Bundesverfassungsgericht deutlich gemacht, daß die Leitidee vom Verfahren als Instrument zur Durchsetzung auch materieller Gerechtigkeit vom Richter mehr fordern muß als passives Zusehen.[303] Über eine bloße Beteiligung am äußeren Verfahrensablauf hinaus legt es ihm eine Mitverantwortung auch für seine inhaltliche Gestaltung auf.[304]

Eine „*allgemeine* Aufklärungspflicht des Richters" wird vom Bundesverfassungsgericht zwar *abgelehnt*,[305] *jedoch* hat es in den *Zuschlag*-Entscheidungen für die zugrundeliegenden Fallgruppen *weitgehende Frage- und Informationspflichten* postuliert.

So wurde in <u>Zuschlag I</u>[306] *die Verpflichtung des die Versteigerung durchführenden Rechtspflegers* festgestellt, die Antragstellerin der Teilungsversteigerung im Versteige-

[301] Ebda. - Hervorhebung in Kursivschrift durch *Verf.*

[302] BVerfGE 42, 64 (= *Zuschlag I* [Beschluß des Zweiten Senats vom 24. März 1976]); E 46, 325 (= *Zuschlag II* [Beschluß des Ersten Senats vom 7. Dezember 1977]); E 49, 220 (= *Zuschlag III* [Beschluß des Ersten Senats vom 27. September 1978]); E 51, 150 (= *Zuschlag IV* [Beschluß des Ersten Senats vom 24. April 1979]). Ausführlich zu den *Zuschlag*-Entscheidungen: *Karwacki*, aaO, S. 28 ff.

[303] So heißt es beispielsweise in BVerfGE 42, 64 (73 f.):„Das Verfahrensrecht *[...]* hält daher dem Richter im Interesse einer dem jeweiligen Verfahrensgegenstand angemessenen Prozedur in weiten Bereichen Ermessens- und Beurteilungsspielräume zur Leitung, Förderung und Ausgestaltung des Verfahrensganges offen."

[304] Vgl. *Karwacki*, aaO S. 70.

[305] S. BVerfGE 66, 116 (147); 67, 90 (96) und ständig, zuletzt E 84, 188 (190).

[306] BVerfGE 42, 64 (74 ff.).

rungstermin *auf die Möglichkeit der Antragsrücknahme aufmerksam zu machen*. Dies leitete das Bundesverfassungsgericht aus der richterlichen Aufklärungspflicht nach § 139 ZPO als einfach-gesetzlicher Konkretisierung der aus Art. 103 Absatz 1 GG folgenden Informationspflicht her.

Die Entscheidung betraf eine Zwangsversteigerung zum Zweck der Auseinandersetzung nach § 180 ZVG, die von der Beschwerdeführerin nach ihrer Scheidung hinsichtlich eines ihr und ihrem geschiedenen Mannes gehörenden Grundstücks, das mit einem Wohnhaus bebaut war, beantragt worden war. Das Grundstück wurde auf einen Gesamtwert von 144.000 DM, abzüglich der Belastung mit einer Grundschuld in Höhe von 20.000 DM, geschätzt.

Im Versteigerungstermin erschienen nur die früheren Eheleute. Der Rechtsanwalt blieb dem Termin fern, um der Antragstellerin Kosten zu ersparen. Der Rechtspfleger setzte das geringste Gebot auf etwa 1.700 DM fest, mit der Maßgabe, daß die Grundschuld bestehen bleibe. Als zum Bieten aufgefordert wurde, bot der geschiedene Ehemann 2.000 DM. Weitere Gebote wurden nicht abgegeben. Nachdem das Gericht die Beteiligten *förmlich über den Zuschlag gehört hatte*, beantragte der Ehemann die sofortige Zuschlagserteilung. Dem wurde seitens des Vollstreckungsgerichts entsprochen.

Nach Ansicht des Bundesverfassungsgerichts hätte die Antragstellerin *über die rechtlichen und wirtschaftlichen Folgen des sofortigen Zuschlags aufgeklärt* und insbesondere auf das Gebot von 2.000 DM befragt werden müssen. Wäre sie dem Zuschlag entgegengetreten, so hätte dies als Einstellungsbewilligung nach § 30 Absatz 1 ZVG oder als Antragsrücknahme nach § 29 ZVG gewertet werden können.[307] *Die Durchführung einer förmlichen Anhörung über den Zuschlag reiche bei einem so groben Mißverhältnis zwischen Gebot und tatsächlichem Grundstückswert nicht aus*. Da der Rechtspfleger mithin seiner aus § 139 ZPO folgenden Aufklärungs- und Fragepflicht nicht nachgekommen sei, wurde der Verfassungsbeschwerde stattgegeben, allerdings hat der Zweite Senat seine Entscheidung nicht auf eine Verletzung des Art. 103 Absatz 1 GG gestützt, sondern auf Art. 3 Absatz 1 GG (*Verstoß gegen das Verbot objektiver Willkür*).

In den *Zuschlag*-Entscheidungen *II-IV* geht das Bundesverfassungsgericht noch weiter: Hier postuliert es nicht nur umfassende Aufklärungs- und Fragepflichten des Vollstreckungsgerichts, sondern es verpflichtet dieses sogar zu aktivem Tätigwerden, nämlich zur *Verlegung des Versteigerungstermins* auf einen späteren Zeitpunkt, wenn dem Gericht die Verwirklichung der nach § 139 ZPO erforderlichen Aufklärung *infolge Ausbleibens der Beteiligten* im angesetzten Termin nicht möglich gewesen ist:

So lag „*Zuschlag II*“[308] folgender Sachverhalt zugrunde:

Die Beschwerdeführerin war Miteigentümerin eines bebauten Grundstücks. Wegen rückständiger Forderungen hinsichtlich grundstücksbezogener Abgaben beantragte die Stadt die Zwangsversteigerung. Der Verkehrswert des Grundstücks wurde auf 95.000 DM festgesetzt. Im Versteigerungstermin, zu dem die Beschwerdeführerin nicht erschien, wurde das Grundstück für 10.500 DM dem Meistbietenden zuge-

---

[307] BVerfG, aaO S. 76.

[308] BVerfGE 46, 325 ff.

schlagen. Anders als bei einer Teilungsversteigerung nach §§ 180 ff. ZVG[309] ist der Grundstückseigentümer bei der Zwangsversteigerung wegen Geldforderungen Dritter gemäß §§ 1 ff. ZVG nicht in der Lage, die Zuschlagserteilung durch eine Einstellungsbewilligung oder durch Antragsrücknahme zu verhindern. Der Schuldner kann Vollstreckungsschutz nur bis zu dem Zeitpunkt, zu dem der Zuschlagsbeschluß verkündet wird, beantragen. Ob zwischen Grundstückswert und Höchstgebot ein krasses Mißverhältnis besteht, wird andererseits aber erst zu dem Zeitpunkt erkennbar, zu dem das Gericht das letzte Gebot und den Schluß der Versteigerung nach § 73 ZVG verkündet. Ein *Antrag auf Vollstreckungsschutz* kann also regelmäßig nur in diesem Termin gestellt werden. Dies war im konkreten Fall *der Schuldnerin nicht möglich, da sie beim Versteigerungstermin nicht anwesend war*. Entsprechend konnte das Vollstreckungsgericht sie zu diesem Zeitpunkt auch nicht nach § 139 ZPO über die Möglichkeit eines solchen Antrags belehren.

Das ZVG hält aber mit § 87 eine Regelung bereit, wonach der *Zuschlagsbeschluß in einem späteren Termin ergehen kann*. Dieses Vorgehen ist jedoch im Interesse der (anderen) Beteiligten und der Rechtssicherheit die *Ausnahme*. Dies räumt auch das Bundesverfassungsgericht ein.[310] Dennoch fordert es eine *verfassungskonforme Auslegung des § 87 ZVG* dahingehend, daß sich das *gerichtliche Ermessen*, ob ein späterer Termin festzulegen war, hier zu einer entsprechenden *Pflicht verdichte*, um der Schuldnerin in der Zwischenzeit eine Inanspruchnahme von Vollstreckungsschutz zu ermöglichen.[311] Der Verfassungsbeschwerde wurde hier im Hinblick auf das *aus Art. 14 Absatz 1 GG folgende Gebot effektiven Rechtsschutzes* (hier in Form des *Gebots eines fairen Verfahrens*) stattgegeben.

Im Rahmen der dritten Zuschlagsentscheidung („*Zuschlag III*")[312] war ein ähnlicher Fall zu entscheiden:

Aufgrund eines für vollstreckbar erklärten Zahlungsbefehls über einen Betrag von 910,51 DM sowie eines Kostenfestsetzungsbeschlusses von 77,91 DM hatte die Gläubigerin die Zwangsversteigerung des Grundstücks der Beschwerdeführerin, das diese für etwa 46.000 DM erworben hatte und selbst bewohnte, beantragt. Die Gläubigerin hatte keinen Versuch unternommen, ihre Forderung durch Mobiliarzwangsvollstreckung oder Forderungspfändung zu realisieren. Ihrem Antrag wurde entsprochen und der Wert des Grundstücks auf 41.000 DM festgesetzt. Der Bevollmächtigte der Schuldnerin beantragte daraufhin die Einstellung des Zwangsversteigerungsverfahrens nach § 30 a ZVG. Ehe hierüber entschieden worden war, etwa eineinhalb Jahre nach Anordnung der Zwangsversteigerung, bestimmte der Rechtspfleger den Versteigerungstermin. Der Bevollmächtigte der Schulderin bat hierauf, den Termin auf einen späteren Zeitpunkt zu verschieben, unter anderem deswegen, weil der Einstellungsantrag noch nicht bearbeitet worden sei und er darüberhinaus aufgrund Urlaubs den Termin nicht wahrnehmen könne. Dies lehnte der Rechtspfleger jedoch ab. *Zum Termin erschienen weder die Schuldnerin noch ihr Bevollmächtigter*. Auf das Höchstgebot von 21.000 DM erteilte der Rechtspfleger sofort nach Schluß der Versteigerung den Zuschlag. Zugleich lehnte er den Antrag auf Einstellung der Zwangsvollstreckung ab.

Auch hier rügt das Bundesverfassungsgericht, daß der Rechtspfleger den Versteigerungstermin nicht nach § 87 ZVG auf einen späteren Zeitpunkt verlegt, sondern sofort den Zuschlag erteilt habe.[313] Das Bundesverfassungsgericht hebt aber nicht nur die nicht *verfassungskonforme Auslegung der Ermessensvorschrift des § 87 ZVG*

---

309 Vgl. hierzu soeben (*Zuschlag I*).
310 BVerfG, aaO S. 335.
311 Ebda.
312 BVerfGE 49, 220.
313 Hierzu schon soeben, zu *Zuschlag II*.

durch den Rechtspfleger hervor, sondern insbesondere die *der Soll-Vorschrift des § 30 b ZVG*. Über den Einstellungsantrag hätte vor der Zuschlagserteilung entschieden werden müssen. Damit wäre die Schuldnerin zugleich auf den Ernst der Lage hingewiesen worden.[314] Auch hier wird also die Begründetheit der Verfassungsbeschwerde auf die Unterlassung der nach § 139 ZPO erforderlichen Aufklärung der Beteiligten gestützt und damit der Sache nach auf eine Verletzung rechtlichen Gehörs, wenngleich das Bundesverfassungsgericht - wie in *Zuschlag II* - im Ergebnis eine *Verletzung des Art. 14 Absatz 1 GG in Verbindung mit dem verfahrensrechtlichen Fairneßgebot* feststellt.

In „*Zuschlag IV*"[315] schließlich stand wiederum ein Fall der Zwangsversteigerung eines Grundstücks zum Zweck der Aufhebung einer Gemeinschaft (hier einer Erbengemeinschaft) nach § 180 ZVG inmitten:[316]

Einer der Grundstückseigentümer stellte einen Antrag auf Teilungsversteigerung, dem auch entsprochen wurde. Der Beschluß über die Anordnung der Zwangsversteigerung wurde dem Beschwerdeführer zusammen mit einer Rechtsbelehrung nach § 30 b Absatz 1 Satz 2 ZVG zugestellt. Der Wert des Grundstücks wurde nicht festgesetzt, der steuerliche Einheitswert betrug 11.000 DM. *Zum Versteigerungstermin erschien der Beschwerdeführer nicht, er war auch nicht vertreten*. Der im Termin erschienene Antragsteller gab ein das Mindestgebot deckende Höchstgebot von 650 DM ab. Ihm erteilte der Rechtspfleger sofort nach Schluß der Versteigerung den Zuschlag.

Auch hier hätte der Rechtspfleger nach Auffassung des Bundesverfassungsgerichts den Zuschlag erst in einem späteren Termin erteilen dürfen. Dies erfordere *§ 87 ZVG*, zumal der Beschwerdeführer im Versteigerungstermin weder selbst anwesend noch vertreten gewesen sei.[317] Hier wird der Grundrechtsverstoß *nunmehr einstimmig* auf *Art. 14 Absatz 1 GG in Verbindung mit dem aus dem Rechtsstaatsprinzip folgenden Gebot einer fairen Verfahrensführung* gestützt.

Eine weitere Entscheidung des Bundesverfassungsgerichts zur Zwangsversteigerung findet sich in *BVerfGE 49, 252 ff.* (= Beschluß des Ersten Senats vom 10. Oktober 1978). Hieraus ergibt sich aber nichts, was den anderen *Zuschlag*-Entscheidungen im Zusammenhang mit gerichtlichen Hinweispflichten noch hinzuzufügen wäre. Vielmehr standen Rechtsmittelprobleme bei der Rüge der Verletzung rechtlichen Gehörs in einer weiteren Instanz im Vordergrund.

Mit einem *unmittelbaren Verstoß gegen Art. 103 Absatz 1 GG* bzw. gegen das den Anspruch auf rechtliches Gehör speziell in Verfahren des Rechtspflegers aus sich heraus vermittelnde rechtsstaatliche *Gebot eines fairen Verfahrens*[318], begründet das Bundesverfassungsgericht mithin *im Ergebnis nicht* den Erfolg der vorliegenden Verfassungsbeschwerden, obwohl es die *Verletzung rechtlichen Gehörs jeweils bejaht*. Vielmehr gibt es, wie bereits angeführt, der Verfassungsbeschwerde in *Zuschlag I* wegen des Vorliegens objektiver Willkür im Sinne des Art. 3 Absatz 1 GG statt.[319] In *Zuschlag II* rekur-

---

314 BVerfG, aaO, S. 226 f.
315 BVerfGE 51, 150 ff.
316 Wie in *Zuschlag I*, s. weiter o.
317 BVerfG, aaO, S. 156 ff.
318 Vgl. so zuletzt BVerfGE 101, 397 ff.; s. hierzu o., unter B.I.
319 S. weiter o.

riert es auf das aus der Eigentumsgarantie nach Art. 14 Absatz 1 GG fließende Gebot effektiven Rechtsschutzes im Sinne einer rechtsstaatlichen (fairen) Verfahrensgestaltung, ähnlich in *Zuschlag III* auf Art. 14 Absatz 1 GG in Verbindung mit dem Anspruch auf ein faires Verfahren[320], ebenso in *Zuschlag IV*.[321] Den direkten Weg über Art. 103 Absatz 1 GG geht nur *Geiger* in einem *Sondervotum* zu *Zuschlag I*.[322]

cc) Die Aufnahme der *Zuschlag*-Entscheidungen in der Literatur

Die Erweiterung der gerichtlichen Informationspflichten über den Verfahrensstoff zu einer umfassenden Hinweis- und Fragepflicht - wenn auch nicht allgemeiner Art, sondern für bestimmte Fallgruppen - insbesondere auf dem Gebiet des Zwangsversteigerungs- bzw. Zwangsvollstreckungsrechts durch das Bundesverfassungsgericht hat in der Literatur ein lebhaftes Echo hervorgerufen. Die bundesverfassungsgerichtliche Rechtsprechung wurde größtenteils begrüßt, andererseits aber auch heftig kritisiert:[323]

Nach der die *Zuschlag*-Entscheidungen positiv aufnehmenden Literatur ergeben sich vor allem folgende Argumente: Zum einen werden die erhöhten Anforderungen an die richterliche Aufklärungspflicht, hier nach § 139 ZPO, und damit an eine souveräne Verfahrensleitung durch den Richter, der in „Arbeitsgemeinschaft“ mit den Parteien auf die Rechtsfindung hinarbeite, *aus einfach-rechtlicher Sicht* begrüßt.[324] Insbesondere § 139 ZPO fordere auch den Hinweis auf sachdienliche Anträge, die eine Partei stellen sollte, so die Aufforderung, im zivilrechtlichen Erkenntnisverfahren Beweis anzutreten. Damit sei jedoch auch eine gewisse Beratung der Parteien verbunden.[325] Aber auch *aus verfassungsrechtlicher Sicht* wurde die neue Linie des Bundesverfassungsgerichts teilweise positiv aufgenommen. So habe das Bundesverfassungsgericht einen Schlußstrich unter die bis dahin immer noch vertretene Auffassung gezogen, das Zwangsvollstreckungsrecht sei seiner Natur nach jeder Billigkeitswertung unzugängliches Recht.[326] Im Gegenteil

---

320 S. weiter o. Der Verfassungsrichter *Böhmer* sieht hier allein Art. 14 Absatz 1 GG verletzt, s. sein *Sondervotum* in BVerfGE 49, 220 (228 ff.).

321 S. weiter o. Diese Entscheidung erging nunmehr einstimmig.

322 BVerfGE 42, 64 (79 ff.). Zum Konkurrenzverhältnis zwischen Art. 103 Absatz 1 GG und sogenannten „verfahrensspezifischen Ausstrahlungen“ der materiellen Grundrechte s. bereits das Erste Kapitel dieser Arbeit, dort A.I.3.

323 Die Stellungnahmen der Literatur beziehen sich primär auf die ersten beiden der insgesamt vier Zuschlags-Entscheidungen, da sich die hierin gewonnenen Erkenntnisse in den beiden folgenden größtenteils nur wiederholen. Kritisiert wurde bezüglich *Zuschlag III* und *Zuschlag IV* aber die fehlende Anwendung des Art. 103 Absatz 1 GG, obwohl die Verletzung rechtlichen Gehörs jeweils festgestellt worden war, s. weiter oben.

324 *Karwacki*, aaO S. 33 f. mit umfangreichen Nachweisen.

325 *Waldner*, Aktuelle Probleme des rechtlichen Gehörs im Zivilprozeß (1983), S. 118.

326 So *Karwacki*, aaO S. 33.

müsse gerade eine von der Verfassung geprägte *moderne Zwangsvollstreckung im Zusammenhang mit materiellen Gerechtigkeitswerten* gesehen werden, da sie mit am härtesten in die Rechtsstellung des Schuldners eingreife und schärfste Ausprägung staatlicher Machtanwendung im zivilrechtlichen Bereich darstelle.[327] Insoweit wird insbesondere angeführt, *die bloß formale Anhörung der Parteien über den Zuschlag* und damit die rein formale Schaffung einer Grundlage zur Wahrung der Rechtsschutzmöglichkeiten *genüge nicht einer verfassungskonformen Verfahrenshandhabung*. Vielmehr müßten zumindest dem Betroffenen, der erkennbar hilflos sei und dem zumindest ein unverhältnismäßig hoher (wirtschaftlicher und) rechtlicher Verlust drohe, effektive Hilfen zur Ausschöpfung seiner Rechtsschutzmöglichkeiten an die Hand gegeben werden. Das Streben nach einem formell korrekten Verfahren dürfe nicht den Blick für materielle Ungerechtigkeiten versperren. Demnach sei eine umfassende Belehrungspflicht bzw. sogar eine allgemeine prozessuale „Fürsorgepflicht" angebracht, die weit über das hinaus gehen solle, was bisher für erforderlich oder auch nur zulässig erachtet worden ist.[328] Weiterhin wird gleichsam als Nebeneffekt der Verstärkung richterlicher Hinweispflichten hervorgehoben, diese führe zu einer stärkeren Einschränkung der Richterablehnung wegen Befangenheit.[329]

Demgegenüber stützt sich die Kritik vor allem auf folgenden Gesichtspunkt: Nach wie vor müsse die Verfassungsmaxime der *Unparteilichkeit des Richters* strikt eingehalten werden. Allein der Anschein von Befangenheit dürfe im Rahmen eines rechtsstaatlichen Verfahrens nicht erweckt werden. Demnach müsse die Schwelle unzulässiger Einmischung seitens des Gerichts niedrig angesetzt werden. Insbesondere für die eine Partei günstige Anregungen seitens des Gerichts zu Lasten des Verfahrensgegners könnten zu einer möglichen Verletzung der richterlichen Neutralitätspflicht führen.[330] Nach dieser Ansicht befinden sich also speziell im Zivilverfahren die richterliche Hinweispflicht einer-

---

327 *Dies.*, aaO S. 33 m.w.N. - Das Bundesverfassungsgericht führt hierzu in *Zuschlag II* unter dem Gesichtspunkt der Durchführung eines *fairen Verfahrens* aus: „Dies gilt auch für die Durchführung von Zwangsversteigerungen, bei denen der Staat im Interesse des Gläubigers schwerwiegende Eingriffe in das verfassungsrechtlich geschützte Eigentum des Schuldners vornimmt. Ein solcher Eingriff erscheint zwar gerechtfertigt, wenn und soweit er dazu dient, begründete Geldforderungen des Gläubigers zu befriedigen. Zugleich sind aber auch die Belange des Schuldners zu wahren, für den zumindest die Möglichkeit erhalten bleiben muß, gegenüber einer unverhältnismäßigen Verschleuderung seines Grundvermögens um Rechtsschutz nachzusuchen" (BVerfGE 46, 325 [335]).

328 *Karwacki*, aaO S. 34 m.w.N.

329 *Dies.*, aaO S. 34 / Fn. 155 m.w.N. Zu diesem Argument ist jedoch anzumerken, daß dies nur für einen Ablehnungsantrag seitens des Vollstreckungs*schuldners* gelten kann. Dagegen könnte der Vollstreckungs*gläubiger* sich darauf berufen, daß die umfassende Aufklärung des Schuldners zu seinen Lasten gehe und *gerade dadurch* das richterliche Neutralitätsgebot verletzt sei (s. hierzu sogleich).

330 S. die Nachweise bei *Karwacki*, aaO S. 67 f. m.w.N.

seits und das Gebot der richterlichen Unparteilichkeit andererseits in einem jedenfalls generell unauflösbaren Spannungsverhältnis zueinander. Demnach muß im konkreten Einzelfall entschieden werden, welche Pflicht Vorrang beansprucht. Insbesondere für den Bereich der Zwangsvollstreckung wurde in diesem Zusammenhang angemerkt, die in den *Zuschlag*-Entscheidungen des Bundesverfassungsgerichts vertretene Linie führe zu einer *unangemessenen Bevorteilung des Vollstreckungsschuldners zu Lasten seines Gläubigers.* Auch dieser könne Grundrechtsschutz beanspruchen. Seine durch Art. 14 Absatz 1 GG geschützten Rechte nähmen aber in der verfassungsgerichtlichen Argumentation nur noch die Stellung einer *„dubiosen Bagatellforderung“* ein. Dies führe zu einer *„Aufweichung des Zwangsvollstreckungsrechts“*.[331]

dd) *Stellungnahme*

Den die Rechtsprechung des Bundesverfassungsgerichts positiv aufnehmenden Autoren ist zuzugeben, daß die Erweiterung gerichtlicher Hinweispflichten in den *Zuschlag*-Fällen grundsätzlich den Anspruch des Bürgers auf *effektiven gerichtlichen Rechtsschutz* erhöht hat. Die rechtsschutzfreundliche Auslegung des Verfahrensrechts hat zugleich der überholten streng formalen Lehre von den Prozeßzwecken[332] eine endgültige Absage erteilt und materiellen Wertungskriterien den Zugang in das Verfahrensrecht weiter geöffnet.[333] Auch ist der Gegenmeinung, die hierdurch vor allem das sich aus Art. 101 und 97 GG ergebende *richterliche Neutralitätsgebot* gefährdet sieht, entgegenzuhalten, daß dieses *nicht gleichgesetzt werden darf mit (reiner) richterlicher Passivität.*[334] Denn auch das Neutralitätsgebot darf nicht formal im Sinne von materiell wertfrei verstanden werden. So kann auch die Frage der Schutzwürdigkeit der einzelnen Parteien nicht losgelöst von materiellen Wertungskriterien gesehen werden. Insbesondere in dem Fall der *besonderen Schutzbedürftigkeit der einen Partei* ist der Richter schon zur Wahrung der *prozessualen Waffengleichheit* nach Art. 3 Absatz 1 GG dazu verpflichtet, dies zunächst zu erkennen und die besondere Schutzbedürftigkeit möglichst auszugleichen, sodaß nicht jede Anregung zu günstigem Vortrag oder Antrag als einseitige Parteinahme begriffen werden darf, wenn hierdurch vielmehr nur das erforderliche Gleichgewicht zwischen den Parteien erst hergestellt wird. Der Richter nimmt hierdurch nicht der gegnerischen Partei erhal-

---

331 S. *Gerhardt*, ZZP Bd. 95 (=1982), S. 467 (468); vgl. die Nachweise bei *Karwacki*, aaO S. 33 / Fn. 151; vgl. auch das *Sondervotum Böhmer* zu *Zuschlag III* (BVerfGE 49, 220 [239]).
332 S. hierzu weiter o., aa)*(2)*.
333 So vor allem (zusammenfassend) *Karwacki*, aaO S. 41.
334 So auch *Karwacki*, aaO S. 69.

tenswerte Chancen und beeinträchtigt deren Chancen unzulässig, sondern er stellt die der anderen Partei lediglich her. *Die Grenze zur einseitigen Parteinahme ist aber fließend.* Das Vorliegen der besonderen Schutzbedürftigkeit einer Partei und der erforderliche Umfang der dann verfassungsrechtlich gebotenen Pflichten werden sich daher *nur im Einzelfall* endgültig festlegen lassen.[335] Im Sinne der Rechtssicherheit sind hierzu aber Fallgruppen zu bilden, in denen ausnahmsweise eine erweiterte Hinweispflicht von Verfassungs wegen geboten sein kann.[336]

> *Generell*, vom Ansatz her, durch die Betonung des Anspruchs auf effektiven Rechtsschutz für jede Verfahrensart - auch im Vollstreckungsverfahren - , dem auch die Gewährung rechtlichen Gehörs dient, ist die bundesverfassungsgerichtliche Rechtsprechung in den *Zuschlag*-Entscheidungen daher aus *verfassungsrechtlicher* Sicht zu begrüßen.
>
> Fraglich bleibt aber zum einen, *welche konkrete verfassungsrechtliche Grundlage* für gerichtliche Hinweispflichten heranzuziehen ist, sowie zum anderen, *welchen Umfang* diese als verfassungsrechtliches Erfordernis haben dürfen und für welche *Fallgruppen* sie zu gelten haben:

(1) Zur verfassungsrechtlichen Grundlage gerichtlicher Hinweispflichten

Wie weiter oben bereits dargestellt wurde, stellt das Bundesverfassungsgericht in seinen *Zuschlag*-Entscheidungen jeweils ausdrücklich einen Verstoß gegen das rechtliche Gehör fest, um im Ergebnis aber entweder auf die verfahrensrechtliche Seite des betroffenen materiellen Grundrechts (Art. 14 Absatz 1 GG) im Sinne effektiven Rechtsschutzes (in Verbindung mit dem Gebot der Verfahrensfairneß) zu rekurrieren oder aber die Verfassungsverletzung auf einen Verstoß gegen das Verbot richterlicher Willkür (Art. 3 Absatz 1 GG) zu stützen.[337] Diesem Vorgehen ist strikt entgegenzutreten, da hierdurch die Gefahr besteht, *daß der spezielle Schutzbereich des Art. 103 Absatz 1 GG, der als solcher betroffen ist* und anhand dessen Kriterien auch das Bundesverfassungsgericht den Umfang der Hinweispflichten überprüft, „durch die Hintertür" erweitert wird. Auch Ausnahmen insoweit, als im Einzelfall weitergehende Hinweispflichten bestehen können, wenn ansonsten - im Sinne der Minimalgarantie des Art. 103 Absatz 1 GG - das Recht auf Gehör völlig wirkungslos wäre, sind daher zwingend anhand des spezifischen Gehalts des Gehörgrundsatzes nach Art. 103 Absatz 1 GG, der durch Vermittlung des Fairneßgebots auch im Verfahren des Rechtspflegers Anwendung findet[338], zu untersuchen und

---

335 S. auch *Schmidt-Aßmann* in: Maunz/Dürig/Herzog, GG, Art. 103 Abs. I Rd. 76.
336 S. hierzu weiter u., *(3)*.
337 S. aber das *Sondervotum* von *Geiger* zu *Zuschlag I* (BVerfGE 42, 64 [79 ff.]).
338 BVerfGE 101, 397 (1. LS und S. 404 f.) sowie ständig.

gegebenenfalls zu bejahen. Ein Rückgriff auf das Verbot objektiver Willkür scheidet aus systematischen Gründen daher ebenso aus[339] wie die Heranziehung etwaiger „verfahrensspezifischer Ausstrahlungen" der materiellen Grundrechte[340].

(2) Zum Umfang gerichtlicher Hinweispflichten im Hinblick auf Art. 103 Absatz 1 GG

Das Bundesverfassungsgericht selbst schließt die Herleitung einer *allgemeinen* Hinweis- und Aufklärungspflicht aus der Verfassung explizit aus.[341] Dies hat es später auch speziell im Hinblick auf Art. 103 Absatz 1 GG konstatiert.[342] Dem ist zuzustimmen: Wenngleich *besondere Umstände im Einzelfall* eine weitergehende richterliche Hinweispflicht erfordern mögen, ergibt sich hieraus noch nicht die Zulässigkeit einer allgemein von Verfassungs wegen gebotenen, umfassenden Belehrungspflicht. Denn die Verfassung enthält generell nur grundlegende Garantien.[343] Dies gilt insbesondere für das Prozeßgrundrecht des Art. 103 Absatz 1 GG, wonach lediglich die Gewährung eines *Mindeststandards* an rechtlichem Gehör im Sinne einer Minimalgarantie erforderlich ist, aber auch etwa für das Recht auf effektiven Rechtsschutz und das Fairneßgebot.[344] Auch die gerichtliche Informationspflicht als eine Verwirklichungsstufe des Gehörrechts hat daher nur einem Mindeststandard zu genügen insofern, als daß der Betroffene in Kenntnis über den *Verfahrensstoff* zu setzen ist. Dagegen kann eine umfassende Aufklärung des Gehörberechtigten, die darüber hinaus noch Hinweise und Anregungen an die Parteien hinsichtlich der Ausschöpfung der ihnen zur Verfügung stehenden prozessualen Möglichkeiten enthalten soll, die also die *Gestaltung* des Verfahrens betreffen, von Verfassungs wegen nicht gefordert sein. Auch wenn etwa *die einfach-rechtliche Vorschrift des § 139 ZPO* vom Richter eine gewisse Beratung der Parteien fordern mag, ist dies aus *verfassungsrechtlicher* Sicht - und darauf darf es bei der Verfahrenskontrolle durch das Bundesverfassungsgericht nur ankommen - jedenfalls nicht notwendig, da es unzweifelhaft nicht mehr zum Kernbestand dessen gehört, was von der Garantie des rechtlichen Gehörs umfaßt ist. So *darf* aus Art. 103 Absatz 1 GG beispielsweise keine gerichtliche Verpflichtung hergeleitet werden, Einfluß auf die Verfahrensführung der Parteien zu neh-

---

339 Treffend begründet durch *Geiger* in BVerfGE 42, 64 (79 ff.); s. ausführlich auch das Erste Kapitel dieser Arbeit, dort A.I.2.b).
340 Vgl. die Erörterungen im Ersten Kapitel dieser Arbeit, dort A.I.3.
341 S. weiter o. die *Zuschlag*-Entscheidungen.
342 Ausdrücklich BVerfG am 23. Juni 1980 - 1 BvR 1094/79 (nicht veröffentlicht, Hinweis bei *Kopp*, AöR Bd. 106 [=1981], S. 604 [624]).
343 Stichwort: *„Rahmencharakter der Verfassung"*.
344 S. weiter o. in diesem Abschnitt, A.II.2.a).

men, da der Hinweis an die eine Partei zugleich den Prozeßgegner benachteiligen oder im Einzelfall auch bevorzugen könnte. Eine Kollision mit dem Recht auf einen gesetzlichen Richter, der zudem *unparteilich* ist, wäre somit im Einzelfall unausweichlich. Dies gilt erst recht für richterliche Hinweise an eine Partei im Hinblick auf die Stellung von für sie *günstigen* Anträgen. Hinweise auf eine *vorteilhafte* Prozeßführung wären in besonderer Weise problematisch im Hinblick auf die richterliche Neutralität und gehen zudem über die Erfordernisse des Art. 103 Absatz 1 GG als Minimalgarantie weit hinaus, wonach entsprechend der Zielsetzung der gerichtlichen Informationspflicht - der Schaffung der Voraussetzungen für die Ausübung des Äußerungsrechts - nur die Möglichkeit geschaffen werden soll, daß sich die Parteien später und auf Grund der ihnen übermittelten Informationen *überhaupt äußern* können. Es geht hier nur um rechtliches „Gehör", um die „Anhörung" der Parteien, was unabhängig von den im Vor- und Nachfeld des Äußerungsrechts der Berechtigten postulierten richterlichen Pflichten (Information über den Verfahrensstoff und Berücksichtigung der Äußerung) nach wie vor ein eher passives Verhalten des Richters voraussetzt, nämlich ein Informieren über den Verfahrensstoff (nicht: ein Hinweis auf prozessuale Gestaltungsmöglichkeiten), ein Zuhören und hiernach eine Einbewertung dessen, was er gehört hat. Nach dem Inhalt und Ziel des Art. 103 Absatz 1 GG können Hinweispflichten daher allenfalls dann erforderlich sein, wenn sie *in der konkreten Prozeßsituation unumgänglich sind, um das Gehörrecht nicht völlig wirkungslos werden zu lassen,* mithin dann, wenn andernfalls der *einzuhaltende Kernbestand rechtlichen Gehörs nicht gewahrt wäre.*[345] Dies darf jedoch auch nicht dem einzelfallbezogenen Zugriff des Bundesverfassungsgerichts auf Grund allgemeiner Billigkeitsvorstellungen überlassen bleiben, sondern erfordert im Sinne der Rechtssicherheit eine Systematisierung in typisierte Fallgruppen. Auch und gerade der - ohnehin weite - Anwendungsbereich des Art. 103 Absatz 1 GG muß überschaubar bleiben und dem Gebot der Rechtsklarheit genügen.

Einer *generellen* Ausweitung der gerichtlichen Hinweispflichten steht auch der Grundsatz der *Prozeßverantwortung des Individuums* entgegen[346]: Der Bürger vor Gericht ist grundsätzlich als „*mündig*" zu behandeln.[347] Dies erfordert schon die Beachtung der

---

[345] *Schmidt-Aßmann*, aaO Rd. 76 / Fn. 41 m.w.N. - S. hierzu sogleich unter *(3)*.

[346] S. *dens.*, aaO Rd. 76.

[347] Deshalb ist heute überwiegend richtig die Rede von richterlichen „*Hinweis-*" oder allenfalls „*Aufklärungspflichten*", nicht mehr von prozessualen „*Fürsorgepflichten*". Dieser eher patriarchalisch geformte Begriff paßt nicht zu dem modernen Verfassungsverständnis von mündigen Bürgern und dem dadurch geänderten Rollenverständnis von Richter und Bürger vor Gericht, s. auch *Was-*

Menschenwürde, aber auch die grundrechtlich gewährleistete allgemeine Handlungsfreiheit (Art. 2 Absatz 1 GG). Demnach steht es im Ermessen des Bürgers, wie er als Verfahrensbeteiligter agiert, insbesondere, ob er Anträge an das Gericht stellt und, wenn ja, welche. Konsequenterweise muß er auch darin frei sein, für sich ungünstige Anträge oder Sachvorträge zu erheben oder auch die Chance der Gewährung rechtlichen Gehörs überhaupt nicht wahrzunehmen.[348] Dies gilt auch und gerade im zivilprozessualen Parteienstreit, der schließlich vom Bürger initiiert worden ist, sowie im anschließenden Vollstreckungsverfahren.[349] Dies hat nach der hier vertretenen Ansicht zur Folge, daß beispielsweise der Schuldner, der in den *Zuschlag*-Fällen dem Versteigerungstermin „unentschuldigt" ferngeblieben war[350], sich hierbei auch nicht (anwaltlich) vertreten ließ[351] und vorher auch keine Terminsverlegung beantragt hatte[352], sein Recht auf Gehör sozusagen *„verwirkt"* hat.[353] Es wäre ihm auch zumutbar gewesen, sein Fernbleiben zu entschuldigen, sich anwaltlich vertreten zu lassen oder Terminsverlegung zu beantragen. Er kann sich nachträglich nicht auf die Verletzung seines Anspruchs auf rechtliches Gehör berufen, da es im Rahmen seiner prozessualen Verantwortung gelegen hatte, den Termin im Rahmen seiner Möglichkeiten - also nicht unentschuldigt - wahrzunehmen oder aber rechtzeitig Terminsverlegung zu beantragen und sich so rechtliches Gehör zu verschaffen. Dies gilt umso mehr, als das Bundesverfassungsgericht selbst im Hinblick auf das durch Art. 103 Absatz 1 GG garantierte Informationsrecht der Gehörberechtigten stets und zu Recht deren *Mitwirkungspflichten* im Rahmen des *„Zumutbaren"* bei dem *„Sich-Verschaffen"* rechtlichen Gehörs hervorhebt.[354] Wem das Gesetz ein Recht gibt, von dem kann auch verlangt werden, daß er, will er dieses vor Gericht durchsetzen,

---

sermann in: Alternativkommentar-GG, Art. 103 Rd. 21. Das Bundesverfassungsgericht verwendet ihn jedoch - symptomatisch? - nach wie vor, vgl. nur BVerfGE 93, 99 (114).

348 Dies ist die Kehrseite der *„Emanzipation"* und *„Mündigkeit"* des Bürgers. Wer sich als für sich selbst frei verantwortlich fühlt und dies von den staatlichen Organen stets zu seinen Gunsten beachtet wissen will, muß sich auch im gerichtlichen Verfahren und auch dann, wenn dies im Einzelfall zu seinen Lasten geht, so behandeln lassen. Eine im Rahmen des ihm Zumutbaren verantwortliche Prozeßführung darf und muß von ihm jedenfalls erwartet werden. Dabei darf das Kriterium der Zumutbarkeit nicht zu seinen Gunsten eingeschränkt werden. Anderenfalls liefe das Verantwortungsprinzip im Ergebnis ins Leere.

349 Insofern wäre es ebenfalls unerträglich und weder mit einem rechtsstaatlichen Verfahren noch mit dem Grundsatz der „prozessualen Waffengleichheit" nach Art. 3 Absatz 1 GG zu vereinbaren, wenn weitergehende Hinweise etwa generell dem Prozeßgegner erteilt werden dürften, nicht aber dem das kontradiktorische Verfahren einleitenden Kläger bzw. Antragsteller.

350 So in BVerfGE 46, 325 (= *Zuschlag II*); 49, 220 (= *Zuschlag III*); 51, 150 (= *Zuschlag IV*).

351 S. aaO (vorherige Fn.).

352 S. BVerfGE 49, 220.

353 Die Anwesenheit des Gehörberechtigten zum Termin setzt auch der ehemalige Bundesverfassungsrichter *Geiger* in seinem *Sondervotum* zu *Zuschlag I* (= BVerfGE 42, 64 [87]) voraus.

354 S. weiter o., unter 1.e).

das Seine dazutut, daß er das Recht auch tatsächlich bekommt. Hierzu ist seine Anwesenheit in dem vom Gericht angesetzten Termin - es sei denn, er hat ihn nicht schuldhaft versäumt - unerläßlich.

> Nach alledem scheidet die Herleitung einer allgemeinen (generellen) Hinweis- oder Aufklärungspflicht der Gerichte aus Art. 103 Absatz 1 GG aus. Diese wird auch vom Bundesverfassungsgericht zutreffend abgelehnt. Aber auch auf andere Verfahrensgrundrechte oder Verfassungsprinzipien darf eine solche nicht gestützt werden, da ansonsten der spezielle Schutzbereich des Anspruchs auf rechtliches Gehör ausgehöhlt würde. Im übrigen läge auch die Gefahr einer Kollision mit anderen verfassungsrechtlichen Verfahrensprinzipien, etwa mit dem der richterlichen Unparteilichkeit, nahe. Nur im konkreten Einzelfall im Rahmen bestimmter Fallgruppen, wie nachstehend erörtert, können weitergehende Hinweispflichten - unter Heranziehung des Art. 103 Absatz 1 GG - überhaupt verfassungsrechtlich geboten sein. Stets ist aber der Grundsatz der prozessualen Verantwortung des Individuums, der im Rahmen des Art. 103 Absatz 1 GG den Gehörberechtigten spezielle Mitwirkungspflichten im Rahmen des ihnen „Zumutbaren" abverlangt, zu berücksichtigen.

(3) Umfassende Hinweispflichten nur in besonderen typischen Ausnahmefällen

Bei der Beurteilung, ob Art. 103 Absatz 1 GG im Einzelfall über seine Minimalgarantie hinausgehende Hinweispflichten verlangt, also dann, wenn dies *unumgänglich* ist, um das Gehörrecht *nicht völlig wirkungslos* werden zu lassen,[355] wird gemeinhin zunächst auf *die Specifica der verschiedenen Prozeßordnungen und Verfahrensarten* geachtet; so hat die gerichtliche Hinweispflicht im Strafverfahren nach *§ 265 StPO* in der Tat herausragende Bedeutung, sodaß ihre Verletzung oft, wenn auch nicht regelmäßig[356], zugleich einen Verstoß gegen Art. 103 Absatz 1 GG darstellt. Gleiches gilt für die spezielle Hinweispflicht des § 72 Absatz 1 OWiG.[357] Dagegen gehen insbesondere die aus *§ 139 ZPO und § 86 VwGO* ableitbaren Hinweispflichten weit über das hinaus, was Art. 103 Absatz 1 GG als Minimal- oder Basisgarantie verlangt.[358] Im Rahmen gerichtlicher Hinweispflichten des *Zivilprozesses* wird wiederum zwischen ihrer Geltung im *Erkenntnisverfahren* und der im *Vollstreckungsverfahren* unterschieden. Fraglich ist aber, ob die vorhandenen Unterschiede zwingend zu einem verschieden weiten Umfang gerichtlicher Hinweispflichten führen. Einerseits ist der Vollstreckungsschuldner im Vollstreckungsverfahren besonders schutzbedürftig, wie weiter oben angeführt wurde. Andererseits

---

[355] S. soeben.

[356] Dies ist aber streitig. So bejaht ein Teil des Spezialschrifttums mit guten Gründen solchenfalls „in aller Regel" auch einen Verstoß gegen Art. 103 Absatz 1 GG, vgl. die Nachweise bei *Schmidt-Aßmann* in: Maunz/Dürig/Herzog, GG, Art. 103 Abs. I Rd. 77 / Fn. 50.

[357] BVerfGE 42, 243 (245).

[358] S. weiter oben zu § 139 ZPO; vgl. auch *Schmidt-Aßmann*, aaO Rd. 77 / Fn. 51 f. m.w.N.; *Waldner*, Aktuelle Probleme des rechtlichen Gehörs im Zivilprozeß (1983), S. 118 m.w.N. und Beispielen, wann sich Art. 103 Absatz 1 GG und § 139 ZPO teilweise decken können.

aber ist zu beachten, daß das Zwangsvollstreckungsrecht, insbesondere das Zwangsversteigerungsrecht von vornherein geprägt ist von unmittelbarer staatlicher Machtentfaltung: Das Vollstreckungsverfahren ist gekennzeichnet durch den *Grundsatz der Formalisierung*. Dagegen herrschen im zivilprozessualen Erkenntnisverfahren der *Beibringungsgrundsatz* und die *Dispositionsmaxime*. Dem Richter kommt hier eher die Funktion eines „Vermittlers" zu, der sich des Hinweises an die Parteien als Vermittlungsinstrument bedient. Hinweispflichten scheinen hier daher in größerem Umfang angebracht zu sein als im Vollstreckungsverfahren, das geprägt ist durch Hoheitstätigkeit im engeren Sinne. Demnach genügt hier auch die formale Anhörung ohne weitergehende Hinweise. Hiergegen könnte aber wiederum vorgebracht werden, gerade im Vollstreckungsverfahren sollten umfängliche Hinweispflichten als „Korrektiv" zur staatlichen Machtentfaltung dienen. Gleichgültig, welche Konsequenzen man aus der unterschiedlichen Struktur von Erkenntnis- und Vollstreckungsverfahren in Bezug auf erweiterte Hinweispflichten in dem einen oder anderen Verfahren zieht, begegnet die unmittelbare Übertragung des Umfangs von Hinweispflichten des Erkenntnisverfahrens auf das Vollstreckungsverfahren jedenfalls vor diesem Hintergrund Bedenken.[359] Allgemein ist zwar ansatzweise schon in den *Zuschlag*-Entscheidungen eine vorsichtige Haltung auch des Bundesverfassungsgerichts hinsichtlich der Ausweitung von Hinweispflichten auf andere Verfahrensarten erkennbar, allerdings zu Gunsten einer erweiterten Hinweispflicht gerade im Vollstreckungsverfahren. Im *Arzthaftungs*-Beschluß[360] schließlich unterscheidet das Bundesverfassungsgericht deutlich zwischen der Reichweite von Hinweispflichten im unmittelbar grundrechtseingreifenden Versteigerungsverfahren und dem gewöhnlichen Erkenntnisverfahren.[361] Genau genommen darf es aber auf die Unterschiede in den Verfahrensarten insoweit überhaupt nicht ankommen, als daß *generell* gilt, daß der verfassungsrechtliche Anspruch auf rechtliches Gehör nur gerichtliche Information über den Verfahrensstoff verlangt, nicht aber Hinweise auf die Verfahrensgestaltung deckt, die über eine Kenntnisvermittlung über Stand und Stoff des Verfahrens hinausgehen. Dies gilt sowohl für das Erkenntnis- als auch auch für das Vollstreckungsverfahren. Soweit für das Vollstreckungsverfahren weitergehende Hinweispflichten gefordert werden, wird hier im übrigen auch oftmals die Position des Gläubigers, der immerhin einen rechtskräftigen Titel erlangt hat, aus den Augen verloren. Der Gläubiger ist aber im Hinblick auf die Eigen-

---

[359] Auch *Geiger* betont in seinem *Sondervotum* zu *Zuschlag I* die unterschiedliche Ausgestaltung von zivilprozessualem Erkenntnis- und Vollstreckungsverfahren (BVerfGE 42, 64 [87]).

[360] BVerfGE 52, 131.

[361] Vgl. hierzu *Stürner* in: FS für Fritz Baur (1981), S. 655.

tumsgarantie nach Art. 14 Absatz 1 Satz 1 GG ebenfalls schutzwürdig. Es gibt dessen ungeachtet in *beiden* Verfahrensarten typische Fälle, in denen ein Beteiligter besonders schutzwürdig - über die Schutzbedürftigkeit des durchschnittlichen Gehörberechtigten hinaus - erscheint. In solchen Fällen ist es dann aber auch ohne Bedeutung, ob das Gericht dem Betroffenen in „unmittelbarer" staatlicher Machtentfaltung, so im Vollstreckungsverfahren, gegenübersteht, oder ob es wie im Erkenntnisverfahren eher als „Vermittler" zwischen den Parteien fungiert. Denn auch hier ist es der Richter, der ein verbindliches Urteil über den Streitstoff schließlich fällt.

Als Fallgruppe allgemeiner Art, bei der generell - unabhängig von der in Rede stehenden Verfahrensart - die Gerichte zu erweiterten Hinweisen gegenüber dem Betroffenen verpflichtet sein können, kommt insbesondere diejenige Konstellation in Betracht, daß ein Verfahrensbeteiligter auf Grund von Umständen, wenngleich sie in seiner Sphäre liegen und ihm daher grundsätzlich zurechenbar sind, *in einem besonders hohen Maße persönlich schutzwürdig erscheint, ohne daß hierdurch die Grenze zur Prozeßunfähigkeit erreicht wäre*. So ist die Bewältigung *physischer, psychischer und intellektueller Defizite* von Prozeßbeteiligten nach wie vor ungeklärt. Rechtliches Gehör ist aber nur dann gewährt, wenn der Gehörberechtigte tatsächlich imstande ist, davon Gebrauch zu machen (und wenn der Richter hinsichtlich seiner Äußerung aufnahmebereit und -fähig ist[362]). Dem Berechtigten muß es möglich sein, die „Chance", die ihm Art. 103 Absatz 1 GG bietet, auch tatsächlich wahrzunehmen und sich wirksam rechtliches Gehör zu verschaffen. Auch „prozessuale Mündigkeit" und die Obliegenheit der „Prozeßverantwortung", die im Rahmen des Art. 103 Absatz 1 GG Mitwirkungspflichten des Gehörberechtigten begründet, setzt die *Fähigkeit* zur Übernahme der Verantwortung voraus.

Für Fälle, in denen insoweit Defizite auf Seiten des Gehörberechtigten bestehen, hat *Geiger* im Rahmen seines *Sondervotums* zu *Zuschlag I*[363] den Begriff der *„intellektuellen Unfähigkeit"* geprägt:

> „Der im Verfahren *anwesende*[364] Verfahrensbeteiligte muß aus *objektiven*, in seiner Person liegenden Gründen nicht in der Lage sein, von dem ihm verfahrensrechtlich eröffneten und vom Gericht nicht behinderten Recht auf Gehör Gebrauch zu machen (z.B. weil er geisteskrank ist, unter Rauschgift steht, taub ist, der deutschen Sprache nicht mächtig ist); dazu gehört auch der Fall, daß er *intellektuell nicht fähig* ist, den

---

[362] Diese Voraussetzung wird von einem schlafenden Richter selbstverständlich nicht erfüllt, ebensowenig wie von einem aktenlesenden oder -bearbeitenden Richter. Auch die Mitwirkung stark sehbehinderter oder blinder Richter wirft Probleme auf. Ausführlich hierzu *Wimmer*, DVBl. 1985, S. 773 (778 f.) mit umfangreichen Nachweisen.

[363] BVerfGE 42, 64 (79 ff.).

[364] Diese und die folgenden Passagen sind *im zitierten Text* in Kursivschrift hervorgehoben.

Ablauf des Verfahrens zu verstehen, zu begreifen, was für ihn auf dem Spiel steht, und verfahrensgerecht zu reagieren. Da in diesem Fall (ähnlich übrigens auch in den anderen genannten Fällen!) die „intellektuelle Unfähigkeit" nicht ohne weiteres erkennbar ist (und solange kein Anhaltspunkt hierzu, solange kein Anlaß zur Aufklärung!), bedarf es der zusätzlichen Einschränkung, daß es *evident* sein muß, daß der Verfahrensbeteiligte aus in seiner Person liegenden Umständen außerstande war, von seinem Recht auf rechtliches Gehör Gebrauch zu machen. Ansonsten würde die gerichtliche Hinweispflicht wiederum überspannt. Diese Evidenz ergibt sich mit hinreichender Eindeutigkeit aus dem unorientierten, hilflosen, dem Geschehen verständnislos gegenüberstehenden *Verhalten* des im Termin anwesenden Beteiligten. Nur wenn diese intellektuelle Unfähigkeit, sich das rechtliche Gehör nach Art. 103 Absatz 1 GG zu verschaffen, evident ist, aber auch stets in diesen Fällen, gebietet die Vorschrift für das Zwangsversteigerungsverfahren - in Übereinstimmung mit der rechtlichen Struktur dieses Verfahrens - die Versagung des Zuschlags."[365]

Das Bundesverfassungsgericht hat das Kriterium der besonderen Schutzbedürftigkeit der Gehörberechtigten in diesem Sinne zuletzt ausdrücklich ausgedehnt auf die Fälle, in denen *Kinder* an einem Verfahren beteiligt sind.[366]

Der von *Geiger* vertretenen Auffassung ist grundsätzlich zuzustimmen:

Der *„intellektuell unfähige"* und insofern hilflos dem Verfahren gegenüberstehende Gehörberechtigte ist in besonderem Maße schutzwürdig und bedarf daher unter dem Gesichtspunkt seines Rechts auf rechtliches Gehör[367] in besonderem Maße der Aufklärung des Gerichts. Dies gilt unzweifelhaft zunächst für am Verfahren beteiligte *Kinder*, an deren besonderer Schutzbedürftigkeit kein Zweifel bestehen kann. Ist die Wahrung ihrer Interessen durch ihre gesetzlichen Vertreter, im Regelfall die Eltern, nicht hinreichend gesichert, etwa im Falle möglicher Interessenkollisionen, ist dem in der Tat etwa durch Bestellung eines Pflegers für das Verfahren Rechnung zu tragen.[368] Die Erweiterung gerichtlicher Hinweispflichten sollte jedoch im übrigen, bei Erwachsenen, unbedingt be-

---

365 BVerfGE 42, 64 (87).

366 Durch Bestellung eines Pflegers bereits im familiengerichtlichen Verfahren bei möglicher Kollision zwischen den Interessen der Eltern und des Kindes wird dem Rechnung getragen, BVerfGE 99, 145 (3. LS und S. 163).

367 Insbesondere hier ist streitig, ob die genannten Ausnahmefälle von Art. 103 Absatz 1 GG erfaßt sind oder eher von anderen verfassungsrechtlichen Prinzipien. So wird vorgebracht, das rechtliche Gehör sei nur dann verletzt, wenn Hindernisse aus der *Sphäre des Richters*, nicht aber aus der des Anzuhörenden entgegenstehen, vgl. (die Hinweise bei *Karwacki*, aaO S. 35 / Fn. 161 auf:) *Vollkommer*, RPfl 1976, S. 394; *Weitzel*, JuS 1976, S. 722. Es ist aber nicht einzusehen, warum bei der Ausübung des Gehörgrundrechts zwischen Hindernissen in der Person des Richters und in der des Gehörberechtigten unterschieden werden sollte. Vielmehr macht das Recht auf Gehör nur Sinn, wenn dem Berechtigten die Ausübung dieses Rechts auch tatsächlich möglich ist. Auch ist hier die prinzipielle Erfassung solcher Sonderfallgruppen etwa durch das Gebot der *Verfahrensfairneß* als *Auffangtatbestand* abzulehnen, da der spezielle Schutzbereich hierdurch ausgehöhlt zu werden droht: Auch und gerade eine Ausdehnung der durch Art. 103 Absatz 1 GG nur gewährleisteten Minimalgarantie muß an dem spezifischen Gehalt dieser Garantie selbst festgemacht und aus ihr heraus begründet werden. Anderenfalls wäre eine hintergründige Überdehnung dieser Garantie durch Vermittlung anderer Verfahrensprinzipien die Folge.

368 BVerfGE 99, 145 (3. LS und S. 163).

schränkt bleiben auf die von *Geiger* beschriebenen Merkmale „intellektueller Unfähigkeit", sodaß hierzu nicht diejenigen Fälle zählen, in denen lediglich auf Grund der Kompliziertheit der Verfahrensregelungen, der rechtlichen Unwissenheit der meisten Bürger und der (auch sprachlich durch den juristischen Fachjargon bedingten) Verständnisschwierigkeiten im gerichtlichen Verfahren der Betroffene dem Verfahren hilflos gegenübersteht. Die soeben beschriebenen Fälle bilden keineswegs die Ausnahme im Alltag der Gerichte.[369] Hieraus ergibt sich aber keine besondere Schutzwürdigkeit der Betroffenen im Verhältnis zu anderen Gehörberechtigten.[370] Deswegen müssen objektive, in der Person des Betroffenen liegende Gründe vorliegen, welche seine Schutzbedürftigkeit begründen. Ansonsten könnten alle juristisch nicht versierten Bürger - und diese bilden wohl die Mehrzahl der Bevölkerung - allein aufgrund ihres Unvertrautseins mit rechtlichen Regelungen eine Verletzung rechtlichen Gehörs geltend machen. Dies allein begründet aber sicher keine besondere Schutzbedürftigkeit, zumal jeder die Möglichkeit hat, sich fachkundig von einem Rechtsbeistand beraten oder vertreten zu lassen[371], und kann den Gehörberechtigten nicht von seiner prozessualen Verantwortung entbinden. Die oben genannten Ausnahmefälle müssen jedoch - insoweit entgegen der Auffassung von *Geiger*, der jene ausdrücklich auf das zivilprozessuale Vollstreckungsverfahren beschränkt - *auch für jede andere Verfahrensart und im Rahmen jeder anderen Prozeßordnung* gelten. Insoweit ist nicht einzusehen, weshalb ein anerkanntermaßen besonders schutzbedürftiger Verfahrensbeteiligter etwa im Strafverfahren, das in noch höherem Maße als das zivilprozessuale Vollstreckungsverfahren von staatlicher Machtentfaltung geprägt ist - insoweit kommt der gerichtlichen Hinweispflicht, gemäß § 265 StPO, besondere Bedeutung zu - , weniger schutzwürdig sein soll als etwa der Vollstreckungsschuldner bei einer Zwangsversteigerung. Gleiches gilt aber auch im zivilprozessualen Erkenntnisverfahren, in dem zwar der Richter nicht „unmittelbar" und per se, wie im Vollstreckungsverfahren, in Grundrechte eingreift; gleichwohl hat auch hier der Bürger einen Anspruch auf eine materiell „richtige" Entscheidung, deren Ermöglichung die Anhörung dient. Die Grundvoraussetzung der Wahrnehmung des Äußerungsrechts ist aber auch hier, daß der Berechtigte begreift, was für ihn auf dem Spiel steht und mit welchen

369 *Wimmer*, aaO S. 778.

370 Eine Ausweitung der gerichtlichen Hinweispflichten über die soeben dargestellten Ausnahmefälle „intellektueller Unfähigkeit" hinaus deutet dagegen *ders.*, aaO S. 778 an.

371 Dem Bürger fehlen hierzu in der Praxis jedoch oft die notwendigen finanziellen Mittel. Dies kann oft auch nicht durch die Gewährung von Prozeßkostenhilfe ausgeglichen werden. Allerdings herrscht gerade in Verfahren, die den Bürger am „härtesten" treffen können, in der Regel Anwaltszwang. In diesen Verfahren jedenfalls dürfte sich das Problem der „intellektuellen Unfähigkeit" kaum stellen.

Mitteln er effektiven Rechtsschutz erlangen kann. Das Erkenntnisverfahren würde indes herabgewürdigt, würde ihm hier im Falle besonderer Schutzwürdigkeit solcher Schutz versagt.

Jedoch muß in allen Fällen die besondere Schutzbedürftigkeit des Betroffenen für das Gericht *evident* erkennbar sein, um einen Verfassungsverstoß durch unterlassene Hinweispflichten bejahen zu können. Dies ist allerdings sorgfältig zu prüfen, da zum einen genaue Kriterien dafür, wann die besondere Schutzbedürftigkeit dem „intellektuell Unfähigen" „auf die Stirn geschrieben" ist, nicht vorliegen[372], und zum anderen durch eine zu Unrecht bejahte erhöhte Schutzbedürftigkeit des Einzelnen ein Ungleichgewicht zum Schutz des *Prozeßgegners* entstünde. Insofern steht wiederum die richterliche Neutralitätspflicht auf dem Spiel. Daher gebührt dem Richter bei der Beurteilung der besonderen Schutzbedürftigkeit des Gehörberechtigten, in Ausnahme von der Regel seiner im Rahmen des Art. 103 Absatz 1 GG stark ausgeprägten prozessualen Verantwortung, im einzelnen Fall ein *weiter Ermessensspielraum*. Fehler bei der Ermessensausübung sollten auch vom Bundesverfassungsgericht nur ganz beschränkt überprüfbar sein, und zwar nur auf *bewußtes* Unterlassen einer Auseinandersetzung mit den intellektuellen Fähigkeiten des Berechtigten, deren Fehlen ihm „auf die Stirn geschrieben" und für jeden, auch juristisch nicht versierten Dritten objektiv erkennbar sein muß.

Nach alledem kann nur in den soeben genannten Ausnahmefällen evidenter besonderer Schutzbedürftigkeit der „intellektuell Unfähige" dem Prozeßunfähigen gleichgestellt werden und nur dann, wenn es ihm ansonsten unmöglich wäre, seine Chance, vom Gericht *überhaupt* gehört zu werden, wahrzunehmen. Liegen diese Voraussetzungen vor, *ist* seine Schutzbedürftigkeit zwingend zu kompensieren. Dies erfordert die Menschenwürde, denn anderenfalls wäre der Schutzbedürftige bloßes Verfahrensobjekt. Eine wirksame, *effektive* Wahrnehmung seines Äußerungsrechts, wie von Art. 103 Absatz 1 GG per se gefordert, wäre ihm sonst nicht möglich. Dem ist Rechnung zu tragen durch erweiterte Hinweis- bzw. Aufklärungspflichten in dem oben beschriebenen Sinne oder etwa dadurch, daß dem Gehörberechtigten ein Anwalt, Übersetzer oder Vertreter zur Seite

---

372 Kritisch auch etwa *Wassermann* in: Alternativkommentar-GG, Art. 103 Rd. 30. Es wäre angebracht, mit Hilfe von gerichtspsychologischen Sachverständigen genauere Kriterien dafür zu entwickeln, wann die besondere Schutzbedürftigkeit für das Gericht auf der Hand liegen muß bzw. wann sie dem Gehörberechtigten „auf der Stirn geschrieben" steht. Denn beispielsweise bloße Nervösität oder vorübergehende Sprachhemmungen liegen noch im Bereich des alltäglichen Verhaltens eines Bürgers, der (vielleicht zum ersten Mal) vor Gericht steht.

gestellt wird.[373] Insofern wird in Wahrheit auch nicht die von Art. 103 Absatz 1 GG nur gewährleistete Mindest- oder Minimalgarantie ausgedehnt, denn die *Fähigkeit*, ein Recht auszuüben, ist unerläßliche Grundvoraussetzung seiner Wahrnehmung. Es kann indes nicht eindringlich genug davor gewarnt werden, die Ausnahme zur Regel zu verkehren und den Bürger aus seiner, aus seiner Mündigkeit folgenden, prozessualen Verantwortung zu entlassen. Hierzu neigt das Bundesverfassungsgericht gemeinhin allzu oft, in (übertriebenem) Bestreben, effektiven Rechtsschutz, (vermeintlich) zum Besten der Bürger, vor Gericht zu optimieren. Es setzt sich damit aus fachgerichtlicher Sicht nicht nur dem bekannten Vorwurf aus, zur „Superrevisionsinstanz“ zu werden, sondern es trägt hierdurch auch dazu bei, daß sich der Bürger nicht mehr hinreichend seiner Verantwortung bewußt wird, die er als Verfahrensbeteiligter trägt. So herrscht in breiten Teilen der Bevölkerung die Auffassung vor, daß die Verantwortung für den Prozeßverlauf allein auf dem Richter laste. Diese Ansicht wird durch die Vielzahl an Verfassungsbeschwerden, die erfolgreich prozessuale Verfahrensfehler rügen[374], wobei Rügen nach Art. 103 Absatz 1 GG nach wie vor Spitzenreiter sind[375], gefördert. Sie ist jedoch insbesondere im Zivilprozeß, der klassischen Form des Parteienstreits, für dessen Verlauf die Parteien als „Herren über den Streitstoff“ primär selbst verantwortlich sind und der auch nur aufgrund ihrer, nicht staatlicher Initiative überhaupt in Gang kommt, nicht angebracht. Dennoch wird man für die genannten evidenten Fälle erheblicher Schutzbedürftigkeit eine Ausnahme zulassen müssen, zumal es für den Richter nicht allzuviel Zeitaufwand bedeutet, sich auf einen solchen Verfahrensbeteiligten einzustellen und ihm geduldig und in verständlicher Art und Weise (d.h. insbesondere nicht im gängigen Juristen-Deutsch[376]) klarzumachen, was für ihn auf dem Spiel steht und welche prozessualen Möglichkeiten ihm zur Seite stehen.

Festzuhalten bleibt vor allem, daß eine generelle Verdichtung der von dem Anspruch auf rechtliches Gehör umfaßten Informationspflicht der Gerichte zu einer allgemeinen, umfassenden Hinweispflicht verfassungsrechtlich nicht gefordert ist. Dies hat auch das Bundesverfassungsgericht konstatiert, wenngleich es im Einzelfall (zu) weitgehende Hinweispflichten postuliert hat. Nur in den genannten typisierten Ausnahmefällen „intellektueller Unfähigkeit“ ist eine Erweiterung des rechtlichen Gehörs angezeigt, wenn anderenfalls dieses nicht wirksam wahrgenommen werden könnte. Die Ausnahmen unterliegen aber auf jeden Fall dem spezifischen Schutzbe-

---

373 Vgl. *Nolte* in: v. Mangoldt/Klein/Starck, Bonner Grundgesetz, Art. 103 Abs. 1 Rd. 52.

374 Den Hauptanteil an Verfassungsbeschwerden stellen die Verfahrensbeschwerden.

375 Vgl. die tabellarische Übersicht im Anhang; s. auch schon o., A.II.4.

376 In der Praxis scheint es leider einigen Gerichten zuviel Mühe zu bereiten, allein hierdurch auf den fachunkundigen Bürger Rücksicht zu nehmen. Hier liegt aber ein wichtiger Ansatzpunkt, mit dem besonders dem rechtlichen Gehör zur Effektivität verholfen werden kann, sodaß ein Verstoß hiergegen schon im Vorfeld abgeblockt wird.

reich des Art. 103 Absatz 1 GG und sind anhand des Gehalts dieses Prozeßgrundrechts zu prüfen. Dem Rekurs des Bundesverfassungsgerichts auf die verfahrensrechtliche Seite der materiellen Grundrechte oder aber auf das Gebot der Verfahrensfairneß, wie auch von Teilen der Literatur vertreten[377], ist entgegenzutreten, da ansonsten der Schutzbereich des rechtlichen Gehörs unterlaufen würde.[378]

b) Keine allgemeine Verpflichtung der Gerichte zur Führung eines Rechtsgesprächs

aa) Die Rechtsprechung des Bundesverfassungsgerichts

Ähnlich wie das Bundesverfassungsgericht jedenfalls eine allgemeine Hinweispflicht aus Art. 103 Absatz 1 GG verneint[379], lehnt es auch eine *allgemeine* Verpflichtung der Gerichte zur Führung eines „*Rechtsgesprächs*" mit den Beteiligten jedenfalls ab.[380] Auch hier findet es jedoch wieder einen Ausweg für *Einzelfälle* über das Gebot der *Verfahrensfairneß*. Allerdings soll die Verpflichtung zur Führung eines Rechtsgesprächs auch unter diesem Gesichtspunkt einschränkend nur dann gelten, wenn das Gericht den Gehörberechtigten *zu einem für ihn nachteiligen Prozeßverhalten veranlaßt* hat.[381]

bb) *Stellungnahme*

(1) Zur verfassungsrechtlichen Grundlage der Pflicht des Gerichts zur Führung eines Rechtsgesprächs

Hierzu ist zunächst wiederum festzuhalten, daß die Verpflichtung der Gerichte zur Führung eines Rechtsgesprächs, unabhängig davon, ob diese allgemein oder nur für den Einzelfall anzunehmen ist, ausschließlich aus Art. 103 Absatz 1 GG überhaupt hergeleitet werden könnte, da dessen spezifischer Schutzbereich grundsätzlich betroffen ist. Eine andere Vorgehensweise - der „Umweg" über andere Verfahrensgrundrechte oder Verfassungsprinzipien - ist aus den oben bereits im Hinblick auf die Beurteilung im typischen

---

[377] Vgl. etwa *Wassermann* in: Alternativkommentar-GG, Art. 103 Rd. 15 und 21.

[378] S. weiter oben, unter *(1)*.

[379] S. soeben.

[380] S. BVerfGE 31, 364 (370); 54, 100 (117).

[381] Vgl. insbesondere BVerfG 23.06.1980 - 1 BvR 1094/79 - : Aus Art. 103 Absatz 1 GG lasse sich weder ein Anspruch auf ein Rechtsgespräch noch eine allgemeine Hinweis- und Aufklärungspflicht ableiten. Es bleibe in jedem Fall der Entscheidung der Beteiligten überlassen, welche Folgerungen sie für den Prozeß aus einem etwaigen Rechtsgespräch ziehen. Etwa anderes könne aber unter dem Gesichtspunkt des *fairen* Verfahrens gelten, sofern das Gericht eine Partei zu einem für sie nachteiligen Sachvortrag veranlaßt oder bestimmt hat. S. hierzu aus der Literatur *Benda/Weber*, ZZP Bd. 96 (=1983), S. 300 (302); *Kopp*, AöR Bd. 106 (=1981), S. 604 (624); *Schmidt-Aßmann* in: Maunz/Dürig/Herzog, GG, Art. 103 Abs. I Rd. 78 m.w.N.; *Stürner* in: FS für Fritz Bauer (1981), S. 647 (654 f.).

Einzelfall bestehender umfassender gerichtlicher Hinweispflichten angestellten Erwägungen abzulehnen, da dies sonst zu einer Ausweitung des Anwendungsbereichs des Art. 103 Absatz 1 GG „durch die Hintertür" führen könnte.[382] Ob das Gehörgrundrecht allgemein oder aber in besonderen Fällen das Gericht zur Führung eines Rechtsgesprächs verpflichtet, ist daher anhand des durch Art. 103 Absatz 1 GG verfassungsmäßig gewährleisteten Mindeststandards zu überprüfen.

(2) Zur These vom Rechtsgespräch

Die These vom Rechtsgespräch geht auf *Arndt* zurück, der die Pflicht des verhandelnden und erkennenden Richters zur Führung eines Rechtsgesprächs mit den Beteiligten aus dem Grundsatz des rechtlichen Gehörs - und insoweit vom richtigen dogmatischen Ansatz - hergeleitet hat.[383] Dieses Grundrecht sei verletzt, wenn das Gericht sich die Meinungen der Beteiligten nur anhöre, ohne von sich aus handelnd darauf hinzuwirken, daß die Beteiligten verstehen und mitdenken, welche rechtlichen Erwägungen nach der Auffassung des Gerichts maßgeblich werden könnten. Jedenfalls in Verhandlungen, in denen *Mündlichkeit* geboten ist, werde dem Grundrecht auf Gehör nicht durch die bloße Gelegenheit zur Äußerung ([insbesondere] hinsichtlich rechtlicher Ausführungen) Genüge getan, sondern erwachse dem Richter die Pflicht zum Rechtsgespräch mit den Beteiligten.[384] *Arndt* nimmt in diesem Zusammenhang Bezug auf den ehemaligen Präsidenten des Bundesverwaltungsgerichts *Werner*, der in seiner Antrittsrede darauf aufmerksam gemacht hat, daß sich Wahrheit, auch das wahre Recht, allein durch Diskussion finden lasse, und zitiert ihn: „*Vielfach aber ist die Rechtsfindung zu einem Selbstgespräch des Richters geworden, und die Stunden, in denen in der mündlichen Verhandlung ein echtes Rechtsgespräch stattfindet, sind insbesondere bei den erstinstanzlichen Gerichten selten.*"[385]

Überwiegend ist die von *Arndt* aufgestellte These insbesondere aus *einfach-rechtlicher* Sicht, speziell in der Literatur zum Zivilprozeß, jedoch auf Ablehnung gestoßen.[386] Die

---

[382] S. weiter o., unter a)dd)*(1)*.
[383] S. *Arndt* erstmals in NJW 1959, S. 6 (8); vgl. *dens.* in NJW 1960, S. 1191 (1193).
[384] *Ders.*, NJW 1959, S. 6 (8).
[385] *Ders.*, aaO S. 8 (mit Hinweis auf den Bericht in NJW 1958, S. 1480). - Hervorhebungen in Kursivschrift durch *Verf.*
[386] Vgl. die Nachweise in *Waldner*, Aktuelle Probleme des rechtlichen Gehörs im Zivilprozeß (1983), S. 120 / Fn. 20, sowie aber auch Fn. 16 und 19 zur positiven Aufnahme in der Literatur. *Waldner*, der sich aaO S. 119 ff. eingehend mit der These *Arndt*'s befaßt, lehnt dieselbe jedenfalls im zivilprozessualen Bereich ab, weil sie *mit der Struktur des Zivilprozesses unvereinbar* sei: Denn die Forderung nach einem Rechtsgespräch impliziere, daß das Gericht jede rechtlich denkbare Möglichkeit mit den Parteien durchsprechen und vor dem endgültigen Abschluß des Verfahrens seine Rechtsauffassung

Diskussion, ob eine Verpflichtung zur Führung eines Rechtsgesprächs im einfachen Prozeßrecht vor allem nach § 139 ZPO Geltung beanspruchen darf, kann hier jedoch dahinstehen, da sie im Sinne eines *umfassenden* Gebots jedenfalls *nicht* aus dem *verfassungsmäßigen* Inhalt des Gehöranspruchs ableitbar ist: Von dem nach Art. 103 Absatz 1 GG nur zu gewährleistenden Mindeststandard rechtlichen Gehörs ist die Verpflichtung zur Führung eines Rechtsgesprächs sicher nicht umfaßt. Denn die Gehörgarantie läßt die Möglichkeit, sich *überhaupt* zu äußern, genügen. Nicht notwendigerweise umfaßt hiervon ist die Initiierung eines Gesprächs durch den Richter. Auch die Berücksichtigung der Äußerung durch den Richter muß nicht notwendig unmittelbar in Form einer direkten Antwort erfolgen (was regelmäßig nur im mündlichen Verfahren überhaupt möglich ist[387]), sondern seine Berücksichtigung in den Urteilsgründen ist ausreichend.[388] Daher besteht lediglich ein *Recht* des Richters zur Führung eines Rechtsgesprächs.[389] Auf einem anderen Blatt steht, daß dieses im Sinne einer guten Verfahrensleitung nicht nur sinnvoll, sondern oft - insbesondere wenn Beteiligte nicht anwaltlich vertreten sind - sogar notwendig ist.

---

zwar nicht offenbaren, aber doch „andeuten" müßte. Dann aber sei die Verantwortlichkeit für die Entscheidungsgrundlagen auf das Gericht hin verschoben. Die der Urteilsfällung vorangehende Beratung wäre entwertet, weil das Gericht sich durch die vorherige Offenbarung unter dem Gesichtspunkt des Vertrauensschutzes bereits selbst gebunden hätte.

387 *Waldner* (aaO) weist in diesem Zusammenhang speziell für den Zivilprozeß darauf hin, daß sich durch die Verpflichtung zum Rechtsgespräch (allein) in der mündlichen Verhandlung *die prinzipielle Gleichwertigkeit zwischen mündlichem und schriftlichem Verfahren* und damit zwischen mündlicher und schriftlicher Anhörung nicht mehr aufrechterhalten lassen dürfte. Das hätte die Notwendigkeit einer grundlegenden Änderung des Verfahrensablaufs zur Folge, was sicher nicht Sinn des Art. 103 Absatz 1 GG sein könne. Eine Pflicht, die nur in „geeigneten" Fällen gelte, sei nicht justitiabel (*ders.*, aaO S. 122; s. auch *Schmidt-Aßmann* in: Maunz/Dürig/Herzog, GG, Art. 103 Abs. I Rd. 78). Auch nach der ständigen Rechtsprechung des Bundesverfassungsgerichts ergibt sich aus Art. 103 Absatz 1 GG nicht ein Anspruch auf Durchführung eines mündlichen Verfahrens, s. hierzu weiter u., III.3.b)aa).

388 Zu der aus Art. 103 Absatz 1 GG folgenden Verpflichtung der Gerichte zur *Berücksichtigung* von Äußerungen der Gehörberechtigten, insbesondere zu Rechtsfragen, s. weiter u., IV.

389 Hiergegen wiederum kann nicht eingewendet werden, der Richter setze sich hierdurch dem Vorwurf der Befangenheit aus. Die offene Darlegung der tatsächlich bestehenden Rechtsauffassung des Gerichts verstößt nicht gegen das Gebot der Unparteilichkeit. Sie kann sogar aufgrund von vom selben Gericht früher zu entscheidenden, vergleichbaren Fällen ohnehin den Beteiligten oft schon bekannt sein (solchenfalls ist ein Rechtsgespräch meist entbehrlich, es sei denn, es treten andere rechtliche Aspekte in den Vordergrund oder es hat sich eine Änderung der bisherigen Rechtsauffassung seitens des Gerichts angedeutet). Darüber hinaus ist der Richter beispielsweise nach § 279 ZPO sogar verpflichtet, auf eine gütliche Einigung, auf einen Vergleich, hinzuwirken (durch das *ZPO-RG*, BGBl. I [2001] S. 1887 *[§§ 278, 279 ZPO n.F.]*, wird diese Verpflichtung ab 1. Januar 2002 einen äußerst hohen Stellenwert erlangen). Dann empfiehlt es sich für ihn sogar, den Parteien die beiderseitigen Chancen aufzuzeigen (vgl. zu diesem Aspekt bereits nach bislang geltendem Gesetzesrecht *Waldner*, aaO, S. 123). Es gelten hier die gleichen Grundsätze wie allgemein hinsichtlich richterlicher Frage- und Hinweisrechte (s. weiter o.): So lange das Gericht beide Parteien *gleichbehandelt*, also auch beide gleichermaßen einem Rechtsgespräch hinzuzieht, ist er jedenfalls zur Führung eines solchen *berechtigt*. Dem steht daher auch nicht der Grundsatz der richterlichen Neutralität entgegen.

Verfassungsrechtlich geboten ist dies generell jedenfalls nicht. In Übereinstimmung mit der oben angeführten ständigen Rechtsprechung des Bundesverfassungsgerichts ist somit eine generelle Verpflichtung der Gerichte zur Führung eines Rechtsgesprächs mit den Beteiligten abzulehnen. Andererseits ist dem Bundesverfassungsgericht ebenfalls darin beizupflichten, daß diese *schutzbedürftig und -würdig* sind, wenn sie von dem Gericht *zu einem für sie nachteiligen prozessualen Verhalten veranlaßt* worden sind.[390] *Nur in diesem Sonderfall* begründet der *Schutzgehalt des Art. 103 Absatz 1 GG* die Verpflichtung des Richters zur Führung eines Rechtsgesprächs. Das umfassendere Gebot der Verfahrensfairneß dagegen kommt auch insoweit nicht in Betracht. Es enthält zwar in einem Ausschnitt seines Schutzbereichs auch den Anspruch auf rechtliches Gehör in dem von Art. 103 Absatz 1 GG gewährleisteten Umfang, ist aber nur außerhalb dessen Anwendungsbereichs anwendbar, etwa in Verfahren vor dem Rechtspfleger, das in diesem Sinne auch dann, wenn der Rechtspfleger richterliche Aufgaben wahrnimmt, kein „Gerichtsverfahren" im eigentlichen Sinne darstellt.[391] Der Schutzbereich rechtlichen Gehörs, wenn auch in diesen Fällen durch das Fairneßgebot - und zwar genau in dem von Art. 103 Absatz 1 GG gewährleisteten Umfang - vermittelt, ist vorliegend aber betroffen. Zwar steht nicht das Äußerungsrecht als solches in Frage, sondern umgekehrt eine Hinweispflicht des Gerichts in Bezug auf Rechtsfragen, welche (lediglich) *als „Korrektiv" zu einem nicht ordnungsgemäßen aktiven Vorverhalten des Gerichts* dienen soll. Jedoch ist das zur Kompensation verwandte Mittel, der Hinweis des Gerichts auf die Rechtslage oder auf eine bestimmte Rechtsfrage, wiederum vom spezifischen Schutzbereich des Art. 103 Absatz 1 GG umfaßt, ebenso wie auch das pflichtwidrige Vorverhalten selbst, das insoweit als gegen das Neutralitätsgebot verstoßende Überdehnung gerichtlicher Information qualifiziert werden kann. Im Ergebnis ist jedenfalls festzuhalten, daß die Feststellung eines Verstoßes gegen das Gehörgrundrecht und eine daraus folgende Kompensationspflicht des Gerichts im Sinne erweiterter rechtlicher Hinweise auf den genannten Ausnahmefall beschränkt bleiben muß, soll der Grundsatz, daß die Gerichte nämlich *prinzipiell* zur Führung eines Rechtsgesprächs von Verfassungs wegen nicht verpflichtet sind, nicht unterlaufen werden.

Im übrigen finden sich Grundelemente der These vom Rechtsgespräch in dem anerkanntermaßen aus Art. 103 Absatz 1 GG herzuleitenden *Verbot von Überraschungsentschei-*

[390] S. weiter o.
[391] S. zuletzt BVerfGE 101, 397 (404 f.).

dungen wieder, wonach das Gericht dazu verpflichtet ist, vor seiner Entscheidung auf seine Rechtsauffassung hinzuweisen, wenn es auf rechtliche, oder auch tatsächliche, Kriterien abstellen will, worüber es die Gehörberechtigten bisher nicht informiert hatte und mit denen diese nicht rechnen mußten; ihnen muß insoweit Gelegenheit zur Äußerung gegeben werden.[392] Dasselbe gilt in den Fällen, in denen ein unterlassener Hinweis im Ergebnis der Verhinderung eines Vortrags zur Rechtslage gleichkäme.[393] Nur *insoweit* ist das Rechtsgepräch auch verfassungsrechtlich geboten.[394] Eingang hat das verfassungsrechtliche Verbot der Überraschungsentscheidung auch in das Zivilprozeßrecht gefunden, durch Einfügung eines zweiten Absatzes in *§ 139 ZPO n.F.* nach Maßgabe des *ZPO-RG* vom 27. Juli 2001.[395] Ansonsten steht es außer Frage, daß, auch wenn keine Pflicht des Richters zur Führung eines Rechts*gesprächs* mit den Beteiligten von Verfassungs wegen besteht, er dies *darf,* so wie der Äußerungsberechtigte selbst sich - ebenso wie zu Tatsachen - selbstverständlich auch zu *Rechtsfragen äußern darf.*[396] Die Einbeziehung auch von Rechtsfragen in den Anspruch auf rechtliches Gehör ergibt sich bereits aus dem Prozeßgrundrecht selbst.[397] Anders könnte der Betroffene seine Rechte vor Gericht nicht durchsetzen, da Tat- und Rechtsfragen oft praktisch unmöglich zu trennen sind. Jedenfalls aber darf dieses dem Gehörberechtigten unzweifelhaft zustehende Recht nicht mit der Frage des Anspruchs auf Führung eines Rechtsgesprächs verquickt werden.

c) Keine allgemeine Verpflichtung der Gerichte zur Erteilung einer Rechtsmittelbelehrung

Ähnlich umstritten wie die verfassungsrechtliche Verankerung und Reichweite gerichtlicher Hinweispflichten[398] sowie die Verpflichtung der Gerichte zur Führung eines Rechtsgesprächs mit den Verfahrensbeteiligten[399] ist weiterhin die Frage, ob aus der Informationspflicht nach Art. 103 Absatz 1 GG oder aus anderen Verfahrensgrundrechten oder Verfassungsgrundsätzen eine *allgemeine* gerichtliche Verpflichtung zur Erteilung einer Rechtsmittelbelehrung hergeleitet werden kann. Denn hier wie dort kann aus dem

---

392 BVerfGE 26, 37 (40); 84, 188 (191); 86, 133 (LS und S. 144) und ständig.
393 BVerfGE 84, 188 (190); 98, 218 (263).
394 Hierzu weiter u., unter 4.b).
395 = BGBl. I S. 1887.
396 S. BVerfGE 9, 266 ff.
397 Vgl. auch *Kopp*, AöR Bd. 106 (=1981), S. 604 (623 f.): Das Recht, sich auch zu Rechtsfragen zu äußern, ergibt sich aus der rechtsstaatlichen Funktion des rechtlichen Gehörs und seinem Menschenrechtsgehalt.
398 S. weiter o., unter a).
399 S. soeben (b]).

Vorliegen entsprechender einfach-rechtlicher Vorschriften[400] nicht (ohne weiteres) eine verfassungsrechtliche Verpflichtung gleicher Reichweite gefolgert bzw. die Verletzung der einschlägigen einfach-gesetzlichen Regelung mit einem Verfassungsverstoß gleichgesetzt werden.

aa) Frühere Entscheidungen des Bundesverfassungsgerichts zu der Verpflichtung der Gerichte zur Erteilung einer Rechtsmittelbelehrung

(1) Keine allgemeine Pflicht von Verfassungs wegen

Lange hat das Bundesverfassungsgericht Zurückhaltung geübt und eine *allgemeine, verfassungsrechtlich* gebotene Pflicht zur Erteilung einer Rechtsmittelbelehrung *jedenfalls nicht ausdrücklich bejaht.*[401] Auch an die *(inhaltliche) Ausgestaltung* der nach einfachem Recht vorgeschriebenen Rechtsmittelbelehrung stellte es bisher keine allzu großen Anforderungen. So ließ es etwa hinsichtlich der Vollständigkeit der Belehrung nach § 35 a Satz 1 StPO, demzufolge der Betroffene insbesondere über die für die Rechtsmitteleinlegung maßgebliche Frist belehrt werden muß, genügen, daß der Betroffene über die *gesetzliche* Anfechtungsfrist belehrt wird, sodaß die *konkrete* Berechnung des Fristlaufs seiner eigenen Verantwortung[402] überlassen bleibt, da es - so das Bundesverfassungsgericht zutreffend - kaum möglich, aber auch nicht erforderlich sei, in einer Rechtsmittelbelehrung auf sämtliche Modalitäten einer Fristberechnung hinzuweisen.[403] Allgemein obliegt die Berechnung von Fristen nach ständiger bundesverfassungsgerichtlicher Rechtsprechung dem Betroffenen.[404]

---

400 Zur Erteilung einer Rechtsmittelbelehrung verpflichten zum Beispiel § 117 Absatz 2 Nr. 6 VwGO und §§ 35 a, 319 Absatz 2 Satz 3, 346 Absatz 2 Satz 3 StPO; s. auch § 9 Absatz 5 ArbGG; § 58 VwGO; § 66 SGG sowie § 55 Absatz 1 Satz 2 FGO. Die Zivilprozeßordnung dagegen sieht eine Pflicht zur Rechtsmittelbelehrung nicht vor (vgl. hierzu ausführlich weiter u.).

401 Zumindest offen gelassen in BVerfGE 40, 237 (258).

402 Stichworte: *„Prozeßverantwortung des Individuums"*, *„prozessuale Mündigkeit des Bürgers vor Gericht"*; s. hierzu schon verschiedentlich weiter o. im Zusammenhang mit gerichtlichen Hinweispflichten und 1.e).

403 S. BVerfGE 31, 388 (390), vgl. aber das *Sondervotum Seuffert's* zu dieser Entscheidung (S. 391 f.), der hier jedenfalls einen - nicht in § 44 Satz 2 StPO enthaltenen - *Wiedereinsetzungsgrund* als gegeben sieht, da im konkreten Fall die Rechtsmittelbelehrung den zusätzlichen Hinweis hätte enthalten müssen, daß durch einen dazwischen getretenen Feiertag eine Fristerstreckung möglich gewesen wäre. Ansonsten würden die an den Gehörberechtigten zu stellenden Anforderungen überspannt. - Allgemein zur Möglichkeit der Wiedereinsetzung aufgrund einer unvollständig oder unrichtig erteilten Rechtsmittelbelehrung sogleich.

404 S. hierzu weiter u., III.2.b)cc)*(2)*, im Zusammenhang mit der Wiedereinsetzung in den vorigen Stand.

(2) Die Möglichkeit der Wiedereinsetzung in den vorigen Stand bei fehlender oder unzureichender Rechtsmittelbelehrung

Einen gewissen Ausgleich für das Fehlen einer allgemeinen verfassungsrechtlichen Pflicht zur Erteilung einer Rechtsmittelbelehrung schafft das Bundesverfassungsgericht dadurch, daß es häufig bei *Fehlen der Rechtsmittelbelehrung* einen *Wiedereinsetzungsgrund* gegeben sieht.[405] Auch beispielsweise nach der einfach-rechtlichen Vorschrift des *§ 44 Satz 2 StPO* ist die Versäumung einer Rechtsmittelfrist zwingend als unverschuldet anzusehen, wenn eine dahingehende Belehrung unterblieben war, sodaß Wiedereinsetzung zu gewähren ist. Eine Verletzung dieser Vorschrift wird vom Bundesverfassungsgericht regelmäßig zugleich als Verstoß gegen die Mindestgarantie des Art. 103 Absatz 1 GG angesehen, da die Anforderungen an die Voraussetzungen der Wiedereinsetzung in den vorigen Stand nicht dadurch überspannt werden dürften, daß dem Beschwerdeführer die Kenntnis der versäumten Frist unterstellt werde, obwohl eine dahingehende Belehrung unterblieben ist und ihm hierdurch die Gelegenheit genommen wird, sich überhaupt zu äußern.[406]

Gleiches soll bei zwar *erteilter*, aber *in einer dem Adressaten nicht verständlichen Sprache* abgefaßten Rechtsmittelbelehrung gelten. So war in einem vom Bundesverfassungsgericht zu entscheidenden Fall einer der deutschen Sprache nicht mächtigen ausländischen Person ein in deutscher Sprache abgefaßter Strafbefehl zugestellt worden, ohne daß er über die Möglichkeit der Einspruchseinlegung in einer ihm verständlichen Sprache belehrt worden wäre.[407] Das Gericht hatte auch gewußt, daß der Adressat der deutschen Sprache nicht mächtig war, führte aber hierzu aus, eine Rechtsmittelbelehrung in einer diesem verständlichen Sprache könne dennoch unterbleiben, da die Gerichtssprache deutsch sei (§ 184 GVG).[408] Die Wiedereinsetzung wurde ihm verweigert mit der Begründung, er habe sich nicht rechtzeitig genug um einen Dolmetscher bemüht.[409] Das Bundesverfassungsgericht sieht auch darin eine *Überspannung der Anforderungen an einen Wiedereinsetzungsgrund unter Verkennung der Bedeutung und Tragweite des Art. 103 Absatz 1 GG.* Der Beschwerdeführer habe weder gewußt, wessen er durch den

---

[405] Vgl. allgemein zur Wiedereinsetzung in den vorigen Stand als Folge des gerichtlichen Verstoßes gegen die aus dem Gehörgrundsatz herzuleitende gerichtliche Informationspflicht weiter u., III.2.b)cc)*(2)*.

[406] Beschluß des Bundesverfassungsgerichts vom 11. April 1991 (= NJW 1991, S. 2277).

[407] BVerfGE 40, 95.

[408] BVerfG, aaO S. 97 f.

[409] BVerfG, aaO S. 99.

Strafbefehl beschuldigt worden sei, noch, daß ihm der Rechtsbehelf des Einspruchs zugestanden habe und daß dafür eine Frist in Lauf gesetzt worden sei. Der Vorwurf, sich nicht rechtzeitig nachhaltig genug um eine Übersetzung bemüht zu haben, lasse außer Betracht, daß ihm der *drohende Fristablauf nicht bekannt gewesen* sei. Es sei davon auszugehen, daß er sich bei entsprechender Kenntnis unverzüglich um einen Rechtsanwalt bemüht und Einspruch eingelegt hätte. Damit *beruhe das Fristversäumnis auf seinen mangelnden Sprachkenntnissen*, sodaß er nicht anders behandelt werden könne als wenn die Rechtsmittelbelehrung ganz unterblieben wäre. Solchenfalls sei aber zwingend Wiedereinsetzung zu gewähren, § 44 Satz 2 StPO.[410] Den Einwand, die Gerichtssprache sei nach § 184 GVG deutsch, entkräftet das Bundesverfassungsgericht aus verfassungsrechtlicher Sicht damit, daß die Prozeßgrundrechte zweifellos auch ausländischen Verfahrensbeteiligten zustünden.[411] Daher fordere Art. 103 Absatz 1 GG, daß die *mangelhafte Kenntnis der deutschen Sprache nicht zu einer Verkürzung des Anspruchs auf rechtliches Gehör* führen dürfe.[412] Dieser Beschluß des zweiten Senats erging mit sechs Stimmen gegen eine Stimme.

Gegen die in der zuletzt angeführten Entscheidung zum Ausdruck gekommene Tendenz zur *pauschalen Gleichsetzung* der in einer dem Adressaten nicht verständlichen Sprache abgefaßten Rechtsmittelbelehrung mit der *überhaupt nicht erteilten* ist indes folgendes einzuwenden: Zunächst ist zu bedenken, daß beispielsweise für den Fall, daß eine mündliche Verhandlung stattgefunden hat, hierzu nach § 185 GVG ein Dolmetscher zwingend hinzuzuziehen war.[413] Dann aber kann von dem Berechtigten, der infolgedessen grundsätzlich „weiß, was für ihn auf dem Spiel steht“, erwartet werden, daß er ein amtliches Schriftstück, wenn es ihm zugestellt wird, als Gerichtspost erkennt und sich so bald wie möglich um Übersetzung bzw. um rechtlichen Beistand bemüht. Seiner besonderen, für

---

410 BVerfG, aaO S. 99 f. und E 42, 120 (124 f.).

411 S. hierzu im Ersten Kapitel dieser Arbeit, dort B.I.1.

412 BVerfGE 40, 95 (99).

413 Bis heute ist nicht vollständig geklärt, in welchem Umfang Verständigungshilfen durch einen Dolmetscher oder Übersetzer *vor Gericht* zu gewähren sind. Umstritten ist dies insbesondere hinsichtlich der *Hauptverhandlung im Strafverfahren*. Das Bundesverfassungsgericht schließt insoweit einen Anspruch aus Art. 103 Absatz 1 GG aus und rekurriert auf das *Fairneßgebot*, das die Gewährung von Verständigungshilfen in weitem Umfang gebiete, vgl. BVerfGE 64, 135 (145): Dieser Entscheidung lag ein Urteil des Bundesgerichtshofs vom 13. Mai 1980 - 1 StR 169/80 - zugrunde (vgl. hierzu die Anmerkung von *Rüping*, JZ 1983, S. 663), das vom Bundesverfassungsgericht (aaO) allerdings bestätigt wurde, da der Betroffene im konkreten Fall *anwaltlich vertreten* gewesen war: „Ist der Angeklagte im Revisionsverfahren durch einen Rechtsanwalt verteidigt, so läßt sich dem Recht auf ein rechtsstaatliches, faires Strafverfahren kein Anspruch des Inhalts entnehmen, daß ihm das Gericht das schriftlich niedergelegte Strafurteil für Zwecke der Revisionsbegründung in einer Übersetzung in eine ihm verständliche Sprache mitteilt“.

ihn gegenüber deutschen Adressaten nachteiligen Situation kann dadurch begegnet werden, daß man ihm eine längere Frist gewährt. Zumindest läßt sich die Frage, ob hierdurch die an den Wiedereinsetzung Begehrenden zu stellenden Anforderungen vielleicht doch überspannt werden würden, nicht durch eine pauschale Gleichsetzung, sondern nur durch eine sorgfältige *Verschuldensprüfung bei der Wiedereinsetzung* durch das Fachgericht *im Einzelfall* beantworten.[414]

So hat auch das Bundesverfassungsgericht kurze Zeit später unter Bezugnahme auf die dargelegte Entscheidung seine in ihr hervorgetretene Auffassung *relativiert und entsprechend dem Verschulden im Einzelfall differenziert*, ob Wiedereinsetzung zu gewähren gewesen sei oder nicht. Demnach könne einer ausländischen Person, dem ein Strafbefehl oder Bußgeldbescheid ohne ihm verständliche Rechtsmittelbelehrung zugestellt worden ist, die Wiedereinsetzung in den vorigen Stand aus der Erwägung heraus versagt werden, er habe sich *nicht zureichend um die Verfolgung seiner Interessen gekümmert, obwohl er nach Lage des Falles dazu Anlaß hatte und in der Lage war.*[415] Denn sofern er in der Lage sei, den Strafbefehl inhaltlich als ein ihn belastendes amtliches Schriftstück zu erfassen, könne von ihm erwartet werden, daß er sich innerhalb angemessener Frist Gewißheit über seinen genauen Inhalt verschafft. Für die Beurteilung, welche Frist angemessen ist, sei im Einzelfall entscheidend, welche Maßnahmen ihm zuzumuten seien, um ihn in die Lage zu versetzen, den Inhalt zu verstehen.[416] Zu Recht weist das Bundesverfassungsgericht aber darauf hin, daß diese *Kriterien von dem Fachgericht im Wiedereinsetzungsverfahren darzulegen* seien. Begnüge sich das Gericht dagegen mit der Feststellung, der jedenfalls über gewisse Kenntnisse der deutschen Sprache verfügende Adressat hätte sich „alsbald" - nämlich innerhalb der Einspruchsfrist - über den Inhalt vergewissern müssen, so würden damit die Wiedereinsetzungsanforderungen überspannt.[417]

Zu den vom Bundesverfassungsgericht entschiedenen Fällen ist daher festzuhalten:

---

[414] S. hierzu weiter u., III.2.b)cc)*(2)*.

[415] BVerfGE 42, 120 (LS).

[416] BVerfG, aaO S. 120.

[417] BVerfG - 2 BvR 150/91 - Beschluß vom 23.04.1991 (= NJW 1991, S. 2208). In dem konkret zugrundeliegenden Fall hatte das Fachgericht allein aus der Tatsache, daß der Betroffene seit 9 Jahren Inhaber der deutschen Fahrerlaubnis als Lkw-Fahrer sei, geschlossen, er verfüge über gewisse Deutschkenntnisse, und deswegen das Wiedereinsetzungsgesuch abgelehnt. Vgl. bereits grundlegend BVerfGE 42, 120 (125 m.w.N.): Dem Ausländer dürfe, wenn er der deutschen Sprache nicht hinreichend mächtig sei, im Wiedereinsetzungsverfahren nicht entgegengehalten werden, er habe sich nicht „rechtzeitig" genug um eine Übersetzung bemüht. Denn dieser Vorwurf lasse außer Betracht, daß dem Betroffenen der Fristablauf unbekannt bleibe, bis es ihm gelungen sei, eine Übersetzung zu erhalten.

Dem Bundesverfassungsgericht ist vorbehaltlos darin zuzustimmen, da Art. 103 Absatz 1 GG selbstverständlich auch für ausländische Verfahrensbeteiligte gilt, daß Verständigungsschwierigkeiten vor Gericht keinesfalls zu einer Verkürzung des Gehöranspruchs führen dürfen. Allen Gehörberechtigten muß insoweit in gleicher Weise die *Ausübung* ihres Äußerungsrechts möglich sein. Ansonsten hätte es keinen praktischen Wert für sie. Die Berechtigten sind insoweit, in vergleichbarer prozessualer Lage, gleichzubehandeln. Die Problematik, die sich hierdurch allgemein in der gerichtlichen Praxis ergibt, ist weithin bekannt und wird zum Teil durch entsprechende Vorschriften der einfachen Prozeßgesetze aufgefangen.[418] Eine Lösung für die vorliegende Fallgruppe wird aber nicht durch pauschale, ergebnisorientierte Erwägungen gefunden, die den Schutzbereich des Art. 103 Absatz 1 GG von vornherein überschreiten und zudem mit der Struktur des konkreten einfach-rechtlichen Instituts nicht übereinstimmen, wie das bei einer allgemeingültigen Gleichsetzung der in einer dem individuellen Adressaten nicht hinreichend verständlichen Sprache mit der gänzlich fehlenden Rechtsmittelbelehrung der Fall wäre. Eine ex ante ansetzende Wirkung des rechtlichen Gehörs insofern, daß von vornherein die Rechtsmittelbelehrung dem ausländischen Verfahrensbeteiligten ausschließlich in einer ihm verständlichen Sprache zu erteilen wäre, ist daher abzulehnen.[419] Als Faustformel läßt sich daher festhalten, daß eine Fristversäumnis jedenfalls *nicht* als auf Sprachproblemen beruhend und (nur) deshalb als nicht unverschuldet anzusehen ist, wenn der Betroffene anwaltlich vertreten war, ebenso wie selbstverständlich dann, wenn sich das Gericht von seiner Kenntnis der deutschen Sprache überzeugt hat. Im übrigen muß es, um dem rechtlichen Gehör die notwendige Geltung zu verschaffen, bei einer großzügigeren Handhabung der Wiedereinsetzungskriterien bleiben. Es ist in der Tat nicht hinnehmbar, daß eine der deutschen Sprache nicht hinreichend mächtige Person Nachteile erleidet im Vergleich zu anderen Personen in entsprechender Verfahrenslage. Dies wäre sowohl mit rechtsstaatlichen Erfordernissen als auch mit der Würde des Menschen nicht vereinbar und ist von den Fachgerichten entsprechend umzusetzen.

bb) Die jüngste Rechtsprechung des Bundesverfassungsgerichts zur Rechtsmittelbelehrung im Zivilprozeß

[418] Allgemein zu Sprachproblemen vor Gericht vgl. *Schmidt-Aßmann* in: Maunz/Dürig/Herzog, GG, Art. 103 Abs. I Rd. 116 ff. mit umfangreichen Nachweisen.
[419] Vorsichtig bejahend dagegen *Schmidt-Aßmann*, aaO Rd. 120.

(1) „Derzeit noch" keine allgemeine verfassungsrechtliche Pflicht zur Erteilung einer Rechtsmittelbelehrung

Zunächst ging das Bundesverfassungsgericht mithin jedenfalls *nicht* vom Bestehen einer *allgemein verfassungsrechtlich gebotenen* Belehrungspflicht aus. In jüngster Zeit wurde allerdings eine Kehrtwende eingeläutet für den zivilprozessualen Bereich, in welchem nach dem einschlägigen einfachen Recht der *Zivilprozeßordnung keine Rechtsmittelbelehrung erforderlich* ist. In einem Beschluß vom 20. Juni 1995[420] hat der Erste Senat zwar wiederholend konstatiert, die Erteilung einer Rechtmittelbelehrung sei für Urteile über zivilrechtliche Klagen (auch) von Verfassungs wegen nicht geboten, dies aber mit der bedeutsamen Einschränkung *„jedenfalls derzeit noch"*.[421] In einem *Sondervotum* zu dieser Entscheidung geht der Richter *Kühling* noch weiter und bejaht eine *schon jetzt* bestehende, von Verfassungs wegen gebotene Pflicht zur schriftlichen Erteilung einer Rechtsmittelbelehrung jedenfalls für Urteile, die *nicht im Anwaltsprozeß* ergehen, also für amtsrichterliche Urteile in bürgerlichen Rechtsstreitigkeiten.[422] Für die Zukunft ist daher zu erwarten, daß das Bundesverfassungsgericht seine bisher geübte Zurückhaltung hinsichtlich des Bestehens einer allgemeinen verfassungsrechtlich gebotenen Belehrungspflicht aufgeben und für zivilrechtliche Urteile eine solche fordern wird, obwohl eine entsprechende einfach-rechtliche Regelung hierzu in der Zivilprozeßordnung, im Gegensatz zu den Vorgaben anderer Prozeßordnungen, vollständig fehlt.

> Dem soeben angeführten Beschluß des Ersten Senats lag folgender (von *Verf.* gekürzter) *Sachverhalt*[423] zugrunde:
>
> Die Beschwerdeführer hatten bei einem Kreisgericht[424] in einem der Neuen Bundesländer den Erlaß einer einstweiligen Verfügung beantragt.
> Der Antrag wurde von dem damals noch zuständigen Kreisgericht als unbegründet abgewiesen. Dem Urteil war keine Rechtsmittelbelehrung beigefügt.
> Gegen das am 28. Juli 1992 zugestellte Urteil legten die Beschwerdeführer am 26. August bei dem damals noch zuständigen Bezirksgericht Berufung ein, wobei die Berufungsschrift zwar die Berufungsanträge enthielt, aber keine Berufungsbegründung. Diese ging, ebenfalls an das Bezirksgericht adressiert, ausweislich des Eingangsstempels am 1. September bei dem seit diesem Tage bestehenden und in den Räumen des vormaligen Bezirksgerichts tätigen Landgericht ein. Dem für das Berufungsverfahren inzwischen zuständigen Oberlandesgericht wurde die Berufungsbegründung erst am 14. Dezember durch den Präsidenten des Berufsgerichtshofs für

420 BVerfGE 93, 99.
421 BVerfG, aaO 1. LS. - Hervorhebung in Kursivschrift durch *Verf.*
422 BVerfG, aaO S. 117.
423 S. BVerfG, aaO S. 101 ff.
424 Gemäß Art. 8 des Einigungsvertrages wurde die ordentliche streitige Gerichtsbarkeit in den Neuen Bundesländern zunächst weiterhin durch die Kreisgerichte (als erste Instanz) und Bezirksgerichte (als Berufungsgerichte) ausgeübt, bevor auch hier die Gerichtsorganisation dem Gerichtsverfassungsgesetz angepaßt wurde.

Rechtsanwaltssachen zugeleitet. Nach dessen Auskunft befand sie sich bei Unterlagen des Berufsgerichtshofs, die ihm etwa im November von der Geschäftsstelle des Landgerichts, die damals auch Geschäftsstelle des Berufsgerichtshofs war, übersandt worden seien.
Schon bevor die Berufungsbegründung beim Oberlandesgericht einging, hatte dieses die Berufung mit Beschluß vom 22. Oktober als unzulässig verworfen, da die Berufungsbegründung nicht fristgerecht eingegangen sei.
Die Beschwerdeführer beantragten daraufhin Wiedereinsetzung in den vorigen Stand. Sie trugen unter Vorlage einer eidesstattlichen Erklärung ihres Prozeßbevollmächtigten Rechtsanwalt B. vor, die Berufungsbegründung sei am 31. August geschrieben und an diesem oder am folgenden Tag persönlich von Rechtsanwalt B. in der Geschäftsstelle des Bezirksgerichts abgegeben worden. Anlaß für die persönliche Abgabe sei gewesen, daß B. am Tag des letzten Tags des Bestehens des Bezirksgerichts als dessen ehemaliger Präsident und Vizepräsident noch mit ehemaligen Kollegen habe sprechen wollen. Die fehlerhafte Weiterleitung der Berufungsbegründung durch das Gericht an den Berufsgerichtshof statt an das zuständige Oberlandesgericht liege daher nicht im Verschuldensbereich der Berufungskläger.
Das Oberlandesgericht wies den Antrag auf Wiedereinsetzung zurück. Die Versäumung der Berufungsbegründungsfrist sei nicht unverschuldet: Wenn ein Rechtsanwalt einen fristgebundenen Schriftsatz bei einem unzuständigen Gericht einreiche, verstoße er gröblich gegen die ihm obliegenden Sorgfaltspflichten.
Die gegen diesen Beschluß erhobene Gegenvorstellung begründeten die Beschwerdeführer damit, auch nach der Zuständigkeitsänderung habe die Geschäftsstelle des vormaligen Bezirksgerichts (jetzt Landgericht) zunächst noch Post für das Oberlandesgericht angenommen, zumal zu diesem Zeitpunkt noch keine ordnungsgemäße Postanschrift des Oberlandesgerichts bekannt gegeben worden sei. Unter Beachtung der besonderen Situation, die durch die Einführung der neuen Gerichtsstruktur entstanden sei, müsse der Rechtsgedanke des § 9 Absatz 5 ArbGG angewendet werden. Demnach hätte im angefochtenen Urteil ein Hinweis enthalten sein müssen, bei welcher Geschäftstelle unter welcher Anschrift gegen dieses Urteil Rechtsmittel eingelegt werden könnte.
Das Oberlandesgericht wies die Gegenvorstellung zurück mit der Begründung, nach den eindeutigen Vorschriften der Zivilprozeßordnung komme weder eine direkte noch eine analoge Anwendung des § 9 Absatz 5 ArbGG in Betracht. Zudem habe die Umstellung der Gerichtsorganisation zwar Probleme für alle Beteiligten mit sich gebracht. Die Umstellung sei aber dadurch erleichtert worden, daß zunächst die auswärtigen Senate bei dem ehemaligen Bezirksgericht eingerichtet worden seien, deren Anschrift bekannt gewesen sei. Dies sei seit 1. September die Anschrift des Oberlandesgerichts. Dies alles sei dem Prozeßbevollmächtigten der Beschwerdeführer als ehemaligem Präsidenten bzw. Vizepräsidenten des Bezirksgerichts bekannt gewesen. Wer einen fristgebundenen Schriftsatz wissentlich beim unzuständigen Gericht einreiche, handle zumindest dann schuldhaft, wenn er sich vor Ablauf der Frist nicht beim zuständigen Gericht von dem rechtzeitigen Eingang des Schriftsatzes vergewissere. Dies gelte besonders unter den Schwierigkeiten einer Umstellung der Gerichtsorganisation.

Die darauf erhobene Verfassungsbeschwerde wurde vom Bundesverfassungsgericht insoweit zurückgewiesen, als die Erteilung einer Rechtsmittelbelehrung durch das Ausgangsgericht, insbesondere auch eine Heranziehung des Rechtsgedankens des § 9 Absatz 5 ArbGG, verfassungsrechtlich nicht geboten sei. Auch grundsätzlich (bzw. „ohne weiteres“) sei die Erteilung einer *Rechtsmittelbelehrung für Urteile über zivilrechtliche*

Klagen - jedenfalls derzeit noch - von Verfassungs wegen nicht geboten. Das gelte auch für den hier vorliegenden Fall, daß die Gerichtsorganisation während des Laufs der Fristen für das Rechtsmittelverfahren geändert wird, sofern diese Änderung hinreichend bekannt gemacht worden sei.[425] Das Bundesverfassungsgericht prüft die verfassungsrechtliche Gebotenheit der Pflicht zur Erteilung einer Rechtsmittelbelehrung für zivilrechtliche Urteile primär am Maßstab des - für das zivilgerichtliche Verfahren aus Art. 2 Absatz 1 GG in Verbindung mit dem Rechtsstaatsprinzip hergeleiteten - *Anspruchs auf effektiven Rechtsschutz*[426] sowie nach dem *Gleichheitssatz* im Sinne des Art. 3 Absatz 1 GG[427], *nicht aber (auch) nach Art. 103 Absatz 1 GG*, und lehnt sie im Kern aus folgenden Gründen „*jedenfalls derzeit noch*" ab:

> Zunächst *obliege es dem Gesetzgeber*, wie er die Rechtsschutzgewährung durch Gerichte im einzelnen ausgestalte. Das *Rechtsstaatsprinzip* gebe hierbei nicht im einzelnen vor, wie der Widerstreit zwischen dem Interesse (der Öffentlichkeit und auch der Verfahrensbeteiligten im allgemeinen) an *Rechtssicherheit* und *Verfahrensbeschleunigung* einerseits und dem *subjektiven* Interesse des Rechtsschutzsuchenden an einem möglichst uneingeschränkten *Rechtsschutz* andererseits zu lösen sei. So sei der Gesetzgeber nicht daran gehindert, durch verfahrensbeschleunigende Vorschriften, insbesondere auch durch Form- und Frist-erfordernisse für Rechtsmittel, Vorkehrungen dagegen zu treffen, daß Verfahren unangemessen lange dauern. Er müsse aber im Rahmen der erforderlichen Abwägung nach Maßgabe des *Verhältnismäßigkeitsprinzips* jedenfalls die für beide Seiten maßgeblichen Aspekte für die einzelnen Verfahrensabschnitte angemessen gewichten. Der *Rechtsweg* dürfe danach *nicht in unzumutbarer, durch Sachgründe nicht mehr zu rechtfertigender Weise erschwert* werden.[428]
>
> Demnach könne die Erteilung einer Rechtsmittelbelehrung nur dann geboten sein, wenn diese erforderlich sei, um *unzumutbare Schwierigkeiten des Rechtswegs auszugleichen*, die die Ausgestaltung eines Rechtsmittels andernfalls mit sich brächte, also dann, wenn die Formerfordernisse des Rechtsmittels so kompliziert zu erfassen seien, daß nicht erwartet werden könne, der Rechtsschutzsuchende werde sich in zumutbarer Weise hierüber rechtzeitig Aufklärung verschaffen können. Dies könne namentlich in Verfahren zutreffen, in denen *kein Anwaltszwang* bestehe.[429]
>
> Eine solche Lage sei aber bei den Rechtsmitteln im Klageverfahren der Zivilprozeßordnung grundsätzlich nicht gegeben, da die *Zivilgerichtsbarkeit* zu den Verfahrensarten gehöre, die *dem Bürger am ehesten vertraut* seien. Von wesentlicher Bedeu-

---

425 BVerfGE 93, 99 (107).
426 BVerfG, aaO S. 107 (mit Hinweis auf BVerfGE 88, 118 [123 f. m.w.N.]).
427 BVerfGE 93, 99 (110).
428 BVerfG, aaO S. 107 f. (mit Hinweis auf BVerfGE 88, 118 [123 ff.]) und ständig. S. hierzu weiter u., III.2.a)bb).
429 BVerfGE 93, 99 (108).

tung aber sei, daß im Zivilprozeß *für die Rechtsmittel der Berufung und der Revision ausnahmslos Anwaltszwang* bestehe (§ 78 Absatz 1 ZPO). Dies müsse den Rechtsuchenden allgemein hinreichend bekannt sein. Selbst wenn sich die Partei im Einzelfall nicht sofort an einen Anwalt wenden wolle, könne sie sich bei dem Gericht, daß die anzufechtende Entscheidung erlassen hat, nach den Rechtsmittelmöglichkeiten und -erfordernissen erkundigen. Dies sei ihr auch zumutbar. Von einem Rechtsanwalt sei ohne weiteres zu erwarten, daß er die formellen Rechtsmittelerfordernisse des Zivilprozesses kenne. Sei dies nicht der Fall, könne dies in verfassungsrechtlich unbedenklicher Weise der *Risikosphäre der Partei* zugerechnet werden und bilde für sich allein keinen Grund, eine Rechtsmittelbelehrung zu fordern. Es seien freilich keine sachlichen Gesichtspunkte, insbesondere nicht aus Gründen der Rechtssicherheit, ersichtlich, die einer durchgehenden Erteilung von Rechtsmittelbelehrungen in allen gerichtlichen Verfahrensarten entgegenstünden, gleichwohl könne hieraus kein generelles Gebot hergeleitet werden.[430]

Auch die Besonderheit des Ausgangsverfahrens *[auf Grund der Neugestaltung der Gerichtsorganisation, mit der die Änderung der gerichtlichen Zuständigkeiten für die Rechtsmittel einherging, während des Laufs der Rechtsmittelfristen]* habe *nach den gegebenen Umständen nicht dazu geführt, daß eine Rechtsmittelbelehrung zur Gewährleistung effektiven Rechtsschutzes geboten* gewesen sei. Zum einen sei die interessierte Öffentlichkeit über die *[von langer Hand vorbereitete]* Änderung der Gerichtsorganisation *hinreichend unterrichtet* worden. Zum anderen hätten die betroffenen Rechtsmittelverfahren durchweg dem *Anwaltszwang* unterlegen, sodaß gewährleistet gewesen sei, daß die Rechtsmittelführer regelmäßig anwaltlich beraten und vertreten waren. Selbst bei etwa auf Seiten der Rechtsanwälte bestehenden Unklarheiten über die Zuständigkeitsänderung hätten sich diese durch Rückfrage bei dem bisher mit der Sache befaßten Gericht oder bei der Justizverwaltung auf einfache Weise klären lassen. Der hierzu nötige Erkundigungsaufwand hätte auch keine unzumutbare Erschwerung des Rechtswegs bedeutet. Auftretenden Härten hätte durch die Gewährung von *Wiedereinsetzung in den vorigen Stand* begegnet werden können. Unter diesen Umständen sei der Gesetzgeber nicht verpflichtet gewesen, für diese nur eine begrenzte Zeit andauernde besondere Situation abweichend von der allgemeinen Rechtslage eine Rechtsmittelbelehrung einzuführen.[431]

Auch aus dem *Gleichheitssatz* (Art. 3 Absatz 1 GG) folge - jedenfalls bei der derzeitigen tatsächlichen und rechtlichen Lage - noch keine Pflicht zur Einführung einer Rechtsmittelbelehrung im Klageverfahren des Zivilprozesses:

Eine Ungleichbehandlung liege *[zwar]* darin, ***„daß der Gesetzgeber für Urteile über zivilrechtliche Klagen keine Rechtsmittelbelehrung verlangt, während er sie für Entscheidungen über Klagen in anderen Gerichtsbarkeiten vorgeschrieben hat"***[432] (§ 9 Absatz 5 ArbGG, § 58 VwGO, § 66 SGG; § 55 Absatz 1 Satz 2 FGO

[430] BVerfG, aaO S. 109.
[431] BVerfG, aaO S. 109 f.
[432] Hervorhebungen des Zitats in Fett- und Kursivschrift durch *Verf.*

könne bei dem Vergleich außer Betracht bleiben, weil in bezug auf finanzgerichtliche Urteile nur die Revision und die Nichtzulassungsbeschwerde als Rechtsmittel in Betracht kämen). Es handele sich hierbei um eine unterschiedliche Behandlung von Sachverhaltsgruppen [nicht von personenbezogenen Merkmalen], bei der Gesetzgeber und Rechtsprechung einen weiten Gestaltungs- und Beurteilungsspielraum hätten. Es komme darauf an, ob für die Differenzierung Gründe von solcher Art und solchem Gewicht bestünden, daß sie die ungleichen Rechtsfolgen rechtfertigen könnten.[433]

Nach diesen Grundsätzen sei es - jedenfalls unter den derzeitigen Verhältnissen - nicht zu beanstanden, daß im Klageverfahren des Zivilprozesses Entscheidungen nicht mit einer Rechtsmittelbelehrung versehen würden. Zwar könne das Rechtsschutzinteresse an der Überprüfung zivilrechtlicher Urteile nicht als weniger wichtig gewichtet werden als dasjenige an Begehren, die in den Zuständigkeitsbereich anderer Gerichtsbarkeiten fielen, sodaß die formelle Abgrenzung der Fachgerichtsbarkeiten gegeneinander für sich allein noch kein hinreichender Grund für eine Differenzierung sein könne.[434]

Jedoch werde die Differenzierung hinreichend durch die ***Besonderheiten des zivilgerichtlichen Verfahrens*** gerechtfertigt. Wesentlich falle auch hier ins Gewicht, daß für die Rechtsmittel im zivilrechtlichen Klageverfahren ausnahmslos ***Anwaltszwang*** bestehe und der Gesetzgeber davon habe ausgehen können, daß dies auch ***der Öffentlichkeit hinreichend bekannt*** sei. Daher sei eine Rechtsmittelbelehrung weniger dringlich als in Verfahren, in denen der Rechtsschutzsuchende das Verfahren selber führen dürfe.[435]

Es könne dahingestellt bleiben, ob etwas anderes für Verfahren vor den Zivilgerichten gelte, in denen - wie insbesondere in manchen Bereichen der freiwilligen Gerichtsbarkeit - *kein Anwaltszwang* bestehe, andererseits aber die Rechtsmittelvoraussetzungen nicht leicht erkennbar seien. Hinzuweisen sei aber darauf, daß auch für das Klageverfahren im Zivilprozeß die Gründe, die das Unterlassen der Rechtsmittelbelehrung derzeit noch rechtfertigten, ***künftig umso mehr an Gewicht verlieren könnten, je umfassender in den übrigen Bereichen der verschiedenen Gerichtsbarkeiten eine Rechtsmittelbelehrung vorgeschrieben werde.*** Dabei sei auch zu bedenken, daß ein öffentliches Interesse am *Unterlassen* einer Rechtsmittelbelehrung nicht bestehe.[436]

Das Bundesverfassungsgericht gab der Verfassungsbeschwerde jedoch insoweit statt, als daß *die Ablehnung des Wiedereinsetzungsgesuchs* durch das Oberlandesgericht als Berufungsgericht gegen das - ebenfalls aus Art. 2 Absatz 1 GG in Verbindung mit dem

433 BVerfGE 93, 99 (110 f.).
434 BVerfG, aaO S. 111 f.
435 BVerfG, aaO S. 112.
436 Ebda.

Rechtsstaatsprinzip hergeleitete - *Gebot verfahrensrechtlicher Fairneß* verstoße; auch insofern unterblieb eine Überprüfung anhand des Gehörgrundrechts.[437]

Das Bundesverfassungsgericht stellte in der Sache maßgeblich auf folgende Umstände ab:

Die Prozeßbevollmächtigten der Beschwerdeführer hätten sich darauf verlassen dürfen, daß die bei der Geschäftsstelle des neu errichteten Landgerichts eingereichte Berufungsbegründung *rechtzeitig* an das Oberlandesgericht als zuständiges Berufungsgericht *weitergeleitet* worden sei.[438]

Im einzelnen führt das Bundesverfassungsgericht hierzu aus:

(*Vorab umreißt das Bundesverfassungsgericht die Rechtsprechung des Bundesgerichtshofs zu den Folgen der Rechtsmitteleinlegung bei einem unzuständigen Gericht:*

Die Frage, ob eine Prozeßpartei, die einen fristgebundenen Rechtsmittelschriftsatz bei einem unzuständigen Gericht einreicht, darauf vertrauen dürfe, daß dieses Gericht den Schriftsatz an das zuständige Rechtsmittelgericht *weiterleitet*, sei *im einschlägigen Verfahrensrecht nicht geregelt*. In der *vom Bundesgerichtshof* geprägten Rechtsprechung der Zivilgerichte werde sie bisher [- im Gegensatz zu der des Bundessozialgerichts und des Bundesverwaltungsgerichts -] *wohl durchgehend verneint*.[439]
Der Bundesgerichtshof gehe davon aus, daß *das Verschulden einer Partei*, die einen fristgebundenen Schriftsatz beim unzuständigen Gericht eingereicht hat, *für die Fristversäumnis mitursächlich* bliebe, auch wenn der angegangene Richter bei sofortiger und gründlicher Bearbeitung die Möglichkeit gehabt hätte, die nachteiligen Folgen durch einen Hinweis an die Partei über seine Unzuständigkeit oder durch Weiterleitung des Schriftsatzes an das zuständige Gericht abzuwenden.[440] Auch eine *verspätete Weiterleitung* durch das unzuständige Gericht wäre demzufolge *unerheblich*, weil es *auf ein mögliches Mitverschulden [des Gerichts] nicht ankäme*.[441]
Abgesehen davon läge auch keine Pflichtwidrigkeit vor: Die Gerichte betrachteten es zwar als ein nobile officium, durch Hinweise und andere Maßnahmen zur Heilung von Formmängeln beizutragen. Eine Rechtspflicht hierzu bestehe jedoch nicht.[442]
Die Ursächlichkeit des Verschuldens an einer Fristversäumung durch Einreichung der Rechtsmittelschrift bei einem unzuständigen Gericht würde nicht dadurch ausgeräumt, daß durch unverzügliche Weiterleitung die Fristversäumnis möglicherweise hätte vermieden werden können.[443] Jedenfalls bestehe *keine Pflicht zu außerordentlichen Maßnahmen*, wie etwa zur Weiterleitung noch am Tag des Eingangs.[444]
Würde allerdings die Weiterleitung durch das angegangene [unzuständige] Gericht rechtzeitig verfügt, lägen die Gründe für eine weitere Verzögerung allein im Verantwortungsbereich des Gerichts und könnten der Partei nicht angelastet werden.[445])

---

437 BVerfG, aaO S. 112 f.
438 Ebda.
439 BVerfG, aaO S. 113 (mit Hinweis auf BSGE 38, 248 und das Urteil des Bundesverwaltungsgerichts vom 21. Mai 1992 - 1 DB 6/92 -).
440 BVerfG, aaO (mit Hinweis auf BGH, NJW 1972, S. 684).
441 BVerfG, aaO (mit Hinweis auf BGH, NJW 1979, S. 876).
442 BVerfG, aaO S. 114 (mit Hinweis auf BGH, VersR 1985, S. 767).
443 BVerfG, aaO (mit Hinweis auf BGH, VersR 1987, S. 48, 486).
444 BVerfG, aaO (mit Hinweis auf BGH, NJW 1987, S. 440).
445 BVerfG, aaO (mit Hinweis auf BGH, FamRZ 1988, S. 829 [830]).

(Mit dieser Rechtsprechung des Bundesgerichtshofs stehe die angegriffene Entscheidung über die Versagung der Wiedereinsetzung in Einklang.)

Die Abgrenzung dessen, was im Rahmen einer fairen Verfahrensgestaltung an richterlicher Fürsorge von Verfassungs wegen geboten sei, dürfe sich *nicht nur an dem Interesse der Rechtsschutzsuchenden* an einer möglichst weitgehenden Verfahrenserleichterung orientieren, sondern müsse auch berücksichtigen, daß *die Justiz im Interesse ihrer* ***Funktionsfähigkeit*** *vor zusätzlicher Belastung geschützt* werden müsse. Danach müsse der Partei und ihrem Prozeßbevollmächtigten die Verantwortung für die Ermittlung des richtigen Adressaten fristgebundener Verfahrenserklärungen nicht allgemein abgenommen und auf unzuständige Gerichte verlagert werden.[446]

(Wieweit die angeführte Rechtsprechung des Bundesgerichtshofs mit diesen Grundsätzen wiederum in Einklang stehe, bedürfe hier keiner abschließenden Klärung.)

Die Abwägung zwischen den betroffenen Belangen falle jedenfalls dann zugunsten des Rechtsschutzsuchenden aus, ***wenn das angegangene Gericht*** zwar für das Rechtsmittelverfahren nicht zuständig, jedoch ***vorher selbst mit dem Verfahren befaßt*** gewesen ist. Für ein solches Gericht habe, während die Sache bei ihm anhängig gewesen ist, die aus dem Gebot eines fairen Verfahrens folgende Fürsorgepflicht gegenüber den Prozeßparteien bestanden. Es werde nicht unangemessen belastet, wenn ihm auch noch eine ***nachwirkende Fürsorgepflicht*** auferlegt werde:

So sei ein Gericht, das im vorangegangen Rechtszug mit der Sache befaßt gewesen ist, regelmäßig verpflichtet, einer Partei, die sich über die Rechtsmittelmöglichkeiten und -erfordernisse nicht im klaren ist, auf Anfrage darüber Auskunft zu erteilen. Es liege aber auch *noch im Rahmen des Angemessenen*, das Gericht für verpflichtet zu halten, fristgebundene Schriftsätze für das Rechtsmittelverfahren, die bei ihm eingereicht werden, im Zuge des ordentlichen Geschäftsgangs an das Rechtsmittelgericht *weiterzuleiten*. Eine ins Gewicht fallende Belastung des Gerichts trete dadurch nicht ein, weil ihm die Zuständigkeit für das Rechtsmittel gegen seine eigene Entscheidung bekannt sei und daher die Ermittlung des richtigen Adressaten, selbst wenn er in dem Schriftsatz nicht deutlich bezeichnet sein sollte, keinen besonderen Aufwand verursache.[447]
Das bedeute freilich nicht, daß das vorinstanzliche Gericht neben dem Rechtsmittelgericht zur Entgegennahme von Rechtsmittelschriftsätzen zuständig werde. Die Einreichung bei dem vorinstanzlichen Gericht wahre daher nicht die Fristen im Rechtsmittelverfahren. Der Rechtsuchende dürfe jedoch darauf vertrauen, daß das mit der Sache befaßt gewesene Gericht den bei ihm eingereichten, aber für das Rechtsmittelgericht bestimmten Schriftsatz im ordentlichen Geschäftsgang dorthin weiterleiten werde. Eine etwaige *Fehlleitung* oder ein *Verlust* des Schriftsatzes falle

[446] BVerfG, aaO.
[447] BVerfG, aaO S. 114 f.

insoweit - unabhängig von ihren konkreten Ursachen - in den *Verantwortungsbereich des Gerichts.*[448]

Gehe der Schriftsatz *so zeitig* bei dem mit der Sache befaßt gewesenen Gericht ein, daß die fristgerechte Weiterleitung an das Rechtsmittelgericht im ordentlichen Geschäftsgang ohne weiteres erwartet werden könne, dürfe die Partei nicht nur *darauf vertrauen*, daß der Schriftsatz überhaupt weitergeleitet werde, sondern auch, daß er noch *fristgerecht* beim Rechtsmittelgericht eingehe. Geschehe dies tatsächlich nicht, so sei der Partei *Wiedereinsetzung in den vorigen Stand unabhängig davon zu gewähren, auf welchen Gründen die fehlerhafte Einreichung beruht. „Mit dem Übergang des Schriftsatzes in die Verantwortungssphäre des zur Weiterleitung verpflichteten Gerichts wirkt sich ein etwaiges Verschulden der Partei oder ihres Prozeßbevollmächtigten nicht mehr aus.*“[449]

In dem vorliegenden Fall sei das Landgericht, bei dem die Berufungsbegründung eingereicht worden ist, nicht mit dem Verfahren befaßt gewesen, da es erst am Tage der Einreichung des Schriftsatzes errichtet worden und gleichzeitig für das Berufungsverfahren das ebenfalls mit diesem Tage neu errichtete Oberlandesgericht zuständig geworden ist. Andererseits hätten die bisher mit der Sache befaßten Gerichte - Kreis- und Bezirksgericht - nicht mehr bestanden. Das Landgericht habe dabei die Räume des bis dahin bestehenden Bezirksgerichts übernommen und sei durch die Umstellung der Gerichtsorganisation auch für einen Teil von dessen früheren Aufgaben zuständig geworden, nämlich für die Berufungsverfahren in Sachen, für die nach dem Gerichtsverfassungsgesetz im ersten Rechtszug das Amtsgericht sachlich zuständig gewesen wäre.[450]

Unter diesen Umständen müßten die dargelegten Grundsätze mit der Maßgabe angewendet werden, daß das Landgericht dieselbe Fürsorgepflicht hinsichtlich der beim Bezirksgericht anhängig gewesenen Verfahren getroffen habe, die dem Bezirksgericht bis zum Ende seines Bestehens insoweit obgelegen hat. Andernfalls träte eine Verschlechterung des Rechtsschutzes ein, die nicht zu vertreten wäre.

Das Bedürfnis nach gerichtlicher Fürsorge sei im Fall der Neuorganisation der Gerichte, die in erhöhtem Maße klärungsbedürftige Zweifelsfragen mit sich bringen könne, nicht geringer, sondern sogar wesentlich größer als im Falle auftretender Unklarheiten bei unveränderter Gerichtsorganisation und Rechtsmittelzuständigkeit.

Dem sei allgemein auch dadurch Rechnung getragen worden, daß das Landgericht [bis etwa zwei Wochen nach Aufnahme seiner Tätigkeit] noch Schriftsätze für das Oberlandesgericht angenommen und an dieses weitergeleitet habe.[451]

(2) Stellungnahme

Bevor der inhaltliche Gehalt bzw. das Ergebnis der vorstehend angeführten Entscheidung untersucht wird, ist auf dessen *Argumentationsweise* einzugehen, welche hier in besonderer Weise Anlaß zu Kritik gibt:

---

[448] BVerfG, aaO S. 115.

[449] BVerfG, aaO S. 115 (s. auch aaO S. 116 den Hinweis auf BVerfGE 75, 183 [188 ff.]; 81, 264 [273 f.]). - Hervorhebungen in Kursivschrift durch *Verf.*

[450] BVerfGE 93, 99 (116).

[451] Ebda.

Als widersprüchlich fällt vor allem auf, daß einerseits die durch den einfachen Gesetzgeber erfolgte Ungleichbehandlung dahingehend, daß die Erteilung einer Rechtsmittelbelehrung in der Zivilprozeßordnung nicht, hingegen in anderen Verfahrensordnungen als erforderlich normiert ist, *im Hinblick auf den Gleichheitssatz* unter dem Gesichtpunkt der besonderen rechtlichen Struktur und dem Bekanntheitsgrad insbesondere des Anwaltszwangs im Rechtsmittelverfahren des Zivilprozesses in der Öffentlichkeit als zulässig angesehen[452], andererseits aber darauf hingewiesen wird, daß die Gründe, die das Unterlassen der Rechtsmittelbelehrung im zivilprozessualen Klageverfahren derzeit noch rechtfertigten, künftig umso mehr an Gewicht verlieren könnten, je umfassender in den übrigen Bereichen der verschiedenen Gerichtsbarkeiten eine Rechtsmittelbelehrung vorgeschrieben werde.[453] Jedoch: Entweder weist das zivilprozessuale Klageverfahren eine besondere rechtliche Struktur auf, die es aus sich heraus rechtfertigt, die Erteilung einer Rechtsmittelbelehrung zu unterlassen. Dann ist es *gleichgültig, wie derzeit oder künftig* in diesem Zusammenhang in anderen Verfahrensordnungen bzw. Prozessarten verfahren wird. Eine Ungleichbehandlung wäre dann aus sachlichen Gründen im Sinne des Art. 3 Absatz 1 GG gerechtfertigt und die Erteilung einer Rechtsmittelbelehrung für Zivilurteile allein aufgrund der besonderen Struktur des Zivilprozesses derzeit wie künftig verfassungsrechtlich nicht geboten. Oder aber das Zivilverfahren ist, verglichen mit anderen Verfahrensarten und Prozeßordnungen, zwar allgemein geprägt von einer besonderen rechtlichen Struktur, aber nicht im Hinblick auf die spezifische Frage der Erteilung einer Rechtsmittelbelehrung. Solchenfalls wäre ein dahingehendes gesetzgeberisches Unterlassen *schon derzeit* mit Art. 3 Absatz 1 GG nicht vereinbar. Im übrigen bleibt das Bundesverfassungsgericht die Erklärung für seine Prognose schuldig, inwiefern sich die von ihm zugrundegelegten Kriterien, welche es rechtfertigen, daß zumindest „derzeit noch" eine allgemeine verfassungsrechtliche Verpflichtung zur Erteilung von Rechtsmittelbelehrungen bei Zivilurteilen nicht besteht, künftig ändern sollten, nämlich die rechtliche Struktur des zivilprozessualen Klageverfahrens im Hinblick auf den Anwaltszwang im Rechtsmittelverfahren der Berufung und der Revision bzw. dessen Bekanntheitsgrad einerseits und zum anderen die Verdichtung von Belehrungspflichten in anderen Verfahren, die „bereits derzeit" in vielen Prozeßordnungen vorgeschrieben sind (das Bundesverfassungsgericht rekurriert in seiner Entscheidung selbst etwa auf § 9 Absatz 5 ArbGG).

452 BVerfG, aaO S. 112.
453 Ebda.

Mithin vermeidet das Bundesverfassungsgericht eine klare Aussage hinsichtlich des Für und Wider der „derzeitigen“ verfassungsrechtlichen Gebotenheit der Erteilung der Rechtsmittelbelehrung im Zivilprozeß und bringt sich so selbst in Argumentationsnöte. Konsequent - ungeachtet des Ergebnisses seiner Überlegungen - ist dagegen die Argumentation des Richters *Kühling* im Rahmen seines *Sondervotums*[454], dessen These folgendermaßen lautet: „Verzichtbar ist eine schriftliche Rechtsmittelbelehrung durch das Gericht nur im Anwaltsprozeß. Amtsrichterliche Urteile müssen jedoch von Verfassungs wegen mit einer Rechtsmittelbelehrung versehen sein.“[455]. Dem liegt die Erwägung zugrunde, daß zum einen die rechtliche Struktur des Zivilprozesses der Erteilung einer Rechtsmittelbelehrung nicht nur nicht entgegenstehe, sondern diese vielmehr durch das Rechtsstaatsprinzip geboten sei[456], und daß zum anderen die Kenntnis vom Anwaltszwang im zivilprozessualen Rechtsmittelverfahren zwar allgemein verbreitet sei, aber der Entschluß, sich an einen Anwalt zu wenden, bevor feststeht, ob es überhaupt ein Rechtsmittel gibt, durch diese Kenntnis nicht erleichtert werde.[457] Durch eine folgerichtige Argumentation und durch klare Stellungnahme zu den einzelnen ins Feld geführten Kriterien, die gegen die Zulässigkeit einer Ungleichbehandlung sprechen, gelangt *Kühling* daher auch, anders als die Mehrheit des Senats, zu einem differenzierten Ergebnis: Pflicht zur Erteilung der Rechtsmittelbelehrung *schon derzeit* (klarer Standpunkt: schon die derzeitige Handhabung ist mit der Verfassung nicht vereinbar), aber *nicht im Anwaltsprozeß* (verfahrensstrukturbedingte Einschränkung: hier ist eine Rechtsmittelbelehrung überflüssig, denn die anwaltliche Beratung schließt die Beratung über die Möglichkeiten, wie sich der Betroffene gegen das Urteil wehren kann, ein).

Zum *Inhalt* der Entscheidung ist wie folgt auszuführen:

Dem Bundesverfassungsgericht ist *insoweit* zuzustimmen, als es eine *allgemeine, verfassungsrechtlich gebotene* Verpflichtung der Zivilgerichte zur Erteilung einer Rechtsmittelbelehrung *ablehnt*. Anzumerken ist allerdings, daß dies am Maßstab der von Art. 103 Absatz 1 GG geforderten gerichtlichen Informationspflicht zu prüfen gewesen wäre, nicht nach dem Fairneßgebot gemäß Art. 2 Absatz 1 in Verbindung mit dem Rechtsstaatsprinzip. Die Frage der gerichtlichen Pflicht zur Erteilung einer Rechtsmittelbelehrung betrifft einen spezifischen Teilbereich der aus dem Gehörgrundrecht folgenden In-

---

[454] BVerfG, aaO S. 117 ff.
[455] BVerfG, aaO S. 117.
[456] BVerfG, aaO S. 120.
[457] BVerfG, aaO S. 118. Dies übersieht die Senatsmehrheit, vgl. BVerfG, aaO S. 109.

formationspflicht *im* Verfahren.[458] Somit ist Art. 103 Absatz 1 GG anwendbar. Gleiches gilt aber auch für die Frage der Wiedereinsetzung in diesem Zusammenhang. Soweit das Bundesverfassungsgericht insofern auf eine „nachwirkende Fürsorgepflicht" des Gerichts aus der ersten Instanz abstellt, handelt es sich hier um „Nachwirkungen" unterlassener Hinweise, die im Ausgangsverfahren aus Art. 103 Absatz 1 GG abzuleiten sind. Ein Rückgriff auf in dem Gebot verfahrensrechtlicher Fairneß als Auffangtatbestand enthaltener rechtsstaatlicher Verfahrensprinzipien ist damit aus systematischen Gründen abzulehnen. Art. 103 Absatz 1 GG ist, sofern anwendbar, lex specialis.[459]

Im Ergebnis lehnt das Bundesverfassungsgericht also eine allgemeine verfassungsrechtlich gebotene Pflicht zur Rechtsmittelbelehrung im Zivilprozeß zu Recht ab. Die Erwägungen, auf die es insoweit seine Auffassung im Kern stützt, sind nachvollziehbar: Zwar sind keine sachlichen Gesichtspunkte, insbesondere nicht aus Gründen der Rechtssicherheit, ersichtlich, die einer durchgehenden Erteilung von Rechtsmittelbelehrungen in allen gerichtlichen Verfahrensarten entgegenstehen. Gleichwohl betont das Gericht zutreffenderweise, hieraus könne *kein generelles Gebot* hergeleitet werden[460]: Insbesondere sei die Erteilung einer Rechtsmittelbelehrung im zivilprozessualen Klageverfahren nicht geboten, da die Zivilgerichtsbarkeit zu den Verfahrensarten gehöre, die dem Bürger am ehesten vertraut seien.[461] Hierin ist dem Bundesverfassungsgericht beizupflichten: Die nähere Kenntnis des Bürgers vom Zivilverfahren im Vergleich zu seiner Kenntnis über andere Verfahren ist unter anderem darauf zurückzuführen, daß es sich beim Zivilprozeß um die „klassische" Form des Parteienstreits handelt. Das Verfahren kommt überhaupt nur auf Betreiben des Bürgers in Gang, der Prozeßgegner ist ein anderer Bürger, nicht etwa der Staat oder eine seiner Institutionen. Das Verfahren wird beherrscht von der Dispositions- und der Verhandlungsmaxime. Deshalb ist weiterhin auch das Maß an individueller Prozeßverantwortung viel höher anzusiedeln als in Verfahren, in denen diese Grundsätze nicht gelten.[462] Die Prozeßverantwortung des Bürgers umfaßt den gesamten Ablauf des Verfahrens - eingeschlossen das Nachfeld des richterlichen Urteils - , sodaß es ihm auch obliegt, sich nach der Möglichkeit der Rechtsmitteleinlegung und nach deren Voraussetzungen zu erkundigen. Er muß sich hierbei auch frühzeitig um einen Anwalt

---

458 S. auch *Schmidt-Aßmann* in: Maunz/Dürig/Herzog, GG, Art. 103 Abs. I Rd. 79.

459 S. bereits o., Erstes Kapitel, dort A.I.2.a).

460 BVerfGE 93, 99 (109).

461 Ebda.

462 Schlagwort: „*Prozeßverantwortung des Individuums*"; hierzu schon weiter o. im Zusammenhang mit der Reichweite richterlicher Hinweispflichten im Zivilprozeß, 3.a)dd)*(3)*, und allgemein 1.e).

bemühen, der ihn (auch) in der weiteren Instanz vertritt. Dies ist ihm auch zumutbar, zumal es weithin bekannt ist, daß in den zivilprozessualen Rechtsmittelinstanzen Anwaltszwang herrscht, wie auch das Bundesverfassungsgericht hervorhebt. Zwar merkt *Kühling* an, daß diese Kenntnis aber den Entschluß, sich bereits an einen Anwalt zu wenden, bevor feststeht, ob es überhaupt ein Rechtsmittel gibt, nicht erleichtere.[463] In diesem Zusammenhang ist aber zu bedenken, daß diese Situation nur infolge eines amtsrichterlichen Urteils entstehen kann, da hier eben kein Anwaltszwang herrscht.[464] Derjenige Bürger, der ein Urteil - auch ein amtsgerichtliches - unter keinen Umständen hinnehmen will, wird sich aber ohnehin regelmäßig an einen Anwalt oder sonst an eine rechtskundige Person oder Institution wenden. Zudem ist es infolge des stetig komplizierter und für den Laien undurchschaubarer werdenden Rechts - diese Tatsache dürfte ebenfalls der Öffentlichkeit hinreichend bekannt sein - eher selten der Fall, daß sich jemand im amtsgerichtlichen Verfahren nicht anwaltlich vertreten oder zumindest beraten läßt. Auch die Kostenbarriere, die den Bürger davon abhalten könnte, sich bei einem Anwalt darüber zu informieren, ob ein Rechtsmittel überhaupt statthaft ist, wie *Kühling* anführt[465], spielt keine Rolle, da Rechtsantragstelle und Geschäftsstelle des Amtsgerichts zur Auskunfterteilung verpflichtet sind.[466] Für den seltenen Einzelfall, daß der Bürger im amtsgerichtlichen

---

463 BVerfGE 93, 99 (118).

464 Der Bürger hat generell aber *das **Recht**, sich in jeder Lage eines jeden Verfahrens* - auch bei geringem Streitwert - *vor Gericht von einem Rechtsanwalt vertreten zu lassen*. Eingeschränkt war dieses Recht nach § 11 Absatz 1 Satz 2 ArbGG a.F., wonach Rechtsanwälte als Prozeßbevollmächtigte in Verfahren vor dem Arbeitsgericht mit Streitwerten unter 300 DM nur dann zugelassen waren, wenn die Wahrung der Rechte der Partei dies notwendig erschienen ließ. Diese Norm hatte das Bundesverfassungsgericht bereits zuvor ausdrücklich für verfassungsgemäß im Hinblick auf Art. 3 Absatz 1 GG erklärt (s. E 31, 297 [LS und S. 302]) wenngleich die Vorschrift inzwischen gestrichen wurde; die Regelung war aber in Bezug auf Art. 103 Absatz 1 GG bedenklich, denn nach der ständigen Rechtsprechung des Bundesverfassungsgerichts wird rechtliches Gehör auch durch Vermittlung eines Anwalts vermittelt, s. E 9, 124 (132); 31, 297 (301); 38, 105 (118); 39, 156 (168), wenngleich das Gericht betont, daß aus Art. 103 Absatz 1 GG *kein Anspruch* auf Hinzuziehung eines Rechtsbeistandes erwächst (E 38, 105 [118]). Auch das Verbot der Mehrfachverteidigung etwa gemäß § 146 StPO oder die Zahl der Beschränkung der Wahlverteidiger nach § 137 Absatz 1 Satz 2 StPO ist im Hinblick auf den *Grundsatz der frei zulässigen Beiziehung* von Anwälten bedenklich, jedoch wird hierdurch letztendlich das rechtliche Gehör nicht in seinem Kernbestand gefährdet, da die Beiziehung eines Anwalts als solche jedenfalls zulässig bleibt, auch wenn der vom Berechtigten etwa gewünschte Verteidiger gegebenenfalls von diesem nicht beigezogen werden darf. Da *das Recht auf freie Wahl eines Rechtsanwalts*, insbesondere das Recht des Beschuldigten auf freie Verteidigerwahl, gleichwohl verfassungsrechtlich geschützt sein muß, leitet das Bundesverfassungsgericht diesen Grundsatz *aus dem Fairneßgebot* her, s. E 39, 156; 45, 354 (358). Ausführlich zum Ganzen *Schmidt-Aßmann* in: Maunz/Dürig/Herzog, GG, Art. 103 Abs. I Rd. 103 ff.

465 BVerfGE 93, 99 (118).

466 *Kühling* (aaO S. 119) merkt hierzu an, Rechtsantragstelle und Geschäftsstellen eines ihm bekannten großstädtischen Amtsgerichts lehnten Auskünfte über die Zulässigkeit eines Rechtsmittels bisher strikt ab. Der Ratsuchende werde dort an einen Anwalt verwiesen. *Kühling* bleibt aber jedenfalls den Beweis schuldig, dies sei der Regelfall. Selbst wenn dem so wäre, müßte an die zuständigen Stellen appelliert werden, ihrer Informationspflicht nachzukommen. Eine Umgehung der gesetzgeberischen Entscheidung, die Erteilung einer Rechtsmittelbelehrung für Zivilurteile nicht für erforderlich zu

Verfahren tatsächlich nicht anwaltlich vertreten war *und* er sich vergeblich um Auskunft über die Möglichkeit der Rechtsmitteleinlegung bei der zuständigen Rechtsantrag- und Geschäftsstelle des Amtsgerichts bemüht hat *und* es ihm aufgrund finanzieller Nöte unzumutbar war, eine anwaltliche Beratung in Anspruch zu nehmen, kann die Möglichkeit der Wiedereinsetzung erwogen werden.

Aber auch den prinzipiell an fehlendes Verschulden zu stellenden Anforderungen im Hinblick auf die *Wiedereinsetzung* genügte der Beschwerdeführer in dem der besagten Entscheidung des Bundesverfassungsgerichts zugrundeliegenden Sachverhalt nach der hier vertretenen Auffassung mitnichten. Ihm war in dem konkreten Fall zu Recht von dem Fachgericht die Wiedereinsetzung versagt worden war, und zwar im wesentlichen aus folgenden Gründen:

Auch das Bundesverfassungsgericht geht bei der Beurteilung, ob das Kriterium des fehlenden Verschuldens des Säumigen erfüllt ist und somit ein Wiedereinsetzungsgrund vorliegt, von dem Ansatzpunkt aus, daß die Einlegung des Rechtsmittels *fristgemäß* beim *zuständigen* Rechtsmittelgericht erfolgen müsse, sodaß jedenfalls grundsätzlich ein bei einem unzuständigen Gericht eingeleiteter Schriftsatz *nicht* von diesem an das zuständige Rechtsmittelgericht *weitergeleitet* werden müsse.[467] Dagegen postuliert es, im Gegensatz zur Rechtsprechung des Bundesgerichtshofs, eine *Weiterleitungspflicht* für das Gericht, das mit dem *Ausgangsverfahren befaßt* gewesen war, für den Fall, daß der Schriftsatz

---

halten, kommt deshalb aber nicht in Frage. Vielmehr bleibt es dann entsprechend der gesetzgeberischen Entscheidung der Verantwortung des Bürgers überlassen, sich - möglicherweise auch anderorts - über die Zulässigkeit des Rechtsmittels zu informieren. Dessen ungeachtet hat der mittellose Bürger aber auch einen Anspruch nach dem *Beratungshilfegesetz*, im außerprozessualen Bereich - und damit unter Umständen auch im Vorstadium eines Prozesses - von einem Anwalt beraten zu werden, und kann dadurch von vornherein die Entstehung von Kosten vermeiden.

[467] Vgl. auch etwa BVerfGE 65, 219 für den *Verwaltungsprozeß*: In dem konkreten Fall hatte der Betroffene die Begründung seiner Nichtzulassungsbeschwerde im Revisionsverfahren entgegen § 132 Absatz 3 Satz 2 VwGO a.F., wonach diese stets beim Ausgangsgericht einzulegen war, beim Bundesverwaltungsgericht als Revisionsgericht eingereicht und infolgedessen die Beschwerdefrist versäumt. Nach Ansicht des Bundesverfassungsgerichts beruhte die Versäumnis auf Verschulden des Betroffenen, sodaß ein Wiedereinsetzungsgrund nicht vorlag (aaO S. 225 f.); auch im konkreten Fall, in dem das Ausgangsgericht bereits vor Eingang der Beschwerdebegründung beschlossen hatte, der Nichtzulassungsbeschwerde nicht abzuhelfen und infolgedessen die Akten bereits dem Bundesverwaltungsgericht übersandt und dem Betroffenen hiervon Mitteilung gegeben hatte, war nach Auffassung des Bundesverfassungsgerichts eine andere Auslegung des § 132 Absatz 3 Satz 2 VwGO a.F. nicht gerechtfertigt, wonach es in einem solchen Fall ausnahmsweise verfassungsrechtlich geboten sein könnte, die Einlegung der Beschwerdebegründung statt bei der Vorinstanz beim Bundesverwaltungsgericht genügen zu lassen; das Bundesverfassungsgericht führt hierzu aus, der Zugang zur Revisionsinstanz werde durch die vorgenommene Auslegung nicht unzumutbar oder sachlich nicht gerechtfertigt erschwert, wobei dahinstehen möge, ob der Wortlaut des § 132 Absatz 3 Satz 2 VwGO a.F. eine andere Auslegung zulasse (aaO S. 225). Eine etwaige Verpflichtung des Bundesverwaltungsgerichts zur Weiterleitung an das zuständige Gericht erwägt das Bundesverfassungsgericht an dieser Stelle nicht einmal.

bei diesem fristgemäß und so zeitig, daß auch die Weiterleitung im ordentlichen Geschäftsgang noch fristgerecht hätte erfolgen können, eingereicht worden war. Solchenfalls fielen etwaige Fehlleitungen oder ein Verlust des Schriftsatzes in den Verantwortungsbereich des Gerichts, der mit dem Übergang des Schriftsatzes begründet werde. Daher wirke sich ab diesem Zeitpunkt auch ein etwaiges Verschulden der Partei oder ihres Prozeßbevollmächtigten nicht mehr aus. Das Bundesverfassungsgericht begründet diese Weiterleitungspflicht im wesentlichen mit einer dem Ausgangsgericht obliegenden *nachwirkenden Fürsorgepflicht.*[468] Diese Auffassung ist aber zumindest für den Fall, daß der Bürger zwar im Ausgangsverfahren vor dem Amtsgericht nicht anwaltlich vertreten gewesen war, er sich aber *hiernach* innerhalb der laufenden Rechtsmittelfrist an einen *Anwalt* gewandt hat - so auch in der vorliegenden Konstellation - , abzulehnen, da es dann *dessen* Verantwortung obliegt, das einschlägige Rechtsmittel fristgerecht beim *zuständigen* Rechtsmittelgericht einzulegen. Sich die erforderliche Kenntnis darüber zu verschaffen, welches Gericht konkret zuständig ist, ist einem Anwalt nicht nur zumutbar, sondern es *muß* von ihm erwartet werden können. Die Wahrung von Fristen ist eine der ureigenen Aufgaben eines Prozeßbevollmächtigten, wofür die Kenntnis über die Zuständigkeit des Rechtsmittelgerichts Voraussetzung ist. Handelt er hierbei fehler- und schuldhaft, ist sein Mandant gegebenenfalls auf die *Anwaltshaftung im Innenverhältnis* zu verweisen, *im Außenverhältnis* dagegen wird diesem *nach § 85 Absatz 2 ZPO das Verschulden des Anwalts zugerechnet.*[469] Dem Gericht, das mit dem Ausgangsverfahren

---

468 BVerfGE 93, 99 (114 f.).

469 Zwar ist aus *verfassungsrechtlicher* Sicht streitig, inwieweit Anwaltsverschulden bei der Versäumung einer Antrags- oder Äußerungsfrist der Partei zugerechnet und dadurch deren Recht auf Gehör verkürzt werden darf, vgl. *Schmidt-Aßmann* in: Maunz/Dürig/Herzog, Art. 103 Abs.1 Rd. 110 m.w.N. Jedoch ist die gesetzgeberische Wertung des § 85 Absatz 2 ZPO, der durch die *Vereinfachungsnovelle* vom 3. Dezember 1976 (s. BGBl. I S. 3281) in die Zivilprozeßordnung eingefügt worden war und vom Bundesverfassungsgericht ausdrücklich für verfassungsgemäß erachtet worden war (s. E 35, 41, aber *Sondervotum* von *von Schlabrendorff*, aaO S. 51; vgl. weiter E 60, 253 in Bezug auf die Anwendbarkeit der Vorschrift in Verbindung mit § 173 VwGO; ausführlich zur Entstehungsgeschichte des § 85 Absatz 2 ZPO: E 60, 253 [271 ff.]) zwingend von den Gerichten infolge ihrer Gesetzesbindung zu beachten, sodaß die Zulassung einer Ausnahme von der Zurechnung allenfalls etwa im Zusammenhang mit der Betroffenheit *existentieller Belange* im Rahmen von *nichtvermögensrechtlichen Streitigkeiten* in Frage kommt. Nur in solchen Fällen ist eine Durchbrechung der Vorschrift hinzunehmen. Das Bundesverfassungsgericht dagegen sieht auch in Fällen der Gefährdung existentieller Belange durch das anwaltliche Verschulden keine Ausnahme von § 85 Absatz 2 ZPO vor (s. E 60, 253, vgl. aber *Sondervotum* von *von Schlabrendorff* aaO; kritisch auch *Leipold*, ZZP Bd. 93 [=1980], S. 237 [255 f.]: es sei unzumutbar, den Betroffenen in solchen Fällen, in denen ein Ausgleich nicht möglich sei, inbesondere bei nichtvermögensrechtlichen Prozessen, auf die Möglichkeit eines Regreßanspruchs gegen den Anwalt zu verweisen). So hat das Bundesverfassungsgericht in einem Fall der vom Anwalt verschuldeten Fristversäumnis in einem verwaltungsgerichtlichen Asylverfahren die Wiedereinsetzung wegen § 173 VwGO in Verbindung mit § 85 Absatz 2 ZPO abgelehnt (s. E 60, 253). An der Anwendbarkeit der zivilprozessualen Zurechnungsnorm läßt das Bundesverfassungsgericht mithin keinen Zweifel. Das Gericht stellt aber ebenfalls klar, daß *an*

befaßt war, dagegen eine Weiterleitungspflicht aufzuerlegen, bedeutet eine ungerechtfertigte Umkehrung von anwaltlichen und gerichtlichen Pflichten.

Im übrigen läßt der von dem Bundesverfassungsgericht in diesem Zusammenhang gewählte Wortlaut der „Fürsorgepflicht" auf eine Verkennung des geänderten Rollenverständnisses von Richter und Parteien schließen. Ein „Vater" nimmt sein „Kind" an die Hand und führt es auf den „richtigen Weg" bzw. in die zuständige Rechtsmittelinstanz. Diese patriarchalische Auffassung paßt nicht zu dem modernen Verständnis vom Richter. Umgekehrt wird der Bürger als „mündig", auch in Gerichtsverfahren, angesehen. Dann muß er aber auch im Rahmen des Zumutbaren prozessuale Verantwortung tragen.[470]

Auch für den vorliegenden Sonderfall, daß das Rechtsmittel zur Zeit der *Neuorganisation* sowohl des Ausgangs- als auch des Rechtsmittelgerichts eingelegt wurde, gilt nichts anderes. Denn die gerichtliche Zuständigkeitsänderung als solche vermag nicht vom Verschulden *im Einzelfall* zu entlasten, das für die Prüfung eines Wiedereinsetzungsantrags maßgeblich ist. Die gerichtliche Neuorganisation war ausweislich des zugrundeliegenden Sachverhalts der Bevölkerung weithin bekannt gewesen. Insbesondere der Prozeßbevollmächtigte des rechtsmittelersuchenden Bürgers mußte als in dem betreffenden Gerichtsbezirk zugelassener Anwalt bereits auf Grund dieser seiner Funktion hinsichtlich der neuen gerichtlichen Zuständigkeiten über *besondere Kenntnis* verfügen, zumal er den Schriftsatz zur Einlegung des Rechtsmittels persönlich beim Gericht des Ausgangsverfahrens, dessen ehemaliger Präsident und Vizepräsident er gewesen war, abgegeben und sich bei dieser Gelegenheit auch mit ehemaligen Kollegen getroffen hatte. Da er zumindest unzweifelhaft Kenntnis über die Neustrukturierung als solche hatte, wäre es seine Pflicht als Prozeßbevollmächtigter gewesen, sich über die Zuständigkeit des für seinen Fall maßgeblichen Rechtsmittelgerichts zu erkundigen. Dies hätte im konkreten Fall keine Überspannung der an ihn bei der Einhaltung von Fristen zu stellenden Anforderungen an seine Sorgfaltspflichten bedeutet.[471] Somit trifft seinen Mandanten über § 85 Absatz 2 ZPO Verschulden an der Einreichung des Schriftsatzes beim unzuständigen Gericht, sodaß das Rechtsmittelgericht sein Wiedereinsetzungsgesuch zu Recht zurückgewiesen hat.

Es sollte daher bei folgendem Grundsatz verbleiben, gemäß Beschluß des Ersten Senats des Bundesverfassungsgerichts vom 5. Mai 1987:

---

die Sorgfaltspflichten des Anwalts bei der Einhaltung von Fristen keine unzumutbaren Anforderungen gestellt werden dürften, sodaß solchenfalls dem Betroffenen *Wiedereinsetzung* zu gewähren ist (E 79, 372). Insofern sei es etwa unzumutbar für einen Anwalt, der einen Antrag auf Fristverlängerung gestellt hatte, sich am letzten Tag der gesetzlichen Frist bei Gericht über die Fristverlängerung zu vergewissern (aaO S. 375 ff.).

470 S. hierzu weiter o., a)dd)*(3)* und ganz o., 1.e).

471 Vgl. insoweit auch BVerfGE 79, 372.

„Eine Belehrung über die Folgen der Versäumung richterlicher Fristen ist verfassungsrechtlich nicht geboten, wenn die Partei anwaltlich vertreten ist.“[472]

Das Bundesverfassungsgericht führt zur Begründung aus:

„*[...]* die unterbliebene Belehrung über die Folgen einer Fristversäumnis greift nicht in grundrechtlich geschützte Positionen *[...]* ein. *[...] Von Rechtsanwälten kann und muß erwartet werden, daß sie sich über die Folgen der Nichteinhaltung einer richterlichen Frist im klaren sind. Eine verfassungsrechtliche Belehrungspflicht ihnen gegenüber würde die durch Art. 103 Absatz 1 GG oder durch rechtsstaatliche Verfahrensprinzipien geforderte Fürsorgepflicht des Gerichts überspannen.*“[473]

Nach alledem gilt nach der hier vertretenen Auffassung somit:

Weder derzeit noch künftig können die Zivilgerichte bzw. Amtsgerichte zur Erteilung einer Rechtsmittelbelehrung *von Verfassungs wegen* verpflichtet sein. Anderenfalls würde zunächst - bei gleichbleibender Gesetzeslage - im Zivilprozeß die eindeutige Entscheidung des einfachen Gesetzgebers umgangen. Nach dem Prinzip der Gewaltenteilung obliegt es diesem, sofern Handlungsbedarf besteht, eine entsprechende Regelung einzuführen. Das Bundesverfassungsgericht würde dieses Prinzip unterlaufen, wolle es dies künftig gleichsam „durch die Hintertür“ den Fachgerichten auferlegen. In Frage käme unter diesem Gesichtspunkt allenfalls die ausdrückliche Feststellung der Rechtswidrigkeit des *gesetzgeberischen Unterlassens* durch das Bundesverfassungsgericht. Die Einführung einer Rechtsmittelbelehrung bei Zivilurteilen mag wünschenswert sein aus Gründen der Rechtssicherheit, der Rechtsmittelklarheit und auch zum Schutz der im amtsgerichtlichen Verfahren nicht anwaltlich vertretenen Verfahrensbeteiligten. Insoweit ist nicht von der Hand zu weisen, daß mancher Verfahrensbeteiligte, der zuvor noch nie mit der Justiz zu tun hatte und sich im amtsgerichtlichen Verfahren nicht hat anwaltlich vertreten lassen, häufig jedweder „offiziell“ von einem Gericht getroffenen Entscheidung „hilflos“ gegenübersteht in der festen Überzeugung, daß er hiergegen ohnehin nichts ausrichten könne, jede Entscheidung also letztverbindlich für ihn sei, und er aus diesen Überlegungen heraus von vornherein rechtlichen Rat nicht einholt und ein Rechtsmittel entweder überhaupt nicht einlegt - obgleich er die Entscheidung als „ungerecht“ empfindet und sich eigentlich dagegen zur Wehr setzen würde, wüßte er um die Existenz des Rechtsmittels - oder aber zu spät etwa einen Rechtsanwalt aufsucht und die Rechtsmittelfrist versäumt. Es ist zuzugeben, daß in solchen Fällen auch der Hinweis auf die „prozessuale Verant-

[472] BVerfGE 75, 302 (3. LS und S. 318). - Kursive Hervorhebung dieser und der folgenden Textstelle von *Verf.*

[473] BVerfG, aaO S. 318.

wortung" nicht weiterhilft. Allerdings obliegt die Entscheidung, aus solchen und anderen Gründen auch für den Zivilprozeß eine entsprechende Belehrungspflicht vorzusehen, allein dem Gesetzgeber. Dieser trägt primär die Verantwortung für angemessene Regelungen. Entscheidet er sich gegen die Schaffung einer entsprechenden Norm, haben die Gerichte diese gesetzgeberische Entscheidung, sofern nicht eine unvorhergesehene Gesetzeslücke vorliegt, zu respektieren. Sie sind an das Gesetzesrecht nach Art. 20 Absatz 3 GG gebunden. Abgesehen davon, unter der Prämisse der Existenz einer entsprechenden Regelung in der Zivilprozeßordnung, ließe auch dies keinen Rückschluß darauf zu, daß auch von Verfassungs wegen die Erteilung einer Rechtsmittelbelehrung geboten sei, also ein Verstoß gegen die einfach-gesetzliche Norm *zugleich* die Verfassung verletze. Die Verfassung kann nicht dafür herhalten, optimalen Rechtsschutz in jedem Detail zu gewährleisten. Ansonsten verlöre sie ihre exponierte Stellung als Wertekodex, der „zeitlose" Grundsätze verkörpert, unabhängig von der jeweiligen Ausgestaltung des einfachen Gesetzesrechts. Dies gilt insbesondere in Zeiten eines äußerst reformfreudigen Gesetzgebers. Das Bundesverfassungsgericht geht selbst davon aus, daß die Prozeßgrundrechte nur einen Mindeststandard an effektivem Rechtsschutz garantieren. Diese Grundsätze, vorliegend, in Anbetracht der eindeutigen Gesetzeslage, aber auch das Gewaltenteilungsprinzip würden umgangen, obläge den Fachgerichten eine Belehrungspflicht, die vom Gesetzgeber gerade nicht vorgesehen ist. Insoweit ist darauf hinzuweisen, daß auch nach der jüngsten ZPO-Novelle nach Maßgabe des *ZPO-RG* vom 27. Juli 2001[474], durch die das Zivilprozeßrecht im übrigen grundlegend umstrukturiert wurde, eine *Rechtsmittelbelehrung grundsätzlich unverändert nicht vorgeschrieben* ist.[475] Allerdings schreibt *§ 119 Absatz 4 GVG n.F.* nunmehr vor, daß das Landesgesetz zugleich Regelungen zu treffen hat, „die eine Belehrung über das zuständige Rechtsmittelgericht in der angefochtenen Entscheidung sicherstellen". Dies gilt aber nur dann, wenn der Landesgesetzgeber von der ihm durch die *Öffnungsklausel des § 119 Absatz 3 GVG n.F.* eingeräumten Befugnis Gebrauch gemacht hat, wonach er bestimmen kann, daß „die Oberlandesgerichte über Absatz 1 hinaus für alle Berufungen und Beschwerden gegen amtsgerichtliche Entscheidungen zuständig sind. Das Nähere regelt das Landesrecht; ..." (Satz 1 der Norm). Diese erst zum Ende des Gesetzgebungsverfahrens in das *ZPO-RG* aufgenommene Öffnungsklausel wurde im übrigen wesentlich für das Zustandekommen

[474] = BGBl. I S. 1887.

[475] *Hartmann*, NJW 2001, S. 2577 (2588) hält eine Belehrungspflicht auch für nicht „sonderlich ratsam", da Rechtsmittelbelehrungen „leider nicht selten falsch" seien.

der ganzen Novelle. Der Amtsrichter muß also, macht der Landesgesetzgeber von der Befugnis Gebrauch, im Urteil oder Beschluß künftig auf sein Landesrecht hinweisen. Dies ist allein durch die erhebliche Unsicherheit, welche die gesamte Neustrukurierung der Zivilprozeßordnung zwangsläufig mit sich bringen wird, geboten. Eine *allgemeine verfassungsrechtliche* Pflicht zur Rechtsmittelbelehrung kann dennoch aus den oben genannten Gründen daraus nicht folgen.

Im Fall der Versäumnis von Rechtsmittelfristen infolge nicht erteilter Rechtsmittelbelehrung bleibt dem Betroffenen immer noch der *Antrag auf Wiedereinsetzung*. Dieser ist als Korrektiv für den Einzelfall auch notwendig. Insofern ist aus den soeben genannten Gründen, angesichts der „Hilflosigkeit" mancher Adressaten gerichtlicher Entscheidungen, dafür zu plädieren, entsprechend dem Vorschlag des Bundesverfassungsgerichts die Anforderungen, die an das mangelnde Verschulden der Fristversäumung und seine Glaubhaftmachung im Rahmen eines *Wiedereinsetzungsgesuchs* zu stellen sind, herabzusetzen.[476] Hierbei kommt den Fachgerichten prinzipiell jedoch ein relativ weiter Ermessensspielraum zu. Abgesehen davon ist die Wiedereinsetzung *ausschließlich* nur in dem oben erwähnten Fall geboten, daß jemand im *amtsgerichtlichen* Verfahren *anwaltlich nicht vertreten* war, sich vergeblich beim Gericht des Ausgangsverfahrens um (zutreffende) Auskunft über die Möglichkeit der Rechtsmitteleinlegung und über das zuständige Rechtsmittelgericht bemüht, innerhalb der laufenden Frist auch keinen Anwalt mandatiert hat *und* infolgedessen die Rechtsmittelfrist versäumt hat, weil er entweder das Rechtsmittel beim unzuständigen Gericht oder nicht fristgemäß beim zuständigen Gericht eingelegt hat. Nur in diesem Fall und unter den genannten Voraussetzungen ist die Fristsäumnis als von dem Betroffenen unverschuldet anzusehen, es sei denn, es liegt ein Fall (evidenter) „besonderer Hilflosigkeit" vor, deren Einbewertung, sofern sie sich dem Gericht bereits im Verfahren gezeigt hat, seinem Ermessen unterliegt und dessen Entscheidung, außer in besonders krassen Fällen „intellektueller Unfähigkeit" auch vom Bundesverfassungsgericht nicht kontrollierbar sein sollte. Solchenfalls kann es angezeigt sein, bereits eine Rechtsmittelbelehrung in richtiger und verständlicher Form zu erteilen.

Angesichts der erheblichen Rechtsunsicherheit, die auf Grund der Neustrukturierung im Sinne des *§ 119 GVG n.F.* zu erwarten ist, ist allerdings an die Fachgerichte bereits jetzt zu appellieren, insofern die Anforderungen hinsichtlich der Wiedereinsetzung stark her-

---

[476] Allerdings müßte die Ablehnung eines Wiedereinsetzungsgesuchs - wie allgemein (s. weiter u., III.2.b]cc]*[2]*) - auf eine Verletzung des rechtlichen Gehörs hin untersucht werden..

abzusetzen. Dies wird insbesondere dann zu gelten haben, wenn eine vorgeschriebene Belehrung nach § 119 Absatz 4 GVG n.F. etwa im Einzelfall unterbleiben sollte. Es wird bereits jetzt zutreffend darauf hingewiesen, daß die Öffnungsklausel des § 119 Absatz 3 GVG n.F. in der Praxis erhebliche Probleme aufwerfen kann.[477] Denn dadurch können 16 verschiedene Landesrechte zustandekommen, jeweils mit Vorrang vor dem Bundesrecht. Bedenklich ist dies vor allem wegen der weiterhin in § 119 Absatz 3 Satz 2 GVG n.F. vorgesehenen Möglichkeit, daß das *jeweilige* Landesrecht von der oben angeführten Befugnis nach Satz 1 „in beschränktem Umfang Gebrauch machen, insbesondere die Bestimmung auf die Entscheidungen einzelner Amtsgerichte oder bestimmte Sachen beschränken *[kann].*" Sollten die verschiedenen Landesgesetzgeber auch davon Gebrauch machen, würde dies nicht nur zu einer „zunehmenden Verkomplizierung" des Verfahrensrechts führen, sondern zu schlechthin unerträglichen Umständen und zu erheblicher Rechtsunsicherheit nicht nur beim im amtsgerichtlichen Verfahren anwaltlich nicht vertretenen juristischen Laien, sondern auch auf Seiten der Richter- und Anwaltschaft.[478]

Insoweit ist davon auszugehen, daß die in weiten Teilen unglückliche ZPO-Novelle in den nächsten Jahren der bundesverfassungsgerichtlichen Verfahrenskontrolle zu einer wahren Renaissance, wie nach der *Vereinfachungsnovelle* des Jahres 1976, verhelfen wird. Umso mehr ist aber auch davor zu warnen, die durch die Prozeßgrundrechte nur gewährleistete Mindestgarantie effektiven Rechtsschutzes im Verfassungsbeschwerdeverfahren überzustrapazieren. Auch künftig ist der Verstoß gegen eine einfach-gesetzliche Belehrungspflicht nicht per se mit einer Verfassungsverletzung gleichzusetzen. Auch künftig wird bei der Bescheidung eines Wiedereinsetzungsgesuchs das (fehlende) Verschulden des Säumigen im *konkreten Einzelfall* den Ausschlag geben. Durch die Neuorganisation der Instanzgerichte bedingte Schwierigkeiten können nur mit ins Gewicht fallen, den Einzelnen aber nicht generell entlasten.

---

477 Vgl. hierzu *Hartmann*, aaO S. 2588.

478 Treffend *ders.*, aaO: „Es kann also im Bundesland 1 gegen das Urteil des AG A. die Berufung zum LG notwendig sein, gegen Urteile des AG B. das OLG zuständig werden, oder etwa in einer Mietsache das OLG zum Berufungsgericht werden, in einer Unfallsache das LG usw. Das alles unter der zunehmenden Herrschaft eines im EU-Raum einheitlich vorrangigen Rechts auch im Prozeßbereich. *Zweimal Landesrecht* ist gar dann zu beachten, wenn man einen Prozeß auf einem derjenigen Gebiete plant, für die vor kurzem der neue § 15 a EGZPO das obligatorische landesrechtlich unterschiedlich ausgestaltbare Güteverfahren als Schranke vor dem ordentlichen Gericht erstattet hat. Eine wahrer Gesamtbeitrag zur europäischen Rechtseinheit mit einer Fülle von Fragen zur möglichen Umgehung zwecks Vereinfachung und Beschleunigung, dem doch wohl eigentlichen Hauptziel aller Reformen." (- Hervorhebungen in Kursivschrift im *zitierten Text*. -)

4. Zu den Folgen unterlassener Information

a) Verwertungsverbot

Unabhängig von den vorstehenden Ausführungen besteht an der grundsätzlichen Informationspflicht der Gerichte aus Art. 103 Absatz 1 GG über Stand und Inhalt des Verfahrens in dem bereits beschriebenen Umfang[479] kein Zweifel. An die Verletzung der von Verfassungs wegen bestehenden Informationspflicht und somit an die Verkürzung rechtlichen Gehörs müssen daher Konsequenzen geknüpft sein, soll nicht das Gehörrecht im Ergebnis wirkungslos bleiben. Aus der positiven Pflicht des Gerichts zur Information folgt daher als *negative Seite* in Form eines Verbots[480], daß es Tatsachen, über welche es die Beteiligten nicht informiert und denen es infolgedessen die Möglichkeit zur Äußerung hierzu genommen hat, in seiner Entscheidung *nicht verwerten* darf.[481] Erfaßt ist von dem Verwertungsverbot daher der *gesamte Verfahrensstoff*, welcher der gerichtlichen Informationspflicht unterliegt.[482] Die Formel des Bundesverfassungsgerichts zum Verwertungsverbot lautet: *„Das Gericht darf nur solche Tatsachen und Beweisergebnisse verwerten, zu denen die Beteiligten Stellung nehmen konnten.“*[483] Umgekehrt folgt daraus die Pflicht des Gerichts, den *Zugang* zu Informationen in weitem Umfang zu öffnen: „Sofern die *Wahrnehmung dieser Gelegenheit [Stellung zu nehmen] - dem Staat zurechenbar* - ansonsten verhindert oder unzumutbar erschwert würde, können auch gerichtliche Hinweise oder Mitteilungen - etwa über den Eingang von Schriftsätzen, die Beiziehung von Akten oder die Durchführung einer Beweisaufnahme - von Art. 103 Absatz 1 GG gefordert sein.[484] Demnach stellt sich dem Gericht die Aufgabe, *den Zugang zu den ihm vorliegenden Informationen den Verfahrensbeteiligten in weitem Umfang zu öffnen, sofern diese Informationen für die gerichtliche Entscheidung verwertbar sein sollen.* Hierin liegt eine entscheidende Stärkung des Rechts auf Gehör, die es den Verfahrensbeteiligten ermöglicht, ihr Äußerungsrecht frei von staatlichen Hemmnissen auch effektiv wahrzunehmen.“[485]

---

479 S. weiter o. unter 1.
480 Vgl. hierzu *Schmidt-Aßmann* in: Maunz/Dürig/Herzog, GG, Art. 103 Abs. I Rd. 138 f.
481 Ständige Rechtsprechung des Bundesverfassungsgerichts, s. bereits o. unter 1. und sogleich.
482 S. bereits weiter o. unter 1.
483 BVerfGE 6, 12 (14); 12, 110 (113); 57, 250 (274); 64, 135 (144) und ständig. - Hervorhebungen in Kursivschrift durch *Verf.*
484 BVerfGE 64, 135 (144 [mit Hinweis auf E 17, 194 (197); 20, 347 (349); 32, 195 (198); 50, 381 (385)]).
485 BVerfGE 64, 135 (144). - Hervorhebungen in Kursivschrift durch *Verf.*

Die *Nachprüfbarkeit der Verwertung* von Tatsachenmaterial, welches den Berechtigten nicht übermittelt worden war, anhand der *Entscheidungsbegründung*[486], beschränkt sich nicht auf die Fälle, in denen die entsprechenden Tatsachen in der fachgerichtlichen Entscheidung *explizit* aufgeführt sind, sondern erstreckt sich auf solche Entscheidungen, in denen die äußerungsrelevanten Tatsachen zwar *nicht ausdrücklich*, aber *nach den Gesamtumständen* des Falles doch *offensichtlich verwertet* worden sind.[487] Ansonsten könnte sich das Gericht seiner Informationspflicht im Vorfeld des Äußerungsrechts und entsprechend seiner *Berücksichtigungspflicht* in dessen Nachfeld leicht dadurch entziehen, daß es die relevanten Tatsachen lediglich in seiner Entscheidung nicht nennt.[488]

b) Verbot von Überraschungsentscheidungen

Das allgemeine Verwertungsverbot infolge unterlassener Information bezieht sich zunächst auf *Tatsachen*, über welche das Gericht die Beteiligten nicht vor seiner Entscheidung in Kenntnis gesetzt hat, sodaß diese nicht die Chance hatten, das ihnen zustehende Äußerungsrecht wahrzunehmen. Nach Auffassung des Bundesverfassungsgerichts kann es aber *in besonderen Fällen geboten* sein, die Verfahrensbeteiligten auch *auf eine Rechtsauffassung hinzuweisen*, die das Gericht seiner *Entscheidung zugrundelegen will*. Denn der Verfahrensbeteiligte muß bei Anwendung der von ihm zu verlangenden Sorgfalt *zu erkennen vermögen*, auf welche *rechtlichen Gesichtspunkte* es für die Entscheidung ankommen kann.[489] Nur dann kann er sich auch zu ihnen äußern, wozu er unzweifelhaft berechtigt ist, und vor allem seinen *Sachvortrag darauf einstellen*. Die Entscheidung darf also für ihn insofern *nicht „überraschend"* sein. Ein subjektiver Schuldvorwurf an das Gericht ist hiermit solchenfalls nicht verbunden, sodaß es auch auf eine *besondere Überraschungsabsicht nicht* ankommt. Maßgeblich ist die Sicht des Gehörberechtigten, dessen in das Gericht gesetzte *prozessuale Vertrauen* nicht enttäuscht werden soll.[490] Andererseits ist das Gericht selbstverständlich *nicht an Rechtsauffassungen anderer Verfahrensbeteiligter gebunden*. Die Rechtsfindung ist vielmehr originäre Aufgabe

---

[486] S. zur *Begründungspflicht* der Gerichte als Ausformung ihrer *Berücksichtigungspflicht* weiter u., IV.2.

[487] Vgl. etwa BVerfGE 17, 139; im zugrundeliegenden Sachverhalt hatte das Fachgericht über die Fortdauer einer Freiheitsentziehung zu entscheiden. Die entsprechende Stellungnahme der Vollzugsanstalt hatte es in seinem Beschluß nicht ausdrücklich erwähnt. Gleichwohl hatte es diese „nach den Gesamtumständen des Falles" „offensichtlich verwertet" (aaO, S. 143 f.).

[488] S. hierzu u., IV.2., im Zusammenhang mit der aus Art. 103 Absatz 1 GG *folgenden Berücksichtigungspflicht*.

[489] Vgl. ebenso die ständige Rechtsprechung des Bundesverwaltungsgerichts, zum Beispiel bei *Buchholz* 310 VwGO § 108 Nr. 124.

[490] S. *Schmidt-Aßmann*, GG, Art. 103 Abs. 1 Rd. 140 f. m.w.N.

der rechtsprechenden Richter. Folge des Überraschungsverbots ist daher lediglich ein entsprechender *Hinweis* des Gerichts an die anderen Verfahrensbeteiligten, *bevor* es seine Entscheidung fällt, wenn es auf rechtliche, oder aber auf *tatsächliche*[491] Kriterien abstellen will, worüber es die Gehörberechtigten bisher nicht informiert und ihnen damit noch keine Äußerungsgelegenheit gegeben hatte. Unterläßt es dies, kann es seine Rechtsauffassung der zu treffenden Entscheidung nicht zugrundelegen. Auch hier geht es somit um ein Verwertungsverbot, und zwar hinsichtlich rechtlicher Kriterien, zu denen Sachvortrag im Ergebnis durch das Gericht verhindert wurde.

Da darüber hinaus eine *generelle Frage- und Aufklärungspflicht* in Bezug auf die *Rechtsansicht des Gerichts*[492] und erst recht eine Verpflichtung des Gerichts zu einem *Rechtsgespräch*[493] auch vom Bundesverfassungsgericht zu Recht abgelehnt wird, sind an eine erweiterte Hinweispflicht zur Vermeidung von „Überraschungsentscheidungen" *enge Voraussetzungen* zu knüpfen. Sogar dann, wenn die Rechtslage umstritten und problematisch ist, muß daher ein Verfahrensbeteiligter *grundsätzlich alle vertretbaren rechtlichen Gesichtspunkte von sich aus in Betracht ziehen und seinen Vortrag darauf*

---

491 Vgl. BVerfGE 86, 133 (144). S. auch schon BVerfGE 26, 37; hier hatte die Revisionsinstanz eine strafprozessuale Revision *als offensichtlich unbegründet zurückgewiesen*, die Verwerfung aber mit einer *Änderung des Schuldspruchs* verbunden (im konkreten Fall Verurteilung aus § 1 StVO statt aus § 7 Absatz 1 Satz 2 StVO, § 35b Absatz 2 StVZO [mittlerweile aufgehoben]). Hierbei stand allerdings nicht so sehr die Veränderung des rechtlichen Gesichtspunktes im Vordergrund als vielmehr die Tatsache, daß das Revisionsgericht von einem *anderen Sachverhalt* als die Ausgangsinstanz ausgegangen ist, dies dem Gehörberechtigten aber nicht mitgeteilt hatte (aaO, S. 40). Vgl. weiter BVerfGE 84, 188: in dem dieser Entscheidung zugrundeliegenden zivilrechtlichen Fall bestand zwischen den Parteien *Streit über die Schadenshöhe, allerdings nur hinsichtlich des Zeitwerts* eines der streitbefangenen Gegenstände. Dazu hatten sich *beide Parteien auf ein Sachverständigengutachten bezogen.* Trotzdem war das erkennende Gericht der Auffassung gewesen, insofern sei der Sachvortrag *nicht hinreichend substantiiert.* Das Bundesverfassungsgericht hält hierdurch einen Verstoß gegen das Gehörgrundrecht für gegeben, da der Beschwerdeführer hier auch bei Anwendung der von ihm zu verlangenden Sorgfalt *nicht habe erkennen können, auf welchen Tatsachenvortrag es für die Entscheidung ankommen würde.* Er habe erwarten können, daß das Gericht Beweis über den Zeitwert erheben würde. Er habe nicht damit rechnen müssen, daß es nähere Angaben über die Beschaffenheit der Sache für erforderlich halten würde, denn ein solcher Vortrag hätte die Besichtigung durch einen Sachverständigen nicht entbehrlich gemacht. In solchen Fällen entspreche es der von der höchstrichterlichen Rechtsprechung gebilligten Praxis, daß der Sachverständige selbst den tatsächlichen Zustand der Sache feststellt, um auf dieser Grundlage sein Gutachten erstatten zu können (BVerfG, aaO S. 191 m.w.N.). Habe das Gericht von dieser bei den Zivilgerichten *üblichen Verfahrensgestaltung abweichen* wollen, so hätte es dem Beschwerdeführer durch einen entsprechenden Hinweis Gelegenheit geben müssen, sein prozessuales Verhalten hierauf einzurichten (ebda.).

492 S. BVerfGE 84, 188 (190). Auch nicht in Bezug auf die Rechtsansicht des zur Entscheidung berufenen Senats, s. BVerfGE 74, 1.

493 S. bereits weiter o., 3.b)aa), und vgl. BVerfGE 66, 116 (147); 67, 90 (96); 74, 1 (5); 84, 188 (190). In BVerfGE 86, 133 (145) ist dies ausdrücklich dahingehend eingeschränkt, daß eine solche Hinweispflicht zumindest „grundsätzlich" nicht bestehe. Vgl. aus der Literatur etwa *Rosenberg/Schwab*, Zivilprozeßrecht, § 85.III.3, 4.

einstellen, so das Bundesverfassungsgericht.[494] Dagegen sei ein Verstoß gegen den Gehörgrundsatz (nur dann) anzunehmen, wenn das Gericht ohne vorherigen Hinweis auf einen rechtlichen Gesichtspunkt abstellt, mit dem auch ein *gewissenhafter und kundiger Prozeßbeteiligter* selbst unter *Berücksichtigung der Vielzahl vertretbarer Rechtsauffassungen* nicht habe zu rechnen brauchen, und der Berechtigte aus diesem Grunde für die Entscheidung relevanten Sachvortrag unterläßt.[495] Beschränkt ist die gerichtliche Hinweispflicht daher auf die *Ausnahmefälle*, in denen entweder ein unterlassener Hinweis *im Ergebnis der Verhinderung eines Vortrages zur Rechtslage* gleichkäme[496], oder aber der Gehörberechtigte *objektiv nicht hat erkennen können,* auf welchen Tatsachenvortrag es für die rechtliche Einbewertung in der Entscheidung ankommen kann.[497] So ist etwa Art. 103 Absatz 1 GG in der Rechtsprechung des Bundesgerichtshofs dann verletzt, wenn in einem *Hinweis- und Aufklärungsbeschluß* die Zulassung eines Rechtsmittels unabhängig vom Erreichen der Revisionssumme und vom Verfahrensausgang zugesichert wird und die Parteien deswegen von der Erhöhung ihres Antrags auf einen revisiblen Betrag absehen, das Revisionsversprechen aber nicht eingelöst wird.[498] Unklar ist dagegen der Umfang der verfassungsrechtlich gebotenen *Fürsorgepflicht im strafprozessualen Bereich.* Hier trifft das Gericht sicherlich tendenziell eine weitergehende Hinweis- und Aufklärungspflicht, verglichen mit Hinweispflichten im Zivilprozeß, will es in seiner Entscheidung auf rechtliche Gesichtspunkte abstellen, die das „prozessuale Vertrauen" des Angeklagten enttäuschen und für ihn „überraschend" sind. Die Details sind aber streitig.[499] Das Bundesverfassungsgericht rekurriert in diesem Bereich auf das *umfassendere* Gebot der Verfahrensfairneß, das insoweit nur als Teilelement auch den Anspruch auf rechtliches Gehör enthält, und gesteht nicht nur dem Angeklagten weitreichende Befugnisse zur *aktiven Verfahrensgestaltung* zu, sondern nimmt umgekehrt auch die Strafgerichte sehr weitgehend in die Pflicht, dem Angeklagten entsprechende Erkenntnisquellen zur Verfügung zu stellen und ihm hierzu Gelegenheit zur Äußerung zu geben, damit er auf das Verfahren und sein Ergebnis effektiv Einfluß nehmen kann.[500]

---

494 BVerfGE 86, 133 (145).
495 BVerfG, aaO LS und S. 144 ff.; s. auch E 84, 188 (190).
496 BVerfGE 84, 188 (190); 98, 218 (263).
497 BVerfGE 96, 189 (204).
498 S. BGH, NJW 1999, S. 290 (291), nachgewiesen bei *Nolte* in: v. Mangoldt/Klein/Starck, Bonner Grundgesetz, Art. 103 Abs. 1 Rd. 52.
499 Vgl. die Nachweise bei *Nolte*, aaO Rd. 50.
500 S. hierzu im einzelnen das Erste Kapitel dieser Arbeit („Grundlagen"), dort A.I.2.a).

Nachdrücklich sei hier wie allgemein im Zusammenhang mit gerichtlichen Hinweispflichten noch einmal davor gewarnt, diese im Hinblick auf verfassungsrechtliche Erfordernisse, vor allem in Bezug auf die „Minimalgarantie" des Art. 103 Absatz 1 GG, zu sehr auszuweiten. Diese Gefahr ist in dem hier interessierenden Bereich der Hinweise auf die Rechtsauffassung des erkennenden und entscheidenden Gerichts auch darin begründet, daß sich das Bundesverfassungsgericht eine „Hintertür" für eigene Wertungen offenhält, indem es eine Hinweispflicht zumindest dann bejaht, wenn ein *„gewissenhafter und kundiger Prozeßbeteiligter"* mit der Zugrundelegung eines bestimmten Kriteriums in der gerichtlichen Entscheidung nicht habe rechnen müssen.[501] Was dem einzelnen Verfahrensbeteiligten in einer konkreten prozessualen Situation an vorausschauendem Denken abverlangt werden kann, ist weitgehend Frage des konkreten Einzelfalls, abhängig von der *Anwendung des konkret einschlägigen Verfahrensrechts*[502]*, und daher der verfassungsgerichtlichen Wertungsbefugnis entzogen.*[503] Zudem ist zu bedenken, daß sich oft den Gerichtsakten und der gerichtlichen Entscheidung kaum entnehmen läßt, ob sich eine Entscheidung als unzulässige Überraschungsentscheidung herausstellt. Denn dies hängt zumindest im mündlichen Verfahren von dem im speziellen Verfahren geschaffenen Verständigungshorizont bzw. Vertrauenstatbestand ab, der sich oftmals auch aus Eindrücken und Handlungen in der mündlichen Verhandlung ergibt, welche sich nicht unbedingt in der Gerichtsakte niederschlagen müssen.[504]

---

501 BVerfGE 84, 188 (190); 86, 133 (144 f.); s. soeben.

502 S. jetzt auch *§ 139 Absatz 2 ZPO n.F.* auf Grund des *ZPO-RG* vom 27. Juli 2001 (=BGBl. I S. 1887).

503 Das Bundesverfassungsgericht muß nicht nur die Fachgerichte darauf überprüfen, ob diese sich über den verfassungsrechtlich gesteckten Rahmen schon hinausbewegt haben, sondern auch sich selbst darauf, ob es sich *noch innerhalb* dieses Rahmens bewegt. Indiz für eine Überspannung des durch die auf die Verletzung „spezifischen Verfassungsrechts" bzw. im Bereich der Prozeßgarantien auf den verfassungsrechtlich verbürgten „Mindeststandard" an effektivem Rechtsschutz beschränkte Kontrollbefugnis des Bundesverfassungsgerichts ist allgemein oft die verfassungsgerichtliche Wortwahl. Hatte das Bundesverfassungsgericht in früheren Entscheidungen eine allgemeine Hinweispflicht des Gerichts auf seine Rechtsauffassung durchweg verneint, geschieht dies heute nur noch *„grundsätzlich"* (s. etwa E 86, 133 [145]). Damit läßt sich das Bundesverfassungsgericht von vornherein eine „Hintertür" offen, in Ausnahmefällen eben doch umfassende Hinweispflichten zu fordern, die gegebenenfalls über die Erfordernisse des Art. 103 Absatz 1 GG hinausgehen könnten. Denn auch für den Einzelfall gilt: Die Erwartungen, die an einen aufmerksamen Prozeßbeteiligten gestellt werden dürfen, dürfen nicht zu niedrig angesetzt werden, damit nicht die dem Individuum obliegende Prozeßverantwortung einseitig auf das Gericht verlagert wird. Vorsicht geboten ist vor allem hinsichtlich einer Postulation gerichtlicher Hinweispflichten im Einzelfall bei Zugrundelegung bestimmter *rechtlicher* Kriterien in der Entscheidung, denn die rechtliche *Würdigung* eines Falles ist nach wie vor Sache des Gerichts, während die Darstellung des zugrundeliegenden Sachverhalts vor allem im zivilprozessualen Erkenntnisverfahren den Parteien obliegt. Auch die herrschende Lehre verneint ein über Einzelfälle hinausgehendes allgemeines Verbot, der Entscheidung keine rechtlichen Gesichtspunkte zugrundezulegen, zu denen sich die Parteien nicht äußern konnten, vgl. *Schmidt-Aßmann* in: Maunz/Dürig/Herzog, GG, Art. 103 Abs. I Rd. 141 / Fn. 345 m.w.N.

504 Vgl. *Schmidt-Aßmann*, DÖV 1987, S. 1029 (1031).

5. „Pannenhilfe“ des Bundesverfassungsgerichts bei Verstößen gegen die Informationspflicht durch die Fachgerichte

Abschließend ist anzumerken, daß das Bundesverfassungsgericht nicht selten auch Fehler der Fachgerichte in Bezug auf die Informationsübermittlung korrigieren mußte, bei denen die Verletzung rechtlichen Gehörs *evident* zutage trat und (ohne weiteres) vermeidbar gewesen wäre: Hier war der Kernbereich bzw. die *Minimalgarantie* des Art. 103 Absatz 1 GG so offensichtlich betroffen, daß sich Probleme in Bezug auf mögliche Kompetenzüberschreitungen des Bundesverfassungsgerichts bei der Überprüfung von Verfassungsverstößen gegenüber der Fachgerichtsbarkeit von vornherein nicht stellten. Da hier vor allem gerichtliche „Versehen“ vorlagen, die im Gerichtsalltag immer wieder passieren können, mußte das Bundesverfassungsgericht insoweit „*Pannenhilfe*“[505] leisten. Beispielhaft hierzu folgende Fälle: In einem Fall hatte das Gericht - immerhin der Zivilsenat eines Oberlandesgerichts - der Gehörberechtigten *die Begründung der zivilprozessualen sofortigen weiteren Beschwerde des Gegners nicht zugestellt.*[506] Das Bundesverfassungsgericht betont hierbei, daß dies auf einem „*Versehen*“ beruht hatte.[507] In einem anderen Fall war der Beschuldigte *über das gegen ihn gerichtete Klageerzwingungsverfahren nicht informiert* worden. Er erfuhr hiervon infolge eines „*bedauerlichen Versehens*“ erst durch die insofern stattgebende Beschwerdeentscheidung des Oberlandesgerichts.[508]

Es stellt sich allerdings die Frage, ob es wirklich Aufgabe des Bundesverfassungsgerichts als oberstem Verfassungsorgan des Bundes sein kann, derartige „Pannen“ zu korrigieren, die wahrlich keine Fragen von grundsätzlicher verfassungsrechtlicher Bedeutung aufwerfen. Jedoch ist der Wortlaut des Art. 93 Absatz 1 Nr. 4 a GG eindeutig. Wenn rechtliches Gehör verletzt ist, ist die Verfassungsbeschwerde, ist sie einmal angenommen, auch begründet. Das Bundesverfassungsgericht sollte in solchen Fällen verstärkt die Ablehnung der Annahme der Verfassungsbeschwerde nach § 93 a BVerfGG, soweit nicht Ab-

---

505 Dieser Begriff wird sowohl vom Bundesverfassungsgericht selbst (s. etwa BVerfGE 42, 243 [248 f.]) als auch zustimmend von der Literatur bemüht (vgl. nur *Schumann*, NJW 1985, S. 1134 ff.) und ist in Fällen der evidenten Gehörverletzung sicher treffend. - S. hierzu bereits o. in diesem Abschnitt, A.II.4.

506 BVerfGE 15, 43 (45).

507 BVerfG, aaO S. 45 f.

508 BVerfGE 42, 172 (173 f.). - Zu einem weiteren Evidenz-Fall s. BVerfGE 46, 72: in dem dieser Entscheidung zugrundeliegenden Sachverhalt hatte das Amtsgericht als Ausgangsgericht einen Schriftsatz verwertet, welcher der Beschwerdeführerin zuvor nicht mitgeteilt worden war. Die Verfassungsbeschwerde wurde allerdings wegen § 93 a Absatz 4 BVerfGG a.F. nicht zur Entscheidung angenommen.

satz 2 der Norm einschlägig ist, in Betracht zu ziehen, von deren Möglichkeit es auch sonst regen Gebrauch macht.

III. Das Recht auf Äußerung

Die *zweite Verwirklichungsstufe* des Gehöranspruchs ist als dessen *Kernstück* aus Sicht der Gehörberechtigten das Recht auf Äußerung. Hier ist der Betroffene selbst zur Ausübung berechtigt. Zugleich können ihm folgerichtig auf dieser Stufe auch die meisten Mitwirkungspflichten auferlegt werden.[509] Von Seiten des Gerichts muß ihm aber jedenfalls bereits im Vorfeld der entscheidungsrelevante Verfahrensstoff zugänglich gemacht worden sein, sowie konkret *die Möglichkeit eröffnet werden, sich zu den entscheidungserheblichen Tatsachen*[510] *(überhaupt) zu äußern.*[511] Diese Möglichkeit muß schon deswegen gegeben sein, da der Bürger vor Gericht nicht bloßes Verfahrensobjekt ist.[512] Erst hierdurch erhält der Berechtigte somit die Gelegenheit, aktiv auf das Verfahren einzuwirken und auch auf das materielle *Ergebnis* des Verfahrens Einfluß zu nehmen.

1. Zum gegenständlichen Schutzbereich des Äußerungsrechts

a) Äußerung zu Tatsachen und Rechtsfragen

Das Äußerungsrecht bezieht sich zunächst auf „*Tatsachen*", also auf solche Lebenssachverhalte, die *eines Beweises zugänglich* sind, sowie auf die hierzu erhobenen *Beweise.*[513] Hiervon umfaßt sind auch *Äußerungen des Gegners*[514] *und anderer Prozeßbeteiligter oder Dritter*[515] zu entscheidungserheblichen Tatsachen. Insgesamt umfaßt das Äußerungsrecht in gegenständlicher Hinsicht folgerichtig *sämlichen Verfahrensstoff, der auch der gerichtlichen Informationspflicht unterliegt,* die insoweit nur ein die Ausübung des Äußerungsrechts flankierendes Instrument darstellt. Im Hinblick auf den Umfang des Äußerungsrechts wird daher auf die Ausführungen zur Informationspflicht der Gerichte verwiesen.[516] Des weiteren ist der Betroffene natürlich *berechtigt*, sich zu allen Rechtsfragen zu *äußern*, wenngleich grundsätzlich keine Pflicht der Gerichte zur Führung eines

---

[509] Vgl. hierzu weiter o., II.1.e).
[510] Auch dürfen die Gehörberechtigten selbstverständlich ihre *Rechts*ansicht äußern, s. sogleich (1.a]).
[511] BVerfGE 6, 12 (14); 12, 110 (113); 57, 250 (274); 64, 135 (144) und ständig.
[512] Dies fordert schon *die Menschenwürde*, s. schon o., A.I.
[513] S. nur BVerfGE 8, 184 (185 f.), 208 (209); 19, 142 (144); 25, 40 (43); 32, 195 (197 f.) und ständig. S. hierzu schon weiter o., unter II.1.b).
[514] Vgl. z.B. BVerfGE 19, 148 (149); 50, 280 (284) und ständig. S. schon o., unter II.1.c).
[515] S. nur BVerfGE 18, 49 (51); 19, 198 (201 f.) und ständig. S. schon o., unter II.1.d).
[516] S.o., unter II., dort vor allem unter 1.

Rechtsgesprächs besteht.[517] Im Ergebnis muß dem Gehörberechtigten daher die Möglichkeit gegeben werden, sich zum *gesamten* entscheidungserheblichen Sachverhalt und zu *allen* Rechtsfragen zu äußern.[518] Schließlich muß der Gehörberechtigte die *Möglichkeit* haben, sich zum entscheidungsrelevanten Verfahrensstoff auch *tatsächlich in wirksamer Weise* äußern zu können. Dies gebietet schon das Erfordernis *effektiven Rechtsschutzes*, dessen Ermöglichung Art. 103 Absatz 1 GG auch dient.[519] Hieran sind verschiedene Erfordernisse geknüpft. So muß, von ganz eng begrenzten Ausnahmefällen abgesehen, Gelegenheit zur Stellungnahme *vor* der gerichtlichen Entscheidung gegeben werden, da ansonsten der Inhalt der Äußerung leerliefe; er könnte nicht mehr die Entscheidung beeinflussen.[520] Zum anderen muß der Berechtigte selbst *in der Lage sein*, wirksam eine Stellungnahme abzugeben; bei in der Person des Äußerungsberechtigten liegenden „Mängeln" ist insoweit Kompensation durch erweiterte Hinweispflichten des Gerichts herzustellen.[521] Schließlich ist dem Gehörberechtigten im Einzelfall Gelegenheit zur effektiven *Vorbereitung* seiner Äußerung zu geben; dies kann etwa, da das Verfahren andererseits auch nicht „verschleppt" werden soll, durch *angemessene Fristsetzung* zur Stellungnahme geschehen.[522]

b) Offenkundige Tatsachen

Fraglich ist, ob auch zu sogenannten *offenkundigen Tatsachen* rechtliches Gehör gewährt werden muß. Zu den offenkundigen Tatsachen, die *keines Beweises bedürfen*, gehören neben den gerichtskundigen auch die allgemeinkundigen Tatsachen.[523] *Gerichtskundig* sind Tatsachen, die dem Richter kraft seines Amtes, zum Beispiel aus früheren Prozessen, bekannt geworden sind. *Allgemeinkundig* sind solche Tatsachen, von denen verständige und erfahrene Menschen regelmäßig ohne weiteres Kenntnis haben oder von denen sie sich durch Verwendung allgemein zugänglicher, zuverlässiger Quellen unschwer überzeugen können.[524] In der einfach-rechtlichen Literatur ist umstritten, inwie-

---

517 S. bereits o. unter II.3.b). Ausnahmen bestehen wegen des Verbots von *„Überraschungsentscheidungen"*, s. hierzu weiter o., II.4.b).

518 BVerfGE 54, 140 (142).

519 Vgl. BVerfGE 63, 332 (337 f.) und zuletzt E 101, 106 (129 m.w.N.). Effektiver Rechtsschutz wird hauptsächlich durch Art. 19 Absatz 4 GG gewährleistet; *zusammen* mit den Verfahrensgarantien des Art. 101 Absatz 1 Satz 2 wie des Art. 103 Absatz 1 GG bildet dieses Erfordernis zugleich einen *allgemeinen Rechtsschutzstandard*, welcher in jedem Verfahren garantiert ist, s. hierzu unter anderem o., A.II.1.

520 Zum *Vorherigkeitsgrundsatz* s. bereits o., C.I.2.

521 Zu den Fällen *„intellektueller Unfähigkeit"* s. weiter o. unter II.3.a)dd)*(3)*.

522 Vgl. zum *zeitlichen* Umfang des Äußerungsrechts weiter u., unter 2.

523 BVerfGE 10, 177 (183).

524 BVerfG, aaO S. 183.

weit auch solch offenkundige Tatsachen *in den Prozeß eingeführt* werden müssen, wenn sie *verwertet* werden sollen.[525] Da die fehlende Beweisbedürftigkeit der Tatsache allein aber nichts mit ihrer Verwertbarkeit zu tun hat[526] und zudem auch gegenüber offenkundigen Tatsachen ein Gegenbeweis jedenfalls möglich ist[527], sind nach Auffassung des Bundesverfassungsgerichts auch offenkundige Tatsachen im Urteil nur dann verwertbar, wenn das Gericht sie in den Prozeß eingeführt und den Berechtigten Gelegenheit zur Äußerung hierzu gegeben hat.[528] Dies gilt nicht nur in Verfahren mit Untersuchungsgrundsatz[529], sondern auch im zivilprozessualen Parteienverfahren.[530] Jedoch dürfte die Äußerungsmöglichkeit zu solchen Tatsachen entbehrlich sein, die so allgemein bekannt sind, daß die Beteiligten vernünftigerweise damit rechnen müssen, daß sie zur Grundlage der Entscheidung gemacht werden.[531] Nur wenn offenkundige Tatsachen *nicht* in der abschließenden Entscheidung *verwertet werden sollen, entfällt mithin grundsätzlich die Pflicht des Gerichts,* Gelegenheit zur Äußerung zu geben. Allerdings ist ein gewisses Risiko nicht von der Hand zu weisen, daß das Gericht eine nicht offenkundige Tatsache *als offenkundig behandelt*, um insofern das Äußerungsrecht zu umgehen. In solchen ebenso wie in denjenigen Fällen, in denen *die Offenkundigkeit* der Tatsache gerade *nicht offenkundig* ist, muß daher stets Gelegenheit zur Äußerung gegeben werden.[532] Auch muß sich das Gericht nach Auffassung des Bundesverfassungsgerichts ausdrücklich festlegen, *welchen Unterfall der Offenkundigkeit* - Allgemein- oder Gerichtskundigkeit - es im konkreten Fall für gegeben sieht. Ein *„sprachliches Versehen" scheidet demnach aus.*[533]

c) Werturteile

Reine Werturteile anderer Verfahrensbeteiligter sind nicht äußerungsrelevant, da ihnen einerseits begriffsimmanent keine Tatsachenqualität zukommt und sie zum anderen auch nichts zur Klärung der Rechtslage beitragen. Oft ergeben sich aber Probleme bei der *Ab-*

---

525 Hinweis bei: BVerfG, aaO S. 183.
526 BVerfG, aaO S. 183.
527 BVerfG, aaO S. 184.
528 BVerfG, NJW-RR 1996, S. 183; BVerfGE 48, 206. Insofern mißverständlich BVerfGE 10, 177 (183), wonach rechtliches Gehör zu offenkundigen Tatsachen grundsätzlich *nicht* gewährt werden muß. Dies gilt aber prinzipiell nur dann, wenn diese nicht entscheidungserheblich sind und nicht verwertet werden sollen.
529 S. BVerfGE 10, 177 (182); so etwa für das Strafverfahren auch *Kleinknecht/Meyer-Goßner*, StPO, § 244 Rd. 3.
530 BVerfG, NJW-RR 1996, S. 183; so auch *Thomas-Putzo*, ZPO, § 291 Rd. 4.
531 So der Bundesgerichtshof, vgl. etwa BGHZ 31, 43.
532 BVerfGE 12, 110 (113); 48, 206 (209).
533 BVerfGE 10, 177 (183 f.).

grenzung zwischen einem *reinen Werturteil* und einer *Tatsachenbehauptung*. So können *tatsächliche Feststellungen die Grundlage eines Werturteils* bilden, sodaß hier rechtliches Gehör zu gewähren ist. Das Bundesverfassungsgericht hat dies etwa für die Stellungnahme einer Vollzugsanstalt zur Person des Gefangenen im Rahmen einer gerichtlichen Entscheidung über die Fortdauer der Freiheitsentziehung nach § 42 f StGB a.F. bejaht.[534] Es führt hierzu aus, die in der Stellungnahme enthaltene Würdigung der Persönlichkeit des Verwahrten und die Prognose über sein künftiges Verhalten beruhten auf tatsächlichen Feststellungen über das äußere Verhalten und die innere Einstellung der beurteilten Person. Tatsachen und Werturteile seien dabei in der Regel so miteinander verknüpft, daß sie nicht getrennt werden könnten.[535]

2. Zum zeitlichen Schutzbereich des Äußerungsrechts

a) Grundsatz

aa) Recht zur Äußerung generell bis zum Zeitpunkt der gerichtlichen Entscheidung

Es wurde bereits darauf hingewiesen, daß im Regelfall rechtliches Gehör *vor* der gerichtlichen Entscheidung zu gewähren ist.[536] Damit ist allerdings noch nicht gesagt, daß *in diesem Rahmen* etwa zeitliche Begrenzungen nicht zulässig wären. Aus dem Wortlaut des Art. 103 Absatz 1 GG ergibt sich ein Recht auf eine Beschränkung allerdings nicht. *Grundsätzlich* ist daher davon auszugehen, daß das Äußerungsrecht unbegrenzt *bis zum Zeitpunkt der richterlichen Entscheidung* ausgeübt werden darf. Bis zu diesem Zeitpunkt eingegangene Schriftsätze oder mündliche Äußerungen sind entsprechend auch von dem Gericht *zur Kenntnis zu nehmen und bei seiner Entscheidung zu berücksichtigen*. Es gilt insofern der Grundsatz, den das Bundesverfassungsgericht in ständiger Rechtsprechung zum rechtlichen Gehör vertritt, „...daß einer gerichtlichen Entscheidung nur solche Tatsachen und Beweisergebnisse zugrundegelegt werden, zu denen die Beteiligten Stellung nehmen konnten".[537] Dem entsprechend muß der Gehörberechtigte *vor* der endgültigen

---

534 BVerfGE 17, 139.

535 BVerfG, aaO S. 143; s. auch BVerfGE 18, 419 (422 f.). Vgl. allgemein zur Einstufung einer Äußerung als Tatsachenbehauptung oder Werturteil aus der jüngeren bundesverfassungsgerichtlichen Rechtsprechung BVerfGE 94, 1 (7 ff.) unter dem Blickpunkt des Art. 5 Absatz 1 GG.

536 Zum *Vorherigkeitsgrundsatz* s. bereits o., C.I.2.

537 Vgl. nur aus der früheren Rechtsprechung BVerfGE 5, 22 (24); 6, 12 (14); 7, 239 (240). Allgemein zu der aus Art. 103 Absatz 1 GG abgeleiteten und dem Äußerungsrecht korrespondierenden gerichtlichen *Berücksichtigungspflicht* s. weiter u., IV.

Entscheidung des Gerichts mithin zum *gesamten* Sachverhalt und zu *allen* Rechtsfragen des Verfahrens Stellung nehmen können.[538] Einfach-rechtlich ist dies etwa in der für die Hauptverhandlung des Strafprozesses fundamentalen Regelung des § 258 StPO verankert, wonach der Angeklagte berechtigt ist, nach erfolgter Beweisaufnahme selbst oder durch den Verteidiger noch einmal umfassend Stellung nehmen zu können; davon ist insbesondere auch das *letzte Wort* des Angeklagten umfaßt, sodaß ein Verstoß gegen § 258 StPO gleichzeitig eine Verletzung des Art. 103 Absatz 1 GG beinhaltet.[539]

bb) Möglichkeiten zeitlicher Einschränkungen durch Gesetz oder richterliche Verfügung

Andererseits kann von Art. 103 Absatz 1 GG *nicht* die *zeitlich unbegrenzte* Gewährung rechtlichen Gehörs bezweckt sein. Hierdurch würde die Entscheidung des Gerichts auf unbestimmte Zeit hinausgeschoben, sodaß umgekehrt *das Recht der Beteiligten auf ein schnelles Verfahren* beeinträchtigt wäre. Darüberhinaus sind die Besonderheiten der einzelnen Verfahrensordnungen und einzelner Verfahrensarten bedeutsam, die ebenfalls ein beschleunigtes Verfahren erfordern können. Auch Fragen der *Rechtskraft* und der *Rechtssicherheit* sind insofern bedeutsam. Das Bundesverfassungsgericht führt hierzu allgemein unter Rechtsschutzaspekten aus, sowohl im öffentlichen Interesse als auch - allgemein gesehen - im Interesse des Rechtsuchenden selbst könne der Gesetzgeber durch verfahrensbeschleunigende Vorschriften, insbesondere durch *Fristenregelungen* und *Präklusionsnormen*, Vorkehrungen dagegen treffen, daß gerichtliche Verfahren unangemessen verzögert würden.[540] *Einschränkungen* des rechtlichen Gehörs in *zeitlicher* Hinsicht sind daher *grundsätzlich*, unter Beachtung allgemeiner Kollisionsregelungen und unter Berücksichtigung des Verhältnismäßigkeitsprinzips, *mit Art. 103 Absatz 1 GG vereinbar* und unter Umständen sogar verfassungsrechtlich geboten. Das Bundesverfassungsgericht betont speziell im Hinblick auf Art. 103 Absatz 1 GG in ständiger Rechtsprechung: *„Die nähere Ausgestaltung des rechtlichen Gehörs muß den einzelnen Verfahrensordnungen überlassen bleiben. Art. 103 Absatz 1 GG gewährt deshalb keinen Schutz dagegen, daß das Gericht das Vorbringen der Beteiligten aus Gründen des for-*

---

538 BVerfGE 54, 140 (142).
539 BVerfG, aaO S. 141 f.
540 BVerfGE 88, 118 (124); ausführlich zu dem Aspekt der Rechtssicherheit E 60, 253 (267 ff.[269 f.]). S. bereits o., A.II.1.

mellen oder materiellen Rechts ganz oder teilweise unberücksichtigt läßt."[541] Dies gilt sowohl für die Anwendung und Auslegung entsprechender Normen, vor allem von Frist- und Präklusionsbestimmungen, durch die Fachgerichte, als auch für *richterliche* Verfügungen, mit denen ebenfalls, auf Grund richterlicher Eigeninitiative und unabhängig von dem Bestehen gesetzlicher Regelungen, *Fristen* zur Stellungnahme gesetzt werden können.

Sowohl in zeitlicher Hinsicht wie auch allgemein sind somit Beschränkungen des rechtlichen Gehörs durch das einfache Recht zulässig. Umgekehrt soll das Gebot des rechtlichen Gehörs als Prozeßgrundrecht allerdings sicherstellen, „daß die erlassene Entscheidung *frei von Verfahrensfehlern ergeht,* die ihren Grund *in unterlassener Kenntnisnahme und Nichtberücksichtigung des Sachvortrags* der Parteien haben."[542] Jedenfalls die *Mindestgarantie* des Art. 103 Absatz 1 GG muß immer gewahrt sein, also es muß vor der gerichtlichen Entscheidung überhaupt („irgendwann") die reelle Gelegenheit zur Äußerung bestanden haben, ohne daß das Bundesverfassungsgericht allerdings generell exakte Kriterien vorgeben würde, wann Einschränkungen mit Art. 103 Absatz 1 GG nicht mehr zu vereinbaren sind, also dessen stets zu gewährleistender Mindeststandard nicht mehr gewahrt ist.[543] Es behilft sich insoweit mit der ihrerseits ausfüllungsbedürftigen allgemeinen Formel, gesetzliche oder richterliche Einschränkungen dürften das Gehörrecht *jedenfalls nicht „in unzumutbarer, sachlich nicht mehr zu rechtfertigender Weise einschränken"*.[544] Dies ist letztlich aber nur eine Formulierung des allgemeinen *Verhältnismäßigkeitsgrundsatzes,* dem sowohl die gesetzlich bestimmten als auch die richterlich verfügten Fristen genügen müssen, ebenso wie dem im Sinne der Rechtssicherheit und der Rechtsklarheit einzuhaltenden Gebot der *Bestimmtheit* bzw. *Bestimmbarkeit* der Frist. Diese bedarf aber der Konkretisierung und ist vom Bundesverfassungsgericht je nach Eigenart der inmitten stehenden einfach-gesetzlichen Materie und von Fall zu Fall präzisiert worden. Erörtert wird dies nachstehend im Zusammenhang mit den Frist- und Präklusionsbestimmungen.

---

541 Vgl. nur BVerfGE 9, 89 (95 f.); 21, 191 (194); 22, 267 (273); 36, 92 (97); 51, 188 (191); 55, 72 (93 ff.); 60, 1 (5); 83, 182 (200). - Kursive Hervorhebung in diesem zitierten Text und im folgenden von *Verf.*

542 BVerfGE 50, 32 (35). Berechtigt kritisch hierzu *Deubner*, NJW 1980, S. 263: Die Ansicht, Art. 103 Absatz 1 GG solle sicherstellen, daß die Entscheidung „frei von Verfahrensfehlern" ergeht, lade geradezu dazu ein, Verfassungsbeschwerde zu erheben, wenn man mit der Handhabung des (einfachen!) Verfahrensrechts durch die Fachgerichte nicht einverstanden sei.

543 Vgl. *Kopp*, AöR Bd. 106 (=1981), S. 604 (628 ff.). Im einzelnen hierzu weiter u., unter b) und c).

544 BVerfGE 36, 298 (302); 77, 275 (285) und ständig. - Hervorhebungen in Kursivschrift durch *Verf.*

Des weiteren hebt das Bundesverfassungsgericht allgemein hervor, daß in besonderer Weise die *richtige Anwendung* der das Äußerungsrecht einschränkenden gesetzlichen Vorschriften oder richterlichen Bestimmungen *durch die Fachgerichte* gewährleistet sein müsse, sodaß etwa Art. 103 Absatz 1 GG in Verbindung mit den Grundsätzen der Prozeßordnungen insbesondere die Berücksichtigung jedes Schriftsatzes bzw. jeder Äußerung, die *innerhalb* einer gesetzlichen oder richterlich bestimmten Frist bei Gericht eingeht, gebiete.[545] Dies ist eine Selbstverständlichkeit. Das Bundesverfassungsgericht geht aber im Einzelfall noch weiter und überantwortet den Fachgerichten etwa bei der Auslegung von Präklusionsnormen in weitem Umfang die Verpflichtung zu einer „*verfassungskonformen*" Interpretation, also zu einer bestimmten Auslegung der (teilweise anderslautenden oder wertungsoffenen) gesetzlichen Regelungen.[546] Während das Bundesverfassungsgericht also gesetzliche Bestimmungen, die das Äußerungsrecht beschränken, oder richterliche Verfügungen, etwa in Form von Fristsetzungen, für sich genommen als grundsätzlich mit Art. 103 Absatz 1 GG vereinbar ansieht, legt es demgegenüber größten Wert auf eine sorgfältige Anwendung und Auslegung dieser Bestimmungen durch die Gerichte. Daran wird bereits eine starke Tendenz deutlich, daß letztlich dem Richter eine vergleichsweise größere Verantwortung, unabhängig von dessen automatisch bestehender „Nähe" zu den Beteiligten und der Sache, für die Einhaltung des rechtlichen Gehörs obliegt, als dem Gesetzgeber bei der Gestaltung der dieses Prozeßgrundrecht konkretisierenden einfach-gesetzlichen Regelungen.[547]

b) Einschränkungen des Äußerungsrechts durch Fristbestimmungen und ihre Anwendung durch die Gerichte

aa) Anwendung gesetzlicher Fristbestimmungen durch die Gerichte

Das einfache Prozeßrecht sieht demnach in jedem Bereich und für eine Vielzahl verschiedener Verfahren bestimmte *Erklärungs-* bzw. *Äußerungsfristen* vor. Diese dürfen selbstverständlich nicht den Kernbereich des Art. 103 Absatz 1 GG aushöhlen, müssen also im Sinne vorstehender Darlegungen insofern verfassungsgemäß sein. Durch sie darf das Äußerungsrecht nicht „unzumutbar, in sachlich nicht mehr zu rechtfertigender Weise" beschränkt werden.[548] Hält der Gesetzgeber diese Vorgaben ein, so liegt eine den verfas-

---

[545] BVerfGE 11, 218 (220); 34, 344 (347); 53, 219 (222); 58, 353 (356); 70, 215 (218).

[546] Vgl. etwa BVerfGE 75, 183 (2. LS und S. 191 f.); vgl. im einzelnen nachfolgend (c]).

[547] S. zu diesem Aspekt bereits o., A.II.2.b)aa); ausführlich weiter u. im Zusammenhang mit den Präklusionsnormen, c)bb).

[548] BVerfGE 36, 298 (302); 77, 275 (285) und ständig. S. soeben.

sungsrechtlichen Anspruch konkretisierende zulässige Vorschrift des einfachen Rechts vor, deren (ordnungsgemäße) *Anwendung* durch das Gericht grundsätzlich nicht als Gehörverletzung qualifiziert werden kann[549], auch dann nicht, wenn die vom Gesetzgeber vorgegebene Frist im Einzelfall als zu knapp bemessen erscheinen mag. In praxi wird dem dadurch Rechnung getragen, daß Fristverlängerungsanträge, soweit keine Notfristen in Rede stehen, regelmäßig positiv beschieden werden. Im übrigen darf das Gericht gesetzliche Fristen jedenfalls *nicht unterschreiten* und muß sich insbesondere bei deren *Berechnung* an die gesetzlichen Vorgaben halten.[550] Ein Korrektiv im Fall der Fristversäumnis bietet insoweit die im einfachen Gesetzesrecht regelmäßig vorgesehene Möglichkeit der *Wiedereinsetzung in den vorigen Stand.*[551] Dies alles gilt auch für *von dem Gericht selbst gesetzte Fristen.*[552] Hinzu treten in diesem Bereich weitere Erfordernisse gemäß nachstehenden Ausführungen.

bb) Vom Gericht gesetzte Fristen und Wartepflicht

Neben den gesetzlichen Fristbestimmungen können also des weiteren *richterlich gesetzte Äußerungsfristen* den Zeitraum, in dem das Äußerungsrecht nach Art. 103 Absatz 1 GG ausgeübt werden kann, wirksam beschränken mit der Folge, daß nach ihrem Ablauf eine von dem Gehörberechtigten abgegebene Äußerung nicht mehr zur Kenntnis genommen und erwogen werden muß. Die richterliche Befugnis zur Fristsetzung ist gerade im Zivilprozeß umso wichtiger im Sinne einer Verfahrensführung, die sowohl auf *die Förderung des Prozesses einerseits*, und insoweit auch auf die Verfahrensstraffung, als auch auf *angemessene Wahrung des rechtlichen Gehörs andererseits* gerichtet ist. Somit dienen von dem Gericht gesetzte Fristen dem Interesse *auch der Parteien* an einer Verfahrensbeschleunigung, d.h. an einer schnellen Beendigung des Verfahrens. Andererseits sind aber im einfachen Prozeßrecht regelmäßig nur *Mindestfristen* vorgesehen, welche oft nicht genügen, um die von Art. 103 Absatz 1 GG geforderten Äußerungsmöglichkeiten in aus-

549 Da insbesondere zeitliche Einschränkungen des Äußerungsrechts nach der ständigen Rechtsprechung des Bundesverfassungsgerichts aus den weiter oben ausgeführten Gründen grundsätzlich möglich sind.

550 S. BVerfGE 11, 218 (220); 18, 380 (383 ff.); 34, 344 (347); 53, 219 (222); 58, 353 (356); 70, 215 (218) und ständig.

551 S. hierzu nachstehend unter cc).

552 S. sogleich.

reichendem Maße zu gewährleisten.[553] Vom Richter gesetzte Fristen sind daher von großer Bedeutung in jeder Verfahrensart und an bestimmte Voraussetzungen geknüpft.

Die Gerichte haben bei der Setzung von Fristen nach der ständigen Rechtsprechung des Bundesverfassungsgerichts vor allem folgende Vorgaben zu beachten:

Die von dem Gericht bestimmte Frist muß in ihrer Dauer *„angemessen"* sein, da sie das rechtliche Gehör in zeitlicher Hinsicht einschränkt und deshalb - ebenso wie eine gesetzliche Frist oder sonstige Beschränkungen des Gehöranspruchs - die Durchsetzung des Äußerungsrechts *„nicht in unzumutbarer, sachlich nicht mehr zu rechtfertigender Weise erschweren"* darf.[554] Dabei ist ein *individualisierender* Maßstab anzusetzen; die Besonderheiten und Schwierigkeiten des konkreten Falles sind zu berücksichtigen. Dagegen dürfen und müssen *gesetzliche* Fristen *typisiert* sein, da sie naturgemäß nicht die Besonderheiten jedes Einzelfalles erfassen können, diese Möglichkeit vielmehr eben dem erkennenden und entscheidenden Gericht vorbehalten ist.[555] Deswegen kann das Fachgericht im besonderen Einzelfall sogar dann, wenn die von ihm gesetzte Frist angemessen ist (und es mit seiner Entscheidung auch bis zu ihrem Ablauf gewartet hat), *dazu angehalten* sein, diese *Frist zu verlängern* oder *andere geeignete prozessuale Maßnahmen* zu ergreifen, wenn ansonsten rechtliches Gehör nicht gewährleistet wäre.[556]

Weiterhin hat das Gericht die von ihm selbst gesetzte Äußerungsfrist *zu beachten* und *mit seiner Entscheidung bis zum Ablauf der Äußerungsfrist warten*, und zwar auch dann, wenn ihm die Sache bereits vorher entscheidungsreif erscheint.[557] Dies gilt ebenso für *gesetzliche* Fristen. Aber auch im Hinblick auf von dem Richter selbst gesetzte Fristen ist die Wartepflicht eine Selbstverständlichkeit, da hierdurch prozessuales Vertrauen bei dem Berechtigten erzeugt wird, der sich darauf verlassen darf, daß sich das Gericht an die von ihm selbst gesetzte Frist gebunden sieht. Dabei bleiben auch etwa vom Gesetz

---

553 Hierzu *Leipold*, ZZP Bd. 93 (=1980), S. 237 (246 ff.) für den Bereich der Zivilprozeßordnung, der darüber hinaus aus Gründen des Rechtsschutzes sogar *die Garantie einer gewissen Mindestdauer des Verfahrens* bei verfassungskonformer Auslegung der Zivilprozeßordnung annimmt (aaO S. 248).

554 BVerfGE 36, 298 (302 f.); 41, 323 (326) und ständig. - Hervorhebungen in Kursivschrift durch *Verf.*

555 Ähnlich *Schmidt-Aßmann* in: Maunz/Dürig/Herzog, GG, Art. 103 Abs. I Rd. 124 m.w.N.

556 So war in dem BVerfGE 50, 280 zugrundeliegenden Sachverhalt eine angemessene Äußerungsfrist sowie der Verkündungstermin nach § 128 Absatz 2 Satz 2 ZPO bestimmt worden. Die andere Partei hatte jedoch ihren Schriftsatz erst kurz vor Ablauf der Schriftsatzfrist eingereicht. Dem Gegner war hierzu nach allgemeinen Grundsätzen noch rechtliches Gehör zu gewähren. Die Äußerung wäre für ihn aber im konkreten Fall sogar bis zum Verkündungstermin „unzumutbar" gewesen, sodaß „geeignete prozessuale Maßnahmen" seitens des Gerichts hätten ergriffen werden müssen (BVerfG, aaO S. 285).

557 S. BVerfGE 8, 89 (90 f.); 12, 110 (113); 18, 380 (384); 23, 286 (288); 34, 344 (346); 42, 243 (247); 46, 313 (314 f.) und ständig.

vorgesehene Mindestfristen außer Betracht[558], also auch dann ist das Gericht an die von ihm selbst gesetzte, regelmäßig längere Frist gebunden, da insofern ein Vertrauenstatbestand geschaffen wurde. Die (längere) richterliche Frist hat Vorrang vor der gesetzlichen Mindestfrist.

In diesem Zusammenhang hat das Bundesverfassungsgericht mehrfach Verstöße gegen Art. 103 Absatz 1 GG festgestellt, die im Verhältnis zu den Fachgerichten wiederum dem Bereich „*Pannenhilfe*" zuzuordnen sind, ohne daß es grundsätzlicher Ausführungen zum verfassungsrechtlichen Gehalt des Gehöranspruchs bedurft hätte.[559] Hierbei handelt es sich zumeist um solche Fälle, in denen das Fachgericht ***schlicht übersehen*** hatte, daß es selbst den Gehörberechtigten eine sogenannte *„Nachschiebefrist" **über die gesetzlichen Erfordernisse hinaus***, etwa noch nach der letzten mündlichen Verhandlung im Zivilverfahren, für Äußerungen gewährt hatte[560] oder um sonstige Fälle, in denen die Äußerung des Berechtigten *fristgemäß* - gleichgültig, ob auf gesetzlicher Bestimmung oder richterlicher Fristsetzung beruhend - *in die Verfügungsgewalt des Gerichts gelangt* war, von diesem aber „*versehentlich*" nicht zur Kenntnis genommen und/oder nicht berücksichtigt worden ist.[561] Das Bundesverfassungsgericht hat insofern wiederholt darauf hingewie-

---

558 Vgl. etwa BVerfGE 23, 286 (288 m.w.N.).

559 S. bereits weiter o., II.5.

560 Hierzu zählt beispielsweise BVerfGE 23, 286; in dem dieser Entscheidung zugrundeliegenden Sachverhalt hatte das Ausgangsgericht den Berechtigten in der Verhandlung eine Erklärungsfrist bis 9. November gesetzt. Gleichzeitig war ein Termin zur Entscheidungsverkündung auf den 15. November bestimmt worden. Der Schriftsatz des Betroffenen vom 4. November ging am 6. November beim Gericht ein. Auf dem in der Gerichtsakte enthaltenen Schriftsatz befand sich ein Vermerk des Berichterstatters des Spruchkörpers „Urteil bereits abgesetzt, z.d.A.". Der Berichterstatter erklärte in seiner Stellungnahme vor dem Bundesverfassungsgericht, daß bei Absetzung und Unterzeichnung des Urteils vom 15. November übersehen worden sei, daß dem Betroffenen ein „Nachschieberecht" bewilligt worden war (BVerfG, aaO S. 287). Kritisch in Bezug auf diese Entscheidung *Franke*, NJW 1986, S. 3049 (3051): es handele sich hierbei um einen kleineren, den Kernbereich des rechtlichen Gehörs nicht berührenden Fehler, sodaß das Bundesverfassungsgericht (auch) für diesen Fall die funktionelle Grenze zwischen verfassungsrechtlich relevanten Grundrechtsverstößen und verfassungsrechtlich irrelevanten einfachrechtlichen Verfahrensverstößen aufgehoben habe. Dies trifft indes nicht zu. Durch ein Nachschieberecht wird die Mindestgarantie des Art. 103 Absatz 1 GG nicht erweitert, sofern es um entscheidungserheblichen Sachverhalt geht und Äußerungen hierzu noch den Entscheidungsinhalt beeinflussen können.

561 Vgl. etwa BVerfGE 60, 120 (123); hier war auch von dem Fachgericht nicht bestritten worden, daß der entsprechende Schriftsatz (hier Klageerwiderung) fristgemäß beim Gericht eingegangen war. Es konnte lediglich nicht aufgeklärt werden, auf welchen Umstand (etwa Versehen der Geschäftsstelle) die fehlende Kenntnisnahme des Schriftsatzes durch das Gericht vor seiner Entscheidung zurückzuführen war. Das Bundesverfassungsgericht hat hierzu aaO aber wiederholt festgestellt, daß dies unerheblich sei, auf ein Verschulden des Gerichts komme es insofern nicht an; vgl. auch E 48, 394 (395 f.); 53, 219 (223 m.w.N.); s. hierzu nachfolgend. Mißachtet das Gericht, gleichgültig weshalb, einen fristgemäß eingegangenen Schriftsatz des Betroffenen, wird hierdurch der Anspruch auf rechtliches Gehör insofern verletzt, als das Gericht gegen seine Pflicht verstößt, dessen Vorbringen *zur Kenntnis zu nehmen und zu erwägen*, s. BVerfGE 42, 364 (367 f. m.w.N.); 48, 394 (395). Letztlich ist hierdurch also *die Berücksichtigungspflicht* als letzte Verwirklichungsstufe des Gehöranspruchs tangiert, s. hierzu u., C.IV.

sen, daß es *unerheblich* sei, *ob das Gericht hieran ein Verschulden trifft*, denn das Gericht sei *insgesamt* dafür verantwortlich, daß das Gebot des rechtlichen Gehörs eingehalten wird.[562] Verspätungen, die etwa auf einem Versehen der Geschäftstelle oder des Wachtmeisters des Gerichts oder auf sonstigen Organisationsmängeln des Gerichts beruhen, sind demnach nicht von Bedeutung.[563] Maßgeblich ist allein, daß der Berechtigte seine Äußerung fristgemäß aus seinem Verantwortungsbereich in die Verfügungsgewalt des Gerichts als solchem entlassen hat; ab diesem Zeitpunkt ist ein Schriftstück bereits wirksam eingegangen.[564] Demnach ist ebenfalls nicht entscheidend, ob sich der Schriftsatz bereits im Geschäftsgang des Gerichts befunden hat und dem zuständigen Richter versehentlich nicht rechtzeitig vorgelegt worden ist, denn das Gericht ist insgesamt dafür verantwortlich, daß das Gebot des rechtlichen Gehörs eingehalten wird.[565]

> *Zusammenfassend* hat der Erste Senat in einer Entscheidung aus dem Jahre 1985[566] zur Fristwahrung durch rechtzeitige Aufgabe des Schriftsatzes in die Verfügungsgewalt des Gerichts ausgeführt:
>
> „Nach ständiger Rechtsprechung des Bundesverfassungsgerichts darf der Zugang zu den Gerichten und zu den in den Verfahrensordnungen eingeräumten Instanzen nicht in unzumutbarer, aus Sachgründen nicht mehr zu rechtfertigender Weise erschwert werden. Der Bürger ist insbesondere berechtigt, die ihm vom Gesetz eingeräumten prozessualen Fristen[567] bis zu ihrer Grenze auszunutzen. Für die Rechtzeitigkeit des Eingangs eines fristwahrenden Schriftstücks ist allein entscheidend, daß es innerhalb der Frist tatsächlich in die Verfügungsgewalt des Gerichts gelangt. Dabei kommt es weder auf das Ende der Dienstzeit noch auf die fristgerechte Entgegennahme durch den zuständigen Bediensteten der Geschäftsstelle an. Etwaige Fristversäumungen, die auf Verzögerungen der Entgegennahme der Sendung durch das Gericht beruhen, dürfen dem Bürger nicht angelastet werden. Gerade in Fristfragen muß für den Rechtsuchenden klar erkennbar sein, was er zu tun hat, um einen Rechtsverlust zu vermeiden. Die Grenze des Zumutbaren ist dann überschritten, wenn auf den Bürger die Verantwortung für Risiken und Unsicherheiten bei der Entgegennahme rechtzeitig in den Gewahrsam des Gerichts gelangter fristwahrender Schriftsätze abgewälzt wird und die Ursache hierfür allein in der Sphäre des Gerichts zu finden ist.“[568]

---

562 S. nur BVerfGE 46, 185 (187 f.); 48, 394 (395 f.); 53, 219 (223); 67, 199 (202 m.w.N.).

563 Vgl. beispielsweise BVerfGE 48, 394 (395 f.); 53, 219 (222 f.); 67, 199 (202); 69, 141 (144 f.).

564 S. BVerfGE 52, 203 (209); vgl. weiter etwa BVerfGE 57, 117, wonach es deshalb - da es allein darauf ankommt, daß das Schriftstück in die Verfügungsgewalt des Gerichts als solchem gelangt ist - als unsachlich und deshalb verfassungswidrig anzusehen sei, daß Gerichte ein fristwahrendes Schriftstück erst dann als wirksam eingereicht gelten lassen, wenn es vom Urkundsbeamten der Geschäftsstelle amtlich in Empfang genommen worden ist (BVerfG, aaO S. 120).

565 BVerfGE 67, 199 (202).

566 BVerfGE 69, 381 ff.

567 Gleiches gilt selbstverständlich für die vom Gericht gesetzten Fristen.

568 BVerfGE 69, 381 (385 f. [mit umfangreichen Nachweisen aus seiner Rechtsprechung]). Im konkreten Fall war das Schriftstück fristgemäß bei Gericht eingegangen, allerdings nicht rechtzeitig im Geschäftsgang weitergeleitet worden, denn der Berechtigte hatte es in den Briefkasten der Staatsanwaltschaft statt in den des zuständigen Landgerichts eingeworfen. Beide Behörden befanden sich allerdings im gleichen Gebäude, auch war das Schreiben an die richtige Stelle (Landgericht) adressiert gewesen (s. BVerfG, aaO S. 383). Das Bundesverfassungsgericht stellte hier im Ergebnis jedoch nicht einen Verstoß gegen Art. 103 Absatz 1 GG fest, sondern eine Verletzung des aus Art. 2 Absatz 1 GG in Verbindung mit dem Rechtsstaatsprinzip sich ergebenden *Gebots einer rechtsstaatlichen*

Hieraus ergibt sich allerdings noch nicht, *wie und wann* ein Schriftsatz *in die Verfügungsgewalt* des Gerichts gelangt ist, sondern nur, auf welche Art und Weise *ab* dem Zugangszeitpunkt weiterzuverfahren ist.[569] Das Bundesverfassungsgericht vertritt für die Frage des Zeitpunktes des Zuganges bei dem Gericht als solchem die Ansicht, dies richte sich nach den Umständen des Einzelfalles, deren Bewertung als eine Frage der Auslegung des einfachen Rechts den dafür allgemein zuständigen Gerichten obliege.[570]

Schließlich müssen zur *Berechnung* der vom Gericht bestimmten Frist und mithin zur Beurteilung der Fristgemäßheit des eingegangenen Schriftsatzes gegebenenfalls wiederum *gesetzliche* Regelungen herangezogen werden. Gewährt das Gericht etwa den Parteien nach der letzten mündlichen Verhandlung im Zivilprozeß noch das Recht, „binnen einer Woche Schriftsätze einzureichen“, so bestimmt sich die Berechnung dieser Wochenfrist nach § 222 Absatz 1 ZPO in Verbindung mit §§ 187 bis 193 BGB sowie nach § 222 Absatz 2 und 3 ZPO. Das Bundesverfassungsgericht führt hierzu aus, daß die Gehörberechtigten darauf vertrauen können müßten, daß das Gericht sich bei der Berechnung der Äußerungsfrist an die gesetzlichen Bestimmungen halte. Eine Verletzung dieser Bestimmungen einfachen Rechts könne daher zugleich einen Verstoß gegen Art. 103 Absatz 1 GG enthalten.[571] Das Erfordernis der *Bestimmbarkeit des Fristlaufs* für den Betroffenen ergibt sich daraus, daß die Setzung einer Frist bereits für sich genommen eine Verkürzung des Gehörrechts darstellt. Die verfassungsrechtliche Zulässigkeit einer solchen Einschränkung hängt deshalb auch von der Berücksichtigung des *Bestimmtheitsgebots* wie auch des *Verhältnismäßigkeitsprinzips* ab.[572]

Setzt das Gericht dagegen *keine Frist* und ist auch gesetzlich keine Frist bestimmt, so muß es eine *„angemessene Zeit“* mit seiner Entscheidung *warten.*[573] Dieses Erfordernis ergibt sich bereits aus dem Grundgedanken des Art. 103 Absatz 1 GG, wonach die Gewährung rechtlichen Gehörs nach der ständigen Rechtsprechung des Bundesverfassungsgerichts voraussetzt, daß das Gericht die Ausführungen der Gehörberechtigten zur

---

Verfahrensgestaltung (aaO S. 385), da hier die Frist maßgeblich war für die Eröffnung einer *weiteren* Instanz (aaO S. 386); s. hierzu weiter u., cc)*(2)*, im Zusammenhang mit der Wiedereinsetzung in den vorigen Stand.

569 S. BVerfGE 60, 243 (246).

570 BVerfGE 60, 243 (246) mit Verweis auf seine Grundsatzentscheidung in E 18, 85 (92) zur Abgrenzung zwischen Bundesverfassungsgericht und Fachgerichtsbarkeit. - Vgl. aber einige Einzelbeispiele weiter u., unter cc)*(2)*, im Zusammenhang mit Fragen der *Wiedereinsetzung*.

571 BVerfGE 18, 380 (384).

572 Vgl. hierzu *Schmidt-Aßmann* in: Maunz/Dürig/Herzog, GG, Art. 103 Abs. I Rd. 124.

573 S. BVerfGE 7, 239 (240 f.).

Kenntnis nimmt und in Erwägung zieht.[574] Maßgebend ist dabei der Gedanke, daß der Verfahrensbeteiligte Gelegenheit haben muß, durch einen *sachlich fundierten Vortrag* die Willensbildung des Gerichts zu beeinflussen.[575] Aus diesem Grunde ist der Anspruch auf rechtliches Gehör nicht nur dann verletzt, wenn das Gericht eine den Beteiligten selbst gesetzte Frist zur Äußerung mit seiner Entscheidung nicht abwartet[576], sondern auch dann, wenn das Gericht sofort entscheidet, ohne eine angemessene Frist abzuwarten, innerhalb derer eine *eventuell beabsichtigte Stellungnahme unter normalen Umständen eingehen kann.*[577] Dieser Grundsatz gilt auch im Verfahren *vorläufigen Rechtsschutzes*, wenn die Sache nicht so eilig ist, daß auf eine vorherige Anhörung verzichtet wird.[578] Dem Gehörberechtigten ist mithin eine *angemessene Vorbereitungszeit* vor seiner Entäußerung zuzubilligen, da er sein Gehörrecht anderenfalls nicht *effektiv* ausüben kann. Die Frage, wie lange das Gericht abzuwarten hat, wieviel Zeit also „*angemessen*" oder „*genügend*" ist, läßt sich wiederum - wie bei der Bewertung der Dauer einer richterlich gesetzten Frist als „angemessen" - nur *nach den konkreten Umständen des Einzelfalles* beantworten. Hierbei ist insbesondere maßgeblich, wieviel Zeit der Betroffene für die Besprechung mit seinem Prozeßbevollmächtigten benötigt[579], weiterhin das Kriterium der Dringlichkeit oder umgekehrt das der fehlenden Eilbedürftigkeit der Sache[580] und selbstverständlich der Umfang oder die Besonderheiten des Äußerungsgegenstands als solchem.[581] Auch müssen etwa Sonn- und Feiertage in der Regel für den Fristlauf außer Betracht bleiben.[582]

---

574 Vgl. nur BVerfGE 47, 182 (187 f.).

575 S. BVerfGE 22, 114 (119).

576 S. weiter oben.

577 BVerfGE 4, 190 (192); 6, 12 (15); 8, 89 (91); 12, 6 (9); 17, 191 (193); 49, 212 (215 f.), 60, 313 (317 f.).

578 BVerfGE 65, 227 (234 f.) zu § 80 Absatz 5 VwGO. Zu Ausnahmen vom *Vorherigkeitsgrundsatz* im Bereich vorläufigen Rechtsschutzes s.o., C.I.2.

579 Vgl. beispielsweise BVerfGE 12, 6 (9).

580 Ebda.

581 Dies kann dazu führen, daß das Fachgericht auch über eine von ihm gesetzte Frist hinaus mit der Entscheidung warten muß, wenn sich nachträglich herausstellt, daß diese zu knapp bemessen war. In BVerfGE 49, 212 (216) etwa war der Fall gegeben, daß die vom Gericht selbst gesetzte Äußerungsfrist *objektiv* zu kurz war. Es ging hier um die Beschaffung einer Auskunft des Sozialversicherungsträgers, die vom Gericht als entscheidungserheblich angesehen worden war. Der Gehörberechtigten war es auf Grund der verhältnismäßig langen Bearbeitungszeit der Angelegenheit beim Sozialversicherungsträger objektiv nicht möglich gewesen, die Auskunft innerhalb der ihr gesetzten Frist beizubringen. Da sich dies erst nach Fristsetzung herausgestellt hatte, hätte das Gericht über diese Frist hinaus eine angemessene Zeit warten müssen.

582 So hatte das Fachgericht in dem BVerfGE 24, 23 zugrundeliegenden Sachverhalt wegen der Weihnachtsfeiertage im Ergebnis lediglich *drei Arbeitstage* auf die zuvor von dem Berechtigten vorbehaltene Äußerung zugewartet. Dies hat das Bundesverfassungsgericht als „*außergewöhnliche Beschleunigung*" gewertet, für die im konkreten Fall kein Anlaß bestanden habe (aaO S. 26). Vgl. weiter BVerfGE 17, 191 (193).

Die bei Fehlen gesetzlicher oder gerichtlich bestimmter Fristen bestehende „Wartepflicht" des Gerichts hat das Bundesverfassungsgericht insbesondere mehrfach für die *Gegenerklärung* im Rahmen einer strafprozessualen Beschwerdeentscheidung nach § 308 Absatz 1 Satz 1 StPO herausgestellt; Mitteilung „zur Gegenerklärung" impliziere, daß der Gegner *auch zeitlich die Möglichkeit zur Gegenerklärung* hat.[583] Entsprechend gilt für die Äußerungsmöglichkeiten des Beschwerdeführers im Rahmen der sofortigen Beschwerde nach § 311 StPO.[584] Zwar bedarf diese keiner Begründung. Dennoch fordert der Anspruch auf rechtliches Gehör nach Auffassung des Bundesverfassungsgerichts, daß der Beschwerdeführer ausreichende Gelegenheit erhalten muß, zu der von ihm angefochtenen Entscheidung Stellung zu nehmen.[585] Der Beschwerdeführer ist insofern auch berechtigt, sich eine *weitere Begründung* der Beschwerde aus *berechtigten Gründen vorzubehalten*. Das Gericht ist in einem solchen Fall verpflichtet, für die Beschwerdebegründung entweder eine angemessene Frist zu setzen oder aber angemessene Zeit auf sie zu warten.[586] Gleiches gilt für die Vorbehaltung der Begründung anderer Rechtsmittel[587] in anderen Verfahren[588] sowie für die Stellungnahme des Gegners im Rechtsmittelverfahren[589].

cc) Möglichkeit der Wiedereinsetzung in den vorigen Stand bei unverschuldeter Fristversäumnis

---

[583] S. BVerfGE 4, 190 (192); 12, 6 (9).

[584] BVerfGE 8, 89. Für die Äußerungsmöglichkeiten *des Gegners* des Beschwerdeführers ist § 311 a StPO zu beachten, der die Möglichkeit der nachträglichen Anhörung durch das Beschwerdegericht regelt.

[585] BVerfG, aaO S. 90.

[586] BVerfG, aaO S. 91.

[587] Ein im Ergebnis besonders schwerwiegender Verstoß, wenngleich auf einem Irrtum beruhend, gegen Art. 103 Absatz 1 GG lag dem vom Bundesverfassungsgericht in Bd. 18, S. 155 zu entscheidenden Fall zugrunde. Durch ein *„Versehen"* des Revisionsgerichts (Stichwort: *„Pannenhilfe"* des Bundesverfassungsgerichts) war eine strafprozessuale Revision als unbegründet verworfen worden, ehe das angefochtene Urteil dem Betroffenen zugestellt worden war. Infolgedessen war die Revisionsbegründungsfrist nach § 345 StPO nicht in Gang gesetzt worden. In der zuvor eingelegten Revisionsschrift hatte der Berechtigte die allgemeine Sachrüge erhoben und sich weitere Ausführungen in der Revisionsbegründungsschrift vorbehalten sowie die Zustellung des angefochtenen Urteils zusammen mit den Gerichtsakten angefordert. Selbst wenn man in diesem Fall unterstellt, das Revisionsgericht habe den Fall auf die allgemeine Sachrüge hin sorgfältig überprüft, könne nicht ausgeschlossen werden, daß die Entscheidung anders ausgefallen wäre, wenn der Betroffene Gelegenheit zur eingehenden Revisionsbegründung an Hand der Prozeßakten und der schriftlichen Urteilsbegründung gehabt hätte, so das Bundesverfassungsgericht (aaO S. 157).

[588] Vgl. etwa BVerfGE 17, 191 (193) in Bezug auf eine Beschwerde nach der Wehrdisziplinarordnung (WDO). Auch § 7 Absatz 1 WDO, wonach Disziplinarsachen beschleunigt zu behandeln sind, entbindet das Gericht nicht von der Pflicht, eine angemessene Zeit mit seiner Entscheidung zu warten oder aber eine - wenn auch kurze - Äußerungsfrist selbst zu setzen (BVerfG, aaO S. 193).

[589] S. BVerfGE 60, 313 (317 f.).

(1) Grundsatz

Nach Ablauf einer gesetzlich oder gerichtlich bestimmten Äußerungsfrist bei Gericht eingegangene Stellungnahmen müssen vom Gericht grundsätzlich nicht mehr zur Kenntnis genommen und bei der gerichtlichen Entscheidung berücksichtigt werden, da es sich insofern regelmäßig um Ausschlußfristen handelt. Dem Berechtigten ist damit die Möglichkeit der Anhörung abgeschnitten. In diesem Fall gibt dem Betroffenen regelmäßig nur die *Wiedereinsetzung in den vorigen Stand*, welche einfach-rechtlich in den verschiedenen Prozeßordnungen vorgesehen ist[590], die Möglichkeit, sich *überhaupt* (noch) rechtliches Gehör zu verschaffen. Die Möglichkeit der Wiedereinsetzung ist daher als Korrektiv für die einschneidenden Folgen der Versäumung von Fristen, die ihrerseits bereits den Anspruch auf rechtliches Gehör einschränken, auch *verfassungsrechtlich* geboten, denn anderenfalls wäre dem Betroffenen auch im Fall der von ihm *nicht verschuldeten* Fristversäumnis das ihm zustehende Äußerungsrecht gänzlich entzogen. Dies wäre jedoch mit der durch Art. 103 Absatz 1 GG verbürgten Minimal- bzw. Mindestgarantie und dem Verhältnismäßigkeitsprinzip nicht zu vereinbaren, da bereits die Möglichkeit der Fristsetzung und die gesetzliche Bestimmung von Fristen für sich genommen eine, wenn auch zulässige, Verkürzung des Gehörrechts darstellt, sodaß insoweit ein Ausgleich zwingend vorzusehen ist.

Das Bundesverfassungsgericht führt hierzu grundlegend aus, für die Voraussetzungen der Wiedereinsetzung seien *die einfach-rechtlichen Prozeßvorschriften maßgebend*. Jedoch dürften bei deren Auslegung und Anwendung *die Anforderungen zur Erlangung der Wiedereinsetzung* und damit zur Wahrung des Anspruchs auf rechtliches Gehör *nicht überspannt werden.*[591] Das Bundesverfassungsgericht betont dies insbesondere für die *summarischen Verfahren* wie Strafbefehls- und Bußgeldverfahren, bei denen der „*erste Zugang*" zum Gericht und damit *zugleich die Rechtsweggarantie* des Art. 19 Absatz 4 GG in Rede steht, da hier erst der Einspruch die Möglichkeit eröffnet, den Fall einem Gericht vorzutragen.[592] Wird die Einspruchsfrist versäumt, so hängt diese Möglichkeit

---

590 Vgl. etwa §§ 233 ff. ZPO; §§ 44 ff. StPO; § 60 VwGO.

591 Ständige Rechtsprechung des Bundesverfassungsgerichts, vgl. die Angaben in den nachfolgenden Fußnoten.

592 Art. 103 Absatz 1 GG umfaßt im Strafverfahren das Recht des Beschuldigten, sich vor dem für ihn zuständigen, erkennenden Richter zu verteidigen. Diese Möglichkeit ist ihm im Strafbefehlsverfahren erst durch den Einspruch eröffnet. Der Beschuldigte ist nicht dazu gehalten, bereits vor den Ermittlungsbehörden zur Sache auszusagen (§§ 163 a Absatz 3, 136 Absatz 1 StPO), vgl. BVerfGE 40, 88 (90 f.). Singgemäß gilt dies auch für den Bußgeldbescheid. Auch hier bedeutet rechtliches Gehör den Anspruch, sich *erstmals im Einspruchsverfahren vor einem Gericht äußern* zu können. Auf Grund dessen behandelt das Bundesverfassungsgericht die unzulässige Ablehnung eines Wie-

ausschließlich von der Wiedereinsetzung in den vorigen Stand ab, sodaß diese in solchen Fällen in höherem Maße als sonst der Wahrung des Rechts aus Art. 103 Absatz 1 GG diene.[593] Insoweit ist wiederum festzuhalten, daß diese beiden Verfahrensgarantien allein aus systematischen Gründen, in Ansehung des jeweils eigenständigen Schutzbereichs, strikt auseinanderzuhalten sind[594], sodaß vorliegend folgendes gilt: Erfaßt die Wiedereinsetzung den (ersten) Zugang zu einem Gericht - etwa bei Ablauf einer Klagefrist im Verwaltungsprozeß oder der des Einspruchs im Strafbefehls- oder Bußgeldverfahren - , ist Art. 19 Absatz 4 GG anwendbar. Im übrigen - insbesondere auch beim *Zugang* zu einem Gericht in privatrechtlichen Streitigkeiten und stets innerinstanziell - verbleibt es bei der Anwendung des Art. 103 Absatz 1 GG.[595]

(2) Zur Begründetheit von Wiedereinsetzungsanträgen und zum Kriterium des fehlenden Verschuldens

Das Bundesverfassungsgericht war im Zusammenhang mit der Wiedereinsetzung in den vorigen Stand zunächst und überaus häufig mit dem grundlegenden materiellen Merkmal des *fehlenden Verschuldens* des Betroffenen hinsichtlich der Fristversäumnis befaßt und hat hierbei vor allem über folgende *Fallgruppen* entschieden:

Den Betroffenen trifft kein Verschulden an der Versäumnis der Einspruchsfrist, wenn ihm der entsprechende Bescheid - etwa ein Bußgeldbescheid - *während des Jahresur-*

---

dereinsetzungsantrags im Einspruchsverfahren gegen einen von der Verwaltungsbehörde erlassenen Bußgeldbescheid oder gegen einen Strafbefehl nicht nur als Verletzung des Art. 103 Absatz 1 GG, sondern es stellt in diesen Fällen häufig *zugleich* einen Verstoß gegen die Rechtsweggarantie des Art. 19 Absatz 4 GG fest, wonach aus Gründen effektiven Rechtsschutzes insbesondere (auch) der Zugang zur *ersten*, aber auch *jeweils nächsten* Instanz nicht in unzumutbarer, aus Sachgründen nicht mehr zu erschwerender Weise erschwert werden dürfe, vgl. ausführlich E 41, 23 (26 ff. m.w.N.) sowie E 44, 302 (305 ff.); s. auch etwa E 38, 35 (38 f.); 40, 182 (184); 42, 120 (123 f.); 43, 75 (78); 54, 80 (83 f.). Der Schutzbereich des *Art. 19 Absatz 4 GG* umfaßt die *Rechtsweggarantie*, also den ersten Zugang zu Gericht; zugleich gewährt (auch) insofern *Art. 103 Absatz 1 GG* nach Auffassung des Bundesverfassungsgerichts den Anspruch, *rechtliches Gehör in der Sache selbst zu erlangen*, vgl. E 40, 46 (49 f. m.w.N.). Bedenken gegen die Einbeziehung des rechtlichen Gehörs werden aber in der Literatur zu Recht unter folgendem Gesichtspunkt erhoben: Da *Art. 19 Absatz 4 GG* die Rechtsweg*eröffnung* betrifft, *Art. 103 Absatz 1 GG* aber (nur) *innerhalb* eines (bereits) *anhängigen Verfahrens* gilt, sollten Fälle, in denen der erste Zugang zu Gericht in Frage steht im Sinne einer *eindeutigen Abgrenzung* dieser Verfahrensgarantien ausschließlich dem speziellen Schutzbereich des Art. 19 Absatz 4 GG unterfallen, während alle anderen Fälle ausschließlich von Art. 103 Absatz 1 GG erfaßt werden; vgl. etwa *Schmidt-Aßmann* in: Maunz/Dürig/Herzog, GG, Art. 103 Abs. I Rd. 7. Allgemein zur Wiedereinsetzung und zum ersten Zugang zu Gericht vgl. *Goerlich*, NJW 1976, S. 1526 ff. S. im einzelnen hierzu sogleich.

593 Vgl. nur BVerfGE 25, 158 (165); 26, 315 (318); 31, 388 (390); 34, 154 (156); 35, 296 (298); 37, 100 (101 f.); 38, 35 (38); 40, 88 (91).

594 S. allgemein hierzu weiter o., A.II.1.

595 Vgl. in diesem Zusammenhang bereits in diesem Kapitel der vorliegenden Arbeit den Ersten Teil (zu Art. 19 Absatz 4 GG), dort C.III.2.c)bb). S. hierzu auch noch weiter u., 3.c).

laubs in der allgemeinen Ferienzeit in seine Wohnung zugestellt wird, sofern er diese ständig nutzt; in diesem Fall muß er keine Vorkehrungen treffen hinsichtlich möglicher Zustellungen.[596] Später hat das Bundesverfassungsgericht diesen Grundsatz auch auf die Fälle ausgedehnt, in denen der Betroffene seinen Urlaub *außerhalb der allgemeinen Ferienzeit* genommen hat und er deswegen nicht rechtzeitig auf die Zustellung reagieren konnte.[597] Insofern nimmt das Bundesverfassungsgericht etwa eine eigene, *verfassungskonforme Auslegung* der Vorschrift des *§ 44 StPO* hinsichtlich des Kriteriums des fehlenden Verschuldens vor[598], welche, wie stets, wegen der Bindungswirkung verfassungsgerichtlicher Entscheidungen nach § 31 Absatz 1 BVerfGG auch von den Fachgerichten zu beachten ist.[599] Diese Auslegung soll sogar dann gelten, wenn der Säumige zuvor etwa von der Polizei als Betroffener angehört worden war und deshalb *mit der Möglichkeit der Zustellung rechnen mußte* oder sonstwie wußte, daß gegen ihn ein Ermittlungsverfahren anhängig war.[600]

Weiterhin gilt die Annahme fehlenden Verschulden insofern nicht nur bei der Zustellung in die Wohnung des Betroffenen, sondern *auch bei der Ersatzzustellung*, wie etwa im Fall der *Niederlegung* des Schriftstückes *bei der Post* während der Urlaubszeit.[601] Das Bundesverfassungsgericht führt hierzu aus, die Durchführbarkeit des summarischen Strafverfahrens etwa hänge auch davon ab, daß Ersatzzustellungen durchgeführt würden.[602] Art. 103 Absatz 1 GG gebiete, daß das Risiko, das in den Unzulänglichkeiten dieses Verfahrens für die Gewährung des rechtlichen Gehörs liegt, und das um der Effektivität der Strafrechtspflege willen hinzunehmen sei, wenigstens dadurch gemildert werde, daß *die Anforderungen daran nicht überspannt würden, was ein Beschuldigter veranlassen müsse, um Kenntnis von der Zustellung zu erlangen.*[603] Das Bundesverfas-

---

596 BVerfGE 25, 158 (166); 26, 315 (319); 34, 154 (156) und ständig. S. bereits o., C.II.2.b), im Zusammenhang mit Zustellungsproblemen.
597 BVerfGE 41, 332 (1. LS und S. 335 ff.).
598 Bzw. hinsichtlich der Annahme eines „unabwendbaren Zufalls“ nach § 44 Satz 2 StPO a.F., s. weiter u.
599 BVerfGE 40, 88 (2. LS und S. 93 f.), 182 (186 f.).
600 BVerfGE 35, 296 (298 f.); 40, 88 (91 f. m.w.N.) zu § 44 Satz 2 StPO in der Neufassung durch das Erste Gesetz zur Reform des Strafverfahrensrechts vom 9. Dezember 1974, abgedruckt in BGBl. I S. 3393. Die in den beiden vorherigen Fn. genannten Entscheidungen bezogen sich noch auf § 44 Satz 2 StPO a.F., wonach als Wiedereinsetzungsgrund ein „unabwendbarer Zufall“ erforderlich war, der den Betroffenen von der Kenntnisnahme der Zustellung und infolgedessen von der Fristwahrung des Einspruchs abgehalten hat, ein deutlich strengeres Kriterium als das des fehlenden Verschuldens nach § 44 Satz 1 StPO n.F.
601 BVerfGE 34, 154 (156).
602 Zur grundsätzlichen Zulässigkeit von Ersatzzustellungen im Hinblick auf Art. 103 Absatz 1 GG s. bereits o., C.II.2.b)bb).
603 BVerfGE 40, 88 (92 m.w.N.).

sungsgericht hebt allerdings die auch in diesem Zusammenhang bestehende *Mitwirkungspflicht* des Betroffenen hervor, sich rechtliches Gehör zu verschaffen: Eine Wiedereinsetzung kommt demnach nur dann in Betracht, wenn der Betroffene die Rechtsmittelfrist *in Unkenntnis der Ersatzzustellung* versäumt und nur dann, wenn ihm *anderweitig kein Verschulden* zur Last fällt, was aber der Fall ist, wenn er die Abholung der niedergelegten Sendung vernachlässigt oder er sich einer erwarteten Zustellung vorsätzlich entziehen wollte.[604] Zwar sind die Mitwirkungs- bzw. Sorgfaltspflichten des Betroffenen insofern eingeschränkt, als *keine besonderen Vorkehrungen* wie etwa die Bestellung eines Zustellungsbevollmächtigten oder die Einrichtung eines Nachsendeantrags angesichts der relativ kurzen Urlaubszeit erforderlich sind.[605] Jedoch bleiben *allgemeine Vorkehrungen* unberührt, mithin solche, die der Betroffene sowohl bei seiner Anwesenheit als auch bei seiner Abwesenheit zu treffen hat. Hierzu gehört insbesondere ein ordnungsgemäßer und in Ordnung gehaltener Briefkasten, der einem Verlust des Benachrichtigungszettels über die Zustellung durch Niederlegung vorbeugt.[606]

Allgemein gelten die vorstehenden für die Ersatzzustellung durch Niederlegung bei der Post anzuwendenden Grundsätze *auch für die Ersatzzustellung im Geschäftsraum* nach § 183 ZPO.[607] Denn nach Auffassung des Bundesverfassungsgerichts besteht unter dem Gesichtspunkt des Art. 103 Absatz 1 GG im Verhältnis zu § 183 ZPO, ebenso wie im Verhältnis zwischen der Ersatzzustellung nach § 181 ZPO und gemäß § 182 ZPO[608], kein verfassungsrechtlich relevanter Unterschied.[609]

---

[604] BVerfGE 35, 296 (299).

[605] Vgl. etwa BVerfGE 34, 154; 41, 332: Demnach ist entscheidend, daß *die Abwesenheit des Betroffenen von einer sonst ständig benutzten Wohnung nur vorübergehend und relativ kurz*, längstens etwa sechs Wochen, ist. (Nur) dann ist es dem Bürger *nicht* zumutbar, besondere Vorkehrungen zu treffen. Das gilt insbesondere für einen Nachsendeauftrag, der im Hinblick auf die einzuhaltenden recht kurzen Fristen in der Regel unpraktikabel ist. Als praktikable Alternative verbleibt demnach nur diejenige der formellen Bestellung eines Zustellungsbevollmächtigten oder sonst die Bitte des Betroffenen an eine Person seines Vertrauens um die Entgegennahme von Zustellungen und gegebenenfalls auch um die Vornahme fristwahrender Handlungen. Das Bundesverfassungsgericht hält angesichts dieses Aufwandes den relativ geringen zeitlichen Verlust, der durch die Zulassung der Wiedereinsetzung eintritt, für hinnehmbar und stellt hierzu fest, daß die Rechtssicherheit und die Effektivität der Rechtspflege hierdurch nur unwesentlich beeinträchtigt würden (Bd. 41, S. 332 [336]).

[606] BVerfGE 41, 332 (335 ff. [336]).

[607] BVerfGE 37, 100 (102 f.).

[608] BVerfGE 25, 158 (165).

[609] BVerfGE 37, 100 (103); das Bundesverfassungsgericht führt aaO S. 102 insbesondere aus, daß aus der erleichterten Zustellungsmöglichkeit des § 183 ZPO durch Aushändigung der Sendung an den Betriebsangehörigen dem Betroffenen kein Nachteil im Hinblick auf den Anspruch auf rechtliches Gehör erwachsen dürfe; auch die Einrichtung einer „Notvertretung" im Betrieb zum Zweck der Vorkehrung zur Erledigung dringender geschäftlicher Angelegenheiten für die Zeit der urlaubsbedingten Abwesenheit des Betroffenen sei unbeachtlich, zumal die Vertretung nicht ermächtigt zu sein brauche und in aller Regel nicht ermächtigt sei, Angelegenheiten aus der Privatsphäre des Geschäftsinhabers, insbesondere Straf- und Bußgeldsachen, wahrzunehmen.

Weiterhin mußte das Bundesverfassungsgericht in einigen Fällen die Fachgerichte auch im Zusammenhang mit der Wiedereinsetzung daran erinnern, daß *gesetzliche Fristen bis zu ihrer Grenze* ausgenutzt werden dürfen[610], sodaß zwingend Wiedereinsetzung zu gewähren ist, wenn das Gericht entscheidungserheblichen Vortrag, der vor Fristablauf in die Verfügungsgewalt des Gerichts gelangt ist, nicht berücksichtigt hat. So hat das Bundesverfassungsgericht etwa in Bezug auf *§ 43 StPO* festgestellt, daß Art. 19 Absatz 4 und Art. 103 Absatz 1 GG es *verbieten*, diese Vorschrift dahingehend auszulegen, daß die Frist für die Einlegung des Einspruchs gegen einen Bußgeldbescheid an ihrem letzten Tag *vor* 24 Uhr, etwa *mit dem Ende der Dienstzeit der Behörde*, endet.[611] Gleiches gilt im Zivilverfahren für die Auslegung des *§ 222 Absatz 1 ZPO in Verbindung mit § 188 BGB*.[612]

Eine *Verzögerung im Postlauf*, also eine Verzögerung der Briefbeförderung oder -zustellung, ist dem Betroffenen dann nicht zuzurechenbar, wenn er nur deswegen, also ohne anderweitiges Verschulden, etwa die Einspruchsfrist im summarischen Verfahren (nach Erlaß eines Strafbefehls oder Bußgeldbescheids) versäumt und bei gewöhnlicher Laufzeit der entsprechende Schriftsatz fristgemäß bei Gericht eingegangen wäre; solchenfalls fehlt es an einem eigenen Verschulden des Betroffenen an der Fristversäumnis, sodaß ihm Wiedereinsetzung zu gewähren ist.[613] Auch insofern nimmt das Bundesverfassungsgericht eine *verfassungskonforme Auslegung* der entsprechenden Vorschriften für das *Strafbefehls-* und für das *Bußgeldverfahren* vor, nämlich hinsichtlich des Merkmals „Verschulden" in *§ 44 StPO*[614] wie auch im Hinblick auf *§ 52 OWiG*, wonach die Regelung des § 44 StPO auf die Versäumung der Frist des Einspruchs gegen einen Bußgeldbescheid entsprechend anzuwenden ist.[615] Die gleichen Erwägungen stellt das Bundes-

---

610 BVerfGE 40, 42 (44); 51, 146 (149 f.); 52, 203 (207). Das gilt insbesondere auch für Rechtsmittelfristen, E 51, 352 (355); 62, 334 (337).

611 S. BVerfGE 41, 323 (LS und S. 326 ff.); diese Entscheidung bezog sich auf den Fall, daß ein mittels Fernschreiben eingelegter Einspruch am letzten Tag der Frist zwar noch vor 24 Uhr, aber nach „Dienstschluß" bei der zuständigen Behörde einging. Dies reicht aber zur Fristwahrung aus, denn nach § 43 Absatz 1 1. Hs. StPO endet eine nach Wochen oder Monaten bestimmte Frist „mit Ablauf des letzten Tages", d.h. um 24 Uhr dieses Tages. Nichts anderes gilt unter gleichen Umständen für einen einfachen schriftlichen, in den Hausbriefkasten der Behörde eingeworfenen Einspruch, s. BVerfGE 42, 128 (131 f.).

612 Demnach enden die zivilprozessualen Fristen - ebenso wie bei § 43 StPO - „mit Ablauf des letzten Tages", d.h. um 24 Uhr, vgl. BVerfGE 52, 203 (209); ausführlich zu dem Grundsatz, warum auch ein früherer Dienstschluß der Behörde bzw. des Gerichts hiervon keine Ausnahme zuläßt: BVerfG, aaO S. 209-212.

613 S. nur BVerfGE 40, 42 (45); vgl. die Angaben in den folgenden Fußnoten.

614 S. nur BVerfGE 40, 42 (44 m.w.N.); 41, 23 (LS und S. 25); 43, 75 (78 f.), 151 (153 f.); 46, 404 (406 m.w.N.); 50, 397 (399); 53, 25 (29); 62, 216 (221 f.).

615 BVerfGE 40, 46 (50); 41, 341 (343 f. m.w.N.); 54, 80 (83 ff. m.w.N.). - Das Bundesverfassungsgericht hatte eine Vielzahl an Fällen zu entscheiden, in denen durch die Auslegung des § 44 StPO oder

verfassungsgericht für *ordentliche Verfahren* an, so für den *Rechtsmittelzug im Zivilprozeß* in Bezug auf *§ 233 ZPO*[616], weiterhin für die Wiedereinsetzung im *Beschwerdeverfahren bei der Privatklage*[617], sowie im Rahmen der Versäumnis der Frist des *Einspruchs gegen einen Vollstreckungsbescheid (§§ 699, 700 ZPO)*[618]. Nichts anderes gilt auch für das erstinstanzliche *arbeitsgerichtliche* Verfahren, in dem die Vorschriften der Zivilprozeßordnung über die Wiedereinsetzung in den vorigen Stand anzuwenden sind,[619] sowie für das Wiedereinsetzungsverfahren vor den *Finanzgerichten* nach § 56 Absatz 1 FGO.[620]

Insgesamt betont das Bundesverfassungsgericht, daß die Ablehnung der Wiedereinsetzung trotz fehlenden Verschuldens des Säumigen vor allem dann einen Verfassungsverstoß darstellt, wenn es sich um den *ersten Zugang zu Gericht* handelt[621], wenn *innerhalb einer Instanz* Fristen durch den Zugang von Schriftsätzen gewahrt werden sollen, denen die gleiche Wirkung wie Rechtsmittelschriftsätzen zukommt[622],

---

des § 52 OWiG evident gegen die von ihm hinsichtlich des fehlenden Verschuldens bei ungewöhnlich langer Postlaufzeit aufgestellten Grundsätze verstoßen worden war (s. die Angaben in der vorherigen Fn.). Der Zweite Senat sah sich daher dazu angehalten, in einem Fall, in dem der Betroffene nach Ablehnung seines Wiedereinsetzungsgesuchs die Entscheidung des Bundesverfassungsgerichts aus Bd. 41, S. 23 an das Fachgericht übersandt hatte, sein Antrag dennoch wiederholt abgewiesen wurde, darauf hinzuweisen, daß die Mißachtung der Bindungswirkung dieser verfassungsgerichtlichen Entscheidung nach § 31 Absatz 1 BVerfGG für sich genommen bereits einen Gesetzesverstoß darstelle, s. BVerfGE 42, 258 (260).

616 Vgl. BVerfGE 62, 334 (337); s. weiter E 48, 206 (208 f.): Wegen Art. 103 Absatz 1 GG unzulässige Ablehnung der Wiedereinsetzung nach Versäumnis der Berufungsbegründungfrist infolge verzögerten Postlaufs. S. grundlegend BVerfGE 50, 1 (LS und S. 3 f.) in Bezug auf das Merkmal „*Verschulden*" in § 233 ZPO: Der Grundsatz, daß Verzögerungen im Postlauf dem Betroffenen nicht als Verschulden im Rahmen der Wiedereinsetzung angelastet werden dürften, lasse sich nicht auf Verfahren beschränken, an deren Beginn ein Akt der öffentlichen Gewalt stehe (- wie dies etwa im summarischen Strafverfahren der Fall ist -); er enthalte ein Gebot, dem *jedes rechtsstaatliche Verfahren* genügen müsse. Das gelte auch für den Rechtsmittelzug im Zivilprozeß. Vgl. ebenso BVerfGE 51, 146 (149 f.) hinsichtlich des Merkmals „*unabwendbarer Zufall*" in § 233 ZPO a.F., welches im Rahmen der *Vereinfachungsnovelle* vom 3. Dezember 1976 (=BGBl. I S. 3281) durch das Verschuldenskriterium ersetzt worden war. Das Bundesverfassungsgericht hat hier den Verfassungsverstoß allerdings auf die Verletzung des Art. 2 Absatz 1 GG in Verbindung mit dem Rechtsstaatsprinzip und auf Art. 103 Absatz 1 GG gestützt (aaO S. 146; vgl. weiter E 53, 25 [29 f.]). Dies erklärt sich daraus, daß Art. 19 Absatz 4 GG im Zivilverfahren nicht anwendbar ist, da sich jene Rechtsweggarantie auf die gerichtliche Überprüfung von Akten der öffentlichen Gewalt beschränkt. Das Recht auf Zugang zum Gericht, hier in die Berufungsinstanz durch Berufungseinlegung, wird daher auf Art. 2 Absatz 1 GG gestützt; s. ausführlich auch E 52, 203 (206 ff.) sowie E 79, 372. Aber auch im strafprozessualen Rechtsmittelverfahren, etwa bei der Beschwerde, ist Art. 19 Absatz 4 GG nicht anwendbar, da hierdurch nur der Zugang überhaupt zu Gericht, also nur zu der ersten Instanz, garantiert ist, sodaß das Bundesverfassungsgericht auch insoweit auf Art. 2 Absatz 1 GG in Verbindung mit dem Rechtsstaatsprinzip zurückgreift, vgl. BVerfGE 62, 216 (222); s. ausführlich hierzu weiter u., 3.c)aa).

617 BVerfGE 62, 216 ff.

618 BVerfGE 51, 352 (LS und S. 354 f.).

619 BVerfGE 53, 25 (28 f.); s. § 64 Absatz 6 Satz 1 ArbGG für das hier anhängig gewesene Berufungsverfahren, für Verfahren im ersten Rechtszug s. § 46 ArbGG.

620 BVerfGE 53, 148 (151).

621 BVerfGE 38, 35 (38 f.); 40, 46 (49 f.), 88 (90 f.), 182 (184); 41, 23 (26 ff.); 42, 120 (123 f.); 43, 75 (78); 44, 302 (305 ff.); 54, 80 (83 f.).

622 Vgl. BVerfGE 52, 203 (207 ff.) hinsichtlich des *einen gerichtlichen Vergleich widerrufenden* Schriftstückes, weil davon die Entscheidung abhänge, ob das Verfahren abgeschlossen ist oder fort-

sowie dann, wenn von der Fristwahrung der Zugang zu einer *weiteren*, von der Prozeßordnung vorgesehenen *Instanz* abhängt.[623]

Allerdings konstatiert das Bundesverfassungsgericht insbesondere im Zusammenhang mit der einzukalkulierenden Dauer des gewöhnlichen Postlaufs durchaus gewisse *Mitwirkungspflichten* des Betroffenen in Bezug auf einen fristgerechten Eingang des Schriftstücks bei Gericht: Zwar darf jener auf die Einhaltung der *üblichen Postzeit* vertrauen, sodaß ihm außergewöhnliche Verzögerungen nicht als sein Verschulden angelastet werden dürfen.[624] Jedoch obliegt es seiner Verantwortung, den Brief *richtig frankiert und adressiert* unter Beachtung der auf dem jeweiligen Briefkasten angegebenen *Leerungszeiten* so rechtzeitig zur Post zu geben, daß er nach deren organisatorischen und betrieblichen Vorkehrungen bei *regelmäßigem Betriebsablauf* den Empfänger (das Gericht) fristgerecht erreicht. Versagen dann die Vorkehrungen der Post, so hat das der Bürger, der darauf keinen Einfluß hat, nicht zu vertreten.[625] Hierbei handelt es sich indes um in jedem Schriftwechsel von einiger Bedeutung einzuhaltende Selbstverständlichkeiten (in der Tat sollte auch ein Schreiben an ein Gericht richtig frankiert und adressiert sein; auch sollte man ein Auge auf die Leerungszeiten haben). Insofern kann nicht von wirklichen Obliegenheiten gesprochen werden, die dem Bürger klarmachen, daß er sich in gewissem Maß, nicht nur minimal, selbst um sein Gehörrecht, das er schließlich in seinem ureigenen Interesse, nicht um etwa dem Gericht einen Gefallen zu tun, wahrnehmen will, zu kümmern hat. *(Nur) in Zweifelsfällen* - dann, wenn die „normale Laufzeit", die objektiv danach bestimmbar ist, wie die Post sie nach ihren organisatorischen und betrieblichen Vorkehrungen für den regelmäßigen Betriebsablauf selbst bemißt, im konkreten Fall offensichtlich in Frage steht - soll es ihm demgegenüber nach Auffassung des Bundesverfassungsgerichts obliegen, sich insoweit bei der Post zu erkundigen; im übrigen treffe ihn *keine weitere Erkundigungspflicht bei der Post oder eine andere weitergehende Sorg-*

---

gesetzt werden muß (BVerfG, aaO S. 207 f.) und zudem vorliegend auch der Antrag auf Wiedereinsetzung nicht zu einem Ausgleich des Verfassungsverstoßes geführt hätte, da es nach Meinung des zuständigen Oberlandesgerichts bei der Versäumung der Frist zum Widerruf gerichtlicher Vergleiche keine Möglichkeit der Wiedereinsetzung gegeben hat (BVerfG, aaO S. 212 f.).

623 BVerfGE 44, 302 (LS und S. 306 f.); 53, 25 (28); 54, 80 (84); 62, 334 (336) und ständig.

624 BVerfGE 40, 42 (45); 41, 23 (25 ff.), 356 (359).

625 Vgl. BVerfGE 62, 334 (337) und ständig; das fehlende Verschulden des Bürgers an außergewöhnlichen Verzögerungen im Postlauf ist letztlich darauf gegründet, daß die Post (auch nach ihrer Umwandlung von der Deutschen Bundespost in die Deutsche Post AG) nach wie vor (noch) das Monopol für die Briefbeförderung innehat, sodaß der Bürger insoweit nicht auf ein anderes (gegebenenfalls zuverlässigeres) Unternehmen ausweichen kann (s. BVerfG aaO). Dieser ist daher geradezu gezwungen, sich darauf zu verlassen, daß die gewöhnliche Laufzeit eingehalten wird; ihm ist in der Tat nicht zuzumuten, von vornherein außergewöhnliche Verzögerungen einzukalkulieren, da ihm sonst de facto das Recht genommen würde, gesetzliche oder ihm richterlich gesetzte Fristen bis zur letzten Minute auszunutzen.

faltspflicht; er könne vielmehr darauf vertrauen, daß außergewöhnliche Verzögerungen im Postlauf, also solche, mit denen er nicht zu rechnen brauchte, da sie über die normale Laufzeit hinausgehen, regelmäßig nicht stattfinden oder aber, wenn sie eintreten, ihm jedenfalls nicht zugerechnet werden.[626] Im Ergebnis wird der Bürger gänzlich aus seiner Verantwortung entlassen. Tatsächlich ist es ihm durchaus zuzumuten, sich vor der Übermittlung einer so wichtigen Sendung wie der eines fristwahrenden Schriftstücks an ein Gericht, angemessene Zeit im vorhinein bei der Post zu erkundigen, ob mit einer gewöhnlichen Laufzeit zu rechnen ist und wie lange diese erfahrungsgemäß dauern wird. Es ist ihm auch zuzumuten, insofern persönlich beim Schalterbeamten oder fernmündlich nachzufragen. Weiterhin dürfte es keine „Überspannung" der an ihn zu stellenden prozessualen Anforderungen bedeuten, wenn er sich etwa am letzten Tag des Fristablaufs zur Zeit der gewöhnlichen Postzustellung bei der Eingangs- oder Geschäftsstelle des Gerichts erkundigt, ob das Schriftstück eingangen ist. Sollte dies nicht der Fall sein, kann er, sofern überhaupt sein Wohnsitz nicht im Bezirk des Gerichts oder dessen näherer Umgebung liegt und eine persönliche Abgabe des Schriftstücks nicht in Betracht kommt, im-

[626] BVerfGE 41, 23 (25 ff.), 356 (359). Vgl. allerdings BVerfGE 40, 42 (45): Hier hebt der Zweite Senat hervor, daß die *konkrete Berechnung* der Frist dem Betroffenen obliege und er insbesondere *sorgfältig* die *gewöhnliche* Postlaufzeit prüfen müsse, wobei auch etwa durch Sonn- und Feiertage entstehende, *absehbare Verzögerungen einzukalkulieren* seien (aaO S. 45). Demgegenüber stellt derselbe Senat nur wenig später in E 41, 23 (27 f.) fest, daß für das Fachgericht etwa Differenzierungen danach, ob die Verzögerung der Postlaufzeit auf einer zeitweise besonders starken Beanspruchung der Leistungsfähigkeit der Post (beispielsweise vor Feiertagen) beruhe, unzulässig sei. Damit hat es wiederum *die Mitwirkungspflicht des Betroffenen quasi stillschweigend* (durch bloßen Klammerzusatz, ohne Erörterung seiner zuvor angestellten Erwägungen) *gemildert* und auf das Fachgericht verlagert, indem es fordert, dieses müsse gegebenenfalls - bei Zweifeln - eine Auskunft der Post über die gewöhnliche Laufzeit im konkreten Fall einholen. Hieran hält das Bundesverfassungsgericht allerdings seitdem in ständiger Rechtsprechung fest, sodaß dem Betroffenen selbst *keine besonderen* Erkundigungspflichten bei der Post über die Laufzeit des Schriftstücks obliegen. Spätestens seit E 53, 25 (29 m.w.N.) jedenfalls hat das Bundesverfassungsgericht ausdrücklich klargestellt, daß Differenzierungen sowohl danach, ob die Verzögerung auf der bereits angesprochenen zeitweise besonders starken Beanspruchung der Leistungsfähigkeit der Post (zum Beispiel vor Feiertagen), auf einer zeitweise verminderten Dienstleistung der Post (zum Beispiel an den Wochenenden) beruht, als auch danach, ob die Nachlässigkeit eines Postbediensteten ursächlich ist für die Verzögerung, unzulässig seien. Von Verfassungs wegen sei es erforderlich, *alle Fälle, in denen sich der Bürger zur Durchsetzung seiner Rechte den Diensten der Post anvertraue, gleich zu behandeln*. Insoweit hält das Bundesverfassungsgericht also Erkundigungen des Betroffenen über den Postlauf für entbehrlich, s. E 53, 148 (151). Jedenfalls darf das Fachgericht im Sinne dieser Rechtsprechung die Wiedereinsetzung nicht mit der Begründung versagen, der Betroffene habe „nach Sachlage" oder „erfahrungsgemäß" mit einer Verzögerung der Sendung rechnen müssen; vielmehr ist nach Ansicht des Bundesverfassungsgerichts bei Zweifeln eine Auskunft der Post darüber vorzulegen oder von Amts wegen einzuholen, wie lange die Postlaufzeit nach deren organisatorischen und betrieblichen Vorkehrungen bemessen ist (E 54, 80 [86 m.w.N.] und ständig). An diesen grundlegenden Erwägungen dazu, was von dem Betroffenen zu verlangen ist - besser: nicht verlangt werden darf - , hält das Bundesverfassungsgericht in ständiger Rechtsprechung fest, vgl. etwa E 54, 80 (84 m.w.N.). Weiter hat das Bundesverfassungsgericht entschieden, daß, falls den Betroffenen im Einzelfall (etwa wegen der Kürze der verbleibenden Zeit) eine Erkundigungspflicht bei der Post trifft, er sich jedenfalls *auf deren amtlichen*

mer noch an diesem Tag ein Telefaxgerät oder einen Expressdienst bemühen, um das Schriftstück bis 24 Uhr in die Verfügungsgewalt des Gerichts gelangen zu lassen. Dies alles sollte durchaus von einem seiner prozessualen Verantwortung bewußten „mündigen" Bürger erwartet werden dürfen. Die Durchsetzung seiner Rechte obliegt auch und gerade, soweit es nicht um juristische Tätigkeit im engeren Sinne geht, ihm selbst und sollte nicht in so weitem Umfang, wie vom Bundesverfassungsgericht vorgegeben, den Fachgerichten aufgebürdet werden. Im Hinblick auf die an den Anwalt des Betroffenen zu stellenden Anforderungen gilt dies erst recht.

Im einzelnen hat das Bundesverfassungsgericht weiterhin entschieden, daß den Betroffenen ein Verschulden an der Fristversäumnis dann nicht trifft, wenn diese auf Verzögerungen bei der *Entgegennahme der Sendung durch das Gericht* beruht, die er nicht zu vertreten hat.[627] Dies ist etwa der Fall, wenn das *Gericht einen eigenen Abholdienst bei der Post* unterhält, dessen Organisation den Bürger schlechter stellt, als es bei einer Anlieferung der Schriftstücke durch Zusteller der Post an das Gericht der Fall wäre. Solche ungewöhnlichen Verzögerungen, die auf der behördlichen Organisation beruhen und quasi eine Vereitelung des fristgerechten Eingangs der Sendung bei Gericht bewirken, dürfen dem Bürger *genausowenig* zugerechnet werden *wie durch die Post selbst* verursachte Verzögerungen, da der Betroffene hierauf keinen Einfluß hat, andererseits aber berechtigt ist, ihm eingeräumte Fristen bis zum letzten auszunutzen.[628] Dies ist im Ergebnis zutreffend, da es hier ausschließlich um solche für die Verzögerung ursächlichen Umstände geht, die in der Sphäre des Gerichts liegen.

Weiter hat das Bundesverfassungsgericht im Hinblick auf die Wiedereinsetzung nach der Versäumnis von *Rechtsmittelfristen* festgestellt, daß bereits an die *Formerfordernisse* sowohl bei der *Einlegung* als auch bei der *Begründung* des *Rechtsmittels keine unzumutbaren Anforderungen* gestellt werden dürfen, um dem Erfordernis eines wirkungsvollen Rechtsschutzes gerecht zu werden; so ist die Einlegung oder Begründung eines Rechtsmittels nicht nur durch *Telefax* und *Telegramm* - dies steht seit längerem fest in der Rechtsprechung[629] - , sondern auch durch *Fernschreiben* zulässig.[630] Darüber hinaus ist seit kurzem die Einreichung der Klageschrift, der Rechtsmittelschriften und anderer

---

Aushang über regelmäßige Postlaufzeiten verlassen darf (E 62, 334 [LS]); er muß darüberhinaus nicht prüfen, ob ein fristgerechter Zugang auch wirklich sichergestellt ist (BVerfG, aaO S. 337).

627 BVerfGE 41, 323 (327 f.); 42, 128 (130); 44, 302 (306); 52, 203 (207).

628 Vgl. BVerfGE 41, 23 (27), 323 (327 f.); 44, 302 (306 f.); 62, 216 (222).

629 S. BVerfGE 74, 228 (235 m.w.N.).

630 BVerfGE 74, 228 (233 ff.).

(fristwahrender) Schriftstücke an das Gericht *in elektronischer Form* möglich. Die Rechtsgrundlagen hierfür liegen jedenfalls bereits jetzt vor, insbesondere auf Grund des *Gesetzes über Rahmenbedingungen für elektronische Signaturen und zur Änderung weiterer Vorschriften vom 16. Mai 2001*[631] und des *Gesetzes zur Anpassung der Formvorschriften des Privatrechts und anderer Vorschriften an den modernen Rechtsgeschäftsverkehr vom 13. Juli 2001.*[632] Wird tatsächlich von den insofern geschaffenen gesetzlichen Voraussetzungen in weitem Umfang Gebrauch gemacht, wovon prinzipiell auszugehen ist, wird der Rechtsverkehr von Grund auf verändert.[633] Die Auswirkungen sind in ihrer Gesamtheit überhaupt noch nicht abzusehen. Es dürfte aber bereits jetzt feststehen, daß die elektronische Übermittlung von fristwahrenden Schriftstücken nicht nur Vorteile bringen wird, sondern auch geeignet ist, die Verkehrssicherheit zu beeinträchtigen, insbesondere in der Anfangsphase. In Rede stehen hier nicht nur technisch bedingte „Tücken", sondern auch eine große Unsicherheit auf der Anwenderseite, und zwar sowohl seitens der Gerichte, als auch auf Seiten der Bürger und ihrer Anwälte.[634] Insoweit müssen erhebliche technische und organisatorische Voraussetzungen geschaffen werden, um den elektronischen Rechtsverkehr überhaupt praktikabel zu machen. Hierzu gehört etwa die Schaffung einheitlicher Standards sowohl für die Eingangs- und Ausgangsverwaltung der Gerichte als auch für die Schriftsatzerstellung beim Bürger oder in der Anwaltskanzlei.[635] In der Erprobungszeit ist somit damit zu rechnen, daß vermehrt Anträge auf Wiedereinsetzung wegen Fristversäumnis bei Zustellungen auf elektronischem Wege gestellt werden. Die Gerichte werden insoweit die vom Bundesverfassungsgericht zum Merkmal des fehlenden Verschuldens aufgestellten Grundsätze auf grundlegend neuem Terrain anzuwenden haben.

---

631 = BGBl. I S. 876.

632 = BGBl. I S. 1542. Die Möglichkeit, Schriftsätze *an das Gericht* in elektronischer Form einzureichen, ist konkretisiert in *§ 130 a ZPO n.F.* Auf der anderen Seite läßt es das *Zustellungsreformgesetz* vom 25. Juni 2001 (= BGBl. I S. 1206) zu, auf der „Ausgangsseite" der Gerichte Entscheidungen und andere Texte ebenfalls auf elektronischem Wege zuzustellen *(§ 174 Absatz 3 ZPO n.F.)*; vorgesehen ist eine Zustellung gegen Empfangsbekenntnis, das auch in elektronischer Form erteilt werden kann. S. hierzu bereits weiter o., II.2.b)bb).

633 S. hierzu *Viefhues/Scherf*, Die digitale Signatur in der juristischen Praxis, ZAP 2001, Fach 23, S. 561 ff.; *dies.*, Elektronischer Rechtsverkehr - eine Herausforderung für Justiz und Anwaltschaft, MMR 2001, S. 596 ff.; für einen Teil des internationalen Rechtsverkehrs s. *Geiger*, Der US-amerikanische „Electronic Signatures in Global and National Commerce Act" - Einordnung im nationalen und internationalen Umfeld, K & R 2001, S. 445 ff.

634 Vgl. aus der aktuellen Literatur etwa *Viefhues*, CR 2001, S. 556 ff. sowie die Angaben in der vorstehenden Fn.

635 S. *dens.*, aaO S. 556 (559 ff.).

Zurückkommend auf die im einzelnen vom Bundesverfassungsgericht zur Wiedereinsetzung entschiedenen Fälle, hat dieses sich in der Vergangenheit verstärkt der Auslegung des *§ 44 Satz 2 StPO* angenommen, wonach die Versäumung einer Rechtsmittelfrist *als unverschuldet* anzusehen ist, wenn eine *Rechtsbehelfsbelehrung unterblieben* ist. Diese Vorschrift ist nach Ansicht des Bundesverfassungsgerichts insbesondere relevant für solche Personen, die einen Strafbefehl- oder Bußgeldbescheid zwar versehen mit einer Belehrung über die Möglichkeit des Einspruchs erhalten haben, und zwar in deutscher, nicht aber in einer ihnen verständlichen Sprache: In diesen Fällen, in denen der Betroffene der deutschen Sprache nicht hinreichend mächtig ist, dürfe er nicht anders behandelt werden, als wenn ihm die Rechtsbehelfsbelehrung überhaupt nicht erteilt worden wäre, sodaß ihm im Wiedereinsetzungsverfahren nicht entgegengehalten werden dürfe, er habe sich nicht „rechtzeitig" genug um eine Übersetzung bemüht.[636] Nicht nur die fehlende, sondern auch eine im individuellen Fall *nur unzureichende Rechtsbehelfsbelehrung* kann im Anwendungsbereich des § 44 StPO daher über den Wortlaut von Satz 2 dieser Vorschrift hinaus die Wiedereinsetzung begründen. Insofern ist diese Regelung verfassungskonform auszulegen.[637]

Nach alledem sind die an die Begründetheit des Wiedereinsetzungsantrags zu stellenden Anforderungen nicht „zu überspannen", soweit diese *die Person des Antragstellers* betreffen. Gleiches hat das Bundesverfassungsgericht aber auch hinsichtlich der an *die Sorgfaltspflichten des Anwalts* des Antragstellers zu stellenden Anforderungen festgestellt: Demnach widerspricht es rechtsstaatlicher Verfahrensgestaltung (Art. 2 Absatz 1 GG in Verbindung mit dem Rechtsstaatsprinzip), dem Antragsteller die Wiedereinsetzung auf Grund von Anforderungen an die Sorgfaltspflichten seines Anwalts zu versagen, die nach höchstrichterlicher Rechtsprechung nicht verlangt werden und mit denen er nicht zu rechnen brauchte.[638] Abschließend ist darauf hinzuweisen, daß die stattgegebene Wiedereinsetzung zugleich die rechtliche Position *des Antragsgegners* berührt, der sich

---

[636] BVerfGE 42, 120 (124 ff. [125 m.w.N.]).

[637] Ausführlich zum Ganzen weiter o., II.3.c)aa)*(2)*.

[638] BVerfGE 79, 372 (LS und S. 375 ff.); vorliegend ging es um die Auslegung des *§ 519 Absatz 2 Satz 3 ZPO*: zu den *„erheblichen Gründen"* im Sinne der Norm, die eine Verlängerung der Berufungsbegründungsfrist bewirken können, gehört nach der Rechtsprechung, insbesondere nach der des Bundesgerichtshofs, auch die *berufliche Überlastung des Anwalts*; nach Ansicht des Bundesgerichtshofs bewegt sich eine strengere Gerichtspraxis, die solche Gründe generell nicht für ausreichend hält, nicht im Rahmen zulässiger, am Einzelfall orientierter Ermessensausübung, sodaß sich der Anwalt hierauf nicht einzustellen brauche (vgl. BVerfG, aaO S. 377 mit Hinweis auf die BGH-Rechtsprechung). Unberührt bleiben im Zivilprozeß selbstverständlich die Pflichten des Anwalts, die von ihm gemeinhin erwartet werden können, da Pflichtverletzungen dem Mandanten über § 85 Absatz 2 ZPO zugerechnet werden.

daher häufig gegen sie zur Wehr setzen will, was oft zu weiteren Komplikationen innerhalb des Verfahrens führt.[639]

(3) Zu den Zulässigkeitsvoraussetzungen von Wiedereinsetzungsanträgen

Zudem wirkt sich die Bedeutung des rechtlichen Gehörs bei der Wiedereinsetzung deswegen, da jenes in der Sache bei Ablehnung des Wiedereinsetzungsgesuchs abgeschnitten ist, nach Auffassung des Bundesverfassungsgerichts nicht erst bei der Prüfung der Begründetheit, dort insbesondere bei der Bewertung des materiellen Kriteriums des fehlenden Verschuldens, sondern bereits im Vorfeld, im Rahmen der Einbewertung der *Zulässigkeit des Antrags* auf Wiedereinsetzung, aus, sodaß auch die insoweit zu stellenden Anforderungen nicht zu „überspannen" sind.[640]

Dies gilt insbesondere für die *Glaubhaftmachung* der die Wiedereinsetzung begründenden Tatsachen. Demnach gehört etwa eine *besondere* Glaubhaftmachung des geltend gemachten Versäumnisgrundes *nicht stets zwingend* zur Zulässigkeit des Wiedereinsetzungsgesuchs.[641] Auch dies gilt besonders für das summarische Verfahren, bei dem der erste Zugang zu Gericht in Frage steht.[642] Das Bundesverfassungsgericht hatte in diesem Zusammenhang zu *§ 45 Absatz 1 StPO a.F.* festgestellt, die *eigene eidesstattliche Erklärung* des Betroffenen reiche als einfaches Mittel der Glaubhaftmachung jedenfalls dann aus, wenn durch sie ein ausgesprochen naheliegender, der Lebenserfahrung entsprechender Versäumungsgrund belegt werde und kein Anlaß bestehe, an der Wahrscheinlichkeit des vorgebrachten Sachverhalts zu zweifeln, wie dies bei einem Urlaub in der allgemeinen Ferienzeit der Fall sei.[643] Solchenfalls könne die eidesstattliche Versicherung als „schlichte", d.h. nicht durch weitere Mittel der Glaubhaftmachung unterstützte Erklärung gewürdigt werden, sodaß offenbleiben könne, ob die eigene eidesstattliche Versicherung eines Betroffenen oder Beschuldigten auch sonst ein geeignetes Mittel zur Glaubhaftmachung sei.[644] Es bedürfe dann keiner weiteren Mittel der Glaubhaftmachung mehr, sodaß

---

[639] Vgl. hierzu im einzelnen *Kerwer*, JuS 1997, S. 592 ff.

[640] S. BVerfGE 26, 315 (319); 38, 35 (39); 40, 46 (49 f.) und ständig.

[641] BVerfGE 38, 35 (39 m.w.N.) zu § 45 Absatz 1 Satz 1 StPO a.F.; vgl. weiter E 40, 88 (92).

[642] BVerfGE 26, 315 (320); 37, 93 (97 f.), 100 (103); 38, 35 (39); 40, 42 (44) und ständig. S. hierzu bereits soeben, unter *(2)*.

[643] BVerfGE 26, 315 (320); 37, 93 (97 ff.), 100 (103); 40, 88 (92 f.); dies gelte auch dann, wenn die eidesstattliche Versicherung nicht durch den Betroffenen selbst, sondern durch seinen Verteidiger dem Gericht übermittelt wird, E 38, 35 (39).

[644] BVerfGE 37, 100 (103); s. auch E 38, 35 (39); 40, 182 (186). Zwar sind die Mittel der Glaubhaftmachung weder in der Strafprozeßordnung noch im Ordnungswidrigkeitengesetz bezeichnet. Dennoch greift das Bundesverfassungsgericht, indem es die schlichte Erklärung des Betroffenen als Mittel der Glaubhaftmachung genügen läßt, in die Sphäre der Fachgerichte ein, denn diesen ist gerade dadurch,

es auch unschädlich sei, wenn solche angekündigt, aber nicht fristgerecht dem Gericht vorgelegt worden seien.[645] Hintergrund dieser Auslegung der bis zum 31. Dezember 1974 geltenden Fassung des § 45 StPO war gewesen, daß nach der alten Form für die Glaubhaftmachung eine einwöchige Frist einzuhalten gewesen war. Dieses Erfordernis ist aber durch die *Neufassung des § 45 StPO*[646] insofern weggefallen, als zwar Absatz 1 der Vorschrift nach wie vor bestimmt, daß der Wiedereinsetzungsantrag binnen einer Woche nach Wegfall des Hindernisses der Fristwahrung zu stellen ist, in Absatz 2 Satz 1 jedoch nunmehr vorgesehen ist, daß die Glaubhaftmachung der zur Begründung des Wiedereinsetzungsgesuchs dienenden Tatsachen entweder bei der Antragstellung oder aber im Verfahren über den Antrag erfolgen kann. Das Bundesverfassungsgericht geht angesichts dieses Wortlauts und der in der Reform zum Ausdruck gekommenen Absicht des Gesetzgebers, die Voraussetzungen der Wiedereinsetzung nicht zu überspannen, davon aus, daß eine Glaubhaftmachung nunmehr bis zum rechtskräftigen Abschluß des Wiedereinsetzungsverfahrens, also auch noch in der Beschwerdeinstanz, möglich sei, sodaß sich zum einen die frühere Streitfrage, ob und inwieweit ein „Nachschieben" von Mitteln der Glaubhaftmachung erlaubt ist, erledigt habe und zum anderen kein zureichender Anlaß mehr bestehe, die Glaubhaftmachung durch „schlichte Erklärung" ganz allgemein bei naheliegenden Versäumnisgründen unter den verfassungsrechtlichen Schutz der Art. 19 Absatz 4 und 103 Absatz 1 GG zu stellen.[647] Für besondere seltene Fälle läßt das Bundesverfassungsgericht hingegen offen, ob auch künftig im Rahmen des § 45 StPO die schlichte Erklärung des Betroffenen als Mittel der Glaubhaftmachung ausreichen muß.[648] Festzuhalten bleibt wiederum, daß sich das Bundesverfassungsgericht auch hier weit in den Bereich der Auslegung des einfachen Gesetzesrechts hineinbegibt, wenn es bestimm-

daß eine einfach-gesetzliche Regelung fehlt, ein umso größerer Auslegungsspielraum eröffnet. Auch hier gilt: Die Auslegung des einfachen Rechts ist zuvörderst die Aufgabe der Fachgerichtsbarkeit. Dies läßt im Hinblick auf § 45 StPO auch der Zweite Senat in einer Entscheidung aus Bd. 41, S. 332 (339 f.) erkennen (s. hierzu sogleich).

645 BVerfGE 38, 35 (39 f.).

646 Durch das Erste Gesetz zur Reform des Strafverfahrensrechts vom 9. Dezember 1974 (= BGBl. I S. 3393).

647 BVerfGE 41, 332 (337 ff.). Vgl. E 43, 95 (98 ff.) zur unzulässigen Ablehnung des Wiedereinsetzungsantrags durch die Beschwerdeinstanz wegen fehlender Glaubhaftmachung (verfassungswidrige Auslegung des § 45 Absatz 2 Satz 1 StPO n.F.).

648 S. BVerfGE 41, 332 (339 f.): Der Zweite Senat hält es insofern für möglich, daß die Fachgerichte *in seltenen Fällen* dadurch, daß sie die schlichte Erklärung des Betroffenen als Mittel der Glaubhaftmachung nicht genügen lassen, gegen das *Willkürverbot* nach Art. 3 Absatz 1 GG verstoßen könnten; *im übrigen* sei die Würdigung eines Mittels zur Glaubhaftmachung *aber dem fachgerichtlichen Prüfungsbereich zuzuordnen* und ein Fehler insoweit verfassungsrechtlich nicht relevant, zumal der Betroffene nunmehr (- nach der Neufassung des § 45 StPO -) die Möglichkeit habe, einen etwa festgestellten Mangel der Glaubhaftmachung noch in der Beschwerdeinstanz nachzuholen (aaO S. 340).

te Mittel der Glaubhaftmachung eines Sachvortrags von Verfassungs wegen für nicht ausreichend und andere für geboten hält. Als der Verfassungsgeber in Art. 93 Absatz 1 Nr. 4 a GG die Verfassungsbeschwerde explizit auch für Rügen der Verletzung rechtlichen Gehörs zur Verfügung stellte, hat er hiermit sicherlich nicht bezweckt, daß bestimmte Interpretationen für einzelne Prozeßrechtsinstitute derart festgeschrieben werden.

Im Hinblick auf *die formellen Anforderungen*, welche an den *Antrag* auf Wiedereinsetzung gestellt werden dürfen, hat das Bundesverfassungsgericht in jüngerer Zeit speziell in Bezug auf ein Wiedereinsetzungsgesuch nach Versäumung der Einspruchsfrist gegen ein Versäumnisurteil festgestellt, daß jenes zugleich als Einspruch aufgefaßt und deshalb nicht als unzulässig angesehen werden dürfe, sofern nach der Verfahrens- und Interessenlage *zweifelsfrei ersichtlich* sei, daß sich der Antragsteller gegen das Versäumnisurteil *zur Wehr setzen und das Verfahren weiterbetreiben* wolle.[649] Dies entspricht allgemein der heute herrschenden rechtsschutzfreundlichen Auslegung von Rechtsmittel- oder Antragsschriften, wonach *nicht die Formulierung des Antrags* durch den - oft anwaltlich nicht vertretenen - Rechtschutzsuchenden entscheidet, sondern maßgeblich ist, daß dieser dem *Inhalt* seiner Antragsschrift nach eine bestimmte Entscheidung eines bestimmten Gerichts nicht gelten lassen will.[650]

Auch gegen *die Versäumung der für den Antrag auf Wiedereinsetzung bestimmten Frist* ist die Wiedereinsetzung in den vorigen Stand zulässig. So hat das Bundesverfassungsgericht zum früher sogenannten *„Armenrecht"* entschieden, daß für den Fall, daß die Partei dieses rechtzeitig beantragt hatte, es ihr aber *erst nach Ablauf der Rechtsmittelfrist bewilligt* worden ist, gegen die Versäumnis der Wiedereinsetzungsfrist nach § 234 Absatz 1 ZPO Wiedereinsetzung zu gewähren ist, wenn die Partei infolge ihrer Armut ohne ihr Verschulden außerstande ist, einen Anwalt mit der Einlegung des Rechtsmittels zu beauftragen.[651]

---

[649] BVerfGE 88, 118 (LS und S. 123 ff. [125 ff.]); das Bundesverfassungsgericht nimmt anderenfalls eine Verletzung des Art. 2 Absatz 1 GG in Verbindung mit dem Rechtsstaatsprinzip wegen Verstoßes gegen die Gewährung effektiven Rechtsschutzes im Zivilprozeß an (Art. 19 Absatz 4 GG ist nicht einschlägig, da diese Garantie nur den Rechtsweg gegen Akte der öffentlichen Gewalt umfaßt).

[650] Für die Einspruchsschrift nach § 340 ZPO vgl. etwa aus der Kommentarliteratur *Baumbach/Lauterbach/Albers/Hartmann*, ZPO, § 340 Rd. 3; *Thomas/Putzo*, ZPO, § 340 Rd. 3.

[651] BVerfGE 22, 83 (86 ff.); das Bundesverfassungsgericht hat die Kausalität der Armut der Partei für die Versäumnis der Rechtsmittelfrist insofern als *„unabwendbaren Zufall"* im Sinne des § 233 Absatz 1 ZPO a.F. ausgelegt und eine entsprechende Anwendung des § 233 Absatz 1 ZPO a.F. auf § 234 Absatz 1 ZPO vorgenommen (aaO S. 88). Begründet hat es seine Entscheidung mit dem allgemeinen Gleichheitssatz (Art. 3 Absatz 1 GG) in Verbindung mit dem Sozialstaatsprinzip (Art. 20 Absatz 1 GG), der es gebiete, die prozessuale Stellung von Bemittelten und Unbemittelten weitge-

Zusammengefaßt läßt sich daher konstatieren, daß das Bundesverfassungsgericht zu Gunsten des effektiven Rechtsschutzes in weitem Umfang die Wiedereinsetzung in den vorigen Stand als von Verfassungs wegen geboten ansieht. Auch unter verfassungsrechtlichen Gesichtspunkten kommt diesem Institut des einfachen Prozeßrechts daher sehr weitgehend kompensierende Funktion zu, wenn es darum geht, die Folgen der Versäumnis von Fristen, durch die der zeitliche Anwendungsbereich des Äußerungsrechts per se verkürzt wird, aufzufangen. Das Bundesverfassungsgericht bewegt sich insoweit auf der Stufe der Auslegung des einfachen Gesetzesrechts, indem es den Fachgerichten vorschreibt, wie diese etwa das im einfachen Recht regelmäßig vorgesehene Merkmal des fehlenden Verschuldens des Berechtigten an der Fristversäumnis sowie das Kriterium der Glaubhaftmachung dieses Merkmals auszulegen haben. Dagegen hat es die grundsätzlich dem Berechtigten obliegenden Mitwirkungspflichten (um „sich“ rechtliches Gehör zu verschaffen) auf ein Mindestmaß zurückgeschraubt und ihn somit weitgehend aus seiner prozessualen Verantwortung entlassen.

c) Einschränkungen des Äußerungsrechts durch Präklusionsvorschriften und ihre Anwendung durch die Gerichte

aa) Grundsatz

Eine besonders schwerwiegende Beschränkung des zeitlichen Anwendungsbereichs rechtlichen Gehörs stellen die einfach-gesetzlichen, insbesondere die *zivilprozessualen* Präklusionsregelungen, §§ 296, 528 f. ZPO im speziellen, dar. Demnach können Äußerungen der Gehörberechtigten unter bestimmten Voraussetzungen als verspätet zurückgewiesen werden mit der Folge, daß sie in der gerichtlichen Entscheidung nicht berücksichtigt werden müssen. An ihrer grundsätzlichen Zulässigkeit besteht, ebenso wie im Hinblick auf schlichte Fristbestimmungen, nach dem Grundsatz, daß Art. 103 Absatz 1 GG nicht zeitlich unbegrenztes Gehör gewährt, kein Zweifel.[652] Der Anspruch auf rechtliches Gehör bezweckt nicht eine Verfahrensverschleppung. Dies wäre aber regelmäßig der Fall, könnte stets Sachvortrag bis kurz vor der gerichtlichen Entscheidung vorgebracht werden, da hierzu dem Prozeßgegner wiederum Gehör zu gewähren ist, sodann hierauf vermutlich eine Replik folgen und insgesamt die Behandlung des Verfahrensstoffes hinausgezögert würde. Dies kann aber von der Verfassung nicht gewollt sein. Jede Instanz muß durch eine Entscheidung, die nicht in unbestimmter, ferner Zukunft liegt, abgeschlossen werden können. In diesem Zusammenhang sind auch die Interessen des Rechtsschutzes des Prozeßgegners, des Rechtsfriedens und der Rechtssicherheit zu be-

---

hend anzugleichen, sodaß der unbemittelten Partei insbesondere die Rechtsverfolgung und -verteidigung im Vergleich zur bemittelten nicht unverhältnismäßig erschwert werden dürfe (aaO S. 86 mit Nachweisen aus der ständigen Rechtsprechung des Bundesverfassungsgerichts).

[652] S. weiter o. unter 2.a)bb).

achten, die ebenfalls Schutz verdienen.[653] Auch im Hinblick auf die Zeitigkeit des Vorbringens dürfen den Verfahrensbeteiligten daher *Mitwirkungspflichten* auferlegt werden im Sinne der *Prozeßförderungspflicht*, welche auch ihnen, nicht nur dem Gericht, obliegt.[654] Diese muß auch sanktionierbar sein, weil sie ansonsten wirkungslos wäre. Da die Parteien aber durch die Zurückweisung verspäteten Vorbringens in ihren Ansprüchen auf effektiven Rechtsschutz und rechtliches Gehör regelmäßig in einschneidender Form berührt werden, ist eine Präklusion nur unter engen Voraussetzungen möglich. Es bedarf daher der Lösung des Spannungsverhältnisses, das zwischen dem Interesse der Rechtssicherheit und des schnellen Verfahrens im allgemeinen gegenüber dem Gehörgrundrecht des Einzelnen besteht. Die notwendige Gewichtung der verschiedenen Interessen und ihr Ausgleich obliegt primär dem Gesetzgeber bei der Ausgestaltung des Präklusionsrechts, aber auch den Fachgerichten bei der Auslegung und Anwendung der Präklusionsnormen in jedem Einzelfall. Das Bundesverfassungsgericht selbst hat sich ihrer Auslegung verstärkt angenommen auf Grund der erweiterten Möglichkeiten der Gerichte, verspätetes Vorbringen zurückzuweisen, welche die *Vereinfachungsnovelle* des Jahres 1976[655] insbesondere für den Zivilprozeß im Sinne des Entgegenwirkens gegen Prozeßverschleppungen für diesen Bereich mit sich gebracht hat.[656] Es hat hierzu seine grundlegenden Kriterien zum rechtlichen Gehör bereichsspezifisch in seiner *Präklusionsrechtsprechung* in erheblichem Maße weiterentwickelt und ausdifferenziert.

bb) Die Rechtsprechung des Bundesverfassungsgerichts zur Präklusion im Zivilprozeß

(1) Zur prinzipiellen Zulässigkeit und zum Ausnahmecharakter von Präklusionsnormen

---

653 Vgl. *Leipold*, ZZP Bd. 93 (=1980), S. 237 (243).

654 Vgl. zur Prozeßförderungspflicht der Parteien und der richterlichen Verantwortung *dens.*, wonach die Prozeßförderungspflicht allein auf den - hier relevanten - zeitlichen Aspekt beschränkt sei (aaO S. 239). Insofern sei die Partei nicht zu positivem Tun verpflichtet, sondern umgekehrt sei es ihr *(nur) verboten, den Prozeß zu verzögern* (aaO S. 240). Soweit indes, wie hier, der Anspruch auf rechtliches Gehör betroffen ist, können dem Berechtigten durchaus Mitwirkungspflichten in weitem Umfang auferlegt werden, soweit diese sich im Rahmen seiner prozessualen Verantwortung und damit der ihm zumutbaren Möglichkeiten halten. Insoweit kann durchaus von ihm auch positives Tun verlangt werden.

655 Ausführlich hierzu weiter u.

656 Allerdings enthält die Zivilprozeßordnung bereits seit dem Jahre 1924 Präklusionsvorschriften; vgl. hierzu und zur Vereinfachungsnovelle aus der Fülle an Literatur: *Hermisson*, NJW 1983, S. 2229 ff.; *Leipold*, ZZP Bd. 93 (=1980), S. 237 ff.; *Waldner*, NJW 1984, S. 2925 ff.; *Zierlein*, DVBl. 1989, S. 1169 (1173 f.).

Das Bundesverfassungsgericht geht im Sinne des von ihm postulierten Grundsatzes, wonach Art. 103 Absatz 1 GG nicht davor schütze, Äußerungen der Verfahrensbeteiligten aus Gründen des formellen oder materiellen Rechts unbeachtet zu lassen[657], ebenso wie die herrschende Lehre[658], prinzipiell von der *verfassungsrechtlichen Zulässigkeit* der in der Zivilprozeßordnung enthaltenen Präklusionsnormen aus.[659] Es hatte sich dabei zunächst mit der Zurückweisung von Vorbringen als verspätet *in den Rechtsmittelinstanzen* zu befassen. Der Zweite Senat hat speziell zur Präklusion in der Berufungsinstanz bereits im Jahre 1973, also noch *vor der Vereinfachungsnovelle*, *grundlegend* ausgeführt: „Art. 103 Absatz 1 GG hindert den Gesetzgeber nicht, durch Präklusionsbestimmungen auf eine beschleunigte Abwicklung des Rechtsmittelverfahrens hinzuwirken, soweit die betroffene Partei *in erster Instanz ausreichend Gelegenheit* hatte, sich in allen für sie wichtigen Punkten zur Sache zu äußern, dies aber aus von ihr zu vertretenden Gründen versäumt hat."[660] Zugleich betonte das Bundesverfassungsgericht aber von Beginn an stets den *Ausnahmecharakter* solcher Vorschriften: „Die Pflicht des Gerichts, Anträge und Ausführungen der Verfahrensbeteiligten zur Kenntnis zu nehmen und bei seiner Entscheidung in Erwägung zu ziehen, besteht *[...]* nicht, soweit das Vorbringen nach den Prozeßvorschriften *ausnahmsweise* unberücksichtigt bleiben muß oder kann."[661]

(2) Zur Verfassungsmäßigkeit einzelner Normen

Die verfassungsrechtliche Zulässigkeit der Regelung des *§ 529 Absatz 2 Satz 1 ZPO a.F.*[662] etwa, welche der Beschleunigung des Verfahrens speziell in der Berufungsinstanz diente und durch *§ 528 Absatz 1 Satz 1 ZPO n.F.* abgelöst wurde, hat das Bundesverfassungsgericht bejaht, allerdings nur bei *„verfassungskonformer Handhabung"* insofern, als diese *Ausnahmevorschrift* aus verfassungsrechtlichen Gründen wiederum Raum für eine *Ausnahmeregelung* zugunsten des Gehörberechtigten im Einzelfall lassen müsse.[663] Nach § 529 Absatz 2 Satz 1 ZPO a.F. konnten Angriffs- und Verteidigungsmittel im Berufungsverfahren dann präkludiert werden, wenn der Betroffene sie in erster Instanz in

---

[657] S. bereits weiter o. unter 2.a)bb).
[658] Vgl. etwa *Leipold*, ZZP Bd. 93 (=1980), S. 237 (243); *Waldner*, NJW 1984, S. 2925 m.w.N.
[659] Vgl. hierzu die nachfolgenden Fußnoten.
[660] BVerfGE 36, 92 (1. LS und S. 98). - Diese und die folgenden Hervorhebungen in Kursivschrift stammen von *Verf.*
[661] BVerfGE 22, 267 (273); 24, 203 (213); 46, 315 (319) und ständig.
[662] Neugefaßt durch die *Vereinfachungsnovelle* vom 3. Dezember 1976 (= BGBl. I S. 3281).
[663] BVerfGE 36, 92 (98).

vorwerfbarer Weise (Absicht oder grobe Nachlässigkeit)[664] nicht vorgetragen hatte und deren Berücksichtigung die Erledigung des Rechtsstreits nun verzögern würde. Im Ergebnis setzte die Anwendung dieser Bestimmung also voraus, daß die Partei in erster Instanz ausreichend Gelegenheit zu einem bestimmten Sachvortrag hatte, diese Gelegenheit aber schuldhaft ungenutzt verstreichen ließ. Es entsprach insoweit gängiger Gerichtspraxis, daß eine *globale Bezugnahme* des Gehörberechtigten auf sein Vorbringen in der Ausgangsinstanz nicht genügte, um das Berufungsgericht zu verpflichten, die gesamten erstinstanzlichen Ausführungen des Berufungsklägers auf ihre Relevanz für das Berufungsverfahren zu überprüfen. Vielmehr konnte das Berufungsgericht insbesondere davon ausgehen, daß der Berufungskläger in seiner Berufungsbegründung nach § 519 Absatz 3 ZPO nicht nur darlegt, in welchen Punkten er das erstinstanzliche Urteil angreift, sondern auch das Vorbringen und die Beweisanträge *ausdrücklich kennzeichnet*, auf die er weiterhin Wert legt.[665] Das Bundesverfassungsgericht hat insoweit konstatiert, daß diese Forderung an den Berechtigten unter besonderen Umständen sein Gehörrecht verletzen könne, sodaß eine *globale Bezugnahme im Einzelfall genügen müsse.*[666] Einen solchen Ausnahmefall bejaht es dann, wenn das Erstgericht ein unter Beweis gestelltes Vorbringen als unerheblich behandelt, der Berufungskläger mit seiner Berufung gerade diese Rechtsauffassung angreift und das Berufungsgericht den betreffenden Sachvortrag daraufhin ebenfalls für erheblich ansieht.[667] Ist er bestritten und hat der Berufungskläger in der Berufungsbegründung auf seinen erstinstanzlichen Vortrag Bezug genommen, darin den Beweisantritt aber nicht ausdrücklich wiederholt, so muß sich das Berufungsgericht nach Auffassung des Bundesverfassungsgerichts dann Gewißheit darüber verschaffen, ob in erster Instanz Beweis angeboten worden ist, ehe es die Berufung aus diesem Grund scheitern läßt.[668] Ebensowenig könne es in seinem solchen Fall ein in zweiter Instanz vorgetragenes Beweismittel ohne weiteres als „neu" behandeln. Unter diesen

---

[664] In *§ 528 Absatz 1 Satz 1 ZPO n.F.* dagegen kommt es nach dem Normwortlaut nicht mehr auf ein Verschulden des Berechtigten bei der Verspätung an, sondern nur noch auf die Tatsache, *daß* Angriffs- und Verteidigungsmittel in der ersten Instanz entgegen einer dafür gesetzten Frist nicht vorgebracht worden waren. Sie *dürfen* vom Berufungsgericht überhaupt nur noch dann zugelassen werden, wenn dies nach „freier Überzeugung" des Gerichts die Erledigung des Rechtsstreits nicht verzögern würde *oder* wenn die Partei die Verspätung genügend entschuldigt, wobei der Entschuldigungsgrund von ihr auf Verlangen des Gerichts glaubhaft zu machen ist. Das Verschulden der Partei spielt insoweit nur noch auf der zweiten Stufe, der Rechtsfolge, nicht mehr auf der Tatbestandsseite, eine Rolle. Die Möglichkeit der Präklusion ist daher ganz erheblich, zu Lasten des Gehörberechtigten, erweitert worden.

[665] BVerfG, aaO S. 98 f. mit Hinweis auf BGHZ 35, 103 (106 f.); abweichend BVerfGE 25, 137 ff.

[666] BVerfGE 36, 92 (98); s. auch E 46, 315 (320).

[667] BVerfGE 36, 92 (99).

[668] BVerfG, aaO S. 99 f.

Voraussetzungen sei das Berufungsgericht vielmehr wegen Art. 103 Absatz 1 GG gehalten, zu prüfen, ob das Beweismittel nicht bereits in erster Instanz benannt worden ist.[669] Bereits anhand dieser relativ frühen, jedenfalls noch im Hinblick auf eine alte Präklusionsvorschrift - die die Verspätung des Vorbringens noch an ein schuldhaftes Verhalten des Berechtigten anknüpfte und insofern eine Präklusion nur unter erheblich strengeren Voraussetzungen zuließ, als dies seit der *Vereinfachungsnovelle* von 1976 der Fall ist - ergangenen Entscheidung, ist wiederum eine starke Tendenz des Bundesverfassungsgerichts erkennbar (ebenso wie dies bei der Bewertung von Normen, die der Bestimmung des gesetzlichen Richters nach Art. 101 Absatz 1 Satz 2 GG dienen, zum Ausdruck kommt[670]), verfassungsrechtlich zumindest ambivalente Vorschriften des Gesetzgebers für verfassungsgemäß, insbesondere auch hinreichend bestimmt und dem Verhältnismäßigkeitsgrundsatz entsprechend, anzusehen, dafür aber entsprechend weitgehende Pflichten den Fachgerichten aufzubürden. In dem vorstehend angeführten Fall hätte genausogut die Vorschrift des § 529 Absatz 2 Satz 1 ZPO a.F. für nicht vereinbar mit der Verfassung erklärt und dem Gesetzgeber etwa aufgegeben werden können, in diese Ausnahmeschrift selbst eine - offene - Ausnahmeregelung für nach abstrakten Merkmalen bestimmte Einzelfälle zu implementieren mit dem Inhalt, den das Bundesverfassungsgericht statt dessen den Fachgerichten im Rahmen „verfassungskonformer" Handhabung den Fachgericht auferlegt.

Den *Ausnahmecharakter* der Präklusionsregelungen bestärkt das Bundesverfassungsgericht weiterhin dadurch, daß es wegen deren einschneidenden Folgen für die säumige Partei eine *entsprechende Anwendung* durch die Fachgerichte *strikt ablehnt*.[671] So verneint es etwa eine analoge Anwendung der in der zivilprozessualen Ausgangsinstanz geltenden Regelungen des *§ 296 Absatz 1* oder *Absatz 2 ZPO* sowie der im Berufungsverfahren möglichen Präklusion nach *§ 528 Absatz 1 ZPO* (jeweils in ihrer durch die *Vereinfachungsnovelle* von 1976 eingeführten bzw. neugefaßten Form) auf das Beschwerdeverfahren, obwohl dies in der fachgerichtlichen Rechtsprechung vorher jahrelang vertreten worden war.[672] Der richterlichen Rechtsfortbildung ist (auch) insofern (zum wiederholten Mal) der Boden entzogen worden.[673]

---

669 BVerfG, aaO S. 100.

670 S. hierzu o. die einfach-gesetzlichen Normbeispiele zu Art. 101 Absatz 1 Satz 2 GG im Ersten Abschnitt dieses Teils des vorliegenden Kapitels, dort B.II.1.

671 BVerfGE 59, 330 (334).

672 S. BVerfGE 59, 330 (334 f.).

673 Kritisch zu dieser Entscheidung wegen Übergriffes in die Fachgerichtsbarkeit: *Franke*, NJW 1986, S. 3049 (3051); s. auch *Waldner*, NJW 1984, S. 2925 (2927), der darauf hinweist, daß der Prozeßbe-

An der soeben dargestellten *Ausnahme-Regel-Ausnahme*-Rechtsprechung[674] zu den Präklusionsbestimmungen hat das Bundesverfassungsgericht insgesamt auch und erst recht nach der Änderung der entsprechenden einfach-rechtlichen Vorschriften durch die sogenannte *Vereinfachungsnovelle* vom 3. Dezember 1976[675], welche vor allem der Beschleunigung von Gerichtsverfahren dient und am 1. Juli 1977 in Kraft getreten ist, festgehalten. Grundsätzlich sind nach Auffassung des Bundesverfassungsgerichts auch *die Verschärfungen der Präklusionsvorschriften* insbesondere im Zivilprozeß durch die Vereinfachungsnovelle *verfassungsgemäß*. Das Gericht führt hierzu wiederum allgemein aus: „...So bestehen von Verfassungs wegen grundsätzlich keine Bedenken gegen Verfahrensvorschriften, die dem Zweck der Beschleunigung des Zivilprozesses dienen und im Blick auf die das Zivilverfahren beherrschenden prozessualen Grundsätze und Maximen für die Parteien entsprechend ihrer rechtlichen Stellung im Verfahren Einlassungsfristen vorsehen, deren Nichtbeachtung die Zurückweisung verspäteten Vorbringens zur Folge hat, wenn dessen Berücksichtigung die Erledigung des Rechtsstreits verzögern würde."[676] Gleichzeitig hebt das Bundesverfassungsgericht aber nunmehr ganz deutlich den Ausnahmecharakter von Präklusionsvorschriften hervor: *„Präklusionsvorschriften haben [...] strengen Ausnahmecharakter, weil sie einschneidende Folgen für die säumige Partei nach sich ziehen. Den Parteien und ihren Prozeßbevollmächtigten*[677] *können*

---

teiligte ebenso wie mit einer von der herrschenden Ansicht abweichenden Interpretation von Präklusionsnormen durch das Gericht auch mit deren analogen Anwendung rechnen müsse, solange ihm ein umfassendes Äußerungsrecht gewährleistet bleibe; dies sei bei § 296 Absatz 2 ZPO, der nur bei grober Nachlässigkeit der Partei eingreife, der Fall; aber auch eine entsprechende Auslegung des § 296 Absatz 1 ZPO sei immerhin möglich und für die Beteiligten berechenbar. Insgesamt nahm die Literatur diese Entscheidung zutreffend zum Anlaß, noch einmal daran zu erinnern, daß das Bundesverfassungsgericht keine *„Superrevisionsinstanz"* ist und seine Kontrollbefugnis gegenüber den Fachgerichten oftmals weit überschreitet; in diesem Zusammenhang wird vor allem auch darauf hingewiesen, daß der durch die bundesverfassungsgerichtliche Entscheidung hervorgerufene *„Versteinerungseffekt"* bei der Auslegung des einfachen Rechts (durch die Bindungswirkung der bundesverfassungsgerichtlichen Entscheidung nach § 31 Absatz 1 BVerfGG) eine lebendige Entfaltung des Prozeßrechts durch die Fachgerichte behindere, vgl. *Franke*, aaO S. 3051; *Schumann*, NJW 1982, S. 1609 (1614); *Wassermann* in: Alternativkommentar-GG, Art. 103 Rd.22.

674 Präklusionsregelungen sind *Ausnahmen* von dem durch Art. 103 Absatz 1 GG gebotenen Grundsatz, daß jedes entscheidungserhebliche Vorbringen bis zum Erlaß der gerichtlichen Entscheidung zu berücksichtigen ist. Diese Vorschriften sind gleichwohl *im Regelfall* verfassungsgemäß, da das verfassungsrechtlich verbürgte Recht auf Gewährung rechtlichen Gehörs nach der ständigen Rechtsprechung des Bundesverfassungsgerichts nicht einfach-rechtliche Regelungen formeller oder materieller Art ausschließt, welche das Vorbringen des Gehörberechtigten unberücksichtigt lassen. Dennoch kann *im einzelnen Fall* im Hinblick auf Art. 103 Absatz 1 GG wiederum eine verfassungskonforme Auslegung der entsprechenden Präklusionsvorschrift geboten sein.

675 = Gesetz zur Vereinfachung und Beschleunigung gerichtlicher Verfahren, abgedruckt in BGBl. I S. 3281.

676 BVerfGE 69, 248 (253); s. auch E 54, 117 (123 f.).

677 Auch die Prozeßbevollmächtigten sind insofern zumindest mittelbar schutzwürdig, da die Einhaltung von Fristen zum ureigenen Bereich anwaltlicher Tätigkeit gehört und eine schuldhafte Ver-

die schwerwiegenden Folgen der Versäumung richterlicher Erklärungsfristen nur dann zugemutet werden, wenn feststeht, daß sie gegen ihre Pflicht zur Prozeßförderung verstoßen haben.“[678]

In diesem Zusammenhang hat das Bundesverfassungsgericht etwa keine Bedenken gegen die Verfassungsmäßigkeit der Regelung des *§ 296 Absatz 1 ZPO*, wonach Angriffs- und Verteidigungsmittel, die erst nach Ablauf einer hierfür gesetzten Frist vorgebracht werden, *nur zuzulassen sind*, wenn die Zulassung nach der „*freien Überzeugung*“ des Gerichts die Erledigung des Rechtsstreits nicht „*verzögern*“ würde oder wenn die Partei die „*Verspätung*“ „*genügend entschuldigt*“.[679] Anders ausgedrückt, wenn diese *Voraussetzungen nicht vorliegen*, ist das Vorbringen *zwingend* zurückzuweisen, insoweit besteht kein richterliches Ermessen.[680] Die in der Vorschrift bestimmten Voraussetzungen sind jedoch ihrerseits weitgehend inhaltsleer. Die Norm ist durchsetzt mit „*unbestimmten Rechtsbegriffen*“, deren Auslegung für den konkreten Einzelfall daher im Ergebnis doch in erheblichem Umfang richterlichen Ermessen zugänglich ist. Obwohl die Präklusionsbestimmungen nach Auffassung des Bundesverfassungsgerichts strengen Ausnahmecharakter haben und insbesondere, wie alle gesetzlichen Einschränkungen rechtlichen Gehörs, hinreichend bestimmt sein müssen, woran angesichts der im Gesetz verwandten Wertungsbegriffe zumindest Zweifel bestehen, äußert das Bundesverfassungsgericht solche nicht. Dagegen verlangt es wiederum, wie noch aufgezeigt werden wird, von den Fachgerichten in weitem Umfang von Verfassungs wegen eine *bestimmte* Auslegung der gesetzlichen Wertungsbegriffe.

Weiter hat das Bundesverfassungsgericht auch die Regelung des *§ 528 Absatz 3 ZPO* im Rahmen einer *Richtervorlage* ausdrücklich für verfassungsgemäß erklärt.[681] Nach dieser Vorschrift bleiben Angriffs- und Verteidigungsmittel, die in der Ausgangsinstanz „*zu Recht*“ zurückgewiesen worden sind, im Berufungsverfahren (ohne weiteres) ausgeschlossen. Allerdings weist das Bundesverfassungsgericht eingangs seiner Rechtsausführungen darauf hin, daß zum einen die Fachgerichte tendenziell die sachgerechte Entscheidung eines Streitfalls „nur in Grenzen“ an Fristversäumnissen scheitern ließen und

---

säumnis, welche im Zivilprozeß gemäß § 85 Absatz 2 ZPO dem Mandanten zugerechnet wird, zur Regreßverpflichtung gegenüber diesem im Rahmen der Anwaltshaftung führen kann.

678 BVerfGE 62, 249 (254 m.w.N.). - Hervorhebungen in Kursivschrift durch *Verf.* - Kritisch zum Ausnahmecharakter von Präklusionsvorschriften aber *Schmidt-Aßmann*, DÖV 1987, S. 1029 (1031 m.w.N.), dies sei jedenfalls nicht verfassungsrechtlich zwingend.

679 S. BVerfGE 54, 117 (124); s. auch E 36, 92 (97 f.) zu *§ 296 Absatz 1 ZPO a.F.*

680 Vgl. BVerfGE 75, 302 (310 f.).

681 BVerfGE 55, 72 ff.

sich zum anderen um eine „verständige“ Auslegung der beanstandeten Vorschrift bemühten, durch die „widersinnige Ergebnisse“ vermieden würden.[682] Insbesondere an der zuletzt angeführten Äußerung werden ernsthafte Zweifel seitens des Bundesverfassungsgerichts an der Vereinbarkeit der Norm mit der Verfassung unter dem Gesichtspunkt der Rechtsklarheit, der Normbestimmtheit, deutlich. Das Bundesverfassungsgericht führt dennoch im weiteren aus, dem rechtlichen Gehör sei bei ordnungsgemäßer Anwendung der Vorschrift Genüge getan, da dann die Prozeßparteien *zu Recht* mit ihrem verspäteten Vorbringen ausgeschlossen worden seien, nachdem sie (in der Ausgangsinstanz) hinreichend Gelegenheit zur Äußerung gehabt hätten.[683] Fragwürdig ist diese Regelung jedoch zunächst deshalb, da das *Rechtsmittelverfahren* gegenüber dem Ausgangsverfahren als *eigenständig* anzusehen ist. Dennoch muß hier *keine zusätzliche* Verzögerung vorliegen, es reicht, und zwar ohne weiteres, die Bezugnahme auf Verzögerungen in der ersten Instanz. Daraus ergibt sich zugleich ein *Wertungswiderspruch* zu solchen Fällen, in denen in der ersten Instanz *bewußt* Vorbringen zurückgehalten wird, da dieses in der zweiten Instanz dann nicht nach § 528 Absatz 3 ZPO (also ohne weiteres) zurückgewiesen werden darf, sondern nur unter den Voraussetzungen nach Absatz 1 und 2 der Vorschrift. Auch eine *ergänzende* Auslegung etwa dahin, daß in § 528 Absatz 3 ZPO das Kriterium der Verzögerung hinein zu interpretieren sei, wurde vom Bundesverfassungsgericht zunächst abgelehnt.[684] Bedenken bestehen des weiteren wiederum unter dem Gesichtspunkt der (fehlenden) *Bestimmtheit* der Norm. Die Formulierung „zu Recht“ läßt dem Berufungsgericht selbst, jedenfalls nach dem Wortlaut, einen erheblichen Ermessensspielraum bei der Beurteilung der „Rechtmäßigkeit“ der Zurückweisung von Vorbringen durch die Ausgangsinstanz bzw. gibt ihm keinen hinreichenden Beurteilungsmaßstab an die Hand: Wann hat die Ausganginstanz „zu Recht“ ein Vorbringen zurückgewiesen? Ist das Berufungsgericht insoweit überhaupt prüfungsbefugt? Wenn ja, weshalb ist die Vorschrift nicht hinreichend deutlich, etwa durch Hinzufügung folgender Worte: „...hat das Berufungsgericht zu prüfen, ob die Zurückweisung zu Recht erfolgt ist“? Hat das Ausgangsgericht bereits dann „zu Recht“ zurückgewiesen, wenn es die Gesetze eingehalten hat? Oder darf das Berufungsgericht darüber hinaus das insoweit der ersten Instanz eröffnete Ermessen, etwa bei der Frage, ob die Zulassung des neuen Angriffs- und Verteidigungsmittels „die Erledigung des Rechtsstreits verzögern würde“ (z.B. § 296 Absatz 1

[682] BVerfG, aaO S. 85.
[683] BVerfG, aaO S. 95.
[684] BVerfG, aaO S. 94 f.; s. aber E 75, 183 ff. (hierzu weiter u., *[4]*).

ZPO), durch seine eigene „freie Überzeugung" ersetzen? Festzuhalten bleibt jedenfalls, daß das Bundesverfassungsgericht auch hier eine zumindest ambivalente gesetzliche Regelung hinnimmt.

Schließlich ist auch die Regelung des *§ 528 Absatz 1 Satz 1 ZPO* für verfassungsgemäß erachtet worden.[685] Nach dieser Vorschrift *sind* „neue" Angriffs- und Verteidigungsmittel, die im ersten Rechtszug entgegen einer hierfür gesetzten Frist nicht vorgebracht wurden, in der Berufungsinstanz *nur dann* zuzulassen, wenn nach der *„freien Überzeugung"* des Gerichts ihre Zulassung die Erledigung des Rechtsstreits nicht *„verzögern"* würde *oder* wenn die Partei die *„Verspätung"* *„genügend entschuldigt"*. Auch hier liegen also wiederum mehrere wertungsoffene Formulierungen vor, die dem Gericht im Einzelfall ein weites Ermessen einräumen und im Hinblick auf die von Art. 103 Absatz 1 GG geforderte Bestimmtheit von Regelungen, durch die das rechtliche Gehör verkürzt wird, zumindest fragwürdig sind.

Insgesamt läßt das Bundesverfassungsgericht gegenüber dem Gesetzgeber Großzügigkeit walten. Die nachfolgenden Ausführungen zur Kontrolle der Fachgerichte im Bereich der Präklusionsvorschriften zeigen, daß dies im Ergebnis zu Lasten der Fachgerichte ging, deren richterlicher Auslegungsspielraum stark zurückgedrängt wurde.

(3) Zur Anwendung der Präklusionsvorschriften durch die Zivilgerichte

Nachdem das Bundesverfassungsgericht somit grundsätzlich die Zulässigkeit der zivilprozessualen Präklusionsvorschriften, auch nach deren erheblicher Verschärfung zu Lasten der Gehörberechtigten durch die *Vereinfachungsnovelle*, bejaht hatte, nahm es sich besonders sorgfältig der Anwendung und Auslegung der einzelnen Regelungen durch die Fachgerichte an. Denn wegen des Ausnahmecharakters der Präklusionsvorschriften auf Grund ihrer einschneidenden Folgen für den Säumigen mußte ihre *richtige* Anwendung und Auslegung gesichert werden, umso mehr, als auch mehrere gesetzliche Vorschriften, die durchaus verfassungsrechtlich fragwürdig sind, nicht beanstandet wurden. Ein Kompensationsmittel ist daher die sorgfältige Anwendung dieser Vorschriften durch die Fachgerichte oder etwa eine bestimmte Auslegung einzelner Tatbestandsmerkmale. Zunächst werden die besonderen Erfordernisse dargestellt, die nach der bundesverfassungsgerichtlichen Rechtsprechung an die *Anwendung* der Präklusionsnormen zu stellen sind.

---

[685] BVerfGE 60, 1 (6).

Das Bundesverfassungsgericht hebt generell hervor, daß die Anwendung der Präklusionsvorschriften in besonderem Maße der *Rechtsklarheit* bedürfe.[686] Demnach müsse vor allem *Gewißheit über Beginn und Ende der jeweiligen Äußerungsfrist* bestehen; fehle es hieran, so sei die Ausschlußfrist nicht wirksam gesetzt, sodaß keine Präklusionswirkung eintreten könne.[687] Auf Grund dessen hat das Bundesverfassungsgericht eine unrichtige Anwendung des *§ 296 Absatz 1 ZPO*, wonach Vorbringen, das erst nach Ablauf einer hierfür gesetzten Frist vorgebracht wird, unter weiteren Voraussetzungen zurückgewiesen werden kann, bejaht, und zugleich einen Verstoß gegen Art. 103 Absatz 1 GG angenommen, da im konkreten Fall die *Äußerungsfrist nach § 275 Absatz 1 Satz 1 ZPO widersprüchlich gesetzt* worden sei, nachdem in der Ladung von dem Fachgericht zunächst eine Frist von drei Wochen, am Ende aber eine von zwei Wochen gesetzt worden war.[688] Nach Ansicht des Bundesverfassungsgerichts war dieser Widerspruch geeignet, Verwirrung über die Dauer der gesetzten Frist herbeizuführen. Eine derartig unklare Fristsetzung führe ebenso wie die Verwendung eines irreführenden Ladungsformulars oder ein Verstoß gegen die in § 277 Absatz 2 ZPO normierte Belehrungspflicht dazu, daß § 296 Absatz 1 ZPO nicht angewendet werden dürfte.[689] Der in dieser Entscheidung vertretenen grundlegenden Aussage des Bundesverfassungsgerichts ist zuzustimmen: Eine klare Fristsetzung ist wegen der Säumnisfolgen unentbehrlich. Zum Streitfall ist jedoch anzumerken, daß sich das Bundesverfassungsgericht insoweit weit in den ureigenen fachgerichtlichen Bereich der Anwendung einfachen Rechts hineinwagt, denn im konkreten Fall hatte der Säumige auch die längere der angegebenen Fristen von drei Wochen ebenfalls nicht eingehalten.[690] Er mußte aber nach der hier vertretenen Auffassung davon ausgehen, daß eine der beiden angegebenen Fristen jedenfalls einschlägig sein würde. Von der Geltung der längeren Frist jedenfalls hätte er ausgehen müssen. Indem er diese unbeachtet ließ, hat er selbst einen prozessualen Sorgfaltsverstoß begangen. Zumindest aber hätte er sich bei Zweifeln über das Fristende bei dem Gericht entsprechend informieren und den offensichtlich dem Gericht unterlaufenen Irrtum aufklären können. Dies wäre ihm auch zumutbar gewesen im Rahmen der ihm obliegenden prozessualen Verantwortung und hätte ihn nur eine telefonische Nachfrage gekostet. Ob das Gebot der Rechtsklarheit so weit geht, daß für den Gehörberechtigten im Falle der Setzung zweier verschiedener

---

686 BVerfG, aaO S. 6 m.w.N.
687 Ebda.
688 Ebda.
689 BVerfG, aaO S. 6 f. m.w.N.
690 BVerfG, aaO S. 4.

Fristen überhaupt keine gelten soll, mag im übrigen aus einfach-rechtlicher Sicht im Blick auf § 277 Absatz 2 ZPO kontrovers diskutiert werden. Ein verfassungsrechtliches Gebot daraus ableiten zu wollen, begegnet zumindest Bedenken. Das Bundesverfassungsgericht selbst hat an anderer Stelle ausdrücklich erklärt, daß die Präklusion (nur) dann zumutbar ist, wenn feststeht, daß die Parteien und ihre Prozeßbevollmächtigten gegen ihre Pflicht zur Prozeßförderung verstoßen haben.[691] Wenn sich das Bundesverfassungsgericht schon derart weit wie vorliegend in den Bereich der einfach-rechtlichen Rechtsanwendung begibt und eine unrichtige Anwendung des § 296 Absatz 1 ZPO bejaht, aus der es zugleich eine Verletzung von Verfassungsrecht herleitet, hätte es das Fehlen eines Verstoßes gegen die Prozeßförderungspflicht seitens der Partei zumindest positiv feststellen müssen. Eine solche Prüfung ist im konkreten Fall jedoch nicht erfolgt.

Weiterhin stellt das Bundesverfassungsgericht strenge Anforderungen schon an die Annahme eines Präklusions*tatbestandes* durch die Fachgerichte. So fordert es insbesondere eine sorgfältige Prüfung des Merkmals der *(hypothetischen) Verzögerung* der Erledigung des Rechtsstreits, das im Regelfall gesetzliche Voraussetzung für die Präklusion ist.[692] Nach *§ 529 Absatz 2 Satz 1 ZPO a.F.*[693] etwa durften erstmals in der Berufungsverhandlung vorgebrachte und unter Beweis gestellte Äußerungen von dem Berufungsgericht nur dann zurückgewiesen werden, wenn ihre Berücksichtigung die Erledigung des Rechtsstreits verzögert hätte *und* nach der freien Überzeugung des Gerichts das Vorbringen im ersten Rechtszug entweder in der *Absicht*, den Prozeß zu verschleppen, *oder* aus *grober Nachlässigkeit* unterlassen worden war. Das Erfordernis des Verschuldens oder gar subjektiver Absichten seitens des Gehörberechtigten im Hinblick auf eine Verzögerung ist aber insgesamt auf Grund der *Vereinfachungsnovelle* zurückgetreten. Auf der Tatbestandsseite der Normen findet es sich durchweg nicht mehr, sondern nur noch auf der Rechtsfolgenseite bei der Entscheidung über die Zurückweisung. Es kommt maßgeblich auf das Merkmal der Verzögerung an. Das Merkmal des Verschuldens spielt insofern nur noch am Rand eine Rolle, wenn etwa Sachvortrag zugelassen werden kann, der zwar den Rechtsstreit verzögert, dessen Verspätung aber die Partei genügend entschuldigt hat (vgl. etwa §§ 528 Absatz 1, 296 Absatz 1 ZPO n.F.). In abgeschwächter Form ist es noch insoweit von Bedeutung, als das Bundesverfassungsgericht generell eine Präklusion nur dann als zulässig erachtet, wenn die Partei gegen ihre „Prozeßförderungspflicht“

---

691 BVerfGE 62, 249 (254).
692 Anders *§ 528 Absatz 3 ZPO n.F.*, s. weiter o.
693 Zur Verfassungsmäßigkeit dieser Norm s. weiter o.

verstoßen hat.[694] Insoweit muß die Säumnis tatsächlich „schuldhaft" gewesen sein. Dieses Merkmal liest aber das Bundesverfassungsgericht, im Einklang mit der gesetzgeberischen Intention, in die Normen hinein. Auf dem Kriterium der Verzögerung liegt somit dem Wortlaut der gesetzlichen Regelungen nach seit der *Vereinfachungsnovelle* das inhaltliche Schwergewicht. Das Bundesverfassungsgericht hat insofern bereits bei der Kontrolle der Einhaltung des § 529 Absatz 2 Satz 1 ZPO a.F. im Hinblick auf Art. 103 Absatz 1 GG *selbst geprüft*, ob im konkreten Fall bei Berücksichtigung des Vorbringens eine *Verzögerung eingetreten wäre* und wegen Verneinung dieser Frage der Verfassungsbeschwerde stattgegeben.[695] Mithin begibt sich das Bundesverfassungsgericht auch durch die Auslegung des Verzögerungsbegriffs in den Bereich fachgerichtlicher Rechtsanwendung.[696] Dies ist besonders deswegen problematisch, weil es sich hierbei um einen *auslegungsbedürftigen* Rechtsbegriff auf der Tatbestandsseite handelt. Zwar ist die Feststellung einer Verzögerung Voraussetzung des Präklusionstatbestandes. Wegen ihrer Auslegungsbedürftigkeit ist sie jedoch nicht der bloßen Subsumtion zuzuordnen, sondern gehört zur Interpretation. Die Auslegung des Rechts aber ist der Kernbereich fachgerichtlicher Rechtsprechungstätigkeit, in den das Bundesverfassungsgericht grundsätzlich nicht einzugreifen hat, jedenfalls dann nicht, wenn die vom Fachgericht vorgenommene Auslegung verfassungsrechtlich wenigstens vertretbar ist. Ein maximaler Schutz ist von Art. 103 Absatz 1 GG nicht garantiert.

Des weiteren verpflichtet Art. 103 Absatz 1 GG nach Auffassung des Bundesverfassungsgerichts die Gerichte auch zur Kenntnisnahme von Parteivortrag, der im Rahmen einer Präklusionsvorschrift *für die Frage* entscheidungserheblich ist, *ob* Angriffs- und Verteidigungsmittel *zuzulassen* sind, die erst nach Ablauf einer hierfür gesetzten Frist vorgebracht werden.[697] Derartiges Vorbringen ist für die materielle Entscheidung nicht unmittelbar von Bedeutung, gleichwohl mittelbar relevant insofern, als es *für das Vorliegen eines Präklusionstatbestandes* mitentscheidend sein kann.

---

[694] BVerfGE 62, 249 (254 m.w.N.).

[695] S. BVerfGE 51, 188 (192). Kritisch hierzu im Hinblick auf die insofern fehlende Prüfungskompetenz des Bundesverfassungsgerichts: *Franke*, NJW 1986, S. 3049 (3051).

[696] Vgl. allerdings BVerfGE 63, 177 zur Auslegung des Verzögerungsbegriffs im Rahmen des *§ 528 Absatz 2 ZPO*; hier ist die Frage, ob die Anhörung eines in der mündlichen Verhandlung präsenten Zeugen zu einer Verzögerung der Erledigung des Rechtsstreits führt, ausdrücklich offen gelassen worden (aaO S. 180). Später hat das Bundesverfassungsgericht eine Auslegung des Verzögerungsbegriffs nicht mehr vorgenommen und insbesondere verfassungsrechtliche Bedenken gegen die Anwendung des sogenannten absoluten Verzögerungsbegriffs nur in dem Fall angemeldet, daß dies zur rechtsmißbräuchlichen Anwendung einer Präklusionsvorschrift führt, s. weiter u.

[697] BVerfGE 70, 215 (218).

Zur Zurückweisung verspäteten Vorbringens im Rahmen der Anwendung der zivilprozessualen Präklusionsvorschriften speziell *in der Berufungsinstanz* hat das Bundesverfassungsgericht u.a. folgendes entschieden: Es hat einen Verstoß gegen Art. 103 Absatz 1 GG darin gesehen, daß Vorbringen gemäß *§ 528 Absatz 1 Satz 1 ZPO* als verspätet zurückgewiesen worden war, obwohl die betroffene Partei im Einzelfall *keine Veranlassung* gehabt hatte, von der *prozessualen Bedeutung* eines bestimmten Angriffs- oder Verteidigungsmittels auszugehen.[698] Im Streitfall nämlich hatte die Partei von der *Entscheidungserheblichkeit* eines bestimmten Datums erst durch ein Telefongespräch erfahren, daß ihr Prozeßbevollmächtigter mit dem Vorsitzenden des Spruchkörpers des Berufungsgerichts geführt hatte. Denn diese Tatsache war *im Ausgangsverfahren nicht erheblich* gewesen.[699] Unmittelbar nach dem Telefongespräch hatte die Partei hierzu vorgetragen und auch Beweis angeboten. Da im konkreten Fall für die Partei *die Entscheidungserheblichkeit des Vorbringens in keiner Weise ersichtlich* gewesen war, lag in der Verspätung keine zurechenbare Verletzung prozessualer Sorgfaltspflichten, sodaß der engere Bereich rechtlichen Gehörs durch die Präklusion betroffen war. Somit war die fehlerhafte Anwendung des § 528 Absatz 1 Satz 1 ZPO hier tatsächlich einem Verstoß gegen Art. 103 Absatz 1 GG gleichzuachten.[700]

Speziell in Bezug auf *§ 528 Absatz 2 ZPO* hat das Bundesverfassungsgericht darüber hinaus festgestellt, daß dem Berufungsgericht die *Verpflichtung* obliegt, eine *durch* die Säumnis der Partei in erster Instanz *drohende Verzögerung* durch *zumutbare Maßnahmen* zur Terminvorbereitung abzuwenden.[701] Das Bundesverfassungsgericht konstitutiert hier also zwar nicht eine aktive Mitwirkungspflicht der Fachgerichte dahingehend, bereits die Säumnis der Partei im Vorfeld abzuwehren, wohl aber eine solche, die *Folgen* der Säumnis nicht eintreten zu lassen. Es stellt insofern ab auf die *dem Gericht obliegende Prozeßförderungspflicht* zum Ausgleich von Verzögerungen, die in der Vergangenheit durch die höchstrichterliche Rechtsprechung des Bundesgerichtshofs unter Rekurs auf das durch § 273 ZPO eingeräumte pflichtgemäße Ermessen herausgearbeitet worden war.[702] Letztlich hat dies zur Konsequenz, daß nach § 528 Absatz 2 ZPO über dessen Wortlaut hinaus („*sind nur zuzulassen, wenn...*“) weitergehende Pflichten des Beru-

---

698 BVerfGE 62, 249 (255).
699 Ebda.
700 Ebda. Zustimmend *Franke*, NJW 1986, S. 3049 (3052). Anders aber, wenn die Partei *irrtümlich* Tatsachen für nicht entscheidungserheblich gehalten und deshalb in erster Instanz nicht (ausreichend präzise) vorgetragen hatte (BVerfG, NJW 1983, S. 1307).
701 BVerfGE 81, 264 (LS und S. 270 ff.).
702 BVerfG, aaO S. 270 f. [mit Hinweisen auf die BGH-Rechtsprechung].

fungsgerichts als die Prüfung, ob der Betroffene aus eigenem Verschulden säumig gewesen ist *oder* aber die Erledigung des Rechtsstreits verzögert würde, bestehen; vielmehr muß das Gericht von selbst darauf hinwirken, daß die - festgestellte - Säumnis nicht zu einer Verzögerung führt, sodaß der Betroffene letztlich die gesetzlich vorgesehenen Konsequenzen der verschuldeten Säumnis - die Präklusion - nicht unbedingt zu tragen hat. Auch damit begibt sich das Bundesverfassungsgericht in den Bereich der Anwendung einfachen Rechts, das primär den Fachgerichten obliegt. Zugleich ist die gesetzgeberische Grundentscheidung, daß der Verstoß des Säumigen gegen seine Prozeßförderungspflicht sanktioniert wird, betroffen.

Schließlich war das Bundesverfassungsgericht auch im Rahmen der Anwendung von Präklusionsvorschriften, dort insbesondere durch die Berufungsinstanz, zur „*Pannenhilfe*" bei evidenten Fehlern bzw. Versehen des Fachgerichts aufgefordert. So hatte etwa ein Berufungsgericht den Antrag einer Partei auf Einholung eines Sachverständigengutachtens unter Hinweis auf § 528 Absatz 2 ZPO abgelehnt und hierzu ausgeführt, dieser Antrag sei erstmals in dieser (zweiten) Instanz gestellt worden. Tatsächlich war der gleichlautende Antrag aber bereits in der Ausgangsinstanz gestellt worden, das Ausgangsgericht ihm jedoch nicht nachgekommen.[703] Es handelte sich demnach nicht um ein „neues" Angriffs- oder Verteidigungsmittel, sodaß die Voraussetzungen für eine Präklusion in der Berufungsinstanz von vornherein nicht vorlagen.[704] Einen weiteren Fall derart „*offenkundiger Unrichtigkeit*" der Rechtsanwendung durch das Fachgericht hat das Bundesverfassungsgericht dahingehend festgestellt, daß ein Vorbringen nach § 528 Absatz 3 ZPO zurückgewiesen wurde, obwohl dieses in der Ausgangsinstanz - in Frage stand § 296 ZPO - nicht ausdrücklich zurückgewiesen worden war.[705] *Der Begriff „Pannenhilfe"* soll auch in diesen Fällen nicht ausdrücken, daß es sich hier eher um lapidare Fehler in der täglichen Gerichtspraxis handelt, welche nicht tiefgreifend in den verfassungsrechtlichen Bereich hineinreichen. Im Gegenteil bedeutet diese Umschreibung

---

703 BVerfGE 66, 260 (261 f.).

704 BVerfG, aaO S. 264. Angesichts des eindeutigen Fehlers bei der Präklusion, der zum Verstoß gegen Art. 103 Absatz 1 GG führte, hätte sich das Bundesverfassungsgericht in dieser Entscheidung den zusätzlichen Hinweis darauf, daß es sich bei dem Antrag auf Einholung des Sachverständigengutachtens im konkreten Fall nicht um einen Beweisantrag im eigentlichen Sinne, sondern um eine formlose Anregung einer gegebenenfalls von Amts wegen zu treffenden Entscheidung gehandelt habe (aaO S. 264), sparen können. Diese Korrektur war überflüssig, da ohne Auswirkung auf die Fehlerhaftigkeit der Präklusion im übrigen. An Anmerkungen dieser Art wird deutlich, daß sich das Bundesverfassungsgericht teilweise eben doch als „Superrevisionsinstanz" gegenüber den Fachgerichten versteht.

705 BVerfGE 69, 145 (149).

nur, daß das Fachgericht den ihm unterlaufenen Fehler leicht hätte vermeiden können. Über die Qualität des Fehlers ist damit nichts besagt, lediglich seine Evidenz wird hervorgehoben. Es handelt sich also hierbei um typische Alltagsfehler, bei denen jedermann sieht, daß gegen das rechtliche Gehör verstoßen wurde, welche aber am häufigsten in sogenannten „Bagatellverfahren" geschehen, in denen der Geschäftsanfall quantitativ am umfangreichsten ist.[706] Grundsätzliche verfassungsrechtliche Fragen sind hiermit regelmäßig nicht verbunden, da es sich in der Regel eben um „Versehen" bzw. „Irrtümer" der Gerichte handelt, wie sie im Gerichtsalltag immer wieder passieren können. Es geht hier nicht um die Auslegung des Art. 103 Absatz 1 GG im Sinne der Klärung echter Streitfragen, sondern lediglich um seine Anwendung im konkreten Fall. Das Bundesverfassungsgericht wird hierzu nicht benötigt.[707] Es appelliert mit dem Begriff der „Pannenhilfe" an die Fachgerichte, künftig eine stärkere *Selbstkontrolle* auszuüben.[708] Diese war in Form der Korrektur durch *nachträgliche* Anhörung allerdings *bislang* regelmäßig nur im Strafprozeß gemäß § 33 a StPO möglich; im Zivilprozeß fehlte dagegen eine solche Regelung, sodaß hier ein Fehler bei der Gewährung rechtlichen Gehörs, war er einmal dem Gericht unterlaufen, in derselben Instanz oft nicht mehr reparabel war.[709] Bereits früh, insbesondere aber auf dem Höhepunkt bundesverfassungsgerichtlicher *Präklusionsrechtsprechung*, war daher in der Literatur die Forderung nach der gesetzlichen Einführung einer *Anhörungsrüge* auch für den Zivilprozeß laut geworden.[710] Dem ist der Gesetzgeber jetzt (endlich) nachgekommen. Nach *§ 321 a ZPO* gemäß dem *ZPO-RG* vom 27. Juli 2001[711] sind ab 1. Januar 2002 Gehörsverletzungen im Zivilprozeß *in der Instanz* durch *Fortführung des Rechtszuges* zu korrigieren. Da die Vorschrift sich im Zweiten Buch über das Verfahren im ersten Rechtszug befindet, ist sie auch im Beschlußverfahren anwendbar. Für das Berufungs- und Revisionsverfahren gilt sie kraft Verweisung durch die §§ 525, 555 Absatz 1 ZPO n.F. Für das Beschwerdeverfahren bedurfte es keiner Verweisungsnorm, denn die Beschwerde ist zulässig, wenn eine Partei durch einen auf einer Gehörsverletzung beruhenden Beschluß durch Zurückweisung ihres

---

706 S. BVerfGE 42, 243 (248 f.).

707 S. bereits o., A.II.4.

708 BVerfGE 42, 243 (248 f.); 46, 185 (187); vgl. auch *Zierlein*, DVBl. 1989, S. 1169 (1171 m.w.N.).

709 Vgl. *Schumann*, NJW 1985, S. 1134 (1135, 1139). S. hierzu auch u., unter D.I. (allgemein zu den Folgen des Verstoßes gegen Art. 103 Absatz 1 GG und speziell zur Rügepflicht des Betroffenen und zur Beseitigungspflicht der Gerichte durch Nachholung rechtlichen Gehörs im Instanzenzug).

710 Vgl. nur *Benda*, NJW 1980, S. 2102; *Schumann*, NJW 1985, S. 1134 (1139); Starck, JZ 1996, S. 1033 (1042); *Stürner*, JZ 1986, S. 526 (533).

711 = BGBl. I S. 1887.

Antrags beschwert wird (§ 567 Absatz 1 Nr. 2 ZPO n.F.).[712] Ergänzt wird diese Vorschrift durch *§ 156 Absatz 2 ZPO n.F.*, wonach die *Wiedereröffnung der Verhandlung zwingend* u.a. dann geboten ist, wenn sich *nach* Verhandlungsschluß herausstellt, daß dem Gericht ein entscheidungserheblicher Verfahrensfehler unterlaufen ist, insbesondere eine Verletzung der Hinweis- und Aufklärungspflicht nach § 139 ZPO (n.F.) oder Art. 103 Absatz 1 GG. Es bleibt daher zu hoffen, daß das Bundesverfassungsgericht sich künftig wieder auch im Rahmen von Verfassungsbeschwerden seiner eigentlichen Aufgabe, der Weiterentwicklung des Verfassungsrechts, widmen kann, und „hausgemachte Pannen" auch im Zivilverfahren von den Fachgerichten bereits geheilt oder aber entsprechende Verfassungsbeschwerden vom Bundesverfassungsgericht unter Beachtung der Vorgaben des § 93 BVerfGG nicht zur Entscheidung angenommen werden. Allerdings scheinen insgesamt angesichts der jüngsten ZPO-Novelle erhebliche Kontroversen sowohl im Hinblick auf Art. 103 Absatz 1 GG als auch hinsichtlich Art. 101 Absatz 1 Satz 2 GG vorprogrammiert, sodaß etwa durch die Einführung der Anhörungsrüge „eingesparte" Rügen des Art. 103 Absatz 1 GG wegen Pannen und Bagatellen höchstwahrscheinlich durch eine zu erwartende Flut an Verfahrensverfassungsbeschwerden wegen einer Fülle an grundsätzlichen Problemen, welche die ZPO-Reform in verfassungsrechtlicher Sicht aufwirft, wieder „ausgeglichen" werden.[713]

(4) Zur Auslegung der Präklusionsvorschriften durch die Zivilgerichte

Wegen des Ausnahmecharakters der Präklusionsvorschriften betont das Bundesverfassungsgericht nicht nur die Wichtigkeit der *richtigen Anwendung*, wie soeben im einzelnen angeführt, sondern es stellt generell den Schutz der Gehörberechtigten auch in den Vordergrund richterlicher *Interpretationstätigkeit*. Dies hat für gewisse Fallgruppen zu einer *verfassungskonformen Auslegung* bestimmter Präklusionsvorschriften in Bezug auf ihre *Rechtsfolgen* durch das Bundesverfassungsgericht geführt. Dies hat jeweils zur Folge, daß die Fachgerichte wegen der Bindungswirkung bundesverfassungsgerichtlicher Entscheidungen nach § 31 Absatz 1 BVerfGG zur Berücksichtigung der von dem Bundesverfassungsgericht vorgenommenen Interpretation der einzelnen Vorschriften gehalten sind, ihnen eine andere Interpretation mithin verwehrt ist.[714] Somit kann etwa trotz

---

712 S. zum Ganzen *Schneider*, ZAP 2001, Fach 13, S. 1063 (1073 ff. [1075]).

713 S. ausführlich hierzu u., D.I.2.b)dd).

714 Allgemein gilt: Die durch das Bundesverfassungsgericht vorgenommene verfassungskonforme Auslegung einer einfach-rechtlichen Norm bewirkt, daß gewisse an sich (nach dem Wortlaut der Norm) mögliche Interpretationen dieser Vorschrift mit dem Grundgesetz nicht vereinbar sind, sodaß kein anderes Gericht diese Interpretationsmöglichkeiten für verfassungsgemäß halten kann; dies ergibt

Vorliegen eines Präklusionstatbestandes (nach dem Gesetz) die Berücksichtigung einer Äußerung verfassungsrechtlich geboten sein. *Das Gebot verfassungskonformer Auslegung*, welches das Bundesverfassungsgericht im Zusammenhang mit den nachfolgend dargestellten einzelnen Präklusionsvorschriften für erforderlich hält, ist jedoch letztlich nichts anderes als eine von den Fachgerichten vorzunehmende *Korrektur des Gesetzgebers*. Denn die grundsätzliche Zulässigkeit auch der einzelnen Präklusionsnormen beruht im Ergebnis auf der weniger intensiven Kontrolle des Gesetzgebers durch das Bundesverfassungsgericht im Vergleich zur Überprüfung der Anwendung und Auslegung dieser Normen durch die Fachgerichte. Zwar kommt dem Gesetzgeber im Gewaltenteilungssystem prinzipiell von vornherein ein größerer Spielraum zu.[715] Wie sich gezeigt hat, werfen aber speziell die durch die *Vereinfachungsnovelle* von 1976 eingeführten Verschärfungen der Präklusion generell verfassungsrechtliche Fragen in erheblichem Maße auf, insbesondere im Hinblick auf ihre Bestimmtheit.[716] Dennoch hat das Bundesverfassungsgericht die gesetzlichen Regelungen durchweg unbeanstandet gelassen. Es hat den Gesetzgeber insoweit geschont und die Verantwortung für die Verfassungsgemäßheit der Vorschriften in Form überaus (zu) hoher Anforderungen an ihre Anwendung und Auslegung im Einzelfall den Fachgerichten aufgetragen.

Im einzelnen hat das Bundesverfassungsgericht folgende Fälle entschieden:

Es hat beispielsweise eine generelle Auslegung der Regelung des *§ 296 Absatz 2 ZPO* dahingehend vorgenommen, daß die Anwendung dieser Vorschrift *stets* dann einen Verstoß gegen Art. 103 Absatz 1 GG beinhalte, wenn das Vorbringen *im frühen ersten Termin* zurückgewiesen werde, sofern es sich hierbei erkennbar um einen *Durchlauftermin* handele.[717] Der Wortlaut der Vorschrift gibt dies, in Verbindung mit *§ 282 Absatz 1 und 2 ZPO* nicht zwingend vor. Hierdurch hat das Bundesverfassungsgericht einmal mehr *einfaches* Recht über seinen Wortlaut hinaus ausgelegt und seine eigene Interpretation festgeschrieben. Dieses Vorgehen ist daher auch in der Literatur auf Kritik ge-

---

sich aus der Bindungswirkung des § 31 Absatz 1 BVerfGG insofern, als die sich aus dem Tenor und den tragenden Gründen der verfassungsgerichtlichen Entscheidung ergebenden Grundsätze für die Auslegung der Verfassung von den Gerichten in allen künftigen Fällen beachtet werden müssen, s. BVerfGE 19, 377 (391 f.); 20, 56 (87); 24, 289 (297); 40, 88 (2. LS und S. 93 f. mit eingehender Reflektierung der verfassungsgerichtlichen und fachgerichtlichen Sphäre); vgl. zusammenfassend E 72, 119 (121 m.w.N.).

715 Zum jeweiligen Überprüfungsmaßstab im Rahmen der bundesverfassungsgerichtlichen Kontrolle s. *Franke*, NJW 1986, S. 3049 ff.

716 Vgl. im einzelnen weiter o. unter *(2)*.

717 BVerfGE 69, 126 (139).

stoßen.[718] Es ist wieder darauf hinzuweisen, daß sich das Bundesverfassungsgericht auch hier in Widerspruch zu den von ihm abstrakt formulierten Grundsätzen zu Art. 103 Absatz 1 GG setzt, wonach der Anspruch auf rechtliches Gehör keinen maximalen Schutz vermittelt („Minimalgarantie") und dies insbesondere für die Zulässigkeit einer Präklusion bedeutet, daß der Gehörberechtigte nur die Gelegenheit zur Äußerung gehabt haben muß und dies schuldhaft versäumt hat. Gerade im vorliegenden Fall erscheint auch die gegenteilige Ansicht, welche vom Bundesverfassungsgericht als verfassungswidrig abgelehnt wurde, als verfassungsrechtlich zumindest vertretbar, da auch in einem bloßen Durchlauftermin jedenfalls die Möglichkeit, sich zu äußern, grundsätzlich besteht. Allerdings war sich das Bundesverfassungsgericht augenscheinlich in diesem Fall bewußt, daß es in den fachgerichtlichen Bereich hineingriff, denn es hat diesbezüglich seine Kontrolldichte detailliert reflektiert und den funktionalen Vorrang der Fachgerichte bei der Anwendung und Auslegung einfachen Rechts jedenfalls prinzipiell bestätigt.[719]

Speziell bei der Anwendung des weiter oben genannten - vom Bundesverfassungsgericht offenbar zumindest angezweifelten, aber letztlich nicht beanstandeten - *§ 528 Absatz 3 ZPO* etwa, wonach Angriffs- und Verteidigungsmittel, die im ersten Rechtszug *„zu Recht"* zurückgewiesen worden sind, in der Berufungsinstanz (ohne weiteres) ausgeschlossen bleiben, *muß von dem Berufungsgericht geprüft werden, ob die Voraussetzungen für die Zurückweisung in der ersten Instanz vorgelegen haben* und das Vorbringen vom Ausgangsgericht also *„zu Recht"* zurückgewiesen worden war.[720] Es darf somit die Zurückweisung von Vorbringen durch das Ausgangsgericht, die als bloße prozeßleitende Handlung jedenfalls nicht unmittelbar auf den Inhalt der Ausgangsentscheidung einwirkt, nicht als rechtmäßig voraussetzen. Dem ist zuzustimmen, da nur so der Kerngehalt rechtlichen Gehörs insoweit gewahrt ist, als daß der Berechtigte in der Vorinstanz tatsächlich die Möglichkeit zur Äußerung hatte, diese aber schuldhaft versäumt hat. Im übrigen ergibt sich die entsprechende Prüfungskompetenz des Berufungsgerichts auch aus dem Wortlaut „*zu Recht* zurückgewiesen", der die Korrektheit der Zurückweisung als Tatbestandsvoraussetzung für die Zurückweisung in der Berufungsinstanz impliziert. Außerdem ist nur dann die Fortwirkung der Säumnis in der Ausgangsinstanz auf das Berufungsverfahren, bei dem es sich um ein eigenständiges Verfahren handelt, überhaupt

---

[718] Vgl. beispielsweise *Deubner*, NJW 1985, S. 1140 (1143); s. aber *Franke*, NJW 1986, S. 3049 (3052).
[719] BVerfGE 69, 126 (137 ff.).
[720] BVerfGE 55, 72 (95).

legitim.[721] Es bleibt aber festzuhalten, daß der Gesetzgeber die Prüfungsbefugnis des Berufungsgerichts hätte deutlich machen sollen. Der Wortlaut der Norm jedenfalls läßt auch eine andere Auslegung zu.

Darüber hinaus hat das Bundesverfassungsgericht dieselbe Vorschrift *§ 528 Absatz 3 ZPO* insofern *verfassungskonform* ausgelegt, als daß eine *in erster Instanz schuldlos unterlassene Entschuldigung* für das verspätete Vorbringen *mit der Berufung nachgeholt* werden kann.[722] Dies bedeutet: Über den Wortlaut der Vorschrift hinaus muß das Berufungsgericht nicht nur nachprüfen, ob das Vorbringen in erster Instanz zu Recht - insbesondere wegen Fehlens einer Entschuldigung des Säumigen - zurückgewiesen worden war, sondern auch, ob das Fehlen der Entschuldigung wiederum auf Verschulden des Säumigen zurückzuführen ist. Damit wird dem § 528 Absatz 3 ZPO *gegen den subjektiven Willen des Gesetzgebers* in Analogie zu Absatz 1 und 2 im Grunde das *Erfordernis der Verfahrensverzögerung hinzugefügt*. Das Bundesverfassungsgericht führt zur Begründung an, andernfalls - ohne verfassungskonforme Auslegung des § 528 Absatz 3 ZPO - werde im Ergebnis eine Präklusion ohne Verschulden zugelassen.[723] Dem ist zuzustimmen. Zwar weist Art. 103 Absatz 1 GG nur eine Minimalgarantie dahingehend auf, daß dem Gehörberechtigten jedenfalls (lediglich) die Möglichkeit der Äußerung offengestanden haben muß. Speziell in Bezug auf die Präklusionsvorschriften ist aber wegen deren Ausnahmecharakters infolge der einschneidenden Folgen, die ihre Anwendung für den Säumigen bewirkt, dem verfassungsrechtlichen Gebot rechtlichen Gehörs aber darüberhinaus zu entnehmen, daß eine Zurückweisung verspäteten Vorbringens nur bei *vorwerfbarem* Verhalten des säumigen Äußerungsberechtigten, d.h. bei einem Verstoß gegen die ihm obliegende *Prozeßförderungspflicht*, mit Art. 103 Absatz 1 GG vereinbar ist.[724] Ob dieses Gebot auch in das *zweistufige Verfahren* zu übernehmen ist, wird von der Literatur teilweise als nicht unbedingt verfassungsrechtlich erforderlich angesehen.[725] Jedoch ist der Mindeststandard an rechtlichem Gehör auch im Rechtsmittelverfahren vollumfänglich zu gewährleisten, da es sich hierbei um ein (formell) eigenständiges Verfahren handelt. Dem wird aber jedenfalls dann nicht Genüge getan, wenn die Säumnis aus der ersten Instanz ohne weiteres fortwirkt.[726] Dies ändert aber nichts daran, daß sich der

721 Zu Bedenken gegen die Vorschrift vor diesem Hintergrund s. bereits weiter o., *(2)*.
722 BVerfGE 75, 183 (2. LS und S. 191 f.).
723 BVerfG, aaO S. 191 f. Zustimmend *Leipold*, ZZP Bd. 93 (=1980), S. 237 (253 f.).
724 Vgl. nur BVerfGE 36, 92 (98); 69, 126 (137) und ständig; s. hierzu weiter o.
725 Vgl. etwa *Schmidt-Aßmann*, DÖV 1987, S. 1029 (1036 f.).
726 Auch in der Kommentarliteratur wird auf die *Inkonsequenz der gesetzlichen Regelung des § 528 Absatz 3 ZPO* hingewiesen: Die Partei, die sorglos zwar verspätet, aber noch im ersten Rechtszug vor-

Gesetzgeber jedenfalls in § 528 Absatz 3 ZPO genau hierfür entschieden hat. Der Gesetzgeber hätte daher korrigiert werden müssen. Statt dessen wird den Fachgerichten eine bestimmte Auslegung der Norm verbindlich vorgeschrieben, mit der diese Norm (noch) haltbar ist. Methodisch ist dies zumindest fragwürdig.

Weiterhin hat das Bundesverfassungsgericht wiederholt - wie auch bereits vor der Vereinfachungsnovelle - festgestellt, daß zu dem nach den Prozeßvorschriften für die Berufungsinstanz ausnahmsweise nicht zu berücksichtigenden Vorbringen (gemäß *§§ 528, 529 ZPO*) *im Regelfall* dasjenige in früherer Instanz gehöre, auf das (in der Berufungsinstanz) *„global" Bezug genommen* werde; *in Ausnahmefällen* jedoch könne die Nichtberücksichtigung eines solchen Vorbringens den Anspruch auf rechtliches Gehör verletzen.[727] Eine Verletzung des Art. 103 Absatz 1 GG sieht das Bundesverfassungsgericht auch insoweit - wie stets, wenn Vorbringen erst in der Berufungsinstanz entscheidungsrelevant wird - dann gegeben, wenn ein in erster Instanz vorgetragenes Vorbringen für das Urteil unerheblich geblieben ist, dieses aber nun (in der Berufungsinstanz) *erheblich wird.* Ein globaler Verweis auf das Vorbringen in der Ausgangsinstanz soll dann genügen.[728]

(5) Zur Berücksichtigung des Fairneßgebotes bei der Zurückweisung von Vorbringen als verspätet

Eine weitere Stärkung des Schutzes vor Zurückweisung seines Vorbringens erfährt der Äußerungsberechtigte neben den strengen, teilweise überzogenen Anforderungen, die das Bundesverfassungsgericht an die Fachgerichte im Rahmen der Anwendung und Auslegung von Präklusionsvorschriften stellt, dadurch, daß die Fachgerichte nach Auffassung des Bundesverfassungsgerichts *zusätzlich bei der Anwendung der Präklusionsvorschriften* in besonderem Maße *den Grundsätzen rechtsstaatlicher Verfahrensgestaltung* zu genügen haben.[729] Das Bundesverfassungsgericht betont hierbei, die Vereinbarkeit solcher prozessualen Sanktionen wie der Präklusion mit dem Anspruch auf Gewährung rechtlichen Gehörs hänge *nicht nur* davon ab, ob *die zugrundeliegenden Präklusi-*

---

bringt und damit zu Recht ausgeschlossen wurde, steht schlechter, als wenn sie noch sorgloser im ersten Rechtszug überhaupt nicht, sondern erstmals erst im zweiten Rechtszug vorbringt (§ 528 Absatz 1 oder 2 ZPO), vgl. *Thomas/Putzo*, ZPO, § 528 Rd. 13.

[727] BVerfGE 70, 288 (295). Vgl. bereits E 36, 92 (98); s. hierzu weiter o., unter *(2)*.

[728] BVerfGE 70, 288 (295 m.w.N.); das Bundesverfassungsgericht führt hierzu weiter aus, es bedeute eine Überspannung der Sorgfaltspflichten für den Äußerungsberechtigten, von diesem zu verlangen, daß er ohne weitere Veranlassung (seitens des Gerichtes) etwa (als Beklagter) ein substantiiertes Bestreiten in erster Instanz vollständig zu wiederholen hat (aaO S. 296).

[729] BVerfGE 55, 72 (93 f.); 69, 126 (140); 75, 183 (190 f.).

onsvorschriften selbst richtig angewandt oder ausgelegt würden; von wesentlicher Bedeutung für die verfassungsrechtliche Beurteilung sei auch die *Handhabung des (gesamten) Verfahrens* durch das Gericht.[730] Hierbei rekurriert das Bundesverfassungsgericht insbesondere auf *die richterliche Fürsorgepflicht*, welche ein notwendiges *Gegenstück* bilde zu der Befugnis, verspätetes Vorbringen auszuschließen. Wenn diese vernachlässigt werde, lasse *der Anspruch auf eine faire Verfahrensführung* eine Präklusion nicht zu.[731]

Es hat demnach in einer Entscheidung einen Verstoß gegen die richterliche Prozeßförderungs- und Fürsorgepflicht im Ergebnis darin gesehen, daß das Fachgericht Vorbringen einer Partei - hier in Form einer Klageerwiderung - gemäß § 296 Absatz 1 ZPO präkludiert hatte, obwohl jene zwar *nicht anwaltlich vertreten* gewesen war, *sein Prozeßgegner* aber zuvor - in seiner Klageschrift - die Anwälte des Äußerungsberechtigten, die für ihn die *vorgerichtliche* Korrespondenz erledigt hatten, *benannt* hatte.[732]

Dem lag im wesentlichen folgender (von *Verf.* stark gekürzter) Sachverhalt zugrunde:

> Der Amtsrichter beraumte zunächst Termin zur mündlichen Verhandlung auf den 4. Juli an und gab dem Betroffenen auf, und zwar unter Belehrung über die Folgen der Fristversäumnis, binnen vier Wochen nach Zustellung der Ladung auf die Klage zu erwidern. Diese Verfügung wurde dem Betroffenen am 2. April desselben Jahres persönlich zugestellt. Im Verhandlungstermin erschien er ohne Prozeßbevollmächtigte und machte Aufführungen zur Sache. Der Amtsrichter wies ihn darauf hin, daß sein Vorbringen als verspätet angesehen werden könne. Das Amtsgericht gab der Klage statt. Zur Begründung führte es an, das unentschuldigt verspätete Vorbringen des Betroffenen könne nicht berücksichtigt werden, weil anderenfalls ein weiterer Termin notwendig werden und sich die Erledigung des Rechtsstreits verzögern würde. Der Betroffene legte hiergegen Berufung ein mit der Begründung, wegen des vorprozessualen Schriftwechsels und der Benennung seiner Anwälte in der Klageschrift sei er davon ausgegangen, daß diese ihn im Prozeß vertreten würden. Ihnen sei der Termin vom 4. Juli aber gar nicht bekannt gewesen, da ihnen die Klageschrift nicht zugestellt worden sei. Das habe er aber nicht gewußt. Er sei verärgert gewesen, daß sie den Termin nicht wahrgenommen hätten. Nach § 176 ZPO hätte die Zustellung der Klage auch an sie erfolgen müssen. Sein Verteidungsvorbringen sei daher in der Berufungsinstanz zuzulassen. Im übrigen habe er, nachdem er im Termin vor dem Amtsgericht seine Verwunderung über das Nichterscheinen seiner Anwälte zum Ausdruck gebracht habe, erwarten können, daß das Gericht ihn auf die Möglichkeit der „Flucht ins Versäumnisurteil" hingewiesen hätte, um der drohenden Präklusion zu entgehen.[733]

Das Bundesverfassungsgericht führt hierzu im wesentlichen aus, zwar rechtfertige die Benennung der Rechtsanwälte durch den Prozeßgegner nach herrschender Meinung noch

---

[730] BVerfGE 75, 183 (190).
[731] BVerfG, aaO S. 190 f.
[732] BVerfG, aaO S. 189.
[733] S. BVerfG, aaO S. 184 f.

nicht die Annahme ihrer Bestellung durch die Partei.[734] Die richterliche Fürsorgepflicht, welche naturgemäß in besonderer Weise für anwaltlich nicht vertretene Personen gelte, sei aber dadurch verletzt worden, daß *das Gericht der Frage der Vertretung nicht weiter nachgegangen* sei.[735] Das Bundesverfassungsgericht fordert in diesem Zusammenhang, das Gericht hätte sich etwa durch Rückfrage bei den von der gegnerischen Partei als Prozeßbevollmächtigten des Äußerungsberechtigten benannten Anwälten oder bei dem Äußerungsberechtigten selbst darüber vergewissern müssen, ob ein Vertretungsverhältnis bestanden habe. Dies gelte jedenfalls dann, wenn eine die Präklusion auslösende Frist gesetzt werde und das in dieser Form dem rechtsunkundigen Äußerungsberechtigten zugestellte Schriftstück das Mißverständnis hervorrufen könne, die Rechtsanwälte seien hierüber informiert.[736] Zwar sieht auch das Bundesverfassungsgericht ein *Mitverschulden des Äußerungsberechtigten* darin, daß er sich selbst bei seinen Anwälten hätte vergewissern müssen, ob sie seine Interessen in dem Rechtsstreit wahrnähmen. Dies ändere aber nichts daran, daß das beschriebene *prozeßordnungswidrige Verhalten des Gerichts mitursächlich* für die unentschuldigte Verspätung des Vorbringens gewesen sei. Hätten die Rechtsanwälte von der Klageerhebung erfahren, wäre die Klageerwiderung rechtzeitig erfolgt.[737]

Hierzu folgende Anmerkung:

Fraglich ist schon, ob die richterliche Fürsorgepflicht aus verfassungsrechtlicher Sicht so weit geht, daß ein Gericht sich danach erkundigen muß, ob ein wirksames Vertretungsverhältnis zwischen der Partei und ihrem Anwalt besteht. Die Bestellung eines Prozeßbevollmächtigten und auch dessen ordnungsgemäße anwaltliche Tätigkeit liegt im Zivilprozeß nach dem Grundgedanken des § 85 Absatz 2 ZPO eindeutig im Verantwortungsbereich der Partei. Hier hatte der Äußerungsberechtigte in jedem Falle - und zwar bereits ausweislich der ihm zugestellten Klageschrift - *selbst* Kenntnis von deren Benennung durch die gegnerische Partei. Er hätte daher im Rahmen der ihm obliegenden Mitwirkungspflichten in seinem eigenen Interesse dafür Sorge tragen müssen, daß seine bereits im vorprozessualen Schriftverkehr in dieser Sache herangezogenen Anwälte ihn auch im Prozeß vertreten, wenn er diesen Wunsch hatte. Eine Terminsabsprache und eine Absprache über den Inhalt einer Klageerwiderung hätte zwingend im Innenverhältnis des

[734] BVerfG, aaO S. 189 m.w.N.
[735] BVerfG, aaO S. 189.
[736] BVerfG, aaO S. 189.
[737] BVerfG, aaO S. 189 f.

Gehörberechtigten und seiner Anwälte erfolgen müssen, unabhängig davon, ob die Klageschrift nur dem Betroffenen oder auch seinen Anwälten zugestellt wurde. Eine einzige telefonische Rückfrage des Berechtigten bei seinen Anwälten wäre hier ausreichend gewesen, um etwaige Mißverständnisse zu klären. Diese hätte auch vor Ablauf der Klageerwiderungsfrist erfolgen müssen, die dem Berechtigten bekannt war. In dem erst rund drei Monate später erfolgenden mündlichen Termin stand die Säumnis aber schon längst fest, sodaß hier auch etwaige telefonische Rückfragen des Gerichts bei den Anwälten oder sonstige Maßnahmen richterlicher Fürsorge zu spät gekommen wären. Vorher dagegen war für das Gericht mitnichten damit zu rechnen, es könne interne Probleme in der Kommunikation zwischen dem Berchtigten und seinen Anwälten geben, die einen rechtzeitigen Vortrag verhinderteten. Auch ein Gericht kann, ebenso wie jeder andere objektive Dritte, davon ausgehen, daß die Kommunikation über wesentliche Fragen zwischen einem Anwalt und seinem Mandanten funktioniert. So hat das Bundesverfassungsgericht diesbezüglich auch in dem konkreten Fall ausdrücklich ein *Verschulden* der Partei bejaht, wie oben bereits angeführt. Schon diese *Mitursächlichkeit* an der Säumnis reicht aber im konkreten Fall und vor dem Hintergrund des Art. 103 Absatz 1 GG aus, um das Vorbringen zurückweisen zu können. Denn nach ständiger Rechtsprechung des Bundesverfassungsgerichts zur Präklusion bestehen gegen diese dann keine Bedenken, wenn der Säumige gegen seine Prozeßförderungspflicht verstoßen hat, die Säumnis also auf schuldhaftes Verhalten seinerseits zurückzuführen ist.[738] Anders könnte man hier nur entscheiden, wenn auch dem Gericht - unterstellt man diesem im vorliegenden Fall überhaupt einen Verfahrensverstoß - ein Fehlverhalten bei der Anwendung und Auslegung *gerade der Präklusionsvorschrift* vorzuwerfen ist, wenn also das Gericht überwiegend oder zumindest *mitursächlich für die Säumnis* gewesen wäre. An einer unmittelbaren Verknüpfung zwischen der Frage der Vertretung der Partei und ihrer Säumnis fehlt es vorliegend aber jedenfalls, sodaß, wenn überhaupt ein verfassungsrechtlich relevanter Verfahrensverstoß des Gerichts vorliegt, dieser jedenfalls den Kernbereich des Art. 103 Absatz 1 GG nicht berührt. Hiervon geht offensichtlich auch das Bundesverfassungsgericht aus, da es hier den beschwerlichen Weg über das aus Art. 2 Absatz 1 GG in Verbindung mit dem Rechtsstaatsprinzip folgende Gebot einer fairen Verfahrensführung nimmt, statt - generell einfacher - einen Verstoß gegen Art. 103 Absatz 1 GG zu bejahen. Die verfassungsrechtliche Garantie rechtlichen Gehörs ist eben im Streitfall nicht betrof-

[738] BVerfGE 62, 249 (254 m.w.N.); s. weiter o., *(3)*.

fen, da der Säumige die Gelegenheit zur Äußerung gehabt hatte. Dem Gebot einer *fairen rechtsstaatlichen Handhabung des gesamten Verfahrens* kommt somit die Funktion eines das Gehörrecht *„flankierenden" Instrumentariums* zu. Dies mag in bestimmten Fällen geboten sein, wenn neben der Präklusion etwa ein gerichtlicher Verfahrensfehler vorliegt, welcher erheblich ist, jedoch unter der Willkürgrenze liegt. Im konkreten Fall ist die Schwelle eines derart erheblichen Verfahrensverstoßes allerdings schon deswegen nicht erreicht, da dem Säumigen selbst ein Verstoß gegen seine Prozeßförderungspflicht vorzuwerfen ist. Aber auch generell birgt der Umweg über das Fairneßgebot die Gefahr der Aushöhlung des spezifischen Schutzbereichs des Art. 103 Absatz 1 GG, sodaß dieses Prinzip auch in bestimmten Einzelfällen, in denen tatsächlich ein besonders schwerer Verfahrensverstoß vorliegt, nur vorsichtig angewendet werden sollte. Denn bei dem Fairneßgebot handelt es sich um ein generalklauselartiges Instrument, von dem das Bundesverfassungsgericht selbst sagt, es enthalte keine in allen Einzelheiten bestimmten Gebote und Verbote und bedürfe daher der Konkretisierung je nach sachlichen Gegebenheiten.[739] So enthält das Fairneßgebot *auch, aber nicht nur* den Schutzgehalt rechtlichen Gehörs, den Art. 103 Absatz 1 GG gewährleistet, und zwar außerhalb seines Anwendungsbereichs.[740] Vorliegend war aber der Anwendungsbereich des Art. 103 Absatz 1 GG grundsätzlich eröffnet, nur lag eine Gehörsverletzung nicht vor. Die Anwendung des Fairneßgebots führt hier somit dazu, daß der spezifische, engere Schutzbereich des Art. 103 Absatz 1 GG umgangen wird.[741] Die Rechtsnatur des Art. 103 Absatz 1 GG als *lex specialis* gegenüber dem Fairneßgebot wird insoweit verkannt.[742] Hier wie auch sonst besteht mithin die Gefahr einer extensiven Auslegung des Art. 103 Absatz 1 GG über eine andere, in ihrem Anwendungsbereich weitere verfassungsrechtliche Garantie.[743]

cc) Neuere Entscheidungen des Bundesverfassungsgerichts zur Präklusion und *Ergebnis*

Nach alledem ist festzuhalten, daß das Bundesverfassungsgericht in der Vergangenheit zum Teil sehr dezidiert die Anwendung und Auslegung der zivilprozessualen Präklusionsvorschriften durch die Fachgerichte korrigiert hat. Die besonders sensibilisierte Rechtsprechung des Bundesverfassungsgerichts im Präklusionsbereich ist einerseits gene-

739 S. BVerfGE 57, 250 (276).
740 S. zuletzt BVerfGE 101, 397 (405).
741 Vgl. hierzu bereits das Erste Kapitel dieser Arbeit, dort A.I.2.a).
742 Vgl. auch *Schmidt-Aßmann*, DÖV 1987, S. 1029 (1036).
743 S. *dens.*, aaO S. 1033; vgl. weiter *Franke*, NJW 1986, S. 3049 (3052 f.).

rell, von der Grundaussage her, sicher zu begrüßen angesichts der Schärfe, mit der die Zurückweisung von Vorbringen das Gehörrecht einschränkt. Die Bestärkung des Grundgedankens des Art. 103 Absatz 1 GG, den Einzelnen mit seinem Vorbringen vor Gericht ernst zu nehmen und ihm zur Durchsetzung zu verhelfen, ist zu einem großen Teil dieser Rechtsprechung zu verdanken.[744] Außerdem hat diese wohl auch in nicht geringem Maße zur Akzeptanzbereitschaft bezüglich der *Vereinfachungsnovelle* von 1976, mit dem die zivilprozessualen Präklusionsvorschriften grundlegend zu Lasten der Gehörberechtigten verschärft wurden, bei den Bürgern beigetragen.[745] Als sehr negativ im einzelnen ist jedoch die hier - und etwa auch bis heute im Hinblick auf einfach-rechtliche Normen, durch die der gesetzliche Richter nach Art. 101 Absatz 1 Satz 2 GG bestimmt wird[746] - zu beobachtende Tendenz einzubewerten, den Gesetzgeber zu schonen und verfassungsrechtlich zumindest fragwürdige Vorschriften unbeanstandet zu lassen, zugleich aber den Fachgerichten im Bereich der Präklusion nahezu keinen Verfahrensfehler bei der Anwendung einfachen Rechts „durchgehen" zu lassen. In diesem Bereich wird also jeder Verfahrensverstoß im Ergebnis mit einer Verletzung der verfassungsrechtlichen Garantie des Art. 103 Absatz 1 GG gleichgesetzt. Darüber hinaus verlangt das Bundesverfassungsgericht in bemerkenswert großem Ausmaß von den Fachgerichten, den Gesetzgeber zu korrigieren, indem diese Präklusionsregelungen, vor allem unbestimmte, wertungsoffene Rechtsbegriffe, in bestimmter Weise, nämlich „verfassungskonform", zu interpretieren und zusätzliche, von der jeweiligen Norm nicht vorausgesetzte Merkmale in die Norm hineinzulesen haben.[747] Selbst das Tatbestandsmerkmal der „Verzögerung", das regelmäßig der einfach-gesetzlichen Vorschrift zufolge „nach der freien Überzeugung des Gerichts" zu bestimmen ist, wird vom Bundesverfassungsgericht *selbst* ausgelegt.[748] Wenn es dann noch von den Fachgerichten fordert, eine durch die Säumnis der Partei (!) drohende Verzögerung selbst abzuwenden[749], und außerhalb der eigentlichen Anwendung der Präklusionsnorm noch mittels des Gebots des fairen Verfahrens die Einhaltung der Grundsätze rechtsstaatlicher Gestaltung des gesamten Verfahrens „in besonderem Maße" zur Voraussetzung einer zulässigen Präklusion macht[750], dann geht dies über die

---

[744] *Schumann* führt hierzu in NJW 1985, S. 1134 (1138) aus, das Bundesverfassungsgericht habe dem im Gefolge der *Vereinfachungsnovelle* ausbrechenden *„Beschleunigungskult"* einen Riegel vorgeschoben.

[745] Vgl. Hinweis darauf in *Zierlein*, DVBl. 1989, S. 1169 (1174).

[746] S. im einzelnen o. den Ersten Abschnitt (zu Art. 101 Absatz 1 Satz 2 GG), dort B.II.1.

[747] S. nur BVerfGE 75, 183 (191 f.).

[748] BVerfGE 51, 188 (192).

[749] BVerfGE 81, 264 (LS und S. 270 ff.).

[750] BVerfGE 75, 183 (190).

Erfordernisse der durch Art. 103 Absatz 1 GG gewährleisteten „Minimal-" oder „Mindestgarantie" zum einen und über den Bereich bundesverfassungsgerichtlicher Prüfungsbefugnis zum anderen offensichtlich hinaus. Im Rahmen seiner *Präklusionsrechtsprechung* hat sich das Bundesverfassungsgericht somit bedenklich weit in den Bereich der Anwendung einfachen Prozeßrechts hineinbegeben und hierzu von ihm selbst entwikkelte Maßstäbe festgeschrieben, die den Fachgerichten kaum noch Spielraum lassen.

Neuere Entscheidungen des Bundesverfassungsgerichts lassen jedoch darauf schließen, daß es nunmehr gegenüber den Fachgerichten in diesem Bereich größere Zurückhaltung bewahrt, als dies in einem Zeitraum von etwa zehn Jahren nach Einführung der verschärften Präklusionsregelungen von 1976 der Fall war:

Abstrakt hatte das Bundesverfassungsgericht auch zu Zeiten intensiver Präklusionsrechtsprechung stets betont, daß die fehlerhafte Anwendung einer einfach-rechtlichen Präklusionsvorschrift *nicht immer gleichzeitig* eine Verletzung von Verfassungsrecht (Art. 103 Absatz 1 GG) darstelle[751], und daß auch die Auslegung der Präklusionsvorschriften als Regelungen des einfachen Rechts in erster Linie *Aufgabe der Fachgerichte* sei.[752] Dies, obgleich eine Selbstverständlichkeit, hat es aber lange Zeit nicht konsequent genug auf den einzelnen Fall angewandt, wie vorstehende Nachzeichnung der Iudikatur zeigt. Insoweit blieb es bei einer strengen Linie, nach dem Grundsatz, bei den Präklusionsvorschriften liege eine strengere verfassungsgerichtliche Kontrolle „nahe" als dies bei der Prüfung sonstiger einfach-rechtlicher Vorschriften geschehe; dies sei schon wegen der *Eingriffsintensität* bei einer Präklusion geboten.[753] Dies vertritt es im Grundsatz nach wie vor, dagegen zeigt sich am konkreten Fall in seiner jüngeren Rechtsprechung die Tendenz zu einer gemäßigteren Kontrolle. Dies gilt vor allem für die Auslegung des *Verzögerungsbegriffes*, den das Bundesverfassungsgerichts zuvor selbst interpretiert hatte.[754] Hierzu stellt es nunmehr ausdrücklich fest, daß die Auslegung und Anwendung von Gesetzen vielmehr Aufgabe der zuständigen Gerichte - also der Fachgerichte - sei; dazu gehöre auch die Ausfüllung des Begriffs der *„Verzögerung"* der Erledigung des Rechts-

---

[751] Vgl. BVerfGE 54, 117 (124); 66, 260 (264); 69, 126 (136); 69, 145 (149); 75, 302 (312). Gegen die generelle Gleichsetzung von einfach-rechtlichem Verfahrensfehler und Verfassungsverstoß s. auch die einschlägige Kommentarliteratur zu den Präklusionsvorschriften, vgl. die Nachweise bei *Schmidt-Aßmann*, DÖV 1989, S. 1029 (1032).

[752] BVerfGE 69, 126 (136 ff.).

[753] BVerfGE 75, 302 (312).

[754] BVerfGE 51, 188 (192).

streits.[755] Gleiches gelte für den Begriff der *„groben Nachlässigkeit"* des Säumigen.[756] Diese Subsumtionsvorgänge innerhalb des Zivilprozeßrechts seien *der Nachprüfung des Bundesverfassungsgerichts entzogen.*[757]

Dies ändert allerdings nichts daran, daß sich das Bundesverfassungsgericht eine prinzipielle Zugriffsmöglichkeit für den Einzelfall weiterhin vorbehält, die es jedoch auch für den Bereich der Präklusion nicht näher definiert, wonach nämlich der Vorrang der Fachgerichte bei der Anwendung und Auslegung auch der Präklusionsvorschriften nur beachtlich sei, *„solange nicht Fehler sichtbar werden, die auf einer grundsätzlich unrichtigen Anschauung von der Bedeutung eines Grundrechts, insbesondere vom Umfang seines Schutzbereichs, beruhen"*.[758] Wann diese *„Schwelle eines Verstoßes gegen objektives Verfassungsrecht"*[759], den das Bundesverfassungsgericht zu korrigieren hat, erreicht ist, wird durch die schwammige Formulierung nicht deutlich. Weiter heißt es jedoch etwa in einer Entscheidung: „Ob die fehlerhafte Anwendung einer einfachrechtlichen Präklusionsvorschrift stets eine Verletzung des Art. 103 Absatz 1 GG darstellt, kann hier auf sich beruhen. Art. 103 Absatz 1 GG ist jedenfalls deshalb verletzt, weil die Anwendung der §§ 296, 528 Absatz 3 ZPO durch das Landgericht offenkundig unrichtig ist."[760] Das Kriterium der *„offensichtlichen Unrichtigkeit"*, der *„greifbaren Gesetzeswidrigkeit"*, führt aber ebensowenig weiter. Dieser Begriff betrifft lediglich die *Evidenz* der fehlerhaften Anwendung einfachen Rechts, läßt aber nicht einen Rückschluß darauf zu, ob hierdurch gleichzeitig Verfassungsrecht überhaupt oder der Anspruch auf rechtliches Gehör

---

[755] BVerfGE 75, 302 (316). Das Bundesverfassungsgericht legt sich (und die Fachgerichte) insbesondere nicht fest auf eine zwingende Anwendung des *„relativen"* bzw. *„hypothetischen"* statt des *„absoluten" Verzögerungsbegriffs*. Nach dem absoluten Verzögerungsbegriff ist auf den Vergleich abzustellen, ob der Rechtsstreit allein durch Zulassung des verspäteten Vorbringens länger dauern würde als bei seiner Zurückweisung (BGHZ 75, 138; 86, 31), d.h. Verzögerung liegt auch dann vor, wenn der Prozeß ebenso lange dauern würde, wenn der verspätete Vortrag fristgerecht eingegangen wäre. Diese Auffassung wird von der fachgerichtlichen Rechtsprechung und der herrschenden Literaturmeinung vertreten (vgl. *Baumbach/Lauterbach/Albers/Hartmann*, ZPO, § 296 Rd. 40 f. m.w.N.). Dagegen liegt nach dem von einer Mindermeinung vertretenen relativen Verzögerungsbegriff Verzögerung nur dann vor, wenn die Instanz bei einem rechtzeitigen Vorbringen früher beendet wäre (vgl. die Nachweise bei *dens.*, aaO Rd. 42). Obgleich die Nachteile der Anwendung des absoluten Verzögerungsbegriffs für den Säumigen auf der Hand liegen, ergeben sich hierbei nach Auffassung des Bundesverfassungsgerichts verfassungsrechtliche Probleme erst dann, wenn sich im konkreten Fall *ohne weiteres* Erwägungen aufdrängen, daß dieselbe Verzögerung auch bei rechtzeitigem Vorbringen eingetreten wäre, s. BVerfGE 75, 302 (316). Das sei nur der Fall, wenn dies *„offenkundig"* ist (aaO 2. LS und S. 302); dann sei die Anwendung der Präklusionsvorschrift *„rechtsmißbräuchlich"* (aaO S. 316 m.w.N.).

[756] BVerfGE 69, 126 ff. - Dieses Kriterium findet sich etwa in *§§ 296 Absatz 2, 528 Absatz 2 ZPO.*

[757] BVerfG, aaO S. 138.

[758] BVerfG, aaO S. 138 f. m.w.N. - Hervorhebung dieses und folgenden Zitats in Kursivschrift von *Verf.*

[759] BVerfG, aaO S. 139.

[760] BVerfGE 69, 145 (149).

im speziellen tangiert ist. Lediglich der einfache Fehler ist hierdurch leichter feststellbar, er tritt offenkundig zu Tage. Evident fehlerhaftes Handeln des Gerichts ist mithin - ebensowenig wie etwa ein Verstoß gegen das aus Art. 3 Absatz 1 GG abgeleitete Verbot objektiver Willkür[761] - kein taugliches Kriterium zur Abgrenzung des spezifischen Schutzbereichs des Art. 103 Absatz 1 GG und mithin zur Eingrenzung bundesverfassungsgerichtlicher Kontrolldichte. Entsprechendes gilt für die Fälle, in denen das Bundesverfassungsgericht in Anlehnung an die Terminologie des Bundesgerichtshofs den *„Mißbrauch einer Präklusionsvorschrift"* statt eine bloß unrichtige Rechtsanwendung festgestellt hat.[762] Denn das Kriterium des prozessualen Mißbrauchs - hier in Form der rechtsmißbräuchlichen Anwendung einer Präklusionsvorschrift - geht ersichtlich über den engeren Schutzbereich des Art. 103 Absatz 1 GG hinaus und bezieht Grundsätze rechtsstaatlicher Verfahrensgestaltung in den Prüfungsmaßstab ein.[763] Hierdurch wird dem Fachgericht ein besonders hohes Maß richterlicher Fehlleistung bescheinigt, dagegen ist darin nicht die Feststellung enthalten, daß gerade wegen der Präklusion der verfassungsrechtliche Anspruch auf rechtliches Gehör verletzt sei.

Auch der Grundsatz, daß eine von den Vorschriften des Zivilprozeßrechts abweichende Zurückweisung von Vorbringen als verspätet dann Art. 103 Absatz 1 GG verletze, wenn sich aus der *Begründung der Entscheidung* nicht entnehmen lasse, daß diese den Anforderungen dieser Verfahrensgewährleistung genüge[764], trägt nichts zur Beantwortung der Frage bei, wann ein einfach-rechtlicher Anwendungsfehler zugleich einen Verstoß gegen Art. 103 Absatz 1 GG enthält. Durch die Urteilsbegründung läßt sich lediglich nachvollziehen, von welchen Erwägungen sich das Fachgericht bei der Präklusion hat leiten las-

---

761 Das Kriterium der „offenkundigen Unrichtigkeit" der Rechtsanwendung ist unterhalb der Willkürgrenze, jedoch oberhalb des einfachen Rechtsfehlers von minderem Gewicht anzusiedeln. Umfaßt sind damit „erhebliche" Fehler bei der Anwendung einfachen Prozeßrechts; vgl. auch BVerfGE 75, 302 (312), wonach eine bloße Willkürkontrolle bei der Überprüfung der Anwendung von Präklusionsvorschriften nicht ausreichend sei; s. auch *Franke*, NJW 1986, S. 3049 (3052 f.).

762 Vgl. etwa BVerfGE 69, 126 (139).

763 So das Bundesverfassungsgericht selbst, s. Hinweis in E 69, 126 (139) auf E 55, 72 (93 f.); vgl. auch *Franke*, NJW 1986, S. 3049 (3052). Die rechtsmißbräuchliche Anwendung einer Präklusionsvorschrift sieht das Bundesverfassungsgericht etwa dann gegeben, wenn bei einer Präklusion auf Grund der Anwendung des sogenannten absoluten Verzögerungsbegriffs im konkreten Fall sich „ohne weiteres" Erwägungen aufdrängen bzw. „offenkundig" ist, daß dieselbe Verzögerung auch bei rechtzeitigem Vorbringen eingetreten wäre (BVerfGE 75, 302 [316]; vgl. hierzu bereits weiter o.). Letztlich ist also das Kriterium des Rechtsmißbrauchs im Rahmen der Präklusionsrechtsprechung des Bundesverfassungsgerichts mit dem Merkmal der Evidenz gleichzusetzen. Beide Kriterien sind als Ausdruck des Gedankens einer Einzelfallgerechtigkeit nicht geeignet zur allgemeinen Qualifizierung von Fehlern bei der Anwendung einer Präklusionsnorm als Verstoß gegen den Anspruch auf rechtliches Gehör.

764 BVerfGE 81, 97 (LS und S. 105 ff.).

sen[765], dagegen kann dem naturgemäß kein sachliches Kriterium für die Annahme eines Verfassungsverstoßes entnommen werden. Dessen Klärung vorab ist - allgemein juristischer Methodik und Subsumtionstechnik entsprechend - vielmehr Voraussetzung für die Interpretation der Entscheidungsbegründung.[766]

Alldem ist letztlich zu entnehmen, daß das Bundesverfassungsgericht selbst jedenfalls prinzipiell um eine Abgrenzung des verfassungsrechtlichen Gehalts des Art. 103 Absatz 1 GG ebenso wie um eine Absteckung seines Kontrollrahmens auch im Präklusionsbereich bemüht ist[767], in dessen Rahmen es zunächst eine hohe Kontrollkompetenz für sich in Anspruch genommen hatte. Eine *generelle*, materiell am spezifischen Schutzgehalt des Art. 103 Absatz 1 GG ansetzende Grenzziehung ist jedoch nicht gelungen. Nach wie vor stellt sich die Frage, wann die Verletzung einer einfach-rechtlichen Präklusionsvorschrift zugleich einen Verstoß gegen Art. 103 Absatz 1 GG darstellt.

Am meisten praktikabel erscheint auch vorliegend noch eine Abgrenzung nach der *„Minimal-"* oder *„Mindestgarantie"* rechtlichen Gehörs, welche das Bundesverfassungsgericht auch sonst verwendet, um einen Verstoß gegen Art. 103 Absatz 1 GG festzustellen, und auf die es sich auch im Hinblick auf die Anwendung der Präklusionsvorschriften in einer Entscheidung aus dem Jahre 1985[768] rückbesinnt:

> „Das Gebot des rechtlichen Gehörs verpflichtet das Gericht, die Ausführungen der Prozeßbeteiligten zur Kenntnis zu nehmen und in Erwägung zu ziehen. Art. 103 Absatz 1 GG ist allerdings erst verletzt, wenn sich im Einzelfall klar ergibt, daß das Gericht dieser Pflicht nicht nachgekommen ist. Damit das Bundesverfassungsgericht einen Verstoß gegen Art. 103 Absatz 1 GG feststellen kann, müssen im Einzelfall besondere Umstände deutlich machen, daß tatsächliches Vorbringen eines Beteiligten entweder überhaupt nicht zur Kenntnis genommen oder bei der Entscheidung nicht erwogen worden ist. *[...]* Ob das einfache Recht in jeder Hinsicht richtig angewandt

---

765 BVerfG, aaO S. 106.

766 Der Leitsatz der zuvor genannten Entscheidung BVerfGE 81, 97 darf im übrigen nicht dahingehend mißverstanden werden, daß generell jede Präklusion gerade anhand der Urteilsgründe überprüfbar sein muß. Das Bundesverfassungsgericht erklärt insoweit, ein Verfassungsverstoß dürfe erst dann angenommen werden, wenn sich weder aus den Entscheidungsgründen *noch aus den übrigen Umständen des Falles* entnehmen lasse, ob die Rechtsfindung vor Art. 103 Absatz 1 GG standhält. Das Erfordernis einer ordnungsgemäßen Begründung ergibt sich insoweit auch nur dann, wenn das Fachgericht bei der Auslegung einer Präklusionsnorm von der entsprechenden Interpretation in der höchstrichterlichen Rechtsprechung abweicht (BVerfG, aaO S. 106 m.w.N.). Dann aber soll es etwa der Berufungsinstanz nicht zugute kommen, daß es grundsätzlich keine verfassungsrechtliche Begründungspflicht für mit ordentlichen Rechtsbehelfen nicht mehr angreifbare Entscheidungen gibt (ebda.). Allgemein zu der aus Art. 103 Absatz 1 GG abgeleiteten Verpflichtung der Fachgerichte zur Begründung ihrer Entscheidungen, welche aus der Berücksichtigungspflicht folgt s. weiter u., IV.2.

767 Eine Zusammenfassung der bei der Überprüfung der Anwendung von Präklusionsvorschriften vom Bundesverfassungsgericht verwendeten Kriterien sowie seiner grundlegenden Erwägungen zur Kontrolle über die Fachgerichte bei der Anwendung einfachen Rechts findet sich in BVerfGE 75, 302 (312 ff.); vgl. hierzu im folgenden.

768 BVerfGE 70, 288 ff.

worden ist, hat das Bundesverfassungsgericht nicht nachzuprüfen; selbst wenn sich hier Bedenken ergäben, führte dies nicht zu einer Verletzung von Art. 103 Absatz 1 GG."[769]

Weiter heißt es in einer Entscheidung aus dem Jahre 1987:

> „Geprüft werden muß hier ebenso wie bei der Anwendung jeder anderen Norm einfachen Rechts, ob die jeweilige Rechtsanwendung verfassungswidrig ist. Das bedeutet, daß *die bisher offengelassene Frage, ob die fehlerhafte Anwendung einer einfach-rechtlichen Präklusionsvorschrift stets eine Verletzung des Art. 103 Absatz 1 GG darstellt*, nur dann bejaht werden könnte, wenn in diesem Fall immer der Anspruch auf Gewährung rechtlichen Gehörs mißachtet wäre. Das wird bei den vielfältigen Möglichkeiten falscher Rechtsanwendung im Präklusionsrecht nicht ernsthaft vertreten werden können, *will man nicht die Präklusionsvorschriften als äußerste verfassungsrechtliche Grenze für die Beschränkung des Rechts aus Art. 103 Absatz 1 GG betrachten und sie damit zuletzt selbst auf die Ebene des Verfassungsrecht erheben*. Der Anspruch auf Gewährung rechtlichen Gehörs kann auch bei der fehlerhaften Anwendung von Präklusionsvorschriften nur dann verletzt sein, wenn dadurch eine *verfassungsrechtlich erforderliche Anhörung nicht stattgefunden hat*."[770]

Bedenklich ist, daß das Bundesverfassungsgericht hier überhaupt zur Diskussion stellt, daß ein Verstoß gegen (ihrerseits verfassungsgemäße) Präklusionsvorschriften *zugleich stets* als Verfassungsverletzung gewertet werden könnte, erfreulich aber, daß es dies im Ergebnis verneint - an sich jedoch eine Selbstverständlichkeit auf Grund der Aufgabenverteilung zwischen Bundesverfassungsgericht und Fachgerichtsbarkeit - und darüber hinaus klarstellt, daß auch im Präklusionsbereich eine Verfassungsverletzung nur dann vorliegen kann, wenn eine Anhörung in dem von Art. 103 Absatz 1 GG geforderten Umfang *überhaupt nicht* stattgefunden hat. Auch bei der Überprüfung der Anwendung der Präklusionsvorschriften gilt daher: Das Fachgericht hat nur dann gegen Art. 103 Absatz 1 GG verstoßen, wenn die hierdurch erforderliche Minimalgarantie nicht gewährt

---

769 BVerfG, aaO S. 293 f. m.w.N. - Man könnte erwägen, dem Bundesverfassungsgericht darüberhinaus eine Art „*Notkompetenz*" einzuräumen etwa für die weiter oben angeführten Fälle evident unrichtiger oder willkürlicher Rechtsanwendung, in denen der Fehler als solcher noch nicht den Mindeststandard des Art. 103 Absatz 1 GG überschreitet (so allgemein bereits *Ossenbühl*, Verfassungsgerichtsbarkeit und Fachgerichtsbarkeit in: FS für Hans Peter Ipsen [1977], S. 131, 141). Hierin wäre aber wiederum die Gefahr begründet, daß das Bundesverfassungsgericht diese Notkompetenz über Gebühr in Anspruch nimmt und - auch wenn es diese nicht auf den Regelfall bezieht, so doch - auf Fälle ausdehnt, in denen die Einzelfallgerechtigkeit nicht unbedingt ein verfassungsrechtliches „Unwerturteil" gebietet.

770 BVerfGE 75, 302 (314 f.). - Hervorhebung in Kursivschrift durch *Verf.* - Der Begriff der „Minimalgarantie" des Art. 103 Absatz 1 GG oder ein vergleichbarer Terminus wird in der vorgenannten Entscheidung nicht verwendet; daß nur diese gemeint sein kann, ergibt sich aber aus der Formulierung der „*verfassungsrechtlich erforderlichen Anhörung*", denn verfassungsrechtlich gefordert ist eben nur ein Mindestbestand an rechtlichem Gehör dahingehend, daß der Äußerungsberechtigte *die Möglichkeit* gehabt haben muß, sein Vorbringen vorzutragen. Sein Anspruch auf rechtliches Gehör ist demnach nur dann verletzt, wenn die verfassungsrechtlich erforderliche Anhörung (*überhaupt*) „*nicht stattgefunden*" hat, also ihm keine Gelegenheit zur Stellungnahme gegeben wurde.

worden ist, also das Gericht dem Äußerungsberechtigten keine Möglichkeit zur Äußerung gegeben hat. War die Gelegenheit zur Stellungnahme aber gegeben und eigenes Verhalten des Betroffenen zumindest mitursächlich für die Zurückweisung des Vorbringens als verspätet, ist der Berechtigte also der ihm obliegenden Prozeßförderungspflicht nicht nachgekommen, mag im übrigen ein Verfahrensfehler vorliegen, der jedoch unter diesen Umständen keine Verfassungsverletzung beinhaltet und somit vom Bundesverfassungsgericht nicht zu korrigieren ist.

Die zuletzt angeführte Entscheidung markiert zugleich eine Trendwende. Das Bundesverfassungsgericht reflektiert hier nach rund zehn Jahren Präklusionsrechtsprechung erstmals eingehend - nach einigen Ansätzen hierzu - den verfassungsrechtlichen Umfang der Gehörgarantie im Präklusionsrecht und damit gleichzeitig seine Kontrolldichte im Sinne des grundsätzlichen Vorrangs der Fachgerichtsbarkeit.[771] Dies gilt vor allem für die Rechtsprechung des Ersten Senats, während der Zweite Senat versuchte, sich durch den (Um-)Weg über die *„Willkür"-Formel* von Gehörrügen zu entlasten, denn die Schwelle zur richterlichen Willkür ist wesentlich höher anzusiedeln - jedoch nicht speziell auf Art. 103 Absatz 1 GG bezogen[772] -, als die Feststellung einer Verletzung rechtlichen Gehörs verlangt.[773] Ausweislich der amtlichen Entscheidungssammlung hat sich das Bundesverfassungsgericht seit Beginn der 90er Jahre nur noch vereinzelt mit Fragen des rechtlichen Gehörs allgemein wie auch mit der zivilprozessualen Präklusion im speziellen befaßt.[774] Es fällt auf, daß sich das Bundesverfassungsgericht auch kaum mehr solcher Fälle evidenter Gehörverletzung angenommen hat, die unter das Stichwort *„Pannenhilfe"* fielen. Nach der dezidierten *Präklusionsrechtsprechung* des Bundesverfassungsgerichts in Folge der *Vereinfachungsnovelle* von 1976 sollte darüber hinaus auch erwartet werden können, daß nunmehr alle Fragen von grundsätzlicher verfassungsrechtlicher Bedeutung in diesem Bereich geklärt seien.

dd) Ausblick - Neue Präklusionsregelungen nach der Zivilprozeßreform 2001

---

[771] Deutlich wird diese Intention schon am ersten Leitsatz zu dieser Entscheidung (Bd. 75, S. 302): „Nicht jede fehlerhafte Anwendung von Präklusionsvorschriften verletzt Art. 103 Abs. 1 GG."

[772] Zur methodischen Kritik an der *Willkür*-Formel s. bereits das Erste Kapitel dieser Arbeit, dort A.I.2.b).

[773] Vgl. etwa BVerfGE 54, 117; hierzu Anmerkung von *Deubner*, NJW 1980, S. 1945 f.; vgl. weiter BVerfGE 69, 248; hierzu *Franke*, NJW 1986, S. 3049 (3051 ff.).

[774] S. die tabellarische Übersicht im Anhang.

Tatsächlich jedoch ist auf Grund der nunmehr grundlegenden Umstrukturierung des gesamten Zivilprozeßrechts nach Maßgabe des *ZPO-RG* vom 27. Juli 2001[775] mit einer Erhöhung auch von Verfassungsbeschwerden im Präklusionsbereich zu rechnen, da auch hier einige Vorschriften erheblich geändert wurden. Während *§§ 296, 296 a ZPO n.F.* nur marginale, durch anderweitige Neuerungen bedingte Änderungen enthalten, sind wesentliche Änderungen der Präklusion für die *Berufungsinstanz* zu verzeichnen. *§ 527 ZPO a.F.* ist insoweit durch *§ 530 ZPO n.F.* dem neuen Recht angepaßt worden. Hinsichtlich *erstinstanzlicher* Verzögerungen ist *§ 528 ZPO a.F.* durch *§ 531 Absatz 2 ZPO n.F.* zum einen klarer gefaßt, zum anderen aber auch zu Lasten der Parteien verschärft worden. Demnach sind neue Angriffs- und Verteidigungsmittel nur zuzulassen, wenn sie „einen Gesichtspunkt betreffen, der vom Gericht des ersten Rechtszugs erkennbar übersehen oder für unerheblich gehalten worden ist" (Nr.1), „infolge eines Verfahrensmangels im ersten Rechtszug nicht geltend gemacht wurden" (Nr. 2) oder „im ersten Rechtszug nicht geltend gemacht worden sind, ohne daß dies auf einer Nachlässigkeit der Partei beruht" (Nr. 3). Von *„grober Nachlässigkeit"* im Sinne des § 528 Absatz 2 ZPO a.F. ist insoweit *nicht mehr* die Rede. Es *genügt* daher schon *einfache Fahrlässigkeit* gemäß § 276 Absatz 1 Satz 2 BGB. Hierdurch werden also die Anforderungen an die Parteien erheblich verschärft. Ansonsten steht die Partei besser da als früher, da schon ein Fehler der Ausgangsinstanz ihr neuen Sachvortrag ermöglicht. Insoweit ist jedoch die Problematik der Feststellung des „Verfahrensmangels" im ersten Rechtszug vorgezeichnet. Gleiches gilt für die Auslegung des unbestimmten Rechtsbegriffs des „erkennbaren Übersehens" oder „für unerheblich Haltens" eines (entscheidungserheblichen) Gesichtspunkts durch das Vorgericht. Hier werden Gedanken des § 278 Absatz 3 ZPO a.F. aufgegriffen. Insbesondere aber ist wegen der Änderung anderer Vorschriften davon auszugehen, daß diese sich mittelbar auch auf den Präklusionsbereich auswirken werden. Von Bedeutung ist insoweit der jetzt *beschränkte Prüfungsumfang des Berufungsgerichts*: Nach *§ 529 Absatz 1 Nr. 1 ZPO n.F.* muß das Berufungsgericht grundsätzlich die vom Vorderrichter festgestellten Tatsachen auch der Berufungsentscheidung zugrundelegen. Das ist ein Hauptmerkmal der Reform.[776] Es findet *keine volle zweite Tatsacheninstanz* mehr statt. Ausnahmen gelten nur, wenn „konkrete Anhaltspunkte" Zweifel an der Richtigkeit und Vollständigkeit der entscheidungserheblichen Feststellungen begründen „und deshalb eine erneute Feststellung gebieten". Hierbei handelt es sich jedoch wiederum um völlig

---

[775] = BGBl. I S. 1887.
[776] Vgl. hierzu *Hartmann*, NJW 2001, S. 2577 (2590).

wertungsoffene Begriffe, die auch verfassungsrechtliche Probleme im Hinblick auf Art. 103 Absatz 1 GG vorzeichnen. Wann liegt ein „Anhaltspunkt" vor? Wann ist er hinreichend „konkret"? Wann liegen (bloße) „Zweifel" vor, die andererseits aber einen Neueinstieg in die Klärung des Sachverhalts „gebieten"? Diese Unklarheiten werden noch größer im Zusammenhang mit der *fehlenden Bindung der Berufungsgerichte an die Berufungsgründe* in dem Umfang des *§ 529 Absatz 2 Satz 2 ZPO n.F.*, die unverträglich ist mit der *Bindung* an die vom Ausgangsrichter festgestellten (entscheidungserheblichen) Tatsachen.[777] Schließlich ist folgendes anzumerken: In § 296 Absatz 1 und 2 ZPO ist auch nach der Neufassung und in § 528 Absatz 1 und 2 ZPO a.F. *war* wesentliche Voraussetzung der Präklusion die *Verzögerung* der Erledigung des Rechtsstreits durch Zulassung verspäteten Vorbringens. *§ 531 ZPO n.F.* enthält diese Einschränkung aber *nicht mehr*. Zwar wird derzeit davon ausgegangen, daß es sich insoweit entweder um ein Versehen des Gesetzgebers oder aber um eine „nicht erwähnenswerte Selbstverständlichkeit" handele, sodaß jedenfalls die drohende Verzögerung auch für die zweitinstanzliche Verspätungszurückweisung gelten müsse, wie dies auch in § 530 ZPO n.F. vorgesehen ist.[778] Jedoch bleibt dies unklar. Betrachtet man die bisherige Rechtsprechung des Bundesverfassungsgerichts nach grundlegenden Neuerungen der Zivilprozeßordnung, die zudem die Rechtslage zu Lasten der Partei verschärfen, kann die Prognose gewagt werden, daß das Bundesverfassungsgericht wiederum auch diese höchst unklaren gesetzlichen Regelungen unbeanstandet lassen, den Fachgerichten dagegen umso strengere Maßstäbe zur Anwendung und Auslegung dieser Vorschriften vorgeben wird. Die Fachgerichte würden daher gut daran tun, von vornherein doch eher großzügig neue Tatsachen zuzulassen. Ob damit noch der Sinn der Novelle, eine (weitere) Beschleunigung gerichtlicher Verfahren, erreicht werden kann, sei dahingestellt. Insgesamt wird die Zivilprozeßnovelle des Jahres 2001 wohl zugleich das Bundesverfassungsgericht vor neue zu beantwortende verfassungsrechtliche Fragen stellen.

3. Gegenständliche Einschränkungen des Äußerungsrechts

a) Das Äußerungsrecht und einfach-gesetzliche Beweisregelungen

[777] S. *dens.*, aaO S. 2591.
[778] S. *Schneider*, ZAP 2001, Fach 13, S. 1063 (1087).

Das Äußerungsrecht im speziellen[779] ist somit in *zeitlicher* Hinsicht in weitem Umfang durch einfach-rechtliche Vorschriften (insbesondere Frist- und Präklusionsbestimmungen) beschränkbar. Zulässig sind aber auch *sonstige Einschränkungen formeller oder materieller Art*[780], soweit diese nicht in „unzumutbarer, aus Sachgründen nicht mehr zu rechtfertigender Weise" das Gehörgrundrecht verkürzen[781]; positiv ausgedrückt ist eine Einschränkung zulässig, die „durch sachliche Gründe hinreichend gerechtfertigt ist".[782] Jedoch muß die konkrete Ablehnung des Vorbringens des Gehörberechtigten als unbeachtlich jedenfalls eine Stütze im *einfachen Prozeßrecht* - seine Verfassungsmäßigkeit unterstellt - finden. Ansonsten, d.h. ohne rechtliche Grundlage, verstößt die Zurückweisung des Vorbringens gegen Art. 103 Absatz 1 GG, denn die gerichtliche Entscheidung soll *frei von Verfahrensfehlern ergehen, die ihren Grund in unterlassener Kenntnisnahme und Nichtberücksichtigung des Sachvortrags der Parteien haben*, so das Bundesverfassungsgericht in ständiger Rechtsprechung[783], wobei dies einerseits eine Selbstverständlichkeit ist angesichts der Gesetzesbindung der Gerichte, andererseits aber das Mißverständnis hervorruft, jeder Gesetzesverstoß in diesem Bereich beinhalte zugleich eine Vefassungsverletzung.

In diesem Zusammenhang jedenfalls hebt das Bundesverfassungsgericht insbesondere hervor, daß Art. 103 Absatz 1 GG in Verbindung mit den Grundsätzen der Zivilprozeßordnung *die Berücksichtigung erheblicher Beweisanträge* gebiete.[784] So sieht es die Ablehnung eines Beweisangebots durch das Fachgericht als „unökonomisch", obgleich die Beweisführung von diesem zuvor als entscheidungserheblich bewertet worden war,

---

779 Das Äußerungsrecht des Gehörberechtigten ist generell eher beschränkbar als die ebenfalls aus Art. 103 Absatz 1 GG hergeleitete Informationspflicht der Gerichte als Vorstufe hierzu sowie die gerichtliche Verpflichtung zur Berücksichtigung der Äußerung in deren Nachfeld, denn im Sinne der Minimalgarantie des Art. 103 Absatz 1 GG ist für das Äußerungsrecht lediglich erforderlich, daß das Gericht dem Betroffenen die *Möglichkeit* zur Äußerung eröffnet, sodaß primär dessen Verantwortungsbereich die *Durchsetzung* des Äußerungsrechts unterliegt. Dagegen sind die Erfüllung der Informations- und Berücksichtigungspflicht der fachgerichtlichen Verantwortungssphäre zuzuordnen, wenngleich dem Betroffenen insbesondere auch im Rahmen der Informationsbeschaffung Mitwirkungspflichten auferlegt werden dürfen. Solche Mitwirkungspflichten sind aber jedenfalls weit häufiger bei der Verwirklichung des Äußerungsrechts anzutreffen, sodaß der Betroffene, wenn er ihnen nicht nachkommt wie etwa im Fall der weiter oben ausgeführten verschuldeten Versäumnis von Äußerungsfristen, gegebenenfalls mit seinem Vorbringen ausgeschlossen werden darf und somit sein Gehörrecht, genauer sein Äußerungsrecht, verkürzt wird.

780 BVerfGE 9, 89 (95 f.); 21, 191 (194); 22, 267 (273); 24, 203 (213); 27, 248 (251); 36, 92 (97 f.); 40, 101 (105); 46, 315 (319); 50, 32 (35); 51, 188 (191); 55, 72 (93 ff.); 60, 1 (5); 83, 182 (200) und ständig.

781 BVerfGE 36, 289 (302 ff.); 41, 323 (326); 69, 381 ff.; 77, 275 (285).

782 BVerfGE 81, 123 (129 f.); 101, 106 (129).

783 BVerfGE 50, 32 (35); 60, 250 (252).

784 BVerfGE 60, 247 (249), 250 (252) und ständig.

als Verstoß gegen das Gehörrecht an, wenn insofern im *einfachen Prozeßrecht* kein bestimmter verfahrens- oder beweisrechtlicher *Grund* zur Ablehnung des Beweisantrags gegeben ist.[785] Gleiches gilt bei Stattgabe des Beweisantrags durch das Fachgericht, wenn dieses sich hiernach etwa nicht weiterhin um die Ladung eines von dem Gehörberechtigten benannten Zeugen bemüht.[786] Auch in der Auswahl eines Zeugen durch das Fachgericht, obwohl vom Beweisführenden vier Zeugen benannt waren, ohne Gründe des einfachen Rechts sieht das Bundesverfassungsgericht zugleich einen Verstoß gegen Art. 103 Absatz 1 GG.[787] Schließlich ist nach Ansicht des Bundesverfassungsgerichts das verfassungsrechtliche Gebot der Gewährung rechtlichen Gehörs auch dann verletzt, wenn das Fachgericht zwar ein Beweisangebot nicht ablehnt, dem Gehörberechtigten jedoch keine Gelegenheit gibt, den Beweis zur erbringen und gleichwohl die Entscheidung insoweit auf „unsubstantiierten Vortrag“ stützt.[788]

Auch hier ist wiederum auf die Fälle hinzuweisen, in denen das Bundesverfassungsgericht eine Art *„Pannenjudikatur“* geübt hat, wenn beispielsweise die Ladung von vom Betroffenen benannten Zeugen nur deshalb unterblieben ist, weil dessen Schriftsatz, der einen Zahlungsnachweis über den Auslagenvorschuß und eine Gebührenverzichtserklärung enthielt, infolge nicht ordnungsgemäßen Geschäftsganges des Gerichts verspätet der sachbearbeitenden Richterin vorgelegt worden war.[789]

b) Kein Anspruch auf eine bestimmte Verfahrensart

Bereits der durch Art. 103 Absatz 1 GG (nur) gewährleisteten *Mindestgarantie* selbst ist eine weitere, grundsätzliche Beschränkung bereits immanent. So gilt der Anspruch auf rechtliches Gehör zwar *vor* jedem Gericht der staatlichen Gerichtsbarkeit und *in* jedem Verfahren. Dies betrifft aber nur seinen Anwendungsbereich. Jedoch enthält insbesondere auch das *Äußerungsrecht* und die hierdurch gewährleistete effektive Ausübung dieses Rechts nach der ständigen Rechtsprechung des Bundesverfassungsgerichts *keinen* Anspruch *auf* die Durchführung eines *bestimmten* Verfahrens, sondern lediglich *allgemein*

---

785 BVerfGE 50, 32 (36).

786 Offen gelassen von BVerfGE 53, 205, da die Verfassungsbeschwerde hier nicht nach § 93 a Absatz 4 BVerfGG angenommen wurde (S. 206 mit Hinweis auf die Klärung der verfassungsrechtlichen Frage). S. aber später E 65, 305 (307); aaO betont das Bundesverfassungsgericht insbesondere das Erfordernis der Setzung einer Beibringungsfrist gegenüber dem Gehörberechtigten nach erfolgloser Ladung des von diesem benannten Zeugen. Vgl. in diesem Zusammenhang auch E 69, 248 (253) zu den Präklusionsvorschriften *§§ 296 a und 356 ZPO.*

787 BVerfGE 60, 250 (252).

788 S. BVerfGE 84, 188 (190 f.), in diesem Zusammenhang auch zum Verbot von Überraschungsentscheidungen.

789 BVerfGE 69, 141 (144 f.).

das Recht, vor Gericht Anträge zu stellen und Ausführungen zu machen.[790] Das Äußerungsrecht besteht daher nur *im* mündlichen oder schriftlichen Verfahren, dagegen besteht kein verfassungsrechtlicher Anspruch auf die Wahl einer bestimmten Verfahrensform, etwa des mündlichen *an Stelle* des schriftlichen Verfahrens. Auch ein Verfahrensfehler bei der Anwendung des einfachen Prozeßrechts, etwa dahin, daß statt des einfachgesetzlich vorgeschriebenen mündlichen Verfahrens ein schriftliches Verfahren durchgeführt wird, hat daher konsequenterweise keinen Verfassungsverstoß zur Folge.[791]

aa) Kein Anspruch auf ein mündliches Verfahren

(1) Gleichwertigkeit mündlicher und schriftlicher Anhörung

Dem Anspruch auf rechtliches Gehör ist also insbesondere *nicht das verfassungsrechtliche Erfordernis eines mündlichen Verfahrens* zu entnehmen, d.h. das Äußerungsrecht ist nicht zwingend etwa dahingehend auszulegen, daß ihm das Recht gerade auf mündliche Äußerung zu entnehmen wäre. Das Bundesverfassungsgericht begründet dies wiederum damit, es sei *Sache des einfachen Gesetzgebers*, in welcher Weise der verfassungsrechtliche Anspruch auf Gewährung rechtlichen Gehörs verwirklicht werde und wie weit er in einem bestimmten Verfahren einen Anspruch auf mündliche Verhandlung geben wolle.[792] Maßgeblich sei allein, daß der verfassungsrechtlich erforderliche Mindeststandard, also *die Möglichkeit, sich überhaupt zu äußern*, gegeben ist.[793] Jedenfalls müsse das Gericht die Gewährung rechtlichen Gehörs (daher) *aber in anderer Weise als durch eine mündliche Anhörung sicherstellen.*[794] Dies sei möglich durch die Anordnung und Durchführung des *schriftlichen* Verfahrens.[795] Auch dann, wenn dem Fachgericht bei der Anwendung einfachen Rechts etwa ein Fehler dahingehend unterläuft, daß es *statt des einfachgesetzlich vorgeschriebenen mündlichen Verfahrens ein schriftliches Verfahren* bzw. die Eingabe einer schriftlichen Äußerung anordnet, soll sich dieser einfach-rechtliche Fehler nach Auffassung des Bundesverfassungsgerichts *nicht* in einem *Verfassungsverstoß* niederschlagen, da eben auch durch das schriftliche Verfahren rechtliches Gehör gewährt

---

[790] Vgl. bereits BVerfGE 6, 19 (20).
[791] S. hierzu sogleich.
[792] BVerfGE 5, 9 (11); 22, 232 (234); 15, 249 (256); 21, 73 (77); 25, 352 (357); 36, 85 (87) und ständig.
[793] BVerfGE 34, 1 (7 m.w.N.).
[794] BVerfGE 36, 85 (87 f.); s. auch E 34, 1 (7 m.w.N.).
[795] Vgl. bereits BVerfGE 6, 12 (14): In dieser Entscheidung aus dem Jahre 1956 hat der Erste Senat zugleich herausgestellt, daß Art. 103 Absatz 1 GG jedenfalls auch in Verfahren ohne mündliche Verhandlung gilt. Dieser Hinweis war damals notwendig gewesen, da erst die Aufnahme dieses Prozeßgrundrechts in die Verfassung explizit zur uneingeschränkten Geltung rechtlichen Gehörs in jedem gerichtlichen Verfahren - auch im schriftlichen - geführt hat.

werden kann. Das Bundesverfassungsgericht nimmt insofern Rekurs auf seine allgemeine ständige Rechtsprechung zu seiner Prüfungsdichte gegenüber Rechtsanwendungsfehlern durch die Fachgerichte: „...*Fehler bei der Anwendung des im Rang unter Verfassungsrecht stehenden Rechts zu korrigieren, ist nicht Aufgabe des Bundesverfassungsgerichts.*“[796]

(2) Erfordernisse der Anhörung im mündlichen und im schriftlichen Verfahren

Allerdings betont das Bundesverfassungsgericht *für das schriftliche Verfahren*, daß dem Gericht aus Art. 103 Absatz 1 GG - ebenso wie im mündlichen Verfahren - die Pflicht erwachse, *vor Erlaß seiner Entscheidung zu prüfen*, ob dem Verfahrensbeteiligten das rechtliche Gehör gewährt worden ist; bei der auf Grund einer mündlichen Verhandlung ergangenen Entscheidung sei dies offenkundig; sollte aber der Pflicht des Art. 103 Absatz 1 GG durch Übersenden eines Schriftsatzes genügt werden, so müsse sich das Gericht diese Überzeugung in anderer Weise verschaffen. So habe das Gericht, wenn [ein Schriftsatz der gegnerischen Partei an den Beteiligten] *nicht förmlich zugestellt* wird [und dementsprechend ein Nachweis hierüber fehlt], die Möglichkeit, *durch Beifügen einer rückgabepflichtigen Empfangsbestätigung* zu überwachen, ob rechtliches Gehör gewährt worden sei.[797] Weiter hebt das Bundesverfassungsgericht in diesem Zusammenhang die Bedeutung *gerichtlicher Hinweispflichten* wie etwa der aus § 72 Absatz 1 OWiG hervor, wonach der Richter im Einspruchsverfahren den Betroffenen, der sich auf ein mündliches Verfahren (Hauptverhandlung gemäß § 71 OWiG) eingestellt hat, dar-

---

[796] BVerfGE 9, 231 (236) [- Hervorhebungen in Kursivschrift durch *Verf.* -]. Kritisch *Waldner*, Aktuelle Probleme des rechtlichen Gehörs im Zivilprozeß (1983), S. 87 f. m.w.N. Anders wohl auch *Rosenberg/Schwab*, Zivilprozeßrecht, § 85.IV.1: im mündlichen Verfahren sei das Gehör mündlich, im schriftlichen Verfahren schriftlich zu gewähren. Einschränkend *Wassermann* in: Alternativkommentar-GG, Art. 103 Rd. 27: jedenfalls besondere Umstände könnten eine mündliche Verhandlung notwendig machen. Der von dem Bundesverfassungsgericht in der genannten Entscheidung aus Bd. 9, S. 231 vertretenen Auffassung ist jedoch zuzustimmen, denn maßgeblich ist allein, ob im Sinne der Minimalgarantie des Art. 103 Absatz 1 GG *überhaupt* rechtliches Gehör gewährt wurde. Da dies eben auch schriftlich möglich ist, ist der einfach-rechtliche Fehler, daß statt des vorgeschriebenen mündlichen ein schriftliches Verfahren angeordnet wird, verfassungsrechtlich nicht erheblich. Es ist allerdings anzumerken, daß sich das Bundesverfassungsgericht aaO S. 234 f. dennoch zuvor mit der Frage befaßt hatte, ob im vorliegenden Fall überhaupt ein einfach-rechtlicher Fehler vorliegt. Dies war aber im konkreten Fall entbehrlich gewesen, da jedenfalls rechtliches Gehör gewährt worden war und Art. 103 Absatz 1 GG keinen Anspruch auf ein mündliches Verfahren vermittelt. Das Bundesverfassungsgericht hätte es besser bei dieser Feststellung belassen und sich mit dem einfachen Recht in keiner Weise auseinandersetzen sollen, um die Beschränkung seiner Kontrollbefugnis auf die Verletzung *„spezifischen Verfassungsrechts“* deutlicher hervorzuheben.

[797] BVerfGE 36, 85 (88); s. auch E 42, 243 (246). Kritisch gegenüber dieser Form der Prüfungspflicht des Fachgerichts im schriftlichen Verfahren durch Zustellungsnachweis oder Rückgabeschein: *Waldner*, Aktuelle Probleme des rechtlichen Gehörs im Zivilprozeß (1983), S. 56 f. m.w.N.; zustimmend: *Rosenberg/Schwab*, Zivilprozeßrecht, § 85.IV.1. - S. hierzu bereits weiter o., II.2.b)aa).

über informieren muß, daß statt dessen ein schriftliches Verfahren durchgeführt wird.[798] Des weiteren hat das Bundesverfassungsgericht es als Verstoß gegen Art. 103 Absatz 1 GG angesehen, wenn im schriftlichen Verfahren ohne Zustimmung der Parteien nach *§ 128 Absatz 3 ZPO* nicht zugleich gemäß § 128 Absatz 3 Satz 2 ZPO der Zeitpunkt festgelegt wird, der dem Schluß der mündlichen Verhandlung entspricht.[799]

Auch im Fall der *Durchführung des mündlichen Verfahrens* gibt Art. 103 Absatz 1 GG dem Äußerungsberechtigten *keine weitergehenden Ansprüche* etwa dahingehend, daß besondere Rücksicht auf seine *Terminwünsche* oder die seines Anwalts zu nehmen sei; das Bundesverfassungsgericht hat hierzu festgestellt, daß Art. 103 Absatz 1 GG das Gericht nicht dazu verpflichte, einen anberaumten Termin im Hinblick auf Urlaubswünsche des Prozeßbevollmächtigten eines Beteiligten aufzuheben; wenn der von dem Betroffenen bevollmächtigte Rechtsanwalt nicht dazu in der Lage oder willens sei, in der mündlichen Verhandlung vortragen zu lassen, könne er einen anderen Anwalt damit beauftragen.[800]

Weiterhin besteht im mündlichen Verfahren zwar das *Recht auf Anwesenheit*, da dies für den Betroffenen unerläßlich ist, um seine Rechte vor Gericht durchzusetzen. Jedoch gilt dies nach einfachem Recht *nicht unbedingt*: So kann beispielsweise nach § 231 a Absatz 1 StPO *die Hauptverhandlung im Strafprozeß*[801] *auch ohne den Angeklagten* durchgeführt werden, wenn dieser sich zuvor vorsätzlich und schuldhaft in einen seine Verhand-

---

[798] BVerfGE 42, 243 (245 f.). Die Informationspflicht über die Anordnung des schriftlichen Verfahrens und die Zustellung informationsrelevanter Schriftsätze gilt aber nicht nur in den Fällen, in denen dies einfach-gesetzlich besonders vorgesehen ist, sondern auch im übrigen, etwa im zivilprozessualen Beschwerdeverfahren, das nach § 573 Absatz 1 ZPO auch schriftlich durchgeführt werden kann; hierbei ist regelmäßig nur durch die Übersendung der Beschwerdeschrift die Gewährung rechtlichen Gehörs sichergestellt, s. BVerfGE 17, 188 (190); 36, 85 (87 f.).

[799] BVerfGE 64, 203 (206 ff.); die falsche Anwendung dieser Norm ist an sich bloß ein einfacher Rechtsanwendungsfehler, der nicht der bundesverfassungsgerichtlichen Prüfungskompetenz unterfällt; dennoch nimmt das Bundesverfassungsgericht insofern eine Gehörsverletzung an, da der von dem Richter nach dieser Regelung festzusetzende Zeitpunkt nicht nur bedeutungsvoll sei für die Präklusionswirkung der Rechtskraft oder des § 767 Absatz 2 ZPO, sondern ausreichende, unter Beachtung des Art. 103 Absatz 1 GG bemessene Fristen der Partei erst Gelegenheit gäben, das Antragsrecht nach § 128 Absatz 3 Satz 5 a.F. (= Satz 4 n.F.) ZPO auszuüben sowie Sachvortrag und Gründe wegen einer gemäß §§ 700 Absatz 3, 697 Absatz 1 ZPO versäumten Frist zu unterbreiten (BVerfG, aaO S. 207 f. mit Nachweisen aus der Kommentarliteratur). Dem ist jedoch entgegenzuhalten, daß durch die bloße Nichtbestimmung einer Frist - vorliegend wäre Fristende der nach § 128 Absatz 3 ZPO zu bestimmende Zeitpunkt gewesen - dem Betroffenen noch nicht die Gelegenheit genommen wird, den oben beschriebenen Antrag zu stellen und sachliche Ausführungen zu machen, zumal im konkreten Fall dem Betroffenen zumindest eine zweiwöchige Frist gemäß §§ 700 Absatz 3, 697 Absatz 1 ZPO gesetzt worden war, die dieser ungenutzt hatte verstreichen lassen. Die Minimal-/Mindestgarantie des Art. 103 Absatz 1 GG jedenfalls war somit nicht tangiert, da der Betroffene grundsätzlich die Möglichkeit hatte, von seinem Äußerungsrecht Gebrauch zu machen.

[800] BVerfGE 14, 195 f.

[801] Zum Zivilprozeß s. sogleich.

lungsfähigkeit ausschließenden Zustand versetzt und dadurch wissentlich die ordnungsgemäße Durchführung der Hauptverhandlung in seiner Gegenwart verhindert hatte, sofern das Gericht seine Anwesenheit nicht für unerläßlich erachtet. Das Bundesverfassungsgericht sieht in der Anwendung dieser Vorschrift keinen Verstoß gegen Art. 103 Absatz 1 GG oder gegen das Recht des Angeklagten auf ein faires Verfahren nach Art. 2 Absatz 1 GG in Verbindung mit dem Rechtsstaatsprinzip.[802] Das Bundesverfassungsgericht begründet dies damit, daß der Angeklagte solchenfalls, statt von seinem Recht auf Anwesenheit Gebrauch zu machen, sich selbst der Möglichkeit seiner persönlichen Teilnahme an der Hauptverhandlung begebe und insofern demjenigen gleichstelle, der zur Hauptverhandlung nicht erscheint oder sich eigenmächtig aus ihr entfernt (§ 231 Absatz 2 StPO);[803] im übrigen verfüge er gemäß § 231 a Absatz 4 StPO auch stets über den Beistand eines Verteidigers, durch den er sich Gehör verschaffen könne.[804] Weiter verweist das Bundesverfassungsgericht in diesem Zusammenhang auf das *Rechtsstaatsprinzip*, welches die Aufrechterhaltung einer *funktionstüchtigen Rechtspflege* verlangt; um diesem Gebot zu genügen, müsse sichergestellt sein, daß ein Strafverfahren auch gegen denjenigen innerhalb angemessener Zeit zum Abschluß gebracht werden könne, der das Erfordernis seiner Verhandlungsfähigkeit dazu mißbraucht, die Verhandlung in seiner Gegenwart zu vereiteln und damit dem Gang der Rechtspflege entgegenzutreten.[805] Dem ist beizupflichten, denn Art. 103 Absatz 1 GG gibt dem Betroffenen lediglich die *Chance*, sich zu äußern. Nimmt er diese ihm von dem Gericht zuvor eröffnete Möglichkeit aus von ihm zu vertretenen Gründen in der Hauptverhandlung nicht wahr, so hat er jedenfalls die persönliche Ausübung seines Äußerungsrecht zumindest für diesen Termin *verwirkt*. Allerdings sieht das Bundesverfassungsgericht im Zusammenhang mit §§ 231 Absatz 2, 231 a StPO einen Verstoß gegen Art. 103 Absatz 1 GG in Verbindung mit dem Fairneßgebot darin gegeben, daß das Strafgericht die Durchführung der Hauptverhandlung in

---

802 BVerfGE 41, 246 (249). S. auch BVerfGE 63, 332 zur Auslieferung nach Verurteilung im *italienischen* Abwesenheitsverfahren, dessen Prüfung insoweit dem deutschen Fachgericht obliegt, als daß der Kernbestand des Art. 103 Absatz 1 GG als Element des deutschen *ordre public* dem völkerrechtlichen Mindeststandard angehört, der über Art. 25 GG einen Bestandteil des in der Bundesrepublik innerstaatlich geltenden Rechts bildet (aaO S. 338). Auf die Einhaltung des unverzichtbaren Mindeststandards in Bezug auf die Gewährung rechtlichen Gehörs sind demgemäß allgemein ausländische Entscheidungen zu überprüfen, die ein deutsches Gericht seiner Entscheidung zugrundelegen will, etwa in dem Bereich der Rechtshilfe, der Anerkennung ausländischer Urteile, in Auslieferungs- und Vollstreckungsangelegenheiten, s. auch BVerfGE 59, 63, (91 f.), 280 (283 ff.); 60, 253 ff. (3. LS); 73, 339 (371 f.). Ausführlich hierzu *Schmidt-Aßmann* in: Maunz/Dürig/Herzog, GG, Art. 103 Abs. I Rd. 53 m.w.N.; s. auch *Waldner*, Aktuelle Probleme des rechtlichen Gehörs im Zivilprozeß (1983), S. 47 f.

803 BVerfGE 41, 246 (249).

804 Ebda.

805 BVerfG, aaO S. 250.

Abwesenheit des Angeklagten gestattet, wenn diesem *nicht die Herbeiführung der Verhandlungsunfähigkeit*, sondern nur zur Last gelegt wird, daß er die zur *Wiederherstellung* seiner Verhandlungsfähigkeit notwendige ärztliche Behandlung nicht in Anspruch nimmt.[806]

(3) Ausblick - Neue Regelungen für das mündliche und schriftliche Verfahren nach der Zivilprozeßreform 2001

Abzuwarten bleibt, ob das Bundesverfassungsgericht seine zurückhaltende Linie auch im Zuge der aktuellen ZPO-Novelle beibehalten wird:

Denn nach Maßgabe des *ZPO-RG* vom 27. Juli 2001[807] können nunmehr *alle* gerichtlichen Entscheidungen, die *keine Urteilsentscheidungen* sind, nach der Zentralvorschrift des *§ 128 Absatz 4 ZPO n.F.* mangels abweichender Einzelregelungen *ohne mündliche Verhandlung* ergehen. Dies gilt darüber hinaus auch für die nach *§ 341 Absatz 2 ZPO n.F.* jetzt durch Urteil, allerdings in der nach *§ 313 a ZPO n.F.* erheblich erleichterten Fassung, statt wie bisher durch Beschluß, notwendige Verwerfung des Einspruchs gegen ein Versäumnisurteil oder einen Vollstreckungsbescheid als unzulässig.

Des weiteren sind *für* die (eigentliche) mündliche Verhandlung - unabhängig von der neuen Güteverhandlung nach *§ 278 ZPO n.F.* - umfangreiche und verschärfte Bestimmungen für die Gerichte eingeführt worden. So sind etwa nach *§ 139 Absatz 4 Satz 1 ZPO n.F.* richterliche *Hinweise so früh wie möglich* zu erteilen. Ein vermeidbar später Hinweis könnte insoweit nachteilige Folgen für das gesamte weitere Verfahren nach sich ziehen, etwa im Hinblick auf die Kostenlast, und auch einen Verstoß gegen das rechtliche Gehör bedeuten mit der Folge, daß zumindest ein Abhilfeverfahren nach *§ 321 a ZPO n.F.* erforderlich würde.[808] Darüber hinaus erweitert *§ 139 Absatz 2 Satz 2 ZPO n.F.* die Pflicht zum *Rechtsgespräch* jetzt ausdrücklich auch auf einen Gesichtspunkt, den die Partei keineswegs übersieht, den aber das Gericht vorläufig anders beurteilt als beide Parteien. Das bedeutet die Notwendigkeit des direkten Gesprächs über die juristische Streitfrage, wenn das Gericht auch nur eventuell eine abweichende Auffassung vertreten will.[809] Die Erweiterung der gerichtlichen Hinweispflichten wird belegt durch den *Protokollierungszwang* nach *§ 139 Absatz 4 Satz 1, 2. Hs. ZPO n.F.* in Verbindung mit dem

---

806 BVerfGE 89, 120 (129 f.).
807 = BGBl. I S. 1887.
808 Vgl. im einzelnen *Hartmann*, NJW 2001, S. 2577 (2582).
809 S. im einzelnen *dens.*, aaO S. 2582 f.

unveränderten § 160 Absatz 2 ZPO, wonach die erforderlichen gerichtlichen Hinweise aktenkundig zu machen sind; insbesondere ist die Erteilung des gerichtlichen Hinweises nur durch den Akteninhalt beweisbar, wogegen wiederum nur der Einwand der Fälschung zulässig ist (*§ 139 Absatz 4 Satz 2 und 3 ZPO n.F.*).[810] Schließlich „soll" nach *§ 139 Absatz 5 ZPO n.F.* einer Partei auf einen in der mündlichen Verhandlung erteilten Hinweis, auf den sie sich nicht sofort erklären kann, eine angemessene *Nachfrist* zur Äußerung gesetzt und ihr fristgerecht eingegangener Schriftsatz berücksichtigt werden, um einen Verstoß gegen das rechtliche Gehör zu vermeiden. Damit werden die bisher nur in § 283 ZPO gegebenen Möglichkeiten eines „nachgelassenen" Schriftsatzes erheblich erweitert. Nach wie vor wird es maßgeblich auf das Kriterium der „Zumutbarkeit" für das Gericht ankommen.[811] Die Gerichte werden allerdings gut daran tun, in erheblichem Umfang Schriftsätze nach der mündlichen Verhandlung nachzulassen, wollen sie nicht in Gefahr laufen, daß ihr Verhalten als Verstoß gegen das rechtliche Gehör gewertet wird. Insofern kann jetzt, da nur der Akteninhalt beweist, ob ein erforderlicher Hinweis gegeben wurde oder eine Erörterung stattfand, schon eine ungenügende Dokumentation zur *Zurückverweisung* nach *§ 538 ZPO n.F.* führen und mangels Berufungsmöglichkeit das Abhilfeverfahren nach *§ 321 a ZPO n.F.* eröffnen, „hilfsweise" aber eben auch die *Verfassungsbeschwerde*.

Eine gewichtige Neuregelung ergibt sich für das mündliche Verfahren aus *§ 128 a ZPO n.F.*, wodurch das sogenannte „*Videoverfahren*" nunmehr gestattet ist. Demnach ist eine Verhandlung unter den Voraussetzungen des § 128 a ZPO a.F. *nicht mehr an die Anwesenheit aller Beteiligten im Sitzungssaal des Prozeßgerichts gebunden*. Nur das Gericht muß dort amtieren. Einzelne oder alle übrigen Beteiligten können sich an einem oder mehreren anderen Orten aufhalten und dort ihre Verfahrenshandlungen vornehmen. Das Videoverfahren setzt aber den Antrag und das Einverständnis der Parteien sowie entsprechend bereitgestellte technische Möglichkeiten voraus. Im übrigen ist dem Gericht ein (möglichst weitgehendes) Ermessen eingeräumt, ob diese Verfahrensform im Einzelfall sinnvoll ist.[812]

Die Neuerungen werden vermutlich nichts an dem *prinzipiellen verfassungsrechtlichen* Umfang etwa gerichtlicher Hinweis- und ähnlicher Pflichten ändern, der vom Bundesverfassungsgericht schon vor längerer Zeit festgelegt wurde. Eine *allgemeine* Verpflichtung

---

[810] S. ausführlich *dens.*, aaO S. 2583.
[811] S. *dens.*, aaO.
[812] S. *dens.*, aaO.

etwa zur Erteilung umfassender Hinweise oder zur Führung eines Rechtsgesprächs besteht insoweit von Verfassungs wegen nicht.[813] Entsprechendes gilt auch für die Grundsätze zur mündlichen Verhandlung. Ein Anspruch *auf* Durchführung der mündlichen Verhandlung besteht nach dem oben Gesagten nicht. Daher bleiben vermutlich auch die neuen Bestimmungen unbeanstandet, die in weiterem Umfang als bisher ein (bloßes) schriftliches Verfahren ermöglichen. Jedoch sind sämtliche oben angeführten neuen Vorschriften, die bestimmte Vorgaben *für* das (eröffnete) mündliche Verfahren enthalten, für das durch Art. 103 Absatz 1 GG gewährleistete Äußerungsrecht relevant. Auch wenn von Verfassungs wegen derart weitgehende gerichtliche Pflichten, wie jetzt in der Zivilprozeßordnung vorgesehen, nicht unmittelbar bestehen, spielt Art. 103 Absatz 1 GG aber bei der Anwendung und Auslegung dieser Normen eine erhebliche Rolle. Das Bundesverfassungsgericht wird daher auch in diesem Bereich wahrscheinlich die Aufgabe zu bewältigen haben, den verfassungsrechtlichen Schutzbereich des Gehörgrundrechts anhand seiner bisher aufgestellten Grundsätze von dem Garantiegehalt des neuen einfachen Gesetzesrechts abzugrenzen.

bb) Kein Anspruch auf ein öffentliches Verfahren

Ebensowenig wie ein Anspruch auf Durchführung eines mündlichen Verfahrens besteht, ergibt sich aus Art. 103 Absatz 1 GG auch *nicht* der Anspruch auf ein *öffentliches* Verfahren. Das Bundesverfassungsgericht führt hierzu aus, wie bei dem Grundsatz der Mündlichkeit handele es sich auch hierbei *nicht* um einen *Verfassungsrechtsgrundsatz*; die Prinzipien der Mündlichkeit und der Öffentlichkeit seien vielmehr *(einfachrechtliche) Prozeßrechtsmaximen*, die bestimmte Verfahrensarten beherrschten.[814] Auch dem ist insbesondere aus Sicht des Art. 103 Absatz 1 GG und aus den gleichen Gründen, weshalb dieses Prozeßgrundrecht auch nicht einen Anspruch auf ein mündliches Verfahren garantiert, zuzustimmen: Maßgeblich ist im Sinne der Minimalgarantie des Art. 103 Absatz 1 GG, daß *überhaupt* rechtliches Gehör gewährt wird, dagegen ist nicht eine bestimmte Form der Anhörung geboten, es sei denn, durch deren besondere Gestaltung würde die Ausübung des Äußerungsrechts geradezu unmöglich.

---

[813] S. hierzu bereits weiter o., II.3.a) und b).

[814] BVerfGE 15, 303 (307). - Zur Zulassung von *Fernsehaufnahmen von Gerichtsverhandlungen* s. jüngst die Leitentscheidung BVerfG, Urteil vom 24.01.2001 - 1 BvR 2623/95 und 1 BvR 622/99 - , NJW 2001, S. 1633 und hierzu *Dieckmann*, Zur Zulassung von Ton- und Fernseh-Rundfunkaufnahmen in Gerichtssälen: Drum prüfe, wer sich ewig bindet!, NJW 2001, S. 2451 ff., sowie *Gündisch*, Fernsehaufnahmen von Gerichtsverhandlungen, NVwZ 2001, S. 1004.

cc) Kein Anspruch auf ein bestimmtes Verfahren im übrigen

Auch sonst besteht kein Anspruch auf eine bestimmte Verfahrensart, so auch nicht auf das Verfahren des ordentlichen Zivilprozesses[815], genausowenig wie auf Durchführung des Urteilsverfahrens statt des Beschlußverfahrens, in dem die mündliche Anhörung regelmäßig nur fakultativ ist[816], da ein Anspruch auf Mündlichkeit ebenfalls nicht besteht.[817] Vielmehr kann das Fachgericht allgemein den Berechtigten auf *eine von mehreren möglichen Verfahrensarten* im Rahmen des zulässigen Rechtswegs und der gerichtlichen Zuständigkeit verweisen.[818]

c) Zugang zu Gericht und Instanzenzug vor dem Hintergrund des Gehörrechts

Ebensowenig wie dem Äußerungsrecht nach Art. 103 Absatz 1 GG ein Anspruch auf eine bestimmte Verfahrensart oder Verfahrensform zu entnehmen ist, ist aus dem Anspruch auf rechtliches Gehör ein *prinzipielles* Recht auf Zugang zu Gericht oder auf einen Instanzenzug ableitbar. Auch insofern enthält der sachliche Schutzbereich des Art. 103 Absatz 1 GG immanente Beschränkungen. Auf Grund struktureller Gegebenheiten insbesondere beim Zusammenwirken zwischen Art. 103 Absatz 1 GG und Art. 19 Absatz 4 GG ist hier aber gemäß nachstehender Erörterung eine Ausnahme zuzulassen, wenn der Zugang zu einem Gericht in privatrechtlichen Streitigkeiten in Rede steht. Einen Instanzenzug gewährleisten dagegen weder Art. 19 Absatz 4 GG noch Art. 103 Absatz 1 GG.

aa) Anspruch auf den Zugang zu Gericht in Privatrechtsstreitigkeiten

Wie bereits in anderem Zusammenhang angeführt wurde[819], ist von der unbestrittenen Geltung des Art. 103 Absatz 1 GG „*vor* Gericht" und dort *in* allen gerichtlichen Instanzen die Frage zu unterscheiden, ob der Anspruch auf rechtliches Gehör als solcher auch den Zugang *zu* Gericht eröffnet. Der zuerst genannte Grundsatz ist eine Frage des Anwendungsbereichs der Norm („vor Gericht"), letzteres betrifft den Schutzbereich des Art. 103 Absatz 1 GG, wirft also die Frage nach Inhalt und Reichweite insbesondere des Äußerungsrechts als Kernstück rechtlichen Gehörs auf, mit anderen Worten: Bedeutet

---

815 BVerfGE 6, 19 (20); hier hatte das Fachgericht das Rechtsschutzinteresse für eine Unterhaltsklage *neben* dem Verfahren aus § 627 ZPO a.F. versagt.
816 BVerfGE 15, 303 (306); s. weiter o., aa).
817 S. weiter o. unter aa).
818 BVerfGE 6, 19 (20).
819 S.o., B.III.

die Möglichkeit, sich vor einem Gericht zu äußern, zugleich das Recht, die Sache überhaupt vor einem Gericht anhängig zu machen?

Das Bundesverfassungsgericht hat in der Vergangenheit das Recht auf *Zugang* zum Gericht, also auf dessen *erstmaliger* Befassung mit einer Sache, *auch* auf Art. 103 Absatz 1 gestützt: dies gilt insbesondere für den *Zivilprozeß*, da hier Art. 19 Absatz 4 GG, wonach Rechtsschutz nur gegen Exekutivakte garantiert ist, nicht einschlägig ist.[820] Da gleichwohl in sämtlichen Verfahrensarten effektiver Rechtsschutz zu gewährleisten ist, mußte nach einer anderen Rechtsgrundlage hierfür gesucht werden, welche das Bundesverfassungsgericht zunächst allein im *Rechtsstaatsprinzip*[821] oder in einem unmittelbaren Anspruch aus den *materiellen Grundrechten* gefunden hatte[822], bevor es verstärkt in Entscheidungen neueren Datums (daneben) auf Art. 103 Absatz 1 GG rekurrierte.[823] Hiergegen wird indes vorgebracht, es drohe insoweit die Grenze zwischen dem Anspruch auf effektiven Rechtsschutz und demjenigen auf die Gewährung rechtlichen Gehörs zu verschwimmen: Art. 19 Absatz 4 GG und gegebenenfalls das Rechtsstaatsprinzip oder die materiellen Grundrechte eröffneten den Weg *zum* Gericht, Art. 103 Absatz 1 GG dagegen sei nur *im Rahmen* eines bereits anhängigen Verfahrens anwendbar, gebe aber nicht selbst ein Recht auf Zugang. Dies sei schon an seinem Wortlaut „*vor* Gericht" ersichtlich, sodaß die Vorgehensweise des Bundesverfassungsgerichts diese verfassungsrechtliche Garantie überdehne.[824]

Jedoch überzeugen diese Argumente insbesondere im Hinblick auf den Zivilprozeß nicht, da dem Kläger oder Antragsteller gerade durch die ihm eröffnete Möglichkeit, überhaupt *vor einem Gericht* seinen materiellen Anspruch durchzusetzen, bereits rechtliches Gehör gewährt wird, in dem Sinne, daß sein Begehren überhaupt von einem Gericht zur Kenntnis genommen und berücksichtigt wird. *Insoweit* jedenfalls ist Art. 103 Absatz 1 GG für den Zivilprozeß auch eine Zugangsgarantie zu entnehmen. Hierfür sprechen vor allem folgende Gründe: Grundsätzlich gewährt Art. 103 Absatz 1 GG rechtliches Gehör innerhalb eines einmal eröffneten Gerichtsverfahrens. Umfaßt ist insoweit das Recht auf Äußerung zu Sach- und Rechtsfragen der bereits anhängig gemachten Sache. Das Recht darauf, eine Sache überhaupt einem Gericht zur Kenntnis zu bringen - unabhängig von den weiteren Einzelheiten, die erst im Verfahrenslauf zu klären sind - und es mit der Sa-

820 S. BVerfGE 42, 364 (372 m.w.N.).
821 Vgl. etwa BVerfGE 50, 1.
822 Vgl. etwa BVerfGE 35, 279.
823 S. beispielsweise BVerfGE 40, 46; 42, 120; 69, 381; 78, 123; 86, 280; 88, 118; 93, 99.
824 S. auch *Wassermann* in: Alternativkommentar-GG, Art. 103 Rd. 13 m.w.N.

che zu befassen, ist dagegen zunächst durch eine andere verfassungsrechtliche Garantie gewährleistet, nämlich durch Art. 19 Absatz 4 GG. Diese Vorschrift ist allerdings in ihrem Anwendungsbereich von vornherein beschränkt auf Rechtsschutz gegen Akte der öffentlichen Gewalt, gilt also nicht etwa für privatrechtliche Streitigkeiten zwischen Bürgern. Auch eine analoge Anwendung dieser Vorschrift im Zivilrechtsweg bzw. bei Vorliegen privatrechtlicher Streitigkeiten scheidet schon deswegen aus, da Sinn und Zweck der Rechtsweggarantie eben der Schutz gegen Exekutivakte ist. Dadurch entsteht aber in der Verfassung eine *Rechtslücke* im Bereich der Zivilverfahren. Eine Rechtsweggarantie existiert insoweit nicht. Gleichwohl hat der Gesetzgeber den Zivilrechtsweg erschaffen und durch das Gerichtsverfassungs- und Prozeßrecht näher ausgestaltet. Dann aber bedarf es im Sinne der Gleichbehandlung auch einer verfassungsrechtlichen Garantie des Zugangs zu einem Gericht in privatrechtlichen Streitigkeiten, die in unserem Rechtssystem maßgeblich von der Zivilgerichtsbarkeit entschieden werden. Zwar ergibt sich diese, wie bereits angeführt, auf den ersten Blick nicht aus Art. 103 Absatz 1 GG, da diese Gewährleistung prinzipiell nur *im* (eröffneten) Verfahren gilt. Sie ist vom Wortlaut („vor Gericht") nicht als Rechtsweggarantie ausgestaltet, sondern setzt ein Gerichtsverfahren vielmehr voraus. Ursprünglich hatte in der Rechtsssprache zwar das Recht auf Gehör den Zugang zu Gerichten eingeschlossen, Art. 103 Absatz 1 GG betrifft aber dessen ungeachtet die Ausgestaltung des Verfahrens. Wenn das Grundgesetz im Gegensatz zu den Verfassungen des Heiligen Römischen Reichs Deutscher Nation, des Deutschen Bundes und des Norddeutschen Bundes und des Kaiserreichs die Rechtsschutzgewährung nicht ausdrücklich behandelt, kann daraus jedoch nicht geschlossen werden, es wolle dem Einzelnen keinen verfassungskräftigen Anspruch auf gerichtliche Verfolgung der ihm zustehenden Privatrechte geben. Auch wenn es prinzipiell unnötig sein sollte, alle verfassungskräftigen Ansprüche positivistisch in einer Verfassungsnorm festzumachen, macht es eine Tendenz, das Allgemeine Staatsrecht in die Verfassung hineinzulesen, nahezu unausweichlich, auch dem Rechtsschutz seine Grundlage in einer ausdrücklichen Norm des Grundgesetzes zuzuweisen. Ob im Bereich privatrechtlicher Streitigkeiten die materiellen Grundrechte dazu taugen, hängt davon ab, daß sie sämtliche klagbaren Privatrechte einschließen.[825] Das vom Bundesverfassungsgericht ebenfalls herangezogene Rechtsstaatsprinzip richtet sich dagegen wiederum, wie Art. 19 Absatz 4 GG, eher gegen den staatlichen Machtgebrauch.

---

[825] Vgl. allgemein hierzu das Erste Kapitel dieser Arbeit, dort A.I.3.

Damit liegt es nahe, auf den vergessenen Sinn des Anspruchs auf rechtliches Gehör zurückzukommen und diesen in Art. 103 Absatz 1 GG wiederzufinden. Insoweit ist nichts dagegen einzuwenden, wenn das Bundesverfassungsgericht Art. 103 Absatz 1 GG außerhalb des Anwendungsbereichs des Art. 19 Absatz 4 GG auch den Recht auf Zugang zu einem Gericht entnimmt. Wenig Sinn macht es dagegen, Art. 19 Absatz 4 GG und Art. 103 Absatz 1 GG parallel heranzuziehen, wenn der Zugang zu einem Gericht in Rede steht. Entweder geht es um den Zugang zu einem Gericht, das mit der Prüfung eines Exekutivakts befaßt werden soll. Dann ist ausschließlich Art. 19 Absatz 4 GG anwendbar. Oder aber es soll ein Gericht mit einer Privatrechtsstreitigkeit befaßt werden, dann ist der Zugang zu diesem Gericht durch Art. 103 Absatz 1 GG gewährleistet.[826] Dieses Ergebnis ist in vollem Umfang auch durch die Mindestgarantie des Art. 103 Absatz 1 GG gedeckt. Denn hätte der Berechtigte kein Recht auf Zugang zu Gericht bei privatrechtlichen Streitigkeiten, bliebe ihm die Möglichkeit, sich *überhaupt* zu äußern, versagt.

bb) Kein Anspruch auf einen Instanzenzug

Dagegen ist nach der ständigen Rechtsprechung des Bundesverfassungsgerichts *weder* durch den Anspruch auf effektiven Rechtsschutz und Zugang zum Gericht nach Art. 19 Absatz 4 GG *noch* durch den Anspruch auf rechtliches Gehör nach Art. 103 Absatz 1 GG ein Anspruch auf eine *zweite gerichtliche Instanz* bzw. auf einen *Instanzenzug* gewährleistet.[827] Dies gilt insbesondere auch in den Fällen, in denen eine *vorherige* Anhörung - also die Gewährung rechtlichen Gehörs vor der gerichtlichen Entscheidung - aus besonderen Gründen entbehrlich ist[828]: Auch aus der sich hieraus ergebenden Pflicht des Gerichts, dem Betroffenen das rechtliche Gehör in *derselben Instanz nachträglich* zu gewähren, folgt nicht, daß ihm gegen den ohne seine vorherige Anhörung ergangenen Richterspruch ein Rechtsmittel zur Verfügung stehen müßte.[829] Schließlich *eröffnet auch die festgestellte Verletzung rechtlichen Gehörs als solche keine weitere Instanz*, sofern eine solche *in der einschlägigen Prozeßordnung nicht vorgesehen* ist.[830] Das Bundesverfassungsgericht begründet auch dies mit der allgemeinen Erwägung, daß Art. 103 Absatz 1 GG ebensowenig wie Art. 19 Absatz 4 GG einen Instanzenzug gewährleiste.[831] Dem

---

[826] Zur Differenzierung im Hinblick auf den relevanten Bereich der *Wiedereinsetzung in den vorigen Stand* s. bereits weiter o. in vorliegendem Abschnitt, III.2.b)cc)*(1)*, sowie in Bezug auf Art. 19 Absatz 4 GG den Ersten Teil dieses Kapitels, dort C.III.2.c)bb).

[827] S. etwa BVerfGE 28, 21 (36); 54, 143.

[828] S. hierzu weiter o., I.2.

[829] BVerfGE 49, 329 (342 f.).

[830] BVerfGE 28, 21 (36), 88 (96); 34, 1 (6); 42, 243 (248); 49, 329 (342 f.); 54, 143.

[831] BVerfGE 49, 329 (343).

Betroffenen, der sein Begehren nicht mit dem für ihn von der Prozeßordnung bereitgestellten Mitteln durchzusetzen vermag, bleibt demnach nur der Weg des außerordentlichen Rechtsbehelfs der Verfassungsbeschwerde.[832]

Dem ist zunächst aus Sicht der hier maßgeblichen Gehörgarantie zuzustimmen, da von dem Mindestgehalt des Art. 103 Absatz 1 GG allein der Anspruch umfaßt ist, daß *überhaupt*, und zwar *vor einem Gericht*, rechtliches Gehör gewährt wird, nicht dagegen, daß Rechtsbehelfe im weiteren Sinne bzw. weitere Instanzen bereitgestellt werden, die im jeweils einschlägigen einfachen Verfahrensrecht nicht vorgesehen sind. Gleiches gilt aber auch für den Anwendungsbereich der Rechtsweggarantie nach Art. 19 Absatz 4 GG, denn hierdurch ist allein der *erste Zugang* zu einem Gericht, nicht dagegen der Zugang zu einer weiteren Instanz, gewährleistet.[833] Wäre dies anders, könnte unter Umständen aus Gründen der Gleichbehandlung, wie im Rahmen des Zugangs zu Gericht, von einer entsprechenden Gewährleistung im Anwendungsbereich des Art. 19 Absatz 4 GG auf eine solche im Garantiebereich des Art. 103 Absatz 1 GG geschlossen werden. Da dies nicht der Fall ist, gibt die Verfassung weder bei gerichtlichen Entscheidungen über Exekutivakte noch bei solchen über privatrechtliche Streitigkeiten einen Anspruch auf einen Instanzenzug. Somit verbleibt es bei der Entscheidungsprärogative des einfachen Gesetzgebers, im Verfahrensrecht Rechtsmittel vorzusehen. Auch die Anwendung solcher Regelungen durch die Fachgerichte, wie etwa *die Annahme eines Rechtsmittels*, ist daher vom Bundesverfassungsgericht jedenfalls nicht unter dem Gesichtspunkt des rechtlichen Gehörs - und auch nicht im Hinblick auf die Rechtsweggarantie - zu überprüfen.[834] Dies hat den Nebeneffekt, daß überall dort, wo der Gesetzgeber insoweit nicht zureichend tätig wird, zugleich an die Möglichkeit, Verfassungsbeschwerde zum Bundesverfassungsgericht einzulegen, zu denken ist. Denn auch das Erfordernis, nach einer ohne Gehör gewährten Entscheidung nunmehr eine zweite mit Gehör zu gewähren und somit eine zweite Instanz zu erzwingen, ergibt sich aus der Verfassung demnach nicht. Selbst die Verletzung rechtlichen Gehörs läßt sie nicht zu, wo das Gesetz sie nicht vorsieht. Das hat zur Folge, daß gegen alle unanfechtbaren Entscheidungen allein die Rüge der Verletzung rechtlichen Gehörs durch die Verfassungsbeschwerde möglich ist. Dies gilt vor allem für

---

832 S. BVerfGE 49, 329 (343 m.w.N.); ausführlich hierzu u., unter D.

833 S. hierzu bereits den Ersten Teil dieses Kapitels (zu Art. 19 Absatz 4 GG), dort B.II.2.

834 Am Rande sei aber jedenfalls bemerkt, daß sich das Bundesverfassungsgericht insoweit vor allem mit der Anwendung und Auslegung der zivilverfahrensrechtlichen Vorschrift des § 554 b ZPO befaßt hat, welche die Ablehnung der Revisionsannahme regelt, und zwar im Hinblick auf den Grundsatz der Rechtssicherheit bzw. auf das Postulat der Rechtsmittelklarheit als Ausformung des Rechtsstaatsprinzips sowie im Hinblick auf den Gleichheitssatz, E 49, 148; 50, 115, 287; 54, 277.

die Urteile der notorisch überlasteten Amtsgerichte und Berufungsurteile der Landgerichte in Zivilsachen. Es kann daher nicht verwundern, daß das Bundesverfassungsgericht damit in die Rolle des „Oberamtsgerichts" zu geraten droht. Ob die aktuelle Zivilprozeßrechtsreform hier Erleichterung bringen wird, ist angesichts ihrer komplizierten und teilweise widersinnigen Regelungen mehr als fraglich. Wahrscheinlich wird das Gegenteil der Fall sein und sich das Bundesverfassungsgericht wieder verstärkt der Prüfung von zivilgerichtlichen Urteilen anzunehmen haben. Immerhin aber hat der Reformgesetzgeber jetzt die Anhörungsrüge nach *§ 321 a ZPO n.F.* auch im Zivilprozeß eingeführt[835], sodaß nunmehr auch dort verstärkt die Möglichkeit besteht, Gehörsverletzungen im Instanzenzug zu heilen.

IV. Die Berücksichtigungspflicht der Gerichte

1. Grundsatz

Als *dritte Verwirklichungsstufe* der verfassungsrechtlichen Verfahrensgarantie Art. 103 Absatz 1 GG schließlich hat das Bundesverfassungsgericht die Berücksichtigungspflicht der Gerichte herausgearbeitet, welche dem oben dargelegten *Äußerungsrecht* des Betroffenen *korrespondiert*[836]: Dessen Vortrag kann sich nur dann auf die richterliche Entscheidung auswirken und ist mithin nur dann von Wert für ihn, wenn *das entscheidende Gericht* durch die mit dem Verfahren befaßten Richter seine Ausführungen *zur Kenntnis nimmt und in Erwägung zieht*, sofern das Vorbringen nicht nach den Prozeßvorschriften ausnahmsweise unberücksichtigt bleiben muß oder bleiben kann, so das Bundesverfassungsgericht in ständiger Rechtsprechung.[837] Bestünde die Berücksichtigungspflicht der Gerichte nicht, wäre zugleich das Äußerungsrecht für den Berechtigten nicht effektiv, da ohne Auswirkung auf die gerichtliche Entscheidung. In der Berücksichtigungspflicht kommt auch der Wortsinn der „Anhörung" am deutlichsten zur Geltung. Jemanden anzuhören bedeutet zugleich, sein Vorbringen aufzunehmen und darauf zu reagieren, es also zu verarbeiten.

2. Die Begründungspflicht

[835] S.u., D.I.2.b)dd).
[836] BVerfGE 22, 267 (273 m.w.N.). Vgl. auch die Angaben in der folgenden Fußnote.
[837] S. BVerfGE 5, 22 (24); 11, 218 (220); 14, 320 (323); 18, 380 (383); 22, 267 (273); 25, 137 (140); 27, 248 (251); 36, 92 (97); 40, 101 (104); 42, 364 (367 f. m.w.N.); 46, 185 (187 m.w.N.); 48, 394 (395); 53, 219 (222 m.w.N.); 54, 43 (45 f.), 86 (91); 60, 96 (99 f.); 61, 119 (122); 62, 347 (352); 63, 80 (85); 86, 133 (145 f.).

Die Einhaltung der *Berücksichtigungspflicht* durch das Fachgericht muß *nachprüfbar* sein. Ansonsten könnte jedes Gericht die Rüge der Verletzung rechtlichen Gehörs unwiderleglich mit der Behauptung entkräften, es habe den Sachvortrag sehr wohl gehört und erwogen, aber im Rahmen seines richterlichen Ermessens für nicht entscheidungserheblich befunden.[838]

Ob das Gericht seiner Berücksichtigungspflicht nachgekommen ist, läßt sich nach Auffassung des Bundesverfassungsgerichts vor allem anhand der *Begründung der gerichtlichen Entscheidung* - falls vorhanden - , insbesondere auf Grund des Tatbestandes des Urteils, feststellen.[839] Die Entscheidungsgründe haben insofern *Indizfunktion* hinsichtlich der Gewährleistung rechtlichen Gehörs. Das Bundesverfassungsgericht leitet daher in ständiger Rechtsprechung aus dem Schutzbereich des Art. 103 Absatz 1 GG eine *generelle Begründungspflicht* richterlicher Entscheidungen ab[840], anders als bei anderen Prozeßgrundrechten, für deren Prüfung nach Auffassung des Bundesverfassungsgerichts eine Begründung zwar wünschenswert, nicht aber verfassungsrechtlich notwendig ist.[841] Im Hinblick auf Art. 103 Absatz 1 GG jedenfalls müsse aus den Urteilsgründen eine *individualisierende* Auseinandersetzung mit dem erbrachten Sachvortrag, den das Äußerungsrecht umfaßt, und insofern mit dem zugrundeliegenden Einzelfall ersichtlich sein. Die *bloße Erwähnung* der Äußerung in den Entscheidungsgründen ist daher *nicht ausreichend*.[842] Aus demselben Grund *genügen auch formelhafte, pauschalisierende Wendun-*

---

838 Das richterliche Ermessen hinsichtlich der Frage der Entscheidungserheblichkeit eines Sachvortrags ist *materieller* Art und somit der Nachprüfung durch das Bundesverfassungsgericht weitgehend entzogen. Auch ein Verstoß gegen *das Verbot gerichtlicher Willkür* kommt nur bei besonders krassen Verstößen in Betracht und kann daher nur verhältnismäßig selten isoliert als einziger Grundrechtsverstoß bejaht werden. Daher ist eine speziell auf den Schutzbereich des rechtlichen Gehörs zugeschnittene und insoweit weitergehende Nachprüfung der Gewährung rechtlichen Gehörs durch die Kontrolle des Berücksichtigungsgebots notwendig.

839 BVerfGE 22, 267 (274).

840 Ausdrücklich seit BVerfGE 18, 380 (384); vgl. vorher bereits E 11, 218 (220). Daneben wird die Begründungspflicht in der Literatur auch als anderorts in der Verfassung verankert gesehen, so zum Beispiel als allgemeines Legitimierungserfordernis gerichtlicher Entscheidungen im demokratischen Rechtsstaat und in dem Sinne insbesondere zur Nachprüfung durch das Rechtmittelgericht unumgänglich (*Wassermann* in: Alternativkommentar-GG, Art. 103 Rd. 33); ausführlich *Brink*, Über die richterliche Entscheidungsbegründung (Diss. 1998), S. 46 ff.; vgl. allgemein auch *Schmidt-Aßmann* in: Maunz/Dürig/Herzog, GG, Art. 103 Abs. I Rd. 99 m.w.N. - Da also gerichtliche Entscheidungen allgemein zu begründen sind, ist es umso erstaunlicher, daß ausgerechnet im Annahmeverfahren der Verfassungsbeschwerde nach §§ 93 a ff. BVerfGG der Begründungszwang weggefallen ist (s. auch *Wassermann*, aaO Rd. 33 m.w.N.). Dies ist besonders bedenklich angesichts der Zielsetzung der letzten Novelle des Verfassungsprozeßrechts, das Bundesverfassungsgericht zu entlasten, denn das Argument der Arbeitsentlastung kann keine verfassungsrechtlich vorgegebene Pflicht aushebeln, wie das Bundesverfassungsgericht selbst immer wieder den Fachgerichten vorhält.

841 Vgl. etwa BVerfGE 50, 287 (289 f.) in Verbindung mit E 49, 148; 50, 115 im Hinblick auf das Fairneßgebot (Art. 2 Absatz 1 GG in Verbindung mit dem Rechtsstaatsprinzip) und das Willkürverbot (Art. 3 Absatz 1 GG).

842 BVerfGE 18, 380 (384).

gen nicht.[843] Dem ist prinzipiell zuzustimmen, denn die sich aus Art. 103 Absatz 1 GG ergebende Berücksichtigungspflicht umfaßt eben nicht nur die Kenntnisnahme des Sachvortrags, sondern auch die Auseinandersetzung mit ihm. Das Vorgetragene muß in nachprüfbarer Art und Weise erwogen werden. Ansonsten wäre die Anhörung ein rein formales Institut und das Äußerungsrecht für den Betroffenen de facto wertlos, da ohne Einfluß auf den Inhalt der gerichtlichen Entscheidung.

Andererseits muß sich das Fachgericht nach ständiger bundesverfassungsgerichtlicher Rechtsprechung nicht mit jedem Vorbringen[844], sondern nur mit *„wesentlichen, der Rechtsverfolgung und Rechtsverteidigung dienenden Tatsachenbehauptungen"*[845] ausdrücklich in den Entscheidungsgründen befassen.[846] Auf die Nichtberücksichtigung des Vortrags läßt sich insoweit schließen, wenn das Gericht auf den *wesentlichen Kern* des Tatsachenvortrags einer Partei zu einer Frage, die *für das Verfahren von zentraler Bedeutung* ist, in den Entscheidungsgründen nicht eingeht, sofern der Vortrag nicht nach dem Rechtsstandpunkt des Gerichts unerheblich oder aber offensichtlich unsubstantiiert war.[847] Außerdem geht das Bundesverfassungsgericht *grundsätzlich* davon aus, daß das Gericht eine wesentliche Äußerung *berücksichtigt* hat.[848] Insbesondere kann demnach auch auf Grund einer Betrachtung der Urteilsgründe *im Zusammenhang* ersichtlich sein, daß das Gericht seiner Berücksichtigungspflicht nachgekommen ist, wenn auch einzelne Urteilspassagen mißverständlich sind.[849] Aus den *besonderen Umständen* des *Einzel-*

---

843 Ausführlich hierzu *Waldner*, Der Anspruch auf rechtliches Gehör (1989), S. 185 ff.

844 S. bereits BVerfGE 5, 22 (24 f.). Nach der Rechtsprechung des Bundesverfassungsgerichts ist ein milderer Maßstab namentlich bei letztinstanzlichen, mit ordentlichen Rechtsmitteln nicht mehr angreifbaren Entscheidungen anzulegen, da davon auszugehen sei, daß sich die letzte Instanz mit allem auseinandergesetzt hat, was für eine Aufhebung des vorinstanzlichen Urteils (noch) relevant sein könnte, vgl. BVerfGE 50, 287 (289 f.); 65, 293 (295).

845 Ständige Rechtsprechung des Bundesverfassungsgerichts, vgl. nur E 47, 182 (189); 54, 43 (46). Es muß also jedes nicht belanglose Vorbringen verarbeitet werden. Was im einzelnen als *„wesentlich"* anzusehen ist, klärt das Bundesverfassungsgericht allerdings nicht allgemeingültig. Es behilft sich insoweit regelmäßig mit Umschreibungen wie *„der Kern des Tatsachenvortrags"* oder *„für das Verfahren von zentraler Bedeutung"*, vgl. nur BVerfGE 86, 133 (2. LS). Solche formelhaften Wendungen verdeutlichen aber nur das Kriterium der „Wesentlichkeit" und können nicht darüber hinwegtäuschen, daß das Bundesverfassungsgericht selbst die Frage der Erheblichkeit eines Tatsachenvortrags im jeweils vorliegenden Einzelfall *nach eigener Wertung* bestimmt. Damit hat es sich (auch) hier einen großen Wertungsrahmen und damit eine Einbruchsstelle für seinen Zugriff in den Verantwortungsbereich der Fachgerichte verschafft.

846 Ausdrücklich BVerfGE 22, 267 (274); vorher E 5, 22 (24); s. ausführlich E 28, 378 (384 f. m.w.N.).

847 BVerfGE 86, 133 (146).

848 BVerfGE 25, 137 (140 m.w.N.); 27, 248 (251 f. m.w.N.); 28, 378 (384 m.w.N.); 47, 182 (187 m.w.N.); 54, 86 (91 f. m.w.N.); 86, 133 (146 m.w.N.) und ständig.

849 Richtigerweise dahingehend einschränkend BVerfGE 11, 218 (220) und 21, 46 (48 f.). Regelmäßig ist aus einer Gesamtbetrachtung des Urteils ersichtlich, ob das Gericht aufgrund wesentlicher Äußerungen entschieden hat. Die Forderung nach ausdrücklicher Hervorhebung in jedem Fall wäre daher unnötiger Formalismus.

falls, nur im *Ausnahmefall*[850], muß sich daher *deutlich* ergeben, daß tatsächliches Vorbringen eines Beteiligten entweder überhaupt nicht zur Kenntnis genommen oder doch bei der Entscheidung ersichtlich nicht erwogen worden ist.[851] Das Bundesverfassungsgericht sieht eine Verletzung der Berücksichtigungsplicht insoweit insbesondere dann gegeben, wenn Vorbringen *eindeutig* bzw. *offensichtlich* völlig *übersehen* wird,[852] wenn etwa das Gericht in seiner Entscheidung etwas als nicht vorgetragen bezeichnet, das tatsächlich vorgetragen worden war[853], aber auch im Gegenteil beispielsweise dann, wenn in den Entscheidungsgründen ein Antrag zugrundegelegt wird, der im Lauf des Verfahrens in keiner Weise gestellt worden war.[854] Unproblematisch feststellbar ist der Verfassungsverstoß weiterhin dann, wenn das angegriffene Urteil entgegen gesetzlichen Erfordernissen weder Tatbestand noch Entscheidungsgründe enthält[855], ebenso wie, wenn das Gericht einen Schriftsatz in den Entscheidungsgründen erwähnt, jedoch ausdrücklich konstatiert, daß es seinen Inhalt nicht habe berücksichtigen können[856], oder das zwar zur Kenntnis genommene Vorbringen ersichtlich - indiziert durch fehlende Auseinandersetzung hiermit in den Urteilsgründen - nicht würdigt.[857] Auch aus der *Argumentation* des Gerichts in den Entscheidungsgründen kann sich ergeben, daß dieses gegen seine Berücksichtigungspflicht verstoßen hat.[858] Ebenfalls dann, wenn das Vorbringen zwar beispielsweise ausweislich des Verhandlungsprotokolls zur Kenntnis genommen, jedoch in

---

850 BVerfGE 47, 182 (188).

851 BVerfGE 22, 267 (274); 25, 137 (140 f.); 27, 248 (252); 28, 378 (384 f.); 34, 344 (347); 42, 364 (368); 47, 182 (187 f.); 51, 126 (129); 54, 86 (92 m.w.N.) und ständig.

852 In einem Fall, den das Bundesverfassungsgericht in E 22, 267 zu beurteilen hatte, war im Tatbestand des Urteils als unstreitiges Parteivorbringen vermerkt, der Beschwerdeführer sei kinderlos in zweiter Ehe verheiratet. Tatsächlich hatte dieser aber vorgetragen, aus seiner zweiten Ehe sei ein Kind hervorgegangen. Die Verletzung der Berücksichtigungspflicht lag hier daher evident vor. - In dem BVerfGE 27, 248 zugrundeliegenden Sachverhalt hatte das Fachgericht ausweislich des Protokolls über die Hauptverhandlung zwar erhebliches Vorbringen zur Kenntnis genommen, aber in den Urteilsgründen „erkennbar" nicht in Erwägung gezogen (S. 252). Die Ausführungen des Urteils stünden „in klarem Widerspruch" zu den Angaben des Beschwerdeführers, sodaß hieraus nur geschlossen werden könne, daß der Richter diese „überhaupt nicht gewürdigt, nicht etwa nur unrichtig gewürdigt" habe (S. 252 f.). - Vgl. weiter BVerfGE 40, 101 (104 f.); 46, 185 (187). - In dem BVerfGE 60, 247 zugrundeliegenden Sachverhalt war ein Amtsgericht ausweislich der die Entscheidung tragenden Gründe davon ausgegangen, der Beschwerdeführer sei beweisfällig geblieben. Tatsächlich hatte er aber durch Schriftsatz den relevanten Beweis angetreten. Das Gericht hätte die Beweiserhebung zwar ablehnen können (aus materiellen Gründen, deren Beurteilung grundsätzlich den Fachgerichten vorbehalten ist), dies jedoch begründen müssen (S. 249 f). - Zu weiteren Fällen evidenter Verletzung der Berücksichtigungspflicht s. weiter u. (Stichwort: *„Pannenhilfe des Bundesverfassungsgerichts"*).

853 BVerfGE 42, 364 (368).

854 Dies war der Fall in BVerfGE 28, 378 (384).

855 BVerfGE 60, 96 (100).

856 BVerfGE 18, 380 (384).

857 BVerfGE 47, 182 (188 ff.); 54, 86 (92).

858 BVerfGE 51, 126 (129 f.): Hier hatte ein Zivilgericht einen zwischen den Parteien unstreitigen Teil des Sachverhalts nicht berücksichtigt.

der Begründung des Urteils erkennbar nicht erwogen wurde, liegt ein Verstoß gegen die Berücksichtigungspflicht vor, da allein die Kenntnisnahme den Erfordernissen des Art. 103 Absatz 1 GG nicht genügt.[859]

Im einfachen Gesetzesrecht hat die ZPO-Novelle von 2001 auch im Bereich der Begründungspflicht einige Neuerungen mit sich gebracht, die teilweise mehr als vorher etwa das Weglassen von Tatbestand bzw. Entscheidungsgründen nach *§ 313 a ZPO n.F.* erlauben - sodaß sich die Berücksichtigung entscheidungserheblichen Vorbringens verstärkt aus anderen Umständen (vor allem aus dem Terminsprotokoll) ergeben muß - , andererseits aber mittelbar schärfer geworden sind.[860] So bedarf es seitens des Berufungsgerichts erhöhter Sorgfalt bei der Formulierung des Berufungsurteilstatbestands, da die vom Gericht des ersten Rechtszugs festgestellten Tatsachen seiner *eigenen* Verhandlung und Entscheidung zu Grunde zu legen sind - soweit nicht gemäß *§ 529 Absatz 1 Nr. 1 ZPO n.F.* „konkrete Anhaltspunkte Zweifel an deren Richtigkeit und Vollständigkeit" und daher eine neue Feststellung gebieten - , jedoch die Anforderungen des unverändert gebliebenen *§ 313 Absatz 2 ZPO* weiterhin erfüllt werden müssen.[861]

3. Das „Beruhen" der Entscheidung auf einem Verstoß gegen die Berücksichtigungspflicht

Ist Vorbringen nicht zur Kenntnis genommen oder aber ersichtlich nicht erwogen worden, muß zusätzlich festgestellt worden können, daß dies *entscheidungserheblich* gewesen war, d.h. der übergangene Vortrag muß von der Entscheidungsgrundlage umfaßt gewesen sein; ansonsten *beruht* die Entscheidung nicht auf dem Verstoß gegen Art. 103 Absatz 1 GG.[862] Das Bundesverfassungsgericht bejaht diese Kausalität speziell in Bezug auf einen Verstoß gegen die aus dem Gehöranspruch folgende Berücksichtigungspflicht etwa dann, wenn der von dem Gericht nicht berücksichtigte Vortrag des Äußerungsberechtigten *in tatsächlichem und rechtlichem Zusammenhang mit den Entscheidungsgründen* des angefochtenen Urteils steht[863], beispielsweise dann, wenn das Gericht bei Berücksichtigung des Sachvortrags eine von ihm offen gelassene Rechtsfrage hätte entscheiden und gegebenenfalls Beweis erheben müssen.[864] Weiterhin ist der im Hinblick

[859] S. weiter o. und BVerfGE 27, 248 (252 f.).
[860] *ZPO-RG* vom 27. Juli 2001 (= BGBl. I S. 1887); vgl. *Hartmann*, NJW 2001, S. 2577 (2586 f.).
[861] S. *dens.*, aaO S. 2586.
[862] Vgl. nur BVerfGE 54, 43 (46) und die Angaben in den folgenden Fußnoten.
[863] BVerfGE 11, 218 (220); s. auch E 18, 380 (384).
[864] BVerfGE 42, 364 (368 f.); ausführlich E 53, 219 (223 f.).

auf das rechtliche Gehör festgestellte Verfassungsverstoß auch dann entscheidungserheblich für den Betroffenen, wenn ein von ihm gestellter *verfahrensrechtlicher Antrag* nicht berücksichtigt wird, so wenn beispielsweise im Strafprozeß über den Antrag auf Zulassung der Nebenklage nicht entschieden wird, da dann der potentielle Nebenkläger um die Möglichkeit gebracht wird, seine Rechte als solcher auszuüben und nach Maßgabe der strafprozessualen Vorschriften sich Gehör zu verschaffen.[865] Im übrigen bleibt es bei dem *allgemein* für Verstöße gegen Art. 103 Absatz 1 GG geltenden Grundsatz, daß die angegriffene Entscheidung immer dann auf der Verletzung rechtlichen Gehörs beruht, wenn zumindest *nicht ausgeschlossen* werden kann, daß die Entscheidung bei ordnungsgemäßer Gewährung rechtlichen Gehörs *anders* bzw. *günstig* für den Betroffenen ausgefallen wäre.[866] Dies reicht aus für die Feststellung, daß die Entscheidung auf der Nichtberücksichtigung des Sachvortrags beruht; dagegen muß und darf das Bundesverfassungsgericht nicht weiter nachprüfen, wie die Entscheidung bei erfolgter Berücksichtigung inhaltlich ausgefallen wäre, denn Art. 103 Absatz 1 GG gibt dem Betroffenen keinen Anspruch darauf, auch in der Sache erfolgreich zu sein. Dies ist eine Frage der Anwendung und Auslegung einfachen Rechts und somit der Prüfungskompetenz des Bundesverfassungsgerichts entzogen[867] und im übrigen eine Selbstverständlichkeit, denn wenn irgendein Anspruch auf eine gerichtliche Entscheidung bestimmten Inhalts bestünde, wäre der Richter nicht mehr unabhängig im Sinne der Verfassung, sondern bloß ausführendes Organ der Anwendung von Gesetzen.

Im einzelnen hat das Bundesverfassungsgericht im Bereich der Berücksichtigungspflicht folgende Fälle entschieden:

Zunächst hat das Bundesverfassungsgericht immer wieder darauf hingewiesen, daß innerhalb einer gesetzlichen oder von dem Gericht gesetzten *Frist* eingegangene, Ausführungen oder Anträge enthaltende Schriftsätze, die auch sonst ordnungsgemäß eingereicht worden waren, bei der Entscheidung zu berücksichtigen sind.[868] Es handelt sich hierbei zumeist um Fälle, in denen das Gericht schlichtweg *übersehen* hatte, daß ein Schriftstück fristgemäß eingegangen und auch sonst in zulässiger Weise eingereicht worden

865 BVerfGE 14, 320 (323).
866 Vgl. etwa BVerfGE 7, 239 (241); 34, 344 (347); 46, 185 (188); 51, 126 (130); 63, 80 (88). Dies soll selbst dann gelten, wenn der Äußerungsberechtigte aus eigenem Verschulden eine ihm nach § 275 Absatz 1 Satz 1 ZPO gesetzte Frist versäumt hat, da zumindest nicht ausgeschlossen sei, daß das Gericht sein Vorbringen nach § 296 Absatz 1 ZPO zugelassen hätte, vgl. BVerfGE 60, 96 (100).
867 S. BVerfGE 63, 80 (88) und weiter u., 4.
868 Vgl. nur BVerfGE 18, 380 (383 ff.); 34, 344 (346 f.); 53, 219 (222 m.w.N.); 61, 119 (122 f.); 62, 347 (352).

war, weil es dem zuständigen Richter aus vom Gericht zu vertretenen Gründen nicht rechtzeitig vorgelegt worden war.[869] Auch in diesem Zusammenhang - wie auch in Bezug auf die Wiedereinsetzung in den vorigen Stand - stellt das Bundesverfassungsgericht heraus, daß es belanglos ist, ob die Nichtberücksichtigung der Äußerung etwa auf einem Fehler der Geschäftsstelle des Gerichts oder auf einem Versehen des zuständigen Richters beruht, da das Gericht insgesamt dafür verantwortlich ist, daß dem Gebot rechtlichen Gehörs Rechnung getragen wird, und es auf ein Verschulden des Gerichts dabei nicht ankommt.[870] In den vorgenannten Fällen war die Verkürzung des rechtlichen Gehörs regelmäßig evident, die fehlende Berücksichtigung also offensichtlich und das Bundesverfassungsgericht wieder einmal zur „*Pannenhilfe*" berufen.[871] Gleiches gilt für die weiter oben dargestellte Fallgruppe, wonach wesentliches Parteivorbringen zwar zur Kenntnis genommen, aber ersichtlich nicht in der Entscheidung gewürdigt worden ist.[872]

Des weiteren stellte das Bundesverfassungsgericht insbesondere fest, daß insbesondere auch *erhebliche Beweisanträge* zu berücksichtigen sind, sodaß solchenfalls die Ausführung in den Urteilsgründen, der Betroffene sei beweisfällig geblieben, ebenfalls einen Verstoß gegen das Berücksichtigungsgebot darstellt.[873]

4. Kein Anspruch auf Berücksichtigung des Vorgetragenen in materieller Hinsicht

Nach alledem hat der Äußerungsberechtigte aus Art. 103 Absatz 1 GG einen Anspruch darauf, daß das Gericht seinen Vortrag zur Kenntnis nimmt und sich mit ihm auseinandersetzt. Dies manifestiert sich in der gerichtlichen Entscheidung. Jedoch hat der Betroffene nach der ständigen Rechtsprechung des Bundesverfassungsgerichts *keinen Anspruch* darauf, auch *in der Sache* Erfolg zu haben[874]: Demnach darf vor allem die „Verkennung" der Beweislage oder die „falsche" Würdigung von Tatsachen durch das Fachgericht vom Bundesverfassungsgericht nicht als Verletzung der Berücksichtigungspflicht und damit als Verstoß gegen Art. 103 Absatz 1 GG gewertet werden, sofern die Äußerung nur entgegengenommen und erwogen wurde.[875] In einem solchen Fall liegt nach Ansicht des

---

[869] Vgl. etwa BVerfGE 11, 218 (219 f. m.w.N.); 48, 394 (395 f.). Hierzu gehören auch etwa die Fälle, daß das Gericht aus Rechtsirrtum oder schlichtweg versehentlich eine gesetzliche Bestimmung bei der *Berechnung* einer Frist nicht angewendet hat, vgl. BVerfGE 18, 380 (384).

[870] Vgl. nur BVerfGE 40, 101 (105 m.w.N.); 46, 185 (187 f.); 53, 219 (222 f. m.w.N.); 62, 347 (352 m.w.N.) und ständig.

[871] Eingehend hierzu BVerfGE 46, 185 (187 f.).

[872] BVerfGE 47, 182 (188 ff.); 54, 86 (92).

[873] BVerfGE 60, 247 (249 f.).

[874] BVerfGE 63, 80 (88); s. auch die Angaben in der folgenden Fn.

[875] BVerfGE 11, 343 (349); 18, 85 (92 f.); 21, 46 (49); 22, 267 (273 f.); 25, 137 (140 f.); 27, 248 (251); 28, 378 (384). So auch die herrschende Lehre, s. etwa *Deubner*, NJW 1980, S. 263 (264). - Mißver-

Bundesverfassungsgerichts eine fehlerhafte Bewertung von Tatsachen des dem Prozeß zugrundeliegenden materiell-rechtlichen Verhältnisses vor, d.h. ein verfassungsrechtlich unerheblicher Fehler bei der Anwendung *materiellen* Rechts (*error in iudicando*), der nicht zur Aufhebung des Urteils auf eine Verfassungsbeschwerde hinführen kann.[876] Dem ist unbedingt beizupflichten, denn schon die Rechtsnatur des Anspruchs auf rechtliches Gehör als *Prozeß*grundrecht verbietet einen Rückgriff auf das materielle Recht, das dem Verfahren zugrundeliegt. Art. 103 Absatz 1 GG garantiert mithin nur, *daß* die vorgebrachte Äußerung berücksichtigt wird, ist aber ohne Bedeutung für die Frage, *wie* diese - inhaltlich - aufgefaßt und gewürdigt werden soll. Dies ist allein eine Frage des materiellen Rechts, das mit der Rüge der Verletzung rechtlichen Gehörs nicht angreifbar ist.

> Das Bundesverfassungsgericht grenzt mithin in diesem Zusammenhang strikt seine Kontrollsphäre ab von der fachgerichtlichen Beurteilungssphäre im Sinne der funktionellen Verteilung, wonach die Anwendung einfachen, insbesondere materiellen Rechts, primär den Fachgerichten obliegt; das Bundesverfassungsgericht hat insofern nur die Verletzung „spezifischen Verfassungsrechts" zu prüfen.[877]

Von diesen Grundsätzen weicht der Zweite Senat des Bundesverfassungsgerichts in einem Beschluß aus dem Jahre 1981 de facto ab, in dem er die *Würdigung* eines von dem Betroffenen vorgelegten entscheidungserheblichen Schriftsatzes durch das Fachgericht als *sachlich schlechthin unhaltbar* und somit als Verstoß gegen das *Willkürverbot* im Sinne objektiver Willkür gemäß Art. 3 Absatz 1 GG wertet.[878] Mit der Begründung, daß „schon" das Willkürverbot verletzt gewesen sei, hat der Senat das Urteil des Gerichts nicht weiter auf eine Verletzung des rechtlichen Gehörs hin überprüft.[879] Dessen Anwendungsbereich war aber eröffnet, nur erstreckt sich die aus Art. 103 Absatz 1 GG folgende Berücksichtigungspflicht eben nicht auf die Würdigung des Vorgetragenen in sachlicher Hinsicht, sodaß hier ein jedenfalls unter dem Gesichtspunkt des rechtlichen Gehörs unerheblicher error in iudicando vorlag. Das Bundesverfassungsgericht mußte also den Umweg über die Willkür-Formel nehmen, um die Entscheidung dennoch für ver-

---

ständlich insoweit BVerfGE 47, 182 (190 f.): im Streitfall hatte das Fachgericht tatsächlich ein Vorbrigen nicht erwogen und in diesem Sinne - formell gesehen - nicht „gewürdigt"; das Bundesverfassungsgericht weist aaO aber zusätzlich darauf hin, § 286 ZPO hätte so ausgelegt und angewendet werden müssen, daß dem rechtlichen Gehör Genüge getan ist. Diese einfach-rechtliche Vorschrift ist aber die zentrale Norm für die Beweiswürdigung im *materiellen* Sinne für den Zivilprozeß, setzt also überhaupt voraus, daß das Vorbringen der Parteien *formell* zur Kenntnis genommen und erwogen worden war, sodaß seine unrichtige Anwendung oder Auslegung nach dem oben Gesagten vom Schutzbereich des Art. 103 Absatz 1 GG nicht umfaßt ist.

876 BVerfGE 5, 9 (12).

877 Im Hinblick auf die Berücksichtigungspflicht vgl. vor allem BVerfGE 22, 267 (273 f.).

878 BVerfGE 57, 39 (42); s. die Anmerkung von *Kromer*, JuS 1984, S. 601 ff. sowie *Krause*, JZ 1984, S. 835.

879 BVerfGE 57, 39 (42).

fassungswidrig erklären zu können. Es handelt sich insoweit um Einzelfalliudikatur reinster Form. Vor einer Ausweitung des Inhalts des Art. 103 Absatz 1 GG durch die Hintertür der Willkür-Formel kann daher gerade hier nur gewarnt werden, da hierdurch eben doch die Gewährung einer materiell richtigen bzw. einer gerichtlichen Entscheidung bestimmten Inhalts postuliert wird.[880]

D. Die Beseitigung von Verletzungen rechtlichen Gehörs durch die Fachgerichte und die Rüge eines Verstoßes gegen Art. 103 Absatz 1 GG vor dem Bundesverfassungsgericht

I. Die Rügepflicht des Gehörberechtigten und die Beseitigungspflicht der Gerichte

1. Grundsatz

Die Feststellung eines Verstoßes gegen das verfassungsrechtliche Gebot der Gewährung rechtlichen Gehörs führt *nicht* automatisch zur *Nichtigkeit* bzw. Unwirksamkeit der angegriffenen Entscheidung des Fachgerichts. Auch deren Aufhebung *durch das Bundesverfassungsgericht* und Zurückverweisung der Sache an ein zuständiges Fachgericht gemäß § 95 Absatz 2 BVerfGG kommt erst nach stattgegebener Verfassungsbeschwerde des Betroffenen in Frage, welche nach Art. 93 Absatz 1 Nr. 4 a GG in Verbindung mit § 90 Absatz 1 BVerfGG insbesondere auch mit der Rüge der Verletzung rechtlichen Gehörs statthaft ist und den *allgemeinen Zulässigkeitsvoraussetzungen für Verfassungsbeschwerden* unterliegt. Der Berechtigte hat die Verletzung des ihm zustehenden Gehörrechts zu rügen.

Ungleich höhere Bedeutung gegenüber allen anderen Verfahrensrügen zum Bundesverfassungsgericht kommt bei der Rüge eines Verstoßes gegen den Anspruch auf rechtliches Gehör dem Erfordernis der *Erschöpfung des Rechtsweges* nach § 90 Absatz 2 Satz 1 BVerfGG zu, welches eine besondere Ausprägung des allgemeinen Grundsatzes der

---

[880] Kritisch *Kromer*, aaO S. 605 zu der vorgenannten Entscheidung des Bundesverfassungsgerichts (Bd. 57, S. 39 ff.): Dem von dem Bundesverfassungsgericht in dieser Entscheidung - genauso wie in E 58, 163 - zu beurteilenden Sachverhalt habe lediglich ein einfach-rechtlicher Rechtsanwendungsfehler zu Grunde gelegen.

Subsidiarität der Verfassungsbeschwerde darstellt.[881] Eine ausgeprägte Rechtsprechung des Bundesverfassungsgerichts hierzu ist sicherlich darauf zurückzuführen, daß es selbst mit Gehörsrügen, seit langem Spitzenreiter unter den Verfahrensrügen[882], außerordentlich überlastet ist. Der Gehörberechtigte muß mithin - wie allgemein bei der Verfassungsbeschwerde gegen eine fachgerichtliche Entscheidung - den Verstoß gegen Art. 103 Absatz 1 GG zunächst mit den *allgemeinen Rechtsmitteln* und besonderen verfahrensrechtlichen Rechtsbehelfen geltend machen, ehe er Verfassungsbeschwerde erhebt. Insofern trifft ihn eine *Rügepflicht*, der die *Pflicht des Fachgerichts*, das gegen das Gehörrecht verstoßen hat, oder aber des Gerichts der nächsten Instanz *korrespondiert*, diesen Verstoß zu *beseitigen*.

Insofern liegt dem Subsidiaritätsprinzip eine *doppelte Erwägung* zugrunde; das Bundesverfassungsgericht führt hierzu aus:

> „Der Beschwerdeführer muß *zunächst selbst alles tun, damit eine etwaige Grundrechtsverletzung im Instanzenzug beseitigt wird.* Er ist grundsätzlich zur Ausschöpfung der Rechtsmittel gezwungen; erst dann kann er sich an das Bundesverfassungsgericht wenden. Andererseits ist die Erschöpfung des Rechtsweges nicht nur Prozeßvoraussetzung; das Subsidiaritätsprinzip enthält *zugleich eine grundsätzliche Aussage über das Verhältnis der Fachgerichte zum Bundesverfassungsgericht.* Nach der grundgesetzlichen Kompetenzverteilung obliegt zunächst den Instanzgerichten die Aufgabe, die Grundrechte zu wahren und durchzusetzen. Hierin kommt die Bedeutung zum Ausdruck, welche die Verfassung der rechtsprechenden Gewalt für die Einhaltung verfassungsrechtlicher Grundentscheidungen beimißt. *Dem Gebot der Erschöpfung des Rechtswegs entspricht die Pflicht der Gerichte, etwaige im Instanzenzug eingetretene Grundrechtsverstöße selbst zu beseitigen.*“[883]

Ein nicht zu unterschätzender Aspekt der Rechtswegerschöpfung ist somit aus praktischer Sicht die Entlastung des Bundesverfassungsgerichts von Rügen der Verletzung des Art. 103 Absatz 1 GG, die entweder im fachgerichtlichen Verfahren selbst beseitigt wird oder aber durch die Rechtsmitteleinlegung im Instanzenzug wenigstens dazu führt, daß

---

[881] Der umfassendere Grundsatz der *Subsidiarität der Verfassungsbeschwerde* ist eine *richterrechtliche* - bundesverfassungsgerichtliche - Entwicklung des *Verfassungsprozeßrechts*, wonach der verfassungsgerichtliche Individualschutz einerseits in das Gesamtsystem des gerichtlichen Rechtsschutzes eingefügt, andererseits die (bloße) Hilfs- und Auffangfunktion der Verfassungsbeschwerde als außerordentlicher Rechtsbehelf im Rahmen der Funktionsverteilung zwischen Verfassungsgerichtsbarkeit und Fachgerichtsbarkeit herausgestellt wird. Die Subsidiarität wirkt insofern als *Auslegungsgrundsatz* auf das geschriebene Prozeßrecht ein (vor allem auf das Erfordernis der Erschöpfung des Rechtsweges nach § 90 Absatz 2 BVerfGG) und begründet zugleich in der Zusammenschau der Ordnung des gerichtlichen Rechtsschutzes die *Kompetenz des Bundesverfassungsgerichts* zur Auslegung und Anwendung einfachen Prozeßrechts, soweit für die Aufgabenverteilung zwischen Bundesverfassungsgericht und Fachgerichten von Bedeutung, s. *Bender*, AöR Bd. 112 (=1987), S. 169 (173 f. m.w.N.).

[882] S. hierzu bereits weiter o., A.II.4.

[883] BVerfGE 49, 252 (258). - Hervorhebungen in Kursivschrift von *Verf.*

eine ordnungsgemäße Vorprüfung der Beschwerdepunkte bereits im fachgerichtlichen Verfahren vorgenommen wird.[884]

> Erst wenn der Rechtsweg erschöpft ist, d.h. wenn der Betroffene sich um die Heilung des Verstoßes gegen Art. 103 Absatz 1 GG entweder vor dem erkennenden Gericht oder in der nächsten Instanz bemüht hat, die letzte fachgerichtliche Instanz allerdings die Verfassungsverletzung nicht beseitigt hat, kommt nach alledem eine Verfassungsbeschwerde in Betracht. Nur in Ausnahmefällen dagegen ist § 90 Absatz 2 Satz 2 BVerfGG einschlägig, wonach das Bundesverfassungsgericht über eine vor Erschöpfung des Rechtswegs eingelegte Verfassungsbeschwerde sofort entscheiden kann, sofern diese von allgemeiner Bedeutung ist oder wenn dem Beschwerdeführer ein schwerer und unabwendbarer Nachteil entstünde, falls er zunächst auf den Rechtsweg verwiesen würde.[885] Dies gilt für alle Verfassungsbeschwerden, welche zum Bundesverfassungsgericht erhoben werden.
>
> In Bezug auf das Erfordernis der Rechtswegerschöpfung bzw. auf den allgemeinen Subsidiaritätsgrundsatz verlangt das Bundesverfassungsgericht jedoch im Rahmen des *Anspruchs auf rechtliches Gehör* dem Betroffenen *besondere* Anstrengungen ab wie auch den Fachgerichten bei der Beseitigung der Gehörverletzung, da die Rügen der Verletzung des Art. 103 Absatz 1 GG bisher den weitaus größten Teil an Verfahrens-Verfassungsbeschwerden - und darüber hinaus an Verfassungsbeschwerden insgesamt - ausmachten.

2. Die Erschöpfung des Rechtsweges als Zulässigkeitsvoraussetzung der Verfassungsbeschwerde bei Gehörverletzungen

a) Die Einlegung allgemeiner Rechtsmittel

Das allgemein für Verfassungsbeschwerden geltende Erfordernis der Erschöpfung des Rechtsweges nach § 90 Absatz 2 Satz 1 BVerfGG als Ausprägung des allgemeinen Grundsatzes der Subsidiarität der Verfassungsbeschwerde bedeutet nach ständiger Rechtsprechung des Bundesverfassungsgerichts speziell bei Gehörverletzungen zunächst, daß die im einfachen Prozeßrecht vorgesehenen *allgemeinen Rechtsmittel* ausgeschöpft werden müssen.[886]

aa) Verfahrensrechtlich vorgesehene Rechtsmittel

Hervorzuheben ist zunächst die *Berufung*[887], denn das Berufungsgericht ist als zweite Tatsacheninstanz *nicht nur zur Prüfung* von Verfahrensmängeln der ersten Instanz, *son-*

---

[884] Vgl. auch BVerfGE 70, 180 (185). - Da für die Zulässigkeit einer auf einen Verstoß gegen Art. 103 Absatz 1 GG gestützten Verfassungsbeschwerde mithin erforderlich ist, daß dieser Verstoß bereits vor den Fachgerichten geltend gemacht wird, entfaltet das Verfassungsprozeßrecht (§§ 90 Absatz 2, 92 BVerfGG; s. ausführlich hierzu weiter u.) insofern eine gewisse „*Vorwirkung*", vgl. *Bender*, AöR Bd. 112 (=1987), S. 169.

[885] Näher hierzu weiter u., unter 3.

[886] Vgl. die Angaben in den folgenden Fußnoten.

[887] BVerfGE 5, 9 (10) [hier für das arbeitsgerichtliche Verfahren].

dern auch zur Nachholung des in der ersten Instanz versäumten rechtlichen Gehörs und zur Sachentscheidung berufen, sodaß die Verletzung des Art. 103 Absatz 1 GG, die prozessual einen wesentlichen Mangel des vorinstanzlichen Verfahrens darstellt, *geheilt* werden kann.[888] Im Zivilprozeß wird sich durch die Novelle von 2001[889] allerdings auch insoweit einiges ändern: Dem Berufungsgericht kommt nicht mehr die Bedeutung einer vollen zweiten Tatsacheninstanz zu, da es nach *§ 529 Absatz 1 Nr. ZPO n.F.* prinzipiell die Feststellungen des Ausgangsgerichts seiner eigenen Entscheidung zugrundezulegen hat. Jedoch sieht *§ 513 Absatz 1 ZPO n.F.* ausdrücklich den Berufungsgrund der *Rechtsverletzung* vor, wozu auch die Verletzung rechtlichen Gehörs durch fehlerhafte Anwendung des Verfahrensrechts gehört.[890] Im ganzen wird daher auch weiterhin die zivilprozessuale Berufung von Bedeutung für Gehörverletzungen sein, wenngleich sie nunmehr außerhalb der Streitwertberufung (ab Beschwerdegegenstandswert über Euro 600,00) ausdrücklich an eine *Zulassung im erstinstanzlichen Urteil* gebunden ist (*§ 511 Absatz 4 Satz 2 ZPO n.F.*)[891] und sie darüber hinaus vom Berufungsgericht durch einstimmigen *Beschluß*, d.h. *ohne mündliche Verhandlung*, gemäß *§ 522 Absatz 2 ZPO n.F.* zurückgewiesen werden kann, wenn es „davon überzeugt" ist, daß die Berufung keine Aussicht auf Erfolg hat, die Rechtssache keine grundsätzliche Bedeutung hat und die Fortbildung des Rechts oder die Sicherung einer einheitlichen Rechtsprechung eine Entscheidung des Berufungsgerichts nicht erfordert.[892]

Weiterhin zählten als allgemeine Rechtsmittel zu dem zu erschöpfenden Rechtsweg bislang etwa die zivilprozessuale *Beschwerde* - auch in Form der *weiteren* Beschwerde[893] - sowie beispielsweise die *Rechtsbeschwerde* bzw. der Antrag auf deren Zulassung nach §§ 79, 80 OWiG[894]. Die alte Unterscheidung zwischen einfacher (nicht fristgebundener) und sofortiger (befristeter) Beschwerde ist im Zivilprozeßrecht dagegen aufgegeben worden. *Alle zivilprozessualen Beschwerden sind nunmehr fristgebundene, sofortige Beschwerden* (*§§ 567 Absatz 1, 573 Absatz 2 ZPO n.F.*). Entsprechend sind jetzt auch alle Erinnerungen fristgebunden. Sie müssen innerhalb einer Notfrist von zwei Wochen eingelegt werden (*§ 573 Absatz 1 Satz 1 ZPO n.F.*).[895]

---

888 BVerfGE 5, 22 (2. LS und S. 24).
889 *ZPO-RG* vom 27. Juli 2001 (= BGBl. I S. 1887).
890 Vgl. hierzu *Schneider*, ZAP 2001, Fach 13, S. 1063 (1081).
891 S. hierzu *dens.*, aaO S. 1080 f.
892 Vgl. hierzu *dens.*, aaO S. 1084 f.; s. auch *Ebel*, ZRP 2001, S. 309 ff.
893 S. BVerfGE 49, 252 (256).
894 BVerfGE 27, 248 (250); 42, 252 (254).
895 Zum neuen Beschwerderecht s. *Schneider*, aaO S. 1089 ff.

Die Nutzung der von den einzelnen Prozeßordnungen bereitgestellten allgemeinen Rechtsmitteln ist umso wichtiger für den Gehörberechtigten als auch *die Verletzung* des rechtlichen Gehörs als solche ihm *keine weitere verfahrensrechtlich nicht vorgesehene Instanz* zur Verfügung stellt, denn das Verfahrensgrundrecht des Art. 103 Absatz 1 GG (ebenso wie Art. 19 Absatz 4 GG) als solches stellt generell, wie auch im Fall seiner Verletzung, *keinen Instanzenzug* zur Verfügung.[896] Das Bundesverfassungsgericht erklärt hierzu, ein nach der einschlägigen Verfahrensordnung unstatthaftes Rechtsmittel werde nicht dadurch statthaft, daß es auf die Behauptung der Verletzung des rechtlichen Gehörs gestützt werde.[897] Demnach kann derjenige, der die Verletzung rechtlichen Gehörs rügen will, auch auf Grund der Verletzung *nicht ein Rechtsmittel einlegen, welches im Verfahrensrecht hierfür nicht vorgesehen ist* oder das aus anderen Gründen nicht vom Fachgericht angenommen wird, wie dies etwa bei § 80 Absatz 1 OWiG der Fall ist, wonach für die Annahme der Rechtsbeschwerde ein bestimmter Zulassungsgrund erforderlich ist, nämlich sinngemäß derjenige, daß die Bedeutung des zugrundeliegenden Falles über die eines Einzelfalles hinausreicht.[898] Das Bundesverfassungsgericht begründet seine rigide Auffassung letztlich damit, daß für die Durchsetzung des Anspruchs auf rechtliches Gehör dem Betroffenen *in jedem Fall noch der Weg des außerordentlichen Rechtsbehelfs der Verfassungsbeschwerde offenstehe.*[899] Ein sehr fragwürdiges Argument, betrachtet man die Überlastung des Bundesverfassungsgerichts mit Gehörrügen einerseits und den im übrigen zutreffenden Ansatz, daß die Heilung eines Verfahrensfehlers möglichst noch in derselben Instanz, jedenfalls aber im fachgerichtlichen Instanzenzug, erfolgen soll. Dessen ungeachtet vertritt das Bundesverfassungsgericht seine Auffassung auch für die Fälle - vor allem im Bereich vorläufiger bzw. besonders eilbedürftiger Maßnahmen sowie insbesondere im Rahmen gerichtlich angeordneter Zwangsmaßnahmen - , in denen ausnahmsweise das rechtliche Gehör *nicht vor* der gerichtlichen Entscheidung zu gewähren ist, sondern eine *nachträgliche Anhörung* - allerdings vorzunehmen in derselben Instanz (sonst ist kein „rechtliches Gehör" vor dem zuständigen Gericht gewährt) - ausreicht.[900] Auch für den Fall, daß diese unterbleibt, ergibt sich nach Ansicht des Bundesverfassungsgerichts aus dem hierin begründeten Verstoß gegen Art. 103 Absatz 1 GG

---

[896] S. bereits o., C.III.3.c)bb), sowie BVerfGE 28, 88 (95 f.); 34, 1 (6); 42, 243 (248 f.), 252 (254) und ständig. Vgl. aus der Literatur hierzu *Kopp*, AöR Bd. 106 (=1981), S. 604 (610 m.w.N.); *Schmidt-Aßmann* in: Maunz/Dürig/Herzog, GG, Art. 103 Abs. I Rd. 61 m.w.N.

[897] BVerfGE 60, 96 (98 m.w.N.) und ständig.

[898] Vgl. hierzu BVerfGE 42, 252 (254).

[899] BVerfGE 42, 252 (254); 49, 252 (256).

[900] Allgemein hierzu o., C.I.2 (Vorherigkeitsgrundsatz).

kein Anspruch auf eine weitere Instanz bzw. auf ein Rechtsmittel, das im einfachen Prozeßrecht nicht vorgesehen ist.[901] Dem Betroffenen bleibt daher nur der Weg der Verfassungsbeschwerde, gegen deren Statthaftigkeit nach Auffassung des Bundesverfassungsgerichts in solchen Fällen keine Bedenken bestehen; dies gilt auch dann, wenn die angegriffene Maßnahme *bereits vollzogen* worden ist.[902]

Nach alledem ist der Gehörberechtigte auf die in der jeweils einschlägigen Prozeßordnung vorgesehenen Rechtsmittel angewiesen, um den Verstoß gegen Art. 103 Absatz 1 GG noch vor den Fachgerichten geltend machen zu können. Andererseits ist er hierzu auch verpflichtet, will er überhaupt mit seiner Rüge bis zum Bundesverfassungsgericht vordringen. Dies dient nach dem weiter oben dargestellten doppelten Verständnis von der Subsidiaritätsklausel in der Rechtsprechung des Bundesverfassungsgerichts zugleich der *Selbstkontrolle der Fachgerichte*, welche durch die Einlegung des Rechtsmittels auch die Chance erhalten, den eigenen oder den der Vorinstanz unterlaufenen Verstoß gegen Art. 103 Absatz 1 GG zu heilen. Dies hilft den Fachgerichten insbesondere auch dabei, künftig gehörrelevante *„Pannen"* wiedergutzumachen, die, wie etwa bei unterlas-

---

901 S. BVerfGE 49, 329 (342 f.).

902 Vgl. BVerfGE 42, 212 (218); 49, 329 (343). Bereits *vollzogenen* bzw. abgeschlossenen Maßnahmen fehlt es an sich bereits an einer *gegenwärtigen*, unmittelbaren Selbstbetroffenheit bzw. Beschwer für den Betroffenen, welche nach der ständigen Rechtsprechung des Bundesverfassungsgerichts seit E 1, 97 (101) substantiiert zu behaupten ist. Zum anderen erweisen sich solche Maßnahmen praktisch oft als lediglich *vorbereitende* Maßnahmen, wie dies etwa bei einem *Durchsuchungsbeschluß* in Bezug auf die zeitlich nachfolgende Beschlagnahmeanordnung und -bestätigung oder bei einem *Haftbefehl* im Verhältnis zur späteren strafprozessualen Hauptverhandlung der Fall ist. Das Bundesverfassungsgericht hat hierzu jedoch festgestellt, daß allein dies solchen Maßnahmen *nicht* den Charakter *unselbständiger* und insoweit nach seiner gefestigten Rechtsprechung mit der Verfassungsbeschwerde grundsätzlich *nicht angreifbarer Zwischenentscheidungen* verleiht (E 42, 212 [218 m.w.N.]). Eine unselbständige Zwischenentscheidung ist demnach nur dann gegeben, wenn sich die Grundrechtsverletzung der bereits abgeschlossenen Maßnahme - etwa des Haftbefehls - in der späteren Maßnahme - des auf die Hauptverhandlung gestützten strafrechtlichen Urteils - wiederholt hätte, sodaß ein Fall der *„prozessualen Überholung"* vorliegt, denn dann besteht für die Überprüfung des Haftbefehls vor dem Bundesverfassungsgericht kein Rechtsschutzinteresse; eine Überholung tritt aber nicht ein, wenn die Verfassungswidrigkeit der vorbereitenden Maßnahme auf eine Verletzung *prozessualer* Grundrechte (Art. 103 Absatz 1 GG) gestützt wird und in der späteren Maßnahme entweder über das *materielle* Rechtsverhältnis oder aber über die prozessuale Zulässigkeit der späteren Maßnahme, nicht über die Rechtmäßigkeit der vorläufigen Maßnahme, entschieden wird; vgl. hierzu bereits BVerfGE 9, 89 (93 f.); s. weiter E 20, 162 (173). Auch in solchen Fällen bereits abgeschlossener vorläufiger Maßnahmen bleibt daher der Weg der Verfassungsbeschwerde. Für ihre Überprüfung besteht ein Rechtsschutzinteresse, denn ansonsten blieben Verfassungsverstöße bei ihrer Anordnung und Ausführung folgenlos nur wegen ihrer Natur als vorläufige Maßnahmen. In diesem Sinne hat das Bundesverfassungsgericht jüngst im Hinblick auf die Rechtsweggarantie - im konkreten Fall nach Art. 19 Absatz 4 und Art. 13 GG - entschieden, sodaß die Beschwerde gegen eine richterliche Durchsuchungsanordnung nach §§ 304 ff. StPO nicht allein deswegen, weil sie vollzogen ist und die Maßnahme sich deshalb erledigt hat, unter dem Gesichtspunkt prozessualer Überholung als unzulässig verworfen werden darf (E 96, 27 [Leitsätze und S. 38 ff.] unter ausdrücklicher Aufgabe der in E 49, 329 ff. von dem gleichen - dem Zweiten - Senat vertretenen gegenteiligen Auffassung).

sener Berücksichtigung von Sachvortrag wegen eines Fehlers der Geschäftsstelle des Gerichts bei der Weiterleitung, zwar evident einen Verstoß gegen Art. 103 Absatz 1 GG darstellen, aber zumindest in Bagatellfällen nun wahrlich nicht der Korrektur durch das Bundesverfassungsgericht bedürfen. Allgemein im Hinblick auf die Verfahrensgrundrechte - besonders allerdings in Bezug auf Art. 103 Absatz 1 GG, da dessen Rügen den Hauptanteil an erfolgreichen Verfassungsbeschwerden ausmachen - vertritt das Bundesverfassungsgericht den Grundsatz, daß Verstöße gegen diese, wenn sie einmal unterlaufen sind, „tunlichst im Instanzenzug durch Selbstkontrolle der Fachgerichtsbarkeit ohne Inanspruchnahme des Bundesverfassungsgerichts behoben werden sollen".[903] Der Erste Senat des Bundesverfassungsgerichts leitet sogar in einem Beschluß vom 10. Oktober 1978 *unmittelbar aus Art. 103 Absatz 1 GG* die Pflicht der Fachgerichte ab, *nicht nur rechtliches Gehör zu gewähren, sondern auch, einen etwaigen Verstoß durch die Vorinstanz zu beseitigen.*[904] Das Bundesverfassungsgericht beruft sich hierbei allgemein auf das System zwischen Verfassungsgerichtsbarkeit und Fachgerichtsbarkeit, das auf die Dauer nur funktionsfähig bleiben könne, wenn die Fachgerichte „durch eine am Gesamtsystem des Rechtsschutzes und des Subsidiaritätsprinzips orientierte Handhabung des Verfahrensrechts etwaige Verstöße gegen Verfahrensgrundrechte selbst beseitigen."[905] Dementsprechend darf ein Fachgericht die Prüfung der Rüge, die Vorinstanz habe das rechtliche Gehör verletzt, nicht mit der Begründung ablehnen, hierfür stehe dem Betroffenen die Verfassungsbeschwerde zur Verfügung.[906] Das Bundesverfassungsgericht hält die Verweisung auf den Weg der Verfassungsbeschwerde durch ein Fachgericht nur dann für gerechtfertigt, wenn „keine rechtlich vertretbare Möglichkeit besteht, eine Verletzung des Art. 103 Abs. 1 GG zu korrigieren, und anderenfalls eine Grundrechtsverletzung sanktionslos bliebe."[907]

bb) Unzumutbarkeit der Einlegung allgemeiner Rechtsmittel

Allerdings nimmt das Bundesverfassungsgericht eine Einschränkung des Erfordernisses der Erschöpfung des Rechtsweges dahingehend vor, daß dem Gehörberechtigten die Einlegung eines Rechtsmittels, um sich rechtliches Gehör zu verschaffen, dann *unzumutbar* ist, wenn jenes *offensichtlich* bzw. von vornherein *aussichtslos* ist.[908] Dies ist vor

[903] BVerfGE 47, 182 (191 m.w.N.).
[904] BVerfGE 49, 252 (257).
[905] BVerfG, aaO S. 259. Vgl. zum Ganzen *Wimmer*, DVBl. 1985, S. 773 (774 f.).
[906] BVerfG, aaO LS und S. 257 ff. in Bezug auf die zivilprozessuale weitere Beschwerde.
[907] BVerfG, aaO S. 259 f.
[908] BVerfGE 16, 1 (2 f.); 20, 276 (279); 27, 248 (251).

allem dann der Fall, wenn ein Rechtsmittel *„offensichtlich unzulässig“* ist, d.h. nach der ständigen Rechtsprechung des Bundesverfassungsgerichts, wenn der Betroffene „nach dem Stand der Rechtsprechung und Lehre bei Einreichung des Rechtsmittels nicht von der Zulässigkeit ausgehen kann“[909], mit anderen Worten wenn er bei Einlegung des Rechtsmittels „über die Unzulässigkeit nicht im ungewissen sein konnte“[910].

In diesem Zusammenhang hatte das Bundesverfassungsgericht über den besonderen Fall zu entscheiden, daß in einem Zivilprozeß ein Berufungsgericht von dem Berufungskläger verlangt hatte, er solle seine Berufung *begründen*, obwohl es diese bereits wegen Formwidrigkeit *verworfen* hatte und der Instanzenzug damit beendet war, da hier insbesondere nicht etwa die sofortige Beschwerde auf Aufhebung der die Berufung verwerfenden Entscheidung zur Verfügung gestanden hatte; das Berufungsgericht hatte seine Aufforderung zur Begründung damit begründet, daß der Betroffene, der gegen den die Berufung verwerfenden Beschluß Verfassungsbeschwerde eingelegt hatte, ansonsten im Falle der Aufhebung des Verwerfungsbeschlusses durch das Bundesverfassungsgericht die neuerliche Verwerfung seiner Berufung mangels fristgerechter Begründung riskiere; tatsächlich hatte das Bundesverfassungsgericht den Verwerfungsbeschluß aufgehoben und die Sache an das Berufungsgericht zurückverwiesen, das die nach der Entscheidung des Bundesverfassungsgerichts eingereichte Berufungsbegründung wegen Versäumnis der Frist des § 519 Absatz 2 Satz 1 ZPO wiederum als unzulässig verwarf.[911] Das Bundesverfassungsgericht hat die Auffassung des Berufungsgerichts, die Berufung sei trotz ihrer Verwerfung zu begründen, abgelehnt. Es sieht hierfür nicht nur keinen aus der Zivilprozeßordnung herzuleitenden - *rechtszugimmanenten* - Anlaß, ein bereits unanfechtbares Rechtsmittel noch zu begründen[912], sondern es hat darüberhinaus auch im Hinblick auf *die Verfassungsbeschwerde* des betroffenen Berufungsklägers festgestellt, daß für diese ebenfalls *keine Begründung der Berufung erforderlich* sei: Zwar führe die erfolgreiche Verfassungsbeschwerde über die Feststellung der bloßen Grundrechtsverletzung hinaus gemäß § 95 Absatz 2 BVerfGG zur Aufhebung der angegriffenen Entscheidung und zur Zurückverweisung der Sache an das im Rechtsweg zuständige Fachgericht. Indessen handele es sich bei der Verfassungsbeschwerde *nicht* um einen *zusätzlichen*

[909] Vgl. BVerfGE 49, 252 (255 m.w.N.).
[910] BVerfGE 28, 1 (6). Die Einlegung eines offensichtlich unzulässigen Rechtsmittels ist für den Betroffenen unzumutbar insbesondere auch deswegen, weil hierdurch und durch die darauf ergehende gerichtliche Entscheidung die Monatsfrist zur Einlegung der Verfassungsbeschwerde nicht neu in Lauf gesetzt wird, s. hierzu weiter u.
[911] Vgl. BVerfGE 74, 220.
[912] BVerfG, aaO S. 225 f.

Rechtsbehelf zum fachgerichtlichen Verfahren, sondern um ein *eigenständiges, besonderes Rechtsschutzmittel zur prozessualen Durchsetzung der Grundrechte* oder diesen gleichgestellter Rechte, das im Falle des Erfolges zur Durchbrechung der Rechtskraft führe.[913] Diese Besonderheit verbiete es, aus der Einlegung der Verfassungsbeschwerde gegen einen Beschluß über die Verwerfung einer nicht formgerecht begründeten Berufung zu folgern, der Berufungskläger habe sein Rechtsmittel ungeachtet rechtskräftiger Verwerfung im Blick auf die Fristbestimmung des § 519 Absatz 2 ZPO mit Gründen versehen müssen, wenn er im Falle der Aufhebung des Verwerfungsbeschlusses durch das Bundesverfassungsgericht die neuerliche Verwerfung seiner Berufung mangels fristgerechter Begründung vermeiden wolle. Damit würde der Beschwerdeführer bei der Lage des Ausgangsverfahrens zu einem aus zivilprozeßrechtlicher Sicht sinnentleerten Verhalten gezwungen.[914]

b) Die Nutzung anderer prozessualer Möglichkeiten

aa) Prozessuale Möglichkeiten der Durchsetzung des Anspruchs auf rechtliches Gehör

Weit über das Erfordernis der Einlegung allgemeiner Rechtsmittel hinausgehend verlangt das Bundesverfassungsgericht generell von dem Gehörberechtigten, daß er *die nach Lage der Sache gegebenen prozessualen Möglichkeiten ausschöpft, sich das rechtliche Gehör zu verschaffen.*[915] Auch dies ist letztlich eine Konsequenz des weiter oben ausgeführten Grundsatzes, daß die Verletzung des Art. 103 Absatz 1 GG als solche *keine weitere Instanz* eröffnet, einerseits und aus dem *allgemeinen* Grundsatz der *Subsidiarität* der Verfassungsbeschwerde, welcher *über das Erfordernis der Rechtswegerschöpfung hinausgeht*[916], da vom Wortlaut des § 90 Absatz 2 BVerfGG her nur der „Rechtsweg" der allgemeinen Rechtsmittel im engeren Sinne gemeint ist, andererseits. Das Bundesverfassungsgericht beklagte in der Vergangenheit insbesondere in Bezug auf die fehlende Annahme von Rechtsmitteln wegen fehlender allgemeiner Bedeutung der Sache - vgl. etwa § 80 OWiG - , daß es in bestimmten Rechtsbereichen, insbesondere im Ordnungswidrigkeitenrecht, häufig unmittelbar gegen Entscheidungen der Amtsgerichte angerufen werden könne und in erheblichem Umfang auch angerufen werde; gleiches gelte für Be-

913 BVerfG, aaO S. 226 m.w.N.
914 BVerfG, aaO S. 226 f.
915 S. bereits BVerfGE 5, 9 (1. LS und S. 10 f.); vgl. ausführlich E 70, 180 (185 ff. m.w.N.); s. weiter E 73, 322 (325).
916 BVerfGE 70, 180 (186 f.).

schwerdeentscheidungen der Landgerichte in diesen Rechtsbereichen, wo sich auswirke, daß eine obergerichtliche Instanz auch bei Divergenzen zur höchstrichterlichen Rechtsprechung oder zu bundesverfassungsgerichtlichen Entscheidungen nicht vorhanden sei; dies führe zur Einschaltung des Bundesverfassungsgerichts in einer Vielzahl von Fällen der Verletzung des Anspruchs auf rechtliches Gehör, welche seit jeher die Mehrzahl der erfolgreichen Verfassungsbeschwerden ausmachten, die bei anderer Ausgestaltung des Rechtsmittelzuges von den zunächst dazu berufenen Fachgerichten korrigiert werden könnten.[917] Das Bundesverfassungsgericht betont dabei die besondere Bedeutung, die in diesem Zusammenhang unter dem Gesichtspunkt des Grundsatzes der Subsidiarität den *unabhängig von den ordentlichen Rechtsmitteln* durch die Prozeßordnungen zur Verfügung gestellten *außerordentlichen Rechtsbehelfen* und ihrer *Auslegung und Anwendung* zukommt.[918] Das Bundesverfassungsgericht weist hierbei primär der Fachgerichtsbarkeit die Verpflichtung zu, die Grundrechte zu wahren und durchzusetzen sowie einen etwa eingetretenen Grundrechtsverstoß selbst zu beseitigen.[919] Diese hätten dazu nach Maßgabe des für sie geltenden Verfahrensrechts zu prüfen, ob und gegebenenfalls welche Möglichkeiten der Abhilfe es bei Vorliegen eines solchen Verstoßes zur Verfügung stellt.[920]

Im einzelnen hat das Bundesverfassungsgericht in diesem Zusammenhang die Nutzung folgender einfach-gesetzlicher Prozeßrechtsinstitute hervorgehoben:

Das Bundesverfassungsgericht nimmt insbesondere Bezug auf die Möglichkeit von *Gegenvorstellungen*: Lasse die fachgerichtliche Rechtsprechung eine solche zu, um die Verletzung „groben prozessualen Unrechts" geltend machen zu können, so entspreche es einer am Rechtsstaatsgedanken orientierten Auslegung des Verfahrensrechts, diese auch sachlich zu bescheiden und im Falle begründeter Einwendungen den Verfahrensrügen selbst, also im fachgerichtlichen Instanzenzug, abzuhelfen.[921] In solchen Fällen gebiete schon die Prozeßökonomie die Selbstkorrektur des Instanzgerichts anstelle des „Umwegs" über das Bundesverfassungsgericht.[922] Damit werde auch vermieden, daß die Rechtssicherheit, die ein wesentlicher Bestandteil des Rechtsstaatsprinzips ist und der die Rechtskraft von Entscheidungen diene, nicht länger als zur Behebung des Verstoßes ge-

[917] BVerfGE 42, 252 (254 f.).
[918] BVerfG, aaO S. 255 m.w.N.
[919] Vgl. BVerfGE 73, 322 (327 m.w.N.) und ständig.
[920] BVerfG, aaO S. 327.
[921] Ebda.
[922] BVerfG, aaO S. 327 m.w.N.

gen die Prozeßgrundrechte unbedingt nötig in Frage stehe.[923] Insofern beläßt das Bundesverfassungsgericht es aber bei dem *Appell an die Fachgerichte*, Gegenvorstellungen zuzulassen. Der Betroffene ist mithin *nicht dazu verpflichtet*, diese zur Erschöpfung des Rechtswegs zu erheben.[924]

Besonders relevant ist in diesem Zusammenhang weiterhin der in sämtlichen Prozeßordnungen enthaltene Rechtsbehelf des Antrags auf *Wiedereinsetzung in den vorigen Stand*, da dieses Rechtsinstitut nach ständiger Rechtsprechung des Bundesverfassungsgerichts in besonderer Weise der Durchsetzung des Anspruchs auf rechtliches Gehör vor Gericht dient.[925] Laut Bundesverfassungsgericht gehört der Antrag auf Wiedereinsetzung aus folgenden Gründen zur Erschöpfung des Rechtswegs: „Wer unverschuldet an der Wahrung einer Frist oder der Wahrnehmung eines Termins gehindert war, soll nach Maßgabe der in den Prozeßordnungen näher geregelten Voraussetzungen die Gelegenheit haben, versäumte Prozeßhandlungen und Äußerungen zur Sache nachzuholen. Das Gesetz nimmt dafür die Möglichkeit der nachträglichen Beseitigung der Rechtskraft bereits getroffener Sachentscheidungen in Kauf. Verfahrensrechtlich kann durch die Gewährung der Wiedereinsetzung in den vorigen Stand ein etwaiger Verstoß gegen Verfahrensgrundrechte beseitigt werden. In der Sache muß unter Berücksichtigung einer nachgeholten Prozeßhandlung und weiteren sachlichen Vorbringens neu entschieden werden. Damit steht vor Versagung einer beantragten Wiedereinsetzung auch noch nicht fest, welchen sachlichen Inhalt die Entscheidung des Gerichts letztlich haben wird. Der Rechtsbehelf ist deshalb ebenfalls geeignet, eine grundrechtliche Beschwer außerhalb des Verfahrensrechts vor Einlegung einer Verfassungsbeschwerde zu beseitigen. Eröffnet somit der Rechtsbehelf der Wiedereinsetzung in den vorigen Stand bereits auf der Ebene des einfachen Rechts einen Weg zur nachträglichen Korrektur einer etwaigen Grundrechtsverletzung, so gehört er zum Rechtsweg im Sinne des § 90 Abs. 2 BVerfGG."[926] Der Antrag auf Wiedereinsetzung soll nach Auffassung des Bundesverfassungsgerichts

---

923 BVerfG, aaO S. 327 f. m.w.N.; in dieser Entscheidung befaßte sich das Bundesverfassungsgericht konkret mit der Möglichkeit von Gegenvorstellungen im Rahmen der Freiwilligen Gerichtsbarkeit (aaO S. 328 f.), betonte aber, daß es von Verfassungs wegen naheliege, bei offenkundiger Verletzung des rechtlichen Gehörs Gegenvorstellungen *allgemein* zuzulassen (aaO S. 329).

924 Allgemein zu Gegenvorstellungen bei der Verletzung von Verfahrensgrundrechten: *Weis*, NJW 1987, S. 1314 f.

925 S. BVerfGE 42, 252 (256 m.w.N.); vgl. zur Wiedereinsetzung im einzelnen schon o., C.III.2.b)cc).

926 BVerfGE 42, 252 (256), Beschluß des Zweiten Senats; zuvor hatte der Erste Senat lediglich beiläufig ausgesprochen, es werde „*in der Regel geboten*" sein, von einem Verfassungsbeschwerdeführer, der durch die Wiedereinsetzung eine sachliche Prüfung seiner Beschwerde erreichen könne, zu verlangen, daß er diesen Weg beschreitet, ehe er Verfassungsbeschwerde einlegt, s. Hinweis in E 42, 252 (255) auf E 10, 274 (281).

im strafprozessualen Bereich auch dann zum Rechtsweg im Sinne des § 90 Absatz 2 BVerfGG gehören, wenn der Antrag auf Wiedereinsetzung *selbständig neben den ordentlichen Rechtsmitteln* der *Revision* oder der *Rechtsbeschwerde* oder dem Antrag auf deren Zulassung offensteht.[927] Das Bundesverfassungsgericht begründet dies damit, daß die Entscheidungsvoraussetzungen für den (strafprozessualen) Antrag auf Wiedereinsetzung und die genannten Rechtsmittel grundsätzlich nicht deckungsgleich seien.[928] Dagegen läßt das Bundesverfassungsgericht es ausdrücklich offen, ob der Antrag auf Wiedereinsetzung auch neben einer zulässigen strafprozessualen *Berufung* (§§ 235, 412 StPO) zur Erschöpfung des Rechtsweges erforderlich ist.[929]

Auch das *Nichtigkeitsverfahren im Zivilprozeß* wegen Verletzung des Anspruchs auf rechtliches Gehör im Verfahren mit Schiedsurteil (§§ 510 c, 579 Absatz 3 ZPO a.F.) ist vom Bundesverfassungsgericht zum Rechtsweg gezählt worden.[930] Des weiteren sieht das Bundesverfassungsgericht als weitere prozessuale Möglichkeit, welche vor Erhebung der Verfassungsbeschwerde zu erschöpfen ist, etwa diejenige an, das Gericht nach § 140 ZPO anzurufen (*Beanstandung*)[931], oder beispielsweise die *Beantragung einer Erklärungsfrist*[932].

Besondere Bedeutung im Rahmen weiterer prozessualer Möglichkeiten, die zur Erschöpfung des Rechtsweges gehören, kommt der strafprozessualen Vorschrift des *§ 33 a StPO*

---

927 BVerfGE 42, 252 (LS und S. 256 f.). Nach Auffassung des Bundesverfassungsgerichts ist der Antrag auf Wiedereinsetzung dem Betroffenen *zumutbar* auch dann, wenn eine insofern *vorgeschriebene Belehrung* - etwa nach § 74 Absatz 4 Satz 2 OWiG - *unterblieben* ist (aaO S. 257). Dies ist bedenklich insofern, als allgemein davon auszugehen ist, daß die allgemeinen Rechtsmittel noch dem Bürger bekannt sein dürften, dies dagegen bei besonderen prozeßrechtlichen Instituten wie einem Wiedereinsetzungsgesuch eher nicht zutreffen dürfte. Es ist daher fraglich, ob die Stellung eines solchen Antrags als unabdingbares Erfordernis der Rechtswegerschöpfung und damit der Zulässigkeit einer Verfassungsbeschwerde insbesondere einem anwaltlich nicht vertretenen Betroffenen zugemutet werden darf. Andererseits ist aber auch hier wieder darauf hinzuweisen, daß ein auch vor Gericht sich selbst verantwortlicher und mündiger Bürger, der sich unbedingt gegen ein bestimmtes Verhalten des Gerichts wehren will, auch darauf verwiesen werden darf, sich selbst rechtskundige Hilfe zu suchen. Auch ist ein Gesuch, das sachlich einen Wiedereinsetzungsantrag enthält, wenngleich es formell so nicht bezeichnet ist, in einen Wiedereinsetzungsantrag umzudeuten. Im übrigen zählt der Weg zum Bundesverfassungsgericht nicht zum Instanzenweg, das Bundesverfassungsgericht ist nicht „Prozeßgericht" (vgl. nur BVerfGE 49, 252 [258]). Dem Bürger wird also keine Instanz „genommen", wenn seine Verfassungsbeschwerde als unzulässig abgewiesen wird. Wegen der besonderen Funktion des Bundesverfassungsgerichts als (oberstem) Verfassungshüter ist es daher legitim, für seine Anrufung besondere Zugangsvoraussetzungen zu fordern, welche weitergehender Natur sein dürfen als die allgemeinen Zulässigkeitsvoraussetzungen von Rechtsbehelfen oder Rechtsmitteln im fachgerichtlichen Instanzenzug. Die Ermächtigung des Gesetzgebers hierzu findet sich in Art. 94 Absatz 2 GG.

928 BVerfGE 42, 252 (256 f.).

929 BVerfG, aaO S. 257.

930 BVerfGE 34, 204 f.; s. auch E 42, 252 (255).

931 BVerfGE 5, 9 (10).

932 BVerfG, aaO S. 10 im Hinblick auf § 272 a ZPO a.F., mittlerweile aufgehoben.

zu, welche ergänzt wird durch *§ 311 a StPO*. Nach § 33 a StPO hat das Gericht *im Beschlußverfahren das rechtliche Gehör nachzuholen*, sofern es zum Nachteil eines Beteiligten Tatsachen oder Beweisergebnisse verwertet, zu denen dieser noch nicht gehört worden ist. Dies gilt allerdings nur dann, wenn der Nachteil noch besteht und wenn dem Beteiligten gegen den Beschluß keine Beschwerde und kein anderer Rechtsbehelf zusteht. Die Nachholung des rechtlichen Gehörs erfolgt von Amts wegen oder auf Antrag des Betroffenen. Nach Auffassung des Bundesverfassungsgerichts gehört auch diese Regelung zur Erschöpfung des Rechtsweges im Sinne des § 90 Absatz 2 Satz 1 BVerfGG, d.h. der Betroffene muß in dem Beschlußverfahren, in dem § 33 a StPO anwendbar ist, einen Antrag auf Nachholung rechtlichen Gehörs erfolglos gestellt haben, um die Verfassungsbeschwerde zum Bundesverfassungsgericht erheben zu können.[933] Zwar handelt es sich auch bei diesem Antrag nicht um ein Rechtsmittel im engeren Sinn. Nach ständiger Rechtsprechung des Bundesverfassungsgerichts sind aber, wie oben ausgeführt wurde, sämtliche prozessuale Möglichkeiten zu nutzen, sich rechtliches Gehör zu verschaffen. Im Zusammenhang mit der Subsidiarität der Verfassungsbeschwerde sind insofern insbesondere solche Möglichkeiten relevant, die eine *Selbstkontrolle* der Fachgerichte initiieren, wie dies bei § 33 a StPO der Fall ist. Das Bundesverfassungsgericht stellt hierzu fest, daß diese Vorschrift eine unmittelbare Ausprägung des verfassungsrechtlich garantierten Anspruchs auf rechtliches Gehör sei; im Interesse der Wahrung und Durchsetzung des Verfahrensgrundrechts des Art. 103 Absatz 1 GG werde nachträglich in die bereits eingetretene Rechtskraft gerichtlicher Sachentscheidungen eingegriffen, und zwar in grundsätzlich gleicher Weise wie durch die Aufhebung der unter Verletzung des Art. 103 Absatz 1 GG zustande gekommenen Entscheidung auf die Verfassungsbeschwerde hin. Art. 103 Absatz 1 GG, § 33 a StPO und § 90 Absatz 2 BVerfGG stünden daher in engem funktionalen Zusammenhang.[934] Weiter führt das Bundesverfassungsgericht auch in diesem Zusammenhang aus, das System von Fachgerichtsbarkeit und Verfassungsgerichtsbarkeit sei auf Dauer nur funktionsfähig, wenn weitgehende Möglichkeiten der Selbstkontrolle der Fachgerichtsbarkeiten, entweder im Rechtszug oder in der Instanz selbst, zur Verfügung stünden[935]; dies gelte insbesondere für den Bereich der *„Pannenhilfe" in „Bagatellverfahren"*.[936]

[933] BVerfGE 33, 192 (194); 42, 243 (3. LS und S. 245 ff.), 252 (255).
[934] BVerfGE 42, 243 (247 f.).
[935] S. allgemein hierzu bereits weiter o. (im Zusammenhang mit der Subsidiarität der Verfassungsbeschwerde).
[936] BVerfGE 42, 243 (248 f.).

Dem Bundesverfassungsgericht ist insoweit unbedingt zuzustimmen, denn gerade im Bereich des rechtlichen Gehörs, deren Rüge im Rahmen der Verfahrensverfassungsbeschwerden einsam an der Spitze steht, tut es not, insoweit auch dem Bürger aufzuzeigen, daß er alle prozessualen Möglichkeiten ausschöpfen muß, sich rechtliches Gehör zumindest nachträglich zu verschaffen, wozu auch ein Antrag nach § 33 a StPO zählt. Bemerkenswert ist im übrigen, daß das Bundesverfassungsgericht zumindest in dem Zusammenhang mit der Subsidiarität der Verfassungsbeschwerde auch die Prozeßverantwortung des einzelnen Bürgers hervorhebt, denn es richtet ansonsten seine Appelle vorwiegend lediglich an die Adresse der Fachgerichte und betont gerade im Bereich des Gehörrechts einseitig deren Verantwortlichkeit für die Durchsetzung des Prozeßgrundrechts, während es den Bürger teilweise „entmündigt" und das von ihm selbst aufgestellte Postulat, daß auch diesen Mitwirkungspflichten bei der - vorherigen wie nachträglichen - Verschaffung rechtlichen Gehörs treffen, insoweit zur Worthülse degradiert.[937] Im Hinblick auf seine Stellung gegenüber der Fachgerichte wiederum ist das Bundesverfassungsgericht (auch) Hüter der Verfassung, nicht aber dazu berufen, solche Fehler der Fachgerichte bei der Anwendung und Auslegung einfachen Rechts zu korrigieren, die im Rahmen der vorhandenen prozessualen Möglichkeiten durch die Fachgerichte selbst geheilt werden können. Insofern ist die *Subsidiaritätsklausel Ausdruck des grundsätzlichen Funktionsverständnisses von Fach- und Verfassungsgerichtsbarkeit*, welches durch die Verfassung selbst - Art. 92 ff. GG - vorgegeben ist. Auf Grund dieser Erwägungen fundamentaler Art hat sich das Bundesverfassungsgericht auch der *Auslegung* des § 33 a StPO angenommen und seinen Anwendungsbereich über den Wortlaut der Vorschrift „Hat das Gericht in einem Beschluß zum Nachteil eines Beteiligten *Tatsachen oder Beweisergebnisse verwertet*, zu denen er noch nicht gehört worden ist, ..." hinaus darauf ausgeweitet, daß *jeder Verstoß gegen Art. 103 Absatz 1 GG im Beschlußverfahren erfaßt* wird.[938] Es stellt den Wortlaut insofern gleich mit der Aussage: „Beruht ein Beschluß zum Nachteil eines Beteiligten auf einem Verstoß gegen Art. 103 Absatz 1 GG", in dem Sinne, daß eine Kausalität des Verfahrensfehlers für das Ergebnis nicht auszuschließen ist.[939] Das Bundesverfassungsgericht stellt hierzu im einzelnen fest, daß diese von ihm vorgenommene Auslegung nicht nur mit dem Wortlaut der Norm, sondern auch mit ihrer Entste-

[937] Dies gilt vor allem im Bereich von Hinweis- und Informationspflichten.
[938] BVerfGE 42, 243 (250).
[939] Ebda.

hungsgeschichte vereinbar sei.[940] Des weiteren sieht es seine *Befugnis* zur *Auslegung* des § 33 a StPO darin begründet, daß diese Norm durch den von ihr beabsichtigten *speziellen Grundrechtsschutz*, hier des Art. 103 Absatz 1 GG, *zugleich den Grundsatz der Subsidiarität* der Verfassungsbeschwerde konkretisiert; die Norm habe daher eine andere Struktur als die Mehrzahl der Vorschriften des Rechtsmittelrechts, die einer allgemeinen Überprüfung der materiellen Richtigkeit der angefochtenen Entscheidung durch eine übergeordnete Instanz und damit dem Grundrechtsschutz nur mittelbar dienen sollen.[941] Seine Befugnis zur Ausfüllung des Begriffs der *Subsidiarität* wiederum entnimmt das Bundesverfassungsgericht dessen *Verankerung im Verfassungsrecht* (Art. 94 Absatz 2 Satz 2 GG, § 90 Absatz 2 BVerfGG).[942] Diese Aussage ist allerdings aus gesetzessystematischen Gründen so nicht richtig, denn nur Art. 94 GG ist Verfassungsrecht. Diese Regelung enthält einen *Verfassungsauftrag* und eine *Ermächtigung* an den *einfachen Gesetzgeber*, Verfassung - im Sinne der Rechtsstellung des Bundesverfassungsgerichts im Staatsaufbau und organisatorischer Regelungen - und Verfahren des Bundesverfassungsgerichts zu regeln.[943] Diesem Auftrag ist der Gesetzgeber gefolgt durch das Bundesverfassungsgerichtsgesetz vom 12. März 1951.[944] Durch das 19. Gesetz zur Änderung des Grundgesetzes vom 29. Januar 1969[945] ist in Art. 94 Absatz 2 GG der nunmehrige Satz 2 eingefügt worden, wonach der Gesetzgeber insbesondere die Erschöpfung des Rechtsweges für die Erhebung einer Verfassungsbeschwerde voraussetzen kann; allerdings existierte die Vorschrift des § 90 Absatz 2 BVerfGG bereits vor dieser Grundgesetzänderung, wurde durch diese mithin nur verfassungsrechtlich abgesichert. Die *Subsidiaritätsregelung gemäß § 90 Absatz 2 BVerfGG* als solche ist aber *kein Verfassungsrecht*, das Bundesverfassungsgerichtsgesetz ist allgemein ein einfaches Gesetz ohne Verfassungsrang.[946]

Die soeben genannten Beispiele beziehen sich durchweg auf die Verpflichtung des Betroffenen, im fachgerichtlichen Verfahren alle prozessualen Möglichkeiten auszuschöpfen, um die bereits geschehene Verletzung des Art. 103 Absatz 1 GG *zu beseitigen*, finden mithin im *Nachfeld* der Gehörverletzung statt. Die (Mitwirkungs-)Pflicht des Betrof-

---

[940] BVerfG, aaO S. 250 f.
[941] BVerfG, aaO S. 249 f.
[942] BVerfG, aaO 2. LS und S. 249; s. auch E 42, 252 (255).
[943] Vgl. *Maunz* in: Maunz/Dürig/Herzog, GG, Art. 94 Rd. 1.
[944] Abgedruckt in BGBl. I S. 243.
[945] Abgedruckt in BGBl. I S. 97.
[946] *Maunz*, aaO Art. 94 Rd. 1.

fenen bezieht das Bundesverfassungsgericht aber im Ansatz zutreffend generell darauf, *sich rechtliches Gehör zu verschaffen.*[947] Hiervon umfaßt ist auch das *Vorfeld* der Gewährung rechtlichen Gehörs, sodaß sich der Betroffene - neben dem Gericht - auch darum bemühen muß, daß es gar nicht erst zu dem Verfassungsverstoß kommt; diese generelle *Mitwirkungspflicht* des Betroffenen entnimmt das Bundesverfassungsgericht wiederum dem allgemeinen Grundsatz der Subsidiarität der Verfassungsbeschwerde.[948] Im Einzelfall kann deswegen von dem Gehörberechtigten verlangt werden, daß er bereits eine *drohende* Gehörverletzung voraussieht mit der Folge, daß er, wenn er dies unbeachtet läßt, gegebenenfalls sein Recht auf die Gewährung rechtlichen Gehörs *verwirkt.*[949]

bb) Unzumutbarkeit der Nutzung der prozessualen Möglichkeiten

Im Rahmen der Verpflichtung des Betroffenen, über den Rechtsweg hinaus alle prozessualen Möglichkeiten auszuschöpfen, um sich rechtliches Gehör zu verschaffen bzw. einen Verstoß hiergegen durch die Fachgerichte beseitigen zu lassen, muß umso mehr gelten, was bereits bei der Einlegung allgemeiner Rechtsmittel gilt, nämlich daß diese Verpflichtung dann entfallen kann, wenn sie dem Betroffenen *nicht zumutbar* ist. Dies ist auch hier insbesondere dann der Fall, wenn der Rechtsbehelf im Hinblick auf eine *entgegenstehende Rechtsprechung* der Fachgerichte *von vornherein als aussichtslos* erscheinen muß.[950] Das Bundesverfassungsgericht schränkt diesen Grundsatz allerdings zu Lasten des Betroffenen dahingehend ein, daß allein der Umstand, daß eine solche Rechtsprechung *zu Gunsten* der Zulässigkeit des Rechtsbehelfs noch nicht vorliegt, in der Regel nicht genügt, im Gegenteil dieser Umstand nur ausnahmsweise ausreicht.[951] Mit anderen Worten: es muß eine fachgerichtliche Rechtsprechung vorliegen, die den jeweiligen Rechtsbehelf *eindeutig als aussichtslos* erscheinen läßt, um die Verpflichtung des Betroffenen, diesen Rechtsbehelf zu ergreifen, wegen Unzumutbarkeit entfallen zu lassen.[952]

cc) Analoge Anwendung der Vorschriften über die allgemeinen Rechtsmittel?

Fraglich bleibt, ob der vom Bundesverfassungsgericht ohnehin sehr weit interpretierte Grundsatz, daß der Betroffene sämtliche prozessuale Möglichkeiten auszuschöpfen hat,

---

947 S. weiter o.
948 So ausdrücklich BVerfGE 81, 97 (102 f. m.w.N.).
949 BVerfG, aaO S. 102 ff.
950 BVerfGE 70, 180 (186 m.w.N.).
951 BVerfGE 70, 180 (186 f. m.w.N.).
952 Vgl. BVerfGE 70, 180 (187 ff.) zum Änderungsantrag nach § 80 Absatz 6 VwGO a.F.

ehe er Verfassungsbeschwerde erheben darf, auch die analoge Anwendung der Vorschriften über die allgemeinen Rechtsmittel umfaßt.

Ursprünglich hatte das Bundesverfassungsgericht dies verneint, sodaß etwa ein Rechtsmittel, das nur für bestimmte Fallgruppen vorgesehen ist, nicht auf andere Fallgruppen oder sogar generell anwendbar war: So hat es für den *Verwaltungsprozeß*, in dem - anders als im Strafprozeß, der die nachträgliche Anhörung nach §§ 33 a, 311 a StPO vorsieht - kein Rechtsbehelf allein zur nachträglichen Gewährung des rechtlichen Gehörs bereit steht, festgestellt, daß auch gegen Entscheidungen der Oberverwaltungsgerichte - abgesehen von Ausnahmefällen - die Beschwerde zum Bundesverwaltungsgericht nach § 152 Absatz 1 Satz 1 VwGO ausgeschlossen ist, sodaß der verwaltungsgerichtliche Rechtsweg mit der Entscheidung des Oberverwaltungsgerichts abgeschlossen ist.[953]

Später jedoch hat das Bundesverfassungsgericht *die analoge Anwendung* von Rechtsmittelvorschriften für den Fall, daß das rechtliche Gehör verletzt und an sich im Verfahrensrecht kein Rechtsmittel vorgesehen oder dieses in der konkreten Fallgruppe nicht statthaft ist, für *möglich* gehalten; begründet hat es diese Auffassung mit dem Gesichtspunkt des *wirksamen Grundrechtsschutzes*, der es verfassungsrechtlich schon gebiete, in den Fällen der Verletzung des rechtlichen Gehörs ein Rechtsmittel zuzulassen, wenn die *Auslegung der einschlägigen Verfahrensvorschriften* dies ermögliche.[954] In mehreren Fällen hatte es das Bundesverfassungsgericht demnach für grundsätzlich zulässig im Sinne von *möglich* erachtet, die *Berufung* im schriftlichen Verfahren in entsprechender Anwendung des (bis 31. Dezember 2001 geltenden) *§ 513 Absatz 2 ZPO* - und damit unabhängig vom Wert des Beschwerdegegenstandes - zuzulassen, wenn dieselbe nach dem Wortlaut des § 511 a ZPO wegen Nichterreichens der Berufungssumme unstatthaft gewesen wäre.[955] Auch erkennt das Bundesverfassungsgericht die Verletzung rechtlichen

---

[953] BVerfGE 34, 1 (6).

[954] BVerfGE 49, 252 (256 f.); 60, 96 (99 m.w.N.); 61, 78 (LS und S. 80 f.); 64, 203 (206 m.w.N.).

[955] BVerfGE 60, 96 (98 f.); 61, 78 (80 f.), 119 (121 f.); 64, 203 (206); im Ergebnis hat das Bundesverfassungsgericht jedoch in diesen Fällen jedenfalls die *Verpflichtung* der Beschwerdeführer zur Einlegung der Berufung nach § 513 Absatz 2 ZPO analog verneint, in E 60, 96 (98 f.); 64, 203 (206) deswegen, da die entsprechende Anwendung dieser Vorschrift im schriftlichen Verfahren zwar vom Schrifttum in Betracht gezogen worden war, *im Zeitpunkt der Einlegung der Verfassungsbeschwerden aber noch keine fachgerichtliche Rechtsprechung* hierzu existierte, sodaß die Einlegung des Rechtsmittels nach Ansicht des BVerfG wegen der noch zweifelhaften Rechtslage für die Beschwerdeführer *unzumutbar* gewesen sei, in E 61, 78 (80 f.), 119 (121 f.) deswegen, weil den Beschwerdeführern zum Zeitpunkt der Einlegung der Verfassungsbeschwerde die vorgenannte Entscheidung E 60, 96 noch nicht bekannt gewesen war (beide Entscheidungen aus Bd. 61 sind solche des Zweiten Senats). Vgl. weiterhin BVerfGE 72, 119 (121 f.): hier hält das Bundesverfassungsgericht fest an

Gehörs durch die Vorinstanz als neuen selbständigen Beschwerdegrund im Sinne des *§ 568 Absatz 2 ZPO* für die (bisherige) *weitere Beschwerde* zum Oberlandesgericht an.[956]

dd) Ausblick - Die Einführung der Anhörungsrüge im Zivilprozeß durch die Novelle 2001

Nunmehr hat der Gesetzgeber durch das *ZPO-RG* vom 27. Juli 2001[957] auch für den Zivilprozeß die dort lang vermißte *Anhörungsrüge*, wie sie in der Strafprozeßordnung in §§ 311 a, 33 a StPO vorgesehen ist, durch *§ 321 a ZPO n.F.* eingeführt. Er entspricht damit einer alten Forderung insbesondere des Schrifttums.[958] Demnach sind Gehörsverletzungen *in der Instanz durch Fortführung des Rechtszugs zu beseitigen.*

Soweit ein Urteil *berufungsfähig* ist, kann die Verletzung des rechtlichen Gehörs durch Einlegung der Berufung geltend gemacht werden wegen einer „Rechtsverletzung". Ein Anspruch auf Fortführung des Rechtsstreits in der ersten Instanz besteht gemäß § 321 a Absatz 1 Nr. ZPO n.F. dann *nicht*. Bei *nicht berufungsfähigen Urteilen* dagegen kann die in ihrem Anspruch nach Art. 103 Absatz 1 GG verletzte Partei gegenüber dem *erkennenden* Gericht die Gehörverletzung nach Absatz 1 Nr. 2 der Vorschrift *rügen*. Die Vorschrift gilt auch im Beschlußverfahren sowie über §§ 525, 555 Absatz 1 ZPO n.F.

---

seiner Auffassung, daß eine analoge Anwendung des § 513 Absatz 2 ZPO im schriftlichen Verfahren bei Nichterreichen der Berufungssumme nach § 511 a ZPO möglich sei, stellt aber zugleich heraus, daß seine Rechtsprechung hierzu *nicht zwingend* sei, mithin eine Bindungswirkung nach § 31 BVerfGG nicht in Frage komme; die Frage, ob § 513 ZPO eine solche verfahrensrechtliche Möglichkeit gebe, sei vielmehr *von den Fachgerichten zu entscheiden* (aaO S. 121 m.w.N.). Da das Fachgericht im konkreten Fall insofern zulässigerweise die von dem Betroffenen eingelegte Berufung als unstatthaft zurückgewiesen hatte, zeigt sich hieran in besonderer Weise die Gefahr, der der Betroffene ausgesetzt ist, will er einerseits einen an sich nicht vorgesehenen Rechtsbehelf einlegen, um der Subsidiarität der Verfassungsbeschwerde Genüge zu tun, um dann dadurch aber wiederum dem Risiko ausgesetzt zu sein, daß dieser zulässigerweise zurückgewiesen wird und er mittlerweile die Frist zur Einlegung der Verfassungsbeschwerde verpaßt hat. Unzumutbar für den Betroffenen ist daher die Auffassung des Bundesverfassungsgerichts, ein Rechtsbehelf müsse auch dann eingelegt werden, wenn die Fachgerichtsbarkeit nicht eindeutig und voraussehbar für den Betroffenen positiv dessen Zulässigkeit gegenübersteht. Zur analogen Anwendung des § 513 Absatz 2 ZPO vgl. *Kahlke*, NJW 1985, S. 2231 ff.: hier war die Entscheidung des Bundesverfassungsgerichts aus Bd. 72, 119 allerdings noch nicht verarbeitet, sodaß *ders.*. aaO S. 2232 f. auf Grund der vorangegangenen Entscheidungen des Bundesverfassungsgerichts, wonach dieses die Berufung gemäß § 513 Absatz 2 ZPO nur deswegen nicht für zwingend notwendig gehalten hatte, da seine entsprechende Rechtsprechung hierzu den jeweiligen Beschwerdeführern noch nicht bekannt gewesen war, - damals zu Recht - darauf hingewiesen hat, daß das Gericht (der Zweite Senat) künftig die Einlegung dieses Rechtsmittels analog wohl für zwingend möglich halten würde und es potentiellen Beschwerdeführern daher anzuraten sei, dieses Rechtsmittel einzulegen. Hiervon ist das Bundesverfassungsgericht jedoch in der oben zitierten Entscheidung aus Bd. 72, 119 wieder abgekommen und hält dieses Vorgehen lediglich für möglich, nicht aber für zwingend notwendig. S. zu diesem Komplex auch *Niemann/Herr*, ZRP 2000, S. 278 ff.

956 BVerfGE 49, 252 (256).

957 = BGBl. I S. 1887.

958 Vgl. hierzu etwa *Benda*, NJW 1980, S. 2101 (2103); *Schumann*, NJW 1985, S. 1134 (1139); *Starck*, JZ 1996, S. 1033 (1042); *Stürner*, JZ 1986, S. 526 (533); jeweils m.w.N.

auch im Berufungs- und Revisionsverfahren. Für das Beschwerdeverfahren ist ein Rückgriff auf § 321 a ZPO n.F. dagegen nicht notwendig, da hier bereits nach § 567 Absatz 1 Satz 2 ZPO n.F. die Beschwerde zulässig ist, wenn eine Partei durch einen auf einer Gehörverletzung beruhenden Beschluß durch Zurückweisung ihres Antrags beschwert wird.

Rügefähig ist die Verletzung rechtlichen Gehörs im Rahmen des § 321 a ZPO n.F. (nur) dann, wenn das rechtliche Gehör im Sinne des Art. 103 Absatz 1 GG in *entscheidungserheblicher* Weise verletzt wurde, wenn also die gerichtliche Entscheidung auf ihr *beruhen* kann.[959] Die Entscheidungserheblichkeit ist in einer *Rügeschrift* substantiiert darzulegen, die innerhalb einer *Notfrist von zwei Wochen*, grundsätzlich ab Zustellung des Urteils, einzureichen ist.[960] Nach Absatz 3 der Vorschrift ist hierzu auch dem *Gegner* Gelegenheit zur Stellungnahme zu geben, „soweit erforderlich". Insoweit ist davon auszugehen, daß dies *insbesondere* dann gilt, wenn das Gericht beabsichtigt, in die Sachentscheidung wiedereinzusteigen, weil es die Rüge des Betroffenen für zulässig und begründet hält, da nach ständiger Rechtsprechung des Bundesverfassungsgerichts dem Prozeßgegner stets rechtliches Gehör insbesondere vor einer ihm nachteiligen Entscheidung zu gewähren ist.[961] Im übrigen ist dem Gegner auch sonst uneingeschränkt rechtliches Gehör zu gewähren, allerdings ist ein Unterlassen im Ergebnis irrelevant, wenn es keine Entscheidung zu seinen Lasten trifft, da diese dann nicht auf der Gehörverletzung beruht. Dennoch ändert dies selbstverständlich nichts an der Pflicht des Gerichts, denn Prozeßgegner stets anzuhören, sodaß der Wortlaut des § 321 a Absatz 3 ZPO n.F. („soweit erforderlich") zumindest mißverständlich ist. Des weiteren muß die Rüge *zulässig und begründet* sein. Ist sie unzulässig, wird sie verworfen. Ist sie (nur) unbegründet, ist sie zurückzuweisen. Ist sie dagegen zulässig und begründet, wird *der Prozeß in die Lage zurückversetzt, in der er sich vor Schluß der mündlichen Verhandlung befunden hat*. Es ist *neu zu entscheiden*. Nach §§ 321 a Absatz 4 und 5, 343 ZPO n.F. ist die *ursprüngliche Entscheidung aufrechtzuerhalten oder aufzuheben*. Neue Probleme sind aber auch im Rahmen dieser Vorschrift vorprogrammiert, denn die Beschlüsse, durch die eine Gehörsrüge verworfen oder zurückgewiesen wird, sind ihrerseits *nicht anfechtbar* (§ 321 a Absatz 4 Satz 4 ZPO n.F.). Unklar ist, wie weiter zu verfahren ist, wenn das Gericht eine Gehörverletzung offensichtlich zu Unrecht verneint oder eine korrigierende Entscheidung verweigert. Dann müßte *analog § 513 Absatz 2 ZPO a.F.* die Ausnahmeberufung im

---

[959] Vgl. allgemein o., C.IV.3.; s. hierzu eingehend auch *Schneider*, ZAP 2001, Fach 13, S. 1063 (1074).
[960] S. ausführlich *dens.*, aaO.
[961] S. hierzu o., C.II.1.c).

schriftlichen Verfahren[962] (§ 514 ZPO n.F.) oder die Ausnahmebeschwerde „wegen greifbarer Gesetzeswidrigkeit" (wieder) zugelassen werden.[963] Dann aber bestünde wiederum das alte Dilemma. Die Einführung der Anhörungsrüge hätte nichts gebracht. Das Bundesverfassungsgericht würde weiterhin mit Rügen wegen Gehörsverletzungen, insbesondere „Pannen", überschwemmt. Es bleibt daher zu hoffen, daß die Fachgerichte in weitem Umfang von der neuen Heilungsmöglichkeit Gebrauch machen.

Ergänzt wird die Anhörungsrüge durch *§ 156 Absatz 2 ZPO n.F.*, wonach die *Wiedereröffnung der Verhandlung zwingend* u.a. dann geboten ist, wenn sich *nach* Verhandlungsschluß herausstellt, daß dem Gericht ein entscheidungserheblicher Verfahrensfehler unterlaufen ist, insbesondere eine Verletzung der Hinweis- und Aufklärungspflicht nach § 139 ZPO (n.F.) oder Art. 103 Absatz 1 GG. In § 156 ZPO a.F. war demgegenüber nur allgemein die Möglichkeit der Wiedereröffnung einer geschlossenen Verhandlung vorgesehen. Außerdem war vom Wortlaut her dem Gericht volles Ermessen eingeräumt. Das richterliche Ermessen war aber bereits vor der aktuellen Gesetzesnovelle von der Rechtsprechung dahin eingeschränkt worden, daß insbesondere bei Gehörverletzungen wiederzueröffnen *ist*.[964] Dies hat der Gesetzgeber jetzt übernommen. Im übrigen ist auch dann wiederzueröffnen, wenn Wiederaufnahme- oder Nichtigkeitsgründe vorgetragen und glaubhaft gemacht werden oder zwischen Verhandlungsschluß und Beratungsschluß ein Richter ausscheidet. In anderen Fällen besteht weiterhin gerichtliches Ermessen. Von der Idealvorstellung des Gesetzgebers her ist also nunmehr *lückenlos* die Heilung der Verletzung rechtlichen Gehörs in derselben Instanz oder, subsidiär, im Instanzenzug möglich. Über § 156 ZPO n.F. wird der zeitliche Rahmen zwischen (verfrühtem) Verhandlungsschluß und Entscheidung überbrückt. Nach der Entscheidung greift die Möglichkeit der Fortführung der Instanz nach § 321 a ZPO n.F. Im übrigen stehen die allgemeinen Rechtsmittel zur Verfügung.

3. Entscheidung des Bundesverfassungsgerichts vor Erschöpfung des Rechtswegs, § 90 Absatz 2 Satz 2 BVerfGG

Nach alledem darf insbesondere auch die Verfassungsbeschwerde mit der Rüge einer Verletzung des Art. 103 Absatz 1 GG erst nach der Erschöpfung des Rechtsweges erho-

---

[962] S. hierzu weiter o.

[963] S. *Schneider*, aaO S. 1075 und *dens.*, „Ausnahmebeschwerde" und „Ausnahmeberufung", MDR 2001, S. 845 ff.; s. auch vorgreifend bereits *Niemann/Herr*, ZRP 2000, S. 278 (281).

[964] Vgl. *Schneider*, ZAP 2001, Fach 13, S. 1063 (1067 m.w.N.).

ben werden, d.h. grundsätzlich ist die Verfassungsbeschwerde gemäß § 90 Absatz 2 Satz 1 BVerfGG erst zulässig *nach der Entscheidung der letzten fachgerichtlichen Instanz* in der Sache. Nach der Ausnahmeregelung des § 90 Absatz 2 Satz 2 BVerfGG kann das Bundesverfassungsgericht aber über eine vor diesem Zeitpunkt eingelegte Verfassungsbeschwerde *sofort entscheiden*, wenn diese *von allgemeiner Bedeutung* ist oder wenn dem Beschwerdeführer *ein schwerer und unabwendbarer Nachteil* entstünde, falls er zunächst auf den Rechtsweg verwiesen würde. Dabei bedeutet die Befugnis des Bundesverfassungsgerichts zur *sofortigen Entscheidung* über die Verfassungsbeschwerde, daß diese gegebenenfalls bereits während der Rechtshängigkeit des fachgerichtlichen Verfahrens und nicht erst nach der letztinstanzlichen Entscheidung in der Hauptsache ergehen darf. Dagegen wird der Beschwerdeführer hierdurch nicht von seiner Verpflichtung entbunden, den Rechtsweg zu erschöpfen. Vielmehr enthält die Ausnahmeregelung nur eine Ermächtigung des Bundesverfassungsgerichts vor diesem Zeitpunkt zu entscheiden, sodaß der Beschwerdeführer vor allem die für das Erfordernis der Rechtswegerschöpfung bedeutsamen gesetzlich vorgegebenen Rechtsmittelfristen sowie die weiteren Zulässigkeitsvoraussetzungen zur Erhebung der Verfassungsbeschwerde zu beachten hat.

Die Relevanz der *ersten Alternative* des § 90 Absatz 2 Satz 2 BVerfGG dürfte auf Grund der detaillierten Rechtsprechung des Bundesverfassungsgerichts zum rechtlichen Gehör seit Aufnahme seiner Tätigkeit nahezu bei Null liegen. Grundlegende Aussagen des Bundesverfassungsgerichts zum Schutzbereich des Art. 103 Absatz 1 GG sind kaum mehr zu erwarten. Allerdings könnte die jüngste ZPO-Novelle[965] dem Bundesverfassungsgericht Anlaß geben, den Anspruch auf rechtliches Gehör noch einmal grundlegend aufzuarbeiten.[966]

---

[965] *ZPO-RG* vom 27. Juli 2001 (= BGBl. I S. 1887).

[966] Voraussetzung hierfür wäre prinzipiell allerdings, daß jedenfalls die einfach-rechtliche Lage bereits geklärt wäre. Das Bundesverfassungsgericht hat nämlich erst im Jahre 1993 - wiederum unter Betonung der funktionellen Verteilung zwischen Verfassungsgerichtsbarkeit und Fachgerichtsbarkeit - festgestellt, daß einer Entscheidung vor Erschöpfung des Rechtsweges entgegenstehen kann, daß die einfach-rechtliche Lage nicht hinreichend geklärt ist. Das gelte besonders dann, wenn der Streit in erster Linie die Auslegung einfachen Rechts betreffe und das Bundesverfassungsgericht Aussagen über den Inhalt einer Regelung treffen müßte, zu der sich noch keine gefestigte Rechtsprechung der Fachgerichte entwickelt habe (E 86, 15 [LS]; s. hierzu Anm. *Krüger*, EWiR § 90 BVerfGG 1/92, S. 1083). Dieser Grundsatz hat das Bundesverfassungsgericht aber im Bereich des Art. 103 Absatz 1 GG in der Vergangenheit nicht abgehalten, sich insbesondere weit in die Anwendung und Auslegung des Zivilprozeßrechts hineinzubegeben, und zwar insbesondere unmittelbar nach der *Vereinfachungsnovelle* von 1976. Zur Zeit der Entscheidungen, die im Zuge der Präklusionsrechtsprechung ergangen sind, war die einfach-rechtliche Gesetzeslage mitnichten geklärt. Die Klärung hat in weiten Teilen vielmehr das Bundesverfassungsgericht übernommen.

Bedeutsam ist die *zweite Alternative* des § 90 Absatz 2 Satz 2 BVerfGG, wonach das Bundesverfassungsgericht des weiteren zur sofortigen Entscheidung über die vor Erschöpfung des Rechtswegs eingelegte Verfassungsbeschwerde befugt ist, wenn dem Beschwerdeführer ein *schwerer unabwendbarer Nachteil* entstünde, falls er zunächst auf den Rechtsweg verwiesen würde. Das Bundesverfassungsgericht hat dies im Zusammenhang mit der Verletzung rechtlichen Gehörs etwa für den Fall bejaht, daß sich der Beschwerdeführer gegen einen *Wiedereinsetzungsbeschluß* zu Gunsten des Gegners wendet, der in einem *selbständigen Zwischenverfahren (§§ 233-238 ZPO)*[967] ergangen, unanfechtbar (§ 238 Absatz 3 ZPO) und auch für das übergeordnete Rechtsmittelgericht bindend ist; der Beschwerdeführer war hier, nachdem er einen Titel gegen seinen Gegner erlangt hatte, vor dessen Wiedereinsetzung nicht gehört worden.[968] Das Bundesverfassungsgericht hat das besondere Rechtsschutzinteresse an seiner sofortigen Entscheidung über die Verfassungsbeschwerde damit begründet, daß die Wiedereinsetzung des Gegners den Beschwerdeführer der *Rechtskraft seines Titels* beraube und damit, vor allem auch im Hinblick auf die Vollstreckung, *„in irreparabler Weise"* in seine Rechtsstellung eingreife.[969] Auch die Möglichkeit, daß der Beschwerdeführer in der Sache (erneut) obsiege, rechtfertige es nicht, ihn zunächst auf die Fortführung des Zivilverfahrens zu verweisen.[970] Des weiteren ist die Gefahr erheblicher Nachteile für den Betroffenen in Form von irreparablen Grundrechtsverstößen besonders bedeutsam im *Strafverfahren*, sodaß jener solchenfalls mit seinen Rügen nicht etwa auf das Revisionsverfahren zu verweisen ist.[971]

4. *Zusammenfassung und Ergebnis*

Es bleibt festzuhalten, daß das Bundesverfassungsgericht im Rahmen der Verfassungsbeschwerde wegen der Verletzung des Anspruchs auf rechtliches Gehör bei der Erfüllung der Erschöpfung des Rechtsweges *strenge Anforderungen* an den Beschwerdeführer stellt. Dieser hat nicht nur die allgemein im Prozeßrecht vorgesehenen Rechtsmittel einzulegen, sondern insgesamt *alle prozeßrechtlichen Möglichkeiten auszuschöpfen*, welche in den Verfahrensordnungen vorgesehen sind, ehe er Verfassungsbeschwerde erheben darf. Verpaßt er hierfür vorgesehene Fristen, wird seine Verfassungsbeschwerde mithin

---

[967] Unselbständige Zwischenentscheidungen der Fachgerichte sind dagegen nicht mit der Verfassungsbeschwerde anfechtbar.
[968] BVerfGE 53, 109 (113).
[969] BVerfG, aaO S. 113 m.w.N.
[970] Ebda. - Vgl. hierzu *Kerwer*, JuS 1997, S. 592 ff.
[971] Vgl. BVerfGE 89, 120 (128 m.w.N.).

unzulässig. Dem Bundesverfassungsgericht ist trotz dieser einschneidenden Folge für den Beschwerdeführer jedoch darin beizupflichten, daß dieser nicht nur die Rechtsmittel im engen Sinn, sondern allgemein die im einfachen Prozeßrecht vorgesehenen Institute, sich rechtliches Gehör zu verschaffen, nutzen muß. Da diese Möglichkeiten in den Verfahrensordnungen vorgesehen sind, ist ihre Nutzung zum einen für den Betroffenen auch zumutbar, weil auf gesetzlicher Grundlage basierend und daher für ihn vorhersehbar. Andererseits trägt diese Verpflichtung quasi als Kehrseite der fachgerichtlichen Befugnis, Gehörverstöße selbst zu beseitigen bzw. durch Nachholung des rechtlichen Gehörs zu heilen, dem grundlegenden funktionalen Verständnis von Fachgerichtsbarkeit und Verfassungsgerichtsbarkeit Rechnung, wonach „hauseigene Korrekturen“ durch die Fachgerichte im Rahmen des Rechtsweges Vorrang vor dem außerordentlichen Rechtsbehelf der Verfassungsbeschwerde haben.[972]

Besonders schwerwiegend für den Beschwerdeführer ist jedoch die von dem Bundesverfassungsgericht für ihn vorgesehene *Möglichkeit, die Vorschriften über die allgemeinen Rechtsmittel analog anzuwenden.* Zwar beläßt das Bundesverfassungsgericht es insofern prinzipiell bei der Möglichkeit, sodaß der Verfassungsbeschwerdeführer hierzu jedenfalls nicht verpflichtet ist. Die Beurteilung, *ob solchenfalls das Rechtsmittel zulässig ist*, bleibt daher *den Fachgerichten überlassen.* Hierdurch erwächst für den Beschwerdeführer jedoch die Gefahr, im Falle der Zurückweisung des Rechtsmittels wegen fehlender Statthaftigkeit durch das Fachgericht die Einlegungsfrist der Verfassungsbeschwerde nach § 93 BVerfGG zu versäumen, welche mit der letztinstanzlichen Entscheidung im fachgerichtlichen Verfahren endet. Dies ist unzumutbar für ihn, jedenfalls so lange, wie die Anwendung analoger Rechtsmittel in der fachgerichtlichen Rechtsprechung nicht einheitlich beurteilt wird und die Rechtslage insofern nicht gesichert ist. Auch die grundsätzlich bestehende Möglichkeit der vorsorglichen Einlegung der Verfassungsbeschwerde ändert hieran nichts. Weiterhin greift die Möglichkeit der Schaffung oder Ablehnung analoger Rechtsbehelfe durch *Richterrecht* zu stark in das Gebot der *Rechtssicherheit* ein, welches vor allem für den Rechtsmittelzug gewahrt sein muß.[973] Auch widerspricht

---

[972] Problematisch bleibt allerdings, daß die Verpflichtung des Beschwerdeführers zur Rüge der Verletzung rechtlichen Gehörs bereits vor den Fachgerichten ihm schon dort das Bemühen abverlangt, die schwierig vorzunehmende *Abgrenzung zwischen Verfassungsrecht und einfachem Recht* vorzunehmen. In der Literatur wird daher darauf hingewiesen, daß die Pflicht zu derartig qualifiziertem Vortrag der Zulässigkeitsprüfung der Verfassungsbeschwerde eine der am wenigsten geklärten Fragen der heutigen Verfassungspraxis auflädt: Die Wirkung der Grundrechte auf Auslegung und Anwendung einfachen Rechts. Diese Problematik solle daher der Frage der Begründetheit der Verfassungsbeschwerde vorbehalten bleiben, s. *Bender*, AöR Bd. 112 (=1987), S. 169 (182 m.w.N.).

[973] Vgl. *Rüping*, NVwZ 1985, S. 304 (308).

die Möglichkeit der Einlegung von Rechtsmitteln in analoger Anwendung der für diese geltenden Vorschriften der ständigen Rechtsprechung des Bundesverfassungsgerichts selbst, wonach nur solche prozessualen Möglichkeiten auszuschöpfen sind, die im einfachen Prozeßrecht vorgesehen sind.[974]

Aus den soeben dargestellten Gründen war insbesondere eine *analoge Anwendung des § 33 a StPO* durch die Fachgerichte, insbesondere im Zivilverfahren, abzulehnen. Dies war in der Vergangenheit verschiedentlich in der Literatur angeregt worden, sodaß insbesondere auch im Zivilprozeß generell eine Gegenvorstellung hatte möglich sein sollen, mit der auch innerinstanziell unanfechtbare Beschlüsse abänderbar sein könnten.[975] Hiergegen sprach aber nicht nur der Aspekt der Rechtssicherheit, welcher allgemein bei der Schaffung von Richterrecht zu bedenken ist, sondern auch funktionale Kriterien im Hinblick auf das Gewaltenteilungsprinzip, sodaß es Sache des demokratisch legitimierten Gesetzgebers war, eine Anhörungsrüge auch in die Zivilprozeßordnung aufzunehmen. Durch sein Tätigwerden besteht zudem allgemein im Rahmen des Prozeßrechts die größere Gewähr dafür, daß Unterschiede zu anderen Verfahrensordnungen einerseits sowie die systematische Verzahnung mit anderen prozeßrechtlichen Instrumenten innerhalb der einschlägigen Prozeßordnung andererseits beachtet und die Folgen für künftige nur ähnliche oder abweichende Entscheidungssituationen bedacht werden, während durch Richterrecht naturgemäß nur Einzelfälle oder einzelne Fallgruppen erfaßt werden können. Hierin ist die Gefahr begründet, daß aus Anlaß von Einzelfällen die Struktur der Zivilprozeßordnung verändert wird.[976] Die Schaffung einer globalen Anhörungsrüge im Zivilprozeß war daher von Anfang an dem Gesetzgeber vorbehalten. Er hat die Erwartungen schließlich erfüllt mit Einführung des *§ 321 a ZPO n.F.* nach Maßgabe des *ZPO-RG* vom 27. Juli 2001.[977]

II. Weitere Zulässigkeitsvoraussetzungen der Verfassungsbeschwerde wegen der Rüge der Verletzung rechtlichen Gehörs

Neben dem soeben dargelegten Erfordernis der Erschöpfung des Rechtsweges hat der Betroffene weiterhin die allgemeinen Zulässigkeitsvoraussetzungen für eine Verfassungsbeschwerde nach *§§ 90 ff. BVerfGG* zu beachten.

---

974 S. weiter o.; vgl. *Rüping*, aaO.
975 S. vor allem *Schumann*, ZZP Bd. 1996 (=1983), S. 179 (209) und NJW 1985, S. 1134 (1139).
976 Vgl. *Zuck*, JZ 1985, S. 921 (925).
977 S. weiter o. unter 2.b)dd).

1. Beschwerdegegenstand

Beschwerdegegenstand im Sinne des *§ 90 Absatz 1 BVerfGG* ist eine *fachgerichtliche Entscheidung*, durch die der Beschwerdeführer in seinem Anspruch auf rechtliches Gehör verletzt zu sein behauptet.

Nicht hiervon umfaßt sind *unselbständige Zwischenentscheidungen* der Gerichte. Nur wenn diese selbständig sind, können mithin Zwischenentscheidungen tauglicher Gegenstand einer Verfassungsbeschwerde sein.[978] *Selbständig* ist eine Zwischenentscheidung vor allem dann, wenn sie ein Verfahren *abschließt*, daß als *besonderes Verfahren mit eigenem Rechtsmittelzug* ausgestaltet ist; dies ist etwa der Fall bei dem Verfahren der Festsetzung des Grundstückswertes im Rahmen des Zwangsversteigerungsverfahrens nach § 74 a ZVG, da Mängel dieses Verfahrens im Rahmen der selbständigen Anfechtung des Festsetzungsbeschlusses geltend gemacht werden müssen.[979]

Weiterhin hat das Bundesverfassungsgericht zum Beschwerdegegenstand ausgeführt, daß Verfassungsverstöße durch Gerichtsurteile nur mit der Verfassungsbeschwerde *gegen das Urteil selbst* gerügt werden können, sodaß eine solche *gegen den Vollstreckungsakt als solchen* nur dann zulässig ist, soweit geltend gemacht wird, die Vollstreckungsbehörde habe bei der Durchführung des Vollstreckungsverfahrens *neue* Grundrechtsverletzungen begangen.[980] Der behauptete Grundrechtsverstoß muß seine Quelle dann gerade in der Vollstreckungsentscheidung haben.[981] Ansonsten - d.h. wenn über eine Vollstreckungsentscheidung entschieden werden müßte, obwohl der Verfassungsverstoß lediglich in den Entscheidungen der Instanzgerichte enthalten sein kann - würden die gesetzlichen Fristen zur Erhebung der Verfassungsbeschwerde gegen die den Beschwerdeführer eigentlich beschwerenden Entscheidungen umgangen.[982]

2. Begründung der Verfassungsbeschwerde

Aus dem *allgemeinen* Erfordernis der *Begründung* der Verfassungsbeschwerde nach *§ 92 BVerfGG (Substantiierungspflicht)* ergibt sich zunächst die Verpflichtung des Be-

---

[978] S. BVerfGE 42, 212 (218); 49, 329 (343) und ständig; s. zuletzt E 101, 106 (120 f.).

[979] BVerfGE 6, 12 (14).

[980] BVerfGE 28, 1 (8 m.w.N.). Diese Entscheidung bezieht sich nicht auf die Rüge einer Gehörsverletzung, kann hierfür aber gleichermaßen Gültigkeit beanspruchen, denn Art. 103 Absatz 1 GG gilt in jedem gerichtlichen Verfahren, mithin nicht nur im Erkenntnis-, sondern auch im Vollstreckungsverfahren, sodaß die soeben beschriebene Konstellation auch im Bereich des rechtlichen Gehörs auftreten kann.

[981] Ebda.

[982] BVerfG, aaO S. 8 m.w.N. Zur Wahrung der Frist für die Einlegung der Verfassungsbeschwerde s. weiter u.

schwerdeführers, *die Möglichkeit darzutun*, daß er *selbst, unmittelbar und gegenwärtig* durch die angegriffene Entscheidung des Fachgerichts beschwert ist (*§ 90 Absatz 1 BVerfGG, Beschwerdebefugnis*).[983] Speziell für die Rüge eines Verstoßes gegen Art. 103 Absatz 1 GG gilt nach der Rechtsprechung des Bundesverfassungsgerichts weiterhin, daß die Verfassungsbeschwerde nur dann *hinreichend substantiiert* im Sinne des § 92 BVerfGG sei, wenn ihr entnommen werden könne, was der Beschwerdeführer *bei ausreichender Gewährung rechtlichen Gehörs vorgetragen hätte*.[984] Denn „§ 92 BVerfGG verlangt, daß der Beschwerdeführer innerhalb der Frist des § 93 BVerfGG[985] in der Begründung seiner Verfassungsbeschwerde das angeblich verletzte Recht und die Handlung oder Unterlassung des Organs oder der Behörde bezeichnet, durch die er sich in einem der in Art. 93 Absatz 1 Nr. 4 a GG genannten Rechte verletzt fühlt. Darüber hinaus muß sich aus dem Sachvortrag des Beschwerdeführers - ebenfalls innerhalb der genannten Frist - mit hinreichender Deutlichkeit die Möglichkeit einer Verletzung seiner Grundrechte oder grundrechtsgleichen Rechte ergeben.[986] *[...]* Die Rüge der Verletzung des Anspruchs auf rechtliches Gehör kann nur Erfolg haben, *wenn die angefochtene gerichtliche Entscheidung auf einer Verletzung des Art. 103 Absatz 1 GG beruht*[987], d.h. wenn nicht ausgeschlossen werden kann, daß die Anhörung des Beschwerdeführers das Gericht zu einer anderen Beurteilung des Sachverhalts oder in einem wesentlichen Punkt zu einer anderen Würdigung veranlaßt oder im ganzen zu einer anderen, ihm günstigeren Entscheidung geführt hätte.[988] *[...]* Im Hinblick darauf ist der Substantiierungspflicht aus § 92 BVerfGG bei der Rüge eines Verstoßes gegen Art. 103 Abs. 1 GG nur genügt, wenn der Begründung der Verfassungsbeschwerde entnommen werden kann, was der Beschwerdeführer bei ausreichender Gewährung rechtlichen Gehörs vorgetragen hätte.[989] *[...]* Nur dann kann geprüft und entschieden werden, ob die angegriffene Entscheidung auf dem Verfassungsverstoß beruht. Die bloße Behauptung der Versagung rechtli-

---

[983] Das Erfordernis der Beschwer des Betroffenen, die ihn selbst, unmittelbar und gegenwärtig zu treffen hat, entspricht ständiger bundesverfassungsgerichtlicher Rechtsprechung seit E 1, 97 (101). Besondere Probleme ergeben sich bei Verfahrens-Verfassungsbeschwerden insbesondere hinsichtlich des Merkmals *gegenwärtiger* Betroffenheit allgemein - so auch bei der Rüge eines Verstoßes gegen Art. 103 Absatz 1 GG - , wenn bereits *vollzogene* Maßnahmen angegriffen werden. - S. bereits weiter o., I.2.a)aa).

[984] BVerfGE 28, 17 (LS und S. 20); 77, 275 (281) und ständig.

[985] S. hierzu weiter u.

[986] BVerfGE 28, 17 (19 m.w.N.).

[987] Hervorhebung in Kursivschrift von *Verf.*

[988] BVerfGE 28, 17 (19 f. m.w.N.) und ständig, zuletzt E 94, 1 (7); vgl. hierzu bereits im Zusammenhang mit der aus Art. 103 Absatz 1 GG folgenden *Berücksichtigungs-* und *Begründungspflicht* des Gerichts o., C.IV.3.

[989] BVerfGE 28, 17 (20 [mit Hinweis auf Kommentarliteratur zu § 92 BVerfGG]).

chen Gehörs reicht zur Begründung einer auf eine angebliche Verletzung des Art. 103 Abs. 1 GG gestützten Verfassungsbeschwerde nicht aus."[990] Die Darstellung des *beabsichtigten* Vortrags des Beschwerdeführers vor dem Fachgericht gehört mithin bereits zu den *formalen* Anforderungen, welche § 23 Absatz 1 und § 92 BVerfGG an die Begründung eines Verstoßes gegen Art. 103 Absatz 1 GG stellen.[991] Sie muß jedoch nicht zwingend in der Beschwerdeschrift als solcher enthalten sein; die Bezugnahme etwa auf den Tatbestand der ihr beigefügten gerichtlichen Entscheidung genügt.[992]

3. Beschwerdefrist

Des weiteren ist die *Einlegungsfrist* für die Verfassungsbeschwerde nach *§ 93 BVerfGG* zu beachten. Demnach ist die Verfassungsbeschwerde *binnen eines Monats* ab Zustellung, Verkündung oder sonstiger Form der Bekanntmachung der gerichtlichen Entscheidung zu erheben. Nach Ablauf dieser Frist sind bloße *Ergänzungen* des bereits Vorgetragenen zulässig, jedoch darf *kein neuer Lebenssachverhalt* zur Entscheidung gestellt werden.[993]

Maßgeblich für den *Fristbeginn* ist dabei die Bekanntgabe der letztinstanzlichen Entscheidung eines Fachgerichts. *Letztinstanzlich* ist in diesem Sinn diejenige gerichtliche Entscheidung, welche den fachgerichtlichen Rechtsweg abschließt, d.h. gegen sie ist nach der oben dargestellten Rechtsprechung des Bundesverfassungsgerichts zur Subsidiarität der Verfassungsbeschwerde unter dem Gesichtspunkt des Art. 103 Absatz 1 GG weder die Anfechtung mit einem allgemeinen Rechtsmittel möglich, noch besteht für den Beschwerdeführer irgendeine andere prozessuale Möglichkeit, die Gehörverletzung noch im fachgerichtlichen Instanzenzug geltend zu machen. Der Fristbeginn ist gemäß § 93 Absatz 1 Satz 2 bzw. Satz 3 BVerfGG auf den Zeitpunkt der *Bekanntgabe* der fachgerichtlichen Entscheidung an den Beschwerdeführer festgesetzt worden, damit einmal im öffentlichen Interesse erreicht wird, daß der von einer gerichtlichen Entscheidung Betroffene um des Rechtsfriedens willen sich alsbald darüber schlüssig wird, ob er von dem außerordentlichen Rechtsbehelf der Verfassungsbeschwerde Gebrauch machen will; zum anderen will der Gesetzgeber im Interesse des Betroffenen ausschließen, daß die Beschwerdefrist zu laufen beginnt, bevor er von der Entscheidung in einer Weise Kenntnis

[990] BVerfG, aaO S. 20.
[991] BVerfGE 77, 275 (281).
[992] Ebda.
[993] BVerfG, aaO S. 282.

nehmen konnte, die es ihm ermöglicht, sich von der Wahrung oder Beeinträchtigung seiner in Art. 93 Absatz 1 Nr. 4 a GG bezeichneten Rechte zu überzeugen.[994] An die *formell am Verfahren Beteiligten* erfolgt die Bekanntgabe der gerichtlichen Entscheidung nach Maßgabe des einfachen Verfahrensrechts. Nach der ständigen Rechtsprechung des Bundesverfassungsgerichts kann sich aber auch auf Art. 103 Absatz 1 GG berufen, wer nicht formell am Verfahren beteiligt war, jedoch *unmittelbar rechtlich von der Entscheidung betroffen* ist.[995] Für diesen Kreis der Gehörberechtigten existieren im einfachen Verfahrensrecht aber regelmäßig keine Vorschriften für die Bekanntgabe der Entscheidung. Nach der Rechtsprechung des Bundesverfassungsgerichts ist der Fristbeginn im Sinne des § 93 Absatz 1 Satz 2 und 3 BVerfGG für diesen Personenkreis auf den Zeitpunkt festzusetzen, in dem der Betroffene von der in vollständiger Form abgefaßten Entscheidung - sei es durch Akteneinsicht, sei es in sonstiger Weise - *in zuverlässiger Weise Kenntnis nehmen konnte*.[996]

Problematisch ist die Monatsfrist des § 93 BVerfGG für den Beschwerdeführer, wenn ein von ihm eingelegtes *Rechtsmittel von der letzten Instanz als unzulässig zurückgewiesen* wird. Denn die letzte und für den Beginn der Frist für die Einlegung der Verfassungsbeschwerde maßgebliche Entscheidung im Instanzenzug ist dann diejenige, gegen die sich der Betroffene mit dem unzulässigen Rechtsmittel gewandt hat; diese wird aber zum Zeitpunkt der das Rechtsmittel verwerfenden Entscheidung regelmäßig länger als einen Monat bereits bekanntgemacht worden sein, sodaß eine hiernach eingelegte Verfassungsbeschwerde nicht rechtzeitig und somit unzulässig wäre. Dies darf aber nach der ständigen Rechtsprechung des Bundesverfassungsgerichts nicht zu Lasten des Rechtsuchenden gehen, sodaß die fachgerichtliche Entscheidung, welche *ein Rechtsmittel als unzulässig verwirft*, die Monatsfrist des § 93 BVerfGG grundsätzlich *neu in Lauf setzt*.[997] Eine Ausnahme gilt nur bei der Verwerfung eines *offensichtlich unzulässigen* Rechtsmittels: Hier wird die Monatsfrist zur Einlegung der Verfassungsbeschwerde nicht neu in Lauf gesetzt, da der Betroffene solchenfalls nach dem insofern eindeutigen Stand der Rechtsprechung und Lehre nicht über die Unzulässigkeit des Rechtsmittel im Unklaren hätte sein dürfen.[998] Im übrigen, d.h. wenn sich der Betroffene über die Rechtslage oder über die entsprechende Auffassung des Fachgerichts *im begründeten Zweifel* befunden

994 BVerfGE 28, 88 (93 m.w.N.).
995 S. das Erste Kapitel dieser Arbeit, dort B.II.2.
996 BVerfGE 28, 88 (93 m.w.N.).
997 BVerfGE 5, 17 (19 f. m.w.N.); 14, 54 (55 f.), 320 (322).
998 Vgl. BVerfGE 5, 17 (1. LS und S. 19); 28, 1 (6 m.w.N.). - S. weiter o., I.2.a)bb).

hatte, bleibt es jedoch bei dem oben dargestellten Grundsatz, daß eine das Rechtsmittel als - einfach - unzulässig verwerfende Entscheidung die Monatsfrist neu beginnen läßt.[999]

Darüber hinaus bleibt dem Betroffenen die Möglichkeit, *vorsorglich* die Verfassungsbeschwerde bereits dann einzulegen, wenn das Rechtsmittelgericht noch nicht über die Zulässigkeit des Rechtsmittels entschieden hat.[1000] Dem steht auch nicht das Erfordernis der Rechtswegerschöpfung nach § 90 Absatz 2 BVerfGG entgegen. Zwar „kann" nach dem Wortlaut der Vorschrift „die Verfassungsbeschwerde erst nach Erschöpfung des Rechtswegs erhoben werden". Wenn das Rechtsmittelgericht jedoch ein Rechtsmittel als unzulässig verwirft, war der Rechtsweg eben schon vor dieser Verwerfungsentscheidung erschöpft, die Verfassungsbeschwerde mithin zulässig erhoben. Im übrigen ergibt sich aus § 90 Absatz 2 Satz 2 BVerfGG unter den in dieser Bestimmung genannten Voraussetzungen die Befugnis des Bundesverfassungsgerichts zur sofortigen Entscheidung über die Verfassungsbeschwerde. Auch aus gesetzessystematischen Gründen ist daher davon auszugehen, daß die Verfassungsbeschwerde insofern jedenfalls vor Erschöpfung des Rechtsweges bereits eingelegt werden darf.[1001]

---

[999] S. ausdrücklich BVerfGE 14, 320 (322); vgl. die weiteren Angaben in der vorletzten Fn.
[1000] S. BVerfGE 28, 1 (7).
[1001] Vgl. etwa BVerfGE 53, 109 (113).

Ergebnis

1. Das Bundesverfassungsgericht hat bei der Kontrolle der Auslegung und Anwendung des Prozeßrechts durch die Fachgerichte im Hinblick auf die Verletzung verfassungsrechtlicher Verfahrensgarantien im Rahmen der Rechtsweggarantie des Art. 19 Absatz 4 GG eine eher gemäßigte Kontrolle praktiziert. Die Prüfung des Art. 101 Absatz 1 Satz 2 GG ist in sich uneinheitlich. Einerseits wird richterliches Handeln in diesem Bereich generell nur auf das Vorliegen von „Willkür" geprüft, andererseits aber den Gerichten sehr weitgehende Pflichten bei der - gerichtsinternen - Bestimmung des („gesetzlichen") Richters und sogar bei der Berufung des im Einzelfall zur Mitwirkung berufenen Richters auferlegt. Die weitaus intensivste Kontrolldichte ist hinsichtlich der Prüfung von Gehörsverletzungen nach Art. 103 Absatz 1 GG zu verzeichnen.

2. Dabei hat das Bundesverfassungsgericht aus funktionaler Sicht prinzipiell stets herausgestellt, daß es *keine „Superrevisionsinstanz"* und nicht zur Anwendung und Auslegung des einfachen Rechts berufen sei. Insofern hat es in mannigfaltigen Entscheidungen auch seine materielle Kontrolldichte zumindest *abstrakt* reflektiert. Bezogen auf die Prozeßgrundrechte bedeutet dies insbesondere, daß sie vom Bundesverfassungsgericht nur als „Mindestgarantien" begriffen werden - so Art. 19 Absatz 4 GG und Art. 103 Absatz 1 GG - oder der Kontrollmaßstab von vornherein reduziert wird - so bei Art. 101 Absatz 1 Satz 2 GG nach Maßgabe der Willkür-Formel. Maßgebend ist insoweit die Formel vom „spezifischen Verfassungsrecht", die im wesentlichen besagt, daß nur dann, wenn eben dieses verletzt ist, das Bundesverfassungsgericht zur Aufhebung der angegriffenen fachgerichtlichen Entscheidung berufen sei, während sonstige Fehler bzw. Verfahrensirrtümer, also Fehler bei der Anwendung und Auslegung einfachen Gesetzesrechts, als verfassungsrechtlich unbeachtlich seiner Kontrolle entzogen seien.

3. Die vorgenannte Formel hat den richtigen Weg gewiesen im Rahmen des grundlegenden Verständnisses von Bundesverfassungsgerichtsbarkeit und Fachgerichten. Sie bleibt aber weitgehend inhaltsleer. Das Bundesverfassungsgericht war daher dazu aufgerufen, seine gefundenen Kontrollmaßstäbe vom „spezifischen Verfassungsrecht" und von den Prozeßgrundrechten als „Mindestgarantien" auf den zu entscheidenden Fall anzuwenden. Insoweit, also im *einzelnen* Fall, dagegen hat das Bundesverfassungsgericht oftmals seinen Prüfungsrahmen in zum Teil erheblicher Weise ausgedehnt und in die Anwendung und Auslegung des einfachen Rechts eingegriffen. Dies gilt insbesondere für die Überprüfung der fachgerichtlichen Rechtsanwendung in dem für den *Anspruch auf rechtliches Gehör* relevanten Bereich, vor allem in Bezug auf die Auslegung und Anwendung der *zivilprozessualen Präklusionsvorschriften* sowie im Bereich *richterlicher Hinweispflichten.* Hier hat das Bundesverfassungsgericht nicht gemäß der von ihm selbst aufgestellten Begrenzung seines Prüfungsumfangs nur verfassungsrechtliche Maßstäbe und Grenzen festgelegt, welche *innerhalb* des geltenden *einfachen* Rechts zu beachten sind, sondern darüberhinaus bestimmte richterliche Verpflichtungen *unmittelbar aus der Verfassung* hergeleitet. Insoweit hat das Bundesverfassungsgericht auch, über den „Umweg" der Fachgerichtsbarkeit, den Gesetzgeber korrigiert, den es generell, auch im Hinblick auf aus verfassungsrechtlicher Sicht zumindest fragwürdige Normen des Prozeßrechts, weitestgehend schont, und sich dabei insbesondere des Mittels der *verfassungskonformen Auslegung* einfach-gesetzlicher Bestimmungen bedient, die über § 31 BVerfGG bindend auch für die künftige fachgerichtliche Rechtsprechung wirkt. Im Ergebnis hat es sich hier immer wieder mitten in der Interpretation (nur) des einfachen Rechts befunden, indem es die von ihm abstrakt postulierte „Mindestgarantie" der Prozeßgrundrechte entsprechend weit ausgedehnt hat. Auch dies gilt in besonderer Weise für den Anspruch auf rechtliches Gehör.

4. Neben denjenigen Entscheidungen des Bundesverfassungsgerichts, die grundlegend zur Klärung verfassungsrechtlicher Fragen im Bereich des einfachen Verfahrensrechts beigetragen haben, sind in hoher Zahl auch solche Entscheidungen ergangen, mit denen das Bundesverfassungsgericht den Fachgerichten *„Pannenhilfe"* geleistet hat. Hierbei handelt es sich um Sachverhalte, in denen regelmäßig die unrichtige Rechtsanwendung des Fachgerichts *offensichtlich* ist und zumeist auf einem *„Versehen"* beruht. Hervorzuheben sind auch insofern die Fälle evidenter Gehörsverletzungen. Wenn etwa ein Schriftsatz in einem amtsgerichtlichen Bagatellverfahren infolge eines Versehens der Geschäftsstelle nicht rechtzeitig vor Entscheidungsfällung dem zuständigen Richter vorgelegt wird, ist dies eindeutig eine Verletzung des Art. 103 Absatz 1 GG, wenn der Schriftsatz seinerseits fristgemäß eingereicht wurde und er entscheidungserheblichen Sachverhalt enthielt, der in der gerichtlichen Entscheidung nicht mehr be-

rücksichtigt wurde. Mit einer Vielzahl derartiger Fälle war das Bundesverfassungsgericht befaßt und hat die entsprechenden Verfassungsbeschwerden auch zur Entscheidung angenommen. Da insoweit keine Fragen von grundsätzlicher verfassungsrechtlicher Bedeutung zu klären waren und im Einzelfall die Annahme der Verfassungsbeschwerde wohl auch nicht zur Durchsetzung der Prozeßgrundrechte angezeigt war - auch dies gilt insbesondere für Bagatellverfahren - , sollte noch mehr als bislang die Möglichkeit der Nichtannahme der Verfassungsbeschwerde in Betracht gezogen werden.

5. Insgesamt hat das Bundesverfassungsgericht mit seiner Iudikatur zur Auslegung und Anwendung des einfachen Verfahrensrechts erheblich zur Manifestierung eines hohen *allgemeinen Rechtsschutzstandards* in jedem fachgerichtlichen Verfahren beigetragen. Dieser wird im Idealfall verwirklicht durch ein funktionsgerechtes *Zusammenspiel* der einzelnen verfassungsrechtlichen Verfahrensgarantien und ihre Konkretisierung im einfachen Verfahrensrecht. Insoweit hat das Bundesverfassungsgericht den Fachgerichten vor allem im Bereich rechtlichen Gehör hohe verfassungsrechtliche Maßstäbe mit auf den Weg gegeben. Es hat dabei jedoch häufig die Grenze zwischen dem verfassungsrechtlichen Schutzgehalt der Prozeßgrundrechte und dem Bereich des einfachen Prozeßrechts, die ungeachtet ihrer engen Verknüpfung im Verfahren notwendig besteht, verschwimmen lassen und den Fachgerichten eine bestimmte Art der Rechtsanwendung vorgeschrieben, die durch die von den Prozeßgrundrechten verbürgten Mindestgarantien nicht mehr gedeckt ist. Insofern wurde auch außer acht gelassen, daß auch dem Rechtsuchenden *„prozessuale Verantwortung"* bei der Durchsetzung *seiner* Rechte und entsprechende Mitwirkungspflichten im Prozeß obliegen. Dies gilt in besonderer Weise für den *Zivilprozeß*, der überhaupt erst auf *Initiative der Parteien* betrieben wird und in dem diese nicht in dem Maße wie anderen Verfahren staatlicher Hoheitsentfaltung ausgesetzt sind. Die Fachgerichte müssen auch an die Rechtsuchenden durchweg gewisse Mindestanforderungen stellen dürfen, wie etwa zumutbares Erscheinen zu einem angesetzten und bekanntgegebenen Termin oder die zumutbare Einhaltung von Äußerungsfristen, ohne daß der Betroffene sich auch in dieser Hinsicht auf die verfassungsrechtliche Gewährleistung vor allem des rechtlichen Gehörs berufen können darf.

6. Nach 50 Jahren eingehender Verfahrenskontrolle, welche vor allem geprägt war von der Überprüfung von Verletzungen des Anspruchs auf rechtliches Gehör, hat die Anzahl bundesverfassungsgerichtlicher Entscheidungen in diesem Bereich insgesamt in den letzten 10 Jahren stark abgenommen. Dies bedeutet aber nicht, daß das Bundesverfassungsgericht sämtliche verfassungsrechtliche Fragen im Rahmen des fachgerichtlichen Verfahrens als geklärt ansieht. Dies wird deutlich anhand der jüngsten bundesverfassungsgerichtlichen Rechtsprechung zur Verpflichtung der Fachgerichte zur Erteilung von *Rechtsmittelbelehrungen im Zivilprozeß*, welche unter dem Aspekt des Anspruchs auf *rechtliches Gehör* nur *„derzeit noch"* jedenfalls nicht allgemein erforderlich ist. Aber auch im Rahmen des Rechts auf den *gesetzlichen Richter* hat das Bundesverfassungsgericht jüngst Neuland betreten. Denn für dessen gesetzliche Bestimmtheit sind nicht mehr wie zuvor die *gesetzlichen Zuständigkeitsregelungen* und der jährlich aufzustellende *Geschäftsverteilungsplan* des Gerichts insgesamt ausreichend, sondern hinzukommen muß die Bestimmung des jeweiligen Richters für die im einzelnen anhängig werdende Sache in einem *Mitwirkungsplan*, nicht mehr, wie vorher, durch eine Ermessensentscheidung des Vorsitzenden des Spruchkörpers, so das Bundesverfassungsgericht im Zusammenhang mit dem Problem der *Überbesetzung von Spruchkörpern*. Die Differenziertheit der Regelungen, die der Bestimmung des gesetzlichen Richters dienen, wird damit auf der letzten, gerichtsinternen Ebene betont. Die weitere Entwicklung bleibt hier abzuwarten. Es ist aber davon auszugehen, daß das Bundesverfassungsgericht hier künftig auch bei anderen Maßnahmen im Bereich des gesetzlichen Richters den Fachgerichten wenig Spielraum bei der Ermessensausübung lassen wird.

7. Nach alledem, vor dem Hintergrund einer starken Verfahrenskontrolle durch das Bundesverfassungsgericht seit Aufnahme seiner Tätigkeit und angesichts seiner neueren Rechtsprechung, ist die Erwartung begründet, daß das Bundesverfassungsgericht auch künftig das fachgerichtliche Verfahren einer eher intensiven Prüfung unterziehen wird. Dies gilt umso mehr, als daß im Zuge der Zivilprozeßreform 2001 vermutlich die Klärung neuer Fragen an das Bundesverfassungsgericht herangetragen werden wird. Dies wird aller Voraussicht nach auch im strafprozessualen Bereich gelten, sollte hier die derzeit geplante Reform verabschiedet werden. Insgesamt befindet sich das einfache Verfahrensrecht im Wandel. Dies gilt nicht nur vor dem Hintergrund der Europäisierung des Rechts, sondern auch im Zuge eines modernen Staatsverständnisses, das eine

neue Sicht der Aufgaben der Rechtsprechung einschließt. Deutlich wird dies anhand der Bestrebung nach einem „schlanken Staat“ und auch nach einer „verschlankten Rechtsprechung“. Das Bundesverfassungsgericht wird dazu aufgerufen sein, dafür Sorge zu tragen, daß sich der Reformeifer nicht zu Lasten des effektiven Rechtsschutzes des Einzelnen auswirkt. Dieser sollte dabei aber nicht aus seiner prozessualen Verantwortung entlassen werden.

Schlußwort

Durch die bundesverfassungsgerichtliche Iudikatur ist der Rechtsschutz des Bürgers im gerichtlichen Verfahren unzweifelhaft entschieden vorangebracht worden. Die Grundsätze, die das Bundesverfassungsgericht zu den einzelnen Prozeßgarantien entwickelt und die es im Laufe seiner Rechtsprechung weiter herausgearbeitet hat, haben durch Zutun der Fachgerichte, die sich daran ausrichten, einen Rechtsschutzstandard geschaffen, der auch den internationalen Vergleich in keiner Weise scheuen muß. Das Bundesverfassungsgericht hat seit Aufnahme seiner Tätigkeit am 28. September 1951, also vor genau einem halben Jahrhundert und unmittelbar nach dem dunkelsten Kapitel deutscher Vergangenheit, insgesamt erheblich dazu beigetragen, daß das Vertrauen nicht nur der Bürger, sondern auch des Auslands, in einen deutschen Rechtsstaat und in eine deutsche rechtsstaatliche Justiz wiederhergestellt werden konnte. Dies ist für uns heute selbstverständlich. Wir dürfen uns zu Recht auf die Einhaltung der Verfassung und auf eine willkürfreie, unabhängige Justiz verlassen. Allerdings ist zuzugeben, daß das Bundesverfassungsgericht oftmals gutgemeint, nämlich zu Gunsten des rechtsschutzsuchenden Bürgers, die in der Verfassung verbürgten Prozeßgarantien überaus extensiv, über das grundgesetzlich Geforderte hinaus interpretiert und damit zugleich seine Kompetenzen im Verhältnis zu den Fachgerichten überdehnt hat. Auch die Fachgerichte sind aber Hüter der Verfassung. Sie sind es sogar primär, denn die Grundrechte werden tagtäglich in deutschen Gerichtssälen verwirklicht, während im zahlenmäßigen Vergleich Verfahren vor dem Bundesverfassungsgericht selten sind. Das Bundesverfassungsgericht wurde deshalb oft und teilweise in polemischer Weise gescholten. Ihm wird im Ergebnis vorgeworfen, daß es seine exponierte Stellung zu Lasten der Fachgerichte ausgebaut habe und sich Kompetenzen, die ihm nicht zustehen, „anmaße“. In der Tat ist bei der Kontrolle der Fachgerichte oftmals größere Zurückhaltung des Bundesverfassungsgerichts angebracht. In der Vergangenheit galt dies insbesondere für die Interpretation des Anspruchs auf rechtliches Gehör. Neuerdings muß vor einer von der Verfassung nicht geforderten Ausdehnung des Schutzbereichs des Rechts auf den gesetzlichen Richter gewarnt werden. Die Verfassung hat aber Rahmencharakter. Sie ist die Basis der Anwendung des einfachen Gesetzesrechts, nicht mehr, aber auch nicht weniger. Das vom Grundgesetz Geforderte muß eingehalten werden. Die in die Prozeßgrundrechte hineingelesenen Mindestgarantien verlangen nach Beachtung in jedem gerichtlichen Verfahren. Eine darüber hinausgehende Rechtsanwendung darf das Bundesverfassungsgericht aber nicht von den Fachgerichten verlangen. Zumindest darf es eine Entscheidung nicht aufheben, wenn im Verfahren der auch von ihm selbst postulierte, verfassungsmäßige Mindeststandard an Rechtsschutz eingehalten wurde. Ansonsten verschwimmen nicht nur Verfassungsrecht und einfaches Recht, sondern innerhalb der Prozeßordnungen wird im Einzelfall auch das dort austarierte Verhältnis unterschiedlicher Schutzgüter durcheinander gebracht. Die unzulässige Korrektur des Fachgerichts im Einzelfall ist insoweit unnötiger Nebeneffekt. Daher muß sachbezogene Kritik bei der Rezension bundesverfassungsgerichtlicher Entscheidungen nicht nur erlaubt sein, sondern diese ist auch notwendig. Auch das Bundesverfassungsgericht sollte sich daher nicht scheuen, im Einzelfall seine eigene Rechtsprechung zu korrigieren im Sinne einer Rückbesinnung auf die durch die Prozeßgrundrechte nur gewährleistete Mindestgarantie an Rechtsschutz. Polemische Kritik hat das Bundesverfassungsgericht jedoch nicht verdient. Der Bürger hat (auch) ihm die Etablierung des vom Grundgesetz geforderten effektiven Rechtsschutzes als eine Selbstverständlichkeit und eine weitere Schärfung des Bewußtseins der Richter für die Vorgaben der Verfassung zu verdanken.

Literatur

Alexy, Robert, Theorie der Grundrechte (3. Auflage 1996);

Arndt, Adolf, Das rechtliche Gehör, in: NJW 1959, S. 6 ff.;

Arndt, Adolf, Die Verfassungsbeschwerde wegen Verletzung des rechtlichen Gehörs, in: NJW 1959, S. 1297 ff.;

Arndt, Adolf, Eröffnungsbeschluß, rechtliches Gehör und Menschenrechtskonvention, in: NJW 1960, S. 1191 ff.;

Baumbach/Lauterbach/Albers/Hartmann, Zivilprozeßordnung (53. Auflage 1995);

Baumgärtel, Gottfried, Ausprägung der prozessualen Grundprinzipien der Waffengleichheit und der fairen Prozeßführung im zivilprozessualen Beweisrecht, in: Festschrift für Franz Matscher (1993), S. 29 ff.;

Bettermann, Karl August, Die Rechtsweggarantie des Art. 19 Abs. 4 GG in der Rechtsprechung des Bundesverfassungsgerichts, in: AöR Bd. 96 (=1971), S. 528;

Braun, Johann, Verletzung des Rechts auf Gehör und Urteilskorrektur im Zivilprozeß, in: NJW 1981, S. 425 ff.;

Benda, Ernst, Aktuelle Probleme der Praxis des Bundesverfassungsgerichts, in: NJW 1980, S. 2102 ff.;

Benda/Weber, Der Einfluß der Verfassung im Prozeßrecht, in: ZZP Bd. 96 (1983), S. 286 ff.;

Bender, Michael, Rügepflicht für Verfassungsverstöße vor den Fachgerichten? - Zu einer angenommenen Vorwirkung des Verfassungsprozeßrechts, in: AöR Bd. 112 (=1987), S. 169 ff.;

Berkemann, Jörg, Das Bundesverfassungsgericht und „seine" Fachgerichtsbarkeiten - Auf der Suche nach Funktion und Methodik, in: DVBl. 1996, S. 1028 ff.;

Bethge, Herbert, Grundrechtsverwirklichung und Grundrechtssicherung durch Organisation und Verfahren, in: NJW 1982, S. 1 ff.;

Brenner, Michael, Die neuartige Technizität des Verfassungsrechts und die Aufgabe der Verfassungsrechtsprechung, in: AöR Bd. 120 (=1995), S. 248 ff.;

Brink, Stefan, Über die richterliche Entscheidungsbegründung (1999);

Classen in: v. Mangoldt/Klein/Starck (Hrsg.), Bonner Grundgesetz, Bd. 3 (4. Auflage 2001), Art. 101 Abs. 1;

von Danwitz, Thomas, Der Grundsatz funktionsgerechter Organstruktur - Verfassungsvorgaben für staatliche Entscheidungsstrukturen und ihre gerichtliche Kontrolle, in: Der Staat Bd. 35 (=1996), S. 329 ff.;

Deubner, Karl G., Die Verfassungsbeschwerde wegen Verletzung des Anspruchs auf rechtliches Gehör als Rechtsbehelf im Zivilprozeß, in: NJW 1980, S. 263 ff.;

Deubner, Karl G., Zu den verfassungsrechtlichen Grenzen der Anwendung von Präklusionsvorschriften im Zivilprozeß, in: NJW 1980, S. 1945 ff.;

Deubner, Karl G., Das Ende der Zurückweisung im frühen ersten Termin, in: NJW 1985, S. 1140 ff.;

Dolde, Klaus-Peter, Grundrechtsschutz durch einfaches Verfahrensrecht?, in: NVwZ 1982, S. 65 ff.;

Dörr, Dieter, Die Verfassungsbeschwerde in der Prozeßpraxis (2. Auflage 1997);

Dümig, Michael, Art. 19 Abs. 4 Satz 1 GG i.V.m. §§ 62, 55 FGG sowie Art. 103 Abs. 1 GG im Lichte der Reform des RPflG von 1998, in: RPfl 2001, S. 469 ff.;

Dürig, Günter, Zum „Lüth-Urteil" des Bundesverfassungsgerichts vom 15.1.1958, in: DÖV 1958, S. 194 ff.;

Franke, Dietrich, Rechtliches Gehör und Präklusion - Zur Rechtsprechung des Bundesverfassungsgerichts, in: NJW 1986, S. 3049;

Gerhardt, Walter, Bundesverfassungsgericht, Grundgesetz und Zivilprozeß - speziell: Zwangsvollstreckung, in: ZZP Bd. 95 (=1982), S. 467 ff.;

Hartmann, Peter, Zivilprozeß 2001/2002: Hunderte wichtiger Änderungen, in: NJW 2001, S. 2577 ff.;

Hermes, Georg, Grundrechtsschutz durch Privatrecht auf neuer Grundlage?, in: NJW 1990, S. 1764 ff.;

Hermisson, Vollrath, Die Rechtsprechung des Bundesgerichtshofs und des Bundesverfassungsgerichts zur Zurückweisung von verspätetem Vorbringen im Zivilprozeß, in: NJW 1983, S. 2229 ff.;

Herzog, Roman, Das Bundesverfassungsgericht und die Anwendung einfachen Gesetzesrechts, in: Festschrift für Günter Dürig (1990), S. 431 ff.;

Herzog in: Maunz/Dürig/Herzog, Grundgesetz (32. Lieferung 1996), Art. 19;

Heun, Werner, Funktionell-rechtliche Schranken der Verfassungsgerichtsbarkeit (1. Auflage 1992);

Hildebrandt/Hecker, Beiladung in der baurechtlichen Normenkontrolle, in: NVwZ 2001, S. 1007 ff.;

Höfling, Wolfram, Das Verbot prozessualer Willkür, in: JZ 1991, S. 955 ff.;

Höfling/Roth, Ungesetzliche Verfassungsrichter?, in: DÖV 1997, S. 67 ff.;

Huber in: v. Mangoldt/Klein/Starck (Hrsg.), Bonner Grundgesetz, Bd. 1 (4. Auflage 1999), Art. 19 Abs. 4;

Huber, Peter M., Die Europäisierung des verwaltungsgerichtlichen Rechtsschutzes, in: BayVBl. 2001, S. 577 ff.;

Jarass, Hans D., Grundrechte als Wertentscheidungen bzw. objektivrechtliche Prinzipien in der Rechtsprechung des Bundesverfassungsgerichts, in: AöR Bd. 110 (=1985), S. 363 ff.;

Kahlke, Gerhard, Zulassung der Berufung wegen Verletzung des rechtlichen Gehörs, in: NJW 1985, S. 2231 ff.;

Karwacki, Angelika Christiane, Der Anspruch der Parteien auf einen fairen Zivilprozeß (1984);

Kerwer, Christof, Rechtsschutz gegen Wiedereinsetzung in den vorigen Stand bei Verletzungen des rechtlichen Gehörs - BGHZ 130, 97, in: JuS 1997, S. 592 ff.;

Kirchberg, Christian, Willkürschutz statt Grundrechtsschutz?, in: NJW 1987, S. 1988 ff.;

Kloepfer, Michael, Verfahrensdauer und Verfassungsrecht, in: JZ 1979, S. 209 ff.;

Kopp, Ferdinand O., Das Rechtliche Gehör in der Rechtsprechung des Bundesverfassungsgerichts, in: AöR Bd. 106 (=1981), S. 604 ff.;

Krause, Peter, Zur Verfahrensgestaltung nach fehlerhafter Rechtswegentscheidung, in: DÖV 1970, S. 695 ff.;

Krause, Peter, Die Rechtsprechung des Bundesverfassungsgerichts zum Privatrecht, Teil 1, in: JZ 1984, S. 656 ff.; Teil 2, in: JZ 1984, S. 711 ff.; Teil 3, in: JZ 1984, S. 828 ff.;

Krauß, Friedrich, Der Umfang der Prüfung von Zivilurteilen durch das Bundesverfassungsgericht (Diss. 1987);

Kromer, Michael, Objektive Willkür von Gerichtsentscheidungen, in: JuS 1984, S. 601 ff.;

Kunig, Philip, Einzelfallentscheidungen durch Gesetz, in: Jura 1993, S. 308 ff.;

Kunig in: von Münch/Kunig, Grundgesetz (3. Auflage 1996), Art. 101;

Leipold, Dieter, Prozeßförderungspflicht der Parteien und richterliche Verantwortung, in: ZZP Bd. 93 (=1980), S. 237 ff.;

Lipp, Volker, Europäische Justizreform, in: NJW 2001, S. 2657 ff.;

Lorenz, Dieter, Der grundrechtliche Anspruch auf effektiven Rechtsschutz, in: AöR Bd. 105 (=1980), S. 623 ff.;

Lorenz, Dieter, Grundrechte und Verfahrensordnungen, in: NJW 1977, S. 865 ff.;

Mauder, Johannes, Der Anspruch auf rechtliches Gehör, seine Stellung im System der Grundrechte und seine Auswirkung auf die Abgrenzung zwischen Verfassungsgerichtsbarkeit und Fachgerichtsbarkeit (1986);

Maunz in: Maunz/Dürig/Herzog, Grundgesetz (32. Lieferung 1996), Art. 94.;

Müller, Jörg P., Verfassungsgerichtsbarkeit im Gefüge der Staatsfunktionen, in: VVDStRl. Bd. 39 (=1981), S. 55 ff.;

Nickel, Rainer, Zur Zukunft des Bundesverfassungsgerichts im Zeitalter der Europäisierung, in: JZ 2001, S. 625 ff.;

Niemann/Herr, Zulässigkeit einer außerordentlichen Berufung wegen Verletzung rechtlichen Gehörs?, in: ZRP 2000, S. 278 ff.;

Nolte in: v. Mangoldt/Klein/Starck (Hrsg.), Bonner Grundgesetz, Bd. 3 (4. Auflage 2000), Art. 103 Abs.1;

Ossenbühl, Fritz, Verfassungsgerichtsbarkeit und Fachgerichtsbarkeit, in: Festschrift für Hans-Peter Ipsen (1977), S. 129 ff.;

Papier, Jürgen, in: Starck (Hrsg.), Bundesverfassungsgericht und Grundgesetz, Band I (1976), S. 432 ff.;

Pawlowski, Hans-Martin, Die Aufgabe des Zivilprozesses, in: ZZP Bd. 80 (=1967), S. 345 ff.;

Peters, Egbert, Richterliche Hinweispflichten und Beweisinitiativen im Zivilprozeß (1983);

Pitschas, Rainer, Der Kampf um Art. 19 IV GG, in: ZRP 1998, S. 96 ff.;

Puttler, Adelheid, Landeswahlprüfung durch ein Gericht: Art. 19 Abs. 4 GG, die Länderautonomie und die hessischen Wahlprüfungsbestimmungen, in: DÖV 2001, S. 849 ff.;

Rennert, Klaus, Die Verfassungswidrigkeit „falscher" Gerichtsentscheidungen, in: NJW 1991, S. 12 ff.;

Robbers, Gerhard, Für ein neues Verhältnis zwischen Bundesverfassungsgericht und Fachgerichtsbarkeit, in: NJW 1998, S. 935 ff.;

Rosenberg/Schwab, Zivilprozeßrecht (14. Auflage 1986);

Rüping, Hinrich, Der Grundsatz des rechtlichen Gehörs und seine Bedeutung im Strafverfahren (1976);

Rüping, in: Bonner Kommentar zum Grundgesetz (Zweitbearbeitung 1980), Art. 103 Abs. 1;

Rüping, Hinrich, Verfassungs- und Verfahrensrecht im Grundsatz des rechtlichen Gehörs, in: NVwZ 1985, S. 304 ff.;

Schenke, Wolf-Rüdiger, Verfassungsgerichtsbarkeit und Fachgerichtsbarkeit (1987);

Schenke, Wolf-Rüdiger, Die Bedeutung der verfassungsrechtlichen Rechtsschutzgarantie des Art. 19 Abs. 4 GG, in: JZ 1988, S. 317 ff.;

Schlaich, Klaus, Das Bundesverfassungsgericht (2. Auflage 1991, zwischenzeitlich erschienen in der 5. Auflage 2001, fortgeführt von *Korioth*, Stefan);

Schlosser, Peter, Urteilswirkungen und rechtliches Gehör, in: JZ 1967, S. 431 ff.;

Schmidt-Aßmann, Eberhard, Art. 19 IV GG als Teil des Rechtsstaatsprinzips in: NVwZ 1983, S. 1 ff.;

Schmidt-Aßmann, Eberhard, Verfahrensfehler als Verletzungen des Art. 103 I GG, in: DÖV 1987, S. 1029 ff.;

Schmidt-Aßmann in: Maunz/Dürig/Herzog, Grundgesetz (32. Lieferung 1996), Art. 19;

Schmidt-Bleibtreu in: Schmidt-Bleibtreu/Klein, Grundgesetz (9. Auflage 1999), Art. 19;

Schmidt-Bleibtreu in: Schmidt-Bleibtreu/Klein, Grundgesetz (9. Auflage 1999), Art. 101;

Schmidt-Bleibtreu in: Schmidt-Bleibtreu/Klein, Grundgesetz (9. Auflage 1999), Art. 103;

Schmidt-Jortzig, Edzard, Effektiver Rechtsschutz als Kernstück des Rechtsstaatsprinzips nach dem Grundgesetz, in: NJW 1994, S. 2569 ff.;

Schmitt Glaeser, Walter, Massenverfahren vor den Verwaltungsgerichten, in: DRiZ 1980, S. 289 ff.;

Schneider, Egon, Das neue Zivilprozeßrecht, in: ZAP 2001, Fach 13, S. 1063 ff.

Schneider, Hans-Peter, Verfassungsgerichtsbarkeit und Gewaltenteilung, in: NJW 1980, S. 2103 ff.;

Schulze-Fielitz, in: Dreier (Hrsg.), Grundgesetz, Bd. I (1996), Art. 19;

Schulze-Fielitz, in: Dreier (Hrsg.), Grundgesetz, Bd. III (2000), Art. 101;

Schulze-Fielitz, in: Dreier (Hrsg.), Grundgesetz, Bd. III (2000), Art. 103.I;

Schumann, Ekkehard, Verfassungs- und Menschenrechtsbeschwerde gegen richterliche Entscheidungen (1963), in: Schriften zum öffentlichen Recht, Bd. 11, S. 39 ff.;

Schumann, Ekkehard, Keine Präklusion im Beschwerdeverfahren: Das Bundesverfassungsgericht als Bundesgerichtshof, in: NJW 1982, S. 1609 ff.;

Schumann, Ekkehard, Bundesverfassungsgericht, Grundgesetz und Zivilprozeß, in: ZZP Bd. 96 (=1983), S. 137 ff.;

Schumann, Ekkehard, Die Wahrung des Grundsatzes des rechtlichen Gehörs - Dauerauftrag für das Bundesverfassungsgericht?, in: NJW 1985, S. 1134 ff.;

Schwab/Gottwald, Verfassung und Zivilprozeß, in: Habscheid (Hrsg.), Effektiver Rechtsschutz und verfassungsmäßige Ordnung (1983);

Schwabe, Jürgen, Bundesverfassungsgericht und „Drittwirkung" der Grundrechte, in: AöR Bd. 100 (=1975), S. 442 ff.;

Starck, Christian, Die Grundrechte des Grundgesetzes, in: JuS 1981, S. 237 ff.;

Starck, Christian, Verfassungsgerichtsbarkeit und Fachgerichte, in: JZ 1996, S. 1033 ff.;

Steinwedel, Ulrich, „Spezifisches Verfassungsrecht" und „einfaches Recht" (1. Auflage 1976);

Stern, Klaus, Staatsrecht, Band III, Teilband 1 (14. Auflage 1993);

Stürner, Rolf, Verfahrensgrundsätze des Zivilprozesses und Verfassung, in: Festschrift für Fritz Bauer (1981), S. 647 ff.;

Stürner, Rolf, Die Kontrolle zivilprozessualer Verfahrensfehler durch das Bundesverfassungsgericht, in: JZ 1986, S. 526 ff.;

Thomas/Putzo, Zivilprozeßordnung (20. Auflage 1997);

Viefhues, Wolfram, Elektronischer Rechtsverkehr - rechtliche Aspekte und organisatorische Auswirkungen, in: CR 2001, S. 556 ff.;

Vollkommer, Max, - Anmerkung zum Urteil des Bundesverfassungsgerichts vom 24.3.1976 - 2 BvR 804/75 - , in: RPfl 1976, S. 393 ff.;

Voßkuhle, Andreas, Rechtsschutz gegen den Richter (1993);

Voßkuhle in: v. Mangoldt/Klein/Starck (Hrsg.), Bonner Grundgesetz, Bd. 3 (4. Auflage 2001), Art. 93;

Wahl, Rainer, Der Vorrang der Verfassung und die Selbständigkeit des Gesetzesrechts, in: NVwZ 1984, S. 403 ff.;

Waldner, Wolfram, Aktuelle Probleme des rechtlichen Gehörs im Zivilprozeß (1983);

Waldner, Wolfram, Präklusion im Zivilprozeß und rechtliches Gehör, in: NJW 1984, S. 2925 ff.;

Waldner, Wolfram, Kognitionsgrenzen des Bundesverfassungsgerichts bei der Verfassungsbeschwerde gegen Zivilurteile, in: ZZP Bd. 98 (=1985), S. 200 ff.;

Waldner, Wolfram, Der Anspruch auf rechtliches Gehör (1989, zwischenzeitlich erschienen in der 2. Auflage 2000);

Wassermann in: Alternativkommentar-GG (2. Auflage 1989), Art. 101;

Wassermann in: Alternativkommentar-GG (2. Auflage 1989), Art. 103;

Weis, Hubert, Gegenvorstellungen bei der Verletzung von Verfahrensgrundrechten, in: NJW 1987, S. 1314 ff.;

Weitzel, Jürgen, Der grundrechtswidrige Zuschlag, in: JuS 1976, S. 722 ff.;

Wimmer, Raimund, Die Wahrung des Grundsatzes des rechtlichen Gehörs - Dauerauftrag für das Bundesverfassungsgericht, in: DVBl. 1985, S. 773 ff.;

Zierlein, Karl-Georg, Die Gewährleistung des Anspruchs auf rechtliches Gehör (Art. 103 Abs. 1 GG) nach der Rechtsprechung und Spruchpraxis des Bundesverfassungsgerichts, in: DVBl. 1989, S. 1169 ff.;

Zuck, Rüdiger, Die Beseitigung groben prozessualen Unrechts, in: JZ 1985, S. 921 ff.;

Zuleeg, Manfred, Grundrechte für Ausländer, in: DVBl. 1974, S. 341 ff.;

Nur vereinzelt zitierte Literatur ist in vorstehendem Verzeichnis nicht aufgeführt.

Anhang

Tabellarische Übersicht über die Entscheidungen des Bundesverfassungsgerichts in der amtlichen Sammlung zur Verfahrenskontrolle über die Fachgerichte im Hinblick auf Art. 19 Absatz 4, 101 Absatz 1 Satz 2, 103 Absatz 1 GG

Band / Erscheinungsjahr / Seite	***Fehler des Fachgerichts bei der Anwendung und Auslegung einfachen Prozeßrechts? - Anwendungsfehler - Auslegungsfehler***	***Verfassungsrechtliche Verfahrensgarantie betroffen?***	***Seite ... dieser Arbeit***
1 (=1952) 10		(Art. 19.IV GG gewährleistet Rechtsschutz gegen jeden Exekutivakt)	96
332	(*Vollstreckung eines sowjetzonalen Urteils in der Bundesrepublik.*)	- Das Rechtsstaatsprinzip und die Grundrechte gebieten Überprüfung des Urteils auf die Einhaltung dieser Grundprinzipien. - Art. 19.IV GG gebietet Rechtsschutz gegen die entsprechende gerichtliche Entscheidung.	304
418	*U.a.:* → *Anwendung und Auslegung* der §§ 250, 251 StPO (Unmittelbarkeit der Beweisaufnahme).	*Grundlegend*: - Zur Bedeutung der verfassungsrechtlichen Verfahrensgarantien, hier Art. 104, 2.II, 103.I GG. - Kompetenzabgrenzung zu den Fachgerichten: „Die Gestaltung des Verfahrens, die Feststellung und Würdigung des Tatbestandes, die Auslegung der Gesetze und ihre Anwendung auf den einzelnen Fall sind grundsätzlich allein Sache der *[Straf-]*Gerichte und der Nachprüfung durch das Bundesverfassungsgericht entzogen, es sei denn, daß Verfassungsrecht verletzt	(33) 253

		ist.“ / Hier: Die StPO-Regelungen der Unmittelbarkeit der Beweisaufnahme geben dem Angeklagten kein Grundrecht.	
439	Auflösung einer Strafkammer mitten im Geschäftsjahr.	Art. 101.I.2 GG nicht betroffen.	206
2 (=1953) 74		(Zu Art. 101.I.2 GG: Keine Geltung im Verfahren der abstrakten Normenkontrolle.)	175
307		(Zu Art. 101.I.2 GG: Bereitstellung von Normen durch den Gesetzgeber notwendig.)	21 177
336	*Unterlassene analoge Anwendung* der §§ 114 ff. ZPO im Klageerzwingungsverfahren gemäß § 172 StPO.	Hier Art. 3.I GG verletzt. - Das BVerfG verlangt *hier*, aber nicht grundsätzlich (auch nicht im Hinblick auf Art. 103.I GG), die analoge Anwendung der Vorschriften über die Prozeßkostenhilfe im Klageerzwingungsverfahren.	33
3 (=1954) 359	Feststellung von Tatsachen durch ein Revisionsgericht, hier im finanzgerichtlichen Verfahren (→ *Rechtsanwendung*).	Art. 101.I.2, 103.I GG nicht betroffen. - Grundlegend zur personellen Berechtigung (hier: Parteifähigkeit / juristische Personen) aus Art. 101.I.2, 103.I GG. - Grundlegend zum Verbot gerichtlicher Willkür im Hinblick auf Art. 101.I.2 GG.	8 (18) **64 f.** **67 f.** 169 201 **221 ff.** 244
4 (=1956) 1	Unterlassene Selbstbindung eines Spruchkörpers an seine Rechtsauffassung (→ *Rechtsanwendung*).	- Grundlegend zur Verletzung des Willkür-Verbots (Art. 3.I GG) durch gerichtliche Urteile.	7 (36) **221 ff.**
4	(- *Normenkontrolle.* -)	- Grundlegend: Aus der Verfassung (Art. 19.IV, 103.I GG u.a.) ergibt sich weder der Anspruch auf ein öffentliches und mündliches Verfahren noch der Anspruch auf einen Instanzenzug.	
74	*(- Normenkontrolle. -)*	*Wie soeben.*	104 (109) **112** 279

190	Unterlassene Mitteilung zur Gegenerklärung / Staatanwaltschaft): → Fehlerhafte bzw. unterlassene *Anwendung* des § 308.I StPO.	Art. 103.I GG verletzt (Verstoß gegen die Informationspflicht der Gerichte).	**292 f.** 384 f.
387		(Zu Art. 19.IV GG: Keine Gewährleistung eines Instanzenzugs.)	104
412	Beeinflussung eines Strafverfahrens durch einen ausgeschlossenen Richter.	Art. 101.I.2 GG verletzt. - Grundlegend zum Schutzbereich des Art. 101.I.2 GG und zur Willkür-Formel.	**8** (18) (23) 164 ff. 172 176 f. 185 **215 f.** **221 ff.** **234 ff.**
5 (=1956) 9	Keine mündliche Verhandlung durchgeführt (hier: im arbeitsgerichtlichen Verfahren): → *Anwendung und Auslegung* der § 554a ZPO, §§ 72.III, 74.II.2,3 ArbGG.	Art. 103.I GG nicht betroffen. - Grundsätzlich: Art. 103.I GG gewährt keinen Anspruch auf Durchführung einer mündlichen Verhandlung. - Zur Erschöpfung des Rechtswegs (§ 90.II.1 BVerfGG) im Hinblick auf Art. 103.I GG.	**435** 454 457 **463** **466**
22	- Heilung fehlender Anhörung im Instanzenzug. - Fehlende Berücksichtigung von Vorbringen, das aber nicht erheblich war.	Art. 103.I GG nicht betroffen.	288 375 **447** **449** 458
6 (=1957) 7	Kein Rechtsmittel gegen freisprechendes Strafurteil.	Aus der Verfassung ergibt sich kein Recht auf einen Instanzenzug (*s.o., E 4, 74*).	104
12	Fehlende Anhörung im Beschwerdeverfahren gemäß § 74 a.V.3 ZVG (→ *Anwendung*); hier: keine Frist zur Stellungnahme gesetzt und nicht angemessene Zeit gewartet.	Art. 103.I GG verletzt.	(6) 271 281 290 366 372 375 **384** 435 479
15		Verfassungsbeschwerde als unzulässig verworfen: Rechtsweg nach Art. 19.IV GG nicht eröffnet gegen ehemaliges Oberstes Rückerstattungsge-	96

		richt, da hier zwar deutsche Richter mitwirkten, die Entscheidungen aber auf Besatzungsrecht basierten; Entscheidungen waren daher Akte der Besatzungsmächte.	
19	Keine Durchführung eines Unterhaltsverfahrens *neben* dem Verfahren nach § 627 ZPO: → *Unterlassene Anwendung* einer Vorschrift.	Art. 103.I GG nicht betroffen: - Kein Anspruch auf ein bestimmtes, auch nicht auf ein mündliches Verfahren.	259 **435** **442**
45	Entscheidung über gerichtliche Zuständigkeitskonkurrenz durch ein höchstes Gericht (hier: → *Anwendung und Auslegung* des § 7 EGZPO a.F.).	Art. 101.I.2 GG nicht betroffen. - U.a. grundlegend zur personellen Berechtigung (hier Staat als Fiskus) aus Art. 101.I.2, 103.I GG.	(22) **72** 168 178 **181** 223 **231**
290		Verfassungsbeschwerde zulässig: - Auch Zustimmungsgesetze zu Verträgen mit auswärtigen Staaten (Vertragsgesetze) sind dem Normenkontrollverfahren zugänglich; Rechtsweg gem. Art. 19.IV GG eröffnet. (Aber Verfassungsbeschwerde nicht begründet; hier keine Verletzung der Art. 3, 14 GG.)	96
7 (=1958) 53	Ehelichkeitsanfechtung / "Armenrecht" des beklagten Kindes: → *Auslegung* des § 114 ZPO (Prüfung der Erfolgsaussichten / „Mutwilligkeit").	Art. 103.I GG verletzt. - Grundsätzlich: Art. 103.I GG gilt auch in Verfahren mit Untersuchungsgrundsatz.	(253) **259 ff.** 280 284
95	Unterlassene Anhörung des Gegners im zivilprozessualen Beschwerdeverfahren.	Art. 103.I GG verletzt. - Anspruch *unmittelbar* aus Art. 103.I GG, wenn einfach-gesetzlich nicht geregelt ist, daß der Prozeßgegner vor einer ihm nachteiligen Entscheidung anzuhören ist. - Grundlegend zur Informationspflicht der Gerichte.	(74) 271 **292 f.**
109	*Wie oben (E 4, 190):* Unterlassene Mitteilung über die sofortige Beschwerde der Staatsanwaltschaft (→ *Anwendung*	Art. 103.I GG verletzt (Verstoß gegen die Informationspflicht).	293

	des § 308.I StPO).		
239	Keine Möglichkeit zur Stellungnahme / auch keine Frist zur Äußerung gesetzt (hier: im verwaltungsgerichtlichen Verfahren).	Art. 103.I GG verletzt.	375 383 **452**
275	Unterlassene Mitteilung über die Gegenerklärung der Staatsanwaltschaft im Revisionsverfahren: → *Anwendung* des § 347 StPO.	Art. 103.I GG verletzt.	(253) 261 284 307
327	Zurückverweisung der Sache durch ein Beschwerdegericht: → *Auslegung* des § 309 StPO.	Art. 101.I.2 GG nicht verletzt (hier keine gerichtliche Willkür / allenfalls unbeachtlicher „error in procedendo").	8 (18) **221 ff.** **233**
340	*Ähnlich E 7, 109 u.a.:* Unterlassene Mitteilung eines entscheidungserheblichen Gutachtens im Rahmen einer sofortigen Beschwerde gegen den Widerruf einer Strafaussetzung.	Art. 103.I GG verletzt.	290
8 (=1959) 89	Verwerfung einer Beschwerde (hier nach § 311 StPO), nachdem sich der Betroffene deren Begründung vorbehalten hatte.	Art. 103.I GG hier verletzt: - Die Begründung der Beschwerde war zwar hier nicht gesetzlich vorgeschrieben, so daß auch keine entsprechende Frist gegeben war. Das Gericht hätte aber vor der Verwerfung der Beschwerde entweder eine Begründungsfrist setzen oder „angemessene Zeit" warten sollen, wenn sich der Beschwerdeführer die Begründung vorbehalten hat.	380 384 f.
174		(Zu Art. 101 Absatz 1 Satz 1 GG: Verbot von Ausnahmegerichten.)	165
274		(Zu Art. 19.IV GG: Anspruch auf effektiven Rechtsschutz.)	116
184	Verwertung von Beweisergebnissen in einer Beschwerdeentscheidung ohne Äußerungsmöglichkeit des Betroffenen. Zuvor Einstellung eines Privatklageverfahrens mangels hinreichenden Tat-	Art. 103.I GG verletzt.	291 372

	verdachts ohne Mitteilung der Zeugenvernehmungsergebnisse / § 383 StPO.		
208	*Wie soeben.*	*Wie soeben.*	291 372
253	Gewährung der Wiedereinsetzung ohne Anhörung des Antragsgegners im Zivilverfahren.	Art. 103.I GG verletzt. - Wegen Fehlens einer entsprechenden einfachgesetzlichen Regelung Anspruch *unmittelbar* aus Art. 103.I GG.	(74) 271 **293**
9 (=1959) 89	Unterlassung der Anhörung vor Erlaß eines Haftbefehls.	Art. 103.I GG hier nicht verletzt: - Die StPO schreibt eine Anhörung *vor* Erlaß des Haftbefehls nicht vor. Aus Art. 103.I GG selbst ergibt sich aber grundsätzlich die Notwendigkeit einer vorherigen Anhörung. Jedoch ist bei Eingreifen wichtiger Interessen diese entbehrlich und Kompensation durch nachträgliche Anhörung möglich. - Zur Subsidiarität der Verfassungsbeschwerde.	(252 ff.) 263 **269 ff.** 282 **284 ff.** 377 433 **460**
123	*Wie oben (E 7, 109 u.a.):* → Fehlerhafte bzw. unterlassene *Anwendung* des § 308.I StPO.	Art. 103.I GG verletzt.	293
124	(SGG-Verfahren; „Armenrecht")	Art. 3.I GG i.V.m. Sozialpflicht des Staats (Art. 20.I GG) gebietet nicht die Beiordnung eines Rechtsanwalts. - Art. 103.I GG nicht verletzt: Gehörsgewährung nicht „gerade durch" Vermittlung eines Rechtsanwalts.	70 358
213		(Zu Art. 101.I.2 GG im Bereich der Richtervorlagen.)	201 244
223	(Fehlerhafte) Bejahung der gerichtlichen Zuständigkeit.	Art. 101.I.2 GG nicht verletzt, da keine objektive Willkür vorlag. - Grundlegend zur Willkür-Formel.	(22) 168 **178** 184 **187 ff.** 210 233
231	Unterlassene Durchführung des hier einfachgesetzlich vorgeschriebenen mündlichen Verfahrens: → Fehlerhafte bzw.	Art. 103.I GG nicht verletzt: - Kein Anspruch auf ein mündliches Verfahren.	436

	unterlassene *Anwendung* einer disziplinarordnungsrechtlichen Landesvorschrift.		
261	*Wie weiter oben:* → Fehlerhafte bzw. unterlassene *Anwendung* des § 308.I StPO.	Art. 103.I GG verletzt.	293
266		Art. 103.I GG gewährleistet Äußerung zu Rechtsfragen.	341
303	Unterlassene Mitteilung eines entscheidungserheblichen Sachverständigengutachtens vor einer Beschwerdeentscheidung (hier: nach § 311 StPO).	Art. 103.I GG verletzt.	290
10 (=1960) 89 (*„Erftverband"*)		- Art. 19.IV GG gewährleistet keinen Rechtsschutz gegen Gesetzgebung. - Materielle Grundrechte (Art. 2.I GG) ebenfalls nicht verletzt.	106 f.
177	Unterlassene Anhörung zu „gerichtskundigen" Tatsachen (hier: Verfahren nach dem BEntschädigungsG).	Art. 103.I GG verletzt.	290 f. **373 f.**
200	Verfahren vor Gemeindefriedensgerichten (Landessondergerichte): → *Anwendung verfassungswidriger Bestimmungen.*	Art. 101.I.2 GG verletzt: - Gemeindefriedensgerichte sind unzulässig wegen enger personeller Verbindung mit der Exekutive.	165 **167 f.** 215
264	*(- Normenkontrolle; hier landesrechtliches KostenG. -)*	Art. 19.IV GG nicht verletzt. (Zulässigkeit der Erhebung eines Gerichtskostenvorschusses und der Folge, daß bei Nichtzahlung der Antrag als zurückgenommen gilt.)	(21) (80) 96 105 146 151 (158)
274	Verwertung einer dienstlichen Äußerung im strafprozessualen Revisionsverfahren ohne Äußerungsmöglichkeit hierzu.	Art. 103.I GG verletzt.	**288** **295**
11 (=1961) 1	Unterlassene Bescheidung des Antrags auf Ablehnung eines Richters.	Art. 101.I.2 GG hier nicht betroffen, da Ablehnungsgesuch jedenfalls „evident abwegig" war.	238 f.
29	*Wie oben (E 7, 109 u.a.):* Verstoß gegen § 308.I StPO (→ *Anwendungsfehler*).	Art. 103.I GG verletzt.	293

61	*Wie oben (E 10, 200):* Verfahren vor Gemeindefriedensgerichten.	Art. 101.I.2 GG verletzt.	167
136	*Wie soeben und weiter oben.*	*Wie soeben und weiter oben.*	167
218	Unterlassene Berücksichtigung eines fristgemäß eingegangenen, entscheidungserheblichen Schriftsatzes (hier: → *Anwendung* des § 523 und des früheren § 272a ZPO).	Art. 103.I GG verletzt (hier evidenter Verstoß gegen die Berücksichtigungspflicht / „Pannenhilfe" durch das BVerfG). - Grundlegend zur Berücksichtigungspflicht der Gerichte.	288 378 f. **447 ff.** **453**
232		Verfassungsbeschwerde als „offensichtlich unbegründet" verworfen. Grundlegend zu Art. 19.IV GG (und Art. 103.I GG): - Kein Anspruch auf Instanzenzug. - Kein Anspruch auf Anfechtungsklage statt Normenkontrolle. - Kein Anspruch auf mündliches Verfahren (Art. 103.I GG). - Kein Anspruch auf vorläufigen Rechtsschutz im Normenkontrollverfahren.	(20) 104 (109) **138** **142**
263	Ablehnung der Wiederaufnahme des Verfahrens vor einem Friedensgericht.	Art. 19.IV GG nicht verletzt / Verfassungsbeschwerden nicht begründet. - Allgemein: Art. 19.IV GG garantiert *nicht* den Rechtsweg *gegen* richterliche Entscheidungen (sondern nur Rechtsschutz *durch* gerichtliche Entscheidung).	103 167
343		(Zur Berücksichtigungspflicht bzgl. entscheidungerheblicher Äußerungen nach Art. 103.I GG.)	453
12 (=1962) 6	*Wie oben (E 8, 89).*	Art. 103.I GG verletzt. - Allgemein: Geltung des Art. 103.I GG (sowie des Art. 101.I.2 GG) auch für ausländische juristische Personen.	**67 f.** **74** 384 f.

110	- Verwertung von Tatsachen als „offenkundig" im Privatklageverfahren ohne Äußerungsmöglichkeit der Beteiligten (→ *ähnlich E 10, 177*). - Unterlassene Berücksichtigung einer durch das Gericht selbst gesetzten Frist (→ *ähnlich E 8, 89 u.a.*).	Art. 103.I GG verletzt („Pannenhilfe")	(6) 281 291 366 372 **374** **380**
13 (=1963) 132	Popularklageverfahren (Art. 98 Satz 4 BayVerf, § 54.I BayVerfGHG).	- Art. 101.I.2, 103.I GG hier nicht betroffen. (Diese Verfahrensgarantien gelten aber grundsätzlich auch zu Gunsten des Popularklägers.) - Eine Verletzung des Klägers wegen Art. 19.IV GG scheidet von vornherein aus, da der Popularkläger keine eigenen Rechte geltend macht.	**8** (18) **69** **71** **90** **95** 201 221 f. 244 279
14 (=1963) 8	Unterlassene Anhörung des Privatklägers vor einer für ihn nachteiligen Entscheidung über die Wiedereinsetzung des Angeklagten: → fehlerhafte bzw. *unterlassene Anwendung* des § 385.I.1 i.Vm. § 33 StPO.	Art. 103.I GG verletzt.	281
54	*Wie oben (E 7, 109; 11, 29 u.a.):* → Fehlerhafte bzw. *unterlassene Anwendung* des § 308.I StPO.	Art. 103.I GG verletzt.	482
156	Mitwirkung von nicht hauptamtlich und planmäßig angestellten Richtern bei der Verurteilung auf Freiheitsstrafe durch eine Strafkammer.	Art. 101.I.2, 104.II.1 GG verletzt. - Grundlegend auch zu Art. 97, 92 GG.	**215 f.** **234**
195	Ablehnung des Antrags auf Aufhebung eines Termins auf Grund von Urlaubswünschen des Prozeßbevollmächtigten.	Art. 103.I GG nicht verletzt / Verfassungsbeschwerde „offensichtlich unbegründet".	437
320	Einstellung eines Strafverfahrens auf Grund des Übersehens eines Antrags auf Zulassung der Nebenklage.	Art. 103.I GG verletzt: - Verstoß gegen die Berücksichtigungspflicht.	288 **447** **452** 482 f.

15 (=1964) 43	Unterlassene Mitteilung der zivilprozessualen Beschwerdebegründung an den Beschwerdegegner infolge eines „*Versehens*" des Gerichts.	Art. 103.I GG verletzt.	371
126		(Verfassungsbeschwerde gegen Gesetz zulässig; grundlegend zum Begriff der Rechtsverletzung.)	95
214	Verwertung eines Gutachtens ohne Gelegenheit zur Äußerung.	Art. 103.I GG verletzt. (Hier war auch unschädlich, daß der Betroffene von der Anforderung des Gutachtens Kenntnis hatte, da den Äußerungsberechtigten grundsätzlich keine Erkundigungspflicht trifft).	290 297 314
245	Mitwirkung eines Hilfsrichters (hier: eines Gerichtsassessoren zu Ausbildungszwecken) an der gerichtlichen Entscheidung (→ *Anwendung* des früheren § 63.II GVG).	Art. 101.I.2 GG nicht verletzt (da hier allenfalls ein unbeachtlicher „error in procedendo" bei der Anwendung des GVG vorlag).	8 (18) **215** **221 ff.** **234**
249	(Auslieferungsersuchen der Türkei.)	(Art. 16 GG.) - Grundsätzlich zu Art. 103.I GG: Auf welche Weise rechtliches Gehör gewährt wird, ist grundsätzlich Sache des Gesetzgebers; insbesondere: kein verfassungsrechtlicher Anspruch auf ein mündliches Verfahren.	435
275	Annahme des Gerichts, es sei an die tatsächlichen Feststellungen der Verwaltungsbehörde gebunden (→ hier *Auslegung* des früheren § 66.I OWiG).	Art. 19.IV GG verletzt. - Grundlegend zur vollumfänglichen Befugnis des Fachgerichts zur Überprüfung behördlicher Entscheidungen in tatsächlicher und rechtlicher Hinsicht	92 ff. 102 f. **124**
298		Verfassungsbeschwerde unzulässig: Auf Art. 101.I.2 GG darf sich nur die Prozeßpartei berufen, nicht auch ein betroffener Richter.	250
303	- Umstrittene Zulässigkeit der Wiederaufnahme und Zuständigkeit des Rechtsmittelgerichts nach veränderter Gesetzeslage.	- Art. 101.I.2 GG nicht betroffen (allenfalls unbeachtlicher Verfahrensirrtum) / Art. 103.I GG nicht betroffen (kein Anspruch auf eine bestimmte Ver-	222 **293** **441 f.**

	- Keine Anhörung vor Entscheidung über Zulässigkeit eines Wiederaufnahmeantrags der Staatsanwaltschaft.	fahrensart). - Art. 103.I GG hier nicht verletzt.	
16 (=1964) 124	Gesetzwidrige Besetzung eines Finanzgerichts.	(Art. 101.I.2 GG) Unzulässigkeit der Verfassungsbeschwerde wegen fehlender Rechtswegerschöpfung nach § 90.II.1 BVerfGG (hier: unterlassene Besetzungsrüge gemäß § 290.I AO).	250
283	Keine Äußerungsmöglichkeit zu gerichtlich eingeholtem Gutachten (hier im Zwangsversteigerungs-Verfahren).	Art. 103.I GG verletzt.	290
17 (=1965) 86	Keine Äußerungsmöglichkeit zu beigezogenen behördlichen Akten.	Art. 103.I GG verletzt (da der Anspruch auf rechtliches Gehör die Äußerungsmöglichkeit zu *allen* entscheidungserheblichen Tatsachen und Beweismitteln umfaßt).	295
139	Verwertung einer Stellungnahme des JVA-Anstaltsleiters im Verfahren über die Fortdauer einer Freiheitsentziehung ohne rechtliches Gehör.	Art. 103.I GG verletzt. - Hier waren Werturteil und Tatsachen in der Stellungnahme nicht trennbar, so daß der Betroffene zur gesamten Stellungnahme zu hören gewesen wäre.	281 367 375
188	*Wie E 8, 89; 12, 6 u.a.:* Gerichtliche Entscheidung vor Eingang der Beschwerdebegründung, die der Betroffene sich vorbehalten hatte.	Art. 103.I GG verletzt. - Verstoß des Gerichts gegen den Grundsatz, im Falle fehlender Fristsetzung angemessene Zeit mit seiner Entscheidung abzuwarten.	**293** 437
191	*Wie soeben.*	*Wie soeben.*	384 f.
194	Unterlassene Information über gegnerischen Schriftsatz.	Art. 103.I GG verletzt (Verstoß gegen die Informationspflicht des Gerichts / keine Nachforschungspflicht der Beteiligten).	292 314
197	*Wie oben (E 4, 190; 7, 109; 9, 123, 261 u.a):* Verstoß gegen § 308.I StPO.	Art. 103.I GG verletzt. - Weiterhin zur *Zulässigkeit* der Verfassungsbeschwerde: Die Eröffnung des Hauptverfahrens im Strafprozeß auf sofortige	293

		Beschwerde des Nebenklägers kann vom Beschuldigten mit der Verfassungsbeschwerde angegriffen werden, da es sich hierbei um eine *selbständige* Zwischenentscheidung handelt.	
262	*Wie soeben.*	*Wie soeben.*	293
265	Unterlassene Mitteilung der sofortigen Beschwerde an den Gegner. Hier: → *Fehlerhafte bzw. unterlassene Anwendung* des § 91a.II.2 ZPO.	Art. 103.I GG verletzt.	293
294	Ungenügende Bestimmung des im Einzelfall berufenen Richters durch den Geschäftsverteilungsplan (§ 21e GVG) des Gerichts.	Art. 101.I.2 GG verletzt.	(22) 167 176 178 **191** **204 ff.** 216 223 **240 ff.**
356	Keine Anhörung des Beschuldigten im Klageerzwingungsverfahren: → *Auslegung* des § 173.II StPO („kann") und des § 172.II StPO.	Art. 103.I GG verletzt. - Zur persönlichen Anspruchsberechtigung („unmittelbare Betroffenheit" vom Verfahrensergebnis).	**75** 281
18 (=1965) 49	Teilweise Vorenthaltung eingeholter Stellungnahmen (hier: in dem Verfahren über einen Antrag nach § 99.I BRAGO).	Art. 103.I GG verletzt (Verstoß gegen die gerichtliche Informationspflicht).	**294** 372
65	*Wie E 17, 294*: Im Einzelfall berufener Richter nicht genügend im voraus bestimmt.	Art. 101.I.2 GG verletzt.	(22) 176 178 f. **206 ff.** 223 242 f.
85	(Teilweise Vorenthaltung der Akten, in die Einsicht beantragt war.)	Keine Feststellung der Verletzung des Art. 103.I GG, da Verfassungsbeschwerde insofern verfristet war (§ 93.I BVerfGG). / „Im übrigen": Keine Verletzung „spezifischen Verfassungsrechts". - Grundsatzentscheidung zur Formel vom „spezifischen Verfassungsrecht" im Verfahren.	**34 ff.** 274 453
147	Verwertung des Schriftsatzes eines Privatklägers	Art. 103.I GG verletzt.	281 314

	ohne Anhörung des Beschuldigten.		
155	Entscheidung des Revisionsgerichts vor Zustellung der Entscheidung der Vorinstanz; somit Revisionsbegründungsfrist (§ 345 StPO) nicht in Lauf gesetzt.	Art. 103.I GG verletzt.	385
203	*(Normenkontrolle)*	(Verfahren nach § 74.V BRAO (Anwaltsgericht, damals „Ehrengericht“) mit Art. 19.IV GG vereinbar.)	102 124
344	Überbesetzung einer Kammer beim Landgericht mit einem Vorsitzenden und vier beisitzenden Berufsrichtern.	Art. 101.I.2 GG nicht verletzt: - Eine begrenzte Überbesetzung ist zulässig, soweit unvermeidbar zur Gewährleistung einer geordneten Rechtsprechung. - Eingeschränkte Vorausbestimmung des einzelnen mitwirkenden Richters ist zulässig.	(22) 176 178 **206 ff.** 223 **240 ff.**
380	Verstoß gegen § 222.II ZPO (→ fehlerhafte *Rechtsanwendung*).	Art. 103.I GG verletzt.	288 **379 f.** 383 **447 f.** **450 ff.** **453**
399	Verweigerung der Akteneinsicht gemäß § 147.III StPO und darauffolgende „überraschende“ Sachentscheidung.	Art. 103.I GG verletzt (Geltung auch im Verfahren der Beschwerde gegen Beschlagnahme).	285 290 **305** **307**
419	Unterlassene Anhörung des Sicherungsverwahrten im Verfahren über die Fortdauer der Freiheitsentziehung.	Art. 103.I GG verletzt.	281 375
423	*Ähnlich E 18, 65 u.a.:* Im Einzelfall berufener Richter ergab sich nur allgemein aus der generellen Regelung des Geschäftsverteilungsplans.	Art. 101.I.2 GG nicht verletzt.	206 ff.
441	Unterlassene Vorlage an ein anderes Gericht / Vorlage wäre im konkreten Fall unzulässig gewesen (→ kein Fehler bei der Rechtsanwendung).	Art. 101.I.2 GG hier nicht verletzt. - Grundsätzlich kann jedenfalls der Verstoß gegen eine Vorlageverpflichtung (hier nach Art. 100.II GG) zugleich Art. 101.I.2 GG verletzen.	201 244

19 (=1966) 32	*Wie oben (E 17, 356):* Hier: Unterlassene Mitteilung der Stellungnahme der Staatsanwaltschaft im Klageerzwingungsverfahren an den Beschuldigten.	Art. 103.I GG verletzt. - Grundlegend: Geltung von Art. 103.I sowie von 101.I.2 GG auch im Klageerzwingungsverfahren.	281 292
38	Erkennender Senat beim Bundesfinanzhof hatte den Großen Senat nicht angerufen trotz abweichender Auffassung (da keine Klärung einer Frage von allgemeiner Bedeutung).	Art. 101.I.2 GG hier nicht verletzt.	201 244 f.
49	Unterlassene Anhörung des Beschwerdegegners im Verfahren der Freiwilligen Gerichtsbarkeit (im FGG nicht ausdrücklich vorgeschrieben).	Art. 103.I GG verletzt. - Anspruch *unmittelbar* aus Art. 103.I GG. - Grundsätzlich: Geltung des Anspruchs auf rechtliches Gehör auch im FGG-Verfahren.	(99) 271 **281**
52	Änderung der Zahl der erkennenden Richter eines Spruchkörpers im Laufe des Geschäftsjahres.	Art. 101.I.2 GG nicht verletzt. - Die Zahl der erkennenden Richter muß nicht stets gleich bleiben.	(21 f.) 177 f. **190 ff.** **204** 223
142	Verwerfung einer strafprozessualen Revision ohne Mitteilung des Beweisergebnisses.	Art. 103.I GG verletzt.	291 372
145	Überbesetzung eines Spruchkörpers in der Weise, daß in zwei getrennten Sitzgruppen hätte Recht gesprochen werden können.	Art. 101.I.2 GG verletzt. - Eine derart hohe Überbesetzung ist stets zugleich ein Verstoß gegen das Recht auf den gesetzlichen Richter.	242
148	Unterlassene Äußerungsmöglichkeit zur Anlage eines gegnerischen Schriftsatzes im Kostenfestsetzungsverfahren (§§ 103 ff. ZPO).	Art. 103.I GG verletzt.	281 **291 f.** 372
198	*Ähnlich E 17, 139:* Entscheidung über bedingte Entlassung eines Strafgefangenen ohne dessen Anhörung über Stellungnahme des JVA-Leiters.	Art. 103.I GG verletzt.	281 **294** 372
20 (=1967) 276	Keine Äußerungsmöglichkeit zu dienstlichen Stellungnahmen.	Art. 103.I GG an sich verletzt, aber hier Verfassungsbeschwerde nicht angenommen (auf Grund von § 93 a.IV BVerfGG).	461

280	Unterlassene Anhörung im Prozeßkostenhilfeverfahren (§§ 114 ff. ZPO).	Art. 103.I GG verletzt; - Anhörung auch des Antragsgegners *unmittelbar* aus Art. 103.I GG (da entsprechende Regelung in §§ 114 ff. ZPO fehlt).	281
336	Zurückverweisung der Sache durch ein Revisionsgericht an ein Gericht der Vorinstanz seiner Wahl: → *Anwendung* des § 354.II.2 StPO a.F.	Art. 101.I.2 GG nicht verletzt: - Die Entscheidung darüber, an welches Gericht zurückverwiesen wird, gehört zur Rechtsfindung und obliegt der Revisionsinstanz.	**8** (18) **184 ff.** 221 ff. **233**
347	Beiziehung und Verwertung der Akten der Vorinstanz durch ein Berufungsgericht (hier: im Prozeßkostenhilfeverfahren) ohne Äußerungsmöglichkeit hierzu.	Art. 103.I GG verletzt.	305
365	Entscheidung *einer Verwaltungsbehörde* über die Eignung zum Führen eines Kraftfahrzeugs nach Ablauf der *gerichtlich* angeordneten Sperrfrist (§ 42m.III StGB a.F.).	Art. 101.I.2 GG nicht verletzt. - Das Recht auf den gesetzlichen Richter ist nur betroffen, wenn die Behörde sich richterliche Kompetenzen aneignet.	168
21 (=1967)			
46	Mißverständliche Ausführungen in der Urteilsbegründung.	Art. 103.I GG nicht verletzt. - Hier liegt kein Verstoß gegen die Berücksichtigungspflicht vor, da sich die Berücksichtigung der entscheidungserheblichen Äußerung aus dem „Gesamtzusammenhang" der Urteilsgründe ergibt.	449 453
132	Keine Äußerungsmöglichkeit eines Vaters im Verfahren der Ehelichkeitsanfechtung.	Art. 103.I GG verletzt. - Grundlegend zur personellen Berechtigung aus Art. 103.I GG: Nicht nur Verfahrensbeteiligte im formellen Sinn, sondern auch *materiell* vom Verfahrens*ergebnis* unmittelbar Betroffene sind anzuhören.	75
139	Keine *normative* Vorausbestimmung im finanzgerichtlichen Verfahren, daß ein Richter *im Einzelfall* ausgeschlossen oder abgelehnt werden kann: → *Anwendung einer verfassungswidrigen Norm (§*	Art. 101.I.2 GG verletzt. - Grundlegend: Zu den verfassungsrechtlichen Anforderungen an die Bestimmungen über Ausschluß und Ablehnung wegen Befangenheit von Richtern.	(22) 167 174 178 **217 f.** 223 **235** **281 f.**

	6.II.2 FGG a.F.).		
191	Unterlassene Überprüfung der tatsächlichen Feststellungen des JVA-Leiters im Falle einer Hausstrafe.	Art. 19.IV GG verletzt. - Grundsätzlich zur Eröffnung des Rechtsweges im Rahmen der §§ 23 ff. EGGVG.	(3) **98** 103 124 f. 161 263 377 433
362		Art. 19.IV GG nicht betroffen / Verfassungsbeschwerde unzulässig. - Grundrechte gelten grundsätzlich nicht für juristische Personen des öffentlichen Rechts bei Wahrnehmung öffentlicher Aufgaben (Art. 19.III GG); hier bezüglich Rentenversicherungsträger.	66
22 (=1968) 42	Unzureichende Festlegung der Mitwirkung von Richtern bei einem Berufsgericht.	Art. 101.I.2 GG verletzt. - Grundlegend zur Geltung des Rechts auf den gesetzlichen Richter auch vor Berufsgerichten.	165 **174**
49	Verhängung einer „minderen Strafe" durch eine Verwaltungsbehörde.	Art. 101.I.2 GG verletzt: - Die Verhängung von „Kriminalstrafen" auch „minderen" Gewichts ist den Gerichten vorbehalten.	122 **158** 279 283
83	Versagung der Wiedereinsetzung auf Grund der Versäumnis der Frist für den Wiedereinsetzungsantrag (§ 234.I ZPO), nachdem dem Betroffenen Prozeßkostenhilfe erst nach Ablauf der Rechtsmittelfrist bewilligt worden war.	Art. 3.I i.V.m. Art. 20.I GG (Sozialstaatsprinzip) verletzt (→ Angleichung „unbemittelter" und „bemittelter" Parteien).	399 f.
91	*(wie E 6, 15)*	Verfassungsbeschwerde unzulässig. - Oberstes Rückerstattungsgericht ist keine deutsche öffentliche Gewalt, steht außerhalb der deutschen staatlichen Gerichtsorganisation.	96
106	*(- Normenkontrolle. -)*	Art. 19.IV GG nicht verletzt (ebensowenig das Prinzip der Gewaltenteilung): - Die Verwaltungsbehörden sind befugt, eine richterliche Nachprüfung	(18) (86) 103 **160 f.**

		von Entscheidungen weisungsfreier Verwaltungsausschüsse herbeizuführen.	
114	Entziehung der Verteidigungsbefugnis gegen den Willen des Mandanten (§§ 1, 3, 46 BRAO; §§ 138.I, 146 StPO).	Hier Art. 12.I GG in Bezug auf den Verteidiger verletzt, aber keine Verletzung der Rechte des Mandanten.	384
254	Anklage zum Einzelrichter nach § 25 Nr. 2 c GVG a.F. durch die Staatsanwaltschaft.	Art. 101.I.2 GG hier nicht verletzt. (Grundsätzlich war aber § 25 Nr. 2c GVG a.F. *„verfassungskonform" auszulegen*: Anklage zum Einzelrichter statt zum Schöffengericht nur bei zu erwartender Strafe „von minderem Gewicht".)	184 **187 ff.** 201 244
267	Entscheidungserhebliche Äußerung nicht berücksichtigt (hier: Unterhaltsklage).	Art. 103.I GG verletzt: - Zu der aus dem Anspruch auf rechtliches Gehör hergeleiteten Verpflichtung der Gerichte zur Berücksichtigung entscheidungserheblichen Vorbringens.	259 263 288 377 **402** 433 **447 ff.** **453 f.**
282	*Wie E 19, 145:* Derartige Überbesetzung eines Spruchkörpers, daß die Bildung zwei verschiedener Sitzgruppen möglich gewesen war.	Art. 101.I.2 GG verletzt.	240 ff.
293		Verfassungsbeschwerde unzulässig bzgl. Verordnung des Rats oder der Kommission der Europäischen Wirtschaftsgemeinschaft.	96 f.
299	*(- Vorlageverfahren - .)*	Art. 101.I.2 GG Unzulässige Richtervorlage (fehlende Entscheidungserheblichkeit der betroffenen Vorschrift).	98 103
322	Rechtsauffassung der Fachgerichte, die Wiederaufnahme eines durch rechtskräftige Strafverfügung abgeschlossenen Verfahrens sei generell nicht zulässig: → Keine analoge Anwendung bzw. Auslegung des § 373a StPO (Strafbefehlsverfahren).	Art. 3.I GG (Gleichheitssatz) und Rechtsstaatsprinzip nicht verletzt.	266

23 (=1968) 286	Nichtberücksichtigung eines innerhalb gerichtlich gesetzter Frist eingegangenen Schriftsatzes (hier nach § 272 a ZPO).	Art. 103.I GG verletzt.	380 f.
288	Unterlassene Vorlage nach Art. 100.II GG.	Art. 101.I.2 GG nicht verletzt, da kein Verstoß gegen das Willkürverbot.	**8** (18) (107) **201** 221 ff. **244 ff.**
24 (=1969) 23	*Wie oben (E 4, 190; 6, 12; 8, 89; 12, 6 u.a.):* Verstoß gegen die Verpflichtung, mit der gerichtlichen Entscheidung „angemessene" Zeit abzuwarten.	Art. 103.I GG verletzt.	384
33 *(AKU)*	(- *Verfassungsbeschwerde gegen VertragsG / Zusatzabkommen deutsch-niederländischer Finanzvertrag.* -)	(Verfassungsbeschwerde unzulässig.) - 3. LS: „Die Gesetzgebung gehört nicht zur `öffentlichen Gewalt'im Sinne von Art. 19 Abs. 4 GG." - Zur Frage des vorbeugenden Rechtsschutzes gegen Normen.	(83) **106 f.** **144**
56	Verfahren nach Antrag auf Richterablehnung: Verwertung der dienstlichen Stellungnahme des Richters hierzu ohne Äußerungsmöglichkeit des Antragstellers.	Art. 103.I GG verletzt.	294
155		(Ermächtigung der Exekutive zur Konstituierung von Gerichtsbezirken mit Art. 101.I.2 GG vereinbar.)	186
367 *(Deichordnung)*		(Kein Rechtsschutz nach Art. 19.IV GG gegen Gesetzgebungsakte.)	106 f.
25 (=1969) 40	Verwertung eines polizeilichen Vernehmungsprotokolls ohne Äußerungsmöglichkeit des Beschuldigten.	Art. 103.I GG verletzt.	291 372
137	„Offensichtliche" Nichtberücksichtigung entscheidungserheblichen Vorbringens in den Urteilsgründen.	Art. 103.I GG verletzt. - Grundlegend zur Berücksichtigungs- und Begründungspflicht bzgl. bedeutsamen Vorbringens des Äußerungsberechtig-	288 **447** **449 f.** **453**

		ten in den Entscheidungsgründen.	
158	Zurechnung der Versäumnis der Einspruchsfrist im summarischen Strafverfahren infolge urlaubsbedingter Abwesenheit des Betroffenen (daher Ersatzzustellung gemäß § 182 ZPO) und deswegen Versagung der Wiedereinsetzung: → *Auslegung* des § 44 Satz 1 StPO a.F. („unabwendbarer Zufall“, [jetzt: „ohne Verschulden“]).	Art. 103.I GG verletzt. - Grundlegend zur Zulässigkeit von Ersatzzustellungen.	**303** 387 ff.
336	Einsetzung eines Untersuchungsrichters ohne ausreichende normative Vorausbestimmung.	Art. 101.I.2 GG verletzt. - Grundlegend zur Geltung des Rechts auf den gesetzlichen Richter auch in Bezug auf den Untersuchungsrichter.	(27) **176** 283
352	Keine gerichtliche Überprüfung einer Gnadenentscheidung.	Keine Feststellung der Verletzung des Art. 19.IV GG wegen *Stimmengleichheit*. - Grundlegend zur Justitiabilität von Gnadenentscheidungen. - Kein verfassungsrechtlicher Anspruch auf eine bestimmte Verfahrensart.	96 **99 ff.** 103 106 115 435
26 (=1970) 37	Unterlassene Anhörung des Betroffenen vor Berichtigung eines Schuldspruchs.	Art. 103.I GG verletzt.	341 **368**
66		Kein Verstoß gegen das Fairneßgebot. - Zulassung der Nebenklage im Strafprozeß verfassungsgemäß. - Angeklagtem darf Kostenrisiko wegen Zulassung auferlegt werden.	5 f.
186	Berufung ehrenamtlicher Richter bei einem Berufsgericht ohne Mitwirkung des Richterwahlausschusses.	Art. 101.I.2 GG nicht verletzt / Verfassungsbeschwerde nicht begründet.	**174** 279
281	*(- Vorlage wegen materiell-rechtlicher Frage zum BVerfG -)*	Grundlegend zu Vorlagepflichten nach Art. 101.I.2 GG.	165
315	*Vergleichbar oben (E 25, 158):* Hier: Zurückweisung des Wiedereinsetzungsantrags	Art. 103.I GG verletzt.	303 387 f. **397**

	wegen fehlender Glaubhaftmachung des Wiedereinsetzungsgrundes (→ *Auslegung* des § 45.I StPO a.F., s. aber jetzt § 45.II.1 StPO n.F.).		
27 (=1970) 18	*(- Vorlage. -)*	§ 68.I.1 OWiG vereinbar mit Art. 101.I.2 GG. - Grundlegend zur zulässigen Übertragung der Bestimmung des gesetzlichen Richters von der Legislative auf die Exekutive (Befugnis zur Bestimmung der örtlichen Zuständigkeit; Einrichtung von Gerichtsbezirken).	124 177
88		(Art. 103.I GG gilt nur im Gerichtsverfahren.)	280
248	Kenntnisnahme, aber „erkennbar" fehlende Berücksichtigung einer entscheidungserheblichen Äußerung.	Art. 103.I GG verletzt. - Verstoß gegen die Berücksichtigungspflicht. - Zur Subsidiarität der Verfassungsbeschwerde.	288 433 **447** **449 ff.** **453** **458** 461
297	Keine Überprüfung der Ermessensentscheidung einer Wiedergutmachungsbehörde nach Unanfechtbarkeit.	Art. 19.IV GG verletzt. - Grundlegend zur gerichtlichen Kontrolle behördlicher Ermessensentscheidungen im Sinne eines effektiven Rechtsschutzes.	(68) 89 **90 ff.** **95** 146 158 (182)
355	*Wie oben (E 22, 42):* Unzureichende Festlegung im voraus in Bezug auf die Mitwirkung von Richtern an einem Berufsgericht.	Art. 101.I.2 GG verletzt.	165 f. **174** 279
28 (=1970) 10	Erinnerung gegen eine Kostenfestsetzung: Das Gericht fühlte sich gebunden an die Auffassung des Kostenbeamten und beteiligter Behörden in Bezug auf die Auslagenforderung.	Art. 19.IV GG verletzt. - Grundlegend zum Erfordernis einer vollumfänglichen gerichtlichen Überprüfung behördlicher Entscheidungen in tatsächlicher und rechtlicher Hinsicht.	**98** 103 **128** 297 306
17		Keine Feststellung der Verletzung des Art. 103.I GG: Verfassungsbeschwerde unzulässig, da nicht hinreichend substantiiert (§§ 92, 93 BVerfGG).	480 f.

21	Zurückweisung eines Rechtsanwalts, der das Auftreten in Robe ablehnt, in einem bestimmten Rechtsstreit als Prozeßbevollmächtigten.	Verfassungsbeschwerde nicht begründet: (- Keine Verletzung des Art. 12 GG in Bezug auf den Rechtsanwalt.) - Keine Verletzung des Art. 2.I GG i.V.m. dem Rechtsstaatsprinzip (Garantie auf effektiven Rechtsschutz) in Bezug auf den Rechtsanwalt, weil ihm nicht die Möglichkeit offensteht, in eigenem Namen ein Rechtsmittel unmittelbar einzulegen: Weder Art. 19.IV GG noch das Rechtsstaatsprinzip gewährleisten einen Instanzenzug.	(20) 104 **112** 445
88		(Die Verfassung gibt keinen Anspruch auf Instanzen.)	445 459 482
378	Zugrundelegung eines nicht gestellten Antrags in den Urteilsgründen.	Art. 103.I GG verletzt (evidenter Verstoß gegen die Berücksichtigungspflicht).	259 **449 f.** **453**
29 (=1971) 45	Verweisung an ein örtlich unzuständiges Gericht: → Fehlerhafte *Anwendung* des § 36.I Nr. 6 ZPO (a.F.).	Art. 101.I.2 GG verletzt.	8 (18) **181** 221 ff. **232 f.**
125	*(- Vorlage. -)*	§ 187.I VwGO ist vereinbar mit Art. 101.I.2 GG (Übertragung von Aufgaben der Disziplinargerichtsbarkeit auf die allgemeine Verwaltungsgerichtsbarkeit.)	167 215
340	Ablehnung der Wiedereinsetzung wegen Versäumnis der Einspruchsfrist: Der Einspruch war fristgemäß bei Gericht eingegangen, wurde aber vom zuständigen Beamten nicht protokolliert, da dieser „hitzefrei" hatte (→ fehlerhafte *Auslegung* des § 44 Satz 1 StPO a.F.: „unabwendbarer Zufall").	Art. 103.I GG verletzt.	
345	Beweisverwertung ohne Möglichkeit der Äußerung zum Beweisergebnis.	Art. 103.I GG verletzt.	

30 (=1971) 1	*(- Normenkontrolle bzgl. Art. 10.II.2 GG konkretisierende Vorschriften. -)*	- Art. 19.IV GG ist nicht verletzt, wenn ausnahmsweise Rechtsschutz nicht durch die Gerichte, sondern durch die Exekutive ausgeübt wird. - Zum Fairneßgebot.	5
108	Keine Überprüfung des Widerrufs eines Gnadenerweises.	Art. 19.IV GG verletzt. - Grundlegend zur Justitiabilität von Gnadenentscheidungen (*im Ergebnis einstimmig, in der Begründung 4 gegen 4 Stimmen*).	101 f.
149	Ausschluß eines Richters nach § 23.II StPO bei der Entscheidung über die Wiedereinsetzung nicht vorgenommen: → *Auslegung* des Kriteriums der „unmittelbaren Beteiligung" des Richters im Ausgangsverfahren.	Im Ergebnis Art. 19.IV GG nicht verletzt: - Ergänzungsrichter sind nicht „unmittelbar beteiligt" (*4 gegen 3 Stimmen*). - Am Eröffnungsbeschluß beteiligte Richter sind ebenfalls nicht „unmittelbar beteiligt" im Sinne des § 23.II StPO (*einstimmig*).	218 235 ff.
165	*Wie soeben.*	*Wie soeben*, aber: - „Unmittelbar beteiligt" nach § 23.II StPO ist der Richter, der an der Revisionsentscheidung beteiligt war (*4 gegen 3 Stimmen*).	235 ff.
406	Keine Gelegenheit zur Äußerung im Beschwerdeverfahren.	Art. 103.I GG verletzt. - Hier Herleitung des Äußerungsrechts *unmittelbar* aus Art. 103.I GG, da eine entsprechende einfachgesetzliche Bestimmung fehlt (vgl. § 78 ArbGG i.V.m. der ZPO).	271
31 (=1972) 33	Zurückweisung eines Klagebegehrens wegen Verletzung nur wirtschaftlicher Interessen durch die öffentliche Gewalt.	Art. 19.IV GG nicht verletzt (Behauptung der Verletzung „eigener Rechte" notwendig, im übrigen bloße Reflexwirkung).	88 f.
181	Mitwirkung eines nicht rechtwirksam gewählten Jugendschöffen.	Art. 101.I.2 GG verletzt.	176 f. **215** **234**
295	*Wie oben (E 30, 165):* Beteiligung eines Richters an der Entscheidung über Wiederaufnahmeantrag, der an der Revisionsentscheidung „unmittelbar beteiligt" gewesen war (→	Art. 101.I.2 GG verletzt.	238

	fehlerhafte *Auslegung* des § 23.II StPO).		
297	*Anwendung* des § 11.I ArbGG a.F., wonach Rechtsanwälte als Prozeßbevollmächtigte in Verfahren vor dem Arbeitsgericht mit Streitwerten unter 300 DM nur dann zugelassen sind, „wenn die Wahrung der Rechte der Partei dies notwendig erscheinen läßt" (zugleich *Auslegung* dieses Merkmals).	Verfassungsbeschwerde nicht begründet. - Art. 103.I GG gewährt nicht Gehör gerade durch Vermittlung eines Rechtsanwalts.	(70) 308 **358**
306	*Wie soeben; hier*: Ausschluß der Kostenerstattung für die Zuziehung eines Rechtsanwalts als Prozeßbevollmächtigten im Verfahren vor dem Arbeitsgericht (→ Anwendung und Auslegung des § 61.I.2 ArbGG a.F.).	*Wie soeben.*	(70)
364		Verfassungsbeschwerde unzulässig. - Gesetzgebung gehört nicht zur öffentlichen Gewalt nach Art. 19.IV GG. - Zur Subsidiarität der Verfassungsbeschwerde.	95 106 337
388	Eine Rechtsbehelfsbelehrung (hier: über die Möglichkeit des Einspruchs gegen einen Strafbefehl) enthielt eine Belehrung über die gesetzliche Anfechtungsfrist, nicht aber deren konkrete Berechnung.	Art. 103.I GG nicht verletzt: - Die konkrete Berechnung von Rechtsbehelfsfristen obliegt dem Betroffenen (*7 gegen 1 Stimme; Sondervotum: Seuffert*).	**342** 387
32 (=1972) 195	Unterlassene Mitteilung von Beweisergebnissen.	Art. 103.I GG verletzt. - Grundsätzlich: Den Äußerungsberechtigten trifft auch dann keine Erkundigungs*pflicht*, wenn einfach-gesetzlich ein entsprechendes Antrags*recht* vorgesehen ist. Daher liegt hier ein Verstoß gegen die gerichtliche Informationspflicht vor. Das Gericht darf sich auch nicht darauf verlassen, daß der Betroffene „vom Hören-Sagen" Kenntnis	279 291 314 372

		über entscheidungserhebliche Informationen erhält.	
305	Ablehnung eines unbefristeten Antrags wegen „Verwirkung“.	Art. 19.IV GG hier nicht verletzt. - Grundlegend zur Möglichkeit der Verwirkung infolge „Verschleppung“ des Verfahrens durch den Betroffenen / Vertrauensschutz des Gegners / Rechtssicherheit.	148 f.
33 (=1973) 192		Keine Feststellung der Verletzung des Art. 103.I GG, da Verfassungsbeschwerde unzulässig wegen fehlender Rechtswegerschöpfung (→ *unterlassener Antrag nach § 33 a StPO*).	467
34 (=1973) 1	Nachträgliche Berichtigung einer verwaltungsgerichtlichen Kostenentscheidung ohne Anhörung: → *Auslegung* des § 118.II.1 VwGO.	Art. 103.I GG verletzt. (Hier: § 118.II.1 VwGO bestimmt nur, daß ohne *mündliche* Verhandlung entschieden werden kann, nicht aber, daß eine Anhörung gänzlich unterbleiben darf.)	**435** 445 459 471
154	*Wie oben (E 25, 158; 26, 315):* Ablehnung der Wiedereinsetzung wegen Fristversäumnis infolge urlaubsbedingter Abwesenheit (→ *Auslegung* des § 44 StPO a.F.: „unabwendbarer Zufall“).	Art. 103.I GG verletzt. - Grundlegend zu den an den Betroffenen zu stellenden zumutbaren Anforderungen im Hinblick auf Vorkehrungen wegen Zustellungen.	387 ff.
157	Unterlassene Anhörung des Gegners vor Kostenentscheidung: → *Fehlerhafte bzw. unterlassene Anwendung* des § 91 a.II.2 ZPO.	Art. 103.I GG verletzt.	293
204		Keine Feststellung der Verletzung des Art. 103.I GG / Verfassungsbeschwerde unzulässig: - Grundsätzlich zu dem Erfordernis der Erschöpfung des Rechtsweges bei Rügen der Verletzung rechtlichen Gehörs.	466

344	Zwar Kenntnisnahme, aber fehlende Berücksichtigung eines fristgemäß eingegangenen Schriftsatzes.	Art. 103.I GG verletzt.	293 **378 ff.** **450** **452**
35 (=1974) 41	*(- Normenkontrolle: § 232.II ZPO. -)*	(Art. 103.I GG nicht verletzt; aber: *Sondervotum von Schlabrendorff.*)	266 360
263	*(- Normenkontrolle: § 80.VI.2 VwGO a.F. -)*	(Art. 19.IV GG.) 2. LS: „Wenn ein und derselbe Verwaltungsakt den einen Bürger begünstigt und einen anderen gleichzeitig belastet, ist § 80 Abs. 6 Satz 2 VwGO *verfassungskonform* dahin *auszulegen*, daß beiden die Beschwerde nach § 146 Abs. 1 VwGO zusteht." (→ Zu § 80.VI VwGO a.F., vor Einführung des § 80a VwGO.)	(3 f.) (80 f.) 96 105 112 115 f. **134** **137 f.** 145
296	*Wie oben (E 34, 154 u.a.):* Abgelehnte Wiedereinsetzung (Fristversäumnis wegen Jahresurlaub).	Art. 103.I GG verletzt.	387 ff.
348	Prozeßkostenhilfe-Verfahren: *Anwendung und Auslegung* des § 114.IV ZPO a.F. („Armenrecht" für juristische Personen nur in besonderen Ausnahmefällen).	Art. 14.I.1 GG (Eigentumsgarantie / Anspruch auf effektiven Rechtsschutz) verletzt.	(12) 281
382	Unzureichende Überprüfung der *Abwägung* im Rahmen der Anordnung der sofortigen Vollziehung nach § 80.II Nr. 4 VwGO (a.F.); hier: Ausweisungsverfügung.	Art. 2.I GG i.V.m. dem Rechtsstaatsprinzip und Art. 19.IV GG (Anspruch auf effektiven Rechtsschutz) verletzt. - Geltung des Art. 19.IV GG in vollem Umfang auch für Ausländer. - Grundsätzlich zu verfassungsrechtlichen Erfordernissen im Verfahren des vorläufigen Rechtsschutzes.	(10) **64** 115 ff. **134** **138** **141 ff.**
36 (=1974) 29		(Grundsätzlich zum judicial self-restraint: Der Raum der Verfassung für andere Verfassungsorgane muß im Sinne der Gewaltenteilung freigehalten werden.)	6
85	Gerichtliche Aufforderung zur Stellungnahme nur	Art. 103.I GG verletzt. - Grundlegend: Zwar ist	301 ff. 435 ff.

	durch formlose Übersendung.	keine förmliche Zustellung notwendig, aber jedenfalls im schriftlichen Verfahren die Beifügung einer rückgabepflichtigen Empfangsbestätigung.	
92	*Präklusion im Zivilprozeß:* - Hier: Zurückweisung von Vorbringen durch die Berufungsinstanz wegen nur globaler Bezugnahme auf das Vorbringen in erster Instanz: → *Anwendung und Auslegung* der §§ 519.III, 529.II ZPO a.F. (vor der Vereinfachungsnovelle).	Art. 103.I GG verletzt. - Grundlegend zur Zulässigkeit, Anwendung und Auslegung der zivilprozessualen Präklusionsnormen.	263 f. 377 **402 ff.** 406 **418 f.** 433 **447**
298	*(- Normenkontrolle: § 59 Satz 1 ArbGG. -)*	Art. 103.I GG nicht verletzt: - § 59 Satz 1 ArbGG sieht für den Einspruch gegen ein Versäumnisurteil des Arbeitsgerichts eine Notfrist von nur drei Tagen nach der Zustellung des Urteils vor. Die Frist ist nach Auffassung des BVerfG nicht „unangemessen" bzw. „unzumutbar".	**377 ff.** 433
37 (=1975) 93	Ablehnung eines Wiedereinsetzungsgesuchs, da Anliegen nicht erkennbar sei. Hier: → *Anwendung und Auslegung* des § 45 StPO.	Art. 103.I GG verletzt. - Auch die Anforderungen an die *Formulierung* eines Antrags auf Wiedereinsetzung sind nicht zu überspannen.	397
100	*Wie soeben.*	*Wie soeben* (aber für den konkreten Fall mit *4 gegen 2 Stimmen*).	304 **387** **389** **397 f.**
150		(Ablehnung des Antrags auf Erlaß einer einstweiligen Anordnung nach § 32 BVerfGG.) - Allgemein zur Bedeutung des vorläufigen Rechtsschutzes im Bereich des Strafverfahrens und des Strafvollzugs (hier vorläufiger Rechtsschutz gemäß § 29.II EGGVG i.V.m. § 307 StPO) im Hinblick auf Art. 19.IV GG.	**98** 103 115 **140 f.**

271		EU-Integrationsprozeß: - Übertragung von Hoheitsrechten auf zwischenstaatliche Einrichtungen zulässig. - Grundsätzlich zur Zuständigkeitsaufteilung zwischen BVerfG und EuGH. - Nur Akte der deutschen Gewalt (Art. 19.IV GG) unterliegen der Kontrollbefugnis des BVerfG.	97
38 (=1975) 35	*Wie oben (E 26, 315):* Zurückweisung des Antrags auf Wiedereinsetzung wegen fehlender Glaubhaftmachung des Versäumnisgrundes (hier: Urlaub während der allgemeinen Ferienzeit): → *Auslegung* des § 45.I StPO a.F.	Art. 103.I GG verletzt. - Allgemein zu den Anforderungen an die Glaubhaftmachung eines Antrags auf Wiedereinsetzung.	**157** 387 391 **397 f.**
105	Ausschluß des Rechtsbeistandes eines Zeugen von der Zeugenvernehmung im Strafverfahren: → *Auslegung* des § 3.III BRAO.	Bzgl. Zeuge: Art. 2.I GG i.V.m. dem Rechtsstaatsprinzip (Fairneßgebot) verletzt. Bzgl. Rechtsanwalt: Art. 12.I GG verletzt. - Grundsätzlich zur Rolle des Zeugen im Verfahren und zu seinen Verfahrensrechten.	(4) **5 f.** **70** **74** (256) 358
39 (=1975) 156	Anwendung des § 137.I.2 StPO (Beschränkung der Zahl der Wahlverteidiger) und des § 146 StPO (Verbot der gemeinschaftlichen Verteidigung mehrerer Beschuldigter).	- Verteidiger nicht in Art. 12 GG verletzt. - Beschuldigte weder im Fairneßgebot noch in Art. 103.I GG verletzt.	358
238	Widerruf der Bestellung eines Pflichtverteidigers wegen Verdachts der Tatbeteiligung.	Art. 12.I GG, Art. 2.I i.V.m. Art. 1.I GG nicht verletzt / Verfassungsbeschwerde nicht begründet.	
40 (=1976) 42	*Wie oben (E 35, 296 u.a.):* Zurückweisung des Antrags auf Wiedereinsetzung (Fristversäumnis wegen verzögertem Postlauf): → *Auslegung* des § 44 StPO a.F.: „unabwendbarer Zufall“.	Art. 103.I GG verletzt.	**156 f.** 390 **392 ff.** **397**

46	*Wie soeben.*	*Wie soeben, daneben* auch Feststellung der Verletzung des Art. 19.IV GG.	**157** 387 390 f. **397** **443**
88	*Wie oben (E 38, 35 u.a.):* Ablehnung der Wiedereinsetzung (hier Fristversäumnis wegen Urlaubs in der allgemeinen Ferienzeit) wegen unzureichender Glaubhaftmachung: → *Auslegung* des § 45.I StPO a.F.	Art. 103.I GG verletzt.	**386 ff.** 391 **397** 415 f.
95	Ablehnung der Wiedereinsetzung (hier Fristversäumnis durch einen der deutschen Sprache nicht mächtigen Ausländer, dem die Rechtsbehelfsbelehrung in deutscher Sprache erteilt worden war): → *Auslegung* des § 44 Satz 2 StPO.	Art. 103.I GG verletzt.	64 343 f.
101	Vorbringen nicht berücksichtigt wegen Maßnahme der Geschäftsstelle (Änderung des Aktenzeichens) oder richterlichen Versehens.	Art. 103.I GG verletzt: - Verstoß gegen die gerichtliche Berücksichtigungspflicht.	433 **447** **450** **453**
182	*Wie oben (E 40, 88 u.a.):* Wiedereinsetzung abgelehnt (Fristversäumnis wegen Urlaubs): → *Auslegung* des § 44 StPO a.F.	Art. 19.IV und Art. 103.I GG verletzt.	**157** 387 f. **391** **397 f.**
268	Mitwirkung eines ausgeschlossenen Richters, hier: → *Fehlerhafte bzw. unterlassene Anwendung* des § 41.V WDO.	Art. 101.I.2 GG verletzt.	174 **218** **235**
272	Ablehnung eines „hilfsweise" eingelegten Rechtsmittels.	Art. 19.IV GG verletzt. - Allgemein zum Erfordernis effektiven Rechtsschutzes in allen gerichtlichen Instanzen.	(20) 104 **113** 115 f. 145
356	*(Verfahren vor dem Bundesverfassungsgericht.)*	Art. 101.I.2 GG hier nicht verletzt. - Grundlegend: Erfordernis der Prüfung der ordnungsgemäßen Besetzung der Richterbank. - Grundlegend: Art. 101.I.2 GG enthält objektives Verfassungsrecht.	(22) 165 f. 175 f. 178 223

41 (=1976) 23	*Wie oben (E 40, 42 u.a.):* Ablehnung der Wiedereinsetzung (Fristversäumnis wegen Verzögerungen im Postlauf).	Art. 19.IV und Art. 103.I GG verletzt.	116 **156 f.** **387** **390 ff.**
246	Hauptverhandlung gegen abwesenden Angeklagten: → *Anwendung* des § 231 a StPO.	Hier Art. 103.I GG nicht verletzt, auch nicht das Fairneß-Gebot, auch kein Verstoß gegen das Willkür-Verbot.	438
323	Ablehnung der Wiedereinsetzung (Schriftsatz ging noch vor 24.00 Uhr ein, aber nach Dienstende bei der Behörde): → *Auslegung* des § 43 StPO (hier im OWi-Verfahren).	Art. 19.IV und Art. 103.I GG verletzt.	(3) **156 f.** **380** **390** **394** 433
332	Versagung der Wiedereinsetzung (Fristversäumnis wegen urlaubsbedingter Abwesenheit) wegen unzureichender Glaubhaftmachung: → *Auslegung* des § 45 StPO n.F.	Hier Art. 19.IV und Art. 103.I GG nicht verletzt: - Auf Grund der Neufassung des § 45 StPO reicht eine schlichte Erklärung zur Glaubhaftmachung des Versäumnisgrundes nicht mehr aus.	**157** 388 f. **398**
341	Wiedereinsetzung versagt (Versäumnisgrund: Postverzögerung): → Fehlerhafte *Auslegung* des § 44 Satz 1 StPO n.F. („ohne Verschulden").	Art. 19.IV und Art. 103.I GG verletzt: - Für die Neufassung des § 44 Satz 1 StPO und das Kriterium des fehlenden Verschuldens gelten dieselben Grundsätze wie für das Kriterium des „unabwendbaren Zufalls" nach der alten Fassung.	157 390 f.
356	*Wie soeben.*	*Wie soeben.*	157 392 f.
42 (= 1977) 64 *(Zuschlag I)*	Verstoß gegen gerichtliche Hinweispflichten (→ *Auslegung* des § 139 ZPO).	Verstoß gegen das Willkür-Verbot (Art. 3.I GG). - Grundlegend zum Umfang gerichtlicher Hinweispflichten (hier im Zwangsversteigerungsverfahren). - *Sondervotum Geiger*: Art. 103.I GG verletzt.	(9) (68) (182) 317 **319 ff.**
88		Ablehnung eines Bundesverfassungsrichters wegen Befangenheit / Art. 101.I.2 GG nicht verletzt.	175
120	*Wie oben (E 40, 95):* Ablehnung der Wiedereinsetzung (Fristversäumnis durch einen der deutschen Sprache nicht	Art. 19.IV und Art. 103.I GG verletzt.	**157** **345** 387 **391** 396

	mächtigen Ausländer infolge Rechtsmittelbelehrung in deutscher Sprache): → *Auslegung* des § 44 Satz 2 StPO.		**443**
128	*Wie oben (E 41, 323).*	Art. 19.IV und Art. 103.I GG verletzt.	(1) (3) **156 f.** 266 **390** **394**
172	Unterlassene Anhörung des Beschuldigten im Klageerzwingungsverfahren: → *Auslegung* der §§ 175 Satz 1, 173 Absatz 2 StPO.	Art. 103.I GG verletzt: - Wegen der Selbständigkeit des Klageerzwingungsverfahrens ist die Verweisung des Beschuldigten mit seinen Einwendungen und Beweisanträgen auf das nachfolgende Hauptverfahren unzulässig.	281 371
237	Verletzung der Verpflichtung zur Vorlage einer Sache an den BGH durch ein OLG: → *Anwendung* des § 121 Absatz 2 GVG.	Art. 101.I.2 GG verletzt („willkürliche" Verletzung einer Vorlagepflicht).	201 244
243	Entscheidung vor Ablauf einer (hier von dem Richter gesetzten) Äußerungsfrist (→ „evidenter" Fehler bei der *Rechtsanwendung* / „Versehen" / „Panne").	Art. 103.I GG betroffen, aber: Verfassungsbeschwerde unzulässig wegen fehlender Rechtswegerschöpfung (§ 90.II BVerfGG): - Grundsätzlich zur Subsidiarität der Verfassungsbeschwerde speziell bei Verletzungen rechtlichen Gehörs. - Anwendung des § 33 a StPO (Anhörungsrüge) bei jedem Verstoß gegen Art. 103.I GG im Beschlußverfahren.	276 **301 ff.** 330 **371** **380** **414** **436 f.** 445 459 **467 ff.**
252	*Wie soeben.*	- Auch der Antrag auf Wiedereinsetzung gehört zum Rechtsweg i.S.d. § 90.II BVerfGG.	458 f. **464 ff.**
258	Unzulässige Zurechnung von Verzögerungen im Postlauf: → *Auslegung* des Merkmals „ohne Verschulden" nach § 44 StPO n.F.	Art. 19.IV und Art. 103.I GG verletzt.	157 390 f.
364	Tatsächlich vorgebrachter Parteivortrag ist ausdrücklich vermißt worden: → *Auslegung* des § 220.II ZPO a.F.: „Säumnis".	Art. 103.I GG verletzt (hier evidenter Verstoß gegen die Berücksichtigungspflicht).	**297 ff.** 381 443 **447** **450 f.**

43 (=1977) 75	*Wie oben (E 41, 23; 42, 258 u.a.).*	Art. 19.IV und Art. 103.I GG verletzt.	156 f. **387** 390 f.
95	Zurückweisung eines Antrags auf Wiedereinsetzung wegen fehlender Glaubhaftmachung i.S.d. § 45.II.1 StPO: → hier *Auslegungsfehler*.	Art. 103.I GG verletzt: - Das BVerfG fordert eine *„verfassungskonforme Auslegung“* des § 45.II.1 StPO: Die in der Beschwerdeinstanz vorgebrachte Ergänzung eines in erster Instanz bereits vorgetragenen Wiedereinsetzungsgrundes reicht aus zur Glaubhaftmachung (keine Verspätung des Antrags auf Wiedereinsetzung).	398
151	*Wie oben (E 41, 23; 42, 258; 43, 75 u.a.).*	Art. 103.I GG verletzt.	156 f. 390
44 (=1977) 302	*Wie soeben.*	Art. 19.IV und Art. 103.I GG verletzt. - *Ergänzung zu E 41, 23*: • Keine Zurechnung von Verzögerungen im Postlauf gilt nicht nur beim ersten Zugang zu Gericht, sondern auch beim Zugang zu jeder weiteren Instanz. • Dies gilt auch für Verzögerungen bei der Entgegennahme der schriftlichen Äußerung durch das Gericht.	(1) (20 f.) 105 **156 f.** 283 **387** **391 ff.**
45 (=1978) 354	*Wie E 39, 156; hier:* Auslegung des § 146 StPO (Verbot der gemeinschaftlichen Verteidigung mehrerer Beschuldigter in demselben Strafverfahren) auch dahin möglich, daß das Verbot auch dann gilt, wenn den Beschuldigten nicht dieselben Taten zur Last gelegt werden.	*Wie E 39, 156.*	358
360	*Wie soeben* (→ *Auslegung* des § 44 StPO n.F. / „Verschulden“: Keine Zurechnung von Verzögerungen im Postlauf).	Art. 19.IV und Art. 103.I GG verletzt.	157
363	- *Auslegung* des § 28.II.2 StPO: Rechtsmittel bzgl. Richterablehnung sei Beschwerde.	Art. 101.I.2 GG nicht verletzt.	239

	- Ablehnung einer Revision / Grund: Grds. keine Revision gegen Verwerfung eines Ablehnungsgesuchs nach § 28.II.2 StPO.		
46 (=1978) 17	Lange Dauer eines Disziplinarverfahrens.	Hier Art. 19.IV GG nicht verletzt: - Nur „offenkundige Verfahrensverschleppung" ist Verstoß gegen das Gebot effektiven Rechtsschutzes. - Grds. zum zulässigen Verfahrensgegenstand einer Verfassungsbeschwerde: Anordnung der vorläufigen Dienstenthebung sowie der Einbehaltung von Dienstbezügen ist selbständiges Verfahren (Zwischenentscheidung) gegenüber dem förmlichen Disziplinarverfahren und daher selbständig angreifbar mit der Verfassungsbeschwerde.	**149** (161) 279
34	*(Verfahren vor dem Bundesverfassungsgericht.)*	Art. 101.I.2 GG nicht verletzt. / Hier keine Besorgnis der Befangenheit eines Richters am BVerfG. - Grundlegend: Betrifft eine entscheidungserhebliche Inzidentfrage die richtige Besetzung des erkennenden Gerichts, so ist darüber vor Eintritt in die Beratung und vor der Sachentscheidung ohne Mitwirkung des betroffenen Richters zu beschließen. *Aber*: - Keine Prüfung der Besorgnis der Befangenheit von Amts wegen.	(175) 238 f.
72	Unterlassene Mitteilung eines Schriftsatzes an den Verfahrensgegner.	Art. 103.I GG evident betroffen („*Panne*"), aber Verfassungsbeschwerde unzulässig: - Verfassungsrechtlich bereits geklärt. - Kein „Nachteil" i.S.d. § 93 a BVerfGG (Bagatelle / Berufungssumme nicht erreicht).	371

166	Unterlassene Gewährung vorläufigen Rechtsschutzes; hier: → *Auslegung* des § 198.II SGG.	Art. 19.IV GG verletzt. - Vorläufiger Rechtsschutz ist bei Vornahmesachen gemäß § 198.II SGG in Form einer einstweiligen Anordnung unter *analoger Anwendung* des § 123 VwGO zu gewähren, wenn ansonsten unzumutbare Nachteile entstünden, die durch eine Entscheidung in der Hauptsache nicht mehr zu beseitigen wären.	(3) (81) **88** 95 ff. 115 134 ff. **139 f.**
185	Fristgemäß bei Gericht eingegangener Schriftsatz wurde infolge „Versehens" der Geschäftsstelle nicht weitergeleitet und in der Entscheidung nicht berücksichtigt.	Art. 103.I GG verletzt (evidenter Verstoß / „Pannenhilfe").	382 **414** **447** **450** **452 f.**
202		Art. 2.I GG i.V.m. Rechtsstaatsprinzip (Fairneßgebot) verletzt. - In schwerwiegenden Fällen ist im Strafverfahren die Pflichtverteidigerbestellung auf Staatskosten notwendig.	6
313	Entscheidung des Gerichts, ohne selbst gesetzte Äußerungsfrist abzuwarten.	Art. 103.I GG evident verletzt, aber: - Verfassungsbeschwerde nicht angenommen, da keine Klärung verfassungsrechtlicher Frage und kein schwerer Nachteil (§ 93 a BVerfGG).	380
315	*Präklusion im Zivilprozeß*: Hier Nichtberücksichtigung eines im Verfahren in erster Instanz unter Beweis gestellten und in der Berufungserwiderung global in Bezug genommenen Vorbringens (→ *Anwendung* des § 519.III ZPO a.F. [vor der sog. Vereinfachungsnovelle]).	Art. 103.I GG verletzt.	**402** 433
325 *(Zuschlag II)*	Verstoß gegen gerichtliche Hinweispflichten: → *Auslegung* des § 139 ZPO.	Verletzung der Eigentumsgarantie (Art. 14.I.1 GG).	(2) (4) (12 ff.) (83) (85) **319 ff.**
404	*Wie oben (E 45, 360 u.a.)*: Zurechnung einer Frist-	Art. 19.IV und Art. 103.I GG verletzt.	156 f. 390

	versäumnis auf Grund von Verzögerungen im Postlauf: → *Auslegung* des § 44 StPO.		
47 (=1978) 182	Zurückweisung einer Berufung ohne Beweiswürdigung: → *Auslegung* des § 286 ZPO. Entsprechend Zurückweisung der Revision.	Art. 103.I GG verletzt (Verstoß gegen die Berücksichtigungspflicht). - Allgemein und sehr detailliert zur Überlastung des BVerfG mit Rügen der Verletzung rechtlichen Gehörs.	156 384 **449 f.** **453 f.** 461
48 (=1979) 206	*Wie oben (E 46, 404).*	Art. 103.I GG verletzt.	374 **391**
246	Entscheidung des Bundessozialgerichts über eine Nichzulassungsbeschwerde; dabei Mitwirkung der ehrenamtlichen Richter nur bei der Entscheidung über die Begründetheit, nicht über die Zulässigkeit des Rechtsmittels: → *Auslegung* des § 160a.IV.2 SGG.	Art. 101.I.2 GG nicht verletzt, da unbeachtlicher „error in procedendo" (⇔ *Sondervotum Hirsch*).	(22) 167 **177 ff.** **199 f.** 216 **241**
394	Fristgemäßer Schriftsatz nicht in der gerichtlichen Entscheidung berücksichtigt, da von der Geschäftsstelle versehentlich nicht weitergeleitet.	Art. 103.I GG verletzt (evidenter Verstoß gegen die Berücksichtigungspflicht).	381 f. **447** **453**
49 (=1979) 148	Ablehnung der Annahme einer Revision „ohne grundsätzliche Bedeutung" nach § 554b.I ZPO: → *Anwendung und Auslegung.*	Art. 2.I GG i.V.m. dem Rechtsstaatsprinzip und Art. 3.I GG verletzt: - *„Verfassungskonforme Auslegung"* des § 554b.I ZPO: Ablehnung stets nur dann zulässig, wenn das Rechtsmittel „im Endergebnis keine Aussicht auf Erfolg hat".	112 **198** **200** 446 **448**
212	Zu kurz bemessene Äußerungsfrist im Rahmen des Berufungsverfahrens.	Art. 103.I GG verletzt.	384
220 *(Zuschlag III)*	Verstoß gegen gerichtliche Hinweispflichten; keine Terminverlegung (→ Auslegung ZVG).	Art. 14.I.1 GG in Form des Anspruchs auf *effektiven Rechtsschutz* verletzt (⇔ *Sondervotum Böhmer*: bereits *materieller* Gehalt der Eigentumsgarantie betroffen).	(4) (12 ff.) (85) (104) **319 ff.**

252	Ablehnung der Prüfung der Rüge, die Vorinstanz habe den Anspruch auf rechtliches Gehör verletzt mit der Begründung, hierfür stehe dem Betroffenen die Verfassungsbeschwerde zur Verfügung: → *Auslegung* des § 568.II ZPO.	Art. 14.I.1 GG (Anspruch auf effektiven Rechtsschutz) verletzt. - Ausführlich zum Grundsatz der Subsidiarität der Verfassungsbeschwerde.	(3) (8) (12 ff.) (20) (104) 105 117 317 **322** **456** **458 ff.** **466**
329	Abweisung einer strafprozessualen Beschwerde gegen eine Durchsuchungsanordnung als unzulässig mangels Rechtsschutzbedürfnisses, da die Durchsuchung bereits abgeschlossen war / §§ 33a, 311a, 304.I StPO.	Art. 19.IV und Art. 103.I GG nicht betroffen: - Abweisende Beschwerdeentscheidung rechtmäßig wegen „prozessualer Überholung".	(20) **161** 285 f. 445 f. **460** **479**
50 (=1979) 1	*S. bereits o. (E 44, 302 u.a:* Zurechnung von Verzögerungen im Postlauf bei der Entscheidung über die Wiedereinsetzung; *hier* im Rechtsmittelzug im Zivilprozeß:→ *Auslegung* des § 233 ZPO a.F.: „unabwendbarer Zufall".	Art. 2.I GG i.V.m. dem Rechtsstaatsprinzip und Art. 103.I GG verletzt.	(17) (85) **157** **391** 443
16	Zurückweisung des Antrags auf gerichtliche Entscheidung eines Rechtsanwalts, dem wegen einer Standeswidrigkeit anstelle einer förmlichen Rüge nur eine „mißbilligende Belehrung" erteilt worden war: → *Auslegung* des § 74a i.V.m. §§ 73, 74 BRAO a.F.	Art. 19.IV GG verletzt.	98
32	Ablehnung eines als erheblich angesehenen Beweisantrags als „höchst unökonomisch": → *Auslegung* der §§ 286, 287 ZPO.	Art. 103.I GG verletzt.	377 **433 f.**
115	*Wie oben (E 49, 148):* Notwendigkeit einer verfassungskonformen Auslegung des § 554b.I ZPO.	*Wie oben (E 49, 148):* Art. 2.I GG i.V.m. dem Rechtsstaatsprinzip und Art. 3.I GG verletzt.	112 446 **448**
217	(- *Normenkontrolle.* -)	Unzumutbare Einschränkung der Rechtsschutzgarantie (Art. 19.IV GG) durch Gebührenregelung.	(21) **152 f.**

280	Zu kurz bemessene Äußerungsfrist; hier: → *Auslegung* des § 128.II.2 ZPO.	Art. 103.I GG verletzt.	291 f. 372 **380**
287	*Wie oben (E 49, 148; 50, 115):* Auslegung des § 554b.I ZPO.	*Hier:* Verfassungsbeschwerde nicht begründet - bloße Willkür-Kontrolle.	112 446 **448 f.**
397	*Wie oben (E 46, 404; 48, 206 u.a.):* → *Auslegung* des § 44 StPO (keine Zurchnung von Verzögerungen im Postlauf als „Verschulden").	Art. 19.IV und Art. 103.I GG verletzt.	146 f. **157** **390**
51 (=1980) 97	Keine besondere richterliche Anordnung für die Durchsuchung der Wohnung des Vollstreckungsschuldners zum Zweck der Pfändung beweglicher Sachen (§ 758 ZPO).	Art. 13.II GG verletzt. - Hier lag keine „Gefahr im Verzug" vor. - Zum Vorherigkeitsgrundsatz aus Art. 103.I GG.	286
126	Übergehen von Vorbringen in der Berufungsinstanz: → *Fehlerhafte bzw. unterlassene Anwendung* der §§ 532, 519.III ZPO.	Art. 103.I GG verletzt: - Verstoß gegen die Berücksichtigungspflicht.	450 452
146	*Wie oben (E 50, 1 u.a.)*: Zurechnung von Verzögerungen im Postlauf bei der Entscheidung über die Wiedereinsetzung: → hier *Auslegung* des § 233 ZPO a.F.: „unabwendbarer Zufall" [n.F.: „ohne Verschulden"]).	Art. 2.I GG i.V.m. dem Rechtsstaatsprinzip und Art. 103.I GG verletzt.	157 390 f.
150 *(Zuschlag IV)*	Keine Vertagung des Zuschlags-Termins, zu dem der (anwaltlich nicht vertretene) Schuldner nicht erschienen war (→ *Auslegung* ZVG).	Art. 14.I.1 GG (Anspruch auf effektiven Rechtsschutz) verletzt.	(4) **319 ff.**
188	*Präklusion im Zivilprozeß:* Hier: → *Auslegung* des § 528.II ZPO („Verzögerung" des Prozesses).	Art. 103.I GG verletzt. - Das BVerfG nimmt hier selbst eine Auslegung des Verzögerungsmerkmals vor.	263 377 **411** 424 f. **433**
268	*Anwendung* des § 123 VwGO *statt* des § 80 VwGO a.F. bei Schulorganisationsakten.	Art. 19.IV GG nicht verletzt / Verfassungsbeschwerden nicht begründet.	(80) 96 102 105 116 124 **134 f.** **137 ff.**

352	*Wie weiter o., S. 146:* → *Auslegung* des § 233 ZPO (keine Zurechnung von Verzögerungen im Postlauf als „Verschulden"); gilt auch bei Versäumnis der Frist des Einspruchs gegen einen Vollstreckungsbescheid (§§ 699, 700 ZPO).	Art. 2.I GG i.V.m. dem Rechtsstaatsprinzip und Art. 103.I GG verletzt.	157 390 f.
52 (=1980) 1	(- *Normenkontrolle.* -)	(- Grundlegend: Eine wirksame gerichtliche Kontrolle i.S.d. Art. 19.IV GG ist nur möglich, wenn den Gerichten „vollzugsfähige Rechtsmaßstäbe" an die Hand gegeben werden, nach denen sie entscheiden sollen. → Hier: Einem einfachgesetzlichen Genehmigungsvorbehalt muß deutlich entnommen werden können, welche öffentlichen Belange seine Versagung rechtfertigen.)	130 f.
131 *(Arzthaftung)*	Zurückweisung der Klage auf Schadensersatz und Schmerzensgeld durch Ausgangs- und Berufungsinstanz / Wesentliche Begründung: Beweislast für ärztlichen Kunstfehler obliegt dem Patienten - Beweis wurde hier nicht geführt.	Im Ergebnis Verfassungsbeschwerde nicht begründet (*Stimmengleichheit im Senat*): - *Nicht* tragende Auffassung: Verstoß gegen das verfahrensrechtliche Fairneßgebot und den Grundsatz der Waffengleichheit im Zivilprozeß durch fehlerhafte Handhabung des Beweisrechts / Beweislastregeln. - *Tragende* Auffassung: Keine Beweiserleichterung im Arzthaftungsprozeß.	331
203	Fristversäumnis angenommen, da Schriftsatz erst nach Dienstschluß bei Gericht einging (⇔ Fristen dürfen bis zur letzten Sekunde ausgenutzt werden; maßgeblich ist insofern nicht die Dienstzeit des zuständigen Angestellten bei der Geschäftsstelle); hier: Zivilprozeß.	Art. 2.I GG i.V.m. dem Rechtsstaatsprinzip und Art. 103.I GG verletzt.	**156 f.** 382 **390 ff.**

53 (=1980) 25	*Wie o. E 51, 146, 352 u.a.:* → *Auslegung* des § 233 ZPO (keine Zurechnung von Verzögerungen im Postlauf als „Verschulden") / hier: im arbeitsgerichtlichen Verfahren.	Art. 2.I GG i.V.m. dem Rechtsstaatsprinzip und Art. 103.I GG verletzt. - Gilt nicht nur für Zugang zu erster Instanz, sondern auch für jede weitere Instanz.	**156 f.** 283 **390 ff.**
109	Keine Anhörung des Gegners vor der Entscheidung über eine Wiedereinsetzung im Zivilprozeß.	Art. 103.I GG verletzt. - Entsprechende Vorschrift fehlt in der ZPO / gebotene Anhörung des Gegners folgt daher *unmittelbar* aus Art. 103.I GG. - Zur Erschöpfung des Rechtsweges vor Einlegung der Verfassungsbeschwerde im Hinblick auf die Rüge der Verletzung rechtlichen Gehörs.	**271** **293** **476** 483
115	Leistungsansprüche von Einhaltung einer Substantiierungsfrist abhängig gemacht, nachdem die Ansprüche durch mittlerweile für nichtig erklärtes Gesetz entzogen worden waren: → *Auslegung*/ Bundesentschädig.G a.F.	Art. 2.I GG i.V.m. dem Rechtsstaatsprinzip (Anspruch auf effektiven Rechtsschutz) verletzt. - Allgemein zum Grundsatz der Rechtssicherheit und zum Vertrauensschutz.	(4) (17) (85) 115 145
148	Zurechnung von Verzögerungen im Postlauf als Verschulden einer Fristversäumnis; hier: → Fehlerhafte *Auslegung* des § 56.I FGO.	Art. 19.IV und Art. 103.I GG verletzt.	157 391 393 f.
205	Nichterhebung eines angebotenen Beweises: → *Auslegung* des § 286 ZPO.	Art. 103.I GG verletzt, aber: Verfassungsbeschwerde nicht angenommen (§ 93a BVerfGG), da: - Kein verfassungsrechtlicher Klärungsbedarf (*s.o. E 50, 32*). - Kein schwerer Nachteil für den Beschwerdeführer.	434
219	Keine Berücksichtigung eines fristgemäß eingegangenen Schriftsatzes.	Art. 103.I GG evident verletzt.	378 f. **381 f.** **447** **451 ff.**
54 (=1981) 43	Vom Gericht als wesentlich erkanntes Vorbringen nicht in die Entscheidungsgründe aufgenommen.	Art. 103.I GG verletzt (Verstoß gegen die Berücksichtigungspflicht).	447 451

80	*Wie oben (E 46, 404; 48, 206; 50, 397 u.a.)*: → *Auslegung* des § 44 StPO (keine Zurechnung von Verzögerungen im Postlauf als „Verschulden").	Art. 19.IV und Art. 103.I GG verletzt.	157 387 390 ff.
86	„Versehentliche" Nichtberücksichtigung eines Klagebegehrens; infolgedessen Streitwert zu gering angesetzt.	Art. 103.I GG verletzt („*Panne*" / evidenter Verstoß gegen die Berücksichtigungspflicht).	447 449 f. 453
94	Ausdrückliche Fristbestimmung mißachtet: → *Auslegung* der §§ 16.I, 6.I WBO.	Art. 19.IV und Art. 103.I GG verletzt.	(3) 95 113 ff. 146 **155** 279
100		(Art. 103.I GG verpflichtet die Gerichte nicht zur Führung eines Rechtsgesprächs mit den Beteiligten.)	337
117	*Präklusion im Zivilprozeß:* Hier: → Fehlerhafte *Anwendung* des § 296.I ZPO.	Hier schon Art. 3.I GG (Willkürverbot) verletzt. - Deswegen Prüfung des Art. 103.I GG entbehrlich (eingehende Erörterung).	7 9 (26) 264 **405 f.** **425** 430
140	Keine Äußerungsmöglichkeit des Angeklagten vor Erlaß eines Strafurteils, auch nicht „letztes Wort" / Keine Äußerungsmöglichkeit seines Verteidigers: → *Fehlerhafte bzw. unterlassene Anwendung* des § 258 StPO.	Art. 103.I GG verletzt.	373 376
143	Anwendung und Auslegung des § 80.I OWiG a.F.: Prüfung der Voraussetzungen der Zulassung der Beschwerde.	- Art. 19.IV und Art. 103.I GG nicht betroffen, da hierdurch kein Instanzenzug gewährleistet wird (*s.o., E 28, 21*). - Daher nur Prüfung auf das Vorliegen von objektiver Willkür (hier nicht gegeben).	(8) 445
277	*Wie oben (E 49, 148).*	*Plenarbeschluß* zur Auslegung des § 554b.I ZPO.	112 **198** 446

55 (=1981) 1		(Zurückweisung des Antrags auf Erlaß einer einstweiligen Anordnung, § 32 BVerfGG.) - Grundsätzlich zur Bedeutung des Art. 103.I GG als „prozessuales Urrecht des Menschen" und Ausprägung der Menschenwürde.	252 f.
72	*Präklusion im Zivilprozeß*: → *Anwendung* des 528.III ZPO (Normenkontrolle und zugleich Entscheidung über eine Verfassungsbeschwerde gegen die Anwendung der Norm).	Art. 103.I GG nicht verletzt.	(26) (43) 263 f. 377 **406 f.** **417** **419** 433
95	Keine Äußerungsmöglichkeit vor Urteilsfindung und -verkündung im Zivilprozeß hinsichtlich des letzten, entscheidungserheblichen Schriftsatz des Gegners.	Art. 103.I GG verletzt (Äußerungsrecht *unmittelbar* aus Art. 103.I GG).	292
205	*Wie oben (E 49, 148; 54, 277 u.a.):* Auslegung des § 554b.I ZPO (hier: Nichtannahme ohne Gründe).	Art. 3.I GG verletzt.	112
56 (=1981) 139	Verweigerung der Prozeßkostenhilfe aus grundsätzlichen Erwägungen ohne einzelfallbezogene Prüfung: → *Anwendung und Auslegung* (§§ 114 ZPO a.F.).	Art. 3.I GG (Gleichheitsgrundrecht) verletzt.	
185	(Zur Bewilligung von Prozeßkostenhilfe und Beiordnung eines Rechtsanwalts für den Beschuldigten im Privatklageverfahren: → *Auslegung* des § 140 StPO.)	*Hier*: Zurückweisung des Antrags auf Erlaß einer einstweiligen Anordnung (§ 32 BVerfGG).	
57 (=1982) 9	Angegangenes Gericht hielt seine Zuständigkeit für nicht gegeben; hier: → *Anwendung und Auslegung* der §§ 23, 23 EGGVG (hier Antrag auf Feststellung der Rechtswidrigkeit des Auslieferungsersuchens eines Landesjustizministers).	Art. 19.IV GG (Anspruch auf effektiven Rechtsschutz) hier nicht verletzt.	96 ff. (182)

39	„Offensichtlich sachwidrige", „schlechthin unhaltbare" Würdigung eines Schriftsatzes, der zur Urteilsgrundlage gemacht wurde.	Art. 3.I GG (Verbot objektiver Willkür) verletzt. - Daher keine Prüfung des Art. 103.I GG.	9 **454 f.**
117	Fristgemäß eingegangener Schriftsatz (hier: zivilprozessuale Berufungsbegründungsschrift) ist infolge eines Fehlers der Postverteilungsstelle bei Gericht nicht weitergeleitet worden (*s. E 52, 203*).	Art. 2.I GG i.V.m. dem Rechtsstaatsprinzip und Art. 103.I GG verletzt.	**157** 382
250	*Auslegung* des § 251.II StPO: „Unerreichbarkeit" einer Beweisperson infolge der Weigerung einer Behörde, ihr Wissen vom Aufenthaltsort dieser Person mitzuteilen oder ihren Angehörigen die Aussage über Umstände zu genehmigen, auf die sich ihre Pflicht zur Amtsverschwiegenheit bezieht.	Verfassungsbeschwerde nicht begründet / Fairneßgebot nicht verletzt: - Die vorbezeichnete Auslegung des § 251.II StPO sowie das Institut des „Zeugen vom Hören-Sagen" als Beweismittel verletzen grundsätzlich nicht das Recht des Angeklagten auf ein faires Verfahren. - Die Verwertung des „Zeugen vom Hören-Sagen" als Beweismittel stellt aber besondere Anforderungen an die Beweiswürdigung und die Begründung der tatrichterlichen Entscheidung, insbesondere dann, wenn der Gewährsmann anonym bleibt.	(4) 6 295 366 372 423
346	Keine Anhörung des Vollstreckungsschuldners vor einer Zwangsvollstreckungsmaßnahme; hier: richterliche Anordnung / Wohnungsdurchsuchung gemäß § 287 AO.	Art. 13.II, Art. 103.I GG nicht verletzt. - Grundsätzlich zum Grundsatz der vorherigen Anhörung und Ausnahmen hiervon wegen der Sicherung anderer gefährdeter Interessen.	285 f.
58 (= 1982) 1 *(Eurocontrol I)*		Europäische Integration. - Grundlegend zum Begriff der öffentlichen Gewalt im Sinne des Art. 19.IV GG und zu Art. 24 GG.	96 f. 110
163	*Wie oben (E 57, 39)*, hier: „Sachlich schlechthin unhaltbare" Abweisung einer Zivilklage.	Art. 3.I GG (Verbot objektiver Willkür) verletzt. - Daher keine Prüfung des Art. 103.I GG.	9 **455**

208	Unterlassene Anhörung eines Unterzubringenden vor Erlaß einer einstweiligen Anordnung: → Fehlerhafte *Anwendung und Auslegung* der §§ 18.II, 13 früheres BWUnterbringG.	Art. 2.II.1 i.V.m. Art. 104.I GG verletzt (Verstoß gegen den Grundsatz der Anhörung *vor* einer Entscheidung).	(20) 112 **286**
353	Fehlende Berücksichtigung eines fristgemäß bei Gericht eingegangenen Schriftsatzes.	Art. 103.I GG verletzt.	378 f.
59 (=1982) 63	*(Völkerrecht und verfassungsrechtliche Verfahrensgarantien;* hier: Rechtsschutz vor dem Verwaltungsgericht der Internationalen Arbeiterorganisation.*)*	(Art. 25 GG.)	96 438
98	„Willkürliche" Abweisung einer Revision: → Fehlerhafte *Auslegung* des § 349.II StPO.	Art. 3.I GG (Verbot objektiver Willkür) verletzt. - Daher keine Prüfung des Art. 103.I GG.	9 112
280	*Ähnlich weiter o., S. 63*: *(Völkerrecht und verfassungsrechtliche Verfahrensgarantien;* hier: Europäisches Auslieferungsübereinkommen.*)*	(Art. 25 GG.)	438
330	*Präklusion im Zivilprozeß; hier: Auslegung* von Präklusionsnormen im Vollstreckungsverfahren (§§ 890, 570 ZPO): → *Unzulässige analoge Anwendung* des § 296 ZPO.	Art. 103.I GG verletzt (unzulässige richterliche Rechtsfortbildung).	(43) 404 f.
60 (=1982) 1	*Präklusion im Zivilprozeß*; hier: Unklar gesetzte Frist nach § 275.I.1 ZPO; daher Präklusion wegen Versäumnis dieser Frist unzulässig: → fehlerhafte *Anwendung* einer Präklusionsvorschrift (hier des § 296.I ZPO).	Art. 103.I GG verletzt.	(26) (43) 263 f. 377 **408 f.** 433
7	Keine Gelegenheit zur Äußerung gegenüber den nicht am Prozeß beteiligten Gesellschaftern einer GmbH, deren Mitgesellschafter Auflösungsklage erhoben hat.	Art. 103.I GG verletzt; - Anspruch auf rechtliches Gehör haben auch „Dritte", d.h. nicht formell am Prozeß Beteiligte, wenn diese in „parteiähnlicher Stellung" beteiligt sind oder sich die *materielle* Entscheidung unmittelbar auf sie aus-	76

		wirkt; der Anspruch folgt dann *unmittelbar* aus Art. 103.I GG.	
96	Nichtberücksichtigung einer Klageerwiderung, die nicht fristgemäß, aber noch 4 Tage vor Entscheidung eingegangen, jedoch von Geschäftsstelle nicht weitergeleitet worden.	Art. 103.I GG verletzt: - Verstoß gegen die Berücksichtigungspflicht. - Zum Grundsatz der Subsidiarität der Verfassungsbeschwerde.	447 **450** **452** **459** **471 f.**
120	*Wie soeben*: Klageerwiderung nicht berücksichtigt, die wegen Versehens der Geschäftsstelle nicht weitergeleitet wurde, jedoch fristgemäß bei Gericht eingegangen war.	Art. 103.I GG verletzt.	381
243	Schriftsatz bei unzuständigem Gericht eingegangen.	Art. 103.I GG nicht verletzt / Verfassungsbeschwerde nicht begründet.	383
247	Gericht weist Klage ab mit der Begründung, der Kläger sei beweisfällig geblieben; tatsächlich hatte er schriftsätzlich Beweis angetreten.	Art. 103.I GG verletzt: - Verstoß gegen die Berücksichtigungspflicht.	433 **450** **453**
250	Vier Zeugen waren benannt; Gericht hat einen von ihnen nicht geladen.	Art. 103.I GG verletzt.	433 f.
253	*(- Normenkontrolle: § 85.II ZPO, hier i.V.m. § 173 VwGO. -)*	Art. 19.IV GG (Anspruch auf effektiven Rechtsschutz) nicht verletzt. - Grundsätzlich zur vollumfänglichen gerichtlichen Kontrolle in tatsächlicher und rechtlicher Hinsicht. - Allgemein zum Rechtsschutz von Ausländern vor deutschen Gerichten.	(2 f.) (11) (17) (21) **64** (84) (86) (88) **93 ff.** 102 111 ff. 116 **119 ff.** 124 130 **146 ff.** 150 156 263 360 376 438

305	*Präklusion im Zivilprozeß:* Vorbringen in der Berufungsinstanz präkludiert mit der Begründung, *globale* Bezugnahme auf Vorbringen in der Vorinstanz sei nicht ausreichend: → *Auslegung* einer Präklusionsvorschrift (§ 519.III Nr. 2 ZPO).	Art. 103.I GG verletzt: - BVerfG verlangt (*mit 6 gegen 2 Stimmen*) *„verfassungskonforme Auslegung"* des § 519.III Nr. 2 ZPO.	
313	(Zu) knapp bemessene Äußerungsfrist (*wie oben, E 49, 148; 50, 115 u.a.*): → hier *Anwendung und Auslegung* des § 91a.II.2 ZPO.	Art. 103.I GG verletzt.	384 f.
61 (=1983) 14	Keine Anhörung des Gegners bei Wiedereinsetzungsantrag.	Art. 103.I GG verletzt: - Keine Regelung in § 238 ZPO, aber Anspruch *unmittelbar* aus Art. 103.I GG.	293
37	Keine Anhörung des Beklagten vor Verweisung wegen Unzuständigkeit auf Antrag des Klägers.	Art. 103.I GG verletzt (und Art. 101.I.2 GG mittelbar betroffen): - Keine Regelung in § 281 ZPO, aber Anspruch *unmittelbar* aus Art. 103.I GG.	294
78	*Wie oben (E 60, 96, 120 u.a.):* Schriftsatz nicht weitergeleitet wegen Versehens der Geschäftsstelle; deswegen Nichtberücksichtigung erheblichen Vorbringens in der fachgerichtlichen Entscheidung.	Art. 103.I GG verletzt. - Wiederholte „Pannenhilfe" des BVerfG; Appell an die Fachgerichte zur Selbstkorrektur von Verstößen gegen das rechtliche Gehör (hier: Zulassung der Berufung gemäß § 513.II ZPO analog).	471 f.
82	Präklusion einer Gemeinde mit ihren Einwendungen im Genehmigungsverfahren: → (Überprüfung der) *Anwendung und Auslegung* des § 3.I AtomanlagenVO a.F.	Art. 14.I.1, 19.IV GG nicht verletzt / Verwerfung der Verfassungsbeschwerde als „offensichtlich unbegründet" (§ 24 BVerfGG): - Eine Gemeinde kann sich nicht auf Art. 14.I.1 GG berufen. - Grundsätzlich zur Reichweite gerichtlicher Kontrolle im Hinblick auf effektiven Rechtsschutz.	**71 ff.** **93 ff.** 102 **121 ff.** 129
119	*Wie weiter oben (S. 78 dieses Bandes u.a.):* Nichtberücksichtigung eines fristgemäß eingegangenen Schriftsatzes.	Art. 103.I GG verletzt. - Zulassung analoger Rechtsbehelfe (wegen der Subsidiarität der Verfassungsbeschwerde).	447 452 **471 f.**

123	*Wie oben (E 58, 208):* Unterlassene mündliche Anhörung vor Unterbringung (→ *Anwendung und Auslegung* der §§ 18.II, 13 BWUnterbG).	Art. 104.I GG betroffen, aber Verfassungsbeschwerde nicht zur Entscheidung angenommen (§ 93a BVerfGG): - Kein verfassungsrechtlicher Klärungsbedarf (mehr). - Kein schwerer Nachteil.	286
62 (=1983) 216	*Wie oben (E 54, 80 u.a.):* → *Auslegung* des § 44 StPO.	Art. 2.I GG i.V.m. dem Rechtsstaatsprinzip und Art. 103.I GG verletzt.	156 f. 390 f. 394
249	*Präklusion im Zivilprozeß:* Fehlerhafte *Anwendung* der Präklusionsvorschrift § 528.I ZPO (Vorinstanz hatte rechtzeitig vorgebrachtes Verteidigungsmittel entgegen § 277.I, II ZPO präkludiert).	Art. 103.I GG verletzt.	(26) (43) 264 **406** **410 ff.** **422**
320	Keine Anhörung des prozessualen Gegners vor Gewährung von Prozeßkostenhilfe und vor Gewährung der Wiedereinsetzung im zivilrechtlichen Berufungsverfahren.	Art. 103.I GG verletzt: - Von der ZPO jeweils nicht vorgeschrieben, aber Anspruch *unmittelbar* aus Art. 103.I GG.	293
334	*Wie oben (E 50, 1; 51, 146, 352 u.a.):* Versagung der Wiedereinsetzung mit der Begründung, der Bürger dürfe sich zur Fristwahrung nicht auf allein auf den amtlichen Aushang über regelmäßige Postlaufzeiten verlassen: → Hier *Auslegung und Anwendung* des § 233 ZPO.	Art. 103.I GG verletzt.	390 ff.
338	Verweigerung der Akteneinsicht gegenüber dem Verteidiger wegen § 42 BZRG: → *Auslegung und Anwendung* des § 147 StPO.	Art. 3.I GG (Verbot objektiver Willkür) verletzt. - Daher Prüfung des Art. 103.I GG entbehrlich.	305 f.
347	Nichtberücksichtigung eines frist- und ordnungsgemäß bei Gericht eingegangenen Schriftsatzes.	Art. 103.I GG verletzt.	447 **452 f.**
392	Fehlende Zustellung eines entscheidungserheblichen Gutachtens an den Gehörberechtigten / Keine Möglichkeit zur Äußerung hierzu.	Art. 103.I GG (Informationspflicht) verletzt.	290

63 (=1983) 45	Kein Recht auf Akteneinsicht in außerhalb der Ermittlungen gegen den Beschuldigten entstandene und dem Gericht nicht vorgelegte Spurenakten der Ermittlungsbehörden: → *Auslegung und Anwendung* des § 147 StPO.	Art. 2.I, Art. 20.III, Art. 103.I GG nicht verletzt.	305 f.
77	Richter hat zunächst über Revision mitentschieden und danach über Wiederaufnahmeantrag: → *Auslegung und Anwendung* des § 23.II StPO.	Art. 101.I.2 GG verletzt.	(18) (22) 178 223 **238** 251
80	Nichtberücksichtigung eines in der Beschwerdeinstanz (Höfeverfahren) nach mündlicher Verhandlung erhobenen Hilfsantrags: → Präklusion (allerdings ohne ausdrückliche Berufung auf eine gesetzliche Vorschrift), obwohl diese in den entsprechenden einfach-rechtlichen Vorschriften nicht vorgesehen war.	Art. 103.I GG verletzt. - Allgemein zur Geltung des Art. 103.I GG in jedem gerichtlichen Verfahren. - Verstoß gegen die Berücksichtigungspflicht.	281 **447** **452 f.**
177	*Präklusion im Zivilprozeß; hier:* → Fehlerhafte *Auslegung* (Verzögerungsbegriff) und *Anwendung* (Präklusion) des § 528.II ZPO.	Art. 103.I GG betroffen, aber Verfassungsbeschwerde gemäß § 93a BVerfGG nicht zur Entscheidung angenommen.	(43) 411
332	Deutsches Gericht erklärt Auslieferung nach Verurteilung im italienischen Abwesenheitsverfahren für zulässig / Auslieferungshaft.	Einstweilige Anordnung nach § 32.I BVerfGG. - Zu den Verfahrensgarantien als Teil des völkerrechtlichen Mindeststandards im Sinne des Art. 25 GG.	**157** (254) 287 373 438
340	*Wie oben (E 58, 208; 61, 123):* Unterlassene mündliche Anhörung vor Unterbringung nach den Unterbringungsgesetzen der Länder.	Art. 2.II.2 und Art. 104.I GG betroffen, aber Verfassungsbeschwerde gemäß § 93a BVerfGG nicht zur Entscheidung angenommen.	286

64 (=1984) 135	Keine Mitteilung des schriftlichen Strafurteils an einen anwaltlich vertretenen Ausländer in einer ihm verständlichen Sprache (→ betroffene einfach-rechtliche Vorschrift: § 185.I GVG u.a.).	Art. 103.I GG, Fairneßgebot (Art. 2.I GG i.V.m. dem Rechtsstaatsprinzip) nicht betroffen / Verfassungsbeschwerde nicht begründet. - Allgemein: Nicht Art. 103.I GG, sondern das Fairneßgebot gebieten es generell, dem ausländischen Verfahrensbeteiligten Dolmetscher oder andere Verständigungshilfen zur Verfügung zu stellen.	(4) 6 **344** 366 372
203	Fehlerhafte *Anwendung* des § 128.III ZPO: Wenn keine mündliche Verhandlung stattfindet, muß ein Verkündungstermin angesetzt werden und darüber hinaus ein Termin, der im schriftlichen Verfahren dem Schluß der mündlichen Verhandlung entspricht.	Art. 103.I GG verletzt. - Allgemein: Art. 103.I GG gewährleistet weder die Durchführung eines mündlichen Verfahrens noch sonst eine bestimmte Verfahrensart. - Zulassung analoger Rechtsmittel.	437 471 f.
224	*Wie oben (E 48, 206; 62, 320 u.a.):* Unterlassene Anhörung des Gegners vor Entscheidung über Prozeßkostenhilfe: → *Fehlerhafte bzw. unterlassene Anwendung* des § 91a.II.1 ZPO.	Art. 103.I GG verletzt.	
65 (=1984) 171	Hauptverhandlung in Abwesenheit des dem Angeklagten bestellten Verteidigers: → *Auslegung und Anwendung* der §§ 140.II, 350.III.1 StPO.	Fairneßgebot (Art. 2.I GG i.V.m. dem Rechtsstaatsprinzip) verletzt.	256
219	§ 132.III.2 VwGO erfordert die Einreichung der Begründung einer Nichtzulassungsbeschwerde beim Ausgangsgericht auch dann, wenn dieses bereits abgewiesen hatte (§ 132.V.1 VwGO).	Weder Art. 103.I oder Art. 19.IV GG noch das Willkürverbot war betroffen: - Keine Notwendigkeit einer anderen („verfassungskonformen“) Auslegung der einschlägigen Vorschriften.	359
227	Fehlende Anhörung eines Beigeladenen (§ 65 VwGO) im Beschwerdeverfahren gegen eine Entscheidung über die Wiederherstellung der aufschiebenden Wirkung (§	Art. 103.I GG verletzt.	285 f. 384

	80.V VwGO). *(S. auch den Aussetzungsbeschluß in E 63, 254.)*		
293	Nichtberücksichtigung einer Erklärung des Gegners (Einverständnis zur Sprungrevision); hier im Verfahren vor dem Bundessozialgericht.	Art. 103.I GG verletzt (*6 gegen 2 Stimmen*).	449
305	Nichtberücksichtigung eines Beweisantrags (Zeuge, dessen Adresse sich zwischenzeitlich geändert hatte, wurde nicht vernommen): → *Anwendung* des § 356 ZPO.	Art. 103.I GG verletzt: - Das Gericht hätte vor der endgültigen Ablehnung erneut eine Beibringungsfrist setzen müssen.	434
317	Keine *erneute* mündliche Anhörung des „Mündels" vor seiner erneuten Unterbringung (§§ 1800, 1631b BGB a.F.) in der Beschwerdeinstanz: → *Anwendung* des früheren § 64a FGG.	Art. 2.II i.V.m. Art. 104.I GG und Willkürverbot nicht betroffen / Verfassungsbeschwerde nicht begründet (*6 gegen 2 Stimmen*).	281 286
66 (=1984) 116		(Art. 103.I GG hier nicht betroffen: Daraus folgt weder eine allgemeine Aufklärungspflicht noch die Verpflichtung des Gerichts zur Führung eines Rechtsgesprächs.)	319 368
191	Unterlassene nachträgliche Anhörung nach eiliger vorläufiger Zwangsunterbringung (hier: → *Anwendung und Auslegung* Art. 2.III des früheren BayVerwahrungsG i.V.m. § 12 FGG).	Art. 2.II.2 und Art. 104.I GG betroffen, aber Verfassungsbeschwerde nicht zur Entscheidung angenommen (§ 93a BVerfGG).	286
260	*Präklusion im Zivilprozeß:* Zurückweisung eines bereits in der ersten Instanz rechtzeitig gestellten Antrags auf Einholung eines entscheidungserheblichen Sachverständigengutachtens als verspätet auch in der zweiten Instanz: → *Fehlerhafte Anwendung* des § 528.II ZPO.	Art. 103.I GG verletzt.	**413** 425
313	Ein Strafgericht hatte aus von dem Angeklagten nicht zu vertretenden Gründen diesem zusätzlich zu seinem Wahlver-	Art. 2.I GG i.V.m. dem Rechtsstaatsprinzip (Fairneßgebot) verletzt.	

	teidiger einen Pflichtverteidiger bestellt und nach Freispruch die Gebühren des Pflichtverteidigers von den dem Wahlverteidiger zu erstattenden Gebühren in Abzug gebracht: → *Auslegung* des § 464a.II Nr.2 StPO i.V.m. § 91.II.3 ZPO.		
331	Ein OLG war irrtümlich von einer zulassungsfreien Revision ausgegangen. Der BGH verwarf daraufhin die Revision ohne weiteres: → *Anwendung* der §§ 545, 546.I ZPO bzw. der §§ 621d, 546 ZPO.	Hier Art. 3.I GG (Gebot der Rechtsanwendungsgleichheit) verletzt.	
67 (=1985) 39	*Wie oben (E 66, 260):* → *Anwendung* des § 528.II ZPO.	Art. 103.I GG verletzt.	43
90	Verwertung der nur informatorischen Anhörung des prozessualen Gegners gemäß § 286.I ZPO, nicht auf Grund förmlicher Parteivernehmung.	Art. 103.I GG nicht verletzt / Verfassungsbeschwerde nicht begründet: - Dem Betroffenen war jedenfalls Gelegenheit zur Äußerung gegeben worden; mehr ist nicht erforderlich („Minimalgarantie" des Anspruchs auf rechtliches Gehör).	(199) (201) (244) 319 368
96	*Wie oben (E 34, 157):* Unterlassene Anhörung des prozessualen Gegners vor Kostenentscheidung (hier: Verfahren vor den Finanzgerichten).	Art. 103.I GG verletzt.	294
154	*Wie oben (E 61, 14):* Unterlassene Anhörung des prozessualen Gegners vor Wiedereinsetzungsbeschluß zu dessen Ungunsten.	Art. 103.I GG verletzt. - Anspruch *unmittelbar* aus Art. 103.I GG.	293
199	Nichtberücksichtigung eines fristgemäß bei Gericht eingangenen Schriftsatzes, da dieser versehentlich dem sachbearbeitenden Richter nicht rechtzeitig vorgelegt worden war.	Art. 103.I GG verletzt. - „*Pannenhilfe*".	382
208	Keine Anwendung des § 185 ZPO auch auf Fälle, in denen *keine* Ersatzzustellung durchgeführt	Art. 103.I GG nicht verletzt / Verfassungsbeschwerde nicht begründet.	301 304 **312 f.**

	wird (hier: Zustellung an einen dolosen GmbH-Geschäftsführer).		
245	Keine Gewährung von Prozeßkostenhilfe: → *Anwendung und Auslegung* des § 114 ZPO bei so genannten „Scheinehen".	Art. 3.I GG nicht verletzt / Verfassungsbeschwerde nicht begründet (aber: *4 dissentierende Richter*).	
251	*Wie soeben.*	*Wie soeben* / aber diesmal ohne Dissenz. - Ausdrücklich: Beurteilung der „Leistungsfähigkeit" i.S.d. § 114 ZPO obliegt den Fachgerichten.	
68 (=1985) 376	(Berufung gegen amtsgerichtliche Urteile in Mieterhöhungsstreitigkeiten.)	Verfassungsbeschwerden unzulässig wegen fehlender Rechtswegerschöpfung (§ 90.II.1 BVerfGG): - Auch dann, wenn die Statthaftigkeit eines Rechtsmittels umstritten ist, muß wegen der Subsidiarität der Verfassungsbeschwerde hiervon Gebrauch gemacht werden.	
69 (=1985) 126	*Präklusion im Zivilprozeß*: Zurückweisung von Vorbringen als verspätet im frühen ersten Termin: → *Anwendung und Auslegung* des § 296.II ZPO.	Art. 103.I GG verletzt. - *„Verfassungskonforme Auslegung"* der Präklusionsvorschrift § 296.II ZPO vom BVerfG für den genannten Fall jedenfalls dann gefordert, wenn es sich bei dem frühen ersten Termin „erkennbar um einen Durchlauftermin" handelt.	416 ff. 425 ff.
141	Zeugenladung war unterblieben, weil rechtzeitige Zahlung des Auslagenvorschusses (§ 379 ZPO) versehentlich nicht dem bearbeitenden Richter mitgeteilt worden war.	Art. 103.I GG verletzt. - *„Pannenhilfe"*.	**382** 434
145	*Präklusion im Zivilprozeß:* Anwendung des § 296.I ZPO *statt* des einschlägigen § 296.II ZPO: → (Evidenter) *Anwendungsfehler*.	Art. 103.I GG verletzt.	(43) 413 425 f.
248	*Präklusion im Zivilprozeß:* Unterlassene Setzung einer erneuten Beibringungsfrist vor Zeugenablehnung mangels La-	Art. 3.I GG (Willkürverbot) verletzt; daher keine Prüfung des Art. 103.I GG.	**405** 430 434

	dungsfähigkeit: → *Anwendung und Auslegung* der §§ 296a, 356 ZPO.		
381	Nichtberücksichtigung eines fristgemäß in die Verfügungsgewalt des Gerichts gelangten entscheidungserheblichen Schriftsatzes (hier: Eingang eines Fernschreibens über die Fernschreibstelle einer anderen Behörde).	Art. 2.I GG i.V.m. dem Rechtsstaatsprinzip („Gebot einer rechtsstaatlichen Verfahrensgestaltung“) verletzt.	**157** **382 f.** 433 **443**
70 (=1986) 93	Keine erneute Beweisaufnahme nach Erhebung eines Sachverständigengutachtens und Auseinandersetzung mit diesem und dem Vorbringen des Betroffenen hierzu (Zivilverfahren).	Art. 103.I GG nicht verletzt (aber Verfassungsbeschwerde im übrigen begründet wegen Verstoß gegen das Willkürverbot [Art. 3.I GG], hier allerdings aus materiellen Gründen).	
180	(Der Betroffene hatte nach erfolglosem Verfahren gemäß § 80.V VwGO a.F. nicht einen Änderungsantrag gemäß § 80.VI VwGO a.F. gestellt.)	Inhaltlich Rüge der Verletzung des Art. 103.I GG, aber Verfassungsbeschwerde unzulässig mangels Erschöpfung des Rechtsweges (§ 90.II.1 BVerfGG).	457 **463** **470**
215	*Präklusion im Zivilprozeß:* Keine Kenntnisnahme von Parteivorbringen (hier: Übersehen eines schriftlichen Vermerks in der Klageerwiderung), das für die Frage erheblich war, ob Vorbringen als verspätet zurückzuweisen ist: → *Anwendung* des § 296.I ZPO.	Art. 103.I GG verletzt.	378 f. **411**
288	*Wie oben (E 60, 305 u.a.): Präklusion im Zivilprozeß:* Zurückweisung von Vorbringen als verspätet in der Berufungsinstanz (globaler Verweis auf erstinstanzliches Vorbringen).	Art. 103.I GG verletzt.	**419** 428 f.
71 (=1986) 122	Prozeßkostenhilfe: → *Anwendung und Auslegung* des § 119.I.2 ZPO (analog über § 166 VwGO) entgegen seinem Wortlaut: Prüfung des Merkmals „Mutwilligkeit“ in einem höheren Rechtszug (hier: Verwaltungsverfahren).	Art. 3.I GG verletzt (obj. Willkür); daher Prüfung des Art. 103.I GG entbehrlich.	

202	Abweisung einer Berufung als nicht ordnungsgemäß, obwohl die formellen Anforderungen gemäß § 518.II i.V.m. § 519b, § 97.I ZPO erfüllt waren.	Art. 3.I GG verletzt (obj. Willkür).	
72 (=1987) 119	Nichtberücksichtigung eines fristgemäß eingegangenen Schriftsatzes.	Art. 103.I GG betroffen, aber Verfassungsbeschwerde nicht zur Entscheidung angenommen (hier gemäß § 93c BVerfGG) mangels verfassungsrechtlichen Klärungsbedarfs. - Grundsätzlich zur Subsidiarität der Verfassungsbeschwerde gerade bei Verletzungen des rechtlichen Gehörs: → Möglichkeit der Berufungseinlegung gemäß § 513.II ZPO *analog*.	416 **471 f.**
73 (=1987) 322	Abänderung einer Kostenentscheidung ohne vorherige Anhörung des prozessualen Gegners (hier: im FGG-Verfahren).	Art. 103.I GG verletzt / Verfassungsbeschwerde auch nicht unzulässig, da Rechtsweg erschöpft: Keine Notwendigkeit der Gegenvorstellung im FGG-Verfahren.	281 **294** **463 ff.**
330	*(Verfahren vor dem Bundesverfassungsgericht.)*	Art. 101.I.2 GG: - Grundlegend zur Anwendung und Auslegung des § 19.IV BVerfGG n.F. (Besorgnis der Befangenheit). - Zur Besorgnis der Befangenheit eines Richters am BVerfG wegen öffentlicher Äußerungen.	238
339 *(Solange II)*	(*Grundlegend zum Verhältnis EG-Recht / GG im Bereich der Verfahrensgarantien.*)	- Der Europäische Gerichtshof ist gesetzlicher Richter (Art. 101.I.2 GG). - Keine Verletzung des Art. 103.I GG im Vorabentscheidungsverfahren des Europäischen Gerichtshofs gemäß Art. 177 EWG-Vertrag, insbesondere nicht durch das Fehlen einer Rechtsbehelfsinstanz vor deutschen Gerichten. - Keine Überprüfung der Anwendung abgeleiteten	62 **110** **174** 201 **247 ff.** 438

		Gemeinschaftsrechts durch das BVerfG, *solange* eine wirksamer, dem Grundrechtsstandard des GG gleichkommender Schutz der Grundrechte gegenüber der Hoheitsgewalt der EG generell gewährleistet ist.	
74 (=1987) 1	Verfahren vor dem Bundesfinanzgerichtshof: Kein Hinweis und keine Anhörung vor der gerichtlichen Entscheidung in Bezug auf die Rechtsansicht des zur Entscheidung berufenen Senats.	Art. 103.I GG nicht verletzt / Verfassungsbeschwerde nicht begründet: - Hier keine unzulässige so genannte „Überraschungsentscheidung“.	368
220	Gericht hat dem Berufungskläger auferlegt, seine wegen Formnichtigkeit bereits verworfene Berufung noch innerhalb der Begründungsfrist zu begründen, obwohl im Instanzenzug kein Rechtsmittel mehr gegeben war (§§ 519.II, 519b.II ZPO).	Art. 103.I GG verletzt / Verfassungsbeschwerde auch nicht unzulässig, da Rechtsweg erschöpft war.	462 f.
228	Fernschriftliche Berufung als unzulässig abgelehnt (§§ 519.V, 130 Nr.6 ZPO); ebenso hierauf gegründeten Antrag auf Wiedereinsetzung zurückgewiesen.	Art. 103.I GG verletzt (Fernschreiben widerspricht nicht dem Erfordernis der eigenhändigen Unterschrift).	(48) 394
358	Einstellung eines Privatklageverfahrens (§ 383.II StPO), aber Feststellung der Schuld des Beschuldigten in den Gründen des Einstellungsbeschlusses.	Art. 2.I GG i.V.m. dem Rechtsstaatsprinzip verletzt (Verstoß gegen die Unschuldsvermutung; ein Hauptverfahren hätte bis zur Spruchreife durchgeführt werden sollen).	
75 (=1988) 183	*Präklusion im Zivilprozeß: → Anwendung und Auslegung* der §§ 296.I, 528.II ZPO.	Art. 103.I GG verletzt; - BVerfG verlangt hier u.a. eine *„verfassungskonforme Auslegung“* des § 528.II ZPO, da Zurückweisung in der Vorinstanz „auch“ auf einer Verletzung der „richterlichen Fürsorgepflicht“ beruhte (hier: unterlassene Klärung der Frage der Prozeßvertretung).	378 407 **418 ff.** 424

302	*Präklusion im Zivilprozeß: → Anwendung und Auslegung* der §§ 275, 296 ZPO (hier: Anwendung des „absoluten Verzögerungsbegriffes").	Art. 103.I GG nicht verletzt / Verfassungsbeschwerde nicht begründet. - Anwendung des absoluten Verzögerungsbegriffes ist nicht generell, sondern nur im Falle des Rechtsmißbrauchs verfassungswidrig.	(43) 362 **406** **425 ff.**
318	*Entsprechend E 57, 346*: Keine *vorherige* Anhörung des Vollstreckungsschuldners vor Betreten seiner Wohnung durch einen Sachverständigen im Zwangsvollstreckungsverfahren.	*Hier*: Verfassungsbeschwerde begründet (Art. 13.II GG verletzt).	285 f.
76 (=1988) 93	Nichtbeachtung einer gerichtlichen Vorlagepflicht.	Art. 101.I.2 GG nicht verletzt / Verfassungsbeschwerde nicht begründet: - Allgemein: Das Recht auf den gesetzlichen Richter ist nur dann verletzt, wenn gerichtliche Willkür vorliegt.	201 244
77 (=1988) 275	Öffentliche Bekanntmachung einer Entscheidung setzte einwöchige Rechtsbehelfsfrist in Lauf; der Entscheidungsausspruch selbst war nicht mitgeteilt worden. Dies war auch einfach-gesetzlich nicht verlangt.	Art. 19.IV GG (Anspruch auf effektiven Rechtsschutz) verletzt. - Zur Subsidiarität der Verfassungsbeschwerde.	(21) 104 145 **155 f.** **161** 433 377 f. **480 f.**
78 (=1989) 88	Beschwerde im Prozeßkostenhilfeverfahren: Unterlassene Prüfung der Erfolgsaussichten der Klage (→ *Anwendung* der §§ 146, 166 VwGO, § 127 ZPO [hier: Asylverfahren]).	Art. 19.IV GG (Anspruch auf effektiven Rechtsschutz) verletzt. - Allgemein: Auch ausländische Personen genießen vollen Rechtsschutz. - Allgemein: Zur Reichweite der Rechtsschutzgarantie im Instanzenzug.	(20) **64** **104** **112 f.** 146 153 f.
123	Ableitung einer nachteiligen Folge aus der unleserlichen Unterschrift eines bestimmenden Schriftsatzes: → *Anwendung* des § 519 ZPO.	Art. 2.I GG i.V.m. dem Rechtsstaatsprinzip (Fairneßgebot) verletzt. - Zwar war ein wesentliches Formerfordernis nicht eingehalten. Derselbe Spruchkörper hatte diese Form der Unterschrift aber längere Zeit nicht beanstandet.	**157** 443

79 (=1989) 74	(Unterlassene Anwendung des § 123 VwGO.)	Art. 19.IV GG verletzt. - Es liegt eine erhebliche Grundrechtsverletzung vor, wenn irreparable Zustände drohen. - Im vorläufigen Rechtsschutzverfahren darf die Hauptsache grundsätzlich nicht vorweggenommen werden.	135 f.
372	Ablehnung der Verlängerung der Berufungsbegründungsfrist und Versagung der Wiedereinsetzung. Begründung: Arbeitsüberlastung des Anwalts und Feiertage seien kein Grund für eine Fristverlängerung (→ *Anwendung und Auslegung* des § 519.II.3 ZPO).	Art. 2.I GG i.V.m. dem Rechtsstaatsprinzip („Gebot rechtsstaatlicher Verfahrensgestaltung") verletzt (Anforderungen an die Sorgfaltspflichten des Anwalts des Gehörberechtigten, „die nach höchstrichterlicher Rechtsprechung nicht verlangt werden", mit denen er nicht rechnen mußte).	**157** 360 f. **391** **396**
80 (=1990) 367	Verwertung von tagebuchähnlichen Aufzeichnungen des Beschuldigten im Strafverfahren ohne dessen Zustimmung: → *Auslegung* des § 244 StPO.	Art. 2.I i.V.m. Art. 1.I GG nicht verletzt / Verfassungsbeschwerde nicht begründet wegen *Stimmengleichheit* im Senat (§ 15.III.3 a.F. = § 15.IV.3 n.F. BVerfGG).	
81 (=1990) 97	*Präklusion im Zivilprozeß:* → *Anwendung* des § 528.II ZPO (keine Begründung der Zurückweisungsentscheidung im Hinblick auf Verzögerung und Kausalität des verspäteten Vorbringens).	Art. 103.I GG verletzt. - Zur Subsidiarität der Verfassungsbeschwerde im Hinblick auf die Geltendmachung von Verletzungen des Anspruchs auf rechtliches Gehör.	427 f. 470
123	Zustellung eines Kostenfestsetzungsbeschlusses nur an den Anwalt der Versicherung, nicht an den daneben von dem Versicherten: → *Auslegung* des § 176 ZPO.	Art. 103.I GG verletzt („...darf nicht ohne hinreichende sachliche Gründe eine Form der Anhörung gewählt werden, die für den Betroffenen ein erhöhtes Risiko mit sich bringt, von den mitzuteilenden Umständen keine Kenntnis zu erhalten").	(115 f.) 145 (254 ff.) **308 ff.** 433
264	*Präklusion im Zivilprozeß:* → *Anwendung* des § 528.II ZPO.	Art. 103.I GG verletzt (hier: durch Unterlassung des Berufungsgerichts, die infolge erstinstanzlicher Säumnis der Partei drohende Prozeßverzögerung	412 424

		durch zumutbare Maßnahmen zur Terminsvorbereitung abzuwenden).	
347	Entscheidung des Fachgerichts über schwierige, noch nicht geklärte Rechtsfragen im Prozeßkostenhilfeverfahren: → *Auslegung* des § 114 Satz 1 ZPO (hier im Asylverfahren).	Art. 3.I i.V.m. Art. 20.III GG (Rechtsschutzgleichheit) verletzt.	10
82 (=1991) 106	*Wie E 74, 358* (hier: Einstellungsbeschluß nach § 153.II StPO).	Art. 2.I GG i.V.m. dem Rechtsstaatsprinzip verletzt (Unschuldsvermutung betroffen).	
159		Hier: Art. 101.I.2 GG nicht verletzt. - EuGH ist „gesetzlicher Richter". - Fehlende Beachtung der Vorlageverpflichtung nach Art. 177 EWGV verletzt Art. 101.I.2 GG, wenn Vorlage trotz zweifelhafter gemeinschaftsrechtlicher Frage nicht erwogen, von der Rechtsprechung des EuGH bewußt abgewichen oder trotz Fehlens einer EuGH-Rechtsprechung die Entscheidung auf eine europarechtliche Auffassung gestützt wird, obwohl mögliche Gegenauffassungen eindeutig vorzuziehen sind.	166 174 201
286	Einschränkende Auslegung des § 2.VI VGHG.	Art. 101.I.2 GG nicht verletzt. - Die Rüge der Verletzung des Rechts auf den gesetzlichen Richter kann auch im abstrakten Normenkontrollverfahren nach Landesverfassungsrecht erhoben werden.	22 f. 167 175 210 216
83 (=1991) 24	Entscheidung über die Zulässigkeit einer Freiheitsentziehung im Eilfall: - Beschränkung des Richters auf die Prüfung, ob die von der Polizei vorgetragenen Gründe „plausibel" sind.	Art. 2.II.2 i.V.m. Art. 104.II.1 GG und Art. 103.I GG verletzt. - Eilbedürftigkeit kann Verfahrensvereinfachung und -verkürzung rechtfertigen, darf aber nicht eine unabhängige, besonders	(20) 104 112 **284** **313 f.**

	- Keine Anhörung des Betroffenen; Richter hatte sich auf die polizeilichen Angaben verlassen.	verläßliche Entscheidungsfindung gefährden. - Art. 103.I GG gewährt Gehör „gerade vor Gericht“; Dritter kann Gehör nur vermitteln, wenn er das Vertrauen des Berechtigten genießt oder einer besonderen rechtsstaatlichen Objektivitätspflicht unterworfen ist und der Berechtigte von der Gehörvermittlung Kenntnis hat.	
182	Keine Herleitung einer Klagebefugnis für materiell betroffene Dritte, hier des Ausgleichsverpflichteten i.R.d. Pensionistenprivilegs beim Versorgungsausgleich (SoldatenversorgungsG): → *Auslegung* des § 54 SGG als Konkretisierung des Art. 19.IV GG.	Art. 19.IV GG (Anspruch auf effektiven Rechtsschutz) nicht verletzt / Verfassungsbeschwerde nicht begründet. - Rechtsschutzgarantie gilt nur, wenn subjektives Recht betroffen ist (bloßer Rechtsreflex oder wirtschaftliche Interessen sind nicht ausreichend).	(7) (18 f.) (86) **88 ff.** **93 ff.** 121 f. 263 377 433
84 (=1992) 34	Keine volle Rechts- und Zweckmäßigkeitskontrolle der Widerspruchsbehörde im Prüfungsverfahren (entsprechend die gerichtliche Entscheidung); hier: Zweite Juristische Staatsprüfung.	Art. 12.I, 19.IV GG nicht verletzt / Verfassungsbeschwerde nicht begründet. - Allgemein zur Reichweite gerichtlicher Kontrolle bei Prüfungsentscheidungen.	93 ff. 116 f. **131 ff.**
59	*Wie soeben*; hier: multiple-choice-Verfahren bei medizinischen Staatsprüfungen.	*Wie soeben.*	(1) 133
82	Außerachtlassung eine Beweisantrags (im Verfahren nach § 890.I ZPO), den nicht der Gehörberechtigte, sondern sein prozessualer Gegner gestellt hatte.	Art. 103.I GG u.a. nicht verletzt / Verfassungsbeschwerde nicht begründet.	
188	Entscheidung gegründet auf schuldig gebliebenen Beweis.	Art. 103.I GG verletzt, da im konkreten Fall Hinweis hätte ergehen sollen (unzulässige „Überraschungsentscheidung“).	291 319 341 **368 ff.** 434
366	Präklusion von Sachvortrag, über den im Vorprozeß sachlich noch nicht entschieden war (§ 564b.II Nr.2 BGB).	Art. 2.I GG i.V.m. dem Rechtsstaatsprinzip (effektiver Rechtsschutz im Zivilverfahren) verletzt.	17 85

85 (=1992) 36	Verweigerung des Hochschulzugangs, dessen Ausbildungskapazität durch Rechtsverordnung näher bestimmt war; Verwaltungsgericht hat die Ableitung der entsprechenden Zahlenwerte und Formeln nicht nachgeprüft.	(Art. 12.I GG) (Effektiver Rechtsschutz)	
329		(Unzureichend begründete und deshalb unzulässige Richtervorlage, da die Möglichkeit einer „verfassungskonformen Auslegung“ nicht erörtert worden war.)	
337	Auslegung und Anwendung des § 48.II WEG.	- Die Justizgewährungspflicht (aus dem Rechtsstaatsprinzip) fordert eine Anwendung und Auslegung der Vorschriften über die Gerichts- und Anwaltsgebühren der Art, daß der Betroffene nicht mit einem Kostenrisiko belastet wird, das außer Verhältnis zu seinem Interesse an dem Verfahren steht und die Anrufung des Gerichts bei vernünftiger Abwägung als wirtschaftlich nicht mehr sinnvoll erscheinen läßt.	
86 (=1993) 15		(Grundsätzlich zur Abgrenzung Bundesverfassungs- / Fachgerichtsbarkeit.)	475
133	*- Anschluß an E 84, 188.* *- Fortführung von E 47, 182.*	Art. 103.I GG verletzt. - Unzulässige „Überraschungsentscheidung“: Ohne vorherigen Hinweis Abstellen auf einen rechtlichen Gesichtspunkt, mit dem „auch ein gewissenhafter und kundiger Prozeßbeteiligter selbst unter Berücksichtigung der Vielzahl vertretbarer Rechtsauffassungen nicht zu rechnen brauchte“. - Fehlende Auseinandersetzung in den Entscheidungsgründen mit dem „Kern eines Tatsachenvor-	(254) 291 341 **368 ff.** **447** **449**

		trags", der „für das Verfahren von zentraler Bedeutung" ist, läßt auf die Nichtberücksichtigung des Vortrags schließen (Verstoß gegen die Berücksichtigungspflicht gemäß Art. 103.I GG).	
280	*Anschluß an E 40, 95; 42, 120*: - Zu den Voraussetzungen, unter denen einem sprachunkundigen Ausländer Wiedereinsetzung zu gewähren ist.	(*Hier*: Verfassungsbeschwerde nicht begründet).	**157** 443
87 (=1993) 48	Intertemporäres Prozeßrecht (hier: Neuregelung des Asylverfahrens): Bereits eingelegtes Rechtsmittel wurde zurückgewiesen, da es sich nachträglich wegen der neuen Gesetzeslage als unzulässig herausgestellt habe.	Art. 2.I GG i.V.m. dem Rechtsstaatsprinzip verletzt (→ Rechtsmittelsicherheit, Vertrauensschutz).	(17) (34) (85) 112
273	Versagung einer Erörterungsgebühr für die Wahrnehmung einer arbeitsgerichtlichen Güteverhandlung: → *Anwendung* des § 31.I Nr.4, II BRAGO; *Auslegung* der §§ 62.I BRAGO, 54 ArbGG.	Art. 3.I GG (obj. Willkür) und Art. 2.I GG i.V.m. dem Rechtsstaatsprinzip nicht verletzt. - Grundsätzlich zum Willkürverbot und zur Abgrenzung Bundesverfassungsgerichts- / Fachgerichtsbarkeit.	112
282	Unterlassene Einholung eines Rechtsbescheids, obwohl dies geboten war. Hier: → *Anwendung* des § 541 ZPO.	Art. 101.I.2 GG nicht verletzt / Verfassungsbeschwerde nicht begründet, da keine Willkür (bloßer error in procedendo).	201 221 ff. **244**
88 (=1993) 40	Selbstbeschränkung der Kontrolle durch das Bundesverwaltungsgericht bei der Überprüfung der Entscheidung einer Schulverwaltungsbehörde (hier: Versagung der Genehmigung für eine private Volksschule wegen fehlenden „besonderen pädagogischen Interesses" → *Auslegung des Art. 7.V GG*).	Art. 7.IV.1 und Art. 19.IV GG verletzt / Verfassungsbeschwerde insoweit begründet. - Grundsätzlich zur Nachpüfbarkeit von behördlichen Entscheidungen, bei denen der Behörde Ermessens-, Gestaltungs- und Beurteilungsspielräume eröffnet sind. - Hier: Auslegungsbefugnis des BVerfG selbst, da Auslegung eines Grundrechts betroffen.	

118	Ablehnung eines Wiedereinsetzungsgesuchs nach Versäumnis der Einspruchsfrist (Versäumnisurteil): → *Auslegung* der §§ 233, 340 ZPO.	Art. 2.I GG i.V.m. dem Rechtsstaatsprinzip (Anspruch auf effektiven Rechtsschutz) verletzt. - Hier hätte der Antrag auf Wiedereinsetzung zugleich als Einspruch aufgefaßt werden sollen, da „zweifelsfrei ersichtlich" gewesen sei, daß sich der Betroffene gegen das Versäumnisurteil zur Wehr setzten wollte.	**157** 263 376 **399** 443
89 (=1994) 28	Richter hat Umstände angezeigt, die seine Ablehnung hätten rechtfertigen können (§ 48 ZPO). Dies wurde den Verfahrensbeteiligten nicht mitgeteilt.	Art. 103.I GG verletzt. - Anzeige im Hinblick auf Selbstablehnung (Art. 101.I.2 GG) darf nicht als innerdienstlicher Vorgang behandelt werden.	(18) (23) (25) (48) (253 f.) 262 f. 291 **294**
120	*Auslegung* der §§ 231, 231a StPO durch das Fachgericht: Anwendung der Vorschriften in dem Fall, daß der Angeklagte sich weigert, eine von ihm selbst herbeigeführte Verhandlungsunfähigkeit durch ärztliche Maßnahmen beheben zu lassen.	Art. 103.I GG i.V.m. dem Fairneßgebot (Art. 2.I GG i.V.m. dem Rechtsstaatsprinzip) verletzt. - Hier war eine ärztliche Behandlung nicht zumutbar. Durch die Durchführung der Hauptverhandlung hätte dem Angeklagten daher eine später nicht mehr zu behebende Grundrechtsbeeinträchtig ung gedroht, sodaß er mit seiner entsprechenden Rüge nicht auf das Revisionsverfahren verwiesen werden durfte.	5 **439** 476
155 *(Maastricht)*		Europäische Integration. - Grundlegend zum Begriff der öffentlichen Gewalt .	97
381	Unterlassene Anhörung der Kinder des Annehmenden im Rahmen einer Volljährigenadoption (§ 1767 BGB).	Art. 103.I GG verletzt. - Grundsätzlich: Der Anspruch auf rechtliches Gehör steht nicht nur den formell am Verfahren Beteiligten zu, sondern auch jedem, der durch das (materielle) Verfahrensergebnis rechtlich unmittelbar betroffen ist (hier: wegen § 1769 BGB a.F.).	76 290
90 (=1994) —			

91 (=1995) 176	Gutachten (hier: über Vergleichsmiete) wurde zur Urteilsgrundlage gemacht, obwohl weder das Gericht noch die Prozeßparteien die Gelegenheit hatten, die zugrundegelegten Befundtatsachen zu überprüfen.	Art. 2.I GG i.V.m. dem Rechtsstaatsprinzip (effektiver Rechtsschutz im Zivilverfahren) verletzt.	290 f.
92 (=1995) 158	(Adoptionsverfahren.)	Art. 103.I GG verletzt. - Vater ist gehörberechtigt im Verfahren über die Adoption des nichtehelichen Kindes (unmittelbare Geltung des Art. 103.I GG). - Belehrung gem. § 51.III SGG ist nicht genügend.	25 163
365	(- *Normenkontrolle*: U.a. Regelung der Klagebefugnis in § 116.VI AFG. -)	Grundsätzlich: - Rechtsschutzmöglichkeiten Dritter auf Grund von Art. 19.IV GG. - Keine verfassungsrechtliche Gewährleistung eines gerichtlichen Instanzenzuges.	112
93 (=1996) 99	- Rechtsmittelbelehrung im Zivilverfahren nicht erteilt, das während der Neuordnung der Gerichtsorganisation in den Neuen Bundesländern anhängig war. - Keine Weiterleitung der Berufungsschrift, die im Rahmen der Berufungsfrist bei dem unzuständigen Gericht der Vorinstanz eingelegt worden war, an das zuständige Berufungsgericht; Ablehnung des Antrags auf Wiedereinsetzung.	Art. 2.I GG i.V.m. dem Rechtsstaatsprinzip verletzt. - Grundlegend: „Die Erteilung einer Rechtsmittelbelehrung ist für Urteile über zivilrechtliche Klagen von Verfassungs wegen - jedenfalls derzeit noch - nicht geboten." - Abweichende Meinung *Kühling*: Jedenfalls für amtsrichterliche Zivilurteile ist die Erteilung einer Rechtsmittelbelehrung (derzeit schon!) geboten.	157 329 **347 ff.** 443
94 (=1997) 1		Verfassungsbeschwerde in Bezug auf Art. 103.I GG unzulässig: - Zu den Begründungsanforderungen nach § 92 BVerfGG. - Einstufung einer Äußerung als Tatsachenbehauptung oder Werturteil.	375 480

166		Hier: Art. 103.I GG verletzt; grundlegend zu Art. 16 a.IV GG i.V.m. Art. 19.IV GG. - Vorläufiger Rechtsschutz muß effektiv sein.	6
95 (=1997) 322		*Entscheidung des Plenums:* - Grundlegend zur Bestimmung des gesetzlichen Richters (Art. 101.I.2 GG) in überbesetzten Spruchkörpern.	(21 ff.) (167) (169 ff.) 173 (177 ff.) (186) 194 **203 ff.** **207 ff.** (216) 221 ff. (233) **240 ff.**
96 (=1998) 27	Verwerfung von Beschwerden gegen Durchsuchungsanordnungen wegen „prozessualer Überholung".	Art. 19.IV GG (Anspruch auf effektiven Rechtsschutz) verletzt. - Art. 19.IV GG gewährt effektiven Rechtsschutz auch im Rahmen einer weiteren vom Prozeßrecht vorgesehenen Instanz. - Grundlegend: In Fällen „tiefgreifender Grundrechtsbeeinträchtigungen" ist die Ablehnung der Beschwerde wegen „prozessualer Überholung" verfassungswidrig (*abw. v. E 49, 329*!). In solchen Fällen ist daher auch die Verfassungsbeschwerde grundsätzlich zulässig.	112 f. 161 f. 460
68	Unterlassene Richtervorlage gemäß Art. 100.II GG im Hinblick auf eine Regelung des Völkerrechts.	Art. 101.I.2 GG hier nicht verletzt.	(107) **201** 221 ff. **245 f.**
100	Fehlende Ermessensausübung der Vollstreckungsbehörde bei der Entscheidung, ob bei der Bewilligungsbehörde ein Überstellungsersuchen gemäß §§ 71 ff. IRG angeregt werde; Begründung: kein Justiz-VA (§§ 23 ff. EGGVG), sondern Verwaltungsinternum.	Art. 19.IV GG (effektiver Rechtsschutz) verletzt. - Allgemein zur Reichweite dergerichtlichen Überprüfung von Ermessensentscheidungen.	88 **92 ff.**

245	Verwerfung einer strafprozessualen Berufung als unzulässig, da „offensichtlich unbegründet" (§ 313.II StPO).	Rüge der Verletzung des Art. 103.I GG, da Beweiswürdigung durch persönlichen Eindruck erforderlich sei; bloße Prüfung des Rechtsmittels nach Aktenlage sei nicht ausreichend. → Verfassungsbeschwerde nicht angenommen (§ 93a BVerfGG).	
97 (=1998) 1	*(Verfahren vor dem Bundesverfassungsgericht.)*	Zur Mitwirkung von Berufsrichtern in überbesetzten Spruchkörpern (Art. 101.I.2 GG): *Im Anschluß an die Plenar-Entscheidung E 95, 322.* - Hier: Verfassungsbeschwerde-Verfahren; Art. 101.I.2 GG nicht verletzt.	**207 ff.** 240 ff.
98 (=1999) 134	*(Verfahren vor dem Bundesverfassungsgericht.)*	(Art. 101.I.2 GG / Selbstablehnung eines Richters am BVerfG.)	175 239
99 (=1999) 51	*(Verfahren vor dem Bundesverfassungsgericht.)*	(Art. 101.I.2 GG / Ablehnung eines Richters am BVerfG.)	175 238
145	Familiengerichtliches Verfahren.	Art. 103.I GG verletzt. - Kindeswohl (Art. 6.II GG und Art. 2.I GG i.V.m. Art. 103.I GG) verpflichtet das Gericht zur Pflegerbestellung, wenn zu besorgen ist, daß die Interessen der Eltern in einen Konflikt zu denen ihrer Kinder geraten.	25 262 333
100 (=1999) ----			
101 (=2000) 46	*(Verfahren vor dem Bundesverfasssungsgericht.)*	Selbstablehnung zurückgewiesen (Art. 101.I.2 GG.)	175 239
106	Anwendung der §§ 99, 100 VwGO (Ausschluß der Aktenvorlage, Beschränkung des Akteneinsichtsrechts).	Art. 19.IV GG verletzt. - § 99.I.2 i.V.m. II.1 VwGO ist mit Art. 19.IV GG unvereinbar, soweit er die Aktenvorlage auch in denjenigen Fällen ausschließt, in denen die Gewährung effektiven Rechtsschutzes von der Kenntnis der Verwaltungsvorgänge abhängt. - Grundlegend zum	(3 f.) (6) (12 ff.) (21 ff.) (31) 115 f. **125 ff.** 144 f- 161 (253 ff.) 290 **295 f.**

		(zulässigen) *in camera-Verfahren.* - Beschränkung der Akteneinsicht nach § 100.I VwGO ist mit Art. 103.I GG vereinbar, wenn sich erst hierdurch effektiver Rechtsschutz ermöglichen läßt (Art. 103.I GG nicht verletzt).	305 (373) 433 479
397	Anwendung der §§ 62, 55 FGG.	Art. 19.IV GG verletzt. - §§ 62, 55 FGG sind mit Art. 19.IV GG unvereinbar, soweit sie den in ihren Rechten Betroffenen jede Möglichkeit verwehren, Entscheidungen des Rechtspflegers der Prüfung durch den Richter zu unterziehen. Fairneßgebot verletzt. - Im Verfahren vor dem Rechtspfleger wird rechtliches Gehör nicht durch Art. 103.I GG, sondern durch das Fairneßgebot vermittelt. - Grundlegend zur Vermittlung rechtlichen Gehörs durch Dritte (hier bzgl. Nachlaßpfleger, der selbst am Verfahren beteiligt ist).	(4) 5 ff. (13) (18) (26) (31) 104 116 f. 145 (256) 258 **280** **313** 322 326 340 423
102 (=2001) 122	*(Verfahren vor dem Bundesverfassungsgericht.)*	Begründete Selbstablehnung (Art. 101.I.2 GG).	175 239
192	*(Verfahren vor dem Bundesverfassungsgericht.)*	Keine Besorgnis der Befangenheit (Art. 101.I.2 GG).	175 239

Printed by
CPI books GmbH, Leck